GESCHICHTE DER KATHOLISCHEN KIRCHE

HERAUSGEGEBEN VON

JOSEF LENZENWEGER

PETER STOCKMEIER (†) / JOHANNES B. BAUER

KARL AMON

RUDOLF ZINNHOBLER

VERLAG STYRIA

Die Deutsche Bibliothek – CIP-Einheitsaufnahme

Geschichte der katholischen Kirche / Josef Lenzenweger...
(Hrsg.). – 3. verb. und erg. Aufl. – Graz ; Wien ; Köln : Verl.
Styria, 1995
ISBN 3-222-12316-0
NE: Lenzenweger, Josef [Hrsg.]

© 1995, 3. verbesserte und ergänzte Auflage
Verlag Styria   Graz Wien Köln
Printed in Germany
Umschlaggestaltung: Hans Paar, Graz
Gesamtherstellung: Bercker Graphischer Betrieb GmbH, Kevelaer
ISBN 3-222-12316-0

INHALT

ALTERTUM
(Peter Stockmeier † / Johannes B. Bauer)

MITTELALTER
(Karl Amon)

ANHANG

VORWORT ZUR 1. AUFLAGE

Anläßlich der Tagung der Arbeitsgemeinschaft für Professoren der Kirchengeschichte an den österreichischen Theologischen Fakultäten und Hochschulen, die am 8. und 9. Oktober 1979 in Graz stattfand, wurde besonders von den dortigen Fachvertretern das Projekt eines Lehr- und Lernbuches der Kirchengeschichte angeregt. Den Studenten der Theologie sollte ein Buch in die Hand gegeben werden, das ihnen die Vorbereitung auf die Prüfungen erleichtern möchte. Darüber hinaus bietet es an der Geschichte der Kirche Interessierten verläßliche Informationen. Daß seit der ersten Anregung so viel Zeit vergangen ist, zeigt, wie schwierig und kompliziert sich die Zusammenarbeit verschiedener Autoren gestaltet. In vielen Besprechungen wurden die einzelnen Beiträge vor allem durch die Moderatoren koordiniert und in die nunmehrige Form gebracht.

Das Werk wurde so in geduldiger und verständnisvoller Zusammenarbeit abgeschlossen. Die Harmonisierung wurde nur soweit vorangetrieben, daß die »Handschrift« der einzelnen Mitarbeiter erhalten blieb.

Der Verlag Styria, welcher nach einigen Verhandlungen die Veröffentlichung übernahm, hat während der Vorbereitungszeit großes Verständnis und vorbildliche Geduld an den Tag gelegt. Wir haben besonders Herrn Direktor Dr. Gerhard Trenkler, Herrn Dr. Hubert Konrad sowie dem Leiter der Wiener Repräsentanz, Herrn Franz Hummer, zu danken.

Verpflichtet fühlen wir uns auch Frau OStR. Hemma Graßl, Steyr, die die Korrekturen mitgelesen hat, sowie Frau Maria Luise-Ploy, Sekretärin, Herrn Mag. Rudolf Höfer, Univ.-Ass. am Institut für Kirchengeschichte der Theolog. Fakultät in Graz, der das Register erstellte, und Herrn Dr. Hermann Hold, Univ.-Ass. am Institut für Kirchengeschichte an der kath. theol. Fakultät.

Die Herausgeber

VORWORT ZUR 3. AUFLAGE

Seit dem ersten Erscheinen dieses Buches sind neun Jahre vergangen. Es fand nach einer anfänglich etwas zurückhaltenden Aufnahme Anklang bei breiten Schichten, vor allem auch bei Studierenden der Theologie, und damit auch Anerkennung. Selbstverständlich sind wir für alle kritischen Anmerkungen, die in Rezensionen gefallen sind, ebenso dankbar wie für die positiven. Die Tatsache, daß das Buch eine italienische Übersetzung (Storia della Chiesa cattolica) von Luigi Giovannini innerhalb der Editione Paoline und eine spanische (Historia de la Iglesia católica) ebenfalls 1989 durch Abelardo Martinez de la Pera innerhalb der Editorial Herder S. A., Barcelona, fand, bedeutete für uns eine besondere Ermutigung. Der Zeitpunkt des Erscheinens einer Studienausgabe 1990, die für Leser in der damaligen (während der Auslieferung gerade zusammenbrechenden) »Deutschen Demokratischen Republik« gedacht und daher durch die Zensur im Abschnitt 8 der Neuzeit Anpassungen unterworfen wurde, war nicht so glücklich; aber die Auflage war rasch vergriffen. Wenn wir unsere nunmehrige Veröffentlichung daher als 3. Auflage betrachten, so nehmen wir auf diese Studienausgabe damit Rücksicht.

Die Neuauflage war ein Desiderat, denn schon längere Zeit waren alle Exemplare vergriffen. Wir sind daher dem Verlag Styria, der sich unter anderem der Geschichte und dem Dienst an der Theologie zugewandt fühlt, besonders verpflichtet. Herr Generaldirektor Dr. Hanns Sassmann hat sich selber die Mühe genommen, die Neuauflage in Gang zu bringen. Er hat uns mit Rücksicht auf die bevorstehende Pensionierung unseres bisherigen umsichtigen Betreuers, Direktor Dr. Gerhard Trenkler, Herrn Dr. Gerhard Hartmann zur Seite gestellt; dieser ist durch seine Habilitierung bei dem Mitautor unseres Werkes Univ. Prof. Dr. Maximilian Liebmann, derzeit Dekan der theologischen Fakultät Graz, besonders qualifiziert. Wenn es um wirtschaftliche Belange ging, fanden wir bei Herrn Prokurist Dr. Hans Hödl stets ein geneigtes Ohr. Durch die namentliche Erwähnung der genannten Herrn wollen wir allen Mitarbeitern des Verlages ebenso danken, wie wir dies gegenüber Herrn Univ.-Assistent Dr. Rudolf Höfer tun müssen, der sich auch für die Erstellung des Registers bereitgefunden hat.

Somit bedurfte es einer nicht immer leichten Zusammenarbeit aller Autoren. Der allzu frühe Tod des hochgeschätzten Mitarbeiters Prof. Dr. Peter Stockmeier, der den ersten Teil für das Altertum der 1. Auflage übernommen hatte, ist für uns außerordentlich bedauerlich. Wenn Herr Univ.-Prof. Dr. Johannes B. Bauer, übrigens einer der Initiatoren der Abfassung dieses Lehrbuches, dafür eingesprungen ist, sind wir ihm besonders verpflichtet. Daß er seinen Teil dem der übrigen zwei Abschnitte in der Darbietungsweise angenähert hat, verdient Anerkennung. Es dürfte wohl auch geneigte Aufnahme finden, daß er die Wiedergabe griechischer Wörter, aber auch zitierter griechischer Werke, in deutscher Sprache bietet. Bei der heutigen geringen Verbreitung der Griechischkenntnisse, ist es wohl für manche Leser eine wertvolle Hilfe.

Der Gesamtherausgeber

EINFÜHRUNG

Die Kirchengeschichte lenkt den Blick zunächst auf die Vergangenheit mit den vielfältigen Erscheinungsformen des Christentums, gleichzeitig bringt sie seine Wesenselemente ans Licht. Bei der Darstellung zeigt sich klar die Verflochtenheit der Kirche mit Raum und Zeit, also mit den Bedingungen menschlichen Daseins, auf die vor allem neuzeitliches Denken aufmerksam geworden ist. Tatsächlich ist es ja nur dem Menschen eigen, geschichtlich zu leben, und zu dieser Geschichtlichkeit zählt fraglos auch sein Entscheid zu glauben. Der Glaube, aus dem die Jünger in die Gefolgschaft Jesu von Nazaret eintraten, bleibt als grundlegendes Ereignis des Anfangs verbindlich und stellt über soziologische, institutionelle und kulturelle Elemente hinaus das leitende Prinzip der Kirche in der Geschichte dar. Besonders im Altertum erweist sich diese als Glaubensgeschichte.

Unsere Bearbeitung hält an der schon oft kritisierten und dann immer wieder verwendeten Einteilung in Altertum, Mittelalter und Neuzeit fest. Die Gliederung der einzelnen Abschnitte mußte aber verständnisvoll angepaßt werden. Bei den einzelnen Epochen fand sowohl die äußere wie auch die innere Entwicklung der Kirche Berücksichtigung, weshalb auch die Geschichte der kirchlichen Verfassung, der Orden, der Missionen und des innerkirchlichen Lebens, d. h. der Frömmigkeit und des Gottesdienstes, nicht übergangen wurden.

Wir sind uns vollauf der Janusköpfigkeit einer wissenschaftlich vertretbaren Kirchengeschichtsschreibung bewußt. Sie verwendet die Methode der exakten Geschichtsforschung und sucht zur »sola et plena veritas« im Sinne der Ausführungen Leos XIII. anläßlich der Eröffnung des Vatikanischen Archivs vorzudringen. Kirchengeschichte ist aber auch ein theologisches Fach, denn die Orientierung des Kirchenhistorikers ist in der Botschaft Christi begründet. Die Entsprechung oder das Abgleiten von diesem großen Programm bleibt entscheidend. So behält die Kirchengeschichte einen wichtigen Stellenwert im Konzert der theologischen Disziplinen. Sie gehört neben dem Neuen Testament zu deren »Grundwissenschaften«, von denen aus immer wieder Erkenntnisse zur »ecclesia semper reformanda« gefunden werden können und dürfen. Dies ist eine Tatsache, die uns schon beim Vergleich zwischen der ursprünglichen Botschaft und dem Leben der Kirche besonders bewußt werden muß. Ohne Kirchengeschichte bleiben Dogmatik und Moraltheologie unfruchtbar, denn auch deren Aussagen und Antworten unterliegen den Bedingungen der Geschichte.

Damit wächst die Kirchengeschichte über die Aufgabe hinaus, einem apologetischen Ziel zu dienen. »Veritas liberabit vos.« Es kann auch nicht darum gehen, einzelne geschichtliche Ereignisse als Gottes Tat oder Gottes Gericht zu werten. Das würde die Möglichkeit des Kirchenhistorikers überschreiten. Die Geschichte der Kirche läßt sich nicht in ein heilsgeschichtliches Schema zwängen. Auf diesem Gebiet sind nur Mutmaßungen möglich, wie schon Thomas von Aquin erkannte (Supra IV libri Sententiarum 43, 3, 2 ad 3). Auch eine unkritische Zugrundelegung bedeutender Bildreden von der Kirche, wie »Volk Gottes« oder »Leib Christi«, könnte die historische Betrachtungsweise unangemessen einschränken.

Dabei ist klar, daß auch die Kirchengeschichte im dialektischen Zusammenspiel von objektivem Geschehen und subjektiv-geschichtlicher Interpretation dieses Geschehens aus dem Glauben heraus bestehen muß.

Gleichzeitig soll das Bemühen erkennbar sein, die hinter den Ereignissen und Erscheinungen stehenden Kräfte mit aufzuzeigen.

Jede Einseitigkeit muß durch das Bemühen um Objektivität vermieden werden, wissen wir doch heute längst, daß die Geschichte der katholischen Kirche weder ein Voranschreiten von Triumph zu Triumph, noch eine nicht abreißende Reihe von Skandalen ist. Unsere Kirche ist eben gleichzeitig eine »ecclesia sanctorum et peccatorum«. Sie ist die Kirche, die auf den langen staubigen Straßen der Geschichte unter mannigfaltigen Äußerungen und inneren Drangsalen dahinzieht. Es zeigt sich aber auch, daß der Glaube an Jesus von Nazaret gemeinsame Grundlage aller christlichen Kirchen geblieben ist. Auch außerhalb der katholischen Kirche seien »vielfältige Elemente der Heiligung und der Wahrheit zu finden, die als der Kirche Christi eigene Gaben auf die katholische Einheit hindrängen« (Vaticanum II, Lumen Gentium I, 8). Freilich kann bei einer geschichtlichen Darstellung der katholischen Kirche dieser Befund inhaltlich nicht immer entsprechend zum Tragen kommen.

Unser Werk will natürlich auch dem ökumenischen Anliegen dienen, wenn es sich vor allem um eine Darstellung der Geschichte der katholischen Kirche handelt. Dabei stellt sich die Geschichte der Kirche im Altertum als eine solche des Christentums insgesamt dar. Schon Ignatius von Antiochien (Smyrn. 8,2) bot den Horizont für eine solche umfassende Schau. Die Bearbeiter sind sich dieser grundsätzlichen Sicht bewußt. Vermeidung unsachlicher Polemik war dabei selbstverständliches Gebot.

Da es sich vor allem um ein Lernbuch für Studenten und an der Sache interessierte Laien und Priester handelt, werden Kenntnisse aus der allgemeinen Geschichte bereits vorausgesetzt. Eine weitere Vertiefung in den einzelnen Abschnitten soll durch ein umfangreiches Literaturverzeichnis ermöglicht werden.

ABKÜRZUNGSVERZEICHNIS

ACO	=	Acta Conciliorum Oecumenicorum
APAW.PH	=	Abhandlungen der (k.) preußischen Akademie der Wissenschaften – philosophisch-historische Klasse
BS	=	Die Bekenntnisschriften der evangelisch-lutherischen Kirche, hg. v. Deutschen Evangelischen Kirchenausschuß, Göttingen ^{6}1967
CA	=	Confessio Augustana
CCath	=	Corpus Catholicorum, Münster 1919ff
CCL	=	Corpus Christianorum Series Latina
CR	=	Corpus Reformatorum, Halle–Braunschweig–Berlin 1834ff, Leipzig 1906ff
CSCO	=	Corpus Scriptorum Christianorum Orientalium
CSEL	=	Corpus Scriptorum Ecclesiasticorum Latinorum
GCS	=	Griechische christliche Schriftsteller der ersten drei Jahrhunderte
KLK	=	Katholisches Leben und Kirchenreform im Zeitalter der Glaubensspaltung
LP	=	Liber pontificalis
Mansi	=	Sacrorum conciliorum nova et amplissima Collectio
MG Auct. ant.	=	Monumenta Germaniae Historica Auctores antiquissimi
MG rer. Mer.	=	Monumenta Germaniae Historica Scriptores rerum Merovingicarum
MSA	=	Melanchthons Werke in Auswahl (Studienausgabe), hg. v. Stupperich Robert, Bd. I–VII/2, Gütersloh 1951–1975
OC	=	Opera Calvini, 59 Bde. (= CR 29–87), Braunschweig–Berlin 1863–1900
OS	=	Joannis Calvini opera selecta, hg. v. P. Barth u. a., 5 Bde., München ^{2}1952–1963
PG	=	Patrologiae cursus completus. Accurante Jacques-Paul Migne. Series Graeca
PL	=	Patrologiae cursus completus. Accurante Jacques-Paul Migne. Series Latina
RAC	=	Reallexikon für Antike und Christentum
SChr	=	Sources chrétiennes
SQS	=	Sammlung ausgewählter kirchen- und dogmengeschichtlicher Quellenschriften
StT	=	Studi e testi
WA	=	Martin Luther, Werke. Kritische Gesamtausgabe (»Weimarer Ausgabe«), 58 Bde., Weimar 1833–1948
WABr	=	D. Martin Luthers Werke, Briefwechsel, 15 Bde., Weimar 1930–1978
WADB	=	D. Martin Luthers Werke, Deutsche Bibel, 12 Bde., Weimar 1906–1961
WATr	=	D. Martin Luthers Werke, Tischreden, 6 Bde., Weimar 1912–1921
ZW	=	Huldreich Zwinglis sämtliche Werke, Bd. 1–14 (= CR 88–101); Berlin 1905, Leipzig 1908–1935, Zürich 1959ff

ALTERTUM

Einleitung

Die Geschichte der Kirche weist in ihrem Ursprung auf Jesus von Nazaret zurück, der mit seinem Wirken und Verkünden die Menschen zum Glauben und zur Gemeinschaft im Bekenntnis führte. Zwar legten die Verfasser der neutestamentlichen Evangelien in unübersehbarer Eigenständigkeit Zeugnis von Jesus ab; aber trotz aller Unterschiede im einzelnen setzten sie Jesus als Grund ihres Glaubens und damit als Urheber der Kirche voraus. Dieser Glaube der Jünger trennte die Gestalt Jesu nicht von der Geschichte Israels; in ihr erblickte man vielmehr den Schlüssel für das Verständnis seiner Sendung. Damit gewann der Glaube an Jesus von Nazaret seine universale Tragweite, seine kirchliche Qualität über den individuellen Bereich hinaus. Für die frühchristliche Kirche bedeutete der Aufweis dieses Zusammenhangs zwischen Israel und Jesus eine grundlegende Aufgabe, wobei sie ihr eigenes Sein in der Geschichte umschrieb. Zu dieser einmaligen Situation trat alsbald eine scharfe Auseinandersetzung der Gläubigen mit der religiösen Umwelt. Gleichzeitig drängte die Glaubensaussage nach inhaltlicher Klärung; allerdings zerbrach darüber die Einheit der Christen.

Diese Geschichte des frühen Christentums wird üblicherweise auch unter dem Epochenbegriff *Altertum* zusammengefaßt, der in Anlehnung an die allgemeine Geschichte den Zeitraum vom Ursprung der Kirche in Jesus von Nazaret bis zum sogenannten Mittelalter umschreibt. Eine solche Periodisierung hebt zunächst auf die Frühzeit der Kirchengeschichte ab, ebenso aber auf ihren Gleichlauf mit der späten römischen Reichsgeschichte, einsetzend mit dem Prinzipat, dem Ausbau des Kaisertums nach den Traditionen der Republik durch Augustus (27 v. Chr. – 14 n. Chr.). Vielfach charakterisiert man die letzte Phase der griechisch-römischen Epoche als *Spätantike,* deren Beginn mit dem Dominat verbunden wird, jener Konzentration kaiserlicher Rechte zu Lasten des Senats, wie sie nach vorausgegangenen Ansätzen unter Diokletian (284–305) Gestalt annahm. Während mit der augusteischen Zeit eine Befriedung des Römischen Reiches erfolgte, die Vergil († 19 v. Chr.) als Goldenes Zeitalter pries, haftet der Rede von der Spätantike das Merkmal des Niedergangs bzw. der Dekadenz an, ein Urteil, dem in der Kirchengeschichtsschreibung oft schablonenhaft der Aufstieg des Christentums gegenübersteht.

Tatsächlich hatte sich unter Kaiser Augustus der römische Herrschaftsbereich schon über den Mittelmeerraum hinaus geweitet und dem Austausch der

Kulturen den Weg geebnet. Im Norden sicherten die Besetzung des Alpenvorlandes bis zur Donau im Jahre 15 v. Chr. und die Errichtung des Limes bis zum Rhein die Grenze des Reiches, als die Feldzüge im freien Germanien letztendlich gescheitert waren. Die Eroberung Armeniens und vor allem der Ausgleich mit Parthien (20 v. Chr.) schufen wenigstens vorläufig politische Stabilität nach Osten hin. Mit dem Ausgreifen Roms in Ägypten rundete sich ein Weltreich, das von Britannien bis zur Sahara, vom Atlantik bis zum Euphrat reichte. Dieser gewaltige geopolitische Raum galt als bewohnte Erde, als *Oikumene* (orbis terrarum), die nach dem Willen der Götter römischer Herrschaft unterworfen war. Nach Auskunft des Neuen Testaments (Mt 24,14) sollte das Evangelium in der ganzen Oikumene verkündet werden, ein universalistisches Leitbild, das auch der ursprünglichen Rede von der Katholizität der Kirche zugrunde liegt. Politisches Zentrum des Vielvölkerstaates war Rom, das Christen ob seiner Pracht zunächst als Babylon kritisierten (1 Petr 5,13), ehe sie unter gewandelten Verhältnissen auf den Lobpreis der Stadt als caput mundi einstimmten.

Steigender Wohlstand im Imperium Romanum kam trotz gesicherten Friedens nicht allen Bevölkerungsschichten gleicherweise zugute, auch wenn das Sklaventum während der Kaiserzeit an ökonomischer Bedeutung verlor; wirtschaftliche Schwierigkeiten und militärische Lasten verschärften zunehmend das soziale Gefälle in der betont ständisch gegliederten Gesellschaft. Das kulturelle Leben, in den Theatern auch für breite Bevölkerungskreise offen, wurzelte zum einen in den rechtlichen Traditionen des Römertums, andererseits in den geistigen Strömungen des *Hellenismus,* der seit Alexander dem Großen (336–323 v. Chr.) Kunst und Philosophie Griechenlands zur allgemeinen Norm erhoben hatte. Im Bereich der Religion, deren Vollzug nach römischer Auffassung Größe und Macht des Imperiums verbürgte, brachte die Übernahme von Titel und Aufgaben des Pontifex maximus durch Kaiser Augustus die politisch-gesellschaftliche Funktion des Kultes vollends zur Geltung; der aufkommende Herrscherkult konzentrierte solche Religiosität auf den Kaiser, wobei ihr Formalismus dem Aberglauben Raum gab und dem Eindringen östlicher Mysterienkulte Vorschub leistete.

Im Umfeld dieser politischen, geistigen und religiösen Welt, summarisch auch als *Antike* bezeichnet, erfolgte die Verkündigung des Evangeliums, das allerdings schon im Altertum die Grenzen des Römischen Reiches überschritt. Für das frühe Christentum blieb freilich die Verzahnung mit der Lebensmacht des Imperium Romanum prägend, zumal sich trotz des Zusammenbruchs im Westen (476 n. Chr.) die Idee des Reiches über das Altertum hinaus als geschichtswirksam erwies.

1. VON DER GLAUBENSGEMEINSCHAFT ZUR KIRCHE

Das geschichtliche Wirken Jesu, sein Tod am Kreuz und seine Auferstehung bildeten den Angelpunkt der christlichen Glaubensbewegung, die aus dem Erlebnis von Erhöhung und Geistsendung das Heilshandeln Gottes auslegte. Dies geschah vor dem Hintergrund der Geschichte Israels und führte im Gefolge des Glaubens an Jesus, den Kyrios und Messias (Apg 2,36), zum Selbstverständnis eines endzeitlichen *neuen Israel*. Aus der Überzeugung, in den *letzten Tagen* (2 Petr 3,3) zu leben, erwartete die Gemeinschaft der Gläubigen das Kommen des Reiches Gottes, und zwar unter apokalyptischen Ereignissen. Diese Naherwartung kennzeichnet das Leben der Urgemeinde, und sie gab kaum dem Gedanken einer Kirche in der Geschichte Raum. Erst mit dem Aufschub der Parusie wurde ihr Fortbestand in der Zeit erfahren und als Antwort auf den Glaubensanruf Jesu (Mk 1,15) vrwirklicht.

§ 1
Die Urgemeinde von Jerusalem

Die Nachrichten von Erscheinungen des Auferstandenen in Galiläa (Mk 14,28; 16,7) zeigen, daß Jesus dort eine starke Anhängerschaft besaß. Nach Auskunft der Apostelgeschichte bildete jedoch Jerusalem, wo sich das Heilswerk Christi vollendet hat, das Zentrum der neuen Jesusbewegung. Die religiöse Tradition dieser Stadt, Rivalitäten zwischen Pharisäern und Sadduzäern, aber auch der endzeitliche Zug der Asketengruppe von Qumran schufen jene Atmosphäre, welche auf die werdende Kirche nachhaltigen Einfluß ausübte. Hier sammelte sich nach der Katastrophe von Golgota die versprengte Schar der Jesusjünger, und sie verlieh mit der Ergänzung des Zwölferkreises (Apg 1,15–26) ihrem Anspruch auf die endzeitliche Sammlung Israels Ausdruck. Israels Geschichte erscheint so als Hintergrund der Gemeinde Jesu, die nun den Weg in die Geschichte antrat.

a) Erweiterung des Jüngerkreises

Mit dem *Pfingstgeschehen* (Apg 2,1–13) trat die neue Glaubensgemeinschaft an die Öffentlichkeit. Auf die Predigt des Petrus hin (Apg 2,14–36) stieg die Zahl der Gläubigen geradezu sprunghaft an (Apg 2,37–42). Zahlenangaben (vgl. Apg

4,4) dienen freilich nicht statistischen Zwecken, sondern veranschaulichen die Wirksamkeit Gottes. Die Verkündigung von Jesus als dem Messias richtete sich in erster Linie an Israel, das Volk endzeitlicher Heilserwartung. Die sehnsüchtige Hoffnung auf eine baldige Wiederkunft des erhöhten Herrn, gesteigert durch die erfahrene Wende im Jesusgeschehen, äußerte sich in dem Bestreben, vor allem die Israeliten zum Glauben an Jesus, den Messias, zu bewegen. Der Gebrauch verschiedener Würdetitel für Jesus, so z. B. Menschensohn, macht aber deutlich, daß der Jesusglaube eine beachtliche Vielfalt aufwies und den Schluß auf situationsgebundene Gruppen von *Gläubigen* – eine häufige Selbstbezeichnung – zuläßt.

b) Erscheinungsbild

Im Gegensatz zur separatistischen Gemeinde von Qumran blieb die Gemeinschaft der *Christusgläubigen* zunächst Israel verbunden, obwohl sie als religiöse Gruppe gleich einer *haíresis,* einer Sonderrichtung im jüdischen Umfeld, erschien. Tatsächlich hielt sie am mosaischen Gesetz und am Tempel fest, so daß nach außen kein Bruch sichtbar wurde. Andererseits bestand man mit Nachdruck auf der Glaubensaussage, daß allein in Jesus von Nazaret dem Menschen Heil eröffnet sei (Apg 4,12). Diesem Befund entspricht die Schilderung der Urgemeinde in der Apostelgeschichte, wonach die Gläubigen »an der Lehre der Apostel festhielten und an der Gemeinschaft, am Brechen des Brotes und an den Gebeten« (Apg 2,42). Wie die Schriftgelehrten das Gesetz verbindlich auslegten, so verkündigten die Apostel das Heilswirken Jesu im Licht des Ostergeschehens, und sie schufen so jene formelhaften Wendungen, die als Keime der Überlieferung und künftigen Schrift gelten.

Die Elemente des urchristlichen Gottesdienstes, denen die Taufe als Aufnahmeritus vorausgang (Apg 2,38; Mk 16,16), veranschaulichen den Zusammenhang mit der überlieferten jüdischen Tradition, obwohl sich darin schon Neues abzeichnet. Mit dem *Brotbrechen* eröffnete bekanntlich im Judentum der Hausvater die Mahlzeit, und dieses Wort diente nun als Bezeichnung für die Mahlfeier der Gläubigen. Offenkundig im eucharistischen Sinn sprach Paulus vom »Brot, das wir brechen« (1 Kor 10,16), und berief sich in seiner Beschreibung des »Herrenmahles« auf eine Offenbarung vom Herrn (1 Kor 11,23). Diese »sakrale« Mahlzeit nahm nicht nur die Tradition der Tischgemeinschaft mit dem irdischen Jesus auf, sie war zugleich Gedächtnisfeier im Sinne der Einsetzungsberichte (Mt 26,26–28 par.), wobei auch nach dem Zeugnis von Did. 9f ein Sättigungsmahl (Agape) vorausging. Offensichtlich versammelte man sich dabei häuserweise und verwirklichte so Kirche in Hausgemeinschaften. Der alte Gebetsruf: *Marana-tha!* (1 Kor 16,22; Did. 10,6; Offb 22,20), wohl: *Unser Herr, komm!,* bezeugt den Glauben an das Kommen des Herrn in der Eucharistie wie in der anstehenden Parusie. Schriftlesung, Psalmen und Gebete pflegte man in gewohnter Weise und schuf so den grundlegenden Rahmen der Liturgie.

Die Gemeinschaft *(Koinonia)* des Gottesdienstes wirkte sich nach Auskunft der Apostelgeschichte auch auf die Lebensverhältnisse der Urgemeinde aus. »Alle, die gläubig geworden waren, bildeten eine Gemeinschaft und hatten alles gemeinsam. Sie verkauften ihr Hab und Gut und gaben davon allen, jedem so viel, wie er nötig hatte« (2,44f). Auf der Grundlage des gemeinsamen Glaubens schärfte sich das Bewußtsein gegenseitiger Verantwortung und steuerte so der Not unter den Glaubensbrüdern. Schwerlich handelte es sich dabei um eine kollektive Gütergemeinschaft, wie bei den Essenern von Qumran, eher um ein freiwilliges oder radikales Teilen zugunsten der Armen, deren Zahl sich nicht zuletzt durch den Zustrom der Gläubigen aus Galiläa gesteigert hatte (vgl. Apg 1,11; 2,7). In einer enthusiastischen Stimmung und im Blick auf die erwartete Wiederkunft Christi »war die Gemeinde der Gläubigen ein Herz und eine Seele« (Apg 4,32).

c) Die Ordnung in der Gemeinde

Die hochgemute Glaubenshaltung der Urgemeinde verdeckt jedoch nicht die Tatsache ihrer Ordnung. Schon aus dem Gebrauch verfassungsrechtlicher Begriffe wie *tópos* (Apg 1,25) oder *klēros* (Apg 1,17; 1 Petr 5,3) erhellt ein Selbstverständnis, das unverkennbar auf eine gegliederte Gemeinschaft verweist, wie sie eben auch in der jüdischen Synagoge anzutreffen war. Andererseits wußte man sich dem Beispiel Jesu verpflichtet und verstand jedes Amt als Dienst (vgl. Mk 9,35; 10,43f).

Vom Herrn selbst berufen, übten in der Urgemeinde zunächst die *Zwölf* mit Petrus an der Spitze Leitungsgewalt aus. Als erster Zeuge des Ostergeschehens trat Petrus verantwortlich unter den Brüdern auf, zum Beispiel bei der Nachwahl des Matthias (Apg 1,15–26) und der Geistsendung (Apg 2,14–41). Von ihm ging die Initiative zur Mission unter dem palästinischen Judentum (Gal 2,8), aber auch bei den Heiden (Apg 10,1–11,18) aus, eine Entwicklung, die offenbar die jüdischen Behörden beunruhigte, so daß es erstmals zu Zwangsmaßnahmen gegen die Apostel kam (Apg 4,1–22; 5,17–42). Petrus galt als entscheidende Autorität der Jerusalemer Urgemeinde, die auch Paulus nach Gal 1,18 aufsuchte. Die Tätigkeit des Erstapostels, dessen Arbeitsfeld sich bald über Jerusalem hinaus erweiterte, währte nach einigen Nachrichten in Jerusalem zwölf Jahre. Das Vorgehen des römischen Günstlings Herodes Agrippa I. (37–44), der im Jahre 41 den Zebedaiden Jakobus enthaupten ließ, führte auch zur Verhaftung des Petrus; auf wunderbare Weise aus dem Kerker befreit, begab er sich »an einen anderen Ort« (Apg 12,17).

Schon um diese Zeit war die Leitung der Jerusalemer Gemeinde auf den Herrenbruder Jakobus übergegangen, dem aufgrund seiner Verwandtschaft mit der Familie Jesu von Anfang an Ansehen eigen war. Seine Gesetzesfrömmigkeit schützte möglicherweise die Gemeinde der Gläubigen vor einem endgültigen Zugriff jüdischer Behörden. Paulus, der ihn nach Gal 1,19 bereits bei seinem ersten Besuch gesehen hatte, traf ihn erneut als Gesandter der antiochenischen Gemeinde bei den Verhandlungen über die Heidenmission, zusammen mit Kephas und Johannes. Diesen drei *Säulen* (Gal 2,9) in der Leitung der Jerusalemer Gemeinde war ein Kollegium von Presbytern beigegeben (Apg 11,30; 15,2;

20,17), offensichtlich nach dem Vorbild der Synagogenverfassung. Den Ältesten oblagen seit dem Zurücktreten des Zwölferkreises organisatorische Aufgaben einschließlich der Sorge um die Bedrängten (vgl. 1 Petr 5,1–4; Jak 5,14). Im übrigen wurde bei anstehenden Entscheidungen die ganze Gemeinde eingeschaltet, so etwa bei der Bestellung der Sieben (Apg 6,2.5), oder auch im Streit wegen der Heidenmission (Apg 15,22; vgl. Gal 2,9). Ein Konflikt um die Zuständigkeit in Fragen der Leitung brach nicht auf, wie die Einmütigkeit bei den Beschlüssen beweist.

d) Die Hellenisten

Neben den aramäisch sprechenden Hebräern gab es in Jerusalem Gläubige griechischer Zunge, die sogenannten Hellenisten. Ein banaler Anlaß, nämlich die Benachteiligung ihrer Witwen bei der täglichen Versorgung (Apg 6,1), führte zu einer Beschwerde, die man spontan mit der Bestellung von *sieben Männern* löste. Der schwelende Konflikt legte freilich grundsätzliche Fragen bloß, insofern diese Gläubigen aus Kreisen der Diasporasynagoge eine missionarische Öffnung über Israel hinaus anstrebten. Am Beispiel des Stephanus, der den Tempel nicht mehr als Stätte des Heils anerkannte (Apg 6,13f), wurde der Unterschied zu den Hebräern offenkundig, zumal dadurch auch der theologische Grund entfiel, die Ansage des endzeitlichen Heils mit Jerusalem zu verknüpfen. Die Bestellung der Sieben – alle mit griechischen Namen – zur Versorgung der Hellenisten erfolgte also nicht in Unterordnung unter die Ältesten; sie repräsentierten vielmehr jene Gläubigen, die zwar als hellenisierte Juden das Zeichen der Beschneidung achteten, aber in ihrer Verkündigung das Evangelium über die Grenzen Israels hinaustrugen. Die ausbrechende Verfolgung nach dem Martyrium des Stephanus zersprengte diesen Kreis, der nun aus Jerusalem weichen mußte.

Die Urgemeinde bot also kein einheitliches Bild, auch wenn sie oft von späteren Reformbewegungen idealisiert wurde. Soziologisch von unterschiedlicher Herkunft, nahmen die ersten Gläubigen Jesu Botschaft entsprechend ihren religiösen Anschauungen auf, wobei sich frühzeitig Konflikte abzeichneten, vor allem in der Wertung des Tempels und des Gesetzes. Zur Bewältigung der aufbrechenden Probleme und der anstehenden Aufgaben schuf man über den Kreis der Zwölf hinaus nach Bedarf Gemeindeämter, die aber eine Beteiligung der Gläubigen insgesamt bei wichtigen Entscheidungen nicht ausschlossen. In Erwartung der Parusie strahlte die Urgemeinde eine starke Dynamik aus, die vor allem ihre missionarische Verkündigung beflügelte und zugleich den Konflikt mit dem Judentum in eine universale Verkündigung umsetzte.

e) Die Isolation des Judenchristentums

Die Anerkenntnis eines gesetzesfreien Glaubens auf dem sogenannten *Apostelkonzil* (um 48/49) leitete für die *Hebräer* in Jerusalem eine zunehmende Isolation ein. Unter Führung des Herrenbruders Jakobus blieben sie der jüdischen

Tradition treu und so gewissermaßen Israel auch soziologisch verbunden. Von diesen Gläubigen jüdischer Observanz wurde die Christusbotschaft in den aramäisch sprechenden Osten getragen, und es entstanden dort Gemeinden eigener Struktur, die trotz Einflusses synkretistischer Strömungen lange Bestand hatten. Das Ansehen Jakobus' des Gerechten vermochte aber letztlich nicht den Konflikt mit der religiösen Autorität des Judentums zu hindern; als Zeuge der Messianität Jesu (Hegesipp bei Euseb, KG II 23,18) wurde er im Jahre 62 auf Betreiben des Hohenpriesters Ananos von der Zinne des Tempels gestürzt und erschlagen. Nicht zuletzt diese Erfahrung veranlaßte wohl die Christengemeinde Jerusalems dazu, den Aufstand gegen die römische Besatzungsmacht nicht zur eigenen Sache zu erheben; sie wanderte großteils ins Ostjordanland aus (Euseb, KG III 5,3). Wahrscheinlich stehen auch Nachrichten vom Aufenthalt des Apostels Johannes in Ephesos und des Evangelisten Philippus mit seinen vier prophetisch begabten Töchtern (Apg 21,9) in Hierapolis (Euseb, KG III 31,4) damit im Zusammenhang. Ein Teil der Christengemeinde betrachtete die Eroberung Jerusalems im Jahre 70 als Gottesgericht und kehrte wieder in die verwüstete Heimat zurück. Die Spannung zum Judentum hat sich in der Folgezeit freilich verschärft, wie die Aufnahme der Nazarener in die Fluchformel über die Minim (Häretiker) um das Jahr 90 sowie die Abkehr des orthodoxen Pharisäismus von der Septuaginta, inzwischen Heilige Schrift der griechisch sprechenden Gemeinden, beweist.

Nach dem Tode des Jakobus übernahm ein Vetter Jesu, Simon bar Klopas, die Leitung der Jerusalemer Gemeinde und gewährleistete so den Zusammenhang mit dem Usprung. Das Prinzip der Erblichkeit räumte den Verwandten Jesu eine führende Rolle ein, vermochte jedoch nicht, die Gefahren zu bannen. Auseinanderstrebende Richtungen nomistischer und synkretistischer Art spalteten bald das Judenchristentum. Derartige heterodoxe Gruppen bildeten sich vor allem im Ostjordanland, wo unter der Bezeichnung Ebioniten, das heißt Arme, gesetzestreue Gläubige Jesus als einfachen Propheten anerkannten, oder die sogenannten Elkesaiten auf eigene Offenbarungen ihres Gründers setzten. In den Taufsekten, vor allem bei den Mandäern, spielte man Johannes den Täufer gegen den »Lügner« Jesus aus und entfernte sich so gleicherweise von Juden wie Christus-Gläubigen. Mit guten Gründen hat man darauf verwiesen, daß in diesem Schmelztiegel religiöser Strömungen die Wurzel des Gnostizismus liege.

Für das Judenchristentum verlor Jerusalem endgültig seine Bedeutung, als im Zuge der Unterdrückung des *Bar-Kochba-Aufstandes* (132–135) die Stadt zu einer römischen Kolonie wurde. Unter Todesstrafe war den Juden der Aufenthalt in Aelia Capitolina verboten, nicht aber Gläubigen aus dem Heidentum, die dort alsbald eine neue Gemeinde gründeten. Abgedrängt in das Land jenseits des Jordans entfalteten die Judenchristen durchaus noch missionarische Aktivität, wie der um 140 entstandene *Dialog zwischen Jason und Papiskos über Christus* zeigt; aber der fehlende Kontakt zu heidenchristlichen Gemeinden verschärfte trotz Anklängen in den um 170 entstandenen *Kerygmata des Petrus* die Isolation, bis ihre »sektiererischen« Reste sich auflösten oder in neue Strömungen, etwa den Manichäismus, einmündeten.

§ 2
Die Ausbreitung des Christentums

Der Impuls zur christlichen Mission ging vom Wirken Jesu selbst aus, der in den Mahlgleichnissen (Mt 22,1–14; Lk 14,15–24) die eschatologische Dringlichkeit seiner Heilsbotschaft ins Bewußtsein gehoben hatte. Unter dem Eindruck des Chritusereignisses warben die Jünger als *Apostel* und *Evangelisten* für das endzeitliche Heil, das sie in Jesus von Nazaret gekommen glaubten. Allerdings rangen sich die Gläubigen nur zögernd zur Universalität der Heilsbotschaft durch, wie sie im Missionsbefehl von Mt 28,19f ihren Niederschlag gefunden hat. Die Anerkennung eines gesetzesfreien Christentums (Apg 15,1–35) ermöglichte schließlich das Überschreiten der Grenzen des Volkes Israel, und sie öffnete der Mission das Tor zur antiken Welt. Auf den Wegen des allgemeinen Verkehrs erreichten die meist anonymen Verkündiger des Glaubens die Menschen in den Städten, wobei sie Anschluß in den Gemeinden der jüdischen Diaspora suchten. Die gemeinsame Sprache (Koine) förderte eine einheitliche Kultur im gesamten Mittelmeerraum, der durch politisch-militärische Einbindung der Macht Roms (Pax Romana) unterstellt war. Das Zeitalter des Hellenismus hatte so zu einem Austausch geistiger Strömungen geführt, in dessen Gefolge sich nicht nur ein kosmopolitischer Zug geltend machte, sondern gleichzeitig östliche Mysterienkulte den juridischen Rahmen römischer Religiosität auflockerten. Keinesfalls traf also das Evangelium auf ein religiöses Vakuum; es trat vielmehr in Konkurrenz zu einem polytheistischen System, dessen Anerkenntnis im Opfer nach römischem Verständnis die Wohlfahrt des Reiches (salus publica) verbürgte. Der geradezu ängstlich praktizierten Religiosität entsprach andererseits eine Erlösungssehnsucht, die nicht zuletzt der Aufnahme des Evangeliums entgegenkam. Während aber die biblische Botschaft von Jesus als dem Messias bei den Hörern der alttestamentlichen Umwelt auf unmittelbares Verständnis stieß, nötigte der Übergang der missionarischen Verkündigung in den griechisch-römischen Kulturraum zu einer geistigen Übertragung ihrer Aussagen. Dabei setzte nicht bloß der Monotheismus Israels andere Rahmenbedingungen als der Polytheismus der hellenistischen Welt, es galt zugleich gegenüber hebräischem Denken den philosophisch-seinshaft orientierten Verständnishorizont der Hörer aus dem Heidentum zu berücksichtigen, ein Vorgang, der zwangsläufig zu einer Hellenisierung bzw. Romanisierung des Christentums führte.

a) Das Judenchristentum und seine Verbreitung

Auch wenn die Quellen für die Verbreitung des Judenchristentums dürftig sind, so erscheint doch das nach Westen orientierte Bild der Apostelgeschichte von der Ausbreitung des Christentums unzureichend. Die Jerusalemer Urgemeinde betrachtete die Universalität der Heilsbotschaft Christi als Angebot an ganz Israel, und sie hat, wenn auch frühzeitig durchbrochen, ihre Verkündigung auf diese religiös-ethnische Grenze beschränkt. Christliche Glaubensgemeinschaften entstanden nach späteren Nachrichten in den östlichen Gebieten Adiabene und Osrhoëne; neben Thomas, der bei Euseb (KG III 1,1) als Apostel von Parthien vorgestellt wird, tauchen Namen von Missionaren auf wie Addai (Thaddäus?) und seines Schülers Mari. Apokryphe Werke, etwa die Thomas-Psalmen oder die Oden Salomos, entstammen diesem Umfeld und weisen judenchristlichen Charakter auf. Der angebliche Briefwechsel König Abgars von Edessa mit Jesus (Euseb, KG I 13,1–22) spiegelt wohl frühes Ausgreifen christlicher Mission nach Osten wider, die möglicherweise auch Indien erreichte (Euseb, KG V 10,3). Im übrigen weisen auch die Ursprünge des Christentums in Ägypten auf Jerusalem zurück, denn Bruchstücke eines dort bekannten Ägypter- sowie eines Hebräerevangeliums enthalten Anklänge an das Judenchristentum.

b) Die Paulinische Missionstätigkeit

Unter den Verkündern des Evangeliums, das weithin von unbekannten Missionaren durch die Provinzen des Römischen Reiches getragen wurde, ragt der aus Tarsus stammende Saulus-Paulus hervor, der nach seiner Bekehrung (Apg 9,3–18) von Barnabas zur Mitarbeit unter den Gläubigen Antiochiens gewonnen wurde (Apg 11,25f). In dieser hellenistisch orientierten Großstadt nahm das Leben aus dem Glauben jene gesetzesfreien Formen an, die zwar bald zum Konflikt mit der Jerusalemer Urgemeinde führten, letztlich aber die künftige Heidenkirche prägen sollten.

Aus der heidenchristlichen Gemeinde Antiochiens kam der Anstoß, Paulus und Barnabas zum Werk der Mission zu bestellen, wobei die Überzeugung vom nahen Ende der Welt die Dringlichkeit einer universalen Glaubensverkündigung steigerte (vgl. Mt 10,23). Die erste Missionsreise (Apg 13,1–14,28) führte beide zwischen 44 und 48 über Zypern nach Kleinasien, und zwar von Pamphylien bis in das südliche Galatien. Der Weisung folgend, wonach Gottes Wort zuerst den Juden verkündet werden muß (Apg 13,46f), traten sie in den Synagogen der jeweiligen Städte auf, fanden aber vor allem bei den Heiden Gehör (vgl. Apg 14,27). Mit dem Verzicht auf die Beschneidung bahnte sich jedoch ein schwerwiegender Konflikt über die Geltung des Gesetzes an (Apg 15,1–5), der schließlich auf einem Treffen in Jerusalem, dem sogenannten Apostelkonzil, um das Jahr 48/49 geklärt wurde. Die Abordnung mit Paulus und Barnabas behauptete die Freiheit der Heidenchristen vom mosaischen Gesetz; andererseits setzte Jakobus in seinen Klauseln die Enthaltung von Götzenopferfleisch, Blut, Ersticktem und von der Unzucht durch (Apg 15; Gal 2,1–10). In der zweiten Phase seines missionarischen Wirkens (50–53) besuchte Paulus erneut die Gemeinden Kleinasiens, setzte aber auf eine Vision hin nach Makedonien über (Apg 15,36–18,22). Nach einem kurzen Zwischenaufenthalt in Palästina wurde schließlich 53–58 Ephesos das Zentrum seiner dritten Tätigkeit (Apg 18,23–21,17), die Stadt der Artemis, in der das Evangelium judenchristlicher Art schon Wurzeln geschlagen hatte. Trotz Schwierigkeiten, etwa mit den Silberschmieden (Apg 19,21–40), gelang Paulus der Durchbruch im religiösen Umfeld, und er nahm in Briefen die Sorge um bestehende Gemeinden wahr. Weitergezogen nach Griechenland, eröffnete er der römischen Gemeinde von Korinth aus seine Absicht, in den Westen, und zwar bis Spanien, zu reisen, da er im Osten kein Arbeitsfeld mehr habe (Röm 15,23f). Zunächst kehrte Paulus aber nach Jerusalem zurück, um eine Kollekte (vgl. Gal 2,10; Röm 15,26) für die Urgemeinde zu überbringen. Allerdings kam es dort zu Zusammenstößen mit den Juden, die zu seiner Gefangennahme und nach zweijähriger Haft zur Überstellung nach Rom (um 61) führten. Die Bewegungsmöglichkeiten in der Hauptstadt erlaubten Paulus weiterhin missionarische Arbeit, wenn nicht gar Reisen zu seinen Gemeinden, bis er nach altkirchlicher Tradition während der Verfolgung (um 64) unter Kaiser Nero (wohl aber schon früher) das Martyrium erlitt.

c) Der Missionsbereich des Petrus

Als erster Zeuge des Osterglaubens hatte der Apostel Petrus zunächst die Leitung der Urgemeinde von Jerusalem inne. Wohl schon frühzeitig nahm er die Mission unter den Juden auf; jedenfalls untermauerte Paulus seine eigene Sendung durch den Vergleich mit Petrus, der mit dem Evangelium »für die Beschnittenen« betraut sei (Gal 2,7). Diese Grenzziehung durchbrach freilich nach Auskunft der Cornelius-Erzählung (Apg 10,1–11,18) die Berufung des Erstapostels zum Heidenmissionar, ein Vorgang, der seine gesamtkirchliche Bedeutung ins Bewußtsein hob. Mit guten Gründen hat man die endgültige Formulierung der Jesusverheißung vom *Felsenfundament der Kirche* (Mt 16,17–19) mit dieser universalen Rolle des Petrus in Zusammenhang gebracht, auch wenn er sich durch sein Verhalten judenchristlicher Kritik ebenso aussetzte (Apg 11,3) wie dem Einspruch des Paulus (Gal 2,11–21).

Nur dürftige Anhaltspunkte weisen auf die missionarische Tätigkeit des Petrus (vgl. 1 Kor 9,5) außerhalb Palästinas; alte Nachrichten sprechen von der Errichtung des Episkopats in Antiochien (Origenes, Lk-Hom. 6,4). Die Existenz einer Kephaspartei in Korinth (1 Kor 1,12; 3,22) scheint einen Aufenthalt des Erstapostels vorauszusetzen, und auch die Adresse des ersten Petrusbriefes »an die Auserwählten, die als Fremde in Pontus, Galatien, Kappadokien, der Provinz Asien und Bithynien in der Zerstreuung leben« (1 Petr 1,1) stellt möglicherweise einen Reflex seiner apostolischen Wirksamkeit dar. Zahlreiche apokryphe Schriften unter dem Namen des Petrus, wie die Petruspredigten in den pseudoklementinischen Schriften, das Petrusevangelium sowie die Petrusapokalypse bestätigen eine missionarische Verkündigung des Apostels, auch wenn ihre Wege im einzelnen kaum zu verfolgen sind.

Ein klares *Petrusbewußtsein* entfaltete jedoch die Christengemeinde Roms. Eigenartigerweise gibt es keine unmittelbaren Zeugnisse, die von einem Aufenthalt des Erstapostels in Rom sprechen. Die christliche Botschaft war wohl von unbekannten Gläubigen in die Hauptstadt getragen worden, und sie gewann zunächst Anhänger unter den dortigen Juden. Eine knappe Notiz Suetons (Leben des Claudius 25), wonach Juden wegen anhaltender Tumulte unter dem Antrieb eines Christus (impulsore Chresto) aus Rom vertrieben wurden, spielt wohl auf Auseinandersetzungen um die Messianität Jesu an, so daß man bereits für das

Jahr 49, dem Zeitpunkt des Edikts, mit einer judenchristlichen Gemeinde rechnen darf, die sich auf Heiden erweitert hatte. Vermutlich war es die Bedeutung Roms als Hauptstadt, welche Petrus anzog; jedenfalls lassen mehrere indirekte Zeugnisse keinen begründeten Zweifel an seiner Anwesenheit und dem Martyrium aufkommen.

Unter den literarischen Zeugnissen verrät die Ankündigung des Todes nach Joh 21,18f eine Kenntnis des in die Zukunft verlegten Ereignisses, und auch 1 Petr 5,13 setzte in pseudonymer Form einen römischen Aufenthalt des Erstapostels voraus. Im übrigen bestätigt gerade die Überlieferung von Markus und seinem Evangelium, daß Petrus in Rom die Christusbotschaft verkündigt hat (Euseb, KG II 15,2). Von außerkanonischen Quellen erwähnt das Schreiben der römischen Gemeinde nach Korinth den Apostel Petrus als Beispiel für ertragene Mühsal und Zeugenschaft qualifizierter Art (1 Klem. 5,1–4; 6,1f), ein Hinweis, der im Licht von Tacitus, ann. XV 44, ein Wissen vom Tode des Apostels während der Neronischen Verfolgung voraussetzt. Wie das Schreiben des antiochenischen Bischofs Ignatius an die Römer (4,3) ein Nahverhältnis, so deutet die sogenannte Ascensio Isaiae (um 100) im Stil prophetischer Rede den Tod des Petrus an, wie übrigens auch das Fragment einer Petrusapokalypse (Anfang 2. Jahrhundert). Die Überzeugung von der Anwesenheit des Erstapostels in Rom verdichtete sich immer mehr und schlug sich in weiteren Zeugnissen nieder, wobei den Bischofslisten (Iren. haer. III 3,3) nicht weniger Aussagekraft zukommt wie dem Hinweis des Porphyrios auf seine Kreuzigung (Makarios Magn. III,22). Im übrigen weist die geläufige Einheit von Petrus und Paulus trotz Differenzen auf eine gemeinsame Anwesenheit in der Hauptstadt, ein Befund, der in der Frühzeit des Christentums nie bezweifelt wurde.

Für die historische Beweisführung haben die Ausgrabungen unter St. Peter in Rom neue Gesichtspunkte erbracht. Im Zuge dieser Arbeiten gewann eine Diskussion zur Zeit des Papstes *Zephyrinos* (199–217) erhöhte Aufmerksamkeit, wonach der römische Presbyter Gaius auf die Begründung des montanistischen Anspruchs antwortete: »Ich kann die Tropaia der Apostel zeigen. Du magst auf den Vatikan gehen oder auf die Straße nach Ostia, du findest die Tropaia der Apostel, welche diese Kirche gegründet haben« (Euseb, KG II 25,7). Der Ausdruck *trópaion* schillert zwar in seiner Bedeutung, kann aber aufgrund des Argumentationsganges wohl nur Grabmal besagen. Das Wissen um diese Gedenkplätze wird freilich gespalten durch eine Nachricht im römischen Festkalender von 354, wonach für das Jahr 258 zusätzlich eine Gedächtnisfeier *in catacumbas,* also bei der heutigen Kirche San Sebastiano an der Appischen Straße, bezeugt ist. Ausgrabungen haben dort eine Kultstätte (Triclia) mit zahlreichen Petrus- und Paulusgraffiti freigelegt, jedoch keinen Grabplatz. Da überdies eine Inschrift des Papstes *Damasus* (366–384) vom »Wohnen« der beiden Apostel an diesem Platz spricht, entstanden mehrere Hypothesen zur Klärung des Befundes. Von der Annahme, es handle sich um den ursprünglichen Bestattungsort, über Translationen im Zusammenhang der Valerianischen Verfolgung (258) bis zur Deutung als Kultplatz einer novatianischen Gruppe reichen die Erklärungsversuche.

Die während des Zweiten Weltkrieges begonnenen Grabungen unter der Peterskirche führten zunächst zur Freilegung einer antiken Nekropole. Im Zuge der Arbeiten entdeckte man die Memorialanlage der 326 eingeweihten Basilika Konstantins, welche eine ältere Grabaedicula an einem Bestattungshof umschloß. Dieses beschädigte Monument vor einer um 170 errichteten Mauer identifizierten die Ausgräber mit dem von Gaius erwähnten Denkmal, unter dem der Apostel Petrus bestattet gewesen sein soll. Auch wenn im Detail manche Fragen ungeklärt sind (wahrscheinlich Feuerbestattung mit Urne), so wurde dieses knappe Zentralgrab bezeichnenderweise von den umliegenden Bestattungen aus dem 1. Jahrhundert geschont, so daß der Schluß auf das Grab des Apostels möglich ist. Konstantin der Große orientierte jedenfalls die Vatikanische Basilika an dieser Memorialstätte aus dem 2. Jahrhundert, und er nahm für die Ausführung seines Projektes erhebliche bauliche und rechtliche Hindernisse in Kauf, ein Umstand, der nur aus der Tatsache einer petrinischen Kulttradition im antiken Areal des Vatikans zu erklären ist.

Das Bewußtsein einer engen Verbundenheit der römischen Christusgemeinde mit dem Apostel Petrus setzt seine Anwesenheit in der Hauptstadt voraus. Nach den erwähnten Zeugnissen leitete man zunächst aber keinen besonderen Führungsanspruch eines Nachfolgers ab, der offensichtlich erst mit der Durchsetzung des Monepiskopats in Rom sowie der entstehenden Bischofslisten (Hegesipp bei Euseb, KG IV 22,3) zum Tragen kam.

d) Streuung der Christengemeinden und ihre soziologische Zusammensetzung

Im Laufe des 2. Jahrhunderts erreichte die christliche Mission bereits die Menschen im ganzen Mittelmeerraum. Irenäus von Lyon († um 202) erwähnt schon Kirchen in Spanien und bei den Kelten, im Orient, in Ägypten und Libyen, bezeichnenderweise auch in den germanischen Provinzen (haer. I 10,2). Frühzeitig wurde das Evangelium auch über die Reichsgrenzen hinausgetragen, vor allem im Osten, so daß Klemens von Alexandrien († vor 215) selbstbewußt erklären konnte: »Die Lehre unseres Meisters blieb nicht nur in Judäa wie die Philosophie in Griechenland, sie breitete sich vielmehr über die ganze bewohnte Erde aus« (Teppiche IV 18,167). Solche Äußerungen flossen sicher aus einer universalistischen Grundhaltung, aber die nachweisbaren Ortskirchen dieser Zeit bestätigen tatsächlich eine weite Streuung der Gemeinden.

So bewußt die christliche Mission in der jüdischen Diaspora und deren Umfeld ansetzte, ihre Zielgruppe bildete die Menschheit insgesamt, und zwar über alle Schranken gesellschaftlicher oder nationaler Art hinweg. Entgegen einer sozialrevolutionären These, wonach das Evangelium vor allem unter den Armen der antiken Gesellschaft Anklang gefunden habe, weil es auf ein besseres Jenseits vertröste, setzten sich die urchristlichen Gemeinden aus Gläubigen aller Bevölkerungsschichten zusammen. Schon die klassische Frage nach dem *ewigen Leben* stellte ein reicher Mann (Mk 10,17–22 par.), und sie bestätigt das Aufbrechen neuer Hoffnungen, die von den zeitgenössischen Philosophien, etwa dem Stoizismus, aber auch den gängigen religiösen Kulten nicht mehr hinreichend erfüllt wurden. Von den Fischern im Umkreis Jesu bis zu Angehörigen senatorischer Kreise in der römischen Gemeinde reicht bereits im 1. Jahrhundert das soziologische Spektrum, das zunächst vom Milieu der Synagogen geprägt war. Gewiß zählte der größere Teil der Christen in dieser Zeit zu den unteren Schichten (vgl. 1 Kor 1,26f), doch die verschiedenen Verhältnisse der einzelnen Gemeinden und die rasche Öffnung auf die gebildete Welt verbieten es, vom frühen Christentum als sozialrevolutionärer Bewegung oder gar Sklavenreligion zu sprechen.

e) Das Problem der Hellenisierung

Der Übergang der christlichen Heilsbotschaft aus dem jüdisch-alttestamentlichen Umfeld in den griechisch-römischen Kulturraum zog unweigerlich eine Umsetzung des Evangeliums in die Vorstellungswelt und Denkformen der hellenistischen Hörer nach sich. Vom Ursprung her haftete der Frohbotschaft von dem in Jesus von Nazaret ergangenen Heilshandeln Gottes der Charakter jüdischer Messiaserwartung an, und man legte in judenchristlichen Kreisen das Jesusgeschehen auch im Horizont der alttestamentlichen Heilsgeschichte aus. Trotz der aufkommenden Gefahr einer Judaisierung, vor allem im christlichen Lebensvollzug, blieb dieser Wurzelgrund (vgl. Röm 11,18) für die Geschichte des Christentums bestimmend. Andererseits erzwang die missionarische Verkündigung vor Menschen, die nicht mit der religiösen Tradition des Judentums und hebräischem Denken vertraut waren, jene Hellenisierung, die gerade das abendländische Christentum tiefgreifend prägen sollte. Tatsächlich erfolgte unter dem Antrieb einer vernunftgemäßen Auslegung des Wortes Gottes eine Transposition, die bei aller Kritik im einzelnen religiöse Grundsätze und ethische Normen der Umwelt übernahm; insbesondere ging man auf die metaphysische Fragestellung griechischer Philosophie ein und interpretierte das biblische Heilsgeschehen hin bis zu verbindlichen Glaubensaussagen in Seinskategorien. Angesichts der Gefahr einer Entleerung der biblischen Botschaft oder gar des Abgleitens in die Häresie erhob sich schon frühzeitig Widerspruch gegen eine solche Umsetzung des Evangeliums, so in Tertullians berühmter Frage: »Was hat Athen mit Jerusalem zu schaffen? Was die Akademie mit der Kirche« (Prozeßeinreden 7,9)? Trotz solchen Protests beharrte die frühe christliche Verkündigung auf diesem Weg der Inkulturation, und sie stellte sich so einer universalen Herausforderung, zumal sich letztlich die philosophische Interpretation biblischer Aussagen als Schranke gegen die Häresie erwies.

§ 3
Die nachapostolischen Gemeinden und ihre Einheit

Die Verkündigung des Evangeliums führte innerhalb des Römischen Reiches und bald über dessen Grenzen hinaus zur Gründung zahlreicher Christengemeinden, und zwar entsprechend der antiken Siedlungsstruktur vorwiegend in den Städten. Ganz zwanglos wurde so die Polis-Civitas zum Lebensraum der örtlichen Gläubigen, so wie die staatliche Verwaltungsorganisation als Raster kirchlicher Einteilung diente. Als religiös-kultische Größe, aber auch in ihrer politischen Selbstverwaltung stellte die hellenistische Polis eine Art Gegenbild der örtlichen Gemeinschaft der Gläubigen dar. Überragende Bedeutung besaß bis zum Untergang im Jahre 70 Jerusalem mit der Urgemeinde, aber schon früh zeichnete sich eine führende Rolle von Antiochien und Rom ab, zu denen für den ägyptischen Raum bald Alexandrien trat. In der ausgreifenden Glaubensbewegung des Christentums trug die lokale Gemeindebildung zur Stabilisierung insgesamt bei; überdies entstanden auf diese Weise Zentren, deren Besonderheiten die Einheit im Glauben nicht hinderten.

a) Das Selbstverständnis der Gemeinden

Das deutsche Wort *Kirche*, abgeleitet von *kyriakós*, d.h. zum Herrn gehörig, dient zur Wiedergabe des griechischen Terminus *ekklēsía*, womit die Septuaginta Israel als Bundesvolk Jahwes bezeichnete. Die Gläubigen nahmen die Tradition des alttestamentlichen Bundesvolkes auf und betrachteten sich ihrerseits als *Kirche Gottes* (1 Kor 10,32 u. ö.), als endzeitliche Heilsgemeinde. Dem Begriff *ekklēsía* – eine Übersetzung vom hebräischen *qahal* –, der bezeichnenderweise beim Wechsel zur lateinischen Sprache beibehalten wurde, eignet über die Ortskirche hinaus universale Bedeutung, ja er gewann sogar übergeschichtlichen Sinn. Nach wie vor behaupteten sich aber die überkommenen Bezeichnungen für die einzelnen Glieder der Gemeinde, so die Rede von den »Gläubigen«, die das Bewußtsein christlicher Grundhaltung gegenüber kultischem Vollzug und Erkenntnis wach hielt, oder den »Heiligen« mit dem konfliktträchtigen Anspruch elitärer Verwirklichung.

Erfüllt von solchem Selbstverständnis erlebten die Christen die irdische Welt als Fremde. Ohne Zweifel steigerte die Erwartung der Parusie den Abstand zur Umwelt, aber ihr Aufschub gefährdete letztlich nicht den Bestand der Gemeinden. Gewiß stellte die Erfahrung der Geschichte eine große Herausforderung dar; doch bewältigte man sie durch Verweis auf die endzeitlichen Verheißungen und den Appell zur Bewährung in der Zeit. Gegenwärtige Erfüllung und künftige Erwartungen verschmolzen in dem Glauben, daß die Ansage eines Neuen Bundes (Jer 31,31–34) erfüllt sei (1 Kor 11,25), wobei aber die Geschichte Israels als Vorgeschichte der Kirche beansprucht wurde. Trotz aller Wandlungen kam es darum auch zu keinem Bruch im kirchlichen Selbstverständnis.

b) Der jüdische Hintergrund

Die christliche Missionspredigt richtete sich auch außerhalb Palästinas zunächst an die Mitglieder der hellenistisch-jüdischen Synagoge, in deren Umfeld und Schutz die neuen Glaubensgemeinschaften entstanden. Für die Organisation und das Leben der werdenden Ortskirche diente die Synagoge geradezu als Modell. So verstand sich etwa die römische Christengemeinde ganz in der Tradition des Judentums, wenn sie die Tempelordnung Jerusalems als Leitbild beschwor (1 Klem. 41,2) und den Glauben Abrahams rühmte (1 Klem. 31,2). Das unterscheidende Merkmal des Jesusglaubens trat offensichtlich nur langsam ins Bewußtsein der Öffentlichkeit (vgl. Apg 11,26), außer es führen innere Spannungen zu Unruhen. Ignatius von Antiochien († um 110) sah sich sogar genötigt, der Gemeinde von Magnesia (10,1–3) mit Nachdruck die Lebensform des Christentums *(Christianismós)* gegenüber jüdischer Praxis in Erinnerung zu rufen, ein Hinweis nicht nur auf den zunehmenden Systemcharakter christlicher Weisungen, sondern eben auf die Modellfunktion des *Joudaïsmós.* Trotz aller Gemeinsamkeit im Milieu der Synagoge machte sich aber unter Berufung auf das Christusereignis die Distanz zur konkreten jüdischen Gemeinde geltend.

c) Ortsgemeinde und gottesdienstliche Versammlung

Die Mitte des Gemeindelebens bildete die gottesdienstliche Versammlung, in welcher der einzelne Gläubige Gemeinschaft erfuhr. Den Zugang eröffnet nach dem Vorbild Jesu (Mk 1,9–11 par.) und dem Taufbefehl des Auferstandenen (Mt 28,19) die Taufe (báptisma) in fließendem Wasser (vgl. Apg 8,38; Did. 7,1), notfalls durch dreifaches Besprengen. Mit Gebet und Fasten begleitete die Gemeinde diese Initiation, und sie besiegelte die Gemeinschaft mit dem Neophyten durch die eucharistische Feier. Das ethische Niveau des Täuflings, wie es nach jüdischem Vorbild die Didache (Kap. 1–6) beschreibt, mußte dem Anspruch der »Heiligen« genügen, galt es doch, »die Taufe rein und unbefleckt (zu) bewahren« (2 Klem. 6,9). Die verstärkte Ethisierung der christlichen Botschaft, bald im Sog stoischer Wertvorstellungen, erscheint so als Ausfluß der in der Taufe erfolgten Wiedergeburt. Das Gemeinschaftsbewußtsein der Gläubigen erreichte seinen Höhepunkt in der Feier der Eucharistie. Mit Nachdruck beschwor Ignatius von Antiochien angesichts aufkommender Gefahren diese Einheit: »Seid bedacht, eine Eucharistie zu gebrauchen – denn eines ist das Fleisch unseres Herrn Jesus Christus und einer der Kelch der Vereinigung mit seinem Blut, einer der Opferaltar, wie einer der Bischof zusammen mit dem Presbyterium und den Diakonen, meinen Mitknechten, damit ihr, was immer ihr tut, gottgemäß tut« (Philad. 4). In der Eucharistie gründet danach kirchliche Einheit, für die zusehends der Bischof Bedeutung gewann.

Einzelne Ortskirchen erfuhren durch die Tatsache apostolischer Gründung nicht nur überregionale Anerkennung, sondern ebenso eine Legitimation eigenständiger Formen in Gottesdienst und Leben. Dazu wirkten sich örtlich unterschiedliche Voraussetzungen in der Annahme des Evangeliums auf Besonderungen im Glaubensbewußtsein aus, die in den lokalen Bekenntnissen ihren Niederschlag fanden. Voneinander abweichende Entwicklungen bei der Feier der Eucharistie und der Handhabung der kirchlichen Disziplin, hin bis zur Gemeindeverfassung und Bußpraxis, unterstreichen die Dynamik der jeweiligen Ortskirchen. Unter diesen Umständen überrascht es schließlich nicht, wenn die aufkommende Theologie ihre Themen unsystematisch aufgriff und behandelte. Solche Vielfalt des kirchlichen Lebens barg gewiß die Gefahr der Spaltung in sich; man respektierte sie aber als Ausdruck des einen Glaubens.

d) Einheit der Kirche

Der Vorrang der konkreten Ortskirche hob das Bewußtsein von der universalen Gemeinschaft im Glauben nicht auf. Das »neue Volk« (vgl. 1 Petr 2,9) der Christen betrachtete sich zunächst als Vollendung Israels, überschritt aber bewußt alle nationalen Schranken. In der Rede von den Christen als dem »dritten Geschlecht« gegenüber Griechen und Juden, begründet durch die geistige Art der Gottesverehrung, kam dieser universale Anspruch gleichfalls zur Geltung; ja man schrieb sich den Erhalt der Welt zu (Brief an Diognet 6) und überbot das Reich der Römer durch Verweis auf die alles umgreifende Herrschaft Gottes (Hippol., Dan. Komm. IV 9). Diese Öffnung zur Universalität traf sich mit dem stoischen Kosmopolitismus der Zeit und steigerte das Bewußtsein der Katholizität. Ignatius von Antiochien sprach erstmals von der *katholikē ekklēsía* (Smyrn. 8,2), womit er über die Universalkirche hinaus auf ihr transzendentes Urbild abhob. Für ihn wurzelt kirchliche Einheit in Jesus Christus, den jeder bischöfliche Leiter einer Lokalgemeinde verkörpert. Eine Gemeinschaft von Gläubigen am Ort repräsentiert also die übergreifende Gesamtkirche, und die bleibt so eingebunden in ihrer Einheit.

Wie in der Ortskirche Gemeinschaft, vor allem im Gottesdienst, erlebt wurde, so pflegten diese auch die Gemeinden untereinander. Schon der Reiseverkehr in der Alten Welt führte zu einer starken Verbundenheit der Gläubigen miteinander, die durch brüderliche Gastfreundschaft erleichtert wurde; einem möglichen Mißbrauch steuerte man durch eine Art Paß (Gemeinschaftsbrief). Ein reger Briefverkehr zwischen den Gemeinden diente nicht nur der gegenseitigen Information, er war weitgehend Ausdruck der Mitverantwortung. Man stärkte sich im Glauben, schenkte Trost in der Bedrängnis und mahnte zu christlichem Lebenswandel; auch über die Bestellung von Bischöfen wurden andere Ortskirchen unterrichtet. Bischof Dionysios von Korinth richtete beispielsweise um 170 »katholische Briefe« (Euseb, KG IV 23,1) an zahlreiche Gemeinden, und zwar weit über seinen Sprengel hinaus, und er bezeugte so die Universalität altkirchlicher Einheit. Mit dem Begriff *koinōnía – communio*, der ursprünglich die Verbundenheit des Glaubenden mit Christus ausdrückte, bezeichnete man diese Gemeinschaft der Gläubigen, deren Mitte die Eucharistie bildete. Der Ausschluß von der Eucharistie, die Exkommunikation, markierte umgekehrt den Bruch mit einem Sünder oder Irrlehrer.

e) Kirchenfriede und Osterfeststreit

Eine Gefahr für die universale Einheit der Kirche bahnte sich mit dem sogenannten Osterfeststreit an. Das Gedächtnis von Tod und Auferstehung Christi hatte das österliche Fest im Anschluß an das Passah bald zur zentralen Feier der christlichen Glaubensgemeinschaft werden lassen, deren Bedeutung durch die Spendung der Taufe unterstrichen wurde. Ohne einseitig den Gehalt des Osterfestes auf das Leiden Christi zu beschränken, feierte man im kleinasiatischen Kirchenbereich nach jüdischem Vorbild am 14. Nisan ein christliches Passah

(Quartodezimaner), während man im Westen, aber auch in Ägypten und Syrien die Auferstehung am darauffolgenden Sonntag beging (dominikale Praxis), vielleicht um den Abstand zum Judentum hervorzuheben, und zwar unter Berufung auf die Chronologie des Johannesevangeliums. Jedenfalls kam es wegen des unterschiedlichen Brauchs zu ernsthaften Spannungen, die zwar bei einem Gespräch zwischen Papst *Aniket* (154–166?) und Polykarp von Smyrna († 156) nicht ausgeräumt wurden, aber auch nicht zum Bruch führten. »Trotz dieser Differenzen blieben beide in Gemeinschaft. Und Aniket gestattete aus Ehrfurcht dem Polykarp in seiner Kirche die Feier der Eucharistie. Und in Frieden schieden sie voneinander« (Euseb, KG V 24,17). Die gegenseitige Respektierung der unterschiedlichen Praxis unterdrückte allerdings nicht die anhaltende Diskussion, bis schließlich Papst Viktor gegen die Quartodezimaner ausgesprochen herrisch auftrat, vermutlich weil sie ihren Brauch in Rom einführen wollten. Auf seine Initiative sprachen sich mehrere Synoden für die dominikale Osterfeier aus, worauf er die kleinasiatischen Gemeinden mit Bischof Polykrates von Ephesos († um 200) aus der kirchlichen Gemeinschaft auszuschließen versuchte. Nur der Einspruch des Irenäus von Lyon verhinderte ein Schisma, also eine Kirchenspaltung wegen unterschiedlicher Disziplin, bis schließlich das Konzil von Nizäa um der kultischen Einheit willen die dominikale Praxis allgemein vorschrieb (Euseb, Leben Konstantins III 18–20).

f) Anfänge des Synodalwesens

Trotz des Bewußtseins ökumenischer Einheit förderte die Eigenständigkeit der Ortskirchen den Ausbau lokaler Traditionen, und zwar hin bis zur Gefahr der Distanzierung voneinander. Der Konflikt wegen des Osterfesttermins oder auch die Montanistische Bewegung machten die spalterische Tendenz solcher Phänomene allseits sichtbar, auch wenn sie zunächst auf teilkirchliche Regionen beschränkt blieben. Um diesen Gefahren zu begegnen, fanden sich seit dem ausgehenden 2. Jahrhundert Bischöfe zu gemeinsamer Beratung zusammen, um so die anstehenden Probleme zu lösen. Die Frage nach einem Vorbild für solche Versammlungen konnte bislang nicht gültig beantwortet werden; weder eine Ableitung vom römischen Senat oder den Landtagssynoden der Provinzen noch die Rückführung auf das jüdische Synedrium vermag die Entstehung einer so geschichtswirksamen Institution zu erklären, zumal auch das sogenannte *Apostelkonzil* (Apg 15,1–33; Gal 2,1–10) eher vorsynodale Züge aufweist. Unbeschadet dieser Unklarheit haben die Zusammenkünfte und Beratungen von Gemeindeleitern eine gemeinkirchliche Verantwortung an den Tag gelegt, die angesichts der vorgegebenen Dezentralisierung übergreifende Einheit zu verwirklichen suchte. Solche regionale Treffen kamen erstmals wegen des Montanismus in Kleinasien zustande (Euseb, KG V 16,10). Um die Mitte des 3. Jahrhunderts versammelten sich in Nordafrika bereits Synoden mit rund 100 Teilnehmern (Cyprian, Brief 59,10). Dahinter stand nicht nur die Sorge um eine vollständige Vertretung des Episkopats, sondern durchaus auch das Bemühen übergeordneter Bischöfe, durch eine große Zahl von Synodalen den eigenen Einfluß zur Geltung zu bringen. Aber selbst auftretende Unzulänglichkeiten synodaler Verfahren können nicht verdecken, daß hierin ein Instrument kirchlicher Ordnung zum Tragen kam, das dann in den ökumenischen Konzilien universale Einheit repräsentierte.

§ 4
Das Werden der kirchlichen Verfassung

Für den Bestand der christlichen Gemeinden und ihr gemeinschaftliches Leben trug der Ausbau ihrer Ordnungsformen entscheidend bei. Zwar bieten die neutestamentlichen Schriften keine Verfügungen Jesu über die konkrete Form von Ämtern in den Gemeinden, wohl aber grundlegende Aussagen zu ihrem Verständnis. In deutlicher Absetzung von weltlicher Herrschaft heißt es bei Mk 10,43f: »Bei euch aber soll es nicht so sein, sondern wer bei euch groß sein will, der soll euer Diener sein, und wer bei euch der Erste sein will, soll der Sklave aller sein.« Selbst wenn gewisse Parallelen zu administrativen Institutionen hellenistischer Städte festzustellen sind, so markiert diese Weisung den Abstand frühchristlicher »Amtsauffassung«, die nicht zuletzt im Verzicht auf gängige Amtstitulaturen zum Ausdruck kam, sondern Dienst ist. Im übrigen spricht aus den wenigen Hinweisen auf Verfassungsformen eine erstaunliche Variation der jeweiligen Aufgaben, ein Umstand, der in hohem Maße von der erwarteten Parusie ausgelöst war. Dennoch ist das kirchliche Amt nicht einfach Folge der ausgebliebenen Wiederkunft Christi, denn der Dienst an der Gemeinde galt vom Ursprung her als bleibende Aufgabe.

a) Die Vielfalt neutestamentlicher Ordnungsformen

Aus der Schilderung der Urgemeinde von Jerusalem ergab sich bereits die grundlegende Bedeutung der Zwölf (Apostel) als berufene Zeugen des Lebens und der Auferstehung Jesu für das Selbstverständnis des neutestamentlichen Gottesvolkes (vgl. Mt 19,28). Mit Ausnahme von Petrus traten sie allerdings kaum (vgl. noch Apg 3–4; 12,2) amtlich in Erscheinung; nur apokryphe Apostelgeschichten zeichneten legendenhaft ihren weiteren Lebensweg nach. Trotz des Dunkels bleibt aber die Einzigartigkeit apostolischer Zeugenschaft gewahrt, die als solche nicht auf Nachfolger im Amt übergehen kann. In Jerusalem selbst übte alsbald das Leitungsgremium der drei Säulen, Jakobus, Petrus und Johannes (Gal 2,9), Autorität aus. Daneben nahm offensichtlich ein Kollegium von Ältesten (presbýteroi) nach dem Vorbild der Synagoge Ordnungs- und Versorgungsaufgaben (Apg 11,30; 21,18) wahr. Im übrigen war bei wichtigen Angelegenheiten die ganze Gemeinde eingeschaltet, und zwar aufgrund der alttestamentlichen Überzeugung, wonach Gott selbst in der Versammlung spricht (vgl. Apg 15,28). So wirkte bei der Bestellung der Sieben »die ganze Schar der Jünger« (Apg 6,2.5) mit, und auch die Beschlüsse des Apostelkonzils kamen »mit der ganzen Gemeinde« (Apg 15,22) zustande. Die erwähnten »Sieben« – keineswegs

Diakone im Sinne des späteren Amtes – galten ihrerseits als »Leiter« der Hellenisten, so daß für die Anfänge der kirchlichen Verfassung insgesamt ein kollegialer Zug als charakteristisch erscheint.

Ein anderes Bild boten die paulinischen Gemeinden, über deren Ordnungsformen uns die frühesten Nachrichten vorliegen. Vor dem Hintergrund der organischen Leib-Christi-Vorstellung (1 Kor 12,12–27; Röm 12,4–8; Eph 4,11–16) zählt Paulus, der selbst unter Berufung auf eine Offenbarung des Herrn (1 Kor 9,1f; 15,8–10; Gal 1,1.12.15f) in seinen Gemeinden mit Autorität auftrat, mannigfache Dienste bzw. Charismen auf. Nach 1 Kor 12,28 hat »Gott in der Kirche die einen als Apostel eingesetzt, die andern als Propheten, die dritten als Lehrer; ferner verlieh er die Kraft, Wunder zu tun, sodann die Gaben, Krankheiten zu heilen, zu helfen, zu leiten, endlich die verschiedenen Arten von Zungenrede«. Diese Charismen schenkt der Geist Gottes einzelnen Gläubigen zur Auferbauung der Gemeinde (vgl. 1 Kor 12,7), aber auch zum Dienst an den Nichtglaubenden. Offensichtlich lag solchen Befähigungen kein festes Ordnungssystem zugrunde, sie erscheinen vielmehr als spontaner Eingriff bei zwingendem Bedürfnis. Neben der aktuellen Bedeutung der Charismen kennt Paulus allerdings auch bleibende Dienste im Sinne von »Beistehen und Leiten«, die nach 1 Thess 5,12 und Röm 12,8 Vorsteher *(oproïstámenoi)* wahrnahmen. Diese Vorsteher und Mitarbeiter werden Phil 1,1 als *Episkopen und Diakone* tituliert, wobei die Aufgabe der Episkopen im Sinne der Wortbedeutung, nämlich als eines Aufsehers über das Gemeindeleben, zu fassen ist.

Nicht zu Unrecht hat man festgestellt, daß Episkopen und Diakone weitgehend an die Ortsgemeinde gebunden, hingegen Apostel, Propheten und Lehrer (1 Kor 12,28) gesamtkirchlich tätig waren. Tatsächlich begegnen uns Episkopen nur in heidenchristlichen Gemeinden – die Erwähnung von Presbytern Apg 14,23 und 20,17 scheint eine nachträgliche Amtsbezeichnung des Lukas zu sein –, und sie entsprachen wohl den Presbyterkollegien palästinisch-judenchristlicher Ortskirchen. Die Ähnlichkeit der Funktionen erleichterte eine gegenseitige Durchdringung der unterschiedlichen Ordnungsformen und auch ihrer Bezeichnungen (vgl. 1 Tim 3,2; 4,14; 5,17; Tit 1,5.7). Selbst unter institutioneller Betrachtungsweise kann man einen Gegensatz kaum ausmachen, da in den paulinischen Gemeinden keineswegs nur charismatisch-enthusiastische Freiheit herrschte, vielmehr alles »in Anstand und Ordnung geschehen« (1 Kor 14,40) sollte, ein Grundsatz, der durchaus das Sich-Unterordnen einschloß (vgl. 1 Kor 16,16; 1 Thess 5,12). Jedenfalls wurden bereits in nachpaulinischer Zeit die Amtsbezeichnungen Episkopos und Presbyter synonym verwendet, ein Zeichen für den Austausch der Verfassungsformen. Mit Nachdruck reklamierte die Didache (15,1) den Dienst von Propheten und Lehrern für Bischöfe und Diakone, die ihrerseits von der Gemeinde gewählt wurden; und das Schreiben des ersten Petrusbriefes (4,10f) harmonisiert geradezu die Charismenordnung mit der palästinischen Presbyterverfassung. Inzwischen hatte freilich das Episkopenamt an Bedeutung gewonnen. Zusammen mit dem der Diakone umschrieben (1 Tim 3), deren Ursprung wohl im Dienst beim Gemeindemahl zu suchen ist, schärften sich allmählich die Konturen des Bischofs, dessen Funktion in der Gemeinde mit der Rolle des Hausvaters (1 Tim 3,4f.12; Tit 1,7) verglichen, aber auch mit dem alttestamentlichen Leitbild des Hirten angereichert wurde (Apg 20,28; vgl. 1 Petr 2,25).

b) Die Institutionalisierung des kirchlichen Amtes

Ohne Zweifel hat das Ausbleiben der Parusie den Ausbau der kirchlichen Organisation beschleunigt und den Diensten auf Dauer gegenüber situationsbedingten Charismen zum Durchbruch verholfen. Der Fortgang der Geschichte steigerte schließlich das Bedürfnis, den Zusammenhang mit dem Ursprung zu wahren, und zur Gewährleistung dieser Kontinuität bot sich das kirchliche Amt an.

In eindrucksvoller Weise hat der Verfasser des ersten Klemensbriefes um 96 diesen Zusammenhang mit Hilfe des Sukzessionsprinzips hergestellt. »Die Apostel empfingen die frohe Botschaft für uns vom Herrn Jesus Christus; Jesus, der Christus, wurde von Gott gesandt. Christus kommt also von Gott, und die Apostel kommen von Christus her; beides geschah demnach in schöner Ordnung nach Gottes Willen. Sie empfingen also Aufträge, wurden durch die Auferstehung unseres Herrn Jesus Christus mit Gewißheit erfüllt und durch das Wort Gottes in der Treue gefestigt, zogen dann mit der Fülle des Heiligen Geistes aus und verkündeten die frohe Botschaft von der Nähe des Gottesreiches. So predigten sie in Stadt und Land und setzten ihre Erstlinge nach vorhergegangener Prüfung im Geiste zu Bischöfen und Diakonen für die künftigen Gläubigen ein. Und dies war nichts Neues; stand ja doch seit langen Zeiten von Bischöfen und Diakonen geschrieben. Denn so sagt an einer Stelle die Schrift (Jes 60,17): Ich will einsetzen ihre Bischöfe in Gerechtigkeit und ihre Diakone in Treue« (1 Klem. 42,1–5).

Diese Darstellung vom Werden des kirchlichen Amtes ordnet den vielfältigen Befund nach dem theologischen Prinzip der Sukzession, um so das Kerygma für die Folgezeit zu sichern. Ohne die zahlreichen Formen einer Berufung, und zwar hin bis zur Mitwirkung der Gemeinde, zu berücksichtigen, erscheint das Amt von Bischöfen und Diakonen als göttliche Setzung; die Rede von »bestellten Presbytern« (1 Klem. 54,2) unterstreicht nur diese Sicht. Vor einem solchen Hintergrund eignete auch der Handauflegung analog rabbinischer Praxis der Charakter legitimer Einsetzung, während sie in den Pastoralbriefen (vgl. 1 Tim 4,14; 2 Tim 2,1f) eher als Übertragung des Charismas erscheint. Damit war eine Institutionalisierung des kirchlichen Amtes erreicht, die trotz der Mischformen von Gemeindeordnungen in dieser Zeit eine große Wirkungsgeschichte entfalten sollte.

c) Der Monepiskopat

Schon die Kontamination der verschiedenen Dienste und Ämter verwies auf eine zunehmende Bedeutung des Episkopos, auch wenn im Westen bis in die Mitte des 2. Jahrhunderts kollegiale Organe die Gemeindeleitung ausübten. Nach Auskunft von 1 Klem. 44,1.5 nahmen in Rom Presbyter die *episkopē* wahr, ein

Befund, den noch der Pastor Hermas widerspiegelt. Zum ersten Mal begegnet der Monepiskopat, jene Ordnungsform, wonach *ein* Bischof an der Spitze einer Gemeinde steht, dem ein Kollegium von Presbytern und Diakonen bei- bzw. untergeordnet ist, bei Ignatius von Antiochien. Wie sich der Verfasser selbst als »Bischof von Syrien« (Ign. Röm. 2,2) betrachtete, so hob er allenthalben auf die monarchische Verfassungsform in den Gemeinden ab (Magn. 3,1; 6,1; Trall. 3,1 u. ä.). Obwohl seine Begründung des Monepiskopats eine unangefochtene Durchsetzung noch fraglich erscheinen läßt, hat sie doch das Verständnis des bischöflichen Amtes stark beeinflußt. Als Abbild Christi bzw. des Vater-Gottes (Ign. 5,1; Trall. 3,1; Röm. 9,1) nimmt der Bischof in der Gemeinde eine einzigartige Stellung ein. Er verkündet in authentischer Weise das Evangelium, das gottesdienstliche Geschehen konzentriert sich in seiner Gestalt, ihm obliegt die verantwortliche Leitung der Gemeinde, als ihr Haupt garantiert er die kirchliche Einheit.

Zur Entfaltung des Monepiskopats trugen verschiedene Motive bei, unter denen das Ansehen eines Amtsträgers ebenso wirksam wurde wie die Sorge um die unverfälschte Lehre oder das Ordnungsmodell einer Hausgemeinde. Faßbar wird die gestufte Verfassungsform mit einem Bischof an der Spitze einer Gemeinde jedenfalls im kleinasiatisch-syrischen Bereich, wobei die Engel der apokalyptischen Gemeinden (vgl. Offb 1,20) wohl als Vorbild dienten. Während des 2. Jahrhunderts setzte sich dann der monarchische Episkopat allgemein durch, und er erwies sich in den aufkommenden Konflikten als Angelpunkt kirchlicher Selbstbehauptung. Schon die Kirchenordnung Hippolyts (um 215) übertrug dem Bischof alle entscheidenden Funktionen in der Gemeinde. Unter Aufnahme alttestamentlicher Leitbilder, wie jenes vom Hohenpriester, steigerte die Didaskalie (erste Hälfte 3. Jahrhundert) die Analogie von himmlischer und kirchlicher Rangordnung; als Vater, Herr und zweiter Sohn sprach sie dem Bischof geradezu eine unantastbare Autorität zu (Didask. II 20,1). Liturgie und Verkündigung, Bußgewalt und Gemeindeleitung oblagen dem Bischof, dessen Amt künftig die Verfassung der Kirche prägte. Die Tragweite dieser Entwicklung erhellt aus dem Kirchenverständnis Cyprians von Karthago († 258), der die Einheit der Kirche im Bischof gewährleistet sah, insofern er Anteil hat an der Felsenfunktion des Erstapostels Petrus. Die Kirche »gründet in den Bischöfen, und jede kirchliche Handlung wird durch diese Vorgesetzten geleitet« (Brief 33,1). Geradezu herrscherliche Züge prägen ein solches Bischofsbild, das allerdings persönliche Heiligkeit voraussetzte. Dieser Episkopalismus, der Mt 16,18f für jede bischöfliche Kirche in Anspruch nahm, führte freilich zum Konflikt mit dem Bischof von Rom. Es ist bezeichnend für das Erscheinungsbild und das Ansehen der Bischöfe dieser Zeit, daß Kaiser Decius angeblich die »Aufstellung eines Bischofs Gottes in Rom« mehr schockierte als ein politischer Rivale (Cypr., Brief 55,9).

d) Gemeinde und kirchliche Ämter

Der Ausbau der kirchlichen Verfassung verlagerte Kompetenzen und Verantwortung in der Gemeinde zusehends auf den Bischof bzw. den Klerus, ein Begriff, der seit Klemens von Alexandrien (Welcher Reiche wird gerettet 42,2) zur Bezeichnung der bestellten kirchlichen Mitarbeiter diente.

Unter Verweis auf die alttestamentliche Kultordnung hatte schon 1 Klem. 40,5 den Unterschied zwischen »Laien« und Priestern beschworen und jenen Vergleichen den Weg geebnet, die das liturgische Geschehen in kultischer Terminologie des Alten Testaments veranschaulichten. Zwar behauptete sich das Recht des Volkes, den Bischof zu wählen, wenn auch gelegentlich in eingeschränkter Form, noch geraume Zeit, aber eine unverkennbare Sacerdotalisierung der kirchlichen Dienste verstärkte das Eigengewicht des Klerus, nicht zuletzt im Sinne eines Standes (ordo). Die ursprüngliche Reserve gegenüber der Bezeichnung Priester (hiereús, sacerdos), die im Neuen Testament Jesus Christus (Hebr 5,6; 7,24 u. ö.) und im Sinne eines allgemeinen Priestertums den Gläubigen (1 Petr 2,5.9; Offb 1,6; 5,10; 20,6) vorbehalten war, wird aufgegeben und nicht nur allegorisch auf den Bischof bzw. Presbyter als Vorsteher der eucharistischen Feier übertragen. Durch seine kultische Funktion bekam er priesterliche Qualität, die eine Differenz zum Kirchenvolk markierte (Tert., Aufford. zur Keuschheit 7,3).

Entsprechend den Bedürfnissen von Gottesdienst und Gemeindeleben haben sich die kirchlichen Ämter rasch differenziert. Neben Presbyterium und Diakonen zählt Papst Cornelius (251–253) Subdiakone, Akolythen, Exorzisten, Lektoren und Ostiarier auf (Euseb, KG VI 43,11). Ihre beträchtliche Zahl in der römischen Gemeinde weist trotz äußerer Bedrängnisse auf eine intensive kirchliche Praxis. Die Verkündigung gehörte im Westen weitgehend zum Aufgabenbereich des Bischofs, doch waren auch eigenständige Lehrer (Apost. Konst. VIII 32,17) tätig. In der Mitarbeit der Gemeinden begegnen uns von Anfang an auch Frauen (vgl. Röm 16,1–15); als Diakonissen oder Witwen (1 Tim 5,9ff; Tit 2,3ff) haben sie seelsorglich-karitativ gewirkt und vor allem im Osten eine Einbindung in die kirchliche Ämterreihe erfahren. Allerdings verstärkte das Auftreten von Frauen in häretischen Gemeinschaften den Vorbehalt gegen eine Gleichberechtigung, und man dämmte ihre Wirksamkeit unter Rückgriff auf emanzipationswidrige Leitbilder und asketische Motive ein. Diese Vielfalt der Dienste ermöglichte im übrigen eine Bewährung für höhere Aufgaben in der Gemeinde, wobei die Herkunft aus Priesterfamilien sogar mit dem Traditionsmotiv gekoppelt wurde (vgl. Euseb, KG V 24,6).

e) Die römische Gemeinde und ihr Vorrang

Der Vorrang des Apostels Petrus im Zwölferkreis und seine sowohl Juden wie Heiden umgreifende Missionstätigkeit fanden bereits im frühesten Kirchenverständnis ihren Niederschlag. Als Erstberufener und Osterzeuge eignete Petrus ein allgemein anerkanntes Ansehen, das sich in seiner Einmaligkeit jedoch einer

Weitergabe entzog. Insofern er freilich im Glauben Jesus als Christus bekannte, kam ihm über den Dienst an den neutestamentlichen Gemeinden hinaus bleibende Bedeutung zu. Bezeichnenderweise hat die Alte Kirche auch die Primatsworte weitgehend auf den Glauben des Petrus hin ausgelegt, und dementsprechend beriefen sich die Bischöfe insgesamt auf Teilhabe am Petrusdienst.

Diese *universale Bedeutung* des Petruszeugnisses hat im Anspruch der römischen Bischöfe, unmittelbare Nachfolger des Erstapostels zu sein, eine die Geschichte der Kirche prägende Konzentration erfahren. Zwar weist die Tatsache einer kollegialen Leitung der römischen Gemeinde bis in die Mitte des 2. Jahrhunderts nicht auf eine unmittelbare Folge monarchischer Bischöfe oder gar eine ausdrückliche Petrussukzession. Das Wissen um eine »(Blut-)Zeugenschaft« Petri sowie die Amtslegitimation aufgrund der Einsetzung von »Erstlingen« durch die Apostel (1 Klem. 5,4; 42,4) boten aber jenen Rahmen, in dem sich der Nachfolgegedanke entfaltete, zumal an der Verbundenheit der römischen Gemeinde mit dem Erstapostel kein vernünftiger Zweifel besteht. Gewiß bekundet das Schreiben der römischen Gemeinde nach Korinth eher ekklesiale Mitverantwortung als Vorrang; ihr Ansehen aber bestätigt der antiochenische Bischof Ignatius (Röm. Präskr. u. 4,3), der ihren *Vorsitz in der Liebe* rühmte und bewußt ihr besonderes Autoritätsverhältnis zu *Petrus und Paulus* hervorhob. Über ein allgemeines Petrusbewußtsein hinaus, das seinen Niederschlag auch in der Diskussion um apostolische Gedenkstätten fand, betonen dann freilich jene Bischofslisten den Zusammenhang mit dem Erstapostel, die zur Sicherung des apostolischen Kerygmas das Prinzip der Sukzession aufgriffen. Eine solche Nachfolgereihe bis Eleutheros traf offensichtlich Hegesipp in Rom an (Euseb, KG IV 22,3), und Irenäus von Lyon (haer. III 3,3) bot erstmals eine vollständige Bischofsliste, anhebend mit Linus. Seine theologische Absicht, mit Hilfe dieser Sukzessionsreihe die Offenbarung gegen gnostischen Mißbrauch zu sichern, entsprach der altkirchlichen Überzeugung, wonach in einer apostolischen Kirchengründung das Kerygma auf dem Weg bischöflicher Nachfolge gewahrt sei (Tert., Prozeßeinreden 21). Insofern wird man auch die berühmte Formulierung des Irenäus vom Vorrang der römischen Kirche (haer. III 3,2) nach Maßgabe der apostolischen Tradition deuten müssen, die für den Westen eben in Rom gegenwärtig ist. Diese Ursprungsbeziehung der römischen Gemeinde zu Petrus und Paulus steigerte ihr Ansehen allerdings auch im östlichen Kirchenbereich. Ihre Rechtgläubigkeit erschien unbestritten (vgl. Röm 1,8), (Irr-)Lehrer suchten Anerkennung, und ein Aberkios ging dorthin, um »ein Reich zu schauen und eine Königin zu sehen im Goldgewand und goldenen Schuhen«. Als Hauptstadt übte Rom gewiß einen Sog auf die Gläubigen des Imperiums aus, aber die Gemeinde hat sich nicht auf den politischen Rang berufen.

Unter den römischen Bischöfen dieser Zeit trat vor allem *Viktor I.* (189–199?) hervor, der die weit verbreitete dominikale Osterfestpraxis gegenüber den Kirchen Kleinasiens durchsetzen wollte und sogar ihren Ausschluß aus der Gemeinschaft androhte (Euseb, KG V 23f). Obwohl dem schroffen Vorgehen eine synodale Beratung vorausging, erhob sich scharfe Kritik, ein Zeichen für die Grenzen der Autorität des Bischofs von Rom. Andererseits weist die Anlage einer Papstgruft im Bereich der Calixtuskatakombe auf ein Selbstverständnis, das seit der ersten Belegung mit Pontianus Würde mit dem Anspruch der Nachfolge verband. Die Berufung auf das Felsenwort Mt 16,18f von seiten römischer Bischöfe erfolgte allerdings erst imLaufe des Ketzertaufstreits, als Papst *Stephan I.* (254–257) seine besondere Autorität und zugleich römische Praxis mit dem Verweis auf die Nachfolge Petri begründete (vgl. Cypr., Brief 75,17). Ursprünglich in bußtheologischem Zusammenhang eingesetzt (vgl. Tert., Ehrbarkeit 21,9), hat die klassische Primatsstelle rasch an Bedeutung für die Argumentation zugunsten eines kirchlichen Vorranges Roms gewonnen, eine Diskussion, die selbst von Außenstehenden wie dem Philosophen Porphyrios († um 303) wahrgenommen wurde. Trotz dieses Anspruchs blieb zunächst auch der Bischof von Rom eingebunden in das Gefüge der Großkirche, in dem sich ebenso die alten Rechte von Alexandrien und Antiochien behaupteten.

§ 5
Literatur der nachapostolischen Zeit

Viele Christengemeinden gerieten nach dem Tode der Gründer unter den Zwang, die Botschaft des Evangeliums in ihrer Ganzheit zu sichern und das Leben aus dem Glauben zu gestalten. Nicht zuletzt dieser Umstand hatte schon zur Schriftwerdung der Christusbotschaft in Evangelien und Briefen geführt, die alsbald dem Alten Testament als Offenbarungszeugnis zur Seite traten. Daneben entstanden zahlreiche weitere Schriften, deren Verfasser zum Teil unbekannt sind oder unter dem Namen von Aposteln (Pseudonym) auftraten. Der Grundsatz apostolischer Herkunft für die Echtheit einer Schrift wurde so schon frühzeitig unterlaufen, so daß es zu einer reichen Produktion apokrypher Literatur kam. Während diesen Schriften nach Art neutestamentlicher Gattungen die Tendenz zu phantasievoller Ergänzung eigen ist und deshalb keine kirchliche Anerkennung fanden, spiegeln die Gemeindeschreiben der nachapostolischen Zeit Sorge gegenüber der Offenbarung und der Gemeinschaft der Gläubigen.

a) Die Apostolischen Väter

Als Apostolische Väter bezeichnet man eine nach ihrer literarischen Form uneinheitliche Gruppe von *Schriften*, deren Verfasser noch in einer gewissen Nähe zur Apostolischen Zeit standen.

Zu ihnen zählen das um 96 entstandene Schreiben der römischen Gemeinde nach Korinth, im allgemeinen als *erster Klemensbrief* gekennzeichet, ferner die *sieben (?) Briefe* des Ignatius von Antiochien an kleinasiatische Kirchen sowie nach Rom, und neben einem Fragment *ein Brief* Polykarps von Smyrna († 156). Einen größeren Abstand zur Apostelzeit weisen andere Schreiben auf, die vielfach auch den Apostolischen Vätern zugerechnet werden. Unter ihnen stellt die sogenannte *Didache* eine Art Gemeindeordnung dar, basierend auf einer jüdischen Zweiwege-Lehre und wohl noch vor 150 entstanden. Als pseudonyme Werke gelten der *Barnabasbrief* sowie der in einer Art Homilie verfaßte *zweite Klemensbrief*. Nach dem Muster jüdischer Apokalypsen ist der *Hirt des Hermas* gestaltet, und zwar in Rom um 150. Die Zusammenfassung dieser Schriftengruppe als Apostolische Väter erfolgte im Zuge des Umgangs mit diesen Texten einer Übergangszeit, ohne daß chronologische oder inhaltliche Kriterien in gleicher Weise zur Geltung kamen. So erklärte Papias von Hierapolis in seinem um 130 entstandenen Werk *Erklärungen von Herrenworten*, daß er die Apostel selbst nicht gehört habe (Euseb, KG III 39,2), und der anonyme Brief *an Diognet* (um 200) weist inhaltlich eine apologetische Tendenz auf. Angesichts der Verbindung verschiedener Elemente läßt sich schwer eine literarische Einheit erkennen, auch wenn man in Anlehnung an neutestamentliche Sendschreiben weitgehend die Briefform suchte. Sprachlich bewegten sich die Verfasser im Umfeld der Septuaginta, brachten aber in ihr Koine-Griechisch durchaus stilistische Eigentümlichkeiten ein, so besonders der schöpferische Ignatius. Ihr Zeugnis für die in Christus ergangene Offenbarung ist im übrigen nicht mehr ursprünglich, sondern von Übernahme und Weitergabe geprägt; insofern veranschaulichen sie den »Sitz im Leben« für die Entstehung der patristischen Literatur.

Grundsätzlich sind die Aussagen der Apostolischen Väter von jenem Wandel der Parusie-Erwartung geprägt, der das eschatologische Daseinsverständnis hinüberführte zu endzeitlicher Zukunftserwartung und die Kirche in der Geschichte an der jenseitig-himmlischen Wirklichkeit maß. In dieser Situation bezeugen sie jene gegenseitige Verantwortung, die auf den Bestand der Ortskirchen abhob und so deren Einheit sicherte. Unverkennbar traten dabei die Inhalte des Glaubens in den Vordergrund, aber auch ethische Verhaltensregeln, wobei großzügig Normen der jüdischen und popularphilosophischen Umwelt übernommen wurden. Das Alte Testament stellte die Bibel dieser Generation von Gläubigen dar, vor deren Hintergrund die Christusverkündigung erfolgte, gelegentlich in eigenständiger Terminologie. Aufkommende Irrlehren nötigten bald zur Betonung des ganzen Glaubensgutes, insbesondere hinsichtlich der gottmenschlichen Wirklichkeit Christi. Im Zuge dieser bewahrenden Tendenz erfuhr das Glaubensverständnis selbst einen Wandel, da über die rechtfertigende Kraft hinaus Glaube als eine Haltung erscheint, die sich nach Art des jüdisch-hellenistischen Tugendkanons um Verwirklichung der gottgesetzten Ordnung müht.

b) Die Apokryphen

Wie unter den Namen alttestamentlicher Propheten andere Verfasser schrieben, so entstand auch im Anschluß an neutestamentliche Schriften eine reiche Literatur, die nach ihrer literarischen Form die Vorbilder nachahmte und inhaltlich zu ergänzen suchte. Vor allem die Gnostiker gaben vor, im Besitz solcher geheimer Bücher zu sein, die mit den Namen von neutestamentlichen Gestalten um Anerkennung warben. Die Kirche lehnte derlei *geheime* Machwerke ab und schloß sie auf dem Weg der Kanonbildung vom Gebrauch als Glaubensurkunden aus, auch wenn sie nach Form und Inhalt (falsche) Authentizität beanspruchten. Mit ihren erbaulichen und legendären Zügen übten die Apokryphen dennoch erheblichen Einfluß aus, nicht zuletzt auf Bildfolgen der entstehenden christlichen Kunst. Überarbeitungen alttestamentlicher Apokryphen erfolgten im jüdisch-christlichen Bereich. Neben paränetischen Absichten, etwa in den *Testamenten der zwölf Patriarchen*, eignet weiteren Werken eine enthüllende Tendenz, so dem Testament Salomos oder dem Buche Henoch; auch die zunächst heidnischen, dann immer wieder jüdisch umgestalteten *Sprüche der Sibylle* gehören in diese Schriftengruppe. Den Charakter von Evangelien haben neben versprengten Herrenworten und Fragmenten Werke judenchristlicher Herkunft, wie das *Hebräer-* und *Ebionäerevangelium*. Einen Abriß des Lebens Jesu und Gespräche mit seinen Jüngern enthält auch die *Epistola Apostolorum*, die sich trotz gnostischer Elemente gegen Irrlehren richtete. Phantasievoll schmückten Kindheitsevangelien die Jugend Jesu aus. Motive aus dem *Protoevangelium des Jakobus*, nicht nur einmal die Grenzen guten Geschmacks übersteigend, bereicherten in der Folge die Marienlegenden. Nach Vorlagen buddhistischer Erzählungen zeichnet das *Kindheitsevangelium* des Thomas Jesus als Wunderknaben. Zum Typ der gnostischen Evangelien zählt ein ebenfalls unter dem Namen *Thomas* laufendes Werk, das etwa 114 Aussprüche Jesu enthält. Über die Möglichkeit einer Erlösung gibt ein *Evangelium der Wahrheit* Auskunft, und auch das *Apokryphon des Johannes* weist dem Menschen einen Weg zur Einigung mit dem vollkommenen Gott. Die Wanderschaften der Apostel und ihre Wunderkraft schilderten nach antiken Heroenerzählungen die apokryphen Apostelgeschichten; die einschlägigen *Akten* über Petrus, Paulus, Andreas, Johannes und Thomas bilden eine Parallele zu antiker Romanliteratur, bieten aber doch Einblick in die Vorstellungswelt der Zeit sowie in die Verknüpfung von Apostelgestalten mit den jeweiligen Gebieten. Persönlicher Erbauung, aber auch der Befriedigung von Neugier dienten weithin die apokryphen Apokalypsen, deren Jenseitsschilderungen eine beachtliche Wirkungsgeschichte entfalteten.

Die Literatur der nachapostolischen Zeit ist thematisch zwar vom Leben der christlichen Gemeinden und ihren geschichtlichen Glaubensgrundlagen geprägt, mit ihrer Entstehung betraten die Gläubigen jedoch das Feld der antiken Kultur.

<h1 style="text-align:center">§ 6
Die Entstehung von Häresien – der Gnostizismus</h1>

Die verschiedenartige Aufnahme der Botschaft Jesu und ihre Weitergabe im Licht seiner Erhöhung, wie sie in den Schriften des Neuen Testaments ihren Niederschlag gefunden haben, zeigte schon vom Ursprung her eine Vielfalt des Glaubensbewußtseins. Durch die Betonung einzelner Elemente der biblischen Verkündigung, also auf dem Weg der Auswahl *(haíresis)* brachen Konflikte auf, die im Sog jeweiliger religiöser Traditionen oder im Verbund mit gängigen Heilslehren schon frühzeitig zur Absonderung christlicher Gruppen führten.

Anders als im antiken Religionswesen sah sich die Kirche genötigt, auf die wahre Lehre zu pochen, die ihr durch Überlieferung in den von Aposteln gegründeten Gemeinden vermittelt und so durch das Kriterium der Apostolizität gesichert war. Nicht das Bild vom anfänglich reinen Quell der Glaubenswirklichkeit, das allmählich von Irrlehren verschmutzt wurde, entspricht dem geschichtlichen Befund vom Aufkommen der Häresien, sondern die Vielfalt der Glaubenszeugnisse, welche durch einseitige Auswahl, eben durch Abweichen von der Lehre, zur Entstehung von *Sondergemeinden* (Sekten) führte. Die Auseinandersetzung mit den Häresien wurde übrigens in großer Schärfe geführt; sie trug wesentlich zur Entwicklung der kirchlichen Lehre und zur Bewährung der Gläubigen (vgl. 1 Kor 11,19) bei.

a) Häresien judenchristlicher Herkunft

Ein eigentümliches Christusverhältnis machte sich schon im Umfeld des Judenchristentums geltend. Auf adoptianistische Weise betrachtete an der Wende zum 2. Jahrhundert Kerinth Jesus von Nazaret als einen Menschen, der sich in seinem Leben bewährt habe, so daß bei der Taufe Christus als Geist auf ihn herabgekommen sei. Einer solchen Auffassung begegnet man auch bei den schon erwähnten Ebioniten, die sich als *Arme* verstanden und aus dem Zerfall der Urgemeinde von Jerusalem hervorgegangen waren; ihr Schrifttum umfaßte ein überarbeitetes Matthäusevangelium, ferner die Petruspredigten der Pseudoklementinen. Im Umkreis dieser judenchristlichen Strömungen sind auch Elkesaiten und Mandäer anzusiedeln, deren Weltdeutung dualistische Züge anhaften; vor allem bei den Mandäern wird die öftere Taufe praktiziert als Ritus, der den Aufstieg in eine mythische Lichtwelt sicherte. Einflüsse aus jüdischem Milieu machten sich auch in frühen gnostischen Kreisen geltend, die sich um den Häresiarchen Simon Magus (Apg 8,9–11) und seine Schüler scharten.

b) Der Gnostizismus

Schon im neutestamentlichen Sprachgebrauch erfolgte die Überführung des Glaubens zu geistgewirkter Erkenntnis (1 Kor 2,6–16), die schließlich zur Umschreibung gläubiger Gottesnähe diente (Joh 10,14). Über die Herkunft solcher Rede von Erkenntnis lagert freilich bis heute Dunkel, das sich trotz des Fundes gnostischer Originalschriften, wie der Bibliothek von Nag Hammadi (Mittelägypten), kaum gelichtet hat. Die Ableitung des neutestamentlichen Erkenntnisbegriffs von der alttestamentlichen Weisheitsliteratur vermag bislang den Gebrauch so wenig vollgültig zu erklären wie der Verweis auf hellenistische Geistigkeit oder orientalisch-persische Einflüsse. Im übrigen macht die Tatsache gnostischer Spekulationen in den Gemeinden von Kolossä (Kol 2,16–23), Thyatira (Offb 2,18–29) und Pergamon (Offb 2,14f) deutlich, daß diese Strömungen nicht einfach als häretische Abweichungen vom kirchlichen Glauben gelten können, wie es frühchristliche Ketzerbekämpfer voraussetzten.

Obwohl die Anfänge des christlichen *Gnostizismus* mit den Anhängern Simons des Magiers und seinen Nachfolgern Menander und Satornil verbunden wurden, so wurzeln sie der Form nach eher in jenen Schulkreisen, die das Dasein des Menschen in je eigenen Entwürfen (Systemen) zu erhellen suchten. Die gnostischen Gruppen der Ophiten, nach denen die Schlange dem Menschen Erkenntnis vermittelt, sowie der Peraten und Sethianer boten ähnliche Antworten an, wobei ihre Systeme mit zahlreichen mythischen Elementen durchsetzt waren. Die biblische Urgeschichte gab neben der Kosmogonie des Timaios Platons den Rahmen ab zu bunten Spekulationen, in denen man eine vorzeitliche Katastrophe ausmalte und gerade der Schlange als Symbol der Ewigkeit eine positive Rolle zuschrieb. In gleicher Weise bediente man sich auch der Apokalyptik und deutete ihre Aussagen im Sinne persönlicher Erfahrung. Zu den führenden Gnostikern in Alexandrien zähle Basilides († um 160), der einen umfänglichen Kommentar zu den vier Evangelien geschrieben hat und unter dem Anspruch, unmittelbare Überlieferungen empfangen zu haben, einem scheinbar Mensch gewordenen Christus die Befreiung der Menschen aus den Fesseln des Archonten zuschrieb. Eine große Werbekraft für die gnostische Bewegung entfaltete der Ägypter Valentinos, der um die Mitte des 2. Jahrhunderts in Rom wirkte, dort zeitweilig enge Kontakte zur christlichen Gemeinde pflegte und zahlreiche Schriften verfaßte, darunter ein Evangelium der Wahrheit. Ausgehend von einem entschiedenen Dualismus, sah er im unsichtbaren Gott den Ursprung von Emanationen, deren Abwärtsentwicklung bis zur Einbindung göttlichen Samens in die Materie führt, ein Zustand, aus dem sich der Mensch kraft der Gnosis wieder befreien kann. Einer seiner Schüler, Theodotos, war in Kleinasien tätig; er formulierte jene charakteristischen Fragen, die in der Gnosis einer eigenwilligen Antwort zugeführt wurden: »Wer waren wir, was sind wir geworden; wo waren wir, wohin sind wir geworfen; wohin eilen wir, wovon werden wir frei; was ist Geburt, was Wiedergeburt?« (Klem. Alex., Exc. e Theodoto 78,2)

Aus den jeweiligen Lösungen lassen sich die eigentümlichen Grundzüge des Gnostizismus feststellen, der in all seinen Spielarten dem menschlichen Selbst Erlösung auf dem Weg der Erkenntnis verheißt. Grundlegend für die Auskünfte der verschiedenen Systeme ist

1. ein scharfer Dualismus von jenseitigem »Urgrund« und der dem Tod verfallenen materiellen Welt;

2. die Unverlierbarkeit des göttlichen Lichtfunkens im »Ich« des Gnostikers, auch wenn dessen »Seele« durch den Abfall völlig vom Bösen gebannt erscheint;

3. auf dem Weg der Erkenntnis vermag sich das »Selbst« aus den Fesseln der Materie zu befreien und die Rückkehr zum Lichtreich des wahren Gottes zu bewerkstelligen;

4. eingebettet ist die gnostische Rede von »Fall« und »Aufstieg« in mythologische Spekulationen, deren Anreicherung mit Elementen aus der zeitgenössischen Philosophie, Religion und Astrologie ihren synkretistischen Charakter unterstreicht.

In einer vielfältigen, meist pseudepigraphischen Literatur haben diese gnostischen Erlösungslehren ihren Niederschlag gefunden und trotz eines pessimistischen Grundzugs eine starke werbende Kraft ausgeübt.

Angesichts solcher Auflösungstendenzen sah sich das kirchliche Christentum genötigt, die biblische Offenbarung in ihrer Ganzheit zu wahren und ihren geschichtlichen Charakter sicherzustellen. Zahlreiche Gegenschriften entstanden, von denen allerdings nicht wenige verlorengingen; doch ein Werk wie *Gegen die Häresien* des Irenäus von Lyon oder Tertullians Einspruch *Gegen Markion* zeigen die Stoßrichtung antignostischer Argumentation. Mit dem Pochen auf apostolische Tradition und der Bestimmung des Kanons widerstand man dem subjektiven Offenbarungsanspruch der Gnostiker. Gegenüber einem zwiespältig-dualistischen Gottesbild, das eine negative Einschätzung der materiellen Welt einschloß, kam der Glaube an den einen Schöpfergott zum Tragen. In die Mitte der Auseinandersetzung trat die Betonung der Menschheit Christi und des Kreuzestodes als Grund der Erlösung, um so jeglicher Entleerung des göttlichen Heilsgeschehens entgegenzuwirken. Ohne Zweifel hat die Auseinandersetzung mit dem Gnostizismus die Entfaltung des Glaubensbewußtseins gefördert und immer stärker das Erscheinungsbild der großen Kirche geformt. Mit dem Ausschluß der Häretiker gewann zusehends die Rechtgläubigkeit an Boden, wobei sich nicht zuletzt die römische Gemeinde als ihr Hort erwies. Die Vernichtung sektiererischen Schrifttums führte schließlich dazu, daß die Kenntnis des Gnostizismus bis in die Gegenwart lückenhaft blieb.

c) Markion

Die kirchliche Reaktion hat in besonderer Weise Markion († um 160) herausgefordert, der als vermögender Schiffseigner wegen Sonderlehren mit seiner heimatlichen Christengemeinde Sinope am Schwarzen Meer in Konflikt geraten war und sich auf seinen kommerziell-missionarischen Seefahrten schließlich in der römischen Gemeinde einführte. Nur langsam dämmerte dieser die Eigenwilligkeit seines Evangeliums vom guten Gott, so daß ihn nach einem Streitgespräch der Ausschluß traf. Anschließend an die gnostische Verwerfung des alttestamentlichen Schöpfergottes, der das Joch des Gesetzes auferlegte, verkündete Markion einen Gott der Liebe, den er nur im Lukasevangelium sowie im paulinischen Schrifttum zu erkennen meinte. In seinen *Antitheseis* suchte er diesen Widerspruch zum Alten Testament aufzuweisen und den Glauben ohne Furcht gegenüber dem »fremden Gott« als Haltung des Erlösten darzustellen. Mit dem Gebot der Liebe verband er einen ethischen Rigorismus, der in Ehelosigkeit sowie Verzicht auf Fleisch und Wein gipfelte, um so das Ideal einer heiligen Kirche zu verwirklichen. Die Organisation der Markionitischen Gemeinschaft, ähnlich dem Erscheinungsbild der christlichen Gemeinden, sicherte ihr im Verbund mit einer ausgreifenden Mission anhaltenden Bestand, zumal Markions Schüler Apelles die leicht angreifbare Lehre vom Scheingeschehen in Geburt und Kreuzigung Christi zurückgenommen hatte. Weniger der bewußte Antijudaismus als diese Verkürzung der Heilstat Gottes und der Offenbarung insgesamt zwang die Kirche zur Antwort; die Ausbildung des biblischen Kanons ist nicht zuletzt die Folge der Auswahl Markions aufgrund eines überzogenen Paulinismus, der ihm freilich Sympathie verschaffte über das Verbot Konstantins des Großen hinaus.

§ 7
Christlicher Glaube zwischen Polemik und Verteidigung

Schon der Parusieaufschub hatte die Gemeinschaft der Gläubigen genötigt, ihren Standort in der Geschichte grundsätzlich zu bestimmen, eine Aufgabe, die gegenüber der antiken Gesellschaft konkrete Auskünfte verlangte. Dem Bruch mit dem Judentum folgte der bedrohliche Konflikt mit dem Heidentum, das in der Existenz der Christen und ihrer zunehmenden Verbreitung den Bestand der überkommenen religiösen und politischen Ordnung gefährdet sah. Allenthalben brach eine heftige Polemik auf, der sich die Christen nicht bloß durch das Zeugnis ihres Glaubens stellten, sondern ebenso in argumentativer Auseinandersetzung. Diese Apologetik erwies sich darum über die Abwehr ungerechtfertigter Vorwürfe hinaus als Aufnahme des Dialogs mit der Umwelt, in deren Gefolge Ansätze zur geistigen Durchdringung des Glaubensgutes sichtbar wurden.

a) Die Auseinandersetzung mit dem Judentum

Über Jahrzehnte hinweg verdeckte die Herkunft aus dem jüdischen Volk das eigentümliche Erscheinungsbild der Christen, deren Gemeinden im Schatten der Diaspora-Synagogen heranwuchsen. Dieser äußere Eindruck wich in dem Maße, als sich der Konflikt über den Messiasglauben verschärfte und eine Abkehr von den religiösen Normen des Judentums anbahnte. Im Gegenzug fügte man die Christen als *minim* (Ketzer) in das Schemone Esre, das jüdische Tagesgebet, ein und stachelte die öffentliche Meinung gegen sie auf. Die theologische Argumentation der Christen nahm die alttestamentliche Prophetie für das in Jesus erfolgte Heilsgeschehen in Anspruch und löste unter Betonung des Glaubens das Heil des Menschen von der Zugehörigkeit zum Volke Israel ab. Mit der zunehmenden Entfremdung entartete freilich die Diskussion, wie sie im Barnabasbrief oder in Justins Dialog mit Tryphon geführt wurde, zu antijüdischer Polemik. Stellte Ignatius von Antiochien das Christentum noch als neue Lebensform gegen das Judentum (Magn. 10,1.3; Röm. 3,3), so fiel bei Meliton von Sardes († vor 190) das böse Wort vom »Gottesmord« (Passah-Homilie 94–97). Mit dem Vorwurf des Unglaubens gegenüber Jesus von Nazaret suchte man den Juden schließlich das Alte Testament zu entwinden, dessen griechische Übersetzung (Septuaginta) zur Bibel der Christen wurde. In der anhaltenden Auseinandersetzung entstand eine regelrechte Adversus-Judaeos-Literatur, die den Graben zum Judentum immer mehr aufriß und schließlich die antijüdische Gesetzgebung der Spätantike vorbereitete.

b) Polemik von seiten des Heidentums

Mit dem Heraustreten des Christentums aus dem jüdischen Schutzmilieu erregten die Christen rasch die Aufmerksamkeit der heidnischen Gesellschaft und der staatlichen Institutionen. Als soziologischer Minderheit begegnete man ihnen mit Mißtrauen, zumals sie mit der Verkündigung der in Jesus von Nazaret angekommenen Herrschaft Gottes politische Unruhe auslösten, und zwar vor dem Hintergrund der Kreuzigung Jesu durch römische Behörden. Abschätzige Urteile wegen niederer Herkunft oder Greuelmärchen von angeblicher Unzucht oder thyesteischen Mahlzeiten schürten in der Öffentlichkeit jene Abneigung, die der antike Mensch ohnedies der Verkündigung des Kreuzes entgegenbrachte.

Im Laufe des 2. Jahrhunderts griff die vulgäre Polemik gegen die Christen auf den literarischen Bereich über; es entstanden Pamphlete, in denen heidnische Schriftsteller von der Warte hellenistischen Bildungsbewußtseins (Paideia) aus ihre Kritik vortrugen. Suchte Lukian von Samosata in einer Spottschrift noch das Verhalten der Gläubigen ins Lächerliche zu ziehen, so zielte der philosophisch orientierte Kelsos um 180 mit seinem »Alēthēs Lógos« auf ihren Abfall von dem allen Völkern gemeinsamen Logos und Nomos. Die Abkehr von der überkommenen Ordnung diffamierte die Christen geradezu als Revolutionäre, während Glaube als logosferne, törichte Einfalt karikiert wurde, ein Vorwurf, der in der erkenntnisorientierten Umwelt nicht neu war (vgl. 1 Kor 1,18–29) und auch in den Polemiken des Arztes Galenos († 199) oder des Philosophen Porphyrios († um 303) auftaucht. Die Neuheit des Christentums, ins Bewußtsein gehoben durch die Frage nach seinem späten Erscheinen, gab so Anlaß zur Kritik an seiner Wahrheit, weil man an ihm die Qualifikation durch das Alter vermißte. Soziale, moralische und intellektuelle Verunglimpfung kennzeichnen also das Spektrum heidnischer Propaganda gegen die Anhänger des Christentums, das in der breiten Öffentlichkeit rundweg als Aberglaube galt.

Gerade der Vorwurf des Aberglaubens (superstitio) verdichtete sich zur Anklage gegen die Christen wegen Atheismus und Irreligiosität, eine Anschuldigung, die nicht nur wegen des Stellenwertes von Religion bei den Römern so schwer wog, sondern weil nach antik-heidnischer Auffassung das öffentliche Wohl vom Kult der Götter abhing, und zwar nach dem Prinzip des *do ut des*. In fast beschwörender Weise beklagte ein Anwalt des Heidentums den Bruch dieses Systems: »Und da über das Dasein der unsterblichen Götter, mag ihr Wesen und Ursprung auch ungewiß sein, bei allen Völkern völlige Übereinstimmung herrscht, kann ich es nicht billigen, wenn jemand in so großer Vermessenheit und areligiöser Aufgeklärtheit danach trachtet, unsere althergebrachte, so nützliche, so heilsame Religion aufzulösen oder zu schwächen« (Min. Fel., Oct. 8,1). Unter Verweis auf allgemeine Übereinkunft wird die ererbte Religion mit ihren sakralen Institutionen gegen die Christen verteidigt, letztlich deshalb, weil sie die »salus publica« verbürgt. Tatsächlich lastete man ihnen nach Auskunft Tertullians auch alle Katastrophen an. »Wenn der Tiber die Mauern überflutet, wenn der Nil die Felder nicht überflutet, wenn der Himmel sich nicht rührt, wenn die Erde bebt, wenn eine Hungersnot, wenn eine Seuche wütet, gleich schreit man: ›Die Christen vor die Löwen‹« (Apol. 40,2). Diese Verquickung von irdischer Wohlfahrt und Götterverehrung machte den Vollzug der Religion, also den Kult zu einer öffentlichen Angelegenheit; jede Verweigerung erschien wie eine Sabotage an Gesellschaft und Staat.

c) Antwort der Christen

Angesichts der Bedrohlichkeit der kolportierten Gerüchte und gezielten Anklagen sahen sich die Christen zur Verteidigung herausgefordert, wobei man die literarische Form der Apologie aufnahm. Über die bloße Zurückweisung der Angriffe hinaus suchte man darin aber auch den Dialog mit der Öffentlichkeit, und zwar hin bis zur Adresse des Kaisers. Unter den Verfassern solcher Verteidigungsschriften, von denen nur wenige erhalten blieben, ragt neben Aristides der »Philosoph und Märtyrer« Justin († um 165) heraus, dessen literarische Tätigkeit mit der Abwehr von Polemik immer die positive Darlegung des Christentums verband.

Insgesamt weisen die Apologeten in ihren Werken vulgäre Verleumdungen ebenso zurück wie grundsätzliche Einwände. Gegenüber dem konfliktträchtigen Vorwurf des Atheismus mußten sie sich freilich zu einer Religionslosigkeit hinsichtlich des Polytheismus bekennen, um gleichzeitig ihren Glauben an den einen und wahren Gott hervorzuheben. Wenn dabei das Christentum als *vera religio* vorgestellt wurde, erfolgte allerdings nicht selten eine Umsetzung des biblischen Glaubensverständnisses in die Formalität des überkommenen Religionsbegriffs, und dies trotz aller Kritik an heidnischen Mythen und Kultbräuchen. Im übrigen waren die Apologeten bestrebt, ihre Glaubenshaltung mit rationalen Gründen zu rechtfertigen, wobei ihnen der Rückgriff auf passende Elemente der zeitgenössischen Philosophie nicht nur den Zugang zu aufgeschlossenen und kritischen Vertretern antiker Paideia erschloß, sondern zugleich die Möglichkeit bot, das Christentum als Trägerin des die Wahrheit garantierenden *Alten* vorzustellen. Der erwähnte Justin ging dabei schon so weit, daß er jenen Menschen, die gemäß der Vernunft lebten, den Christennamen zusprach (Apol. I 46,1). Der Übergang der biblischen Heilsbotschaft von der hebräischen Erfahrungswelt auf die logosorientierte Denkweise griechisch-römischer Prägung verlangte eine Umsetzung des Kerygmas in rationale und philosophische Kategorien, die von den Apologeten in großer Offenheit geleistet wurde. In diesem Bemühen trat das Kreuzesgeschehen von Golgota gegenüber kosmischen Spekulationen ebenso in den Hintergrund, wie der Glaube an den handelnden Gott eingebunden wurde in den Weg rationaler Erkenntnis eines höchsten Wesens. Mit einer solchen Selbstdarstellung, die den Rahmen bloßer Abwehr längst überstieg, vermochte man – gelegentlich um den Preis biblischer Unmittelbarkeit – nicht nur den Vorwurf intellektueller Unterlegenheit zu entkräften, sondern zugleich in der anfangshaften Verbindung von Glaube und Vernunft dem hellenischen Menschen das Evangelium nahezubringen.

Zwischen Fremdheit und Offenheit gegenüber der Welt suchte die Gemeinschaft der Gläubigen ihren Standort zu behaupten, wobei der Glaube an den einen Gott sowie die sittlichen Forderungen keinen Kompromiß duldeten; die Priorität des *Reiches Gottes* (vgl. Mt 6,33) bestimmte grundsätzlich christliche Lebenshaltung. Gegenüber Kaiser und Reich kam es dabei situationsbedingt zu unterschiedlichem Verhalten. Eine apokalyptische Grundströmung hielt nicht mit unverhohlener Kritik zurück; insgesamt überwiegen aber die positiven

Äußerungen, angefangen bei den paulinischen Aussagen von Röm 13,1–7, die 1 Petr 2,13–15 aufgenommen werden. Unter Rückgriff auf die Antwort Jesu zur Steuerfrage (Mk 12,13–17 par.) hob Justin ausdrücklich die Gewissenhaftigkeit der Christen hervor: »Abgaben und Steuern suchen wir überall vor allen anderen euren Beamten zu entrichten, wie wir von ihm angeleitet worden sind« (Apol. I 17,1). Dem Makel politischer Unzuverlässigkeit, zugespitzt bis zum Vorwurf politischen Aufruhrs (Orig., Geg. Kels. VIII,2), begegnete man mit korrekter Erfüllung bürgerlicher Pflichten; das verweigerte Opfer für Staat und Kaiser ersetzte man duch das Fürbittgebet (1 Klem. 59,2–61,3; Tert., Apol. 39,2).

§ 8
Die Konsolidierung der Kirche

Mehr als Polemik und Repressalien bedrohten innere Spannungen den Bestand der jungen Kirche. Neben der Gefahr von Gruppenbildungen war es vor allem der vielschichtige Gnostizismus mit seiner Faszination für die Menschen, der eine Auflösung der biblischen Offenbarung eingeleitet hatte und den entschiedenen Widerstand der Gläubigen herausforderte. Diese Reaktion zielte nicht bloß auf Widerlegung von einzelnen Aussagen häretischer Strömungen, sondern auf die Entwicklung grundsätzlicher Kriterien, um so gegen jeden Synkretismus das neutestamentliche Kerygma zu sichern. Gleichzeitig betonte man jene Elemente im Kirchenverständnis, die gegen jede Überfremdung den Fortbestand der Gemeinden in der Geschichte gewährleisten, selbst um den Preis des Ausschlusses.

a) Die theologische Klärung

Im Zuge der Abwehrmaßnahmen einzelner Gemeinden und ihrer Leiter, unter denen Bischof Dionysios von Korinth hervorragt, der um 170 mit einer umfangreichen Korrespondenz die Gläubigen mobilisierte, entstand ein antignostisches Schrifttum, von dem uns weitgehend nur mehr die Verfassernamen bekannt sind. So besitzen wir von den *Denkwürdigkeiten* des Hegesipp, der auf seinen Reisen durch christliche Gemeinden die apostolische Lehre feststellen wollte und unter Papst Aniket auch nach Rom gelangte, nur mehr Auszüge. Um so bedeutsamer ist die Tatsache, daß die *Entlarvung und Widerlegung der falschen Gnosis* aus der Hand des Bischofs Irenäus von Lyon († um 220) erhalten ist, ein Werk, das auf unmittelbarer Kenntnis gnostischer Schriften beruht. Als Schüler Polykarps von Smyrna der johanneischen Theologie verbunden, setzte er sich in der Montanistenfrage und im Osterfeststreit für den Frieden mit den Kirchen Asiens ein; gleichzeitig förderte er die Glaubensverkündigung in Gallien. In aller Entschlossenheit trat Irenäus dem Gnostizismus entgegen. Schon die Skizzen gnostischer Systeme schließen eine anhaltende Kritik ihrer Aussagen ein; vor allem aber entwickelte der Verfasser jene Kriterien, die den Bestand der Offenbarung sichern konnten.

Ausgehend von der Zuordnung beider Testamente pochte er auf die Einheit von Vater- und Schöpfergott, der sich in der Heilsgeschichte, gipfelnd im Christusgeschehen, offenbart hat. Nicht auf Mythen oder geheime Lehren gründet der christliche Glaube, sondern auf Tatsachen. Im Zuge dieser Argumentation, die auch in der Schrift *Zum Erweis der apostolischen Verkündigung* zum Tragen kommt, entstand eine heilsgeschichtlich ausgerichtete Darstellung des göttlichen Erlösungswerkes, die weniger den Anschluß an zeitgenössische Philosophie suchte, als mit Vernunft auf Wahrung des Kerygmas bedacht war. In seiner Lehre von der *Anakephalaiosis* gipfelt das irenäische Erlösungsverständnis, wonach in Christus die Vergöttlichung der Menschheit ebenso grundgelegt ist wie die Vollendung des Alls.

b) Normen des Glaubens

Schon die Übernahme des Alten Testaments als Bibel der Christen stellte die Anerkennung einer festen Norm, eines Kanons dar, auch wenn es durch den Christusglauben den Rang einer Vorgeschichte erhielt. Mit der schriftlichen Fixierung der zunächst mündlich weitergegebenen Lehre Jesu entstand bald eine Gruppe von Texten, denen gleich den Büchern des Alten Testaments Verbindlichkeit für Glauben und Leben der Christen zukam (vgl. 2 Petr 3,15f). Papias von Hierapolis († um 125) schilderte bereits die Entstehungsgeschichte des Mk- und Mt-Evangeliums (Euseb, KG III 39,15–17); er erwähnte aber auch ein Hebräerevangelium, ein Beispiel aus der Vielzahl apokrypher Schriften, deren Entstehen ein ungeklärter Offenbarungsbegriff ermöglichte. Der ganze Kosmos galt als durchlässig für das Eingreifen Gottes; auf mythische Berichte und philosophische Aussagen beriefen sich selbst kirchliche Schriftsteller, ein Umstand, der zur Klärung des verbindlichen Offenbarungszeugnisses nötigte.

Um die Mitte des 2. Jahrhunderts nahm erstmals Markion von seinem antijudaistischen Standpunkt aus eine Auswahl vor und gelangte so zu einem Kanon Paulinischer Schriften einschließlich des Lukasevangeliums. In Abwehr gnostischer Schriften suchte darum Irenäus von Lyon das »viergestaltige Evangelium« (haer. III 11,11) allegorisch zu begründen, und in der Tat waren die vier Evangelien um 200 grundsätzlich in der Kirche anerkannt. Der sogenannte *Kanon Muratori*, ein Verzeichnis neutestamentlicher Schriften dieser Zeit, enthält weitgehend den späteren Bestand, der seine endgültige Festlegung im Westen an der Wende zum 5. Jahrhundert erfahren hat. Als Kriterien der Kanonbildung dienten Nähe zum Ursprung, Verwendbarkeit in der Gemeinde und allgemeine Anerkennung der jeweiligen Schriften, Maßstäbe, die sich im Vorgang der Überlieferung geltend machten. Mit der Norm des Kanons gewann die Großkirche auf jeden Fall ein Instrument, das den Rahmen neutestamentlicher Offenbarung absteckte und häretischem Subjektivismus den Boden entzog.

Dennoch trat das Christentum dieser Frühzeit eigentlich nicht als *Religion des Buches* in Erscheinung. Schon das Neue Testament selbst entstand im Strom der Überlieferung, die nach Auskunft des Papias geradezu als Maß des schriftlichen Zeugnisses diente (Euseb, KG III 39,4). Vor allem Irenäus stellte den Gnostikern die Autorität der apostolischen Tradition entgegen, die im Verbund mit der apostolischen Sukzession zur grundlegenden Norm frühkirchlichen Selbstverständnisses wurde. Die unverfälschte Offenbarung Christi ist demnach in jenen Kirchen erhalten, die von Aposteln gegründet wurden und die eine lückenlose Nachfolge in der Reihe ihrer Bischöfe aufweisen können. Am Beispiel der römischen Kirche illustrierte Irenäus dieses Prinzip (haer. III 3,1–3), dem dort jedoch eine ursprünglich kollegiale Leitung zu widersprechen scheint. Grundsätzlich diente aber die apostolische Tradition als Kriterium, um die wahre Lehre von der Häresie zu sondern. Im Laufe des 4. Jahrhunderts trat schließlich die Berufung auf die Väter des Glaubens bei der theologischen Wahrheitsfindung in den Vordergrund; die antike Auffassung, daß Alter und Allgemeinheit auch Wahrheit verbürge, machte die Lehrer der Kirche zu Zeugen des Glaubens. In den Diskussionen der großen Konzilien nahmen darum die Aussagen der Kirchenväter einen wichtigen Platz ein, und sie wurden sogar als verbindliche Dokumente ihren Entscheidungen einverleibt.

Eine Orientierung im allgemeinen Glaubensbewußtsein boten die *Bekenntnisformeln* (Symbole), deren Ansätze uns schon im Neuen Testament begegnen. Zu ihrer Erweiterung nötigte schon frühzeitig das Aufkommen falscher Lehren. Offensichtlich ging die Bekenntnisbildung von christologischen Kurzformeln aus, die im Laufe der theologischen Auseinandersetzung zu dreigliedrigen Bekenntnissen erweitert wurden. Das Bekenntnis zum Vater-Gott und Schöpfer wehrte das gnostische Gottesbild ab, die Christusformel schloß jegliche doketische Entleerung aus, und der Artikel über den Heiligen Geist richtete sich gegen den Anspruch des Pneumas außerhalb der Kirche. Wie sehr das Bekenntnis im Leben der Kirche verankert war, zeigt sein Platz im Taufgeschehen; die dreifache Frage an den Täufling entspricht dem Aufbau des Bekenntnisses. Der *Kanon der Wahrheit*, oder die *regula fidei*, auf die sich Irenäus (haer. II 28,1) und Tertullian (Schauspiele 4; Prozeßeinreden 13) beriefen, umgreifen wohl das Taufsymbol, insofern sie auf die Norm abheben, welche im Glauben vorliegt. So unterschiedlich übrigens die Taufsymbole der einzelnen Ortskirchen waren, sie beanspruchten insgesamt, die apostolische Lehre zu vermitteln.

c) Kirche als Institution

Die Konsolidierung der Kirche äußerte sich nicht zuletzt in einem Wandel ihres Selbstverständnisses. Bislang betonte man in der Rede von der Kirche vor allem die Rolle der Gläubigen, eine Sicht, die Tertullian nach seinem Übertritt zum Montanismus gezielt ins Feld führte, als er Mt 18,20 gegen das Amt auslegte: »Wo drei (Gläubige) sind, da ist Kirche« (Aufford. zur Keuschheit 7,3). Das bischöfliche Amt aber hatte inzwischen als Garant des apostolischen Kerygmas eine starke Aufwertung erfahren, zumal an seine Träger die geistliche Vollmacht gekoppelt worden war. Im Zuge der Abwehr häretischer Strömungen erfolgte eine gewisse Objektivierung des Kirchenverständnisses, das nun stärker von einer Art Raumdenken beherrscht wurde. Zwar blieben die biblischen Bilder durchaus lebendig; aber der Gedanke von der Verwirklichung der Kirche in den Gläubigen wurde zusehends abgelöst von der ekklesiologischen Vorstellung, daß die Gläubigen in der Kirche sind. Die Bildvorstellungen vom Haus oder der Arche eigneten sich dabei vorzüglich, diesen institutionellen Charakter zu veranschaulichen, der in der Wechselwirkung von Geschichte und Symbolik immer stärkere Konturen gewann.

2. DIE GROSSKIRCHE IM GEFÜGE DES HEIDNISCHEN STAATES

An der Wende zum 3. Jahrhundert war das Christentum aus seinem Ghetto-Dasein herausgetreten und zu einer festen Glaubensgemeinschaft geworden, deren Bestand die Öffentlichkeit nicht mehr ignorieren konnte, zumal sie das Gefüge des Römischen Reiches zu sprengen drohte. Mit angestammtem Mißtrauen beobachteten die Heiden den erstaunlichen Erfolg der christlichen Mission und das unbeugsame Selbstbewußtsein der Gläubigen; noch mehr war man freilich bestürzt über die Bedrohung der religiös-politischen Grundlagen des römischen Staatswesens. Seit alters wurde die Ideologie vom Wechselverhältnis zwischen Götterkult und staatlicher Wohlfahrt beschworen, die etwa Horaz in den Appell gekleidet hatte: »Die Sünden der Väter mußt du, Römer, trotz eigener Unschuld büßen, bis du die gefährdeten Tempel und Götterhallen erneuert hast sowie die von schwarzem Rauch verschmutzten Götterbilder. Die Herrschaft besitzt du nur dadurch, daß du dich den Göttern unterwirfst; von da geht aller Anfang aus, danach berechne das Ende. Die mißachteten Götter haben auf das Abendland beträchtliches Unheil gehäuft« (Horaz, Oden III 6,1–8). Der Kult der Götter galt als unerläßliche Voraussetzung für den Fortbestand des Imperiums und das öffentliche Heil, eine Zwangssituation, welche die Christen unweigerlich in den Konflikt mit dem Staat trieb.

Auf die Bedrängnis antworteten die Gläubigen nicht nur mit apokalyptischer Kritik, sondern auch mit erstaunlicher Offenheit gegenüber Kaiser und Staat. Bischof Meliton von Sardes († vor 190) zögerte nicht, die Wohlfahrt des Staates seit Kaiser Augustus mit dem Aufstieg des Christentums in Zusammenhang zu bringen (Euseb, KG IV 26,7f), und Origenes († um 254) zeichnete schon die Vision eines christianisierten Reiches (Geg. Kels. VIII 69). Der Vorbehalt der Herrschaft Gottes und die Vorstellung von der Christenheit als *militia Christi* unterliefen zwar das geltende Prinzip politischer Machterhaltung, dennoch beteuerten die Gläubigen immer wieder ihre Loyalität gegenüber Staat und Herrscher.

In der Öffentlichkeit ließ sich freilich der Eindruck nicht vermeiden, daß die Gemeinschaft der Gläubigen innerhalb der Gesellschaft einen Fremdkörper darstellte, ja geradezu als eine Art Gegenbild des Staates erschien. Solange sie dabei als Randgruppe zählte, kam ihr nur lokale Aufmerksamkeit zu; mit dem Anwachsen der Gemeinden, gelegentlich propagandistisch ausgewertet, steigerte sich freilich die Nervosität der römischen Behörden. Die Großkirche mit ihren Ordnungsformen provozierte zwangsläufig den Konflikt mit dem religiös begründeten Staatswesen.

§ 9
Die Verfolgung der Christen

Der Konflikt des Christentums mit dem römischen Staat trieb über verbale Auseinandersetzungen hinaus rasch zu regelrechten Gewaltmaßnahmen der Machthaber, um auf diese Weise den Fortbestand des Reiches auf der Grundlage des alten Götterkultes sicherzustellen. Zwar hatte die Verurteilung und Kreuzigung Jesu, bei der schon religiöse und politische Motive zum Zuge gekommen waren, die Glaubensbewegung aus der Provinz nicht auszurotten vermocht, aber man schritt auf dem gewaltsamen Weg der Krisenbewältigung weiter, um die Christen in Gesellschaft und Reich zu integrieren. Solche Intoleranz, mit dem Aufkommen des Prinzipats noch gesteigert, überrascht angesichts der Duldung des Judentums, das sich gleichfalls zum Monotheismus bekannte. Offensichtlich empfand aber der römische Staat – im Gegensatz zum Vorgehen gemäß dem Senatus consultum de Bacchanalibus vom Jahre 186 v. Chr. – die ethnische Minderheit der Juden nicht als Gefahr, zumal sie das Verbot der Proselytenmacherei weitgehend achtete. Demgegenüber ließ sich das Christentum nicht eingrenzen; sein unaufhaltsames Wachstum drohte das römische Staatswesen zu sprengen und nötigte fast zwangsläufig zu Gegenmaßnahmen.

Die Berichte darüber entstammen durchwegs christlichen Quellen; trotz ihrer Neigung zur Idealisierung oder Typisierung nach Art der ägyptischen Plagen bleibt die Tatsache bestehen, daß das Bekenntnis des Glaubens für die Christen konkret vom Tode bedroht war.

a) Der Verlauf der Christenverfolgung

Schon der Konflikt mit dem Judentum hatte die Urgemeinde von Jerusalem in Bedrängnis gebracht, und die Abkehr der Jesusanhänger von der Überlieferung Israels ahndete angeblich Bar Kochba im Gefolge seines Befreiungskampfes gegen die römische Herrschaft im Land mit harten Strafen (vgl. Justin, Apol. I 31,6; Euseb, KG IV 8,4). Diese Maßnahmen entsprangen zwar dem Willen zur religiös-politischen Geschlossenheit des jüdischen Volkes, sie veranschaulichen aber das lokal begrenzte Vorgehen gegen Christen, eine Situation, welche auch für die Auseinandersetzung mit dem Römischen Reich zunächst kennzeichnend blieb. Nicht eine allgemeine Verfolgung, sondern spontane Reaktionen der Bevölkerung oder staatlicher Organe trafen die Christen im Laufe der beiden ersten Jahrhunderte. Aufschlußreich für das Vorgehen ist bereits die Ausweisung der Juden aus Rom wegen Aufruhrs unter Kaiser Claudius (Sueton, Leben des Claudius 25,4), dann vor allem das Ablenkungsmanöver des Kaisers Nero, der den Verdacht, er sei der Schuldige am Brand der Hauptstadt (Sommer 64), auf das »gemeine Volk der Christen« lenkte und eine »ungeheure Menge« aufgrund ihres »Hasses gegen das Menschengeschlecht« bei einer Volksfestexekution im Zirkus der Vatikanischen Gärten verbrennen ließ (Tac., ann. XV 44). Tatsächlich spricht die Art der Strafvollstreckung, nämlich jene gegen Brandstifter, für die Glaubwürdigkeit des Berichts, der das Christentum schon als »verderblichen Aberglauben« abwertete. Möglicherweise fand bei diesem Massaker auch der Apostel Petrus den Märtyrertod.

Christliche Quellen lasten auch Kaiser Domitian, der durch den Titel *dominus et deus* bewußt den Anspruch auf den Herrscherkult erhoben hatte, Christenfeindlichkeit an. Trotz allgemeiner Aussagen in der Johannesapokalypse kam es offentlichlich nur zu einzelnen Übergriffen, so gegen die Nachkommen des Herrenbruders Judas, die auf die besorgte Frage des Kaisers nach dem Reiche Christi mit den Hinweis auf dessen himmlischen und endzeitlichen Charakter antworteten und daraufhin wieder die Freiheit erlangten (Euseb, KG III 20,1–6). Nicht auszuschließen ist, daß die Hinrichtung des Konsuls T. Flavius Clemens wegen Atheismus sowie die Verbannung seiner Frau Flavia Domitilla (Cass. Dio, Röm. Gesch. LXVII 14,1f), deren Name an einer römischen Begräbnisstätte haftet, ebenfalls wegen ihres christlichen Bekenntnisse erfolgte. Das Vordringen des Evangeliums in die hohe Gesellschaft mag die Nervosität staatlicher Behörden gesteigert haben, ihre Gegenmaßnahmen, schon frühzeitig religiös begründet, waren allerdings von Rechtsunsicherheit begleitet.

Diese Situation beleuchtet gut ein Briefwechsel zwischen dem jüngeren Plinius, um 112 Statthalter von Bithynien, und Kaiser Trajan. Aus der Anfrage des Plinius (Brief 10,96) erhellt zunächst, daß es keine rechtliche Vorschrift für die Behandlung von Christen gab. Unklarheit herrschte vor allem darüber, ob schon der Name *Christ* strafwürdig sei, oder zusätzliche Verbrechen vorliegen müßten. Die Einschätzung des christlichen Bekenntnisses als *Aberglaube* und die Hoffnung des Plinius, daß durch ein geeignetes Verfahren sich die verwüsteten Tempel wieder füllen, weisen auf die religiös-politische Tragweite der Christengefahr hin. Tatsächlich genügte nach dem Reskript Trajans (bei Plin. Brief 10,97) das Bekenntnis des Christseins zur Bestrafung; aber auch hier fehlt jeglicher Hinweis auf bestehende Gesetze. Ein gewisser Rechtsschutz spricht aus der Bestimmung, anonymen Anzeigen nicht stattzugeben, andererseits erscheint es inkonsequent, Christen nicht aufzuspüren, wenn das »nomen ipsum« als Verbrechen galt. Das Prinzip, Christsein als strafbaren Tatbestand zu werten, entsprang offensichtlich der Sorge um das Heil des Staates, zumal nach Auskunft des Plinius eine große Zahl von Menschen »jeden Alters, jeden Standes, auch beiderlei Geschlechts« dem Christentum anhingen und so zusehends die alte Ordnung bedrohten. Im übrigen sind aus dieser Zeit namentlich kaum Martyrien bekannt, obwohl aus dem Briefwechsel die Verurteilung standhafter Christen hervorgeht.

Tumultuarische Christenhetzen verunsicherten unter Kaiser Hadrian die Provinz Asia. Ein Staathalter hatte sich deshalb um Richtlinien nach Rom gewandt, und der Kaiser pochte in seinem Reskript an dessen Nachfolger Minucius Fundanus (bei Justin, Apol. I 68,5–10; Euseb, KG IV 9,1–3; Echtheit wird bestritten) auf die Verantwortung eines Anklägers und den Nachweis wirklicher Verbrechen. Es scheint, daß diese Betonung der Rechtlichkeit den Christen eine gewisse Erleichterung verschaffte, auch wenn die Unterlassung des religiösen Loyalitätserweises gegenüber Reich und Herrscher immer wieder zu Prozessen führte. Aus den Protokollen der Märtyrerakten wird ersichtlich, daß die Verweigerung des Götterkultes und damit die Anklage auf Asebie den Kern der Anklage bildete, ein Sachverhalt, der aus den Prozeßakten Justins und Polykarps ebenso sichtbar wird wie aus dem Disput über Religion und Kultus beim Verhör der scillitanischen Märtyrer im Jahre 180. Im übrigen bestätigen die einzelnen Nachrichten, daß Verfolgungen nur örtlich begrenzt und sporadisch einsetzten, nicht selten unter dem Druck des heidnischen Pöbels (vgl. Euseb, KG V 1,3–2,8). Auf Palästina beschränkt blieben auch die erwähnten Gewaltakte von seiten Bar Kochbas während des Zweiten Jüdischen Krieges.

Trotz humaner Herrscher wie Mark Aurel oder christlicher Einflüsse am Hof seines Sohnes Commodus verschlechterte sich die Lage der Christen, wobei Naturkatastrophen und wirtschaftlich-militärische Mißerfolge Schuldzuweisungen geradezu herausforderten. Dieser Niedergang belastete im Laufe des 3. Jahrhunderts immer wieder das Verhältnis von Staat und christlichen Gemeinden, die ihrerseits an Größe zunahmen, nicht zuletzt unter dem Eindruck der Standhaftigkeit. »Semen est sanguis Christianorum«, so deutete Tertullian (Apol. 50,13) das Mysterium der blutigen Verfolgungen. Zwar bahnte sich mit der neuen Dynastie der Severer zunächst ein tolerantes Verhalten an, das sich bis zum Schutz von Christen am kaiserlichen Hof erstreckte, aber eine nationale Reaktion verschärfte bald wieder den Konflikt. Ausdruck dieses heidnisch-religiösen Erneuerungswillens ist die Maecenas-Rede des Historikers Cassius Dio († um 235), in der ein restauratives Programm entwickelt wurde: »Ehre die Götter überall ganz nach Väterart und zwinge auch die anderen zu solcher Verehrung. Hasse und strafe jene, die im Götterdienst Fremdes bringen . . . Dulde keinen Gottlosen und Zauberer!« (Röm. Gesch. LII 36,1f) Möglicherweise unter dem Einfluß seiner Juristen erließ der tatkräftige Kaiser Septimius Severus im Jahre 202 ein Gesetz, das den Übertritt zum Judentum und zum Christentum mit Strafen belegte (Hist. Aug. Sev. 17,1). Die Auswirkungen trafen die Katechetenschule Alexandriens ebenso wie einfache Christen, unter denen die Passio von Perpetua und Felicitas ein ergreifendes Zeugnis gläubiger Todesbereitschaft bietet; allerdings entzogen sich manche Gläubige dem Zugriff der Behörden durch die Flucht. Unter Caracalla, der mit der *Institutio Antoniniana* (212) allen Freien im Reich das römische Bürgerrecht zuerkannte, ebbten die Sanktionen wieder ab. In der folgenden Zeit der Duldung fanden einzelne Christen sogar Zugang zum Hof, wie der alexandrinische Kirchenlehrer Origenes, der von der Mutter des Kaisers Severus Alexander zu einem Religionsgespräch nach Antiochien eingeladen wurde. Bei einem Rechtsstreit um ein Grundstück entschied dieser Herrscher zugunsten der römischen Gemeinde, ein Vorgang, der geradezu ihre Anerkennung als Körperschaft voraussetzt. Rückfälle unter den Soldatenkaisern lösten sich dann ab mit großzügigem Wohlwollen. Trotz seiner Teilnahme an der Jahrtausendfeier Roms im Jahr 248 schien unter Philippus Arabs sogar eine allgemeine Anerkennung des Christentums möglich.

Ein jäher Bruch dieser Religionspolitik trat mit der Übernahme der Herrschaft durch Kaiser Decius ein. Das Wachstum der Gemeinden, die mit ihrer Organisation wie ein Staat im Staate erschienen, steigerte in den konfliktfreien

Jahren den Argwohn der Öffentlichkeit. Cyprians Hinweis (Brief 55,9) auf den Vergleich des römischen Bischofs mit einem Usurpator bestätigt nicht nur die ungebrochene Stabilität kirchlicher Ordnungsformen, sondern ebenso die Verunsicherung stattlicher Behörden hinauf bis zum Kaiser. Bestimmt vom Gegensatz zu seinem Vorgänger und den altrömischen Traditionen verpflichtet, packte Decius energisch die Christenfrage an, und zwar nach dem traditionellen Grundsatz, daß die Verehrung der Staatsgötter das öffentliche Wohl garantiert. Noch im Herbst 249 erging ein Edikt, das die Verhaftung zahlreicher Christen, vorab der Bischöfe wichtiger Gemeinden, anbefahl. Im Februar 250 erließ der Kaiser, wohl unter dem Eindruck einer verheerenden Pestepidemie, ein weiteres Edikt, welches von allen Untertanen ein Opfer verlangte; in einer Art *supplicatio* sollte die Gunst der Götter gewonnen und die alte religio erneuert werden, um so das Heil des Staates, verkörpert im Kaiser, zu sichern. Obwohl an die ganze Bevölkerung gerichtet, traf der Opferbefehl vor allem die Christen, zumal eine strenge Kontrolle den Vollzug überwachte. Dieses schlagartige, systematische Vorgehen des Staates brachte die Gemeinden in arge Bedrängnis, auch wenn man die Durchführung des Opferedikts, dem möglicherweise noch gesonderte Erlässe folgten, nicht allerorts mit gleicher Schärfe erzwang. Nach dem Zeugnis zeitgenössischer Quellen war die Reaktion der Christen gespalten. Neben standhaften Gläubigen, die bei endgültiger Verweigerung das Martyrium erlitten, gab es offenbar viele, und zwar bis in die Reihen der Gemeindevorsteher, die sich dem Zwange beugten oder auf Umwegen dem vorgeschriebenen Opfer auszuweichen suchten. Bischof Cyprian von Karthago wählte zunächst die Flucht, andere beschafften sich Opferbestätigungen (libelli); die Widerstandskraft der Gläubigen schien fast erlahmt, Mißtrauen und Vorwürfe vergifteten die Atmosphäre in den Gemeinden. Zwar ließ schon vor dem Tode des Decius auf einem Gotenfeldzug (251) der staatliche Druck nach, aber das Versagen in den Gemeinden löste eine heftige Diskussion über die Wiederaufnahme von Gefallenen (lapsi) aus, die zwar in den Bußstreitigkeiten zugunsten des kirchlichen Amtes geklärt wurde, aber die Spannung zwischen einer Kirche der Reinen und einer Kirche der Vielen nicht ausräumen konnte. Der totalitäre Charakter der Verfolgung unter Decius hatte auf der Grundlage einer religiös-restaurativen Gesetzgebung einen erschreckenden Einbruch bei den Gläubigen bewirkt; gleichzeitig erstarkten aber auch die Kräfte der Erneuerung, die künftigen Repressalien standhalten sollten. Tatsächlich flammte unter Kaiser Valerian, der den Christen zunächst Sympathie entgegengebracht hatte, eine neue Verfolgung auf, eingeleitet durch ein Edikt vom Jahre 258, das gezielt den Klerus zum Opfer zwang und ihm jeglichen Gottesdienst untersagte. Ein regelrechtes Versammlungsverbot, bewußt ausgedehnt auf die Begräbnisstätten, sollte das Gemeinschaftsleben der Gläubigen unterbinden. Gegen zuwiderhandelnde Kleriker verfügte man Verbannung und Todesstrafe; Konfiskation des Vermögens drohte man Christen aus höheren Schichten an. Trotz des fiskalischen Hintergrundes zielten diese Maßnahmen vor allem auf Ausschaltung der Gemeindeleiter und angesehener Standespersonen, die sich jetzt aber nicht mehr dem staatlichen Druck beugten. Selbstbewußt schritt nun Bischof Cyprian von Karthago zur Enthauptung; und Papst *Sixtus II.* (257–258) begleiteten seine Diakone ins Martyrium; unter den römischen Blutzeugen dieser Verfolgungswelle erlangte nachmals der Erzdiakon Laurentius hohes Ansehen. Mit der Gefangennahme des Kaisers auf dem Perserfeldzug endete das kurze, aber harte Vorgehen Valerians gegen die Christen, und sein Nachfolger Gallienus leitete mit der Rückgabe der Güter und Gottesdiensträume eine 40jährige *Friedensperiode* ein.

Wirtschaftliche Schwierigkeiten und militärische Auseinandersetzungen, insbesondere mit Germanen und Persern, belasteten allerdings das Reich auch in dieser Zeit; sie erklären die anhaltenden Restaurationsversuche, und zwar auch im religiösen Bereich. Kaiser Aurelian, der im Streitfall des abgesetzten Paul von Samosata das Urteil der *Synode von Antiochien* (268) sanktionierte, erneuerte die alte Götterordnung, allerdings mit *sol invictus* an der Spitze. Der aufkommende Neuplatonismus hatte es ermöglicht, dem Polytheismus zwischen der sinnlichen Welt und einer höchsten Gottheit Geltung zu bewahren. Gleichzeitig belebte sich die antichristliche Stimmung, geschürt von führenden Philosophen der Zeit, wie Porphyrios († 303), oder dem Polemiker Hierokles († um 310), der Jesus von Nazaret in den Schatten des Magiers Apollonios von Tyana (1. Jahrhundert n. Chr.) stellte. Eine politisch-organisatorische Neuordnung vollzog Kaiser Diokletian mit dem Aufbau der Tetrarchie, die auf eine Dezentralisierung der Reichsverwaltung hinauslief, wobei durch Berufung seines Freundes Maximianus zum Mitkaiser im Westen und jeweilige Adoption der Cäsaren Galerius und Constantius zugleich die Nachfolge geklärt schien. Eine religiöse Überhöhung erfuhr diese fiktive Dynastie, indem sich Diokletian als Jovius dem Jupiter unterstellte, während die Mitherrscher als Abkömmlinge des Herkules galten. In einer Reihe von Maßnahmen, z. B. in Ehegesetzen, kam wieder ein konservativ-religiöser Zug zum Tragen, der im Gefolge außenpolitischer und wirtschaftlicher Probleme zwangsläufig zum Zusammenstoß mit dem erstarkten Christentum führte.

Nicht ohne Einfluß des Galerius, aber doch aus eigener Verantwortung, ging Diokletian an die Wiederherstellung der religiösen Grundlagen des Reiches, deren Brüchigkeit ihm durch Dienstverweigerungen christlicher Soldaten in ihrer ganzen Tragweite bewußt geworden war. Nach Säuberungsaktionen im Heer holte er sich noch Rat beim Apollon-Orakel in Didyma und eröffnete mit einem *Edikt* vom Jahre 303 den Kampf gegen das Christentum, »damit dieser Religion gleichsam die Grenze gesetzt würde« (Laktanz, Todesarten der Verfolger 12,1). Die Maßnahmen umfaßten rechtliche Minderstellung der Gläubigen, Verbot gottesdienstlicher Zusammenkünfte, Auslieferung liturgischer Bücher und Zerstörung von Kirchengebäuden. Aufflackernder Widerstand wurde brutal gebrochen, die Bedrängnis der Christen, zu denen sich die Gemahlin des Kaisers mit ihrer Tochter rechnete, durch den Opferzwang gesteigert. Weitere Edikte verfügten die Verhaftung der Kleriker und die Todesstrafe bei Verweigerung des Götteropfers; ein viertes Edikt vom Frühjahr 304 dehnte den Opferbefehl auf die gesamte Bevölkerung aus und machte die Radikalität des Diokletianischen Vorgehens deutlich. Geplagt von Folter und anderen Grausamkeiten fanden zahlreiche Christen den Tod, wenngleich der staatliche Druck nicht auf allen Gebieten in gleicher Weise lastete. Während im Osten mit gewissen Unterbrechungen die Verfolgung jahrelang anhielt, zeigte sie im Westen geringere Wirkung, insbesondere im Herrschaftsbereich des Constantius, also in Gallien. Gegen Ende der Verfolgungen wurden nach den Worten Eusebs die Peiniger selbst »an Bosheit stumpf, des Tötens müde sowie des Blutvergießens satt und überdrüssig« (KG VIII 12,8).

Schon die wegen Krankheit erfolgte Abdankung Diokletians im Jahr 305 offenbarte die Mängel seines tetrarchischen Systems, das alsbald durch Usurpationen durchbrochen wurde und die Totalität christenfeindlicher Sanktionen entschärfte. Galerius, Nachfolger und Sachwalter Diokletianischer Politik im Osten, mußte schließlich das Scheitern der Verfolgungen einsehen. Befallen von einer schweren Krankheit, erließ er am 30. April 311 in Sardika ein *Toleranzedikt* (Laktanz, Todesarten 34), das an die Absicht der Diokletianischen Religionspolitik erinnerte, römische Tradition wiederherzustellen, aber ihr Scheitern eingestand; deshalb sollten nun die Christen ihre Existenzberechtigung erhalten und zu ihrem Gott beten für den Kaiser, den Staat und das eigene Wohl. Mit diesem geschichtswirksamen Erlaß wurde die Auseinandersetzung von römischem Staat und Christentum grundsätzlich beendet, auch wenn im Osten schon unter Maximinus Daia wieder Verfolgungen aufflackerten.

b) Rechtliche Grundlagen staatlicher Sanktionen

Der Jahrhunderte währende Konflikt zwischen dem Christentum und der römischen Staatsmacht hatte seinen wesentlichen Grund in dem Umstand, daß der christliche Glaube an den einen Gott das religiös-politische System des römischen Staates aufbrach. Ohne die vulgären Vorwürfe oder den Verdacht einer politischen Verschwörung außer acht zu lassen, stellte gerade das »nomen ipsum« des Christseins eine Gefahr für den Bestand des Reiches und die salus publica dar, der man durch Rückführung der »Gottlosen« zum Kult der Götter zu steuern suchte. Unter diesem Blickwinkel erfolgten die Christenverfolgungen aus religiösen Gründen.

Nach wie vor ist allerdings die Frage nach ihren Rechtsgrundlagen nur unzureichend beantwortet. Aufgrund unterschiedlicher Auswertung der spärlichen Quellen sucht man die Lösung entweder in einem Sondergesetz, wofür Tertullians Hinweis auf ein »institutum Neronianum« (Gegen die Heiden I 7,9) spricht, oder in der Anwendung allgemeiner strafrechtlicher Normen wie Sakrileg bzw. Verletzung der Majestas; die Unterschiedlichkeit der Verfahren in der frühen Phase erklärt schließlich der Verweis auf die Ordnungsgewalt (coercitio) der Behörden am besten. Ohne Zweifel entbehrte das pogromartige Vorgehen gegen die Christen vor Decius einer einheitlichen rechtlichen Grundlage. Das Reskript Trajans stellte aber bereits das *nomen christianum* unter Strafe, offensichtlich in Erkenntnis der grundsätzlichen Unvereinbarkeit von christlichem Glauben an den einen Gott und dem religiös-politischen System des Reiches. Es ist nicht auszuschließen, daß dieser entscheidende Tatbestand auch zu einem Senatsbeschluß erhoben wurde, der nach Auskunft der Akten des Apollonius (23) lautete: »Christen dürfen nicht sein«, ein Verbot, das mit gleichen Worten durch das erwähnte Edikt des Galerius aufgehoben wurde: »Sie sollen wiederum Christen sein!« Tatsächlich hinderte das Christsein am Mitvollzug der althergebrachten kultischen Akte, auf denen nach allgemeinem Bewußtsein die Wohlfahrt des Römischen Reiches gründete. Eine solche religiöse Verweigerung galt in der Öffentlichkeit als Anschlag auf den Bestand des Reiches, ein Vorwurf, der sich weder durch Loyalitätsbekundungen noch Gebete für den Staat ausräumen ließ. Zwangsläufig mußten die staatlichen Behörden gegen die Aushöhlung dieses religiös-politischen Prinzips vorgehen, wobei sie sich entgegen allgemeiner Rechtspraxis genötigt sahen, eine Unterlassung zu ahnden und nicht eine Straftat. Mit Recht haben darum christliche Apologeten auf die Ungleichheit der Behandlung von Verbrechern und Christen verwiesen (Tert., Apol. 2,1–20). Jedenfalls blieb den Behörden noch ein großer Ermessensspielraum bei den Verfahren, bis schließlich wegen Anwachsens der christlichen Gemeinden das Edikt des Decius erging, das den Opferzwang vorschrieb und bei Weigerung eine Verurteilung nach sich zog. Die Illegalität des Christentums, durch Einzelentscheide schon längst bewußt geworden, wurde so zur Norm der Unterdrückung, bis ihm der Erlaß des Kaisers Galerius gewissermaßen den Stand einer »religio licita« einräumte.

Aus der Zeit der Verfolgungen hat die Gemeinschaft der Gläubigen entscheidende Erfahrungen gesammelt und in das kirchliche Leben umgesetzt. Als eine Zeit der Bewährung angekündigt (Mk 13,9–13), lösten die christenfeindlichen Aktionen im allgemeinen weder eine apokalyptische Untergangsstimmung noch staatsfeindlichen Fanatismus aus; trotz Vorbehalten im einzelnen war man offen für Gesellschaft und Staat und behauptete sich so in der Geschichte. Die Christen ließen sich in ihrer Glaubenstreue nicht in die Isolation drängen. Entgegen der landläufigen Vorstellung von einer »Katakombenkirche« haftete dem Martyrium geradezu ein werbender Zug an, das der Blutzeuge, die Blutzeugin selbst mit dem Motiv der Nachfolge Christi zu bewältigen suchte. Tatsächlich spricht aus den Märtyrerakten kein ängstlicher Pessimismus, wie er weitgehend die Umwelt erfaßt hatte, sondern freudige Zuversicht und Hoffnung. Trotz Versagens im einzelnen hat die Gemeinschaft der Gläubigen den Repressionen des Staates standgehalten und mit ihrem Bekenntnis ein bleibendes Zeugnis gegeben.

§ 10

Heiligkeit und Sünde – das kirchliche Bußverfahren

Als *Gemeinde der Heiligen* erhoben die ersten Christen nicht nur einen ethischen Anspruch, sie durchbrachen mit diesem Selbstverständnis vor allem die Schranken jener numinosen Wirklichkeit, auf die der Mensch in den Umweltreligionen mit Schauder reagierte. Im Glauben gerechtfertigt und in der Taufe wiedergeboren, wußten sie sich kraft des Geistes erwählt zu Kindern des heiligen Gottes, eine Heilsgabe, die der Verwirklichung im Alltag bedurfte; unverbrüchlich galt die Verpflichtung, das Taufsiegel zu bewahren (2 Klem. 6,9; 7,6). Dieses Ideal stand freilich von Anfang an in Spannung zur Erfahrung der Sünde, die trotz geforderter Abkehr vom Bösen als Möglichkeit bestehen blieb (Mt 6,12; 7,11; Jak 3,2; 1 Joh 1,7–2,2) und als Realität schon in den paulinischen Gemeinden getadelt, wenn nicht mit Ausschluß geahndet wurde (1 Kor 5,1–13; 6; Eph 4,17–31). Wie Gottes Bereitschaft zur Vergebung das wiederholte Verzeihen unter Menschen motiviert (Mt 18,22.35), so verweigerte man dem Sünder in der Gemeinde nicht erneute Umkehr und Buße (2 Kor 2,5–11; 7,8–12), abgesehen von der »Sünde wider den Heiligen Geist« (Mk 3,29 par.). Zwar scheint Hebr 6,4–6 (vgl. 10,26–29; 12,17) eine Sündenvergebung nach der Taufe auszuschließen, doch der Text zielt wohl eher auf die grundsätzliche Verweigerung gegenüber Gottes Gnade und nicht auf die Unmöglichkeit einer *paenitentia secunda* (sogenannte Tauftheorie). Insofern stellt auch die Unterscheidung einer *Sünde zum Tode* von vergebbaren Sünden in 1 Joh 5,16 keine Neuerung dar; sie markiert aber auf jeden Fall die Mitverantwortung der Gemeinde, insbesondere durch das fürbittende Gebet (vgl. Jak 5,14–16).

a) Buße als Aufgabe

Schon die Verzögerung der Parusie wandelte das Leitbild christlicher Heiligkeit zu einer anhaltenden Aufgabe der Gläubigen, die man ähnlich wie in der Synagoge durch Erfüllen der *Tora* mit einer Ethisierung des Glaubens zu bewältigen trachtete. Einschlägige Appelle zur Gemeindezucht im nachapostolischen Schrifttum bestätigen, daß in der Tat für das Ideal der Heiligkeit Gefahr bestand. Gleichzeitig spricht aber aus den Mahnungen zu Buße und Umkehr die Überzeugung von der Möglichkeit erneuter Vergebung nach der Taufe. Als Akte solcher Buße galten Gebet, Fasten und Almosen; eine entscheidende Rolle spielte dabei das Bekenntnis der eigenen Schuld (Did. 4,14; Barn. 19,12). Betroffen von der Sünde des einzelnen, schaltete sich die Gemeinde in das Bußgeschehen ein, dessen hinreichende Wirkung offenbar dem Urteil der Vorsteher zustand.

b) Bußansage des Pastor Hermae

Ein Ansatz zu einer geordneten Bußpraxis begegnet uns erstmals in dem um 140 zu Rom entstandenen Hirten des Hermas, der angesichts der Parusie zur Umkehr rief. Das in apokalyptischer Art geschriebene Buch stellt die Kirche als einen Turmbau vor, aus dem die Sünder herausgebrochen sind. Schon Vis. I 3,2 deutet aber die Möglichkeit einer Buße an, die wegen des erwarteten Weltendes jedoch befristet ist. Allerdings leugneten »einige Lehrer« eine solche Bußmöglichkeit über die Taufe hinaus, und Hermas pflichtet ihnen grundsätzlich bei, erklärt aber dennoch mit erzieherischer Diskretion, daß es eine zweite Buße für den Gläubigen gäbe, der aus Schwäche erneut in Sünde gefallen sei. Diese Auskunft stellt trotz der erwähnten rigoristischen Strömung kaum einen Bruch mit der bisherigen Praxis dar, da auch für Hermas der Sündennachlaß in der Taufe die grundlegende Vergebung bleibt. Im übrigen ist das Bußgeschehen eingebunden in die Kirche, deren Vorsteher über Ausschluß, hinreichende Buße und Wiederaufnahme der verschiedenen Sünder befinden. Hier zeichnet sich bereits eine gewisse Differenzierung von Sünden ab, die dann in der Trias von Kapitalsünden, nämlich Götzendienst (Glaubensabfall), Unzucht und Mord – gereiht nach den teils mißverstandenen Jakobusklauseln von Apg 15,20 –, ihren Ausdruck fand. Die Einmaligkeit einer paenitentia secunda, als pastorales Zugeständnis bei Hermas schon in diesem Ordnungsgefüge, vermochte letztlich das Problem der Christensünde kaum zu bewältigen.

c) Wandel in der Bußlehre Tertullians

Der Anspruch auf Heiligkeit, der schon frühzeitig im Taufbekenntnis seinen Niederschlag fand, nötigte die Kirche angesichts der wachsenden Zahl von Gläubigen und des sich häufenden Versagens zum Ausbau des Bußverfahrens. Als »Neuformung« des Menschen (2 Klem. 8,2) blieb solche Buße grundsätzlich anerkannt, auch wenn die rigoristische Bewegung des Montanismus die bisherige Praxis einer zweiten Vergebung aus erzieherischen Gründen eingeschränkt hatte. Den großkirchlichen Standpunkt, wonach es nach der Taufe noch die einmalige Möglichkeit eines Sündenerlasses gibt, vertrat zunächst auch der Afrikaner Tertullian († nach 220) in seiner Schrift De paenitentia. Als er sich jedoch dem Montanismus angeschlossen hatte, änderte er nach Auskunft von De pudicitia seine Auffassung, indem er der Kirche das Recht auf Vergebung schwerer Sünden, darunter die drei Kapitalsünden, absprach. Mit der Unterscheidung von unvergebbaren Todsünden und leichten Sünden, deren Erlaß »geistlichen Menschen« vorbehalten ist, verließ er seinen früheren Standpunkt und die allgemeine, freilich uneinheitliche Bußpraxis. Darauf verweist auch die Polemik Tertullians zu Beginn von »De pudicitia«, in der er einen »Pontifex maximus« angreift, der Sünden wie Ehebruch und Hurerei nachließ; aufgrund der beschriebenen Situation handelte es sich wahrscheinlich um einen afrikanischen Bischof und nicht um Papst Calixtus I. in Rom.

Abgesehen von dieser Grundsatzfrage bieten Tertullians Werke erstmals einen Einblick in das Bußverfahren der alten Kirche, das grundsätzlich öffentlich war und sich in mehreren Schritten vollzog. Aufgrund eines Bekenntnisses (Exhomologese) wurde der Sünder zunächst aus der Gemeinde ausgeschlossen (Exkommunikation), das heißt dem minderen Stand der Büßer zugewiesen. Durch Gebet und Fasten in »Sack und Asche« (Mt 11,21) sowie anderen Akten der Abtötung hatte der Büßer zunächst seine Reue zu erweisen, und zwar vor der Gemeinde; sodann erhielt er wieder Zutritt zum kirchlichen Versammlungsraum, wobei sich die Fürbitte der Gemeinde mit der Buße des Sünders verband. Diese Bußstufen haben im Osten noch eine weitere Ausgestaltung erfahren, und zwar von den Weinenden, die um Zulassung baten, über die Hörenden und Liegenden bis zu den Mitstehenden als verschiedene Formen der Teilnahme am Gottesdienst. Nach längerer, unter Umständen mehrjähriger Bußleistung erfolgte die Wiedereingliederung des Büßers in die Gemeinde (Rekonziliation), vermutlich unter Handauflegung des Bischofs und Gebet der Gemeinde. Diese *pax* mit der Kirche galt als Ausdruck der Versöhnung des Sünders mit Gott.

d) Bußpraxis im Widerstreit

Die Auseinandersetzungen um die Bewältigung der Christensünde bewegten sich ständig zwischen den Polen der Strenge und Milde. In Rom warf der Presbyter Hippolyt († 235) eine leichtfertige Bußpraxis dem Papst *Calixtus I.* (217–222) vor, der offensichtlich unter Berufung auf das biblische Gleichnis vom Unkraut unter dem Weizen (Mt 13,24–30) die großkirchliche Tradition pflegte, wenn auch seine Anerkennung von Ehen zwischen Frauen höherer Herkunft und Männern niederen Standes mit dem Recht der römischen Gesellschaft brach. Tatsächlich hatte schon unter Papst Zephyrin der Bekenner Natalis die Wiederaufnahme auf dem Weg öffentlicher Buße erlangt, obwohl er sich der häretischen Gruppe des Theodotos angeschlossen hatte (Euseb, KG V 28,8–12). Eine Verschärfung erfuhr die Bußfrage im Gefolge der Gewaltmaßnahmen gegen die Christen, denen vor allem während der Decischen Verfolgung nicht wenige Gläubige nachgegeben hatten. In Afrika schien das Bußverfahren den Bischöfen fast aus den Händen zu gleiten, als zahlreiche Gefallene ohne eine Bußleistung wieder in die Kirche aufgenommen wurden oder aufgrund sogenannter Friedensbriefe von Märtyrern oder Bekennern darauf Anspruch erhoben. In dieser Form der Fürsprache äußerte sich das Ansehen der Standhaften, denen man die Gabe des Geistes und damit das Recht zur Versöhnung der Schwachen zuerkannte, ein Standpunkt, der zum Konflikt mit den Bischöfen führen mußte. Cyprian von Karthago († 258), der in seinem Werk *De lapsis* ungeschminkt die Lage schilderte, pochte nach seiner Rückkehr auf eine angemessene Bußleistung vor Wiederaufnahme in die Kirche, und diese Linie des Bußverfahrens bestätigte eine Synode von Karthago (251); danach sollten jene Christen, welche geopfert hatten (sacrificati) die »pax« erlangen, allerdings erst in Todesgefahr, während die libellatici, also jene, die sich eine Opferbscheinigung besorgt hatten, eine mildere Behandlung erfuhren. Da sich die Lage alsbald wieder zuspitzte, gestand eine Synode im folgenden Jahr allen Gefallenen bei angemessener Buße Versöhnung zu, da die drohenden Gefahren nur in der Kraft des Heiligen Geistes zu bestehen seien (Cyprian, Brief 57,4). Das rechtliche Prinzip einer vollen und gerechten Bußleistung bestimmte weitgehend die Argumentation.

Im Gegensatz zu Nordafrika kam um die Mitte des 3. Jahrhunderts in Rom eine rigoristische Strömung zur Geltung. Der römische Presbyter Novatian († um 258), der nach dem Tode des Papstes *Fabian* (236–250) im Jahre 250 als Wortführer der römischen Gemeinde erscheint, sprach sich zwar angesichts des weitgehenden Abfalls für eine synodale Klärung der Wiederaufnahme aus, vertrat aber zunächst wie Cyprian einen gemäßigten Standpunkt, wonach erkrankte »lapsi« die kirchliche Versöhnung erlangen können. Als freilich die Wahl zum Nachfolger nicht auf ihn, sondern auf Cornelius fiel, wechselte der romstolze Novatian seine Meinung; zum Gegenbischof erhoben, lehnte er nunmehr um der Heiligkeit der Kirche willen eine Rekonziliation der Gefallenen grundsätzlich ab. Zwar bestätigte eine römische Synode vom Jahre 251 die überkommene Bußpraxis und schloß Novatian aus der Kirche aus; doch eine geschickte Propaganda unter dem Schlagwort der Heiligkeit weitete seine Anhängerschaft, die sich zu einer regelrechten Gegenkirche entfaltete und als *Kirche der Reinen* bis in das 7. Jahrhundert – auch im Osten – Bestand hatte.

e) Bußverständnis der östlichen Kirche

Während in den Kirchen des Westens das Bußverfahren immer stärker an die Bischöfe gebunden wurde, behauptete sich im Osten noch lange ein Bußverständnis im Sinne persönlicher Läuterung. An der Möglichkeit einer zweiten Buße unter Einbeziehung aller Sünden bestand letztlich kein Zweifel, wobei das Verfahren zumeist einem Bußpriester übertragen war. Gegenüber einer rechtlichen Form und institutionalisierten Praxis betrachtete man aber hier Buße weithin als Herausforderung an den einzelnen Christen, der Gottebenbildlichkeit zum Durchbruch zu verhelfen, ein Gedanke, mit dem sich unschwer der platonische Begriff der Reinigung verbinden ließ. Neben dem Appell, die Taufe zu wahren, gewann so der Weg der Buße als geistlicher Fortschritt eine entscheidende Bedeutung, wozu Klemens von Alexandrien († vor 215) erstmals einen geisterfüllten Berater empfahl (Welcher Reiche wird gerettet 41,1–6), eine Einrichtung, die im späteren Mönchtum großes Ansehen gewinnen sollte. Auch Origenes, der das Problem durchaus im ekklesiologischen Rahmen sah, legte weniger Gewicht auf die Verfahrensweise als auf das Verständnis von Buße überhaupt. Zwar mahnte er die Gemeindevorsteher zum Tadel der Sünder, und er befürwortete auch ihren Ausschluß, dennoch galt ihm der Sünder als Kranker, der immer heilender Pflege bedarf. Die Rolle des Bischofs wandelte sich vom Richter zum Arzt; ja, Origenes sprach die Gewalt der Sündenvergebung sogar dem geisterfüllten Laien zu (Gebet 28,8; Mt-Komm. 12,11–14). Der heilspädagogische Charakter dieses Bußverständnisses ermöglichte überdies eine stärkere Einbindung des reuigen Sünders in die Gemeinde, während sich aufgrund der mehr juridischen Sicht im Westen allmählich eine Art Spaltung zwischen Vollmitgliedern der Kirche und Büßern anbahnte. Eine integrierende Tendenz verrät auch die syrische Didaskalie, die zwar das Bußgeschehen stark an den Bischof band, aber offensichtlich von einer Wiederholbarkeit des Verfahrens ausging. Trotz zunehmender Reglementierung im einzelnen durch Synoden und Bußbriefe hafteten dem altkirchlichen Bußinstitut auch Mängel an, die in Konstantinopel sogar zu dem Vorschlag führten, den Zugang zur Eucharistie dem persönlichen Gewissen zu überlassen (Sokrates, KG V 19).

f) Aufschub und Privatisierung der Buße

Mit dem strengen Grundsatz, daß ein Getaufter sich nur einmal dem kirchlichen Bußverfahren unterziehen kann, ließ sich das Ideal einer heiligen Kirche nur zum Teil verwirklichen. Um die Möglichkeit einer Sündenvergebung zu wahren, schob eine beträchtliche Zahl der betroffenen Gläubigen die Übernahme der Buße auf, nicht selten bis ans Lebensende, so daß das eigentliche Ziel, die Wiederversöhnung mit Gott und die Communio, vereitelt wurde. Die mit der Aufnahme des Verfahrens verknüpften Belastungen rechtlicher Art, vor allem seit der Angleichung von Kirche und Gesellschaft in Konstantinischer Zeit, verstärkten die Hemmschwelle zum Bußverfahren. Wie die Unfähigkeit zu einem kirchlichen Dienst traf den Büßer auch der Ausschluß von einem öffentlichen Amt, das Tragen einer Bußkleidung kam einer Diskriminierung gleich, das Verbot ehelichen Verkehrs stellte den Büßerstand dem Mönchsleben gleich. Mit der ausschließenden Wirkung eines solchen Verfahrens schrumpfte schließlich die Bedeutung der Eucharistie für das Fortbestehen der gläubigen Gemeinde; ja der Impuls zu Umkehr und Buße verlor überhaupt seine drängende Kraft. Angesichts solcher Unzuträglichkeiten setzte sich seit der ausgehenden Antike das private Bußverfahren durch, das ein geheimes Bekenntnis vor einem Priester und die Übernahme der auferlegten Genugtuungsakte als Grundlage der Rekonziliation voraussetzte. Dank ihrer Wiederholbarkeit vermochte diese Beichte gewiß die Ausrichtung gläubiger Gemeinschaft auf die Eucharistie wieder zu verlebendigen; die zwangsläufige Individualisierung zog aber auch einen Verlust brüderlicher Mitverantwortung nach sich.

<h1 style="text-align:center">§ 11
Geistbewegungen und Kirchenanspruch</h1>

Die Aussage des Apostels Paulus, wonach Gott seinen Sohn in der »Fülle der Zeit« sandte (Gal 4,4; vgl. Eph 1,10), bestimmte zutiefst das Glaubensbewußtsein der ersten Christen und ihr geschichtliches Selbstverständnis. Der Überzeugung, im neuen Äon zu leben, folgte allerdings auch Ernüchterung, die entweder in die Kritik apokalyptischer Geschichtsschau einmündete, oder die Vision eines Tausendjährigen Reiches (Chiliasmus) weckte. Über Offb 20,1–6 griff man zurück auf alttestamentliche Weissagungen (Dan 7) und deren Deutungen auf ein endzeitliches Reich des Friedens, in dem der Messias die Gerechten in paradiesischer Herrlichkeit vereint (Justin, Dial. 40,4; 109,27; Iren. haer. V 33,3f). Angesichts solcher Erwartungen trat auch der Heilige Geist, vor allem in seiner prophetischen Wirksamkeit, wieder verstärkt ins Bewußtsein der Gläubigen.

a) Montanismus

Ein Wiederaufleben enthusiastischer Naherwartung erfolgte in der Montanistischen Bewegung. Um das Jahr 165 trat im kleinasiatischen Phrygien, Heimat des schwärmerischen Kybele-Kultes, ein Neugetaufter namens Montanus auf und verkündete unter Berufung auf unmittelbare Offenbarungen den Anbruch des vom Heiligen Geist durchwirkten Zeitalters, dem alsbald die Wiederkunft Christi folgen werde. Als neue Prophetie stellte der Montanismus die bewußte

Wiederaufnahme urchristlicher Endzeiterwartung dar, wobei der Rückgriff auf die Geistesgaben eher den Zusammenhang mit dem Ursprung suchte und weniger ein Abweichen von der kirchlichen Lehre darstellte. Montanus selbst betrachtete sich als Sprecher des Joh 14,16.26 verheißenen Parakleten, während seine beiden Begleiterinnen Priscilla und Maximilla als Prophetinnen auftraten. Es gelang ihnen, die abgeflaute Enderwartung neu zu beleben und eine Bewegung auszulösen, die im Sog lokaler ekstatischer Strömungen und unter Aufnahme von Elementen jüdischer Apokalyptik zu einer ernsthaften Herausforderung für die Großkirche wurde. Mit der unmittelbaren Erwartung des tausendjährigen Friedensreiches Christi und dem Glauben, daß im Parakleten die letzte Stufe der Offenbarung erreicht sei, stand für die Montanisten das Ende der Geschichte bevor.

Obwohl sich die Voraussage, das himmlische Jerusalem komme auf eine Ebene beim phrygischen Pepuza herab, nicht bewahrheitete, verlor der Montanismus mit seiner Erneuerung des prophetischen Elements zunächst nicht an Zugkraft. Die Anhänger der »neuen Prophetie« sammelten die »oracula« der Gründer und stießen sogar in Rom unter Papst Zephyrinus auf Wohlwollen, nicht zuletzt deshalb, weil man vorgab, das Ideal der Urgemeinde zu verwirklichen. Mit diesem Anspruch verbanden die Montanisten eine strenge Askese, etwa das anhaltende Fasten angesichts der bevorstehenden Wiederkunft Christi oder den Verzicht auf Ehe; jegliches Ausweichen vor dem Martyrium war verpönt. Als Gemeinschaft von Pneumatikern pochten sie auf den Abstand zu den anderen Christen, den Psychikern, deren Kirche sie als eine »Zahl von Bischöfen« betrachteten. Der ethische Rigorismus zog auch Tertullian an, der seit 207 in seinen Schriften das Ideal der Montanistischen Geistkirche verfocht und mit der Abkehr von der bischöflichen Gemeindeordnung (Aufford. zur Keuschheit 7,3: »Wo drei sind, da ist eine Gemeinde, auch wenn es nur Laien sind«) die Wende gegen die bisherige Bußpraxis vollzog. Er löste freilich die Prophetie von den Häuptern der Bewegung, insbesondere den Frauen, und stellte statt dessen den Geist als Vollender der Welt vor. Den Rahmen für seine Aussagen bildete eine Geschichtsschau nach Art der Lebensalter, wobei das Reich Gottes, zunächst auf der Stufe der Kindheit, durch Christus ins Jünglingsalter geführt wurde, um schließlich zur Vollreife des Mannes zu gelangen (Schleier der Jungfrauen 1). Trotz dieser Änderungen gelang es Tertullian nicht, dem Montanismus eine breitere Anhängerschaft zuzuführen.

Die kirchliche Abwehr dieser disziplinierten Geist-Bewegung setzte nur zögernd ein, da ihre Absonderung mehr durch apokalyptische Lebensweise als durch einen Unterschied in der Lehre bestimmt war. Immerhin lösten die Montanisten in ihrem Ursprungsland Unruhe aus, worauf sich »die Gläubigen Asiens« nach dem Bericht Eusebs (KG V 16,10) wiederholt versammelten und nach Prüfung ihrer Lehre die Anhänger aus der Gemeinschaft ausschlossen, ein Vorgehen, bei dem sich die Anfänge des Synodalwesens abzeichnen. Mit theologischen Schriften und in Streitgesprächen zielte man auf Entlarvung der falschen Prophetie, und zwar nach dem Grundsatz, daß man an der Frucht den Baum erkenne (Euseb, KG V 18,2). Um 230 sprach eine *Synode zu Ikonion* den

Kataphrygiern überhaupt den Geistbesitz ab (Firmilian bei Cyprian, Brief 75,7), und sie entzog ihnen damit die Grundlage kirchlichen Lebens, eine Stellungnahme, die im Ketzertaufstreit dann selbst auf Ablehnung stieß. Im Westen verweigerten sich die Gemeinden den Montanisten erst, als man genauere Auskünfte über die Bewegung erhalten hatte. Der Einstufung des Montanismus als Häresie folgten in der reichskirchlichen Zeit staatliche Maßnahmen gegen die *Pepuzisten;* trotzdem behaupteten sich einzelne Gemeinden noch bis ins 5. Jahrhundert.

b) Ketzertaufstreit

Das Auseinanderbrechen der kirchlichen Einheit, durch Entstehen von Sondergruppen ständig erfahren, nötigte zur Bestimmung des Verhältnisses von Kirche und Sekte. Der Ausschluß aus der Kirchengemeinschaft markierte zwar deutlich eine Trennung, brachte aber angesichts der vielfältigen Ursachen kirchlicher Konflikte keineswegs Klarheit in die gegenseitigen Beziehungen. Vor allem zwang der Anspruch auf den Geistbesitz zur Klärung, wobei die Frage nach der Gültigkeit einer Taufe, die in einer häretischen oder schismatischen Gemeinschaft gespendet wurde, die Urteilsbildung insgesamt schärfte.

Im Konflikt mit den Montanisten hatten kleinasiatische Gemeinden entschieden, an der Wiedertaufe jener festzuhalten, die von der Sekte der Phryger zur Großkirche übertraten. Eine Zuspitzung erfuhr diese ekklesiologische Diskussion im Westen, wo sich bereits Tertullian (Taufe 15) gegen die Gültigkeit einer Taufe in der häretischen Gruppe ausgesprochen hatte, eine Auffassung, die offenbar von den alexandrinischen Theologen geteilt wurde. Bischof Cyprian erklärte auf eine Anfrage, ob »die von Novatian Kommenden« erneut die Taufe empfangen müßten, in aller Deutlichkeit, daß nur in der einen Kirche die Taufe gültig gespendet werde; denn jene, »die den Heiligen Geist nicht haben, sind gar nicht imstande zu taufen« (Brief 69,10). Der Grundsatz, wonach es außerhalb der Kirche kein Heil gibt (Einheit der Kirche 6), kam hier in seiner ganzen Tragweite zur Geltung. Wurzelnd in einem spiritualistischen Kirchenbegriff, machte man die Gültigkeit der sakramentalen Zeichen von der persönlichen Würde und Heiligkeit des Spenders abhängig, eine Argumentation, die trotz Berufung auf die eine Kirche, die in der Einheit Gottes grundgelegt ist, der Subjektivität ausgeliefert blieb. Zwei *Synoden in Karthago* (255/256) bestätigten den Entscheid Cyprians, der allerdings in Afrika selbst auf Vorbehalte stieß.

In Rom lehnte man aber die Wiedertaufe ab und bestand bei einem Übertritt zur katholischen Kirche nur auf Handauflegung einschließlich der Buße. Als Cyprian Papst Stephan über die Beschlüsse der karthagischen Synoden unterrichtete, verurteilte dieser entschieden die afrikanische Praxis, offensichtlich unter Berufung auf das alte Herkommen (vgl. Cyprian, Brief 74,2). In dieser Auseinandersetzung, die auch auf die kleinasiatische Kirche übergriff, begründete der Bischof von Rom seine Autorität nach Auskunft Firmilians von Cäsarea (Cyprian, Brief 75,17) erstmals mit dem Felsenwort Mt 16,18f. Cyprian wies eine solche Auslegung zurück und ließ erneut auf einer Synode vom Jahre 256 die Wiedertaufe bestätigen. Eine Gesandtschaft mit ihren Beschlüssen wurde in Rom nicht aufgenommen; Papst Stephan schloß Cyprian sogar als »Pseudochrist und Pseudoapostel« aus der Kirchengemeinschaft aus, so daß der Bruch besiegelt war. Weniger die Ausgleichsbemühungen des Bischofs Dionysios von Alexandrien († 264/265), der selbst dem römischen Standpunkt zuneigte, führten zur Lösung des Konfliktes, als die Tatsache, daß Papst Stephan 257 starb und Cyprian im folgenden Jahr ein Opfer der Verfolgung wurde.

c) Der Manichäismus

Eine regelrechte Gegenkirche gnostischen Typs entstand dem Christentum im Manichäismus. Ihr Begründer Mani war verwandt mit dem persischen Fürstengeschlecht der Arsakiden und vom Vater her mit asketischen Lebensformen vertraut. Visionäre Erlebnisse entfalteten in ihm ein missionarisches Bewußtsein, aus dem er das Christentum nicht nur neu auslegte, sondern eine selbständige Religion verkündete. Als *Siegel des Propheten* und Apostel der letzten Generation beanspruchte er Universalität gegenüber partikulären Religionsstiftern wie Buddha in Indien oder Jesus in Palästina; er betrachtete sich geradezu als deren Vollender. Um der Gefahr von Verfälschungen zu entgehen, legte er selbst seine Lehre schriftlich nieder, so im *Großen Evangelium* oder im *Schatz des Himmels*. Ausgehend von einem schroffen Dualismus zwischen Geist und Materie, Licht und Finsternis, entfaltete er einen Mythos, der in drei Stufen von deren vorweltlicher Getrenntheit über die Vermischung bei der Entstehung von Welt und Mensch auf eine endzeitliche Scheidung drängt. Die Gestalt Jesu und die bisherige Zeit der Kirche erschienen dabei als eine Vorgeschichte der Sendung Manis, dem der Paraklet die volle Wahrheit offenbart habe. Versetzt mit Lehren indischer, iranischer und gnostischer Herkunft, forderte dieser Mythos den Menschen zur Erkenntnis, um so im Verbund mit asketischen Normen das Heil zu wirken. Das elitäre System verlangte von den Vollkommenen die Einhaltung der tria signacula, des Siegels von Mund, Händen und Schoß, also den Verzicht auf Gaumengenuß, Arbeit sowie geschlechtlichen Umgang. Unter König Schapur I. († 272) konnte Mani seine religiöse Botschaft ungehindert im Sassanidenreich verbreiten. Auf eine Anklage zoroastrischer Priester hin wurde er jedoch ins Gefängnis geworfen, wo er im Jahre 277 festgekettet starb. Seinen Leichnam nagelte man an das Stadttor von Bēt Lapāt, eine Schändung, die seinen Anhängern als Kreuzigung galt.

Trotz heftiger Verfolgung in Persien behauptete sich der missionarische Manichäismus noch bis ins hohe Mittelalter, nicht zuletzt dank seiner straffen Organisation. Die Hierarchie unter einem Oberhaupt gliederte sich in 12 Apostel, 72 Bischöfe und 360 Priester; den Erwählten (electi), vielfach in klösterlichen Gemeinschaften lebend, stand die Menge der Hörer (audientes) zu Diensten. Kultformen wie Handauflegung oder heiliges Mahl, aber auch Gesang und Lehrvorträge stärkten ihre Gemeinschaft, die durch ein Verfolgungsedikt Diokletians im Jahre 297 keineswegs ausgerottet wurde. Dualistische Kosmologie und Anthropologie, manichäischer Anspruch, das Böse allein zutreffend zu erklären, bildeten für die Christenheit sogar eine ständige Herausforderung, vor allem in der Form neuer Sekten.

§ 12
Monotheismus und trinitarische Lösungsversuche

Der kompromißlose Glaube an den einen Gott, den Schöpfer aller Dinge, und die biblische Erfahrung, daß dieser Gott sich im Sohn und im Geist geoffenbart hat, stellten die frühkirchliche Theologie vor die Aufgabe einer rationalen Erklärung gegenüber der antiken Bildungswelt. In diesem Umfeld genügte nicht mehr die Wiederholung von Würdetiteln, mit denen die Urgemeinde ihren Glauben an Jesus von Nazaret zum Ausdruck gebracht hatte, vielmehr ergab sich die Notwendigkeit, das Verhältnis von Christus und Gott, den er als Vater angesprochen hatte (Mk 14,36 par.), mit Hilfe seinshaft metaphysischer Begriffe zu erläutern. Nicht immer vermochte der *einfache Glaube* solchen Versuchen zu folgen, die unweigerlich zu einer Hellenisierung des biblischen Gottesbildes führten; trotz Verlustes an Unmittelbarkeit eröffnete aber diese Übersetzung der biblisch-konkreten Rede von Gott in philosophische Begrifflichkeit der Christusbotschaft den Weg in die Universalität.

a) Die Logos-Christologie

Schon innerhalb der griechischen Philosphie, vor allem in der Stoa und im mittleren Platonismus, hatte man versucht, durch Logosspekulationen ein umfassendes Weltverständnis zu entwerfen, das Erkenntnis ebenso ermöglichte wie es sittliches Verhalten normierte. Platon hatte überdies auf die Schwierigkeit einer Erkenntnis des jenseitigen Gottes verwiesen (Timaios 28c), ein Grundsatz, der infolge Ablösung der apokalyptischen Zeitdimension durch die raumhafte Teilung in Diesseits und Jenseits auch im frühen Christentum bald großes Gewicht bekam. Unter Berufung auf den Logos erschloß sich für Justin aber ein Erkenntnisweg, der nach dem Vorgang jüdischer Propheten und einzelner Philosophen allen Menschen offenstand, und zwar aufgrund ihres keimhaften Anteils an ihm durch die Vernunft *(lógos spermatikós)*. Unschwer konnte Justin so über die alttestamentliche Heilsgeschichte hinaus den Kosmos insgesamt als Offenbarung betrachten und der menschlichen Vernunft mit ihrer metaphysischen Ausrichtung Raum geben. Von Ewigkeit in Gott beschlossen *(lógos endiáthetos)*, trat der Logos nach Justin als Schöpfer der Welt hervor *(lógos prophorikós)* und bekundete damit seine Verschiedenheit vom Vater (Justin, Apol. II 6, Dial. 61), um schließlich in der Menschwerdung die Fülle der Offenbarung zu erreichen (vgl. Joh 1,14). Auch wenn hierbei ein Wandel griechischer Seinsmetaphysik in heilsgeschichtliches Denken sichtbar wird, die unterordnende Tendenz dieser Logos-Christologie blieb bestehen, ein Umstand, der seinerseits der Klärung bedurfte.

b) Formen des monarchischen Gottesbildes

Die Aufnahme des Logos-Begriffs durch die frühchristlichen Apologeten ermöglichte durchaus eine Entfaltung des biblischen Gottesbildes, vor allem auch in seiner offenbarenden Tragweite. In Sorge um die Einheit Gottes erhob sich jedoch Widerspruch, wobei man in Anlehnung an judenchristliche Aussagen Christus jegliche Gottesprädikation verweigerte und so auch dem mittelplatonischen Schlagwort von der *monarchia Dei* entsprach. Ein gewisser Theodotos, Gerber aus Byzanz, betrachtete Jesus von Nazaret als bloßen Menschen, der jedoch bei der Taufe im Jordan mit göttlicher Kraft erfüllt worden sei (dynamistischer Monarchianismus). Diese rationalistische Auffassung, durchaus an der Messianität Jesu festhaltend, fand zahlreiche Anhänger, auch wenn ihrem Begründer von Papst Viktor alsbald die kirchliche Gemeinschaft verweigert wurde. Seine Schüler gewannen sogar den Bekenner Natalis für die Leitung ihrer Gemeinde und stellten so erstmals einen Gegenpapst auf.

Noch größeren Nachdruck legte auf die Einzigkeit Gottes der sogenannte modalistische Monarchianismus, der einen realen Unterschied zwischen Vater und Sohn wegen der vermeintlichen Gefahr einer Zwei-Götter-Lehre leugnete. Die in der Geschichte ergangene Offenbarung Gottes durch den Logos betrachteten ihre Vertreter, an deren Spitze Noët aus Smyrna stand, als Erscheinungsweisen (modi) des Vaters, der selbst Mensch geworden sei und am Kreuz gelitten habe; sie wurden deshalb auch Patripassianer genannt. Nach Rom übertragen, fand diese Lehre eifrige Anwälte. Tertullian wies in seiner Schrift *adversus Praxean* (um 213) die Gleichsetzung im monarchischen Gottesbild zurück und sprach in wegweisender Form von den Dreien »unius autem substantiae« (2,4); als erster verwendete er dabei die Begriffe *trinitas* und *persona*. Der Modalist Sabellios deutete schließlich die Offenbarung Gottes in drei Stufen, und zwar als Vater in der Schöpfung, als Sohn bei der Erlösung und als Geist bei der Heiligung. Diese dreifache Offenbarungsform kennzeichnete er je als *prósōpon* (Maske, Person), und er verschleierte so zunächst seinen unitaristischen Ansatz von der Identität von Vater und Sohn. Der gelehrte Hippolyt beschuldigte sogar Papst Zephyrin der Begünstigung des Modalismus, worauf dieser einen theologischen Mittelweg suchte, freilich mit unzureichender Begrifflichkeit. Sein aus dem Sklavenstand aufgestiegener Nachfolger Calixtus schloß dann Sabellios aus der Gemeinde aus und nahm ein längeres Schisma in Kauf, als der übergangene Hippolyt sich zum Gegenbischof aufwarf.

c) Der Fortgang der trinitarischen Diskussion

Außerhalb Roms begegnet uns der *Sabellianismus* vor allem in Libyen, so daß sich Bischof Dionysios von Alexandrien zu einer scharfen Entgegnung veranlaßt sah. Im Gefolge seines Lehrers Origenes vertrat er den Unterschied von Vater und Sohn so nachhaltig, daß er sich sogar die Kritik des Papstes *Dionysios* (260–267) zuzog, der ihm vorwarf, »die heilige Monas in drei einander fremde und vollkommen getrennte Hypostasen aufzulösen und so geradezu drei Götter zu verkündigen« (Athan., de decr. 26,3). In einer Antwort rechtfertigte sich der Alexandriner, korrigierte seine Rede vom Sohn als einer Schöpfung (poíēma) des Vaters und anerkannte auch den Terminus homoúsios, sofern er die Zugehörigkeit zur gleichen Natur aussage.

Dieser Begriff wurde aber von einer *Synode zu Antiochien* im Jahre 268 verworfen, und zwar im Gefolge der Absetzung des schillernden Bischofs Paul von Samosata († nach 272). Als staatlicher Würdenträger ohnedies verdächtig, stieß man sich vor allem an seinem monistischen Gottesbild, wonach dem Logos keinerlei personhafte Eigenständigkeit zukam. Nach ihm wohnte Gottes Weisheit wie bei den Propheten im Menschen Jesus, der sich auf dem Wege sittlicher Bewährung Gott angleiche. Unklar ist allerdings, ob der Begriff *homoúsios* wegen seines monarchianischen Klanges abgelehnt oder als ungeeignete Kennzeichnung eines trinitarischen Gottesbildes zurückgewiesen wurde, da ihm eine materialistisch-emanierende Note anhaftete. Von seinem Bischofsstuhl Antiochien konnte der »ducenarius« Paul jedenfalls nur durch Intervention bei Kaiser Aurelian verwiesen werden.

Schon die bisherige Auseinandersetzung um den christlichen Gottesglauben macht den Mangel einer angemessenen Terminologie sichtbar. Beharrende Reserve gegenüber einem philosophischen Vokabular schien zwar die Bibel zu rechtfertigen, auch wenn dort vom Logos die Rede war. Mit dem Fortgang der Diskussion ließ sich der Verzicht auf philosophische Begrifflichkeit jedoch nicht aufrechterhalten. Neben der Logoslehre gewann bei der Entfaltung des trinitarischen Gottesbildes zusehends der Hypostasenbegriff an Gewicht, um die Eigenständigkeit der Personen auszudrücken. Hypostase, dessen lateinische Wiedergabe Substanz das eigentlich Seiende (die aristotelische *ousía*) gegenüber dem Akzidenz besagt, hat in der platonischen Metaphysik, vor allem seit Plotin († um 270), die Bedeutung des im Einzelding verwirklichten Seins erhalten. Übertragen auf das nichtmaterielle Sein, das im *Einen* gründet, diente der Begriff auch dazu, abgestuftes Sein zu beschreiben. Origenes nahm über den Wortgebrauch von Hebr 1,3 hinaus diese Hypostasenlehre der platonischen Schule auf und erklärte damit die Selbstmitteilung Gottes, allerdings um den Preis der Subordination von Sohn und Geist unter dem Vater (Grundlehren I 3,5). In Anlehnung an den griechisch-metaphysischen Gottesbegriff entfaltete er eine immanente Trinitätslehre, die sich in Gott selbst darstellt und nicht aus der Offenbarung in der Heilsgeschichte abgeleitet wird. Ausgehend vom Axiom der Unveränderlichkeit Gottes, formulierte er den Gedanken der *ewigen Zeugung* des Logos und stellte sich damit gegen die später von den Arianern übernommene Aussage, wonach es eine Zeit gegeben hätte, da der Sohn nicht war (ebd. IV 4,1). Unter dem Einfluß des Neuplatonismus, der die Transzendenz Gottes gegenüber der Welt noch steigerte, wurde freilich die Rede von der ewigen Geburt des Logos aus Gott in der Folgezeit verdrängt. Für Origenes bildeten jedenfalls Vater, Sohn und Geist die unterscheidbaren Wesenheiten, eben drei Hypostasen, allerdings in der Weise der Subordination. Obwohl seiner Theologie von seiten des *einfachen Glaubens* wie von den Vertretern des monarchischen Gottesbildes Widerstand entgegengebracht wurde, hat dieser Entwurf der in Hypostasen gegliederten Trinität entscheidend den Fortgang des Gottesverständnisses im Osten geprägt.

§ 13
Leben aus dem Glauben

Im Gegensatz zur kultisch ausgerichteten Religiosität der Antike forderte der christliche Glaube den ganzen Menschen, ein Anspruch, der sich grundlegend auf die Lebensgestaltung auswirkte. Als »Frucht des Geistes« (Gal 5,22) floß sittliche Haltung unmittelbar aus dem Christsein. Es bereitete aber auch keine Schwierigkeit, allgemeine Leitprinzipien des philosophischen Ethos zu übernehmen. Mit einer überraschenden Ernsthaftigkeit lebten die Gläubigen im Umfeld der heidnischen Gesellschaft; sie hielten aber auch mit einer werbenden Selbstdarstellung vor der Öffentlichkeit nicht zurück, »denn bei ihnen findet sich weise Selbstbeherrschung, wird die Enthaltsamkeit geübt, die Einehe beobachtet, die Keuschheit bewahrt, die Ungerechtigkeit ausgemerzt, die Sünde mit der Wurzel getilgt, die Gerechtigkeit geübt, das Gesetz eingehalten, Frömmigkeit durch die Tat bezeugt, Gott bekannt, die Wahrheit als Höchstes betrachtet« (Theophil., Ad Autol. III 15). Biblische Weisungen werden mit gesellschaftlich anerkannten Verhaltensnormen gekoppelt, nicht nur um Vorwürfe zu entkräften, sondern um das Christentum als sittliche Kraft vorzustellen. Gewiß ebnete solche Angleichung den eigentümlichen Charakter eines Lebens aus dem Glauben ein; aber man verlor die Liebe, »das höchste Geheimnis des Glaubens« (Tert., Geduld 12,8), nicht aus den Augen, ein Tatbestand, der auch von Nichtchristen wahrgenommen wurde: »Seht, wie sie einander lieben« (Tert., Apol. 39,7).

a) Katechumenat und Taufe

Der Zugang zur Kirche erfolgte in der Taufe, die schon von Paulus als Sterben und Auferstehen zu neuem Leben beschrieben wurde (Röm 6,3–14). Entsprechend der Tragweite dieses Geschehens gestaltete die Urkirche den Eintritt in die Gemeinden aus, wobei der anschwellende Strom der Taufbewerber zu umsichtigem Vorgehen nötigte. Um die Ernsthaftigkeit der Umkehr zu prüfen und in das Leben aus dem Glauben einzuüben, schaltete man dem Taufakt das Katechumenat vor. Deutliche Ansätze einer solchen Vorbereitung begegnen bereits bei Justin, insofern jene, »die glauben und versprechen, ihr Leben danach einzurichten«, zu Gebet, Fasten und Reue angeleitet wurden (Apol. I 61,2). Voll ausgebildet erscheint das Katechumenat in der Kirchenordnung Hippolyts (15–21); danach wurde ein Taufbewerber – Lehrer, Schauspieler, auch Soldaten blieben ausgeschlossen – durch einen Bürgen in die Gemeinde eingeführt und nach Prüfung der Lebensumstände durch den Ritus des Kreuzzeichens als *christianus* oder *catechumenus* aufgenommen. In der Regel erfolgte nun drei Jahre lang eine Unterweisung durch einen Lehrer, meist einen Laien; die gleichzeitige Teilnahme am Gebets- und Lesegottesdienst der Gemeinde vermittelte Erfahrung ihrer Frömmigkeit. Eine erneute Prüfung des Lebenswandels leitete die unmittelbare Vorbereitung der nunmehr *electi* genannten Katechumenen ein, wobei die tägliche Unterweisung in der Heiligen Schrift sowie das Leben in Gebet und Fasten begleitet waren von Handauflegungen mit exorzistischem Charakter. Der Bischof trat bei dieser letzten Stufe der Vorbereitung, die einige Wochen vor dem österlichen Tauftermin begann, immer mehr als Betreuer der Katechumenen in den Vordergrund.

Diese Grundzüge des Katechumenats wurden im Laufe des 4. Jahrhunderts angesichts eines verstärkten Zustroms zur Kirche weiter ausgebaut. Wegen der hohen Anforderungen hatte sich freilich der Trend geltend gemacht, den Anschluß an die Kirche nur als Katechumene zu suchen und in dieser minderen Stellung die Taufe aufzuschieben. Für die tatsächlich Taufwilligen verdichtete sich jedenfalls die unmittelbare Vorbereitung in der Fastenzeit *(Quadragesima)* vor Ostern. Sie wurden zunächst durch Einschreibung in den Kreis der *competentes* oder *phōtizómenoi* aufgenommen, die weithin schon als Gläubige galten. Eine wichtige Rolle im Rahmen dieser weniger lehrhaften als praktischen Einübung spielte die Auslegung des Glaubenssymbols bzw. im Westen dessen Übergabe an den Taufbewerber. Als Kern des christlichen Glaubensbewußseins, zusammengewachsen aus Kurzformeln im Zuge der bisherigen Katechumenatspraxis, bildete diese *traditio symboli* den Höhepunkt der Unterweisung, dem die *redditio* vor dem Bischof, d. h. die mündliche Wiedergabe als Ausdruck vollen Glaubens, folgte. Nunmehr enthüllte man dem Taufbewerber auch das *Vaterunser*.

Wie schon die Riten des Katechumenats, so verrät auch die dramatische Gestaltung des Taufgeschehens Einfluß aus der religiösen Welt der *Mysterienkulte*. Die Taufe selbst wurde im Rahmen einer feierlichen Liturgie gespendet, und zwar in der Nacht zum Ostersonntag. Nach einer letzten Unterweisung sprach der Bischof einen Exorzismus über die Täuflinge und bezeichnete sie mit dem Kreuz. Anschließend weihte man Öle. Darauf folgten einzeln die Absage an Satan, bezeichnenderweise nach Westen gewandt, und die Salbung mit Exorzismus-Öl. Nun wurden die Täuflinge nach Ablegen der Kleider in das Taufbecken geführt und nach ihrem Glauben an Gott, den Vater, an Jesus Christus und an den Heiligen Geist befragt. Der Täufling antwortete jeweils mit *Ich glaube* und wurde dann vom Bischof untergetaucht bzw. mit Wasser übergossen. Den Taufakt beendete eine Salbung des Dankes. Nach dem Wechsel der Täuflinge vom Taufraum in die Kirche erfolgte dort die *consignatio* durch den Bischof, die Geist-Mitteilung durch Handauflegung und Salbung. Mit einer Taufeucharistie (Justin, Apol. I 65f), für die von den Neophyten nicht nur Brot und Wein, sondern auch Milch und Honig als Zeichen des Gelobten Landes (Ex 3,8.17; vgl. 1 Petr 2,2f) sowie Wasser im Hinblick auf die geschehene Reinigung gespendet wurden, schloß die Liturgie der Taufe. In einer Art Nachbereitung führte man die Getauften während der folgenden Woche in die Mysterien des Glaubens ein. Diese mystagogischen Katechesen – eine Folge ist unter dem Namen Kyrills von Jerusalem († 386) überliefert – begleitete ein anschauliches

Brauchtum, wie der Verzicht auf das Bad oder seit Konstantinischer Zeit das Tragen weißer Kleider als Ausdruck eines realistischen Verständnisses des sakramentalen Geschehens. Gleich einem Siegel des Glaubens vollendete die Taufe die volle Gliedschaft in der Kirche.

Schon die von Hippolyt geschilderte Abfolge von Katechumenat und Taufe setzte nicht nur erwachsene Bewerber voraus, sie erwähnt auch Kinder (Apost. Überl. 21). Die Tatsache einer Kindertaufe läßt sich bis in früheste Zeit zurückverfolgen (vgl. 1 Kor 1,16; Apg 16,15.33), und Origenes bezeichnet sie als apostolischen Brauch (Röm. Komm. 5,9); dennoch wurden dagegen Einwände erhoben (Tert., Taufe 18), bis sie seit dem 5. Jahrhundert allgemein in Übung kam. Die Tendenz zum Aufschub führte nicht selten zu einer Taufe bei schwerer Krankheit (Klinikertaufe), deren gekürzter Ritus bei Wiedergenesung allerdings eine mindere Rechtsstellung zur Folge hatte, z. B. Ausschluß vom Stand der Kleriker. Nicht nur als Ersatz, sondern als Überbietung galt hingegen die Bluttaufe, das Erleiden des Martyriums um des Glaubens willen.

b) Die Eucharistie

In der Feier der Eucharistie erfuhr die Gemeinschaft der Gläubigen ihre Verbundenheit mit dem erhöhten Herrn ebenso wie untereinander. Dieses *kultische Mahl,* das schon frühzeitig als Opfer begriffen wurde (Did. 14,1f), bildete die Mitte des Gemeindelebens und das Unterpfand der endzeitlichen Herrlichkeit; an ihm maß man die Zugehörigkeit zur Kirche.

Eine Beschreibung der sonntäglichen Eucharistiefeier bietet erstmals Justin (Apol. I 67,3–5). Im Unterschied zur Taufeucharistie ist der sonntäglichen Eucharistie nach dem Vorbild der Synagoge ein Wortgottesdienst vorgelagert. Die in freier Rede gesprochene Danksagung bewirkt die Umwandlung der Gaben, wobei der Bericht über die Taufeucharistie ausdrücklich die Einsetzungsworte erwähnt (ebd. I 66,3). Der Aufbau des christlichen Gottesdienstes, in dem die Danksagung für Schöpfung und Erlösung eine beherrschende Rolle spielt, ist also um die Mitte des 2. Jahrhunderts bereits vorgegeben. Deutlichere Formen nimmt er in der Kirchenordnung Hippolyts (4) an, die mit ihrem Eucharistiegebet das älteste erhaltene Meßformular bietet. Es hebt mit dem heute noch geläufigen Wechselgebet an und nimmt den Dank für die Heilstaten Gottes in Jesus Christus auf; sodann folgte das Gedächtnis von Tod und Auferstehung *(Anamnese),* das Opfermotiv im Darbringen von Brot und Wein *(Anaphora)* und die Herabrufung des Heiligen Geistes, damit alle Empfänger der Gaben von ihm erfüllt werden *(Epiklese).* Mit einer *Doxologie* schließt dieses liturgische Gebet, das mit seinen Grundgedanken Leitmodell eines eucharistischen Hochgebetes blieb.

Trotz Freiheit in der Gestaltung wies der Gottesdienst in den ersten Jahrhunderten eine gewisse Einheitlichkeit auf. Erst seit Konstantinischer Zeit bildeten sich um die kirchlichen Metropolen Antiochien, Alexandrien, Rom und Konstantinopel jene Liturgiefamilien, die mit ihrer Kodifizierung im Zuge der konfessionellen Spaltung bis in die Gegenwart Bestand haben. Stehend empfing man die Eucharistie unter beiden Gestalten, erfüllt von Ehrfurcht, wie uns nicht nur ein Zeugnis aus dem Osten bestätigt: »Wenn du vortrittst, dann darfst du nicht die Hände flach ausstrecken oder die Finger spreizen, sondern mache die linke Hand zu einem Thron für die Rechte, die den König empfangen soll. Nimm den Leib Christi mit hohler Hand entgegen und sage das Amen dazu« (Cyrill Jerus., Mystagog. Kat. V 21). Vom Entlassungsruf nach antikem Vorbild bürgerte sich übrigens der Ausdruck *missa* (Messe) als Bezeichnung für die Eucharistiefeier ein.

Ehrfurcht vor den Mysterien und Schutz vor zudringlicher Neugier (vgl. Mt 7,6; Offb 2,17) führten zur Entwicklung der *Arkandisziplin,* nämlich über das kultische Geschehen von Taufe und Eucharistie vor Ungläubigen Schweigen zu bewahren. Einbezogen in solche Geheimhaltung, die unverkennbar der verhüllenden Tendenz heidnischen Sakralbrauches folgte, waren insbesondere das mündlich vermittelte Taufsymbol sowie das Vaterunser, ferner liturgische Riten und Versammlungsräume. Ihren Höhepunkt erreichte diese Praxis während des 4. Jahrhunderts, wobei neben einer werbenden Wirkung gewiß die zunehmende Tendenz zur Sakralisierung von Einfluß war. Eine realistische Auffassung der eucharistischen Gaben, wie sie in der Rede vom »schaudererregenden Opfer« (Joh. Chrysost., Priestertum III 4) zum Tragen kam, vergrößerte zugleich den Abstand zwischen Klerus und Volk. Nicht zuletzt unter Aufnahme religiös-sakraler Vorstellungen aus der Umwelt, erleichtert durch den Verfall des Heidentums, steigerte sich das kultische Verständnis von Liturgie, ein Sog, dem sich selbst die spiritualistische Deutung der Eucharistie, wonach die Gaben auf das tiefere Geschehen verweisen, nicht entziehen konnte.

c) Festzeiten

Die Feier des Herrenmahles erfolgte nach Apg 20,7 »am ersten Tag der Woche«, dem Tag der Auferstehung Christi (Mk 16,2; Joh 20,1). In Abkehr vom jüdischen Sabbat, aber auch von heidnisch-antiken Wochentagsnamen, sei es nach Zahl oder Planeten, gewann dieser Tag als *Herrentag* (Offb 1,10; Did. 14,1) entscheidende Bedeutung für das heilsgeschichtlich orientierte Zeitverständis der Christen. Die Bezeichnung *achter Tag* (Barn. 15,9), und zwar in Fortzählung von einem Sontag zum folgenden (vgl. Joh 20,16), sprengte aber auch die alttestamentliche Ordnung und verwies auf eine neue Welt, übrigens Anlaß zu symbolträchtigen Spekulationen über die Achtzahl. Unschwer ließ sich durch die Vorstellung von Christus als der *wahren Sonne* der Ausdruck *Sonntag* mit neuem Gehalt füllen, zumal am ersten Schöpfungstag das Licht entstand (Gen 1,1–5). Die Feier des Sonntags in Freude gipfelte in der Eucharistie, zu der schon die *Synode von Elvira* (306?) verpflichtete; die allgemeine Sonntagsruhe wurde dann im Jahre 321 staatlich verordnet.

Das Osterfest löste das jüdische Passah, die Erinnerung an die Errettung Israels aus ägyptischer Knechtschaft, ab und hielt das Gedächtnis an Tod und Auferstehung Christi wach. In der nächtlichen Vigilfeier wurden Gottes Heilstaten in Jesus Christus gegenwärtig, wobei die Taufspendung den Gemeinschaftscharakter dieser Liturgie unterstrich. Bald von einem vorbereitenden Fasten und einer acht- *(Octav)* bzw. fünfzigtägigen *(Pentekoste)* Freudenzeit gerahmt, wurde Ostern zum Kern des Kirchenjahres, während das *Weihnachtsfest* vermutlich aus einer Überformung des *sol invictus* durch die »Sonne der Gerechtigkeit« (Mal 3,20) entstand und den römischen Reichsfeiertag vom 25. Dezember ablöste.

Das liturgische Jahr lockerten überdies bald zahlreiche Gedenktage von christlichen Blutzeugen auf. Schon das Martyrium des Bischofs Polykarp (18) berichtet von freudigen Zuammenkünften der Gläubigen am Jahrestag seines Todes, dem Geburtstag (für das himmlische Dasein), um sein Glaubenszeugnis ins Bewußtsein zu heben. Mit dem Rückgang der Verfolgungen erhielt diese Märtyrerverehrung starken Auftrieb. Memorialbauten entstanden über den Grabstätten berühmter Blutzeugen; vielfach barg man ihre Reliquien in Kirchen bzw. Altären, um so die Gemeinschaft mit dem Opfertod Christi zu bekunden. Das Verzeichnis im römischen Festkalender vom Jahre 354, der unterschiedslos christliche und heidnische Feste aufzählt, weist rund 20 Gedenktage von Märtyrern auf, ein Zeichen für die zunehmende Christianisierung der Öffentlichkeit, auch wenn Wundersucht und Reliquienkult bald kirchliche Kritik herausforderten.

d) Spiritualität

Obwohl die Spiritualität der frühen Christen grundlegend im Geistbesitz wurzelt, ist der Einfluß jüdischer und hellenistischer Religiosität unverkennbar. Man zögerte zwar aus biblischer Glaubenshaltung, die einschlägige Begifflichkeit zu übernehmen, aber in der Rede von der Gottesverehrung *(theosébeia)* ließ sich unschwer auch christliche Frömmigkeit ausdrücken. Die Nähe zu den Formen antiker Eusebeia wurde inhaltlich vom biblischen Gottesglauben bestimmt und für den Gläubigen als Unterordnung unter Gottes Willen zur Geltung gebracht. Im Anschluß an Dtn 4,2 pochte schon die Didache (4,13) auf eine geregelte Frömmigkeit, wenn sie verlangt: »Verlasse nicht die Gebote des Herrn! Bewahre, was dir überkommen ist, ohne daß du hinzufügst oder wegnimmst!« Solche Observanzfrömmigkeit zielte auf das Halten der Gebote, auf Fasten und Almosen, religiös-sittliche Verhaltensweisen, die sich weitgehend in den Bahnen jüdischer Überlieferung (vgl. Tob 12,8f) bewegen. Durch Übernahme der Zwei-Wege-Lehre, im Alten Testament ebenso bekannt wie in der griechischen Literatur, hat dieses Ethos im Christentum Eingang gefunden.

Eine Neuorientierung erfuhr freilich die überkommene Frömmigkeit durch eindringliche Betonung von Taufe und Geistbesitz. Nach Paulus (Röm 8,15; Gal 4,6) ließ der Geist die Gläubigen Gott als Abba, Vater, anrufen, und zusehends betrachtete man die Taufe als Umwandlung des Menschen, die eine christliche Spiritualität begründete. Der Getaufte lebt aus der Fülle des Geistes Gottes, und er bewährt sich in der Absage an die *pompa diaboli* ebenso wie in der Nachfolge Christi. Eine starke Dynamik durchpulst diese Tauffrömmigkeit, die sich überdies mit dem platonischen Motiv der Gottangleichung verknüpfen ließ. Der Appell zur Vollkommenheit traf auf die Getauften insgesamt, und er war angesichts der immer wieder aufflackernden Verfolgungen keine Leerformel. In der Bereitschaft zum Martyrium kamen die Dichte und der Ernst eines Lebens aus dem Glauben voll zum Tragen, wobei sich die eschatologische Hoffnung radikal an Christus orientierte.

d) Das Asketentum

Der Taufempfang verpflichtete den Gläubigen zu einem Lebenswandel in der Welt, aber nicht von dieser Welt (vgl. Joh 17,14–16). Zwar haften dem Auftreten Jesu keine asketischen Züge an, aber die Achtung vor Johannes dem Täufer (Mt 11,18f) und vor allem Jesu Hingabe am Kreuz brachten den Vorbehalt Gottes gegenüber der Welt zur Geltung. So verschlossen sich die Gläubigen keineswegs asketischen Impulsen, motiviert auch durch die sogenannten evangelischen Räte (Mt 19,12; Mk 10,17–22; 9,35; 10,43f par.). Unter dem Einfluß der hellenistischen bzw. orientalischen Umwelt, in der das Lebensideal des Verzichts aus religiösen oder philosophischen Gründen hohes Ansehen erreicht hatte, und zwar auch im Wortsinn des Einübens, gewann die Askese bei den Gläubigen zusehends an Boden; der Asket galt als Athlet Christi. Diese Angleichung an Christus bildete das Ziel der vom Glauben getragenen Distanz zur Welt und ihren Gütern; ihr Antrieb lag also nicht in einer abschätzigen Wertung der Natur, wie sie im Umfeld des Christentums, aber auch in häretischen Strömungen herrschend war.

Das Fasten als Verzicht auf Nahrung – nicht selten mit karitativem Ziel – oder das Almosen als Abstand zum Besitz stellte eine Forderung an alle Christen dar. Eine besondere Gabe setzte hingegen die jungfräuliche Lebensform voraus (1 Kor 7,7), die nach dem Beispiel Jesu rasch zu hoher Wertschätzung gelangte, zumal die gläubige Gemeinde selbst als Jungfrau bezeichnet wurde (2 Kor 11,2; vgl. Offb 14,4). Zur heidnischen Öffentlichkeit hin galt die ehelose Lebensform als Ausweis eines hohen sittlichen Niveaus der Christen; innerkirchlich bedurfte dieses asketische Ideal allerdings der angemessenen Einordnung. Warnend mahnte bereits Ignatius von Antiochien: »Wenn jemand zur Ehre des Fleisches des Herrn in der Keuschheit zu bleiben vermag, so bleibe er ohne Selbstruhm. Rühmt er sich, so ist er verloren, und wird er für mehr angesehen als der Bischof, so ist er dem Verderben verfallen« (An Polyc. 5,2). Allerdings vermochten weder biblische Begründung, hin bis zu feinsinniger Auslegung des Hohenliedes, noch der rühmende Vergleich der Jungfräulichkeit mit dem Martyrium abwertenden Fehlentwicklungen ganz zu steuern. Übertreibungen der Askese aus leibfeindlichen Tendenzen begegnen nicht bloß in apokryphen Werken, z. B. dem Ägypterevangelium, sondern auch beim Syrer Tatian (†um 185), Verfasser einer Evangelienharmonie, der rigoros von allen Gläubigen geschlechtliche Enthaltsamkeit verlangte. Die Großkirche lehnte solche selbstgerechte Haltung der Enkratiten (Enthaltsame) ab, obwohl sie sich dem vielfältigen Sog asketischer Motive nie ganz entziehen konnte und etwa durch Übernahme alttestamentlicher Reinheitsvorschriften dem späteren Zölibatsgesetz vorarbeitete.

§ 14
Kirchliche Schulen und Theologien

Zwar hat die Alte Kirche nie ein allgemeinbildendes Unterrichtswesen in eigener Verantwortung aufgebaut, wohl aber entstanden frühzeitig kirchliche Schulen zur Einführung in den christlichen Glauben, wobei die Grenze zwischen privaten Lehrzirkeln und amtlicher Unterweisung fließend war. Auch der aufbrechende Vorbehalt aus schlichtem Glauben konnte letztlich eine Begegnung von Offenbarung und Vernunft nicht hindern, und zwar schon deshalb, weil die Herausforderung der geistigen Umwelt vernunftgemäße Antworten verlangte. Der Erweis des Christentums als *wahre Philosophie* erfolgte auf dem Weg rationaler Argumentation, zumal nach griechischer Auffassung Erkenntnis Gottes zur wahren Frömmigkeit führt. Ansätze zu einer solchen Begegnung von Glaube und Vernunft finden sich bereits bei den Apologeten, die nach dem Modell eines philosophischen Schulbetriebs interessierte Hörer um sich scharten und in ihren *didaskaleîa* (Schulen) über die katechetische Unterweisung hinaus die biblische Offenbarung deuteten. Der private Charakter solcher Schulen, die auch in häretisch-gnostischen Kreisen eine Rolle spielten, forderte natürlich die Aufmerksamkeit der Gemeinden und ihrer Leiter heraus.

a) Die Schule von Alexandrien

In dem antiken Bildungszentrum Alexandrien werden die Anfänge eines christlichen Schulbetriebs in der Gestalt eines Pantainos faßbar, der ähnlich wie Justin in Rom um 180 durch seine Lehrvorträge Christen wie Heiden anzog. Das freie Angebot dieser lehrhaften Verkündigung erging zunächst unabhängig von der Gemeinde und erfuhr seine Bestätigung durch die Wahl der Themen. Klemens von Alexandrien († vor 215) suchte ganz im Stil seiner Zeit zwischen Offenbarung und Gnosis zu vermitteln. Ausgehend von dem Grundgedanken der Schöpfung durch Gott, bewahrte er sich eine positive Einstellung zu Welt und Menschheit, die kraft göttlicher Heilsökonomie auf Christus hin geworden erscheint. In seinen Schriften *Mahnrede an die Heiden, Der Pädagoge* und *Teppiche* wies er kenntnisreich die Auswüchse heidnischer Kulte zurück, knüpfte aber in großer Offenheit an philosophische Aussagen an, um den Gläubigen auf dem Wege der Erkenntnis zur Vollkommenheit zu führen. Indem er Christus als Erzieher aller Menschen vorstellte, überhöhte er die antike Bildungstradition durch die biblische Offenbarung. Trotz Distanz zum asketischen Rigorismus seiner Zeit zeichnete er den *wahren Gnostiker* nicht nur als weltläufigen Christen; die Macht der Sünde sah auch Klemens am Werk, und zwar bis in das soziale Gefälle in den Gemeinden, dessen Problematik er in seiner Homilie *Welcher Reiche wird gerettet werden?* ausleuchtete. Mit der Rückbindung sittlichen Verhaltens an den Gewissensentscheid pochte er auf persönliche Verantwortung, und er beschritt so einen Mittelweg christlicher Lebenspraxis.

Die bannende Kraft asketischer Strenge veranschaulicht die Gestalt des gelehrten Origenes († 254), der das Martyrium seines Vaters bejahte und sich in Mißdeutung von Mt 19,12 selbst entmannte. Vertraut mit alexandrinischer Schultradition, insbesondere mit Textkritik, und eingeführt durch Ammonios Sakkas in den Neuplatonismus, ging er mit »eiserner Entschlossenheit« an die wissenschaftliche Arbeit. Ursprünglich als freier Lehrer tätig, auf Reisen, nicht nur »um die alte Kirche der Römer zu sehen« (Euseb, KG VI 14,10), sondern auch um Religionsgespräche zu führen, wurde er schließlich betraut mit der Unterweisung der alexandrinischen Katechumenen; die Begegnung von Glaube und Wissen erreichte in seiner Arbeit erstmals einen Höhepunkt, auch wenn es darüber zum Konflikt mit seinem Ortsbischof kam. Der Weggang des Origenes nach Cäsarea in Palästina (230) hatte dort den Aufbau einer Schule mit einer berühmten Bibliothek zur Folge, an der später Euseb († 339), der Kirchenhistoriker, studierte. In dem großen textkritischen Werk der *Hexapla* – der Name entspricht den sechs Textformen des Alten Testament von der hebräischen Sprache bis zur Septuaginta und weiteren Übersetzungen – legte Origenes die Grundlage für seine Schrifterklärung. Trotz dieser eingehenden Beschäftigung mit dem Text der Bibel blieb er bei der Auslegung nicht am Buchstaben hängen, dazu auch genötigt durch den Schriftgebrauch der Gnostiker. Nach dem Vorbild des jüdischen Vermittlungstheologen Philon († um 50) unterschied er einen dreifachen Schriftsinn, nämlich einen historisch-grammatischen *(somatischen)*, einen moralischen *(psychischen)* und einen allegorisch-mystischen *(pneumatischen)* Sinn, eine Unterscheidung, die praktisch auf ein längst geübtes Verfahren (vgl. Gal 4,24–26) hinauslief, nämlich der buchstäblichen Aussage eines Textes eine tiefere Bedeutung zu unterlegen, freilich mit der Gefahr des Subjektivismus. Zahlreiche Kommentare, Einzelerklärungen *(Scholien)* und Homilien zeugen von seiner eingehenden Beschäftigung mit der Heiligen Schrift, die den Gläubigen zur Erkenntnis des Logos führt. Diese betonte Wende von der Erkenntnis zur Vollkommenheit des Gläubigen prägt seine *Ermunterung zum Martyrium* ebenso wie die Schrift *Über das Gebet*. In seinem Werk *Über die Prinzipien* hatte übrigens Origenes schon frühzeitig eine systematische Zusammenfassung christlicher Glaubenslehren vorgelegt und zugleich einen wichtigen Beitrag zur Entfaltung der theologischen Methode geliefert. Der Anschluß an philosophische Systeme der Zeit und ein starker Hang zur Spiritualisierung ließen ihn freilich auch Lehren formulieren, die ihm schließlich den Verdacht der Häresie eintrugen, so wegen seines subordinatianischen Gottesbildes, der Annahme von der Schöpfung als ewigen Akt und der Wiederherstellung aller Dinge. Als späte Antwort auf die heidnische Polemik, die Christen hätten den allgemein gültigen Logos und Nomos verlassen, schrieb er die Apologie *Gegen Kelsos*. Trotz des aufkommenden Vorwurfs, Origenes habe die Offenbarung durch Theoreme der griechischen Philosophie vergiftet, minderte sich sein Einfluß auf die Nachwelt nur wenig; er blieb allgegenwärtig als Ausleger der Bibel und nicht zuletzt als Meister mystischer Frömmigkeit.

b) Die Schule von Antiochien

Eine starke Ausstrahlung ging auch von dem christlichen Zentrum Antiochien aus. Die Tätigkeit gnostischer Lehrer wie Menander oder Basilides nötigte im syrischen Raum schon frühzeitig zur theologischen Auseinandersetzung; judenchristliches Schrifttum *(Pseudoklementinen)* und gnostische Geheimliteratur *(Philippusevangelium)* weisen ein buntes Christentum aus, das neben Petrus die Autorität des Apostels Thomas bemühte. In Bischof Theophilos († um 186) begegnet uns ein Theologe, dem das Christentum als geoffenbarte »Weisheit Gottes« galt, welcher der Mensch in einem vernunftgemäßen Glauben antwortet (Ad Autol. I 7f). Malchion, »ein gelehrter Sophist und Vorsteher einer Rhetorenschule« (Euseb, KG VII 29,2) in Antiochien, entlarvte mit dialektischer Schärfe Paul von Samosata auf der Synode von 268. Ein regelrechtes *didaskaleîon* begründete in Antiochien schließlich Lukian († 312), der die Grundlagen einer historisch-kritischen Bibelauslegung schuf und einen Schülerkreis um sich sammelte (Syllukianisten). Sein theologisches Anliegen war von einem Erlösungsweg »von unten« her motiviert, demgemäß der Mensch Jesus erhöht wurde und so als Vollendung aller Glaubenden erschien (vgl. Hebr 12,2). Die Schule von Antiochien, auch in der Folgezeit von namhaften Theologen getragen, befruchtete das Christentum bis in das persische Reich hinein, und sie wurde zum Vorbild ähnlicher Anstalten in Edessa und Nisibis.

c) Rom in der theologischen Auseinandersetzung

Die Anziehungskraft Roms auf Sektengründer sowie die Lehrtätigkeit *christlicher Philosophen* weisen auch in der dortigen Christengemeinde auf eine rege geistige Auseinandersetzung hin. Allein die Kritik am Umgang mit den »Wissenschaften der Ungläubigen« (Euseb, KG V 28,15), aus denen die Häretiker ihre Argumente zogen, wirft schon ein Licht auf die heftigen Diskussionen unter den Christen der Hauptstadt. Deren Pochen auf den »kindlichen Glauben der göttlichen Schriften« (ebd.) stützte gewiß den charakteristischen Konservatismus Roms, konnte aber letztlich nicht der rationalen Auseinandersetzung entraten. Eine Statue Hippolyts († 235) nach Art einer antiken Philosophendarstellung, mit einem auf der Kathedra eingemeißelten Werksverzeichnis, illustriert das Lehrmotiv in der römischen Gemeinde; insofern darf man auch hier von einer Schule im weiteren Sinne sprechen.

Wohl aus dem Osten stammend, war Hippolyt an der Wende zum 3. Jahrhundert als einflußreicher Presbyter tätig. Bald trat er als Gegner der Modalisten hervor, kam jedoch in Konflikt mit Papst Calixtus, dem er Laxheit gegenüber den Sündern vorwarf, ein Vorwurf, den er bis zum Schisma trieb, indem er sich sogar zum Gegenbischof aufwarf. Mit viel Gelehrsamkeit schrieb er als letzter griechischer Schriftsteller des Westens aus der Situation seiner Zeit heraus etwa den *Danielkommentar* unter dem Eindruck der Verfolgung des Kaisers Septimius Severus, und das *Syntagma* bzw. die *Widerlegung aller Häresien* zur Sicherung der apostolischen Überlieferung; letzteres Werk – in der Zuweisung umstritten – sieht den Ursprung aller Falschlehren bei den heidnischen Philosophen. Hektische Endzeiterwartungen dämpfte er in seiner Schrift über den Antichrist, so wie er in der *Weltchronik* den Chiliasmus bekämpfte. Die Tatsache, daß er weithin Irenäus von Lyon ausschrieb, erweist ihn als Wahrer der Überlieferung, die er auch in seiner Kirchenordnung sicherzustellen suchte. Sein Rigorismus endete aber letztlich in der Versöhnung mit der römischen Gemeinde, auch wenn die Nachricht von einem gemeinsamen Rücktritt mit Papst *Pontianus* (230–235) zur Zeit der Verbannung unsicher bleibt.

Deutliches Profil gewann die Theologie der römischen Gemeinde in der Gestalt Novatians († um 258), der zwar nur unter Vorbehalt Aufnahme in den Klerus gefunden hatte, aber während der Sedisvakanz von 250/51 als dessen Sprecher gegenüber der afrikanischen Kirche hervortrat. In gewandtem Latein verfaßte er ein Werk über die *Dreifaltigkeit,* und zwar unter Verarbeitung tertullianischer Begrifflichkeit; so sehr darin bisherige Theologie des Westens wirksam geworden ist, der Verfasser gelangte zu einem ausgeprägten Subordinatianismus. Übergangen bei der Papstwahl des Jahres 251, brach Novatian mit der Großkirche, gegen die er nun den Anspruch der Heiligen stellte. Schon 251 von einer römischen Synode exkommuniziert, verfocht er in mehreren Schriften, z. B. *De bono pudicitiae,* gerichtet an seine vor allem im Osten entstehenden Sondergemeinden, das Ideal der reinen Kirche.

d) Die lateinische Theologie Nordafrikas

Zwar liegt die Christianisierung des *westlichen Afrika* weitgehend im dunkeln, doch war die Verbundenheit mit der einheimischen Tradition für die Gläubigen ebenso charakteristisch wie die starke Romanisierung dieses Gebiets. Enge Beziehungen zur römischen Christengemeinde schließen freilich missionarischen Einfluß aus dem Osten nicht aus. Unter Verweis auf Simon von Zyrene (Mk 15,21 par.) und Hld 1,7 entfaltete sich hier ein selbstbewußtes Christentum, und zwar trotz des frühzeitigen Übergangs zur lateinischen Sprache, sei es in Übersetzungen von Paulusbriefen oder in den *Akten der Märtyrer von Scilli.*

Mitten in die Unruhen der afrikanischen Christengemeinden führt uns bereits das Schrifttum Tertullians († nach 220). Aus Karthago stammend, verstand er es, rhetorischen Stil mit juristischer Argumentation für das Christentum einzusetzen, dem er sich angesichts der Glaubenszeugen angeschlossen hatte. In seinem *Apologeticum* verteidigte er schwungvoll seine Glaubensgefährten gegenüber den staatlichen Behörden; er scheute sich nicht, in einem offenen Brief an den Prokonsul Scapula das Gericht Gottes über die Verfolger zu beschwören. Zahlreiche Schriften richteten sich gegen Gnostiker, so z. B. *Gegen Markion.* Mit dem Prinzip der Apostolizität, nämlich dem unverfälschten Fortbestand der Offenbarung in den von Aposteln gegründeten Kirchen, entzog er den Irrlehrern insgesamt den rechtmäßigen Besitz der Schrift *(Prozeßeinreden gegen die Häretiker).* Nach dem Übergang zum Montanismus (um 207) verschärfte sich sein kompromißloser Rigorismus. Von der Verwerfung der zweiten Ehe *(Die einmalige Ehe)* über die Distanz zu jeglichem Götzendienst *(Vom Kranz des Sol-*

daten, *Vom Götzendienst*) bis zur Abkehr von der kirchlichen Bußpraxis *(Über die Ehrbarkeit)* wird das ethische Pathos der montanistischen Geistbewegung sichtbar. Tertullian spiegelt das Glaubensbewußtsein und die Praxis der afrikanischen Christengemeinden wider; bedacht auf Selbstbehauptung, schreckte er vor Polemik nicht zurück. Pointiert stellte er bereits die beginnende Verschränkung von biblischer Botschaft und Philosophie in Frage, rechtfertigte aber andererseits die Anpassung des Kerygmas an das Lebensgefühl des antiken Menschen, so z. B. in Betracht der Kreuzigung Jesu: »Dieses Kreuzmysterium mußte in der alten Verkündigung in Bilder gehülllt werden. Denn wäre es bildlosnackt verkündet worden, es wäre ein noch viel größerer Skandal entstanden, um so mehr mußte es im Schatten der Bilder bleiben, auf daß die Schwierigkeit des Verstehens immer wieder suche nach der Gnade Gottes« (Gegen Markion III 18,2). Neben den bleibenden Aussagen seiner Theolgie, z. B. der Trinitätslehre *(Gegen Praxeas)*, bezeugt sein Werk zugleich das Bestreben, das Christentum in religiösen und rechtlichen Denkformen der römischen Umwelt vorzustellen.

Cyprian von Karthago († 258), aus wohlhabender Familie stammend und ehemals Rhetor, verkörpert den Typ eines selbstbewußten Bischofs, der in einer bedrängten Zeit Verantwortung für die große Kirche der afrikanischen Provinzen trug. Die Zurückweisung heidnischer Vorwürfe bestimmte ebenso die Themen seiner Schriften wie der Trost für die Gemeinden; ein verzweigter Briefwechsel gibt Auskunft über die Probleme der afrikanischen Kirche, die nach *De lapsis* der massiven Verfolgung unter Kaiser Decius kaum Widerstand leistete. Abspaltungen in seiner Gemeinde sowie das novatianische Schisma in Rom drängten ihn zur Abfassung der Schrift *Über die Einheit der Kirche*, in der er die Gemeinschaft der Gläubigen mit dem Bischof herausarbeitet, zugleich aber die Eigenständigkeit des Episkopats gegenüber dem Bischof von Rom unterstreicht. Seine Sentenz *Salus extra ecclesiam non est* (Brief 73,21) entstammt der Diskussion um die Gültigkeit der Ketzertaufe und ist in ihrer Ausschließlichkeit abhängig vom ekklesiologischen Symbol der Arche.

3. DIE EINGLIEDERUNG DER CHRISTLICHEN KIRCHE IN DAS RÖMISCHE REICH

Die staatstragende Rolle des Götterkultes im Römischen Reich hatte über Jahrhunderte den Konflikt mit dem Christentum geschürt, das mit seinem Glauben an den einen Gott in den Augen der heidnischen Öffentlichkeit die religiösen Grundlagen der allgemeinen Wohlfahrt sabotierte. Alle Bekundungen der Loyalität gegenüber Kaiser und Staat, angefangen bei den bejahenden Aussagen des Apostels Paulus zur gottgesetzten Gewalt (Röm 13,1–7), vermochten nicht, die grundsätzlichen Zweifel an der Staatstreue der Christen zu beseitigen, so daß man immer wieder zu Gewaltmaßnahmen griff. Konsequenzen aus dem Scheitern dieser Religionspolitik zog man weniger aus Einsicht in die Wahrheit der christlichen Botschaft, sondern aus überkommenen religiösen Nützlichkeitserwägungen. Auch die schrittweise Integration des Christentums in das Reich erfolgte offensichtlich nach dem Leitbild des geläufigen kultisch-politischen Systems, wobei die Initiative Kaiser Konstantins und seiner Nachfolger jedoch bald mit der Eigengesetzlichkeit der Kirche sowie des christlichen Glaubens zusammenstieß. Die Neuorientierung römischer Religionspolitik zu Beginn des 4. Jahrhunderts vollzog sich also weitgehend im Rahmen überkommener Anschauungen, insofern nunmehr die Verehrung des Christen-Gottes Bürgschaft für die salus publica gewährleisten sollte. Auf seiten der Gläubigen hatte man sich im Gefolge heidnischer Polemik solcher Argumentation nie völlig verschlossen, so daß die sogenannte Konstantinische Wende, wie sie in den Quellen faßbar ist, auch Kontinuität aufweist. Im übrigen dehnte sich der Weg zur Reichskirche bis in das Zeitalter des Kaisers Theodosius des Großen.

§ 15
Die Wende der Religionspolitik unter Kaiser Konstantin

Die Reorganisation des römischen Imperiums auf der Basis der überkommenen Religiosität durch Kaiser Diokletian konnte das Christentum nicht mehr auslöschen. In der letzten Auseinandersetzung zwischen der götterorientierten Staatsideologie Roms und den gläubigen Christen erwies sich die Brüchigkeit der alten Religion. Das Scheitern der damit verbundenen Reformpolitik hatte bereits Galerius auf dem Sterbebett eingestanden und so den Weg für die zukunftsweisende Neuorientierung unter Kaiser Konstantin dem Großen geebnet.

a) Voraussetzungen der Konstantinischen Religionspolitik

Der Wandel römischer Religionspolitik unter Galerius und Konstantin kam für die Christen trotz der jüngsten Verfolgung nicht unvorbereitet. Wortführer aus ihren Reihen hatten schon lange Loyalität gegenüber dem Staat bekundet und selbst die Möglichkeit einer Kooperation von Kirche und Staat ins Auge gefaßt. In langen Perioden der Ruhe vermochten die Christen ihre Organisation zu entfalten und sich geradezu als ein verläßlicher Partner anzubieten.

Trotz der unumschränkten Autorität Diokletians im Rahmen der Vierkaiserherrschaft ging der Augustus des Westens, Constantius Chlorus, nur zögernd gegen die Christen vor. Es gab in seinem Herrschaftsbereich kaum Martyrien, selbst über die Zerstörung von Versammlungsräumen gehen die Nachrichten auseinander. Andererseits berichtet Euseb (Leben Konstantins I 17f) von der Hinneigung des Herrschers zum Henotheismus und der Anwesenheit *heiliger Männer* an seinem Hof; der Name Anastasia für eine seiner Töchter weist sogar auf Übernahme kirchlichen Brauchtums. Über die Tatsache hinaus, daß insgesamt in Gallien der christliche Bevölkerungsanteil gering war, bestimmten vor allem dynastisch-politische Eigeninteressen das Handeln des Constantius gegenüber der Tetrarchie.

Dem jungen Konstantin, der einer Verbindung des Constantius mit einer Schankwirtin namens Helena entstammte, blieb solche Eigenständigkeit nicht verborgen. Schon frühzeitig an den Hof nach Nikomedien gebracht, verschaffte sich der Prinz Anerkennung. Obwohl der Vater im Zuge seiner Berufung zum Cäsar (289) Theodora, die Stieftochter des Westkaisers Maximian, geheiratet hatte, riß die Verbindung zur Residenz in Trier nicht ab. Als Augenzeuge der Repressalien im Osten erlebte der ehrgeizige Konstantin den Unterschied in der Religionspolitik; jedenfalls stufte er rückschauend seinen Vater nicht als Christenverfolger ein. Beim Herrschaftswechsel des Jahres 305 kam Konstantin trotz der Erwartungen im Heer nicht zum Zug; zum Cäsar des neuen Augustus Galerius wurde vielmehr Maximinus Daja erhoben. War es diese Brüskierung oder ein Ruf aus der Residenz Trier, er verließ jedenfalls fluchtartig die östliche Hauptstadt und schlug sich in den Nordwesten durch. Als Constantius auf einem Feldzug in Britannien (306) starb, rief ihn das Heer unter Bruch der tetrarchischen Kaiserordnung zum Augustus aus. In der Nachfolge des Vaters wahrte Konstantin dessen religionspolitische Tradition; in seiner Hinwendung zum sol invictus zeichnete sich bereits ein universaler Herrschaftsanspruch ab.

b) Konstantins Sieg an der Milvischen Brücke

Das *Toleranzedikt* des Galerius vom Jahre 311 gestattete den Christen grundsätzlich in allen Reichsteilen das freie Bekenntnis ihres Glaubens. Damit hatte sich die religionspolitische Praxis des Westens auch im Osten durchgesetzt und Konstantin als wirklichkeitsnaher Staatsmann erwiesen. Der baldige Tod des ranghöchsten Augustus beflügelte zudem seine herrscherlichen Ambitionen, nicht zuletzt herausgefordert durch die Ansprüche des Maxentius, der eben seine Macht in Italien gefestigt hatte. Nach einer Absprache mit Licinius, der seinen ihm auf dem Kaisertreffen in Carnuntum (308) zugesprochenen Reichsteil zu weiten trachtete, überschritt Konstantin im Frühjahr 312 mit einem kleinen Heer die Alpen, überrannte Oberitalien und rückte im Herbst auf Rom vor. Sein Unternehmen stellte er propagandistisch als Befreiung der Hauptstadt vom tyrannischen Joch des Maxentius dar, eine Version, die wegen einiger mißliebiger Maßnahmen kaum auf taube Ohren stieß; als ein Feldzug zur Befreiung der Christen ließ sich sein Einfall in Italien allerdings nicht ausgeben, da – im Gegensatz zu den wieder aufkommenden Verfolgungen im Osten – die römische Gemeinde keinerlei Beschränkungen unterlag. Maxentius, durch Befragung der Sibyllinischen Bücher in Hoffnung und Zweifel versetzt, plante zunächst eine Verteidigung Roms, entschloß sich aber dann doch zu offener Feldschlacht nordwärts der abgebrochenen Milvischen Brücke. Umgekehrt empfing nach dem Bericht des Laktanz (Todesarten der Verfolger 44) der anrückende Konstantin im Traum die Weisung, das himmlische Zeichen Gottes auf den Schilden der Soldaten anzubringen. Euseb (Leben Konstantins I 27–32) verlegte dieses Erlebnis an den Beginn des Feldzugs, indem er Konstantin zum Gott seines Vaters beten ließ; der Kaiser sah daraufhin am Mittagshimmel ein Lichtkreuz, umgeben von dem Schriftzug: In diesem Zeichen siege! Daraufhin befahl er, durch eine weitere Christuserscheinung dazu aufgefordert, eine Standarte mit dem ☧(☧)-Zeichen anzufertigen, das sogenannte Labarum, und es als Schutzpanier seinen Truppen voranzutragen. Am 28. Oktober 312 kam es dann auf dem Gelände zwischen Saxa Rubra und der Milvischen Brücke zur Schlacht. Dem ungestümen Angriff der Truppen Konstantins vermochte das Heer des Maxentius nicht zu widerstehen. Maxentius selbst stürzte auf der Flucht von der Notbrücke und ertrank; man fischte seinen Leichnam aus dem Fluß und trug seinen Kopf am folgenden Tag dem Sieger voran, als er in die eroberte Stadt einzog. Es mag bei dem Sieg Verrat im Spiel gewesen sein; der Besitz Roms bedeutete für Konstantin jedenfalls einen gewaltigen Gewinn, zugleich aber auch eine Verpflichtung. Er selbst betrachtete in der Rückschau die Eroberung der Hauptstadt als Erweis göttlichen Schutzes und besonderer Erwählung. Die Gottheit, unter deren Zeichen Konstantin als Sieger hervorgegangen war, hatte ihre Mächtigkeit erwiesen, und ihr zollte nun der Kaiser nach dem Schema antiker Religiosität Verehrung. Trotz der Übernahme christlicher Züge in das Gottesbild des Herrschers läßt sich kaum von einer *Bekehrung* im biblischen Sinne sprechen; er gab vielmehr dem Gott der Christen in seiner religiösen Vorstellungswelt Raum und begann dessen Kult als Pontifex maximus zu fördern. Wie Konstantins *Offenbarungen* vor der Schlacht nach Art von Orakeln ausgelegt wurden, so entsprach auch sein Eintreten für den neuen Gott aufgrund des Sieges heidnisch-religiöser Tradition. Als Zeichen des militärischen Triumphes verlor gleichzeitig das Kreuz seinen Skandalon-Charakter, ein Umstand, der in der Folgezeit seine Darstellung als christliches Heilszeichen erleichterte.

Ohne Zweifel stellte Konstantins Sieg an der Milvischen Brücke einen wichtigen Markstein in der Entwicklung des spätantiken Imperiums dar. Politisch gesehen war ihm durch die Ausschaltung eines Rivalen der Weg zu universaler

Herrschaft eröffnet. Für die Christen brachte der Sieg unter dem Zeichen ihres Gottes eine innergeschichtliche Bestätigung und geradezu eine religiös motivierte Förderung durch den Kaiser; ihre *Religion* hatte sich als brauchbar erwiesen, die Grundlage einer neuen Reichspolitik zu bilden.

c) *Neuorientierung der Religionspolitik*

Schon bei seinem Triumphzug durch Rom vermied Konstantin demonstrativ den Gang auf das Kapitol. Damit bekundete er in aller Öffentlichkeit eine Haltung, die sich von der religiösen Tradition seiner Vorgänger löste und auf jenen Gott setzte, der ihm den Sieg geschenkt hatte und dessen Zeichen auf den Standarten seiner Truppen prangte. Diese Demonstration zielte zunächst keineswegs auf restriktive Maßnahmen gegen die heidnischen Kulte; nach wie vor konnten ihre Priester die Opferzeremonien vollziehen, ja es wurde sogar die Bestellung eines Oberpriesters zur Ehre der gens Flavia angekündigt. Dieser Fortbestand der heidnischen Kulte bildet neben den Ehrungen des Senats das Umfeld, in dem der siegreiche Kaiser als Pontifex maximus die Sorge für den Kult des Christen-Gottes übernahm.

Noch im Winter 312/13 übereignete Konstantin an die römische Christengemeinde das Gebiet der *Laterani*, wo die Basilica Constantiniana (heute: San Giovanni in Laterano) errichtet wurde. Reskripte an den Prokonsul von Afrika, Anullinus, verfügten die Rückgabe konfiszierten Kirchengutes (Euseb, KG X 5,15–17), und dem Klerus des Bischofs Caecilianus von Karthago räumte man das Privileg der Liturgien ein, das heißt die steuerrechliche Befreiung von öffentlichen Abgaben. Höchst aufschlußreich ist die Begründung für diesen Schritt. Die Kleriker dürfen nach Meinung des Herrschers ». . . weder durch Irrtum noch durch Sakrileg von ihrem der Gottheit schuldigen Dienst abgehalten werden, sondern sie müssen vielmehr ohne eine Behinderung ihrem eigenen (Kult-)Gesetz dienen. Wenn sie nämlich die hohe Verehrung des Göttlichen vollziehen, nützen sie offensichtlich der Allgemeinheit am meisten« (ebd. X 7,2). Die Argumentation verrät, daß für Konstantins »Gunsterweis« das Prinzip römischer Religiosität maßgeblich war, wonach der genaue Vollzug des Kultes der salus publica dient und ihre Organe deshalb von öffentlichen Lasten befreit werden. In die gleiche Richtung weist auch die Ausschüttung eines Geldbetrages an den afrikanischen Klerus »des rechtmäßigen und hochheiligen Kultes« (Euseb, KG X 6,1). Nach dem Vorbild der Priesterkollegien an heidnischen Tempeln werden die christlichen Kleriker ins religiöse Gefüge der Zeit eingestuft, um ungehindert ihren sakralen Dienst für die Öffentlichkeit leisten zu können. Angesichts der donatistischen Wirren in Afrika tauchte jedoch plötzlich das Problem der Rechtmäßigkeit auf, ein Streit, in den der Kaiser alsbald selbst hineingezogen wurde.

Wie sehr die Integration des Christentums in das römische Imperium nach den Vorstellungen antiker Religiosität erfolgte, zeigen auch die Mailänder Vereinbarungen. Im Februar 313 trafen sich Konstantin und Licinius zur Regelung jener Fragen, die aus dem Wandel der politischen Verhältnisse entstanden waren. Der Sieger des Westens gab zwar dem ältlichen Mitherrscher seine Schwester zu Frau, aber keinen Anteil an seinem neugewonnenen Machtbereich. Hinsichtlich der Religion einigte man sich im Anschluß an das *Galerius-Edikt* auf die Freiheit für das christliche Bekenntnis, und zwar neben der Tolerierung der alten Kulte. Über die Anerkennung *(religio licita)* hinaus wurde dem Christentum allgemeine Rechtsfähigkeit zuerkannt und zugleich die Rückgabe beschlagnahmter Kirchengüter verfügt, Maßgaben, die aus den veröffentlichten Reskripten in den jeweiligen Herrschaftsbereichen ersichtlich sind (Euseb, KG X 5,1–14). »Auf diese Weise wird es geschehen«, heißt es im Edikt des Licinius, »daß ... die göttliche Hulderweisung gegen uns, die wir in Dingen von höchster Wichtigkeit erfahren haben, für alle Zeit glücklich bei unseren Unternehmungen zur allgemeinen Glückseligkeit verbleibe« (Laktanz, Todesarten der Verfolger 48,11). Unverkennbar eignet dem *Mailänder Programm* der Stempel des konstantinischen Gestaltungswillens, der das Christentum gemäß antiker Auffassung als Bürgschaft öffentlichen Wohls mit seiner Reichspolitik verband. Dieser seiner Überzeugung verlieh Konstantin auch persönlich Ausdruck. Nach Euseb ließ der Sieger von der Milvischen Brücke einer ihm zu Ehren errichteten Statue auf dem Forum als Attribut das »Siegeszeichen des heilbringenden Leidens« beifügen (Euseb, KG IX 9,10). Silbermünzen dieser Jahre zeigen ihn mit Stern auf dem Helm, dessen Deutung als Christusmonogramm auf einem Silbermedaillon von 315 erstmals zweifelsfrei ist. Gerade in den Symbolen der Münzprägungen äußert sich zusehends die Hinwendung zu einer christlichen Programmatik, obwohl der Kaiser anderwärts die heidnisch-religiöse Bekundung des Dankes duldete. Der Bildschmuck des Triumphbogens, vom Senat im Jahre 315 zur Verherrlichung seines Sieges über Maxentius enthüllt, rühmt die schützende Macht des sol invictus, und die begründende Formel seiner Inschrift *instinctu divinitatis* blieb auch für die Deutung Konstantins offen. Abgesehen von den Haruspizien in Privathäusern erfuhr das heidnische Brauchtum kaum eine Einschränkung. Noch 324 gestattete Konstantin der Stadt Hispellum in Umbrien die Errichtung eines Tempels zu Ehren der kaiserlichen Familie, freilich mit der bemerkenswerten Auflage, das Heiligtum dürfe nicht von trügerischem Aberglauben befleckt werden. Offensichtlich lehnte er den Kern des alten Kaiserkultes, das Opfer, entschieden ab, während er Titel und Funktion des Pontifex maximus beibehielt und damit die Verantwortung im religiösen Bereich wahrnahm.

Im Rahmen dieser Religionspolitik machte sich aber zusehends christlicher Einfluß geltend, der nicht zuletzt humanisierende Züge aufweist. So erging im Jahre 315 ein Dekret, wonach das Antlitz von Verurteilten nicht mit dem Brandzeichen geschändet werden dürfe, weil es nach dem Gleichnis der himmlischen Schönheit gebildet sei (Cod. Theod. IX 40,2). Hinsichtlich der Sklaven, also in einer für die antike Gesellschafts- und Wirtschaftsordnung schwerwiegenden Frage, ermöglichte ein Erlaß (316) die Freigabe in der Kirche (Cod. Iust. I 13,1). Bemerkenswerterweise erscheint ein solcher Akt als religiöse Tat. Nach einem Gesetz vom Jahre 318 können Streitsachen vor einem bischöflichen Schiedsgericht entschieden werden (Cod. Theod. I 27,1); die allgemeine Anerkennung einer kirchlichen Rechtsinstanz illustriert die Tragweite der *lex christiana*. Im Jahre 321 verordnete Kaiser Konstantin, daß der Sonntag nicht durch Gerichtsverhandlungen oder handwerkliche Arbeit entweiht werden dürfe (ebd. II 8,1), Zeichen dafür, daß die Öffentlichkeit immer mehr unter das Gestaltprinzip des Christentums geriet. Der religionspolitische Kurs steuerte offenkundig auf das Bündnis des Staates mit der Kirche zu, die immer ausschließlicher wahren *cultus dei* verbürgte; dementsprechend verloren die heidnischen Kulte an Bedeutung, sofern sie nicht direkt Behinderungen erfuhren, wie übrigens auch die Minderheit der Juden (ebd. XVI 8,1). Alle diese Maßnahmen bestätigten, daß Konstantin das Christentum nicht auf eine kultische Funktion beschränkte, sondern durchaus seinen ethischen Impulsen Raum gab.

d) Die Universalmonarchie Konstantins

Der Pakt zwischen Konstantin und Licinius hielt nicht lange. Letzterer proklamierte zwar nach einem Sieg über Maximinus Daja (313), der nach dem Tod des Galerius die asiatischen Provinzen besetzt hatte, die Freiheit des Christentums im Osten, aber sein Drang zur Alleinherrschaft kostete ihn schon ein Jahr später den Verlust des Balkangebietes. Obwohl zwischen beiden Herrschern noch ein Ausgleich zustande kam, ließen sich die Differenzen nicht mehr überbrücken, zumal Licinius nun wieder begann, das Heidentum zu unterstützen. Christen wurden aus öffentlichen Ämtern entlassen und das Gemeindeleben eingeschränkt, wobei aufkommende Querelen um Arius willkommenen zusätzlichen Anlaß boten. Diese Entwicklung im östlichen Reichsgebiet erlaubte es Konstantin, seinen Griff nach der Universalherrschaft als Religionskrieg zu propagieren. Unter dem Zeichen des Kreuzes führte er die Truppen gegen seinen Schwager, den er im Jahre 324 bei Adrianopel und Chrysopolis besiegte. Der geschlagene Herrscher des Ostens wurde auf Fürsprache seiner Gemahlin zunächst in Thessalonike interniert, aber bald wegen Konspiration mit den Goten liquidiert. Konstantin trat die Alleinherrschaft an; er hatte das ehrgeizige Ziel seines Machstrebens erreicht.

Die Vollmacht eines Universalherrschers ermöglichte Konstantin eine einheitliche Politik im gesamten Imperium, vor allem auch hinsichtlich des Christentums. Aus der Überzeugung, daß er seinen triumphalen Sieg der Anerkenntnis des Christengottes verdanke, resultiert sein Regierungsprogramm, nämlich das Menschengeschlecht »zum Dienst des heiligsten Gesetzes zu führen und den seligsten Glauben zu verbreiten« (Euseb, Leben Konstantins II 28). Erfüllt von einem ungebrochenen Sendungsbewußtsein und bestätigt durch seinen Erfolg in der Auseinandersetzung mit Licinius, leitete Konstantin eine Religionspolitik ein, die zur vollen Verschränkung von Kirche und Staat führen sollte. Gerade die östlichen Provinzen, deren zahlreiche Christen den Herrscher jubelnd begrüßt hatten, erfuhren nun seine Großmut. Aus religiöser Pflicht leistete er nicht nur Wiedergutmachung, sondern er förderte allenthalben das Christentum. Eine regelrechte Bauwelle erfaßte die Gemeinden, der Aufstieg in staatliche Ämter stand ihren Gliedern bevorzugt offen, ja bis in den kaiserlichen

Hofstaat rückten Bischöfe ein. Die gezielte Einbindung des Christentums in den Staat konnte freilich den Streit nicht ignorieren, der von dem Presbyter Arius aus Alexandrien entfacht worden war und der schon weite Kreise zog. Selbst einer kultisch-religiösen Sicht des Christentums verhaftet, brachte Konstantin kaum Verständnis für die subtilen theologischen Fragestellungen auf, mit denen er sich plötzlich nach dem Sieg über Licinius konfrontiert sah. Seine Absicht, anstelle der heidnischen Kulte die christliche Gottesverehrung als religiöse Grundlage des Reiches zu installieren, mußte nicht nur in der Unruhe der Gemeinden eine Gefahr erblicken, sondern zusehends auch im umstrittenen Gottesbild selbst, obwohl von einem Entsprechungsverhältnis zwischen göttlicher Monarchie und irdischer Alleinherrschaft bei ihm nicht die Rede sein kann. Konstantins Augenmerk galt dem einen Glauben und der einmütigen Gottesverehrung (Euseb, Leben Konst. II 71), und um diese Einheit wiederherzustellen, berief er – möglicherweise aus eigenem Entschluß – eine Versammlung der Bischöfe nach Nizäa ein, wo in seiner Anwesenheit zwischen Mai und Juli 325 die strittigen Fragen behandelt wurden. Auch wenn es nicht gelang, den Konflikt mit Arius zu bereinigen, so wirkte das Konzil selbst als Demonstration kirchlich-staatlicher Integration, eben als Reichskonzil. In der Angleichung kirchlicher Strukturen an die Provinzgrenzen des Reiches und der Zuweisung rechtlicher Vollmachten an den Metropoliten bzw. die Provinzsynode wurde die Verschränkung beider Größen unübersehbar. Konstantin verbürgte als Universalherrscher die in Nizäa beschworene Einheit (ebd. III 17).

Kaiser Konstantin sah sich denn in den folgenden Jahren auch dauernd genötigt, die theologischen Parteien zur Einheit zu drängen – nicht immer mit dem nötigen Sachverstand. So sehr ihn diese Aufgabe in Anspruch nahm, er verfolgte weiterhin das Ziel einer Integration des Christentums in das Reich. Über machtpolitische Interessen hinaus kamen gerade bei der Neuordnung des gesellschaftlichen Lebens verstärkt christliche Motive zum Tragen. Die wegen ihrer Grausamkeit berüchtigten Gladiatorenspiele wurden eingeschränkt (Cod. Theod. XV 12,1), und die Exekution durch Kreuzigung grundsätzlich abgeschafft. Im Jahre 326 erging ein strenges Gesetz, das den Ehebruch der Frau mit dem Tode ahndete (ebd. IX 7,1), wobei sich biblische Strenge mit altrömischer Rechtsauffassung verband. Ob die Tragödie im Hause Konstantins, der im gleichen Jahr sein Sohn Crispus sowie seine Gemahlin Fausta zum Opfer fielen, wegen Ehebruchs heraufbeschworen und ein Exempel nach diesem Gesetz statuiert werden sollte, bleibt im dunkeln; auf jeden Fall, der Kaiser zögerte nicht, dem Gesetz auch im Kreise seiner Familie Geltung zu verschaffen. Die von den Christen entschieden abgelehnte Kindsaussetzung wurde zwar nicht verboten, jedoch suchte man ihre Ursachen zu beheben, insofern arme Eltern staatliche Hilfe erhielten (ebd. XI 27,1). Einer unmenschlichen Rücksichtslosigkeit steuerte das Verbot, Sklavenfamilien bei einer Erbteilung zu trennen (ebd. II 25,1). In all diesen Gesetzen machte sich ein humanisierender Zug geltend, wobei allgemeine philosophische Strömungen sich mit christlichen Weisungen trafen. Eine regelrechte Umkehr der antiken Rechts- und Gesellschaftsordnung strebte freilich auch die Kirche nicht an.

Der Universalherrscher Konstantin konnte im übrigen ohne politische Rücksichten die Integration des Christentums vorantreiben. Zwar behaupteten die alten Geschlechter des römischen Senats noch ihr Ansehen; einzelne Maßnahmen, wie Entzug der Einkünfte oder gar Zerstörung von Tempeln, signalisierten aber die Absicht, die Ausübung paganer Kulte einzuschränken. Umgekehrt äußerte der Kaiser seit 324 immer deutlicher seine Sympathien für das Christentum, und zwar für die »Beobachter des katholischen Gesetzes«; Häretikern und Schismatikern kamen folglich die kaiserlichen Privilegien nicht zugute (ebd. XVI 5,1). Die Bischöfe der katholischen Kirche erlangten staatliche Ehrenrechte, auch wenn man von einer Nobilitierung kaum sprechen kann. Ein großzügiges Bauprogramm bescherte den Gemeinden von Rom bis Jerusalem Basiliken und Martyrien. Neben anderen stiftete der Kaiser um 325 über einer Gedächtnisstätte des Apostels Petrus am Vatikan eine Basilika, und seine Mutter Helena ließ eine Reihe von Kirchen und Palästen errichten. Ihren Höhepunkt erreichte die kaiserliche Bautätigkeit mit der Gründung der neuen Hauptstadt am Bosporus, *Konstantinopel*. Trotz Übernahme städtebaulicher und organisatorischer Formen sollte das Neue Rom in seinem Erscheinungsbild eine christliche Stadt werden, die nur Kirchen und keine heidnischen Tempel in ihren Mauern aufweist. Als sie im Jahre 330 eingeweiht und zur kaiserlichen Residenz erkoren wurde, fand nicht nur ein christlich-religiöses Programm seinen Ausdruck, es verlagerte sich auch der politische Schwerpunkt in den Osten.

In den letzten Jahren seiner Regierung suchte Konstantin sein politisches Werk zu konsolidieren. Über die Sicherung der Grenzen hinaus lag ihm der Ausgleich zwischen der Bevölkerung und einer oft korrupten Verwaltung am Herzen. Als *epískopos tōn ektós* fühlte er sich nach wie vor für die Kirche verantwortlich, und aus diesem Bewußtsein intervenierte er auch zugunsten der Christen im Perserreich (Euseb, Leben Konst. IV 8–13). Bei der Feier der Tricennalien im Jahre 335 entwarf Euseb ein Bild seiner Herrschaft, und zwar unter Angleichung an den himmlischen Herrscher: »Das ist er (Christus), der Lenker des gesamten Universums, Gottes Wort, das über und in allen Dingen ist und alle Dinge, die sichtbaren wie die unsichtbaren, durchdringt, von dem und durch das (unser) Kaiser als Freund Gottes ein Abbild der himmlischen Herrschaft trägt und in Nachahmung des Höchsten selbst die Verwaltung aller irdischen Aufgaben steuert« (Leben Konst. 1,6). In solcher Überhöhung Konstantins gründet jene Herrscherideologie, die in der Folgezeit das Kaisertum in seinen verschiedenen Ausprägungen formte und unter Aufnahme römischer Traditionen das Leitbild eines christlichen Reiches schuf.

Während der Vorbereitungen zum Krieg gegen die Perser erfaßten Konstantin in Nikomedien Todesahnungen. Er, der bislang nur als Katechumene zur Gemeinschaft der Christen zählte, ließ sich auf dem Sterbebett von dem arianischen Hofbischof Euseb taufen. Vermutlich hinderte ihn seine Funktion als römischer Kaiser, der nach wie vor mit der Welt des Heidentums verantwortlich verwoben war, diesen Schritt früher zu vollziehen. Als Neugetaufter starb Kaiser Konstantin am Pfingstfest des Jahres 337 bei Nikomedien.

Auf ausdrücklichen Wunsch des Kaisers wurde der Leichnam mit großem

Zeremoniell nach Konstantinopel überführt und in der von ihm errichteten Apostelkirche beigesetzt. Sein Grabmal im Kreise von zwölf Kenotaphen demonstrierte fraglos sein Selbstverständnis als *isapóstolos,* und er wahrte so seine religiöse Hoheit. Die Ostkirchen feiern dieses »Gedächtnis der glorreichen, von Gott gekrönten, apostelgleichen Herrscher Konstantin und Helena« am 21. Mai. Im Westen webte man um den verstorbenen Herrscher die sog. *Silvester-Legende,* wonach der erkrankte Kaiser von Papst *Silvester I.* (314–335) getauft wurde und so Heilung vom Aussatz erlangt habe. Die im 8. Jahrhundert formulierte Fälschung, bekannt als *Konstantinische Schenkung,* erzählt dieses »Ereignis« und bemerkt ergänzend, daß der Kaiser zum Dank für die Gesundung dem Papst die kaiserlichen Insignien und den Westen des Reiches übergeben habe; denn es sei »nicht recht, dort als ein irdischer Kaiser Gewalt zu üben, wo vom himmlischen Kaiser der Vorang der Bischöfe und das Haupt der christlichen Religion eingesetzt sei« (Konst. Schenkung 18).

Konstantin der Große hat im Laufe der Geschichte eine widersprüchliche Würdigung erfahren. Neben der Anerkenntnis der Tatsache, daß er dem Christentum die freie Entfaltung in der spätantiken Gesellschaft ermöglichte, behauptete sich unverhohlen Kritik, die sich vor allem im Schlagwort von der *Konstantinischen Wende,* zumeist als *Sündenfall* verstanden, äußert. Eine geschichtliche Betrachtung, welche die religiösen Grundlagen des römischen Staatswesens mit einschließt, vermag die Eigenart des religionspolitischen Wandels unter Kaiser Konstantin in seiner Tragweite zu erhellen, ohne anachronistischen Urteilen zu verfallen. In diesem Sichtwinkel erfolgte Konstantins Hinwendung zum Christentum im Rahmen antiker Religiosität, wobei der Christengott an die Stelle eines henotheistisch gefärbten Apollonkultes trat. Bestätigt durch seinen Sieg suchte der Kaiser das Christentum als neue religiöse Grundlage und öffentlichen Kult ins Reich zu integrieren, ein religionspolitisches Vorhaben, dem die Eigenart christlichen Glaubens jedoch immer wieder eine Grenze setzte.

§ 16
Das donatistische Schisma in Afrika

Bereits nach seinem Sieg an der Milvischen Brücke traf Kaiser Konstantin als Herrscher des Westens auf eine zwiespältige Kirche, welche die einheitliche Verehrung des Christen-Gottes gefährdete. Vor allem in den blühenden afrikanischen Provinzen hatte das Christentum schon im voraufgehenden Jahrhundert Leitbilder propagiert, die auf dem Ideal einer reinen und heiligen Kirche gründeten. Seine Lebensäußerungen wiesen überdies Parallelen zum strengen Ritual des heimischen Saturnkultes auf und ebenso zu den Traditionen des rabbinischen Judentums. In einer Art Vergangenheitsbewältigung kam es dort wegen des Verhaltens in der Diokletianischen Verfolgung erneut zu Streit, der aus der Dynamik anspruchsvoller christlicher Lebenspraxis zu einer tiefgreifenden Spaltung führte.

a) Eine umstrittene Bischofsweihe in Karthago

Nach dem Tode des Bischofs Mensurius von Karthago wählte die dortige Gemeinde im Jahre 312 den Diakon Caecilian zu seinem Nachfolger. Eine enthusiastisch eingestellte Minderheit verweigerte ihm jedoch die Anerkennung, weil er die Betreuung gefangener Christen vernachlässigt habe; vor allem aber warf man ihm die Mitwirkung des Bischofs Felix von Abthungi bei seiner Weihe vor, der wie die beiden anderen Konsekratoren im Verdacht der Traditio stand. Tatsächlich hatte das *Edikt vom Jahre 303* auch die Übergabe aller heiligen Schriften und Geräte von den christlichen Gemeinden verlangt, und nicht wenige Kleriker Afrikas, selbst Bischöfe, beugten sich dem Druck. Schon vor Einstellung der Zwangsmaßnahmen prangerten bekennende Kreise dieses Versagen an, das jede Gemeinschaft mit den wahren Märtyrern ausschließe. Der Einspruch gegen Caecilian wurzelt in der Überzeugung, daß ein Traditor als Sünder die persönliche Heiligkeit verloren habe und deshalb auch nicht den Heiligen Geist vermitteln könne. Geradezu nach Art einer Vererbung überträgt sich vom Ursprung her sündhafte Befleckung und verhindert so die Eingliederung bzw. Zugehörigkeit zur heiligen Kirche. Solche Grundsätze afrikanischer Theologie, wie sie vor allem Cyprian entwickelt hatte, führten also über persönliche Ressentiments hinaus zum Widerspruch gegen die Konsekration Caecilians. Seine Gegner trugen den Fall zunächst dem Bischof Secundus von Tigisis, dem Primas von Numidien, vor. Eine *Synode* von fast 70 Bischöfen, von denen sich einige selbst kompromittiert hatten, prüfte die Angelegenheit und sprach die Absetzung über Caecilian aus. Gleichzeitig erhob sie den Gegenbischof Majorinus, der nach seinem Tod im Sommer 313 einen Nachfolger erhielt, den tatkräftigen Donatus von Casae Nigrae († um 355), welcher dem Schisma seinen Namen gab. Das Schlagwort von der Traditio, das seine polemische Kraft aus der Gleichsetzung von Christi Wort und Schrift bezog, führte dazu, daß in Afrika Altar gegen Altar gestellt wurde (Optat. v. Mileve, Gegen Parmenian I 19).

b) Das Eingreifen Konstantins

Vermutlich von seinem Ratgeber Bischof Ossius von Córdoba über die Vorgänge in Afrika informiert, verfügte Kaiser Konstantin im Zuge seiner neuen Religionspolitik nicht nur die Erstattung des Kirchenvermögens, sondern regelrechte Geldzuwendungen, bezeichnenderweise an den Klerus, der mit Caecilian in Verbindung stand. Die kaiserlichen Schreiben aus der Zeit 312/13 setzen die Existenz rivalisierender kirchlicher Gruppen voraus, sie verraten aber keine Kenntnis der theologischen Streitpunkte. Mehr um Unruhen einzudämmen und das staatliche Wohl durch die Einheit des rechtmäßigen Kultes zu sichern, stellte der Kaiser die Hilfe seiner Beamten in Aussicht. Aufgeschreckt durch diese Begünstigung wandten sich die Gegner Caecilians, religiös bereits abgestempelt als Anhänger eines Wahnsinns, an Konstantin und baten um Schlichtung der Streitigkeiten, und zwar durch gallische Bischöfe, weil es dort keine Verfolgung gegeben habe. Damit wurde der innerkirchliche Streitfall durch Initiative der

Donatisten bei der »weltlichen Gewalt« (Aug., Brief 88,5; 105,8.10) anhängig. Der Kaiser zog das Verfahren aber nicht an sich, sondern beauftragte Papst *Miltiades* (310–314), zusammen mit gallischen Bischöfen die Angelegenheit zu klären; dazu sollten in paritätischer Besetzung Vertreter beider Parteien erscheinen.

Im Oktober 313 versammelte sich in Rom ein *Schiedsgericht*, nach Art einer Synode verstärkt durch 15 italienische Bischöfe. Die Verhandlungen, die nach Konstantins Absicht einen Entscheid über den richtigen Kult herbeiführen sollten, ergaben die Haltlosigkeit der Vorwürfe gegen Caecilian; es kam vielmehr zur Verurteilung des Donatus, dessen Name erstmals in diesem Zusammenhang auftaucht. Seine Anhänger gaben sich jedoch mit dem Urteil nicht zufrieden und appellierten wegen angeblicher Formfehler an den Kaiser. Im Bewußtsein seiner Verantwortung für die vera religio ordnete Konstantin erneut eine richterliche Untersuchung durch eine größere Zahl von Bischöfen an, die am 1. August 314 in Arles zusammentraten. Die *Synode* verwarf die Appellation der Schismatiker, anerkannte nach römischem Brauch die Weihe durch einen Traditor (Kan. 13) und verhandelte noch andere die Ortskirchen betreffende Fragen. Ihre Beschlüsse übersandte sie zur Veröffentlichung Papst Silvester I., der seine Abwesenheit mit der Notwendigkeit seiner Präsenz am Grabe der Apostel begründet hatte.

So aufschlußreich das Verfahren von Arles für die Verschmelzung von richterlichen Funktionen und synodalen Aufgaben der Bischöfe ist, die Spaltung der afrikanischen Kirche vermochte auch diese erweiterte Instanz nicht zu beheben. Den Freispruch für Karthagos Bischof Caecilian und die Entlastung des Felix von Abthungi beantworteten die unterlegenen Donatisten wiederum mit einer Intervention beim Herrscher, um eine Revision des Urteils zu erreichen. Als Restriktionen gegen beide Parteien nichts fruchteten, traf er Anstalten, die leidige Angelegenheit eigenhändig zu regeln; ja, er drohte als princeps harte Maßnahmen an, um den Irrtum auszurotten, jede Dreistigkeit zu beseitigen und in die Tat umzusetzen, »daß alle dem allmächtigen Gott die wahre Religion, aufrichtige Eintracht und gebührenden Kult darbieten« (Optat. v. Mileve, App. VII). Konstantin verwirklichte jedoch seinen Plan, selbst nach Afrika zu gehen, nicht. Noch immer auf Ausgleich bedacht, ergab ein Prozeß in Mailand (316) erneut die Schuld der Donatisten. Tumultuarische Unruhen und steigender Fanatismus nötigten nun zu entschiedenerem Eingreifen. Kirchen der Donatisten wurden beschlagnahmt, einige ihrer Bischöfe verbannt und gegen die Aufsässigen Truppen eingesetzt, ein Vorgehen, das die Opposition jedoch nur verschärfte, so daß der Kaiser ihre Verfolgung wieder einstellte, nicht zuletzt durch den sich abzeichnenden Konflikt mit Licinius dazu gezwungen.

c) Die Konsolidierung des Donatismus

Konstantins Duldungspolitik ermöglichte die Rückkehr verbannter donatistischer Bischöfe, andererseits ergingen sogar Mahnungen zur Toleranz an die Adresse der Katholiken. Als letzteren in Cirta eine Kirche weggenommen wurde, stiftete der Kaiser Ersatz aus öffentlichen Mitteln. Den so gegebenen Freiheitsraum nützten die Schismatiker geschickt aus, um ihre Gemeinden zu konsolidieren. Um das Jahr 336 konnte ihr Führer Donatus in Karthago 270 schismatische Bischöfe zu einer *Synode* versammeln, die sogar den Verzicht auf Wiedertaufe bei einer Konversion von Katholiken beschloß. Zwar kehrte man bald wieder zur alten Praxis zurück, ein Unterschied zum Glaubensbewußtsein der Katholiken war jedenfalls nicht markiert worden. Mit dem Anspruch, die Kirche »ohne Flecken und Runzeln« (Eph 5,27) zu sein, lehnte die *pars Donati* jegliche Gemeinschaft mit ihnen ab, um so ihre Identität zu wahren. Die Bewegung gewann immer mehr an Boden und wurde, sichtlich beflügelt von provinzialen Autonomiebestrebungen, zur Religion von »fast ganz Afrika« (Hieron., vir. ill. 93).

Der Zulauf zu den donatistischen Gemeinden angesichts der Schwäche des katholischen Episkopats ließ unter Kaiser Konstans, möglicherweise angeregt durch den tatkräftigen Bischof Donatus, den Gedanken einer Union aller afrikanischen Christen aufkommen. Hilfsmaßnahmen und Sondierungsgespräche kaiserlicher Beamter während der Jahre 346/47 lösten freilich Mißtrauen aus, und als diese in Karthago erschienen, schleuderte ihnen Donatus die Frage entgegen: »quid es imperatori cum ecclesia?« (Optat., Gegen Parm. III 3) Aus Furcht vor einem gewaltsamen Zusammenschluß regte sich erneut Widerstand, den der schismatische Bischof Donatus von Bagai organisierte, gestützt auf die terroristischen Scharen der sogenannten Circumcellionen. Es handelte sich bei ihnen, deren Namen Augustin von ihren Schlupfwinkeln bei den cellae, d. h. Märtyrerkirchen, ableitet (Gegen Gaudent. I 28,32), um fanatisierte Leute, die als agonistici vor Handgreiflichkeiten nicht zurückschreckten und in ihrem Rigorismus selbst den Tod suchten, um so der Ehre des Martyriums teilhaft zu werden. Ein gewisser sozialrevolutionärer Zug beflügelte diese Kampfgruppen, die sich weitgehend aus Landarbeitern rekrutierten. Allerdings weist Augustinus nie auf diesen Sachverhalt, so daß ihr Antrieb doch eher in der gegenkirchlichen Auseinandersetzung lag, hin bis zur gewaltsamen Verhinderung von Übertritten. Als Bischof Donatus von Bagai die Circumcellionen sogar gegen das militärische Schutzkommando der kaiserlichen Beamten einsetzte, erlitten sie eine schwere Niederlage. Ihr Anführer sowie der unbotmäßige Bischof Marculus wurden hingerichtet, ein Vorgehen, das ihnen bei den Donatisten Märtyrerehren eintrug. In der Tat glichen die Sanktionen des Staates der Christenverfolgung vergangener Jahre.

Der donatistische Widerstand führte zwangsläufig zum Wandel der staatlichen Ausgleichspolitik. Reichlich unrealistisch forderte im Sommer 347 ein kaiserliches Dekret den Zusammenschluß beider Konfessionen, und zwar unter dem katholischen Bischof Gratus von Karthago. Immerhin beugten sich zahlreiche Donatisten dem Druck der kaiserlichen Kommissare, insbesondere des Macarius, so daß nun auch die *Kirche der Reinen* ihre Abgefallenen hatte. Allerdings gelang es den Katholiken nicht, den Weg für eine solche Union psychologisch und theologisch zu ebnen. Zudem war der Nachfolger des farblosen Gratus von Karthago, Restitutus, außer Landes gegangen, um auf der Synode von

Rimini den Wirren des Arianismus zu steuern. Erfüllt von einem engen Erwählungsbewußtsein und fanatisiert durch ein gesetzhaftes Glaubenszeugnis, und zwar bis zum Martyrium durch Selbstmord, behaupteten sich die Donatisten in ihren Zentren Mauretaniens und Numidiens. Als gar nach dem Regierungsantritt Kaiser Julians allen verbannten Bischöfen die Rückkehr nach Afrika gestattet worden war, blühte der Donatismus erneut auf. Eine Welle der Vergeltung schlug über den Katholiken zusammen; die Gläubigen wurden mißhandelt, ihre Kirchen besetzt, das Heilige entehrt – Exzesse, welche die bestehende Kluft nur noch vertieften.

Unter den Heimkehrern befand sich auch der Nichtafrikaner Parmenian († um 391), der im Exil die Nachfolge des Donatus als Bischof von Karthago angetreten hatte. Vor allem seiner organisatorischen Begabung verdankte das Schisma eine geistige Wiederbelebung. Schöpfend aus Cyprian entwickelte er in seinem Werk gegen die Traditoren jene Kriterien, die den Donatismus als wahre Kirche und seine Taufe als unerläßlich erwiesen; die Katholiken galten ihm als abgebrochene Zweige am Baum der Kirche. »Die wahre Kirche ist jene, die Verfolgung leidet, nicht die verfolgt« (Aug., Ad Donat. post coll. I 31,53). Wirksam propagierte er seine Gedanken in der Art von *Psalmen,* und er motivierte so seinen Anhang zu apokalyptischer Wachsamkeit. Dieser selbstbewußten Kirche der Numidier vermochten die Katholiken kaum etwas entgegenzustellen. Ihre Tatenlosigkeit endete erst, als Bischof Optatus von Mileve († vor 400) in sechs Büchern *Contra Parmenianum Donatistam* den donatistischen Anspruch auf Heiligkeit zurückwies, bemerkenswerterweise auch durch Berufung auf geschichtliche Fakten und Quellen; das Eingreifen des Staates rechtfertigte er durch den Verweis auf den großen Konstantin als *imperator christianus.* Das Verhältnis der Donatisten zum Staat wurde seit 365 erneut belastet, als sie sich gegen den korrupten Comes Africae Romanus wandten. Zwar distanzierte sich eine Gruppe unter Leitung des Bischofs Rogatus von Cartenna vom aktiven Widerstand – und schuf so ein innerdonatistisches Schisma –, trotzdem sympathisierte man mit der Revolte des maurischen Fürsten Firmus gegen die römische Herrschaft. Der Aufstand wurde von Theodosius, dem Vater des späteren Kaisers, seit 373 niedergeschlagen; strenge Gesetze sollten die Donatisten unterdrücken, doch der neue Befehlshaber bestand kaum auf ihrem Vollzug.

Während dieser Zeit brach innerhalb des Donatismus wiederum die Frage nach dem Verständnis der Kirche auf. Unter Rückgriff auf biblische Aussagen vertrat Ticonius († vor 400) eine hermeneutische Position, wonach die Kirche bis zum Ende das Reich Gottes und das Reich Satans umfaßt; der Anspruch der Reinheit läßt sich darum in dieser Weltzeit durch Distanz zur katholischen Kirche nicht gewährleisten. Zwangsläufig geriet Ticonius in Konflikt mit seinen Glaubensbrüdern, so daß sich um 378 Parmenian genötigt sah, in seiner *epistula ad Ticonium* den donatistischen Standpunkt mit dem geläufigen Traditor-Argument einzuschärfen. Einige Jahre später schloß man den katholischen Theologen, dessen *Liber regularum* übrigens auch Augustin rühmte, aus der donatistischen Gemeinschaft aus. Die Möglichkeit eines Ausgleichs mit den Katholiken auf dem Weg einer argumentativen Theologie war vertan.

d) Die Bewältigung des Donatismus

Gegen Ende des 4. Jahrhunderts bahnte sich ein Wandel in den kirchlichen Verhältnissen Afrikas an. Zunächst verlor die donatistische Partei ihre führenden Köpfe. Nach dem Tode Parmenians, der an die 30 Jahre mit großem Geschick die Sache der Donatisten verfochten hatte, wurde Primian Haupt der schismatischen Gemeinden; sein herrisches Kirchenregiment löste freilich bald Widerspruch aus und führte zu einer Opposition um den Diakon Maximianus. Als eine donatistische *Synode von Bagai* im Jahre 394 ihn, der zwischenzeitlich die Bischofsweihe empfangen hatte, exkommunizierte, nahm man ohne Bedenken weltliche Gewalt zu Hilfe, um die Beschlüsse durchzuführen. Bei der Rückführung der Maximinianisten tat sich der donatistische Optatus von Thamugadi hervor, der vom weitläufigen Kirchenbezirk seiner Bischofsstadt aus kämpferisch in die Auseinandersetzungen eingriff. Er verband sich mit dem 386 zum Comes Africae ernannten Gildo, der gegenüber der italischen Zentralmacht auf Unabhängigkeit pochte und für seine Herrschaftspläne die Circumcellionen einsetzte. Diese eigennützige Machtpolitik kompromittierte nicht nur Gildo, sondern ebenso den Donatismus in der Gestalt des Räuberbischofs Optatus. Als beide nach der Niederlage gegen römische Truppen im Jahre 398 in den Kerker geworfen und hingerichtet wurden, zerfiel allmählich die donatistische Front, nicht zuletzt wegen der Verquickung religiöser mit politischen Interessen – dem ehemals so wirksamen Vorwurf gegen die Katholiken. Letztlich entscheidend für die Überwindung des Schismas wurde freilich das Eingreifen Augustins, seit 391 als Presbyter, dann als Bischof der Hafenstadt Hippo mit dem Donatismus konfrontiert. Die zerbrochene Einheit der afrikanischen Christenheit stellte sich so dem Seelsorger und Theologen als unabweisbare Aufgabe. Seine Versuche, in Wort und Schrift – publizistisch wirksam im Psalm gegen die pars Donati – die verhärteten Fronten aufzulockern, zeitigten zunächst nur bescheidene Erfolge. Trotzdem vermerkt Possidius in seiner Vita Augustins (7,2) von dieser Zeit, daß »wie durch ein Gottesgeschenk die katholische Kirche in Afrika nun wieder ihr Haupt zu erheben begann, die so lange gegenüber den starken Häretikern zerrissen, bedrückt und zerschlagen dagelegen hatte«.

Die Initiative Augustins sowie die Tatkraft des praktisch orientierten Bischofs Aurelius von Karthago († um 428) leiteten die Erneuerung ein. Vor allem in den laufend einberufenen Synoden fand der nordafrikanische Episkopat wieder sein Selbstbewußtsein, aus dem Anstöße zur Union kamen. In einem Ton gegenseitiger Achtung und unter Verzicht auf alte Vorwürfe suchte Augustinus Kontakt mit den Donatisten. Trotzdem ließen sich wesentliche Streitfragen wie zum Beispiel die Wiedertaufe nicht ausklammern, Probleme, die durch Diskussion auf friedlichem Wege gelöst werden sollten. In mehreren Schriften trug Augustin zur Klärung des Kirchenbegriffs bei, indem er das donatistische Leitbild einer *ecclesia sancta* durch den Verweis auf die *ecclesia mixta* dieser Weltzeit umgriff und ihre Entflechtung dem endzeitlichen Gericht vorbehielt. Wie er in der Ekklesiologie weltweite Katholizität voraussetzte, verband er das sakramentale Geschehen mit Christus und entzog es so in seiner Wirkkraft der Unzulänglichkeit des irdischen Spenders. Der Einsatz staatlicher Macht schien zunächst überflüssig, da die Circumcellionen auf Gewalttaten verzichteten. Aus der Paulus-Exegese dieser Jahre (394/95) erhellt jedoch, daß Augustin der staatlichen Obrigkeit das Recht einräumte, für den wahren Glauben tätig zu werden und die Häretikergesetze gegen die Donatisten anzuwenden.

Im Jahre 393 hatte Bischof Aurelius breits nach *Hippo* eine *Synode* katholischer Bischöfe Afrikas einberufen, die in konzilianter Weise entschied, daß donatistische Bischöfe bei einem Übertritt ihre Würde behalten, vorausgesetzt, daß sie bislang nicht die Wiedertaufe praktiziert hätten. Einige Zeit später (401) legte man das Verfahren sogar in das Ermessen des einzelnen Bischofs, sofern es »der pax ecclesiae nützlich erscheint« (Cod. can. eccl. Afr. 68). Selbst Religionsgespräche zur Klärung strittiger Fragen bahnten sich an. Primian von Karthago lehnte freilich die Einladung zu einem solchen Gespräch brüsk ab mit dem Argument, es sei »unwürdig, wenn die Söhne von Märtyrern und die Nachkommen von traditores an einen (Platz) zusammenkämen« (Aug., c. part. Don. post gesta 1,1). Bescheidene Erfolge solcher Unionsbemühungen lösten prompt wieder Gewalttätigkeiten der Circumcellionen aus, die auf seiten der Katholiken den Ruf nach staatlicher Hilfe, wenn auch unter Wahrung der Rechtsnormen, verstärkten. Tatsächlich sahen sich im Jahre 408 die in Karthago versammelten Bischöfe genötigt, gegen den aufkommenden Terror die Hilfe des Staates anzurufen, wobei freilich auf Augustins Initiative hin nur die Rädelsführer zur Rechenschaft gezogen werden sollten. Da jedoch mißhandelte Bischöfe schon unmittelbar am Hof in Ravenna vorstellig geworden waren, hatte Kaiser Honorius am 12. Februar 405 eine Art *Unionsdekret* erlassen, das die Donatisten als Häretiker brandmarkte und entsprechende Sanktionen, wie Versammlungsverbote, verfügte (Cod. Theod. XVI 5.37.38; XVI 6,4.5). Das Gesetz, gegen das sich heftiger Widerstand regte, wurde jedoch mit unterschiedlichem Nachdruck vollzogen; nach einer kurzen Periode rigoroser Urgierung, die auch Augustin im Hinblick auf Lk 14,23 mit Ausnahme der Todesstrafe rechtfertigte, erging im Jahre 410 von seiten des heidnischen Prokonsuls Macrobius sogar ein *Toleranzerlaß*, der die Wahl des christlichen Kultes überhaupt freistellte. Eine Gesandtschaft der katholischen Bischöfe erhob dagegen bei Kaiser Honorius Einspruch, und sie trug erneut den alten Plan eines Religionsgespräches vor. Tatsächlich setzte der Kaiser die *Ketzergesetze* wieder in Kraft und beauftragte im Herbst 410 den Tribun und Notar Marcellinus mit der Durchführung einer solchen Konferenz.

Überraschenderweise folgten dem Einladungsschreiben auch die donatistischen Bischöfe, wozu die kluge Verhandlungsführung des Marcellinus nicht weniger beitrug als Augustins Aufrufe an das Volk, die geplante Konferenz nicht durch Gewalttätigkeiten zu gefährden. Die Geschäftsordnung sah statt einer Vollversammlung des afrikanischen Episkopats die Wahl von Delegierten jeder Konfession vor, ein Vorschlag, der schließlich auch von den Donatisten angenommen wurde. Die Katholiken erklärten sich sogar bereit, bei ungünstigem Ausgang der Verhandlungen ihre Bischofssitze zur Verfügung zu stellen; im übrigen betonten sie aber in einem Mandatum, daß die Frage nach der wahren Kirche zentrales Thema der Diskussion sei, und man bot hierfür auch Argumentationshilfen an. Am 1. Juni 411 eröffnete Marcellinus die *Konferenz in Karthago*, zu der entgegen den Vereinbarungen zahlreiche donatistische Bischöfe erschienen. Formalien und Verfahrensfragen füllten die Dispute der ersten beiden Sitzungstage aus, die der Cognitor Marcellinus mit äußerster Sachlichkeit moderierte. Um den Donatisten Gelegenheit zum Studium des katholischen Mandatums zu geben, unterbrach man die collatio, die nach dem Modell eines Zivilprozesses geführt wurde. Ihre Entgegnung wurde nach Wiederaufnahme des Verfahrens am 8. Juni zur Diskussion gestellt und auf ausdrücklichen Wunsch Augustins sofort diskutiert, wobei sich die theologische Kenntnis des Bischofs von Hippo zugunsten des katholischen Standpunktes nicht weniger bewährte als sein rhetorisches Können. Am Abend dieses Tages beschloß Marcellinus das temperamentvolle Rededuell, und er fällte als Schiedsrichter ein Urteil, das die Donatisten als widerlegt erklärte. Mit Reskript vom 30. Januar 412 bestätigte Kaiser Honorius diesen Entscheid; zugleich erneuerte er die alten Sanktionen.

Die Wirkung des Religionsgesprächs von Karthago auf den theologischen Ausgleich zwischen den Konfessionen hielt sich in Grenzen. Neben Konversionen, nicht zuletzt unter staatlichem Druck, regte sich Widerstand gegen einen Zusammenschluß bis in die Vandalenzeit, obwohl die geistige Kraft der Donatisten durch die überlegene Theologie Augustins gebrochen war. Gerade diese Tatsache mahnt zur Vorsicht gegenüber einer Überbetonung ethnischer, sozialrevolutionärer oder autonomistischer Faktoren in der Bewegung des Donatismus, dessen Antriebskräfte wohl aus einer strengen christlichen Lebenspraxis flossen, nicht zuletzt unter dem Eindruck heidnisch-afrikanischer Kultur.

§ 17
Der Arianismus und das Konzil von Nizäa

Das Glaubensbewußtsein der Christen hatte trotz Widerstands im einzelnen die Herausforderung des antiken Erkenntnisstrebens aufgenommen, um die biblische Rede vom handelnden Gott der Umwelt zu vermitteln. Während für den Erweis seiner Einzigkeit und Wahrheit der philosophische Gottesbegriff eine unmittelbare Anknüpfung erlaubte, war er zur Klärung der Aussage Jesu von Gott als seinem Vater (vgl. Mk 14,36 par., Mt 7,21; Joh 1,14 u. ö.) eher hinderlich, zumal in zeitgenössischen Systemen, etwa im mittleren Platonismus, immer stärker die Transzendenz Gottes betont wurde. Die geistig-religiösen Strömungen der Umwelt beherrschte weithin der Grundsatz aus Platons Timaios 28 c: »Den Urheber und Vater dieses Weltalls aufzufinden, ist schwer; nachdem man ihn aber fand, ihn allen zu verkünden, unmöglich.« Um die Kluft zwischen dem höchsten, jenseitigen Wesen und dem Kosmos zu überbrücken, hatte man ein vielschichtiges System von Zwischenwesen eingeführt, in dessen Sog unweigerlich die Verkündigung des biblischen Gottes- und Christusbildes geriet. Zwar wandte sich um der Einheit Gottes willen schon der Monarchianismus gegen die

Logostheologie und damit auch gegen die aufkommende Hypostasenlehre, mit deren Hilfe vor allem Origenes das Verhältnis von Vater und Sohn in Gott zu deuten suchte; die Klärung der Frage, wie die Dreiheit in der Einheit Gottes angemessen zu denken sei, erfolgte aber erst im Zug der Auseinandersetzungen um Arius, wobei sich bald die Problematik der werdenden Reichskirche herausstellte.

a) Arius und seine Lehre

Die Diskussion um eine biblisch legitime Bestimmung des Verhältnisses von Gott, dem Vater, und dem Sohn brach von neuem in Ägypten auf, und zwar im Umfeld des Meletianischen Schismas. Als nämlich Bischof Petros von Alexandrien († 311) während der Diokletianischen Verfolgung geflohen war, nahm Meletios von Lykopolis († nach 325) in dessen Bistum kirchliche Weihen vor; in Fragen der Wiederaufnahme Gefallener stellte er sich zudem gegen die milden Bußnormen des Alexandriners und fand mit seinem Rigorismus starke Resonanz. Auch Arius, geschult bei Lukian von Antiochien, schloß sich dieser Strömung an, wechselte aber dann die Front und wurde von Bischof Alexander († 328) im Jahre 313 mit der Seelsorge an der alexandrinischen Baukalis-Kirche betraut. Daraufhin desavouierten ihn die Meletianer wegen seiner Thesen über den Logos und dessen Verhältnis zum Vater, die er seit 318/19 öffentlich vortrug, offenbar in der Meinung, die alexandrinische Tradition zu vertreten. Bei einer Diskussion in Anwesenheit des betagten Alexander erläuterte er seinen Standpunkt, »wonach der Sohn Gottes aus dem Nichtseienden geschaffen sei, daß es eine Zeit gab, da er nicht war, daß er selbst mächtig des Schlechten wie der Tugend, aufnahmefähig, ein Geschöpf und ein Geschaffenes sei« (Sozomenos, KG I 15,3). Dieses Verständnis des Sohnes Gottes gewann seine Konturen vor dem Hintergrund des auf radikale Jenseitigkeit bedachten Gottesbegriffs des Mittelplatonismus. Unter seinem Einfluß hatte schon Origenes von der ewigen Geburt des Logos aus Gott gesprochen; aufgrund des griechischen Axioms von der Unveränderlichkeit galt ihm Gott als Vater, der von Ewigkeit her den Sohn gezeugt. Mit der Verschärfung der Transzendenz Gottes, etwa durch Plotin († um 270), betrachtete man diese Selbstmitteilung Gottes aber immer mehr als innergöttlichen Vorgang, an dem der sichtbare Logos nur Anteil hat. Da Christus mit dem ewigen Logos nicht einfach identisch ist, rückte er bereits bei Lukian von Antiochien wieder stärker auf die Seite des Menschen, und er übte so als Vorbild sittlichen Antrieb aus. Arius nun, selbst mehr asketischen Neigungen verhaftet als philosophischen Spekulationen zugetan, erklärte unter Berufung auf biblische Aussagen auch die Entstehung des Logos aus dem Nichts. Seine Kennzeichnung des Logos als »hervorgebracht« (gen[n]ētos) für das Werk der Schöpfung (vgl. Spr 8,22) weist ihn trotz besonderer Auszeichnungen wie prōtogénnētos (vgl. Kol 1,15) dem geschöpflichen Bereich zu; um der Erlösung willen nahm er Fleisch, näherhin einen nichtbeseelten Leib an, so daß alle von der Schrift bezeugten Regungen des irdischen Jesus auf den Logos selbst zurückfielen. Als Gott kann man darum den Logos nur im uneigentlichen Sinn bezeichnen. Dementsprechend deutete Arius den Sohn Gottes im subordinatianischen Sinn, und zwar seinshaft abgestuft gegenüber einer Nachordnung in heilsgeschichtlicher Sicht.

Obwohl der Gang dieses ersten Religionsgesprächs schwer zu rekonstruieren ist, kam es jedenfalls zur Verurteilung des Arius. Gestützt auf seine Anhängerschaft, die aus seinem Christusbild moralische Impulse zur Gottangleichung erwartete, verweigerte er die Unterwerfung; er appellierte an seine alten Studienfreunde, die sogenannten *Syllukianisten,* darunter den einflußreichen Hofbischof Euseb von Nikomedien († 341/42). Mit dieser Aktion trug der gewandte Presbyter den theologischen Streit über Ägypten hinaus, so daß sich sein Bischof Alexander genötigt sah, dagegen einzuschreiten, nicht zuletzt um das Erscheinungsbild der christlichen Gemeinde vor Juden und Heiden zu wahren. Er berief (um 319) eine Versammlung der ägyptischen Bischöfe ein, die den Arius wegen *Häresie* exkommunizierte und seine Ausweisung aus der Stadt verfügte, ein Vorgang, der ein Zusammenwirken mit den Ortsbehörden ebenso voraussetzt wie Rücksicht auf die Meletianer. Wie tief der Riß bereits klaffte, zeigt die Tatsache, daß neben mehreren Klerikern und Jungfrauen auch zwei Bischöfe, nämlich Secundus von Ptolemais und Theonas von Marmarika, aus der Kirchengemeinschaft ausgeschlossen wurden. In einem *Rundschreiben* an die Bischöfe der katholischen Kirche gab Alexander den Entscheid der alexandrinischen Synode weltweit bekannt.

Arius hatte inzwischen Zuflucht bei Bischof Euseb von Nikomedien gefunden, unter dessen Schutz er eine emsige Tätigkeit entfalten konnte. Hier entstand sein Werk *Thalia,* eine popularisierende Werbeschrift seiner Theologie sowie ein Bekenntnis, worin er die Übereinstimmung mit dem allgemeinen Glauben beteuert. Eine von Euseb veranstaltete *Synode* (um 320) verlangte dann auch die Wiederherstellung der kirchlichen Gemeinschaft, ein Ansinnen, das Bischof Alexander zurückwies. In einem Rundschreiben erläuterte dieser seinen Standpunkt, und er fand hierfür Zustimmung bei zahlreichen Bischöfen des Ostens, die unter dem christenfeindlichen Druck des Licinius ihre Hoffnung wohl auf den Herrscher des Westens gerichtet hatten. Als Konstantin der Große sich nach seinem Sieg im September 324 überraschenderweise auch im Osten einer zerrissenen Christenheit gegenübersah, nahm er sich sofort der Angelegenheit an und forderte die Gegner zur Einigkeit auf. Ein kaiserliches Schreiben nach Alexandrien, überbracht durch Ossius von Córdoba († 357/58), verrät freilich kaum Kenntnis der aufgeworfenen Glaubensfrage. Der Appell zur Eintracht geht aus von der traditionellen Wechselwirkung zwischen Religion und öffentlicher Wohlfahrt, insofern der Verfasser von der Absicht spricht, »unter allen Dienern Gottes meinen Gebeten entsprechend allgemeine Eintracht herzustellen, so daß sich auch das Staatswesen durch die fromme Gesinnung aller glückhaft wandeln würde« (Euseb, Leben Konst. II 64–72; 65,2). Es überrascht darum nicht, wenn der Intervention Konstantins kein Erfolg beschieden war.

b) Der Verlauf des Konzils

Aus dem Scheitern der Friedensbemühungen entsprang nun offensichtlich der Plan, die anstehenden *religiösen* Fragen auf synodalem Weg zu klären. Wahrscheinlich versammelte sich schon 324/25 unter dem Vorsitz des Ossius eine Gruppe östlicher Bischöfe in Antiochien, und zwar nicht nur um die bischöfliche Nachfolge in der syrischen Metropole zu regeln, sondern gleichzeitig im Sinne Alexanders eine Stellungnahme zur Lehre des Arius zu verabschieden. Seine Thesen spalteten zusehends die Gemeinden des Ostens, das symbolträchtige Ursprungsland der christlichen Heilsbotschaft; da nach wie vor hinsichtlich der Osterfeier eine unterschiedliche Praxis herrschte, erschien eine universale Lösung aller anstehenden Fragen dringlich. Die Initiative zu einem *Großkonzil* ging offensichtlich vom Alleinherrscher Konstantin aus, der sich von einer solchen Bischofsversammlung innerkirchlichen Frieden und göttlichen Beistand für das Reich erwartete.

Durch *ehrenvolle Briefe* lud Konstantin der Große die Bischöfe *aller Gegenden* (ebd. III 6,1) ein, im Mai des Jahres 325 nach *Nizäa* in Bithynien zu kommen, also in die Nähe seiner Residenz, statt in das ursprünglich vorgesehene Ankyra (Galatien). Manche der anreisenden Bischöfe, denen der Staat den öffentlichen Beförderungsdienst zur Verfügung stellte, hatten noch die Diokletianische Verfolgung erlebt. Unter den großkirchlichen Wortführern ragte Alexander heraus, der mit seinem Diakon Athanasios gekommen war, dann Eustathios von Antiochien und Markellos von Ankyra. Die Gruppe um Arius setzte auf den Hofbischof Euseb von Nikomedien; auch Euseb von Cäsarea in Palästina zählte zu ihr. Aus dem Westen fanden sich nur fünf Bischöfe ein, an der Spitze Ossius von Córdoba; den römischen Bischof vertraten die beiden Presbyter Vitus und Vincentius. Insgesamt kamen etwa 300 Teilnehmer nach Nizäa; die öfters genannte Zahl 318 ist im Hinblick auf die Knechte Abrahams (Gen 14,14) symbolisch zu verstehen. Als Versammlungsraum stellte der Kaiser seinen Palast am See zur Verfügung.

Die *Eröffnungssitzung* am 20. Mai 325 fand nach dem Zeugnis Eusebs in Anwesenheit Konstantins statt, der ehrfürchtig von den Bischöfen empfangen wurde und sie aufforderte, »die ganze Kette von Zwistigkeiten durch Gesetze des Friedens zu lösen« (ebd. III 12,5). Der Mangel an Akten erschwert leider eine genaue Darstellung dieser Kirchenversammlung unter kaiserlicher Initiative. Gerade durch die Funktion des Herrschers hebt sich das *Konzil von Nizäa* von den regionalen Synoden der vorausgehenden Zeit ab; man hat es deshalb mit dem consilium principis verglichen, jenem beratenden Organ, das die Herrscher vielfach als Entscheidungshilfe beizogen. Sicherlich ist der Einfluß staatlicher Verfahrensweisen vorauszusetzen – im religiösen Bereich übte übrigens das Kollegium der pontifices die beratende Funktion aus –, trotzdem entfaltete die Synode von Nizäa eine Eigengesetzlichkeit, die über die beratende Funktion hinauswuchs und selbstmächtig entschied. Dies hinderte aber nicht, daß Kaiser Konstantin den Vorsitz übernahm und auch in die Verhandlungen eingriff.

Die theologische Diskussion, welche schon vor Eröffnung der Synode bis zum Kaiser gedrungen war, entzündete sich offensichtlich an einer Glaubensformel, die von arianischer Seite vorgelegt wurde, jedoch entschiedenen Widerstand auslöste. Mit Nachdruck bestand die Mehrheit auf dem ganzen Gott-Sein Christi, um so die Erlösung des Menschen zu gewährleisten. Euseb von Cäsarea machte nun den vermittelnden Vorschlag, das Taufsymbol seiner Gemeinde anzuerkennen; dieses formulierte den Glauben »an den einen Herrn Jesus Christus, das Wort Gottes, Gott von Gott, Licht vom Licht, Leben vom Leben, einziger Sohn, geboren vor aller Kreatur, gezeugt vom Vater vor aller Zeit, durch den alles geschaffen ist . . .« (Euseb., ep. ad Caes. 4). Wie der Kaiser so wendete auch die Versammlung nichts dagegen ein, nur mißverständliche Aussagen sollten ergänzt werden. Einer der wesentlichen Einschübe geht angeblich auf Konstantin bzw. seinen Ratgeber Ossius selbst zurück, nämlich der Begriff *homoúsios* (wesenseins), dessen Aneignung nach dem Konzil so große Schwierigkeiten bereiten sollte.

Der Terminus *homoúsios* diente im gnostischen Schrifttum sowie bei den frühen Alexandrinern dazu, die gemeinsame Teilhabe an einer Seinsart oder Wesenheit auszudrücken; so nannte schon Origenes den Sohn *homoúsios* dem Vater (Joh. Komm. XIII 25). Auf einer *Synode von Antiochien* (268) wurde der Begriff abgelehnt, und zwar vermutlich wegen dynamistisch-monarchianischer Tendenzen, die Paul von Samosata angekreidet worden waren. Der lateinische Westen konnte im *homoúsios* leicht eine Wiedergabe von consubstantialis (Tert., Gegen Praxeas 2,4) erblicken. Daraus erhellt aber schon die Problematik einer ungeklärten Terminologie, insofern substantia wörtlich *hypóstasis* besagt, hingegen *usía* die Übersetzung essentia entspricht. Zudem neigte der Westen dazu, die Einheit Gottes zu betonen, während sich der Osten im Gefolge mittel- bzw. neuplatonischer Hypostasenlehre für Trinitätsspekulationen aufgeschlossen zeigte. Es sprechen nun einige Anhaltspunkte dafür, daß Arius und seine Anhänger das *homoúsios* im gnostisch-manichäischen Sinn verstanden und mit ihrem Widerspruch der Folgerung ausweichen wollten, den Hervorgang des Sohnes aus dem Vater als Emanation zu deuten, weil der Vater sonst körperlich und veränderlich sei. Die Aufnahme des umstrittenen Begriffs in das Symbol konnte also durchaus eine Folge der im Osten lebendigen Diskussion sein, um die arianische Zuweisung des Logos in den Bereich des Geschöpflichen zu verneinen. Nach Athanasios (de decr. 23,1) haben die Väter des Konzils deshalb den Sohn als *homoúsios* dem Vater bezeichnet, weil er sich zu ihm wie der Glanz zum Licht verhalte (vgl. Hebr 1,3). Dahinter steht offensichtlich eine stoische Metaphysik, wonach das unbestimmt Seiende durch die formende Bestimmung determiniert wird; der *usía* entspricht so der Vater, dem *ídion* der Sohn. Die Aussageabsicht des Symbols von Nizäa liegt danach nicht im Aufweis der numerischen Einheit Gottes, sondern in der Zuweisung des Sohnes zum göttlichen Bereich, also gegen die arianische Auffassung von der Geschöpflichkeit des Logos. Dementsprechend lautet die Schlußtendenz der Glaubensformel: »Die aber sagen: ›Es gab eine Zeit, in der er nicht war‹, und ›Ehe er geboren wurde, war er nicht‹, und ›Er ist geschaffen worden aus dem Nichts‹, oder die behaupten, der Sohn Gottes sei von anderer Substanz *(hypostáseōs)* oder anderen Wesens *(usí-*

as), oder er sei geschaffen oder dem Wandel bzw. der Veränderung unterworfen, – über jene spricht die katholische und apostolische Kirche das Anathem aus« (Symb. Nic.).

Mit den erläuternden Anathematismen war in der Glaubensfrage ein Urteil gefallen, das von allen Teilnehmern unterzeichnet wurde, mit Ausnahme des Arius und seiner beiden Anhänger Secundus von Ptolemais und Theonas von Marmarika, welche umgehend ins Exil geschickt wurden. Die übrigen arianisch gesinnten Bischöfe nahmen das Bekenntnis an, teilweise vorbehaltlich der Verdammung des Arius; in einem Schreiben an seine Heimatgemeinde rechtfertigte Euseb von Cäsarea sein Verhalten weniger mit theologischen Argumenten als mit Hinweisen auf den Frieden der Kirche, den man dem Kaiser verdanke.

Nach Erledigung des Falles Arius behandelte die Synode das Problem des unterschiedlichen Ostertermins. Um die gemeinsame Festfeier zu gewährleisten, bestimmten die Konzilsväter den alexandrinischen und römischen Brauch als Norm, wobei jeder Widerspruch ausgeräumt werden konnte. Nach einer späteren Quelle erhielt Alexandrien den Auftrag, jeweils das Datum den übrigen Kirchen mitzuteilen.

Weitere Diskussionsgegenstände betrafen die kirchliche Praxis, deren Ergebnis man in 20 Kanones zusammenfaßte, eine juridische Form der Regelung innerkirchlicher Angelegenheiten. Einige Bestimmungen schränkten den Zugang zum Kreis der Kleriker ein. Falls die Nachricht des Kirchenhistorikers Sokrates (KG I 11,3f) nicht nur literarisches Machwerk ist, wäre auf den Protest des Bischofs Paphnutios der Vorschlag eines allgemeinen Zölibats der Priester zurückgewiesen worden. Mit der Übernahme der staatlichen Territorialgliederung hob das Konzil auch auf die Eigenverantwortung der Provinzen (Eparchien), zum Beispiel bei der Bischofsweihe, ab, und es schrieb die Veranstaltung zweier Synoden im Jahr (Kan. 5) vor. Ausdrücklich bestätigte man (Kan. 6) die alten Vorrechte der Kirche von Alexandrien, und zwar mit dem beiläufigen Verweis auf den analogen Vorrang des Bischofs von Rom; gleichzeitig wurde an die Rechte Antiochiens erinnert, während Jerusalem (= Aelia) nur ein Ehrenvorrang zukam. Damit zeichnet sich die Territorialgliederung im Sinne der Hauptkirchen bzw. der nachmaligen Patriarchate nach altem Brauch ab, offensichtlich in Anpassung an die staatliche Provinzeinteilung. Um aufgetretenen Mißständen zu steuern, unterstrich das Konzil die Bindung der Kleriker an die Ortskirche (Kan. 15.16). Bezeichnend war übrigens die Großzügigkeit gegenüber den Schismatikern in Ägypten, deren Urheber Meletios seinen bischöflichen Stuhl behalten durfte. Disziplin und Kirchenorganisation erfuhren so eine universale Regelung, deren Gewähr durch den Staat den institutionellen Charakter des kirchlichen Erscheinungsbildes nachhaltig prägte.

Der Abschluß des Konzils fiel mit dem zwanzigjährigen Regierungsjubiläum *(Vicennalien)* Konstantins zusammen. Hierzu lud der Kaiser die Bischöfe zu einem Gastmahl, um sie anschließend reich beschenkt und mit der Mahnung, »untereinander Frieden zu wahren« (Euseb, Leben Konst. III 21,1), zu verabschieden. Erfüllt vom Leitgedanken *eines* Kultes und *eines* Glaubens, äußerte der Herrscher in seinem Schreiben an die Kirche seine Befriedigung über den

Gang der Verhandlungen, während er der Gemeinde von Alexandrien die Irrtümer des Arius nochmals vor Augen führte. Seine Autorität erhob die Beschlüsse des Konzils zum Reichsgesetz.

Mit dem *ökumenischen Konzil von Nizäa* haben die bisherigen synodalen Zusammenkünfte einen ersten Höhepunkt erreicht. Einberufen durch Kaiser Konstantin zu Beginn seiner Universalherrschaft, spiegelt diese Bischofsversammlung die sich abzeichnende Verschränkung von Kirche und Staat. Seine Aufgabe, das biblische Gottesbild angesichts der arianischen Herausforderung zu klären, löste das Konzil, ohne dem Sog philosophischer Denkschemata zu erliegen. Zugleich traf es disziplinäre Maßnahmen, und zwar in der Überzeugung, verbindlich für die Gesamtkirche zu sprechen. Die Ortskirchen haben den Entscheid als »Spruch Gottes« übernommen und so Nizäa als *ökumenisches Konzil* rezipiert.

§ 18
Der Glaube von Nizäa im Widerstreit

Die erste dogmatische Formulierung der Kirche, das *Glaubensbekenntnis von Nizäa*, stellte weder die von Kaiser Konstantin erwünschte Einheit des Kultes her, noch beendete sie die aufgebrochene theologische Diskussion. Christlicher Glaube hatte den Weg vernunftgemäßer Erklärung beschritten und im Ringen um das biblische Gottesverständnis die religiös-kultische Umklammerung der Umwelt durchstoßen. Die nachkonziliare Auseinandersetzung verbiß sich geradezu im philosophischen Deutewort von Nizäa, im *homoúsios,* das (numerische) Wesenseinheit ebenso aussagte wie Wesensgleichheit. Der Gebrauch des Terminus im gnostisch-materialistischen Sinn, aber auch seine Nähe zu sabellianischen Tendenzen verschärften jedoch den Widerstand gegen das Bekenntnis des ersten ökumenischen Konzils.

a) Das Schwanken Kaiser Konstantins

Die Eintracht des Abschiedsbanketts von Nizäa täuschte über die theologischen Spannungen und persönlichen Rivalitäten hinweg. Schon wenige Monate später zogen zwei führende arianische Bischöfe, Euseb von Nikomedien und Theognis von Nizäa, ihre Unterschrift zurück. Erbost über so viel Unbotmäßigkeit, verbannte Kaiser Konstantin beide nach Gallien, Zeichen seines Willens, die Beschlüsse von Nizäa mit Nachdruck durchzusetzen. Allerdings bahnte sich bald ein Umschwung an, markiert durch die Rückkehr der verbannten Opponenten im Jahre 328. Ob sie ihren Gesinnungswandel vor einer Synode demonstrierten, die angeblich der Kaiser erneut für das Jahr 327 nach Nizäa anberaumt habe, bleibt angesichts der mangelhaften Nachrichten zweifelhaft. Den Kurswechsel erklärt auch Rücksichtnahme auf einen breiten Anhang des Arius, der es verstand, seinen Einfluß am Hofe geltend zu machen; so nahm Bischof Euseb, verwandt mit der konstantinischen Dynastie, jene Beraterstelle ein, die vorher Ossius innehatte. Die Möglichkeit zu einem solchen Wandel lag nicht zuletzt im Bekenntnis von Nizäa selbst, dessen Kernwort *homoúsios* sogar bei seinen Anhängern nur zögernd Anerkennung fand. Unter diesen Voraussetzungen bildete sich eine arianische Strömung, die eine Neuinterpretation von Nizäa anstrebte.

Die Aktivitäten dieser Gruppe richteten sich zunächst weniger auf eine Umformulierung des Bekenntnisses als auf die Besetzung wichtiger Bischofssitze. Als Gegner des Arius und Kritiker hatte sich der Patriarch Eustathios von Antiochien († um 340) hervorgetan, und er mußte als einer der ersten ihrem Druck weichen, ein Vorgang, der über Jahrzehnte hinweg die christliche Gemeinde dieser Metropole des Ostens spaltete und lähmte. Bald wurde auch Athanasios, seit 328 Bischof von Alexandrien, Zielscheibe ihrer Angriffe. Verdächtigungen, hin bis zum angeblichen Mord am meletianischen Bischof Arsenios, verfehlten ihre Wirkung bei Konstantin nicht. Anläßlich der Feier seines dreißigjährigen Regierungsjubiläums, bei der in Jerusalem die Grabeskirche eingeweiht wurde, veranlaßte er die Bischöfe, in Tyros den Fall Athanasios zu untersuchen (335). Von der dortigen Synode wurde der verleumdete Bischof jedoch nicht zugelassen, vielmehr wie ein Angeklagter behandelt. Als er daraufhin an den Hof nach Konstantinopel floh, verfügte die Synode seine Absetzung. Eine persönliche Rücksprache des Kaisers mit Vertretern dieser Versammlung brachte noch den Vorwurf der Sabotage von Getreidelieferungen ins Spiel, worauf Athanasios nach Trier verbannt wurde (335). Damit waren die wichtigsten Anwälte des nizänischen Glaubens ausgeschaltet, während Arius selbst nach Vorlage eines erbetenen Glaubensbekenntnisses beim Kaiser kurz vorher durch die in Jerusalem versammelten Bischöfe rehabilitiert worden war. Er starb jedoch plötzlich am Tage vor seiner feierlichen Rekonziliation zu Ostern des Jahres 336, und zwar durch das »Heraustreten der Eingeweide«, wie manche Quellen unter Anspielung auf das Ende des Judas (Apg 1,18) berichten. Sein Tod bedeutete aber unter den neuen Verhältnissen nicht das Ende jenes Gottesbildes, an dem sein Name haftet.

b) Der Aufstieg des Arianismus

Mit der *Teilung des Reiches* unter die Söhne Konstantins, der im Jahre 337 gestorben war, geriet die theologisch-kirchliche Entwicklung in den Sog einer unterschiedlichen Religionspolitik. Während im Westen der jüngste Sohn Konstans († 350) nach Ausschaltung Konstantins II. († 340) seinen Kurs an Nizäa orientierte, verfolgte der ältere Konstantius († 361) immer klarer eine arianisch orientierte Politik. Zunächst freilich gestatteten die drei Brüder nach dem Tode des Vaters die Rückkehr aller im Exil lebenden nizäatreuen Bischöfe, darunter Athanasios, der seine Heimkehr nach Alexandrien in selbstbewußter Demonstration vollzog. Die Arianer, geschart um Euseb von Nikomedien, der Ende 338 gegen kirchlichen Brauch sogar auf den Bischofsstuhl von Konstantinopel wechselte, schlugen sofort Alarm und erinnerten daran, das Athanasios durch die Synode (von Tyros) rechtskräftig abgesetzt sei und sein Nachfolger Pistos ihr Vertrauen habe. Der Rückkehrer, den man bezeichnenderweise auch als

Sendling Roms beschimpfte, antwortete auf diesen Einspruch mit der Einberufung einer Synode ägyptischer Bischöfe (338), die ihn als rechtmäßigen Inhaber des Sitzes von Alexandrien bestätigte. In einem Rundschreiben, das auch nach Rom ging, teilte man diese Entscheidung allen Bischöfen mit, worauf sich die Eusebianer selbst mit der Bitte an Papst *Julius I.* (337–352) wandten, er möge auf einer Synode ebenfalls Athanasios verurteilen. Für Alexandrien präsentierten sie als neuen Bischof den Kappadokier Gregor, der – gegen den Willen von Klerus und Volk bestellt - mit Gewalt in die dortige Kirche eingeführt wurde; unter Protest wich Athanasios dem Terror und suchte Zuflucht in Rom.

In der Zwischenzeit hatte Papst Julius tatsächlich zu einer *Synode nach Rom* eingeladen, auf der die Angelegenheit des Athanasios verhandelt werden sollte. Doch nun verweigerten die Häupter der Eusebianer ihre Teilnahme, und zwar unter Berufung auf seine bereits erfolgte Absetzung in Tyros. Trotz dieser Absage kam 340/41 in Rom eine Versammlung zustande, die nach Prüfung der vorhandenen Unterlagen Athanasios als Bischof von Alexandrien bestätigte und ihm mit anderen vertriebenen Bischöfen wie Markellos von Ankyra († um 374) die communio gewährte. In einem selbstbewußten Schreiben teilte Papst Julius das Ergebnis den Athanasiosgegnern mit, welche freilich die römische Intervention ignorierten und Athanasios die Rückkehr nach Alexandrien verweigerten.

Während bislang die Agitation der Eusebianer sich gegen die Repräsentanten des nizänischen Symbols richtete, machte sich nun in ihren Reihen das Bestreben geltend, in Formeln den eigenen Standpunkt zu umschreiben. Bei der Einweihung der »Großen Kirche« in Antiochien (341) fand eine *Synode* von fast hundert orientalischen Bischöfen statt, deren Ergebnis ein Rundbrief veröffentlichte. Bezeichnenderweise distanzierten sich darin die Verfasser von Arius, sie vermieden aber geflissentlich das »*homoúsios*« von Nizäa mit dem oft wiederholten Argument, es sei nicht in der Schrift enthalten. Tatsächlich begegnete man diesem Stichwort der großen Synode auf allen Seiten mit großer Zurückhaltung, offensichtlich wegen seiner Nähe zum sabellianisierenden Verständnis der göttlichen Monas, wie es bei Markellos von Ankyra durchbrach und von der »Kirchweih-Synode« ausdrücklich gerügt wurde. Einer solchen Einheit gegenüber unterstrich man den Glauben an eine abgestufte göttliche Dreiheit und beteuerte, dabei der Überlieferung zu folgen. Die Lehrformeln von Antiochien, deren erste den eingeborenen Sohn Gottes bekannte, welcher vor aller Zeit mit dem Vater, seinem Erzeuger, zusammen war, durch den alles geschaffen wurde und der in Ewigkeit König und Gott bleibt (Athan., de syn. 22; Sokr., KG II 10), bestätigten den Abstand zur Sprachgestalt des Bekenntnisses von Nizäa. Der Vorwurf des Arianismus, den eine römische Synode des Jahres 341 erhob, verschärfte den Gegensatz zum Osten, der sich überdies durch die Rehabilitierung Markells brüskiert fühlte.

Auf eine Initiative des Kaisers Konstans hin, der durch eine Delegation über die Vorgänge im Osten unterrichtet wurde, und auf Wunsch des Papstes Julius nach einer Synode aller westlichen und östlichen Bischöfe ließ sich Konstantius bewegen, ein *Konzil nach Sardika* (Sofia) an der Grenze der beiden Reichsteile einzuberufen. Im Herbst 342 (343?) trafen dort an die neunzig Bischöfe aus dem Westen ein, an ihrer Spitze der greise Ossius von Córdoba. Kaum weniger reisten in Begleitung zweier kaiserlicher Beamter aus dem Osten an, allerdings ohne ihren bewährten Anführer Euseb von Nikomedien, der kurz vorher gestorben war. Als sich die Vertreter des Westens weigerten, auf die Forderung der Orientalen einzugehen, Athanasios und seine Mitstreiter als abgesetzte Bischöfe von den Verhandlungen auszuschließen, lehnten diese überhaupt ein vermittelndes Gespräch ab und sprengten so die gemeinsame Synode. Die Okzidentalen prüften nun auf einer gesonderten Tagung die Vorwürfe; während Athanasios erneut rehabilitiert wurde, exkommunizierte man die führenden Männer der Gegenseite als Arianer. Zugleich mit der Bekanntgabe dieser Beschlüsse vertrat man eine Gotteslehre, die entschieden die Annahme von drei Hypostasen in Gott, jener vom Osten so nachhaltig vertretenen Unterscheidung, verwarf und statt dessen die eine göttliche Substanz betonte. Diese Stellungnahme bekundet das westliche Verständnis von *Arianismus*, aber ihr haftet ein monarchianischer Zug an, der auch die Unzulänglichkeit der *orthodoxen* Position erweist, ganz abgesehen von den terminologischen Schwierigkeiten, die in der Gleichsetzung von Substanz und Hypostase lagen. Die Auseinandersetzung drängte über Nizäa hinaus nach Klärung.

Von den Erfahrungen der jüngsten Vergangenheit verunsichert, verabschiedeten die Synodalen von Sardika 21 Kanones zur kirchlichen Disziplin. Neben der Einschärfung der bischöflichen Residenzpflicht (Kan. 14.15), oder dem Verbot von Reisen an den kaiserlichen Hof (Kan. 8–12), sind vor allem die Kanones 3, 4 und 5 bedeutsam, wonach einem abgesetzten Bischof das Recht zusteht, Berufung einzulegen, über die letztlich der Bischof von Rom bzw. eine von ihm beauftragte Synode der Nachbarprovinz zu entscheiden hat. Der römische Stuhl wird damit zur Appellationsinstanz für die abendländische Kirche.

Die orientalischen Bischöfe tagten nach ihrem Auszug von Sardika in Philippopolis. Sie erneuerten ihr Glaubensbekenntnis auf der Grundlage der vierten antiochenischen Formel und verwahrten sich in einem hochfahrenden Rundbrief, der auch an Donatus von Karthago ging, gegen die Ansprüche des Westens. Der gegenseitige Ausschluß führender Bischöfe aus der Kirchengemeinschaft dokumentiert bereits eine tiefgreifende Entfremdung, die schließlich zur Trennung der Kirchen im Mittelalter führte. Trotzdem kam es immer wieder zu Kontakten zwischen den Kirchenführern, natürlich unter dem Einfluß der politischen Mächte. So erreichte nach Sardika eine Gesandtschaft des Kaisers Konstans bei Konstantius die Rückkehr des Athanasios nach Alexandrien, als der dortige Bischof Gregorios gestorben war (345). Umgekehrt legten östliche Bischöfe in Mailand eine *lange Formel* vor, die neben dem Arianismus sabellianische Tendenzen des Markell und seines Schülers Photeinos († 376) verurteilte, worauf sich Athanasios genötigt sah, sich von seinem Mitstreiter zu distanzieren. Die Erhebung des Gegenkaisers Magnentius im Westen (350) zerstörte allerdings die Hoffnung auf Ausgleich. Konstans geriet plötzlich selbst in Bedrängnis; auf der Flucht vor seinen meuternden Truppen verlor er in den Pyrenäen sein Leben.

c) Die Religionspolitik des Konstantius

Nach manchem politischen Geplänkel erfocht Konstantius in einer blutigen Schlacht bei Mursa (351) den Sieg über den Usurpator, wobei freilich der Kaiser nicht mit der Waffe kämpfte, sondern betend an einem Märtyrergrab weilte. Zum Alleinherrscher aufgestiegen, legte er bald die zurückhaltende Religionspolitik der letzten Jahre ab und begann wieder, den Arianismus zu stützten, nicht zuletzt unter dem Einfluß des gerissenen Bischofs Valens von Mursa. Als Grundlage für die religionspolitischen Maßnahmen des Konstantius diente nun ein Bekenntnis, das eine bischöfliche Versammlung am Hoflager in Sirmium erarbeitet hatte und im Gesamtreich annehmbar schien. Diese erste sirmische Formel nahm in Distanz zum schroffen Arianismus wie zum *homoúsios* eine Mittelstellung ein und sollte das Symbol von Nizäa schlichtweg ersetzten (Athan., de syn. 27; Hilar., de syn. 38). Unter diesen Umständen lebte erneut die Polemik gegen Athanasios auf, obwohl er dem Werben des Magnentius nicht nachgegeben hatte. Vorwürfe mangelnder Loyalität wies auch der Nachfolger des verstorbenen Julius, Papst *Liberius* (352–366), ab; er schlug dem Kaiser zur Befriedung der Kirchen eine *Synode* vor, die schließlich in *Arles* stattfand (353). Anstelle einer Diskussion der strittigen Fragen erzwang man aber von den anwesenden Bischöfen die Absetzung des Athanasios; allein Paulinus von Trier († 358) weigerte sich und büßte dafür mit der Verbannung nach Phrygien, die ihm den Tod brachte.

Auf Vorhaltungen des Papstes Liberius rief Kaiser Konstantius erneut ein *Konzil nach Mailand* (355) ein, wo sich neben einigen Orientalen fast 300 Bischöfe des Westens einfanden. Wiederum klammerte er die Glaubensfrage aus und ließ den mehr politisch gelagerten Fall Athanasios behandeln. Als es darüber zu Tumulten kam, verlegte er kurzerhand die Versammlung in den Kaiserpalast; hier verfolgte er – hinter einem Vorhang versteckt – die Beratungen, und er setzte so die Bischöfe nicht nur unter moralischen Druck. Ihrem Zögern entgegnete er mit der unmißverständlichen Erklärung: »Was ich will, muß als Kirchengesetz gelten« (Athan., hist. Arian. 33,7)! Mit wenigen Ausnahmen beugten sie sich den Drohungen des Herrschers und sprachen die Absetzung über Athanasios aus; abwesenden Bischöfen nötigten Gesandte des Kaisers ebenfalls die Zustimmung ab. Widerstand leistete in Gallien vor allem Hilarius von Poitiers († 367), der deshalb ins Exil nach Kleinasien gehen mußte; dort im engeren Umfeld des Arianismus entstand sein Hauptwerk *De trinitate*. Auch den greisen Bischof Ossius, nun auf die Unabhängigkeit der Kirche bedacht, traf die Verbannung. Papst Liberius wies ebenfalls die kaiserlichen Anbiederungen zurück. Als er daraufhin gewaltsam nach Mailand geschleppt wurde, kam es zu heftigen Auseinandersetzungen mit dem Herrscher, der ihn schließlich nach Thrakien vertrieb. Während in Mailand der arianisch gesinnte Kappadokier Auxentius († 374) als Bischof eingewiesen wurde, bestellte man für Rom den Diakon Felix. In Alexandrien entzog sich Athanasios dem Zugriff kaiserlichen Militärs und floh zu den Mönchen in die Wüste; seinen Platz nahm der rohe Georgios von Kappadokien ein. Damit war es Konstantius gelungen, die Sachwalter des nizänischen Glaubens auszuschalten und arianische Bischöfe an ihre Stelle zu setzen. Nicht erst die schrille Polemik eines Lucifer von Calaris († um 370) zeigte, daß der religionspolitische Machtkampf weitgehend um Personen ging, während die theologische Sache in den Hintergrund getreten war.

d) Die Spaltung der Arianer

Das theologische Anliegen der Arianer trat seit Mitte der fünfziger Jahres des 4. Jahrhunderts wieder in den Vordergrund, als ein gewisser Aëtios († um 366), vormals Metallarbeiter und Arzt, in Antiochien Diakon wurde und, geschult in Dialektik, die arianische Sicht des Verhältnisses von Vater und Logos verschärfte. Nach ihm besteht zwischen dem ursprünglichen Vater und dem gewordenen Sohn nicht einmal Ähnlichkeit (anómoios), geschweige Wesensgleichheit; man bezeichnet darum diese radikale Richtung des Arianismus als Anomoier. Rationalistisch zugespitzt hat die Lehre Eunomios († um 392), nachmals Bischof von Kyzikos, der im Ungezeugtsein den Kern des göttlichen Wesens (usía) erblickte und folglich die Göttlichkeit des Sohnes verneinte. Diese beiden Theologen legten den Keim der Spaltung in die Reihen der Arianer. In ihrem Gefolge entwarf auf einer Synode von Sirmium (357) Bischof Germinios eine Glaubensformel, die unter Berufung auf die Schrift Begriffe wie substantia oder homoúsios aussparte und aufgrund von Joh 14,28 gezielt die Unterordnung des Sohnes dem Vater gegenüber betonte. Man gewann für diese Formel sogar den alten Bischof Ossius, der nur Athanasios nicht verurteilt wissen wollte. Widerspruch gegen den radikalen Flügel der Arianer erhob sich nicht nur im Westen; selbst orientalische Bischöfe verweigerten ihre Zustimmung zu Formeln, welche praktisch die Gottheit des Sohnes preisgaben. So vertrat Basilius von Ankyra († um 370) auf einer Synode zu Ostern 358 einen nizäanahen Standpunkt, wonach der Sohn dem Vater in allem wesensähnlich (homoiúsios) sei. Es gelang ihm, für diese Auffassung zahlreiche Anhänger (Homoiusianer), ja sogar Kaiser Konstantius zu gewinnen, der sie spontan auf einer Synode zu Sirmium Ende 358 bestätigen ließ (3. sirmische Formel). Der im Exil zermürbte Papst Liberius stimmte mit einigen Vorbehalten dem Text zu, und er konnte sich so die Rückkehr nach Rom erkaufen (358), nachdem er schon vorher Athanasios fallen gelassen hatte. Dort behauptete er sich zwar gegenüber Felix als Bischof, sein Ansehen war freilich kompromittiert. Eine mittlere Gruppe des Arianismus (Homoier) beharrte mit ihrem Wortführer Akakios von Cäsarea († 366) auf der Ähnlichkeit (hómoios) von Vater und Sohn. Ihr enger Anschluß an biblische Redeweise prägte auch die 4. sirmische Formel, die von einer »Gleichartigkeit (in allem) gemäß der Heiligen Schrift« sprach (Athan., de syn. 8,4). In dieser homoiischen Form gelangte das Christentum auch zu den Germanen, obwohl die Tätigkeit Wulfilas († um 382) bei den Westgoten nicht von Anfang an nach diesem Bekenntnis erfolgte.

Das religionspolitische Handeln des Kaisers Konstantius zeigt in dieser Phase gewiß Starrheit; aus der Perspektive des Ostens erscheint es als Versuch, auf der Basis der Mehrheit religiöse Einheit zu diktieren. Die zunehmende Bedeutung der Homoiusianer ließ erneut einen Konzilsplan reifen, um ihr Bekenntnis zur allgemeinen Norm zu erheben, zumal sich ein Ausgleich mit den Nizänern anbahnte. Da der vorhergesehene Tagungsort Nikomedien durch ein Erdbeben zerstört wurde, gelang es den Anomoiern leicht, den Kaiser für eine *getrennte Synode* zu gewinnen, auf der man den Episkopat manipulieren konnte, und zwar plötzlich im Sinne des *hómoios katà pánta*. Tatsächlich lud Konstantius die westlichen Bischöfe nach *Ariminum*, die östlichen nach *Seleukia* (Isaurien) ein. Der Großteil der im Frühsommer 359 in Ariminum zusammengetretenen Versammlung lehnte jedoch die Annahme der verwaschenen kaiserlichen Vorlage ab und verurteilte sogar die führenden Arianer. Ihre Gesandtschaft wurde freilich beim Kaiser nicht vorgelassen, vielmehr zu Nike in Thrakien zur Annahme einer Formel genötigt, die den Sohn nur mehr als »dem Vater ähnlich gemäß der Schrift« kennzeichnete (Theodoret, KG II 21,3). Mit entsprechendem Druck nötigte der kaiserliche Gesandte die in Ariminum verbliebenen Synodalen ebenfalls zur Unterschrift unter dieses Glaubensdokument.

Auf der Versammlung von Seleukia hatten sich im Herbst des gleichen Jahres Vertreter aller drei arianischen Richtungen eingefunden. Obwohl die homoiusianische Gruppe überwog und ein Bekenntnis gemäß der Kirchweihsynode von 341 weithin Anerkennung gefunden hatte, erzwang der Herrscher unter Strafandrohung die Annahme der Formel von Nike, nicht zuletzt mit der Begründung, daß sie dem Ergebnis von Ariminum entspreche. So konnte Konstantius zu Beginn des Jahres 360 die religiöse Einheit ankündigen. Eine zur gleichen Zeit in Konstantinopel tagende Synode bestätigte dieses theologische Diktat und verbot für die Zukunft die Erstellung weiterer Formeln. Widerstrebende Bischöfe, darunter solche homoiusianischer Herkunft, wurden kurzweg abgesetzt; nur in Ägypten scheiterte man am entschiedenen Nein der Athanasianer. Hieronymus glossierte später die überraschende Wende zum Arianismus mit den Worten: »Der ganze Erdkreis seufzte auf und wunderte sich, arianisch zu sein« (adv. Lucif. 19). Tatsächlich beherrschten Arianer beim Tode des Konstantius (361) die meisten Kirchen.

e) Die Überwindung des Arianismus

Der Aufstieg antinizänischer Bischöfe sowie die Proklamation arianischer Formeln gelang unter der Gunst und dem Einsatz des Kaisers Konstantius. Als mit seinem Tod diese Stütze entfiel, brachen sofort wieder Risse in ihrem theologisch-kirchlichen Gefüge auf, gefördert von der christenfeindlichen Politik Kaiser Julians. Diese Situation nützten nun die Nizäner zur Sammlung ihrer Kräfte. Wohl noch im Jahre 360 hatte der aus dem Exil heimgekehrte Hilarius die gallischen Bischöfe zu einer *Synode in Paris* versammelt, auf der sie sich von ihrem früheren Verhalten distanzierten; damit verlor der Arianismus für den lateinischen Westen zusehends an Bedeutung. In Ägypten nahm der bei den Wüstenmönchen untergetauchte Athanasios wieder seinen Sitz ein (362) und betrieb von Alexandrien aus die Reorganisation seiner Kirche. Entschlossen zum Handeln, berief er noch im Sommer des gleichen Jahres eine Synode ägyptischer Bischöfe ein, zu der auch als Verbannter Euseb von Vercelli († 371) stieß.

Klärung verlangte zunächst das Verhalten gegenüber den arianischen Bischöfen. Aber schon das *Schisma in Antiochien* ließ sich mit Gesten der Versöhnlichkeit nicht entwirren. Nach der Verbannung des Eustathios im Jahre 330 hatte dort ein Teil der Gläubigen dem eingesetzten arianischen Bischof die Anerkennung verweigert und seine Ablehnung aufrechterhalten, als diese Mehrheit in Bischof Meletios 361 ein orthodoxes Oberhaupt erhielt. Die Gemeinde war also in drei Lager gespalten; einmal die Arianer um Bischof Euzoios, sodann die Gläubigen um Meletios, der wegen seiner nizänischen Gesinnung bald verbannt wurde, und die Altanhänger des Eustathios, die während der alexandrinischen Friedensinitiative in Paulinos († 388) einen Bischof erhalten hatten. Um die Anerkennung der beiden orthodoxen Gruppen kam es zu einem anhaltenden Zerwürfnis zwischen den Kirchen.

Die wachsende Neigung des Athanasios für die schroffen Eustathianer verschärfte den Konflikt, in dem auch Rom Partei für Paulinos ergriff, darob gerügt vom großen Basilius († 379), der, wie auch andere Orientalen, auf den durchaus nizänisch orientierten Meletios setzte. Eine Lösung bahnte sich erst an, als man pragmatisch vereinbarte, der zuerst mit dem Tod ausscheidende Bischof sollte keinen Nachfolger mehr erhalten.

Tatsächlich konnte die von Athanasios im Jahre 362 veranstaltete *Synode zu Alexandrien* das Schisma in Antiochien nicht lösen; das Lehrschreiben *(Tomus ad Antiochenos)* enthielt jedoch Grundsätze zur theologischen Sprachregelung, die das künftige Gespräch erleichterten. Mißverständnisse waren vor allem entstanden, weil der Begriff *hypóstasis* vielfach synonym mit *usía* gebraucht wurde, so daß man wechselseitig von einer der drei Hypostasen der Trinität sprach. Informiert über die terminologischen Unterschiede anerkannten die Verfasser des Tomus (5,39f) auch die andere Ausdrucksweise, insofern sie einschließt, »daß es eine heilige Dreifaltigkeit gibt sowie eine Gottheit und ein Prinzip; daß der Sohn dem Vater wesensgleich *(homoúsios)* ist, wie die Väter gesagt haben, und daß der Heilige Geist weder ein Geschöpf ist noch sonst etwas Fremdartiges, sondern durchaus dem Wesen des Vaters und des Sohnes gleich und nicht davon zu trennen.« Aus dem Text erhellt, daß die Redeweise von den drei Hypstasen, die durch die Arianer so sehr kompromittiert worden war, einer orthodoxen Auslegung fähig ist; das von Athanasios selbst lange Zeit nur zurückhaltend gebrauchte *homoúsios* geriet damit in den Horizont einer neuen Interpretation. Im übrigen machte die Synode von 362 deutlich, daß sich die trinitarische Diskussion bereits auf den Heiligen Geist ausgeweitet hatte und die christologische Frage in den Blick kam.

Mit dem Regierungswechsel von 364 machte sich erneut eine unterschiedliche Religionspolitik geltend. Während der Kaiser des Westens, Valentinian I., auf eine Einflußnahme verzichtete und so die Festigung des nizänischen Bekenntnisses ermöglichte, förderte sein Bruder Valens im Osten den Arianismus homoiischer Prägung. Diese Parteinahme führte zunächst zum Konflikt mit den Homoiusianern, die auf einer *Synode zu Lampsakos* im Herbst 364 nicht nur auf dem homoiúsios bestanden, sondern auch die Restituierung ihrer Bischöfe forderten. Als ihre Gesandten darüber dem Kaiser berichteten, schickte er sie kurzum ins Exil, da sie sich weigerten, die Gemeinschaft mit dem homoiisch gesinnten Bischof Eudokios von Konstantinopel († 370) aufzunehmen. Nun suchte die homoiusianische Gruppe Kontakt mit dem Westen und erlangte unter Anerkenntnis von Nizäa die Kirchengemeinschaft, ein Ausgleich, der sich schon lange angebahnt hatte, dessen Stabilisierung jedoch Eudokios verhinderte. Unter seinem Einfluß bedrängte Valens wiederum die Nizäner, die (365) ihre Bischofssitze räumen mußte, darunter zum fünftenmal Athanasios; als deshalb in Alexandrien Tumulte ausbrachen, steckte der Kaiser zurück, so daß der unerschrockene Anwalt von Nizäa bis zum Lebensende (373) seinen Bischofssitz behauptete. In Konstantinopel hingegen verschärfte der Kaiser seinen Druck, weil die Nizäner nach dem Tode des Eudokios einen eigenen Bischof erhoben und den Arianer Demophilos nicht anerkannten. Dies war der Auftakt zu regelrechten Verfolgungen, die über Syrien hinaus bald nach Ägypten übergriffen. Die Fruchtlosigkeit solchen Vorgehens erwies zuletzt aber nicht nur der Widerstand von Kirchenmännern vom Schlage eines Basilius von Cäsarea, der, angesehen selbst beim Kaiser, der arianischen Politik in Kappadokien Einhalt gebot, sondern vor allem eine überlegene Theologie, welche die über Jahrzehnte auseinanderstrebenden Gruppen zusammenführte. Zwar gelang es Basilius nicht, die zerrissene Gemeinde Antiochiens unter Meletios zu einen – dabei fielen harte Worte über Papst *Damasus* (366–384) in Rom –, aber sein Beitrag zur trinitarischen Sprachregelung *»mía usía – treîs hypostáseis«* bahnte im Verein mit Gregor von Nyssa († 394) und Gregor von Nazianz († um 390) den vorläufigen Abschluß der hartnäckigen Diskussion über das Symbol von Nizäa an. Die Rede von dem einen göttlichen Sein in drei Verwirklichungen unterschied Vater, Sohn und Geist nicht nach ihren Wirkungen, sondern nach ihren Eigentümlichkeiten bzw. Merkmalen, wobei das »Ungezeugtsein« *(agennēsía)* dem Vater, die »Erzeugung« *(gennēsis)* dem Sohn und das »Ausgehen« *(ekpóreusis)* dem Geist zukam. Ob bei dieser Neuinterpretation des christlichen Gottesglaubens ein Wandel in dem Sinne vorliegt, daß Nizäa mit dem Begriff *homoúsios* die Wesenseinheit, hingegen die sogenannten Jungnizäner damit die Wesensgleichheit ausdrückten, diese Frage wird in der dogmengeschichtlichen Forschung bis heute diskutiert. Ohne Zweifel haben die Kappadokier im Gefolge der origeneischen Überlieferung des ganzen Orients den Unterschied zwischen den göttlichen »Personen« stärker als Athanasios hervorgekehrt, und zwar aus Sorge um ein sabellianisches Mißverständnis des Deutewortes von Nizäa. Dennoch pochten sie auf die Einzigkeit des göttlichen Wesens und ebneten so unter Einbeziehung des Heiligen Geistes den Weg für ein ökumenisches Bekenntnis.

§ 19
Das Vordringen der christologischen Diskussion

Die Antwort der großkirchlichen Theologie auf die arianische Herausforderung mündete in das *Dogma der Trinität*, das die Wesensgleichheit Christi und des Geistes mit dem Vater formulierte. Angesichts des Glaubens an die Menschwerdung verschärfte die Zuweisung des Logos in den Bereich des Göttlichen die Frage nach seiner gottmenschlichen Wirklichkeit, die in der voraufgehenden Verkündigung entweder mit biblischen Aussagen angedeutet oder auch schon in philosophischen Kategorien erklärt worden war. Dabei stand freilich das heilsökonomische Interesse im Vordergrund, während nun das eigentümliche Wesen der Christusgestalt immer mehr in den Blickpunkt rückte. Dieses innertheologische Anliegen einer Klärung der Christuswirklichkeit erfuhr ohne Zweifel auch Anstöße von außen, sei es von arianischer Seite oder von Umweltvorstellungen eines *theîos anḗr*.

a) Das Christusbild der Arianer

Die arianische Tendenz, den Logos als Geschöpf des Vaters auszuweisen, fand nicht nur in jenen Bibelstellen eine Stütze, die unmittelbar eine Unterordnung rechtfertigten, sondern auch in den Aussagen über Jesus von Nazaret, die von seiner geistigen Entwicklung und seelischen Bewegtheit sprechen. Angesichts einer ungeklärten Christologie schienen gerade diese Zeugnisse zu bestätigen, daß der Logos trotz seiner Hoheit nicht auf der Ebene des Vaters steht. Die Menschwerdung betrachtete man dabei als Annahme des Fleisches durch den Logos, d. h., er ging in ein *sõma ápsychon* ein und übernahm die Funktion der Seele. In der Sprache der Schule wird dies als Christologie vom Typ Logos-Sarx bezeichnet. Als Raster für diesen Entwurf diente offensichtlich die zeitgenössische Anthropologie, nach deren Einheitsvorstellung von Seele und Leib die Inkarnation gedeutet wurde. Unschwer ließen sich so die menschlichen Züge, also die Niedrigkeitsaussagen der Schrift, dem Logos selbst anlasten, gleichsam zum Erweis seiner Geschöpflichkeit. Die so verstandene Lehre von der Menschwerdung, die eine Wandelbarkeit des Logos – Eudokios sprach von einem »wandelbaren Christus« – voraussetzt, führte zwangsläufig zu jenen trinitarischen Folgerungen, um die so heftige Diskussionen entbrannten. Ausdrücklich sei freilich vermerkt, daß von den Vertretern der Orthodoxie die Mängel des arianischen Christusbildes nur vereinzelt gerügt wurden und selbst ein Athanasios das Problem der menschlichen Seele Christi lange Zeit überging.

b) Apollinarios und sein christologischer Entwurf nach Menschenart

Ins Bewußtsein hob diese Frage um die Mitte des 4. Jahrhunderts Apollinarios der Jüngere († um 390), Anhänger der streng nizänischen Gemeinde von Antiochien und etwa seit 360 Bischof im syrischen Laodicea. Zusammen mit Athanasios bekämpfte er den Arianismus aller Schattierungen, blieb aber in der Christusfrage dessen Logos-Sarx-Schema verhaftet. Um die Einheit der Christusgestalt sicherzustellen, die in den Entwürfen von der Begnadung des Menschen Jesus immer gefährdet schien, pochte er auf eine möglichst enge Verbindung von Logos und Sarx, und zwar nach dem zeitgenössischen anthropologischen Modell. Gemäß dem Prinzip, wonach zwei vollkommene Wesen nicht eins werden können, verstümmelte er die Menschheit, insofern er an die Stelle des geistigen Seelenteils den Logos setzte. Inkarnation besagt nach dieser Lehre, daß »sich der Logos mit einer menschlichen Fleischesnatur zu einer Wesenseinheit verbindet und durch diese Vereinigung ein Menschenwesen, d. h. ein Geist-Leib-Wesen, konstituiert« (vgl. Gregor v. Naz., or. 25,16). Die Gestalt Christi besteht danach aus einem menschlichen Leib und einer Seele, deren geistiger Teil *(nûs)* vom Logos eingenommen wird, so daß eine seinshafte Einheit unter göttlicher Dominanz zustande kommt. Die Rede des Apollinarios von der *einen Natur* gründet in dieser vom Logos getragenen Seins- und Wirkeinheit, die das Heil des Menschen verbürgt. Es scheint, daß der Laodicener erstmals den Begriff *hypóstasis* aufgriff, um die Personeinheit in Jesus Christus damit auszudrücken, allerdings im Sinne eines naturhaften Lebensprinzips und noch nicht als Träger von *Naturen.*

Die Formel von der *einen fleischgewordenen Natur des* (inkarnierten) *Logos* (Apollinarios, ep. ad Dionys. A) hat unter dem Namen des Athanasios eine große Wirkung auf die alexandrinische Theologie ausgeübt, obwohl Apollinarios seit 377 mehreren kirchlichen Verurteilungen verfallen war. Umstritten ist freilich bis heute, ob für den Laodicener ein Erlösungsverständnis maßgebend war, das in einem geradezu physischen Vorgang der Vergottung gründet, oder ob im Anschluß an antike Traditionen seine Auffassung vom Logos als *fleischgewordenem Nus* der Gotteserkenntnis Heilsbedeutung zumißt.

§ 20
Kirchliche Schriftsteller und theologische Literatur

Die öffentliche Anerkennung des Christentums und die heftige Diskussion um den Arianismus führten im Laufe des 4. Jahrhunderts zu einer *Blüte christlicher Literatur.* Vertraut mit dem Rüstzeug antiker Rhetorik, betrachteten sich ihre Verfasser als Anwälte der Kirche, und dementsprechend beherrschten jene Themen das Feld, welche die Gläubigen bedrängten. Neben Polemik nach außen und gegenüber Irrgläubigen gewann vor allem der theologische Traktat an Bedeutung; die Auslegung der Schrift, vielfach in Form von Homilien, wahrte ihren zentralen Platz, zumal sie eng mit der Liturgie verbunden blieb. Diese weitgehende Verankerung der Literatur im Leben der christlichen Gemeinde machte sie zur Stimme für das Glaubensbewußtsein, das zusehends als Überlieferung in der theologischen Diskussion autoritatives Ansehen gewann. Die Glaubenssymbole, hervorgegangen aus formelhaften Bekenntnissen der Urgemeinde (vgl. Apg 8,37; Röm 1,3f; 1 Kor 8,6) und entfaltet in den dreigliedrigen Fragen der Taufliturgie (vgl. Mt 28,19), galten in den einzelnen Ortskirchen zunächst als Norm. Wie das altrömische Taufsymbol, erst gegen Ende des 4. Jahrhunderts als Symbolum Apostolorum bezeichnet, so haben auch die östlichen Taufbekenntnisse im Gefolge der Auseinandersetzung mit der Häresie Zusätze erhalten, in denen der trinitarisch und christologisch entfaltete Glaube seinen Ausdruck fand. Im Zusammenhang mit der einsetzenden Praxis, gegenüber der Häresie Glaubensinhalte als Dogma zu formulieren, erlangte der Beweis aus den

Vätern neben dem grundlegenden Schriftzeugnis geradezu begründende Argumentationskraft. So schwierig für die ökumenischen Konzilien die Scheidung von kirchlicher und häretischer Überlieferung auch war, die Werke der Kirchenväter bekamen dadurch über ihren literarischen Charakter hinaus eine Zeugnisqualität, die nicht zuletzt in der Sammlung theologisch relevanter Auszüge ihren Niederschlag fand.

a) Das Schrifttum der Konstantinischen Zeit

Für das Christentum eröffnete die *Konstantinische Religionspolitik* neue Möglichkeiten literarischer Tätigkeit, vor allem im Umfeld der theologischen Schulen. An der Origenes-Gründung in Cäsarea mit einer berühmten Bibliothek hatte Eusebios († 339) seine Ausbildung empfangen und unter Verwertung der dortigen Quellen eine *Chronik* sowie eine *Kirchengeschichte* verfaßt mit dem apologetischen Ziel, die Wahrheit des Christentums zu erweisen. Sein heilsgeschichtlicher Entwurf, nach dem Tode des Licinius (324) letztmals ergänzt, zeichnet den Weg der Kirche durch alle Bedrängnisse hin bis zur gottgefügten Befreiung unter Konstantin, den er in einer panegyrischen Vita als »Freund des allmächtigen Gottes« vorstellte. Obwohl Euseb auch apologetische und biblische Werke schrieb, gilt er als Vater der Kirchengeschichtsschreibung. Wichtige Fortsetzungen seines Geschichtswerkes, das von Rufin von Aquileja († 410) übersetzt und erweitert worden ist, stammen von Sokrates († nach 439), Sozomenos († nach 450) und Theodoret von Kyros († um 466).

Die Übergangssituation von der Verfolgung zur kirchlichen Freiheit spiegeln mehrere Werke der Konstantinischen Zeit. Auf dem Wege zum Christentum befand sich offenbar Arnobius von Sicca († um 327), der in seinen Büchern *Gegen die Heiden* nur eine oberflächliche Kenntnis der biblischen Offenbarung an den Tag legte. Als sein Schüler gilt Laktanz († nach 325), der von Kaiser Diokletian als gefeierter Rhetor an den Hof nach Nikomedien berufen worden war, dort aber als Christ auf sein Lehramt verzichtete, bis ihn Konstantin als Erzieher seines Sohnes Crispus nach Trier holte. Aus seinen *Unterweisungen über das Göttliche,* einer Art Handbuch christlicher Weltanschauung, und der Schrift *Vom Zorne Gottes* spricht allerdings kein geläutertes Christentum; geradezu mit hämischer Leidenschaft berichtet er *Über die Todesarten der Verfolger.* Die apokalyptische Sicht der Verfolgungen – Victorin von Pettau († 304) verfaßte den ersten *Kommentar zur Apokalypse* – wich einem triumphalistischen Geschichtsverständnis, das sich nicht zuletzt in zunehmender Polemik gegen die Heiden äußerte.

b) Theologen im Widerstreit um Nizäa

Der Entscheid von Nizäa vermochte den arianischen Strömungen nicht Einhalt zu gebieten; ihre Vertreter entfalteten auch nach dem Konzil eine rege literarische Aktivität, die sich sogar in einer lebhaften Korrespondenz, z. B. des Hofbischofs Euseb von Nikomedien († 341/42), niederschlug. Unter den Verteidigern des nizänischen Glaubens ragt vor allem Athanasios († 373) heraus, der sich über Jahrzehnte hinweg mit Nachdruck für die Orthodoxie einsetzte. Mit seinem wohl frühen Doppelwerk *Gegen die Heiden* und *Über die Fleischwerdung des Wortes* bewegte er sich noch allgemein auf dem apologetisch werbenden Feld der Übergangszeit, um schließlich gezielt den Kampf gegen den Arianismus aufzunehmen. Seinen theologischen Standort beschrieb er vor allem in den *Drei Reden gegen die Arianer,* in denen er die Lehre des Nizänums von der Ewigkeit und Wesenseinheit des Sohnes mit dem Vater darlegte, zudem von Arianern beanspruchte Schriftworte wie Spr 8,22 deutete. In zahlreichen weiteren Schriften ging er auf Einzelprobleme der theologischen Auseinandersetzung ein; er verteidigte sein unnachgiebiges Verhalten vor dem Kaiser und der Öffentlichkeit, verweigerte sich aber, wie z. B. im *Tomus ad Antiochenos* vom Jahre 362, nicht der begrifflichen Erklärung. Im *Brief an Epiktet,* den Bischof von Korinth, griff er zukunftsweisend die christologische Frage auf, wie das Geistproblem in den *Briefen an Bischof Serapion.* Während von seinen exegetischen Werken der Nachwelt nur wenig erhalten blieb, trug Athanasios mit seinem *Leben des heiligen Antonios* nachhaltig zur Verbreitung der mönchischen Lebensweise bei.

Im lateinischen Westen setzte sich Hilarius von Poitiers († 367) unentwegt für den nizänischen Glauben ein. Nach Phrygien verbannt, nahm er Kontakt mit Arianern auf und bereitete den Weg zur Glaubenseinheit, nicht zuletzt in Erkenntnis der Grenzen theologischer Formeln. Sein Werk *Über die Dreifaltigkeit* bietet unter Berücksichtigung der griechischen Ansätze eine Darstellung der Gleichwesentlichkeit von Vater und Sohn. Von den Auseinandersetzungen berichtet im übrigen *Das historische Werk gegen Valens und Ursacius,* das auch die nachgiebigen Briefe des Papstes Liberius aus dem Exil enthält. In der Überzeugung, daß der Glaube einer anspruchsvollen Ausdrucksform bedarf, legte er die Bibel aus, wie er auch Hymnen auf christliche Heilsgeheimnisse verfaßte. Martin von Tours († 397) suchte immer wieder die Nähe dieses ökumenischen Kirchenmannes, der sich zugleich als Förderer des Mönchtums in Gallien erwies.

c) Die Kappadokier

Die Führungsrolle in den theologischen Auseinandersetzungen dieses Jahrhunderts lag jedoch im Osten. Aus der kleinasiatischen Landschaft Kappadokien, wohin schon frühzeitig das Evangelium gelangt und von Blutzeugen bekannt worden war, stammen die beiden Brüder Basilius von Cäsarea († 379) und Gregor von Nyssa († 394) sowie Gregor von Nazianz († um 390). Für ihren Werdegang ist die Herkunft aus christlichen Familien prägend, ebenso aber eine Ausbildung an den großen Schulen mit dem Kontakt zu heidnischen Lehrern. Die Hinwendung zum Kirchendienst zog die Kappadokier in den Strudel der arianischen Wirren, die sich durch kaiserliche Parteinahme verschärft hatten.

Basilius suchte als Bischof von Cäsarea dem nizänischen Bekenntnis zum Durchbruch zu verhelfen und bemühte sich um Hilfe des westlichen Episkopats: »Lasset den Glauben nicht auslöschen bei denen, bei welchen er zuerst geleuchtet hat« (Brief 92,3). Im Grunde auf Ausgleich bedacht, machte er keine Abstriche in der kirchlichen Lehre. Nachdrücklich betonte er in dem Werk *Gegen Eunomios* das Ungezeugtsein als Wesensmerkmal des Vaters, während das Gezeugtsein dem Sohne eigne, der freilich als Gott ungeworden ist. Mit einer gewissen Zurückhaltung hat er in seinem Buch *Über den Heiligen Geist* die Gottheit der dritten göttlichen Person behandelt, wohl aus Rücksicht auf die anhebende Diskussion; seine Doxologien weisen im übrigen auf einen Ausgang des Geistes »aus dem Vater durch den Sohn«. Wegen dieser Frage kam es letztlich auch zum Bruch mit Eustathios von Sebaste, der das Mönchtum in Kleinasien eingeführt hatte. Von der geistigen Weite des Basilius zeugen die Homilien *Über das Hexaëmeron* nicht weniger als die *Mahnworte an die Jugend über den nützlichen Gebrauch der heidnischen Literatur* oder seine *Briefe*. Ein Zug zum praktischen Christentum äußert sich in seinen wegweisenden *Mönchsregeln*, in der Gestaltung des Gottesdienstes *(Basiliusliturgie)*, aber auch im Bau karitativer Einrichtungen.

Gregor von Nazianz, eher widerwillig ins große Kirchengeschehen hineingeraten, hat sich durch seine *Reden*, unter denen die fünf theologischen über die Einheit und Dreiheit Gottes herausragen, als »christlicher« Demosthenes einen Namen gemacht. Deutlich sprach er den Heiligen Geist als Gott an, und im Bewußtsein der Grenzen theologischer Aussagemöglichkeit hatte er dem Trinitätsglauben den Weg geebnet mit seiner griffigen Formel: »... der Vater (ist) der Anfangslose, der Sohn ist der ohne Anfang Gezeugte, der Heilige Geist ist der ohne Zeugung Hervorgegangene oder Hervorgehende« (orat. 30,19). Von der Höhe des Gottesglaubens und auch der Christologie – seine beiden *Briefe an Kledonios* wurden sogar vom Konzil von Chalkedon übernommen – fällt die unverkennbare Neigung zu subjektiver Weltsicht ab, die in seinen Briefen und Gedichten ihren Niederschlag fand, vor allem in dem autobiographischen Poem *Über sein Leben*.

Familiäre Gebundenheit und kirchenpolitische Händel kennzeichneten auch das Leben des Gregor von Nyssa. Von seinem Bruder Basilius zum Bischof dieser Stadt bestellt, zeigte er sich den organisatorischen Aufgaben nicht gewachsen. Umso höher ist sein Eingreifen in die theologischen Kontroversen der Zeit zu bewerten. Vier Traktate *Gegen Eunomios* weisen dessen intellektualistischen Arianismus zurück und rechtfertigen das nizänische *homoúsios;* in gleicher Weise trat er auch Apollinarios sowie den Geistbekämpfern entgegen. Im übrigen stellte für ihn die Gotteserkenntnis einen anhaltenden Aufstieg zur Schau Gottes dar, wobei Elemente einer negativen Theologie und damit das Bewußtsein seiner Unbegreiflichkeit zum Tragen kamen. Mehrere Schriften, so das *Leben des Moses, Über die Titel der Psalmen,* oder die Homilien *Über das Hohelied* beschreiben den Weg der mystischen Askese, und zwar unter dem Einfluß des Origenes, von dessen Werken er schon früh Auszüge zusammen mit Basilius zur *Philokalie* gestaltet hatte. Ihm blieb er auch in der Endzeitperspektive von der »Wiederherstellung aller Dinge« verpflichtet, und er bestätigte gerade dadurch den je individuellen Charakter der drei Kappadokier.

d) Bischöfe und Theologen im Dienst der Erneuerung

Der Abschluß der trinitarischen Diskussion schuf gegen Ende des 4. Jahrhunderts eine *Norm des Glaubens,* deren Anerkenntnis für eine geraume Zeit die kirchliche Konsolidierung förderte. Tatsächlich waren durch die arianischen Wirren zahlreiche Gemeinden verunsichert, so daß ihre Erneuerung dringlich geboten schien.

Ambrosius von Mailand († 397), als Statthalter im Jahre 374 von Katholiken und Arianern zum Bischof gewählt, stellte sich ohne theologische Vorbildung dieser Aufgabe. Durchaus bemüht, die Häresie zurückzudrängen, kreisten seine Homilien und Traktate vorwiegend um biblische und innerkirchliche Themen, wobei er sich das Rüstzeug von Philon ebenso holte wie von Origenes. Sein pastorales Wirken zielte auf Belebung der Kirche, wie uns seine Sorge um den Gottesdienst, seine Schriften *Über die Geheimnisse* oder die nach Ciceros Vorbild gestalteten Bücher *Von den Pflichten der Kirchendiener* bestätigen. Mit Nachdruck intervenierte er am Herrscherhof für die Rechte der Kirche, deutete aber auch in vielen Bildern ihr Mysterium an, wobei erstmals Maria als Typus aufleuchtet. Er rühmte das Ideal der Jungfräulichkeit ebenso wie die Schöpfung in seinem *Hexaëmeron.* Auf ausdrückliche Bitte verfaßte er die Bücher *Über den Glauben an Kaiser Gratian* und *Über den Heiligen Geist,* zögerte jedoch nicht, die Repräsentanten des Staates in die Schranken zu weisen. Das selbstbewußte Auftreten des Bischofs von Mailand ist freilich nur Ausdruck seiner Verantwortung für die Kirche insgesamt.

Obwohl Ambrosius betont abendländisches Kirchenbewußtsein verkörpert, übte die östliche Theologie auf ihn starken Einfluß aus. Als Vermittler wirkten in der aufbrechenden Kluft einmal Rufin von Aquileja, welcher mit seinen Übersetzungen vor allem die Kenntnis des Origenes dem lateinischen Westen vermittelte, sodann Hieronymus († 419/20) durch seine Arbeiten an der Bibel. Schon während seines römischen Aufenthaltes beauftragte ihn Papst Damasus mit einer Überarbeitung der bislang im Umlauf befindlichen lateinischen Bibeltexte *(Vetus Latina).* Es entstand zunächst eine Revision der Evangelien und sodann, wohl von anderer Hand, der übrigen Schriften des Neuen Testaments. Nach seinem Wechsel in den Orient führte Hieronymus in Betlehem die Arbeit an den alttestamentlichen Büchern weiter, um schließlich eine völlig neue Übersetzung aus dem hebräischen bzw. aramäischen Text zu schaffen, die sich allmählich als allgemein anerkannte Bibel *(Vulgata)* im Westen durchsetzte. Seine ursprüngliche Begeisterung für Origenes, von dem er mehrere Schriften übertragen hatte, schlug unter dem Einfluß des traditionalistischen Epiphanios von Salamis († 403) in Kritik um, die schließlich in ein Zerwürfnis mit Rufin mündete. Streitschriften dieser Zeit beleuchten den erregbaren Charakter des Hieronymus. Trotzdem erschöpfte er sich nicht in beißender Polemik, sondern schuf noch Erklärungen zur Heiligen Schrift und verteidigte kirchliche Lebensformen, so die Jungfräulichkeit *Gegen Jovinian;* von geschichtlichem Interesse ist sein *Schriftstellerkatalog,* eine Art altchristlicher Literaturgeschichte.

Von innerkirchlichen Aufgaben war auch die Predigttätigkeit des Johannes

Chrysostomos († 407) gekennzeichnet. In seiner Geburtsstadt Antiochien durch den Rhetor Libanios in die antike Bildung eingeführt, eignete er sich bei dem vielseitigen Diodor von Tarsus († vor 394) den Umgang mit der Schrift nach dem Wortsinn an. Zahlreiche *Homilien* zu biblischen Büchern, weithin eingebunden in die Liturgie, bieten Einblick in das Glaubensbewußtsein seiner Zeit, vornehmlich in seiner Auswirkung auf das christliche Leben. Im Zuge seiner Auslegungen kam er immer wieder auf die Probleme seiner Zeit zu sprechen, um sie vom Worte Gottes, nicht zuletzt vom Zeichen des Kreuzes her zu beleuchten. Selten griff er in eine theologische Kontroverse ein; nur seine Reden *Über die Unbegreiflichkeit Gottes* richtete er gegen den Rationalismus der strengen Arianer. Konkrete Anlässe wie Märtyrerfeste oder Ereignisse in seinem Umfeld boten ihm Anlaß, seine Stimme zu erheben, so etwa in den sogenannten *Säulenreden* anläßlich eines Aufruhrs in Antiochien. Mit seinen Ansprachen *Gegen die Juden* polemisierte er gegen jüdische Lebensformen unter den Christen; er äußerte sich *Über Hoffart und Kindererziehung* ebenso wie *Über das Priestertum*, wobei er die Aufgabe des Christen in der Welt nicht aus den Augen verlor. Nach seiner Berufung zum Bischof von Konstantinopel gewann seine Predigttätigkeit stärkeren Widerhall; seine bischöfliche Verantwortung wuchs bis zur Mission bei Goten und Isauriern. Aber der Konflikt mit dem Hof, geschürt durch die Rivalität Theophils von Alexandrien († 412), trieb den aufrechten Kirchenmann schließlich in die Verbannung. Weder briefliche Kontakte mit seinen Anhängern noch Interventionen des Papstes *Innozenz I.* (402–417) vermochten die Chrysostomos-Tragödie abzuwenden.

§ 21
Heidnische Opposition und staatliche Religionspolitik

Die Anerkenntnis des Christentums als *religio licita* unter Kaiser Konstantin löschte die heidnischen Kulte keineswegs aus, obwohl die staatliche Religionspolitik zusehends auf eine Bevorzugung der Gläubigen hinauslief. Der Gesetzgebung zugunsten der Christen folgten alsbald Maßnahmen gegen das Heidentum, die den Eindruck religiöser Neutralität, wie sie in der Rede von der »höchsten Gottheit« zum Ausdruck kam, mehr und mehr verwischten. Betroffen reagierten die Anhänger der alten Kulte, die sich nicht nur in heidnischen Priesterkollegien und aristokratischen Kreisen fanden; in privaten Kultübungen, in Zauberei und Wahrsagerei lebte das Heidentum noch lange weiter, auch wenn sich die großen Tempel leerten. Erst unter den Söhnen Konstantins erging im Jahre 341 ein Verbot heidnischer Opfer (Cod. Theod. XVI 10,2; vgl. 10,6), und später wurde rundweg die Schließung der Tempel verordnet. Fanatische Christen zerstörten eigenhändig heidnische Kultstätten; die Intoleranz, welche die Gläubigen selbst über Jahrhunderte erlebten, richtete sich nun immer stärker gegen die Anhänger der alten Religion.

a) Selbstbehauptung heidnischer Kreise

Schon die Verlegung der kaiserlichen Residenz nach Byzantion (Konstantinopel), wo man gezielt auf ein christliches Erscheinungsbild der Stadt bedacht war, öffnete heidnischen Kreisen im alten Rom Bewegungsfreiheit. Die Errichtung eines Triumphbogens für Kaiser Konstantin im Jahre 315 hatte in Bildprogramm und Inschrift die traditionelle Einschätzung des Sieges an der Milvischen Brücke durch den Senat veranschaulicht. Gerade in senatorischen Kreisen und in der Beamtenschaft behauptete sich der religiöse Konservatismus, dem der zum Christentum neigende Herrscher als *Pontifex maximus* durch Unterstützung der Kulte nach wie vor verpflichtet war. Eine liberale Handhabung der Gesetze ermöglichte es zudem der hohen Verwaltung, den Spielraum für die Götter-Religion zu sichern. Im Rahmen des überkommenen Systems verschärfte sich der christlich-heidnische Gegensatz, und nicht nur einmal wurden politische Ambitionen als Erneuerung der alten Kulte ausgegeben, so zum Beispiel unter dem Usurpator Magnentius († 353). Als Kaiser Konstantius im Jahre 356 Rom besuchte, ließ er zwar den Victoria-Altar aus der Kurie räumen, erlag aber trotzdem der Faszination der nationalen Kulte, und er trug mit Gunsterweisen zu ihrer Erneuerung bei; gegenteilige Erlasse aus früherer Zeit wurden von ihm nicht mehr eingefordert. Die heidnische Welt fand danach ihren Rückhalt in Vitrasius Orfitus, dem römischen Stadtpräfekten dieser Jahre, der als Angehöriger mehrerer Priesterkollegien noch 357 einen Apollontempel in der alten Hauptstadt einweihte.

b) Heidnische Restauration unter Kaiser Julian

Eine regelrechte Bevorzugung des Heidentums setzte mit dem Regierungsantritt Julians im Jahre 361 ein. Der christlich erzogene Neffe Konstantins, bei der Ermordung seines Vaters (337) noch davongekommen, hatte sich unter dem Einfluß zeitgenössischer Philosophen wieder dem Kult der Götter zugewandt. Als Konstantius vor einem drohenden Waffengang mit seinem Vetter 361 starb, trat der letzte Erbe aus dem konstantinischen Kaiserhaus die Herrschaft an, die eine gezielte, wenn auch kurze heidnische Restauration einleitete. Erfüllt von asketischer Strenge säuberte er den Hofstaat. Durch die Rücknahme jeglicher Diskriminierung sorgte er für Gleichbehandlung aller Christen und Heiden. In einer Reihe von Schriften kündigte sich sein neuplatonisch-religiös gefärbtes Regierungsprogramm an, das in Anlehnung an kirchliche Organisationsformen auf eine Reform des Heidentums als Staatskult hinauslief.

Überzeugt von der Schuld des Christentums am Niedergang des Reichs, setzte er die Gläubigen der Konkurrenz eines universalen Synkretismus aus; der Wiederaufbau des Tempels in Jerusalem entsprach dieser Absicht. In seinem Buch *Gegen die Galiläer* nahm er den Vorwurf des Abfalls vom jüdischen Glauben auf, und er bereicherte die herkömmliche Polemik mit eigenen Erfahrungen. Eine entscheidende Entwicklung, nämlich die Begegnung des Evangeliums mit der Philosophie, suchte der Kaiser mit dem Schulgesetz vom Jahre 362

(Cod. Theod. XIII 3,5) zurückzudrehen, indem er die Bestellung zum Lehrer von der Bejahung der hellenistischen Religion abhängig machte. Mit dieser Maßnahme, die das Schulwesen am Bekenntnis der Götter ausrichtete, sollte das Christentum von der klassischen Paideia grundsätzlich ausgeschlossen und von der Warte der Vernunft aus disqualifiziert werden. Tatsächlich hatte die Kirche auf den Ausbau eines Schulwesens in Grammatik und Rhetorik verzichtet. Christliche Lehrer konnten sich dem Konflikt zwischen Glaube und heidnischen Mythen entziehen, wenn sie auf formale Elemente oder allegorische Deutung abhoben, ein Weg, der ihnen nun verschlossen war. Der Philosoph Marius Victorinus († um 365) in Rom sowie der Rhetor Prohairesios († 367/68) in Athen verzichteten freiwillig auf ihr Lehramt. Den Versuchen des Presbyters Apollinarios und seines gleichnamigen Sohnes († um 390), biblische Texte zu einem Epos in Hexametern umzugießen, blieb Erfolg versagt, nicht zuletzt, weil der auch in heidnischer Öffentlichkeit umstrittene Kulturkampf Julians des Apostaten rasch mit seinem Tod (363) beim Perserfeldzug endete.

c) Der Streit um den Altar der Victoria

Das Scheitern der julianischen Religionspolitik hinderte nicht, daß sich die heidnische Opposition nach wie vor behauptete. Von Antiochien aus erhob der berühmte Sophist Libanios († 393) seine Stimme gegen die staatliche Enteignung oder das tumultuarische Niederreißen der Tempel, und der Rhetor Eunapios von Sardes († um 420) rühmte den Widerstand gegen die Christen, deren Wortführer sich in einen neuplatonisch gefärbten Mystizismus zurückgezogen hätten. Zu einer geradezu bewegenden Auseinandersetzung führte in Rom der Streit um den Altar der Victoria, den Kaiser Gratian als Hüter »der wahren Lehre« endgültig aus der Kurie am Forum Romanum entfernen ließ (380). Eine Abordnung unter dem Senator Symmachus († 402), die um Rücknahme dieser Verfügung bat, wurde am Hof zu Mailand nicht einmal vorgelassen; erst zwei Jahre später erhielt eine Gesandtschaft Zutritt beim jungen Herrscher Valentinian. In beschwörenden Worten trug der römische Anwalt des Heidentums sein Anliegen vor; erinnernd an den Kult der Göttin, dem Rom seine Macht verdanke, pochte er auf die alten Rechte und Privilegien, nicht ohne den religiösen Weg ins Universale zu weiten. »Warum ist es von Interesse, nach welcher Lehre jeder die Wahrheit sucht?«, fragte Symmachus. »Man kann nicht auf einem einzigen Weg zu einem so großen Geheimnis gelangen« (Symmachus, relatio III 10). Dem Eindruck dieser Worte vermochte sich der Beraterstab des Kaisers kaum zu entziehen; doch der Mailänder Bischof Ambrosius stemmte sich im Namen des wahren Gottes gegen jegliche Nachgiebigkeit, und er verhinderte so eine nationalrömisch gefärbte Restauration der alten Kulte.

d) Das Christentum als Staatsreligion

Trotz Schwankens der kaiserlichen Religionspolitik führte der Weg des Christentums im Laufe des 4. Jahrhunderts von der Gleichberechtigung in die Rolle der *Staatsreligion*. Die Begünstigung arianischer Gruppen durch Herrscher wie Konstantius oder Valens hatte zwar längst die Fragwürdigkeit politischen Schutzes ins Bewußtsein gehoben, aber gerade die Auseinandersetzung mit der heidnischen Opposition erfolgte zwangsläufig um die Rechte innerhalb der vorgegebenen Ordnung des Staates. Der öffentliche Charakter römischer Religion nötigte so den christlichen Gläubigen den Rahmen der Auseinandersetzung, aber auch der Integration in den antiken Staat auf. Als Kaiser Gratian im Jahre 379 Amt sowie Titel eines Pontifex maximus niederlegte, wurde der Öffentlichkeit die Abkehr der Herrscher von ihrer traditionellen Verantwortung für den Götterkult unübersehbar deutlich. Damit wurde freilich nicht der Weg religionspolitischer Neutralität beschritten; denn trotz der Vorstöße heidnischer Kreise bahnte sich zusehends die volle Eingliederung des Christentums in den Staat an. Mit Datum vom 27. Februar 380 erließ Kaiser Theodosius I. von Thessalonike aus ein *Glaubensedikt* an die Bevölkerung Konstantinopels, das im Grunde aber auf alle Untertanen des Reiches zielte. Es hebt mit folgenden Worten an:

»Alle Völker (Cunctos populos), die das Leitmaß unserer Milde regiert, sollen nach unserem Willen in der Religion verharren, die der göttliche Apostel Petrus, wie die von ihm verkündete Religion bis heute erklärt, den Römern überliefert hat. Ihr folgt offenkundig der Pontifex Damasus und Petros, der Bischof von Alexandrien, ein Mann apostolischer Heiligkeit; das heißt, daß wir nach apostolischer Ordnung und evangelischer Lehre an des Vaters, des Sohnes und des Heiligen Geistes eine Gottheit in gleicher Majestät und inniger Dreifaltigkeit glauben. Wir gebieten, daß alle, die diesem Gesetze folgen, den Namen der katholischen Christen behalten, die übrigen aber, welche nach unserem Urteil verrückt und wahnsinnig sind, die Ehrenrührigkeit häretischer Lehre auf sich laden und ihre Konventikel nicht den Namen von Kirchen erhalten; sie sollen zunächst durch göttliches Gericht, dann aber auch durch die Strafe unserer Willenskundgabe, die wir durch des Himmels Ermessen empfingen, belangt werden« (Cod. Theod. XVI 1,2).

Dieses Edikt des Theodosius schrieb den nizänischen Glauben als Gesetz vor; jedes Vergehen wider seine Heiligkeit sollte als Sakrileg geahndet werden. Schon bald bekamen Häretiker die Folgen solchen Vorgehens zu spüren. Die Tendenz zur universalen Gültigkeit führte ein Jahrzehnt später erneut zu Verboten heidnischer Opfer und des Tempelbesuches (ebd. XVI 10,10). Mit dem kurzen Aufstieg des Gegenkaisers Eugenius, der wieder auf die Kräfte des Heidentums setzte, trieb der Konflikt auf den Höhepunkt zu. Der Sieg des Theodosius am Frigidus (Wippach) im Herbst 394 sicherte diesem die Herrschaft, gleichzeitig leitete er die Auflösung der heidnischen Opposition ein.

Das *Religionsedikt vom Jahre 380* überführte das Christentum in den Rang einer *Staatsreligion*. Was unter Kaiser Konstantin mit der Anerkennung als »religio licita« begonnen und in zunehmender Verschränkung von Kirche und Staat ausgebaut worden war, hat der Gesetzesakt des Theodosius allgemein sanktioniert. Gleich den heidnischen Kulten rückte das Christentum, gewiß mit Vorbehalten, in die Rolle der staatstragenden Religion ein, und es entstand so nach überkommenem Vorbild jene Einheit von Kirche und Reich, die trotz aller Konflikte über Jahrhunderte Bestand hatte. Als Garant des politischen Erfolgs förderten die Herrscher nun das Christentum, welches sich umgekehrt dem Staat als stabilisierender Faktor anbot. Dabei beherrschte nicht nur Interessengemeinschaft das reichskirchliche Selbstbewußtsein, sondern das Prinzip der Wechselwirkung: »Sicheres Heil gibt es nur, wenn jeder den wahren Gott, das ist der Gott der Christen, von dem alles regiert wird, aufrichtig verehrt«, so verdichtete Ambrosius das heilsreligiöse Prinzip auf den biblischen Gott (Brief 72,1). Prachtvolle Basiliken entstanden als Stätten der Gottesverehrung, dem Klerus wurden Privilegien zuteil, kirchliche Beschlüsse vom staatlichen Recht sanktioniert und so der Öffentlichkeit die »christiana tempora« vor Augen geführt. Im Anschluß an humanisierende Strömungen der antiken Philosophie rief man nicht nur den einzelnen Menschen zur Verwirklichung des christlichen Ethos, sondern suchte auch Mißstände in der Gesellschaft abzustellen. Die karitative Tätigkeit, vielfach begleitet von Kritik am Reichtum, wurde zur festen Einrichtung; Gesetzesinitiativen milderten das Los der Sklaven, dem brutalen Gefängnisbetrieb gebot Kontrollmöglichkeit des Klerus Einhalt, und die Gladiatorenspiele mit ihren Grausamkeiten verloren an Anziehungskraft. Aus Loyalitätsgründen bevorzugte man im Heer immer stärker Christen, die vormals das Waffenhandwerk weitgehend aus humanen wie religiösen Gründen abgelehnt hatten. In die politische Verantwortung genommen, ließ sich das Reich freilich nicht mehr nach dem Modell des betenden Moses (Ex 17,10–12) verteidigen und regieren; den christlichen Repräsentanten staatlicher Macht nötigte vielmehr das Zeitgeschehen die Pflicht zum Handeln auf. Wenn auch mit schlechtem Gewissen, so duldeten bzw. befürworteten selbst Kirchenmänner Zwang und Intoleranz. Gegen die Hinrichtung Priszillians in Trier (385) machte sich kaum Widerstand geltend; die staatliche Gesetzgebung gegen Heiden und Häretiker wurde allseits begrüßt. Als christliche Extremisten die Synagoge von Kallinikum zerstörten und Kaiser Theodosius von der dortigen Gemeinde Wiedergutmachung forderte, verweigerte ihm selbst Ambrosius die Teilnahme am Gottesdienst. Solche Intoleranz, die auf ausschließliche Förderung des Christentums hinauslief, hinderte aber keineswegs die Kritik am Herrscher, den der Bischof öffentlich zur Buße rief, als er wegen der Ermordung eines Offiziers in Thessalonike die Zuschauer im dortigen Theater liquidieren ließ. Die Begegnung von Kirche und römischem Staat, die im Laufe des 4. Jahrhunderts nicht nur einmal den Einspruch aus dem Glauben erfahren hat, widerstrebte einer Lösung nach dem Leitbild heidnischer Antike.

Mit der Religionspolitik des Kaisers Theodosius erreichte die Integration des Christentums in das Römische Reich einen *Höhepunkt*. Gleichzeitig schärfte sich das Bewußtsein für die Fragwürdigkeit der Zuordnung von Kirche und Staat, und zwar aus dem Vorbehalt des Glaubens. Im übrigen vermochten Anwälte des Heidentums nach wie vor ihre Stimme zu erheben, und zwar nicht bloß der berühmte Rhetor Libanios mit seiner Verteidigung *Pro templis*. Wenn freilich in Alexandrien die erste lehrende Frau namens Hypatia († 415) von Christen gelyncht wurde, geschah dies aus einem erschreckenden Mißverständnis des Evangeliums. Freiräume für das alte Heidentum, etwa an der bis 529 fortbestehenden Schule zu Athen, fielen in einer weitgehend christianisierten Gesellschaft offenbar nicht mehr ins Gewicht, weil innerkirchliche Auseinandersetzungen und Bedrohung von außen die Gläubigen in Anspruch nahmen.

§ 22
Das Mönchtum und seine Erscheinungsformen

Der Anruf Jesu zur Nachfolge hat sich über die Berufung zum Dienst an seiner messianischen Sendung (Mk 1,16–20; Lk 9,59f) schon frühzeitig mit dem Motiv der Nachahmung (2 Thess 3,7; Hebr 13,7 u. ö.) verbunden und innerhalb der christlichen Gemeinden vielfältigen Ausdruck geschaffen. Bereits während des 3. Jahrhunderts machte sich aber ein isolierender Zug der Askese geltend, insofern einzelne Gläubige die Gemeinde verließen und allein den Weg der Nachfolge Christi gingen. Die Kennzeichnung eines solchen Asketen als *mónachos* hob freilich nicht bloß auf die Distanz zur Mitwelt ab, sondern rief auch die Einzigartigkeit seiner Lebensform in Erinnerung, zumal die sprachliche Nähe zu *monogenēs*, also zum Eingeborenen (vgl. Joh 1,14.18 u. ö.), unmittelbar eine Angleichung an Christus herstellte. Dieses Wortspiel, das vor allem im syrischen Begriff īḥīdāiā unüberhörbar war, weist deutlich auf die biblische Motivation in der Entstehung des Mönchtums, auch wenn asketische Leitbilder der Umwelt, z. B. der *theîos anēr*, oder gar Kulturpessimismus eine Einzelentscheidung mitgetragen haben. Angesichts dieses Befundes stellen Essener, Therapeuten oder die Diener des ägyptischen Gottes Sarapis (Katochoi) nicht Vorläufer des christlichen Mönchtums dar, sie bestätigen vielmehr die Faszination des asketischen Ideals in der Umwelt.

a) Das Anachoretentum

Mit dem Rückzug (Anachorese) einzelner Christen aus ihrem familiären und gemeindlichen Umfeld in die Einsamkeit, näherhin in die Wüste als Ort der Heilserfahrung, setzte die asketische Lebensform des Mönchtums ein. Der Drang zum Ausscheiden aus der allgemeinen Lebensgemeinschaft entsprang schwerlich der Flucht vor Verfolgung oder Steuerdruck, vielmehr bildete radikale Christusnachfolge das entscheidende Motiv. Die zeitlichen Umstände lassen es auch nicht zu, ihn kurzschlüssig als Protest gegen eine verweltlichte Kirche zu deuten. Einer späteren Mahnung des Johannes Cassian († um 435) zufolge, wonach der Mann vor allem die Frau und den Bischof fliehen müsse (inst. coen. XI 17), bot wohl die feste Gemeindeordnung für das asketische Ideal zu wenig Entfaltungsmöglichkeit. Zur Verwirklichung eines »engelgleichen« Lebens verließ man alles und verschärfte das gläubige Bewußtsein von der Fremdheit in der Welt durch örtliche Absonderung, wobei man freilich nicht immer der Gefahr asketischer Verstiegenheit entging.

In *Ägypten, dem Ursprungsland des Mönchtums,* tritt uns die Anachorese erstmals in der Gestalt des Paulos von Theben († um 341) entgegen, der sich angeblich während der Decischen Verfolgung in die Wüste zurückzog und dort 90 Jahre als Einsiedler verbrachte. Das Leben des Mönchsvaters Antonios des Großen († um 356) schilderte Bischof Athanasios in einer hagiographisch gestalteten Vita, die seinen Ruf als Nachfolger der Märtyrer in die Welt hinaustrug. Betroffen von dem Mahnwort Mt 19,21 hat danach Antonios die Einsamkeit aufgesucht. Sein Streben nach Vollkommenheit erscheint wie ein Kampf, veranschaulicht an dämonischen Anfechtungen. Als geistbegabter Asket verschloß er sich aber nicht völlig der Mitwelt. Während der Diokletianischen Verfolgung sprach er in Alexandrien den gefährdeten Christen Mut zu, und immer erteilte er hilfesuchenden Menschen einen Rat. Die *Sprüche der Väter* stellen eine regelrechte Sammlung solcher Weisungen dar, erwachsen aus geistlicher Erfahrung. Das Ansehen des Antonios, um den sich bald weitere Einsiedler scharten, trug entscheidend dazu bei, daß die grundsätzliche Lösung des Mönches von der Gemeinde letztlich der Auferbauung der Kirche diente.

b) Das Koinobitentum

Schon die Entstehung des *Anachoretenverbandes* kündigte eine neue Lebensform der Mönche an, die durch den ehemaligen Soldaten Pachomios († 346) verwirklicht wurde, indem er mehrere Asketen zu einer klösterlichen Gemeinschaft vereinigte und ihr eine Regel gab. Das *erste Kloster,* bewußt umfriedet von einer hohen Mauer, entstand zu *Tabennisi* (Oberägypten). In Kenntnis der hohen Anforderungen eremitischen Lebens setzte Pachomios auf die tragende Funktion einer Gemeinschaft *(koinós bíos),* die gleichzeitig dem Leitbild der Jerusalemer Urgemeinde entsprach. »Alle sollen dir eine Hilfe sein, du sollst allen nützen« (Pachomios, Katechesen CSCO 159/160,5), lautet ein Spruch aus seinen Katechesen. Mit seiner Regel, die alle Mönche in gleicher Weise band, legte Pachomios den Grund für das Koinobitentum, dessen Ordnung durch den anhaltenden Gehorsam gegenüber dem Mönchsvater gewährleistet war. Die Spiritualität schöpfte aus der Heiligen Schrift, der Besitz der »heiligen Gemeinschaft« galt als »Eigentum Christi«, so daß Auswüchse anachoretischer Lebensweise zurücktraten. In ihren einfachen Aussagen, die kaum den Geist alexandrinischer Vollkommenheitslehren verraten, wurde die Pachomios-Regel zum Richtmaß der koinobitischen Klöster. Das gemeinschaftliche Leben bot schließlich auch den Rahmen für die Gründung von Frauenklöstern, wobei über den Weg der Askese Frauen jene Anerkennung zuteil wurde, die man in den Gemeinden zurückgedrängt hatte.

Trotz Schwierigkeiten in Organisation und Disziplin, etwa hinsichtlich der Armut, konnte sich das Mönchtum Ägyptens rasch verbreiten. Zugleich festigte es seinen Platz in der Kirche, und zwar durch die Milde eines Abtes Horsiesi (um 390) ebenso wie durch den rauhbeinigen Vorsteher des *Weißen Klosters* Schenute († um 451), der als Begleiter Kyrills auf dem Konzil von Ephesos kompromißlos gegen Nestorios wetterte. Der Ruhm mönchischer Lebensform zog bald Besucher an, die ihre Eindrücke in hagiographische Werke umsetzten; auf diese Weise entstanden die *Historia Monachorum* sowie die knappen Biographien der *Historia Lausiaca*. Schüler der großen Mönchsväter verpflanzten das monastische Ideal nach Palästina, Syrien und Kleinasien, wobei asketische Traditionen in den jeweiligen Religionen die Einwurzelung begünstigten, gelegentlich aber auch zu Absonderlichkeiten steigerten wie im Stylitentum.

Radikale Forderungen bis zum Verzicht auf körperliche Hygiene führten in Kleinasien bei den Anhängern des Eustathios von Sebaste († nach 377) fast zur Abkoppelung von der Kirche, so daß Synoden von Gangra und Neocäsarea um 340 ihre Übersteigerungen zurückwiesen. Abhold jeder Engführung propagierte dann vor allem Basilius von Cäsarea († 379) Askese als Aufgabe der Gläubigen insgesamt, und er band so das Mönchtum in die Kirche ein. In seinem *Asketikon*, das Erfahrungen aus einem Besuch in Ägypten und Syrien verarbeitete, stellte er die Liebe zu Gott als entscheidendes Motiv asketischen Lebens heraus, das sich nicht in der Vereinzelung, sondern aufgrund der sozialen Anlage des Menschen am besten in der Gemeinschaft verwirklichen läßt. Eine ausgesprochene Anthropologie und eine umfassende Orientierung am Evangelium verliehen der »Regel« des Basilius (in ihrer überarbeiteten Form) breite Anerkennung im byzantinischen Reich. Seit überdies Pachomios die Klöster mit wehrhaften Mauern umringt hatte, ließen sich solche Anlagen als ein Stück »Wüste« auch in der Stadt errichten, so daß sich ihre Ausstrahlung auf die Gesellschaft steigerte, aber auch die Gefahr kirchenpolitischen Mißbrauchs wuchs. Euagrios Pontikos († 399) entfaltete auf der Grundlage asketischen und mystischen Gedankenguts des Origenes eine Lehre der Frömmigkeit, dargeboten in Spruchweisheit, die über das theoretisch-kontemplative Anliegen hinaus auch das aktive Leben der Mönche beeinflußte. Das Leitbild vom *bíos angelikós* gewann so noch deutlichere Konturen.

Die Härte asketischer Praxis, nicht selten gekoppelt mit offener Bildungsfeindlichkeit, genoß in der Umwelt durchaus Ansehen. So fand etwa ein *Säulensteher* wie Symeon der Ältere († 459) starken Zulauf; aber auch dem Motiv der Heimatlosigkeit bei den Gyrovagen brachte man Verständnis entgegen, ganz abgesehen von der Bedeutung der schlaflosen Mönche *(Akoimeten)*, denen die immerwährende Feier der Liturgie diesen Namen eingetragen hatte. Es bereitet freilich immer Schwierigkeiten, Fehlentwicklungen unter dem Anspruch der Frömmigkeit zu steuern. Nur zögernd setzte darum die Kritik der Kirchenführer ein, als um 350 im kleinasiatisch-syrischen Raum die Messalianer *(Euchiten)* auftraten und mit Verweis auf das »Gebet ohne Unterlaß« (Lk 18,1; 1 Thess 5,17) Askese und Sakramente in Frage stellten. Beeinflußt von dualistischen Strömungen, vertraten sie die Ehrfahrbarkeit der Gnade und sprachen dem immerwährenden Gebet die Kraft zu, das Dämonische im Menschen zu überwinden. Eine *Synode von Side* (um 390) verurteilte die groben Auffassungen der Messalianer, die sich als »wahre Kirche« betrachteten und offensichtlich in Symeon von Mesopotamien ihren enthusiastischen Führer hatten; ihm wird auch ein *Asketikon* zugeschrieben, das 431 zu Ephesos dem Verdikt anheimfiel. Gedankengut daraus begegnet auch in anderen asketischen Werken, z. B. in den *Geistlichen Homilien* des Makarios von Ägypten († um 390), wobei allerdings die vulgären Elemente des Messalianismus gemindert erscheinen.

c) Die Einwurzelung des Mönchtums im Abendland

Der lebhafte Austausch mit dem Osten führte noch im 4. Jahrhundert zur Durchsetzung eines organisierten Asketentums in der lateinischen Kirche. Vermittelnd wirkten dabei gewiß die Pilgerfahrten in den Orient, aber auch Athanasios mit seinem werbenden Einfluß. Aus dem *Eremitentum*, erstmals faßbar auf den Inseln des Mittelmeeres, entstanden rasch *mönchische Großsiedlungen*. So widmete sich Martin von Tours († 397) nach seinem Ausscheiden aus dem römischen Militär zunächst dem Einsiedlerleben, ehe er aus seinem Schülerkreis das erste Kloster Galliens gestaltete; in vielen Zügen dem ägyptischen Mönchtum verwandt, gab er seiner Gründung auch einen pastoralen Charakter, so daß aus seiner Gemeinschaft, besonders in Marmoutier, zahlreiche Bischöfe hervorgingen. Nach dem Tode Martins nahm in Südgallien das klösterliche Leben einen neuen Aufschwung. Auf der Insel Lerinum wuchs aus der Einsiedlerzelle des Honoratus († 429) bald ein »ingens fratrum coenobium«, das besonders die gallorömische Oberschicht anzog; der selbstbewußte Erzbischof Hilarius († 499), Metropolit von Arles, sowie der hochgebildete Eucherius von Lyon († um 450) kamen von diesem Inselkloster. Starke Anregungen auf das Mönchtum im Rhônegebiet gingen auch von Johannes Cassianus aus, der als gebürtiger Skythe in Betlehem und Ägypten asketische Erfahrungen gesammelt hatte, schließlich über Rom nach Marseille gelangte und dort das Kloster St. Victor gründete. In seinen Schriften vermittelte er dem Westen Ordnung und Weisheit des östlichen Mönchstums, wobei er in den *24 Collationes patrum* gegenüber Extremen augustinischer Gnadenlehre stark den Leistungsgedanken betonte. Wahres Christsein verwirklichte sich danach im Kloster, dessen Mauern den geistlichen Bereich vom fleischlichen der Welt ausgrenzten. Nicht zuletzt die Aufgeschlossenheit für theologische Fragen sicherte seinem Programm mönchischer Spiritualität weitreichenden Einfluß. Selbst Patrick († um 460) hat das klösterliche Leben auf der Insel Lerinum kennengelernt und mit seiner Missionsarbeit der Kirche Irlands insgesamt ein monastisches Gepräge vermittelt. Keineswegs bedeutete aber die asketische Wende allseits eine Abkehr von der Welt. Neben missionarischer Verkündigung und zunehmender Pflege der Kultur übernahmen in den Zeiten der Völkerwanderung Gestalten aus dem Mönchtum Verantwortung für die notleidende Bevölkerung. Mit Severin von Noricum († 482), der in staatsmännischer Art den Rückzug der Romanen von der mittleren Donau leitete, hat dieser Mönchstyp Ansehen auch nördlich der Alpen erlangt.

Kritik am Mönchtum und am asketischen Ideal überhaupt übte gerne die heidnische Polemik, aber auch innerkirchliche Kreise zeigten sich oft betroffen von dem ethischen Anspruch oder dem abstoßenden Auftreten einzelner Asketen. In Rom löste der Zusammenschluß von Frauen aristokratischer Herkunft unter Leitung des Hieronymus († 420) spöttische Skepsis aus, und sie steigerte sich nach dem Tod einer jungen Asketin bis zur Hetze gegen das »Mönchsgesindel«. Grundsätzlich hingegen stellten Helvidius († um 400) und Jovinian († vor 406) das Jungfräulichkeitsideal in Frage, und gerade sie nötigten die Kirche zur Ordnung des Mönchswesens und zur biblisch-theologischen Rechtfertigung des asketischen Ideals.

d) Entstehung der Kleriker-Gemeinschaften

Obwohl zwischen Mönchtum und Gemeindeklerus gelegentlich Spannungen auftraten, griff das asketische Leitbild immer stärker Platz. Die ersten Zölibatsvorschriften, die auf den Synoden von Ankyra (314) und Elvira (um 316) begegnen, waren fraglos von dieser Grundströmung beeinflußt, und diese führte im Westen bald zur Einrichtung regelrechter Klerikergemeinschaften. Euseb von Vercelli († 371), als Lektor der römischen Gemeinde schon Anhänger des jungfräulichen Lebensstils, war wegen seines Bekenntnisses für das Nizänum in den Osten verbannt worden, und er gründete nach der Heimkehr (363) an seiner Bischofskirche ein monasterium clericorum, in dem neben gemeinsamem Gebet besonders die Beschäftigung mit der Heiligen Schrift gepflegt wurde. Der eigentümliche Charakter dieser Klerikergemeinschaft war den Zeitgenossen vollauf bewußt. Durch Augustinus († 430), der, erfaßt vom asketischen Ideal, in seiner Bischofsstadt Hippo diese Lebensform mit seinen Mitarbeitern praktizierte und dabei geistige Aufgeschlossenheit ebenso forderte wie seelsorglichen Dienst, wurde die vita communis zum Vorbild der mittelalterlichen Domkapitel. Sein monasterium virorum formte er durch jene Weisungen, die wohl später als Augustinus-Regel und zwar im sogenannten Praeceptum, zusammengefaßt wurden. Auf zahlreiche Klostergründungen in Afrika wirkte Augustins Modell unmittelbar, ebenso auf spätere monastische Ordnungsformen, wie z. B. jene des Caesarius von Arles († 542).

e) Benedikt von Nursia und seine Klostergründung

Die Bemühungen um eine Reform des abendländischen Mönchtums erreichten in Benedikt von Nursia († um 547) und seiner Regel ihren Höhepunkt. Aus vermögender Familie stammend, begann er – nach den Dialogen Gregors des Großen (590–604) – in Rom den geläufigen Bildungsgang, zog sich aber aus Abscheu vor dem lasziven Treiben in die Einsamkeit der Sabiner Berge zurück und führte bei Subiaco zunächst ein strenges Einsiedlerleben. Durch Intrigen von der Leitung mehrerer Mönchsgemeinschaften, die er um sich geschart hatte, enttäuscht, zog er nach Süden und errichtete um 529 das Kloster Monte Cassino. Das geistliche Ansehen Benedikts und sein asketischer Ernst verhalfen der Neugründung zu raschem Aufstieg. Benedikts Regel, gespeist von der monastischen Tradition ebenso wie von römischem Maß, stellte die klösterliche Gemeinschaft als »Schule des Herrendienstes« vor, deren Säulen Beständigkeit, asketische Lebensführung und Gehorsam dem Abt gegenüber bildeten; in der Weisung ora et labora kommt sinngemäß das benediktinische Leitbild des Mönchs zum Ausdruck. Die wahrscheinliche Abhängigkeit der Benediktregel von der sogenannten Regula Magistri mindert nicht die Leistung ihres Schöpfers. Tatsächlich setzte sie sich als Grundgesetz abendländischen Mönchtums durch, auch wenn die strenge Regel des Iren Kolumban († 615) von Luxeuil und Bobbio aus noch lange ihren Einfluß behauptete. Wie die Bejahung der Handarbeit, so trug im Anschluß an Cassiodor († 583) die Beschäftigung der Benediktiner mit der antiken Wissenschaft entscheidend zum Bestand der abendländischen Kultur bei.

§ 23
Das Geistproblem und das II. ökumenische Konzil von Konstantinopel (381)

Für die Alte Kirche bildete das Konzil jenes Instrument, mit dem der Zwiespalt im Glauben zu überwinden ist. Nach Auskunft Eusebs können »anders als auf Synoden die großen anstehenden Fragen nicht gelöst werden« (Leben Konst. I 51). Die lebhafte synodale Tätigkeit in Sachen des Arianismus schuf freilich Unsicherheit über die Verbindlichkeit der jeweiligen Bischofsversammlungen; trotzdem griff man auf diese kirchliche Verfahrensweise zurück, als in die trinitarische Diskussion auch der Heilige Geist einbezogen wurde.

a) Die theologische und kirchliche Situation

Seit Mitte des 4. Jahrhunderts drängte sich im Gefolge der arianischen Auseinandersetzung die Frage nach dem angemessenen Verständnis des Heiligen Geistes in den Vordergrund. Das Neue Testament hatte das Pneuma als eschatologische Heilsgabe angekündigt und nur gelegentlich, wie etwa im Taufbefehl (Mt 28,19), einen personalen Charakter angedeutet. Diesen zwiespältigen Befund wiesen auch pneumatologische Aussagen der Folgezeit auf, die einerseits auf den personhaften Charakter des Heiligen Geistes zielten, andererseits im Anschluß an Joh 4,24 die göttliche Natur als Geist vorstellten, wobei die Auffassung vom Menschen und seiner Heilsmöglichkeit stimulierend wirkte. Im Zuge der Logosspekulationen und in Abwehr sabellianischer Gottesvorstellungen wurde das Pneuma von der trinitarischen Diskussion erfaßt und durch Arianer, wie Eunomios, folgerichtig dem geschöpflichen Bereich zugeordnet. Wie das *Nizänum* sprach noch die *Synode von Ankyra* (358) von der Gottheit des Geistes im Sinne der dreigliedrigen Taufformel, ohne eine Verhältnisbestimmung zu treffen. Während eine solche Aussage der Spiritualität des Mönchtums weithin genügte, mehrten sich Stimmen, die das homoúsios zwar dem Sohn, nicht aber dem Pneuma zugestanden. Die Vertreter dieser Lehre kennzeichnete man als Geistbekämpfer *(Pneumatomachen)* und später nach ihrem angeblichen Wortführer, dem Bischof Makedonios von Konstantinopel († vor 364), als Makedonianer. Nach Sozomenos (KG IV 27,1) lehnte er die Göttlichkeit des Pneumas ab; er beschrieb es vielmehr als Dolmetsch Gottes oder Engel. Vorbehalte gegen die Gottheit des Heiligen Geistes meldete auch der wegen seiner Askese und pastoralen Aktivität angesehene Eustathios von Sebaste an, von Haus ein Gegner der anomoiischen Partei, der aber den trinitarischen Aussagen der Kappadokier nicht folgte. In einer dem Buchstaben verhafteten Exegese siedelte er das Pneuma zwischen Gott und der Kreatur an, ja er verwendete sogar irdische Verwandtschaftsbezeichnungen zur Erklärung der Trinität. Widerspruch gegen eine solche Geistlehre erhob sich von mehreren Seiten. Wie der alexandrinische Schulleiter Didymos der Blinde († um 398) in seinem Werk *De spiritu sancto,* so suchte Athanasios in den Briefen an Bischof Serapion von Thmuis († nach 362) seit 358 die Gottheit des Pneumas aus der Schrift zu erweisen; ob freilich die hier wegen ihrer figürlichen Schiftauslegung bekämpften Tropiker mit den Pneumatomachen gleichzusetzen sind, bleibt offen. Vor allem Basilius von Cäsarea erarbeitete in seinem Amphilochios von Ikonium († 394/403) gewidmeten Werk *Über den Heiligen Geist* dessen Konsubstantialität mit Vater und Sohn. Gemäß dem Prinzip »lex orandi, lex credendi« rechtfertigte er neben der gebräuchlichen Doxologie: »Ehre sei dem Vater durch den Sohn im Heiligen Geist« die gleichordnende Gebetsformel: »Ehre sei dem Vater mit dem Sohn und dem Heiligen Geist«, weil sie der Würde des Pneumas entspreche. Gregor von Nazianz (or. 25,16; 31,8) übertrug das *homoúsios* bewußt auch auf den Heiligen Geist, und er bestimmte im Anschluß an Joh 15,26 seine Eigentümlichkeit gegenüber Vater und Sohn als »Ausgehen« *(ekpóreusis).* Diese Formel erwuchs aus dem Antrieb zur Befreiung des Menschengeistes aus den irdischen Fesseln, und sie ebnete den Weg für die Lösung des trinitarischen Problems.

Der theologischen Bewältigung eines einheitlichen Gottesglaubens stand nach wie vor die Zerrissenheit des Episkopats im Osten entgegen. Nur mühsam und von Papst Damasus ablehnend registriert, gelang es auf der Basis jungnizänischer Orthodoxie, die Bischöfe des Ostens zusammenzuführen. In Antiochien hatte sich das Schisma noch verschärft, als zu den bekannten drei Gruppen eine Anhängerschaft des Apollinarios hinzukam. Meletios, nach dem Tode des Valens aus dem Exil heimgekehrt, veranstaltete aber im Herbst 379 eine Synode, die ihre Übereinstimmung mit dem Glauben Roms und Alexandriens bekundete und so den Ausgleich über die lokalen Wirren hinaus anbahnte. Die kirchlichen Verhältnisse Konstantinopels lagen ebenfalls im argen. Seit den vierziger Jahren gaben dort die Arianer den Ton an, und erst nach der Niederlage des Valens wagte es die kleine nizänisch gesinnte Gemeinde, in der Person Gregors von Nazianz einen Bischof zu stellen. Dieser war freilich aus kirchenpolitischen Gründen schon von Basilius zum Bischof geweiht worden, hatte aber seinen Sitz in dem »Fuhrmannsflecken« Sasima nie angetreten und forderte jetzt wegen seines unkanonischen Wechsels den Protest des arianischen Bischofs Demophilos heraus. Mit Argwohn und bedacht auf eigenen Einfluß beobachtete überdies Alexandrien die Entwicklung in der Hauptstadt.

b) Die Vorgänge auf dem Konzil

Unter dem Eindruck der Glaubenswirren und Spaltungen wandte sich Basilius (Brief 263) schon 377 an die Abendländer und erbat von ihnen eine Verurteilung der Irrlehren, da eine gemeinsame Beratung mit den Orientalen zur Zeit unmöglich sei. Kaiser Theodosius, der bereits im Edikt von 380 den römisch-alexandrinischen Gottesglauben zur Norm erhoben hatte, griff den Konzilsplan auf und lud zu einer Kirchenversammlung in die Hauptstadt des Ostens ein, wobei er offensichtlich den Teilnehmerkreis auf jene jungnizänisch orientierten Bischöfe einschränkte, die als Wegbereiter der Glaubenseinheit galten.

Anfang Mai des Jahres 381 traten im kaiserlichen Palast zu Konstantinopel rund 150 Bischöfe aus der östlichen Reichshälfte zu dem anberaumten *Konzil* zusammen; nicht vertreten war der Westen und zunächst auch nicht Ägypten. Den Kern der Teilnehmer bildete Meletios mit seinem Anhang von 71 Bischöfen; schon im voraus hatte der Antiochener sein kirchenpolitisches Gewicht in die Waagschale geworfen und die Vorbereitungen gefördert. Offensichtlich auf kaiserliche Initiative hin erschien dann auch eine Gruppe von 36 Bischöfen aus dem Lager der Pneumatomachen, an ihrer Spitze Eleusios von Kyzikos. Auf der Eröffnungssitzung im Thronsaal begrüßte Kaiser Theodosius demonstrativ Bischof Meletios; im übrigen ermahnte er die Synodalen zu sorgfältiger Beratung der anstehenden Fragen. Die Sitzungen fanden dann in der Homonoia-Kirche statt, bezeichnenderweise ohne unmittelbare Beteiligung des Herrschers. Der Gang der Verhandlungen läßt sich mangels Akten nur schwer rekonstruieren. Dringender Klärung bedurfte jedenfalls die Bischofsfrage in Konstantinopel selbst. In bescheidenem Rahmen hatte Gregor von Nazianz begonnen, die zerstreute Gemeinde der Nizäner zu sammeln, ein Unternehmen, das ihm dank seiner rednerischen Fähigkeiten gelang. Zudem hatte das Auftauchen des Kynikers Maximos aus Alexandrien, der sich zunächst Gregor anschloß und von ihm wegen seiner angeblichen Glaubenstreue sogar Lob erfuhr, Unruhen ausgelöst. Eines Nachts weihten aber ägyptische Priester diesen »Philosophen« zum Bischof, um ihn an Gregors Stelle zu setzen. Der Plan mißlang, aber er beleuchtet das Intrigenspiel Alexandriens, dessen ehrgeiziger Bischof Petros († 381) alten Einfluß sichern wollte. Das Konzil griff diese Affäre auf und erklärte in einer Stellungnahme die Ordination des Maximos für ungültig (Kanon 4 des Konzils von Konstantinopel). Damit war der Weg frei für die Bestätigung Gregors, wobei man den kanonischen Vorbehalt gegen seine Translation fallen ließ, weil er sein Amt in Sasima nie übernommen hatte; in prunkvoller Feier nahm er Besitz von der Bischofskirche Konstantinopels.

Eine jähe Unterbrechung erfuhr das Konzil, als plötzlich Meletios von Antiochien starb. Die Erschütterung der Bischöfe und des Volkes hallte wider in der Leichenrede Gregors von Nyssa, der nicht nur den Verstorbenen in seiner Rechtgläubigkeit rühmte, sondern auch das hoffnungsvolle Konzilswerk gefährdet sah. Nach den Trauerfeierlichkeiten traten aber die Bischöfe wieder zu den Beratungen zusammen und übertrugen Gregor, dem eben inthronisierten Bischof der Hauptstadt, den Vorsitz. Von der meletianischen Fraktion wurde nun gleich die leidige Nachfolgefrage in Antiochien auf die Tagesordnung gebracht, die Gregor widerwillig im Sinne der einstigen – auch vom Westen gebilligten – Absprache zu lösen versuchte, indem er vorschlug, keine Neuwahl bei Lebzeiten des Paulinos vorzunehmen. Sein Antrag stieß freilich bei den Meletianern auf leidenschaftlichen Widerspruch; die unverhohlene Abneigung gegenüber dem Westen wurzelte in ihrer Überzeugung, daß »dem Erdteil die Führung zukomme, in dem Gott in Fleischesgestalt erschienen ist« (Gregor von Nazianz, de vita sua 1692f). Als Kandidat für die Nachfolge auf dem antiochenischen Bischofsstuhl galt der Presbyter Flavian, der wohl ebenfalls in Konstantinopel weilte; doch es kam nicht zur Wahl, vielleicht weil der Kaiser einen Konflikt mit dem Westen vermeiden wollte.

Vermutlich in dieser Phase des Konzils erfolgten Unionsverhandlungen mit einer Deputation der Pneumatomachen, die man schon im voraus für die Annahme des Nizänums hatte gewinnen wollen. Ein solches Vorgehen lag ganz im Interesse der theodosianischen Religionspolitik; es gelangte aber nicht zum Erfolg, da die Bischöfe um Eleusios von Kyzikos entschieden die Gottheit des Heiligen Geistes in Abrede stellten. Möglicherweise diente das sogenannte Konstantinopolitanische Glaubenssymbol als Grundlage des Gesprächs mit den Pneumatomachen. Aber es ist nicht auszuschließen, daß die Konzilsväter eigenständig ein Bekenntnis einführten, welches unter Verzicht auf das *homoúsios* den Glauben an den Heiligen Geist folgendermaßen umschrieb: »Den Herrn und Lebensspender, der aus dem Vater hervorgeht, der mit dem Vater und dem Sohn zugleich angebetet und verherrlicht wird, der gesprochen hat durch die Propheten« (Symb. Const. ed. Dossetti 248f). Während das Bekenntnis von Nizäa zu Vater und Sohn weitgehend unverändert übernommen wurde, hat dessen knapper dritter Artikel: »Wir glauben an den Heiligen Geist« eine charakteristische Ergänzung erfahren, insofern die eingeführten Titel und Aussagen biblischer Herkunft den Geist klar auf die Seite Gottes stellen. Gregor von Nazianz, der selbst nachdrücklich die Homousie des Geistes vertrat, übte allerdings Kritik an dem vermittelnden Symbol, ein Einspruch, der die Isolation des kränklichen Konzilsvorsitzenden steigerte. Dennoch demonstrierte das Nizäno-Konstantinopolitanische Glaubenssymbol, dessen Formulierungen über den Heiligen Geist aus der aktuellen Diskussion erwachsen sind, ein zur Einheit führendes Glaubensbewußtsein, obwohl die Verhandlungen mit den Pneumatomachen gescheitert waren.

Wohl nach dem Auszug der »Geistbekämpfer« traf in Konstantinopel eine Gruppe *abendländisch* orientierter Bischöfe ein, darunter Timotheos von Alexandrien und Acholios von Thessalonike, ein Vertrauter des Theodosius. Ihr verspätetes Erscheinen erklärt sich aus der maßgeblichen Rolle des Meletios bei der Auswahl der Konzilsteilnehmer, und wegen dieser Zurücksetzung »wetzten sie, wilden Ebern gleich, ihre schaurigen Zähne« (Gregor von Nazianz, de vita sua 1804). Unter Umständen hatte die Verabschiedung wichtiger *Kanones* durch das Konzil ihren Zorn gesteigert. Neben dem Anathema über die Häresien einschließlich der Pneumatomachen und Apollinaristen im ersten Kanon schränkte man im zweiten die Amtstätigkeit der Bischöfe auf den Bereich ihrer (staatlichen) Diözesen ein. Nach Kanon 3 soll der Bischof von Konstantinopel »nach dem römischen Bischof den Ehrenprimat besitzen, denn diese Stadt ist das neue Rom« (Mansi III 560). Ohne Zweifel traf diese Rangerhöhung Konstantinopels den Bischof von Alexandrien hart, da er bislang im Osten die führende Rolle gespielt hatte. Wenn zur Begründung des Vorranges ein politisches Prinzip diente, dann entsprach eine solche Argumentation der schon in Nizäa vollzogenen Angleichung kirchlicher Regionen an staatliche Organisationsformen. Der Westen,

Rom voran, protestierte alsbald gegen diese Verschiebung der Kräfteverhältnisse, und zwar mit Hilfe der Theorie von den drei petrinischen Stühlen, die wahrscheinlich auf einer römischen Synode im Jahre 382 formuliert wurde.

Vereinzelter Widerspruch in der Sache, aber auch gegen die Verhandlungsweise, fand zusehends bei der Konzilsmehrheit Gehör, wohl deshalb, weil sich ihr Verhältnis zum Vorsitzenden bei der Bereinigung des antiochenischen Schismas sowie der Union mit den Pneumatomachen getrübt hatte. Mit seinem hypochondrischen Charakter reagierte Gregor äußerst gereizt und bot seinen Rücktritt an, dem die Synodalen zu seiner eigenen Überraschung stattgaben. Er selbst machte für diesen Schritt die übergeordnete Sache der kirchlichen Einheit geltend; Unzulänglichkeit in der Verhandlungsführung, Flucht in die Einsamkeit und angestaute Enttäuschung erleichterten ihm gewiß den Entschluß. In einer pathetischen Abschiedsrede vor Kaiser und Konzil gestaltete er seinen Abgang aus dem neuen Rom, »das dem Morgen voranleuchtet« (de vita sua 566), zu einem dramatischen Akt.

Erneut stand nun das Konzil vor der Aufgabe, einen Vorsitzenden und für Konstantinopel einen Bischof zu bestellen. Aus einem Bericht über die Synode von 382 erhellt, daß von den »150 Vätern« der Prätor Nektarios († 397) »mit offenkundiger Eintracht unter den Augen des gottgeliebten Kaisers Theodosius sowie mit Zustimmung des ganzen Klerus und der gesamten Stadt(-gemeinde)« gewählt worden ist (Theodoret KG V 9,15). Fraglos begleiteten diese Berufung erhebliche Schwierigkeiten, denn Nektarios, aus Tarsus stammend, entsprach als ungetaufter Laie keineswegs den kanonischen Bestimmungen; doch alle Parteien einigten sich mit dem Kaiser auf den bewährten und angesehenen Beamten, der das Konzil schließlich zum Abschluß brachte. In einer Art Arbeitsbericht *(Logos Prosphorikos)* für den Herrscher faßten die Konzilsväter das Ergebnis ihrer Tätigkeit zusammen und baten um Bestätigung der Beschlüsse. Mit der Unterzeichnung der Dekrete am 9. Juli 381 endete das Konzil, dessen Entscheidungen durch Edikt als Reichsgesetz publiziert wurden.

c) Rezeption und Symbol

Die *Kirchenversammlung von Konstantinopel* wirft Fragen auf, die bis heute in der Diskussion sind. Zunächst kann sie angesichts der fast ausschließlichen Beschickung aus dem Orient schwerlich Ökumenizität im Sinn einer Repräsentanz der Gesamtkirche beanspruchen; ihre Kennzeichnung als *ökumenisch* im Jahre 382 hob auf die Teilnehmer aus dem griechischen Sprachraum ab. In der Folgezeit verschwand das Konzil fast ganz aus dem Bewußtsein der Kirchenmänner, und zwar bis zur Vorlage eines Symbols auf dem Konzil von Chalkedon (451). Die Rezeption des Bekenntnisses von Konstantinopel, gleich dem von Nizäa, verlieh dann im nachhinein dem Konzil der »150 Väter« ökumenisches Ansehen. Damit wird unsere Aufmerksamkeit noch einmal auf das Glaubensbekenntnis von Konstantinopel zurückgelenkt, von dessen Existenz wir erst auf dem Konzil von Chalkedon ausdrücklich hören. Nun verweist das Schreiben einer Synode von 382 in Konstantinopel auf ein Bekenntnis, wonach »eine Gottheit,

Kraft und Wesenheit des Vaters und des Sohnes und des Heiligen Geistes (und damit) eine gleichermaßen zu ehrende Würde und gleichewige Herrschaft in drei ganz vollkommenen Hypostasen oder drei vollkommenen Personen zu glauben sei« (ebd. V 9,11); allerdings bleibt unsicher, ob dieser Hinweis das Glaubensbewußtsein des Konzils vom Vorjahr beschreibt oder auf ein erstelltes Symbol Bezug nimmt. Das Glaubensbekenntnis, welches dem Konzil von Chalkedon als *Ekthesis der 150 Väter* vorgelegt wurde, lehnt sich im christologischen Abschnitt an östliche Vorbilder an und formuliert dann die orthodoxe Geistlehre gegen die Pneumatomachen. Kaum unmittelbar aus dem Nizänum entstanden, wegen der Textüberlieferung auch nicht im *Ancoratus* des Epiphanios († 403) vorgebildet, muß das *Constantinopolitanum* wohl doch als Erweiterung eines gängigen nizänischen Symbolums gelten, dessen Glaubensaussage durch die Formeln der jungnizänischen Geistlehre normiert wurde. Trotz seiner unzureichenden Repräsentation gelang es letztlich dem Konzil von Konstantinopel, den tiefgreifenden Konflikt um das biblisch-christliche Gottesbild zu einer allgemein anerkannten Lösung zu führen, und zwar dank einer überlegenen Theologie.

4. DIE EIGENSTÄNDIGKEIT DER KIRCHE IM ZERFALL DER ANTIKEN WELT

Die Auflösung der antiken Welt, bedingt durch innere Schwierigkeiten des Römischen Reiches und den anhaltenden Druck von außen, vor allem der ständigen Völkerbewegungen, nötigte auch die Kirche zu einer neuen Ortsbestimmung. Erst gegen Ende des 4. Jahrhunderts hatte das Christentum den Stand einer Staatsreligion erreicht; aber nun zerbrach der gesellschaftlich-politische Rahmen des Imperiums, zumindest im Westen, und dieser Umstand erzwang nicht nur eine Neuorientierung gegenüber den aufkommenden politischen Mächten, er förderte zugleich die Eigenständigkeit der Kirche als Institution. Trotz aller Verflechtung mit dem Staat verband die Kirche ihren Fortbestand nicht mit seinem Schicksal, auch wenn sie ihre moralische Autorität zum Schutz der bedrängten Menschen einsetzte oder die Schätze antiker Paideia rettete; zurückgeworfen auf die Quellen des Glaubens, entfaltete sie eine starke missionarische Aktivität und schärfte dabei ihr Selbstverständnis. Im Zuge dieser Verkündigungstätigkeit bahnte sich eine Art *Germanisierung des westlichen Christentums* an, dessen Abstand zur Kirche des Ostens schon seit dem 4. Jahrhundert sichtbar geworden war.

§ 24
Kirche auf dem Weg zur Eigenständigkeit

Mit der Integration des Christentums in das Gefüge des Römischen Reiches geriet die Kirche zunehmend in Gefahr, ihre Eigenständigkeit zu verlieren. Kritik an Übergriffen der staatlichen Macht stellte die grundsätzliche Zuordnung kaum in Frage; nach wie vor beherrschte das Modell von der Religion als Grundlage der öffentlichen Wohlfahrt das Bewußtsein, obwohl politische Instabilität und die Erfahrung kirchlicher Schismen zu einer Neuorientierung herausforderten.

a) Die Abkehr vom antiken Religionsprinzip

Eine schwere Erschütterung der alten Reichsidee löste die *Eroberung Roms* durch die *Westgoten* im Jahre 410 aus. Prompt wurde von seiten heidnischer Kreise wieder der Vorwurf erhoben, die Christen trügen die Schuld an der Katastrophe, weil sie den Göttern keine Verehrung zollten. »Seht«, so klagten die

Heiden, »als wir noch unseren Göttern Opfer darbrachten, stand Rom unbezwungen da, war Rom glücklich; jetzt, da das Opfer eures Gottes den Sieg davongetragen und allgemein Verbreitung gefunden hat, die Opfer zu unseren Göttern jedoch verboten sind, seht, was Rom da zu erdulden hat« (Aug., sermo 296,6). Diese Anklage, gefolgert aus dem kultisch-staatlichen System Roms, veranlaßte in Afrika Bischof Augustinus zu seinem großen geschichtstheologischen Werk *De civitate Dei,* in dem er die »religöse« Argumentation der heidnischen Polemik aufbrach und die Haltung des Glaubens an Gott als Angelpunkt des christlichen Daseins betonte. Schon in der Vorrede charakterisierte er die Civitas Dei als »aus dem Glauben lebend«, und er spannte so den Bogen von der Gemeinschaft der Gläubigen in dieser Weltzeit bis zur endgültigen Erfüllung. Ohne den Zusammenhang mit der irdischen Kirche aufzulösen, markierte Augustinus hier die Norm christlicher Glaubensgemeinschaft, die im Kultverband der Civitas terrena ihr Gegenbild hat. Seine Kritik zielte nicht nur auf den polytheistischen Kult zugunsten der Verehrung des wahren Gottes, sondern hob auf die Haltung des Glaubens als christlicher Gottesbeziehung ab.

Damit war grundsätzlich jeder Versuch in Frage gestellt, das Christentum nach Art einer überkommenen Religion in den Staat zu integrieren. Auch wenn das antike Muster, insbesondere in der byzantinischen Kirche, immer wieder Anziehungskraft ausübte, wurde durch Augustins Einspruch das kirchliche Selbstverständnis in seiner Distanz zu Welt und Staat maßgeblich umschrieben.

b) Der Anspruch des römischen Primats

Mit der Anlehnung der kirchlichen Territorialgliederung an die staatliche Provinzeinteilung war bereits in Nizäa der Metropolitanverband als übergeordnete Einheit bischöflicher Sprengel sanktioniert worden. Eine weitere Zusammenfassung dieser Einheiten in eine Art Obermetropolitanverband entsprechend den Reichsdiözesen zeichnete sich in Kanon 2 des Konzils von Konstantinopel (381) ab, eine Tendenz, die freilich schon durch die kirchliche Rangerhöhung der östlichen Kaiserstadt durchbrochen wurde, der man auf dem Konzil von Chalkedon die Obermetropoliten der Diözesen Pontus, Asien und Thrakien unterstellte. Unter Berufung auf »alte Ehrenrechte« entfaltete sich so die Patriarchatsverfassung, die schließlich durch Kanon 36 des *II. Trullanischen Konzils* (692) festgeschrieben wurde, und zwar in der Reihenfolge: Rom, Konstantinopel, Alexandrien, Antiochien und Jerusalem.

Die keineswegs nur auf staatlicher Organisationsstruktur gründende Patriarchatsverfassung der Kirche beließ Rom die Oberhoheit über den gesamten Westen. Ein Aufstieg bischöflicher Zentren, z. B. Karthagos, unterblieb wegen politischer Umstände, vor allem aber deshalb, weil Rom seinen primatialen Anspruch immer deutlicher geltend machte. Vermutlich als Antwort auf die kirchliche Rangerhöhung Konstantinopels begründete eine Synode (382?) unter Papst Damasus den Primat Roms gezielt mit Berufung auf Mt 16,18; ihre Spitzenstellung vor den anderen petrinischen Kirchen Alexandrien und Antiochien verdanke die römische nicht Synodalbeschlüssen, sondern dem Vorrang des Erstapostels, der hier zusammen mit Paulus das Martyrium erlitten habe (Decret. Gelas. 3,1f). In der Rede vom *Apostolischen Stuhl* schlechthin suchte das petrinische Prinzip in der kirchlichen Organisation universale Anerkennung.

Trotzdem überformte die zunehmende Verrechtlichung des Führungsstils nach Art römischer Verwaltungspraxis die theologische Begründung des päpstlichen Primats. Anfragen auswärtiger Bischöfe wurden nach dem Vorbild eines kaiserlichen responsum beantwortet und so mit Rechtskraft ausgestattet. Papst *Siricius* (384–399), der sich als Erbe des petrinischen Amtes betrachtete, wandte die Praxis der Dekretalen erstmals an, und er verlieh so den Beziehungen zu den abendländischen Kirchen rechtlich-hoheitlichen Charakter, wobei der Apostolische Stuhl als Appellationsinstanz in Erscheinung trat. *Innozenz I.* (402–417) vermochte im Verfolg dieser Kirchenpolitik das apostolische Vikariat in Thessalonike zu errichten und seine Lehrautorität in Sachen des Pelagianismus zur Geltung zu bringen. Dem Osten gegenüber wurden allerdings die Grenzen des römischen Primatsanspruchs sichtbar, als der Papst zugunsten des Johannes Chrysostomos intervenierte und mit seinem Vorschlag für ein gemeinsames Konzil rundweg scheiterte. Die Beziehungen seiner Nachfolger zu den Kirchen des Ostens rissen deshalb nicht ab, aber selbst Anfragen von dort erscheinen eher als Werben um einen Bundesgenossen und weniger als Eingehen auf den von Rom vorgezeichneten Appellationsweg. Das Selbstbewußtsein östlicher Kirchenmänner unterstreicht das eigenmächtige Vorgehen Kyrills auf dem *Konzil von Ephesos,* auch wenn die Erklärung der Legaten *Coelestins I.* (422–432) vom Fortwirken des Petrus in seinen Nachfolgern keinen Widerspruch fand.

Einen Höhepunkt erreichte das primatiale Selbstbewußtsein römischer Bischöfe in *Leo dem Großen* (440–461). Durch das Versagen staatlicher Macht zum Anwalt der bedrängten Bevölkerung geworden, hat er seine Verantwortung für die Gesamtkirche auch theologisch begründet. Von Christus als dem Herrn der Kirche wußte er sich als Nachfolger Petri berufen und mit Vollgewalt *(plenitudo potestatis)* ausgestattet. Dieser Ursprung sicherte dem Papsttum nach Leo einzigartiges Ansehen *(auctoritas),* zugleich aber universale Gewalt, die das Eingreifen im gesamtkirchlichen Bereich legitimierte. Unschwer ließ sich dieser Anspruch überhöhend verbinden mit der Tradition römischer Weltherrschaft, um so dem Petrusamt den Charakter der Romanitas zu wahren. Leitungsstil und Zeremoniell verstärkten die »herrscherlichen« Züge im Erscheinungsbild der Päpste am Übergang zum Mittelalter, obwohl die Selbstbezeichnung Gregors des Großen als *servus servorum Dei* zeigt, daß der ursprüngliche Gedanke des »Dienstes« keineswegs aus dem Amtsverständnis verschwunden war. Andrerseits begünstigte ein hierarchisch gestaltetes Kirchenverständnis, das in der Gestalt des Papstes gipfelte, jenen Zentralismus, der für die abendländische Christenheit bestimmend wurde.

c) Distanzierung gegenüber staatlicher Macht

Die Rückbesinnung auf ihre biblischen Grundlagen hat die Gemeinschaft der Gläubigen immer wieder aus der Umklammerung zeitgenössischer Modelle des Verhältnisses zur Welt und zum Staat gelöst. Eingriffe »christlicher« Herrscher in die Glaubensdiskussion und das Kirchengeschehen schärften das Bewußtsein für die Eigenständigkeit, so daß selbst Bischöfe, die durchaus einen Verbund mit dem Staat das Wort redeten, gegebenenfalls in aller Deutlichkeit den Abstand betonten.

So zögerte angesichts einer grundsätzlichen Zuordnung der Kirche zum Staat Ambrosius von Mailand nicht, den Herrscher in seine Schranken zu weisen und selbstbewußt zu erklären: »Der Kaiser steht in der Kirche, nicht über ihr« (sermo c. Auxent. 36). Von größter Tragweite für das Verhältnis zum Staat war ohne Zweifel Augustins Differenzierung in »De civitate Dei«, wonach sich die Gemeinschaft der Gläubigen nicht in die civitas terrena integrieren läßt. Sein Hinweis, daß letzterer Frieden und Gerechtigkeit in dieser Weltzeit zu verwirklichen habe, schließt aber eine totale Abkehr vom irdischen Staat aus. Insofern charakterisiert auch nicht ein (manichäisch begründetes) Gegeneinander beide Größen, sondern ein im Glauben entschiedenes Ineinander:

»Wir haben die Menschheit in zwei Arten geteilt, deren eine die umfaßt, die nach dem Menschen leben, während die andere jene in sich schließt, die nach Gott leben; wir nennen die beiden Arten in einem übertragenen Sinn die zwei ›civitates‹, das sind die zwei Genossenschaftsgefüge der Menschen, von denen das eine jenes ist, das mit Gott ewig zu herrschen, das andere jenes, das sich mit dem Teufel ewiger Strafe zu unterwerfen vorherbestimmt ist« (Aug., Gottesstaat XV 1).

Die endzeitliche Ausrichtung des augustinischen Entwurfs wurde in der Folgezeit nicht immer erkannt, so daß eine kurzschlüssige Umsetzung in politische Wirklichkeit als geschichtliche Versuchung bestehen blieb.

Den Einfluß eusebianischer Reichstheologie vermochte Augustins Kritik nicht völlig zu brechen. Trotz ausgeprägten Kirchenbewußtseins wies Leo der Große dem Imperium, insbesondere in der Gestalt der Kaiser, einen geradezu sakralen Charakter zu. Irdische Herkunft betrachtete er als Ausfluß göttlicher Weltherrschaft, und diese Berufung verpflichtete den Kaiser auch zum Einsatz für den wahren Glauben. Ohne Bedenken brachte der Papst das gängige Prinzip ins Spiel, wonach die Sorge für den Glauben das Heil des Reiches verbürge. Die Verflechtung von Kirche und Staat gereicht demnach den Menschen insgesamt zum Vorteil, wobei die Identität von Kirche und Gesellschaft vorausgesetzt wird. Ekklesiologisches Selbstverständnis und herrscherliche Obmacht ließen aber schon zur Zeit Leos die Brüchigkeit dieses harmonischen Bundes erkennen.

Gerade an der Verwirklichung der Beschlüsse von Chalkedon entzündete sich der Konflikt des Papsttums mit den Kaisern des Ostens. Der *Untergang des Weströmischen Reiches,* signalisiert durch die Absetzung des Romulus Augustulus *im Jahre 476* und den Aufstieg des Gotenreiches unter Theoderich in Italien, richtete die Aufmerksamkeit der Kirche auf Konstantinopel, wo man um jeden Preis die Einheit des auseinanderdriftenden Reiches wahren wollte, auch mit Kompromissen in Sachen des Glaubens. Papst *Gelasius* (492–496), der bereits als Diakon den Nutzen wahrer Religion für den Staat beschworen hatte, pochte auf den Vorrang Gottes und leitete daraus seine Lehre von den beiden Gewalten ab.

»Zwei sind es nämlich«, so erklärte er Kaiser Anastasios, »durch die an oberster Stelle diese Welt regiert wird, die geheiligte Autorität der Bischöfe und die kaiserliche Gewalt. Von diesen beiden ist die Last der Priester umso schwerer, als sie auch selbst für die Könige der Menschen vor Gottes Gericht Rechnung abzulegen haben. Denn Ihr wißt es, allergnädigster Sohn: Wohl überrragt Ihr an Würde das ganze Menschengeschlecht; dennoch beugt Ihr fromm den Nakken vor den Amtswaltern der göttlichen Dinge und erwartet von ihnen die Mittel zum Seelenheil. Ebenso erkennt Ihr, daß Ihr beim Empfang der himmlischen Sakramente, wenn sie geziemend ausgespendet werden, nach geheiligter Ordnung aber der demütig Nehmende, nicht aber der Befehlende seid« (Brief 12,2).

Analog dem Verhältnis von Seele und Leib brachte Gelasius nicht nur die Eigenständigkeit, sondern den Vorrang der Kirche im geistlichen Bereich gegenüber der Herrschermacht zur Geltung. Unter Rückgriff auf ihre eigentümliche Sendung löste er sie aus der Umklammerung des Staates, und er programmierte so das mittelalterliche Spannungsverhältnis zwischen Sacerdotium und Imperium.

Die Nagelprobe solcher Distanz sollte während der Regierung des Kaisers Justinian bald kommen. Durch soziale Reformen und militärische Erfolge war es ihm gelungen, das römische Weltreich zu restaurieren, und zwar auf der Basis des Christentums. Justinian, der sich »von Gott als lebendiges Gesetz den Menschen gesandt« betrachtete (Novelle 105,2,4), zwängte freilich auch die Kirche in sein Einheitskonzept, wobei er deren Eigenständigkeit durch sein herrscherliches Selbstbewußtsein eine Grenze setzte. Ausgehend von der Teilung der Aufgaben zwischen Bischofsamt und Kaisermacht leitete er eine Gesetzesnovelle mit folgenden Worten ein:

»Darum liegt den Kaisern nichts so sehr am Herzen wie die Ehrfurcht vor dem Bischofsamt, da umgekehrt die Bischöfe zu immerwährendem Beten für die Kaiser verpflichtet sind. Denn wenn dieser Gebetsdienst in jeder Hinsicht makellos und voll Gottvertrauen vollzogen wird, wenn umgekehrt die Kaisermacht sich nach Recht und Zuständigkeit der Entfaltung des ihr anvertrauten Staatswesens annimmt, dann gibt es gleichsam einen guten Klang, und für das ganze Menschengeschlecht quillt daraus nur Nutz und Segen. So sind denn auch wir erfüllt von der hingebendsten Sorge um die wahren Dogmen von Gott und um die Ehrenstellung der Bischöfe. Und wir sind der Überzeugung: wenn es recht steht um Dogma und Bischöfe, dann wird uns von Gott die Fülle der Güter zuteil. Festen Bestand wird haben, was wir bereits besitzen, und was uns bis jetzt nicht gelungen ist, erlangen wir noch« (Novelle 6 praef.).

Unverkennbar ist diese Erklärung der Harmonie zwischen Kirche und Staat gespeist vom überkommenen Prinzip der Gewähr politischen Heils durch Religion. Kaiser Justinian zögerte nicht, aus Reichsinteresse die Kirchenmänner in die Gebetsrolle zu drängen und Glaubensfragen nicht zuletzt nach politischen Gesichtspunkten zu klären. Seine Ordnung des kirchlichen Lebens zielte aber auch auf Förderung der Gesellschaft, wobei den Bischöfen sogar humanitäre Aufgaben zugunsten des Volkes, etwa gegenüber der staatlichen Verwaltung, übertragen wurden. In dieser Verschmelzung von Kirche und Staat, die für das byzantinische Reich maßgeblich bleiben sollte, war natürlich kein Platz für Heiden oder Häretiker; auf dem Gesetzesweg schränkte man die religiöse Freiheit ein, um so umfassende Einheit zu garantieren. Die Kennzeichnung des Herrschaftsverständnisses Justinians als »Cäsaropapismus« entspricht allerdings nicht der eigentümlichen Zuordnung von bischöflichem Dienst an göttlichen Aufgaben und kaiserlicher Obmacht.

Mit der Verlagerung des politschen Schwerpunkts nach Konstantinopel weitete sich der Handlungsspielraum für das Papsttum im Westen. Nach wie vor anerkannte man den östlichen Basileus als Oberhaupt des christlichen Reiches, aber das Vorgehen eines Justinian gegen Papst Vigilius anläßlich der Verurteilung der sogenannten Drei Kapitel vertiefte über Rom hinaus die Kluft, welche sich in Sprache und Glaubensdifferenz längst aufgetan hatte. Der byzantinische Exarch in Ravenna vermochte dem Einbruch der Langobarden in Oberitalien (568) nicht Einhalt zu gebieten, so daß Papst *Pelagius II.* (579–590) seinen Blick bereits auf die Franken als künftige Schutzmacht richtete. Trotz Anerkennung des Kaisertums in Byzanz bahnte sich so eine Neuorientierung der römischen Päpste an, die aufgrund einer schon lange wahrgenommenen Fürsorge in der Bevölkerung Italiens geradezu politisches Ansehen genossen. Den als »Eigentum der Armen« (Gregor, Reg. ep. 13,21) gekennzeichneten Patrimonialbesitz der Kirche Roms verwaltete Papst *Gregor der Große* (590–604) nach wirtschaftlichen Gesichtspunkten; er sicherte damit nicht nur die umfangreiche karitative Tätigkeit, sondern legte zugleich den Grund für den Kirchenstaat. Angesichts von Not und Unruhen auch zum politischen Handeln genötigt, hat gerade Gregor in neuer Weise die Eigenständigkeit der Kirche gegenüber dem Staat zur Geltung gebracht.

§ 25
Völkerwanderung und christliche Mission

Die Wanderbewegungen der germanischen, slawischen und arabischen Völker führten in der ausgehenden Antike zu einem tiefgreifenden Wandel der politischen und gesellschaftlichen Verhältnisse. Unter den Wirren der Germanenzüge quer durch Europa kam es im Jahre 476 zum endgültigen Zerfall des Weströmischen Reiches, während sich Byzanz trotz zunehmender Umklammerung bis ins hohe Mittelalter zu behaupten vermochte. Auch für die Kirche stellte dieser Umbruch der Völkerwanderung eine gewaltige Herausforderung dar; eingebettet in die Strukturen des römischen Imperiums stand sie in Gefahr, die Zukunft des Christentums mit dem Fortbestand des Reiches zu verknüpfen und sich so den unaufhaltsamen Veränderungen zu verweigern.

a) Umbruch und Reaktion

Der *Sturm der Völkerwanderung* brachte über große Teile der antiken Welt ein Chaos, das im Zusammenbruch des Weströmischen Reiches gipfelte und zur Aufhebung der bestehenden Ordnung führte. So unterschiedlich auch die Auswirkungen dieser Invasionen in den betroffenen Gebieten des Römischen Reiches waren, die Christen konnten keineswegs mit Schonung rechnen, so daß vor allem in den Randprovinzen der Fortbestand des meist jungen Kirchenwesens gefährdet war. Brandspuren an spätantiken Kirchenbauten des Donaulandes oder des Rhein- und Moselgebietes bestätigen die Zerstörungen der Völkerwanderungszeit; zeitgenössische Schriftsteller schildern Übergriffe auf christliche Gemeinden. Angesichts der weitgehenden Identifikation von Kirche und christlich gewordenem Imperium empfanden zahlreiche Gläubige auch den politischen Umbruch als Katastrophe; die Herkunft vieler Bischöfe aus der römischen Aristokratie erklärt bereits solche Interessenverflechtung mit ihrer oft unverhohlenen Abneigung gegen die landnehmenden Völker, und tatsächlich war die Reaktion der Christen stark von Pessimismus geprägt.

Schon während der Gotenkriege des 3. Jahrhunderts wurde das Ende der Zeiten beschworen, und in die Klagen über die ausgebeutete und vergreisende Natur (Cypr., ad Demetr. 3) mischten sich bald Ressentiments gegen die barbarischen Eindringlinge. Ambrosius, der selbst Kontakt mit der Markomannenfürstin Fritigil aufgenommen hatte, zögerte nicht, den Goten als »Gog«, den eschatologischen Gegner des Gottesreiches (Ez 38f), zu verunglimpfen, eine Polemik, die durch das arianische Bekenntnis mancher Germanenstämme noch verschärft wurde. Andererseits richtete Augustin den Blick seiner Zeitgenossen auf das unergründliche Handeln Gottes (Gottesstaat I 29; V 23), das auch einem Salvian von Massilia († nach 480) wie ein Gottesgericht erschien, während Johannes Chrysostomos im Kreuz den Schlüssel zur Bewältigung der Bedrängnis erblickte. Die Frage nach dem gerechten Gott und die Zweifel an seiner Vorsehung führte man so aus christlicher Sicht einer Antwort zu; dazu traten Appelle, das verbreitete Elend asketisch zu bewältigen bzw. es eschatologisch zu verstehen. Gleichzeitig nahmen Kirchenmänner neben ihren unmittelbaren Hirtenpflichten auch die Belange der gequälten Bevölkerung wahr, so etwa Papst Leo, der im Jahre 452 bei Mantua den Hunnenkönig Attila († 453) zur Umkehr bewog, oder Severin von Noricum († 482), der seine karitative Tätigkeit ausweitete zum politischen Handeln und sogar Kontakte mit den Germanen aufnahm. Ja, man rühmte nicht selten ihr hohes Ethos gegenüber der Dekadenz der Römer (Salvian, gub. Dei VII 23,107) und zögerte letztlich nicht mit der Evangelisierung der Völker, welche die Grenzen des Reiches überflutet hatten.

b) Christliche Mission unter germanischen Völkern

Den *Westgoten*, die seit dem 3. Jahrhundert an der unteren Donau und am Schwarzen Meer siedelten, wurde das Christentum durch gefangene Kappadokier vermittelt. Von ihnen stammte Wulfila († um 382) ab, der durch Euseb von

Nikomedien (wohl 341) »zum Bischof der Christen im Gotenland« geweiht wurde (Philostorgios, KG II 5). Auf diese Weise setzte sich bei den Ostgermanen insgesamt das Christentum in arianischer Form durch, das im Verbund mit nationalen Traditionen trotz Verfolgung (369/72) langen Bestand haben sollte. Das bedeutendste Denkmal der Missionstätigkeit Wulfilas ist die *gotische Bibelübersetzung,* wobei er angeblich das Buch der Könige unterschlagen hat, um den kriegerischen Sinn der Goten nicht noch mehr anzustacheln. Ungeachtet der Bündnispolitik mit dem Römischen Reich, das ihnen Siedlungsraum geboten hatte, fiel der Stamm nach der Ermordung des Heermeisters Stilicho (408) in Italien ein und eroberte Rom. Weitergezogen nach Westen errichtete er im südlichen Gallien und in Spanien ein germanisches Reich, in dem sich aber die provinzialrömische Bevölkerung mit ihrem katholischen Glauben halten konnte. Noch König Leovigild († 586) vertrat entschieden das homoiische Bekenntnis der westgotischen Herren, aber dem Übertritt seines zweiten Sohnes Rekkared (586–601) zur katholischen Kirche folgte weitgehend auch das Volk. Die Bischöfe Leander († um 600) und Isidor von Sevilla († 636) ordneten das kirchliche Leben und förderten die Wissenschaften. Diese Blüte einer lateinisch orientierten Kultur endete freilich im Jahre 711, als der moslemische Berber Tāriq nach Spanien übersetzte und eine arabische Herrschaft errichtete.

Von den Westgoten übernahmen offenbar auch die *Burgunder* das arianische Bekenntnis. Aus seinen Sitzen im Maingebiet war dieser Stamm im 5. Jahrhundert in das Gebiet um den Genfer See gezogen, wo es jedoch Bischof Avitus von Vienne († um 518) gelang, den Thronfolger Sigismund (516–524) für den katholischen Glauben zu gewinnen. Besiegt von den Franken, verloren die Burgunder ihre Selbständigkeit, während Sigismund mit seiner Familie ertränkt und dann im Kloster St. Maurice (Wallis) beigesetzt wurde. Auf dem Seeweg fielen 408 die heidnischen *Sueben* in Nordwestspanien (Galläcien) ein. Der Annahme des Christentums aus der ansässigen Bevölkerung folgte arianischer Einfluß von seiten der Westgoten, der aber unter König Chararich (550–559) gestoppt wurde und zu einer Rekatholisierung durch Bischof Martin von Braga († 580) führte.

In einer großräumigen Wanderbewegung gelangten die *Vandalen* von Osteuropa nach Spanien und setzten im Jahre 428 nach Afrika über, wo sie unter König Geiserich (428–477) ihre Herrschaft errichteten. Auf diesem Weg nahmen sie offenbar das arianische Bekenntnis an und machten es – siegreich mit der Bibel als Feldzeichen (Salvian, gub. Dei VII 11,46) – zur Norm ihrer antikatholischen Politik. Staatliche Zwangsmaßnahmen wie Auslieferung der Kirchen und regelrechte Verfolgungen konnten allerdings den Widerstand der afrikanischen Katholiken kaum brechen. Victor von Vita schildert in seiner *Historia persecutionis Africae* (488/89) die Qualen der Unterdrückten, wobei sich auch späte Rache der Donatisten auswirkte. Während des 6. Jahrhunderts milderten die vandalischen Herrscher zwar den Druck; trotzdem betrachtete Kaiser Justinian seinen Krieg gegen die Vandalen auch als Aktion zur Befreiung der katholischen Kirche.

Durch eine gezielte Machtpolitik weiteten die *Franken* binnen kurzer Zeit ihren Herrschaftsraum. Die einzelnen Gruppen dieses Stammes saßen ursprünglich am Niederrhein, stießen dann aber weit nach Gallien vor. Schon in diesen Siedlungsgebieten kamen sie in Kontakt mit römischer Kultur und dem aufkommenden Christentum. Unter Führung des Merowingers Chlodwig († 511) schlugen die Franken bei Soissons 486 den römischen Feldherrn Syagrius. Bezeichnend für die *Bekehrung* Chlodwigs war die Erfahrung des stärkeren Gottes im Kampf. Vor der Schlacht gegen die Alemannen (496) versprach er nach Auskunft Gregors von Tours (Gesch. der Franken II 30): »Wenn du (Jesus Christus) uns den Sieg über die Feinde gewährst, ... will ich dir glauben und mich in deinem Namen taufen lassen.« An Weihnachten 498/99 wurde er mit zahlreichen Gefolgsleuten in Reims durch Bischof Remigius († um 533) getauft, der ihn schon früher zu gemeinsamer Wirksamkeit aufgefordert hatte. Dem Übertritt Chlodwigs zum katholischen Christentum folgte alsbald das Volk, vor allem der Adel. Angesichts der Verquickung von Religion und Volksbrauch überraschen solche kollektiven »Bekehrungen« nicht, wie sie auch von den Burgundern vollzogen wurden. Mit der Annahme des katholischen Bekenntnisses beschleunigte sich die Angleichung von Franken und Provinzialromanen, ein geschichtswirksamer Vorgang, dessen Tragweite vorerst noch vom Blick auf Byzanz überlagert war.

Die *Ostgoten* waren um 230 vom Ostseeraum in das Gebiet nördlich des Schwarzen Meeres eingewandert und hatten wohl dort das Christentum arianischer Prägung kennengelernt. Gegen den Vorstoß der Hunnen verbanden sich Teile von ihnen mit den Westgoten, kämpften 378 gegen Kaiser Valens und siedelten schließlich als Föderaten in Pannonien. Im Einverständnis mit Kaiser Zenon führte Theoderich (493–526), der zehn Jahre lang als Geisel in Byzanz gelebt hatte, die Ostgoten 489 nach Italien und besiegte dort den Germanenkönig Odoaker (476–493). Der Aufbau des Ostgotenreiches von der Hauptstadt Ravenna aus erfolgte unter weitgehender Achtung römischen Wesens und Toleranz gegenüber den Katholiken; hineingezogen in das sogenannte Laurentianische Schisma, entschied Theoderich im Jahre 506 zugunsten des stadtrömisch gesinnten Papstes *Symmachus* (498–514). Ein Wandel dieser Politik der Koexistenz zeichnete sich freilich ab, als Byzanz das monophysitische Bekenntnis preisgab und die Beilegung des akakianischen Schismas zu einem Ausgleich mit der römischen Orthodoxie führte. Nun witterte Theoderich als *rex Italiae* allenthalben Konspiration gegen seine Politik. Die Hinrichtung des Magister officiorum Boëthius (523), der sich um den kulturellen Anspruch Roms bemüht hatte, gründete nicht zuletzt in seinem neuerwachten Mißtrauen. Tatsächlich richteten sich die Hoffnungen des Westens in dieser Zeit auf Byzanz, das nach dem Tode des großen Ostgotenherrschers auch an Einfluß gewann. Justinians Feldherr Narses besiegte 552 am Vesuv König Teja, und er begründete damit den byzantinischen Herrschaftsbereich (Exarchat) mit dem Zentrum Ravenna.

Von ihren Wohngebieten an der unteren Elbe zogen die *Langobarden* gegen 400 nach Pannonien, wo sie unter den Einfluß einer ostgermanisch-arianischen Mission gerieten. Bedrängt von den Awaren, führte sie ihr König Alboin um 568 weiter nach Oberitalien. In ihrem ausgreifenden Reich, aufgespalten in

Teilherzogtümer, unterdrückten sie Römertum und katholisches Christentum, getragen von einem national gefärbten Arianismus: Papst Gregor dem Großen gelang es, nicht nur eine drohende Eroberung Roms abzuwenden, sondern sogar über die bayerische Herzogstochter Theodelinde († 628), welche 589 den König Authari geheiratet hatte, die Katholisierung der Langobarden einzuleiten. Das 612 vom hl. Kolumban gegründete und von König Agilulf mit Gütern reich ausgestattete Kloster Bobbio bildete das Zentrum dieser Bewegung. Trotz des Erfolges hat der Bund zwischen Papsttum und Franken das Ende des Langobardenreiches heraufbeschworen.

c) Christianisierung von England und Irland

In England, vor allem in der römischen Provinz Britannien, faßte das Christentum frühzeitig Fuß, auch wenn der Hinweis Tertullians auf »die Christus unterworfenen Gebiete der Britannier« (Adv. Jud. 7,4) allgemein die Verbreitung des Evangeliums bis an »die Grenzen der Erde« (Apg 1,8) illustriert. Immerhin waren auf der Synode von Arles (314) schon drei Bischöfe aus York, London und Lincoln anwesend, und in der Mitte des 4. Jahrhunderts erscheint Britannien kirchlich weitgehend organisiert. Diesem Kirchenwesen eigneten freilich gewisse Eigenheiten, die insbesondere bei der keltischen Bevölkerung Schottlands, also außerhalb der römischen Provinz Britannien, zur Geltung kamen, aber nach dem Abzug der römischen Truppen (407) und der zunehmenden Isolierung der Insel im Gefolge der Völkerwanderung auch hier eine Art Entromanisierung auslösten. Mit der Lockerung der Einheit trat das rechtliche Ansehen des Papstes in den Hintergrund; die Bischöfe insgesamt leiteten die Kirche, liturgische Sondertraditionen und ein abweichender Osterzyklus kennzeichnen das Christentum des keltischen England, und zwar bis zur Eroberung durch die heidnischen Angeln und Sachsen.

Inzwischen hatte die christliche Mission auch Irland erreicht, das nie zum Imperium Romanum gehört hatte. Vermutlich trugen zu Beginn des 5. Jahrhunderts britische Gefangene das Evangelium auf die Insel; jedenfalls setzt der Bericht des Tiro Prosper (chron. ad 431) von der Sendung eines Diakons Palladius als »ersten Bischof zu den gläubigen Schotten« – ursprünglicher Name für Iren – durch Papst Coelestin die Existenz von Christen voraus. Als eigentlicher Begründer der irischen Kirche gilt freilich Patricius, auch Patrick genannt († um 460), der in jungen Jahren als Sklave von Britannien nach Irland gelangte und nach seiner Flucht in einem visionären Erlebnis den Auftrag zur Missionierung der Insel empfing. Bei Bischof Germanus von Auxerre († 448), der selbst in England gegen den heimischen Anhang des Pelagius aufgetreten war, erwarb er sich die nötige Bildung und die Kenntnis des Mönchtums angeblich bei den Asketen auf den Inseln des Tyrrhenischen Meeres. Die Wirksamkeit Patricks in Irland, zentriert um den nachmaligen Bischofssitz Armagh, knüpfte an den soziokulturellen Strukturen des Landes an. Die Hinwendung der Stammesfürsten zum Christentum förderte den aristokratischen Zug in der kirchlichen Verfassung, wie andererseits die Teilfürstentümer zur Grundlage der Bistumsorganisation wurden. An die Stelle der fehlenden Städte traten dabei Kirchen mit Mönchsgemeinschaften als Bischofssitze. Diese monastische Orientierung des irischen Christentums wurzelt in den Traditionen des östlichen und südgallischen Mönchtums und hatte in Äbten wie Finnian († 549) oder Kolumban dem Älteren († 597) ihre tatkräftigen Organisatoren, und zwar hin bis zur Wahrnehmung der kirchlichen Jurisdiktion. Mit großer Energie betrieb die irische Mönchskirche nun ihrerseits die Mission in Schottland, einsetzend mit der Gründung der Abtei Hy (Iona) im Jahre 563. Von Bangor aus ging Kolumban († 615), der spätere Abt von Luxeuil, hinüber nach Gallien und beeinflußte mit seinen Schülern das Christentum in ganz Mitteleuropa. Wenn auch die Eigenart dieser sogenannten iroschottischen Mönche kaum im Gegensatz zu Rom liegt, so haben sie doch charakteristische Elemente ihres heimatlichen Christentums, etwa die Privatbeichte, auf das Festland verpflanzt; bezeichnenderweise folgten solchen kirchlich-missionarischen Impulsen in karolingischer Zeit auch kulturelle Anregungen.

Einen völligen Wandel der politischen Verhältnisse in England löste der Abzug römischer Truppen im Jahre 407 aus. Während zunächst von Norden Pikten und Skoten in die ungeschützte Provinz eindrangen, erfolgte um die Mitte des 5. Jahrhunderts die germanische Landnahme durch die heidnischen Angeln, Sachsen und Jüten. Durch die Heirat des Königs Aethelbert von Kent mit einer merowingischen Prinzessin (589) fand bereits ein christlicher Bischof Eingang in Canterbury; doch die eigentliche Christianisierung der Angelsachsen leitete Papst Gregor der Große in die Wege. Einer Legende zufolge seien ihm auf dem Forum Romanum Sklaven aus England aufgefallen, deren engelgleiche Gesichter ihm die Angeln als Miterben der Engel erscheinen ließen (Beda, KG II 1). Jedenfalls verfolgte der Papst nachdrücklich den Missionsplan und sandte angesichts der Weigerung von Klerikern im Jahre 596 den Prior Augustinus vom römischen Andreas-Kloster mit rund 40 Mönchen nach Kent. Nach anfänglichen Schwierigkeiten trat König Aethelbert (wohl 601) zum Christentum über und eröffnete mit diesem Schritt die Möglichkeit zur Organisation der angelsächsischen Kirche, die freilich nur auf der Grundlage der vorgegebenen ethnisch-politischen Verhältnisse erfolgen konnte. Die Mißachtung dieses Grundsatzes verhinderte zunächst den Ausgleich zwischen dem keltischen und angelsächsischen Kirchenwesen, obwohl man im übrigen die kirchliche Disziplin in erstaunlicher Offenheit den einheimischen Lebensformen anpaßte. Diese Missionsmethode entsprach durchaus der Weisung Gregors, heidnische Tempel in christliche Kirchen umzubauen und die Götterfeste biblisch zu deuten (ebd. I 30). Trotz Rückschlägen und heidnischen Reaktionen machte die Christianisierung Englands Fortschritte; auf Synoden, etwa jener von Whitby (664), regelte man interne Spannungen, so daß sich der römisch-kontinentale Einfluß durchsetzen konnte. Theodor von Tarsus fand als Bischof von Canterbury (669–690) Anerkennung in der gesamten angelsächsischen Kirche, die schließlich 735 in York einen zweiten Metropolitansitz erhielt. Die enge Bindung an Rom, durch die Pallium-Verleihung an die Erzbischöfe und Pflege des Petruskultes demonstriert, wirkte belebend auf die angelsächsische Kirche, die bald zur Festlandsmissionierung schritt, aber auch in Gestalten wie Beda Venerabilis († 735) und Alkuin († 804) Träger einer hohen Kultur hervorbrachte.

d) Die östlichen Kirchen und die Völkerwanderung

Von den Wanderzügen der germanischen Stämme wurde auch das Christentum im Osten erfaßt. Kriegerische Einbrüche steigerten wie im Westen die Abneigung gegen die Barbaren; andererseits gelang der kaiserlichen Politik eine lockere Eingliederung der verbleibenden Völkerschaften im eigenen Herrschaftsbereich. Die Kirche nahm ihrerseits die Mission in Angriff, wobei die allgemeine Aufgabe der Glaubensverkündigung immer mehr von regelrechten Missionaren wahrgenommen wurde. Johannes Chrysostomos bemühte sich um die Bestellung eines würdigen Bischofs für die Goten; aber auch das Mönchtum trat zusehends in den Dienst der christlichen Mission. Offensichtlich nötigten aber auch die Verhältnisse innerhalb der Reichsgrenzen zu missionarischem Handeln; man stellte den in Konstantinopel ansässigen Goten eine eigene Kirche zur Verfügung, und Johannes von Ephesos († 586) hat angeblich in Kleinasien noch Tausende von Heiden bekehrt (Joh. v. Eph., KG III 36–37).

Mit dem Vordringen der *Slawen* erwuchs für das Byzantinische Reich eine neue Gefahr. Im Jahre 581 ließen sich Teile dieses Volkes erstmals auf seinem Gebiet nieder, und im folgenden Jahrhundert, vor allem zur Zeit des Kaisers Heraklius, überschwemmten Slawen den Balkanraum fast völlig; mit den nachsetzenden Bulgaren festigte sich schließlich ihre staatliche Organisation, die übrigens auch Rückhalt bot für die bald einsetzende Expansion nach Westen. Die Christianisierung der Slawen, die den Einfluß von Byzanz gewaltig erweitern sollte, erfolgte zunächst durch die Bevölkerungsmischung; doch der Kaiser selbst hatte um der politischen Integration willen Interesse an der Mission, für die man auch den römischen Papst Honorius zu gewinnen suchte. Gerade die Slawenmission erwies sich so als Instrument der Reichspolitik.

An der Ostgrenze des Reiches bildete sich während der anhaltenden Auseinandersetzungen mit den Persern ein neuer Machtfaktor heraus: die aus der Wüste kommenden *Araber*. Schon im 3. Jahrhundert war bei einzelnen Stämmen das Christentum eingedrungen, vermutlich entlang der Handelswege. Selbst theologische Differenzen griffen in der Folgezeit auf die Araber über, die immer mehr in das politische Kräftespiel der Großmächte einbezogen wurden. So nahmen die Beduinenstämme, die unter Führung der Lakhmiden am Euphrat einen Pufferstaat bildeten, das nestorianische Bekenntnis an, während sich die im Sold der Byzantiner stehenden Ghassaniden mit ihrem Zentrum Rusafa in der syrischen Wüste dem Monophysitismus zuwandten. Für diese Unterschiede war freilich weniger die theologische Spekulation maßgebend als die konkreten Einflüsse und die Möglichkeit zur Bewahrung eigenständigen Wesens, das in der Einfachheit arabischen Wüstenmönchtums seinen gemäßen Ausdruck fand. Weder Byzanz noch Persien behandelten während des Krieges im 5. Jahrhundert die jeweiligen Beduinenstämme angemessen als Bündnispartner; ja Kaiser Maurikios zerschlug sogar den byzanzfreundlichen Pufferstaat der Ghassaniden.

In diesen Leerraum, den die beiden von ständigen Kriegen ausgelaugten Großmächte kaum mehr zu füllen vermochten, stießen nun jene Araberscharen vor, die sich um den Stifter des Islam, *Mohammed* († 632), gesammelt hatten und seine religiösen Ideen mit Waffengewalt verbreiteten. Eine kurzsichtige Politik des byzantinischen Herrschers Heraklius trieb zudem den moslemischen Stämmen die christianisierten Araber in die Arme. So erlag im Jahre 636 das byzantinische Syrien der ungestümen Kraft der Eroberer; Jerusalem fiel 638, Alexandrien 640. In wenigen Jahren führte der Ansturm der arabischen Wüstenvölker zu einem totalen Wandel der politischen und religiösen Ordnung im christianisierten Vorderasien und Nordafrika.

e) Die Kontinuität des Christentums

Mit dem Eindringen neuer Völkerschaften in das weitläufige Römische Reich geriet die Kirche in höchste Gefahr, wenn auch die Zerstörung von Bauwerken sowie der Untergang von Bischofssitzen nicht zur Ausrottung des Christentums führten; die Einwurzelung des Glaubens bei den Menschen gewährleistete ihren Fortbestand. Naturgemäß waren die Gläubigen an der Peripherie am stärksten bedroht; doch selbst in Britannien und am Rhein überlebten christliche Gemeinden. Die Bischöfe zogen sich gelegentlich in Fluchtburgen zurück, wie in Rätien und Noricum; an der Donau, einem Gebiet, das durch ständige Einbrüche besonders schwer gelitten hatte, schritt man sogar zur Evakuierung der romanischen Bevölkerung, die mit den Reliquien ihrer Ortsheiligen, z. B. des Hermagoras von Singidunum, auch deren Kult in ihre Auffangländer übertrugen. In Italien und anderen Mittelmeerprovinzen behauptete sich ohnedies die kirchliche Organisation. Trotz Invasionen und Errrichtung germanischer Staaten ging sogar die synodale Tätigkeit weiter, so z. B. nach dem Hunneneinfall in Gallien 451. Archäologische Funde bestätigen, daß selbst in Provinzstädten, wie Augsburg oder Lorch, das kirchliche Leben nicht völlig unterbrochen war.

Die Übernahme des christlichen Glaubens durch die germanischen Völker hatte fraglos eine Anpassung an deren ethnisch-religiöses Leben zur Folge. Ohne vorschnell einer Germanisierung des biblischen Glaubensbewußtseins das Wort zu reden, hat der Gefolgschaftsgedanke als Bekehrungsmotiv gedient, Rechtsdenken das Bußverfahren geändert und ein unverkennbarer Individualismus einer neuen Innerlichkeit den Weg bereitet. Rückwirkungen auf das romanisierte Christentum förderten jedoch den Ausgleich im Abendland.

Die *byzantinische Reichsgewalt* sicherte dem Christentum im Osten weithin kontinuierlichen Fortbestand. Die Missionierung der über die Grenzen bordenden Völker betrachtete man geradezu als politische Aufgabe. In den vom Islam überfluteten Ländern konnten die Christen, wegen nestorianischer oder monophysitischer Haltung zumeist auf Distanz zu Konstantinopel eingestellt, ihr kirchliches Leben durchaus weiterführen, obwohl sie immer mehr unter den Druck der moslemischen Herren gerieten. Seit der Herrschaft des Kalifen 'Abd-al-Malik (685–705) ergingen allerdings diskriminierende Maßnahmen gegen die Christen, wie Kopfsteuer und Kleidervorschriften; andererseits beendete das islamische Recht die konfessionellen Streitigkeiten, welche die Kirchen des Ostens so sehr erschüttert hatten.

§ 26
Pelagianismus und der Einspruch Augustins

Die Christianisierung der Völker hatte nach der *Konstantinischen Wende* selbst über das Römische Reich hinaus rasch Fortschritte gemacht, auch wenn sie in den einzelnen Gebieten unterschiedlich verlief. Ohne den Zustrom zu den Gemeinden vorschnell als Mitläufertum abzuwerten, griff nach den Klagen zeitgenössischer Prediger in der Kirche doch verstärkt Mittelmäßigkeit um sich. »Wie viele suchen Jesus nur deshalb, damit er ihnen Gutes tue für diese Zeit«, so kritisierte Augustin (Joh.-Trakt. 25,10) das Verhalten zahlreicher Christen, deren Motivation nach wie vor unter dem Einfluß überkommener Religiosität stand. Den Empfang der Taufe betrachteten offensichtlich nicht wenige als rituelle Garantie für das Heil, während ein Leben aus dem Glauben weithin als Überforderung galt, so daß man vielfach die Buße bis ans Lebensende aufschob. Ein unverkennbarer Pessimismus, gesteigert durch soziale Ungerechtigkeit und politische Ohnmacht, lagerte über den Gläubigen, denen zudem ein unbekannter Kommentator der Paulusbriefe (Ambrosiaster) durch eine düstere Auslegung von Röm 5,12 das Sündenbewußtsein schärfte.

a) Vollkommenheit des Menschen bei Pelagius

Um das Jahr 380 tauchte in Rom ein britischer Mönch namens Pelagius († um 422) auf, der – möglicherweise unter Einfluß aus dem Osten – den Ernst christlicher Lebensführung gegen Resignation und Oberflächlichkeit anmahnte. Unter Verweis auf die Gottebenbildlichkeit des Menschen rief er zur Verwirklichung vollen Christseins auf, wozu nach seiner Auffassung alle Getauften fähig sind. Die Sünde Adams galt ihm als persönliche Schuld, die nach Röm 7,17 keineswegs ein Erbe von Natur darstelle und deshalb auch nicht auf das Kind übertragen werde. Das gottwidrige Handeln des ersten Menschen erscheint allerdings nicht bloß als schlechtes Beispiel, sondern als dynamischer Reiz, der zur Nachahmung Adams drängt. In deutlicher Abkehr vom Manichäismus sprach Pelagius der Natur des Menschen das Vermögen zu, die Sünde zu meiden, wobei der sittliche Leistungswille des einzelnen durch das gnadenhafte exemplum Christi zur vollen Gerechtigkeit führt. Dabei betrachtete er die Erfüllung der mandata Dei als Aufgabe aller Gläubigen und nicht nur eines berufenen Kreises von Asketen, ein Ziel, das dem edlen Menschentum zahlreicher Heiden Rechnung trug. Das pelagianische Menschenbild machte das Streben nach Vollkommenheit zur allgemeinen Pflicht.

Mit diesem ethischen Reformprogramm, für das der britische Laienmönch in Wort und Schrift warb, entstand eine auf Verantwortung des Menschen zielende Gegenbewegung zu dem in den Gemeinden um sich greifenden Laxismus.

Zwar hatte schon die zunehmende Vergesetzlichung der christlichen Botschaft ihre Dringlichkeit unterstrichen; aber gegen den bloßen Legalismus pochte Pelagius auf die theologische Dimension des Gesetzes als göttliche Weisung. Es scheint, daß er damit gerade in römisch denkenden Kreisen Gehör fand, zumal der praktische Moralismus, unterstrichen durch das Schema von sittlicher Leistung und Lohn bzw. Strafe, seine lehrhaften Voraussetzungen überdeckte. Ein ehemaliger Rechtsanwalt, Caelestius, verschärfte die anthropologisch-theologischen Thesen des Pelagius, und er trug sie auf der Flucht vor den Westgoten von Italien über Afrika bis in den Osten.

b) Augustins Kritik und kirchliche Urteile

Vorbehalte gegen das ethische Leitbild der pelagianischen Bewegung, nicht zuletzt gegen ihre Armutsforderungen, waren schon in Italien laut geworden, aber die innerkirchliche Auseinandersetzung verlagerte sich zunächst nach Afrika, wo Caelestius, der sich in Karthago um Aufnahme in den Klerus beworben hatte, um 411 von der Synode verurteilt wurde. Während Caelestius nach Ephesos weiterzog, trat Augustin mit wachsendem Nachdruck der Auffassung des Pelagius über die Menschennatur entgegen. Bereits in der Schrift über die Kindertaufe vom Jahre 412 verwies er auf die drohende Entleerung der Gnadenwirklichkeit. In Stellungnahmen zu Anfragen aus Sizilien und umlaufenden Traktaten widerlegte er unter Berufung auf den lateinischen Text von Röm 5,12 die optimistischen Thesen von der Selbstmächtigkeit des Menschen; mit aller Entschiedenheit hob er in seinem Werk *De natura et gratia* (415) auf die Notwendigkeit der Erlösung durch Christus ab.

Inzwischen hatte die Lehre des Pelagius, der nach Palästina übergesiedelt war, auch im Osten Anstoß erregt. Mißgünstige Vergleiche des Hieronymus und heftige Anklagen des Orosius konnte er freilich zurückweisen; selbst eine *Synode von Lydda* (Diospolis) im Jahre 415 verweigerte ihm nicht die kirchliche Gemeinschaft, da er sich rechtfertigte und von den verschärften Thesen des Caelestius lossagte. Das Zwielicht über diesem Vorgang nötigte Augustin zum Rückgriff auf die Schriften des Pelagius und Caelestius, deren Aussagen über den freien Willen und das Los der ungetauften Kinder durch eine *Synode von Mileve* (416) verurteilt und Papst Innozenz I. zur endgültigen Klärung überantwortet wurden. In behutsamer Form, aber kraft apostolischer Autorität mißbilligte Innozenz I. die pelagianischen Lehren und schloß ihre Wortführer von der Kirchengemeinschaft aus. Augustinus faßte damals das bisherige Geschehen in die berühmte Worte: »Causa finita est: utinam aliquando finiatur error« (sermo 131,10).

Als nun freilich Pelagius ein Glaubensbekenntnis vorlegte und Caelestius persönlich mit einer Erklärung in Rom erschien, erfolgte bei einem Prozeß (417) unter Papst *Zosimus* (417–418) ihre Rehabilitierung, ein Vorgang, den eine *Synode von Karthago* (418) mit der erneuten Verurteilung der pelagianischen Irrtümer beantwortete. Umtriebe des Caelestius führten aber bald zur Ausweisung aus Rom; überdies schloß sich der Papst in einer (verlorenen) *Epistula trac-*

toria den afrikanischen Beschlüssen an. Während die bisherigen Wortführer der Bewegung aus der Ferne Rechtfertigung verlangten, trat Bischof Julian von Aeclanum († um 454) als neuer Anwalt pelagianischer Ideale in den Vordergrund. Aus dem italischen Landadel stammend, polemisierte er vehement gegen den Afrikaner Augustin und vertrat mit Geschick die natürliche Würde des Menschen, wobei er die Rede von einem peccatum naturae mit dem Vorwurf des Manichäismus verband. Tatsächlich hatte der Bischof von Hippo aus der Erlösungsbedürftigkeit aller Menschen, und zwar auch der Kinder, auf eine Ursünde Adams geschlossen, die auf das gesamte Menschengeschlecht übergegriffen habe; ihr Wesen äußert sich vor allem in der Konkupiszenz, die im sexuellen Begehren gipfelt. Die Menschheit insgesamt erschien so der Sünde ausgeliefert und der Verdammnis überantwortet.

c) Die Auseinandersetzung mit dem Augustinismus

Während Versuche einer Rehabilitierung des Caelestius und Julians mit der Zustimmung des *Konzils von Ephesos* (431) zum römischen Entscheid letztendlich scheiterten, löste Augustins zugespitzte Lehre vom beschränkten Heilswissen Gottes eine anhaltende Diskussion aus. Seine Auffassung von der absoluten Gnadenhaftigkeit jeglicher Rechtfertigung (sog. *Augustinismus*) legte er ausführlich in der Schrift *De gratia et libero arbitrio* (426) dar, provozierte aber damit in Mönchskreisen von Hadrumetum den Einwand, daß dann niemand zu tadeln sei, der Gottes Gebote nicht erfülle. Augustins Entgegnung *De correptione et gratia* (427) hob auf die Beharrlichkeit ab, die im begnadeten Menschen das Heil wirke und wegen des Geheimnischarakters gegebenenfalls Zurechtweisung erfordere. Widerspruch wurde daraufhin auch aus der Mönchsbewegung Südgalliens laut, weil man hierin eine Verschärfung in Augustins Lehre von der Prädestination erblickte, die alles sittlich-asketische Bemühen des Menschen hinfällig mache. Die Vertreter des Mönchtums, allen voran Johannes Cassian, meinten, daß der Anfang des Glaubens sowie das Beharren in Gottes Gnade dem freien Willen des Menschen überantwortet sei; auch die Vorherbestimmung hänge von Gottes Vorherwissen menschlicher Würdigkeit und nicht allein vom Wohlgefallen ab (sog. *Semipelagianismus*). In seinen Entgegnungen hielt Augustin an der Allwirksamkeit der Gnade fest, die von menschlicher Vorleistung unabhängig sei. Nach Röm 8,29f galt ihm die Vorherbestimmung zum Heil als Geheimnis göttlicher Gnadenwahl, während die Verworfenen ausgeschlossen erschienen – ein Entwurf, der sich nur schwer mit dem allgemeinen Heilswillen Gottes (vgl. 1 Tim 2,4) vereinbaren ließ.

Der Streit um Augustins Lehre von der Gnade endete mit seinem Tode keineswegs, obwohl sich neben seinem Verteidiger Tiro Prosper von Aquitanien auch Papst Coelestin I. lobend über den Bischof von Hippo ausgesprochen hatte. Nach wie vor behauptete sich der Semipelagianismus in Gallien, wo sich neben Vinzenz von Lérins († vor 450) und Faustus von Riez († 499/500) auch mehrere Synoden für diese Richtung aussprachen. Erst auf Betreiben des Caesarius von Arles († 542) verwarf im Jahre 529 die *Synode von Orange* den Pelagianismus aller Schattierungen, und zwar auf der Grundlage eines gemäßigten Augustinismus, insofern man nicht mehr an der Unbedingtheit der Prädestination und am partikularen Heilswillen Gottes festhielt. Die Beschlüsse wurden durch Papst Bonifatius II. bestätigt und fanden gerade dadurch allseitige Anerkennung. Zwar hatte Augustins Gnadenlehre in Fulgentius von Ruspe († 532) noch einen entschiedenen Verfechter gefunden, welcher von der Verdammnis aller Menschen und von der Übertragung der Erbsünde auf dem Weg der Zeugung sprach. Aber die Rezeption augustinischer Lehren, wie sie besonders in Rom erfolgte, geschah nicht blind, sondern in Abwägung der gesamtmenschlichen Situation; statt des Theologumenons von einer Unwiderstehlichkeit der Gnade kam so die Verantwortung des Menschen zum Zug. Den Regeln Papst Gregors des Großen zur Menschenführung eignet solche Ausgewogenheit, und sie hat durch sein Schrifttum mittelalterliches Denken geformt.

§ 27
Der Nestorianismus und das Konzil von Ephesos

Durch die Kontroverse über das dreifaltige Gottesbild war die Gestalt Jesu Christi in der theologischen Diskussion zwar in den Hintergrund getreten, aber keineswegs aus dem Glaubensbewußtsein geschwunden. Im Wandel des Christusgebetes, das immer deutlicher den ebenbürtigen Rang von Vater und Sohn betonte, machte sich noch während des arianischen Streits der nizänische Glaube bis in die Liturgie hinein geltend. So sehr damit dem Erlösungsbedürfnis des Menschen im Sinne einer Vergöttlichung Rechnung getragen wurde, die Wirklichkeit des fleischgewordenen Logos bereitete dem rationalen Verständnis nach wie vor Schwierigkeiten. Vor allem die Zuweisung menschlicher Niedrigkeit, gipfelnd im Leidenstod am Kreuz, verschärfte die Fragen nach dem Verhältnis von Göttlichem und Menschlichem in Christus, welche durch einfache Glaubensbekundungen keine hinreichende Antwort erfuhren. Dem apollinaristischen Lösungsversuch eignete andererseits religiöser Antrieb, allerdings auf Kosten der ganzen Menschheit. Unter solchen Umständen überrascht es nicht, daß der Christusglaube nach weiterer Klärung drängte. Erschwert wurde dadurch allerdings die Zuweisung aller Niedrigkeitsaussagen der Schrift an den wesensgleichen Gottessohn, dessen gottmenschliche Wirklichkeit man nach dem Modell der Leib-Seele-Einheit des Menschen zu erklären suchte, ein Versuch, der trotz Verurteilung des Apollinarios weiterhin als Leitbild zur Erklärung der Christusgestalt diente.

a) Christologische Entwürfe

Die Verurteilung des christologischen Monismus eines Apollinarios durch das *Konzil von Konstantinopel* (381) förderte zunächst die antiochenische Christologie, welche von dem Grundsatz ausging, daß zwei vollkommene Wesen nicht eins werden können. Demgemäß hoben ihre Vertreter in aller Entschiedenheit auf eine Unterscheidung von Menschlichem und Göttlichem ab, wobei ihnen aber die Beschreibung der Einheit in Christus Schwierigkeiten bereitete, wie schon die knappen Aussagen des Diodor von Tarsus († vor 394) bestätigen. Sein Schüler Theodor von Mopsuestia († 428) deutete die Inkarnation des Logos als Annahme eines ganzen Menschen, in dem die Seele nicht nur ihre volle Funktion ausübt, sondern auch ihr soteriologisches Gewicht wahrt, insofern sie, von der Gnade des Geistes durchwirkt, die Sünde überwindet. In aller Klarheit hielt er an zwei vollständigen Naturen in Christus fest und sprach von dem einen, »der aufnimmt«, und jenem, »der aufgenommen wird« (hom. cat. 8,17). Im Anschluß an 1 Kor 3,16 beschrieb er diese Einheit als »Einwohnung« (enoíkēsis), ähnlich der eines Götterbildes im Tempel; in bewußter Distanz zu Begriffen wie »Mischung« (mîxis) oder »Vermengung« (krâsis) gebrauchte er die Rede von der »Einheit in der Haltung« (hénōsis schetikē), die dem alten antiochenischen Anliegen einer willentlichen Bewährung des menschgewordenen Logos Raum gab. Wenn Theodor schließlich die einzigartige Verbindung (synápheia) der beiden Naturen als prósopon bezeichnete, dann noch keineswegs im Sinn der Personeinheit von Chalkedon, sondern einfach als Folge ihres Zusammenkommens, gewissermaßen als Erscheinungsweise. Obwohl bei ihm die Begriffe noch nicht geklärt sind und der »Unterscheidungchristologie« vom Typ Logos – Anthropos der Vorzug gegeben wird, weist sein Bekenntnis in die Zukunft, nicht zuletzt deshalb, weil für Theodor die Einheit der beiden Naturen auch Anbetung verbürgt.

Das Christusbild der Alexandriner ist demgegenüber »von oben« her (Joh 8,23) entworfen, und zwar unter Aufnahme des athanasianischen Leitwortes, wonach nicht der Mensch Gott geworden ist, sondern Gott Mensch, um uns zu vergöttlichen (c. Arian. 1,39). Den Ausgangspunkt dieser Christologie bildete also der präexistente Logos, der selbst Mensch wurde, wobei die unter dem Namen des Athanasios überlieferte Formel des Apollinarios von der »einen fleischgewordenen Natur des Logos« (mía phýsis tû lógu sesarkōméne) zunächst eine unmittelbare Verknüpfung von Logos und Sarx begünstigte. In dem ungestümen Bischof Kyrill von Alexandrien († 444) hatte diese Christologie einen entschiedenen Anwalt, nicht zuletzt wegen des treibenden Motivs, wonach Erlösung allein Gott bewirke. Durchaus von zwei Naturen ausgehend, pochte er auf Einheit, und dies unter Verwendung einer »physischen« Begrifflichkeit. Nach ihm eignet Christus die Gottheit katà phýsin, also von Natur aus, und er bediente sich des Hypostasebegriffs, mit dem man das individuelle und konkrete Naturwesen kennzeichnete, um die Einung (hénōsis kath hypóstasin) zu umschreiben. Insofern die Hypostase oder auch Physis des Logos sich die menschliche Natur »ohne Vermischung« (asýnchytōs) und »ohne Wandel« (atréptōs) geeint hat, deckte dieser Entwurf das Christusbild der Evangelien, das gerade nicht ein »Götzenbild mit zwei Gesichtern« war; andererseits entging die starke Betonung der göttlichen Natur, durch die Erlösung gewährleistet schien, nicht der Gefahr, mangels begrifflicher Unterscheidung die Menschheit zu verkürzen.

b) Der Konflikt um Nestorios

Wegen seiner rhetorischen Fähigkeiten hatte Kaiser Theodosius II. den antiochenischen Priestermönch Nestorios im April 428 auf den Patriarchenstuhl von Konstantinopel gehoben, einen Mann, der in der Bekämpfung der Häresie großen Eifer zeigte. Ein Presbyter aus seiner Begleitung propagierte alsbald in der Hauptstadt heimische Lehren und sprach Maria, weil sie als Mensch keinen Gott gebären könne, den Titel »Gottesgebärerin« (theotókos) ab. Diese Abkehr von einer schon lange gebräuchlichen Bezeichnung löste in asketischen Kreisen, die darin ihr Ideal von einem neuen Menschen gefährdet sahen, heftige Reaktionen aus, so daß sich Nestorios selbst zur Stellungnahme genötigt sah und für den Titel »Christusgebärerin« (christotókos) eintrat. Aber auch damit handelte er sich den Vorwurf des Adoptianismus ein, vor allem von seiten des Ketzerschnüfflers Euseb, des nachmaligen Bischofs von Doryläum. Von ägyptischen Mönchen über diesen Streit in Konstantinopel unterrichtet, trat bald auch Kyrill von Alexandrien gegen den ökumenischen Skandal auf, dabei die Gelegenheit nützend, eigenen Einfluß in Konstantinopel zur Geltung zu bringen. Im Osterfestbrief des Jahres 429 setzte er sich bei den Bischöfen Ägyptens nachdrücklich für das (theotókos) ein; von Nestorios selbst verlangte er Auskunft über seine Lehre. Beide Kontrahenten entfalteten nun eine rege Aktivität. Nestorios leitete Papst Coelestin neben einer Anfrage über die Pelagianer auch einen Bericht über seine Auffassung zu, während die Gegner ganze Predigten des Patriarchen nach Rom sandten, die auf Veranlassung des dortigen Diakons Leo von Abt Johannes Cassian widerlegt wurden. Kyrill forderte seinerseits Nestorios in einem zweiten Brief auf, den Theotokos-Titel anzuerkennen, da aus Maria der Leib stamme, mit dem sich der Logos vereinigt habe. Dieser lehnte jedoch ein solches Ansinnen ab, und zwar mit der Begründung, hierdurch würde der Logos selbst der Veränderbarkeit durch Geburt, Leiden und Sterben unterworfen. Gleichzeitig hatte sich der alexandrinische Bischof mit Informationsmaterial nach Rom gewandt und die Stellungnahme einer Synode unter Papst Coelestin erwirkt (August 430). Ohne die christologischen Erläuterungen Augustins gegenüber dem gallischen Mönch Leporius heranzuziehen, und mit wenig Kenntnis der Diskussion, verwarf man dort Nestorios wegen seiner Lehre von Christus als bloßen Menschen und forderte ihn zum Widerruf auf, zu dessen Vollzug Kyrill, der »Pharao« Ägyptens, bestellt wurde. Eine Synode von Alexandrien ließ diesen nochmals eine Verurteilung aussprechen und den Entscheid mit einem Glaubensbekenntnis und 12 angeführten Bannsätzen (Anathematismen) dem Patriarchen von Konstantinopel zustellen. Nestorios, durchaus kompromißbereit, zögerte mit einer Anerkennung der kyrillischen Einheitschristologie, wohl in der Hoffnung auf ein Konzil. Theodoret von Kyros († um 466) formulierte in 12 Gegenanathematismen das Unbehagen der Antiochener an Kyrills Lehre, insbesondere an seiner These von einer physischen Einigung, so daß sich die Fronten noch verhärteten.

c) Das Konzil von Ephesos

In dieser Situation berief Kaiser Theodosius II. für Pfingsten 431 ein *Konzil nach Ephesos* ein, der kleinasiatischen Hafenstadt mit den Gedenkstätten an Johannes und Maria. Die verzögerte Ankunft der geladenen Metropoliten mit recht unterschiedlichem Anhang ermöglichte es Kyrill, trotz des Protestes die Versammlung am 22. Juni in der Marienkirche zu eröffnen, obwohl weder die päpstlichen Legaten noch der Patriarch von Antiochien eingetroffen waren. Der kaiserliche Vertreter Candidianus trug gezwungenermaßen das Einberufungsschreiben zur Synode vor, die ganz nach dem Willen des Alexandriners verlief. Schon auf der ersten Sitzung, bei der etwa 150 Bischöfe versammelt waren, wurde die Übereinstimmung des zweiten Briefes von Kyrill mit dem Glaubensbekenntnis von Nizäa bestätigt, während Äußerungen des Nestorios, welcher die Einladung zur Kyrillischen Versammlung abgelehnt hatte, mißbilligt und er selbst als »neuer Judas« (Schreiben der Synode an Nestorios ACO I,I 2,64) von der bischöflichen Gemeinschaft ausgeschlossen wurde.

Am 26. Juni traf endlich Bischof Johannes von Antiochien mit syrischen Suffraganen ein, die nach Kenntnisnahme der Vorgänge sofort eine eigene Synode mit rund 50 Teilnehmern veranstalteten und ihrerseits Kyrill sowie den Ortsbischof Memnon von der kirchlichen Gemeinschaft ausschlossen, weil sie den Auftrag des Kaisers sowie die Kanones mißachtet hätten. Mit der Verabschiedung eines Glaubensbekenntnisses, das sogar den Titel *theotókos* einschloß, bewiesen die Antiochener, daß sie keineswegs in Polemik und Verweigerung verharrten und unter den gegebenen Umständen einem Ausgleich nicht im Wege standen. Theodosius II., von beiden Parteien über die jeweiligen Maßnahmen unterrichtet, verweigerte allen Beschlüssen die Zustimmung und kündigte eine Prüfung des Konzilsgeschehens an. Inzwischen waren auch die drei Legaten des Papstes in Ephesos angekommen und über die Kyrillische Sitzung vom 22. Juni in Kenntnis gesetzt worden. Im Bewußtsein von der Autorität des Nachfolgers Petri billigten sie am 11. Juli die Verurteilung des Nestorios. Auf einer weiteren Zusammenkunft am 16. und 17. Juli verfügte man nach vergeblicher Vorladung die Exkommunikation des Johannes von Antiochien samt seinem Anhang, so daß jetzt zwei Synoden gegeneinander standen. Sechs Kanones drohten allen Anhängern des Nestorios sowie des Pelagianers Caelestius, der im Osten Resonanz gefunden hatte, das Anathem an; der siebte Kanon verbot ausdrücklich, das Bekenntnis von Nizäa mit neuen Glaubensformeln zu erweitern. Zu Beginn des August erschien in Ephesos der angesagte Comes Johannes, der nach vergeblichen Gesprächen schließlich Nestorios, Kyrill und Memnon in Haft nahm und die übrigen Teilnehmer zur Heimkehr aufforderte. Ein kaiserlicher Versuch, über bischöfliche Delegationen in der Hauptstadt einen Vergleich zu erreichen, scheiterte ebenfalls, so daß Theodosius II. im September 431 das Ende des Konzils verfügte. Während Nestorios zunächst in seine Heimat zurückkehrte und dann den Weg in die Verbannung antreten mußte, konnte Kyrill heimlich aus Ephesos entweichen und mit aufwendigen Geldüberweisungen an höfische Kreise in Konstantinopel für sich Stimmung machen.

Das skandalöse Erscheinungsbild des synodalen Geschehens von Ephesos verdunkelt zwar die Bemühungen um das rechte Christusverständnis, es kann aber die Bedeutung der getroffenen Entscheide nicht mindern. Zwar hat das Konzil, näherhin die Kyrillische Versammlung, keine Glaubensdefinition verabschiedet, aber es stellt die Übereinstimmung des zweiten Briefes Kyrills an Nestorios mit dem Bekenntnis von Nizäa fest und es machte sich grundsätzlich dessen christologische Aussagen zu eigen. Am Maß des Symbols von Nizäa wurde also der Christusglaube beurteilt, der trotz des marianischen Anlasses den Gang der Diskussion auf diesem Konzil beherrschte. Die Annahme des Titels *theotókos* beinhaltete die Überzeugung von einem Subjekt im menschgewordenen Logos, während die antiochenische Sicht zwei Handlungsträger nahezulegen schien und darum den Tausch der Aussagen (Idiomenkommunikation) unmöglich machte. In Anbetracht dieser christologischen Zentrierung rücken religionsgeschichtliche Parallelen von Maria und der Lokalgöttin Artemis in den Hintergrund.

d) Die Union vom Jahre 433

Das Ende des Konzils von Ephesos hatte die Glaubensstandpunkte noch verschärft und eine Versöhnung zwischen Alexandrinern und Antiochenern in weite Ferne gerückt. Umso mehr überrascht es, daß es den anhaltenden Bemühungen des Kaisers gelang, Kyrill und Johannes zu erneuten Verhandlungen zu bewegen, wobei gewiß die Autorität des vielverehrten Säulenstehers Symeon († 459) eine Rolle spielte. Auch Bischof Akakios von Beroia († um 433) schaltete sich als Vermittler ein, so daß auf ein positives Signal aus Alexandrien hin Bischof Johannes das von seiner Synode in Ephesos verabschiedete Glaubensbekenntnis, das einen Christus, einen Sohn und Herrn bekannte, dorthin sandte und zugleich sein Einverständnis mit der Absetzung des Nestorios erklärte. Hocherfreut pries Kyrill in seinem Antwortschreiben den neuen Frieden in der Kirche, der freilich auch Vorbehalten begegnete, und zwar auf antiochenischer Seite, weil man Nestorios geopfert hatte, und bei den Alexandrinern wegen der Annahme nestorianisierender Begriffe. Selbst ein scharfer Gegner Kyrills wie Theodoret von Kyros willigte schließlich in die Union ein, als er sah, daß der Alexandriner nicht mehr auf seine Anathematismen pochte und sich die Unterscheidung der Begriffe *phýsis* und *hypóstasis* verdeutlichte, wie in dem vermittelnden Lehrschreiben des Bischofs Proklos von Konstantinopel († 446) an die Armenier, in dem es heißt: »Ich kenne nur einen Sohn ... und bekenne eine Hypostase des fleischgewordenen Wortes« (ACO IV 2,187–195,191). Ein kaiserliches Edikt vom Jahre 436 erging zudem gegen die Nestorianer und ihr Schrifttum; doch sollte das Ansehen ihrer Autoritäten die Kirche noch lange beschäftigen, zumal es nicht mehr gelang, deren Anhänger zu integrieren. Vor allem außerhalb der Reichsgrenzen entfalteten die Nestorianer eine starke Missionstätigkeit, die über Persien bis nach China führte; nicht zuletzt ihr zentralistisches Kirchenwesen verhinderte eine Rückkehr in die Ökumene.

§ 28
Der Monophysitismus und das Konzil von Chalkedon

Die erzielte Einheit im Streit um Nestorios, ohnedies von Mißtrauen begleitet, zerbrach, als ihre Gewährsleute starben und neue Hierarchen, wie der selbstherrliche Dioskoros von Alexandrien († 454), das Kirchenregiment ergriffen. Zündstoff bot vor allem die Unzulänglichkeit theologischer Formeln, wobei der antiochenischen Gefahr einer Spaltung Christi die umstrittene Lösung Kyrills von der »einen Natur« gegenüberstand. Zwar hatte schon Proklos, seit 434 Patriarch von Konstantinopel, die Einheit beider Naturen in Christus auf die Hypostase gegründet; aber diese Begriffswahl fand zunächst keinen Anklang. Zudem löste die bedeutsame Distanzierung von umstrittenen Äußerungen Theodors von Mopsuestia entschiedenen Widerspruch bei dem antiochenisch gesinnten Ibas von Edessa († 457) aus, der gleichzeitig den Vorwurf apollinaristischer Irrlehre an Kyrill richtete, obwohl dieser seit 433 die mißverständliche Redeweise von der einen Natur in Christus weitgehend gemieden hatte. Kyrills Auffassung kommt deutlich in einem Brief an Bischof Sukkensos von Diocäsarea zur Sprache: »Wir bekennen nur einen Christus, einen Sohn, einen Herrn, denselben, der von Ewigkeit her von Gott dem Vater auf göttliche und unaussprechliche Art gezeugt und am Ende der Zeiten dem Fleische nach aus der Jungfrau Maria geboren worden ist... Das Wort Gottes des Vaters hat sich auf unbegreifliche und unaussprechliche Weise mit einem von einer Vernunftseele belebten Leib vereinigt und ist von einer Frau geboren worden und als Mensch erschienen... Zwei Naturen haben sich in einer unlösbaren Vereinigung getroffen ohne Vermischung oder Veränderung... Diese Einheit hat sich aus zwei (Naturen) gebildet« (Kyrill, ep. 45 ad Succensum 1). Die Unterscheidung zweier Naturen in Christus oder auch der Gebrauch des Aussagetausches konnte Mißverständnisse nicht ausschalten, zumal nicht nur Natur- und Hypostasebegriff synonym gebraucht wurden, sondern die Rede von der Einheit »aus zwei (Naturen)« den Keim zur monophysitischen Interpretation in sich barg. Als mit dem Bischofswechsel in Alexandrien die monophysitische Richtung Auftrieb erhielt, veröffentlichte Theodoret von Kyros im Jahre 447 ein Buch mit dem Titel *Eranistes,* worin er einen »Bettler« gegen die Orthodoxie auftreten ließ mit der These, daß Gottheit und Menschheit in Christus eine Natur bilden.

a) Der Fall Eutyches

Ein monophysitisches Christusbild nach dem Modell des »Bettlers« vertrat ganz offen der antinestorianisch gesinnte Archimandrit Eutyches von Konstantinopel († nach 451), der prompt im Herbst 448 von dem eifernden Bischof Euseb von Doryläum vor einer endemischen Synode in der Hauptstadt der Häresie bezichtigt wurde. Flavian († 449), der neue Patriarch, mußte der Anklage stattgeben und einen Prozeß gegen Eutyches einleiten. Nach wiederholten Vorladungen erschien der theologisch unbedarfte Klostervorsteher endlich unter dem Schutz einer Wache und beteuerte vor den versammelten Bischöfen: »Ich bekenne, daß unser Herr vor der Einigung aus zwei Naturen *(ek dýo phýseōn)* bestand, nach der Einigung bekenne ich nur eine Natur *(mían phýsin)*« (Gesta Actionis I 301). Der alexandrinischen Tradition verhaftet, beharrte er auf den Aussagen des Konzils von Nizäa und Ephesos; wie viele andere sträubte er sich gegen neue theologische Formeln. Demgegenüber hatte Flavian schon zu Beginn der Verhandlungen eine Bekenntnisformel vorgelegt, in der von zwei Naturen auch nach der Inkarnation und einer Hypostase die Rede war; der Bischof Basilius von Seleukia sprach sogar von einer *Einigung der Hypostase* (Gesta Actionis I 301). Jedenfalls zeichnete sich bereits auf der November-Synode gegen Eutyches eine Sprachregelung für das Mysterium der Inkarnation ab, welche die Einheit unter Wahrung der beiden Naturen zu gewährleisten schien. Auf die Weigerung des Eutyches hin, »die zwei Naturen« anzuerkennen, setzten ihn die versammelten Bischöfe ab und sprachen das Anathem über ihn aus.

b) Die sogenannte Räubersynode von Ephesos

Mit einer erstaunlichen Aktivität reagierte nun der siebzigjährige Abt auf das Urteil der Synode von Konstantinopel. In einer Reihe von Briefen, darunter auch an Papst Leo I., protestierte er gegen seine Verurteilung, und er beteuerte seinen rechten Glauben, der sich auf Nizäa stütze; es gelang ihm schließlich durch Vermittlung des Ministers Chrysaphios, daß Kaiser Theodosius II. trotz Widerstands des Bischofs Flavian ein *Konzil nach Ephesos* berief. Sowohl der Versammlungsort wie die Auswahl der Synodalen – ausdrücklich verweigerte man Theodoret von Kyros die Teilnahme – ermöglichten Dioskoros von Alexandrien, vom Kaiser zum Vorsitzenden bestellt, geradezu unbeschränkte Willkür. Auch Papst Leo I. konnte die geplante Reichssynode nicht verhindern und entsandte umgehend Legaten, die mit mehreren Briefen ausgestattet in den Osten reisten. In seiner berühmten *Epistula dogmatica ad Flavianum* legte er die Lehre von der Menschwerdung Christi dar, wobei er, ausgehend von dessen doppelter Geburt, wegweisend betonte, daß die Eigentümlichkeit jeder der beiden Naturen gewahrt bleibe, und zwar auch im Zusammenkommen zu einer Person (Brief 28). Die Kundgabe dieses Tomus wurde allerdings auf der am 8. August 449 eröffneten Synode rundweg verweigert. Unterstützt von seinem Anhang, beherrschte Dioskur die Synode, unterdrückte mißliebige Stimmen und führte eine Rehabilitierung des Eutyches herbei, während Flavian und Euseb die Absetzung traf, und zwar unter dem Vorwand, sie hätten den Glauben von Nizäa verändert. Bedroht von dem in die Marienkirche eingelassenen Pöbel, unterschrieben schließlich auch die wenigen Bischöfe, die sich dem Druck des Alexandriners widersetzt hatten. Auf einer weiteren Sitzung wurden dann wegen »Nestorianismus« auch noch abwesende Bischöfe, wie Theodoret und Ibas, verurteilt, so daß der Triumph der monophysitischen Partei vollkommen erschien; die mühsam erzielte Einigung zwischen Antiochien und Alexandrien war damit zerbrochen. Nicht mit Unrecht bezeichnete Papst Leo der Große diese Synode als *Latrocinium,* als Räuberkonzil.

c) Das Konzil von Chalkedon

Die in Ephesos abgesetzten Bischöfe appellierten nun ihrerseits an Rom, wo man nach einer synodalen Verurteilung der dortigen Beschlüsse Flavians Anregung aufgriff und ein Konzil *ex toto orbe terrarum* in Italien plante. Doch weder direkte Schreiben an den Hof in Konstantinopel noch eine Intervention des weströmischen Kaisers Valentinian III. stießen im Osten auf Bereitschaft zu einer Revision. Ein Wandel trat erst ein, als Theodosius II. durch einen Unfall starb und die Herrschaft auf seine tatkräftige Schwester Pulcheria überging, die alsbald den General Markian heiratete und mit ihm den Thron teilte. Der Regierungswechsel führte zu einem Wandel der Kirchenpolitik. Über den bislang so mächtigen Minister Chrysaphios fällte ein Gericht das Todesurteil, Eutyches wurde in eine Art Klosterhaft verwiesen, die verbannten Bischöfe durften heimkehren, und der Nachfolger des verstorbenen Flavian, Anatolios, erteilte endlich dem Dioskur von Alexandrien eine Absage. Angesichts dieser Wende erschien Papst Leo ein neues Konzil nicht mehr dringlich; doch die Initiative des religiös motivierten Kaiserpaares hatte bereits zur Berufung einer Reichssynode nach Nizäa geführt, der sich Rom nicht mehr entziehen konnte. Um Vorkommnissen wie in Ephesos vorzubeugen, forderte der Papst für seine Legaten den Vorsitz, und in einem Schreiben an die Konzilsväter verlangte er Wiedergutmachung für die abgesetzten Bischöfe; als Maß für die theologischen Diskussionen sollte seine *Epistula ad Flavianum* gelten. Der Einladung des Kaisers nach Nizäa folgte ein großer Teil der Bischöfe aus dem Osten, so daß mit rund 350 Teilnehmern diese Kirchenversammlung als die größte des Altertums gilt. Der Westen war wieder nur schwach vertreten; neben den drei päpstlichen Legaten erschienen nur zwei afrikanische Bischöfe, die vor den Vandalen geflüchtet waren. Trotz des Ansehens von Nizäa als Konzilsstadt verlegte Kaiser Markian die Versammlung kurzerhand nach Chalkedon, also in die Nähe der Hauptstadt, um so leichter an den Sitzungen teilnehmen zu können.

Am 8. Oktober 451 versammelten sich dort in der Basilika der gefeierten Märtyrerin Euphemia die Teilnehmer zur ersten Sitzung. Streng nach Parteien gruppiert saßen beidseitig der leitenden Hofbeamten die Bischöfe, und Paschasinus führte auf Weisung des Papstes sofort eine Personalfrage in die Debatte ein, nämlich den Ausschluß Dioskurs. Die langatmige Verlesung von Protokollen der »Räubersynode« beantworteten die Betroffenen mit Entschuldigungen. Auch der Patriarch von Alexandrien kam in der gereizten Atmosphäre zu Wort und rechtfertigte sein Verhalten, theologisch auf der Formel »aus zwei Naturen« beharrend, mit der er sich auch gegen eine Rehabilitierung Flavians wandte – freilich vergebens. Der Wunsch des Kaisers, das Konzil möge eine neue Glaubensformel erarbeiten, führte auf der zweiten Sitzung vom 10. Oktober zur Verlesung des Bekenntnisses von Nizäa und des »Konzils der 150 Väter« von Konstantinopel (381). Lehrschreiben wie der Brief Leos an Flavian riefen begeisterte Zustimmung hervor, aber auch Bedenken bei illyrischen und palästinischen Bischöfen, die während einer Unterbrechung der Verhandlungen ausgeräumt werden sollten. Gegen eine neue Glaubensformel sträubte sich aber offensichtlich die ganze Versammlung. Auf der dritten Sitzung am 13. Oktober schritt man schließlich unter der Leitung des päpstlichen Legaten Paschasinus zur Absetzung Dioskurs, der einer dreimaligen Vorladung nicht gefolgt war, worauf der Herrscher über ihn das Exil verhängte. Nach wie vor pochte Markian auf die Erstellung einer Glaubensformel. Die Bischöfe verwiesen jedoch auf die hinreichenden Ausführungen im Lehrschreiben Leos, als ihnen diese Zielvorgabe durch die Kommissare erneut zur Kenntnis gebracht wurde. Einige Ägypter beharrten freilich auf dem Glauben der Väter und lehnten sogar eine Zustimmung zum Tomus ab, solange der bischöfliche Stuhl von Alexandrien verwaist sei. In Kenntnis dieser Spannungen drängte Kaiser Markian weiter auf eine Klärung der Glaubensfrage, obwohl der Widerstand der Bischöfe, insbesondere auch der päpstlichen Legaten, offenkundig war. Letztere drohten auf der fünften Sitzung am 22. Oktober gar mit der Abreise, als der Versammlung der Entwurf einer Formel vom neuen Patriarchen Konstantinopels, Anatolios, vorgelegt worden war. Durch die Kommissare vor die Entscheidung zwischen Leo und Dioskur gestellt, erklärte sich die Versammlung für die Leoninische Lehre von den zwei Naturen. Ein Ausschuß erarbeitete ein entsprechendes Symbol, das schließlich auf der sechsten Sitzung am 28. Oktober 451 in Gegenwart des Kaiserpaares allseits gebilligt wurde. Nach dem Vorgang des Bekenntnisses von Nizäa und Konstantinopel formulierte es die berühmte Lehre von der *hypostatischen Union:* »Wir bekennen einen und denselben Christus, den Sohn und Herrn, den Eingeborenen, der in zwei Naturen unvermischt und unverwandelt, ungeteilt und ungetrennt besteht. Niemals wird der Unterschied der Naturen durch die Vereinigung aufgehoben, es wird vielmehr die Eigentümlichkeit einer jeden Natur bewahrt, indem beide in eine Person und Hypostase zusammenkommen« (Conc. Chalced. Actio V 34 ACO II, I 2,129). Der Text mit seinem Umfeld stellt keine blinde Übernahme Leoninischer Ausführungen dar; er verrät vielmehr eine Überarbeitung im kyrillischen Sinn. Mit dem Ausruf: »Das ist der Glaube der Väter!« und Akklamationen an das Kaiserpaar endete die Sitzung.

Die theologische Tätigkeit des *Konzils von Chalkedon* war mit dieser feierlichen *actio* beendet. In weiteren Zusammenkünften bis Ende Oktober wurden noch disziplinäre und personelle Fragen diskutiert. Juvenal von Jerusalem († 458) erreichte vom Konzil die Anerkennung seines Patriarchatssprengels; nach schwierigen Diskussionen erfolgte die Rehabilitierung des Theodoret und des Ibas. Simonistischen Praktiken, ehrgeizigen Bestrebungen einzelner Kleriker oder mönchischen Umtrieben schoben entsprechende Kanones einen Riegel vor; zur Klärung reformbedürftiger Angelegenheiten schärfte man die Veranstaltung von Synoden ein (Kan. 19) und die fristgerechte Bestellung von Bischöfen in verwaisten Bistümern (Kan. 25). Für die Entbindung des Klerikers in die Gemeinde ist Kanon 6 höchst aufschlußreich, weil er die absolute Ordination eines Priesters für ungültig erklärte. Gegen die Verabschiedung des 28. Kanon von Chalkedon, der den Vorrang der Kirche von Konstantinopel im Osten erneut bestätigte, legten die päpstlichen Legaten Protest ein; tatsächlich belastete diese politisch motivierte Rangerhöhung das Verhältnis zu Rom in der Zukunft.

Ein geschickt abgefaßtes Schreiben der Konzilsväter unterrichtete Papst Leo I. über die Vorgänge auf dem Konzil von Chalkedon, und es erbat geradezu die Bestätigung seiner Beschlüsse. Während noch im Frühsommer 452 von Rom Schreiben an das Kaiserpaar und an Bischof Anatolios ergingen, folgte die Anerkennung des Konzils »in sola fidei causa« (Leo, ep. 28) erst im Jahre 453. Allerdings gelang es dem Konzil von Chalkedon ebensowenig wie dem Konzil von Ephesos (431) gegenüber den Nestorianern, die Entstehung monophysitischer Sonderkirchen zu verhindern.

§ 29
Kirchliche Schriftsteller und Literatur der ausgehenden Antike

Das kirchliche Schrifttum kreiste seit Beginn des 5. Jahrhunderts in seiner Themenstellung um neue Schwerpunkte; politische Umwälzungen, aber auch der Fortgang des Glaubensverständnisses hatten gegenüber der vorausgehenden Zeit andere Probleme ins Bewußtsein gehoben. Aus der Not der Völkerwanderung verdichtete sich die Frage nach dem Menschen vor allem in der westlichen Christenheit, während im Osten die Theologie von der Christusproblematik beherrscht wurde. Natürlich entstanden aus der Verbundenheit mit der antiken Paideia auch Werke eigenen literarischen Gepräges, so im Bereich von Liturgie oder Poesie. Überdies setzte das Bemühen um die Erhaltung klassischer Zeugnisse heidnischer Bildung ein. In der Errichtung von Schulen gewann nunmehr die christliche Paideia ihre institutionalisierte Grundlage.

a) Theologen der westlichen Kirche und ihre Werke

Einen Höhepunkt erreichte die abendländische Theologie in *Augustinus,* der im Jahre 354 zu Thagaste/Numidien geboren wurde und an seiner Mutter Monnika die Wirklichkeit des Christseins erfuhr. Der Studiengang antiker Rhetorik führte ihn über Madaura nach Karthago, wo er sich schließlich als Lehrer niederließ. Begleitet hatte seinen Bildungsweg ein ausgeprägtes Suchen nach Wahrheit, das vor allem durch Ciceros Hortensius geweckt wurde und zunächst im Anschluß an die rationalistisch auftretenden Manichäer endete. Aber weder deren dualistische Kosmologie noch die Heilige Schrift der Christen vermochten Augustin zu befriedigen, der 383 nach Rom wechselte und sich der philosophischen Skepsis ergab. Durch Vermittlung des Stadtpräfekten Symmachus erhielt er ein Jahr später die Stelle eines Rhetoriklehrers in Mailand, wohin ihm seine Mutter folgte. Die Begegnung mit Ambrosius erschloß dem ehrgeizigen Afrikaner ein geistiges Gottesbild und ein Verständnis des Bösen als Mangel, das durch die Lektüre Plotins vertieft wurde. Der Priester Simplicianus schlug den Bogen vom neuplatonischen Nus zum Logos des Johannesprologs und steigerte den Drang nach letzter Wahrheit. In dieser Zeit griff Augustin zu den Paulusbriefen, und das Beispiel der Bekehrung eines Marius Victorinus oder des Mönchsvaters Antonios machten ihm die Wirklichkeit der Gnade deutlich. Im sogenannten *Gartenerlebnis,* bei dem er auf die Stimme »Tolle, lege« hin Röm 13,13f wie einen Gottesspruch aufnahm, erfolgte seine Glaubenswende. Das Verständnis von Christus als der »Weisheit Gottes« (1 Kor 1,24) ermöglichte ihm das Ja seiner philosophischen Wahrheitssuche zur konkreten Jesusverkündigung des Neuen Testaments. Die *Confessiones,* entstanden zwischen 397 und 401, geben mit hohem psychologischen Einfühlungsvermögen Kenntnis von diesem Weg unruhiger Gottsuche. Mit Freunden zog sich Augustin im Herbst 386 nach Cassiciacum zurück, um in aktiver Muße den philosophischen Dialog zu pflegen. Hier entstanden Frühschriften wie *Gegen die Akademiker, Über das glückselige Leben* oder *Über die Ordnung;* in den *Selbstgesprächen* handelte er über Gott und die Seele. Trotz ihrer philosophischen Thematik zeichnet sich in diesen Werken deutlich eine christliche Grundorientierung ab. An Ostern 387 empfing Augustin mit seinem Sohn Adeodatus von Bischof Ambrosius die Taufe. Die Rückkehr nach Afrika unterbrach der Tod Monnikas in Ostia, doch im Herbst 388 traf er wieder in Thagaste ein. Dort setzte er das zurückgezogene Gemeinschaftsleben mit Freunden fort, wiederum den praktischen Lebensvollzug mit geistiger Reflexion verbindend. *Über den Lehrmeister* wandte ein altes Thema auf Christus an, in *De vera religione* entzog er dem Polytheismus den religiösen Charakter zugunsten des einen Gottes. Auf einer Reise in die Hafenstadt Hippo im Jahre 391 verlangte die dortige Gemeinde Augustinus zum Priester, ein Vorgang, der ihn in die Pflicht der Kirche nahm, wie uns die *Erklärung des Glaubensbekenntnisses* verdeutlicht. Im Jahre 396 erfolgte seine Weihe zum Hilfsbischof des Valerius, dem er alsbald im Amte nachfolgte. Nachrichten über den neuen Lebensabschnitt verdanken wir der Vita Augustins aus der Hand des Bischofs Possidius von Calama.

Die Last der neuen Aufgabe übernahm Augustin in der ganzen Breite der Verantwortung, die einem Kirchenmann der Spätantike auferlegt war. Von den Verwaltungsaufgaben über die Verkündigung bis zur Liturgie spannte sich sein Tätigkeitsfeld bald über seine Bischofsstadt hinaus – gut zu beobachten an der Briefsammlung. Ein immenses Predigtwerk bekundet die Zuwendung zu seiner eigenen Gemeinde, der er im Episcopium ein Beispiel geregelter Gemeinschaft gab. Die literarische Arbeit Augustins wurde weitgehend gesteuert von der jeweiligen Situation der Kirche; trotzdem zog er gerade in den großen Werken die aufgenommene Thematik oft über Jahre hin durch. Nach wie vor sah er sich genötigt, gegen den Manichäismus vorzugehen, ob in den 33 Büchern *Gegen den Manichäer Faustus von Mileve* oder in dem Werk *Über die Natur des Guten gegen die Manichäer.* Gleichzeitig nahm die Auseinandersetzung mit den Donatisten Augustins Kraft in Anspruch. Sein mäßigender Einfluß auf kirchliche Maßnahmen gegen die Schismatiker kündigte sich frühzeitig an; aber vor allem als Wortführer der katholischen Sache entzog er ihnen mehr und mehr das theologische Argument. Der Traktat *Gegen Parmenian* oder das Werk *Über die Taufe gegen die Donatisten* erarbeiteten jenes Verständnis von Sakrament, das Christus als eigentlichen Spender auswies. Seit 399 schrieb der Bischof an dem Werk *De trinitate,* immer wieder unterbrochen von dringlicheren Aufgaben. Über Jahre währte die Abfassung von *De civitate Dei,* deren historisch ausgerichtete Fortsetzung Augustin dem Paulus Orosius übertrug. Das Auftreten des Pelagianismus nötigte den Bischof von Hippo seit 412 zu Stellungnahmen bis an sein Lebensende. Einsetzend mit einem Traktat über die *Kindertaufe* und *Über den Geist und den Buchstaben* ging er auf ständig neue Fragen ein, um den Anspruch zur Vollkommenheit aus eigener Kraft zurückzuweisen, so in den Abhandlungen *De natura et gratia* oder *De perfectione iustitiae hominis*. Von Julian von Aeclanum († um 454) wegen seiner Lehre von der Erbsünde, die er mit der Konkupiszenz verbunden hatte, angegriffen, verteidigte sich Augustin in *De nuptiis et concupiscentia*, um schließlich mit sechs Büchern *Gegen Julian* eine Widerlegung pelagianischer Konsequenzen vorzulegen. Den Einwänden eines Johannes Cassianus gegen schroffe Formulierungen seiner Gnadenlehre antwortete er mit den Schriften *De praedestinatione sanctorum* und *De dono perseverantiae*.

Die Auseinandersetzungen mit dem Pelagianismus haben Augustin den Titel »Doctor gratiae« eingetragen. Seine theologische Arbeit erstreckte sich aber auch auf Auslegung der Bibel, seien es *Erklärungen der Genesis*, die *Enarrationes in psalmos* oder die *Traktate zum Johannesevangelium*. Eine Art Hermeneutik stellt *De doctrina christiana* dar, und eine Einführung Erwachsener in das Christentum *De catechizandis rudibus*. In einer erstaunlichen Vielseitigkeit stellte sich der Bischof von Hippo den theologischen und pastoralen Problemen seiner Zeit; dabei zögerte er nicht, auch seelsorgliche Alltagsthemen wie das Phänomen der Lüge zu behandeln oder auf *Die Sorge für die Toten* einzugehen. Bei aller geistigen Spannweite brach beim Seelsorger Augustin der Zug zur konkreten Verwirklichung des Glaubens durch. Seine Antworten galten ihm aber nicht als fertig; verbessernd und klärend hielt er in den *Retractationes* (427) Rückschau auf sein Schrifttum.

Augustinus hat auf die Geistesgeschichte des Abendlandes einen nachhaltigen Einfluß ausgeübt. Von der Ekklesiologie über die Gnadenlehre bis zur Geschichtsschreibung haben sich die Konturen seiner Theologie eingeprägt. Verengte Ansichten über die Vorherbestimmung des Menschen oder die Konkupiszenz im Rahmen der Ehelehre haben schon zu seinen Lebzeiten Widerspruch erfahren; sie schränken aber letztlich die geistige Weite dieses Kirchenvaters nicht ein, dessen persönlicher Glaubensweg beflügelt wurde duch die Liebe zu Gott.

Die lateinischen Kirchenschriftsteller vermochten sich in der Folgezeit kaum dem Bann Augustins zu entziehen. Ursprünglich ganz dessen Lehre von Gottes Allmacht und Vorherbestimmung zugetan, milderte Prosper Tiro von Aquitanien († nach 455) seine Auffassung und verteidigte in *De vocatione omnium gentium* den umfassenden Heilswillen Gottes. In der päpstlichen Kanzlei tätig, hatte er fraglos an der Abfassung des Schriftverkehrs Leos des Großen mitgewirkt, von dem auch eine umfangreiche Sammlung von Predigten überliefert ist. Johannes Cassianus († um 435), dem wir viele Nachrichten über das östliche Mönchtum verdanken, hat in *De institutis* und den *Collationes patrum* das Zusammenwirken von menschlicher Freiheit und göttlicher Gnade betont, um so den Impuls zur asketischen Lebensform zu erhalten. Auch Vinzenz von Lérins († vor 450) stellte sich gegen den rigorosen Augustinismus, den er in seinem *Commonitorium* als unangemessene Neuerung gegenüber der kirchlichen Tradition abstempelte. Die Erschütterung des Gottesglaubens in den Drangsalen der Völkerwanderung suchte Salvian von Massilia († nach 480) mit seinen Büchern *De gubernatione Dei* durch Verweis auf die Vorsehung zu festigen, wobei er den Gerichtsgedanken mit einem positiven Urteil über die Germanen verband. Ihren Arianismus bekämpfte der Afrikaner Fulgentius von Ruspe († 532), dessen Christusbild im Zuge einer unverkennbaren Systematisierung der heilsökonomischen Sicht göttlicher Erlösung nicht gerecht wurde; im übrigen belebte er die augustinische Gnadenlehre noch einmal in aller Schärfe. Unter den Kirchenmännern Galliens hat sich Caesarius von Arles († 542) um die Durchsetzung der kirchlichen Disziplin, aber auch eines gemäßigten Augustinismus verdient gemacht; in seinen *Sermones* vermittelte er die kirchliche Lehre den schlichten Gläubigen seines Umfelds, eine Form der Anpassung, die auch seine Mönchsregel kennzeichnet. Gregor von Tours († 594) führte in den *Zehn Büchern fränkischer Geschichte* ziemlich kritiklos in die politisch-kirchlichen Verhältnisse Galliens ein, während ein Isidor von Sevilla († 636) neben theologisch-pastoralen Werken in seinen *Origines* (Etymologiae) der Nachwelt das antike Wissen vermittelte. Es ist bemerkenswert, daß er bereits Papst Gregor den Großen ausschrieb, der mit seiner *Pastoralregel,* in *Homilien* und zahlreichen *Briefen* das Glaubensgut der frühen Kirche dem Mittelalter weitergab.

b) Theologen der östlichen Kirche und ihre Werke

Die Theologie der östlichen Christenheit wurde nach dem Abklingen der trinitarischen Diskussion bald von der christologischen Frage bewegt. In der antiochenischen Schule hatte sich der Zug zu einer kritischen Exegese erhalten und durch Beachtung einzelner Aussagen zu einem differenzierten Christusbild geführt. Schon der vielseitige Diodor von Tarsus († vor 394) sprach unterscheidend von Maria als »Menschengebärerin«, und er kam, syrischem Sprachdenken verpflichtet, zur Abkehr von einer Fleischwerdung des Logos, weil sie Verwandlung bedeute. Man hat Diodor, von Zeitgenossen als Anwalt des wahren Glaubens geschätzt, die Verantwortung für den Nestorianismus zugeschoben und ihn deshalb (499) verurteilt; das Verdikt führte zum Untergang seiner naturwissenschaftlichen und theologischen Werke, einschließlich der Bibelerklärungen. Auf den Höhepunkt führte die antiochenische Schriftauslegung Theodor von Mopsuestia († 428); allerdings sind seine Kommentare nur teilweise erhalten. Neben den *katechetischen Homilien* verdient das leider verlorene Werk *Über die Menschwerdung* Beachtung. Ausgehend von dem christologischen Grundsatz, wonach das Wort einen Menschen annahm, trennte er deutlich die beiden Naturen in Christus und wurde so zum Wegbereiter der Formel von Chalkedon. Auch ihn traf 553 die Verurteilung als Nestorianer, obwohl er für die konkrete Einheit der Christusgestalt eingetreten war. Als Organisator und theologischer Schriftsteller begegnet in der christologischen Kontroverse ständig Theodoret von Kyros († um 466), der sich werbend um die heidnischen Gebildeten in *Die Heilkunde der hellenistischen Krankheiten* bemühte. Seine Schriftauslegung zielte auch auf den geistigen Sinn; die geschichtlichen Werke, vor allem seine *Kirchengeschichte,* enthalten trotz Unzulänglichkeiten wertvolle Nachrichten. Nestorios verbunden stellte er sich zwar gegen den Entscheid des Konzils von Ephesos, dennoch gilt er als Schöpfer der Unionsformel von 433. Von Büchern christologischen Inhalts blieb *Über die Menschwerdung* unter Kyrills Namen erhalten; in Dialogform brachte *Der Bettler oder der Vielgestaltige* Einwände eines Orthodoxen gegen den monophysitischen Eutyches, der seine Auffassung aus beigefügten Auszügen früherer Häretiker zusammengetragen habe. Immer witterte er im Monophysitismus eine Gefahr für das rechte Christusbild; unter die »Drei Kapitel« gezählt, traf auch ihn 553 die Verurteilung.

Gegenpol des Nestorios und damit der antiochenischen Theologie überhaupt war Kyrill von Alexandrien († 444), der sich seit dem Tode des Theophilos († 412) nachdrücklich für die Belange seiner Kirche eingesetzt hatte. In der Wahrnehmung seines bischöflichen Amtes hart gegen Juden und Novatianer, verhinderte er leider nicht den Mord an der Philosophin Hypatia (415) durch den Pöbel seiner Bischofsstadt; die Abwehr heidnischer Strömungen bewegte ihn auch zu seiner Apologie *Gegen die Bücher des gottlosen Julian.* Bei seiner theologischen Arbeit, vor allem der Schrifterklärung, folgte er den Grundsätzen allegorisch-typologischer Exegese, so in den Büchern zu Jesaja oder den Kommentaren zu Lukas und Johannes. Neben Predigten und Osterfestbriefen pastoralen Inhalts sind es dann seine Schriften gegen den Nestorianismus, in denen er sich als Verehrer des Logos-Sarx-Schemas in der Christologie erweist. Streitschriften gegen Nestorios und dessen Ablehnung des Titels »Theotokos« mobilisierten seit 428 das Mönchtum, das Kaiserhaus und selbst Rom; in Briefen an den Bischof von Konstantinopel forderte Kyrill geradezu zum Widerruf auf, vor allem durch die zwölf Anathematismen. Sein selbstherrliches Verhalten auf dem Konzil von Ephesos rechtfertigte er im *Apologeticus ad imperatorem,* verschloß sich aber nicht der Einigung mit Bischof Johannes von Antiochien (433). Der Dialog *Quod unus sit Christus* weist einen Fortschritt in der Christologie Kyrills auf, die unter Aufnahme apollinaristischer Formeln zunächst ganz von der göttlichen Natur des Logos her die Einheit des Fleischgewordenen dachte. Nicht zuletzt erschwerte es ihm eine ungeklärte Terminologie, die eigentümliche Zweiheit in Christus zum Ausdruck zu bringen.

Auf Kyrill beriefen sich im Kampf gegen die Glaubensformel von Chalkedon zahlreiche monophysitische Schriftsteller der Folgezeit. Severos († 538), der in Antiochien die monophysitische Hierarchie begründete, hat sich aufgrund der Gleichsetzung von Natur und Person gegen das »in zwei Naturen« gewandt; doch sein Hauptwerk *Gegen den gottlosen Grammatiker* verrät im Grunde nur einen verbalen Monophysitismus. Adressat dieser Schrift war Johannes Grammatikos, der sich in einer Apologie für Chalkedon um eine Angleichung der dort autorisierten Christologie an Kyrills Ausdrucksweise bemüht hatte und im Zuge des sogenannten Neuchalkedonismus den Unterschied von *usía* und *hypóstasis* herausarbeitete. Leontios von Byzanz († nach 543) hat dann mit dem Begriff *Enhypostasie* wegweisend die Einheit der beiden Naturen in Christus erklärt und in seinen *Drei Bücher gegen Nestorianer und Eutychianer* an diesen Häresien scharfsinnige Kritik geübt.

Unter dem Pseudonym Dionysios Areopagites (5./6. Jahrhundert) sind vier Schriften überliefert, von denen *Die Hierarchien der Engel und der Kirchen* eine Stufung des gesamten Seins vertraten. Die *Mystische Theologie* schildert entsprechend den Aufstieg des Menschen zum unerkennbaren Gott, der nur in der Schau erfahrbar wird. Der nachhaltige Einfluß dieses Schriftstellers auf die Ekklesiologie des Mittelalters minderte sich erst, als seine Identität mit dem Paulusschüler von Apg 17,34 in Zweifel gezogen wurde. Eine orthodoxe Auslegung der pseudodionysischen Schriften unternahm bereits Maximos der Bekenner († 662), der in seinen zahlreichen Schriften eine christozentrisch ausgerichtete Weltsicht bot. Die unaufgebbare Synthese von Göttlichem und Menschlichem in Christus machte ihn zum entschiedenen Gegner des Monophysitismus; sein Eintreten wider den Monotheletismus büßte er mit Verstümmelung.

Wie diese Theologen sich bewußt der Tradition verschrieben, so hat auch Johannes von Damaskos († 754) erklärt, nichts Eigenes sagen zu wollen. Dennoch hat er mit gestalterischer Kraft die verschiedenen Ströme kirchlicher Lehre und Lebenspraxis zusammengefaßt. Vor allem sein Hauptwerk *Quelle und Erkenntnis* stellt eine Art Summe der Glaubenslehre dar, auf die man in der Folgezeit vielfach zurückgriff. Weitere Abhandlungen, z. B. über die Bilderverehrung, biblische Kommentare und Homilien schöpften aus dem reichen Überlieferungsgut der griechischen Väter; nicht zuletzt durch seine Kirchenlieder blieb der Damaskener in der Liturgie lebendig.

§ 30
Der Streit um die Formel von Chalkedon
und das V. ökumenische Konzil von Konstantinopel (553)

Trotz ihrer vermittelnden Aussage vermochte die Glaubensformel von Chalkedon die widerstrebenden Parteien nicht zu einen. Die Betonung der zwei Naturen in Christus erschien nicht wenigen Anhängern einer kyrillisch geprägten Christologie als Rückfall in den Nestorianismus, so daß in Ägypten eine heftige Polemik gegen diesen Kompromiß einsetzte, ja regelrechte Unruhen entstanden. Überdies ließ das lange Zögern Papst Leos bei der Bestätigung der Konzilsbeschlüsse den Verdacht aufkommen, selbst der Westen sei in Distanz zum Glaubensentscheid von Chalkedon gegangen.

a) Das Erstarken der Monophysiten

Schon unmittelbar nach Abschluß des *Konzils von Chalkedon* regte sich in den Kernländern der monophysitischen Bewegung Widerstand, vor allem in Ägypten, wo man die Absetzung des Dioskoros geradezu als nationale Kränkung empfand. Nur mühsam konnte sich in Alexandrien als Nachfolger der chalkedonisch gesinnte Proterios halten, der schließlich einem Mord zum Opfer fiel, als von den Gegnern ein eifriger Anhänger des Dioskoros, der Priester Timotheos Ailuros, auf den Patriarchenstuhl erhoben worden war (457). Gegen massiven Druck des Kaisers Leon I. vermochte er sich nicht nur zu behaupten, sondern sogar eine Reihe von Bischofssitzen mit Gesinnungsfreunden zu besetzen. Mit dem Bann gegen Rom sowie die beiden anderen Patriarchate vertiefte eine alexandrinische Synode die aufgebrochene Kluft, wobei eher völkisch-nationale Motive im Hintergrund standen als theologische Gründe. Trotzdem ergab eine Umfrage des Kaisers bei den Bischöfen eine Mehrheit für die Beschlüsse von Chalkedon. In die Opposition gegen Konstantinopel traten schließlich palästinische Mönche, die mit dem Patriarchen Juvenalis wegen seiner Ambitionen haderten und ihm Verrat an Kyrill vorwarfen; gedeckt durch die Kaiserin Eudokia, terrorisierten sie das Land und brachten ihren Anführer Theodosios auf den Stuhl von Jerusalem. In Antiochien erzwang der monophysitisch gesinnte Mönch Petros, genannt »Walker«, gegen alle kirchlichen Regeln die Erhebung zum Patriarchen, so daß im Osten eine breite Front gegen Chalkedon entstand, auch wenn gelegentlich einer der neuen Bischöfe staatlichem Druck weichen mußte.

Die Bemühungen der Herrscher um einen Ausgleich zwischen Anhängern und Gegnern von Chalkedon waren in dieser Zeit begleitet von einer lebhaften Diskussion über das Verständnis der Glaubensformel. Mit ihrer Betonung der Christuseinheit »in zwei Naturen« und der negativen Grenzziehung zu Monophysiten und Nestorianern vermochte sie die widerstrebenden Tendenzen nicht zu einen. Widerstand regte sich vor allem auf seiten monophysitisch orientierter Gläubiger, die ihr Erlösungsverständnis auf der Grundlage einer geradezu physischen Einheit von Göttlichem und Menschlichem in Christus durch die chalkedonische Glaubensformel nicht hinreichend gesichert sahen und überdies gegen die Rehabilitierung eines Kyrill-Bekämpfers wie Theodoret von Kyros protestierten. Nach wie vor bereitete auch die theologische Begrifflichkeit Schwierigkeiten; da nämlich im kyrillischen Lager *phýsis* und *hypóstasis* synonym gebraucht wurden, erschien die Rede von »zwei Naturen in einer Hypostase« geradezu widersinnig. In diesem Dilemma machte sich seit dem mißglückten Unionsversuch des Henotikons unter Theologen wie Johannes von Skythopolis und Joannes Grammatikos die Tendenz geltend, chalkedonische und kyrillisch-alexandrinische Formeln, vor allem *zwei Naturen, eine Natur*, gleichzeitig zu verwenden. Auch das Verständnis von *hypóstasis* klaffte auseinander, insofern bei Kyrill und dem rührigen Monophysiten Severos zwar in der Gotteslehre *(theología)* die Hypostase von der Natur bzw. der Substanz unterschieden wurde, hingegen nicht in der Christologie *(oikonomía)*. Da nämlich im Anschluß an die Kappadokier die Hypostase durch ihre charakteristischen Merkmale umschrieben worden war, schloß die Anwendung dieses Begriffs auf den menschgewordenen Logos ein, daß Jesus ohne Größe oder Farbe gewesen sei. In dieser Situation tauchte schon bei Johannes Grammatikos eine neue Definition von Hypostase auf, und zwar im Sinne des »Für-sich-Bestehens«, ein Verständnis, das schließlich Leontios von Byzanz zur Lehre von der Enhypostasie führte, wonach die menschliche Natur ihre Hypostase im Gott-Logos besitzt. Damit war ein Weg zur Annahme der Formel von Chalkedon, die ja zwischen Hypostase und Natur unterschieden hatte, gewiesen. Man bezeichnet diese theologische

Richtung als Neuchalkedonismus, der im übrigen Kyrill und seinen zwölf Anathematismen gegen Nestorios gerecht zu werden suchte und von ihm auch die theopaschitische Formel übernahm.

b) Unionsversuche

Der neue Kaiser, der Isaurier Zenon, mußte bereits ein Jahr nach seiner Erhebung (474) Basiliskos weichen, der zur Machterhaltung offensichtlich um Sympathien bei den Gegnern von Chalkedon buhlte. Unter dem Einfluß des Timotheos Ailuros, eben vom Exil zurückgerufen, gab er in einem *Enkyklion* die Weisung, allein der Glaube von Nizäa und Ephesos sei verbindlich, während über das Bekenntnis von Chalkedon das Anathem erging; das Dekret enthielt keine theologischen Neuheiten, es drehte nur die Entwicklung auf den Stand vor 451 zurück. Mehrere hundert Bischöfe aus dem Osten stimmten dem kaiserlichen Rundschreiben zu, und einige vertriebene Hierarchen konnten auf ihre Stühle zurückkehren. Widerstand regte sich hingegen um Patriarch Akakios von Konstantinopel († 491), der Hauptstadt, die nicht zuletzt Chalkedon die kirchliche Rangerhöhung verdankte. Der Usurpator Basiliskos fürchtete zudem um seine Macht und widerrief sein monophysitenfreundliches Dekret; dennoch mußte er schon im Herbst 476 dem zurückgekehrten Kaiser Zenon weichen. Angesichts der neuen Lage distanzierten sich die Bischöfe von Enkyklion. Die Spitzen der monophysitischen Bewegung mußten wieder ihre Sitze räumen. Einer erneuten Verbannung des Timotheos Ailuros kam zwar sein Tod († 477) zuvor, doch erhielt er umgehend in dem »Gesellen und Fürsten der Häretiker« (Simplicius ep. 18,3 ad Acacium) Petros Mongos († 490) einen Nachfolger, während sich der orthodoxe Patriarch Timotheos Salofakiolos nur mit Hilfe der kaiserlichen Macht halten konnte.

Als sich nach dessen Tod im Jahre 482 gegen eine Absprache mit dem Hof in Konstantinopel ein Mönch namens Talaia zum Nachfolger wählen ließ, nahm Akakios Verbindung mit Petros Mongos auf und stellte dessen Anerkennung unter Voraussetzung eines theologischen Kompromisses in Aussicht. Daraufhin veröffentlichte Kaiser Zenon im Jahre 482 ein Glaubensedikt, das die vorchalkedonische Christologie einschließlich der Anathematismen Kyrills propagierte und bewußt die Aussagen von Chalkedon über die beiden Naturen ausklammerte. Die offenkundigen Halbheiten dieses *Henotikons* befriedigten weder die Orthodoxen noch die strengen Monophysiten. Auf Ablehnung stieß das Religionsgesetz auch bei den nestorianischen Dyophysiten, die sich im Jahre 486 auf einer *Synode von Seleukia-Ktesiphon* von der Reichskirche lossagten und mit einem eigenständigen Katholikos unter sassanidischer Herrschaft ihren Abstand zu Byzanz hervorkehrten. In Alexandrien trennten sich zahlreiche Gegner des Konzils von Chalkedon von ihrem Oberhaupt (Akephalen) und lösten Tumulte aus. Rom war über den Ausgleich erst nach Anerkennung des Petros Mongos unterrichtet worden und widersprach energisch einem solchen Handel. Von Beschwerden aus Kreisen der strenggläubigen Akoimeten ermuntert, schickte Papst *Felix II.* (483–492) eine Gesandtschaft nach Konstantinopel, um Akakios zur Rechenschaft zu ziehen. Dieser verstand es jedoch, die Legaten auf seine Seite zu ziehen, so daß der Papst unmittelbar den Bann über den Patriarchen aussprach, und zwar wegen dessen Interventionen bei anderen Kirchen. Weniger aus Glaubensfragen als wegen rechtlicher Differenzen kam es also zum Bruch zwischen Rom und Konstantinopel, ein (akakianisches) Schisma, das bis zum Jahre 519 dauerte. Verschiedene Einigungsversuche, etwa unter dem chalkedonisch gesinnten Patriarchen Euphemios († 495), scheiterten an dem Verlangen Roms, Akakios postum zu verurteilen. Auch Papst Gelasius I. wich nicht von der kirchenpolitischen Linie seines Vorgängers ab, zumal der neue Kaiser Anastasios I. auf der Basis des Henotikons den innerkirchlichen Ausgleich im Osten förderte, andererseits das Papsttum im Zusammenspiel mit der ostgotischen Herrschaft in Italien mißtrauisch betrachtete.

c) Die Gebetsformel vom leidenden Gott

Während der frühe Tod des versöhnlichen Papstes *Anastasius II.* (496–498) den aufkommenden Dialog mit Konstantinopel wieder unterbrach, setzte sich im Osten eine kyrillfreundliche Strömung durch, die in der Gestalt des Severos von Antiochien († 538) einen gelehrten Wortführer fand. Zur Verteidigung monophysitischer Mönche von Palästina in die Hauptstadt gesandt, entfaltete er dort eine rege Propaganda gegen den Entscheid von Chalkedon, wobei die Einfügung der Worte »der für uns gekreuzigt worden ist« in das Trishagion der Liturgie eine wichtige Rolle spielte. Dieser »theopaschitische« Zusatz, um 470 in Antiochien aufgekommen, wurde nun auf Weisung des Kaisers Anastasios I. in den Gottesdienst der Hauptstadt übernommen und so einem monophysitischen »Schlagwort« Raum gegeben. Vor allem skythische Mönche, an deren Spitze Johannes Maxentios stand, vertraten seit 510 gezielt die Aussage: einer aus der Trinität hat im Fleische gelitten, und sie suchten selbst in Rom bei Papst *Hormisdas* (514–523) um Anerkenntnis nach. Aufgrund der Idiomenkommunikation durchaus tragbar, erweckte die Formel wegen ihrer antinestorianischen Tendenz Widerspruch; sie setzte sich aber doch durch, weil sie die Unionsbemühungen vor allem mit den Severianern zu erleichtern schien. Severos, seit 512 Patriarch von Antiochien, vertrat selbst nach Art des anthropologischen Modells einen gemäßigten Monophysitismus, insofern er bekannte, daß Gottheit und Menschheit aufgrund der Vereinigung nicht aufgehoben würden; allerdings lehnte er die Wendung »in zwei Naturen« ab. Sachlich war damit die Aussage von Chalkedon gewahrt, auch wenn er die Definition zurückwies (verbaler Monophysitismus). In der spitzfindigen Frage nach der Verweslichkeit des Leibes Christi bejahte Severos eine solche vor der Auferstehung (Phthartolatren), während ihn Julian von Halikarnass von der Inkarnation an für unverweslich hielt (Aphthartodoketen). Obwohl ein Religionsgespräch darüber im Jahre 533 scheiterte, hat das *V. ökumenische Konzil* (553) die theopaschitische Aussage autorisiert.

d) Die Überwindung des Schismas

Die Neigung des neuen Kaisers Justin für den Entscheid von Chalkedon wirkte sich unter dem Einfluß seines Neffen Justinian bald auf den Ausgleich mit Rom aus. Zudem hatten starke Mönchsgruppen, vorab die Akoimeten, auf Anerkenntnis des Konzils von Chalkedon gedrängt und so den Auftrag einer kaiserlichen Gesandtschaft nach Rom zu Unionsverhandlungen erleichtert. Papst Hormisdas beharrte freilich auf seiner Glaubensregel (regula fidei Hormisdae), die bereits 515 als Grundlage eines geplanten Unionskonzils von Heraklea dienen sollte und neben dem Glauben von Chalkedon die Verurteilung monophysitischer Bischöfe einschließlich des Akakios enthielt. Mit der Annahme dieses Libellus durch den Patriarchen Johannes II. († 520) im Frühjahr 519 schien sich zugleich der Primatsanspruch des römischen Stuhls, »bei dem die ganze, wirkliche und vollkommene Festigkeit des christlichen Glaubens zu finden« sei (Collectio Avellana 116b), voll durchzusetzen. Der Triumph Roms über das umstrittene Patriarchat Konstantinopel war freilich vordergründig. Unter der Oberfläche schwelten die alten Gegensätze weiter; abgesehen von dem Widerstreben, Bischöfe monophysitischer Tendenz zu verurteilen, behauptete sich die Abneigung gegen Chalkedon, insbesondere in Ägypten. Das Zusammenwirken mit dem Kaiser steigerte überdies das Mißtrauen des Ostgotenkönigs Theoderich gegenüber dem Papst. Als gar in Konstantinopel die arianischen Goten unter Druck gerieten, schickte er Papst Johannes I. (523–526) in die östliche Hauptstadt (525/26), um eine Rücknahme der religiösen Beschränkungen zu erreichen. Die ehrenvolle Aufnahme des Papstes konnte letztlich nicht über den Mißerfolg der Mission hinwegtäuschen, welchen Johannes nach seiner Rückkehr im Kerker von Ravenna büßte.

e) Der Dreikapitelstreit

Trotz des Leitbildes staatlich-kirchlicher Einheit, die auf der Basis des Bekenntnisses von Chalkedon jede häretische Abweichung ausschloß, hielt der Autokrator Justinian wohl unter dem Einfluß seiner Frau Theodora Kontakt zu den gemäßigten Monophysiten. Ein Religionsgespräch im Jahre 532 zeigte allerdings nur magere Ergebnisse. Nach wie vor verdächtigten Monophysiten die Formulierung von dem einen Christus »in zwei Naturen« des Nestorianismus und befürworteten daher die kyrillische Wendung »aus zwei Naturen«. Damit hielt man durchaus fest, daß Jesus Christus die eine Natur und Hypostase des göttlichen Logos verkörpert, der sich die Menschheit angeeignet hat, schuf aber zugleich ein Gegengewicht zur mißverstandenen dyophysitischen Aussage von Chalkedon. In der erwähnten theopaschitischen Formel fand eine solche Tendenz breite Resonanz beim Volk und im Mönchtum. Diese Vermittlungschristologie (Neuchalkedonismus), die nicht zuletzt dem asketischen Motiv der Gottangleichung entgegenkam, förderte Kaiser Justinian, um eine Aussöhnung zwischen Orthodoxen und Monophysiten zu erreichen.

Ein Vorspiel zur selbstherrlichen Kirchenpolitik des Kaisers stellt der erneute Streit um Origenes dar, dem man schon an der Wende zum 5. Jahrhundert falsche Lehren wie die Präexistenz der Seelen und die endzeitliche Wiederherstellung aller Dinge (Apokatastasis) vorgeworfen hatte. Als Meister des geistlichen Lebens, propagiert durch Euagrios Pontikos († 399), übte er nach wie vor eine starke Anziehungskraft auf das Mönchtum aus. Vor allem die 507 gegründete »Neue Laura« in Palästina pflegte origeneische Spiritualität, die im monophysitischen Umfeld geradezu als Opposition erschien. Durch den Mönch Leontios nach Konstantinopel übertragen, zog der Origenesstreit bald weite Kreise, so daß Justinian auf eine Anklage aus Palästina hin Origenes durch ein Edikt verurteilte (543), wobei er offensichtlich den Monophysiten entgegenkam.

Um den Herrscher von der Verfolgung der Origenesanhänger abzulenken, hatte der gefährdete Bischof Theodor Askidas den Vorschlag unterbreitet, die Monophysiten durch Verurteilung der sogenannten Drei Kapitel zu gewinnen. Unter diesem Titel faßte man einen Brief des Ibas von Edessa, die Schriften Theodorets von Kyros gegen Kyrill sowie Person und Werk des Theodor von Mopsuestia zusammen. Der theologisierende Kaiser verfaßte alsbald einen Traktat gegen diese Vertreter der antiochenischen Zwei-Naturen-Lehre und verlangte in einem *Edikt* (544) von den Bischöfen Zustimmung zum Anathem. Nur zögernd, sei es aus Achtung gegenüber dem Konzil von Chalkedon oder aus Ehrfurcht vor den längst Verstorbenen, folgte der Episkopat dem autoritären Ansinnen. Papst *Vigilius* (537–555), nach der Eroberung Roms (536) durch die Gunst Theodoras auf den Stuhl Petri erhoben, verweigerte die Unterschrift, wurde aber nach Konstantinopel überführt, wo er nach einem Jahr zermürbenden Drucks schließlich im *Judicatum* (548) die Drei Kapitel verwarf, allerdings unter Wahrung der Beschlüsse von Chalkedon. Erbittert über solchen Wankelmut, versagte ihm der Episkopat Nordafrikas, Galliens und Oberitaliens die kirchliche Gemeinschaft; zugleich griff man die justinianische Kirchenpolitik grundsätzlich an. Um den verschärften Konflikt aus der Welt zu schaffen, beschlossen Kaiser und Papst ein ökumenisches Konzil, auf dem das theologische Konzept Justinians besiegelt werden sollte. In der Zwischenzeit (551) erging erneut ein *Edikt* zur Verurteilung der Drei Kapitel, dem sich Vigilius widersetzte; dem Zugriff des Herrschers entzog er sich durch Flucht in das Asyl der Euphemienkirche in Chalkedon, und er sprach von dort den Bann über den hauptstädtischen Patriarchen Menas († 552) sowie dessen Anhänger aus. Den endgültigen Bruch schob die Hoffnung auf die geplante Synode auf.

f) Das ökumenische Konzil von Konstantinopel (553)

Nach schwierigen Verhandlungen über Zielsetzung und Teilnehmerkreis trat am 5. Mai in Konstantinopel die Synode zusammen. Von den 166 Bischöfen stammte nur ein Dutzend aus dem Abendland – Grund genug für Papst Vigilius, seine Teilnahme zu verweigern. Ganz nach dem Willen des Kaisers schritt die Synode trotzdem zur Verurteilung der Drei Kapitel, als eine Erklärung des Papstes, das sogenannte *Constitutum,* erschien, in dem er zwar einzelne Aussagen des Theodor von Mopsuestia verwarf, nicht aber die beschuldigten Personen. Justinian setzte nun die Konzilsväter in Kenntnis über die Vorgänge um das Judicatum und kompromittierte den Papst durch Veröffentlichung geheimer Absprachen, worauf man seinen Namen aus den Diptychen strich, während die Gefolgschaft des Papstes ins Gefängnis geworfen wurde. Das Konzil verurteilte schließlich die Drei Kapitel und verabschiedete 14 Anathematismen, in denen jegliche nestorianische Deutung der Glaubensformel von Chalkedon ausgeschlossen, dafür aber der »ganze Kyrill« heimgeholt wurde. Im Gefolge des Neuchalkedonismus spricht der vierte Anathematismus von der »zusammengesetzten oder hypostatischen Einheit in Christus«; danach existierte die menschliche Natur Christi niemals gesondert von der göttlichen, sie gründete allzeit in ihr. Der Papst schloß sich, nicht zuletzt in der Hoffnung, dadurch die Rückkehr nach Rom zu erreichen, dem Verdikt über die Drei Kapitel an; in einem neuen *Constitutum* (554) nahm er sein früheres Eintreten für die antiochenischen Schulhäupter zurück und rechtfertigte ihre Verurteilung.

Während Papst Vigilius auf der Überfahrt in Syracus starb (555) und sein orthodoxer Diakon *Pelagius* (556–561), nun zur Anerkennung des Konzils neigend, die Nachfolge antrat, verfestigte sich das Schisma im Abendland. Der Einbruch der Langobarden in Oberitalien förderte sogar den Widerstand der Kirchen von Mailand und Aquileja gegen Rom; erst die Langobardenkönigin Theodelinde († 628) leitete im Verbund mit Papst Gregor dem Großen die Rückkehr der Drei-Kapitel-Anhänger zum Katholizismus ein. Wie im Westen unter starker Einbuße päpstlichen Ansehens eine Kluft aufbrach, so gelang es Kaiser Justinian nicht, durch das Konzil die Monophysiten zu versöhnen; seine theologischen Ambitionen als Ausfluß autokratischen Herrschertums führten die Kirche, deren Vertreter es häufig an Mannhaftigkeit fehlen ließen, in eine Sackgasse. In Ägypten organisierten sich die Christen (Kopten) zu einer monophysitisch ausgerichteten Sonderkirche, ebenso auch in Syrien, wobei die zentrifugalen Kräfte Ostroms zur Geltung kamen.

§ 31
Der Unionsversuch auf der Basis des Monotheletismus – das VI. ökumenische Konzil von Konstantinopel (680/81 und 692)

Die Kirchenpolitik Konstantinopels nach Justinian zeigte keine Geradlinigkeit. Entgegenkommen gegenüber den Monophysiten, etwa unter Justin II., wechselte ab mit Bestehen auf Chalkedon, wie zur Zeit des Kaisers Maurikios, der freilich über den Anspruch des Patriarchen Johannes Nesteutes auf den Titel *Ökumenischer Patriarch* mit Papst Gregor dem Großen in Konflikt geriet. Abgesehen von den Nestorianern, deren Schwerpunkt sich schon ins Sassanidenreich verlagert hatte, konsolidierten sich im Gefolge des V. ökumenischen Konzils die monophysitischen Gemeinschaften in Ägypten (Kopten) und Syrien – hier vor allem durch die Wirksamkeit des Jakob Baradai († 578) – zu Nationalkirchen. Das Auftreten der arabischen Stämme und vor allem die Expansion der Perser ließen theologische Zwistigkeiten in den Hintergrund treten. Als es freilich Kaiser Heraklius gelang, im Jahre 630 Jerusalem wieder zu erobern und die »Kreuzesreliquie« zurückzuführen, lebten alsbald die konfessionellen Spannungen auf. Diese Spaltung wurde um so bitterer empfunden, je mehr es Byzanz vermochte, im Gleichklang der Sprache von Verwaltung und Volk sowie im Einklang von Basileus und Priestertum die Harmonie eines christlichen Reiches zu verwirklichen.

a) Initiative des Patriarchen Sergios

Die Reorganisation der staatlichen Verwaltung unter Kaiser Heraklius war begleitet von kirchlichen Unionsversuchen mit monophysitischen Gruppen, die nicht nur mit Skepsis den kaiserlichen Anhängern von Chalkedon (Melkiten) gegenübertraten. Alle Bemühungen, die chalkedonische Zweiheit der Naturen in Christus nach der Weise Kyrills zur Einheit zusammenzuführen, hatten den Widerspruch der je anderen Seite nicht ausgeräumt, obwohl ein Leontios von Byzanz schon das Verständnis einer personalen Einheit vorangetrieben hatte, indem er mit Hilfe des aristotelischen Begriffs der »Enhypostasie« der menschlichen Natur Dasein zusprach, insofern sie in der göttlichen Natur »hypostasiere«. Von neuchalkedonischen Theologen wurde dieser wegweisende Vorschlag allerdings nicht aufgegriffen, vielmehr deutete man die Einheit durch die Lehre von der »einen gottmenschlichen Energie« (theandrikē enérgeia), ein Ausdruck, der bei dem angesehenen Dionysios Areopagites (ep. 4) begegnet. Patriarch Sergios von Konstantinopel († 638) nahm diese Formel als vermeintliche Folge der hypostatischen Union auf und leitete damit eine neue Phase kaiserlicher Dogmenpolitik ein, zumal es Bischof Kyros von Phasis, seit 631 Patriarch in Alexandrien, gelungen war, auf der Basis dieses Theologumenons eine Union mit den monophysitischen Theodosianern (Severianern) herzustellen.

Nicht bloß wegen des Triumphs der Monophysiten, sondern aus der grundsätzlichen Erwägung, daß die Energie aus der Natur ströme und deshalb in Christus zwei Energien gegeben seien, protestierte der palästinische Mönch Sophronios († 638), seit 633 Patriarch von Jerusalem. Auf einem Religionsgespräch in Konstantinopel einigte er sich mit Sergios darauf, die Ausdrucksweise »zwei Energien« nicht zu gebrauchen, sondern nur von dem »einen wirkenden Christus« zu sprechen. In einem Lehrschreiben (Judicatum) propagierte der Patriarch von Konstantinopel diesen Wortgebrauch, der sich am konkret handelnden Christus orientierte.

b) Die Einschaltung des Papstes Honorius

Als Sophronios in seinem Inthronisationsschreiben erneut die Redeweise von einer Energie ablehnte, informierte Patriarch Sergios den römischen Papst Honorius I. (625–638) und schlug ihm vor, von einem Willen zu sprechen, weil die Annahme zweier Energien auch zwei Willen einschließe und so die Einheit der Hypostase gefährde. In seinem Antwortschreiben schloß sich Honorius dieser

Sprachregelung an und erklärte: »Deshalb bekennen wir auch einen Willen *(hén thélēma)* unseres Herrn Jesus Christus, da unsere (menschliche) Natur offenbar von der Gottheit angenommen wurde, und zwar die schuldlose, wie sie vor dem Falle war« (ep. 1 ad Sergium). Abhold einer rationalen Diskussion meinte er, durch Berufung auf biblische Aussagen den christologischen Extremen ausweichen zu können, lieferte aber mit der substantivierten Rede von dem »einen Willen« berechtigten Anlaß zu einer monophysitischen Mißdeutung, auch wenn er den konkreten Willensakt und nicht das Willensvermögen meinte. Jedenfalls erließ Kaiser Heraklius im Jahre 638 eine noch von Sergios erarbeitete *Ekthesis,* die den Monotheletismus als Glaubensnorm vorschrieb. Ihr folgten weitgehend die östlichen Bischöfe, während im Westen Widerstand aufkam, so daß Kaiser Konstans II. die Ekthesis zurücknahm, zugleich in einem *Typos* (648) den Streit über einen oder zwei Willen grundsätzlich untersagte und einfach die Anerkenntnis der alten Symbole forderte. Dank der begrifflichen Klärung durch Maximos den Bekenner († 662), der aus der Zweiheit der Naturen in Christus ein doppeltes Willensvermögen erschloß, aber der Person das Wählen, also den gnomischen Willen zuerkannte, schärfte sich in Rom das theologische Bewußtsein. Papst *Martin I.* (649–653) berief 649 eine *Synode in den Lateran,* auf der nach den Unterscheidungen des Maximos »zwei natürliche Willen und Wirkungsweisen« (Mansi X 1158E) anerkannt und gleichzeitig die Wortführer des Monotheletismus im Osten, nicht aber Papst Honorius, mit dem Bann belegt wurden. Erbost über solchen Widerstand, der mit einer politischen Usurpation des Exarchen von Ravenna belastet war, ließ der Kaiser Papst Martin wegen »Hochverrats« aburteilen und auf die Krim verbannen († 655); den Abt Maximos traf mit Gefährten die Strafe der Verstümmelung und ebenfalls das Exil.

c) Das Doppelkonzil von Konstantinopel (680/81 und 692)

Aus der Gefahr, daß der Westen Byzanz völlig verlorenging, sowie der Tatsache, daß die Anhänger des Monophysitismus schon weitgehend unter die Herrschaft der muslimischen Araber geraten waren, erwuchs der Plan zu einem neuen Konzil, auf dem die Glaubenseinheit besiegelt werden sollte. Zum Auftakt sprach sich eine römische Synode von 680 erneut für den Dyotheletismus aus, und Papst *Agatho* (678–681) gab seinen Legaten ein gleichlautendes Schreiben für die von Kaiser Konstantin IV. Pogonatus anberaumte Synode mit, die sich 680/81 im Kuppelsaal *(Trûllos)* des Herrscherpalastes von Konstantinopel versammelte. Unter dem Vorsitz des Kaisers bekannten sich die rund 170 Synodalen zur Lehre von den zwei Willen in Christus, und zwar im Anschluß an das päpstliche Dokument. Die wenigen Anhänger des Monotheletismus sowie ihre Urheber wurden mit dem Bann belegt, darunter auch Papst Honorius, weil er in seinem Brief an Sergios »in allem dessen Ansicht folgte und seine gottlosen Lehren bestätigte« (Mansi XI 556C). Die christologische Diskussion hatte nun die Grundlagen für das Heilswirken des menschgewordenen Gottessohnes geklärt. Die Lösung erfolgte im Osten freilich unter Verzicht auf den Dialog mit den abgespaltenen monophysitischen Nationalkirchen; die theologisch verfängliche

Haltung des Papstes Honorius führte bei der Unfehlbarkeitsdebatte auf dem Ersten Vatikanischen Konzil zum Entwurf der Geschichte gegen das Dogma.

Mit einem disziplinären Programm nahm Kaiser Justinian II. im Jahre 691/62 die *V. und VI. ökumenische Synode* (Quinisexta) wieder auf und ließ von der Versammlung *102 Kanones* verabschieden, die gezielt das Selbstverständnis der byzantinischen Kirche zur Geltung brachten. Von Kanon 13, der entgegen abendländischer Tendenz ein Zölibatsgebot ablehnte, über die Erneuerung des kirchlichen Ranges von Konstantinopel (Kan. 36) bis zur entschiedenen Abkehr vom Samstagfasten (Kan. 55) markierte die Ergänzungssynode im kaiserlichen Kuppelsaal schon jene Divergenzen, die zum Bruch der Kircheneinheit von Rom und Konstantinopel führen sollten. Tatsächlich verweigerte Papst *Sergius* (687–701) dieser trullanischen Synode Anerkennung. Als es dem kaiserlichen Gesandten wegen Widerstands der römischen Bevölkerung nicht gelang, den Papst gefangenzusetzen, wurde allseits deutlich, wie weit die Entfremdung zwischen Ost und West fortgeschritten war.

§ 32
Das Erscheinungsbild der Kirche an der Schwelle zum Mittelalter

Die Kirche der ausgehenden Antike hat mit der Einwurzelung des Evangeliums in den hellenistischen und römischen Kulturbereich eine Gestalt angenommen, die nicht nur unterschiedliche Merkmale zwischen Ost und West aufwies, sondern auch regionale Schwerpunkte setzte. In Syrien und Ägypten löste sich im Anschluß an die Lehrentscheidungen der Konzilien von Ephesos und Chalkedon jeweils ein Großteil der Christen von Byzanz und baute ein eigenständiges Kirchenwesen auf. Bei der Missionierung der Germanen kam römische Eigenart zwar durchaus zur Geltung; umgekehrt gingen vom Rande, insbesondere den britischen Inseln, starke Impulse auf das kontinentale Christentum aus, die das Erscheinungsbild des westlichen Zentralismus kennzeichnen. In den Gemeinden hinkte die Lebenswirklichkeit offensichtlich dem Anspruch der christlichen Glaubensverkündigung nach. Die Hinwendung zur Kirche erfolgte nicht selten um äußerer Vorteile willen; Gleichgültigkeit griff bei den Christen um sich, und abergläubische Vorstellungen behaupteten sich in der Volksfrömmigkeit. Aus zeitgenössischen Predigten, die im Westen dem Bischof vorbehalten waren, wird das Ringen um den rechten Glaubensvollzug sichtbar, das unverkennbar in eine Stärkung der Kirchendisziplin einmündete.

a) Ethos der Gläubigen und Frömmigkeitsformen

Weder Katechumenat noch das alte Bußverfahren trugen zur Besserung der Sitten unter den Gläubigen bei. Die rigorosen Forderungen beim Empfang der Eucharistie, z. B. mehrtägige geschlechtliche Enthaltsamkeit der Eheleute, führten zu einem Rückgang des Kommunionempfangs; bereits die Synode von Agde 506 sah sich in Kanon 18 zu der Feststellung genötigt, daß niemand als Christ gelten könne, der nicht zumindest an Ostern, Pfingsten und Weihnachten die Eucharistie empfange. Dem sittlichen Anspruch kam schließlich die Einführung der Privatbuße entgegen, freilich verbunden mit der Gefahr einer Formalisierung. Patriarch Nektarios von Konstantinopel verbot 391 wegen eines Ärgernisses sogar das Institut des Bußpriesters und empfahl jedem Gläubigen, in freiheitlicher Verantwortung zu den heiligen Mysterien hinzutreten. Aber schon Sokrates (KG V 19) klagte über ein Nachlassen der Kirchenzucht aufgrund dieser sich ausweitenden Praxis.

Die Frömmigkeit dieser Zeit erfuhr durch *Heiligenverehrung* und *Wallfahrtswesen* neue Ausdrucksformen. An die Seite der hochgeachteten Märtyrer rückten nach dem Abklingen der Verfolgungen jene Christen, die durch ihr Leben ein qualifiziertes Zeugnis des Glaubens abgelegt hatten. Vom hl. Martinus († 397) beteuerte Sulpicius Severus, daß er wegen der Zeitumstände nicht Märtyrer sein konnte, dennoch aber an der Märtyrerehre teilhabe (Brief 2,9). Den Hintergrund für diese Frömmigkeitspraxis gab nicht der antike Heroenkult ab, sondern das Bewußtsein einer gegenseitig verantwortlichen Glaubensgemeinschaft, wobei die Tradition römischen Sorgeverhältnisses zwischen Patron und Klient durchaus die Beziehung zu einem bestimmten Märtyrer bzw. Heiligen gesteigert haben mag. Die aufkommende *Reliquienverehrung*, gelegentlich durch sonderbare Auffindung von Märtyrergebeinen gefördert, sowie der Bau von Kirchen an den Gedenkstätten des biblischen Geschehens in Palästina ließen ein Wallfahrtswesen entstehen, das trotz Gefahr der Verdinglichung und Äußerlichkeit den Weg des Glaubens konkretisierte.

b) Klerus und Kirchenorganisation

Das Anwachsen des Christentums und die Vermehrung der Gemeinden verlangte neue Initiativen in der kirchlichen Organisation. Nicht nur theologische Motive einer Hierarchisierung, wie sie Dionysios der Areopagit vertrat, sondern auch die Bedürfnisse der Ortskirchen und das Ansehen einzelner Leiter förderten den Ausbau der Verfassung. Im Mittelpunkt dieser Ordnungsmaßnahmen stand der Klerus, auch wenn das Bewußtsein vom allgemeinen Priestertum der Gläubigen nicht verlorenging.

Deutlich minderte sich bei der Wahl von Bischöfen der Einfluß des Volkes, der gegenüber Klerus und weltlichen Großen auf Akklamation beschränkt wurde. Mißstände bei den Wahlverfahren nährten schon frühzeitig Kritik an der Teilnahme des Volkes; ja es scheint sogar Werbung durch Geld üblich gewesen zu sein. Im übrigen brachte die Weihe durch drei Mitbischöfe der Provinz bzw. den Metropoliten auch eine Kontrolle, ein Vorgang, der sich ebenso im Mitspracherecht des Bischofs bei der Bestellung von Klerikern geltend machte. Als jedoch Papst *Felix III.* (526–530) vor seinem Tod den Archidiakon *Bonifatius* (530–532) zum Nachfolger bestellte, wählte ein Teil der römischen Gemeinde einen Gegenpapst (Dioskur), der freilich bald starb. Trotz solcher Ansprüche ist es bemerkenswert, daß auch die Päpste ihre Mitbischöfe zur synodalen Entscheidung heranzogen.

Innerhalb des Klerus erfuhr die siebenstufige Ämterordnung einen gewissen Wandel; während im Osten neue Ämter wie das des Sängers, des Krankenpflegers oder des Geschäftsträgers (Apokrisiar) institutionalisiert wurden, machte sich im Westen eine Konkurrenz zwischen Diakonat und Presbyterat geltend, nicht zuletzt wegen der Verwaltung des kirchlichen Vermögens. Maßgeblichen Einfluß übte vor allem der Archidiakon aus, der in Rom sogar häufig die Nachfolge des Papstes antrat. Aus dem antiken Sakralrecht gespeist, wurde die Freistellung des Klerus von öffentlichen Dienstleistungen (Immunität) weiterhin durch den Staat bzw. die jeweiligen Herrscher sichergestellt, auch wenn das geistliche Standesrecht bei den germanischen Stämmen eine unterschiedliche Ausprägung erfuhr. Die Zölibatsforderung wurde seit Leo dem Großen eindringlich vom Klerus, und zwar nur vom Subdiakonat an, erhoben, ohne daß man ihr allenorts folgte. Die östliche Kirche hielt ohnedies an der überlieferten Praxis fest, wonach eine Ehe fortgesetzt werden konnte, die vor der Priesterweihe (Cheirotonie) geschlossen worden war; nur von den Bischöfen verlangte man seit Kaiser Justinian die ehelose Lebensform. In der synodalen Gesetzgebung dieser Zeit, die ihren Niederschlag in verschiedenen *Rechtssammlungen* fand, z. B. jener des Dionysius Exiguus († um 545), nahm die kirchliche Disziplin einen wichtigen Platz ein. Zwangsläufig wuchs damit die Distanz des Klerus – weitgehend den Freien vorbehalten – zum Volk, auch wenn Papst Coelestin I. schon mahnte: »Man soll uns (Kleriker) vom Volke oder den übrigen durch Gelehrtheit, nicht durch das Kleid, durch den Lebenswandel, nicht durch den Anzug, durch die Reinheit des Geistes, nicht durch die Tracht unterscheiden« (können) (Brief 4,1).

Die territoriale Gliederung der Kirche entfaltete sich auf der Grundlage der alten Praxis weiter, wobei die Civitas- und Provinzialstruktur nicht selten durch missionarische Bindungen an eine Mutterkirche durchbrochen wurde. Schwierigkeiten bereitete vielfach auch die Zuordnung kleinerer Gemeinden, vor allem seit auf den großen Ländereien Eigenkirchen entstanden, deren Grundherren Ansprüche gegenüber dem Bischof hinsichtlich der Besetzung geltend machten. Übergeordnete Kichenverbände, wie sie bereits vom Konzil von Nizäa (Kan. 4.6) anerkannt worden waren, setzten sich allmählich auch im Abendland durch, wobei Sonderentwicklungen wie in Gallien (Arles) oder Illyrien (Thessalonike) letztlich in der Metropolitanverfassung aufgingen.

c) Der Gottesdienst und die Liturgien

Obwohl sich die Christen des Grundsatzes bewußt blieben, Gott »im Geist und in der Wahrheit« (Joh 4,23) anzubeten, hielten sie am Vermächtnis der Heilszeichen fest und gestalteten sie zu ihrem Gottesdienst als Ausdruck des Glaubens. Die Ausformung lokaler Glaubensbekenntnisse und ihre Einfügung in die Liturgie unterstreichen diesen Zusammenhang, der für das Leben der Kirche grundlegend ist.

Die Einführung in die Gemeinschaft der Gläubigen hatte mit der vollen Ausbildung des *Katechumenats* und der *Taufpraxis* im 4. Jahrhundert feste Formen entwickelt. Angesichts der zunehmenden Gewohnheit, die Taufe aufzuschieben, bildete die Kirche seit dem 4./5. Jahrhundert eine neue Katechumenatsordnung aus, die nicht mehr auf dem Drei-Jahres-Kurs Hippolyts beruhte. Man führte eine Eröffnungskatechese ein, deren Programm uns in Augustins *De catechizandis rudibus* erhalten ist. Danach soll der Taufbewerber über das Heilshandeln Gottes in Christus und die daraus sich ergebenden Grundsätze des christlichen Lebens unterwiesen werden; mit symbolischen Riten, wie die Bezeichnung mit dem Kreuz, wurde er der Kirche angegliedert, konnte unter Umständen aber die Taufe und die Vorbereitung darauf in der Quadragesima noch um Jahre verschieben. Mit dem Rückgang der Erwachsenentaufe übernahm man diese Zeremonien aus der Katechumenatspraxis für die Taufliturgie der Kinder.

Die Taufe selbst erfolgte seit Konstantinischer Zeit in den Baptisterien, und zwar an Ostern und Pfingsten. Da nach wie vor Arkandisziplin bestand, wurden die Neophyten erst nach der Taufe voll im Glauben unterwiesen. Im übrigen setzte sich bei der Germanenmission eine starke Verkürzung des Katechumenats durch, und zwar im Zuge der »Bekehrung« von Fürsten, der im allgemeinen das Stammesvolk nachfolgte. Während die christliche Verkündigung im Umfeld antiker Religion auf Umkehr aus Glauben bedacht war, begnügte man sich jetzt nicht selten mit einer äußeren Hinwendung zum Christentum, gewissermaßen zu ihrem religiösen Erscheinungsbild, ein Vorgang, der den Verfall der alten Kulte voraussetzte.

Während in den ersten Jahrhunderten eine weitgehende Einheit in der Feier der Liturgie herrschte, machte sich seit dem 4. Jahrhundert zusehends eine Differenzierung geltend. Ganz allgemein eignete der östlichen Liturgie eine stärkere Dramatik, die jedoch ihrem Mysteriencharakter keinen Abbruch tat. Vor allem von den Zentren der frühen Christenheit, Antiochien, Alexandrien und Rom – das waren zugleich die Hauptstädte der alten Welt –, gingen Anstöße zur Entfaltung eigener Liturgien aus. Zugleich trug auch ein zunehmender Unterschied im Gebrauch der Sprache dazu bei, Sonderentwicklungen zu fördern, vor allem im Blick auf das Aramäische, Griechische und Lateinische als den Sprachen der Heiligen Schrift.

In der *Kirche des Ostens* hat sich von Edessa aus auf der Grundlage der aramäisch-syrischen Sprache frühzeitig eine eigene Liturgie entfaltet, die den Namen der Apostel Addai und Mari trägt. Der einführende Teil dieser Liturgie wurde auf dem Bema gefeiert. Offensichtlich hatte sie zunächst auch keinen Einsetzungsbericht, und für die Bereitung des eucharistischen Brotes benützte man ein »Fermentum«, angeblich aus apostolischer Zeit. Die Einfügung des »Gloria Patri« in die Psalmen scheint gleichfalls ein Brauch der syrischen Liturgie gewesen zu sein, die jedoch bald von griechischen Einflüssen überformt wurde.

Im übrigen wurde die Liturgie in den ersten Jahrhunderten weitgehend in griechischer Sprache begangen. Auf der Grundlage der alten Praxis bildeten sich in den Patriarchatssitzen Antiochien und Alexandrien besondere Ordnungen aus, seit der Rangerhebung Konstantinopels 381 auch in der Hauptstadt, und gerade von dort aus setzte sich die byzantinische Reichsliturgie durch, die seit dem 10. Jahrhundert nach Johannes Chrysostomos benannt wurde.

Der Übergang zur *lateinischen Sprache* erfolgte in der römischen Liturgie während des 4. Jahrhunderts; die Ausbildung eigener Formulare ist freilich erst später faßbar. Die unter dem Namen der Päpste Gelasius I. und Gregors des Großen überlieferten Sakramentare enthalten Sammlungen von Gebetstexten für den Priester an den jeweiligen Tagen des Kirchenjahres und sind erst im 7. Jahrhundert zusammengestellt worden, auch wenn einzelne Gebete älter sind. Das sogenannte *Sacramentarium Leonianum* enthält Texte des 5. und 6. Jahrhunderts nach Art einer Sammlung für die jeweiligen liturgischen Anlässe; mit dem Auslaufen freier Formulierungen wurden diese libelli Missarum gewissermaßen als Muster gesammelt, und sie gaben neben Lektionaren und Ordines, also den Anweisungen, den Grundstock liturgischer Kodifikation ab. Dieser Ordnungsprozeß vollzog sich vor allem in Rom, während im übrigen Westen auf der Basis einer Grund-Liturgie große Variabilität herrschte. So faßt man verschiedene Gottesdienstformen von der altspanischen über die keltische bis zur mailändischen unter der gallischen Liturgie zusammen, wobei eine gewisse Orientalisierung zu beobachten ist, etwa im äußeren Gepränge. Im übrigen geriet auch die Leitform der Papstmesse unter byzantinischen Einfluß und formte den feierlichen Stil zu Lasten der Beteiligung des Volkes aus.

d) Verwaltung des antiken Bildungsgutes

Im Zuge der Umsetzung des Evangeliums in die griechisch-römische Welt war es rasch zur Aufnahme philosophischer Denkformen gekommen; an mehreren Zentren des kirchlichen Lebens entstanden neben den kirchlichen Einrichtungen zur katechetischen Unterweisung sogar Schulen von verschieden ausgeprägter Selbständigkeit, in deren Lehrbetrieb die Theologie bereits wissenschaftliche Formen annahm. Entwürfe einer christlichen Wissenschaft, wie sie beispielsweise von Augustin vorliegen, bauen ebenfalls überlieferte Systeme kritisch ein. Dagegen hat sich die Kirche nicht um den Aufbau eines allgemeinen Schulwesens bemüht, auch nicht, als ihr seit Kaiser Konstantin die Möglichkeit dazu offenstand. Es scheint, daß die anhaltende Spannung zwischen Glaube und Paideia, weitgehend Inbegriff antiker Lebensverwirklichung, die Distanz zum allgemeinen Schulbetrieb verschärft hat.

Die Praxis der innerkirchlichen Unterweisung förderte die Entstehung besonderer Ausbildungsstätten für den Vollzug des christlichen Gottesdienstes, die zunächst von Mönchsgemeinschaften, aber auch von Bischöfen unterhalten wurden. Euseb von Vercelli schloß in seiner Bischofskirche eine Priestergemeinschaft zusammen, die neben liturgischem Dienst auch das Studium der Heiligen Schrift betrieb (vgl. Ambrosius, Brief 63,82). Mit dem Verfall des staatlich organisierten Schulwesens nahm die Kirche immer stärker Bildungsaufgaben wahr, wie schon vordem außerhalb der Reichsgrenzen Alphabetisierung betrieben wurde. Die Schule von Nisibis, nach dem Auszug der Nestorianer von Edessa unter Narses († 505) hier wiederbegründet, pflegte neben Bibelauslegung auch Philosophie und Medizin. Nach ihrem Vorbild entwickelte Cassiodor († um 485) mit Papst *Agapet I.* (535–536) einen Hochschulplan, der wegen des Gotenkrieges aber nicht in Rom, sondern im Kloster Vivarium Gestalt annahm. Dieser Einrichtung war freilich keine lange Dauer beschieden; aber indem sie grundsätzlich den Ausgleich zwischen Mönchtum und Bildung vollzog, wurde sie nicht nur Modell für die mittelalterliche Klosterschule, sondern zum Anstoß für die Bewahrung antiker Paideia durch die Kirche.

MITTELALTER

Einleitung

Die Bezeichnung »Mittelalter« ist ursprünglich abwertend und beruht auf der Verfallstheorie der Humanisten, die in der Antike das Ideal und in der eigenen Zeit dessen Wiedergeburt sahen. Der Zeitraum dazwischen galt ihnen als finstere Barbarei. Die Reformatoren betrachteten die Papstkirche als Abfall von der Urkirche und ihr eigenes Werk als Wiederentdeckung des Evangeliums. Die Geringschätzung des Mittelalters wurde nochmals durch die Aufklärung verstärkt. Hingegen entdeckte die Romantik das Mittelalter nicht nur neu, sondern neigte zu seiner Überbewertung. Auch die Geschichtswissenschaft des 19. Jahrhunderts, oft mit vaterländischer Begeisterung verbunden, widmete ihm großes Interesse und wuchs methodisch vor allem an der Beschäftigung mit ihm. Ihre Ergebnisse haben einerseits die Werte des Mittelalters herausgestellt, andererseits vereinfachende Idealisierungen widerlegt.

Die Kirche hat in der antiken Welt allmählich Heimatrecht erworben, die mittelalterliche Welt aber war (in Verbindung mit anderen Faktoren) von ihr selbst geschaffen. Als kirchlich geprägte Zeit trägt daher das Mittelalter den Ruhm großer Leistungen ebenso wie die Last weitgehender Verbindung von Kirche und »Staat« (soweit es ihn schon gab), Geistlichem und Weltlichem, Imperium und Sacerdotium. Daher konnte man es je nach dem eigenen Standpunkt als Idealzustand oder als bedauerliche Verirrung verstehen. Die Kirchengeschichte hat das Zusammenspiel der vielen Kräfte zu berücksichtigen und die Vergangenheit verständlich zu machen. Sie muß sich vor Pauschalurteilen hüten, die der Wirklichkeit nicht gerecht werden.

Der Lebensraum der Kirche liegt im Mittelalter nicht mehr um das Mittelmeer, sondern an dessen Nordküste und in deren Hinterland. Er ergab sich durch die Gebietsverluste an den Islam und die Missionierung der Germanen und Slawen. Um 700 mußte er im Osten wie im Westen verteidigt werden: Konstantinopel behauptete sich selbst und verteidigte zugleich das Abendland. Im Westen zerstörten die Araber nach dem Übergang nach Spanien (711) das Westgotenreich und drangen über die Pyrenäen vor. Mit dem Sieg Karl Martells bei Tours und Poitiers kam 732 ihr Vordringen zum Stillstand; das offensive Vorgehen Karls des Großen warf sie an den Ebro zurück. Von den germanischen Staaten im ehemaligen römischen Reichsgebiet bestanden noch das fränkische, das langobardische und das angelsächsische Reich. Zukunftsträchtig war vor allem das fränkische, in dem die Karolinger als Hausmeier über das ganze Reich (seit 687) zur wichtigsten politischen Kraft des Abendlandes wurden.

Die zeitliche *Einteilung* des Mittelalters läßt sich verschieden treffen. Für seinen Beginn dachte man an die Absetzung des letzten weströmischen Kaisers (476), die Taufe Chlodwigs (ca. 500) oder spätere Ereignisse. Die *Zeit um 700* bietet sich an, weil die für das Mittelalter kennzeichnende Verbindung von Germanentum, Antike und Christentum damals bereits gesichert war und die angelsächsische Festlandmission sich zu ihren großen, Kirche und abendländische Welt bestimmenden Leistungen anschickte. Als *Abschluß* hat man die geistigen Entwicklungen des 13. Jahrhunderts, Humanismus und Renaissance, das Ende der Reformkonzilien (1449) und den Beginn der Reformation betrachtet. Die meistens gewählte Marke von *1517* (Auftreten Luthers gegen den Ablaß) hat den Vorteil der Gebräuchlichkeit wie die Jahreszahl 1492 (Entdeckung Amerikas) in der allgemeinen Geschichte. Anfang und Ende sind als breite Zeiträume zu verstehen, in denen Altes versinkt und Neues wird. Wie man dem Mittelalter eine eigene »Zeit der Völkerwanderung« vorschaltete, so könnte man auch eine von Säkularisierungsvorgängen gekennzeichnete Periode nach ihm, vom 13. bis ins 17. Jahrhundert, einführen. Jede Gliederung kann nur bestimmte Sachgebiete oder Länder wirklich erfassen und der Vielfalt des geschichtlichen Geschehens nur in bescheidenem Maße gerecht werden.

Für die Unterteilung wurde das Eingreifen Heinrichs III. in die römischen Wirren 1046 und der Untergang des staufischen Hauses (1268) bzw. die Wahl Papst Gregors X. (1271) gewählt. Diese Ereignisse signalisieren wichtige Veränderungen in Kirche und Welt und grenzen drei Perioden ab: das von der Mission, dem Verhältnis der Kirche zum Frankenreich bzw. zum Kaisertum gekennzeichnete Frühmittelalter, das durch die »Kirchenreform« und ihre Folgen geprägte Hochmittelalter und das durch den Zwiespalt von kirchlichen Forderungen und veränderter Welt bestimmte Spätmittelalter.

1. DAS FRÜHMITTELALTER

§ 33
Erneuerung von Reich und Kirche bei den Franken

Im *Frankenreich* konnte der Hausmeier Pippin der Mittlere um 700 das merowingische Königtum völlig entmachten. Sein Friedelsohn Karl Martell, der ihm 714 folgte, fügte das Reich wieder zusammen und konnte Thüringen und Teile Frieslands eingliedern. Seine Gefolgsleute in den gewonnenen Gebieten, die werdende »karolingische Reichsaristokratie«, wurden für ihre Kriegsdienste mit Fiskalland, eingezogenem Besitz der Gegner und dem seit Chlodwig gewaltig angewachsenen Kirchengut ausgestattet, indem Karl es beschlagnahmte oder seine Gefolgsleute zu Bischöfen und Äbten erhob. Diese »Säkularisierung« brachte den Verfall der kirchlichen Ordnung, die Auflösung der Metropolitanverfassung und eine moralische Verwilderung, vor allem in den neu unterworfenen Gebieten. Das Vorgehen war nichtsdestoweniger verbunden mit einer handfesten Religiosität, die Krieg und Krieger gern mit alttestamentlichen Vorbildern verglich und schon unter den Merowingern ausgebildet worden war.

Karl Martell starb 741. Von seinen Söhnen Karlmann und Pippin schloß der erste die Unterwerfung der Alemannen ab und wurde, wohl überwiegend aus religiösen Motiven und nach dem Vorbild angelsächsischer Könige, Mönch in Monte Cassino. Unter diesen beiden Herrschern erwuchsen aus der Restauration des Frankenreiches die binnenfränkische Mission und die bonifatianische Kirchenreform.

§ 34
Die angelsächsische Mission – Bonifatius

Im 8. Jahrhundert sind verschiedene Missionskräfte tätig: der Einfluß romanisch-christlicher Bevölkerung, *fränkische Unternehmungen*, die *Iroschotten*, deren peregrinatio sancta auch die jüngste Gruppe übernahm: die *Angelsachsen*. Erscheint bei diesen als Fernziel die Gewinnung der stammverwandten Festlandsachsen, so waren für die Zukunft der abendländischen Kirche wichtiger ihr starkes kirchenorganisatorisches Bemühen und ihre enge Bindung an Rom.

Zunächst konnte man nur an den Grenzen des Frankenreiches arbeiten. Sowohl bei den Friesen wie im rechtsrheinischen Gebiet bei Mainz, Worms und

Speyer hatte ältere Mission vorgearbeitet. Den *Friesen* predigte Wilfried von York (678/79); dessen Schüler Willibrord konnte, da der Christenfeind Radbod König wurde, nur im fränkisch beherrschten südwestlichen Friesland (Antwerpen) unter dem Schutz Pippins des Mittleren wirken. Das weitere Ausgreifen seines Gefährten Suitbert und der beiden Ewalde, gleichfalls Angelsachsen, ins westliche Münsterland endete durch eine sächsische Expansion. Willibrord hatte in Rom Segen und Sendung des Papstes (692) und die Würde eines Missionserzbischofs (695) erhalten und nahm seinen Sitz im fränkischen Kastell Utrecht, doch bedeutete Pippins des Mittleren Tod (714) den Zusammenbruch seines Werkes. Als aber Karl Martell nach Radbods Tod (719) die fränkische Herrschaft wiederherstellte, konnte die Mission wieder beginnen. Willibrord schuf, obschon die ihm vorschwebende neue Kirchenprovinz nicht zustande kam, die Grundlagen des Bistums Utrecht und starb 739 (Grab in Echternach).

Der bedeutendste angelsächsische Missionar Winfried kam erstmals 40jährig zu den Friesen, wo der Widerstand Radbods den Erfolg verhinderte. Als Winfried seine Heimat endgültig verließ (718), ging er zuerst nach Rom und erhielt von *Gregor II.* (715–731) die Sendung und den Namen Bonifatius. Angesichts der Lage in Friesland wandte er sich zu den *Thüringern* im Süden des Sachsenlandes, mit denen schon Willibrord vielversprechende Beziehungen geknüpft hatte. Hier gab es Widerstand seitens eines schon vorhandenen (»entarteten«) Klerus. Radbods Tod (719) öffnete den Weg zu den Friesen, doch trennte sich Bonifatius schon 721 wieder von Willibrord. An der oberen Lahn stellten sich nun große Missionserfolge ein. Gestützt auf fränkische Befehlshaber, gründete Bonifatius in einem Kastell in Amöneburg sein erstes Kloster. Die zweite Romreise (722) brachte die Bischofsweihe durch den Papst, bei der Bonifatius nach dem Vorbild der römischen Suffragane einen besonderen Gehorsamseid leistete, der ihn und sein Missionsgebiet eng an Rom band. Die päpstliche Empfehlung erwirkte einen Schutzbrief Karl Martells, womit Bonifatius völlig mit Willibrord gleichgestellt war. In der folgenden zügigen Missionsarbeit in Hessen fiel die Donareiche bei Geismar, aus deren Holz die erste Kirche von Fritzlar entstand. Eine Klostergründung festigte das Erreichte. Im nordöstlichen Thüringen war sächsich-heidnischer Einfluß abzuwenden, hier entstand das Kloster Ohrdruf. Bonifatius erhielt 732 von *Gregor III.* (731–741) das Pallium und die Würde eines Erzbischofs, beide Auszeichnungen gingen später auf alle fränkischen Metropoliten über und begründeten eine neue, von Rom bestimmte Metropolitangewalt. Nicht die Missionserfolge, sondern große organisatorische Pläne führten zur Gegnerschaft der Bischöfe am Rhein. Der Plan einer Kirchenprovinz, die wohl den größten Teil des fränkischen rechtsrheinischen Gebietes (außer Alemannien und Bayern) umfassen sollte, blieb unausgeführt.

Daher baute Bonifatius die errungene Position aus. Mit Hilfe angelsächsischer Kräfte entstanden Frauenklöster (Tauberbischofsheim, Kitzingen, Ochsenfurt). Der für 738 geplante Sachsenfeldzug schien wiederum das alte Ziel nahezurücken. Bei seiner dritten Romfahrt (737/38) wurde Bonifatius Legat für Germanien, nun auch Alemannien, Bayern und Sachsen eingeschlossen. Verwirklicht wurden die großen Pläne dieser Jahre nur teilweise. Bonifatius schuf 739 die kirchliche Einteilung Bayerns mit den längst bestehenden Bistümern Regensburg, Salzburg, Freising und Passau und zwei Jahre später, als Karl Martells Sohn Karlmann den Osten erhielt und den Legaten kraftvoll unterstützte, die Bistumsgründungen in Würzburg, Büraburg (Fritzlar) und Erfurt sowie schließlich noch Eichstätt in dem an die Franken gekommenen Nordgau. Sachsen war nicht erobert worden.

Auch die folgenden *Reformkonzilien,* das fränkische (743), das austrasische und das neustrische (beide 744), leisteten organisatorische und reformerische Arbeit, die letztere griff nur in Austrasien unter Karlmann wirklich durch. Bonifatius erhielt (gesamtfränkisches Konzil 745) Köln als Metropolitansitz zugesprochen, wobei sein Hauptgegner Bischof Milo von Trier mit seinem Bistum ausgeklammert blieb. Der Plan scheiterte, ebenso im Westreich die Wiederherstellung der Metropolen Rouen, Reims und Sens. Bonifatius selbst bekam 746/47 das Bistum Mainz. Noch einmal versammelte ein Konzil 747 die Reformkräfte beider Reichsteile, doch nahm diesen Bestrebungen der Rücktritt Karlmanns im selben Jahr die wichtigste Stütze. Pippin als neuer Alleinherrscher mußte vorsichtiger sein. Vermutlich hat auch nicht Bonifatius, wie die später redigierten Reichsannalen meinen, die Königssalbung an Pippin vollzogen.

Bonifatius blieb Erzbischof und Legat, war aber in seinen letzten Lebensjahren vorwiegend mit seinem engeren hessisch-thüringischen Bereich und der Sorge für seine Mitarbeiter beschäftigt. Das Kloster Fulda, 744 als monastisches Zentrum gegründet (erster Abt der Bayer Sturm), erhielt die Exemtion (751). Für Mainz lenkte Bonifatius die Nachfolge seines angelsächsischen Mitarbeiters Lul, in Utrecht konnte er sein Recht behaupten und die dortige Martinsabtei an seinen fränkischen Schüler Gregor bringen. Hier, wo er einst begonnen, erlitt er am 5. Juni 754 bei einem heidnischen Überfall das Martyrium und wurde gemäß seinem eigenen Wunsch in Fulda begraben.

Bonifatius steht mit seinem Werk im hellen Licht der Geschichte, nicht zuletzt durch seine auf uns gekommenen Briefe. Neben eigener Leistung tritt darin besonders die Fähigkeit in Erscheinung, persönliche Verbindungen zu knüpfen und zu erhalten. Aus England und seinen neuen eigenen Missionsgebieten gewann er Mitarbeiter und Mitarbeiterinnen, denen er in seinem Werk einen festen Platz gab. Nicht zuletzt dadurch konnte er der Gegnerschaft im Episkopat standhalten und ein Werk schaffen, das die entscheidende *Missionsleistung* für Deutschland, eine der größten missionarischen Taten der ganzen Kirchengeschichte und einen entscheidenden Faktor für die Entwicklung des Frankenreiches und Europas darstellt.

§ 35
Alemannen und Bayern

Bei den *Alemannen* hatte frühere Missionsarbeit (Columban, Gallus) einge-
wirkt, das Bistum Konstanz war zum wichtigsten Mittelpunkt geworden. Im
8. Jahrhundert lichtet sich das Dunkel, als kirchliche Zentren erscheinen Neu-
burg am Staffelsee, Epfach am Lech und die Klöster Füssen und Kempten, im
Norden des Stammesgebietes Ellwangen. Bischof Pirmin, dessen Herkunft bis
heute umstritten ist, der Gründer des Inselklosters Reichenau (724/25), und
sein Kreis wirkten hier und durch andere Klostergründungen und -reformen.
Die *Lex Alamannorum* aus der ersten Hälfte des 8. Jahrhunderts setzt bereits ein
geordnetes Kirchenwesen voraus.

In *Bayern* kam die Christianisierung durch bedeutende Bischofsgestalten um
700 zu einem gewissen Abschluß: In Regensburg finden wir in der zweiten Hälfte des 7. Jahrhunderts Emmeram, der in einem Konflikt mit der Herzogsfamilie
unter dunklen Umständen den Tod fand, und Anfang des 8. Jahrhunderts den
Klosterbischof Erhard. In Salzburg errichtete mit kraftvoller Unterstützung des
Herzogs Theodo um 696 Bischof Rupert aus Worms, der zur antikarolingi-
schen Adelsopposition gerechnet wird, das Bistum, dem die Integration der romanischen Bevölkerung und später die Slawenmission als Aufgaben zufielen. In
Freising wirkte Korbinian aus Melun in der Provinz Sens nach 700. Herzog
Theodo und Papst Gregor II. erstellten 716 einen Plan für die kirchliche Ordnung, der vier Bistümer und einen Metropoliten vorsah, aber unausgeführt
blieb. Jedenfalls hatten die Herzogsresidenzen Regensburg, Salzburg und Freising sowie Passau längst Bischöfe mit festem Sitz, als Bonifatius 739 die Bistümer ordnete. Unter dem Iroschotten Virgil (745–784), einem Gegner des Bonifatius, übernahm Salzburg die Christianisierung der *Alpenslawen,* die sich um
Hilfe gegen die Awaren an Bayern gewandt hatten. Der wichtigste Glaubensbo-
te war der Bischof Modestus. Nach den Awarensiegen Karls des Großen wurde
diese Mission auf Pannonien ausgedehnt und behauptete sich später gegen die
byzantinischen Missionare Kyrill und Method. Sie ging in Pannonien durch das
Vordringen der Ungarn gegen 900 unter. Mit den Slawen Pannoniens wurden
auch die *Awaren,* deren einstige Beherrscher, missioniert, sie verschwinden jedoch im 9. Jahrhundert aus der Geschichte.

§ 36
Sachsen

Am schwierigsten war die Mission bei den *Sachsen,* den einzigen möglichen
Konkurrenten der Franken als führendes Germanenvolk. Einzelne Missionare,
die beiden Ewalde, Suitbert, Lebuin, Willehad, Sturm, Liudger, arbeiteten bei
ihnen, ihr Wirken reichte zum Teil schon in die Schwertmission Karls des Großen und verband sich mit ihr. Schon Bonifatius hatte Papst Gregor II. um einen

entsprechenden Auftrag gebeten, und bekannt ist Alkuins lebhaftes und zugleich kritisches Interesse, das schon weiter zu den Elbslawen und Dänen blickte. Der lange Krieg Karls des Großen (772–804), nach Einhard der härteste von den Franken geführte, rückte den Gedanken an die Christianisierung in den Vordergrund. Erste große Erfolge führten zum Reichstag in Paderborn (777), zum Befehl an alle Sachsen, Christen zu werden, zu Massentaufen und zur Einteilung in Missionssprengel. Der Aufstand unter Widukind (782–785) rief Karl aus dem fernen Spanien wieder ins Sachsenland und führte zur Hinrichtung von angeblich 4500 »Rebellen« gegen Frankenherrschaft und Christentum (Blutbad von Verden 782), eher ein Akt der Justiz als ein Martyrium für das Heidentum. Die Erhebung brach jedoch zusammen und endete mit Widukinds Taufe (785), die Sachsenmission schien abgeschlossen. Doch gab es auch später noch erbitterte Kämpfe, nicht zuletzt wegen des Zehenten. Erst die gewaltsame Umsiedlung von Sachsen und Franken festigte die neue Herrschaft. Aus den Missionssprengeln entstanden (seit 787) Bistümer: Münster, Osnabrück, Paderborn, Minden, Bremen, Verden, Hildesheim und Halberstadt, die den rheinischen Metropolen Köln und Mainz unterstellt wurden. Daß bei den Sachsen das Christentum schließlich doch tiefe Wurzeln schlug, ersieht man aus dem aufblühenden Klosterwesen, einer Dichtung wie dem Heliand, dem Auftreten eines Theologen wie Gottschalk (Prädestinationstreit) und vor allem aus der führenden Rolle der Sachsen im Reich nach 919.

§ 37
Slawen, Bulgaren, Ungarn

Eine Fülle von Missionsunternehmungen galt den Slawen, die sich seit dem 6. Jahrhundert bis zur Elbe, dem oberen Main, Tirol und Friaul vorschoben. Mit organisierter Mission begann im 8. Jahrhundert Bayern (Bistum Salzburg) in Karantanien; Aquileja, Passau und Regensburg kamen im 9. Jahrhundert hinzu; die Elb- und Ostseeslawen wurden seit dem 10. Jahrhundert im Zuge der deutschen Ostkolonisation christianisiert.

Auf dem Balkan hatten die Slawen römisch- und griechisch-christliches Leben weithin unterdrückt und die Landverbindung zwischen Rom und Konstantinopel unterbrochen. Ihre früheste Missionsgeschichte war bestimmt durch den Kontakt mit der Kirche in den neuen Siedlungsgebieten. Schon hier brauchte der slawische Fürstenstaat das Christentum als Legitimierung seiner Zugehörigkeit zur christlichen Völkerfamilie. Die politische Seite wird deutlich sichtbar im Werk der Brüder Konstantin und Method, die in Mähren und Pannonien seit 863 im Schnittpunkt ostfränkischer, byzantinischer und päpstlicher Interessen standen. Ihr bedeutendstes kirchliches und kulturelles Werk, die slawische Kirchen- und Literatursprache, erhielt sich breit in den slawischen Ostkirchen, in der lateinischen nur in Resten an der Adria (»Glagolica«). Die Küstenkroaten waren um 800 bereits christlich und erhielten 860 das dem Papst unmittelbar unterstellte Bistum Nin (Aenona). Der dalmatinische Kroatenfürst Branimir machte sich mit päpstlicher Hilfe selbständig (880), bei der Erhebung des Fürsten To-mislav (925) wurde das Gebiet der Provinz Spalato (Split) zugeteilt; der Bischof Grgur von Nin hattte für die slawische Liturgiesprache zu kämpfen. Die *Serben* entschieden sich nach längerem Schwanken für den Osten, vielleicht infolge der Werbekraft der slawischen Volkskirche.

Bei den Slawen am *oberen Main* und an der *Regnitz* machte die Mission seit Karl dem Großen Fortschritte, doch gab es noch um die Jahrtausendwende Hei-den. Für dieses Gebiet errichtete König Heinrich II. 1007 das Bistum Bamberg und stattete es reich aus.

Bei den *Tschechen* trafen sich im 9. Jahrhundert bayerische und ostkirchliche Missionsunternehmen, diese gestärkt durch die Opposition gegen die Anleh-nung an das ostfränkische Reich, das jedoch auch kirchlich siegte. Heidnischer Widerstand in Verbindung mit Streitigkeiten um die Herrschaft steht hinter Martyrien: Herzog Wenzel (929) und früher dessen Großmutter Ludmilla (921). Das Haupt der Opposition wurde als Boleslaw I. Herzog und Christ. Das Bistum Prag entstand 973/76 und kam im Sinne der ottonischen Politik gegen Bayern zur Mainzer Kirchenprovinz. Sächsischen Einfluß zeigt wohl das Patro-zinium des Prager Veitsdomes. Der bedeutendste Prager Bischof Adalbert scheiterte am Gegensatz zu seinem herzoglichen Bruder, wirkte aber auch in Ungarn und Polen und wurde bei den Preußen zum Märtyrer (997). Papst *Sil-vester II.* (999–1003) kanonisierte ihn auf Wunsch Kaiser Ottos III.

Zu den *Polen* eröffnete die Heirat Herzog Mieszkos I. mit der böhmischen Herzogstochter Dubravka (965) einen Zugang von Böhmen aus, eine andere Li-nie führte zum Missionsbistum Posen (968) vom Erzbistum Magdeburg (eben-falls 968) aus. Die weite Ausdehnung des polnischen Reiches um die Jahrtau-sendwende förderte die Mission, mit der stürmischen Taufbewegung konnte die innere Aneignung des Glaubens nicht Schritt halten. Sprachwissenschaftliche Erkenntnisse und das Vorkommen slawischer Liturgie im südlichen Polen zei-gen kirchliche Auswirkungen der Erhebung Boleslaws I. von Polen zum Herzog von Böhmen (1003). Otto I. suchte noch Polen in die Reichskirche einzubezie-hen. Doch unterstellte Mieszko I. sein Land dem päpstlichen Schutz, und Ot-to III. wirkte im Sinne seiner und des Papstes Silvester II. Vorstellungen an der Gründung des Erzbistums Gnesen (mit den Bistümern Krakau, Breslau, Kol-berg und später auch Posen) selbst mit (Wallfahrt zum Grab des hl. Adalbert von Prag i. J. 1000). Mit der Einrichtung eines vom Reich unabhängigen Kir-chenwesens war die drohende Hinneigung zu Byzanz abgefangen. Eine schwere Krise des polnischen Reiches (1034–1040) zerstörte wieder viel. Die Pfarrenor-ganisation entstand erst im 13. Jahrhundert.

Für die *Bulgaren* war die Taufe des Chans Boris (864) mit dem oströmischen Kaiser Michael als Paten entscheidend. Doch kam es infolge nicht erfüllter Wün-sche (eigenes Patriachat) zu Kontakten mit Papst *Nikolaus I.* (858–867), der Lega-ten sandte und die alten römischen Ansprüche auf das Illyricum wahrnehmen wollte. Seine berühmten *Antworten auf die Fragen der Bulgaren* suchten Liturgie und Kirchenrecht römisch zu gestalten. König Ludwig der Deutsche sandte Bischof Ermanrich von Passau. Da die Wünsche auch von dieser Seite unerfüllt blieben, wandte sich Boris 870 wieder nach Byzanz. Später verbreitete sich gerade von den Bulgaren aus die *slawische Nationalkirche,* von den aus Mähren vertriebenen (885) Schülern Methods geschaffen, auch zu den Serben und Russen.

Bei den *Russen* (Reich von Kiew) ist die Kirche seit dem 11. Jahrhundert eindeutig byzantinisch. Photius erwähnt den Beginn der Mission zu 867. Doch bat die Fürstin Olga, in Konstantinopel oder Kiew getauft, Otto I. um Missionare. Ihr Enkel Vladimir, mit seinem Volk getauft (988/89) und mit einer byzantinischen Prinzession verheiratet, gab der Hauptkirche von Kiew Zehentrechte, die es in dieser Form nur im Westen gab. Die russische Kirche wurde trotz dieser abendländischen Einflüsse ein Zweig des östlichen Christentums.

Nachdem die *Ungarn,* seit ca. 900 der Schecken des Abendlandes, durch die Siege Heinrichs I. (933) und Ottos I. (Lechfeld 955) abgewiesen und, da der Weg in die alte Heimat durch das Rus-Reich versperrt war, zur Seßhaftigkeit gezwungen worden waren, setzte unter dem Fürsten Geisa († 997), der mit einer Schwester des Polenherzogs Mieszko I. verheiratet war, die Christianisierung ein. Sein Sohn Waik, mit der bayerischen Herzogstochter Gisela vermählt und auf den nach Passau weisenden Namen Stephan getauft, wurde als Stephan I. der Heilige (997–1038) zum Begründer des Reiches und der ungarischen Kirche. Im Sinne des universalen Konzeptes Kaiser Ottos III. und Papst Silvester II. entstand in Gran (Esztergom) die erste Metropole (1001), bald darauf eine weitere in Kalocsa, dazu eine Reihe vom König gegründeter Bistümer und die ersten Klöster. Nach einer Behauptung Gregors VII. hätte Stephan sein Land dem hl. Petrus geschenkt. Blutige Rückschläge nach dem Tod des Königs ermöglichten erst in der zweiten Hälfte des 11. Jahrhunderts die endgültige Festigung von Reich und Kirche.

Bei den *Elb- und Ostseeslawen* sahen die sächsischen Kaiser von den Interessen des Reiches und der Kirche her eine ebenso politisch-militärische wie missionarische Aufgabe. Schon Karl der Große hatte eine Zone tributärer Abhängigkeit geschaffen, die Heinrich I. erneuerte. Otto der Große unternahm die Unterwerfung der Slawen zwischen Elbe und Oder (Bistümer Havelberg, Brandenburg, Stargard-Oldenburg). Als Metropole für alle Elbslawen war das von Kaiser Otto I. 968 gestiftete Erzbistum Magdeburg gedacht. Bischöfe für Merseburg, Zeitz (seit ca. 1030 Naumburg) und Meißen wurden geweiht. Die kriegerische Unterwerfung erschwerte die gleichzeitige Mission, das meiste zerstörte der große *Slawenaufstand von 983.* Den Ljutizen, die bis ins 12. Jahrhundert der Mission fat ganz unzugänglich blieben, muße noch Heinrich II. als Verbündeten gegen die Polen heidnische Feldzeichen und Opfer zugestehen. Auch in jenem Reich, das der Obotritenfürst Gottschalk gründete und darin in Verbindung mit Adalbert von Hamburg-Bremen die Mission förderte, zerstörte ein heidnischer Rückschlag von 1066 fast alles. Gottschalk selbst wurde erschlagen.

Die Slawen wären zur freien Annahme des Christentums gleichwohl fähig gewesen. Einsichtige Kirchenmänner (Adam von Bremen, Otto von Bamberg) kritisierten die Schwertmission. Das slawische Eigenkirchenwesen, das eine gewisse Offenheit führender Schichten voraussetzt, ist allerdings für den westlichsten Teil des slawischen Gebietes umstritten.

§ 38
Nordgermanen

Von den Nordgermanen gedachte die *Dänen* schon Willibrord zu missionieren. Er predigte auf Helgoland. Unter Ludwig dem Frommen hatte der Korveyer Mönch Ansgar den dänischen König Harald, der fränkische Hilfe in Thronstreitigkeiten suchte und sich mit Gefolge in Mainz taufen ließ (826), zurückbegleitet und wirkte von dem 831 gegründeten Erzbistum Hamburg aus als päpstlicher Legat für den Norden. Hamburg wurde, von den Normannen zerstört (845), mit Bremen vereinigt, und nach Ansgars Tod (865) setzte dessen Schüler und Biograph Rimbert das Werk fort.

Im 10. Jahrhundert kam dem innerlich gefestigten Abendland das Bestreben von Fürsten entgegen, die ihren Völkern die Errungenschaften der christlichen Länder vermitteln wollten und eine entsprechende Missionspolitik betrieben. Die *Wikinger* (hauptsächlich Dänen und Norweger) suchten infolge wirtschaftlicher und politischer Schwierigkeiten in der Heimat ihr Glück auf Fahrten zu den atlantischen Inselgruppen, nach Island, aber auch nach den anderen Küsten des Abendlandes und in die Gebiete an den großen Flußläufen, deren Schrecken sie waren. Als sich 912 der Normannenführer Rollo als Robert taufen ließ und mit der Hand einer französischen Prinzessin einen Teil des Reiches, die Normandie, erhielt, war die Romanisierung seiner Leute eingeleitet. Folgenreich für die Kirche war die Eroberung der Grafschaften Aversa und Apulien durch die Normannen am Beginn des 11. Jahrhunderts, aus der das normannische Königreich in Süditalien hervorging.

Der Sieg Heinrichs I. über die Dänen (934) öffnete der Mission Hamburg-Bremens Dänemark und selbst Schweden. Bei den *Dänen* entstanden unter Otto I. Bistümer (948), König Harald Blauzahn wurde mit seinem Sohn Sven Gabelbart getauft (960). Die unter diesem König und dem Schutz Ottos I. gut voranschreitende Mission wurde unter Knut dem Großen (1018–1035), der auch England und Norwegen beherrschte und eine Wallfahrt nach Rom unternahm, mit zusätzlichen englischen Kräften abgeschlossen. Gegen die englischen Einflüsse konnte Hamburg-Bremen seine Rechte schließlich doch behaupten. Der Plan Erzbischof Adalberts (1043–1072) für ein nordisches Patriarchat gedieh nur bis zur Würde eines päpstlichen Legaten und Vikars. Im dänischen und kurialen Interesse wurde 1104 Lund (bis ins 17. Jahrhundert dänisch) Metropole für den Norden. Der englische Einfluß zeigte sich noch weiterhin in Kunst, Literatur und Liturgie sowie in der Entrichtung des Peterspfennigs.

In *Norwegen* drang das Christentum durch Könige vor, die es infolge einer Erziehung im Ausland angenommen hatten. Hakon der Gute brachte englische Priester mit (933). Olav Trygvason (995–1000) und Olav der Heilige (1015–1028) zerschlugen mit den heidnischen Kulten zugleich die Macht der Sippen- und Thingverbände, heidnische Martyrien waren auch politisch bedingt. Englische Einflüsse wirkten auch in Norwegen. Die Bistümer (seit dem 11. Jahrhundert) wurden 1152 von Lund gelöst und der neuen Metropole Nidaros-Drontheim unterstellt. Schon um die Jahrtausendwende richtete sich eigener Missionseifer auf die atlantischen Inseln, Island und selbst Grönland. In *Island* beschloß die Landgemeinde die Annahme des Christentums unter Ausbedingung heidnischer Zugeständnisse (1000), in der Folge entstanden zwei Bistümer, in *Grönland* ebenfalls eines, das im Spätmittelalter mit der Besiedlung unterging.

Bei den *Schweden* blieben frühe Missionsversuche (Ansgar u. a.) nur Episoden, doch wirkten längst christliche Einflüsse aus verschiedenen Richtungen, als sich König Olav Schoßkönig taufen ließ (um 1008). Der heidnische Widerstand wurde erst gegen Ende des 11. Jahrhunderts gebrochen. Die Bistümer (erstes Skara um 1014) wurden 1164 von Lund gelöst und der eigenen Metropole Uppsala unterstellt. Später wurde Schweden zum Ausgangspunkt der Mission in Finnland und Lappland.

Die mittelalterliche Mission errang dann große und bleibende Erfolge, wenn sie vom König und den führenden Schichten gefördert wurde, sei es auch nur infolge des Unterliegens gegenüber christlichen Mächten. Diese Verbindung ist nicht eigentlich christlich, sondern zeitbedingt und an vielen Stellen bedenklich. Sie hat jedoch den Germanen und Slawen den christlichen Glauben und mit ihm die Werte der abendländischen Kulturwelt vermittelt.

§ 39
Papsttum und Frankenreich. Der Kirchenstaat

Einer der wichtigsten Vorgänge der europäischen Geschichte, die Hinwendung des Papsttums zum Frankenreich im 8. Jahrhundert, erklärt sich zunächst aus der Lage in Italien. Ostrom konnte gegen die Langobarden keinen wirksamen Schutz bieten, sondern mußte sich selbst gegen die Araber behaupten. Der seit den zwanziger Jahren wogende Bilderstreit entfremdete das Abendland der byzantinischen Herrschaft noch mehr, als es Steuerdruck und Beamtenkorruption schon lange taten. Das Papsttum mit dem reichen Grundbesitz der römischen Kirche erlangte daher auch gegenüber dem Kaiser und seinem Exarchen in Ravenna eine ziemlich selbständige Stellung. Es förderte zudem die Mission und die Reform der fränkischen Kirche durch angelsächsische Kräfte schon seit Anfang des 8. Jahrhunderts.

Im *Frankenreich*, das längst die Führung im Abendland innehatte, lag die Macht beim Hausmeier, in der für unsere Frage wichtigen Zeit bei Karl Martell (714–741), von dessen Söhnen Karlmann Mönch wurde (747) und Pippin, nun Herr des ganzen Reiches, die Frage des Königtums aufrollte. Für die Merowinger sprachen Geblütsrecht und hohe religiöse Wertung des Königs. Daher trug Pippin an Papst *Zacharias* (741–752) die Frage heran, ob es gut sei oder nicht, daß die Könige in Franken keine königliche Macht hatten. Die Antwort: Es sei besser, daß jener den königlichen Titel habe, der auch die Macht hat, damit die Ordnung nicht gestört sei, machte den Weg zur Königswahl Pippins (751/52) frei. Nach biblischem, schon bei den Westgoten befolgtem Vorbild empfing der

neue König die Salbung mit Chrisam. Der letzte Merowingerkönig Childe-
rich III. beendete seine Tage im Kloster. Die päpstliche Antwort war folgenreich, aber keineswegs theologisch neu. Erst recht bedeutete sie nicht Absetzung
und Einsetzung von Königen, wie man sie später deutete.

Ein Hilferuf Papst *Gregors III.* (731–741) angesichts langobardischer Bedrohung war schon 739 an Karl Martell ergangen, der jedoch auf langobardische
Hilfe gegen die Sarazenen angewiesen war. Als Papst *Stephan II.* (752–757) hil-
fesuchend 753/54 zu König Pippin reiste, kam es in der Pfalz Ponthion (südöst-
lich von Châlons) am Erscheinungsfest 754 zum Empfang, bei dem der König
laut römischer Berichterstattung mit Entgegenreiten, Proskynese und Führen
des päpstlichen Reitpferdes Ehren von weitreichender Symbolkraft erwies. Bei
den folgenden Verhandlungen versprach Pippin eidlich für sich und seine Söhne
dem Papst, der vor ihm als Schutzflehender erschien, Hilfe. Das Versprechen
wurde zu Osten (14. April) feierlich wiederholt und zu Quierzy urkundlich bestätigt (verlorene »Promissio Carisiaca«). In St. Denis vollzog schließlich Stephan II., vielleicht am 28. Juli, an Pippin, dessen Gattin und Söhnen die (Kö-
nigs-)Salbung und erhob ihn zum »patricius Romanorum«, welchen Titel schon
vorher byzantinische Würdenträger und germanische Heerführer gehabt hatten.
Er konnte nun, Schutzherrschaft und Schutzpflicht aussagend, einen Rechtsgrund für den Kampf gegen die Langobarden und die »Rückgabe« der Rechte
und Gebiete des Reiches, die von ihnen geraubt worden waren, an den Papst
bilden. Nach Feldzügen von 754 und 756 ließ Pippin gegen byzantinischen Einspruch das im Krieg gewonnene Gebiet dem päpstlichen Stuhl restituieren: den
Dukat Rom, das Exarchat Ravenna und die Pentapolis. So entstand der »Kirchenstaat«, zunächst ohne eigentliche Trennung vom Römischen Reich, die sich
erst in Münzprägungen und Urkundendatierungen der Päpste seit 781 ankün-
digt.

Handelten Papst und König schon unter dem Einfluß jener Urkundenfäl-
schung, nach der Kaiser Konstantin den Päpsten kaisergleiche Stellung und
Rom sowie alle Provinzen, Gebiete und Städte Italiens und der westlichen Länder verliehen haben soll, der *Konstantinischen Schenkung* (genaue Bezeichnung:
»Constitutum Constantini«), die wohl von Lateranklerikern als historische Begründung für die tatsächliche Stellung des Papstes und in der Überzeugung vom
guten Recht päpstlicher und römisch-klerikaler Repräsentationsformen hergestellt wurde? Sie läßt schon Kaiser Konstantin das päpstliche Pferd am Zügel
führen und paßt auch bestens zur Schenkung Pippins an den hl. Petrus. Erst
nachdem sie ihre Wirkung längst getan hatte, wurde sie von Lorenzo Valla
(† 1457) als Fälschung erwiesen.

§ 40
Karl der Große und die Kirche

Pippins Sohn Karl (768–814, Alleinherrscher seit 771) hatte zur ersten Gemahlin eine Tochter des Langobardenkönigs. Wirren in Rom und wachsender Einfluß der Langobarden führten zum Bruch, für den die baldige Verstoßung der Königin als Zeichen angesehen wird. Von Papst *Hadrian I.* (772–795) gerufen, bereitete Karl 774 mit der Eroberung Pavias dem Langobardenreich ein Ende und nahm selbst die langobardische Königswürde an. In Rom erneuerte und erweiterte er das Versprechen Pippins, doch blieben Unklarheiten und Differenzen über die Erstreckung des Kirchenstaates auch unter ihm bestehen. Diesbezügliche Äußerungen des Papstes von 778 setzen offenbar die »Konstantinische Schenkung« voraus.

Für die Mission wurde Karls Eroberungspolitik bedeutsam, die nicht nur Ober- und Mittelitalien, sondern auch die Sachsen, die Bayern, die Slawen und Awaren im westlichen Ungarn und die spanische Mark (bis zum Ebro) in das Reich und seine kirchlichen Ordnungen einbezog und das Christentum gegebenenfalls auch mit Gewalt aufzwang. Die Machtbasis entsprach Karls eigenem Selbstverständnis als theokratischer Herrscher, den man im Freundeskreis »David« nannte, an der Spitze des christlichen Gottesvolkes. Seine Lieblingsresidenz Aachen wurde daher auch zum geistigen Mittelpunkt mit der »Hofakademie« und der »Hofschule«, zum Sammelpunkt für die führenden Geister des Abendlandes und läßt dieses Denken nach byzantinischen Vorbildern (San Vitale in Ravenna, Hagia Sophia) noch heute erkennen. Die abendländische *Kaiseridee* hat sich daher vor allem an Karl dem Großen orientiert. Innere und äußere Belange der Kirche leitete er durch Gesetze, Synoden und Königsboten. Der Herrscher – mehr als die Bischöfe – setze also die bonifatianische Arbeit fort. Dessen Ansprüche an die Kirche, aus germanischen wie antik-kaiserlichen Wurzeln kommend, betreffen Verfügung über Kirchenbesitz, Vergebung von Bistümern und Klöstern, politische und selbst militärische Dienste des Hochklerus, den man nun wieder – ganz gegen die Vorstellungen eines Bonifatius – an der Spitze der Truppen findet. Dadurch konnten die geistlichen Aufgaben bedenklich zurücktreten.

Dasselbe konnte auch die überstarke Indienstnahme der Kirche für die Kultur nach sich ziehen. An klassische und christliche Überlieferung anknüpfend, blühten Wissenschaft und Kunst am Hof, an Bischofssitzen und in Klöstern. Die *karolingische Minuskel* wurde zur Grundlage der abendländischen Schriften bis heute. Prunkhandschriften mit kostbaren Miniaturen und Einbänden enthielten gewöhnlich Bibeltexte, doch gab es auch Normexemplare für Liturgie und Gesang aus Italien, die Benediktregel und die Rechtssammlung des Dionysius Exiguus. Bis in die Glaubenslehre reichte Karls Lenkung der Kirche: Der Bilderstreit geriet in die Spannung zwischen ihm und Ostrom, das *Reichskonzil zu Frankfurt* formulierte 794 die abendländische Lehre: Bilder sind weder zu zerstören noch zu verehren, sie denen dem Schmuck der Kirche und der Erinnerung an das Dargestellte.

Wohl schon seit 795 dachte Karl an die Kaiserwürde und gab sich bewußt kaiserlich. Ein früherer Heiratsplan für seine Tochter Rotrud mit Konstantin VI. von Ostrom (781) war zerbrochen; auch hatte man in Rom die Herrschaft der Kaiserinmutter Irene, die Konstantin beiseiteschob, als Monstrosität empfunden. Als 799 Papst *Leo III.* (795–816) bei der Markusprozession überfallen und mißhandelt wurde, suchte er Schutz bei Karl in Paderborn, der ihn zurückführen ließ und zu Weihnachten 800 selber nach Rom kam. Von schweren Beschuldigungen befreite sich der Papst, dessen Gerichtsimmunität man achtete, durch einen Reinigungseid und krönte am Christtag in St. Peter Karl zum Kaiser. Die Akklamation des Volkes erschien als eine Art Kaiserwahl, die Adoration leistete mit den Römern auch der Papst. Einhards Bericht über Karls Mißfallen (er wäre nicht in die Kirche gegangen, hätte er vom Vorhaben Kenntnis gehabt) ist durch die Lorscher Annalen, die vorangehende Verhandlungen erwähnen, zu ergänzen. Man sah 800 in der Krönung noch kein Argument für päpstliche Herrschaftsansprüche, die später aus ihr abgeleitet wurden: Wegen der Unwürdigkeit der Griechen infolge des Weiberregimentes und des Bilderstreites sei es zur *translatio imperii* auf die Franken gekommen. Karl nahm kluge Rücksicht auf oströmische Vorbehalte gegen einen Kaiser im Westen, den es seit 476 nicht mehr gegeben hatte, und erreichte schließlich die Anerkennung seines Kaisertums auch von dieser Seite (812). Sein Reich stand damit ebenbürtig neben dem oströmischen.

So schwierig die Hintergründe der Krönung von 800 zu beurteilen sind, so sicher entsprach sie der längst gegebenen Machtfülle des Frankenkönigs. Das Papsttum hatte in ihm einen Halt im Hader römischer Machtgruppen, die Kirche einen starken und verantwortungsbewußten Beschützer und Förderer.

§ 41
Niedergang des Karolingerreiches. Papst Nikolaus I. Pseudo-Isidor

Karls Nachfolger konnten das große Erbe nicht bewahren. Schon bei Ludwig dem Frommen (814–840) entsprach das Herrschertalent nicht den hohen Idealen und der fast mönchischen Frömmigkeit. Herrschaftsteilungen führten zu Kämpfen seiner Söhne untereinander und gegen den Vater.

Die Reform ging dennoch weiter und erreichte, von bedeutenden Gelehrten getragen, unter Ludwig erst ihren Höhepunkt. In den Klöstern wurde die *Benediktinerregel,* schon früher als Norm aufgestellt (802), vor allem durch die Tätigkeit Benedikts von Aniane durchgesetzt, für die Chorherren aber die Regel Chrodegangs von Metz zur Aachener Regel weitergebildet (816). Für die Pfarren verfügte das Aachener Kirchenkapitulare (818/19) Einschränkungen eigenkirchlicher Rechtsverhältnisse, eine Mindestausstattung der Kirchen und die Freilassung Leibeigener, die zu Priestern geweiht wurden. Gerade die Reformkräfte waren es auch, die dem beginnenden Zerfall des Reiches zu wehren suchten.

Daher zeigte sich bei der *Reichsteilung von Verdun (843)*, daß die Diözesangrenzen fester waren als die staatliche Organisation. Damals erhielt Ludwig der Deutsche das Ost- und Karl der Kahle das Westreich, Lothar (seit 817 Mitkaiser) Mittelfranken, einen Streifen von der Nordsee bis zum Mittelmeer und Italien. Dieses Mittelreich zerfiel nach Lothars Tod (855) weiter in Lothringen, Burgund und und Italien. Kaiser Ludwig II. beherrschte nur mehr Italien. Die Aufteilung Lothringens im *Vertrag von Meersen (870)* zwischen Ost- und Westreich leitete die spätere französisch-deutsche Polarität ein. Die Kaiserwürde kam schließlich an nichtfränkische Herrscher. Ihre Bedeutung war gering, ihr Inhalt unterlag manchem Wandel. Die Selbstkrönung Ludwigs des Frommen, zu der ihn sein Vater veranlaßte, deutete ein vom Papst unabhängiges Kaisertum an, doch wurde Ludwig noch einmal in Reims vom Papst gekrönt (816), der aus Rom die »Krone Konstantins« mitbrachte. Seit Lothars Krönung (823) galt Rom als Ort und der Papst als Spender der sakramental verstandenen Kaiserweihe und -krönung. Italische Kaiser betonten den römischen Charakter der Würde, die Kämpfe um diese verstärkten die Rolle des Papstes als Verleiher. Das imperium christianum Karls des Großen wurde zum imperium Romanum, das der Papst verlieh.

König und Kaiser waren zu priesterlichen Gestalten geworden. Bei der Königsweihe geschah die schon bei den Westgoten bekannte Salbung mit Chrisam auf das Haupt (erstmals bei Pippin) in Erinnerung an die Salbung Davids durch Samuel, bei der dem Papst vorbehaltenen Kaiserweihe (erstmals bei Ludwig dem Frommen) mit Katechumenenöl am rechten Arm und zwischen den Schulterblättern. Neben der hierarchischen Pyramide der Bischöfe mit dem Papst an der Spitze stand eine zweite, gleichfalls hierarchische, deren Spitze der Kaiser war.

Die Papstwahl war nach einer tumultuarischen Doppelwahl schon 769 so geregelt worden, daß die Kardinalpriester und -diakone das aktive, der Klerus das passive Wahlrecht und die Laien nur mehr die Akklamation hatten. Man wollte Laiengewalt und Politik ausschalten. Obwohl die Wirklichkeit oft anders war, erkennt man schon eine Grundlinie der späteren Kirchenreform. Karl der Große erlebte als Kaiser keine Papstwahl, Ludwig der Fromme begnügte sich mit der nachträglichen Anzeige. Dagegen verlangte die Regelung Lothars von 824, durch Wirren veranlaßt, die kaiserliche Bestätigung vor der Weihe und den Treueid des Erwählten. Die italischen Kaiser konnten diese Rechte nicht behaupten, wieder setzten römische Machtgruppen in Adel und Hochklerus ihre Kandidaten durch.

Eine spätere Fabel läßt – meistens zwischen Papst *Leo IV.* (847–855) und *Benedikt III.* (855–858) – ein verkleidetes, durch Gelehrsamkeit hervorragendes Mädchen die Papstwürde erlangen und über zwei Jahre regieren. Der Irrtum sei erst bemerkt worden, als sie bei einer Prozession ein Kind gebar. Die im Spätmittelalter gern geglaubte Skandalgeschichte von der *Päpstin Johanna* hat auch in römischen Zuständen ihre Wurzeln.

Zu inneren Auflösungen kamen äußere Feinde. In Rom erinnert die Leoninische Mauer an die Abwehr der Sarazenen durch Papst Leo IV. Die Ungarn suchten das Reich und Oberitalien heim, die Normannen die Küsten und die schiffbaren Flußläufe. Bischofsstädte und Klöster wurden zerstört, die kirchliche Ordnung erschüttert.

Die markanteste Papstgestalt des 9. Jahrhunderts ist *Nikolaus I.* (858–867). Er vertrat die päpstlichen Ansprüche gegen Ostrom im dortigen Schisma zwischen Ignatios und Photios und in der Bulgarenmission und das kirchliche Eherecht gegen König Lothar II. von Lothringen. Dieser hatte seine Gemahlin Theutberga zugunsten der früher in einer Friedelehe mit ihm verbundenen Waldrada verstoßen, was lothringische Bischöfe gebilligt hatten. Papst Nikolaus I. setzte die Erzbischöfe von Trier und Köln deswegen ab und erzwang wenigstens die äußerliche Einhaltung der kirchlich rechtmäßigen Ehe. Noch bedeutsamer ist, daß er gegen den berühmten Erzbischof Hinkmar von Reims die Wiedereinsetzung des von diesem abgesetzten Bischofs Rothad von Soissons, der an den Papst appellierte, durchsetzte. Auch den Unabhängigkeitsbestrebungen des Erzbischofs Johannes von Ravenna, der einstigen Exarchenresidenz, die auch Kaiser Ludwig II. unterstützte, wurde auf einer römischen Synode ein Riegel vorgeschoben. Dem Papst, der den Zeitgenossen als »zweiter Elias« (Regino von Prüm) erschien, schwebte noch nicht die Überordnung der kirchlichen über die weltliche Gewalt, des Papstes über Kaiser und Könige vor, wohl aber der päpstliche Primat über die ganze Kirche, deren Unabhängigkeit und die Geltung ihrer Rechtsnormen auch für die Mächtigen. Er verfolgte diese Ziele mit der ganzen Kraft seiner außergewöhnlichen Persönlichkeit.

Stärkung erfuhr das Papsttum damals durch *Rechtssammlungen* unter verschiedenen Namen. Als Verfasser einer solchen, der *Pseudo-Isidorischen Dekretalen,* galt ein Isidorus Mercator, vermutlich stand dahinter aber ein westfränkischer Reformkreis und das Anliegen, die unvollendet gebliebenen Reformen abzuschließen. Pseudo-Isidor sammelte echte und falsche Dokumente seit der frühesten Zeit der Kirche mit dem Ziel, die Bischöfe gegen die weltliche Macht und gegen die Metropoliten zu stärken. In Rom gebrauchte man die Sammlung schon unter Papst Nikolaus I., ohne die Fälschung zu erkennen, wodurch die Zentralisierung der Kirche auf Rom nachhaltig gefördert wurde. Bis ins 15. Jahrhundert hielt man Pseudo-Isidor allgemein für echt.

Von den Nachfolgern Nikolaus' I. konnte *Hadrian II.* (867–872) Karl den Kahlen und Karl den Dicken krönen (875, 881), ohne dadurch besondere Erfolge zu erringen. *Johannes VIII.* (872–882) wurde als erster mittelalterlicher Papst ermordet (882). Immer mehr wuchs die Bedrohung durch die Sarazenen, die am Garigliano sogar einen Stützpunkt in Italien einrichten konnten.

§ 42
»Saeculum obscurum«

Im 10. Jahrhundert ging der Verfall der Kirche besonders in Italien und Frankreich sehr weit. Der Adel bereicherte sich am Kirchengut, Bistümer wurden zu Eigenkirchen, und schwere Mißbräuche verbreiteten sich. Die seit Caesar Baronius gebräuchliche Bezeichnung *saeculum obscurum* (zunächst für das 10. Jahrhundert) deutet den Verfall von Kirche und Papsttum unter dem übergroßen Einfluß partikulärer Gewalten an und kann sich auf die rasch wechselnden Pontifikate dieser Epoche (48 Päpste von 880–1046, durchschnittliche Dauer eineinhalb Jahre) und zahlreiche historische Fakten berufen. Daneben ist freilich nicht zu übersehen, daß Kirchenstaat und universaler Anspruch des Papsttums erhalten blieben und einzelne würdige Päpste aus dem allgemeinen Rahmen fallen. Das Papsttum, dem ein starker Beschützer fehlte, war Kampfobjekt römischer Machtgruppen. Das berühmteste Opfer dieser Zustände ist Papst *Formosus* (891–896), der den Spoletaner Lambert zum Kaiser krönte, dann aber den deutschen König Arnulf von Kärnten zu Hilfe rief und ebenfalls krönte. Unter dem spoletanisch gesinnten *Stephan VI.* (896–897) kam es daher zu einem grausigen Totengericht: Die Leiche des Formosus wurde vor Gericht gestellt, wegen des Überganges vom suburbikarischen Bistum Porto auf den päpstlichen Stuhl verurteilt und in den Tiber geworfen. Der Pontifikat des Formosus mußte ja im Sinne der Spoletaner unrechtmäßig gewesen sein. Stephan VI. wurde ein Jahr darauf infolge eines Aufstandes im Kerker erdrosselt.

Sergius III. (904–911) stützte sich auf den Rom beherrschenden Theophylakt. Dessen Gattin Theodora die Ältere und die Töchter Marozia und Theodora die Jüngere meint vor allem der Ausdruck *Pornokratie*, von evangelischer Seite im 18. Jahrhundert eingeführt. Schon angesichts der Parteilichkeit des kaiserlich gesinnten Hauptberichterstatters Liutprand von Cremona ist er kritisch zu betrachten. Papst *Johannes X.* (914–928) suchte vergeblich, mit der Kaiserkrönung Berengars I. von Friaul (915) der Kirche eine Stütze zu geben. In Koalition mit italienischen Fürsten und Ostrom erfocht er, mit Theophylakt die römischen Truppen führend, bei Gaëta einen Sieg über die Sarazenen. Nach Theophylakt kam Marozia an die Macht. Sie war in zweiter Ehe mit dem Markgrafen Wido von Tuszien verheiratet, der Johannes X. beseitigte. Für sich und ihren dritten Gemahl, König Hugo von Italien, erhoffte sich Marozia wohl die Kaiserkrone. Papst war ihr (angeblich von Sergius III. stammender) Sohn als *Johannes XI.* (931–935). Doch riß ihr Sohn aus der ersten Ehe, Alberich II. von Spoleto, die Macht an sich. Seine kluge Politik schuf eine Art fürstlicher Herrschaft, auch über die unbedeutenden Päpste. Unter ihm besserten sich die kirchlichen Zustände, die Klosterreform wurde in Rom spürbar. Auf dem Sterbebett verpflichtete Alberich die Römer, zum nächsten Papst seinen jugendlichen und ganz ungeistlichen Sohn Oktavian zu wählen. Darin wird das Streben nach einer familiären Verbindung der weltlichen Herrschaft über Rom mit dem Papsttum sichtbar, die zutiefst unrömisch ist und den Gedanken der »Konstantinischen Schenkung« widerspricht. Solches konnte nicht von Dauer sein.

Alberichs II. tatsächlich gewählter Sohn führte unter dem Namen Oktavian die weltliche, unter dem Namen *Johannes XII.* (955–964) die geistliche Herrschaft. Als er sich, von Berengar II. von Friaul bedrängt, an den deutschen König Otto I. um Hilfe wandte und dieser (nach Kaiserkrönung und nachfolgender Abtrünnigkeit des Papstes) über ihn Gericht hielt, zeigte die lange Liste der Klagen neben phantastischen Vorwürfen auch sehr berechtigte und ernste Beschwerden.

Die von Johannes XII. vorgenommene Namensänderung bei der Papstwahl war nicht völlig neu. Dem 533 gewählten Mercurius dürfte sein alter Name zu heidnisch geklungen haben, er nannte sich *Johannes II.* (533–535). Bischof Petrus von Pavia wollte offenbar den Namen des Apostelfürsten nicht wiederholen und nannte sich 983 *Johannes XIV.* (983–984). Dem 990 gewählten Kärntner Herzogssohn Brun klang vermutlich sein Name zu unrömisch, er nannte sich *Gregor V.* (996–999). Seit dieser Zeit wird der besondere Papstname zur Regel.

§ 43
Das erneuerte Kaisertum und die Kirche

Die *deutsche Kirche* hatte schon unter dem Franken Konrad I. den Kampf des Königs gegen Adel und Stämme mitgetragen. Heinrich I. festigte die Königsmacht, gewann Lothringen zurück und besiegte die Ungarn an der Unstrut (933). Otto I. der Große (936–973), auf diesen Erfolgen weiterbauend, erlebte einen Familienaufstand, als er die Stammesherzöge durch Verwandte ersetzte. Der Sieg auf dem Lechfeld befreite 955 das Reich von der Ungarngefahr und stärkte wiederum das Königtum. Die seit Karl dem Großen gemachte Erfahrung, daß Bischöfe und Äbte zur Unterstützung der Reichsgewalt neigten und von ihr Schutz gegen den Adel erwarteten, führte schließlich zum *ottonisch-salischen Reichskirchensystem,* der Übertragung königlicher Gerechtsame an Bischöfe und Äbte. Nicht die Kirche wurde gewissermaßen verstaatlicht, sondern das Reich verkirchlicht, bedeutende Kirchenmänner zu Leistungen für das Reich gefordert. Vor allem Kirchenmänner in diesen Bindungen waren es, die während der dunklen Zeiten in Rom nördlich der Alpen als Heilige hervorragten wie Ulrich in Augsburg oder Wolfgang in Regensburg. Das Interesse des Königs an der Kirche machte die Hofkapelle zur Pflanzstätte für Bischöfe aus den führenden Familien. Die Verleihung des Bistums geschah als Belehnung durch Übergabe des Stabes durch den König (seit Heinrich III. auch des Ringes) und verlangte vom Belehnten den Lehenseid. Auch die Reformfreunde hatten dagegen zunächst keine Bedenken, obwohl die Wahl durch Klerus und Volk bzw. die klösterliche Gemeinschaft zur Formsache wurde.

Die kulturelle Seite des ottonischen Kirchenwesens ist die *ottonische Renaissance,* die karolingische, italienische und bodenständige Einflüsse aufnahm und zu neuen geistigen Leistungen in Klöstern wie Reichenau und St. Gallen und Domstiften wie Magdeburg und Lüttich gelangte.

Die Kaiserwürde längst vor Augen, hatte Otto I. schon einen ersten Italienzug unternommen (951) und die Königinwitwe Adelheid heimgeführt. Das damals erworbene italische Königtum machte ihn zum Kaiserkandidaten, doch widerstrebte einem Romzug damals Alberich II., der Machthaber in Rom. Als aber Johannes XII. den deutschen König – vielleicht unter dem Einfluß von Reformkreisen – zu Hilfe rief, nutzte Otto die Gunst der Lage und empfing 962 die Kaiserkrone und das Versprechen von Papst und Römern, von Berengar II. und dessen Sohn Adalbert abzustehen. Eine umfangreiche Urkunde enthielt außer der Bestätigung der Schenkung Pippins und Karls des Großen mit Erweiterungen auch die Regelung der Papstwahl entsprechend der Konstitution Lothars von 824: nach der Wahl und vor der Weihe Treueid an den Kaiser, der auch die Oberaufsicht über die Verwaltung hat. Otto erhielt die Bestätigung seiner Stiftung Magdeburg, der alle von ihm und seinen Nachfolgern christianisierten Völker unterstehen sollten.

Schon 963 verlangte die Untreue Johannes' XII. einen neuen Romzug. Der Papst und Adalbert flohen, und nun mußten die Römer schwören, ohne des Kaisers Zustimmung keinen Papst zu wählen. Johannes wurde wegen Mordes, Eidbruchs, Sakrilegs, Simonie, Unzucht und anderer Verbrechen von einer kaiserlichen Synode in St. Peter abgesetzt und ein Laie als *Leo VIII.* (963–965) erhoben. Dieser mußte nach dem Abzug des Kaisers fliehen, doch starb Johannes XII. schon 964. Als Nachfolger wählten die Römer *Benedikt V.* (964), der in der Verbannung in Hamburg starb (966), nur ein Jahr nach Leo VIII., den der Kaiser gehalten hatte.

Ottos Kaiseridee ist universal und vor allem an Karl dem Großen ausgerichtet, also als sakramentale Teilhabe am kirchlichen Priestertum verstanden. Wenn Otto die Krone trug, fastete er am Vortag. Die vielleicht 962 verwendete Krone (Wien, weltliche Schatzkammer) zeigt in Aufbau, Bildprogramm, Edelsteinen und Inschriften die *Theologie dieses Kaisertums.* Ottos Macht erstreckte sich noch immer über Deutschland, Burgund und Italien, das Römische Reich der kommenden Jahrhunderte. Das Gericht über den Papst von 963 hatte gegen den Grundsatz der päpstlichen Gerichtsimmunität verstoßen, die Übermacht des Kaisers, die es gegen einen kompromittierten Träger des Petrusamtes ermöglichte, sollte später den Widerspruch der Reformfreunde wecken.

Wie sein Vater suchte auch Otto II. (973–983), mit der oströmischen Prinzessin Theophanu verheiratet, Italien eng an das Reich zu binden. Im römischen Adel wurden die Crescentier (Crescentius I., Sohn Theodoras der Jüngeren) führend und erhoben *Bonifaz VII.* (984–985), den der unter kaiserlichen Einfluß gewählte *Benedikt VII.* (974–983) verdrängte. Otto II. kam 981 nach Rom, sein Zug gegen die Araber in Süditalien scheiterte (982), allenthalben erhoben sich seine Gegner. Er erlag in Rom der Malaria, kurz nachdem er die Wahl seines Kanzlers Petrus von Pavia als Johannes XIV. durchgesetzt hatte. Der erst dreijährige, schon zum König gewählte Sohn Otto III. (983–1002) verdankte die Erhaltung der Krone dem Erzbischof Willigis von Mainz, der für ihn regierte. Bonifaz VII., der aus Konstantinopel zurückkehrte, ließ seinen Gegner im Kerker verhungern, starb jedoch selbst unerwartet (985). Crescentius II. hatte ähnlich wie einst Alberich II. von Spoleto die weltliche Herrschaft inne, Papst *Johannes XV.* (985–996) auf das Geistliche beschränkend. Der Papst rief gegen ihn Otto III. zu Hilfe und starb noch vor dessen Ankunft. Die Römer überließen die Papsternennung dem jungen König, der seinen 24jährigen Vetter Brun von Kärnten als ersten *deutschen Papst* erhob: *Gregor V.* (996–999), und von ihm zum Kaiser gekrönt wurde. Eine von Papst und Kaiser veranstaltete Synode betrieb eifrige Reform. Daß nach Ottos Abzug Crescentius gegen Gregor den Griechen Johannes Philagathos als *Johannes XVI.* (997–998) erhob, führte zum kaiserlichen Strafgericht (998): Blendung und Klosterhaft für den Gegenpapst, Enthauptung des Crescentius und anderer Aufständischer. Nun blieb Otto in Italien und erhob den gelehrten Gerbert von Aurillac, seinen ehemaligen Lehrer, als ersten *französischen Papst: Silvester II.* (999–1003).

Der Traum von der Erneuerung des alten Römerreiches, dem der »neue Konstantin« neben dem »zweiten Silvester« nachhing, auf dem Aventin residierend und Zeremoniell und Kaisertheologie aus Konstantinopel übernehmend, war anachronistisch und verkannte, daß die Basis für das Kaisertum nur das deutsche Königtum sein konnte. Ein Aufstand vertrieb beide aus Rom (1001), der Kaiser starb 22jährig in Paterno (Grab in Aachen), der Papst folge ihm nach einem Jahr in den Tod. Im Sinne ihrer Vorstellungen wurde in Ungarn und Polen die Kirche nicht mehr dem Reich, sondern nur Rom unterstellt.

Der letzte Kaiser aus der sächsischen Dynastie, Heinrich II. (1002–1024), stellte sich wieder auf die reale Machtbasis und baute das *Reichskirchensystem* weiter aus. In Rom herrschte Crescentius III. und nach seinem Tod (1012) die Tuskulaner, zu deren Familienbesitz das Papsttum zu werden drohte, da sie nacheinander drei Familienangehörige, bisher Laien und weiterhin weltlichen Wesens, durchsetzten. Als der Tuskulaner *Benedikt VIII.* (1012–1024) gegen den Kandidaten der Crescentier, Gregor, stand, wandten sich beide an Heinrich, der sich für Benedikt entschied und von ihm 1014 mit seiner Gemahlin Kunigunde gekrönt wurde. Benedikt hatte nicht nur Verdienste um den Kampf gegen die Sarazenen, denen Sardinien entrissen wurde, sondern zusammen mit dem bereits stark von Reformgedanken erfüllten Kaiser auch um die Kirchenreform. Die von beiden gemeinsam abgehaltene *Synode von Pavia* verbot 1022 – vor allem zur Sicherung des Kirchengutes – die Priesterehe unter Strafe der Absetzung. Nicht zuletzt dem von Heinrich gestifteten Bistum Bamberg verdanken Heinrich und seine Gemahlin Kunigunde die Verehrung als Heilige. Die durch Krankheit des Kaisers bedingte Kinderlosigkeit Kunigundes wurde von der Legende zur Jungfräulichkeit der Kaiserin aufgewertet. Beide ruhen im Hochgrab inmitten des Bamberger Domes.

Der erste Salierkaiser Konrad II. (1024–1039) setzte Heinrichs Linie fort und förderte die Klosterreform, der Vorwurf laikaler Wesensart und schamloser Simonie trifft nicht zu. Allerdings griff er nicht in Rom ein, wo die Tuskulaner den jugendlichen und unwürdigen *Benedikt IX.* (1032–1046) erhoben.

Konrads Sohn Heinrich III. (1039–1056) vollendete das Reichskirchensystem, förderte aber auch die Klosterreform und bemühte sich um den »Gottesfrieden«. Als in Rom der leichtfertige Benedikt IX. infolge eines Aufstandes in Silvester III. (1045) einen Gegenpapst erhielt, verzichtete er zugunsten des Erzpriesters Johannes Gratianus, der als *Gregor VI.* (1045–1046) nun der dritte Prätendent war. Daß Johannes Gratianus Geld gab, wurde oft mit der Absicht erklärt, die Kirche von Benedikt IX. zu befreien. Dieser gab nun aber doch nicht auf. Nun riefen die Reformfreunde Heinrich III. zu Hilfe.

Der König beendete die Verwirrung auf dem Romzug von 1046 durch Absetzung Silvesters III. und Verbannung Gregors VI. auf der Synode zu Sutri und die Absetzung Benedikts IX. auf der zu Rom. Wieder wurde dabei die

Nichtjudizierbarkeit des Papstes mißachtet. Außerdem wählte man bereitwillig den von Heinrich im Sinne der Regelung Ottos des Großen von 963 nominierten Bischof Suidger von Bamberg als *Klemens II.* (1046–1047), der Heinrich zum Kaiser krönte. An diesen Vorgängen hatten auch spätere markante Vertreter der Kirchenreform wie *Gregor VII.* (1073–1085) nichts auszusetzen. Sie dienten der Kirchenreform, die mit Klemens II. und den auf ihn folgenden deutschen Päpsten die Spitze der Kirche erreicht hatte.

2. DAS HOCHMITTELALTER

Aus Finsternis und Dunkelheit der Völkerwanderung wurden die neuen Völker geboren. Unter zahlreichen Erschütterungen und Schwierigkeiten entstand das *Christliche Abendland.* Das erneuerte Reich erstreckte sich vom Ebro bis zur Elbe und vom Tiber bis zur Eider, solange, bis langsam die »Entfrankung« dieses überwiegend von nichtfränkischen Stämmen besiedelten Gebietes einsetzte. Frankreich und England, Polen und Skandinavien entstanden, die Iberische Halbinsel löste sich Zug um Zug von der Herrschaft des Islams. Der *Osten* aber entfremdete sich bzw. wurde zusehends entfremdet. Der Sprecher aller Fürsten im Abendland war der deutsche König, als *vom Papst gekrönter Imperator Romanorum.* Herrscher, Adel und Kirche waren die einflußreiche Trias, von deren Harmonie das Schicksal der Kirche abhing.

Eine solche ist aber nur Heiligen und Heroen auf den Leib geschnitten, nicht Durchschnittstypen, wie sie uns auch in den höchsten Rängen im Laufe der Geschichte begegnen. Infolge menschlichen Versagens gab es daher nicht nur Höhepunkte, sondern auch Krisen der Entwicklung. So im *Investiturstreit* und in dessen Nachbeben während der zweiten Hälfte des 12. Jahrhunderts und schließlich im Auseinanderbrechen von Reich und Kirche, offengelegt durch die Ereignisse auf dem *1. Lyoner Konzil* (1245).

In den *Kreuzzügen* vereinte sich die gesamte Christenheit noch einmal zu großen gemeinsamen Unternehmungen. Die gewaltigen Spannungen äußerten sich in den *Armutsbewegungen* der Zeit. In Franz von Assisi begegnet uns ein über alle Zeiten hinweg sympathischer Interpret dieses Ideals. Er verblieb in der Kirche, obwohl diese immer mehr ihr Sinnen und Trachten in den Kategorien des kanonischen Rechts vertrat, welches nicht allzu viele Spuren der Gesinnung des Evangeliums zeigte. Andere trennten sich von ihr in Aufruhr und Enttäuschung.

§ 44
Die »deutschen« Päpste

Der Umstand, daß sich auch die Nachfolger Klemens' II. Namen aus den ersten Jahrhunderten der Kirche *Damasus II.* (1048) und *Viktor II.* (1055–1057) beilegten, bedeutete das Signal für einen *Wendepunkt* in der Geschichte des Papsttums. Klemens II. war nach kurzer Regierungszeit – übrigens fast gleichzeitig mit seinem Konkurrenten *Gregor VI.* (1045–1046) – verstorben. Er fand seine letzte Ruhestätte im Dom zu Bamberg.

Auf die Nachricht vom Tode Klemens' II. hin sandten die Stadtrömer Boten zu Kaiser Heinrich III., die von ihm die Benennung eines neuen Papstes erbitten sollten. Tatsächlich nützten aber die Anhänger der Tuskulaner in der Stadt die Gelegenheit aus, noch einmal Benedikt IX. einzusetzen. Freilich, dieser Papst sollte sich an der wiedergewonnenen Macht nur kurze Zeit erfreuen. Der Kaiser fällte nämlich 1047 im Beisein der Vertreter der römischen Bürgerschaft das Urteil über Benedikt und ernannte aufgrund des ihm übertragenen Designationsrechtes Poppo, Bischof von Brixen, zum neuen Papst, der sich Damasus II. nannte. Erst im Juni 1048 konnte er in Rom einziehen – Benedikt IX. hatte sich endgültig zurückgezogen –, aber dem neuen Papst waren nur 23 Tage Regierung bestimmt; dann erlag er dem römischen Fieber. Daß er auch seine Ideen von einer Reform des Papsttums und der Kirche nicht durchsetzen konnte, lag zweifellos an seinem kurzen Pontifikat. Erst seinem zu Weihnachten 1048 designierten Nachfolger war ein solcher Erfolg beschieden. Brun, Bischof von Toul, aus dem Geschlechte der Grafen von Egisheim, wurde mit 46 Jahren in das höchste Amt der Kirche berufen. Er betrat am 12. Februar 1049 in Pilgerkleidung die Ewige Stadt und ließ sich von Klerus und Volk zu Rom noch einmal kanonisch wählen, wie er bereits dem Kaiser bei der Designation angekündigt hatte. Genannt hat er sich *Leo IX.* (1049–1054). Sofort scharte er einen Kreis tüchtiger Mitarbeiter um sich, die alle aus der mönchischen Reformbewegung kamen. Humbert stammte aus dem Kloster Moyenmoutier, er wurde Kardinalbischof von Silva Candida. Friedrich, Sohn des Herzogs von Lothringen und Archidiakon von Lüttich, stand seit 1051 als Kanzler der römischen Kirche zur Verfügung. Vor allem war es aber der »Mönch« Hildebrand.

Mit verzehrendem Eifer und in unermüdlicher Tatkraft verfolgte Leo IX. seine Ziele. Sein Reformeifer richtete sich besonders gegen die *Simonie* (Kauf geistlicher Würden um weltliche Güter) und den *Nikolaitismus* (Priesterehe). Wegen der damals allgemein verbreiteten Mißachtung des Zölibats erließ der Papst auf Synoden verschärfte Bestimmungen, wobei er sich klar war, daß sein Ziel auf diesem Gebiet nicht von heute auf morgen erreichbar sei. Sein eigentlicher Kampf galt der Simonie. Er versuchte sein Ideal mit Strafandrohungen und Absetzungen durchzusetzen. Auch seine weitausgedehnten Reisen, die nach Ober- und Unteritalien, nach Frankreich und auch nach Deutschland führten, dienten diesem Zweck. In Regensburg feierte er die »Erhebung« (Kanonisation) des hl. Wolfgang (1052).

Sein Pontifikat wurde auch bald von einer großen Sorge überschattet. Die *Normannen* in Süditalien plünderten Klöster und Kirchen. Leo IX. rief zu einem Befreiungskrieg im Zeichen des hl. Petrus auf. Er versuchte, auch den Kaiser für einen solchen Plan zu gewinnen. Als aber die von diesem versprochenen Hilfstruppen nicht rechtzeitig eintrafen, warb er aus eigenen Mitteln ein kleines Söldnerheer an und führte persönlich die Heeresmacht nach Süden. Er wurde jedoch am 16. Juni 1053 vernichtend geschlagen und geriet selber in normannische Gefangenschaft, in der er neun Monate festgehalten wurde.

Es mag ihm ein Trost gewesen sein, daß er nach seiner Rückkehr die Bitte des byzantinischen Kaisers um Entsendung einer Legation vorfand. Er kam dieser bekanntlich nach, leider aber führte dieses Unternehmen nicht zur Versöhnung, sondern zu einem Riß, der bis heute nicht geheilt wurde.

Die Gefangenschaft hatte Leo IX. aber mehr hergenommen, als er Kräfte hatte. Er starb bereits am 19. April 1054.

Nach Leos Tode machte der Kaiser noch einmal von seinem Designationsrecht Gebrauch. Er bestellte seinen Kanzler, den Bischof Gebhard von Eichstätt, zum Papst. Dieser nannte sich Viktor II. Er erinnerte sich sofort des Reformanliegens, aber auch er hatte nur eine kurze Regierungszeit, die ihn keine größeren Erfolge einheimsen ließ. In seinen Armen starb Kaiser Heinrich III. am 5. Oktober 1056, erst 39 Jahre alt. Dieser ungewöhnlich begabte Fürst, ernst und fromm zugleich und ein Mann mit weitem Horizont, hatte dem Papsttum wieder einflußreiche Stellung verschafft. Darin liegt freilich auch eine gewisse Tragik. Denn auf diese Weise hatte er mitgeholfen, daß dem Kaiser eine gewaltige Konkurrenz durch das Papsttum geschaffen wurde.

Vom sterbenden Kaiser wurde Viktor II. noch mit der Sorge für das Reich und den noch nicht sechsjährigen und schon zum König erwählten Sohn, Heinrich IV. betraut. Doch die Tage Viktors II. waren ebenfalls gezählt. Ein unerwarteter Tod stellte die Reformer vor die Frage, wie sie dem Papsttum angesichts der Situation im Reich weitere Rückschläge ersparen konnten. Sie erhoben nun den Bruder des Herzogs Gottfried von Lothringen, der auch Markgraf von Tuszien war, den uns schon bekannten Friedrich von Lothringen, zum Papst. Er nannte sich *Stephan IX.* (1057–1058) und hatte unter dem Einfluß des immer mächtiger werdenden Beraters Hildebrand die Zustimmung der Kaiserin Agnes für seine Wahl eingeholt. Unter ihm trat zu den reformerisch gesinnten Beratern der römischen Kurie noch Petrus Damiani, Prior von Fonte Avellana, aus der Kamaldulenser-Eremiten-Bewegung. Auch der neue Papst mußte wieder strenge Bestimmungen wider die Priesterehe erlassen, was uns zeigt, daß sich die vorhergehenden Anordnungen nicht durchgesetzt hatten. Auf einer Reise durch Tuszien starb der junge, ideal gesinnte Papst am 29. September 1058 in Florenz. Doch der neue Weg war bereits eingeschlagen.

§ 45
Papstwahlreform

Die Unsicherheit war vielfach hervorgerufen, weil die Reformpartei das Übel an der Wurzel zu bessern suchte. Die bisherige Form der Papstwahl erschien als Quelle manchen Versagens. Als Stephan IX. verstarb (29. März 1058), hatten Klerus und Volk von Rom zwar vor, mit der Papstwahl bis zur Rückkehr des Subdiakons Hildebrand vom deutschen Hofe zu warten. Doch nutzten die Tuskulaner die Gelegenheit und erhoben einen Kandidaten ihrer Wahl, nämlich Johannes, Kardinalbischof von Velletri, zum Papst (*Benedikt X.*, 1058–1059). Die Reformpartei lehnte dieses Vorgehen grundsätzlich ab. Deren maßgeblicher Exponent war Humbert von Silva Candida, Kardinalbischof von Ostia.

Die Anhänger der Reformpartei, unter ihnen fünf von den sieben Kardinal-bischöfen, entschieden sich nach Hildebrands Rückkehr für den aus Burgund stammenden Gerhard von Florenz (Nikolaus II.). Er fand in Rom allgemeine Anerkennung, der Gegenpapst mußte fliehen. Die Rechtfertigung der Wahl *Nikolaus' II.* (1059–1061) erfolgte auf der *Lateransynode zu Ostern 1059.* Ein neues Papstwahldekret, das einen dreistufigen Wahlakt vorsah, wurde erlassen: Die Kardinalbischöfe (Inhaber der sieben suburbikarischen Bistümer) sollten zuerst die Beratung aufnehmen und schließlich die Kardinalpriester (Vorsteher der 25 römischen Hauptkirchen), zu denen noch die Kardinaldiakone (oberste Gehilfen des Papstes beim Gottesdienst und in der Kirchenverwaltung) kamen, ihren Überlegungen beiziehen. Das erzielte Ergebnis durfte von Klerus und Volk durch Zustimmung übernommen werden. Dem deutschen König Heinrich IV. war ebenso wie seinen Nachfolgern, denen der Papst ad personam dieses Recht gewähren würde, »debitus honos et reverentia« einzuräumen. Diese Bestimmung wurde dann so ausgelegt, daß es die Aufgabe und Pflicht des Herrschers sei, für eine freie Papstwahl zu sorgen. Bezüglich der Person des zu Erwählenden war vorgesehen, daß nur dann ein auswärtiger Kandidat genommen werden dürfe, wenn kein geeigneter Römer vorhanden sei. Wahlort sollte im Normalfall Rom sein. Auf alle Fälle müsse die Wahl durch die Kardinalbischöfe möglich sein.

Damit hatte im nachhinein Nikolaus II. seine strittige Wahl rechtfertigen lassen. Auf der gleichen Lateransynode wurde bereits eine Bestimmung gegen eine simonistische Verleihung kirchlicher Pfründen durch Laien erlassen. Ebenso wurde die Zölibatsvorschrift eingeschärft und für Kleriker »vita communis et apostolica« angeordnet. Freilich konnten diese Vorschriften nicht allgemein durchgesetzt werden, obwohl dies gelegentlich sogar mit Gewalt versucht wurde (z. B. Pataria in Mailand). Die neuen Papstwahlbestimmungen fanden bei der Wahl *Alexanders II.* (1061–1073) bereits Anwendung. Selbst Erzbischof Anno von Köln, der sich in einem kühnen Handstreich des zwölfjährigen Heinrich IV. bemächtigt hatte, entschied sich für ihn. Unter seinem Pontifikat wurde der Einfluß Hildebrands bereits besonders erkennbar.

§ 46
Das Ineinander kirchlicher und weltlicher Ordnung

Die reichen Schenkungen an die Kirche von öffentlicher und privater Hand hatten ein enges *Ineinander* von *kirchlicher* und *weltlicher Ordnung* zur Folge. Persönliche Immunität für den Klerus und ebenso für die kirchlichen Grundherrschaften wurde zugestanden. Das führte dazu, daß der geistliche Herrschaftsträger gegenüber seinen Untertanen weltliche Aufgaben zu übernehmen hatte (Rechtsstellung, Rechtssprechung und Bestellung des Heeresaufgebotes). Blutgerichtsbarkeit und Waffenhandwerk waren aber den Geistlichen durch Kirchengesetze verboten. So mußten wieder Laien in den Dienst genommen werden (Vögte). Über das Institut der Kirchenvogtei und den Königsschutz blieb der Einfluß der »Welt« auf die »Kirche« weiterhin erhalten. So ist verständlich, daß die weltlichen Herren an der Bestellung vor allem der hohen geistlichen Würdenträger, der Bischöfe und Äbte, Interesse hatten. Sie setzten diese durch die Übergabe von Ring und Stab ein, ursprünglich weltlichen Symbolen, die geistlich umgedeutet worden waren.

Der Auffassung des Königs und der »Eigenkirchherren« auf den verschiedenen Ebenen stand die Überzeugung von Vertretern der Kirche gegenüber, die erklärten, sie hätten auf alle ihnen einmal übertragenen Besitzungen einen unverzichtbaren Rechtsanspruch. Sie wehrten sich daher gegen die Investitur der Bischöfe und Äbte durch Laien. Da diese Einsetzung vielfach mit Geldvergabe verbunden war, wurden nicht immer berechtigt Laieninvestitur und Simonie gleichgestellt. So entbrannte der Kampf um die sogenannte *libertas ecclesiae.*

Gefährlich mußte diese Spannung dann werden, wenn an der Spitze der Parteien, also von sacerdotium und imperium, Männer standen, denen nicht der Ausgleich, sondern die Selbstbehauptung ihres Standpunktes am Herzen lag. Eine solche Situation trat ein, als der Mönch und Diakon Hildebrand, der schon unter mehreren Päpsten als maßgeblicher Berater tätig gewesen und als solcher die Seele des Kampfes um die Freiheit der Kirche war, am 22. Mai 1073 von Klerus und Volk (unter Nichtbeachtung des Papstwahldekretes von 1059) zum Papst gewählt wurde. *Gregor VII.* (1073–1085) – so nannte er sich wohl in Anlehnung an Gregor I. – fühlte sich in einem göttlichen Auftrag, war ein glänzender Organisator, von kleiner Körpergestalt und umso mehr darauf aus, sich durchzusetzen. Gegen sich selbst war er von äußerster Konsequenz und erwartete eine solche Haltung auch von den anderen. Immer deutlicher trat er mit dem Anspruch hervor, daß er als Papst *Stellvertreter Christi* (Vicarius des Rex regum) auf Erden sei. Dieser Christus war in seinen Augen Nachfolger des Kaisers Augustus. Der Papst sei daher nicht nur für die geistlichen, sondern auch für die weltlichen Belange zuständig. Daraus leitete er das Recht ab, weltliche Fürsten ein- und absetzen und die Untertanen vom Treueeid entbinden zu können (s. »Dictatus papae«). Es ist nicht bekannt, daß der neue Papst seine Wahl dem deutschen König angezeigt hätte. Die tumultuarische Erhebung war ohne Beachtung des Papstwahldekrets von 1059 und der darin für Heinrich vorgesehenen »Ehre und Achtung« geschehen. Gregors Art aber suchte nicht den Ausgleich, sondern die Zuspitzung der Gegensätze. Auf der anderen Seite stand Heinrich IV., damals 23 Jahre alt. Nach dem frühen Tode seines Vaters hatte er längere Zeit unter der Erziehung konkurrierender geistlicher Fürsten (Anno von Köln und Adalbert von Bremen) charakterlichen Schaden erlitten. Er war keineswegs ausgeglichen, sondern blieb sein Leben lang unbeherrscht und unfertig – sowohl in der Politik als auch Frauen gegenüber. Er fühlte sich in der direkten Nachfolge der gottgesalbten Könige des Alten Bundes, und zwar »von Gottes« und nicht »von Papstes Gnaden«. Da er in richtiger Einschätzung seiner Möglichkeiten mehr einem Kompromiß zuneigte, war er von vornherein bei Auseinandersetzungen in einer schwierigen Lage.

§ 47
Der Kampf mit Heinrich IV.

Der Zündstoff lag bereit. Die Auslösung erfolgte auf der römischen *Fastensynode des Jahres 1074*. In Zukunft sei es niemandem gestattet, kirchliche Ämter zu verkaufen oder zu kaufen. Außerdem wurde Priestern, »qui in crimine fornicationis jacent« (also Konkubinarien), verboten, Messe zu lesen, ja selbst Klerikern in niederen Rängen untersagt, den Altardienst zu verrichten. Wie es damals um den Zölibat wirklich stand, kann man wohl aus der Vertreibung des Bischofs Altmann von Passau (1060–1091) durch seine Kleriker erkennen.

Gegen die Maßnahme betreffend die Ehelosigkeit der Geistlichen hatte der König keine Einwendungen. Im Gegenteil, er war dafür, daß die in Händen der Kirche befindlichen Reichslehen nicht vererbbar wurden. Die Verfügung bezüglich Nr. 1 (Laieninvestitur) beachtete er einfach nicht. Er tat, als ob er nichts gehört hätte. Daher änderte sich auch an den Verhältnissen zunächst nichts. Auf der Fastensynode im nächsten Jahr wurden die Beschlüsse nochmals eingeschärft und außerdem fünf Räte des Königs wegen hervorragender Beteiligung an angeblich simonistischer Ämterbesetzung gebannt.

Der König kümmerte sich wiederum nicht um die päpstlichen Anordnungen. Im Gegenteil, er besetzte das hochwichtige Erzbistum Mailand mit einem Parteigänger, nachdem er den Vorgänger kurzerhand abgesetzt hatte.

Gregor war darüber äußerst erregt und drohte dem König bereits im Dezember 1075 mit der Absetzung. Heinrich rief nun die deutschen Reichsbischöfe im Januar 1076 zu einer Synode nach Worms zusammen. Er ließ kurzerhand den Papst absetzen. Die Beschlüsse der deutschen Bischöfe wurden durch eine Bischofsversammlung zu Piacenza in Oberitalien bestätigt.

Nun war das Maß voll. Auf der *Fastensynode von 1076* gab es die berühmte Szene mit der Verlesung eines königlichen Briefes, dessen Schluß lautete: »Dieser (Gregor) ist nicht Papst, sondern ein reißender Wolf!« Die Reaktion der Synode: Alle deutschen Bischöfe, die in Worms unterschrieben hatten, wurden suspendiert, über Heinrich selber der Bann verhängt, die Untertanen des Treueeids entbunden.

Da jedoch die deutschen Fürsten inzwischen mit ihrem König immer unzufriedener geworden waren, entstand für Heinrich eine gefährliche Situation. Seine Gegner erklärten nämlich, ein Gebannter könne nicht König sein. Auf der Fürstenversammlung von Tribur (17. Oktober 1076) sprachen sie dem König die Krone ab, wenn er nicht innerhalb einer Jahresfrist vom Banne befreit werde. Heinrich solle bis zur Entscheidung als Privatmann leben, die Entscheidung aber auf einem Reichstag an Lichtmeß 1077 zu Augsburg in Anwesenheit des Papstes getroffen werden. Jetzt sah sich Heinrich genötigt einzulenken. Er tat es mit gewohnter Raffinesse. Im Winter 1076/77 überstieg er zusammen mit seiner Gemahlin Beatrix, die manche Unbill von ihm erfahren hatte, den Mont Cenis. Gregor war schon auf der Reise nach Augsburg. Als dieser von der Ankunft Heinrichs in Italien hörte, zog er sich *nach Canossa* auf die feste Burg seiner treuen Anhängerin Mathilde von Tuszien zurück. Zusammen mit Abt Hugo von Cluny, dem Taufpaten des Königs, versuchte sie nun, den Papst umzustimmen. Heinrich hatte sich gemeinsam mit seinen Räten zu einer öffentlichen Buße entschlossen. Drei Tage lang erschien er im Bußkleide, einem langen härenen Hemd, das man aber über der normalen Kleidung trug, und versetzte Gregor in einen für ihn nicht leichten Seelenkampf. Dem Seelsorger, der verzeihen muß, stand der Politiker gegenüber, der die Tragweite seiner Handlungen abwägt. Am 28. Januar 1077 sprach er den Büßer vom Banne los, wenn er die Reise des Papstes nach Deutschland nicht hindere und die königliche Gewalt bis zur Entscheidung auf dem Reichstag von Augsburg ruhen lasse.

Der wirklich Gewinnende in diesem Augenblick war Heinrich. Jetzt war den Fürsten der Vorwand weggenommen, ihn als König abzulehnen. Er war nicht mehr gebannt. Dem Papst waren die Zügel entglitten. Es kam gar nicht mehr zum Reichstag von Augsburg, wohl aber in Forchheim an der Regnitz zur Wahl eines Gegenkönigs, nämlich des Herzogs Rudolf von Schwaben. Gregor versuchte, Neutralität zu bewahren, obwohl Rudolf jeglichen Gehorsam und die Gewährung kanonischer Wahlen zugesichert hatte. Doch er verlor in der Schlacht an der Elster Krone und Leben (1080). Nun war Heinrich auf dem Höhepunkt seiner Macht. Er wurde übermütig. Auf einer Synode in Brixen ließ er den schon einige Zeit suspendierten Erzbischof Wibert von Ravenna zum Gegenpapst wählen (Klemens III.). Die Antwort Gregors war die neuerliche Bannung des deutschen Königs. Doch dieser zog nach Rom. 13 Kardinäle traten sofort zu ihm über. Er ließ sich von »seinem« Papst zum Kaiser krönen und Gregor VII. in der Engelsburg einsperren, aus der ihn jedoch die Normannen unter Robert Guiscard befreiten. Sie verjagten Heinrich und seine Mannen, verwüsteten und plünderten allerdings die Ewige Stadt in einem Ausmaß, daß der Papst vor der Wut der Bevölkerung nun aus Rom fliehen mußte. Er zog sich nach Monte Cassino zurück und starb bald darauf im Exil zu Salerno.

Auch das Ende Heinrichs IV. – zwei Jahrzehnte später – war einsam. Sein ältester Sohn Konrad hatte sich gegen ihn empört und wurde daraufhin vergiftet. Seine zweite Gemahlin (Praxedis von Kiew) klagte ihn vor aller Öffentlichkeit der schändlichsten sittlichen Vergehen an. Zum Schluß erhob sich noch sein Lieblingssohn Heinrich (V.) gegen ihn und zwang ihn zur Abdankung, weil ein Gebannter nicht Kaiser sein könne. Beide suchten die Entscheidung in der Schlacht, es kam jedoch nicht dazu, da Heinrich IV. 1106 plötzlich verstarb.

§ 48
Der Investiturstreit mit Heinrich V.

Zum Papst war inzwischen der fromme, aber ebenso weltfremde Mönch *Paschalis II.* (1099–1118) gewählt worden. Der Gegenpapst Wibert war nicht mehr am Leben († 1103). Doch Heinrich V., ein kalter Willensmensch, vergaß nun rasch die Versprechungen, die er bei seiner Erhebung dem Papst gegeben hatte. Er übte weiterhin ungestört die *Laieninvestitur* aus, der gütige Papst aber hoffte noch immer auf einen Ausgleich. Dies umso mehr, als es gelungen war, mit Frankreich und England aufgrund der wichtigen Unterscheidung zwischen Kirchenamt und Temporalienbesitz, auf die der berühmte Rechtsgelehrte Ivo von Chartres hingewiesen hatte, eine Kompromißlösung herbeizuführen.

Heinrich V. zog im Sommer 1110 etwa mit 30.000 Mann über die Alpen und traf auf keinen Widerstand in Italien. Er schickte Gesandte an den Papst voraus. Dieser erklärte sich im Namen der Kirche bereit, auf Hoheits- und Herrschaftsrechte zu verzichten, die sie vom Reich empfangen hatte. Damit sei die Frage der Investitur von selbst erledigt. Das war ein Angebot, welches für den König viele Vorteile bot. Er durchschaute aber gleichzeitig, daß mit dem Widerstand von seiten der betroffenen Kirchenfürsten zu rechnen sei. Es wurden nunmehr *zwei Urkunden* entworfen. In der einen sprach der König den Verzicht auf die Investitur aus, unter der Voraussetzung der Rückgabe der Regalien. In der anderen forderte der Papst die Kirchenfürsten des Reiches auf, alle Reichslehen zurückzugeben.

Jetzt konnte Heinrich feierlich in die Leostadt Roms einziehen (12. Februar 1111). Es wurde die erste Urkunde im Petersdom verlesen. Als Paschalis die zweite verkünden ließ, erhob sich ein heftiger Proteststurm, bei dem u. a. der fromme, ansonsten päpstlich gesinnte Erbischof Konrad von Salzburg seinem Unmut Ausdruck verlieh. Die friedliche Lösung scheiterte.

Nun ließ der König kurzerhand den Papst und etliche Kardinäle sowie andere Mitglieder der Kurie in der Peterskirche gefangennehmen. Die Stadtbevölkerung Roms ergriff Partei für ihren Papst. Der König floh samt seinen Gefangenen aus Rom und drohte mit der Aufstellung eines Gegenpapstes, stellte aber gleichzeitig neue Verhandlungen in Aussicht. Deren Ergebnis war das berühmte *Privilegium von Sutri*, durch das die *Investitur* der frei gewählten Bischöfe und Äbte mit Ring und Stab wieder ausdrücklich dem König zugestanden wurde. Gleichzeitig verpflichtete sich der Papst, er werde das Reich wegen der Investitur oder der ihm geschehenen Unbill nie mit dem Kirchenbann belegen, sondern Heinrich zum Kaiser krönen und nach besten Kräften unterstützen.

Nun begaben sich die beiden obersten Gewaltträger wieder nach Rom zurück, wo die Kaiserkrönung stattfinden und das Privileg an Heinrich feierlich übergeben werden sollte. In Rom aber kehrte Ernüchterung und damit ein Umschwung ein. Eine im März 1112 im Lateran abgehaltene Synode, unter der Leitung des Papstes, verwarf das *Privilegium*, das nun *Pravilegium* genannt wurde. Den Bann über den Kaiser auszusprechen, war aber der Papst entsprechend seinen Versprechungen nicht bereit. Der Kaiser antwortete mit Rundschreiben, in denen er seine Untertanen im Zuge einer gezielten Propaganda über die Vorgänge aus seiner Sicht informierte. Doch die Fürsten waren auf die Dauer mit seiner Regierungsführung nicht zufrieden und verhandelten nun hinter seinem Rücken mit der Kurie.

Der darüber in Kenntnis gesetzte Heinrich hielt es nun für richtig, nochmals nach Italien zu ziehen. Papst Paschalis foh zu den Normannen. Durch Bestechung erwarb sich der Kaiser die Sympathien der stets käuflichen Römer. Nach der durch Mauritius von Braga (den späteren Gegenpapst Gregor VIII.) an ihm und seiner zweiten Gemahlin Mathilde vorgenommenen Krönung (Ostern 1117) zog er wieder ab. Der Papst konnte jetzt zurückkehren, starb aber bald darauf (31. Januar 1118). Die Kardinäle wählten nun *Gelasius II.* (1118–1119), der zunächst vor dem Kaiser aus Rom flüchten mußte. Es wiederholte sich das übliche Spiel: Abzug des Kaisers, Rückkehr des Papstes und nochmalige Flucht des Kirchenoberhauptes. Diesmal ging der Papst nach Cluny, wo er bereits kurz darauf verstarb (29. Januar 1119). Nun bestellten die Kardinäle Guido von Vienne, der sich *Calixt II.* (1119–1124) nannte. Er war ein eifriger Anhänger der Reform, jedoch zum Ausgleich bereit.

Die Territorialherren wollten die Beendigung des Streites, fühlten sie sich doch als Oligarchie, deren Ausführender sodann in Zukunft Kaiser sein sollte. Er mußte also durch sie zum Frieden gezwungen werden. Das neue Kirchenoberhaupt wußte diese Situation zu nützen. Er entsandte drei Kardinäle zu Verhandlungen. Nach 40 Tagen brachten sie das berühmte *Wormser Konkordat* vom 23. September 1122 zustande: In Zukunft sollen die Bischöfe in freier Wahl und feierlicher Form durch die Geistlichen, freilich in Gegenwart des Kaisers, jedoch ohne Gewalt und Simonie, erwählt werden. Bei zwiespältiger Wahl möge sich der König der »pars sanior« anschließen. Die Investitur mit Ring und Stab durch den König habe in Zukunft zu entfallen. Nach der Wahl habe die Belehnung mit den weltlichen Besitzungen mittels des Königszepters zu erfolgen. Anschließend möge der Bischof den Lehenseid leisten, und die Konsekration könne daraufhin vollzogen werden. Die Belehnung mit dem Zepter habe in Deutschland vor, in Burgund und Italien nach der Weihe zu erfolgen. *Zwei Urkunden* wurden auch diesmal ausgestellt, die kaiserliche und die päpstliche, in Form eines persönlich gefaßten Zugeständnisses an Heinrich V. (damit konnte man sich später wieder zurückziehen). Dann wurde der Kaiser vom Banne gelöst. Der Papst ließ sich diese Abmachung durch das *1. Laterankonzil* (März 1123) bestätigen. In der Kirche reagierte man auf diesen kompromißhaften Sieg mit Spiritualisierung, aber auch leider mit Verklerikalisierung und Verjuridisierung.

Die Entsakralisierung des Kaisertums führte zu dessen allmählicher Entmachtung, so daß auch die Päpste ihrer Schutzmacht beraubt waren.

§ 49
Strittige Papstwahlen

Das *Schisma von 1130* zeigt dies bereits deutlich, nachdem 1124 nur durch die Demut des zuerst erwählten (Cölestin II.) sich sein Konkurrent (*Honorius II.* 1124–1130) durchsetzen hatte können. Hinter den Parteiungen im streitenden Kardinalskollegium waren Adelsgeschlechter erkennbar. Die Frangipani-Anhänger, 16 an der Zahl, unter ihnen 5 Kardinalbischöfe, wählten *Innozenz II.* (1130–1143), die der Pierleoni-Gruppe, zunächst durch 14 und dann durch weitere 10 Kardinäle vertreten, wählten einige Stunden später in S. Marco Anaklet II., den »Papst aus dem Ghetto«, den Sprößling einer reichen, ehemals jüdischen Bankiersfamilie, die sich aber schon im 11. Jahrhundert hatte taufen lassen. Die zuletzt Genannten verfügten also über die Majorität und konnten auf ein geordneteres Wahlverfahren hinweisen, während Innozenz infolge der Wahl durch die Kardinalbischöfe den Wortlaut des Papstwahldekrets Nikolaus' II. für sich hatte. Da die Partei Anaklets finanzkräftiger war, fand es Innozenz für richtig, Rom zu verlassen, und floh nach Frankreich. Damit wurde bereits jener Trend erkennbar, der die Kurie an die Seite der angeblich »ältesten Tochter« der Kirche trieb. Von dieser wurde sie aber keineswegs besser behandelt als von den Deutschen.

Jetzt kam es darauf an, wer den christlichen Erdkreis für sich gewinnen konnte. Für Innozenz war entscheidend, daß sich Bernhard von Clairvaux, die bedeutendste religiöse Persönlichkeit der Westkirche in der ersten Hälfte des 12. Jahrhunderts, auf seine Seite stellte, sowie Norbert von Xanten. Anaklets Partei ergriffen vor allem die Normannen, deren genialer Herzog Roger II. daher von seinem obersten Landesherrn, dem Papst, den Königstitel für Sizilien erhielt. Wer sollte nun entscheiden? Die Christenheit war in zwei Lager gespalten. Der neue deutsche König Lothar III. von Supplinburg (1125–1137) versprach seinem Papst, nämlich Innozenz II., ihn nach Rom zurückzuführen. Es gelang die Eroberung Roms, ausgenommen die Leostadt. Daher wurde der König nun in der Lateranbasilika durch seinen Papst zum Kaiser gekrönt. Bezüglich der Abgrenzung des kirchlichen und staatlichen Bereiches blieb es bei der Regelung des Wormser Konkordats. Als dann 1138 Anaklet starb, war das Schisma rasch beendet, da Viktor IV., sein Nachfolger, sich bereits nach zwei Monaten Innozenz II. unterwarf.

Diesen Friedensschluß nahm der nun allgemein anerkannte Papst zum Anlaß für die Einberufung des 2. Laterankonzils (1139), auf dem er allerdings in unkluger Weise gegen die ehemaligen Anhänger seines Konkurrenten, auch wenn sie sich vorher schon unterworfen hatten, außerordentlich rigoros vorging. Wider die Normannen als Anhänger Anaklets wurde nun sogar ein Kreuzzug beschlossen, an dessen Spitze der Papst persönlich trat. Er geriet dabei in Gefangenschaft und mußte schließlich alle Strafmaßnahmen zurücknehmen.

Nach den Vorschriften dieses Konzils mußten die Ehen von Bischöfen, Priestern, Diakonen sowie Mönchen wieder getrennt werden. Dies zeigt allerdings deutlich, wie es damals wirklich um die Einhaltung des Zölibats stand. Die Bestimmung, daß das Amt eines Bischofs nicht mehr als drei Monate vakant sein sollte, könnte immerhin selbst für die Gegenwart noch Aktualität besitzen. Bemerkenswert ist, daß bei dieser Gelegenheit das erste Mal das Wahlrecht der Domkapitel erwähnt wird.

Mit Eugen III. (1145–1153) wurde der erste Zisterziensermönch Papst. Sein Lehrer Bernhard von Clairvaux widmete ihm das berühmte Werk De consideratione. Darin warnte er vor der »libido dominandi«, wies den Papst darauf hin, daß er Nachfolger des armen Petrus und nicht des mächtigen Konstantin sei. Freilich, leicht hatte es Eugen zunächst in Rom nicht. Die Anhänger der Pierleoni kündigten ihm den Gehorsam in weltlichen Dingen auf. Er begab sich daher über Viterbo und andere Städte Norditaliens nach Frankreich.

In Rom wurde wieder einmal die Republik ausgerufen. An ihre Spitze stellte sich Arnold von Brescia, der zuvor als Propst des Chorherrenstiftes in Brescia mit Feuereifer und sich stets steigernder Leidenschaft gegen die Verweltlichung, den Besitz und die Macht der Kleriker gewandt hatte. Jetzt gebot er wie ein Volkstribun über die Ewige Stadt und verstand es, mit seiner hinreißenden Beredsamkeit deren Bewohner für die Größe und Herrlichkeit des alten Rom zu begeistern.

Unter dem Pontifikat Eugens III. fand der 2. *Kreuzzug* (1147–1149) statt, für den Bernhard von Clairvaux zahlreiche Anhänger geworben hatte. Geendet hat er ohne sichtlichen Erfolg.

§ 50
Die Päpste und die Staufer

Mit dem Tode Eugens III., der noch kurz zuvor den Hohenstaufer Friedrich I. – er zeigte allerdings seine Wahl nur an – als deutschen König bestätigte, trat ein Szenenwechsel auf dem westeuropäischen Schauplatz ein. Auf Stephan von Blois in England folgte nach seinem Tode (1154) Heinrich II., in Sizilien löste schließlich Wilhelm I. Roger II. ab.

In Rom wurde der bisher *einzige Engländer*, nämlich Heinrich Breakspear, der Sohn eines Mönches, unter dem Namen *Hadrian IV.* (1154–1159) Papst. Er war zuvor ebenfalls Abt eines Augustinerchorherrenstiftes, nämlich zu St. Rufus bei Avignon, gewesen. Von den gregorianischen Ideen ganz durchdrungen, fand er in Friedrich Rotbart (Barbarossa) einen Kontrahenten, der ebenfalls von der Erhabenheit seines Amtes überzeugt war. Die Staufer mochten noch so geschickt, kühn, tapfer und ausdauernd Reichspolitik betreiben, kämpfen, siegen und sterben, ihre Handlungen blieben zum damaligen Zeitpunkt doch nichts als Rückzugsgefechte, ein geschicktes Lavieren, ein Kampf mit einem Gegner, den sie in seinem Wesen gar nicht mehr zu erfassen vermochten.

Zunächst herrschte eitel Wonne und Eintracht. Als Vorleistung für das gute Einvernehmen setzte König Friedrich Arnold von Brescia gefangen. Der römische Stadtpräfekt machte mit ihm kurzen Prozeß, ließ ihn aufhängen, seinen Leichnam verbrennen und die Asche in den Tiber streuen.

Doch gleich beim ersten Zusammentreffen zwischen Papst und König im malerischen, nördlich des Braccianosees gelegenen Sutri kam es zu einem Eklat. Der Staufer weigerte sich, dem Papst den Strator-Marschalldienst zu leisten. Erst als ihm mitgeteilt wurde, daß sich auch Lothar von Supplinburg schon zu dieser Geste herbeigelassen habe, fand er sich bereit, indem er ausdrücklich erklärte, diesen als ein Zeichen seiner Ehrerbietung gegenüber den Aposteln Petrus und Paulus, nicht aber als Vasall zu leisten. Am 18. Juni 1155 fand zu St. Peter die feierliche Krönung des Kaisers statt. Da die Verhältnisse im Reich eine rasche Rückkehr notwendig erscheinen ließen, konnte Friedrich dem Papst gegenüber das Versprechen, ihm gegen die Normannen beizustehen, nicht mehr einlösen. So blieb Hadrian nichts anderes übrig, als seinen südlichen Nachbarn die gewünschte erbliche Belehnung mit Sizilien, Apulien und Capua zu gewähren.

Diese Maßnahme jedoch kam dem Kaiser sehr wenig gelegen. Der Papst spürte dies offenbar, deswegen sandte er zwei Kardinäle, unter ihnen Roland Bandinelli, mit einem aufklärenden Schreiben. Darin war allerdings davon die Rede, daß die römische Kirche dem Kaiser das »beneficium« der Kaiserkrönung verliehen habe und daß sie bereit sei, weitere »beneficia conferre«. Sie überreichten das Schreiben auf dem Reichstag in Besançon (Oktober 1157). Des Kaisers Kanzler, Reinald von Dassel, damals erst Dompropst von Hildesheim und Münster, der spätere Erzbischof von Köln, übersetzte das Wort »beneficium« mit »Lehen«, so bedurfte es eines weiteren Erklärungsschreibens, um den Kaiser zu beruhigen, der sich im Herbst 1158 nach Oberitalien begab. Er hielt dort auf den Ronkalischen Feldern einen Reichstag ab, auf dem er die alten Reichsrechte in Oberitalien wieder feststellen ließ. Um diese Oberhoheit abzuwenden, schlossen sich Mailand, Brescia und Piacenza zu einem Bund zusammen.

Mit dem Tode Hadrians und der Neuwahl des Papstes wurden die Gegensätze deutlicher erkennbar. Im Kardinalskollegium gab es eine auf Ausgleich bedachte Partei, deren Kandidat Oktavian (er nannte sich wiederum Viktor IV.) war, der es immerhin auf mindestens sieben Stimmen bei der Wahl brachte. Die anderen vereinigten sich um den uns schon bekannten Roland Bandinelli, der sich *Alexander III.* (1159–1181) nannte und eine klare Mehrheit für sich erringen konnte. Beide Prätendenten fühlten sich in Rom zu wenig sicher und ließen sich daher außerhalb Roms krönen. Der Kaiser berief nun eine Kirchenversammlung nach Pavia ein, auf der die 50 meist aus Deutschland erschienenen Bischöfe sich für Viktor entschieden und über Roland Bandinelli den Bann aussprachen.

Frankreich und England anerkannten diese Entscheidung nicht, sondern hielten zu Alexander III., der ihnen die Dispens für eine Kinderehe zwischen dem noch nicht sechsjährigen Heinrich, Sohn des englischen Königs Heinrich II. und der geschiedenen französischen Königin Eleonore, und der dreijährigen Margarethe, Tochter des französischen Königs Ludwig VII. und seiner zweiten Gemahlin, gewährte. Trotz dieser ursprünglichen Haltung blieben Auseinandersetzungen zwischen dem englischen König und Papst Alexander ebenfalls nicht aus. Thomas Becket, Jugendfreund des Königs und Kanzler von England, war auf Wunsch des Königs zum Erzbischof von Canterbury gewählt worden. Heinrich hoffte, in ihm ein willfähriges Werkzeug zu besitzen. Doch dem war nicht so. Thomas besann sich auf seine bischöfliche Aufgabe und wuchs zu einem entschlossenen Verteidiger kirchlicher Rechte heran. So wurden die Auseinandersetzungen zwischen beiden unvermeidbar, besonders nach der *Synode von Clarendon* (1164), auf der der König die »alten Rechte der englischen Kirche« neuerdings festlegen ließ. Becket flüchtete nach Frankreich und verblieb dort einige Jahre, bis er schließlich unter dem Einfluß des Papstes nach England zurückkehrte. Dort wurde er vor dem Altar der Kathedrale von Canterbury durch vier Ritter ermordet, die eine Äußerung des Königs als Aufforderung zur

Beseitigung des Erzbischofs aufgefaßt hatten. Das Volk aber verurteilte diese Missetat. Der König zeigte Reue und leistete öffentliche Buße. Schließlich erbat er die Kanonisation für Thomas (1173).

Kehren wir wieder zur Situation nach der Flucht Alexanders aus Rom zurück. Meist hielt er sich in Montpellier auf. Sein Konkurrent Viktor IV. konnte aber in Italien unter dem Schutze des Kaisers seines Amtes walten, bis ihn der Tod ereilte und der Anhang des neuen Gegenpapstes (der Nachfolger von Viktor IV. nannte sich Paschalis III.) in Deutschland immer mehr abbröckelte. Die oberitalienischen Städte – es waren deren 22 – schlossen sich mit Alexander III., der auf dem Wege über Messina, Salerno inzwischen nach Rom zurückgekehrt war, zum *Lombardischen Bund* zusammen. Friedrich Rotbart zog daraufhin über die Alpen. Er rückte bis Rom vor. Dort vertrieb ihn allerdings die Malaria. Jetzt fühlten sich die lombardischen Städte stark genug und traten gegen den Kaiser in der Schlacht bei Legnano, nordwestlich von Mailand (1176), an. Sie konnten ihm eine entscheidende Niederlage zufügen. Der Kaiser mußte einlenken. Er tat dies sehr geschickt, zunächst gegenüber dem Papst zu Venedig (24. Juli 1177), indem er diesen anerkannte und dafür vom Bann befreit wurde. Damit war das *Schisma* beendet. Alexander konnte ungehindert nach Rom zurück.

Dort eröffnete er das *3. Laterankonzil* (1179) mit etwa 300 Bischöfen. Auf diesem wurde die Papstwahl aufgrund der gemachten Erfahrungen neu geregelt. In Zukunft waren zwei Drittel der Stimmen der Kadinäle zur gültigen Wahl erforderlich. Vom Kaiser geschah keine Erwähnung mehr.

Mit den lombardischen Städten kam es 1183 zum Frieden. Auf dem Papier wurde die deutsche Oberhoheit anerkannt, Ritter erhielten gegen Kauf die Regalien. Der Kaiser setzte aber zielbewußt seine Italienpolitik fort, indem er u. a. seinen Sohn, Heinrich VI., mit Konstanze, der Erbin Siziliens, der Tochter König Rogers II., vermählte. So fiel diesem nicht nur Sizilien, sondern auch Deutschland zu, als Friedrich Rotbart beim *3. Kreuzzug* 1190 in den Fluten des kleinasiatischen Flusses Göksu, damals Saleph genannt, den Tod fand.

Doch dem talentierten jungen Staufer war nur eine kurze Regierungszeit beschieden. Schon mit 32 Jahren wurde er vom Tode heimgeholt. In Rom starb bald darauf Papst *Cölestin III.* (1191–1198), der fast während seiner ganzen Regierung ans Krankenbett gefesselt war.

§ 51
Gipfelpunkt der Macht: Innozenz III.

Die Kardinäle wählten nun entgegen den Wünschen des verstorbenen Papstes rasch und einmütig den Kardinaldiakon Lothar von Segni, der den Namen *Innozenz III.* (1198–1216) annahm. Er war etwa 37 Jahre alt, von mittlerer Statur und schönem Aussehen. Hervorragende Talente, umfassende Bildung, ausgezeichnetes Gedächtnis, persönliche Genügsamkeit, verbunden mit Freigebigkeit, Demut und Geduld und Zähigkeit in Widerwärtigkeiten zeichneten ihn aus. So erwies er sich als geborene *Herrschernatur.* Er war vertraut mit der Kunst der Menschenbehandlung und verlor nie den Blick für das Mögliche und Erreichbare. Zutiefst war er von der Meinung erfüllt, daß er als Stellvertreter Christi zur Leitung der Angelegenheiten des Abendlandes berufen sei. Er fühlte sich geringer als Gott, aber größer als alle anderen Menschen der Welt.

Mit geschickter Hand stellte er in Rom und im Kirchenstaat Ordnung her. Er vermehrte die päpstlichen Besitzungen durch sogenannte Rekuperationen, durch die er ohne jede Ängstlichkeit angebliche und wirklich alte Ansprüche geltend machte. Er nützte das aufkommende italienische Nationalgefühl und die Abneigung gegen das deutsche Regiment.

Die *Doppelwahl* im Jahre 1198 (Philipp von Schwaben, jüngster Sohn Friedrichs I., der zunächst für den geistlichen Stand bestimmt und schon erwählter Bischof von Würzburg gewesen war, auf der einen Seite, Otto IV. von Braunschweig, Sohn Heinrichs des Löwen, auf der anderen Seite) versetzte ihn in eine Schiedsrichterrolle von weltumspannender Bedeutung. Nach gründlicher Abwägung wandte er seinen »favor apostolicus« Otto IV., dem Welfen, zu, der ihm schriftlich auch alle Versprechungen machte. Der Gegenspieler Philipp aber war mit den Waffen siegreich. Doch am 21. Juni 1208 fiel er einer Privatrache zum Opfer. So war die Bahn für Otto IV. nun endgültig frei, der sich nach der Krönung (1209) als vergeßlich erwies und damit den Bann des Papstes auf sich zog. Die deutschen Fürsten setzten ihn daraufhin ab. Er war ihnen schon mißfällig geworden, und sie erwählten 1212 das »Kind von Apulien«, Friedrich II. Freilich sollte Innozenz und seine Nachfolger mit diesem päpstlichen Schützling ebenso ihre »Freude« erleben.

Nicht nur mit Deutschland, sondern auch mit Frankreich und England hatte der Papst seine Sorgen. Philipp II. August von Frankreich (1180–1223) mußte zur Wiederaufnahme seiner rechtmäßigen Ehegattin Ingeborg von Dänemark bewogen werden. Mit dem englischen König Johann ohne Land (1199–1216) geriet der Papst wegen der Neubesetzung des erzbischöflichen Stuhles von Canterbury durch Stephan Langton in Streit. Wir verdanken bekanntlich diesem Kirchenfürsten die heute noch gebräuchliche Kapiteleinteilung der Vulgata. Das Fazit der Auseinandersetzungen mit England war, daß König Johann nachgab und England sowie Irland aus päpstlicher Hand zum Lehen entgegennahm. Mit der Mißwirtschaft Johanns waren die englischen Großen, einschließlich der Bischöfe, unzufrieden. Sie nötigten ihn daher 1215 die *Magna Charta libertatum* ab. In diesem Freiheitsbrief wurden die Rechte des Königs genau abgegrenzt und die Vorherrschaft des Adels und der hohen Geistlichen garantiert. Diese Urkunde bedeutet die Grundlage des *englischen Parlamentarismus.*

Die Kirche war unter Innozenz III. auf dem Höhepunkt ihrer Macht – doch der Schein trog. Das weit verbreitete Auftreten der *Albigenser* und der *Waldenser* signalisierte eine um sich greifende Unzufriedenheit mit der Kirche der Macht und des Reichtums. Der unglückliche *4. Kreuzzug,* der anstatt ins Heilige Land durch die Schlauheit des 100jährigen Dogen Dandalo von Venedig nach Konstantinopel geführt hatte, wo ein lateinisches Patriarchat und ein lateinisches Kaisertum eingerichtet wurde, bedeutete eine bis heute andauernde Entfremdungsursache zwischen der Ost- und der Westkirche.

Dem Papst waren diese Gefahren nicht unbekannt. Er versuchte durch ein allgemeines *Konzil,* nämlich das *4. im Lateran* (1215), die Situation zu retten. 1200 Prälaten und die Gesandten fast aller Fürsten waren zugegen. Die Wiedergewinnung des Heiligen Landes und die Reform der Kirche standen auf dem Programm. Doch so glanzvoll der Verlauf gewesen sein mag, so gering war der Erfolg, wenn wir vom 4. Kirchengebot absehen, das die Osterkommunion und jährliche Beichte vorschrieb. Bedeutsam ist auch die erstmalige lehramtliche Erwähnung der »transsubstantiatio« in der Partizipialform (»transsubstantiatis pane in corpus et vino in sanguinem«) brachte.

Sympathisch macht uns den großen Papst die Begegnung mit Franz von Assisi, das Verständnis für ihn und seinen Minnedienst gegenüber der »Frau Armut«. Der selbstbewußte Papst auf dem Gipfelpunkt seiner Macht und einer der liebenswürdigsten Heiligen aller Zeiten auf dem Marsch zum gleichen Ziel: Freiheit, Reinheit und lautere Reform der Kirche.

§ 52
Umbruch: Friedrich II.

Der Pontifikat Innozenz' III., der am 16. Juli 1216 zu Perugia 54jährig verstarb, war *Kulminationspunkt* und *Peripetie* zugleich. Im Mündel des Papstes, in Kaiser Friedrich II., dem Hohenstaufen, trat dem »herrlichen« Papst und seinen Nachfolgern nun ein Mann von außerordentlicher Gefährlichkeit gegenüber. Geboren in Jesi, getauft in der Kathedrale San Rufino zu Assisi, wie Franz von Assisi und Klara, wuchs er in Sizilien, »dem gelobten Lande der Religionsvermischung«, heran. Er zeichnete sich durch Weltgewandtheit und durch die Gabe tief eindringender Menschenkenntnis aus. Er beherrschte fremde Sprachen und war nicht nur mit dem Glaubensgut der Christen, sondern auch mit dem der Muselmanen und Juden vertraut. Die Glaubenssicherheit des mittelalterlichen Menschen war ihm nicht mehr vertraut: der erste *Mensch der Neuzeit* auf dem Königsthron. Als solcher war er auch den Naturwissenschaften sehr zugetan und mit einem ausgesprochenen Feingefühl für Schönheit nicht nur bei den Frauen, sondern auch in der Baukunst ausgestattet. Wer Castel del Monte gesehen hat, mag ihm vieles verzeihen.

Nach dem Tode Ottos IV. (1218) war seine Herrschaft in Deutschland endgültig gesichert. Er überließ sie seinem Sohn Heinrich, der allerdings erst acht Jahre alt war. Während seiner mehr als 30jährigen Herrschaft hielt er sich nur zweimal längere Zeit in Deutschland auf.

Mit der römischen Kirche geriet er vor allem wegen einer politischen Frage in Konflikt. Er hatte zwar seinem Vormund Innozenz III. 1212 gelegentlich seiner Anerkennung versprochen, er werde nie das Königreich Sizilien mit dem Imperium vereinigen. Auch einen Kreuzzug hatte er gelobt. In diesen Punkten zeigte er sich allerdings konsequent gedächtnisschwach, obwohl Papst *Hono-*

rius III. (1216–1227) vor der Kaiserkrönung im Jahre 1220 ähnliche Versprechungen entgegengenommen hatte. Acht Termine für den Kreuzzug ließ er ungenützt vorübergehen. Als er aber den neunten im September 1227 versäumte, und zwar diesmal aus berechtigten Gründen wegen einer ausgebrochenen Seuche, da riß dem neuen Papst die Geduld. Es war dies der Neffe Innozenz' III., der frühere Kardinal Ugolino, der »Freund« des Franziskus, nämlich *Gregor IX.* (1227–1241). Er bannte den Kaiser kurzerhand. Erst nachdem Friedrich als Gebannter den 5. (dank seines diplomatischen Geschicks erfolgreichsten) *Kreuzzug* durchgeführt hatte, kam eine Versöhnung durch den *Frieden von S. Germano,* ratifiziert durch die Vermittlung des Hochmeisters vom Deutschen Orden (Hermann von Salza) und des österreichischen Herzogs (Leopold VI.) zustande. Papst und Kaiser söhnten sich für kurze Zeit aus. Bei der Verschiedenheit ihrer Charaktere und ihrer Anschauungen konnte dies jedoch nicht von allzulanger Dauer sein.

Der erste Schlagabtausch fand auf dem Gebiet des Rechtes statt. Im Auftrag Friedrichs veröffentlichte nämlich 1231 der damalige sizilianische Großhofrichter Petrus de Vinea (es konnten ihm später Unregelmäßigkeiten nachgewiesen werden; er wurde verhaftet und geblendet, worauf er sich das Leben nahm) den sogenannten *Liber Augustalis,* ein großartiges Gesetzeswerk. Der Papst antwortete mit der berühmten *Dekretalensammlung* des Raimund von Peñafort, die 1234 durch die Übersendung an die Universitäten von Bologna und Paris Gesetzeskraft erlangte. Als der Kaiser die lombardischen Städte unterwarf und, berauscht von seinem Erfolg, seinen natürlichen Lieblingssohn Enzio mit der Erbin eines Großteils von Sardinien vermählte, das als päpstliches Lehen betrachtet wurde, und als bekannt wurde, daß der Kaiser *Rom zum Mittelpunkt seines Gesamtreiches* machen wollte, da hielt Gregor die Stunde für gekommen, den Kaiser neuerlich zu bannen und ihn feierlich für abgesetzt zu erklären (Palmsonntag 1239).

Jetzt setzte eine heftige *Streitschriftenfehde* ein. Von beiden Seiten wurde mit »Freundlichkeiten« nicht gespart. Der Kaiser wurde des Unglaubens bezichtigt. Das Wort von den drei großen Betrügern: Moses, Mohammed und Christus wurde ihm in den Mund gelegt (bis heute unbewiesen). Die kaiserliche Partei bezeichnete den Papst als »Drachen und Antichristen der Endzeit«, der nicht nach den Grundsätzen des Evangeliums, sondern nach rein politischen Gesichtspunkten handle. Das Abendland war damit in zwei feindliche Lager gespalten; doch hielt ein nicht unbeträchtlicher Teil der geistlichen Würdenträger des Reiches zum Kaiser. Friedrich trat nun mit der Forderung nach einem allgemeinen Konzil hervor, das er in Wirklichkeit ja gar nicht haben wollte. Als es einberufen wurde, verhinderte er die Teilnahme durch Truppeneinsatz. Inzwischen starb Papst Gregor IX. (22. August 1241).

Sein zweiter Nachfolger wurde, nach einem Zwischenpontifikat von 17 Tagen, *Innozenz IV.* (1243–1254). Er war ein gewandter, skrupelloser Diplomat, keineswegs von der religiösen Glut seiner Vorgänger erfüllt. Der Kaiser hatte zunächst über seine Wahl durchaus Freude, stammte doch der neue Papst aus einer ghibellinisch gesinnten Familie Genuas. Es kam auch zu Verhandlungen, in deren Verlauf der Papst allerdings die Aussichtslosigkeit eines Vergleichs zu erkennen glaubte. Er floh daher in Verkleidung aus dem Kirchenstaat und ging nach Lyon, das zwar damals noch nicht zu Frankreich gehörte, aber in dessen Einflußbereich stand. Daß er aber inzwischen durch seine Mittelsmänner mit des Kaisers Vertretern verhandeln ließ, beleuchtet seinen Charakter. Ludwig IX., der Heilige, hatte es bezeichnenderweise abgelehnt, den Papst direkt in seinem Lande aufzunehmen. Natürlich platzten auf diese Weise alle Verhandlungen; noch dazu fiel im August 1244 Jerusalem endgültig in die Hand der Feinde. Die Mongolen drangen sengend und brennend von Rußland aus bis nach Ungarn vor. Das lateinische Kaisertum in Konstantinopel war von allen Seiten bedrängt.

In dieser Situation hielt es der Papst für richtig, in seine nunmehrige Residenz *Lyon* 1245 ein *Konzil* einzuberufen. Zu diesem erschienen nur etwa 150 Bischöfe, obwohl die Einladungen nach allen Seiten ausgegangen waren. Die Interessen Frankreichs und Englands waren durch Prokuratoren vertreten, der Kaiser durch Thaddäus von Suessa, den damaligen Großhofrichter von Sizilien. Dieser versprach nunmehr namens seines (gebannten) Herrschers, ganz Romanien (damit war Ostrom gemeint) zur kirchlichen Einheit zurückzuführen, sich den Mongolen und Sarazenen tüchtig zu widersetzen und der römischen Kirche ihre Güter zurückzuerstatten. Doch der Papst traute solchen Erklärungen nicht, er ließ sie daher sofort zurückweisen. Schon bei der Eröffnung sprach er vor allem von der Verfolgung der Kirche durch Kaiser Friedrich, beschuldigte diesen der Häresie und des Sakrilegs, führte an, daß er mit dem Sultan und anderen mohammedanischen Fürsten Freundschaft geschlossen habe, sich in Lüsternheit durch sündhaften Umgang mit sarazenischen Mädchen beflecke und sehr oft schon Eidschwüre gebrochen habe. Thaddäus von Suessa brachte eine Reihe von Entschuldigungen vor und bat um Verschiebung der endgültigen Sentenz, damit er zuvor dem Kaiser Bericht erstatten und dieser selber vor der Synode erscheinen könne. Dieses Ansinnen wurde jedoch sofort abgelehnt.

In der dritten öffentlichen Sitzung (in der vorhergehenden hatte der kaiserliche Prokurator das bevorstehende Urteil als null und nichtig erklärt, da im Zitationsschreiben Formfehler passiert seien und der Papst in derselben Angelegenheit nicht Ankläger und Richter zugleich sein könne) wurde öffentlich verkündet, daß der Kaiser aller Ehren und Würden beraubt sei, seine Untertanen aller Eide entbunden seien und jeder, der dem Gebannten Unterstützung gewähre, sich ebenfalls den Bann zuziehe. Es solle unverzüglich ein neuer Kaiser gewählt und gegen den notorischen Feind der Kirche das Kreuz gepredigt werden.

Der Kaiser reagierte darauf mit heftigem Zorn. Er rief aus: »Noch habe ich meine Krone, und kein Papst und kein Konzil soll sie mir ohne Kampf rauben.« Doch das Schicksal entschied anders. Eine Stadt nach der anderen fiel von ihm ab. Heinrich Raspe, der ehrgeizige Landgraf von Thüringen, wurde zum Gegenkönig gewählt, dem sein Sohn, Graf Wilhelm von Holland, folgte, der nicht einmal deutscher Reichsfürst war. Trotz anfänglicher Teilerfolge konnte der Kaiser keinen dauernden Sieg mehr erringen. Im Alter von 55 Jahren starb er tief enttäuscht 1250 in den Armen seines unehelichen Sohnes Manfred zu Fiorentino überraschend schnell an einer Ruhrerkrankung, nachdem ihn sein Freund Erzbischof Berard von Palermo noch vom Banne gelöst hatte.

Nun waren Reich und Kirche entschieden geschwächt. Die größte Tragik bestand wohl darin, daß sich die beiden entscheidenden Kräfte der Christenheit, Papst und Kaiser, unter rücksichtsloser Vergeudung des kostbaren Kapitals von Glauben und Treue gegenseitig aufrieben.

3. DAS SPÄTMITTELALTER

Der Ausdruck »Spätmittelalter« ist sicherlich ein unvollkommener Versuch, die verschiedenartigsten Phänomene eines Zeitalters unter einem Sammelbegriff zu vereinigen. Die sich schon im Hochmittelalter zeigenden Spannungen werden von der Mitte des 13. Jahrhunderts an noch deutlicher erkennbar. Sie führen, durch *Humanismus und Renaissance* beschleunigt, in das Zeitalter der *Reformation,* das äußerlich durch das Auftreten Martin Luthers zusammen mit der Neuentdeckung Amerikas und schon mit der Eroberung Konstantinopels durch die Sarazenen im Jahre 1453 signalisiert erscheint.

Auf den Intellektualismus der vergangenen Epoche – er war besonders durch die Scholastik geprägt worden – antwortete diese Periode mit einer Kritik, die ihr Rüstzeug vor allem aus den Naturwissenschaften holte. Der herkömmlichen Theologie gegenüber wurde die Notwendigkeit einer Ausrichtung auf die Offenbarung betont. Dies führte zu einem *Pluralismus,* der u. a. durch Dun Scotus repräsentiert wurde.

Das hierokratische Prinzip wurde nunmehr durch das immer mehr hervorbrechende der Volkssouveränität und auf dem Boden des Kirchenrechtes durch die Konziliartheorie in Frage gestellt. Das Selbstbewußtsein der Laien trat deutlicher hervor. Ihre Förderung und die der niederen Kleriker war durch die vermehrt einsetzenden Generalstudien (Universitäten) gegeben. Träger akademischer Grade wurden nunmehr den Adeligen gleichgesetzt, so daß sich diese gezwungen sahen, selber auch Hochschulen zu besuchen, um konkurrenzfähig zu bleiben.

So können wir in diesem Abschnitt, da das Kaisertum schon entsakralisiert war, eine immer mehr um sich greifende Säkularisierung beobachten. Die zentrifugalen Kräfte wurden klarer sichtbar. Nationalismus und Partikularismus traten deutlicher hervor. Freilich, in einigen *romanischen Ländern* und in *England* gelang es den Herrschern, eine straffe Zentralregierung aufzubauen, während in *Deutschland* die Territorialfürsten mehr Selbständigkeit gewannen. In *Oberitalien* hatte der Sturz der Hohenstaufen den Weg zur Errichtung mächtiger Stadtrepubliken freigegeben.

Im *Osten* aber setzte sich nach der Befreiung vom Joch der Tataren Moskau als führende staatliche und kirchliche Macht durch. An eine Beilegung des Schismas war dadurch noch weniger zu denken.

Die *Westkirche* hatte selber eine Reihe von Problemen zu bewältigen: die Residenz der Päpste außerhalb Roms, das darauffolgende *Schisma* und die immer mächtiger werdende Konziliarbewegung, an deren Seite Humanismus und Renaissance traten.

§ 53
Von der Mitte des 13. Jahrhunderts zu Bonifaz VIII.

Die Hohenstaufen waren in ihrer letzten legitimen Erbfolge ausgestorben, und die kaiserlose Zeit war angebrochen, die römische Kurie scheinbar von der Umklammerung befreit, doch welche Täuschung! Auf Innozenz IV. folgte eine Reihe von weniger bedeutenden Päpsten. Umso eifriger leiteten die Kanonisten die kaiserliche Gewalt direkt von der päpstlichen ab.

Die Päpste waren aber nicht einmal mehr in ihrer »eigenen« Stadt Rom des Lebens sicher. So sahen sie sich veranlaßt, nach Mittelitalien auszuweichen. *Urban IV.* (1261–1264) verblieb z. B. während seines ganzen Pontifikats in Orvieto. Er erlebte den Untergang des lateinischen Kaisertums in Byzanz (1261) und übertrug die Krone Siziliens dem völlig anders gearteten Bruder des hl. Ludwig IX., nämlich Karl von Anjou. Dieser ließ den 16jährigen deutschen Thronerben Konradin am 29. Oktober 1268 wie einen gemeinen Verbrecher auf dem Marktplatz zu Neapel enthaupten.

Nach dem Tode *Klemens' IV.* (1264–1268) vergingen mehr als zwei Jahre, bis am 1. September 1271 von den Kardinälen in Viterbo der aus Piacenza stammende Archidiakon von Lüttich, Theobald Visconti, zum Papst gewählt wurde und den Namen *Gregor X.* (1271–1276) annahm.

Unter ihm trat vom Mai bis Juni 1274 in der Kathedrale *St. Jean zu Lyon ein Konzil* zusammen. Gleich in der ersten Sitzung wurde eine Kreuzzugskonstitution verabschiedet, durch die der Geistlichkeit für einen Kreuzzug ein sechsjähriger Zehent vorgeschrieben wurde. Die Verhandlungen mit den *Griechen* endeten mit einer *Union* auf dem grünen Tisch.

Bezüglich der Papstwahl wurden strenge Bestimmungen für die Zukunft getroffen: Zusammenkunft der Kardinäle zehn Tage nach dem Tode des Papstes in strenger Abgeschiedenheit (Konklave); nach drei Tagen bei jeder Mahlzeit nur mehr ein Gericht, nach weiteren fünf Tagen nur mehr Wasser, Wein und Brot; während des Konklaves kein Anrecht auf Provisionen und andere von der römischen Kirche stammende Einkünfte.

Unter den kurzlebigen Nachfolgern Gregors X. hat der bisher *einzige Portugiese (Johannes XXI.,* 1276–1277) Berühmtheit erlangt. Er stürzte von jenem Balkon, den er am Papstpalast in Viterbo anbringen ließ, um seinen naturwissenschaftlichen u. a. ophthalmologischen Studien weiterhin ungestört frönen zu können.

Nach dem Tode des *ersten Minoritenpapstes (Nikolaus IV.,* 1288–1292) am 4. April 1292 und der inzwischen erfolgten Aufhebung der strengen Wahlbestimmungen dauerte die Papstwahl wieder sehr lang. Aus der Einsamkeit des Monte Onofrio bei Sulmona wurde schließlich der ebenso fromme wie weltfremde *Cölestin V.* (1294) gerufen. Das Volk jubelte, er selber erkannte sehr rasch seine mangelnde Eignung. Als man ihm als Ergebnis der Beratungen einer von ihm eingesetzten Kardinalskommission meldete, ein Papst könne zurücktreten, tat er dies bereitwillig.

Der Vorsitzende dieser Kommission, Benedetto Gaëtani, wurde nunmehr gewählt (*Bonifaz VIII.*, 1294–1303). Er residierte wieder in Rom und vertrat mit Nachdruck die »plenitudo potestatis in spiritualibus et ratione peccati etiam in temporalibus« und handelte sich durch sein Selbstbewußtsein eine Reihe von Konflikten ein. Als im Verlauf des *Hunderjährigen Krieges* in England und Frankreich auch Abgaben des Klerus ausgeschrieben worden waren, verbot der Papst in der wenig sanften Bulle *Clericis laicos* vom 25. Februar 1297 jede Besteuerung des Klerus. König Philipp IV. von Frankreich (1285–1314) untersagte nun seinerseits die Ausfuhr von Edelmetallen. Damit war die Achillesferse der Kurie getroffen. Eine gut gezielte Publizistik sowie der nunmehr offen ausgebrochene Gegensatz zu den Colonna (im Kardinalskollegium vertreten durch Jakob und seinen Neffen Peter) tat das übrige. Diese erklärten in einer Denkschrift, die Abdankung Cölestins V. (den der Papst eingesperrt hatte) sei ungültig und damit sei auch Bonifaz VIII. unrechtmäßig; gleichzeitig appellierten sie nach der nun immer mehr aufkommenden Mode an ein *allgemeines Konzil*. Der Papst reagierte ebenso leidenschaftlich. Die beiden Colonna-Kardinäle wurden aller Würden enthoben, exkommuniziert, schließlich der Gesamtbesitz der Familie zum Großteil zugunsten der bisher nicht besonders bemittelten päpstlichen Verwandten eingezogen und ihre Hauptfestung Palestrina dem Erdboden gleichgemacht. Die Colonna flohen nach Frankreich. Angesichts dieser schwierigen Situation erklärte der Papst, die Bulle »Clericis laicos« gelte für Frankreich nicht; um den König vollends zu versöhnen, kanonisierte er dessen Großvater Ludwig IX. Im *Jubeljahr 1300* trafen aus aller Herren Länder Pilger in Rom ein. In der Stadt herrschte ausnahmsweise Ruhe und Ordnung.

Die im Jahre darauf ohne Einvernehmen mit dem zuständigen Metropoliten und dem französischen König vorgenommene Einrichtung des Bistums Pamiers (Südwestfrankreich) lieferte neuen Konfliktstoff. Der König ließ den neuen Bischof einsperren, der Papst setzte die Bulle »Clericis laicos« wieder in Kraft und lud die Vertreter des französischen Episkopats, der Domkapitel und Doktoren für den 1. November 1302 zu einer *Synode nach Rom*. Philipp ließ nun seinerseits schon im April 1302 eine *Nationalsynode* in Paris abhalten, auf der sich der Klerus völlig hinter ihn stellte. Trotzdem konnte sich auch die römische Synode eines guten Zulaufs erfreuen, was das päpstliche Selbstbewußtsein verhängnisvoll stärkte. Bonifaz verfaßte ein neues Rundschreiben, das mit den Worten *Unam sanctam* begann, wahrscheinlich aber nie offiziell publiziert wurde (im Inhalt stellte er fest: es gibt nur eine katholische Kirche, außer der kein Heil zu erwarten ist; dem römischen Bischof als Stellvertrete Christi auf Erden ist alle menschliche Kreatur unterworfen, und zwar heilsnotwendig).

Nichtsahnend begab sich der Papst im Sommer 1303 nach Anagni. Am Tage vor der geplanten Veröffentlichung der feierlichen Exkommunikation des französischen Königs wurde er jedoch von 600 französischen Söldnern gefangengenommen (7. September). Deren Anführer waren der französische Kanzler Wilhelm Nogaret und der rachedurstige Sciarra Colonna, ein Bruder Peters. Die Bürger von Anagni befreiten ihren Herrn nach drei Tagen; aber die gewaltige Aufregung war für den Papst doch zu groß gewesen: kurz danach starb er in Rom.

Die Kirche aber ging aus dieser Auseinandersetzung schwer gedemütigt hervor. Sein Nachfolger als Papst wurde *Benedikt XI.* (1303–1304), zuvor General der Dominikaner. Er versuchte auszugleichen.

§ 54
Die Päpste in Avignon

Nach dem Tode Benedikts XI. einigten sich die Kardinäle auf einen Mann, der zwar (zum Verdruß des französischen Königs) an der römischen Synode teilgenommen hatte, aber doch in guten Beziehungen zu Philipp IV. von Frankreich und auch zum englischen König Euard I. stand: Bertrand de Got, Erzbischof von Bordeaux, nunmehr *Klemens V.* (1305–1314). Er lud die nicht wenig erstaunten Kardinäle zu seiner Krönung nach Lyon ein. Damit geriet er unter den Einfluß des französischen Königs, der mit Nachdruck etliche Forderungen stellte. Durch die Ernennung einer Reihe von Franzosen, unter ihnen etliche »Verwandte« des Papstes, hatten diese bald die Zweidrittelmajorität im Kardinalskollegium. Auch die beiden Colonna-Kardinäle wurden wieder in ihre Ämter eingesetzt. Ab 1309 nahm Klemens V. ständig *Aufenthalt in Avignon,* am linken Ufer der Rhône (Avignon gehörte formell nicht zum französischen Königreich, sondern war im Besitz der Königin Johanna von Neapel).

Das vom König gewünschte *Konzil* trat am 16. Oktober 1311 *in Vienne* zusammen (mehr als 100 Teilnehmer). Gegen den Templer-Orden, dessen größter »Fehler« der Reichtum war, wurden unhaltbare Verdächtigungen ausgestreut. Der König hatte schon im Oktober 1307 alle Templer in seinem Lande unter dem Verdacht der Häresie und Unzucht verhaften und dann foltern und schließlich 54 Ritter kurzerhand verbrennen lassen. Auf dem Konzil von Vienne setzte sich jedoch nach dem Studium der Prozeßakten bei der dafür eingesetzten Kommission die Meinung durch, man dürfe ohne Anhörung der Beschuldigten keine Verurteilung durchführen, ja ein Freispruch sei anzuordnen. Doch der schwache Papst hob auf dem Verwaltungswege den Orden auf. Wieso konnte es zu einem so schrecklichen Vorgehen kommen? Der Papst konnte auf diese Weise eine Verurteilung seines zweiten Vorgängers abwenden, er »durfte« den bereits anhängigen Prozeß gegen *Bonifaz VIII.* (1294–1303) seinem eigenen Gerichte reservieren. Daß nun auch Wilhelm von Nogaret freigesprochen und Cölestin V. kanonisiert wurde, rundet das Bild päpstlicher Schwäche ab.

Die Einrichtung von Lehrkanzeln für den Unterricht in der griechischen, hebräischen, arabischen und chaldäischen Sprache an den Universitäten Paris, Oxford, Bologna und Salamanca sollte helfen, Missionäre heranzubilden, die die Sprache der zu Bekehrenden verstanden. Einige Reformdekrete erlangten jedoch keine besondere Durchschlagskraft.

Die *Klementinen* (Dekrete des Konzils) wurden erst nach teilweiser Überarbeitung und Abänderung von seiten der Kurie 1317 durch die Übersendung an die Universitäten in Kraft gesetzt.

Den Franzosen ist es jedoch nicht gelungen, die Stelle des deutschen Königs nach ihrem Geschmack zu besetzen. Nach der Ermordnung Albrechts I. (1308) wurde nämlich Heinrich VII. von Luxemburg gewählt. Er machte sich alsbald auf den Weg nach Italien (Krönung in der Lateranbasilika in Rom durch drei Kardinäle). Als Heinrich versuchte, sich in Italien zu behaupten, geriet er mit Robert von Anjou, dem Sohne Karls von Anjou, in Konflikt, der vom Papst zum Reichsvikar für Italien bestellt worden war. Jetzt verlangte Klemens V. von Heinrich VII. unter Androhung der Exkommunikation, er müsse sofort wieder Rom verlassen und dürfe in diese Stadt nur mit Erlaubnis der Kurie zurückkehren. In einem Manifest erklärte daraufhin der Kaiser, daß er durch die Salbung von seiten der päpstlichen Beauftragten keineswegs ein Vasall des Papstes geworden sei oder in weltlichen Angelegenheiten ein Untertan. Er erlag aber am 24. April 1313, noch nicht 40 Jahre alt, einem hitzigen Fieber. Einige Monate nach dem Kaiser wurde auch der gütige, freilich bis zuletzt leicht beeinflußbare und nachgiebige Papst vom Tode ereilt (20. April 1314).

Angesichts der Uneinigkeit der 17 (unter 22 Papstwählern) Franzosen dauerte die Wahl längere Zeit. Als jedoch Philipp V. persönlich eingriff und den im Dominikanerkloster zu Lyon versammelten Kardinälen kaltblütig erklärte, sie würden die Freiheit erst wieder erlangen, wenn sie einen neuen Papst gewählt hätten, vereinigten sich ihre Stimmen mehrheitlich auf den 72jährigen früheren Bischof von Avignon. *Johannes XXII.* (1316–1334) war zwar von unantastbarer Sittenreinheit und ungeheuchelter Frömmigkeit sowie trotz seines hohen Alters von erstaunlicher Arbeitskraft und unbeugsamem Willen. Diesen brachte er freilich rücksichtslos und eigenwillig zur Durchsetzung seiner eigenen, vor allem politischen Ziele ein, indem er seine persönlichen Ansichten als Lehre der Kirche ausgab. Dabei ist nicht zu überhören, daß in seinen Predigten deutliche Spitzen gegen die Lehre von der »immaculata conceptio« enthalten sind. In sein selbstherrliches Führungskonzept paßte auch der rücksichtslose fiskalische Ausbau des Expektanzen- und Provisionswesens für die Pfründenvergebung in der Gesamtkirche hinein. Auch sein Vorgehen gegen die Minoriten im Armutsstreit wirkt befremdend.

Inzwischen war in *Deutschland* am 25. November 1314 eine *Doppelwahl* erfolgt: der 20jährige Herzog Friedrich der Schöne von Österreich und dessen Vetter, der 32jährige Ludwig von Oberbayern, wurden erkoren. Johannes XXII. zeigte seine Wahl beiden »Kronprätendenten« an. Ludwig bat ihn daraufhin um die Verleihung der Kaiserkrone, und Friedrich ersuchte sogar um die Bestätigung der Königswahl. Der Papst verhielt sich zunächst neutral, bestätigte aber bis zur »endgültigen Königswahl« Robert von Neapel als Reichsvikar für Ober- und Mittelitalien.

In der *Schlacht bei Mühldorf* am Inn siegte Ludwig über Friedrich (28. September 1322). Der Papst erklärte nun, ihm allein stehe die Prüfung der Wahl und deren Approbation sowie – bei Erledigung der Kaiserwürde – die Regierung des Reiches zu. Ludwig wurde daher im Oktober 1323 aufgefordert, binnen drei Monaten von der Regierung zurückzutreten. Als Ludwig mit einer (zwar nicht veröffentlichten) Erklärung antwortete, daß seit unvordenklichen Zeiten der von den Kurfürsten Erwählte König sei und ihm sofort alle königlichen Rechte zuständen, bannte ihn Johannes (23. März 1324). Alle Untertanen wurden gleichzeitig des Treueeides entbunden und die Ludwig ergebenen Geistlichen suspendiert. Nun erfolgte im Mai 1324 die berühmte *Sachsenhausener* (Sachsenhausen ist heute ein im Süden von Frankfurt gelegener Stadtteil) *Erklärung*, in der die Freiheit der deutschen Königswahl und die Ablehnung des päpstlichen Vikariatsanspruches deutlich ausgesprochen wurden. Gegen Johannes wurde der Vorwurf der Häresie erhoben, weil er in der Auseinandersetzung mit den radikal spiritualistischen Minoriten die völlige Eigentumslosigkeit Christi und der Apostel als häretisch erklärt hatte. Im Laufe der Auseinandersetzungen war Ludwig jedoch sogar bereit, auf alle Ansprüche zu verzichten, wenn der Papst Friedrich bestätige. Doch Johannes XXII. weigerte sich auch diesmal, so daß sich allgemein bei Klerus und Volk die Meinung durchsetzte, der Papst handele nur in französischem Solde.

Die beiden aus Paris entflohenen Magistri Marsilius von Padua und Johannes von Jandun (Dep. Ardennes) überreichten bald danach (1326) dem König die revolutionäre Programmschrift *Defensor pacis*. In dieser war zu lesen: Petrus sei nie Bischof von Rom gewesen und der Primat nur das Ergebnis einer geschichtlichen Entwicklung; die oberste Gewalt in der Kirche käme den allgemeinen Konzilien zu; die Aufgabe des Papstes sei es nur, die Beschlüsse des Konzils durchzuführen; die Kirche sei dem Staat untergeordnet, darum habe dieser die oberste Verfügungsgewalt über die Güter der Kirche.

Jetzt folgte Ludwig der Einladung der Ghibellinen nach Italien. Er ließ sich durch Sciarra Colonna am 17. Januar 1328 unter großem Gepränge zum Kaiser krönen. Daraufhin erklärte der Papst Ludwig noch einmal aller Herrschaftsrechte für verlustig. Seine Anhänger wurden ohne sichtlichen Erfolg exkommuniziert, und über deren Gebiete wurde das Interdikt verhängt. Ludwig selber wurde wegen seiner Auffassung über die Armut zum Häretiker gestempelt und gegen ihn das Kreuz gepredigt. Der Kaiser legte seinerseits klar, der Papst sei wegen Häresie und Majestätsbeleidigung abgesetzt.

Nun wurde durch einen Ausschuß von 13 Mitgliedern, den der römische Klerus aus seiner Mitte gewählt hatte, ein neuer Papst (Nikolaus V.) erkoren, der sich auch ein kleines Kardinalskolleg schuf. Ein unerhörter Steuerdruck und Ausschreitungen der deutschen Soldateska führte jedoch bald zu einem Stimmungswechsel in Rom. Robert von Anjou drang bis in die Campagna vor. So sah sich Ludwig gezwungen, im August 1328 fluchtartig zusammen mit seinem Gegenpapst Rom zu verlassen. Auf seinem Rückzug schlossen sich ihm führende Minoriten an, u. a. der berühmte Wilhelm von Ockham und der Generalminister Michael von Cesena, die aus Avignon geflohen waren.

Da der kaiserliche Romzug in Oberitalien mit einem vollkommenen Mißerfolg geendet hatte, war Ludwig nunmehr wieder zur Aussöhnung mit dem Papst bereit. Er dämpfte die Aktionen der Minoriten und ließ seinen Gegenpapst fallen, der sich nach Avignon begab und dort Verzeihung und milde Behandlung erfuhr. Bald danach (4. Dezember 1334) verstarb der Papst. Auf dem Sterbebett hat er unter Verklausulierungen jene Ansichten zurückgenommen, die er in Predigten bezüglich der »visio beatifica« (diese trete erst am Jüngsten Tage ein) vorgebracht hatte.

Als Nachfolger ging aus dem in Avignon gehaltenen Konklave *Benedikt XII.* (1334–1342), früher Zisterziensermönch, hervor. Mit ihm war wieder einmal ein gebildeter Theologe auf den Papststuhl gelangt. Er veranlaßte die Inhaber höherer und niederer Kuratbenefizien, Avignon zu verlassen und in ihre Diözesen zurückzukehren, schränkte das Provisions- und Expektanzenwesen deutlich ein, war sparsam bei der Gewährung von Dispensen und nahm sich in besonderer Weise der Reform der Orden an. Freilich ging er in diesem Punkte etwas zu stark von der Verfassung der Zisterzienser aus.

Den klosterähnlichen Papstpalast ließ er zu einer finsteren Wehrburg ausbauen. Seine Abhängigkeit von Frankreich bei der Behandlung der deutschen Frage war deutlich zu spüren. Ludwig bat jetzt sogar um Approbation seiner Wahl, freilich sollte festgehalten werden, daß alles, was er bisher um des Reiches willen getan habe, als rechtmäßig anzusehen sei und den Rechten und der Ehre des Reiches kein Eintrag geschehe. Der Papst verlangte jedoch gemäß dem Wunsche des französischen Königs Philipp VI. (1328–1350), König Ludwig müsse auch einen Bündnisvertrag mit Frankreich abschließen. So scheiterte der Frieden. Nun verkündeten sogar die Kurfürsten in ihrer berühmten *Erklärung von Rhense* (nördlich von Koblenz) am 16. Juli 1338, es sei Recht und von alters her Gewohnheit des Reiches, daß der von der Mehrheit der Kurfürsten Erkorene nicht der Ernennung, Approbation und Bestätigung des Apostolischen Stuhles bedürfe. Durch diese Stellungnahme ermuntert, erließ der Kaiser drei Wochen später das berühmte *Königswahlgesetz,* in dem erklärt wurde, daß die kaiserliche Gewalt unmittelbar von Gott stamme. Damit war die mittelalterliche Papalhoheit definitiv vorbei.

Wenn sich Ludwig trotzdem im Reiche nicht mehr voll durchsetzen konnte, sondern die Stimmung gegen ihn umschlug, so war daran seine rücksichtslose *Hausmachtpolitik* schuld. Nach dem Aussterben der Askanier in Brandenburg verlieh er seinem gleichnamigen Sohn diese Markgrafschaft. Als dieser Witwer wurde, arrangierte der Vater eine Heirat mit der kinderlosen Margarethe Maultasch, der Gräfin von Tirol. Sie war allerdings noch mit dem um vier Jahre jüngeren Böhmenprinzen Johann Heinrich von Luxemburg, den Bruder Karls IV., in einer Kinderehe verheiratet. Als sie herangereift war, hatte sie ihn wegen angeblichen geschlechtlichen Unvermögens verschmäht und ihre Ehe deswegen für ungültig gehalten. Als der Elekt von Freising, Ludwig von Chamstein, sich anschickte, sie auf Schloß Tirol zu trauen, stürzte er auf dem Jauffenpaß von einem scheu gewordenen Pferd und verstarb plötzlich. Da sich kein anderer Bischof zur Trauung bereitfand, sprang der Vater mit Dispens und Trauung ein. Dieses Vorgehen wurde als ein Beweis seiner nicht nur antikurialen, sondern auch antikirchlichen Gesinnung gedeutet.

Der Nachfolger Benedikts XII. wurde der 50jährige *Klemens VI.*

(1342–1352). Er zwar zuvor Benediktinerabt und schließlich als Inhaber des reichsten französischen Bistums Rouen Kanzler des französischen Königs gewesen.

Er setzte die Reservierungspolitik seiner Vorgänger in vermehrtem Ausmaß ein, indem er mit Erfolg besonders bei der Bestätigung von Inhabern reicher Abteien und Bistümer entsprechende Abgaben eintreiben ließ. Die eingehenden Gelder verwendete er für seine prachtvollen Bauten, vor allem für den Bau des Papstpalastes in Avignon. Bald nach seinem Regierungsantritt trat er mit den Kurfürsten in Unterhandlungen ein. Diese waren zwar nicht bereit, auf die Rechte des Reiches zu verzichten, aber sie gaben zu erkennen, daß sie auf die Person des Kaisers keinen allzu großen Wert legten. So ist es erklärlich, daß Ludwig von Bayern, der Papst nannte ihn herabsetzend immer nur »Bavarus«, endgültig unter Aufzählung aller seiner Vergehen verurteilt wurde, und zwar ausgerechnet an einem Gründonnerstag (1346). Tatsächlich schritten die Kurfürsten aufgrund dieses Verdammungsurteils zur Neuwahl, aus der am 11. Juli Karl IV. von Luxemburg hervorging. Er hatte zuvor in einem päpstlichen Konsistorium für den Fall seiner Wahl dem Papst bereits alle gewünschten Zusagen gemacht, sich dann allerdings als vergeßlich erwiesen, indem er nur die Kaiserkrönung, nicht aber die Bestätigung der Wahl erbat. Seine Herrschaft war endgültig gesichert, als 15 Monate später Ludwig der Bayer gelegentlich einer Jagd plötzlich tot vom Pferd sank (Puch bei Fürstenfeldbruck in Oberbayern).

Die ersten Jahre Klemens' VI. waren durch die *Pest* verdüstert. Sie grassierte seit 1348 in ganz Europa. Das Unglück erregte den Fanatismus der Massen, welcher sich in wilden *Geißlerfahrten* und *Judenverfolgungen* artikulierte.

Im *Jubeljahr 1350* trat eine äußere Beruhigung ein. Von allen Seiten strömten fromme Pilger nach Rom, wo aufgrund der Dekretale *Thesaurus ecclesiae* allen Reumütigen Gnade in Form eines vollkommenen Ablasses geboten wurde. Nicht lange danach (11. Dezember 1352) verstarb der prachtliebende und verschwendungssüchtige Klemens VI. Nur ein Kammerdiener blieb in der Todesstunde bei ihm.

§ 55
Rückkehr nach Rom

Die Verwandtenbegünstigung, das herrische Auftreten sowie die Finanzpolitik des verstorbenen Papstes waren vielen schon zu seinen Lebzeiten ein Dorn im Auge gewesen. Das war auch der Grund für die erstmalige Aufstellung einer *Wahlkapitulation* (Limitierung der Zahl der Kardinäle, Schutzbestimmungen und Mitspracherecht sowie die Garantie der Einkünfte der Kardinäle). Nach zwei Tagen wurde der bisherige Kardinal-Großpönitentiar Étienne Aubert als *Innozenz VI.* (1352–1362) gewählt, der die Wahlkapitulation aber nur mit dem Zusatz, soweit es nicht dem Recht widerspricht, unterschrieben hatte, ein halbes Jahr später wegen Unvereinbarkeit mit der »plenitudo potestatis« für ungültig erklärte. Er dachte sogar gegen Ende seines Pontifikates an eine Übersiedlung nach Rom, u. a. weil die Stadt Avignon durch herumziehende Söldnerbanden jetzt ernstlich bedroht schien. Er sandte daher Ägydius Alvarez Albornoz als Kardinallegaten nach Italien. Dieser verbrachte dort mehr als 13 Jahre, um die Ordnung wiederherzustellen. Als Wegbereiter wurde Cola di Rienzo benützt, der schon einmal (1347) als Volkstribun diktatorische Gewalt in der Ewigen Stadt ausgeübt hatte. Doch dessen Hochmut und harter Fiskalismus entfremdeten ihm bald die Gunst der Massen. Nach sechs Wochen fiel er einem Volksaufstand zum Opfer.

Als Karl IV. trotz aller vor seiner Wahl erfolgten Versicherungen schließlich zu Weihnachten 1356 durch die *Goldene Bulle* ganz im Sinne der Kurfürstenwünsche die deutsche Königswahl reichsrechtlich regeln ließ, bedeutete das für den Papst eine große Enttäuschung. Er alterte schnell und starb am 12. September 1362.

Die Rückkehr nach Rom hatte aber sein Nachfolger *Urban V.* (1362–1370), zuvor Abt von St. Viktor in Marseille, also nicht Kardinal, konsequent im Auge. Er behielt zeitlebens seine mönchische Lebensform bei und trat gegen den noch immer vorhandenen Luxus am päpstlichen Hof auf. In seiner Absicht, nach Rom zu ziehen, bestärkte ihn der Besuch Kaiser Karls IV. im Jahre 1366, der Appell des italienischenWortführers Francesco Petrarca und der hl. Birgitta, der Gründerin des Klosters Vådstena am Mälarsee in Schweden, die sich seit 1350 in Rom niedergelassen hatte. Die französischen Kardinäle und König Karl V. freilich erhoben heftige Vorstellungen gegen diese seine Absichten. Er verließ trotzdem am 19. Mai 1367 Avignon, um sich von Marseille aus per Schiff nach Corneto (Tarquinia) und von dort auf dem Landwege zunächst nach Viterbo zu begeben. In Rom wurde er mit Jubel und Begeisterung aufgenommen. Doch die Schwierigkeiten waren so groß, daß er schließlich nach drei Jahren Aufenthalt in Italien wieder *nach Avignon* zurückging. Dort starb er bald darauf (19. Dezember 1370), wie ihm die hl. Birgitta drohend prophezeit hatte. Jetzt herrschte erst recht Unordnung und Verwirrung im Kirchenstaat.

Die Kardinäle wählten nun einen Neffen Klemens' VI., der sich *Gregor XI.* (1370–1378) nannte, und übergaben damit einem Mann von schwächlicher Gesundheit und starker Senilität, jedoch Sittenstrenge und Energie, die Zügel der Kirche. Er wollte in Italien Ordnung schaffen. Zu diesem Zwecke nahm er eine verwegene bretonische Söldnerbande in Dienst und unterstellte diese dem Kardinal Robert von Genf. Während der Auseinandersetzungen mit Florenz spielte ein Mädchen namens Katharina Benincasa eine besondere Rolle. Sie zeichnete sich durch sühnende Buße ebenso aus wie durch ihre Ekstasen und Visionen. Mit 17 Jahren war sie bei den Mantellaten, einer Art Dritter Orden der Dominikaner, eingetreten. Sie schrieb kurzerhand an den Papst einen Brief, in dem sie ihn mit Offenheit zur Rückkehr nach Rom aufforderte, fuhr nach Avignon und sagte zum Papst, sie habe gehofft, am päpstlichen Hof ein Paradies heiliger Tugend zu finden, inzwischen aber müsse sie den Lastergeruch der Hölle wahrnehmen. Außerdem hielt sie ihm Verwandtenbegünstigung vor und machte es mit den Kardinälen ähnlich, so daß sie der Papst vor ihnen sogar schützen mußte. Tatsächlich entschloß sich Gregor XI. zur Verlegung seiner Residenz nach

Italien. Am 19. Januar 1377 wurde er mit Jubel in Rom empfangen. Seinen Sitz schlug er im Vatikan auf, während seine Vorgänger den Lateran als Residenz benützt hatten. Freilich sah er nach kurzem so viele Schwierigkeiten, daß auch er bereits an eine Rückkehr nach Avignon dachte. Daran wurde er nur durch seinen frühen Tod (27. März 1378) gehindert.

§ 56
Das abendländische Schisma

Zwei Wochen nach dem Tode des Papstes trafen die 16 in Rom anwesenden Kardinäle (elf Franzosen, vier Italiener und ein Spanier) einzeln und in Gruppen im Konklave ein. Sechs waren in Avignon zurückgeblieben, und einer war auf Legation. In Rom strömten Bewaffnete zusammen, die in Sprechchören die Wahl eines Römers oder wenigstens eines Italieners zum Papst forderten. Schließlich drangen mehr als 70 von ihnen ins Konklave ein. Die Kardinäle versprachen, sie würden innerhalb eines Tages entweder einen Italiener oder einen Römer wählen. Nach einigen Vorverhandlungen erhielt tatsächlich Bartolomeo Prignano, Inhaber des Erzbistums Bari, Regens der päpstlichen Kanzlei in Avignon, die erforderliche Stimmenmehrheit, mußte aber erst gefragt werden, da er nicht Kardinal war. Nun drohten die Demonstranten auf dem Petersplatz den Kardinälen schon mit Ermordung, falls sie keinen Römer wählten. Nach dem Eintreffen Prignanos sollte nunmehr die Wahl bestätigt werden. Es fehlten aber drei französische Kardinäle. Jetzt stürmte die Menge den Palast. In dieser prekären Situation kam man auf den Gedanken, die Wahl eines Römers vorzutäuschen, und bezeichnete Kardinal Francesco Tibaldeschi als gewählt. Dieser wehrte sich zwar, man trug ihn trotzdem zum Altar und inthronisierte ihn. Die nun ausbrechende Panik benützten die Kardinäle zur Flucht. Nur zwei höhere Würdenträger blieben im Vatikan zurück: Prignano und Tibaldeschi.

Am nächsten Tag, es war Freitag, der 9. April 1378, kamen 12 Kardinäle in den Palast zurück, unter ihnen der Spanier Pedro de Luna. Der nunmehr offiziell vorgerufene Prignano gab seine Zustimmung, bezeichnete sich als *Urban VI.* (1378–1389), man sang zusammen das Tedeum, die Kardinäle leisteten die gewohnte Anerkennung, und dem Volke wurde die freudige Nachricht verkündet. Schon am Sonntag, dem 18., erfolgte die feierliche Papstkrönung. Die Kardinäle waren anwesend und erbaten für sich und ihre Verwandten in der Folgezeit päpstliche Gnaden. Selbst die in Avignon zurückgebliebenen sechs Kardinäle anerkannten die Wahl durch Anbringung des neuen Papstwappens am Palast. Kardinal Robert von Genf, der Sprecher der französischen Kardinäle, ein prunkliebender und dem Waffenhandwerk mehr als der Seelsorge zugeneigter Mann, hatte dem Kaiser schon am 14. April die einstimmige Wahl Prignanos mitgeteilt.

Der neue Papst war zweifellos ein sittenreiner, unbestechlicher und frommer Mann, freilich in Gefahr, Starrsinn mit Geradlinigkeit zu verwechseln. Manchmal sah es so aus, als ob er die Kardinäle absichtlich verletzen wollte. Dieses

Verhalten machte ihm seine Wähler immer abgeneigter. Offen wurden Zweifel an der Rechtmäßigkeit der Wahl geäußert. Die meisten Kardinäle hatten Rom kurz hintereinander verlassen. Als der Past nach einiger Überlegung das Ansinnen, die Wahl zu wiederholen, ablehnte und unbedingte Anerkennung verlangte, gaben am 20. Juli die französischen Kardinäle unter Vortritt Roberts von Genf eine Erklärung ab, in der sie die Wahl Urbans VI. für ungültig erklärten. Drei italienische Kardinäle versuchten, noch zu vermitteln. Der vierte (Tibaldeschi) blieb unentwegt auf seiten Prignanos.

Besonders in Frankreich fand die Auffassung bezüglich der Ungültigkeit der Wahl Gehör. Im Vertrauen darauf wählten die Kardinäle zu Fondi, das zum Königreich Neapel gehörte, zwei Monate nach ihrer Erklärung Robert von Genf zum Papst. Er nannte sich Klemens VII. und ließ sich am 31. Oktober ebendort krönen. Die in Avignon zurückgebliebenen Kardinäle schlossen sich ihm sofort wieder an. Die meisten Kurialbeamten gingen zu ihm über.

So hatte die Christenheit nunmehr *zwei Oberhäupter.* In offener Feldschlacht kämpften Söldnertruppen, die die beiden »Prätendenten« angeworben hatten, vor den Toren Roms gegeneinander. Die Soldaten Urbans siegten. So blieb er in Rom, und Klemens VII. wich nach Avignon aus. Der »ungenähte Rock Christi« war damit »zerrissen«, die Christenheit in zwei sich gegenseitig bannende Lager gespalten. Der Teilung der Tiara entsprach in manchen Orten die der bischöflichen und äbtlichen Infeln. Wie sollte da der gewöhnliche Mann auf der Straße wissen, wer der rechtmäßige Papst sei?

Frankreichs König Karl V. entschied sich nach Einholung von Gutachten für Klemens, die Anjous in Neapel ebenfalls, Schottland, ständig im Gegensatz zu England, desgleichen. Die Königreiche der Iberischen Halbinsel, ja sogar Sizilien und Savoyen folgten diesem Beispiel.

Die Gebiete der Habsburger waren bekanntlich durch den *Vertrag von Neuberg* (1379) geteilt. Die unter Herzog Leopold III. stehenden Länder (Steiermark, Kärnten, Krain, Tirol und Vorderösterreich) traten zunächst auf die Seite von Avignon, Albrecht III., dem Ober- und Niederösterreich ohne Wiener Neustadt gehörten, anerkannte Urban, der dafür dann der Wiener Universität die Einrichtung einer theologischen Fakultät genehmigte (1384). Kaiser Karl IV. († 29. November 1378) und der Großteil der deutschen Territorien, Ungarn, Nord- und Osteuropa, Ober- und Mittelitalien sowie England standen zur römischen Obödienz.

Hatte sich schon die Übersiedlung der Päpste nach Avignon in steigendem Steuerdruck auf die Christenheit ausgewirkt, so wurde es jetzt noch schlimmer. Es mußten zwei Kurialapparate erhalten werden. Pfründenjagd und Untergrabung der Disziplin durch zahlreiche Dispensen waren u. a. eine verderbliche Folge.

Urban VI. schuf sich bereits zwei Tage vor der Wahl in Fondi ein neues Kardinalskollegium. Von den 25 Neuernannten nahmen jedoch drei nicht an, und zwei gingen später zu Klemens VII. über. Sechs von den damals kreierten faßten später den Plan, ihren krankhaft starrsinnigen Papst gefangenzunehmen und unter Kuratel zu setzen (1386). Als der Papst diese Verschwörung entdeckte, ließ er fünf von ihnen hinrichten. Beide Päpste verstarben nicht lange hintereinander (Urban VI. am 15. Oktober 1389 und Klemens VII. am 16. September 1394). Jedesmal hoffte man – jedoch umsonst –, die Kardinäle würden den anderen »Prätendenten« wählen. In Rom folgten *Bonifaz IX.* (1389–1404), der sich besonders durch die Gewährung vieler Ablässe Geld zu verschaffen suchte, und *Innozenz VII.* (1404–1406) sowie *Gregor XII.* In Avignon trat 1394 Benedikt XIII. an, jener Pedro de Luna aus Spanien, den wir schon als Papstwähler von 1378 kennengelernt haben.

<h1 style="text-align:center">§ 57
Die Lösung durch das Konstanzer Konzil</h1>

Jetzt fand die Idee viele Anhänger, man könne das Schisma nur durch ein *allgemeines Konzil*, das über dem Papst stehen muß, beseitigen. So standen Gregor XII. und Benedikt XIII. unter moralischem Druck. Sie vereinbarten für den Michaelstag 1407 ein Treffen in Savona an der ligurischen Küste. Benedikt XIII. erschien rechtzeitig, Gregor XII. aber zögerte unter dem Einfluß seiner Verwandten. Als er dann noch entgegen dem Wahlversprechen vier neue Purpurträger, unter ihnen zwei Nepoten, ernannte, waren seine bisherigen Kardinäle so erzürnt, daß sich alle von ihm nach und nach trennten. Acht begaben sich nach Livorno. Dort trafen sie sich mit zehn Kardinälen aus der Obödienz Benedikt XIII., von dem sich inzwischen auch Frankreich losgesagt hatte; dieser übersiedelte nunmehr nach Perpignan, das damals zu Aragon gehörte. Noch komplizierter wurde die allgemeine Situation dadurch, daß die deutschen Fürsten den der Jagdleidenschaft und Trunksucht ergebenen König Wenzel abgesetzt und an seiner Stelle Ruprecht von der Pfalz (1400) gewählt hatten. Unter dem böhmischen König hatte sich das Martyrium des Prager Generalvikars Johannes von Pomuk abgespielt, der wegen einer Auseinandersetzung um kirchliche Rechte im Auftrag des Königs gefoltert und in die Moldau gestürzt worden war.

In dieser aussichtslos erscheinenden Situation vertrat Konrad von Gelnhausen an der Sorbonne die Konziliartheorie. An die eben gegründete Wiener Universität brachte diese Anschauung Heinrich Heinbuche von Langenstein, der vorher ebenfalls Professor in Paris gewesen war. Verbreitet wurde sie weiterhin besonders durch den Beichtvater des schwachsinnigen Königs Karl VI. (1380–1422) von Frankreich, Pierre d'Ailly, und durch Jean Gerlier, welcher meist nach seinem Heimatnamen Gerson (nordöstlich von Reims) genannt wurde. Nun war die Stunde gekommen, in der die Konziliaridee in die Praxis umgesetzt werden sollte.

Die abtrünnigen Kardinäle aus beiden Obödienzen beriefen für den 25. März 1409 ein *Generalkonzil nach Pisa* und luden auch beide »Prätendenten« vor. Auf einmal aber waren sich diese beiden in einem Punkt einig: in der Ablehnung des von den Kardinälen einberufenen Konzils. Sie veranstalteten ihrerseits eigene Kirchenversammlungen: Gregor in Cividale bei Udine und Benedikt in Perpignan. Sie waren nur schwach besucht und erwiesen sich außerdem ihren Päpsten gegenüber keineswegs als handsam. Gregor begab sich daher (in Verkleidung) aus Cividale nach Gaëta bei Neapel unter den Schutz des dortigen Königs Ladislaus.

Das *Konzil in Pisa* aber konnte pünktlich eröffnet werden. Ein Drittel der Besucher waren Franzosen, auch zahlreiche Deutsche waren erschienen. Demonstrativ fern blieben die Vertreter der Iberischen Halbinsel sowie des Königreiches Neapel. 24 Kardinäle, 90 Bischöfe, 80 Äbte, dazu Prokuratoren von 100 Bischöfen und etwa 200 Äbten und Universitäten, außerdem die Vertreter der großen Orden und zahlreiche Doktoren waren anwesend. Im Verlauf des Konzils wurden *37 Anklageartikel* gegen beide Päpste verlesen und 62 Zeugen verhört. Als die theatralisch aufgerufenen »Prätendenten« nicht erschienen, wurden sie in der 15. Sitzung am 5. Juni als notorische Schismatiker, versteckte Häretiker und Eidbrecher aus der Kirche ausgeschlossen und für abgesetzt erklärt. Mehr als vier Wochen später erfolgte die einstimmige Wahl des bisherigen Erzbischofs von Mailand, des aus Kreta stammenden Peter Philargi (Alexander V.). Nach seiner Krönung am 7. Juli ging das Konzil rasch zu Ende, ohne daß die zuvor so lauthals versprochene Reform durchgeführt worden wäre. Aus der »verruchten« Zweiheit war aber eine »verfluchte« Dreiheit geworden. Gregor hatte jetzt nur mehr das Königreich Neapel und das Gebiet von Rimini auf seiner Seite, Benedikt die Länder der Pyrenäenhalbinsel und Schottland. *Alexander V.* (1409–1410) schlug seine Residenz vorläufig in Bologna auf, verstarb aber innerhalb eines Jahres (3. Mai 1410).

Nun wurde der bisherige Drahtzieher der Pisaner Obödienz, Baldassare Cossa, durch die Wahl seiner Kardinalskollegen an die Spitze gerufen (Johannes XXIII.), ein Mann mit Herrscherqualitäten. Von seinen Vorfahren, die von Ischia aus Seeräuberei betrieben hatten, erbte er allerdings den Hang zur Gewalttätigkeit und Habsucht. Eine Reform der Kirche war von ihm nicht zu erwarten. Jetzt ließ jedoch König Ladislaus Papst Gregor fallen, der nach Rimini flüchtete, und Johannes konnte schließlich seine Residenz in Rom aufschlagen. Dorthin berief er das schon in Pisa versprochene *Konzil*. Bei schwacher Beteiligung war diesem keinerlei Erfolg beschieden.

In *Deutschland* war nach dem plötzlichen Tode Ruprechts von der Pfalz (18. Mai 1410) schließlich Sigmund, König von Ungarn, gewählt worden. Auf diesen geistig beweglichen bis sprunghaften Sohn Karls IV. richteten sich nun die Hoffnungen der Christenheit. Johannes hatte sich inzwischen mit Ladislaus von Neapel überworfen und war von diesem aus Rom vertrieben worden; so blieb ihm nichts anderes übrig, als auf den von Sigmund vorgetragenen Konzilsplan einzugehen und das Versprechen abzugeben, er werde das Konzil für Allerheiligen *1414* nach *Konstanz* am Bodensee einberufen.

Die Einberufung durch den Papst, der über die größte Obödienz verfügte, das Einverständnis mit dem deutschen König, die Lage des Konzilsortes, all dies waren günstige Voraussetzungen für den Besuch. Er war tatsächlich zehnmal so groß wie jener von Pisa. Johannes XXIII. erschien persönlich, Vertreter der beiden anderen Päpste ebenfalls, 29 Kardinäle, etwa 300 Bischöfe, mehrere 100

Doktoren waren anwesend, so daß die Gesamtzahl der geistlichen Mitglieder bis zu 700 betrug. Dazu kamen ebensoviele Fürsten und Gesandte, unter ihnen vor allem König Sigmund. Um das Übergewicht der anwesenden Italiener zu neutralsieren, wurden die Abstimmungen nach Nationen durchgeführt. Als solche wurden anerkannt: die Deutschen (einschließlich der Polen, Tschechen, Ungarn, Dalmatiner, Kroaten und Skandinavier), die Italiener, die Engländer (samt den Schotten) und die Franzosen; schließlich seit Ende 1416 noch die Spanier.

Der Kirchenversammlung waren vor allem drei Aufgaben gestellt: *causa unionis, causa reformationis* und *causa fidei*. Als Johannes am 5. November 1414 die Synode feierlich eröffnete, rechnete er noch mit seiner allgemeinen Anerkennung. Er versprach hoch und heilig, er sei im Interesse der Union sogar zur Abdankung bereit. Sigmund traute ihm nicht ganz und ließ die Stadttore von Konstanz ständig streng bewachen. Trotzdem verstand es Johannes, der schon um seine Bestätigung fürchten mußte, in der Kleidung eines Stallknechtes auf einem unscheinbaren Pferd und mit verhülltem Gesicht aus Konstanz zu entfliehen. Acht Kardinäle folgten ihm, unter ihnen Oddo Colonna.

König Sigmund konnte jedoch die Kirchenversammlung zusammenhalten. Der flüchtige Papst forderte seine Anhänger auf, ihm nach Schaffhausen zu folgen. Da die Empörung der Konzilsväter kaum mehr Grenzen kannte, wurde am 6. April 1415 das berühmte *Konzilsdrekret Haec sancta* erlassen, in dem die Superiorität der im Heiligen Geist versammelten *Generalsynode* über den Papst ausdrücklich festgehalten wurde. Johannes wurde in Breisach am Rhein eingeholt und zur Abdankung aufgefordert. Nach alter Taktik versprach er eine baldige Antwort. Da diese nicht eintraf, wurde er verhaftet und schließlich nach Radolfzell an den Bodensee zurückgeführt. Rasch waren in aller Eile 70 Anklagepunkte gegen ihn zusammengestellt, in denen ihm u. a. sein Lebenswandel, die Vergiftung seines Vorgängers Alexander, Simonie und Habgier vorgeworfen wurden. Das Verfahren endete mit seiner Absetzung wegen Förderung des Schismas und schimpflicher Flucht, wegen notorischer Simonie und verabscheuungswürdigen Lebenswandels. Er wurde auf Schloß Gottlieben interniert und später nach Heidelberg und Mannheim verbracht, wo er sich durch hohes Lösegeld freikaufen konnte; gestorben ist er als Kardinal am 22. November 1419 zu Florenz (siehe sein schönes Grabdenkmal im dortigen Baptisterium).

Bald nach seiner Absetzung folgte auch der Rücktritt des bereits 90jährigen Gregor XII. von der römischen Obödienz, nachdem in seinem Namen die Kirchenversammlung nochmals einberufen worden war. Er starb am 18. Oktober 1417.

In der Zeit zwischen der »Wiedereinberufung« des Konzils und dem Rücktritt Gregors erfolgte die *Verurteilung des Jan Hus,* auf die wir noch zurückkommen werden.

Nun war nur noch Benedikt XIII. zu »behandeln.« Sigmund traf sich mit ihm in Narbonne. Ein Rücktrittsansinnen lehnte Benedikt XIII. unter Hinweis auf seine Rechtmäßigkeit ab. Er sei aber bereit, da er der einzige noch lebende Kardinal aus der Zeit Gregors XI. sei, einen neuen Papst, und zwar nicht sich selbst, zu wählen. Doch auf ein solches Experiment wollte sich der König nicht einlassen. Er verständigte sich mit den Herrschern der Iberischen Halbinsel. Sie schlossen mitsammen einen Vertrag, durch den auch die Vertreter dieser Obödienz am Konzil als 5. Nation zugelassen wurden. Jetzt flüchtete Benedikt auf die Templerfestung Peñiscola (zwischen Barcelona und Tortosa). In dieser »rettenden Arche Noah« ließ man ihn für 2000 Anhänger bis zum Lebensabend Papst spielen, nachdem ihn das Konzil zu Konstanz aufgrund von 90 vorgebrachten Anklagepunkten am 26. Juli 1417 wegen Eidbruches, Schisma und Häresie ebenfalls abgesetzt hatte.

So war nunmehr die Bahn für eine Neuwahl frei. Da die Vertreter der deutschen und der englischen Nation erst nach der Reform der Kirche wählen wollten, wurden jene *fünf Reformdekrete,* die schon fertiggestellt waren, beschlossen (9. Oktober 1417). Deren wichtigstes war jenes, das mit dem Wort *Frequens* begann: In Zukunft sollten häufig Kirchenversammlungen abgehalten werden (die nächste nach fünf Jahren, die übernächste nach sieben Jahren und fortan alle zehn Jahre).

Für die Neuwahl wurden Bestimmungen aufgestellt, die eine möglichst breite Anerkennung des Erwählten sichern sollten: Die Kardinäle bildeten einen Abstimmungskörper, zu dem noch je sechs Vertreter der fünf Konzilsnationen beigezogen wurden. Nur wenn zwei Drittel von jeder Konzilsnation bzw. vom Kardinalskollegium einem Kandidaten die Stimme gäben, sollte dieser als gewählt gelten. Tatsächlich kam am 11. November die Wahl Oddo Colonnas zustande, der sich nach dem Tagesheiligen *Martin (V.* 1417–1431) nannte. Möglichst rasch nahm der neue Papst das Reformanliegen des Konzils wieder auf. Im Zuge der gegenseitigen Konkurrenz der zwei bzw. der drei Päpste waren eine Reihe von Exemtionen gewährt worden, z. B. war das Bistum Passau aus dem Metropolitanverband von Salzburg herausgelöst worden. Unionen von Kirchenstellen, Dispensen und Privilegien wurden nun wieder zurückgenommen, dazu die Gesetze über Tonsur und Tracht der Kleriker eingeschärft. Die *Konkordate* mit der deutschen, der englischen und den drei romanischen Nationen wurden kundgemacht, freilich mit nur kurzer Geltungsdauer und daher geringer Wirkung.

Eine durchgreifende Erneuerung kam nicht zustande. Man hatte z. B. verlangt, daß in Zukunft abwechselnd mit den Kardinälen auch ein anderer durch das Konzil zu bestimmender Wahlkörper den Papst wählen sollte, der Papst sollte nicht immer aus der gleichen Nation kommen (auf keinen Fall zweimal hintereinander); wenn das Kardinalskolleg schon nicht abgeschafft werde, wie es manche Kreise verlangten, so sollte es sich doch wenigstens aus verschiedenen Nationen zusammensetzen, und keine Nation dürfe im Kolleg die Zweidrittelmajorität besitzen. Die Zahl der Kardinäle sollte auf 18 bis 24, höchstens 30, beschränkt bleiben.

In der dritten Causa, nämlich der »causa fidei«, stand die Behandlung des böhmischen Reformators *Jan Hus* an. Er war ein selbstbewußter bis schwärmerischer, jedoch angesehener Professor, zweimal sogar Rektor der unter Karl IV. gegründeten Universität Prag gewesen. Seine Predigten rührten an offene Wunden des damaligen kirchlichen Lebens und fielen daher auf gelockertes Erdreich. Er trat für die Priesterehe ein, weil dadurch viele Skandale vermieden würden, und verlangte eine nationale Liturgie. Die Predigt stellte er über alle Sakramente, machte jedoch deren Heilswirkung vom Gnadenstand des Predigers abhängig. Es ist »jedoch auf jeden Fall, abgesehen von den theologischen Anschauungen, die er vertrat, ... nicht möglich, Hus die Unbescholtenheit seines persönlichen Lebens abzusprechen und das Bemühen um die Bildung und sittliche Förderung des Volkes« (Papst Johannes Paul II. am 21. April 1990 bei seinem Besuch in Prag).

Die Forderung des seit dem 13. Jahrhundert abgekommenen *Laienkelches* erhob Hus' Mitkämpfer Jakob von Mies (genannt Jacobellus) und schuf damit das liturgisch-sakramentale Symbol des Hussitismus und später der Reformation. Als Johannes XXIII. seinen Kampf gegen König Ladislaus von Neapel als Kreuzzug bezeichnete und dafür entsprechende Ablässe ausschreiben und Abgaben eintreiben ließ, nahm Hus gegen diese Verhöhnung der Kreuzzugsidee öffentlich Stellung. Die Folge waren Tumult und öffentliche Verbrennung der Papstbulle. Die Antwort des Pisaner Papstes: Verhängung des Kirchenbanns über Hus. Dieser appellierte an ein allgemeines Konzil und den höchsten Richter Jesus Christus. Sigmund wollte auf dem Konstanzer Konzil die Causa Hus behandelt wissen. Er gab ihm daher einen Geleitbrief, der nichts anderes war als das, was heute ein Paß ist. Hus las in Konstanz trotz seiner Bannung öffentlich Messe und predigte. Deshalb wurde er auf Schloß Gottlieben eingesperrt. Man legte ihm den Widerruf nahe. Weil er diesen verweigerte, wurde er am 6. Juni 1415 als hartnäckiger Ketzer verurteilt, degradiert und dem weltlichen Arm übergeben. Er starb tapfer und unter frommen Gebeten auf dem Scheiterhaufen.

Zum Abschluß unseres Berichtes über das Konzil von Konstanz können wir feststellen, daß von seinen drei Aufgaben die »causa unionis« am besten gelöst wurde. Martin V. erklärte in der vorletzten Sitzung der Kirchenversammlung entsprechend dem Dekret »Frequens« noch, daß er das nächste Konzil *1423* in *Pavia* abhalten werde. Dann wurde am 22. April 1418 die Kirchenversammlung mit der Erklärung des Papstes geschlossen, er wolle alle in »materia fidei conciliariter« gefaßten Beschlüsse geltenlassen und unweigerlich beobachten. Dazu rechnete er aber offenbar nicht die Superiorität des Konzils, da er schon am 10. Mai 1418 in einem öffentlichen Konsistorium erklärte, es sei auf keinen Fall erlaubt, vom Papst an ein Konzil zu appellieren.

§ 58
Die unerledigte »Causa reformationis«

Seit Konstanz hatte die Kirche wieder einen allgemein anerkannten Papst, geriet jedoch, vor allem wegen des unerfüllten Reformanliegens, in eine schwere Krise. Das erstarkende National- bzw. Territorialkirchentum, das den Herrschern und Fürsten vielerlei Rechte über die Kirche einbrachte, vermochte zwar kuriale Ausbeutung abzuwenden oder zu beschränken, diente aber keineswegs dem Reformanliegen.

Der neue Konzilspapst Martin V. begann schon in Konstanz mit der Reorganisierung der Kurie. In Rom widmete er sich ganz der Wiederherstellung des Kirchenstaates, als dessen »dritter Gründer« er bezeichnet wird. Das *Konzil von Pavia* (1423/24), das er gemäß »Frequens« berief, war schwach besucht, wurde nach Siena verlegt und wieder aufgelöst, ohne irgendein Ergebnis zu zeitigen. Die bloß buchstäbliche Erfüllung des Konstanzer Beschlusses drohte auch dem sieben Jahre später in Basel vorgesehenen Konzil. Martin V. berief es noch ein, starb jedoch vor dem Beginn.

Eugen IV. (1431–1447) war durch eine Wahlkapitulation zu Reformen verpflichtet worden. Deren Unterlassung leitete eine bedenkliche Praxis ein, die bis ins 16. Jahrhundert weiterging: Wahlkapitulationen wurden im Konklave geschlossen, beschworen und z. T. sogar vom gewählten Papst nochmals bestätigt, aber nicht ausgeführt. Sie sollten neben den Rechten der Kardinäle auch die Reform sichern, auf die das Kardinalskollegium noch drängte. Die Päpste fürchteten aber ein Wiederaufleben des Konziliarismus, der den kurialen Kanonisten und Theologen als größtes Übel galt und auch leicht für politische Ziele eingesetzt werden konnte.

Daher stand das *Konzil zu Basel* (1431–1449) einem ablehnenden Papst gegenüber. Noch 1431 berief Eugen IV., als man in Basel schon eröffnet hatte, eine neue Versammlung nach Bologna. Der Widerstand, der sich – zum Unterschied von Siena – in Basel, aber auch bei den Kardinälen und den Fürsten erhob, zwang ihn zur neuerlichen Anerkennung des Konzils. Auch die Schwäche des Papstes – er mußte infolge von Aufständen Rom auf einem Tiberkahn verlassen – und der Fortgang der Hussitenverhandlungen (halber Ausgleich in den *Prager Kompaktaten*) stärkten Basel. Die Konzilsteilnehmer waren nur zum geringen Teil Prälaten, zum größeren Doktoren und Prokuratoren (Vertreter teilnahmeberechtigter Personen und Körperschaften). Vier Deputationen für die wichtigsten Sachgebiete, aus allen Nationen beschickt, sollten den Gegensatz der Nationen überwinden. Als Hauptaufgaben des Konzils waren genannt: Sorge für den christlichen Glauben, Friede in der Christenheit und Reform der Kirche. Die dritte war die wichtigste. In den Reformdekreten der ersten Jahre liegt die Hauptleistung Basels. Sie verlangten die Bischofswahl, dämmten die päpstliche Stellenbesetzung, die finanzielle Ausnützung durch die Kurie und das römische Prozeßwesen ein und regelten die Papstwahl und das Kardinalskolleg. Sachlich richtig, hätten sie die päpstliche Zustimmung gebraucht, um Wirklichkeit zu werden.

Doch brachte die in Sicht kommende Union mit den Griechen bzw. der Konzilsort neue Zerwürfnisse mit dem Papst. Als die Basler Konzilsmehrheit dafür Basel, Avignon oder eine Stadt in Savoyen, die Minderheit aber eine Stadt in Italien beschloß, bestätigte Eugen den Minderheitsbeschluß und verlegte das Konzil nach Ferrara (1437). Da sich die Griechen, von beiden Seiten umworben, für Ferrara entschieden, die Basler jedoch, vor allem von Frankreich aus Interesse am umstrittenen Neapel unterstützt, nicht aufgaben, standen zwei Konzilien gegeneinander.

Das päpstliche *Unionskonzil* wurde 1438 in Ferrara eröffnet, aber finanzieller Vorteile wegen nach Florenz verlegt. Große Kompromißbereitschaft beider Seiten ermöglichte die Einigung über jenseitige Läuterungsstrafen, eucharistisches Brot (gesäuert oder ungesäuert), Filioque und päpstlichen Primat. In dehnbaren Formulierungen wurde das Ergebnis im Dekret *Laetentur coeli* (1439) festgehalten. Die auf beiden Seiten politisch motivierte, künstliche Union fand im Osten Ablehnung und wurde später unter türkischer Herrschaft vollends undurchführbar. Dem Werben Eugens IV. gelangen (bis 1445) noch ähnliche *Unionen* mit den monophysitischen Armeniern (Dekret für die Armenier 1439) und kleineren orientalischen Kirchen. Durch diese Erfolge gestärkt, konnte er nach Rom zurückkehren (1443) und verlegte nun das Konzil in den Lateran. Geschlossen wurde es nie. Von der in Basel angestrebten Reform konnte keine Rede sein.

Daß die Basler Eugen IV. auf die Verlegung hin vor ihr Gericht zitiert hatten, schwächte sie selbst, denn niemand wollte ein Schisma. Kaiser Sigmund und deutsche Fürsten suchten die Rücknahme sowohl der Konzilsverlegung als auch des konziliaren Gerichtsverfahrens gegen den Papst zu erreichen. Schon wollte Eugen einlenken, da starb der Kaiser, und jener fühlte sich an seine diesbezügliche Zusage nicht mehr gebunden. Aus Interesse am umstrittenen Neapel (Tod der Königin Johanna II. 1435) unterstützte Frankreich, das auch die wichtigsten Teilnehmer und Ideen beistellte, das Basler Konzil und übernahm in der *Pragmatischen Sanktion von Bourges* 1438 wichtige Konzilsdekrete als Staatsgesetze – eine Hauptwurzel des Gallikanismus. Auch Aragon Neapel waren gegen den Papst und trieben die Basler zu scharfem Vorgehen an. Im Deutschen Reich erklärten sich bei der Wahl Albrechts II. die Kurfürsten neutral, der *Reichstag zu Mainz* nahm nach französischem Vorbild, die Neutralität damit aufgebend, die Basler Reformdekrete an (1438/39).

Den völligen Bruch bedeutete es, als man in Basel die *Superiorität des Konzils* über den Papst als Glaubenslehre verkündete, Eugen IV. absetzte und den verwitweten Herzog von Savoyen als Felix V. zum bisher letzten Gegenpapst wählte (1439). Auch Frankreich ging dabei nicht mehr mit, Aragon verständigte sich mit dem Papst (1443), der neue deutsche König Friedrich III. (1440–1493) näherte sich ihm (1445). Die Gewinnung der deutschen Fürsten kostete bedeutende Zusagen (1447): Berufung eines dritten Konzils, Anerkennung der Konzilsautorität, Abstellung von Beschwerden. Eine geheime Erklärung Eugens vor seinem Tod machte alles, was den Rechten des Apostolischen Stuhles entgegen wäre, rechtsunwirksam. Vor allem sein Versagen ist verantwortlich für das Scheitern der konziliaren Reform.

Das zwischen Nikolaus V. und Friedrich III. geschlossene *Wiener Konkordat* von 1448, das von den deutschen Fürsten übernommen wurde, folgte dem *Konstanzer Konkordat* (1418) und den *Basler Beschlüssen*. Es sicherte grundsätzlich die Wahl der Bischöfe, zugleich aber auch päpstliche Stellenbesetzungsrechte und Einkünfte aus Deutschland und galt bis 1803: Die Reform war damit aufgegeben, die Klagen gegen Rom blieben ebenso lebendig wie die betreffenden Mißstände. Was noch vom Konzil übrig war, wurde von Friedrich III. aus der

Reichsstadt Basel ausgewiesen und übersiedelte zu Felix V. nach Lausanne. Dieser resignierte (1449), worauf Nikolaus V. auch vom Restkonzil gewählt wurde, da glaubwürdig berichtet worden sei, daß er am Dogma von der Superiorität des Konzils festhalte. Das Papsttum hatte damit über den »Konziliarismus« gesiegt.

Die durch das Scheitern der Reformbestrebungen gegebene tiefe Zäsur um die Mitte des 15. Jahrhunderts ließe das *Ende des Mittelalters* schon hier ansetzen, zumal da auch das wiedererstarkte Papsttum zunehmend neue Züge zeigte und einerseits seinen großen Leistungen für Humanismus und Renaissance, andererseits seinem größten Tief seit dem »Saeculum obscurum« in kirchlicher Hinsicht entgegenging. Mit Rücksicht auf die weitaus größeren Auswirkungen der Reformation wird man jedoch in der Kirchengeschichte bei der herkömmlichen Gliederung bleiben, sich aber vor Augen halten, daß wichtige Voraussetzungen der Glaubens- und Kirchenspaltung schon im vorhergehenden Jahrhundert entstanden waren.

So kam es nach Basel zu keiner großen Reform. Eine solche wäre nur auf einem Konzil möglich gewesen. Dieses stand jedoch im Sinne der mittelalterlichen Kanonistik ganz im Belieben des Papstes. Übrig blieb die lange Reihe von Konzilsforderungen und Appellationen an ein künftiges Konzil. Die einschlägigen Normen der Wahlkapitulationen blieben unausgeführt, der Versuch des Andreas Zamometič zur Wiedereröffnung des Basler Konzils (1482) mißlang, und das *5. Laterankonzil* (1512–1517) war nicht viel mehr als das päpstliche Gegenstück zum französischen Konzilsversuch von Pisa (1511). An dessen Ende verkündete Leo X. noch feierlich die Überordnung des Papstes über das Konzil.

Dieser volle Sieg eines verweltlichten Papsttums über das mit dem Wollen der besten Kräfte verknüpfte Konzil hatte eine bis heute spürbare Folge: Die *Reform* blieb aus, dafür aber kam die *Reformation*.

§ 59
Humanismus und Renaissance

Große Leistungen des Papsttums liegen auf *kulturellem Gebiet. Rom* wurde nach *Florenz* zum Zentrum der neuen Kultur. Hinter ihr stehen neben kulturschöpferischer Kraft auch Repräsentationsfreude und fürstliche Ruhmsucht. Da sie viel kostete und die ganze Kirche in Mitleidenschaft gezogen wurde, erhebt sich die Frage, ob die Päpste so stark mittun mußten, besonders angesichts des damit verbundenen kirchlichen Versagens.

Mit der neuen Bildung ging Kritik am hergebrachten Kirchenwesen und der spätmittelalterlichen Theologie einher und konnte bis zur Erschütterung von Glaube und Sittlichkeit führen. Diese Problematik wurde wenig gesehen, das Papsttum wurde vielmehr im neuen Geistesleben führend. Die Frage nach der Bedeutung der neuen Kultur für Religion und Kirche ist daher differenziert zu stellen; die Einteilung der Humanisten in »gute« und »böse« genügt nicht. Die intensive neuere Erforschung des Humanismus durch eine Vielzahl von Disziplinen stellt neue Fragen. Die Paganismen der Humanisten sind überwiegend Demonstration klassischer Bildung. Neben Spott und Schelten gegen Habsucht, Unbildung, Falschheit und Lasterhaftigkeit der Geistlichen und Mönche stehen echte Religiosität und mancher Ansatz einer erneuerten Christlichkeit.

Der Humanismus kam der *Theologie* vielfach zugute. Das philologische Interesse richtete sich auch auf Bibel (besonders Paulus) und Kirchenväter. Die *Bibel* in den Originalsprachen gab neue Erkenntnisse frei. Die *Kirchengeschichte* wurde u. a. durch Lorenzo Vallas Untersuchung über die Konstantinische Schenkung bereichert. Sie ergab die Forderung des Verzichtes auf die weltliche Herrschaft des Papsttums.

In der Philosophie wandte man sich vom *Aristotelismus* ab und dem *Platonismus* zu (Marsilius Ficinus) oder wollte die religiösen Überlieferungen aller Völker zusammenfassen und dem Christentum dienstbar machen (Pico della Mirandola). Auch das Anliegen des religiösen Friedens in der einen Religion, die nur in verschiedenen Riten erscheint, wird sichtbar (Nikolaus von Cues). Damit steht ein ganz neues Lebensgefühl gegen die mittelalterliche Sicht der »miseria humanae conditionis«, ein undogmatischer Erkenntnisoptimismus, der nicht geneigt ist, nach dem kirchlichen Lehramt oder den Autoritäten zu fragen.

§ 60
Das Papsttum öffnet sich der Renaissancekultur

Papsttum und Kurie, von Haus aus stärker als fallweise Kirchenversammlungen, hatten den *Konziliarismus* besiegt. Der wiederhergestellte Kirchenstaat entwickelte sich in der Folge immer mehr vom Feudalverband zum Fürstenstaat. Außenpolitsch gehörte er mit Venedig, Mailand, Florenz und Neapel zu den vorherrschenden »cinque principati«, deren Gleichgewicht für Italien wichtig war. Einmischungen von außen und rasch wechselnde Bündnisse erforderten politisches Geschick. Nicht selten wurden daher Nepotismus und wechselvolle Politik kritisiert. Im Fall eines Kampfes hatte der Papst als zusätzliche Waffen die kirchlichen Zensuren, von denen z. B. das Interdikt (Verbot des Gottesdienstes) bis ins Handelsleben hinein wirkte. Die Papstwahlen brachten Überraschungen und neue Aufstiege und standen oft im Zeichen der Kritik am Vorgänger. Nur vereinzelt in Frage gestellt, bildete der *Staat der Päpste* kein gesamtkirchliches oder europäisches Problem, obschon der mittelalterliche Universalismus der Vergangenheit angehörte und der Papst immer mehr zu einem *italienischen Fürsten* wurde. Theoretische Begründungen der päpstlichen Macht lieferten die Dominikaner und Kardinäle Johannes von Torquemada (1450) und Thomas de Vio (Cajetan, 1511), ihre geistliche Erstreckung reichte weiter denn je.

Die gesunkene politische Bedeutung erschwerte den Einsatz für die dem Abendland aufgezwungene *Türkenabwehr*. Das Versagen der christlichen Völker ist den Päpsten zuallerletzt anzulasten, vor allem *Calixt III.* (1455–1458) und *Pius II.* (1458–1464) setzten sich voll für ein gemeinsames Unternehmen des Abendlandes ein. Aber die Kreuzzüge waren vorbei. Venedig schloß mit dem

Sultan ein Sonderabkommen (1454), bildete aber ansonsten das wichtigste Bollwerk der Christenheit. Die unmittelbare Abwehr oblag den zunächst Betroffenen, den Albanern, Ungarn und den österreichischen Grenzländern. Als die Türken 1480 sogar Otranto besetzten, verhinderte nur der unerwartete Tod Sultan Mohammeds II. noch Schlimmeres und leitete eine bis ins 16. Jahrhundert dauernde ruhigere Phase ein. Der Sieg über die Ungarn bei *Mohács* brachte den Türken 1526 die Herrschaft über den mittleren Teil Ungarns (neben der Oberhoheit über das Vasallenfürstentum Siebenbürgen), den angrenzenden Ländern eine bis ins späte 17. Jahrhundert währende Bedrohung durch den Islam.

Am schwersten belastet war die kirchliche Tätigkeit bzw. deren weitgehender Ausfall bei den Renaissancepäpsten. Die zunehmende Tätigkeit der Kurie und die damit verbundene steigende finanzielle Ausbeutung der Gesamtkirche hatten manchmal auch gute Auswirkungen. So konnte durch den *Nepotismus* die Stellung des betreffenden Papstes gestärkt oder neben unwürdigen auch würdige Männer in führende Stellungen gebracht werden (neben den Borgia vgl. etwa die Piccolomini).

Die *Inkorporation* (Einverleibung) von Benefizien in Klöster und Stifte (bei manchen Gründungen als deren wichtigste Existenzgrundlage) schuf Konfliktstoff, nützte aber manchmal auch Einrichtungen wie Universitäten und Spitälern. Regierungsstil und Repräsentationsaufwand verbanden die Päpste mit anderen, vor allem italienischen Fürsten, die Kosten erreichten jedoch unverantwortbare Ausmaße und belasteten die Gesamtkirche. Gleiches gilt von dem mit Frömmigkeit ebenso wie mit Prunksucht verbundenen Kulturschaffen, dessen Zeugnisse noch heute Besuchermassen nach Rom ziehen.

Die naheliegende Kritik an den römischen Zuständen meldete sich vor allem dort, wo kein vertraglicher oder national- bzw. territorialkirchlicher Schutz gegen die Ausbeutung bestand, also besonders in Deutschland. Die »Gravamina nationis Germanicae«, unter Führung des Erzbischofs von Mainz 1456 erstmals zusammengestellt, wurden bis in die Reformationszeit oft wiederholt. Im allgemeinen wurde Kritik offen geübt, auch von kirchlich gesinnten Reformfreunden und Hierarchen bis hinein ins Kardinalskollegium (Wahlkapitulationen).

Die viel beklagten »Mißstände« an der Kurie hatten also viele Wurzeln, die vor allem im System der Kirchenleitung lagen. Die gegen Ende des Mittelalters wachsende Mißachtung der Moralgebote durch Päpste, Kardinäle und Kurialen aller Rangstufen trat noch hinzu und führte zur verbreiteten Überzeugung von einem allgemeinen Verfall, der den Zorn Gottes herabzieht. Inmitten der großartigen Renaissancekultur wurden die Mängel so groß und durchgehend, daß ihnen der Reformwille einzelner Päpste oder Reformgruppen nicht mehr wehren konnte. Erst ein neues *Konzil,* das von *Trient,* hat das vor dem »Konziliarismus« im 15. Jahrhundert »gerettete« Papsttum der Verweltlichung entrissen.

Von den Päpsten des 15. Jahrhunderts gilt *Nikolaus V.* (1447–1455) als erster Renaissancepapst: Die Neugestaltung Roms beginnt, die Stadt wird zum Zentrum des *Humanismus.* Verdienste hat sich Nikolaus V. vor allem um die Vatikanische Bibliothek, für die in allen Ländern Skriptoren die Schätze patristischer und antiker Bildung sammelten, erworben. Nach der Überwindung des Schismas sah Rom die Kaiserkrönung Friedrichs III., die letzte von einem Papst in Rom vollzogene (1452). Für das Gleichgewicht der italienischen Staaten und die Sicherheit der Halbinsel von außen wurde der *Vertrag von Lodi* (1454) grundlegend, abgeschlossen nach längeren, auch vom Papst getragenen Bemühungen, dem Nikolaus V. jedoch erst nach Zögern als dessen Protektor beitrat (1455). Reformarbeit wurde besonders von den nach dem Jubeljahr von 1450 in verschiedene Länder entstandten Legaten eingeleitet (Nikolaus von Cues in Deutschland).

Mit dem 77jährigen Katalanen Alfonso Borja als Calixt III. (1455–1458) betritt die Familie Borgia (so die italienische Schreibweise) die Bühne der Papstgeschichte. Den Pontifikat beherrschte die Türkenabwehr *(Fall Konstantinopels 1453).* Die Ungarn konnten unter Führung Johann Hunyadis und mit tatkräftiger päpstlicher Unterstützung (Kardinallegat Johann Carvajal, Prediger Johann von Capestrano von den Franziskaner-Observanten, Türkenbulle, auf die das mittägliche Läuten zurückgeht) 1456 das belagerte Belgrad entsetzen. Die Anwesenheit eines päpstlichen Geschwaders unter Kardinal Lodovico Trevisan in der Ägäis wurde durch große eigene Opfer des Papstes möglich. Seine Kreuzzugbemühungen stießen bei den Staaten zumeist auf Gleichgültigkeit bis Ablehnung. Neapel schien ein Opfer des päpstlichen Nepotismus zu werden. Durch ihn erhielten auch Rodrigo, der spätere Alexander VI., und ein anderer Neffe den Kardinalspurpur, im gleichen Interesse bekamen Burgen des Kirchenstaates katalanische Befehlshaber. Beim Tod Calixts III. erhob sich daher die Volkswut gegen die Katalanen.

Der Aufstieg des Sienesen Aeneas Silvius Piccolomini, eines der bedeutendsten Humanisten, über den Dienst beim Balser Konzil, bei Felix V. und Kaiser Friedrich III. hatte Bistümer, andere Pfründen und schließlich den Kardinalspurpur (1456) gebracht. Den Namen *Pius II.* (1458–1464) wählte er wohl nicht zuletzt im Hinblick auf den »pius Aeneas« bei Vergil. Außer vielfältigen geistigen Anliegen (Dichtung, Geographie, Geschichtsschreibung, Politik, Philologie) prägten auch diesen Pontifikat echte Bemühungen um die Türkenabwehr. Zum Fürstenkongreß in Mantua (1459), den der Papst einberief und durch eine glänzende lateinische Rede eröffnete, erschien kein Herrscher persönlich, nur wenige waren überhaupt vertreten. Ungarns König Matthias Corvinus (1458–1490), ebenfalls ein begeisterter Humanist, und der albanische Fürst Georg Castriota (von den Türken Skanderbeg = Fürst Alexander genannt) hatten einen harten Kampf an den Grenzen zu führen. Noch 1463 wollte sich der Papst selbst an die Spitze setzen, sah jedoch nur in Ancona die von Venedig geschickte Flotte ankommen, ehe er, buchstäblich bis zum Tod der Türkenabwehr dienend, sein erfülltes Leben beschloß. Daneben ist der Versuch interessant, durch ein ausführliches apologetisches Schreiben den Sultan für das Christentum zu gewinnen. Es wurde vielleicht nie abgesandt.

Als politisches Verdienst ist die »italienische Lösung« der neapolitanischen Frage wichtig: Anerkennung Ferrantes, des natürlichen Sohnes Alfons' V. von Aragon, und Verheiratung eines päpstlichen Neffen mit einer natürlichen Tochter des neuen Königs. Das diente dem italienischen Gleichgewicht, brachte aber französische Gegnerschaft. Der neue König von Frankreich Ludwig XI. hob 1461 gemäß einem älteren Versprechen die Pragmatische Sanktion von Bourges auf, erhielt für sich und seine Nachfolger den Titel »Allerchristlichster König«, führte aber nachher durch Anordnungen die dem Papsttum so unerwünschten Normen wieder ein.

Für die Kurienreform arbeitete eine Kommission, doch erschien die geplante Reformbulle nie. Die eigenen Reformvorstellungen Pius' II. waren stark vom Basler Konzil geprägt. Nach dem Mißerfolg von Mantua verbot er die Appellation vom Past an das Konzil (1460) und ließ, als man auf seine eigene konziliaristische Vergangenheit hinwies, die Retraktationsbulle *In minoribus agentes* (1463) ergehen mit der Aufforderung: »Aeneam reiicite, Pium recipite.«

Der Venezianer *Paul II.* (1464–1471) war weniger ein Mensch des Geistes als des Willens, prunkliebend, antoritär und mißtrauisch. Seine Bestimmungen für Verwaltung und Versorgung der Stadt Rom waren zielführend. Eine Einschränkung an der Kurie mißlang jedoch: Das Kolleg der ca. 70 »Abbreviatoren«, die aus den Bittgesuchen Auszüge anfertigten, war unter Pius II. mit käuflichen Stellen eingerichtet worden und kam vielen Humanisten zugute. Paul II. hob es sogleich auf und ließ den Wortführer Bartolomeo Platina in die Engelsburg sperren und foltern. Platina rächte sich literarisch in den 1479 gedruckten »Vitae Pontificum« mit einer entsprechenden Schilderung des Papstes, das Abbreviatorenkolleg wurde vom Nachfolger wiederhergestellt und bestand bis zur Kurienreform Pius' X. Wegen heidnischer Gesinnung und Verschwörungsverdacht wurde die um 1460 von Pomponius Laetus gegründete Römische Akademie aufgehoben. Es waren schlechte Zeiten für die führende Bildungsschicht. Das ersehnte *Reformkonzil* schien ferner denn je. Kaiser Friedrich III. trat bei seinem Besuch (1468) dafür ein und empfahl als Ort Konstanz. Zur Abneigung der Kurie gegen eine reformatio in capite kam als weiteres Hindernis die persönliche Art des Papstes. Die politische Bindung des Kirchenstaates an Mailand und Neapel wich einer solchen an Venedig und Florenz. Sich überschätzend, gebot der Papst in den Wirren nach dem Tod des Herzogs von Mailand (1466) Frieden. Auch das Vorgehen gegen den hussitischen Böhmenkönig Georg Podiebrad (Bann, Absetzung und Kreuzzug) blieb ohne Erfolg.

§ 61
Die Päpste der Hochrenaissance

Die Päpste von Sixtus IV. bis zu Leo X. führten die römische Renaissance zu höchster Blüte, die Kirche aber auf einen Tiefpunkt ihrer Geschichte. Das Weltliche beherrschte alles, die Reform wurde kaum mehr ernsthaft erwogen.

Der frühere Generalminister der Franziskaner Francesco della Rovere erwarb als *Sixtus IV.* (1471–1484) Verdienste um Kunst und Wissenschaft (Ponte Sisto, Cancelleria, Sixtinische Kapelle, Vatikanische Bibliothek und Archiv) und galt als hervorragender Theologe und Prediger, folgte aber ganz und gar nicht seinem Ordensvater. Sein Pontifikat ist am meisten durch einen bis dahin unerhörten Nepotismus gekennzeichnet. Die Neffen Giuliano (später Julius II.) und der Franziskaner Pietro Riario erhielten den Purpur, diesen ersetzte, als er früh starb, Girolamo Riario, der den Papst im Zuge des Bemühens um ein großes Fürstentum in Auseinandersetzungen mit den italienischen Staaten verwickelte und auch an der Pazzi-Verschwörung in Florenz (1478) gegen die Medici beteiligt war. Mit einer natürlichen Tochter des Herzogs von Mailand vermählt, erhielt er vom Papst Gebiete in der Romagna. Um Ferrara zu bekommen, führte er einen Krieg herbei, in den 1482 fast ganz Italien verwickelt war, der aber ohne Erfolg blieb. Die Praktiken der Borgia zeichnen sich schon hier ab. Die Kreuzzugsaufrufe (1471) blieben ohne Echo, die mit großen Kosten aufgestellte Flotte hatte mäßige Erfolge an der kleinasiatischen Küste. Die Türken besetzten 1480 Otranto.

Da der Papst entgegen der Wahlkapitulation kein Konzil wollte, versuchte (1482) der Titularerzbischof Andreas Zamometič, das *Basler Konzil* wieder zu eröffnen, endete jedoch im Kerker, vielleicht durch Selbstmord. Ziel dürfte die Absetzung des Papstes und die Durchführung einer Reform durch das Konzil gewesen sein. Nepotismus, Familienpolitik, Kriege, Kunstschaffen und Hofhaltung kosteten viel und erforderten neue Geldquellen. Daher nahmen Ämterkauf, einträgliche Ablaßverleihungen und andere zweifelhafte Praktiken überhand. Daß vieles im Dienst von Kunst und Wissenschaft geschah, ändert nichts an der kirchlichen Bedenklichkeit. Vor allem Sixtus IV. ist für das Abgleiten des päpstlichen Hofes in Nepotismus und Verweltlichung verantwortlich.

Der glanzlose Pontifikat des Genuesen Giovanni Battista Cibò als *Innozenz VIII.* (1484–1492) brachte politische Schwierigkeiten, vor allem mit Neapel. Zwei Kinder aus des Papstes vorpriesterlicher Zeit wurden nach dem Brauch der Renaissancefürsten in mächtige Familien verheiratet, der Sohn Franceschetto mit der Tochter Lorenzo Medicis in Florenz. Zum Dank dafür wurde der erst 13jährige Sohn Lorenzos, der spätere Leo X., Kardinal. Die Hochzeit wurde mit großer Pracht im Vatikan gefeiert. Der mächtige Mann hinter der ansonsten schwächlichen Politik war Giuliano della Rovere. Ein besonders dunkler Punkt der kirchlichen Tätigkeit ist die *Hexenbulle* von 1484, auf der der *Hexenhammer,* eine Art Handbuch des gesamten Hexenwesens, beruht. Eine Merkwürdigkeit am Hof war der türkische Prinz Dschem. Er war in den Thronstreitigkeiten nach Mohammeds II. Tod zu den Johannitern nach Rhodos geflohen und kam in päpstlichen Gewahrsam. Das lag im Interesse des Sultans, der daür bis zum Tod des Rivalen (1495) ein Jahresgeld zahlte und Italien schonte.

Nach dem schwachen Pontifikat knüpfte der Neffe Calixts III. Rodrigo Borgia mit dem Namen *Alexander VI.* (1492–1503) selbstbewußt an Alexander den Großen an. Seine Unmoral störte weder ihn noch die Wähler. Allein aus seinem ehebrecherischen Verhältnis zu Vanozza de Cattaneis stammen vier anerkannte Kinder, die vom Papst fürstlich versorgt wurden: Juan als Herzog von Benevent (1497 ermordet, sein Bruder Cesare verdächtigt), Joffre (gest. 1517) als Fürst von Squillace, Lukrezia (gest. 1519 in dritter Ehe als Herzogin von

Ferrara). Cesare, der als Vorbild für Macchiavellis »Principe« gilt, das verhängnisvollste der Kinder, wurde zunächst Kardinal (geweiht nur zum Subdiakon), später durch Heirat Herzog von Valence. Vom Vater mit der Romagna ausgestattet, suchte er mit Gewalt und List ein Reich zusammenzurauben und schien die Säkularisierung des Kirchenstaates vorzubereiten, als der unerwartete Tod des Papstes die Borgia-Macht zusammenbrechen ließ.

Die Politik diente hauptsächlich der Familie, auf weite Sicht aber auch dem Kirchenstaat im Sinne einer notwendigen Zentralisierung. Beim Italienzug des französischen Königs Karl VIII. (1494/95) konnte dessen Belehnung mit dem süditalienischen Regnum vermieden und durch die *Heilige Liga* der Rückzug der Franzosen erreicht werden. Weltgeschichtliche Bedeutung hat die Demarkationslinie zwischen spanischen und portugiesichen Gebieten westlich der Azoren, für die 1493 vier Bullen ergingen; es handelte sich um Belehnungsakte für Kastilien in Fortführung früherer Vereinbarungen mit Bestätigung durch den Papst.

Die kirchliche Tätigkeit war im Vordergründigen eindrucksvoll, die Liturgie erhielt durch die imposante Erscheinung des Papstes Glanz. Auf persönliche Umkehr und Reformaufgaben besann er sich jedoch nur selten und kurzzeitig. Eine *Reformbulle* wurde ausgearbeitet, aber nie erlassen.

Als der Papst unerwartet an heftigem Fieber starb, gelang es den Kardinälen, Cesare Borgia zum Verlassen der Stadt zu bewegen und die freie Papstwahl zu sichern. Wieder erhob sich die allgemeine Wut gegen die Katalanen.

Für die Wertung der eigenartigen Persönlichkeit fand früher der päpstliche Zeremonienmeister Burchard von Straßburg mit seinen Skandalnachrichten allzuleicht Glauben. Auch das Nachprüfbare ergibt noch ein gewaltiges Ausmaß von Gewissenlosigkeit, Amtsmißbrauch, Simonie und Unmoral. Ehrenrettungen bis in die jüngste Zeit konnten keine allgemeine Anerkennung finden.

Der 1503 zunächst gewählte, schon schwerkranke Neffe Pius' II. regierte nur 26 Tage. Obwohl auch *Pius III.* (1503) simonistisch gewählt war, galt er als würdig und reformwillig. Im zweiten Konklave des Jahres wurde der größte Gegner Alexanders VI. und Neffe Sixtus' IV., Giuliano della Rovere, gewählt. Daß die Wahl simonistisch gewesen war, hinderte *Julius II.* (1503–1513) nicht, alsbald simonistische Papstwahlen für ungültig zu erklären. Mit dem Papstnamen knüpfte er an C. Julius Caesar an. Julius II. diente der Kirche und dem Kirchenstaat weniger als Priester denn als Herrscher und Kriegsmann. Perugia und Bologna entriß er lokalen Machthabern, die Romagna der Republik Venedig, die schnell wechselnden Bündnismöglichkeiten geschickt nützend *(Liga von Cambrai 1508)*. Das größere Konzept zur Vertreibung der Fremden aus Italien (»Fuori i barbari«) brachte schwere Konflikte mit Frankreich, aber auch Gegnerschaft zu Kaiser Maximilian I., der die Kaiserkrönung und die Wiederherstellung der Reichsrechte in Italien anstrebte und 1511, als der Papst erkrankte, zur kaiserlichen auch die päpstliche Würde zu erwerben plante, vor allem im Interesse seiner Italien- und Reichspolitik. Das weitaus gefährlichere Frankreich, gegen das eine 1511 geschlossene Heilige Liga gerichtet war, erneuerte die Pragmatische Sanktion von Bourges und veranlaßte die Berufung eines *Konzils nach Pisa,* das anfangs auch von Kaiser Maximilian unterstützt wurde. Julius II. blieb nur die Ausschreibung des *5. Laterankonzils* (1512–1517), wofür er sich auf seine Wahlkapitulation berief.

Reformen wurden auf dieser Versammlung erörtert, aber nicht verwirklicht, eine *Reformbulle* von 1513 stellte immerhin einige Mißbräuche ab. Mit dem Zusammenbruch des französischen Konzils hatte eigentlich auch das päpstliche seine Aufgabe erfüllt, wurde aber nicht geschlossen. Es verwirklichte nach den Reformkonzilien wiederum den Typ des päpstlichen Konzils.

Persönlich hielt sich Julius II., im Grunde kirchlich denkend, frei von stärkerem Nepotismus und, wenigstens als Papst, auch von sittlichen Ausschreitungen. Seine Heiratspolitik mit zwei natürlichen Töchtern schuf Verbindungen zu den wichtigen Familien Colonna und Orsini, große Hochzeitsfeiern vermied er. Unbestritten sind seine Verdienste um die Kunst, die durch Namen wie Bramante, Michelangelo und Raffael repräsentiert ist. An den *Höhepunkt der römischen Renaissance* erinnern Werke wie der Moses und die Pietà von Michelangelo. Für das größte Vorhaben, den Neubau der Peterskirche, wurde ein Ablaß ausgeschrieben, der zum Anlaß für Luthers Auftreten werden sollte.

Die Sicht Pastors, Julius II. als Retter des Kirchenstaates, blieb nicht unbestritten. In mancher Hinsicht hatte die Familienpolitik der Borgia bereits vorgearbeitet. Daß der Kirchenstaat gefestigt wurde, vorübergehend die erste Macht in Italien und sogar in der europäischen Politik führend war, zeigt nur die große Bedeutung als Herrscher. In gegnerischer Sicht bedeutete der Beiname »Il terribile« wirklich die Schrecken des Krieges und zeigen der Titel eines Dialogs »Julius exclusus« (e coelis) sowie Luther, der 1520 »den Blutseufer Julium« beschimpft, dessen eher weltliche und auf Gewalt beruhende Größe.

Beim Einzug des neuen Papstes sagte eine Triumphbogeninschrift: Einst herrschte Venus (Alexander VI.), dann Mars (Julius II.), jetzt Pallas Athene. Die Erwartungen dieses Paganismus wurden nur begrenzt erfüllt. Der 37jährige, reich bepfründete Giovanni, Sohn des Lorenzo il Magnifico, war für die Einheirat des Sohnes Innozenz' VIII. in die Familie der Medici mit 13 Jahren Kardinal geworden. Als feiner Genießer und gebildeter Renaissancemensch führte *Leo X.* (1513–1521) die Renaissancekultur weiter. Sein eigenes Mäzenatentum war jedoch nicht schöpferisch und entsprach nicht dem seiner Familie. Auf dem Gebiet der bildenden Kunst und der Musik war das Urteil des Papstes, der selbst musizierte und komponierte, treffender. Seiner Vergnügungssucht reichte nie das Geld. Der Hofstaat blähte sich gewaltig auf, die übertriebene Pflege des Theaters und wochenlange Jagden mit großem Gefolge verschlangen Geld. So erhöhte man die Zahl der käuflichen Ämter, machte die Ablässe zu riesigen Finanztransaktionen und verstärkte damit die ohnehin schon schlimme Demoralisierung der Verwaltung. Man darf allerdings neben dieser Leichtfertigkeit nicht Leos Hilfsbereitschaft für die Armen und seinen Schutz für die Juden übersehen.

Leo X. verband päpstliche und florentinische Politik mit einem starken Nepotismus, der auch Unwürdige förderte und große Ziele hatte: Parma, Piacenza, Modena, Reggio und selbst Neapel. Von friedlicher Gesinnung und um das italienische Gleichgewicht bemüht, mußte der Papst die Interessen zweier principati wahren und sie aus dem Ringen der Großmächte Frankreich und Spanien-Habsburg um Italien heraushalten. Das geschah durch Schwanken, Hinhalten und gleichzeitiges Verhandeln mit feindlichen Parteien, eine hinterhältige und doppelzüngige Politik. Vor allem Frankreich mit seiner Begehrlichkeit auf Mailand und Neapel war gefährlich. Der Italienzug König Franz' I. (1515) führte zum päpstlichen Verzicht auf Parma und Piacenza und zum französischen auf die Pragmatische Sanktion von Bourges, vor allem aber zum *Konkordat von 1516*, das dem König das Ernennungsrecht für alle höheren Kirchenämter und der französischen Kirche die Befreiung von zahlreichen kurialen Zuständigkeiten brachte. Im Konsistorium schwer durchzubringen, wurde es zu einer wichtigen Grundlage des königlichen *Gallikanismus*. Gegen Ende des Pontifikats stand die Nachfolgefrage im Reich an. Leos Bemühungen gegen den Habsburger Karl von Spanien und den französischen König und für den sächsischen Kurfürsten scheiterten. Er mußte sich schließlich mit Karl V. abfinden. Großes Aufsehen erregte eine Kardinalsverschwörung, die mit Verhaftungen, Folterungen und der Hinrichtung des Anführers, des Kardinals Alfonso Petrucci, niedergeschlagen wurde. Sie diente nicht als Vorwand, um zu Geld zu kommen, sondern war eine ernste Opposition.

Leo X. hat den Ernst seiner Aufgabe jedenfalls nicht erfaßt. Reformbemühungen waren kaum zu erwarten, obschon das schlecht besuchte 5. Laterankonzil noch bis 1517 tagte, eine vorwiegend theoretische *Reformbulle* erarbeitete, die Unsterblichkeit der individuellen Menschenseele definierte und die Lehre von der doppelten Wahrheit verurteilte. Wie ein Hohn war es, daß an seinem Ende noch der »Konziliarismus« feierlich verurteilt wurde.

Das *Renaissancepapsttum* reicht noch bis in die Mitte des 16. Jahrhunderts, obschon Rom im *Sacco di Roma* von 1527 viel von seinem Glanz verlor. Erst während des Konzils von Trient erscheint von *Marcellus II.* (1555) an ein *neuer Papsttyp*, der von der kirchlichen Reform geprägt ist.

4. VERFASSUNG UND VERWALTUNG

Die Kirchenstrukturen des Mittelalters weisen gegenüber dem Altertum gewaltige Unterschiede auf. Germanische Rechtsnormen wirkten auf die Kirche ein und brachten mannigfache Abhängigkeit, besonders für das Kirchengut und das Ämterwesen. Etwa seit der Jahrtausendwende stellte jedoch das wacher werdende Denken dieses Ineinander geistlicher und weltlicher Gewalt immer mehr in Frage, zerlegte die gewachsene Einheitskultur in die nun als verschieden verstandenen Komponenten und baute die geistliche Gewalt aus. Zu ihren Gunsten erhob man den Ruf nach der *libertas ecclesiae.*

Dahinter stand ein *neues Kirchenbild.* Es war bestimmt durch das hierarchische Prinzip, das von Pseudo-Isidor, der Reformbewegung des 11. Jahrhunderts und später von den Kanonisten immer konsequenter auf allen kirchlichen Ebenen angewandt wurde und zur scharfen Trennung von Klerus und Laien führte. Daher gerieten die Kirchenstrukturen nicht nur auf der höchsten Ebene (Gesamtkirche, Papsttum) in eine zentralisierende Umformung, sondern grundsätzlich in allen Bereichen, wenn auch die Wirklichkeit der Theorie oft nicht entsprach. Seit die Kirchenreform über die Herrscher gesiegt hatte, stand der schrittweisen Ordnung der Kirche im zentralistischen Sinne nichts mehr im Wege, sie war eine Aufgabe immer weiterer Anwendung der hierarchischen Prinzipien.

Diese hielt man nicht für etwas Neues, sondern für die von Christus selbst gewollte und in der Urkirche geltende »rechte« Ordnung. Von dieser Voraussetzung her konnte man einen Schwung aufbringen, der teilweise wirklich altem Recht wieder Geltung verschaffte, das geistliche Element stärkte, weltliche Abhängigkeit überwand und im Papsttum eine starke geistliche Führung der Kirche und der abendländischen Völker schuf, aber auch Strukturen entwickelte, die sich zu Unrecht auf die alte Kirche beriefen und eine immer tiefere Trennung von der Ostkirche und ihren Traditionen brachten. Die heutigen Gegensätze zwischen katholischer und orthodoxer Kirche sind hauptsächlich dadurch entstanden.

§ 62
Ein neues Kirchenrecht

Die Reformer des 11. Jahrhunderts stießen allenthalben auf gewachsenes Recht, gegen das man unschwer alte Normen ins Treffen führen konnte. Seit dem 6. Jahrhundert gab es kirchenrechtliche Sammlungen, im 9. Jahrhundert wurde Pseudo-Isidor ein brauchbares Arsenal, und die Reformbewegung des 11./12. Jahrhunderts löste eine neuerliche Sammeltätigkeit aus. Früher als die Theologie brachte das *Kirchenrecht* eine Art Handbuch oder Summe hervor in der um 1140 entstandenen, die früheren Sammlungen überholenden »Übereinstimmung der widerstreitenden Canones« (»Concordia discordantium canonum«) des Kamaldulensers Gratian, das *Decretum Gratiani*. Es stellte die zu den Vorstellungen der Reform passenden Dokumente zusammen, erarbeitete Methoden zur Lösung der vielen Widersprüche in den Rechtsquellen und machte damit das Kirchenrecht zu einer Wissenschaft. Als sich seit Alexander III. die päpstlichen Dekretalen mehrten, sammelte man auch die neuen Stücke. Es wurde üblich, daß die Päpste ihre Dekretalen nach Bologna sandten, wo sie von den Kanonisten kommentiert wurden. So entstand der Einfluß der Kanonistik auf die päpstliche Gesetzgebung. Um die Kanonistik bemühten sich in der Folge auch andere Universitäten (Paris, Oxford), die Werke reichen von der schlichten Glossierung bis zu großen Summen. Ergänzungen des Decretum Gratiani sind der *Liber extra* (Dekretalen »außerhalb des Decretum Gratiani«) Gregors IX., der *Liber Sextus* Bonifaz' VIII., die nach Klemens V. benannten *Klementinen*, die *Extravaganten* Johannes' XXII. und die *Extravagantes communes*. Das so entstandene *Corpus iuris canonici* wurde zum Vorbild für Kodifikationen und damit zu einem bedeutenden Zivilisationsfaktor. Dem Kirchenrecht eignete – zum Unterschied von der Theologie – größere Nähe zum wirklichen Leben, andererseits fehlte ihm weithin der Rückhalt in einer tragfähigen Theologie. Sein großer Einfluß schuf jenes Bild von der Kirche, auf dem sie vorwiegend als Rechtsinstitution erscheint.

§ 63
Das Papsttum

Nach den Vorstellungen der kirchlichen Reformer ist die römische Kirche nicht nur Zentrum der Einheit, sondern Quelle und Fundament der ganzen Kirche, die zwar von Christus herkommt, aber nur über Petrus und seinen Nachfolger, in dem der hierarchische Bau seine Spitze hat. Infolge der Unterordnung der weltlichen Gewalt unter die geistliche und der Übertragung beider an Petrus (*Zwei-Schwerter-Theorie* nach Lk 22,38: »Sie sprachen: Herr, siehe, zwei Schwerter sind hier! Er aber sprach: Das ist genug.«) gipfelt im Papsttum auch alle weltliche Herrschaft. Während letzterer Anspruch, nie allgemein anerkannt, in den jungen Nationalstaaten eine Schranke fand und bis ins 20. Jahrhundert schrittweise abgebaut werden mußte, konnten sich die übersteigerten innerkirchlichen Ansprüche in großem Maße durchsetzen. Sie machten jede Reform auch dann von der Zustimmung des Papstes abhängig, wenn das Papsttum, wie es im Spätmittelalter geschah, selbst zum bedeutendsten Träger kirchlicher Mißstände wurde. Gegendweise Beschränkungen brachte das Landes- und Territorialkirchentum (das seinerseits beträchtliche Mißstände aufwies), eigene Schwäche (z. B. Schisma) und innerkirchliche Gegenströmungen (z. B. der sogenannte Konziliarismus), eine wirksame Besinnung erzwang erst die radikale Bedrohung durch die Reformation.

Wichtige Voraussetzungen dieser Entwicklung hatte schon das kirchliche Altertum geschaffen. Schon um 700 war der Papst allgemein anerkannte oberste geistliche Instanz, durch den großen Grundbesitz der römischen Kirche und die Schwäche der oströmischen Reichsgewalt in Italien aber auch der entscheidende politische Faktor, der die Hinwendung zu den Franken vollzog. Durch den Kirchenstaat, die Mitwirkung bei der Königserhebung Pippins und als Verleiher der Kaiserkrone erlangte das Papsttum jene Fülle von Macht und Ehren, die sich schon in der *Konstantinischen Schenkung* aus dem 8. Jahrhundert beredten Ausdruck schuf. Die prophetische Gestalt Nikolaus' I. konnte die geistliche Obergewalt in sittlich-religiösen Fragen auch gegenüber den Herrschern behaupten. Die in den noch frischen Pseudo-Isidorischen Dekretalen enthaltenen Grundsätze ermöglichten juridisch den gewaltigen Aufstieg des Papsttums im 11. Jahrhundert. Das Eingreifen Heinrichs III. von 1046, obwohl über Päpste verfügend, führte neue geistige Energien zu, die das Papsttum für jenes Programm rüsteten, das der *Dictatus papae* Gregors VII. (1075) für den geistlichen und weltlichen Bereich formulierte. So konnte die hochmittelalterliche Kanonistik und nach ihr auch die Theologie die Kirche als absolute päpstliche Weltmonarchie darstellen. Innozenz III. hat sie für einen historischen Augenblick sogar in der kirchlichen und politischen Wirklichkeit verkörpert.

Die *Wahl des Papstes* geschah bis ins 8. Jahrhundert wie die eines anderen Bischofs durch Klerus und Volk, häufig unter entscheidender Einflußnahme weltlicher Gewalt. Nach tumultuarischen Vorkommnissen wurde 769 das aktive Wahlrecht auf die römischen Kardinalpriester und -diakone, das passive auf den Klerus eingeschränkt. Dennoch dauerte der Einfluß römischer Machtgruppen fort, das spätere kaiserliche Mitbestimmungsrecht ging in Einzelfällen sogar bis zur Ernennung. Im Zuge der Reformbewegung sah das *Papstwahldekret Nikolaus' II.* von 1059 den Vorschlag der Kardinalbischöfe (entsprechend den Metropoliten bei der Bischofswahl) und die Wahl durch Kardinalpriester und -diakone vor, Klerus und Volk waren auf die nachfolgende Akklamation beschränkt (bis heute). Ganz anders war die Regelung durch das *3. Laterankonzil* (1179): Zweidrittelmehrheit aller Kardinalsstimmen. Damit und mit der Einschließung im Konklave, die das *2. Konzil von Lyon* (1274) verfügte, um lange Vakanzen zu vermeiden, war im wesentlichen die noch heute geltende Regelung erreicht.

Aus den zuerst hauptsächlich stadtrömischen Strukturen und Aufgaben des Papsttums erwuchs so im 11. Jahrhundert die gesamtkirchliche Zentrale. Der früher bei grundsätzlicher Anerkennung nur selten (und in Verbindung mit Synoden) ausgeübte Primat griff nun ständig in das Leben der ganzen abendländischen Kirche ein. Auch die Lehrautorität der römischen Kirche, von Gregor VII. als dauernd irrtumslos und unfehlbar auf die Heilige Schrift zurückgeführt, nahm an diesem Aufstieg teil und wurde schließlich bei Thomas von Aquin zur päpstlichen Unfehlbarkeit. In der Titulatur behielt Gregor VII. die schon seit dem 5. Jahrhundert dem römischen Bischof zunehmend beigelegte Bezeichnung »papa« ausdrücklich dem römischen Bischof vor, Innozenz III. verwendet statt »vicarius Petri« vorwiegend den anspruchsvolleren Titel »vicarius Christi«, Innozenz IV. »vicarius Dei.« Seit dem 14. Jahrhundert erscheint häufig (ursprünglich heidnisch) »Pontifex maximus«, allerdings zunächst nicht als Selbstbezeichnung. Als auffallendstes päpstliches Insigne entstand aus dem Phrygium, einer von der Konstantinischen Schenkung noch als Ersatz für die abgelehnte Krone gedeuteten weißen Mütze, die Tiara, im Frühmittelalter mit dem untersten Kronreif, unter Bonifaz VIII. mit einem zweiten und unter dessen Nachfolgern mit dem dritten geschmückt. Die Begleitformel bei der Krönung sprach von der Überordnung über alle Herrscher im Sinne des Propheten Jeremia (1,10). Erst Paul VI. hat auf die Tiara verzichtet.

§ 64
Die päpstliche Vollgewalt und ihre Problematik

In Gesetzgebung, Gerichtsbarkeit und Verwaltung führte die neue Sicht des Papsttums zu einer sich durch Jahrhunderte hinziehenden Entfaltung und Ausweitung. Die *Gesetzgebung* entwickelte sich vor allem auf der Grundlage Gratians unter Ergänzung durch ein ebenso umfassendes Privilegien- und Dispensrecht. Auf dem Gebiet der *Gerichtsbarkeit* waren die Appellationen an den Papst altes Recht und wurden von Gregor VII. wiederum eingeschärft. Die engere Gerichtsbarkeit galt zunächst für exemte Klöster, alle Bischöfe und die »causae maiores«. Als oberste Appellationsinstanz für das gesamte Rechtsleben entging das Papsttum nicht dem Mißbrauch durch ungebührliche Ausweitungen, so daß schon der hl. Bernhard ernste Bedenken gegen die Appellationen äußerte. In der *Verwaltung* waren die Diözesaneinteilung, wichtige Änderungen im Klosterwesen (Ordenswechsel, Exemtion) päpstliche Zuständigkeit, die Besetzung von Bistümern zunächst nur bei in Rom anhängigen Prozessen oder Devolution infolge unkanonischer Wahl. Seit dem Ende des 12. Jahrhunderts entstanden weitere Eingriffsmöglichkeiten, später kam es mit dem Dekretalenrecht auch zur päpstlichen Besetzung niederer Kirchenämter und zu einer umfassenden päpstlichen Finanz- und Ordenshoheit.

Über diese drei Höchstzuständigkeiten hinaus setzten sich weitere Rechte durch: das alleinige Berufungsrecht für allgemeine Konzilien, die allgemeine Oberaufsicht über die Diözesen und vielerlei Einflußmöglichkeiten bei der Bischofsbestellung. Wo erreichbar, suchte man die römische Liturgie auf Kosten anderer (griechische in Unteritalien, altspanische in den rückeroberten Gebieten der Iberischen Halbinsel) durchzusetzen. Seit dem Hochmittelalter reservierten sich die Päpste wichtige Rechtsakte, so Gregor IX. die Kanonisation (1234). Seit dem 12. Jahrhundert war dem Papst die Lossprechung besonders schwerer Sünden vorbehalten, die später in der am Gründonnerstag zu verkündenden »Abendmahlsbulle« zusammengestellt und verschiedentlich erweitert wurden. Das 4. Laterankonzil behielt dem Papst die Anerkennung neuer Reliquien vor.

Die Bestätigung der *Bischofswahlen,* früher vom Metropoliten vorgenommen, ging vor allem seit dem 14. Jahrhundert, oft auf Wunsch der Erwählten selbst, zunehmend an den Papst über, seit Konstanz (1418) war das anerkanntes Recht. Da die Metropoliten des seit dem 8. Jahrhundert geschaffenen neuen Typs (Pallium und Titel »Erzbischof«) das Pallium zu erbitten und später persönlich in Rom zu empfangen hatten, wurde ihnen ein besonderer Gehorsamseid und die Pflicht zur Visitatio liminum mit Rechenschaftsbericht auferlegt. Beides ging mit der Bestätigung durch den Papst im 15. Jahrhundert auch auf die Bischöfe über.

Bei der römischen *Behördenorganisation* wirkte sich die Umstrukturierung in einer Zunahme der Beamten und Gehilfen aus. Durch häufige Papstreisen seit Leo IX. kam es manchmal zur Urkundenausfertigung durch örtliche Schreiber, aber auch durch päpstliche Kapläne. Schließlich löste sich die Kanzlei überhaupt von den stadtrömischen Skriniaren; sie wurden von Klerikern des Laterans verdrängt; die »römische Kurialschrift« wich der karolingischen Minuskel, eine neue Formelsprache wurde entwickelt. Wie bei den Herrschern entstand am Ende des 11. Jahrhunderts auch beim Papst eine Hofkapelle (capella papalis) aus den für den päpstlichen Gottesdienst und andere Aufgaben zuständigen Klerikern. Unter Urban II. wurden auch die von den fränkischen Herrschern herrührenden Hofämter (Truchseß, Mundschenk, Marschall, Kämmerer) übernommen, und derselbe Papst betraute mit der Finanzverwaltung die Kammer (camera apostolica), deren Leiter, der Kämmerer, infolge wachsender Zuständigkeiten (Schatz, Bibliothek, Archiv, päpstlicher Besitz im Kirchenstaat) zum höchsten Hofbeamten aufstieg. So war aus einer bischöflichen und patrimonialen Verwaltung ein regelrechter Hof geworden, für den sich, gleichfalls nach dem Vorbild weltlicher Herrscher, seit dem Ende des 11. Jahrhunderts die Bezeichnung *curia Romana* einbürgerte und die frühere »sacrum palatium Lateranense« verdrängte. Durch die gesteigerten Einnahmen wuchs im Spätmittelalter die Bedeutung der Kammer noch mehr. Mit dem ständig wachsenden Betrieb erhielt die päpstliche Kanzlei eine eigene, die Gnadenbewilligungen datierende Stelle, an der als Finanzsachverständiger der Datarius emporstieg, was schließlich zur neuzeitlichen Behörde der Apostolischen Datarie führte. Den Humanisten wurde Förderung zuteil durch ihre Aufnahme in das Kollegium der Abbreviatoren (sie hatten die Bittgesuche in einem kurzen Auszug zusammenzufassen und dadurch die Erledigung vorzubereiten), das Pius II. schuf, Paul II. zum Ärger der Nutznießer aufhob und Sixtus IV. wiederum einführte. Die wachsende Zahl der Apostolischen Sekretäre und anderer käuflicher Ämter bedeutete eine Art Staatsanleihe.

Die ausgeweitete Tätigkeit verlangte eine Steigerung der Einnahmen. Als solche erscheinen im Hochmittelalter der Grundbesitz der römischen Kirche, die Einnahmen aus dem Kirchenstaat, der Lehenszins der als päpstliche Lehen geltenden Länder, der Peterspfennig aus einigen Ländern, Palliengelder, Servitien der Bischöfe und Äbte (bei Bestätigung oder Ernennung) und Gebühren bei der Visitatio liminum. Die Päpste in Avignon zogen außerdem die Zwischengefälle erledigter Kirchenstellen ein und verlangten die »Annaten« vom ersten Jahreseinkommen neu besetzter Stellen. Avignon, Schisma und Renaissancepapsttum ließen den Geldbedarf immer mehr wachsen. Man übernahm aus dem Lehenswesen das *Spolienrecht* (Nachlaß verstorbener Geistlicher, von den Päpsten vielfach den Landesherren entzogen), erhob *Prokurationen* (bei Visitationen an päpstliche Legaten und kuriale Gesandte zu zahlen) und baute die *Kanzleitaxen* (für schriftliche Erledigungen wie z. B. Dispensen) so weit aus, daß sie schließlich zusammengefaßt in gedruckten Taxbüchern erschienen. Zu einer Einnahmequelle wurden auch die früher für Kreuzzüge ausgeschriebenen Zehenten und sonstigen Besteuerungen, die auch mit dem Kampf gegen Hussiten, Türken und Feinde der Päpste und des Kirchenstaates begründet wurden und schließlich einen sehr weiten Anwendungsbereich aufwiesen. Einer steigenden finanziellen Ausnützung verfiel auch der Ablaß, an dem sich nicht zufällig später die Reformation entzünden sollte. Als im 15. Jahrhundert die päpstliche Pfründenverleihung gewissen Beschränkungen unterworfen war, baute man dafür umso mehr das Taxenwesen aus. Auf diesem Gebiet bildeten die *Kompositionen* eine besondere Art von Taxen, die für außergewöhnliche Dispensen und sonstige Bewilligungen fallweise vereinbart wurden und der Korruption große Möglichkeiten boten. Durch dieses hochdifferenzierte und immer weiter greifende Finanzsystem hat der Apostolische Stuhl zwar den Ruhm, neuzeitliches Finanzwesen angebahnt zu haben, zugleich aber auch die Verantwortung dafür, daß sich bis ins einfache Volk hinein die Sicht des Papstes als »Blutsauger« verbreitete und die antirömischen Affekte bis zum Romhaß stiegen.

In enger Verbindung mit dem steigenden Geldbedarf der mittelalterlichen Kurie entwickelte sich die päpstliche *Stellenbesetzung*. Aus Bitten an andere Bischöfe um die Bestellung förderungswürdiger Personen (seit 1137) wurden päpstliche Befehle und im 13. Jahrhundert schließlich ein ganzes System von Provisionen, Postulationen, Expektanzen (Anwartschaften auf noch besetzte Stellen) und Reservationen (Vorbehalte der Verleihung). Das schließlich anerkannte päpstliche Verfügungsrecht über alle Kirchenämter (Klemens IV. 1265) wurde zur Ursache vieler Mißstände und bewegter Klagen. Besonders schlimm war es, daß die Eignung des Kandidaten zumeist kaum eine Rolle spielte. Die Verleihungen waren, sofern sie nicht ohnehin Kurialen zu Einkünften verhalten, zumeist von den Interessenten selbst betrieben oder von Fürsten für ihre Günstlinge erbeten. Ein starkes *Landeskirchentum* wie in England (Maßnahmen seit 1343), Frankreich (seit Anfang des 15. Jahrhunderts die »Gallikanischen Freiheiten« auch gegen die päpstlichen Pfründenvergabe proklamiert, 1438 in der »Pragmatischen Sanktion von Bourges« Staatsgesetz) und Spanien (es zog im Schisma nach) bot andererseits wiederum Schutz gegen römische Ausbeutung, der sich seinerseits zugunsten der weltlichen Gewalt (Herrscher und Fürsten) auswirkte. Nach den Reformkonzilien sicherte das *Wiener Konkordat* von 1448 im Reich nicht nur die Bischofswahl, sondern auch vielerlei päpstliche Besetzungsrechte (z. B. Verleihungen vieler Ämter in den ungeraden, daher »päpstlichen« Monaten Januar, März etc.), die zudem noch das *Kommendenwesen* (Nutznießung ohne persönliche Seelsorgetätigkeit) und die *Pfründenhäufung* (»cumulus beneficiorum«, Vereinigung mehrerer Benefizien in einer Hand) förderten oder überhaupt voraussetzten.

Beim mittelalterlichen Papsttum sind für eine gerechte Beurteilung Vor- und Nachteile zu berücksichtigen. Den Vorteilen: Durchsetzung der hochmittelalterlichen Kirchenreform, Schaffung einer wirksamen Kirchenleitung und einer übernationalen Struktur mit einem zukunftweisenden Rechtssystem, stehen als Nachteile gegenüber vor allem die zunehmende Abwertung metropolitaner und bischöflicher Rechte und des synodalen Lebens, das immer stärkere Übergewicht des Rechtlichen und dessen ausgedehnte mißbräuchliche Verwendung. Die im Spätmittelalter anstehenden Probleme (Schisma, Kirchenreform) konnte die im 11./12. Jahrhundert geschaffene und in der Folge ausgebaute Struktur der abendländischen Kirche nicht bewältigen, ja sie stand einer Lösung sogar hindernd entgegen.

§ 65
Kardinäle und Legaten

Erst durch die Reformbewegung wurden die *Kardinäle* zu einem Kollegium und einem wichtigen gesamtkirchlichen Instrument des Papsttums. Schon im 8. Jahrhundert hatten die Priester der römischen Titelkirchen in den Hauptkirchen St. Peter, St. Paul, St. Laurentius vor den Mauern und S. Maria Maggiore liturgische Verpflichtungen übernommen, die in der Laterankirche wahrscheinlich den Bischöfen der 7 Nachbarorte (suburbikarische Bistümer) oblagen. Eine hervorragende Stellung nahmen auch die Lateran- und die Regionardiakone ein, so daß um 1100 bereits 7 (bald 6) Bischöfe, 28 Priester und 18 Diakone als hervorragende Berater des Papstes erscheinen. Ihre Tätigkeit führte zum Zurücktreten der Synoden, ihre häufige Verwendung als Legaten ließ die stadtrömische Einrichtung zu einer gesamtkirchlichen werden. Die Bedeutung der Kardinäle stieg vor allem bei Doppelwahlen und Schismen, wenn die Päpste auf sie angewiesen waren. Die Bezeichnung, die es noch lange auch in anderen Städten für hervorragende Vertreter des Klerus gab, wird von der Anstellung an bestimmten Kirchen (cardo = Türangel) hergeleitet. Seit Alexander III. begegnen als Kardinäle auch auswärtige Bischöfe, in der Folge erschien das römische Kardinalat, früher unter dem Bischofsamt stehend, im Vergleich zu diesem als die höhere Würde.

Die *päpstlichen Legaten,* früher in Einzelaufträgen und nur selten ständig (Konstantinopel und Ravenna) eingesetzt, wurden zu wichtigen Trägern der Kirchenreform, die mit dem Ausbau des Legatenwesens eine neue Jurisdiktionsebene schuf, da die Legaten (meistens Kardinäle) nach Gregor VII. auch dann über den Bischöfen standen, wenn sie nicht selbst Bischöfe waren. Ihre Synoden ließen Provinzial- und Reichssynoden zurücktreten. Alexander III. schuf verschiedene Klassen: legati a latere, legati missi, nuntii apostolici, vicarii apostolici oder legati nati (letztere aus dem Kreis der einheimischen Bischöfe).

Im Spätmittelalter gewann das Kardinalskollegium vor allem infolge des Schismas, das es zuerst durch die zwei Papstwahlen von 1378 ausgelöst und später durch die Einberufung des Pisaner Konzils wieder behoben hat, sehr an Bedeutung, obwohl es auch die Fährnisse des Papsttums teilen mußte. Nach der Restauration desselben war auch das Kardinalskollegium wieder gesichert. Die Wahlkapitulationen und das Konsistorium zeigen das Heilige Kollegium als einflußreiche Korporation, die eine weitgehende Mitregierung übte und an den päpstlichen Einkünften teilhatte. Die Wahlkapitulationen suchten diese Rechte zu sichern. Große Unterschiede bestanden zwischen armen und reichen Kardinälen, manche bekamen sogar Zuschüsse aus der päpstlichen Kasse. Reiche Bistümer und Erzbistümer dienten den Kardinälen als Kommenden, doch war ihre Verleihung durch Konkordate und Herrscherrechte beschränkt.

§ 66
Bischöfe und Diözesanverwaltung

Schon von spätantiken Voraussetzungen wie z. B. der Rolle des hohen Klerus in den Germanenreichen her oblag den mittelalterlichen Bischöfen (und den Äbten bedeutender Klöster) ein Übermaß an weltlichen Aufgaben. Die unvermeidliche Kehrseite war eine stärkere Abhängigkeit vor allem vom König. Sie machte die nach altem Recht von Klerus und Volk zu vollziehende *Bischofswahl* bedeutungslos oder ließ sie verschwinden und führte zur Vernachlässigung kirchlicher Gesichtspunkte bei der Bischofsbestellung. Darin, weniger in Abgaben anläßlich der Bestellung, die leicht als »Simonie« erscheinen konnten, liegt die Bedenklichkeit der Laieninvestitur, die erst durch die Reformbewegung beanstandet wurde. Noch Papst Johannes X. billigte in einem Schreiben an den Erzbischof von Köln ausdrücklich die Bestellung durch den deutschen König (921). Die Investitur geschah durch Übergabe des Stabes (seit Heinrich III. auch des Ringes) und brachte Treueid und Lehensbindung mit sich.

Die *Kirchenreform* brauchte ihrerseits die Bischöfe und wertete sie daher auf, auch durch die Unterstellung neuer Orden (Zisterzienser, Chorherrn, im Gegensatz zu den Cluniazensern). Daher kam der Widerstand gegen die Reform kaum von den Bischöfen als solchen. Erst der nachfolgende Ausbau der päpstlichen Kirchenleitung ließ die Bischöfe zurücktreten und ging auf ihre Kosten. Doch gingen Eingriffe bei strittigen Wahlen oder die Konsekration durch den Papst gewöhnlich vom Erwählten bzw. seiner Partei aus. Die Interessen der Herrscher an der Bischofsbestellung blieben auch in den gegen Ende des Investiturstreites getroffenen Regelungen (für das Reich im Wormser Konkordat 1122) im kanonisch korrekten Ablauf gewahrt.

Die Sonderentwicklung der geistlichen Fürstentümer im deutschen Reichsteil geht auf die Verleihung wichtiger Rechte an Bistümer und bedeutende Klöster seit dem Frühmittelalter zurück: Immunität, Regalien (Markt-, Münz- und Zollwesen) und schließlich überhaupt die Grafschaft. Otto der Große schuf das »ottonisch-salische Reichskirchensystem« als Stütze des Königtums gegen die weltliche Aristokratie, da die geistliche Führungsschicht infolge der Nichterblichkeit dynastischen Bestrebungen weitgehend entzogen war. Durch Privilegien Kaiser Friedrichs II. (1220, 1232) wurden die deutschen Bischöfe und Äbte zu eigentlichen Territorialherren, die »Hochstifte« blieben eine Stütze der Reichsgewalt bis zur Säkularisierung (1803).

Im Bereich der Bischofskirchen und Diözesen selbst brachte die iroschottische Kirche die Einrichtung des *Klosterbischofs* (Abt oder Mönch) auch auf das Festland. Seit dem 8. Jahrhundert erscheinen im Abendland außerdem *Chorbischöfe* (von griech. chora = Land) als Gehilfen des Bischofs, besonders in großen Diözesen. Zunehmende Gegnerschaft der Bischöfe brachte sie bis ins 11. Jahrhundert allmählich wieder zum Verschwinden. Der *Weihbischof* begegnete im 12./13. Jahrhundert, als man aus dem Osten (»in partibus infidelium«) vertriebene Bischöfe zu Hilfeleistungen heranzog. Man bestellte später die Weihbischöfe aus Sparsamkeitsgründen gerne aus den Bettelorden.

Bei der von der Kirchenreform erfolgreich verfochtenen Bischofswahl schwand im 12. Jahrhundert die Mitwirkung der Laien, die Wahl wurde dem Domkapitel vorbehalten (2. Laterankonzil 1139). Im Reich galt sie durch das Wiener Konkordat (1448) bis 1803. Die Kapitel sicherten ihre Interessen (Mitregierung, Finanzen, aber auch Reformen) seit dem 13. und besonders dem 15. Jahrhundert durch Wahlkapitulationen (Festlegung aller Wähler in bestimmten Punkten für den Fall ihrer Wahl), wie sie auch bei der Königs- und (seit 1352) der Papstwahl begegnen. Im Spätmittelalter erreichten die Domkapitel eine maßgebliche Beteiligung an der Regierung der Diözese und gegebenenfalls des Territoriums. Da sie Adelsdomäne waren, kamen fast ausschließlich Adelige zur Bischofswürde. Bis ins 15. Jahrhundert entstanden noch neue Ernennungsrechte (Eigenbistümer der Erzbischöfe von Salzburg, Gründungen von Herrschern), auch Konkordate sicherten die Bischofsernennung durch den Herrscher (Frankreich 1516).

Die Metropolitangewalt und -verfassung erlebte mannigfache Wandlungen und wurde aus einer autogenen Einrichtung zu einer päpstlichen. Sie hatte vielfach unter der Kirchenhoheit der Herrscher gelitten (Reichssynoden zum Nachteil der Provinzialkonzilien, Bischofsernennungen statt der vom Metropoliten geleiteten Wahl), doch bemühte sich gerade Karl der Große um die Metropolitanordnung und dehnte sie auf den östlichen Reichsteil aus (Köln, Mainz, Trier, Salzburg). Abträglicher waren die Unabhängigkeitsbestrebungen der Bischöfe (z. B. im Pseudo-Isidor). Seit dem 8. Jahrhundert war die Metropolitanwürde mit dem vom Papst verliehenen *Pallium* und dem Titel *Erzbischof* verbunden, woraus eine Art Bestätigung und schließlich das Verständnis als übertragene päpstliche Vollmacht erwuchsen, verbunden mit neuen Verpflichtungen (Gehorsamseid nach dem Vorbild der suburbikarischen Bischöfe, Visitatio liminum Apostolorum). Die Kirchenreform brachte einzelne Verbesserungen (Devolution unregelmäßig verlaufener Bischofswahlen), der Ausbau der päpstlichen Vollgewalt jedoch den Entzug wichtiger Kompetenzen zugunsten des Papstes. In späteren Zeiten ist ein verstärktes Synodalleben auf der Provinzebene im allgemeinem Zeichen eines erstarkenden Kirchentums, was bis in die Neuzeit hinein gilt und den Wert der Metropolitan- und Provinzialstruktur erkennen läßt. Obwohl die schon im ausgehenden Altertum entstandenen Taufkirchensprengel bzw. *Archipresbyterate* zur Auflösung in kleinere Pfarren drängten, bildeten sie noch lange eine über diesen stehende Organisationsform oder gaben diese Rolle an die oft an sie anknüpfenden *Dekanate* weiter, deren Klerus vielfach auf »Kapiteln« kirchliche Fragen behandelte, oder es entstand die jüngere Form des *Land-Archipresbyterates,* das über einer Anzahl kleinerer Pfarren mit beschränktem Pfarrecht stand.

Eine Einrichtung vorwiegend für die kirchliche Gerichtsbarkeit sind die *Archidiakonate,* die seit dem Ende des 9. Jahrhunderts als besondere Sprengel begegnen und sich ostwärts bis Salzburg und Sachsen (12. Jahrhundert) und schließlich bis Polen (13. Jahrhundert) verbreiteten. Die Leitung konnte bei Angehörigen der Domkapitel (Propst, Dechant) oder auch bei wichtigen Pfarrsitzen oder Klöstern außerhalb der Bischofsstadt liegen. War das Amt dauernd mit einem Stift verbunden (Wahl zum Propst und zugleich zum Archidiakon, daher »archidiaconus natus«), so entglitt manchmal die Gerichtsbarkeit dem Bischof völlig. Da es sich zudem zur einträglichen Pfründe entwickelte, entstanden viele Rechtsstreitigkeiten. Die Bischöfe suchten daher, vor allem seit dem 13. Jahrhundert, die Macht der Archidiakone zu brechen, unterlagen aber vielfach dem Gewohnheitsrecht. Durch die Bestellung von *Offizialen* (für das Gerichtswesen) und *Generalvikaren* (für die Verwaltung) konnten die Bischöfe die Archidiakone zurückdrängen, deren jurisdiktionelle Machtstellung wurde jedoch erst durch das Trienter Konzil teilweise überwunden.

§ 67
Die Pfarrorganisation

Das geschlossene Pfarrennetz als Rahmen der Seelsorge ist ein Werk des Mittelalters. Teilungen alter Taufkirchensprengel und Großpfarren, Zuerkennung pfarrlicher Rechte an *Eigenkirchen* und seit Alexander III. die Gründung von *Vikariaten* unter dem Präsentationsrecht des Pfarrers, in den Städten Sonderrechte von Klöstern und Stiften schufen eine bunte Vielfalt von Rechtsgebilden, denen Seelsorgerechte für eine territorial oder personell umschriebene Gemeinde und damit verbundene Einkünfte gemeinsam waren. Unter dem Einfluß des Lehenswesens entstand im Hochmittelalter das *Benefizium* mit der Pfründe als wirtschaftlicher Basis. Vielerlei Einkünfte, darunter der besonders begehrte Zehent, machten den Besitz von Kirchen und Pfarren wirtschaftlich interessant und bedingten deren Übertragung an Klöster und Stifte, woraus die *Inkorporation* erwuchs. Obwohl die wirtschaftliche Seite der Pfarre viele später ausufernde Mißstände bedingte, war die kirchenorganisatorische Entwicklung eine seelsorglich wertvolle Leistung, nicht zuletzt getragen von vermögenden Laien (z. B. Eigenkirchenherren, später Patronen) und Initiativen der Gemeinden.

Weniger für die tatsächlichen Machtverhältnisse als für das kanonistische Verständnis bedeutend wurde die Weiterentwicklung des Eigenkirchenwesens zum Patronatsrecht. Da das hierarchische Prinzip ein Eigentum der Laien am Kirchengut und noch mehr die Verleihung eines Kirchenamtes durch sie ausschloß, mußte das Benefizium der Bischof verleihen. In diesem Sinne entstand unter Alexander III. das Patronatsrecht, das dem ehemaligen Eigenkirchenherrn den Vorschlag des Geistlichen an den Bischof und den Schutz beließ. In der Praxis lebte der Einfluß der Laien kräftig fort, da der Vorschlag für den Bischof verbindlich war und in der Folge noch die *Niederkirchenvogtei* entstand, die hauptsächlich die Aufsicht über das Kirchenvermögen einschloß, sich aber auch zur Mitwirkung bei der Benefizienverleihung und oft zu drückender Herrschaft über den Klerus entwickelte.

§ 68
Die Laien

Die Klerikalisierung gemäß dem hierarchischen Prinzip betonte scharf den Unterschied zwischen niederen Klerikern und Laien. In der Liturgie wurde diesen die Berührung der heiligen Gefäße verboten, die Kommunion in den Mund statt auf die Hand gespendet. Auch die Beschränkung der Kommunion auf die Gestalt des Brotes hat darin eine ihrer Wurzeln (Auszeichnung des Priesters durch die Kelchkommunion).

Besser stand es noch durch das ganze Mittelalter auf gewissen rechtlichen Gebieten, gemessen an späteren Verhältnissen. Als *Sendzeugen* hatten Laien ein gewisses Recht zur Kritik an den Geistlichen gegenüber dem Visitator. Als *Patronatsherren* übten vor allem Adelige weiterhin umfassende Rechte (eng verbunden mit den grundherrlichen). Die mit dem Städtewesen zahlreicher werdenden bürgerlichen Patronate gingen mancherorts bis zur Pfarrerwahl, vor allem wenn der Pfarrer wie der Richter und der Schulmeister in die Stellung eines städtischen Beamten hineinwuchs (z. B. nach dem Berner Stadtrecht von 1218). Als seit dem 13. Jahrhundert die »Kirchenfabrik« als besonderes, von Laien verwaltetes Vermögen neben der Pfarrpfründe entstand und im Spätmittelalter zahlreiche Stiftungen gerade ihr zufielen, entstanden neue Rechte der Laien vor allem in der Verwaltung und Kontrolle dieses Kirchenvermögens, aber auch bei der Bestellung der Geistlichen für die gestifteten Gottesdienste (Meßkaplaneien). Im Niederkirchenwesen entstand dadurch (ähnlich dem wachsenden Landes- und Territorialkirchentum auf höherer Ebene) ein bürgerlich bestimmtes Stadtkirchentum, das nicht nur die spätgotische Kunstblüte hervorbrachte, sondern auch zu einer wichtigen Voraussetzung für die Reformation wurde.

Die *Frauen* spielten bis in die Neuzeit hinein in der Kirche (wie überhaupt in der europäischen Gesellschaft) eine untergeordnete Rolle. Doch wurde schon in der Laienbewegung um die *Wanderprediger* des beginnenden 12. Jahrhunderts eine starke Anteilnahme der Frauenwelt festgestellt. Im südfranzösischen Raum erkannten die Troubadours der Frau eine zentrale Stellung zu, bei den deutschen Minnesängern beherrschte das Frauenlob die lyrische Aussage. Innerhalb von Familie und Sippe trug die Frau oft große Verantwortung und hatte eine selbständige Stellung, die z. B. aus den Frauenbriefen Bernhards von Clairvaux erkennbar ist. Gesteigerte weibliche Frömmigkeit führte zu Eintritten in die Klöster der monastischen Reform bzw. deren weibliche Ableger und die weiblichen Seitenstücke der Bettelorden. Gemeinschaften von Frauen entstanden auch neben Spitälern und Leprosenhäusern, aus denen das Beginentum entstand, das seine erste und stärkste Entfaltung im 13. Jahrhundert erlebte. Im städtischen Kirchenwesen des Spätmittelalters erfuhr die Rolle der Frau weitere Stärkung, z. B. durch fromme Stiftungen. In der Gesamtentwicklung verloren die Laien zwar vielerlei Rechte, die tatsächliche Bedeutung blieb aber im Leben der mittelalterlichen Kirche erhalten und konnte sich auf vielen Gebieten, vor allem in den Städten, sogar kräftig entfalten.

5. MÖNCHTUM UND ORDENSWESEN

Für das Mittelalter spielte das Ordenswesen eine konstitutive Rolle, die es weder im Altertum noch in der Neuzeit hatte. Das frühe Mittelalter wies ja außerhalb des Mittelmeerraumes weite zivilisatorische wie missionarische Leerräume auf, die durch *Klostergründungen* gefüllt wurden. Die Klosterstrukturen des Mittelalters (bis ins 12. Jahrhundert) überziehen vielfach noch vor der Pfarrstruktur das flache Land mit einem Netz kirchlicher Zentren. Als sich im 12./13. Jahrhundert die Städte sprunghaft entwickelten, entstand das Mendikantentum, wodurch das Ordensleben endgültig in den Städten beheimatet wurde. Die Geschichte des mittelalterlichen Ordenswesens weist (nach M. D. Knowles) zwei Hauptabschnitte auf: das Früh- und Hochmittelalter von Benedikt († 547) bis Bernhard († 1153) und das durch Armutsbewegung und Bettelorden gekennzeichnete Spätmittelalter.

§ 69
Das Mönchtum als »Stand«

Im Mittelalter (und in manchen Regionen bis ins 18. Jahrhundert) wurde das Mönchtum ein angesehener und bestimmender kirchlicher wie gesellschaftlicher »Stand«, der viele Aufgaben der Öffentlichkeit versah, die es im Altertum nicht wahrnahm:

a) Kirchlich-spirituell und pastoral fungierten die Klöster als kirchliche Struktur neben der Pfarrorganisation und durch das Inkorporationswesen inmitten der Pfarrorganisation. Oft hatten sie die Funktion von Dekanatssitzen, des öfteren waren die Pröpste und Äbte Archidiakone. Die Klöster nahmen so teil an der bischöflichen Gewalt. Die Jurisdiktion der Prälaten geriet vor allem in der Neuzeit nicht selten mit der der Ordinarien in Konflikt.

b) Es war ein nicht unerhebliches Verdienst des Mönchtums, die kulturelle Kontinuität zwischen christlicher Antike und Mittelalter hergestellt zu haben. Andererseits begründeten die Klöster vielfach bis in die Neuzeit hinein geradezu ein Kultur- und Bildungsmonopol.

c) Die mittelalterlichen Klöster waren wirtschaftliche Zentren, Musterwirtschaften, Grundherrschaften, mit einem ausgedehnten handwerklichen wie künstlerischen Mäzenatentum.

d) Die Klöster waren auch Selbstversorger in der sozialen Fürsorge von der medizinischen Versorgung bis hin zu Schulwesen und Pfarrernachwuchs.

e) Sie bildeten auch einen angesehenen politischen Stand und repräsentierten auf Lokal-, Landes- und selbst Reichsebene mit den weltlichen Ständen zusammen den »Staat«.

f) Die Klöster dienten als Fluchtburgen auch dem militärischen Schutz und als Stützpunkte. (Vgl. die hessischen Gründungen des Bonifatius; Chammünster, Kremsmünster, Innichen als »Stützpunkte« gegenüber den Slawen und Awaren; die katalanischen Klöster zur Sicherung der Küstenlinie).

Trotz aller *seperatio a mundo* führten so die meisten Klöster Aufgaben dieser Art aus oder wuchsen alsbald in sie hinein.

§ 70
Mönche und Kanoniker

Vom christlichen Altertum herkommend, finden sich die Laien-Mönchs- und die Kleriker-Kanonikertradition als Grundformen des Ordenslebens nebeneinander bis in die Zeiten der Bettelorden (13. Jahrhundert, Dominikaner, Franziskaner), wobei wir (nach M. D. Knowles) *vier Perioden* ausmachen können: 1. Das vielgestaltige Mönchtum vor der Karolingerzeit. 2. Zentralisierende und vereinheitlichende Tendenzen in der Karolingerzeit (bis Ende des 9. Jahrhunderts). 3. Das frühere Reformmönchtum (10. Jahrhundert). 4. Neue Reformorden (eremitisch und zönobitisch) des 11. und 12. Jahrhunderts.

Das Mittelalter übernahm als antikes Erbe ein vielgestaltiges Mönchtum. Am Beginn unserer Periode beherrschte die *Benediktregel* noch keineswegs das gesamte Mönchsleben, auch nicht in Italien. Da gab es vor allem sehr viele *ostkirchliche Klöster* (Basilius, Nilus, Saba). Das *irisch-kolumbanische Mönchtum* hatte von Schottland bis in den Apennin seine Anhänger, denn die irische Kirche mit ihrer eigenständigen Kultur, ihrer autochthonen monastischen Verfassung und ihrem asketischen Rigorismus wirkte vor allem durch ihr rastloses, expansiv gesinntes Mönchtum in die Ferne. Man nannte das die *peregrinatio pro Christo*. Dieses ist aus der westlichen Missionsgeschichte nicht wegzudenken. Kolumban der Ältere hatte das Inselkloster Iona gegründet (563), aus dem gegen die Mitte des 8. Jahrhunderts Virgil von Salzburg kam, der die Mission bei den Alpenslawen mächtig förderte. Mit dem Namen Kolumbans des Jüngeren ist die wichtigste vorbenediktinische Klosterregel verbunden, er gründete in den Vogesen Luxeuil (590), das bis nach Nordfrankreich (Corbie bei Amiens 660), Bayern (Weltenburg, frühes 7. Jahrhundert) und in die Lombardei (Bobbio 612) ausstrahlte. Auf dem Weg nach Italien wirkte er auch im alemannischen Gebiet. Dieses Mönchtum prägte noch bis in die Karolingerzeit und über sie hinaus die frühmittelalterliche Kirche, Frömmigkeit, Heiligenideal, Bußwesen, Liturgie und Amtsverständnis, und vieles von seinem Erbe lebte außerdem in der angelsächsischen Mission weiter.

Im Laufe des 7. und 8. Jahrhunderts erfolgte eine kirchenpolitische wie monastische Gegenbewegung. Es kam zu Bestrebungen, lokalkirchliche Entwicklungen zugunsten der *Romanitas* und einer Aufwertung des päpstlichen Einflusses zurückzustellen. Hand in Hand damit erfolgte der Siegeszug der Benedikt-regel. Wilfried von Ripon (634–710) und Benedikt Biscop setzten sie in England durch. Die Missionsmönche Willibrord und Bonifatius setzten auf eine enge Einbindung der Missionskirchen in die Kirche von Rom, indem sie gleichzeitig die kolumbanischen und irischen Traditionen für reformbedürftig hielten. Das Mönchtum wurde immer mehr mit dem Benediktinertum identisch.

Zur Zeit der Karolinger (8. Jahrhundert) und der Sarazeneneinfälle zeigte das Klosterwesen erstmals deutlich seine empfindliche Abhängigkeit vom Zustand des jeweiligen politischen Systems. Das Klostervermögen wurde wie Krongut rücksichtslos zu Kriegszwecken herangezogen. Die seit den Tagen Chlodwigs hochentwickelten westfränkischen Klöster gerieten in eine wirtschaftliche wie geistige Existenzkrise. Auch Karl der Große war kein großer Klostergründer. Er war aber interessiert an einer einheitlichen Observanz und machte die Benediktus-Regel zum Reichsgesetz. Sein Nachfolger Ludwig der Fromme (814–840) machte den Abt Benedikt von Aniane (bei Marseille) zu einer Art Generalabt aller Klöster des Reiches. Kornelimünster unweit der kaiserlichen Pfalz Aachen war zum Musterkloster des Imperiums bestimmt. 817 wurde in Aachen eine *Äbtesynode* gehalten, auf der ein Reichsgesetz für die Klöster *(Capitulare monasticum)* erlassen wurde. Vor allem sollte die wirtschaftliche Existenz der Klöster gegenüber ihren Kommendataräbten (Laien, Bischöfen u. a.) gesichert bleiben. Damit war vorläufig ein Prozeß abgeschlossen, der um 630 mit der allmählichen Verdrängung der Kolumbanregel eingesetzt hatte. Das Abendland war benediktinisch geworden. Der Verfall, der nach der Reichsteilung 843 vor allem das westfränkische Mönchtum traf, machte Abhilfe und Reform notwendig, so daß die nächste Periode des *frühen Reformmönchtums* eine Notwendigkeit wurde. Das ostfränkische Mönchtum war trotz der Ungarneinfälle einigermaßen intakt geblieben. Fulda in Hessen, Corvey im Sächsischen, St. Gallen im Alemannischen, die Reichenau am Bodensee, St. Emmeram in Regensburg, Niederaltaich und Kremsmünster in Bayern ließen sich von Reformbewegungen mehr oder weniger erfassen, ohne ihre Haustraditionen aufzugeben. Die burgundische Reform war dagegen ein radikaler Neubeginn.

<h1 style="text-align:center">§ 71
Das Reformmönchtum des 10. und 11. Jahrhunderts</h1>

Im sog. *Saeculum obscurum,* einer Zeit erdrückender Abhängigkeit des Papsttums vom örtlichen Adel und beschämender Provinzialität des Stuhles Petri, entstand gleichsam als Kompensation eine Reihe von monastischen Zentren, die eine überragende moralische Autorität in der Christenheit ausübten. Das bedeutendste unter ihnen war *Cluny.* Als Wilhelm von Aquitanien 910 mit dem ersten Abt Berno (910–927) diese Abtei bei Mâcon in Burgund errichtete, wollte man aus den Fehlern der Vergangenheit (karolingische »Säkularisation«) lernen und stieß gleichzeitig in geistige Leerräume. Das war wiederum ein Grund für den Erfolg Clunys. Cluny mit seinem monumentalen Kirchenbau, der mit den größten Basiliken Roms konkurrieren konnte, wurde für mindestens zwei Jahrhunderte zu einer *civitas Dei*. Einerseits hatte Cluny in einer Zeit allgemeinen Mangels anderer geistlicher Autoritäten das Glück sehr langlebiger tüchtiger Abtgestalten: Berno (910–927), Majolus (948–994), der Berater Kaiser Ottos III., Odilo (994–1048), Hugo (1049–1109), der Pate Kaiser Heinrichs IV. und Vermittler im Investiturstreit, und Petrus Venerabilis (1122–1157), der Zeitgenosse des hl. Bernhard.

Andererseits wurden diese natürlichen Voraussetzungen durch entsprechende Prinzipien der Verfassung flankiert. Die Äbte übten das Designationsrecht und konnten dadurch verhindern, daß die Abtei in fremde Hände (Kommendataräbte) gelangte. Das monarchische Prinzip äußerte sich außerdem in der Tatsache, daß der Abt von Cluny ein echter Generalabt der etwa 1000 ihm unterstellten Klöster war. Diese waren vielfach Priorate mit manchmal nur einem halben Dutzend Mitgliedern, die Äbte von Cluny waren daher ständig auf Visitationsreisen.

Sodann versuchte Cluny, sich und seine unterstellten Kirchen aus dem System des Eigenkirchenwesens zu lösen. Cluny vertrat schon 200 Jahre vor Cîteaux das Prinzip der Vogtfreiheit, was einer direkten Unterstellung unter den König und Landesherren gleichkam. Das bedeutete den Versuch, aus den Bindungen des frühen Feudalsystems auszubrechen. Doch pflegte Cluny den geistlichen Kontakt mit der Adelsgesellschaft durch eine ausgeprägte Totenliturgie (vgl. Allerseelenfest) und ein entsprechendes Begräbniswesen. In der *Gottesfriedensbewegung (treuga Dei)* übte das Kloster maßgeblichen Einfluß auf die fehdesüchtige Adelsgesellschaft aus.

Schließlich suchte Cluny durch päpstliche Schutzprivilegien und direkte Loslösung aus der bischöflichen Jurisdiktion (Exemtion 998) auch Einmischungen der Bischöfe, die damals immer auch herrschaftlicher Art waren, zu verhindern. Die Obödienz den Bischöfen gegenüber wurde von neuen Reformorden (Zisterziensern, Franziskanern) zunächst immer wieder auch als Demutserweis versprochen; in der Folge bemühte man sich dann doch immer wieder um Exemtionsprivilegien. Die Bischöfe betrachteten diese als Beeinträchtigung ihrer Rechte und ihrer Handlungsfreiheit, was vor allem in Zeiten der Krise (z. B. im 16. Jahrhundert) lautstark geäußert wurde. Und doch ist das Exemtionsprinzip bis zum heutigen Tag aus Ordensgeschichte und Ordensrecht nicht mehr wegzudenken.

Kirchenpolitisch stand Cluny den gregorianischen Reformen nahe. Der Ruf nach der *libertas ecclesiae* war beiden Richtungen gemeinsam. Aber es war Ideologie, Gregor VII. zu einem typischen Cluniazensermönch zu machen. Zur Zeit des Investiturstreits vermittelte Abt Hugo zwischen Kaiser und Papst. Die Reform der Cluniazenser hatten keinen nennenswerten Einfluß auf das weithin intakte Reichsmönchtum, wohl aber die Jung-Cluniazenser des 12. Jahrhunderts. Von dieser Reformbewegung, die man im Kontext des gesamten Klosterfrühlings dieser Zeit sehen muß, wurde auch eine Reihe österreichischer Abteien wie Göttweig, Garsten und Admont erfaßt.

Es ist das Verdienst Kassius Hallingers, vor dem Zweiten Vatikanum den

Mythos von Cluny etwas abgebaut und auf die Bedeutung *lothringischer Reform der Abtei Gorze* vor allem für die Abteien des Reiches hingewiesen zu haben. Manche Gelehrte (z. B. Jean Leclercq, Gerd Tellenbach) haben vor einem neuen Mythos von Gorze gewarnt, weil es noch zahlreiche andere *Reformzentren* gegeben habe (wie Brogne bei Namur, Stablo-Malmedy, Hirsau, St. Victor in Marseille, Fruttuaria, St. Emmeram in Regensburg unter Abt Ramwold, St. Maximin in Trier). Gorze, 18 km südwestlich von Metz, war schon 749 als Eigenkloster gegründet, als solches ging es 756 in den Besitz des Bischofs Chrodegang von Metz über, den wir als Förderer des Kanonikertums kennen. Der Streubesitz von Gorze reichte von Straßburg bis Worms. Das Kloster besaß 25 Dörfer, 45 Pfarren, Zehentrechte in 99 Gemeinden. Es war ganz und gar in das Wirtschafts- und Kulturgefüge des frühen Feudalismus eingebunden und wurde schließlich das Haupt eines losen Verbandes von 170 reformierten Abteien. Die Kulturarbeit der Gorzer war »beispiellos« (Hallinger).

Folgende Charakteristika wurden in nicht unwidersprochener Problematik von den Cluniazensern dem »Traditions- und Reformmönchtum« des Reiches gegenüber ausgesagt: »Weltflüchtigkeit« von Cluny, »Weltoffenheit« von Gorze, Kulturfeindlichkeit gegen Kulturoffenheit, literarische Dürre gegenüber produktivem Schrifttum, Apostolatsfeindlichkeit gegenüber pastoralem Einsatz, Zeremonialismus und Hypertrophie des Liturgischen gegenüber der Handarbeit und einfacher Meditation, Antifeudalismus gegenüber politischer Verantwortung. Vereinfachungen dieser Art enthalten alle ein Körnchen Wahrheit. Es wurde aber mit Recht darauf verwiesen, daß im einzelnen die Dinge viel differenzierter lagen. Außerdem haben die religiösen Bewegungen aller Zeiten die Tendenz, sich gegenseitig anzugleichen. Das wird ganz deutlich bei den Jung-Cluniazensern des 12. Jahrhunderts, die sich von den späten Gorzern kaum unterscheiden.

§ 72
Eremitische und monastische Neugründungen
des 11./12. Jahrhunderts, *Vita apostolica* und Wanderpredigertum

Fast gleichzeitig mit dem Reformpapsttum nach 1046 und dem Gregorianismus wurde die religiöse Landschaft der Christenheit durch verschiedene *Bewegungen* aufgeweckt.

a) Die toskanische Einsiedlerbewegung des 11. Jahrhunderts: Der hl. Romuald (950–1027) stammte aus Ravenna. Erschüttert durch einen Kavalierstotschlag, den sein Vater verursacht hatte, gründete er die Eremitengemeinschaft von Camaldoli bei Arezzo und eine größere Zahl von Einsiedeleien in weiteren Teilen Italiens. Seine Idee bestand in der Verbindung von Cönobium und Eremitage. Das monastische Gemeinschaftsleben im »Tiefland« sollte die geistige, erzieherische und wirtschaftliche Voraussetzung für die Eremiten im »Hochland« bilden. Vorgregorianische Reformer wie Petrus Damiani († 1072) stammten aus dieser Gemeinschaft. Der hl. Johannes Gualbertus (990–1073) wurde gleichfalls nach der Ermordung eines Verwandten Mönch, nachdem er an einem Karfreitag auf die Blutrache verzichtet hatte. Zunächst in der Schule von Camaldoli, gründete er dann eine Eremitengemeinschaft in Vallombrosa bei Florenz. Die zeitliche Betreuung der Einsiedler wurde erstmals Laienbrüdern anvertraut. Die Zisterzienser übernahmen später wahrscheinlich von Vallombrosa ihre Einrichtung von Konversen. Die norditalienische *Eremitenbewegung* verdient, so lokal ihre Ausbreitung geblieben sein mag, unsere Aufmerksamkeit, weil durch sie und durch die apostolischen Wanderprediger dem herkömmlichen Mönchs- und Kanonikertum Alternativen angeboten wurden. Cluny kannte weder Eremiten, Laienbrüder noch Wanderprediger. Die neuen Formen, auf die die *Reformorden* des 12. Jahrhunderts zurückgreifen werden, hatten neben den geistlichen Zielen wiederum den Zweck der benediktinischen Autarkie, der Loslösung aus einem Zuviel an gesellschaftlichen Verbindlichkeiten. Es war sozusagen eine monastische Variante der *libertas ecclesiae*.

b) Die Kartäuser: Der erste, der im größeren Stil an die oben geschilderte Entwicklung anknüpfte, war der hl. Bruno von Köln (1032–1101). Kanoniker in Köln, Domscholastiker in Reims und Lehrer Urbans II., geriet er als Mönch und Eremit für eine Zeitlang in die Nähe des späteren Gründers von Cîteaux, des hl. Robert von Molesme. 1084 gründete er die *Grand Chartreuse*. Die Mönche lebten in kleinen Häuschen, wo sie beteten, studierten, ihre Haus- und Gartenarbeit verrichteten. Zum Hochamt traf sich die Gemeinschaft in der Kirche und zu Festen beim gemeinsamen Tisch. Im übrigen war Stillschweigen, Abtötung und strenge Kontemplation geboten. Der Orden hatte einerseits den Vorteil, daß er sich nicht so rasch ausbreitete wie andere Reformorden. So blieben ihm auch (abgesehen vom Schisma 1378–1409) die Krisen eines Großordens erspart. Es hieß von den Kartäusern in etwas idealisierender Weise »nunquam reformati, quia nunquam deformati«. Auch in die Kirchenpolitik wurden sie weniger hineingezogen als andere Reformorden, wenn auch der hl. Bruno als Berater der Päpste in Kalabrien starb. Im 15. Jahrhundert bestand eine bemerkenswerte Affinität der Kartausen zum Städtehumanismus (Nürnberg, Köln, London u. a.). Kartäusische Erbauungsliteratur wurde auch für die Neuzeit wirksam: Ludolf von Sachsen beeindruckte Ignatius nachhaltig. Loyola dachte sich den Jesuiten als Mischung zwischen einem Kartäuser und einem Apostel Paulus.

c) Die Zisterzienser: Robert von Molesme (1075), Diözese Langres, begann gleichfalls mit der Leitung einer Einsiedlerkolonie, bis er 1098 mit den hll. Alberich und Stephan das Kloster *Cîteaux* bei Dijon gründete. Die ersten Zisterzienser wollten ähnlich wie ihre Vorläufer und das von ihnen später bekämpfte Cluny sowohl aus dem herkömmlichen Mönchtum wie aus den üblichen Wirtschafts- und Herrschaftsformen ausbrechen. Buchstabentreue Regelbefolgung nahmen sie zum Vorwand, um neue Wege im Monastischen zu gehen. Wie die Apostel, wie der hl. Benedikt und wie die gleichzeitigen Vertreter der apostolischen Wanderpredigt wollten sie von eigener Hände Arbeit leben. Einfachheit und Reinheit in Bauweise, Leben und Liturgie sollten wieder den Blick fürs Wesentliche freigeben. In einem wohlausgeglichenen Rhythmus von Gebet und Handarbeit sollte sich auch der Geist der Beschauung besser entfalten können. Man forderte die Freiheit von eigenkirchlichen Abhängigkeiten. Die Zisterzienser wollten von keiner »Steuer« (in Form von Abgaben, Zehent oder Pfründeneinnahmen) leben noch solche leisten (Vogtabgaben, Gastungsverpflichtungen gegenüber dem Stifter, Herren und Fürsten). So blieb die anfängliche Kargheit des Lebens und die Handarbeit in Wäldern und Sümpfen nicht nur Bußübung, sondern Notwendigkeit. In Anlehnung an Vallombrosa und Hirsau wurde in den Laienbrüdern (Konversen) die im 12. Jahrhundert sich verdoppelnde bäuerliche Bevölkerung für das Klosterleben rekrutiert. Das bedeutete auf lange Sicht eine Entfeudalisierung der »Spitäler des Adels« und gleichzeitig eine wirtschaftliche Profilierung. Die Zisterzen waren Bauernklöster, zugleich aber wirtschaftlich so produktive Wirtschaftskörper, daß sie in manchen Ländern wie in England z. B. soziale Probleme verursachten. Durch die Forderung der Vogtfreiheit und des Königsschutzes waren sie den aufstrebenden Landesherren bei der Entwicklung eines einheitlichen Flächenstaates willkommen. Trotz ihres ursprünglichen asketischen Außenseitertums und ihrer Emanzipation von der weltlichen Obrigkeit waren die Zisterzienser in der Bekämpfung der frühen Ketzer nicht so erfolgreich wie die Bettelmönche. Auch sie waren noch zu Zeiten Bernhards Teil des Systems geworden. Das ist aber weder in der Kirchen- noch in der Ordensgeschichte etwas Besonderes.

Das Neue an den Zisterziensern, das beispielgebend wurde für viele künftige Orden (Ritterorden, Bettelorden), war die Verfassung, die der Engländer Stephan Harding (1059–1134) in der *Carta Caritatis* (1118) niederlegte. Sie bestand in einer wohlausgewogenen Mischung von Autarkie und Zentralismus. Ähnlich wie bei Cluny bestand die Absicht, die Klöster zu einem Verband zusammenzufassen, um eine gewisse Uniformität und Reformierbarkeit zu gewährleisten. Zum Unterschied von Cluny waren jedoch die Klöster selbständig und direkt nur dem Gründungsabt unterstellt. Anders als in Cluny waren der Abt von Cîteaux und seine vier Primaräbte (La Ferté, Clairvaux, Pontigny, Morimond) nicht Generalobere. Vielmehr war das oberste gesetzgeberische und richterliche Organ das jährliche Generalkapitel. Daß der Vaterabt als Visitator für seine Tochterklöster zuständig war, humanisierte die juridischen Beziehungen. Durch Bernhard von Clairvaux (1090–1153) wurde der Orden zu einer Organisation, welche die Christenheit umspannte (bei Bernhards Tod: 350, um 1300: 700 Abteien). Er schuf als Theologe und Schriftsteller einen *neuen Stil* der Jesusmystik, der Marienverehrung und der geistlichen Literatur, der Sprache und Kultur überhaupt, der dann von den Bettelorden weitergeführt, von den Devoten des späten Mittelalters gepflegt wurde und weit in die Neuzeit hinein wirkte. Geistesgeschichtlich war es der Übergang von Christus dem Pantokrator zum menschlichen Jesus in der Krippe, zum Sohn einer menschlichen Mutter, zum Schmerzensmann.

d) *Die Prämonstratenser:* Eine ähnliche Bedeutung wie die Zisterzienser, namentlich für die monastische Durchdringung Norddeutschlands und der ostelbischen Gebiete, hatten die Prämonstratenser. Ihr Gründer, der hl. Norbert von Xanten (1080–1134), zuletzt Erzbischof von Magdeburg, kommt jedoch von der Kanonikertradition und verpflichtete seine Brüder auf die *Augustinerregel.* Für Norbert war, anders als für die Väter von Cîteaux, zunächst charakteristisch, daß er, kraft seiner Geburt für die höhere kirchliche Laufbahn bestimmt, als Inhaber höherer Pfründen auf seine Einkünfte verzichtete und sich einige Jahre lang der apostolischen Wanderpredigt widmete.

Diese *Wanderprediger,* die vielfach später zu Gründern bedeutender Klöster wurden (Fontevrault in Aquitanien 1100 von Robert d'Arbrissel, Savigny in der Normandie 1105 von Vitalis von Mortain gegründet), waren Vorläufer der Armutsbewegung des 13. Jahrhunderts, wie die Zisterzienser nach dem Beispiel der Apostel von ihrer Hände Arbeit leben wollten, so ahmten die Wanderprediger das Apostolat des hl. Paulus nach. Vielfach schlossen sich ihnen nach apostolischem Vorbild auch Frauen an. Daher waren die Gründungen des öfteren Doppelklöster (wie Fontevrault). Dieser Tradition erwuchs auch die erste bewußte geistliche Begleitung von Frauen im Mittelalter.

Das Wanderleben barg jedoch auch Gefahren in sich. Die Zeitgenossen fürchteten vor allem auch ein Abgleiten in die *Ketzerei.* Der hl. Bernhard warnte vor einem »unordentlichen« Leben ohne »Ordo« und Kloster. Aus ähnlichen Gründen bot der Bischof von Laon dem hl. Norbert Prémontré an. Unter dem Einfluß Bernhards unterschieden sich die ersten Prämonstratenser, vor allem in Frankreich und England, kaum von den Zisterziensern. Im Reich waren sie ähnlich wie die Benediktinerabteien stärker tätigkeitsbezogen. Wichtig ist, daß die Prämonstratenser das Seelsorgeideal der Dominikaner und dann der Reformationszeit vorwegnahmen. Denn für einen adeligen Herrn des Mittelalters war Seelsorge keine Selbstverständlichkeit. Die ersten Prämonstratenser motivierten ihre Bestrebungen, das gewöhnliche Volk zu unterweisen, bezeichnenderweise mit dem Hinweis auf die Armut (G. Schreiber).

e) *Die Augustiner-Chorherren:* In den Quellen sind die Augustiner-Chorherren weniger bezeugt, aber sie übertrafen an Zahl (1600 Klöster zu Beginn der Reformation) und wohl auch in lokalem Einfluß die obgenannten Reformorden (M. D. Knowles). Wenn man bei den Chorherren vom »apostolischen Leben« sprach, dann meinte man das gemeinsame Leben, gemeinsame Wohnung, Tisch, Kleidung, Gebet, Befolgung der Augustinusregel, der Regel des hl. Chrodegang von Metz (715–766) und der karolingischen *Constitutio Canonicorum* (816/17). Die Kanonikerreform war ein stehender Topos das ganze Mittelalter hindurch bis weit in die Neuzeit hinein. Die gregorianische Reform nahm sich dieser Angelegenheit besonders an, sah man doch im »regulierten« Chorherrentum eine sinnvolle Möglichkeit, unter Priestern den Zölibat zu empfehlen und die Gier nach Pfründen (»Simonie«, Ämterkauf) zu unterbinden. Im Zuge des reformerischen Eifers im 11. und 12. Jahrhundert wurden nun zahlreiche Domkapitel »reguliert« (z. B. Salzburg, Gurk, später Seckau und Lavant) und sonstige »regulierte« Stiftskapitel eingerichtet. Für den Bereich der alten Salzburger Kirchenprovinz wurden die beiden Chorherrenstifte Rottenbuch (Diözese Freising) und St. Nikola in Passau zu Zentren der Reform. Die Pröpste waren vielfach als Archidiakone tätig und nahmen dadurch unmittelbar teil an der bischöflichen Gewalt (Berchtesgaden, Chiemsee, Gars, Baumburg, Rottenbuch etc.). Bei dieser Art von Klöstern war die Inkorporation von Pfarren von vornherein unproblematisch. Die Theologie der Chorherren von St. Viktor in Paris (»Viktorinen«) wurde zu einer der wichtigsten Schulen des Mittelalters, der auch Bernhard von Clairvaux nahestand. Gerhoh von Reichersberg (1093–1169), mit Rupert von Deutz und Hildegard von Bingen der originellste deutsche Theologe dieser Zeit, ein »deutscher Bernhard«, war einer der großen Wortführer sowohl der gregorianischen Reform wie der Kanonikerbewegung. Im späten Mittelalter wurde die *Windesheimer Kongregation* berühmt (Erasmus von Rotterdam) und die *Lateranensischen Chorherren*, denen sich die österreichischen anschlossen.

§ 73
Die Bettelorden. Ordensreformen im Spätmittelalter

Die vier *großen Bettelorden* des Mittelalters waren Dominikaner, Franziskaner, Karmeliter und Augustiner-Eremiten. Daneben gab es noch kleinere Gemeinschaften, vielfach religiöse Gruppierungen und Bruderschaften, die im späten Mittelalter nach Art der Mendikanten organisiert wurden. Z. T. wollte für sie die Kurie auch dadurch rechtliche Formen finden (wie z. B. für die Serviten, Pauliner, Wilhelmiten und eben auch für Augustiner-Eremiten). Die Mendikanten dürfen als kirchliches Pendant zu den heterodoxen Bestrebungen der Armutsbewegung im 12./13. Jahrhundert verstanden werden (H. Grundmann).

a) *Die Dominikaner:* Der Altkastilier Domingo de Guzmán (1170–1221) stammte, zum Unterschied von Franziskus und ähnlich wie Norbert, aus der Kanonikertradition. Regularkanoniker in Osma, theologisch gut gebildet und apostolisch gesinnt, wollte er ursprünglich Missionar bei den Kumanen werden (am damaligen Ende der Christenheit), bis er das Albigenserproblem in Südfrankreich kennenlernte. Um den Ketzern intellektuell und moralisch gewachsen zu sein, brauchte er eine systematische theologische Bildung, meditatives Predigtstudium und eine Lebensweise, die mit den bisherigen Besitz- und Herrschaftsformen nichts mehr zu tun hatte. Landbesitz bedeutete sogar für die Kartäuser *dominium* und *dominatus*, Besitz und politische Repräsentanz. Daran rührte nun gerade die häretische Armutsbewegung. Die, verglichen mit den strengeren Richtungen des Franziskanertums, gemäßigteren Armutsbestimmungen der Dominikaner hielten zwar an Besitz fest, der für Studium, Predigt und Seelsorge nötig war (Bücher, Klöster, Kirchen, Kollegien), lehnten aber den üblichen Landbesitz und die agrarische Struktur der Mönchsorden ab. Bildung und Seelsorge haben immer Geld gekostet. Bei Dominikus ist das seelsorgliche Ziel erstmals in der Ordensgeschichte klar formuliert. Die Askese hat der Predigt zu dienen: *Contemplata predicare.* Dem Studium wurden asketische Bräuche geopfert, die als unveräußerlich gegolten hatten. Z. B. bekamen die Brüder Einzelzellen und ein Licht, damit sie auch in der Nacht studieren konnten, was bei den monastischen Orden undenkbar gewesen wäre. Dominikus nahm die seelsorglichen Kategorien der neuzeitlichen Priesterorden schon teilweise vorweg. Das Bonmot enthält etwas Richtiges: Die Dominikaner hätten von den Franziskanern die Armut, diese dagegen von jenen das Studium und den priesterlichen Dienst gelernt.

Pastoral nahmen die Dominikaner der zeitgenössischen Heterodoxie durch vielerlei Maßnahmen den Wind aus den Segeln. Sie lebten in den Städten und damit Tür an Tür mit den Ketzern. Schon in Prouille (1206) fingen die Predigerbrüder an, konvertierte Frauen im später sg. Zweiten Orden zu sammeln. Diese Tradition wurde beispielhaft für die gesamte Kirche und von größter Tragweite, da sich die traditionellen Orden zunächst weigerten, sich um die religiösen Frauengemeinschaften zu kümmern. Aus der Frauenseelsorge der Dominikaner erwuchs, neben anderem, was wir *deutsche Mystik* nennen.

In Ordensregel und -verfassung ging Dominikus alte und neue Wege zugleich. Er erreichte die Anerkennung seines Ordens unter der Bedingung, daß er eine der traditionellen Regeln übernehme (1216). So wählte er die leicht anpassungsfähige Augustinusregel. In der Ordensverfassung stützte er sich mit einer Mischung von monarchischem und föderalistischem System auf die Erfahrungen der Zisterzienser. Das entscheidend Neue war wie bei den übrigen Mendikanten, daß der einzelne Ordensbruder nicht mehr die Stabilität auf ein Einzelkloster, sondern auf eine Ordensprovinz zu geloben hatte. Dadurch kommt ein dynamisches Element in das Ordenswesen. Das *Wandern* von einem Kloster zum anderen, das man seit Benedikts Zeiten eher als Ausnahme ansah, wenn nicht verdächtigte, wurde nun zum Prinzip des Apostolats. Ein Albertus Magnus wirkte in Padua, Straßburg, Köln, Würzburg, Regensburg, Paris etc.

U. a. machte diese überdiözesane Mobilität den Orden zu einem wichtigen Instrument der Kurie. Aus diesem Grunde und da Dominikus seit 1203 in der *Ketzermission* tätig war, wurden die Dominikaner zu den ersten Helfern der im Aufbau befindlichen überdiözesanen Inquisition. Dazu kam noch, daß die Dominikaner sich lange Zeit in der Größenordnung von einigen Hunderten bewegten, stärker rational bestimmt waren als die franziskanische Bewegung und eine traditionell orthodoxe Theologie vertraten – trotz Aristotelesrezeption und der damit einhergehenden entscheidenden Umbrüche in der Theologie. Dominikus hatte tüchtige Nachfolger, so daß dem Orden die schweren Krisen und Spaltungen der Franziskaner erspart blieben. Trotz der deutschen Mystik (Meister Eckhardt 1260–1327) waren sie weniger anfällig für Schwarmgeister und Häresie als die Söhne des hl. Franz.

b) Die Franziskaner: Das Werk des Francesco (Giovanni) Bernardone (1181–1226) wurde in noch gesteigertem Maße als das des Dominikus ein katholisches Reservoir für Tausende von Menschen, die sonst wenigstens teilweise zu Katharern und Waldensern abgewandert wären. Als Heiliger wurde er wesentlich volkstümlicher als Dominikus, seine Persönlichkeit war die faszinierendere, sein Werk das problematischere. Er gehört zu den wenigen Christen, die über die Grenzen der Religions- und Konfessionszugehörigkeit hinweg gemeinsamer Besitz der gesamten Menschheit wurden. Nach Laurentius Casutt charakterisierten ihn »eine bezaubernde Natürlichkeit, eine innige Lebensauffassung, zarte Liebe zu allen Geschöpfen, ein sangesfrohes Gemüt, große Achtung vor der persönlichen Eigenart des einzelnen, kühne Unternehmungslust, viel Freiheit für weltweite Aktivität oder eremitische Abgeschiedenheit, bewußte Ablehnung einengender Normen und urevangelische Frische«. Der reiche Patriziersohn stand durch seine Eltern der südfranzösischen Kultur der Troubadours nahe, die bekanntlich mit dem Albigensertum kam und ging. Er dichtete und sang zunächst provenzalisch. Schließlich wurde er der erste Italiener, der in der Volkssprache dichtete. Zunächst lebte er für die Ritterideale seiner Zeit. Die erste Ernüchterung kam durch das Erlebnis des Städtekrieges zwischen Assisi und Perugia. So wurde der Eleve ritterlicher Kriegstaten zu einem der größten *Apostel der Gewaltlosigkeit*. Sei jeder Kreatur untertänig, auch wenn es ein schimpfender Eseltreiber ist, dem du gehorchst! Franziskus durchschaute die Hohlheit der mittelalterlichen Ideale von Ehre und Heldentat (J. Huizinga), sublimierte sie und ersetzte sie durch evangelische Substanz. So wurde er der erste, der 1219 beim Kreuzzug versuchte, den Sultan durch die Waffen des Geistes zu bezwingen. Das gelang ihm zwar nicht, aber durch sein Beispiel gewannen seine Brüder bis zum heutigen Tag eine Stellung des Vertrauens innerhalb der islamischen Welt. Der Wolf von Gubbio, den der Heilige nach der Legende zähmte, wurde zum Sinnbild überwundener Aggressionen, von Hader, Streit, Parteienkampf und sozialer Unrast in den italienischen Stadtstaaten. Umso krasser war der Gegensatz zwischen Ideal und Wirklichkeit, wenn man bedenkt, daß seine Brüder sich schon zwei Jahre nach seinem Tod als politische Agitatoren z. B. gegen Kaiser Friedrich II. in Jerusalem gebrauchen ließen. Wie konnte man sich aus dem Parteienhader heraushalten?

Wohl u. a. wegen seines tragischen Bruches mit dem leiblichen Vater war Franziskus die patriarchalische Abbasfigur suspekt. In den Regeln des Heiligen spielt daher Christus als Bruder eine Rolle, wie es sie bis dahin in der Regeltradition nicht gegeben hat. Franz waren daher auch Normen und Gesetze eher suspekt, anders als Dominikus, der ein ungestörtes Verhältnis zum Kirchenrecht besaß. Es war kein Widerspruch, daß ausgerechnet er andererseits den kirchlichen Gehorsam immer wieder forderte. Er war einer der ersten, der den Papstgehorsam ausdrücklich in der Regel formulierte. Er verlangte und übte Ehrfurcht und Gehorsam gegenüber Priestern und Bischöfen. Er wollte keine Exemtion. Seine Brüder sollten nicht wie die Waldenser ohne Erlaubnis des Bischofs predigen. Trotzdem war sein ganzes Leben ein stiller Protest gegen die kirchlichen Autoritäten, einschließlich der herkömmlichen Mönche, die er ehrfürchtig (-ironisch?) seine »Herren« nannte. Arnold Toynbee schreibt dazu: »Sein Gelübde der Armut war bereits eine indirekte Kritik am Papsttum und umso wirkungsvoller, als sie unbeabsichtigt war.« Obwohl Franziskus zeitlebens gegen eine Legalisierung seines Ordens ankämpfte, willigte er in die Aufstellung eines Kardinalprotektors ein. Diesem oblag es, die Brüder »kirchlichen Zwekken dienstbar zu machen«. Obwohl er wußte, daß Bruder Elias von Cortona aus seiner Bruderschaft einen Orden machen wollte, überließ er ihm noch zu Lebzeiten die Leitung seiner Gemeinschaft. Man hat ihm das zu Unrecht als Mangel an Menschenkenntnis ausgelegt. Aber Franziskus dürfte gewußt haben, daß sich der Geist ohne institutionelle Formen nur allzu leicht verflüchtigt.

Die Spaltung war die Tragödie des Heiligen, auf dessen Charisma sich alle künftigen Observanzen des Ordens beriefen. Es blieben im wesentlichen drei Wege: 1. Die *Observanten* wollten den Geist des Heiligen (nach seinem »Testament«) wörtlich verwirklichen. Sie glitten vielfach in die Häresie ab. 2. Die *Konventualen* wollten als Franziskaner einen ähnlichen Orden wie die Predigtbrüder bilden. 3. Eine Gruppe wie die *späteren Kapuziner* wollte die Radikalität des franziskanischen Armutsideals mit den Anforderungen des Studiums und des Apostolats verbinden. Franziskanisch im buchstäblichen Sinn waren sie alle nicht.

Die Minne des Troubadours Franziskus gehört der Frau Armut. So wollte er die *vita apostolica* wörtlich leben, »ohne Stab, ohne Beutel, ohne Mantel« (Mt 10,7ff), arm, bloß, schutzlos. Vielleicht hatte er von der Verführbarkeit der Menschen durch das neue Geld in den umbrischen Städten und anderswo erfahren. Sicher hatte sein wacher Intellekt erfaßt, daß »Besitz« und »Herrschaft« im Zeitalter eines Papstes Innozenz III. die Gier zu wecken vermochten und imstande waren, das Evangelium fast ebenso wie die Ketzerei zu verdunkeln. Wir haben keine Nachrichten, daß Franz seine Armut direkt von *Waldensern* und *Albigensern* gelernt habe. Äußerlich waren die Bettelbrüder diesen zum Verwechseln ähnlich. Aber die Waldenser sollen das Weite gesucht haben, wenn die Brüder des hl. Franz irgendwo auftauchten. Eines schied den Heiligen von der heterodoxen Armutsbewegung seiner Zeit: In seiner emphatischen Absage an alle Gier fand er einen völlig unmanichäischen Zugang zur materiellen Schöpfung. Alles Geschaffene, Sonne, Mond, die Mutter Erde, das Wasser, das Feuer und die Luft wurden ihm zu köstlichen Gaben und Anlaß zu Preis und Dank. Nach Kajetan Esser hätte es keine bessere Predigt gegen die ketzerische Armutsbewegung geben können als den *Sonnengesang*.

Die neue Ordensform des *Mendikantentums* wurde nun für die verschiedensten bereits bestehenden religiösen Gruppierungen, von Männern und Frauen, zum Modell einer Neustrukturierung. Auch für die Kurie wurde sie zu einem Instrument, die Vielfalt des religiösen Lebens vom Abgleiten in die Heterodoxie zu schützen, zu »regulieren« und damit auch kirchenrechtlich faßbar zu machen. Als Bettelorden verstanden sich überaus gegensätzlich motivierte Gemeinschaften wie die *Trinitarier* (1198 von Innozenz III. betätigt) und *Mercedarier* oder *Nolasker* (gegründet vom hl. Peter Nolasco 1220), die sich den Loskauf von Christensklaven zum konkreten Ordensziel gewählt hatten. 1240 gründeten sieben reiche Florentiner eine Gemeinschaft, die man später die *Serviten* nannte. Ursprüngliche Eremitengemeinschaften wie die *Wilhelmiten* (1157 am Grabe des Wilhelm von Malavalle) wurden unter der Führung der Kurie nacheinander der Benediktusregel, den Zisterzienserkonstitutionen und der Mendikantenverfassung unterworfen. In dieser Entwicklung, die sowohl durch die erstaunliche Anpassungsfähigkeit der religiösen Gemeinschaften wie durch die Brauchbarkeit der mendikantischen Lebensform gekennzeichnet war, bildeten sich noch zwei bedeutsame Orden heraus, die mit den Dominikanern und Franziskanern zu den vier klassischen Mendikantenorden des Mittelalters gehören, nämlich die Karmeliten und die Augustiner-Eremiten.

c) *Die Karmeliten* verdanken, abgesehen von der zentralen Motivation zum kontemplativen Leben, ihren Ursprung dem schon altchristlichen Asketenideal der *peregrinatio,* das sich dann in der Kreuzzugszeit in dem betrachtenden Verweilen an den heiligen Stätten Palästinas konkretisierte. So sammelte Berthold von Kalabrien (gest. 1195) eine Einsiedlerkolonie auf dem *Berge Karmel.* 1207 gab ihnen der Patriarch von Jerusalem eine Regel, die 1226 vom Papst bestätigt wurde. Die Einsiedler verstanden sich als Nachfolger der alttestamentlichen Prophetenschulen. So betrachteten sie immer mehr, vor allem als sie später mit volkstümlichen Gründergestalten wie Dominikus und Franziskus konkurrieren mußten, den Propheten Elia als ihren Gründer. Der Vergleich mit Moses und den Propheten und das entsprechende theologische Selbstverständnis waren nichts Neues in der monastischen Tradition. Als die Zeit der Kreuzzugsstaaten zu Ende ging, zogen sich die Karmeliten zunächst nach Sizilien, England und das übrige Westeuropa zurück. Durch den Asketen und Volksprediger, den hl. Simon Stock (1165–1265), wurde der Orden mendikantisch umgestaltet. Es erfolgte die Wende zur *Volksseelsorge* in den Städten (z. B. Skapulierfrömmigkeit) und zum Einsatz an den mittelalterlichen Universitäten.

Eine einzigartige Mischung von kontemplativem Leben und Apostolatsgeist erfolgte dann für den Orden durch die spanischen Reformer Teresa von Avila (1515–1582) und Johannes vom Kreuz (1542–1591). Die Karmeliter wurden zu Mitbegründern der Propagandakongregation (1622) und damit einer Weltmission unter päpstlicher Führung.

d) *Auch bei den Augustiner-Eremiten* fehlte die große Gründergestalt. Ihren Namen beziehen sie von dem Umstand, daß der Kardinal Richard Annibaldi und Alexander IV. (1254–1261) durch seine Bulle *Licet ecclesiae catholicae* (1256) ältere Eremitengruppen zwangsweise zu einem Orden mit mendikantischer Verfassung und unter augustinischer Tradition zusammenschloß. Waren in den Reformzeiten des 11. und 12. Jahrhunderts mächtige Chorherrenstifte vor allem auch unter dem Einfluß reformgesinnter Bischöfe, Kurialer und Päpste entstanden, um unter dem Hinweis auf die Autorität des hl. Augustinus der neuen Priesterreform entsprechend Rückhalt zu verleihen, so bildeten sich nun in allen größeren Städten von Padua bis Erfurt und von Wien bis Oxford lebendige Zentren von gelehrten Seelsorgebrüdern. »Black Friars« hießen sie in England, weil sie zum Unterschied von den Dominikanern meist schwarz trugen.

e) *Das Spätmittelalter* brachte den Orden einerseits durch Pest, Krieg und Schisma empfindliche Einbußen, es brachte Auflösungserscheinungen und Krisen mit sich, andererseits war vor allem das Mendikantentum längst ein kirchliches Alltagsphänomen geworden. Bei den Mendikanten, besonders den Franziskanern, gab es starke Spaltungstendenzen. Gewisse Klöster schlossen sich zu *Observanten* zusammen, die mit den gemäßigten *Konventualen* nur mehr eine symbolische Einheit verband. Große Reformergestalten wie der Hussiten- und Türkenprediger Johann von Capestrano (1386–1456), der Dominikaner Girolamo Savonarola (1452–1498) und Martin Luther waren Angehörige solcher observanter Zweige. Vor dem Zeitalter der Reformation beherbergte schließlich jede Stadt, die etwas auf sich hielt, mehrere Bettelordensklöster. Die Stadtseelsorge wurde bis ins späte Mittelalter im wesentlichen von ihnen getragen. Erst gegen Ende des 14. Jahrhunderts regte sich mit Wyclif und Hus ein Widerspruch gegen die Mendikanten als die beherrschenden Seelsorger der Zeit.

f) Bei *Mönchen und Kanonikern* zeigte sich im Spätmittelalter der Wunsch nach Zusammenschluß zu Klosterverbänden (Reform von Subiaco, S. Giustina in Padua, Augustiner-Reform von Windesheim, Niederlande, Bursfelde/Weser, Kastl in der Oberpfalz, Tegernsee in Oberbayern und der Melker Reform). In vielen Reformzentren war auch der Einfluß der niederdeutschen *Devotio moderna,* ja sogar die Erweckungsbewegung der *deutschen Mystik* und der *Gottesfreunde* zu spüren. Eine den Observanzbewegungen der Bettelorden vergleichbare Entwicklung gab es bei den monastischen und kanonikalen Orden erst in der Neuzeit (z. B. bei den Zisterziensern und Trappisten im 17. Jahrhundert). Diese Klöster und Stifte waren für radikale Entwicklungen zu erdverbunden und autochthon. Dies gilt sogar für die Kartäuser, die im späten Mittelalter im Weichbild kulturbewußter Städte wie Rom, London, Paris, Köln, Nürnberg, Basel, Straßburg u. a. Zentren der Kontemplation, der Buße und der Gelehrsamkeit gründeten.

Vor allem durch das Wirken der Mendikanten wurde seit dem 13. Jahrhundert ein neues Volkspriesterideal kreiert, das später einerseits in den Kirchen der *Reformation* aufgegriffen wurde, andererseits in den Priesterorden der katholischen Reform des 16. Jahrhunderts seine Verwirklichung fand.

6. DAS VERHÄLTNIS VON OST- UND WESTKIRCHE

Die Tilgung der gegenseitigen Exkommunikationen von 1054 durch Papst Paul VI. und den Ökumenischen Patriarchen Athenagoras I. verlangt von der heutigen Kirchengeschichte einen Blick auf die im Mittelalter vertiefte Entfremdung der Kirchen. An der Wende zum 8. Jahrhundert hatte die Spannung durch das *Trullanum* von 692 markanten Ausdruck gefunden, denn dieses hatte wichtige Punkte der abendländischen Disziplin verurteilt und im Westen keine Anerkennung gefunden. Die weitere abendländische Entwicklung mit ihrem Kirchenrecht, der Scholastik und anderen hochmittelalterlichen Errungenschaften vertiefte die Kluft auch von dieser Seite her. Zunehmende Entfremdung kennzeichnet im wesentlichen das ganze Mittelalter.

§ 74
Der Bilderstreit

Die vom Judentum her verständliche *Ablehnung der Bilder* war schon im Altertum gewichen. Zunächst hatte die christliche Kunst Symbole (Fisch, Anker, Lamm u. a.) verwendet, dann auch historische Ereignisse und Personen aus der Heilsgeschichte und schließlich dogmatische Themen dargestellt. Die Bilder hatten keineswegs bloß dekorative Funktion, sondern standen im Zentrum des liturgischen Lebens, vergegenwärtigten das Heilsgeschehen und hatten deshalb kirchlich-theologischen, dienenden Charakter.

Kaiser Leon III. (717–741) wollte im Zuge einer großen Reichsreform die Ikonenverehrung beseitigen, was die Entfernung der Ikonen selbst bedeutete. Sein Vorhaben unterstützten die da und dort vorkommenden Mißbräuche und Übertreibungen. Er ließ 726 aus einem Tor im Palast ein berühmtes Christusbild entfernen, zwang den greisen Patriarchen Germanos, der für die ikonenfeindliche Politik des Kaisers eine Konzilsentscheidung verlangte, zum Rücktritt und erhob den ikonenfeindlichen Anastasios zum Patriarchen. Als dieser 730 das kaiserliche Dekret gegen die Ikonenverehrung unterschrieb, bekam die Frage kirchlichen, politischen und kulturellen Charakter und führte zu einer Krise von Reich, Volk und Kirche. Es erhob sich Widerstand, literarisch trat vor allem Johannes von Damaskos mit seiner Theologie der Ikonen hervor. Eine in Griechenland gegen den Kaiser entstandene Revolution blieb allerdings ohne Erfolg.

Papst Gregor II., an den sich der zurückgetretene Patriarch wandte, stellte sich gegen die ikonenfeindliche Politik des Kaisers, mußte jedoch einen schmerzlichen Rückschlag hinnehmen: Der Kaiser unterstellte die bisher unter vorherrschendem Einfluß Roms stehenden Gebiete Süditaliens und des östlichen Illyricum dem Bischof von Konstantinopel. Seither sind kirchliche und politische Grenzen zwischen Ost und West identisch, während diese Gebiete bis dahin politisch dem Osten, kirchlich dem Westen zugehört und eine Art Bindeglied gebildet hatten.

Konstantin V. (741–775) setzte die ikonenfeindliche Politik seines Vaters fort. Er wollte ihr durch einen Konzilsbeschluß höchste kirchliche Autorität geben und berief 754 eine *Synode nach Hiereia*, die erwartungsgemäß die Ikonenverehrung verurteilte. Obwohl formal einwandfrei als ökumenisches Konzil veranstaltet, wurde sie weder von der Ost- noch von der Westkirche als solches rezipiert.

Die *Ikonen* wurden nun entfernt oder gar zerstört, Reliquien-, Heiligen- und Marienverehrung waren verpönt, die Mönche als erbitterste Gegner des Kaisers wurden hart verfolgt.

Konstantins Sohn Leon IV. (seit 775), in allen Bereichen gemäßigter, nahm die Dekrete zwar nicht zurück, ließ jedoch von der Verfolgung der Ikonophilen und der Mönche ab. Vielleicht wirkte dahin seine Frau Irene, eine Prinzessin aus Athen. Nach seinem Tod (780) Regentin geworden (der Sohn Konstantin VI. war minderjährig), zielte sie auf die Einstellung des *Ikonoklasmus*. Sie nahm die notwendigen personellen Änderungen vor und berief schließlich jenes *Konzil,* das als *VII. ökumenisches* Geltung erlangte und für die orthodoxe Kirche das bisher letzte ökumenische Konzil darstellt. Es tagte zunächst in Konstantinopel (786) und wurde nach einer Unterbrechung wegen Unruhen noch einmal nach *Nizäa* berufen (787). Der neu gewählte Patriarch Tarasios war Anhänger der Ikonenverehrung, Papst Hadrian I. wurde durch zwei Presbyter namens Petrus vertreten. Nach der damals ausgesprochenen gemeinsamen Lehre des Ostens und des Westens bedeutet die Ikonenverehrung die Verehrung der abgebildeten Personen, nicht aber der Ikonen selbst, und unterscheidet sich von der Anbetung, die Gott allein berührt. Den endgültigen Sieg über den Ikonoklasmus brachte eine 843 von der Kaiserin Theodora berufene Synode, an die bis heute das *Fest der Orthodoxie* erinnert (gefeiert am 1. Sonntag der vorösterlichen Quadragesima). Zu Ausweitungen des Streites führten die von Karl dem Großen 792 dem Papst übersandten *Libri Carolini*, die sich gegen das *Konzil von Nikaia* wandten und zudem die bis heute andauernde Kontroverse über das Filioque eröffneten. Die Päpste Hadrian I. (772–795) und Leo III. (795–816) verteidigten das Konzil und die ursprüngliche Formulierung des Nizäno-konstantinopolitanischen Glaubensbekenntnisses ohne das Filioque.

Die Kaiserkrönung von Weihnachten 800 bedeutete einen schweren Schlag für die Beziehungen zwischen den Kirchen, denn die politische Trennung wurde dadurch perfekt, die kirchliche war zu erwarten, wenn sprachliche, kulturelle oder kirchenpolitische Momente zu ihr drängten.

§ 75
Patriarch Photios und Papst Nikolaus I.

Nach der Mitte des 9. Jahrhunderts zeigen Patriarch Photios und Papst Nikolaus I. die neue Situation als Vertreter zweier gegensätzlicher Welten. Im Konflikt rivalisierender »Parteien«, der »konservativen« Zeloten und der »progressiven« Politikoi, trat Patriarch Ignatios (seit 847), der ersten Richtung zugehörig, nach einem Konflikt mit dem Kaiser Bardas 858 zurück. Als Nachfolger wurde der Chef der kaiserlichen Kanzlei, Photios, legitim gewählt. Die Wahl eines Laien war nicht neu, die negativen gegnerischen Beurteilungen (vor allem im Westen) »können von einem Historiker nicht ohne weiteres angenommen werden« *(Dvornik)*. Photios ist »ein ohne Zweifel ganz hervorragender, hochbegabter Mann« *(W. de Vries)*. Nach üblicher Praxis teilte Photios seine Wahl ein Jahr später durch seinen Friedensbrief dem römischen Bischof mit.

Erst als wegen Unruhen, die vor allem von Ikonoklasten und Ignatios-Anhängern verursacht waren, Photios 861 eine *Synode nach Konstantinopel* berief, an der auch päpstliche Legaten teilnahmen, wurde auf ihr Ignatios, der seinerseits betonte, er habe weder nach Rom appelliert noch gedenke er dies zu tun, für abgesetzt erklärt, und darauf erst berief Nikolaus I. 863 eine *Synode in den Lateran*, die Photios für abgesetzt erklärte und Ignatios rehabilitierte.

Zusätzlich verschärfend wirkte die *Bulgarenfrage*. Der Bulgarenfürst Boris wollte von Konstantinopel eine unabhängige Kirche mit einem Patriarchen an der Spitze, wandte sich mit diesem Wunsch, als ihn Konstantinopel nicht erfüllte, nach Rom und rief fränkische Geistliche in sein Land. Deren Wirken – mit Einführung westlicher Riten und des »Filioque« – erhitzte die Stimmung. In dieser Lage berief Photios 867 eine Synode, die Nikolaus I. absetzte und exkommunizierte und das Filioque verwarf.

Noch 867 kam die Wende durch den neuen Kaiser Basililius Makedon (867–886), der Photios absetzte und Ignatios wiederum erhob. Dieser berief 869 eine neue Synode, an der Legaten des neuen Papstes Hadrian II. teilnahmen. Photios wurde verurteilt, aber die päpstlichen Wünsche (z. B. Erhaltung der Jurisdiktion Roms über die Bulgaren, volle Anerkennung des päpstlichen Primats) nicht erfüllt, sondern das Prinzip der Pentarchie (hervorragende Stellung der fünf Patriarchen: Rom, Konstantinopel, Alexandrien, Antiochien, Jerusalem mit dem römischen Bischof als erstem) hervorgehoben. Das mitgebrachte päpstliche Schreiben wurde jedoch in der Synode unterschrieben.

Photios kehrte später aus seiner Verbannung zurück, versöhnte sich mit Ignatios und wurde nach dessen Tod wiederum Patriarch (877). Die verworrene Lage (z. B. abgesetzte und verbannte Bischöfe) sollte 879/80 eine *Synode im Osten*, an der auch Vertreter des Papstes Johannes VIII. (872–882) teilnahmen, bereinigen. Über 380 Bischöfe tagten in der Hagia Sophia, Photios wurde als rehabilitiert und legitim zurückgekehrt erklärt (schon vor dem Eintreffen der päpstlichen Legaten). In der aus Rom angemeldeten Bulgarenfrage erklärte sich die Synode für unzuständig. Sie rezipierte jedoch das *Konzil von 787* als ökumenisch und bestätigte faktisch das Prinzip der *Pentarchie*. Unter Verzicht auf einen neuen dogmatischen Horos (Definition) wurde die große Bedeutung des *Nizänokonstantinopolitanischen Bekenntnisses* in der Originalfassung (ohne Zusatz und Wegnahme) von allen anerkannt und dieses damit als einziges ökumenisches Symbolum rezipiert, was heute wieder zunehmende Beachtung findet. Dasselbe gilt vom Konzilsbeschluß über die Legitimität verschiedenartiger Traditionen der östlichen und westlichen Kirchen. In der katholischen Kirche gilt seit dem 12. Jahrhundert das Konzil von 869/70 als ökumenisch, obwohl es durch das von 879/80 verworfen wurde. Die noch damals gezeigte kirchliche Communio läßt hoffen, daß künftig das *zweite dieser Konzilien* (879/80) von Osten und Westen als 8. *ökumenisches* anerkannt wird. Photios wurde übrigens von Kaiser Leon VI. nochmals zur Abdankung gezwungen (886) und starb in der Gemeinschaft mit Rom (892).

§ 76
Fortschreitende Entfremdung. Patriarch Michael Kerullarios und Papst Leo IX.

Neuen Streit brachte die vierte Ehe Kaiser Leons VI. Sie wurde von Patriarch Nikolaos I. entsprechend dem ostkirchlichen Recht 906 nicht anerkannt, wohl aber von Papst Sergius III. Deshalb wurde der Name des Papstes aus den Diptychen (Gebetstafeln) gestrichen, der Patriarch sogar abgesetzt. Später zurückgeholt, ersuchte er Papst Johannes X. um die Entsendung von Vertretern. Inzwischen hatte (920) in Konstantinopel der *tómos henóseos* (Einigungsurkunde) die vierte Ehe verboten, was eine Synode (921) und auch die päpstlichen Legaten akzeptierten. Nun kam der Name des Papstes wieder in die Diptychen. Seit diesem *Tetragamiestreit* ist in der orthodoxen Kirche eine (sukzessiv) vierte Ehe verboten, während das Abendland keine solche Einschränkung kennt.

Der Mangel an Kontakten und Zusammenarbeit zwischen Osten und Westen wurde im 10. Jahrhundert zusätzlich durch die Lage des Papsttums verstärkt; im Osten gab es eine ziemlich starke kirchliche Führung und die theologisch-kirchliche Ausstrahlung eines Michael Psellos oder eines Symeon des neuen Theologen wie auch eine lebendige byzantinische Mission. Spannungen brachten die Krönung Kaiser Ottos des Großen (962), die Verwendung des Filioque im Glaubensbekenntnis auch in Rom durch Papst Sergius III. (sein Name wurde deshalb 1009 in Konstantinopel aus den Diptychen gestrichen) und die offizielle Hinzufügung desselben durch Papst Benedikt VIII. (1014) auf Drängen Kaiser Heinrichs II. Auch die gemeinsame Normannengefahr konnte das Klima nicht verbessern. Beide Seiten hatten das Bewußtsein der Zugehörigkeit zur einen Kirche fast verloren.

Als im Osten der kraftvolle und an seiner Unabhängigkeit interessierte Patriarch Michael Kerullarios regierte (1043–1058), bemühte sich im Westen längst die Reformbewegung um die Verbesserung der kirchlichen Zustände und meinte, auch bei den byzantinischen Gemeinden in Süditalien eingreifen zu sollen. Kerullarios reagierte scharf, ordnete, ohne eine Verständigung in Erwägung zu ziehen, die Schließung der lateinischen Kirchen in Konstantinopel an und verurteilte die westlichen Bräuche. Das Verhalten beider Seiten zeigte eine tiefgreifende Entfremdung der Kirchen und ein starkes Mißtrauen. Sogar gegenseitige Häresiebeschuldigungen wurden ausgesprochen. Die Normannengefahr zwang jedoch zu einer Versöhnung. Der Patriarch schrieb deshalb an den Papst, und dieser sandte eine Delegation nach Konstantinopel. Die Wahl des Kardinals Humbert von Silva Candida als deren Leiter war der Versöhnung durchaus nicht dienlich, denn dieser Reformanhänger hatte zu wenig Verständnis für die Kirche des Ostens. Er traf im April 1054 ein, wurde vom Kaiser feierlich empfangen, vom Patriarchen jedoch weniger freundlich, da dieser mehrfachen Verdacht hegte: Die Delegation wäre von seinem persönlichen Feind, dem Statthalter in Süditalien, beeinflußt; sie könnte gar nicht vom Papst gesandt sein, weil dieser gefangen war; und schließlich waren auch die neuen Siegel der Dokumente dem Patriarchen unbekannt. Das Klima für die Versöhnungsgespräche war von vornherein schlecht.

Der Kardinal verkannte wohl im Sinne westlicher Vorstellungen vom *Cäsaropapismus* die Machtverhältnisse und suchte die Unterstützung des Kaisers, während er den Patriarchen als seinen Untergebenen behandelte (W. de Vries). Schließlich verlor er die Geduld und exkommunizierte den Patriarchen samt Anhang (nicht aber die ganze orthodoxe Kirche) durch die Niederlegung einer von ihm erfaßten Urkunde auf den *Altar der Hagia Sophia* während der hl. Eucharistie am 16. Juli 1054. Ob er damals wußte, daß der Papst drei Monate zuvor gestorben war, ist unbekannt, auch ist kein päpstlicher Auftrag zur Exkommunikation des Patriarchen bezeugt. »Die von Humbert verfaßte Exkommunikationsbulle zeugt deutlich, in welchem Umfang die Mentalität der römischen Kirche unter dem Einfluß der Reformbewegung sich gewandelt hatte und wie wenig die Männer dieser Bewegung von der Kirche des Ostens und ihren Gebräuchen und Gewohnheiten begriffen hatten. Humbert wollte in ihr die Spuren aller großen Häresien entdecken ... und er beschuldigte die Byzantiner sogar, das Filioque im Credo gestrichen zu haben, wodurch er seine Unwissenheit auf dem Gebiet der Kirchengeschichte bewies« (F. Dvornik).

Nach einem vergeblichen kaiserlichen Versöhnungsversuch exkommunizierte eine *Synode in Konstantinopel* am 24. Juli die *Exkommunikationsbulle,* ihre Verfasser und Mitwirkenden. Auch diese Synode des Patriarchen exkommunizierte nicht etwa den Papst oder die ganze lateinische Kirche.

Daher bedeuten die Exkommunikationen von 1054 nicht den Eintritt des *endgültigen Schismas,* das erst durch die Eroberung Konstantinopels 1204 und ihre Folgen gegeben war. Vielmehr mißlang 1054 ein Versöhnungsversuch, der auf falscher Basis und unter ungünstigen Bedingungen unternommen worden war. Die nun einsetzende polemische Literatur verhärtete die Fronten noch mehr.

Fast ein Jahrtausend später wurden am 7. Dezember 1965 diese Exkommunikationen zugleich in Rom von Papst Paul VI. und in Konstantinopel vom ökumenischen Patriarchen Athenagoras I. »aus dem Gedächtnis und der Mitte der Kirche« getilgt, die gleichlautenden Erklärungen wollen sie »dem Vergessen anheimfallen lassen«.

Bei den späteren Bemühungen um Eintracht und Frieden waren die Beweggründe der oströmischen Kaiser zumeist politisch-militärischer, die der Päpste kirchenpolitischer Natur, nicht aber ökumenisch im heutigen Sinn. Die eine Seite erwartete militärische Hilfe gegen den immer weiter vordringenden Islam, die andere die *Anerkennung des Primats* im abendländischen Sinn, als »Unterwerfung« unter die päpstliche Jurisdiktion.

Bestrebungen der geschilderten Art gab es unter Papst Gregor VII. und Kaiser Michael VII. (1071–1078), allerdings ohne Erfolg. Kaiser Nikephoros III. (1078–1081), der sie nicht billigte, wurde sogar vom Papst exkommuniziert, ebenso Alexios I. (1081–1118), ohne daß sich dies in Konstantinopel auswirkte. Papst Urban II. wollte Alexios gewinnen, hob die Exkommunikation auf und stellte militärische Hilfe in Aussicht. Damit stehen wir am *Beginn der Kreuzzüge,* deren Rolle für die Beziehungen zwischen den Kirchen überaus nachteilig war.

§ 77
Die Kreuzzüge und die Verfestigung des Schismas

Die Kreuzzüge brachten dem Oströmischen Reich keine Hilfe, sondern schwächten es und belasteten außerdem die Beziehungen der Kirchen.

Auf dem *1. Kreuzzug* (1096–1099) wurden die eroberten Gebiete nicht, wie versprochen, politisch dem Oströmischen Reich und kirchlich den östlichen Patriarchen unterstellt, Antiochien, das 1098 fiel, von Bohemund von Tarent sogar dem Papst als »erster Bischofssitz des Apostels Petrus« und als »rechtmäßiges Erbe des Papstes« angeboten. Patriarch Johannes V. (1100–1110) mußte Antiochien verlassen. Als lateinische Patriarchen wurden in Antiochien Bernhard, in Jerusalem Dagobert eingesetzt. Die orthodoxe Geistlichkeit mußte der lateinischen Hierarchie den Obödienzeid leisten. Damit verschärfte sich das gegenseitige Mißtrauen immer mehr. Man betrachtete von westlicher Seite die Orthodoxen als Häretiker und wollte sie latinisieren.

Von den weiteren Versuchen einer Verständigung sind zu nennen die Gespräche zwischen dem Erzbischof Pietro Grossolano von Mailand mit orthodoxen Theologen in Konstantinopel 1112 und weitere mit Bischof Anselm von Havelberg von 1135 über Filioque, eucharistisches Brot und päpstlichen Primat. Politische Hintergründe hatte das Bemühen Kaiser Manuels I. (1143–1180) um eine Union; diese sollte ihm vom Papst die Kaiserkrone einbringen. Der Widerstand des Patriarchen Michael III., der in einem öffentlichen Dialog mit dem Kaiser auf einer Synode die päpstlichen Ansprüche (u. a. Rom als richterliche Instanz auch für die Ostkirche) zurückwies, brachte dieses Vorhaben zum Scheitern.

Mit der *Eroberung Konstantinopels* durch die Kreuzfahrer auf dem *4. Kreuzzug* (13. April 1204) und der Plünderung, ja Zerstörung der Stadt sowie der Errichtung eines *lateinischen Patriarchats* und des *lateinischen Kaisertums* wurden die Aussichten auf eine Wiederherstellung der Kirchengemeinschaft praktisch zerstört. Papst Innozenz III. verurteilte wohl die Greueltaten, begrüßte aber die gewaltsame Unterstellung der Griechen unter seine Obödienz als Werk der Vorsehung. Die Latinisierung sollte nun bis zur Einführung des römischen Ritus gehen.

Die *Unionsgespräche*, die es trotz allem noch gab (1204, 1206, 1214), standen im Schatten dieser Unterdrückung. Bei einer großen Synodalversammlung im Nymphaion von 1234 brachten die päpstlichen Legaten erstmals die Frage des Fegefeuers zur Sprache. Ein in Rom mit Vertretern des Patriarchen Manuel II. und des Kaisers Johannes III. entworfener Unionsplan von 1253/54 sah die Erfüllung der jurisdiktionellen Forderungen Roms und als Gegenleistung die Aufhebung des lateinischen Patriarchats Konstantinopel bzw. dessen Beschränkung auf die Katholiken vor, kam jedoch, da der Kaiser und Papst Innozenz IV. starben (1254), nicht zum Abschluß. Kaiser Theodoros II. Laskaris (1254–1258) und Patriarch Arsenios (1254–1260) erstrebten die Wiederherstellung der Einheit auf einem ökumenischen Konzil.

§ 78
Die Rückeroberung Konstantinopels und die Union zu Lyon 1274

Nach der *Rückeroberung Konstantinopels* durch Kaiser Michael VIII. Palaiologos im Jahre 1261 folgten Thronstreitigkeiten mit einem Patriarchenschisma (Arsenios gegen Joseph I.) als kirchlicher Nebenhandlung. Kaiser Michael suchte Hilfe auch bei Papst Klemens IV., der jedoch gegenüber dem Glaubensbekenntnis und den Unionsplänen des Kaisers ein abendländisches Maximalprogramm vertrat: Übernahme des Filioque, päpstlicher Jurisdiktionsprimat auch für die Ostkirche (Appellationsrecht), ungesäuertes Brot bei der Eucharistie, Verständnis der östlichen Patriarchen als päpstliche Beauftragte. Mit dem Tod des Papstes (1268) scheiterten diese Pläne vorläufig. Papst Gregor X., der den Osten kannte, ging wenigstens auf den Konzilsplan ein und schrieb für *1274* ein *Konzil* nach *Lyon* aus mit der Union als Hauptaufgabe. Das kaiserliche Entgegenkommen ging nun so weit, daß mit der Mehrheit des Klerus und des Kirchenvolkes selbst der kaiserlich und unionsfreundlich eingestellte Patriarch Joseph I. gegen Manipulation, Drohungen und Verfolgungsmaßnahmen Widerstand leistete, weshalb die in Lyon anwesenden bischöflichen Vertreter wohl den Kaiser, aber nicht wirklich die Ostkirche repräsentierten. Der Patriarch hatte sich in ein Kloster zurückgezogen.

Die Vertreter überreichten in Lyon, wo sie am 24. Juni 1274 eintrafen, das verlangte Bekenntnis, das vom Kaiser unterschrieben war. Als in der 4. Sitzung die Union behandelt wurde, leistete ein Vertreter des Kaisers den Eid. Der Bitte des Kaisers, ein päpstlicher Brief möge die östlichen Riten und das Symbolum ohne Filioque erlauben, wurde offenbar nicht erfüllt. Dreimal sang man das Glaubensbekenntnis mit dem Filioque und betrachtete diese Formel geradezu »als Schlußstein im dogmatischen Bau der Union« (B. Roberg). Der Primat wurde bedingungslos angenommen im Sinne der abendländischen Lehre, jede kirchliche Autorität sei nur Teilhabe an der päpstlichen Vollgewalt. Das Konzil von 1274 bezeichnete Papst Paul VI. im Jubiläumsjahr vorsichtig-zurückhaltend als »sechste der im Westen abgehaltenen allgemeinen Synoden« und wies darauf hin, daß die damalige Union vom oströmischen Kaiser bestätigt wurde, »ohne daß jedoch der griechischen Kirche die Möglichkeit geboten worden wäre, ihre Meinung zu diesem Vertrag frei vorzubringen. Die Lateiner hatten die Texte und Formulierungen gewählt, welche die im Westen erarbeitete und formulierte Lehre über die Kirche widerspiegelten« (Brief an Kardinal Willebrands vom 5. Oktober 1974).

Die aufgezwungene Union machte nicht nur die Kluft zwischen den Kirchen noch breiter, sondern vertiefte auch die Gegensätze in Konstantinopel selbst. Der Kaiser, der sie mit regelrechten Verfolgungsmaßnahmen durchzusetzen suchte, wurde trotz allem Entgegenkommen schließlich von Papst Martin IV. als Begünstiger der Häresie und des Schismas gebannt und erhielt, als er, von beiden Kirchen exkommuniziert, 1282 starb, kein kirchliches Begräbnis. Sein Sohn Andronikos II. (1282–1328) kündigte, gleichfalls vom Papst exkommuniziert, die Union formell auf, was mit erfolglosen päpstlichen Kreuzzugsbemühungen gegen Konstantinopel beantwortet wurde.

Weitere *Unionsgespräche* (1333, 1339) konnten gegen die Beschlüsse von Lyon, deren bedingungslose Annahme Papst Benedikt XII. verlangte, nicht mehr durchdringen. Von dieser Annahme wurde auch militärische Hilfe, die der Osten suchte, abhängig gemacht. Die gleiche Härte fand auch Kaiser Johannes V. Palaiologos (1341–1391) vor, als er sich an Papst Innozenz VI. in Avignon wandte. Er versprach die Unterwerfung, bot seinen Sohn als Geisel an und ging mit diesem Entgegenkommen weiter als je ein oströmischer Kaiser vor ihm. In Konstantinopel, wo er von einem päpstlichen Legaten verteidigt wurde und die Kommunion empfing, kam es sogar zu Inquisitionsverfahren gegen »Schismatiker und Häretiker«. Als der Kaiser zu König Ludwig von Ungarn reiste, verlangte dieser u. a. seine Wiedertaufe. In Bulgarien ließ Ludwig reihenweise Orthodoxe als »Schismatiker und Häretiker« wiedertaufen.

Noch weiter ging Johannes V., als er nur mit kleiner Begleitung nach Rom reiste und dort 1369 Papst Urban V. traf. Er trat formell zur katholischen Kirche über, leistete dem Papst den Fußkuß und gab alle verlangten Zusagen. Damit schuf er die Illusion einer Unterwerfung der ganzen Ostkirche. Diese blieb jedoch davon unbeeindruckt, der Patriarch rief sogar alle Orthodoxen zur Standhaftigkeit im Glauben der Väter auf. Die vom Kaiser erhoffte militärische Hilfe blieb aus.

Diese Entwicklung der militärisch-politisch bzw. kirchenpolitisch motivierten Unionsversuche zeigte, daß die Einheit nicht mit politischen Mitteln erreichbar war, daß sie nicht Unterwerfung bedeuten konnte, daß der Kaiser nicht die ihm im Westen zugeschriebene allein maßgebende Rolle spielte und daß nicht kirchlich-theologische Interessen der Einheit eher schadeten.

§ 79
Ferrara–Florenz und die kirchliche Union

Ganz andere Gründe führten schließlich doch zu dem von orthodoxer Seite immer wieder geforderten *Unionskonzil* und zur praktischen Aufgabe von Lyon II durch den Papst. Das Schisma, die konziliare Theorie und Praxis und vor allem die Situation der Spaltung zwischen dem Basler Konzil und Papst Eugen IV. schufen günstigere Voraussetzungen für eine Union. Der oströmische Kaiser brauchte Hilfe gegen die Türken, der Papst Hilfe gegen das *Basler Reformkonzil*, das ebenfalls um die Griechen warb. Vor der Abreise der byzantinischen Delegation in den Westen standen für sie Schiffe sowohl des Papstes als auch des Konzils bereit. Man ging schließlich zu Eugen IV. und seinem Konzil nach Ferrara.

Die Delegation wurde von Kaiser Johannes VIII. Palaiologos persönlich geführt, Patriarch Joseph II. von Konstantinopel, Vertreter der drei anderen östlichen Patriarchate und die Metropoliten Markos Eugenikos von Ephesos, Bessarion von Nikaia und Isidoros von Rußland gehörten ihr an. Das verlangte Zeremoniell des Fußkusses des Patriarchen gegenüber dem Papst führte zur Drohung mit der Rückreise und schließlich zum Verzicht auf diese Reverenz. Daran und an die Unterwerfungszeremonie Kaiser Johannes' V. von 1369 mag Papst Paul VI. gedacht haben, als er am 14. Dezember 1975 in der Sixtinischen Kapelle dem Vertreter des ökumenischen Patriarchen, dem Metropoliten Meliton von Chalkedon, die Füße küßte.

Sowohl in Ferrara wie in Florenz (von Februar 1439 an) wurden die langen Verhandlungen zu einem *theologischen Dialog* gleichberechtigter Partner, anders als 1274 in Lyon. *Fegefeuer, Filioque* und *päpstlicher Primat* waren die Hauptthemen. Beim eucharistischen Brot (gesäuert nach ost-, ungesäuert nach westkirchlicher Praxis) wurde die unterschiedliche Tradition gegenseitig anerkannt. Keine Einigung gelang über den Zeitpunkt der Wandlung (Einsetzungsworte oder Epiklese). In der Darstellung des Fegefeuers durch die westliche Theologie vermißten die Orthodoxen die Übereinstimmung mit den Kirchenvätern.

Bei dem bis heute als theologisches Problem zwischen den Kirchen stehenden Filioque fand man in der Formel vom Ausgang des Heiligen Geistes vom Vater »durch den Sohn«, den die Kirchenväter kennen, einen Kompromiß. Die Gegner des Filioque (z. B. Markos Eugenikos) wurden vom Kaiser und den Unionsfreunden isoliert und dann die Kompromißlösung gemeinsam angenommen unter der Voraussetzung, daß das Filioque nicht in das Symbol der Orthodoxen aufgenommen werden mußte.

Beim römischen Primat stieß die westliche Lehre vom Papst als Vicarius Christi, der die Gesamtkirche als Lehrer und Hirte leitet, die ökumenischen Konzilien einberuft, auf ihnen den Vorsitz führt und sie bestätigt, der als richterliche Instanz über allen Patriarchen steht, von jeher auf die Ablehnung der Orthodoxen. In Florenz drängte der Kaiser auf Zurückhaltung in der Kritik und möglichstes Nachgeben. Fast wären die Verhandlungen gescheitert. Ohne daß die Frage wirklich ausdiskutiert war, wurde eine Kompromißformel angenommen: Die Orthodoxen akzeptierten den Papst als Haupt der Gesamtkirche, Vicarius Christi usw., »wie es die Akten der ökumenischen Konzilien und die heiligen Kanones enthalten«. Das legte man im Osten restriktiv aus: nur soweit die alten Rechtsnormen den Primat belegen, im Westen hingegen sah man den abendländischen Primat schon in den alten Konzilien begründet, später wurde gerade aus diesem Text die Definition des Jurisdiktionsprimats auf dem Ersten Vatikanischen Konzil entwickelt. Weiters wurde die Rangordnung der »übrigen Patriarchen« (der Papst ist also deren erster) bestätigt in der Reihung (nach 1. Rom): 2. Konstantinopel, 3. Alexandrien, 4. Antiochien, 5. Jerusalem, »unter Wahrung ihrer Privilegien und Rechte«. Auch das war ambivalent: Nach abendländischer Auffassung wären die Patriarchenrechte vom Papst verliehen und bedeuten keine Selbständigkeit und Autonomie, nach ostkirchlicher ist der Papst der erste Bischof der ganzen Kirche und der Patriarch des Westens innerhalb der Pentarchie (5 Patriarche wie oben), wie es altkirchliche Auffassung war und ostkirchliche bis heute ist. Nicht alle Griechen unterschrieben die Konzilsentscheidung (z. B. nicht Markos Eugenikos). Für den in Florenz verstorbenen Patriarchen tat dies der Protosyngel Grigorios Melissinos (Mammas). Am 6. Juli 1439 wurde das griechisch und lateinisch verfaßte Dokument verabschiedet.

Im Osten fand die *Union*, die keine echte Lösung der Probleme bedeutete, bei Bischöfen, Klerus, Mönchen und Kirchenvolk kaum Widerhall. Man war auf sie kirchlich-theologisch und psychologisch nicht vorbereitet. Das Abendland hatte wiederum die kirchliche Rolle des oströmischen Kaisers überschätzt. Da sowohl dieser als auch der Papst verschiedentlich Druck ausgeübt hatten, waren auch die Unterschriften der meisten Byzantiner nicht ganz frei geleistet worden. Viele zogen sie daher bald, manche noch während der Heimreise, zurück. Als *Konstantinopel* am 29. Mai 1453 in die Hände der *Türken* fiel, erlosch jeder Gedanke an die Union. Der neue Patriarch Gennadios Scholarios (1453–1456, 1458–1460) war ein Unionsgegner.

7. DIE KREUZZÜGE

Die Kreuzzüge mit dem Heiligen Land als Ziel, an sich episodenhaft und ohne dauernden Erfolg, erwuchsen aus weiten Zusammenhängen und zeitigten bedeutsame, unvorhergesehene Folgen, weshalb sie besondere Aufmerksamkeit verdienen. Zu ihren Voraussetzungen gehören das Sendungsbewußtsein des christlichen Abendlandes, die teils defensiven, teils offensiven Kämpfe an den Grenzen der Christenheit (*Muslimenabwehr* in Spanien und im Oströmischen Reich, Slawenmission im Osten), die Stärke des hochmittelalterlichen Papsttums und die Standesfrömmigkeit des abendländischen Rittertums, die in ihnen ihr gemäßes Ziel fand. Als »heilige Kriege« stehen sie in einer gewaltigen Spannung zur Mission im Sinne des Evangeliums, treten jedoch gerade vor der gewaltlosen Glaubensverbreitung seit dem 13. Jahrhundert immer mehr zurück.

§ 80
Die Entstehung des Kreuzzugsgedankens

Die *Idee der Kreuzzüge* entstand keineswegs bloß aus dem Gedanken an die Befreiung des Heiligen Landes. Ihre Wurzeln liegen in Europa, speziell in Frankreich – seltsamerweise aus dem Bemühen um den Gottesfrieden. An sich war der Krieg Sache des Königs, dem die Wahrung des Friedens nach außen und innen zustand. Mit dem Verfall der königlichen Autorität in Südfrankreich kam es im 9./10. Jahrhundert zu einer Verstärkung des Fehdewesens und der Räubereien am Kirchengut. Daher forderten Bischöfe und Synoden den Gottesfrieden. Zu dessen Durchführung bildeten sich kampfbereite Friedensmilizen (»Krieg dem Kriege«). Ein starkes Sacerdotium nahm also die Pflichten eines schwachen Regnums wahr. Dies war eine der Ursachen, die zur Idee des Heiligen Krieges führte. Eine andere Wurzel geht auf den hl. Augustinus zurück, der den *Verteidigungskrieg* zum Schutz der Gläubigen gestattete. Karl der Große allerdings propagierte bereits den Angriffskrieg zur Ausweitung der Christenheit (Awarenkriege). Daraus erwuchs dann die *Sakralisierung des Rittertums*: der Ritter wurde feierlich zum Schutze des Gutes der Armen, Witwen und der Kirche verpflichtet. Trotz verschiedener Einwände (z. B. Fulbert von Chartres) verstärkte sich die Bereitschaft zum Kampf für die Christenheit gegen äußere Feinde, besonders den Islam. Dazu trug auch der hohe Stellenwert bei, den der Kampf an sich bei den germanischen Völkern hatte.

Gegen heidnische Eindringlinge waren schon früher Kirchenfürsten aktiv tätig, so gegen Wikinger, Sarazenen (Papst Leo IV.) und Magyaren (Ulrich von Augsburg). Besonders der Kampf gegen die *Araber in Spanien* (Reconquista) wurde als heiliger Krieg verstanden; er wurde ab 1050 wieder verstärkt geführt und mit der Eroberung Toledos 1085 gekrönt. Auch die Verdrängung der *Sarazenen aus Sizilien* war schon eine Art Kreuzzug. Das Reformpapsttum unterstützte heilige Kriege nach innen und außen: 1063 in Spanien, 1066 den Normannenzug gegen England, die Mailänder Pataria zur innerkirchlichen Reform. Papst Gregor VII. erwog auch einen Kreuzzug in den Osten, wobei er an eine gewaltsame Beilegung des griechischen Schismas dachte. Sein Nachfolger Urban II. vollendete konsequent den Kreuzzugsgedanken, indem er den *heiligen Krieg* mit der *Pilgerfahrt nach Jerusalem* koppelte. Diese Pilgerfahrten hatten uralte Tradition. Auch als die Araber 637 die Stadt eroberten, gingen sie weiter. Selbst als Al Hakim, »der Wahnsinnige«, 1009 die Grabeskirche zerstörte, führte dies zu keiner bedeutsamen Unterbrechung der Wallfahrten. So nahmen an dem Pilgerzug von 1064/65 an die 7000 Pilger teil; er stand unter der Führung des Mainzer Erzbischofs Siegfried, mit dabei waren die Bischöfe Gunther von Bamberg und Otto von Regensburg sowie der spätere Passauer Bischof Altmann.

Die *politische Lage im Orient* änderte sich aber grundlegend, als 1071 der oströmische Kaiser Romanos IV. bei Manzikert in Armenien eine vernichtende Niederlage durch die türkischen Seldschuken erlitt. Diese eroberten 1076 auch Jerusalem und 1085 das bis dahin griechische Antiochien. Der neue Kaiser Alexios I. Komnenos (1081–1118) wandte sich daraufhin an Papst Urban II. um Unterstützung durch die Ritter des Abendlandes. Die Nachricht erreichte Urban auf der Synode von Piacenza 1095. Von dort zog der Papst nach Südfrankreich und traf sich mit Bischof Adhemar von Puy und Graf Raimund von Toulouse und St. Gilles, mit denen er die Idee eines Kreuzzugs entwickelt haben dürfte. Im November 1095 tagte eine Reformsynode in Clermont. Zu deren Abschluß rief der Papst zur Befreiung des Heiligen Grabes aus der Gewalt der Ungläubigen auf. Er fand spontane Zustimmung. Zahlreiche Ritter nahmen unter dem Ruf »Deus lo volt« das *Tuchkreuz*, das in Hinkunft das Symbol der Kreuzfahrer werden sollte. Offizielles Ziel war also die Befreiung des Heiligen Grabes, das die Seldschuken besudelt haben sollten, doch spielte sicherlich die Hilfe für die Griechen und deren Wiedervereinigung eine Rolle. Ein Nebeneffekt bestand auch darin, das Kriegspotential des abendländischen Adels weg von den inneren Fehden hin auf äußere Kriege zu lenken. Neu war die an sich widersprüchliche Idee des *bewaffneten Pilgerzugs*. So entwickelte sich auch ein neuer Segensritus: neben den alten Pilgersymbolen Stab und Tasche wurde nun auch *das Schwert* gesegnet.

Wie sehr der Boden für die Kreuzzugsidee bereitet war, geht aus den »Gesta Dei per Francos« hervor, einem Bericht über den 1. Kreuzzug, wo es zu Beginn heißt: »Als jene Zeit angebrochen war, auf die der Herr Jesus zwar täglich seine Gläubigen hinweist, besonders wenn es im Evangelium heißt: »Wer mir nachfolgen will, verleugne sich selbst, er nehme sein Kreuz auf sich und folge mir«

(Mt 16,24), ging eine kraftvolle Bewegung durch die fränkischen Lande, so daß jeder, der Gott reinen Herzens und Sinnes eifrig zu folgen und ihm das Kreuz nachzutragen wünschte, nicht säumte, den Weg zum Heiligen Grab möglichst schnell anzutreten.« Diese Frömmigkeit hatte ihren Ursprung in den Zeittendenzen. Die *Reformorden* propagierten die »vita apostolica«, sie wollten als »pauperes Christi« leben. Elemente dazu waren die Buße, die sich vor allem in Wallfahrten ausdrückte, die Kranken- und Armenpflege und die Predigt der »via salutis« als katechetische Laienunterweisung. Apostolisches Leben bedeutete also Christusnähe, Christusnachfolge. Nun wurde der Kreuzzug als inningste Christusnachfolge in seinem Leiden und Sterben verstanden – eine Art Martyrium. Die Kreuzfahrer leisteten für sich, aber auch für die Daheimgebliebenen Buße, die sie wiederum mit Gebet, Geld- und Sachspenden unterstützten. Eine besondere Ausprägung fand diese Frömmigkeit in den *Ritterorden*.

§ 81

Kreuzzüge nach Jerusalem

Der Erfolg des Kreuzzugsaufrufes auf der *Synode von Clermont* durch Papst Urban II. übertraf bei weitem die Erwartungen. Anstatt einiger tausend Ritter, wie sie der griechische Kaiser erwartet, oder einiger zehntausend, wie der Papst gehofft hatte, entstand eine Massenbewegung, eine echte Kreuzzugshysterie, die ihre Eigengesetzlichkeit gewann. So entfachte der Eremit Peter von Amiens als selbsternannter Kreuzzugsprediger einen Volkskreuzzug, dem sich allerhand Gesindel anschloß. Dabei kam es in den Rheinlanden zu Judenmassakern, gegen die sich auch der bischöfliche Schutz machtlos erwies.

Für die Führung des *1. Kreuzzuges* fielen die beiden wichtigsten Fürsten des Abendlandes aus: Kaiser Heinrich IV. und König Philipp I. von Frankreich waren im Banne. So fiel die Führung der abendländischen Christenheit dem Papsttum zu, ohne daß es so geplant war. Denn gerade die zweihundertjährige Kreuzzugsperiode verrät eine abenteuerliche Konzept- und Führerlosigkeit. Schon beim 1. Kreuzzug stellten sich diese Mängel heraus. Sowohl der päpstliche Legat Adhemar von Puy wie auch Raimund von Toulouse hatten keine besondere Autorität, da sich auch andere gleichrangige Fürsten anschlossen. Am bedeutsamsten wurde noch der Herzog von Niederlothringen, Gottfried von Bouillon. Militärisch wichtig, aber auch eigenwillig waren die Normannenfürsten aus Süditalien und der Normandie, die immer wieder eigene Wege gingen und vor allem neue Herrschaftsgebiete sichern wollten. Letztlich gab es also ein Führungsgremium verschiedener Fürsten mit verschiedenen Absichten. Für einige von ihnen und die große Menge blieb als Ziel die Befreiung des Heiligen Grabes.

Ab dem 15. August 1096 zogen, wie verabredet, die verschiedenen Truppenverbände auf verschiedenen Wegen in Richtung Konstantinopel. Dort gab es die ersten Schwierigkeiten. Kaiser Alexios verlangte von den Fürsten einen Vasalleneid nach abendländischer Art. Er hatte Söldnertruppen erwartet, nicht aber Heere unter selbständigen Befehlshabern. Er wollte ja die Türken vertreiben, die fast das ganze anatolische Festland besetzt hielten. Immerhin erhoffte er sich durch den Vasalleneid eine gewisse Kontrolle über den Kreuzzug.

Militärisch ließ sich dieser recht gut an. Anfang Juni 1097 wurde Nikaia wiedererobert und am 1. Juli ein Sieg über die Seldschuken bei Doryläum errungen. Der Zug ging dann durch das anatolische Hochland über den Taurus nach Kilikien. Dort verließ Balduin von Boulogne das Hauptheer und zog in das christlich-armenische *Edessa* (Urfa), ließ sich vom dortigen Fürsten Thoros adoptieren und errichtete als *ersten Kreuzfahrerstaat* die Grafschaft Edessa. Das Hauptheer begann im Oktober mit der Belagerung von Antiochien, das erst nach schweren Krisen und unter Mühen am 3. Juni 1098 fiel. Dann mußte noch ein islamisches Entsatzheer zurückgeschlagen werden. Als sich Bohemund von Tarent zum Fürsten von Antiochien machte und einen lateinischen Patriarchen einsetzte, ergaben sich Spannungen mit Kaiser Alexios, der diese Stadt für sich beanspruchte, war sie doch erst 1085 verlorengegangen. Das Heer erholte sich in Antiochien und zog endlich im Januar 1099 Richtung Jerusalem, belagerte es sechs Wochen lang und eroberte es schließlich am 14. Juli 1099. Das christliche Heer veranstalte unter der moslemischen Bevölkerung ein furchtbares Massaker – der religiöse Enthusiasmus artete in einen Blutrausch aus. Die Fürsten einigten sich auf Gottfried von Bouillon als Herrscher von Jerusalem, der aber den Königstitel nicht annehmen wollte und sich Vogt des Heiligen Grabes nannte. Er starb bereits 1100; ihm folgte sein Neffe Balduin von Edessa, der sich nunmehr König von Jerusalem nannte (1100–1118). In den folgenden Jahren gelang es, die Kreuzfahrerstaaten militärisch zu konsolidieren: 1102 wurden die Ägypter besiegt, 1109 Tripolis erobert und als Grafschaft eingerichtet und 1110 Sidon und Beirut eingegliedert. Damit gab es vier fränkische Staaten in der Levante: das Königreich Jerusalem, das Fürstentum Antiochien und die beiden Grafschaften Edessa und Tripolis. Sie waren durchwegs französisch und normannisch geprägt, wozu später noch der Einfluß der italienischen Seestädte Pisa, Venedig, Genua und Amalfi kam. Doch waren sie recht künstliche Gebilde und mußten erst durch mächtige Burgen gesichert werden, deren Ruinen heute noch imponieren (Krak des Chevaliers und Chateau Blanc in Syrien, Montfort, Akkon u. a. in Israel, Montreal in Jordanien).

Der erfolgreiche Abschluß dieses einzigen erfolgreichen Kreuzzuges löste im Abendland großen Jubel aus; in zahlreichen Liedern wurde die Eroberung Jerusalems gefeiert. Schon 1101 machten sich drei weitere Pilgerzüge auf, so zogen der Bayernherzog Welf, Erzbischof Thiemo von Salzburg und die Markgrafenwitwe Itha von Babenberg in den Osten, gingen aber alle durch die Seldschuken in Kleinasien zugrunde. Dagegen klappte der Nachschub über den Seeweg besser. Es war das umso notwendiger, als nur einige tausend Ritter für die Verteidigung der eroberten Gebiete zur Verfügung standen.

Das Kreuzzugsunternehmen hatte dem Papsttum die Führung der abendländischen Christenheit eingebracht. Doch wäre es verfehlt, hier an einen ausgeklügelten Coup Papst Urbans II. zu denken. Denn zugleich kam auf die Päpste die Sorge um die neueroberten Staaten zu; damit wurden auch ihre beschränkten Möglichkeiten aufgezeigt.

In der Geschichtsschreibung hat sich die Zählung von *sieben Kreuzzügen* eingebürgert. Doch ist sie etwas willkürlich, da bald alle kriegerischen Unternehmen gegen Heiden als Kreuzzüge abgesegnet wurden, andererseits es auch weitere Jerusalemzüge gab, die in dieser Zählung nicht aufscheinen. Der *2. Kreuzzug* wurde durch den Fall Edessas ausgelöst (1144). Papst Eugen III. beauftragte Bernhard von Clairvaux mit der Kreuzzugspredigt. Dieser gewann Ludwig VII. von Frankreich und zu Weihnachten 1146 den widerstrebenden Konrad III. für das Kreuz. Im Mai 1147 brach das deutsche Heer mit zahlreichen Fürsten und Bischöfen auf, erreichte nach Schwierigkeiten Anatolien, wurde aber am 15. Oktober bei Doryläum vernichtend geschlagen. König Konrad entkam nur mit einem Zehntel des Heeres der Katastrophe. Der französische König zog die sicherere Küstenstraße entlang und dann zu Schiff nach Antiochien. Auf einem Fürstentag zu Akkon wurde ein Feldzug gegen Damaskus beschlossen, obwohl die dortige Burjidendynastie seit langem mit Jerusalem verbündet war. Er nahm einen schmählichen Ausgang und brachte außerdem den Verlust eines wichtigen Bundesgenossen. So wurde der 2. Kreuzzug nach den hohen Erwartungen zu einem eindeutigen Mißerfolg. Einzig die Eroberung Lissabons im fernen Westen durch englische und flämische Kreuzfahrer war als Erfolg zu verbuchen.

Mit dem Mißerfolg wurde auch erstmals Kritik an den Kreuzzügen laut. Vordergründig wurde die Schuld auf die Untreue der Griechen geschoben; doch Gerhoh von Reichersberg bezeichnete bereits die kirchliche Kriegführung als »Werk des Teufels und des Antichrist«.

Die Situation der Kreuzfahrerstaaten verschlechterte sich in den nächsten Jahrzehnten rasch. Die Ritter waren nach dem Tode des jungen, an Aussatz kranken Königs Balduin IV. uneiniger denn je. Sultan Saladin war es gelungen, die islamischen Kräfte mit Ägypten zu vereinigen. Am 4. Juli 1187 gelang ihm der entscheidende Sieg über die Ritterheere bei den Hattins-Hörnern in der Nähe von Tiberias; am 2. Oktober fiel Jerusalem. Damit hatte eigentlich das ganze Kreuzzugsunternehmen ein Ende gefunden. Was folgte, waren nur mehr Nachspiele.

Der Fall Jerusalems löste den *3. Kreuzzug* aus. Papst Klemens III. gelang es, Frieden zwischen Frankreich und England zu schaffen und alle wichtigen Fürsten Europas zur Teilnahme zu bewegen. Die Leitung lag bei Kaiser Friedrich Barbarossa, der mit einem wohlgerüsteten Heer 1189 von Regensburg aufbrach. Doch fand er am 10. Juni 1190 bei der Durchquerung des Flusses Saleph in Südanatolien den Tod. Sechs Wochen später starb auch sein Sohn Friedrich von Schwaben, worauf sich das deutsche Heer auflöste. König Richard Löwenherz von England kam zu See, eroberte 1191 Zypern und entsetzte mit einem englisch-französischen Heer das belagerte Akkon. Darauf zerstritten sich die Fürsten; der französische König kehrte heim. Richard gelang es noch, durch einige Siege den Küstenstreifen zu sichern, Jerusalem aber blieb moslemisch. In einem Waffenstillstand (1192) konnte er den freien Zugang für Pilger in die Heilige Stadt erreichen. Letztlich blieben also den Kreuzfahrern nur der Küstenstreifen und einige Burgen, die nunmehr von Zypern aus geleitet wurden.

Nicht in der offiziellen Kreuzzugszählung scheint das Unternehmen Kaiser Heinrichs VI. auf, der 1195 einen Zug gelobt hatte. Er schickte ein Heer unter Konrad von Querfurt voraus, das Tyrus und Sidon erobern und die Küste sichern konnte. Der Tod des Kaisers (1197) und die Doppelwahl in Deutschland verhinderten einen erfolgreichen Abschluß des Unternehmens. Erstmals wurde für diesen Kreuzzug auch eine Steuer eingehoben.

Darauf baute auch der neue Papst Innozenz III. seinen Kreuzzugsplan auf. Die Ritter sollten besoldet, die Gelder durch eine Besteuerung der Kirchengüter aufgebracht werden, um dadurch den Einfluß der Herrscher auszuschalten. Ab 1198 propagierte der Papst den (4.) Kreuzzug und versuchte, auch mit den Griechen in Kontakt zu kommen. Die Kreuzfahrer – hauptsächlich Franzosen und Piemontesen – sammelten sich 1202 in Venedig, das mit seiner Flotte die Überfuhr bewerkstelligen sollte. Da zuwenig Geld vorhanden war, verpflichteten sich die Ritter zur Eroberung Zadars in Dalmatien, einer christlichen Stadt unter dem König von Ungarn, und schließlich 1204 zur Eroberung Konstantinopels, das man faktisch zu einer venezianischen Kolonie machte. Der Kreuzzug war dem Papst völlig entglitten, für die Venezianer wurde er zu einem immensen Raubzug. Doch stand das in keinem Verhältnis zu den daraus entstandenen Schäden: zwischen der griechischen und lateinischen Kirche war jede Vertrauensbasis zerstört, ebenso die einzige Macht, die den Türken Widerstand leisten konnte. Damit waren auch die Reste der Kreuzfahrerstaaten bedroht und die Kreuzzugsidee als solche desavouiert.

Eine irrationale Reaktion darauf war der *Kinderkreuzzug* von 1212. Ein französicher Hirtenknabe namens Stephan und der zehnjährige Nikolaus von Köln führten Tausende Kinder nach Marseille bzw. Brindisi, wo dann ein Großteil umkam oder in die Sklaverei verkauft wurde.

Die *Wiedereroberung Jerusalems* blieb einer der wichtigsten Programmpunkte im Pontifikat Innozenz' III. Beim *4. Laterankonzil* (1215) wurde ein großer Kreuzzug für 1217 vereinbart, Zehente eingehoben und Propaganda gemacht. König Andreas II. von Ungarn und Herzog Leopold VI. von Österreich schlugen sich wenig erfolgreich vor Akkon herum. Das Haupteer aber zog nach Ägypten. Zwar wurde Damiette erobert, doch wurde der Zug durch den Titularkönig von Jerusalem, Johann von Brienne, und den päpstlichen Legaten Pelagius so unglücklich geführt, daß er mit einer schweren Niederlage endete (1221).

Kaiser Friedrich II. hatte schon 1215 das Kreuz genommen, den Zug aber immer wieder verschoben. Erst 1227 sammelte er ein großes Heer in Brindisi. Doch war das ganze Unternehmen bereits vom Kampfe der Päpste gegen die Staufer überschattet. Denn als der Kaiser erkrankte und den Kreuzzug verschieben mußte, bannte ihn Papst Gregor IX. Trotzdem begab sich Friedrich 1228 persönlich nach Syrien und erreichte durch Verhandlungen – allerdings mit einem Heer im Rücken – die Herausgabe von Jerusalem, Bethlehem und Nazaret mit einem Korridor nach Jaffa sowie einen Waffenstillstand für zehn Jahre und krönte sich zum König von Jerusalem. Es war an sich der erfolgreichste Kreuzzug seit dem ersten Unternehmen dieser Art.

Trotzdem blieb er nur ein Zwischenspiel. Denn 1244 fiel Jerusalem endgültig in die Hand der Moslems, und das Ritterheer wurde bei Gaza vernichtet. Deshalb wurde beim 1. Konzil von Lyon (1245) wiederum ein neuer Kreuzzug diskutiert, neue Steuern beschlossen; doch die Begeisterung war erkaltet. Nur König Ludwig IX. der Heilige (1226–1270) von Frankreich unternahm 1248 eine Kreuzfahrt gegen Ägypten, wurde mit seinem Heer gefangengenommen und konnte sich nur gegen Lösegeld freikaufen (1250, *6. Kreuzzug*). Er hielt sich noch bis 1254 in Palästina auf und ordnete die Angelegenheiten der fränkischen Staaten.

Von nun aber nahm die lateinische Herrschaft im Orient ein rasches Ende. 1261 wurde das lateinische Kaiserreich in Konstantinopel beseitigt. 1268 gingen Jaffa und Antiochien verloren. Daraufhin unternahm König Ludwig seinen letzten *(7.) Kreuzzug.* Er wollte Tunis erobern in der Hoffnung, daß der dortige Emir sich taufen ließe und gemeinsam mit seinem Heer gegen Ägypten ziehen werde. Ludwig starb mit einem Großteil seines Heeres bei der Belagerung der Stadt 1270 an der Pest. 1289 fiel Tripolis und zuletzt 1291 Akkon. Versuche des *2. Lyoner Konzils* zu einem Kreuzzug waren 1274 ins Leere gegangen. Schuld an diesem Niedergang aber war keineswegs in erster Linie die Macht der islamischen Staaten, denn diese war durch die Mongoleneinfälle ohnedies geschwächt. Ebenso schwer wog die innere Zerstrittenheit der abendländischen Ritter, die oft genug gegeneinander kämpften und sich keiner Autorität unterstellen wollten. Die Ursachen dafür sind schon im 1. Kreuzzug gelegen.

§ 82
Kreuzzüge mit anderen Zielsetzungen

Die Kreuzzugsidee hatte in Europa derartig gezündet, daß bald auch andere Kriegszüge als Kreuzzüge deklariert wurden. Schon Papst Urban II. anerkannte die *Reconquista* auf der Iberischen Halbinsel als Kreuzzug und verlieh den Kämpfern die gleichen Ablässe wie den Heilig-Land-Fahrern. Die Wiedereroberung der Halbinsel wurde bis 1265 mit Erfolg abgeschlossen; nur das islamische Königreich Granada hielt sich noch bis 1492. Bedenklich aber war, daß auch der *Krieg gegen die Wenden* 1147/48 als Kreuzzug deklariert wurde. Vollends veränderte der Kreuzzugsgedanke seinen Sinn, als er ein Instrument der Kirchenpolitik wurde und gegen jeden, der gegen Kirchengebote verstieß, eingesetzt wurde, wie etwa gegen zehentverweigernde *Bauern*, aber auch gegen *Häretiker* und *Schismatiker*. So wurden vor allem die Kämpfe gegen die *Albigenser* (ab 1208) als Kreuzzug bezeichnet, die äußerst grausam geführt wurden und letztlich nur der Stärkung der königlichen Macht in Frankreich dienten. Als Kampf gegen Schismatiker wurde auch der 4. Kreuzzug verstanden; daher hat sich Papst Innozenz III. auch niemals richtig von den Greueltaten bei der Eroberung Konstantionpels distanziert. Papst Gregor IX. gestattete dem Erzbischof von Bremen einen Kreuzzug gegen abgabeunwillige Untertanen (1232–1234) und verlieh den Teilnehmern die gleichen Ablässe wie den Kreuzfahrern. Zur bloßen

Kirchenpolitik entarteten die Kreuzzüge gegen Kaiser Friedrich II. und seine Erben.

Etwas anderer Art waren die Kreuzzüge gegen die *Preußen* und *Litauer,* wo man immerhin vorgeben konnte, gegen *Heiden* zu kämpfen. Daher erlahmte die Kreuzzugsbegeisterung immer mehr, erlosch aber nie ganz. Im 15. Jahrhundert wurde die Idee wieder aufgegriffen und daher die *Hussitenkriege* als Kreuzzüge verstanden. Auch als die Päpste Calixt III. und Pius II. die *Abwehr der Türken* unter diesen Gedanken stellten, hatten sie nur geringen Erfolg.

§ 83
Die Ritterorden

Die Anfänge der Ritterorden liegen im *Pilger- und Krankendienst,* woraus der kriegerische Schutz gegen Moslems und Heiden erwuchs. Ihre Regel lehnte sich meist an die Augustiner- oder Benediktinerregel an, doch hatten sie eine ihren Aufgaben angemessene Struktur. Daher waren die Mitglieder in drei Gruppen geteilt: adelige Ritter für den Waffendienst, Ordenskapläne und Brüder für den Kranken-, aber auch Waffendienst. An der Spitze stand der *Hochmeister (Großmeister, Deutschmeister),* ihm zur Seite das *Generalkapitel.* Für das Heilige Land wurden nur die Johanniter und die Templer von Bedeutung, wo ihnen zunächst der Schutz der Pilger, später auch der Schutz zahlreicher Burgen zustand. Häufig aber standen die Orden im Streit untereinander, immer aber mit dem König von Jerusalem. Durch zahlreiche Stiftungen und eine geschickte Finanzpolitik erlangten sie großen Reichtum. Wegen der weitreichenden päpstlichen Privilegien entzogen sich die Orden weitgehend jeglicher staatlicher Kontrolle sowohl im Heiligen Land als auch in den europäischen Ländern.

Der Templerorden enstand um 1119 in Jerusalem, wo Hugo von Payens mit sieben französischen Rittern sich zu einer Genossenschaft verband und das Gelübde des bewaffneten Schutzes der Jerusalempilger übernahm. König Balduin wies ihnen ein Haus beim Tempel Salomons zu; daher der Name. 1128 gab ihnen *Bernhard von Clairvaux* eine Regel und empfahl sie der abendländischen Ritterschaft. Sie wurden 1139 exemt und nahmen bald einen großartigen Aufschwung. Die Mitglieder waren in der Mehrzahl Franzosen, und in Frankreich lagen auch die wichtigsten Besitzungen. Nach dem Fall von Akkon (1291) verlegte der Orden seine Tätigkeit nach Zypern, degenerierte aber rasch und fand sein Ende im berüchtigten *Templerprozeß* ab 1305 (endgültig 1312 durch Papst Klemens V. aufgehoben). Neben dem Militärdienst unterhielten sie auch Hospitäler.

Die Anfänge der *Johanniter* (auch: Hospitaliter, Rhodesier, Malteser) reichen etwas weiter zurück. Um die Mitte des 11. Jahrhunderts errichteten Kaufleute aus Amalfi ein Hospital in Jerusalem bei einer Johanneskirche. Zur Zeit des 1. Kreuzzuges leitete Gerhard von Amalfi das Spital. Unter seinem Nachfolger Raymund von Puy (1120–1160) wurden die Johanniter zu einem Ritterorden, behielten aber die Spitalspflege bei. Auch in Europa betrieben sie Hospitäler und brachten so die überlegenen medizinischen Kenntnisse der Araber ins Abendland. Nach dem Fall Akkons und einem kurzen Aufenthalt auf Zypern eroberten sie Rhodos mit dem Dodekanes und bauten diese Inseln zu einem Bollwerk gegen die Türken und einem Handelszentrum aus (1309–1522). Von den Türken schließlich vertrieben, erhielten sie von Kaiser Karl V. 1530 die Insel Malta, von wo aus sie den Kampf gegen die sarazenischen Piraten weiter betrieben. Durch die Französische Revolution verloren sie ihren Besitz, durch Napoleon 1798 auch die Insel Malta. Seit 1859 lebten die Malteser wieder auf; sie betätigen sich vor allem im Krankenpflegedienst.

Der dritte große Ritterorden, der *Deutsche Orden*, entstand 1190 aus einem Feldlazarett vor Akkon, kam aber im Heiligen Land nicht mehr zum Einsatz. 1191 bestätigte Papst Klemens III. die Hospitalsgemeinschaft, 1198 erfolgte die Umwandlung in einen Ritterorden. Ab 1230 verlegte der Orden unter dem Hochmeister Hermann von Salza seine Tätigkeit nach Preußen (Kulm) und vereinigte sich 1237 mit den Schwertbrüdern in Livland. Hier entstand das *Deutsch-Ordensland*, das von der Weichsel bis zum Finnischen Meerbusen reichte. Seit 1309 hatte der Hochmeister seinen Sitz in der Marienburg. Nach der Schlacht von Tannenberg gegen die Polen 1410 begann der Abstieg des Ordens. 1525 verwandelte der damalige Hochmeister Albrecht von Brandenburg das Ordensland in ein protestantisches Fürstentum. Im katholischen Teil Deutschlands erhielt sich der Orden, wurde allerdings 1805 in den Rheinbundstaaten aufgehoben. Heute hat er sein Zentrum in Wien sowie Niederlassungen in Südtirol und einigen deutschen Städten.

Neben den drei großen gab es noch eine Reihe kleinerer Ritterorden, von denen aber nur jene auf der Iberischen Halbinsel einige Bedeutung erlangten und dort für die Reconquista tätig waren. 1318 stiftete König Dionysius von Portugal aus den Mitgliedern des aufgehobenen Templerordens den *Christusorden*; in ihm hatte ab 1433 das Königshaus die Großmeisterwürde inne. Dies war insofern für später von großer Bedeutung, als der Orden das Patronatsrecht für alle portugiesischen Missionen bekam. Der Christusorden wurde 1797 aufgehoben. Nur vorübergehend Ritterorden waren die *Mercedarier* (Gründer: Petrus Nolaskus und Raimund von Peñaforte 1218), die sich dem Loskauf der Gefangenen aus den Händen der Sarazenen widmeten. Eine späte und verunglückte Gründung war der *St.-Georgs-Ritterorden*, gegründet durch Kaiser Friedrich III. 1470 (Millstatt-Wiener Neustadt).

8. DIE MISSION SEIT DEM 11. JAHRHUNDERT

Um die Jahrtausendwende waren die Völker Europas im wesentlichen missioniert; ausgenommen waren noch die Stämme der *Wenden* zwischen Elbe und Oder, sowie die Völker des *Baltikums* nordöstlich der Weichsel. Die Mission in diesen Gebieten fügte die letzten Heiden Europas der christlichen Völkerfamilie ein. Um 1270 war die Christianisierung der europäischen Völker abgeschlossen, ausgenommen die *Litauer* und das islamische Königreich *Granada*. Die Mission bei den Muslimen ging neben den abklingenden Kreuzzugsunternehmungen einher und brachte die gewaltlose Wortverkündigung wieder zur Geltung, blieb jedoch ohne größere Erfolge. Die Schwerpunkte der spätmittelalterlichen Mission lagen in der Auseinandersetzung mit dem Islam, in der *Mongolenmission* und in der Christianisierung der von Portugiesen und Spaniern neuentdeckten Gebiete. Die Bedeutung der Schwertmission – Ausbreitung des christlichen Glaubens und des Imperiums mit Waffengewalt – sank, nicht zuletzt infolge des Scheiterns der Kreuzzüge. An die Kreuzzüge und ihre älteren Wurzeln auf der Pyrenäenhalbinsel knüpfte hingegen die spanische und portugiesische *Patronatsmission* in den neuentdeckten überseeischen Gebieten an. Auf sie geht das heutige lateinamerikanische Christentum zurück.

§ 84
Wenden

Bei der Missionierung der *ostelbischen Slawen* stand der Gedanke der »dilatatio imperii christiani« im Vordergrund und bedingte das Vorherrschen der *Schwertmission*. Bezeichnend ist der im Zusammenhang mit dem 2. Kreuzzug gepredigte Wendenkreuzzug, für den Bernhard von Clairvaux die Losung »Vernichtung oder Bekehrung der Heiden« ausgab (1147). Der Kreuzzug wurde zu einem Fehlschlag.

Bereits die Ottonen hatten mit der Mission der Elbslawen begonnen, doch gingen die errichteten Bistümer in einer heidnischen Reaktion unter. Um 1120 legte König Boleslaw III. den *Pommern* die Annahme des Christentums auf. Dort betrieb ab 1124 Bischof Otto von Bamberg mit gutem Erfolg die Mission, die 1140 zur Gründung des Bistums Wollin-Kammin führte. Bei den *Wagriern* predigte der Hamburger Kanoniker Vizelin, unterstützt von Heinrich dem Löwen und Albrecht dem Bären. Er wurde 1151 Bischof des untergegangenen Bistums Oldenburg in Holstein (1160 nach Lübeck verlegt). Auch die untergegangenen Bistümer Ratzeburg und Mecklenburg-Schwerin konnten wieder errichtet werden, ebenso die südlich davon gelegenen Bistümer Havelberg und Brandenburg. Die tiefere Christianisierung leisteten in diesem Raum vor allem die Prämonstratenser und Zisterzienser. Bis etwa 1200 konnte eine grobe Pfarrstruktur eingerichtet werden.

§ 85
Baltische Länder

In *Livland* begann die Mission von Bremen und Lübeck aus um 1180, war aber erst nach dem Kreuzzug von 1198 erfolgreich. 1201 wurde Riga Bischofssitz und der Ritterorden der Schwertbrüder gegründet, mit dessen Hilfe der Bischof weite Teile des heutigen *Lettland* und *Estland* eroberte und zur Taufe zwang. 1255 wurde Riga Erzbistum für das Baltikum.

Bei den *Esten* begann die Mission von Dänemark aus um 1170, weshalb das Bistum Reval der Metropole Lund unterstellt blieb, während die beiden Bischofssitze Ösel-Wiek und Dorpat unter Riga standen.

Nach *Finnland* kam das Christentum von Schweden aus im 12. Jahrhundert, doch erst Ende des 13. Jahrhunderts konnte das Land erobert und christianisiert werden. Das Bistum Abo, 1276 gegründet, blieb Suffragan von Uppsala.

Die ersten Versuche, die *Preußen* zu bekehren, gehen auf Adalbert von Prag (997 erschlagen) und Brun von Querfurt († 1008) zurück. Die Christianisierung konnte aber erst im 13. Jahrhundert durchgeführt werden. Erst durch das Eingreifen des Deutschen Ordens (ab 1228) und mit der Hilfe von Kreuzzügen konnte das Volk zwischen Weichsel und Memel unterworfen und getauft werden. Allerdings wurden dabei mehr Preußen erschlagen als getauft. Der päpstliche Legat Wilhelm von Modena errichtete die preußischen Bistümer: 1243 Kulm, Pomesanien und Ermland, 1255 Samland. Die innere Christianisierung leisteten die Zisterzienser. Der brutalen Missionsmethode steht allerdings auch die große kulturelle Leistung des Deutschen Ordens gegenüber, der mit Hilfe deutscher Siedler das Land aufbaute. Er erlangte in den Baltischen Staaten eine überragende Bedeutung; Papst Gregor IX. überantwortete ihm das Land als Eigen, da ihm fast alle Bistümer inkorporiert waren.

Die *Litauer* hatten ihre Selbständigkeit und ihr Heidentum in harten Kämpfen gegen den Deutschen Orden behauptet. Wohl hatte ihr Fürst Mindowe 1250 das Christentum angenommen, war aber 1263 ermordet worden. Ab 1323 predigten Dominikaner und Franziskaner, doch erfolglos; 1325 wurden 36 Franziskaner verbrannt. Die Bekehrung dieses Volkes kam dann durch politische Umstände: Großfürst Jagello nahm 1386 den christlichen Glauben an, um auch König von Polen werden zu können; er ließ auch das Volk taufen und proklamierte das Christentum als Staatsreligion. Die Bevölkerung wurde in Scharen zu den Flußufern getrieben und getauft. Dem Volk wurde bedeutet, daß der Christengott stärker sei, da dessen Priester die Götzenbilder ungestraft zerstören konnten. Ab 1413 wurden auch die Sammaiten (Niederlitauer) christianisiert. An der eigentlichen religiösen Durchdringung waren vor allem die Bettelorden beteiligt. 1387 wurde Wilna Bistum, 1417 Medininkai oder Samogitien (im 19. Jahrhundert nach Kaunas verlegt).

§ 86
Missionsversuche gegenüber dem Islam

Die Kreuzzüge bezweckten nicht die Bekehrung der Moslems, sie wurde gar nicht versucht. Aber gerade ihre militärische Erfolglosigkeit führte zu einer *neuen Missionsmethode*. Bahnbrechend dafür waren die *Bettelorden*. So versuchte schon Franz von Assisi 1219 vor Damiette den ägyptischen Sultan Al Kamil zu bekehren; auch sandte er fünf Ordensbrüder zur Mission nach Marokko, die dort 1220 als Märtyrer starben. Es waren dies Ansätze zur *Wortmission*, im Gegensatz zur herkömmlichen *Schwertmission*. Ihre volle Ausprägung fand die Wortmission allerdings erst später. Die Minoriten nahmen das Missionsprogramm auch ausdrücklich in ihre Regel auf. Minoriten und Dominikaner waren es auch, die sich um eine neue Missionsmethode mühten. Die Dominikaner förderten das Studium der arabischen und hebräischen Sprache. Raimund Lull (1231–1315), der selbst in den islamischen Ländern als Missionar tätig war, regte die Gründung von Missionskollegien an, die auch das *Konzil von Vienne* erfolglos forderte. Direkt modern wirkt die Bildung der »Societas peregrinantium propter Christum« um die Mitte des 13. Jahrhunderts mit einem Missionsverein für den Orient.

Die *Islammission* gelangte über Ansätze nie hinaus, da die Predigt vor Moslems in den arabischen Ländern verboten blieb. Daher gab es Franziskanermärtyrer in Marokko, Tunis (1225) und Ceuta (1227). Um 1226/27 soll auch eine Franziskanerprovinz Berberei mit Vikariaten Tunis und Marokko bestanden haben. Die neu errichteten Bistümer Marokko und Fes dienten eher der Betreuung europäischer Händler und Gefangener als der Mission; auch Reste der altchristlichen Bevölkerung konnten angesprochen werden. In den Kreuzfahrerstaaten widmeten sich die Franziskaner der »Rückführung« orientalischer Christen. Doch wird auch von Missionsfahrten in rein islamische Gebiete berichtet, wenn auch die Nachricht von der Taufe einiger tausend Moslems unglaubwürdig ist. Wohl aber betreuten die Minoriten die heiligen Stätten bis 1291 und dann wieder seit 1333.

§ 87
Die abendländische Mission bei den Mongolen

Dschingis-Khan einte 1206 verschiedene Stämme zum mächtigen Volk der Mongolen, eroberte Nordchina, Innerasien und das nördliche Persien und besiegte die Russen. Unter seinen Nachfolgern bildeten sich vier Teilreiche: in

Rußland und Westsibirien herrschte die Goldene Horde, in Mesopotamien und Persien die Ilchane, Zentralasien bildete das Reich Tschagatai, und Ostasien (Mongolei und China) unterstand dem Großkhan mit der Hauptstadt Karakorum bzw. später Khanbaliq (Peking). Die Religion der Mongolen war schamanistisch; doch schon um 1000 bekehrten sich einige Stämme zum nestorianischen Christentum. In den folgenden Jahrhunderten huldigten sie einem Synkretismus von Schamanismus, Buddhismus, Islam und Christentum und waren gegenüber allen Religionen tolerant und offen.

Zwischen 1230 und 1237 reisten mehrfach *ungarische Dominikaner* in das Gebiet zwischen Wolga und Ural, um die Urheimat der Magyaren zu finden. Sie trafen dort die stammesverwandten Kumanen; doch schon 1236 wurden diese von den Mongolen überrannt, worauf ein Teil nach Ungarn entfloh. Ihnen galt auch der *Mongolenzug* nach Mitteleuropa (Schlacht bei Liegnitz in Schlesien, Verwüstung Ungarns und Kroatiens 1241). Trotzdem nahmen bald darauf die Päpste und der französische König mit den Mongolen oder Tataren, wie sie auch genannt wurden, Kontakt auf. Man wußte im Abendland von den Missionserfolgen der Nestorianer in Zentralasien – sie hatten dort einen Turkmenenfürsten am Baikalsee bekehrt, in dem man den legendären Priesterkönig Johannes sah. Daher sandte Papst Innozenz IV. den Minoriten Johannes von Piano di Carpine 1245/47 nach Karakorum, ebenso der französische König den Flamen Wilhelm von Rubruck (1253/55). Die Mission setzte aber erst später ein.

Im Reich der *Goldenen Horde* gründeten die *Minoriten* und *Dominikaner* einige Niederlassungen; ab 1300 hatten sie auch gute Erfolge zu verzeichnen. Doch schon ab 1313 begann eine Islamisierungswelle unter den Mongolen, die sich um 1360 endgültig dem Islam zuwandten. Damit verschwand das Christentum aus diesem Gebiet bis zur Eroberung durch die Russen. Im Mittelreich Tschagatai war der Einfluß des Islams von Anfang an stärker, doch gelang auch hier die Errichtung von Bischofssitzen und Ordensniederlassungen.

Im Reiche der *Ilchane* waren vor allem die *Dominikaner* tätig. Die Ilchane pflegten nach der Erorberung Bagdads und der Ermordung des Kalifen wohlwollende Beziehungen zu den Nestorianern und Jakobiten. Auch die europäischen Mächte nahmen mit ihnen Kontakt auf, um mit ihnen die Moslems zu bekämpfen und die Reste der Kreuzfahrerstaaten zu retten. So erschien 1274 beim Konzil von Lyon eine mongolische Delegation, um ein Bündnis gegen die Mamelucken in Ägypten abzuschließen. Ein Delegationsmitglied ließ sich auch taufen. Man setzte in Europa große Hoffnungen auf die Bekehrung dieser Mongolen, da auch die Dominikaner in der Herrscherfamilie einigen Erfolg hatten. Doch brach die Mission unter Timur-Leng (Tamerlan, 1336–1405) zusammen, der sich mit seinem Volk dem Islam zuwandte. Die große Pest von 1348 entvölkerte auch noch die Klöster.

Am bedeutsamsten war die Mission im Großkhanat, also in der *Mongolei* und in *China*. Marco Polo stellte mit seinen Reisen 1261/69 den Kontakt her. Der Großkhan forderte durch ihn 100 gelehrte Priester aus Europa an, doch erreichte zunächst nur der Minorit Johannes von Montecorvino die Hauptstadt

Khanbaliq. Erste Erfolge hatte er bei den Ongüt, einem nestorianischen Volk. In Peking gelang es ihm, durch weitgehende Akkommodation eine Kirche von Mongolen und Chinesen aufzubauen. 1307 erhob Papst Klemens V. Peking zur Metropole und unterstellte ihm alle Bistümer vom Schwarzen Meer bis nach China. 1328 zählte man in China etwa 30.000 katholische Christen. Doch riß der Kontakt mit Europa ab. Als 1338/45 ein päpstlicher Legat Innerasien und China bereiste, fand er dort keine Bischöfe mehr. Mit der Machtergreifung der nationalen Mingdynastie in China fand dort das Christentum nach 1368 ein vorläufiges Ende.

Zwar war der Mission der Dominikaner und Minoriten im 13. und 14. Jahrhundert bei den Mongolen kein dauerhafter Erfolg beschieden, doch kann ihre Leistung und ihr Heroismus nicht hoch genug eingeschätzt werden. Ohne jede militärische und diplomatische Rückendeckung und nur in sporadischem Kontakt mit ihrer Heimat predigten sie unter bisher fremden und oft feindseligen Völkern. Es war nach langer Zeit der erste Ausbruch aus der Enge des Abendlandes.

§ 88
Der Beginn des spanischen und portugiesischen Missionspatronats

Auf der *Iberischen Halbinsel* hatte die Mission vom Hochmittelalter her eine Art Kreuzzugscharakter. Mit der Vereinigung von Aragon und Kastilien 1479 lebte der Eifer für die Glaubenseinheit in besonderer Weise auf. Die *Inquisition* wurde wiederbelebt, die Mauren aus Granada vertrieben und Vorkehrungen getroffen, alle *Juden und Mauren* zur Taufe oder zur Auswanderung zu zwingen. Die getauften Mauren (Morisken) und Juden (Marranen) wurden von der Inquisition streng überwacht.

Zwar schlug die Eroberung der marokkanischen und algerischen Küste fehl, doch gelang die Umgehung des islamischen Riegels durch die systematische Erforschung der *westafrikanischen Küste*. Wichtigstes Ereignis aber wurde die Entdeckung *Amerikas*. Die Kanarischen Inseln wurden schon im 13. Jahrhundert durch die Genuesen endeckt und im 14. Jahrhundert missioniert. Doch erst ab 1400 kam es zu einer erfolgreichen Mission unter den heimischen Guanchen durch die Franziskaner. Bekanntester Missionar wurde der hl. Didacus von Alcala (San Diego). 1404 wurde auf Lanzerote ein Bistum errichtet, das dann 1483 nach Las Palmas auf Gran Canaria verlegt wurde. Für die weitere Erforschung Westafrikas wurde der *Christusorden* bedeutsam. Sein Großmeister, Prinz Heinrich der Seefahrer von Portugal, sandte auf Kosten der Christusmiliz jährlich einige Schiffe zu diesem Zweck aus. 1419 wurde Madeira, 1424 die Azoren entdeckt. Papst Eugen IV. sprach 1443 alle eroberten und noch zu erobernden Gebiete dem Christusorden zu. Noch bedeutsamer wurde die Bulle Papst Calixts III. *Inter cetera* von 1456, in der dem Christusorden das vollständige Ius patronatus für alle Gebiete von der westafrikanischen Küste bis Indien verliehen wurde. Da aber die Großmeisterwürde mit dem Königshaus verbunden war, bedeutete dies, daß wohl die Krone die Pflicht zur Mission übernahm, aber ihr auch das gesamte Kirchenwesen in den Kolonien für Jahrhunderte unterstellt wurde.

An der Guineaküste betrieben die Portugiesen kaum Mission, da sie nur Handelsplätze errichteten. Nur an der Kongomündung gelangte die Mission nach 1482 zu einer größeren Entfaltung, deren Entwicklung aber dem 16. Jahrhundert angehört. Auch die spanische Mission in Amerika kam erst im 16. Jahrhundert zum Tragen. Für sie ist der bekannte Schiedsspruch Papst Alexanders VI. von 1493 bzw. dessen Revision von 1494 im Vertrag von Tordesillas die Grenze zur Neuzeit: In diesen Regelungen wurden die Interessensphären zwischen spanischer und portugiesischer Macht und damit auch der Mission abgegrenzt.

9. DAS VERHALTEN DER KIRCHE GEGENÜBER HÄRETIKERN UND JUDEN

Anders als die Ostkirche, deren Geschichte durchgehend von Häresien begleitet war, hatte die abendländische Kirche des Frühmittelalters keine häretischen Nebenzweige. Auch der Bilderstreit kam aus der Ostkirche und beunruhigte den Westen nur am Rand. Erst nach der Jahrtausendwende zeigen sich häretische Strömungen, im 12. Jahrhundert erscheinen gefährliche Volkshäresien von bedrohlicher Verbreitung und schließlich im Spätmittelalter die nationalen Häresien in England und Böhmen.

§ 89
Theologische Abweichungen

Einzelne Theologen vertraten gelegentlich abweichende Lehren, die keine größere Gefahr bedeuteten. So erlag der *Adoptianismus* (Christus in seiner menschlichen Natur nach nur Adoptivsohn Gottes) des Erzbischofs Elipandus von Toledo und des Bischofs Felix von Urgel dem Widerstand der fränkischen Theologen (Elipandus † 802). Auch der sächsische Mönch Gottschalk († 868/69) konnte mit seiner Prädestinationslehre gegen Rhabanus Maurus und Hinkmar von Reims nicht aufkommen. Im *Ersten Abendmahlsstreit* standen gegen die übertreibende Identitätslehre des Paschasius Radbertus († ca. 856) wiederum Rhabanus Maurus, dazu Rathramnus von Corbie mit einer stärker symbolischen und Johannes Scotus mit einer spiritualistischen Sakramentslehre. Eine neue Auseinandersetzung um die Eucharistie erhob sich zwei Jahrhunderte später zwischen Berengar von Tours (spiritualistischer Symbolismus) und Vertretern einer modifizierten Wandlungslehre (Fastensynode 1079: Brot und Wein werden der Substanz nach – also nicht einfachhin – verwandelt), die den älteren groben Realismus (Fastensynode von 1059) ablöste. Berengar unterwarf sich.

§ 90
Frühe häretische Bewegungen

Nach der Jahrtausendwende begegnen, geographisch und soziologisch weit gestreut, noch heute schwer zu deutende Gruppen in Frankreich, Oberitalien und Deutschland, die aus dem kirchlichen und gesellschaftlichen Rahmen fielen, sich auf ihr Charisma beriefen und kirchliche Lehren bzw. Einrichtungen wie Zehent, Gehorsam, Kindertaufe, Eucharistie, Fegefeuer und Kreuzverehrung ablehnten. Vereinzelt kommen dazu Bemühungen um die religiöse Volksbildung und die Übersetzung der Heiligen Schrift. Im geistigen Aufbruch des 11. Jahrhunderts sind diese »Ketzer« die Spitze eines Eisberges, an ihrer Gefährlichkeit ist nicht zu zweifeln. Die Bewegung wurde überlagert von der durch Gregor VII. verkörperten Kirchenreform.

§ 91
Die Katharer

Nicht eindeutig dem Christentum zuzurechnen sind die Katharer, deren eine Wurzel, die Betonung evangelischer Lebensführung, sie mit der kirchlichen Reformbewegung verbindet. Von den Bogomilen auf der Balkanhalbinsel (und über sie von älteren Häresien) kam ihr Dualismus, die Gegenüberstellung des guten Gottes und des bösen Prinzips, wobei dieses von ihnen vor allem in Materie, Körper und Sexualität gesehen wurde. Daraus ergaben sich die Forderungen harter Askese, völliger sexueller Enthaltsamkeit und strengen Fastens, die nur von den »Vollkommenen«, den eigentlichen, ihres Heiles gewissen Mitgliedern eingehalten wurden. Neben der von griech. *katharoi* (daraus deutsch »Ketzer«) kommenden Bezeichnung gab es auch andere wie z. B. *Albigenser* (von der Stadt Albi).

Die Katharer, die größte mittelalterliche Sekte, wurden zur ausgesprochenen Gegenkirche mit eigenen Bischöfen. Der Aufnahmeritus des »Consolamentum« verpflichtet zur vollen Strenge und wurde daher von vielen bis zum Sterben aufgeschoben. Gegen die Mitte des 12. Jahrhunderts plötzlich am Rhein, in Nordfrankreich und dann in Italien (»Patarener«) auftauchend, fanden sie vor allem in Südfrankreich ein Klima des Antiklerikalismus und der Toleranz seitens der Adeligen und der Magistrate.

Gegenmaßnahmen der Bischöfe und Papst Alexanders III. (Konzil von Tours 1165), päpstlicher Legaten und des 3. Laterankonzils (1179) konnten die Bewegung ebensowenig eindämmen wie die Predigten der Dominikaner. Nach der Ermordung eines päpstlichen Legaten (1208) rief Innozenz III. gegen sie den *Kreuzzug* aus, den französische Adelige unter Wahrnehmung eigener Interessen in den sogenannten *Albigenserkriegen* (1209–1229) ausführten.

Später brachte die Inquisition die Katharerbewegung in Südfrankreich zum Erliegen, in anderen Ländern, namentlich in Italien, hielt sie sich infolge mangelnder Mitwirkung der Obrigkeiten länger.

§ 92
Die Waldenser

Stärker an Armut und Wanderpredigt orientiert als die Katharer blieben die Waldenser, die in vielem der späteren franziskanischen Bewegung ähnlich sind. Der Kaufmann Petrus Waldes in Lyon erlebte um 1175 seine Berufung und wurde Mittelpunkt einer Bewegung, die sich rasch verbreitete, in einer eigenen Spielart (»Lombardische Arme«) auch in Oberitalien.

Auf dem 3. Laterankonzil lobte Alexander III. die Armut der Waldenser, die sich an ihn wandten, verwies sie mit ihrem Predigtanliegen aber an die Hierarchie. Als diesbezügliche Vereinbarungen mit dem Erzbischof von Lyon ihren Predigteifer nicht auffangen konnten, entwickelten sie sich in kirchenkritischer Richtung. Sie verfielen in Verona 1184 der großen Ketzerverurteilung und damit der Verfolgung durch die Inquisition. Vorher Gegner der Katharer, nahmen die Waldenser nun deren Lehren teilweise an und schufen eine von Waldes eingerichtete eigene Kirchenleitung (Bischöfe, Priester, Diakone). Zukunftweisend wurde ihre Bemühung um die Bibel (Übersetzung ins Provenzalische) und die Berufung auf Christus als den höchsten Bischof gegen die Hierarchie. Die Bewegung wurde so ein Opfer des Konfliktes zwischen Charisma und Institution, spontaner christlicher Bewegung und hierarchischem Rechtsdenken. Innozenz III. hatte mit seinem Bemühen, verschiedene Gruppen von »Armen« zurückzuführen, teilweise Erfolg.

Die Waldenser, mit denen sich die Inquisition noch das ganze Mittelalter befaßte, breiteten sich bis Polen und Ungarn aus und bildeten kleine, verborgene Gemeinden, vor allem in einfachen Bevölkerungsschichten. Manche gingen später in den Hussiten, den Böhmischen Brüdern oder protestantischen Kirchen auf. Die meisten heutigen Waldenser leben in Italien (Theologische Fakultät in Rom).

§ 93
Die Inquisition

Die Gefährlichkeit vor allem der Katharer führte zur *Inquisition*, die auch bei heute ruhigerer Beurteilung viel Schreckliches aufweist und zu den beunruhigendsten Themen der Kirchengeschichte gehört. Die selbstverständliche bischöfliche Sorgepflicht für die Reinerhaltung des Glaubens hatte – anders als das gewaltsame Vorgehen fanatischer Massen – kirchlich korrekte Disziplinierung angewandt (Bußen, Bann, Klosterhaft). Durch die Päpste Alexander III. (1159–1181), Lucius III. (1181–1185) und Innozenz III. (1198–1216) kam es zum Vorgehen von Amts wegen (nicht erst bei Anklage) und zur Behandlung der Häresie als Majestätsverbrechen, Bischöfe und andere Verantwortungsträger waren zum Aufspüren (»Inquisition«) der Ketzer verpflichtet. Seit dem *Konvent von Verona* (1184 Kaiser Friedrich I., Lucius III.) folgte dem Kirchenbann die Reichsacht. Kaiser Friedrich II. führte den Feuertod ein, der vorher schon in Aragon verhängt wurde.

Der eigentliche Schöpfer der Inquisition wurde Gregor IX., der sie 1231 zusammenfassend ordnete und Bettelmönchen übertrug (wichtige Domäne vor allem der Dominikaner). Mit der Einführung der Folter bei der Untersuchung durch Innozenz IV. (1252) ist die Entwicklung im wesentlichen abgeschlossen.

Belastende Momente sind vor allem das »Ausufern« durch wachsende Zuständigkeiten, Annahme von Denunziationen, Geheimhaltung der Ankläger und Belastungszeugen, Ausschaltung einer wirksamen Verteidigung, Erpressen von »Geständnissen« durch die Folter, Behandlung eines nachträglichen Widerrufs derselben als »Rückfall« (Todesstrafe), Fehlen einer Berufungsmöglichkeit, Vollstreckung der Urteile durch den weltlichen Arm, Indienstnahme für politische Zwecke des Papsttums und mancher Herrscher. Widerstand ergab sich bei fanatischem Vorgehen von Inquisitoren wie dem berüchtigten, von Rittern erschlagenen (1233) Konrad von Marburg.

Mit dem Zurücktreten der *Ketzerinquisition* im 14./15. Jahrhundert verband sich der Aufstieg der noch schlimmeren *Hexenverfolgung*, die gleichfalls der Inquisition zustand. Eine Sonderform enstand in Spanien, wo Zwangskonversionen (seit 1391) von Juden und Mauren Verdacht erregten (berühmtester Großinquisitor Thomas von Torquemada, 1420–1498) und »Autodafés« (portugies. aus »actus fidei«) als große Glaubensdemonstrationen veranstaltet wurden. Die Aufklärung beseitigte die Reste der Inquisition in den von ihr noch betroffenen Ländern.

§ 94
Spätere kirchenkritische und häretische Gruppen

Katharer und Waldenser sind keineswegs die einzigen oppositionellen bzw. häretischen Gruppen, sondern es finden sich im 12./13. Jahrhundert an vielen Orten lose Zusammenschlüsse, vorwiegend von Laien, zu Buße oder Tätigkeit in Spitälern, im Äußeren und in der Haltung den Bettelorden und ihren Dritten Orden ähnlich, ferner die noch bei den Wallfahrten zu erwähnenden Geißlerbruderschaften.

Gegen den Zwang der Großkirche stellte sich ferner seit dem späten 13. Jahrhundert die weit verbreitete und vielgestaltige *Bewegung des Freien Geistes*, die mit ihrem Streben nach einem ernsten und elitären Christentum unter Berufung auf den Geist der Freiheit (nicht »libertas ecclesiae«, sondern Freiheit von der Kirche) zu kirchlichen Vorschriften und Praktiken in Gegensatz kam, durch mangelnde Verehrung der Eucharistie (Schließen der Augen bei der Elevation in der Messe) auffiel und pantheistischer Tendenzen und einer gefährlichen Mystik beschuldigt wurde. Fromme Kreise um die beliebten Bettelorden, Beginen und Begarden strebten über die rechtlich-institutionelle Kirche hinaus zu einer *ecclesia spiritualis*. Die vom kalabrischen Abt Joachim von Fiore († 1202) vorgetragene trinitarische Gliederung der Weltgeschichte (Zeit des Vaters im Alten, des Sohnes im Neuen Testament, künftige Zeit des Heiligen Geistes, von pneumatischen Menschen und besonders den Mönchen bestimmt) förderte solche Strömungen bei den Franziskanerspiritualen und in populären Prophetien. Im »joachitischen« Jahr 1260 (Anbruch des Zeitalters des Heiligen Geistes) entstanden aus einer Bußbruderschaft die *Apostoliker* mit kirchenkritischen, sozialrevolutionären und apokalyptischen Ideen. Sie erlagen 1307 bei Novara einem Kreuzzug.

§ 95
Wyclifitismus und Hussitismus

Somit hatte die mittelalterliche Kirche neben ihrer offiziellen Ausprägung zahlreiche kritische Spielarten bis hinein in einflußreiche Orden und Laienkreise. Um 1350 schien die Häresie zwar nicht ausgerottet, aber durch die Inquisition in den Griff gebracht. Doch erstand nun, eben als das abendländische Schisma die Kirche spaltete, in England und später in Böhmen die Form der nationalen Häresie, die Böhmen sogar schließlich aus der Kircheneinheit herausfallen ließ.

John Wyclif († 1384) lehrte an der Universität Oxford und besaß die Kronpfarre Lutterworth. Die kirchlichen Interessen der Krone gegen die Kurie vertretend, fand er bei Krone und Parlament Unterstützung und Schutz. Als Theologe knüpfte er an Augustin an und kam zu einem entschiedenen Ideenrealismus, der die philosophische Hauptwurzel seiner Lehre ist. Die theologische ist ein Biblizismus (»doctor evangelicus«), der den armen Jesus und die Urkirche dem Reichtum und der Macht der konkreten Kirche gegenüberstellte. Die Heilige Schrift ist als »Gesetz Gottes« auf alle Lebensbereiche anzuwenden, alle Gläubigen, nicht nur die Bettelorden, müssen dem armen Jesus nachfolgen. Durch ihre Untreue auf diesem Gebiet hat die Kirche im Sinne des Lehenswesens ihre Herrschafts- und Besitzrechte verwirkt, daher soll die weltliche Macht das Kirchengut enteignen und die rein geistliche Kirche wiederherstellen.

Orden, Hierarchie und Kurie als Wyclifs Gegner sorgten für Verurteilungen, die seit 1377 ergingen. Das Schisma gab der Kritik neue Nahrung, es kam zum völligen Bruch mit dem Papsttum, in dem Wyclif den Antichrist sah. Der gegenwärtigen Kirche als der des Teufels setzte er die wahre Kirche der Prädestinierten mit dem einzigen Haupte Christus entgegen. Für die Verbreitung der Lehre im Volk durch Wanderprediger wurde die Bibelübersetzung aus der Vulgata ins Englische bedeutsam. Schwerer als der Vorwurf der Verantwortung für einen Bauernaufstand (1381) wog die Leugnung der Transsubstantiation (infolge des Ideenrealismus, der sie erübrigte) und die geistig-symbolische Deutung der Eucharistie. Es kam zur Verurteilung von 24 Sätzen durch die englischen Bischöfe (»Erdbebensynode« von 1382) und zur Vertreibung von der Universität Oxford. Auf seiner Pfarre blieb Wyclif unbehelligt, nach seinem Tod (1384) jedoch wurde auf päpstlichen Befehl die Verbrennung der Gebeine vollstreckt (1428). Inzwischen war in England durch Parlamentsbeschluß (1401) die Inquisition eingeführt worden. Verurteilungen der Lehre geschahen noch später, unter anderen durch die Universität Prag (1403) und durch das Konstanzer Konzil (1415). Mit viel stärkerer Resonanz wurden manche Lehren Wyclifs bei den Hussiten in Böhmen wirksam.

Beim *Hussitismus*, der schon bei den Reformkonzilien dargestellt wurde, handelt es sich nicht bloß um übernommenen *Wyclifitismus*, von dem vor allem der Ideenrealismus und damit die Leugnung der Transsubstantiation wegfiel, sondern zugleich um die Bündelung starker böhmischer Reformbestrebungen, aus denen sich die breite Resonanz bis zu den Bauern hinunter erklärt.

Weder die Konzilien von Konstanz und Basel noch die furchtbaren *Hussitenkriege* (1419–1436) konnten die kirchliche und zugleich nationale Bewegung niederringen, doch kam es zur Spaltung in die gemäßigten *Utraquisten* (Calixtiner, Prager) und die radikalen *Taboriten*. Verheerende Einfälle verwüsteten die Nachbarländer bis zur Ostsee und nach Ungarn. Nach dem Kompromiß der *Prager Kompaktaten* (1434) wurden die Taboriten bei Lipan von Katholiken und Utraquisten geschlagen, aus den letzteren kamen der von den Ständen gewählte Prager Erzbischof Johann von Rokyzana (1435) und der zum König erhobene (1458) Georg Podiebrad. Dessen Krönungseid sollte die Kompaktaten beseitigen, sie wurden schließlich (1462) von der Kurie aufgehoben. Doch konnte sich Podiebrad auch gegen »Kreuzzüge« behaupten und starb 1471.

Ein neues Übereinkommen (Kuttenberg 1485) ließ unzufriedene Kreise aus der utraquistischen Landeskirche zur Sekte der Böhmischen Brüder werden, die nach anfänglicher Weltflüchtigkeit kulturelle und gesellschaftliche Bedeutung erlangte (z. B. für den Buchdruck). Später wanderte ein Teil nach Polen aus (1548), andere wurden Lutheraner (Confessio Bohemica 1575) und erlagen später der Rekatholisierung durch Ferdinand II.

§ 96
Die »Reformtheologen«

Einige *Theologen* des 15. Jahrhunderts zeigen Abweichungen, die bereits Gedanken der *Reformatoren* vorwegnehmen und zur Bezeichnung »Reformtheologen« führten. Gemeinsam ist ihnen die Tätigkeit abseits der Universität, die Hervorkehrung des Schriftprinzips, die Abkehr von der Scholastik und die Verbindung zu modernen Ausprägungen des christlichen Lebens (Devotio moderna, humanistisches Christentum).

Die Niederländer Johann Pupper von Goch († 1475), vom Augustinismus und besonderer Wertschätzung der Paulusschriften gekennzeichnet, bestritt bei persönlich asketischer Lebensweise die Verdienstlichkeit des Ordenslebens mit Berufung auf Gnade, Freiheit, Liebe und die Bedeutung des Kreuzestodes Christi. Infolge geringer Verbreitung seiner Lehren blieb er unbehelligt. Johann Ruchrath von Wesel († 1481) vertrat zuerst an der Universität Erfurt den Nominalismus, später trat er als Domprediger in Worms gegen Ablaß, päpstliche Gewalt und letzte Ölung auf, leistete, als Dompfarrer in Mainz von der Inquisition belangt, Widerruf und starb in Klosterhaft. Am weitesten ging der Laie Wessel

Gansfort aus Groeningen († 1489). In Paris als Nominalist »magister contradic-
tionum« genannt, betonte er in seiner Lehre das nur aus der Bibel begründbare
unmittelbare Verhältnis zwischen Gott und Mensch (daher z. B. radikale Ablehnung kirchlicher Vermittlung und besonders des Bußsakraments) und das ein
für allemal gültige Kreuzesopfer (daher Eucharistie nur Gedächtnis, Zufrieden-
heit mit einer Art »geistlicher Kommunion«, die Rolle der Kirche wird überflüssig). Er blieb durch den Schutz befreundeter Theologen und Humanisten vor
Verfolgung bewahrt, wirkte jedoch nur in kleinen Kreisen weiter.

§ 97
Christen und Juden

Die Stellung der *Juden* wurde im Laufe des Mittelalters immer bedrückter. Die
Bewegung um Peter von Amiens beim ersten Kreuzzug führte in verschiedenen
Städten Deutschlands zu fürchterlichen *Judenverfolgungen*, womit die eigentliche Zeit der Judenverfolgung durch Christen begann. Dahinter stand kein amtlicher kirchlicher Einfluß, sondern blinder Fanatismus, der die Juden als Mör-
der Christi zum naheliegenden Ziel der Rache machte. Das 4. Laterankonzil
(1215) ging jedoch gegen den »Wucher« der Juden vor, der aus dem Zinsverbot
der Christen entstanden war, und verlangte von den Juden eine sie von den
Christen unterscheidende Kleidung (Judenhut). Diese diskriminierenden Vorschriften erwuchsen aus dem Klima der Kreuzzugszeit, als zum rassischen Gegensatz immer schärfer der glaubensmäßige hinzutrat und den gesellschaftlichen Kontakt auf das unvermeidliche Minimum zu beschränken trachtete. Auch
Mohammedaner in christlichen Ländern befanden sich in einer ähnlichen Lage.
Ferner glaubte man, die Juden zum Anhören der christlichen Predigt zwingen
zu dürfen (so z. B. das Basler Konzil), und tat dies auch. Nikolaus von Cues
forderte wiederum die Kennzeichnung der Juden und suchte ihre Zinsgeschäfte
mit den Christen zu unterbinden. Das Bewußtsein von der Heilsbedeutung des
jüdischen Volkes schwand immer mehr dahin, der Blick verengte sich auf die
Ablehnung Jesu als Messias. Die Juden hatten das Kindesrecht verwirkt, was
man in ihrer Zerstreuung unter die Völker bestätigt sah. Sie waren im Sinne der
Bestimmungen Kaiser Justinians († 565) im Frühmittelalter noch rechtlich frei
und erwerbsfähig (auch bezüglich Grund und Boden), von öffentlichen Ämtern
und dem Militärdienst jedoch ausgeschlossen, Juden und Christen lebten einigermaßen friedlich nebeneinander. Wegen der Gemeinsamkeit (vor allem der
Religionsübungen) hatten die Juden aber vielfach eigene Wohnviertel. Aus diesen wurde im Spätmittelalter das mauernumgrenzte und durch Tore verschlos-
sene Getto.

Schutz gegen fanatisierte Volksscharen, der den Juden von Bischöfen und
Herrschern zuteil wurde, hatte als Kehrseite die wirtschaftliche Ausnutzung
durch ebendiese Stellen. Die geistlich verstandene Knechtschaft wurde zur
rechtlichen, wenn Kaiser Friedrich I. sie als zur kaiserlichen Kasse gehörig bezeichnete oder Friedrich II. als »Kammerknechte« behandelte (1237 im Privileg

für Wien), so daß sie samt Besitz dem Kaiser gehörten. Das *Judenregal* wurde im 14. Jahrhundert zu einem Handelsobjekt und konnte Bischöfen und Fürsten übertragen werden.

Fromme Schauerromantik schuf die Beschuldigungen der Hostienschändung und des Ritualmordes an Kindern, deren manche (seit dem 12. Jahrhundert) bei Ermordung durch unbekannte Täter regelrecht zu »Märtyrern« erhoben und entsprechend verehrt wurden. Bekannte Beispiele sind Werner von Oberwesel, Rudolf von Bern (beide Ende 13. Jahrhundert), Andreas von Rinn und Simon von Trient (zweite Häfte des 15. Jahrhunderts). Eine leichtfertige Justiz lastete überhaupt ungeklärte Morde vielfach den Juden an, wogegen manche Päpste einschritten, allerdings ohne Erfolg.

Neue Leiden brachte die seit 1348 in ganz Europa grassierende Pest durch den nun erhobenen Vorwurf der Brunnenvergiftung. Geißler schürten die Massenhysterie, und im 15. Jahrhundert kam es zur fast völligen Ausrottung der Juden im Rheinland und in Süddeutschland. Seit dem Ende des 13. Jahrhunderts wurden die Juden aus mehreren Ländern (England, Frankreich, Spanien, Portugal) überhaupt vertrieben und fanden in den ostelbischen Ländern (besonders in Polen) und Italien Zuflucht. Von den Päpsten beschützte Leo X. die Juden, später verschlechterte sich ihre Lage, und Paul IV. zwang sie 1555 ins Getto, regelte die Judentracht und verbot ihnen den Besitz von Immobilien.

Neben diesen massiven Bedrückungen sind dünne christlich-jüdische Kontakte nie ganz verschwunden: Das Glaubensgespräch, das leicht zur Streitrede ausartete und seit dem 13. Jahrhundert immer mehr mit Mißtrauen von kirchlicher Seite betrachtet wurde, ferner die Streitschriften, mitunter als »Dialog« betitelt, ohne ein wirkliches Gespräch zu sein, schließlich die mit Zwang verordneten Judenpredigten. Die furchtbaren Verfolgungen und Benachteiligungen und die von vornherein geringe Fähigkeit zu einem wirklichen Gespräch bedingten es, daß die Zahl der Bekehrungen gering blieb.

10. GOTTESDIENST, SEELSORGE UND FRÖMMIGKEIT

Der Heilsdienst der Kirche geschah hauptsächlich im Rahmen der Pfarre, die in den Städten eine fruchtbare Konkurrenz in den Bettelorden fand. Das Bürgertum schuf nicht nur deren Klöster, sondern wurde überhaupt zu einem Träger moderner Entwicklungen. Es erwarb wichtige Rechte, machte Pfarr- und andere Stadtkirchen zum Raum selbstbewußter Repräsentation (Grabstätten, Altarstiftungen) und bildete religiös geformte Gemeinschaften (Dritte Orden, Bruderschaften, Zechen). Bürgerliche Kirchlichkeit bestimmte zumeist auch die Schulen der Stadt und das Bürgerspital (Altersheim, Kranken- und Findelhaus) mit seiner besonderen Seelsorge und ein reiches Kunstschaffen, von Kirchenbauten bis zur Schenkung eines Kelches oder Meßgewandes.

In Städten unter kirchlicher Herrschaft (Bischofsstädte) ergaben sich gewöhnlich Rechtsstreitigkeiten mit Bischof oder Kapitel, sie minderten jedoch die Kirchlichkeit als solche nicht. Zum Unterschied von den Stadtpfarren bewahren die Landpfarren althergebrachte Frömmigkeit. Die Bauern in den Landpfarren ebenso wie der (gewöhnlich adelige) Patronats- und Vogtherr übernehmen das bunter werdende religiöse Leben der Stadt nur in geringem Ausmaß, da es auch wirtschaftlich städtische Verhältnisse voraussetzt.

§ 98
Der Klerus

Beim niederen Klerus, dem hauptsächlichen Träger der Seelsorge, bleibt bis in die Neuzeit das Fehlen einer geregelten *theologischen und geistlichen Bildung* ein Hauptmangel, den vor allem der verbreitete Wunsch nach Bettelordensklöstern, Meßpriesterstellen und schließlich Prädikaturen ausgleichen sollte. Das handwerksmäßige Erlernen des Allernötigsten bei einem Pfarrer war weithin der normale Weg zum Priestertum, es fehlte eine ernsthafte Sorge der Bischöfe um die Ausbildung, auch die im 14./15. Jahrhundert bis ins Reich und nach Polen verbreiteten *Universitäten* besserten die Klerusbildung nicht wesentlich, sondern dienten der theologischen Wissenschaft als solcher.

Als Symptom umfassenderer Ausfallserscheinungen muß auch der vielbeklagte *Klerikerkonkubinat* gesehen werden, gegen den zunächst einzelne Bischöfe und Synoden, seit dem 11. Jahrhundert aber die Reformbewegungen zu Felde zogen. Dennoch blieben feste, eheartige Verbindungen sehr häufig und wurden vom Volk – außer bei Schmälerung des Kirchengutes durch Versorgung von Priesterkindern – im allgemeinen toleriert, von kirchlichen Gerichten nicht immer beanstandet und mancherorts durch feste Abgaben (Konkubinenzins) noch gewissermaßen sanktioniert. Daß die wachsende Kirchen- und Kleruskritik die Übertretung des Zölibats als durchgehende Erscheinungen geißelt (häufig wird Ps 52,4 Vulg. zitiert: »Non est qui faciat bonum, non est usque ad unum«), ist als Topos mit Vorsicht aufzunehmen. Wenig half die theologisch fragwürdige Ablehnung der Priesterehe als »Nikolaitismus« (vgl. Apk 2,6.12) durch die Reformbewegung. Im Spätmittelalter taucht gelegentlich die *Forderung* nach Freigabe der *Priesterehe* auf.

Allen Mängeln zum Trotz genoß der Priester kraft seiner Würde hohes Ansehen, es wurde zwischen dem Amt und seinem Träger wohl unterschieden. Die immer geringere Beteiligung der Bischöfe an der Seelsorge ließ den Presbyter zum eigentlichen sacerdos und Hirten werden, dem die Seelsorge an den Gläubigen anvertraut war.

§ 99
Die Liturgie

a) Die Messe

Bei der *Messe* als dem selbstverständlichen und immer höher gewerteten Mittelpunkt der Liturgie standen Gegenwart Christi und Opfercharakter im Mittelpunkt, die verkündigende Seite verkümmerte. Als im 13. Jahrhundert die Erhebung der Hostie und bald auch des Kelches aufkam und rasch allgemein wurde, bildete sie einen einsam herausragenden Höhepunkt. Man konnte daher die Mitfeier auf das Emporblicken bei der Wandlung beschränken.

In der Lehre entstand das *Transsubstantiationsdogma*, das zwischen symbolischer und grob realistischer Auffassung vermittelte und vom 4. Laterankonzil angenommen wurde. Dieses verlangte auch den jährlich wenigstens einmaligen Empfang der Eucharistie zu Ostern. Damit konnte dem breiten Verzicht auf den Kommunionempfang kaum gewehrt werden, denn obwohl sich immer wieder für die öftere Kommunion Stimmen erhoben, folgte die Entwicklung nicht ihnen, sondern ging nach einer möglichst hohen Zahl von Meßfeiern, und das nicht nur in den Klöstern, wo die große Zahl von Altären, Kirchen und Priestern dies nahelegte, sondern auch in den Stadtkirchen.

Liturgisch und rechtlich vielfältige Meßstiftungen (Wochenmesse, Tagesmesse, Frühmesse) brachten nicht nur herrliche gotische Flügelaltäre, sondern führten von der gemeinsamen Feier und einer fundierten Meßtheologie eher weg. Dadurch fielen schließlich nicht nur diese Stiftungen der reformatorischen Kritik zum Opfer, sondern es kam zur Ablehnung der Messe überhaupt.

b) Die Predigt

Die *Predigt* hatte im ganzen Mittelalter ihren angestammten Platz im Gottesdienst der Sonn- und Feiertage, den Geistlichen wurde die Pflicht dazu oft eingeschärft. Auch sie war von den Entwicklungen des 12. und 13. Jahrhunderts stark betroffen, vor allem durch die Bettelorden mit ihren für Massen angelegten großen Kirchen, die bis heute die Konkurrenz zur Pfarrpredigt erkennen lassen. Hervorragende *Predigerpersönlichkeiten* waren u. a. Bernhard von Clairvaux († 1153), Berthold von Regensburg († 1272) und im Spätmittelalter Geiler von Kaiserberg († 1510) und der feurige Bußprediger Girolamo Savonarola († 1498).

Die vielfältigen Formen entwickelten sich kräftig weiter: Sonntags-, Festtags-, Nachmittags-, Fasten-, Karfreitags-, Ablaß- und Kreuzzugspredigt. Die meist geringe Bildung der Geistlichen bedingte inhaltliche und formale Mängel, die auch gesuchte Volkstümlichkeit (Witz am Schluß, Ostermärlein) nicht aufwog. Da es neben der Predigt keinen religiösen *Volks- oder Kinderunterricht* gab, waren die Mängel der Predigt besonders folgenschwer.

Die im Spätmittelalter immer reicher verfügbaren Predigthilfen (Vorlagen, Materialsammlungen, Exempelbücher) und schließlich auch Anleitungen zur Predigt besserten manches, auch brachten die Humanisten ihre Rhetorik und Gelehrsamkeit in die Predigt ein. Große Bedeutung erlangten seit dem 14. Jahrhundert die *Prädikaturen*, eigene Predigerstellen, die gewöhnlich von Laien und oft vorzugsweise oder ausschließlich für akademisch gebildete Geistliche gestiftet wurden. Sie zeigen das verbreitete Interesse führender Schichten an einer guten Predigt.

Die mittelalterliche *Wanderpredigt* hat eine ihrer Wurzeln bei den Vertretern der *vita evangelica* (z. B. den Vallombrosanern). Sie ist gegen Ende des 11. Jahrhunderts wahrnehmbar und hatte eine starke Wirkung auf die Massen (Peter von Amiens). Im dritten Jahrzehnt des 12. Jahrhunderts waren die Verhältnisse wieder im wesentlichen geordnet. Die Wanderprediger handelten vielfach ohne kirchlichen Auftrag und neigten zu Kirchenkritik und selbst Häresie (Arnold von Brescia). Später stellte nicht nur die Predigt der Waldenser, sondern auch die der Bettelorden überkommene kirchliche Normen in Frage, so daß Bemühungen um die Predigt im Sinne des Evangeliums ebenso zur Häresie wie zu neuen Orden führen konnten. Auch hier ist die Bedeutung der Dominikaner und des hl. Franziskus kaum zu überschätzen.

c) Das Kirchenjahr

Das *Kirchenjahr* bestimmte das ganze Leben mit den geprägten Zeiten und der wachsenden Zahl von *Festen* (im Durchschnitt schließlich um 50 gebotene Feiertage), die man seit dem 14. Jahrhundert verschiedentlich zu beschränken suchte. Andererseits führten seit dem 13. Jahrhundert auch Päpste im Sinne ihrer obersten Gewalt neue Feste ein: Fronleichnam, Dreifaltigkeit, Mariä Heimsuchung und Empfängnis, Verklärung Christi (Türkensieg 1456). Als wichtige örtliche

Feste wurden *Kirchweihen und Patrozinien* – je nach dem Ort an verschiedenen Tagen – feierlich begangen (Markttermine).

Von den zahlreichen Fasttagen waren am bedeutendsten die 40 Tage vor Ostern, aber auch Quatember- und Vigiltage (vor hohen Festen) und alle Freitage (teilweise auch die Samstage). Die Abstinenz (Enthaltung von bestimmten Speisen) betraf außer Fleisch auch Eier und Milchprodukte, was zu päpstlichen Dispensen selbst für Klöster führte (»Butterbriefe«). Auch Hochzeiten, ehelicher Umgang, Gerichtsverhandlungen und Unterhaltungen unterlagen liturgisch bedingten zeitlichen Einschränkungen.

Vor allem im Jahreslauf entstand *liturgische Dramatik*, besonders um Weihnachten, die Karwoche und Ostern. Die zunächst lateinischen, später auch deutschen *geistlichen Schauspiele* wanderten schließlich aus dem Kirchenraum ins Freie und bilden eine frühe Entwicklungsstufe der *dramatischen Kunst* überhaupt. Ähnlich der bildenden Kunst hatten Fest und Feier große Bedeutung für die religiöse Volksbildung.

d) Sakramente und Sakramentalien

Bei den *Sakramenten* ist seit dem 12. Jahrhundert die Siebenzahl anerkannt. Bezüglich der *Taufe* brachte der Abschluß der Missionierung das Ende der Erwachsenentaufe, im Ritus drang seit dem 14. Jahrhundert die Begießung statt des Untertauchens vor. Die Taufkapelle bzw. der Taufstein war, zum Unterschied von der christlichen Antike, eher ein Stiefkind des Kunstschaffens. Seit dem Spätmittelalter verband sich mit der Taufe die Namengebung unter Bevorzugung von Heiligennamen, wodurch die Feier des Namenstages bedingt ist. Die *Firmung* hatte ausschließlich der Bischof zu spenden, weshalb ihr Empfang in großen Diözesen häufig vernachlässigt und für die Gläubigen erst durch die Einrichtung der Weihbischöfe erleichtert wurde.

Die *Buße* blieb in der öffentlichen, dem Bischof zustehenden Form für besonders schwere Vergehen an den Kathedralen erhalten, in Resten sogar bis in die Neuzeit. Ansonsten setzte sich die *Privatbeichte* vollständig durch und wurde zur Regel vor dem Kommunionempfang, zunächst noch wie die öffentliche Buße an die Fastenzeit (Aschermittwoch bis Gründonnerstag) gebunden. Seit dem 9. Jahrhundert wurden zunehmend Bußauflage und Lossprechung in einem vollzogen und die Bußwerke nachher abgeleistet, so daß die noch heute geltende Form erreicht war. Die Lossprechungsformel, früher eine Bitte um die Vergebung durch Gott, wurde im 13. Jahrhundert indikativisch: »Ich spreche dich los.« Das 4. Laterankonzil regelte die jährliche Beichtpflicht und das Beichtgeheimnis. Die Zuständigkeit des Pfarrers durchbrachen Sonderrechte der Orden und päpstliche Privilegien zur freien Beichtvaterwahl für hochgestellte Personen.

Der *Beichtpfennig* (seit dem 8. Jahrhundert) war zuerst eine freiwillige Gabe, später wurde er zur Pflicht und zu einem wichtigen Einkommen der Pfarrer. Ort der Beichte war ein zwischen Altar und Chorschranken aufgestellter Stuhl, der besondere Beichtstuhl kam erst im 16. Jahrhundert auf.

In das Gebiet der Kirchenbuße gehören auch die zahlreichen, vom Volk geschätzten *Generalabsolutionen*, vor allem in Verbindung mit der Predigt. Der *Ablaß* als Anhang zum Bußsakrament entstand (ähnlich den Redemptionen, Umwandlungen persönlicher Bußleistungen in Geldbußen analog zu Vorgängen im weltlichen Recht) als Verminderung der oft sehr strengen Bußwerke bei Erfüllung gewisser Bedingungen wie Kirchenbesuch, Teilnahme am Gottesdienst, Hilfe zum Kirchenbau oder für Brücken und Spitäler. Vielerlei Wucherungen mindern nicht die Bedeutung des Ablasses als Kulturfaktor, die z. B. in der reichen gotischen Kunst noch heute erkennbar ist.

Die Sonderform des *Jubiläumsablasses* (vollkommener Ablaß für die Romfahrt, früher nur für Kreuzfahrer) hat 1300 Bonifaz VIII. nicht von sich aus geschaffen, sondern aufgrund von Erwartungen im Volk erstmals gewährt (Anno Santo). Der *Ablaß für Verstorbene* (seit dem 13. Jahrhundert) brachte erhebliche theologische Schwierigkeiten und die Gefahr des Mißverständnisses, denn Reue und Beichte, sonst immer zur Gewinnung verlangt, konnten vom Toten nicht mehr gefordert, vom Lebenden aber, der für ihn den Ablaß gewann, nicht ersetzt werden und wurden daher nicht verlangt. Mißverständnisse konnten auch durch die Verbindung von besonderen Absolutionsvollmachten und vollkommenem Ablaß (»indulgentia a poena et culpa«) in päpstlichen Verleihungen entstehen. Als unter den Renaissancepäpsten der vollkommene Ablaß zum großen Geldgeschäft für die Kurie wurde, bildete der Ablaß einen gern genützten Anlaß für Kritik und Spott und wurde nicht zufällig zum Anlaß für das Auftreten Luthers.

Die *Ehe* wurde nach römischem und germanischem Recht im Kreis der Familie geschlossen, doch wohnte das Brautpaar anschließend der Brautmesse mit der Segnung der Braut bei. Zur Aufdeckung von Ehehindernissen (besonders Blutsverwandtschaft) wurde das kirchliche Aufgebot oft eingeschärft. Seit dem 14. Jahrhundert trat, zuerst fakultativ, der Pfarrer an die Stelle des Trauvormundes (Brautvaters), der Rechtsakt wurde vor der Kirchtür vollzogen. Mit dessen Verlegung in die Kirche war im 16. Jahrhundert die Entwicklung der *kirchlichen Trauung* abgeschlossen. Daraus ergab sich eine radikale Verkirchlichung der Ehe, deren sakramentaler Charakter seit dem 12. Jahrhundert von Theologen und seit dem 13. in lehramtlichen Äußerungen ausgesagt wird. Viel Unklarheit herrschte infolge der bis zum Trienter Konzil noch gültigen »klandestinen« (ohne kirchliche Mitwirkung nur von den Brautleuten geschlossenen) Ehen, da sie oft schwer nachzuweisen waren.

Zahlreiche *Weihen und Segnungen* dienten der Heiligung des ganzen Lebens, von Speisen, Geräten, Pflanzen und Tieren. Hochgeschätzt war das am Sonntag vor dem Hochamt gesegnete Weihwasser. Manche Segnung konnte selbst leicht zum Aberglauben führen; noch mehr gilt dies von der Verlängerung der Riten in Praktiken der Laien hinein (z. B. Verwendungsarten des Weihwassers), in denen mancher vorchristliche Zauber weiterlebte.

§ 100
Die allgemeine Entwicklung der mittelalterlichen Frömmigkeit

Die Frömmigkeit legte gerade im Mittelalter einen weiten geistigen Weg zurück, auf dem Förderliches und Gefährliches auf sie einwirkte. Die führenden Geister waren in ihrer Spiritualität zumeist an theologischen Entwicklungen orientiert, die ihrerseits lebhaft und konfliktreich waren. Daneben ging eine vielfach *eigenwillige Volksfrömmigkeit* einher, die zur Verästelung in viele Einzelerscheinungen drängte. Diese gesamte Entwicklung sprach immer stärker den einzelnen Gläubigen an, zumeist ohne den Boden der kirchlichen Lehre zu verlassen.

Oft wird in diesem Wandel die Stärke des antiken Erbes unterschätzt. Heiligen- und Reliquienverehrung gehören zu dieser Mitgift ebenso wie ein selbstverständlicher Wunderglaube, nicht nur gegenüber den Wundern der Bibel, sondern auch denen der hagiographischen Literatur, der Gründungserzählungen von Klöstern und Kirchen, gegenüber kultätiologischen Deutungen und Etymologien von Orts- und Personennamen. Überhaupt erklärte man undurchschaubare Dinge gern mit einem *Wunder*. Ebenso rechnete man mit *teuflischen Einwirkungen*, gegen die kirchlich korrekte Segnungen, aber auch *abergläubische* Bräuche schützen sollten. Auf diesem Boden wuchs viel Ungesundes und gedieh manche pia fraus oder handfeste Betrügerei.

Im *Frühmittelalter* zeigen die zahlreichen *Kirchengründungen* seit der Missionszeit bzw. die Errichtung von *Kreuzen* als provisorische Kultorte, beides oft an alten *heidnischen* Kultstätten, daß der christliche Glaube Wurzel faßte. Auch die Blüte der frühen Klöster oder die Verehrung bestimmter *Heiliger* (Patrozinien von Kirchen) weist in diese Richtung. Einfluß der Kirche auf die Ethik wird sichtbar, wenn seit der zweiten Hälfte des 10. Jahrhunderts die *Gottesfriedensbewegung* Menschengruppen oder Objekte vor Gewalttaten (vor allem des Adels) schützt (Verträge zwischen Bischöfen bzw. Synoden und Adeligen). Die *Treuga Dei*, im 11. Jahrhundert aufkommend, brachte das Fehdeverbot für heilige Zeiten (Mittwochabend bis Montagmorgen, Advent bis Erscheinung, Fastenzeit bis Ostern). Die Kirche rief gegen Friedensbrecher zu den Waffen, Priester mit Kirchenfahnen begleiteten die Truppe.

Frömmigkeit und Andachtsleben blieben bis ins 12. Jahrhundert eng an die *Liturgie* gebunden, doch erwuchsen gerade aus der Liturgie, besonders mit dem Vordringen der Kirchenreform, *neue Andachten* wie das marianische Offizium, das Totenoffizium, die Buß- und Gradualpsalmen oder die Litaneien. Als sich im 12. Jahrhundert die monastische Tradition selbst in verschiedenen Typen mit starker spiritueller Ausstrahlung (z. B. Cîteaux) verzweigte, ergab sich auch eine spirituelle Vielfalt außerhalb der Klöster. Die Kreuzfahrerfrömmigkeit, deren Aufflammen überhaupt die Kreuzzüge erst ermöglichte, wirkte ebenfalls in breite Schichten, die z. T. für den Kreuzzug völlig ungeeignet waren (Scharen des Peter von Amiens, Kinderkreuzzüge). Noch reicher wurde die Vielfalt durch die *Bettelorden*, die sich vor allem an die einfache Bevölkerung wandten. Mit ihren gern angenommenen Diensten war ein Zustand erreicht, der bis heute gilt: Der Gläubige kann unter verschiedenen Wegen wählen und sein Andachtsleben entsprechend gestalten.

Zum Träger einer eigenen Frömmigkeit wurde der Laienstand auch durch Kirchenreform und Kirchenrecht, die den Klerus und die Ordensleute als je besonderen Stand herausstellen. Bei Wolfram von Eschenbach (1170–ca. 1220) findet sich als erstem Dichter das Ideal des frommen, aber eigenständigen Laien. Daß das 4. Laterankonzil eine bessere Seelsorge sichern wollte, öffnete das Tor für die ganze weitere Entwicklung in den immer zahlreicher werdenden Städten, den Trägern typisch spätmittelalterlicher Frömmigkeit. Gerade das 13. Jahrhundert wurde ihr Goldenes Zeitalter.

Als im 14. Jahrhundert in Klöstern wie unter den Laien die *Devotio moderna* eine schlichte, streng asketische Frömmigkeit pflegte und vollends als der *Humanismus* im 15. Jahrhundert das neue Ideal weniger des frommen als des gebildeten Christen zeichnete und der zeremoniellen Frömmigkeit eine biblische gegenüberstellte, war der »Herbst des Mittelalters« (J. Huizinga) angebrochen. Diese Ausprägungen wurden freilich nicht allgemein, sondern neben ihnen geht die »Peripherierung und Multiplizierung« (J. Lortz) der Andachtsformen im breiteren Strom der mittelalterlichen Tradition kräftig weiter.

Im Spätmittelalter bestimmte die *Frömmigkeit* auch noch die sich entwickelnden Nationalliteraturen (berühmtestes Beispiel: Dantes »Divina Comedia«) und schuf auf volkstümlicher Ebene eine Vielfalt von *Erbauungsschriften*: Historienbibeln, Armenbibeln, Postillen, Übersetzungen liturgischer Bücher und Titel wie »Seelengärtlein« oder »Himmelstür«. Volkstümliche Ausläufer der Mystik verloren durch Vereinfachung vielfach an Tiefe, was sie an Breitenwirkung gewannen, festigten jedoch die Kirchlichkeit und fingen kritische Tendenzen auf.

Durch diese reiche Entfaltung hat das Mittelalter der abendländischen Kirche ihre bis ins 20. Jahrhundert trotz zeitweiliger Erschütterungen geltende *Frömmigkeit* geschenkt. Trotz beinahe kaufmännischem Rechnen mit Gnadenschätzen und geradezu geschäftlicher Ausbeutung des frommen Volkes (durch Kurie, Landesfürsten, redegewandte Ablaßkrämer) war das Ausmaß gläubiger Bemühungen ungeheuer groß. Erst als in der Reformation die Kritik von der Bibel her, der Angriff aus der eigenen Mitte, losbrach, fiel die ganze Blütenpracht rasch dahin, und es dauerte Generationen, bis die nachtridentinische Kirche durch religiöse (nicht nur dogmatische) Konzentration der Sense Einhalt gebieten konnte. Was Armutsbewegungen, Humanismus und – in radikaler Weise – die Reformation gewollt hatten, wurde jedoch auch dann nicht verwirklicht. Von daher ist es ein Zeichen der Hoffnung, wenn sich heute evangelische Kritik und katholische Selbstkritik in der Beurteilung der spätmittelalterlichen Frömmigkeit auf weite Strecken einig sind.

Die mittelalterliche Frömmigkeit war nicht durchwegs gesund. Die neuen Strömungen seit dem 11. Jahrhundert folgten zumeist gefühlsbetonten, individualistischen Linien bis hin zu Vision, Ekstase und selbst Massenerregung. Überschäumende Lebensfreude konnte plötzlich in Askese und brennende Sorge um eigenes und fremdes Seelenheil umschlagen, in das Bestreben, sich durch viele gute Werke auch im ewigen Leben einen guten Platz zu sichern. Das »verdienstliche Werk« konnte die Gnadenhaftigkeit des Heiles vergessen lassen. Von den schlimmsten Verirrungen gehört der *Hexenwahn* nicht nur in den Bereich von Theologie und Volksglaube, sondern mindestens ebenso in den des Rechtslebens. Ursprünglich als Aberglaube bekämpft, wurde das Treiben der Hexen seit Thomas von Aquin ernsthaft theologisch reflektiert und schließlich der Wahn durch den *Einsatz der Inquisition* mehr gefördert als gemindert. Aus der Hexenbulle Innozenz' VIII. (1484) enstand der *Hexenhammer* (»Malleus maleficarum«) als pseudogelehrte Summe des Hexenwesens. Der Hexenwahn, der im 17. Jahrhundert seinen Höhepunkt erreichte, ging auch in das Leben protestantischer Landeskirchen ein und wurde erst durch die Aufklärung überwunden.

§ 101
Einzelne Frömmigkeitsformen

a) Die Bibel und ihre Verbreitung

Die Frömmigkeit war auf die Bibel bezogen weniger durch deren Verbreitung (sie wurde erst durch den Buchdruck stärker) als durch den Inhalt von Predigt (sie ging von den Evangelienperikopen aus), Liturgie (besonders im Kirchenjahr), Kunst (Bilderzyklen) und geistlichem Schauspiel. Trotz kirchenamtlicher Besorgnis und Verboten gab es im Spätmittelalter immer mehr *Bibelübersetzungen*, der Buchdruck brachte 1466–1521 insgesamt 18 deutsche Bibeln auf den Markt, deren Wirkung jedoch durch Analphabetismus und hohe Kosten begrenzt blieb. Auch als Korrektiv der faktischen Kirchenfrömmigkeit blieb die Bibel im ganzen Mittelalter im Bewußtsein, etwa in der Reformbewegung, im franziskanischen Ideal oder in orthodoxer und häretischer Kirchenkritik.

b) Die Wallfahrt

Zu üppiger Entfaltung gedieh das *Wallfahrtswesen*. Neben den alten Fernzielen Jerusalem und Rom entstanden zahlreiche jüngere bei den Gräbern, in Heimatorten oder an Wirkungsstätten von Heiligen, berühmten Reliquien, Gnadenbildern oder am Ort wunderbarer Erscheinungen. Diese Reisen kosteten Zeit und Geld und brachten Gefahren mit sich (daher machte man vor großen Wallfahrten das Testament), doch die Erwartungen der erfahrbaren Nähe zu Gott und den Heiligen, die Hoffnung auf Heilungen und andere Wunder und besonders große Ablässe zogen Pilgerscharen an. Daher bedeckte allmählich ein Netz großer und kleiner *Wallfahrtskirchen* ganz Europa, entstanden längs der Pilgerwege *Hospize* und zogen Wirte, Führer und Gaukler aus den Bedürfnissen der Pilger Gewinn. Kulturelle und religiöse Ausdrucksformen verbreiteten sich längs der *Pilgerstraßen* (romanische Kunst über die Pilgerwege nach Compostela), und manche überregionale Bindungen sind gerade den Wallfahrten zu danken. Als

Hauptziele der Pilgerfahrten können genannt werden Jerusalem, Rom, Compostela, Aachen, Köln (Hl. Drei Könige), Canterbury (hl. Thomas), St-Michel, Tours, St-Gilles, Trier (Heiliger Rock, Apostel Matthias), Monte Gargano (Fußspuren des Erzengels Michael), Lucca (wundertätiger Crucifixus), Loreto (Heiliges Haus), St. Wolfgang, Mariazell, Einsiedeln, Vierzehnheiligen und Wilsnack (blutende Hostien).

Bunt ist auch die Pilgerschar selbst, wie die berühmten »Canterbury Tales« von Geoffrey Chaucer (1387) zeigen. Wallfahrten konnten prägende Erlebnisse sein und wurden auch als Buße oder als gerichtliche Strafe auferlegt. Man ließ sie durch bezahlte Stellvertreter oder kraft letztwilliger Verfügung ausführen. Kritische Stellungnahmen von Predigern und religiöser Literatur nahmen den Pilgern nicht die Freude.

Bewegung kennzeichnete im Mittelalter auch die Liturgie. Man bezog eine Mehrzahl von Kirchen in Klöstern oder Städten, die immer zahlreicheren Altäre und Kapellen sowie die Kreuzgänge in die Prozessionen und Stationsgottesdienste ein. Jeder Kultort wurde zu einem kleinen Pilgerziel, auch auf dem flachen Land kamen wenigstens zu Patrozinium und Weihefest einer jeden Kirche Prozessionen aus der Umgebung.

Eine Sonderform religiöser Fahrten sind die *Geißlerzüge* sich kasteiender *Bußbruderschaften* im Umkreis des hl. Antonius von Padua († 1231), wiederum 1260 unter joachimitisch beeinflußten Franziskanern in Umbrien, bei den »Apostolikern« um Fra Dolcino aus Novara († 1307) und schließlich im Gefolge der großen europäischen Pestepidemie von 1348 als Massenhysterie von Ungarn bis England. Klemens VI. schritt vergebens gegen sie ein (1349). Infolge der Bußpredigten des hl. Vinzenz Ferrer entstanden um 1400 in den Pyrenäen, Frankreich und Oberitalien nochmals Geißlerzüge als Ausdruck starker religiöser Erregung. Mit diesen Fahrten verbinden sich unterschiedliche Formen des Protests gegen die Kirche und in manchen Fällen Judenpogrome.

c) Passionsfrömmigkeit

Nach Glaubensinhalten ist zunächst die Passionsfrömmigkeit hervorzuheben. Sie fügte am Karfreitag der ehrwürdigen Liturgie eine stundenlange Passionspredigt und schließlich noch das Passionsspiel oder eine Prozession an. Die Kreuzzüge vermehrten die Kirchenpatrozinien vom heiligen Kreuz, die Kirchenräume waren von mächtigen Kreuzigungsgruppen, wie sie seit der Romanik begegnen, beherrscht, vor allem seit dem Aufkommen des Lettners mit dem Kreuzaltar. Man stellte Kreuzigungsgruppen auch im Freien auf, wo sie eine Art Vorstufe der Kalvarienberge wurden, gern bildete man auch die Jerusalemer Kapelle des Heiligen Grabes nach. Hoch verehrt wurden Kreuzpartikel und andere Passionsreliquien (Grabtuch von Turin, Heiliger Rock in Trier, Reliquiensammlung von S. Croce in Rom, Reichskleinodien in Nürnberg).

Berühmte Passionsandachten sind die *Sieben Fälle* (des kreuztragenden Jesus) und vor allem die von der *Via dolorosa* in Jerusalem und ihren Nachbildungen herkommende Kreuzwegandacht, die zuerst ganz verschiedene Formen hatte, aber vereinzelt schon im 16. Jahrhundert die heutige (14 Stationen) aufwies. Ein Höhepunkt der Woche war im Spätmittelalter die *Tenebrae-Andacht* zur Erinnerung an Jesu Tod (heute noch vielerorts Glockengeläute), am Abend des Donnerstags vorbereitet durch eine Andacht von der Todesangst am Ölberg.

d) Schau und Anbetung des Sakraments

Bei der *Eucharistie* ist die Schau- und Anbetungsfrömmigkeit nicht erst eine Folge der Transsubstantiationslehre. Sie erwuchs in einer merkwürdigen Spannung zur geringen Kommunionfrequenz und wohl als eine Art Ersatz für den verbreiteten Verzicht, den ihre einseitige Betonung freilich noch fördern konnte. Schon früher bei verschiedenen Gelegenheiten geübte *Ausdrucksformen der Anbetung* wurden ausgeweitet, vor allem in Verbindung mit dem Aufkommen der Elevation nach der Wandlung (Knien, Geläute, Beräucherung).

Die bedeutendste Neuschöpfung auf diesem Gebiet ist das *Fronleichnamsfest*, das aufrund einer Privatoffenbarung der hl. Juliana 1246 für Lüttich und 1264 durch Urban IV., ehemaligen Archidiakon von Lüttich, allgemein eingeführt wurde. Anfangs nur mit Messe und Stundengebet gefeiert, erhielt es später (allgemein im 14. Jahrhundert) die *Prozession* mit dem Sakrament (analog zum Mittragen von Reliquien bei anderen Umgängen), die ihm einen besonderen, sehr dramatischen und volkstümlichen Charakter gab. Verschiedentlich wurde die Prozession mit den Initien (Wetterumgängen) verbunden, im Spätmittelalter vielerorts an allen Tagen der Fronleichnamsoktav und sogar an jedem Donnerstag wiederholt.

Künstlerisch und ikonologisch reich gestaltete Sakramentsnischen und Sakramentshäuschen auf der Evangelienseite der Kirchenräume wurden zum hervorragendsten künstlerischen Ausdruck dieser Sakramentsverehrung (z. B. St. Lorenz in Nürnberg).

e) Marienverehrung

Die *Marienverehrung* schuf zu den vier alten Marienfesten (Lichtmeß, Verkündigung, Hinscheiden, Geburt) die marianische Prägung des Samstages (ansonsten ein Fasttag) und das »Kleine Offizium« im Rahmen der Liturgie. Neue Wellen des Ordenslebens, besonders die Zisterzienser, entfalteten und verstärkten die Marienverehrung. Als sie seit dem 14. Jahrhundert noch größere Volkstümlichkeit erlangte, entstanden neue, einfache Andachtsformen. Das aus den Preisungen des Engels und der Elisabeth zusammengesetzt *Ave Maria* wurde verschiedentlich erweitert (heutige Form seit dem 16. Jahrhundert) und ergab in Wiederholungen den »Angelus« (Geläute in Anlehnung an das Stundengebet morgens und abends entstanden, ergänzt durch das 1386 für Prag bezeugte und von Calixt III. 1456 wegen der Türkengefahr angeordnete Mittagläuten) sowie den *Rosenkranz*, der im 15. Jahrhundert durch die beigefügten »Geheimnisse« große meditative Kraft erlangte. *Marienkirchen* entstanden in allen Jahrhunderten, viele wurden beliebte Wallfahrtsziele. Von den jüngeren Marienfesten der

Heimsuchung, Opferung und Empfängnis war dieses für die Dogmenentwicklung wichtig. Aus der Ostkirche nahm es seinen Weg über Süditalien und England. Die Lehre von der sündelosen Empfängnis förderten die Skotisten, das Basler Konzil und Sixtus IV. Eine Art erweiterte Marienverehrung ist die Verehrung der ganzen heiligen Sippe (Joseph, Anna und Joachim u. a.).

In der Kunst wandelten sich die hieratischen *Mariendarstellungen* der Ostkirche und der Romanik zum höfischen Madonnentyp und schließlich zu Bildwerken in der Art der »Schönen Madonnen« im süddeutschen Raum. Künstlerisch, theologisch und spirituell anregend blieb die aus der Kreuzabnahme entstandene »Pietà«, das »Vesperbild« (die Kreuzabnahme wurde der Vesper zugeordnet). »Anna selbdritt« ist jene Darstellung Annas mit Maria und Christus auf ihren Armen, die in der Spätgotik große Verbreitung und Beliebtheit erlangte. Der Liebfrauenaltar hatte eine vorzügliche Stellung (künstlerisch und liturgisch) unter den vielen Altären von Klosterkirchen und Stadtkirchen. So verstärkte und entfaltete sich die Marienverehrung während des ganzen Mittelalters, bot jedoch auch Angriffspunkte für künftige theologische Kritik.

f) Verehrung der Heiligen und ihrer Reliquien

In der *Heiligenverehrung* gehören die Gestalten der Märtyrer, Bischöfe, Jungfrauen und Asketen zum Erbe der Antike. Zu ihnen kam im Frühmittelalter der »Adelsheilige«, dem gesellschaftlicher Rang und entsprechende Leistung in Kirche oder Welt Anerkennung bringen. Das Vordringen der Heiligenverehrung zeigt das fast völlige Vorherrschen der Heiligenvita in der biographischen Literatur, aber auch die wachsende Zahl von Heiligenfesten, die Übertragungen von Reliquien und die »Erhebungen« als kirchenamtliche Einführung eines Kultes.

Aus dem Glauben an die Heiligen als Fürsprecher entstand die Vorstellung von bestimmten Zuständigkeiten in verschiedenen Anliegen, oft recht äußerlich bedingt wie bei den spätmittelalterlichen Pestheiligen Sebastian und Rochus (Pfeil bzw. Wunde) oder dem Dulder Job als Helfer gegen die Syphilis. Die bekannte Gruppe der (meist 14) *Nothelfer* gewann seit dem 14. Jahrhundert große Beliebtheit. Immer mehr Heilige bevölkern Kalender, Wandflächen und Altarschreine, die Legenden als beliebter Lesestoff werden zu großen Sammlungen zusammengetragen (z. B. die »Legenda aurea« des Jacobus de Voragine, † 1298). Gerade die Rolle der Heiligen als Fürsprecher und Helfer konnte den einen Mittler Jesus Christus verdunkeln und bloß als den strengen Richter erscheinen lassen, auch wenn die Lehre korrekt blieb. Die Vertrautheit, mit der die mittelalterlichen Menschen zu den Heiligen aufblickten, ist dennoch ein lichtvoller Zug, eine bereichernde Verbindung zwischen Himmel und Erde.

Die Erhebung zum Heiligen vollzog zunächst das Volk durch faktische Verehrung, schon im Frühmittelalter beanspruchten die Bischöfe das Recht der Zustimmung und schließlich der »Erhebung« (oft buchstäblich als elevatio bzw. translatio der Gebeine) überhaupt, und nach mehrfachen Beispielen freiwilliger Befassung des Papstes (z. B. für Ulrich v. Augsburg 993) behielt Gregor IX. die Heiligsprechung 1234 dem Apostolischen Stuhl vor.

Auch die *Reliquienverehrung* war vom christlichen Altertum übernommen und wuchs mit dem Heiligenkult. Infolge der großen Nachfrage und der Reliquienbeisetzung bei Altarweihen wurden nach ostkirchlichem Vorbild die Reliquien in immer kleinere Teile zerlegt und daher immer zahlreicher. Eifriges Sammeln von Klöstern, Kirchen und Privaten konnte zu großen Reliquienschätzen führen, einen bescheidenen Fundus hatten viele Kirchen. Oft enthielt er auch anderweitige Raritäten und Kuriositäten. Die bedeutendsten Sammlungen (wie z. B. Schloßkirche in Wittenberg, Reichskleinodien in Nürnberg) wurden regelmäßig in feierlichen »Weisungen« gezeigt, bei denen man den gesamten proportional zur Sammlung gewachsenen Schatz der Ablässe gewinnen konnte, der in besonderen »Heiltumsbüchern« den lesekundigen Interessenten erschlossen war. All das kam der Verdinglichung des Heiligen entgegen, führte zu Betrug, Diebstahl und Raub von Reliquien und schloß die Gefahr des magischen Mißverständnisses ein. Einschränkende obrigkeitliche Normen, deftiger Humor und schließlich die Kritik der Humanisten zeigen diese Schattenseiten der Reliquienverehrung auf.

g) Die Sorge für die Toten und die eigene Sterbestunde

Das bevorstehende eigene Sterben und der Gedanke an die bereits Heimgegangenen weckten eine *Frömmigkeit angesichts des Todes,* den man nicht verdrängte, sondern zu einem tragenden Pfeiler der Frömmigkeit machte. Die romanischen Darstellungen des Jüngsten Gerichtes (vor allem über Portalen) gingen bis in die Renaissance weiter. Aus dem Psalmenbeten für Verstorbene entstand das besondere Totenoffizium, es wurde wie das Requiem nicht nur beim Begräbnis, sondern auch am 3., 7., 30. und 40. Tag und am Jahrtag gefeiert. Der *Allerseelentag* entstand nach verschiedenen Ansätzen seit dem 7. Jahrhundert durch Abt Odilo von Cluny 998 mit dem Ansatz am 2. November (Tag nach Allerheiligen) und fand sogar vielfach an allen Montagen eine Art Wiederholung.

Die *Friedhöfe* um die Kirchen zeigen die Nähe der Toten zum kirchlichen Leben, man betete für sie und wollte sich selbst Gebet und Opfer sichern, daher wurden die Grabmäler (möglichst in der Kirche) immer aufwendiger und kunstreicher, die Seelgerätstiftungen immer größer. Reich gestaltete und einfache Gräber und natürlich der *Karner* (Ossarium) im Friedhof wurden von Prozessionen besucht, die Grabstätten in die Liturgie eingebunden.

Im Spätmittelalter nimmt die Sorge für die Toten vielfach makabre Züge an wie in den Darstellungen des verwesenden Leichnams, der Personifikation des Todes als Sensenmann und den bildlichen und literarischen Totentänzen oder Werken wie dem »Ackermann aus Böhmen« (um 1400). Sterbebüchlein (»Ars moriendi«) stellten das christliche Leben unter den Gedanken an das bevorstehende Sterben, man lebte auf den Tod hin und bereitete Tod und Begräbnis ein ganzes Leben lang vor.

NEUZEIT

Einleitung

Jede Epochenabgrenzung ist problematisch. Schon in dem von Wilhelm von Ockham († 1347) und Marsilius von Padua († 1342/43) verbreiteten nominalistischen und konziliaristischen Gedankengut lassen sich Grundelemente der Neuzeit erkennen. Insgesamt aber steht das Leben der Christen weiterhin unter dem Begriff der *Ecclesia universalis* und bleibt geprägt von überkommenen Frömmigkeitsformen. Der tiefe und unübersehbare Einschnitt kommt für die Kirche erst mit Martin Luthers Protest gegen den Ablaß (1517). Aber auch Luther ist in vielfacher Hinsicht noch ein mittelalterlicher Mensch. Die Übergänge sind also fließend und noch dazu länderweise unterschiedlich. Bleibt man sich dessen bewußt, ist nichts dagegen einzuwenden, für die Kirche die Neuzeit mit der Reformation beginnen zu lassen.

Diese fängt als Reformbewegung an, führt aber bald zur Kirchenspaltung; die Einheit der abendländischen Kirche hört zu bestehen auf. Das konfessionelle Zeitalter hat begonnen; die Auseinandersetzungen in den Glaubenskriegen finden mit dem Westfälischen Frieden (1648) einen gewissen Abschluß. Die Reform der katholischen Kirche erhält von den Orden, dem Konzil von Trient und teilweise auch vom Papsttum seine Impulse; die Wiedergewinnung verlorenen Terrains gelingt aber nur teilweise. Dagegen führt die nun in die Wege geleitete Weltmission – teilweise in Rivalität zu den anderen christlichen Konfessionen – zur Erschließung neuer Gebiete für die Botschaft des Evangeliums.

Gleichzeitig hat die Staatsmacht in allen Ländern Europas zugenommen, die Kirche wird in nationale Abhängigkeiten gedrängt, die im Gallikanismus Frankreichs ihre besonders konsequente Ausprägung erhalten.

Die Aufklärung als gesamteuropäische Bewegung läßt den schon alten Streit zwischen Glaube und Wissen wieder aufleben. Mit ihr beginnt eine neue Epoche der Kirchengeschichte. Sie findet in den großen Umwälzungen wie in der Französischen Revolution, dem Josephinismus in Österreich und der Säkularisation in Deutschland ihren länderweise verschiedenen Ausdruck. Die Geschehnisse tragen freilich auch dazu bei, der Kirche den Primat der Seelsorge wieder in Erinnerung zu rufen. Der Kluft zwischen Kirche und Welt, die sich im 19. Jahrhundert vertieft, begegnen die Päpste vielfach mit Verurteilungen (Modernismuskrise, Integralismus). Trotz fruchtbarer Ansätze im Zweiten Vatikanischen Konzil scheint diese Kluft bis heute noch nicht überwunden zu sein.

1. DIE REFORMATION

§ 102
Zum Begriff »Reformation«

Von der Wortbedeutung her ist *Reformation* (reformatio, reformare) nicht klar abgrenzbar und faßbar. Der Ruf nach Reform der Kirche wird im ausgehenden Mittelalter allgemein erhoben, man denke an Gestalten wie Franz von Assisi, Johannes Hus, Girolamo Savonarola, oder an die Reformkonzilien von Konstanz und Basel. Gemeint war mit »reformatio« stets die Reinigung der Kirche, ihrer Lehre und ihres Lebens von den Mißständen und ihr Neuwerden durch Zurückgehen auf das Alte, auf ur- und frühkirchliche Lehre und Lebensformen.

Reformation als Terminus technicus in der Geschichtswissenschaft meint »die von Luther ausgegangene Bewegung, die zur Kirchenspaltung führte« (Iserloh).

In der Frage nach den Voraussetzungen und Ursachen der Reformation gehen die Meinungen der Historiker bzw. Theologen auseinander. Auf der einen Seite gibt es die Position der von Mißständen strotzenden und vom Evangelium grundlegend abgewichenen Papstkirche, weshalb die Reformation unausweichlich wurde. Auf der anderen Seite wird darauf verwiesen, daß zur Zeit des Ausbruchs der Reformation die Talsohle der Mißstände in der Kirche und ihrer Depravation schon durchschritten war und die Reformation vom Elan der kräftig vorhandenen Reformen mitgetragen wurde und ohne diesen kaum möglich gewesen wäre.

Unleugbar gab es kirchliche Mißstände, die keineswegs schon bereinigt waren. Man denke an das Renaissancepapsttum mit Alexander VI., Julius II. und Leo X. Nichts vermag die Pervertierung des Papsttums jener Tage besser zu illustrieren als ein Transparent beim Festzug zur Inthronisation Leos X. 1513: »Einst herrschte Venus (d. h. unter Alexander VI.), dann Mars (Julius II.); nun führt das Zepter Pallas Athene. Die Humanisten und Künstler begrüßten damit in dem neuen Papst ihren Gönner und Mäzen, kündigten aber auch frivole Weltlichkeit und leichtfertige Sorglosigkeit an, die den Pontifikat Leos X. kennzeichnen . . .« (Iserloh). Neben dieser Frivolität am päpstlichen Hofe gab es in der Kirche aber auch unübersehbar das Mühen, ganz im Geiste des Evangeliums zu leben, wie es die Bruderschaft vom gemeinsamen Leben (devotio moderna) beispielhaft vorlebte.

In der Theologie ist auf der einen Seite ein bedrohlicher Substanzschwund

und die langatmige Beschäftigung mit peripheren Themen, die wie Nichtigkeiten anmuten, festzustellen. Anderseits aber hat ein eifriges Bibelstudium eingesetzt, wovon die zahlreichen Bibeldrucke sowie die vierzehn hochdeutschen und die vier niederdeutschen Bibelübersetzungen ein beredtes Zeugnis geben. »In keinem Land gab es vor der Reformation so viele Bibelübersetzungen in der Landessprache wie in Deutschland« (Bäumer). Den Ruf der Humanisten »ad fontes!« verwirklichte Desiderius Erasmus von Rotterdam selbst vorbildlich durch seine kritische griechische Bibelausgabe 1516. Wenn man bedenkt, daß »Luther meinte, noch in der Kirche zu stehen, als er den Papst einen Antichrist schimpfte«, und daß man sich, durch das abendländische Schisma bedingt, daran gewöhnt hatte, »ohne Papst auszukommen« (Iserloh), so wird man mit Joseph Lortz zu den Voraussetzungen der Reformation auch die theologischen Unklarheiten rechnen müssen.

Tiefes Heilsverlangen und große Opferbereitschaft, wie sie sich in vielen Stiftungen ausweisen, kennzeichnen die religiöse Einstellung des Volkes. Der geistige und moralische Zustand des hohen wie des niederen Klerus ließ zweifelsohne manches zu wünschen übrig.

Es wäre aber verfehlt, übersehen zu wollen, daß die Geistlichen den pastoralen Notwendigkeiten und Pflichten im großen und ganzen nachkamen. Etwa ein Drittel hatte eine Universitätsausbildung genossen. Die große Zahl von Predigtbüchern läßt auf häufige Predigten, die zahlreichen gut dotierten Prädikaturen in bedeutenden Städten mit dem Anstellungserfordernis eines akademischen Grades auf entsprechende theologische Qualität der Predigten schließen. Das Erneuerungsbestreben hatte in den Klöstern Fuß gefaßt, man denke z. B. an die Melker Reform der Benediktiner oder an das Klarissenkloster in Nürnberg, das die tieffromme und gelehrte Nonne Charitas Pirkheimer leitete.

Zusammenfassend läßt sich feststellen, daß zur Zeit des Beginnens der Reformation, bei allen noch vorhandenen Mißständen, die Reform der Kirche, ihrer Lehre und ihres Lebens, bereits voll im Gange war. Luthers Reformationsbestrebungen bewegten sich zunächst in diesen breit und kräftig vorhandenen Reformbemühungen. Sie führten dann aber, von ihm gar nicht intendiert, über die Kirche hinaus zur Kirchenspaltung, eben zur Reformation. Die in der alten Kirche, der sogenannten Papstkirche, verbliebene Reformbewegung versandete zwar nicht, bewirkte aber erst wesentlich später das, was wir heute als »Katholische Reform« bezeichnen.

§ 103
Luthers Werdegang

Sowohl der Beginn wie auch der Verlauf der Reformation ist von *Martin Luther* derart geprägt, daß sie ohne ihn kaum denkbar ist. Trotzdem muß angemerkt werden, daß kaum ein Gedanke bzw. eine theologische Position Luthers neu war, andere hatten sie schon vor ihm vertreten, seine Zeitgenossen allerdings empfanden sie als neu. Durch Luthers Persönlichkeit, Wortgewalt, Überzeugungs- und Durchschlagskraft kann die Reformation als sein »ureigenstes Werk« (Franzen) bezeichnet werden. Smolinksy stimmt dieser These mit den Einschränkungen auf »deutsche Reformation« zu, und daß sie nicht allein Luthers Werk war, wohl jedoch »von ihrem Ausgangspunkt, ihrer Wirkung und Dauerhaftigkeit her im wesentlichen«. Ob die Reformation aber auch ohne ihn gekommen wäre, wie namhafte Historiker (Lortz, Iserloh) meinen, sei dahingestellt.

Martin Luther wurde am 10. November 1483 in Eisleben geboren und wuchs im nahegelegenen Mansfeld auf. Die elterliche wie auch schulische Erziehung war streng und bisweilen hart. Dem entsprach auch das Gottesbild, das er vermittelt bekam: »Ich wurde von Kindheit auf so gewöhnt, daß ich erblassen und erschrecken mußte, wenn ich den Namen Christi auch nur nennen hörte: denn ich war nicht anders unterrichtet, als daß ich ihn für einen strengen und zornigen Richter hielt« (WA 40 I, 298).

Dem Besuch der Lateinschule in Mansfeld, der weiteren Schulbildung bei den »Brüdern vom gemeinsamen Leben« in Magdeburg und einem entsprechenden Aufenthalt in Eisenach folgten die Studien der »Freien Künste« mit der Philosophie, die auf Nominalismus und Ockhamismus fußte, an der Universität Erfurt. Nach der Promotion zum Magister artium begann er, dem Wunsche seines Vaters entsprechend, im Mai 1505 mit dem Studium der Rechtswissenschaft. Auf der Rückreise nach einem heimatlichen Ferialaufenthalt geriet er am 2. Juli 1505 bei Stotternheim in ein schweres Gewitter. Ein Blitz warf ihn zu Boden, in seiner Todesangst gelobte er laut schreiend: »Hilf Du, heilige Anna, ich will ein Mönch werden.« Dem Gelöbnis folgte trotz heftigen Widerspruchs seines Vaters die Verwirklichung. Noch im selben Monat, am 17. Juli, tritt er in das Kloster der strengen Augustiner-Eremiten in Erfurt ein. Der Ordensregel gemäß liest er regelmäßig die Bibel und bringt es »zu einer stupenden Kenntnis ihres Inhaltes« (Iserloh). Dem Noviziat folgte im Februar oder im April 1507 (genaues Datum umstritten) im Erfurter Mariendom die Priesterweihe, seine Primiz ist vom Erlebnis der furchterregenden Größe Gottes geprägt.

Nach der Priesterweihe setzt er das begonnene Theologiestudium in Erfurt, wo »eine Art scholastischer Augustinismus« (Smolinsky) dominierte, fort. Schwere innere Kämpfe überschatten sein Kloster- und Studentenleben. Die Gnaden- und Prädestinationslehre seines Ordensvaters Augustin und das persönliche Sünden- und Schuldbewußtsein lassen ihn in tiefe Prädestinationsangst fallen. Im Glauben, verdammt zu sein, erleidet er schwere seelische Depressionen. Dem Ordensoberen Johannes Staupitz gelingt es, dem ständig der Frage: »Wie kriegst du einen gnädigen Gott?« (WA 37,611) nachgrübelnden jungen Mönch durch den Hinweis auf Christus am Kreuz, der für uns genug getan hat, Trost zu spenden und Martin Luther den Nukleus reformatorischer Rechtfertigungslehre ins Herz zu senken.

Im Herbst 1508 wird Luther das Lektorat für Ethik an der 1502 gegründeten Universität zu Wittenberg übertragen, zugleich widmet er sich weiteren Theologiestudien und wird im März 1509 Baccalaureus biblicus.

1510/11 unternimmt Martin in Ordensangelegenheiten eine Reise nach

Rom, das er wie ein frommer Pilger begrüßt und erlebt. Im Oktober 1512 erfolgt auf der Wittenberger Universität seine Promotion zum Doktor der Theologie mit dem üblichen Treue- und Gehorsamseid auf die römische Kirche. Bald nach Erlangung des Doktorgrades erhält er die Professur für die Heilige Schrift, und damit beginnen seine biblischen Vorlesungen, die er bis zu seinem Tode hält. In seinen Vorlesungen: Psalmen 1513/15, Römerbrief 1515/16, Galaterbrief 1516/17, Hebräerbrief 1517/18 entwickelte Luther seine reformatorische Theologie. In den Vorlesungen über den Römerbrief – diese lagen übrigens bis ins 20. Jahrhundert nur handschriftlich vor, erst der berühmte katholische Lutherforscher aus Österreich, Heinrich Denifle, machte auf sie aufmerksam – vertrat Luther bereits mehrfach seine sogenannte grundlegende reformatorische Erkenntnis von der iustitia Dei passiva. Da Luthers befreiendes *Turmerlebnis* diese Erkenntnis zum Inhalt hat, wird dessen Zeitpunkt in den Jahren 1514–1516/17 anzusetzen sein. Die Bezeichnung »Turmerlebnis« kommt von dem Ort, an bzw. in dem Luther das Erlebnis gehabt hat: sein geheiztes Arbeitszimmer im Turm des Wittenberger Klosters. Analog zum genauen Zeitpunkt des Turmerlebnisses, d. h. der grundlegenden reformatorischen Erkenntnis, herrscht auch über dessen Inhalt keine volle Klarheit, zumal Luther erst sehr spät, nämlich 1545, autobiographisch darüber berichtet hat. Weitestgehende Übereinstimmung unter den Reformationshistorikern ist aber darin gegeben, daß Luther im Turmerlebnis die »Gerechtigkeit Gottes« (Röm 1,17) nicht mehr als die zürnende, richtende und strafende Gerechtigkeit (iustitia activa), sondern als die Gerechtigkeit, wodurch Gott uns gerecht macht, die Gott uns umsonst schenkt (iustitia passiva), bewußt wird. In diesem befreienden Erlebnis, bei diesem »Eintritt ins Paradies« hat Luther nichts grundsätzlich Neues, sondern nur »etwas Urkatholisches neu entdeckt« (Iserloh). So haben die meisten Exegeten des Mittelalters Gottes Gerechtigkeit in Röm 1,17 nicht als strafende Gerechtigkeit, sondern als Gnadengeschenk Gottes interpretiert (Denifle). Die psychologisch-psychiatrische Deutung dieses befreienden Turmerlebnisses als Befreiung vom Vaterkomplex mit seinen Angstpsychosen (Reiter) ist heute weitgehend überwunden.

Luthers Interpretation menschlicher Begierlichkeit (Konkupiszenz) als Sünde führte zur Definition des Menschen als »simul iustus et peccator«, das soll heißen, daß der Mensch vor Gott Sünder und Gerechter zugleich ist. Gerechter, weil uns die Gerechtigkeit durch Christus geschenkt wird, und Sünder durch diese Begierlichkeit. Bei der Disputation gegen die scholastische Theologie vom September 1517 (WA 1, 224–228) wird dann bereits deutlich, wie weit sich Luther von der damals gängigen Theologie entfernt hat. Die Scholastik ist ihm Wortklauberei, die Position, der Mensch könne Gott aus eigener Kraft über alles lieben, ist bloße Einbildung, und schon vertritt er die These, daß der Mensch ohne die Gnade nur Böses wollen kann.

§ 104
Von den Ablaßthesen bis zur Leipziger Disputation

Luthers Konflikt mit der Kirche nahm seinen Anfang mit der Veröffentlichung der *Ablaßthesen,* deren Zählung mit 95 sich allgemein durchgesetzt hat. Am 31. Oktober 1517 hatte er sie den zuständigen Bischöfen, seinem Diözesanbischof Hieronymus Schulz von Brandenburg und dem Erzbischof Albrecht von Magdeburg als dem Päpstlichen Ablaßkommissär, zugesandt. Mit diesen Disputationsthesen verfolgte Luther den Zweck aufzuzeigen, wie sehr die Lehre vom Ablaß noch ungeklärt und ungewiß sei, ohne aber den Ablaß zu verwerfen. Die Lehre vom Ablaß, die das Wissen um das Fegefeuer zur Voraussetzung hat, war im Mittelalter entwickelt worden und besagt den Nachlaß von zeitlichen Sündenstrafen nach Absolvierung von festgelegten Leistungen. Unmittelbarer Anlaß für die Ablaßthesen – deren mit mancherlei Legenden umrankter demonstrativer und pathetischer Anschlag an der Schloßkirche zu Wittenberg sich übrigens historisch nicht nachweisen läßt – war die Verkündigung des Jubiläumsablasses zugunsten des Neubaues der Peterskirche in Rom. Die Predigt dieses mit einem skandalösen Geldgeschäft verbundenen St.-Peter-Kirchenbau-Ablasses bekam Luther alsbald im Beichtstuhl zu spüren. Johannes Tetzel, ein Leipziger Dominikanermönch, verkündete im benachbarten Magdeburgischen den Ablaß allzu marktschreierisch. So wurde Tetzel nachgesagt, er preise den Ablaß mit den Worten: »Sobald das Geld im Kasten klingt, die Seele aus dem Feuer springt.« In Wittenberg selbst gab es diese Ablaßpredigt nicht, der Landesherr Friedrich der Weise hatte sie aus Angst, sie könnte die Wallfahrt nach der Allerheiligenkirche bzw. seinen Heiltumsammlungen zu Wittenberg beeinträchtigen, untersagt.

Als Luther keine Antwort auf seine Briefe an die Bischöfe erhielt, setzte er einige Freunde über seine Ablaßthesen in Kenntnis. Drucke davon wurden ohne Wissen Luthers hergestellt und machten in Windeseile die Runde in ganz Deutschland. Die Wirkung dieser 95 Ablaßthesen war so enorm, daß selbst Luther darüber nicht wenig erschrak. Wenngleich man alle 95 Thesen als rechtgläubig bzw. als berechtigte Kritik an der damaligen Ablaßpraxis und als Diskussionsbeitrag zu noch offenen theologischen Fragen verstehen kann – Luther selber war fest davon überzeugt, sich innerhalb theologischer Schulmeinungen zu bewegen –, so war damit die Bewegung ins Rollen gekommen, die wir Reformation nennen. Im *Sermon von dem Ablaß und von der Gnade* erläuterte Luther seine Ansichten für das Volk, in den *Resolutionen,* die für den Papst bestimmt waren, geht es ihm um die Fundierung seiner theologischen Position. Im Schreiben an seinen Ordensoberen Staupitz, in dem Luther diesen bat, die »Resolutionen« an Papst Leo X. weiterzuleiten, heißt es: »Christus erwarte ich als Richter, der durch den Apostolischen Stuhl sprechen wird« (WA 1,527). Anläßlich eines Ordenskapitels disputierte Luther am 26. April 1518 in Heidelberg zu 40 von ihm aufgestellten Thesen, 28 davon galten den *Theologica paradoxa* (WA 1,353ff.). Die 13. These z. B. lautete: »Freier Wille ist nach dem Sündenfall nur ein bloßer Name, und wenn er tut, soviel an ihm ist, begeht er Todsünde.« These 25: »Nicht der ist gerecht, der beharrliche Werke tut, sondern der ohne Werke beharrlich an Christus glaubt.« Bei dieser *Heidelberger Disputation* spendeten die jüngeren Teilnehmer – unter denen einige spätere Anhänger, wie der Dominikaner Martin Bucer (Butzer) und die Württemberger Reformatoren Johannes Brenz und Erhard Schnepf saßen – Luther heftig Beifall.

Indes wurde an der römischen Kurie, bedingt durch die Anzeige des Erzbischofs Albrecht, gegen Luther der Prozeß wegen Häresieverdachtes eröffnet. Luther wurde nach Rom vorgeladen. Er bemühte sich aber durch Einschaltung seines Landesherrn, des Kurfürsten Friedrich des Weisen (1486–1525), daß die Unterhandlungen nicht in Rom, sondern in deutschen Landen geführt würden. Luther hatte Erfolg, und so wurde er im Oktober 1518 von dem zum *Augsburger Reichstag* entsandten Kardinal Thomas Cajetan de Vio verhört. Bei diesem Verhör hatte Cajetan ein Breve Leos X. in der Tasche, in dem der Papst Luther bereits als notorischen Ketzer apostrophierte und Cajetan aufforderte, Luther zu verhaften und nach Rom zu bringen, sollte dieser den Widerruf seiner Lehren verweigern. Luther versteifte sich auf »sein« Sola scriptura, d. h. Schriftprinzip, womit er die Auslegung der Bibel sowohl durch die kirchliche Lehrautorität als auch die Väter förmlich negierte. Dem kurialen Verlangen auf Widerruf kam er nicht nach, statt dessen appellierte er »von dem nicht gut unterrichteten Papst und von dessen Richtern an den besser zu unterrichtenden allerheiligsten Vater« und flüchtete am 20. Oktober 1518 heimlich aus Augsburg. Zu Hause in Wittenberg angelangt, ging er einen Schritt weiter und appellierte gegen das ausdrückliche Verbot der Päpste an das bald einzuberufende rechtmäßige freie Konzil.

Mit dem Ableben Kaiser Maximilians I. (12. Januar 1519 in Wels) ließ Rom aus politischen Gründen den Prozeß Luthers über ein Jahr ruhen; die Kurie konzentrierte sich darauf, mit Hilfe von Luthers Landesherrn, König Karl I. von Spanien als Nachfolger Kaiser Maximilians auszuschalten, was aber mißlang.

Der nun schon zur Berühmtheit aufgestiegene Luther, der es in Augsburg gewagt hatte, dem päpstlichen Legaten zu trotzen, trat in der *Leipziger Disputation* (27. Juni bis 16. Juli 1519) auf Pleißenburg dem bekannten und gefeierten Disputator, dem Ingolstädter Theologen Johannes Maier aus Eck, kurz Johann Eck genannt, entgegen. Bei dieser entscheidenden Disputation spielte die Ablaßfrage nur noch eine inferiore Rolle. Der freie Wille, das Fegefeuer sowie die Autorität und Verbindlichkeit von Papst- und Konzilsentscheidungen wurden zur zentralen Frage. Nach einem Vorgefecht mit Andreas Bodenstein aus Karlstadt trat mit 7. Juli Martin Luther dem Johannes Eck entgegen. In Leipzig wurden die Konturen lutherischer Ekklesiologie, nicht zuletzt durch Ecks Disputationstaktik verursacht, deutlich sichtbar: Die Kirche bedarf keines irdischen Hauptes, da Christus ihr eigentliches Haupt ist. Die Kirche ist auf dem Felsen, der Christusglaube heißt, gebaut und nicht auf Petrus und seinen Nachfolgern. Ihren unzweifelhaften historischen Höhepunkt erreichte die Disputation in Luthers Aussage, daß Konzile nicht nur irren können, sondern sich auch geirrt haben, wie das Konstanzer Konzil in der Verurteilung des Johannes Hus. Damit war das grundlegende reformatorische Formalprinzip »Sola scriptura«, die Heilige Schrift ist die *einzige* Quelle und Richtschnur des Glaubens, fundamentalistisch ausformuliert. In puncto Papsttum hatte Luther schon im März, also ein paar Monate davor, privat den Verdacht geäußert (WA Br 1,359), der Papst sei selbst der Antichrist oder dessen Apostel. Die Weichen für Kirchen- und Glaubensspaltung waren gestellt.

Mit dieser Relativierung kirchlicher Lehrautoritäten wie Papst und Konzil und der Infragestellung von deren Irrtumslosigkeit hatte Luther die Massen tief aufgewühlt, die Geister begannen sich zu scheiden. Viele sahen in Luther den großen Disputationssieger, andere in Eck, der bald darauf nach Rom reiste, worauf der Prozeß gegen Luther seine Fortsetzung fand, nachdem die Königs-(Kaiser-)wahl zugunsten des Habsburgers Karl V. entschieden war. Das Ergebnis des kurialen Lutherprozesses war die Bannandrohungsbulle *Exsurge Domine*, worin 41 Sätze aus Luthers Schriften ohne hinreichende Differenzierung als »häretisch, ärgerniserregend, irrig, als für fromme Ohren anstößig, für einfache Gemüter verführerisch und der katholischen Lehre widersprechend« verurteilt wurden. Luther wurde aufgefordert, binnen 60 Tagen zu widerrufen, widrigenfalls er dem Bann verfalle. Während ihre Publizierung mit erheblichen Schwierigkeiten und mancherlei Verzögerungen durchgeführt wurde – in Augsburg z. B. wurde sie erst nach langem Hin und Her am 30. Dezember 1520 vom Domprediger, dem späteren eifrigen Anhänger Luthers, Urbanus Rhegius, verkündet –, ließ Luther vier seiner *reformatorischen Programmschriften* ausgehen.

§ 105
Luthers Programmschriften

Unter den zahlreichen Schriften Luthers nehmen folgende vier aus dem Jahre 1520 einen besonderen Stellenwert ein:

1. *Von dem Papsttum zu Rom wider den hochberühmten Romanisten zu Leipzig* (WA 6,285–324): Die Christenheit ist keine leibliche, d. h. sichtbare Versammlung, sondern eine geistliche »der Herzen zu einem Glauben«; sie wird an der Taufe und am Evangelium erkannt. Christus im Himmel ist ihr alleiniges Haupt, auf Erden hat sie keines.

Christus hat die Schlüsselgewalt eigentlich der Gemeinde, dem Petrus nur an ihrer Stelle gegeben.

2. *An den christlichen Adel deutscher Nation von des christlichen Standes Besserung* (WA 6,404–469): Die Mauern, hinter denen sich die römische Kurie verschanze, müßten niedergerissen werden. Es gebe keine Überordnung der geistlichen Gewalt, keine Unterschiede des Standes. »Was aus der Taufe gekrochen ist, das mag sich rühmen, daß es schon zum Priester, Bischof und Papst geweiht sei« (WA 6,408). Der Zölibat, die Reservationen und die zahlreichen Festtage sollen abgeschafft werden.

3. *De captivitate babylonica ecclesiae praeludium* (Präludium von der Babylo-

nischen Gefangenschaft der Kirche) (WA 6,497–573): In dieser an die Theologen adressierten Schrift setzt sich Luther systematisch mit der gängigen Sakramentenlehre auseinander. Während er die Lehre von der Transsubstantiation mit bloßer Schulmeinung abtut, hält er an der leiblichen Realpräsenz Christi im Abendmahl unverbrüchlich fest. Die Sakramente, von denen er nur zwei voll und ganz gelten läßt, nämlich Taufe und Abendmahl, das Bußsakrament nur mit Einschränkungen, seien von ihren Gefangenschaften zu befreien. Leidenschaftlich zieht er gegen den Opfercharakter der Messe zu Felde, fordert vehement den Laienkelch. Mit der kompromißlosen Ablehnung des Herzstückes katholisch-religiösen Lebens, des Meßopfers, und der Leugnung von vier Sakramenten wurde vielen klar, daß von Luther nicht die längst fällige Reform der Kirche zu erwarten sei, sondern daß sich hier ein Bruch abzuzeichnen begann. Die Universität Paris protestierte öffentlich gegen diese Schrift, der englische König Heinrich VIII. (1509–1547) griff zur Feder, um seine *Assertio septem sacramentorum* zu verfassen, wofür ihn der Papst mit dem Titel *Defensor fidei* ehrte. Erasmus meinte, nun sei der Bruch Luthers mit der Kirche wohl nicht mehr zu heilen.

4. *Von der Freiheit eines Christenmenschen* (WA 7,20–38): In dieser nach der Publikation der Bannandrohungsbulle verfaßten Programmschrift will Luther den Papst von seiner Rechtgläubigkeit und seinem guten Willen überzeugen und sein christliches Lebensideal darlegen. Demnach ist der Christ niemandem untertan, sondern ein freier Herr über alle Dinge. Voraussetzung hierfür ist die gläubige Annahme des Evangeliums. Obwohl der gläubige Christ ganz frei ist, soll er sich zum Diener seines Nächsten machen. So ist der Christ »ein dienstbarer Knecht aller Dinge und jedermann untertan« (WA 7,21). Ein guter, frommer Mensch wird man nicht durch Werke, sondern der gute und fromme Mensch vollbringt gute Werke. Im Sendbrief an Leo X. (WA 7,3–11), den er zusammen mit dieser Programmschrift dem Papst schickte, versuchte Luther, seinem Widersacher Johann Eck, den er als Diener des Satans und als Feind Christi und der Wahrheit apostrophierte, die ganze Schuld an der Entwicklung zuzuschieben.

In dem gegen Ende 1520 verfaßten Traktat: »Wider die Bulle des Endchrists« (WA 6,614–629) war für Luther das Papsttum endgültig zum Antichristen geworden, der das Evangelium behindert und unterdrückt.

§ 106
Luther wird gebannt und geächtet

Gemäß der mit 15. Juni 1520 datierten Bulle *Exsurge Domine*, Schriften Luthers, in denen anstößige Lehren vertreten werden, zu verbrennen, loderten in Löwen, Lüttich, Köln und anderswo alsbald die Flammen. In Wittenberg kam es am 10. Dezember 1520 im Beisein zahlreicher Studenten am Elstertor zur Bücherverbrennung. Hier gingen aber nicht Lutherschriften in Rauch auf, sondern die kanonischen Rechtsbücher der Kirche, der *Chrysopassus*, ein Werk von Luthers

Erzfeind Eck, u. a. Schriften. Dann trat Martin Luther selber ans Feuer und warf eine kleine Druckschrift, die Bulle *Exsurge Domine*, hinein. Damit war sein Bruch mit der Kirche perfekt und öffentlich vollzogen.

Die 400 begeisterten Studenten, die tags darauf seine Vorlesungen besuchten, forderte der zum Volkshelden avancierte Reformator auf, zum Martyrium im Kampf mit dem Antichristen bereit zu sein (WA 7,186). Daß diesem demonstrativen Akt Luthers die Bannbulle *Decet Romanum pontificem* vom 3. Januar 1521 folgte, überraschte zwar keinen mehr, aber ganz Deutschland war in hellem Aufruhr und rief nach einem Konzil, das als einzige Instanz noch helfen und retten könne.

Der am 28. Juni 1519 trotz heftiger Gegenagitation von seiten der römischen Kurie einstimmig zum Nachfolger Maximilians I. gewählte König Karl I. von Spanien wurde am 26. Oktober 1520 in Aachen zum deutschen König gekrönt. Die intensiven römischen Intrigen gegen seine Wahl, seine beschworene Wahlkapitulation, wonach niemand mehr ohne vorhergehendes Verhör geächtet werden dürfe, und schließlich das geringe Ansehen des damaligen Papsttums werden Karl bewogen haben, den bereits exkommunizierten Luther vor den *Reichstag* nach *Worms* zu laden und ihn zu hören. Nach geltendem Staats- und Kirchenrecht hätte nach der Exkommunikation bzw. Bannung die weltliche Macht automatisch die vorgesehenen Konsequenzen, das heißt die Verhängung der Reichsacht, ziehen müssen. Das am 26. März Luther übergebene kaiserliche Vorladungsschreiben redete ihn sehr höflich mit »Ehrsamer, Lieber, Andächtiger« an und sicherte ihm freies Geleit zu. In einem Triumphzug sondergleichen reiste der Reformator durch die Lande nach Worms. In Erfurt ließ es sich der Rektor der Universität nicht nehmen, den Monate davor Exkommunizierten persönlich zu empfangen und als Heros des Evangeliums zu feiern. Am 16. April fuhr Luther auf seinem Rollwägelchen in Worms ein, das Volk stand dicht gedrängt auf den Straßen und jubelte seinem Helden zu. An den beiden folgenden Tagen stand er vor Kaiser und Reich und bekannte sich auf eine entsprechende Frage zu seinen vor ihm aufgelegten Büchern, und statt des erwarteten Widerrufs schloß er seine wohldurchdachte Rede mit dem reformatorischen Grundprinzip der *Sola scriptura*: »Werde ich nicht durch Zeugnisse der Schrift oder klare Vernunftgründe überzeugt – denn ich glaube weder dem Papst noch Konzilien allein, da es am Tage ist, daß sie öfter geirrt haben –, so bleibe ich überwunden durch die von mir angeführten Schriftstellen und mein Gewissen gefangen durch Gottes Wort. Daher kann und will ich nichts widerrufen. Denn gegen das Gewissen zu handeln ist beschwerlich, unheilsam und gefährlich. Gott helfe mir, Amen!« Tags darauf hielt der Kaiser seine selbstverfaßte programmatische Rede, die an Selbstbewußtsein und Standfestigkeit in der Lutherfrage nichts zu wünschen übrig ließ. Er werde die Häresie bekämpfen und bedauere, nachdem er gestern Luther gehört habe, so lange gezögert zu haben. Das versprochene freie Geleit könne Luther haben, er werde ihn aber fortan als notorischen Ketzer betrachten, ihn nie wieder hören, und er hoffe, daß die Fürsten und die Stände des Reiches das Ihre tun würden. Nach wohlmeinenden, aber ergebnislosen Versuchen, Luther doch noch umzustimmen, ließ ihm der

Kaiser am 25. April Bescheid geben, daß er als Schirmherr der Kirche nun gegen ihn vorgehen werde. Am nächsten Tag verließ der Reformator Worms, die Stätte des Triumphes, die zugleich eine Stätte seines Scheiterns war. Auf dem Heimweg wurde er am 4. Mai von Rittern seines Landesherrn, einer Verabredung gemäß, gefangengenommen und auf die Wartburg in Sicherheit gebracht.

Am 26. Mai unterzeichnete der Kaiser das *Wormser Edikt*, in dem es hieß, da Luther als verstockter Zertrenner und offenbarer Ketzer neben anderen Häresien die Autorität der Konzilien verworfen habe, sei vom Kaiser über ihn die Reichsacht verhängt worden. Jedermann sei verpflichtet, Luther gefangenzunehmen und dem Kaiser auszuliefern. Beschützer wie Anhänger verfielen ebenso in Reichsacht; Luthers Schriften seien zu verbrennen; in Zukunft sollen Bücher, die den christlichen Glauben zum Inhalt haben, der Druckerlaubnis des Ortsbischofs bedürfen.

§ 107
Luther auf der Wartburg – Bildersturm in Wittenberg

Die Zeit, die der Reformator auf der Wartburg verbrachte, war für ihn nicht nur die Zeit vieler Anfechtungen und Gewissensqualen, es war auch die Zeit, in der er unauslöschliche Lutherdenkmäler schuf: Er vollendete die Erklärung des Lobgesanges Mariens, des *Magnificat*, und arbeitete an seiner Kirchenpostille. Im Traktat *Von der Beichte, ob die der Papst Macht habe, zu gebieten* (WA 8,138–185) polterte Luther einerseits heftig gegen den Beichtzwang, aber anderseits formulierte er auch: »O, es wollte allen Christen gar leid sein, wenn die heimliche Beichte nicht wäre, und sie sollen Gott von Herzen danken, daß sie uns erlaubt und gegeben ist.« Seine nachhaltigste Arbeit auf seinem »Patmos«, der Wartburg, war jedoch die *Übersetzung des Neuen Testamentes*. Die Vulgata und Erasmus' Neues Testament waren des Reformators Grundlagen. Mit dieser Übersetzung, die im September 1522 gedruckt wurde, im Dezember eine verbesserte Neuauflage erfuhr und ob ihres interpretatorischen Charakters bald Mittelpunkt heftiger Kontroversen bis zum Kaufverbot wurde, schuf Luther »ein Werk, das in seiner Sprachgewalt und Treffsicherheit des Ausdrucks die zahlreichen vorausgegangenen Bibelübersetzungen überragte« (Bäumer). Luther übersetzte in die sächsische Kanzleisprache und wurde ob der weiten Verbreitung »seines« Neuen Testamentes ein besonderer Förderer einer einheitlichen, neuhochdeutschen Schriftsprache. In diversen kleineren Traktaten, die Luther in der Ruhe und Abgeschiedenheit auf der Wartburg noch verfaßte, bediente er sich eines Tones, der viel zur Klimaverschlechterung beitrug und als »Grobianismus« in die Literaturgeschichte einging.

Der Befehl Herzog Georgs von Sachsen, Luthers »Neues Testament« zu konfiszieren, ließen diesen 1523 die Schrift »Von weltlicher Obrigkeit, wie weit man ihr Gehorsam schuldig sei« (WA 11,245–281) verfassen. In diesem Werk hat der Reformator seine berühmte »Zwei-Reiche-Lehre« mit der Schöpfungsordnung und dem weltlichen Regiment einerseits und der Heils- oder Erlösungsordnung mit dem geistlichen Regiment (Kirche) anderseits grundgelegt. Das weltliche Regiment hat die Rechte der Menschen bzw. die bürgerliche Ordnung durch Gesetze und, wenn nötig, mit Gewalt zu schützen; das geistliche Regiment fußt auf der evangelischen Freiheit, die keinen Zwang kennt und die Bergpredigt zum Grundsatz hat. Weil nun der Mensch Gerechter und Sünder zugleich ist, untersteht er beiden Regimenten bzw. gehört er beiden Bereichen an.

Die reformatorische Bewegung entwickelte, während Luther auf seinem »Patmos« weilte, immer stärker ihre Eigendynamik. In Wittenberg kam es durch Andreas Karlstadt und Luthers Ordensbruder Gabriel Zwilling zur Radikalisierung: Am Weihnachtsfest 1521 feierte Karlstadt ohne liturgische Kleidung und unter Weglassung des Kanons und der Elevation mit viel Volk die »Deutsche Messe« und spendete die Kommunion unter beiderlei Gestalten. In der Wittenberger Pfarrkirche wurden Geistliche von den Altären vertrieben. Anfang Januar 1522 erreichte diese Radikalisierung im Bildersturm ihren Höhepunkt. Als dann auch noch die sogenannten Zwickauer Propheten auftauchten und unter Berufung auf die unmittelbare Leitung durch den Heiligen Geist eine neue Gesellschaftsordnung nach Liquidierung der Pfaffen und Gottlosen forderten, war der Zeitpunkt gekommen, um Luther zu bitten, nach Wittenberg zurückzukehren. Am 6. März traf er dort ein und hielt vom 9. bis zum 16. März 1522 seine sogenannten *Invocavit-Predigten*, in denen er die forschen Neuerer als »Schwärmer« abstempelte.

Karlstadt, dieser »Rottengeist«, wurde mitsamt seiner Familie auf Verlangen Luthers aus Kursachsen vertrieben. Bis auf die Privatmessen wurde die alte Ordnung wieder hergestellt.

§ 108
Theologische Mitstreiter und Gegner Luthers

Da das Wormser Edikt nicht durchgeführt wurde, konnte sich die Reformation ungehindert ausbreiten. Fasziniert von Luther bzw. seiner selbstbewußten und selbständigen Bibelinterpretation, die mit dem »Sola scriptura-Prinzip« das institutionelle kirchliche Lehramt einfach beiseite schob, erwuchsen ihm diverse bedeutende Mitkämpfer, die zu Unrecht nicht selten übersehen werden. Unter diesen Gefährten der ersten Stunde muß als der mit Abstand bedeutendste, der *Praeceptor Germaniae* Philipp Melanchthon (Schwartzert), ein Laie und Großneffe des berühmten Humanisten und Hebräisten Johann Reuchlin, genannt werden. Er schaute mit tiefem Respekt zum Größeren auf, seufzte gelegentlich aber auch über Luthers Eigenheiten, insbesondere seine reizbare Unduldsamkeit. Zum Theologen der Reformation wurde Melanchthon, der kein theologisches Schulstudium absolviert hatte, durch seine *Loci communes rerum theologicarum* (ein theologisches Wörterbuch; auch erste evangelische Dogmatik genannt). Während Luthers Wartburgaufenthalt verfaßt, kam es 1521 erstmals heraus und erlebte viele Auflagen. Durch die Bannung und Ächtung Luthers bedingt, war Melanchthon bei Religionsunterhandlungen des öfteren Sprecher der Theologen lutherischer Provenienz. So z. B. beim Augsburger Reichstag 1530, wo auch das Augsburger Bekenntnis unter Melanchthons Federführung entstand.

Johann Bugenhagen aus Pommern, deshalb Pomeranus genannt, war 1509 zum Priester geweiht worden. Er heiratete 1522 und wurde ein Jahr darauf vom Rat der Stadt Wittenberg unter Nichtachtung des Besetzungsrechtes des Kapitels zum Pfarrer der Stadtkirche kreiert. Er gilt als Schöpfer des deutschen lutherischen Pfarrhauses. Er war Luthers Beichtvater, hielt diesem 1546 die Grabrede und schuf für Norddeutschland mehrere Kirchenordnungen. Der Humanist Georg Spalatin (eigentlich Burckhardt aus Spalt bei Nürnberg) wurde 1508 zum Priester geweiht, war Prinzenerzieher am Hof des Kurfürsten Friedrich des Weisen und erhielt 1516 mit der Berufung in die kurfürstliche Kanzlei eine Position, die sich in der kritischen Phase zu Reformationsbeginn als Schlüsselstelle erweisen sollte und Luther sehr zugute kam. Der Briefwechsel der beiden, die alsbald Freunde wurden, ist durch die 400 Lutherbriefe eine reformationshistorische Quelle von größter Bedeutung. Als kursächsischer Hoftheologe war er bei diversen Religionsverhandlungen dabei, auch hatte er sich immer wieder um einen Ausgleich zwischen Luther und Erasmus bemüht.

Der Schüler von Luthers Hauptwidersacher Eck, Urbanus Rhegius (Rieger), wechselte Anfang der zwanziger Jahre zögernd ins lutherische Lager, ohne es wieder zu verlassen. Als Domprediger verkündete er am 30. Dezember 1520 pflichtgemäß im Augsburger Dom die Bulle *Exsurge Domine*, und gleichzeitig diktierte er ein Siegeslied auf die Bücherverbrennung vom 10. Dezember 1520, bei der Luther besagte Bulle ins Feuer warf. Durch seine reformatorische Tätigkeit in Augsburg, sein entsprechendes Wirken in Hall in Tirol und seine überreiche literarische Tätigkeit gilt der am Bodensee geborene Rhegius als Reformator lutherischer Provenienz des süddeutschen Raumes. Nach seiner Übersiedlung 1530 ins Lüneburgische kann Analoges auch von dort gesagt werden. Beim Augsburger Reichstag 1530 suchte er zwischen den verschiedenen Lagern zu vermitteln. Er hatte maßgebenden Anteil daran, daß Philipp von Hessen die Confessio Augustana (CA) unterzeichnete.

Justus Jonas und Nikolaus von Amsdorf gehörten zu Luthers engsten Mitarbeitern und halfen diesem bei der Bibelübersetzung. Diesen »weihte« Luther 1542 zum evangelischen Bischof von Naumburg; Luthers Rechtfertigungslehre trieb er derart auf die Spitze, daß er behauptete, die guten Werke seien für das Seelenheil schädlich. Überhaupt ist sein Verständnis der lutherischen Lehre vom Geist der Intoleranz geprägt. Jener, Justus Jonas, tat sich besonders als Übersetzer von Luther- und Melanchthonschriften hervor. Er begleitete Luther 1546 nach Eisleben und stand an dessen Sterbebett.

Außerhalb des engen Wittenberger Kreises seien neben dem schon genannten Rhegius noch Andreas Osiander und Johannes Brenz erwähnt. Der Nürnberger Reformator Osiander begann 1522 reformatorisch zu predigen. Der Streit mit Melanchthon über das rechte Verständnis der Rechtfertigung ist nach ihm benannt. Der württembergische Reformator Brenz wurde 1518 in Heidelberg für Luther gewonnen. Er führte in der Universität von Tübingen das Luthertum ein und ist der Verfasser des Württembergischen Bekenntnisses, das 1552 in Trient überreicht wurde.

Schon sehr früh meinten Theologen, daß Luther bei seiner Kritik an den zweifellos vorhandenen Mißständen der Kirche übers Ziel schieße und traten ihm entgegen. »Der erste, unermüdlichste, bekannteste, aber auch verhaßteste Gegner der Reformation war der Weltpriester und Ingolstädter Professor Johannes Eck« (Iserloh). Durch die Leipziger Disputation war er mit einem Schlag allgemein bekannt, berühmt und das Ziel beißender Angriffe. Er war es, der auf dieser Auseinandersetzung Luther förmlich zwang, seinen Kirchenbegriff offenzulegen. Überreich sind seine antireformatorischen Streitschriften. Im *Enchiridion locorum communium adversus Lutherum* (Antilutherisches Handbuch), das 1525 erstmals erschien und über 100 Auflagen erlebte, trat er in der Art von Melanchthons *Loci communes* der Reformationstheologie entgegen. Er war der Wortführer der altgläubigen Theologen, der meinte, auch Erasmus belehren zu müssen, daß er sich mehr an den hl. Augustinus als an Hieronymus halten solle. Er war kein schöpferischer Theologe, kann aber für sich das Verdienst in Anspruch nehmen, »scharf aufgewiesen zu haben, daß Luther nicht nur Reform, sondern Revolution bedeutete« (Iserloh). 1537 erfüllte er den Wunsch bayerischer Herzöge auf eine eigene Bibelübersetzung.

Johannes Cochläus (Dobeneck) stand anfänglich Luther und seiner Bewegung wohlwollend gegenüber, ab 1520 ist er aber ein entschlossener Gegner. In über 200 Traktaten setzte er sich mit der reformatorischen Bewegung auseinander, überharte Polemik und Grobianismen kennzeichnen häufig seinen Stil. Seine *Commentaria de actis et scriptis Martini Lutheri* (erste große Lutherbiographie, erschienen 1549) prägten bis in unsere Tage nachhaltig ein verzerrtes katholisches Lutherbild. Johannes Fabri kam als Generalvikar von Konstanz und späterer Rat König Ferdinands I. mit der Reformation in Berührung. Ihm war besonders daran gelegen, Messe und Priestertum zu verteidigen. Beim Augsburger Reichstag 1530 wirkt er maßgeblich an der Erstellung der Confutatio mit; im selben Jahr wird er auch Bischof von Wien.

Der Straßburger Franziskaner Thomas Murner war alsbald der populärste Luthergegner. Mit dichterischem Können und satirischer Polemik trat er vor allem in seinem Epos »Vom Lutherischen Narren« der reformatorischen Bewegung entgegen. Als »Murnarr« war er selber alsbald reichlichem Spott ausgesetzt. Er übersetzte Luthers »De captivitate Babylonica« ins Deutsche in der Meinung, wenn das gläubige Volk dieses Werk lese, werde es wissen, wessen Geistes der Reformator sei, und von ihm abrücken.

Der Provinzial der Oberdeutschen Franziskanerobservanten, Kaspar Schatzgeyer, war in seiner reichen kontroverstheologischen Tätigkeit sehr darum bemüht, die streitenden Parteien in der Lehre zu versöhnen. Seine irenische Stimme ging in der lärmenden Polemik seiner Zeit unter. Sein früher Tod (1527) bewirkte das Seine, der resignierte Chiemseer Bischof Berthold Pürstinger schrieb 1528 die erste deutsche Dogmatik: *Tewtsche Theology*. In Angelegenheiten der hl. Messe trat er der Reformation direkt entgegen. Zu diesen Vermittlungstheologen, die mit ihrem Bibelhumanismus die Kirche- bzw. Konfessionseinheit zu erhalten trachteten, gehörten u. a. auch der Niederländer Georg Cassander, der Naumburger Bischof Julius Pflug, der von Luther und der Reformation enttäuschte, literarisch unermüdliche Georg Witzel, der Kölner Johannes Gropper und der Pastoraltheologe und Weihbischof von Mainz, Michael Helding.

In Rom war mit dem Tod Leos X. am 1. Dezember 1521 das Renaissancepapsttum zu Ende gegangen. Zum Nachfolger wurde völlig überraschend der Niederländer und ehemalige Professor von Löwen, Hadrian von Utrecht, gewählt. Mit Reformeifer ging Hadrian VI., der auch der Erzieher Karls V. war, an seine neue Aufgabe. An der römischen Kurie war man anderes gewohnt, so fand er für sein Reformprogramm kaum Mitstreiter. Auch Erasmus von Rotterdam, den er als Papst bat, nach Rom zu kommen und ihm zur Seite zu stehen, lehnte ab und begnügte sich mit guten Ratschlägen. Die Welt horchte auf, als am 2. Nürnberger Reichstag (1523) Papst Hadrian durch den Mund seines Legaten Francesco Chieregati ein sehr freimütiges Schuldbekenntnis ablegte: »Wir bekennen aufrichtig, daß Gott diese Verfolgung seiner Kirche geschehen läßt wegen der Sünden der Menschen, besonders der Priester und Prälaten. Wir wissen wohl, daß auch bei diesem Heiligen Stuhl schon seit manchem Jahr viel Verabscheuungswürdiges vorgekommen ist: Mißbräuche in geistlichen Dingen, Übertretungen der Gebote, ja, daß alles sich zum Ärgeren verkehrt hat. So ist es nicht zu verwundern, daß die Krankheit sich vom Haupt auf die Glieder, von den Päpsten auf die Prälaten verpflanzt hat. Wir alle, Prälaten und Geistliche, sind vom Wege abgewichen . . .« (RA III Nr. 74, S. 397f.).

Das sollte sich sehr bald als politisch betont unklug herausstellen, denn die Stände benützten dieses Eingeständnis für entsprechende Gegenforderungen und zur Flucht vor der eigenen Verantwortung. Bischöfe und Prälaten fühlten sich bloßgestellt und verraten, die Anhänger Luthers in ihrer Kirchenkritik aber bestätigt. Als Luther auch den Reformpapst Hadrian VI. als Antichristen und ärgsten Feind Gottes bezeichnete, wurde klar, daß Hadrians Bemühungen nicht das erhoffte Ziel erreichen würden. Auch gelang es Papst Hadrian nicht, die politischen Mächte Europas für eine gemeinsame Abwehr der heranziehenden Türken zu gewinnen. Es kam auch zur Verstimmung mit dem Kaiser, tief enttäuscht starb Hadrian im September 1523 nach nur 13 Regierungsmonaten. Treffend steht auf dem Grabmal dieses Papstes in der »Anima« in Rom: »Ach, wieviel hängt davon ab, in welche Zeit auch des besten Mannes Wirken fällt.«

In den Humanistenkreisen hatte Luther seine ersten begeisterten Anhänger und Sympathisanten gefunden. Der Humanistenfürst Desiderius Erasmus von Rotterdam meinte zunächst, in Luther einen Bundesgenossen im Kampf für die humanistischen Ideale bekommen zu haben. Doch die stürmische, leidenschaftliche und lärmende Art des Wittenbergers behagte dem fein- und scharfsinnigen Erasmus nicht, er wollte in dem tobenden Streit bloßer Zuschauer bleiben. Luther forderte ihn direkt auf, wenn er schon nicht sein Mitstreiter sein wolle, solle er »wenigstens ein bloßer Zuschauer unserer Tragödie« sein und bleiben (WA Br 3,271). Manches an Luthers Theologie, vor allem dessen Standpunkt bezüglich des freien Willens des Menschen, mißfiel Erasmus derart, daß er ihm 1524 mit dem Traktat *De libero arbitrio* öffentlich entgegentrat und in einer theologisch zentralen Frage widersprach. Wenn Luther mit seiner Ansicht recht hätte, daß der freie Wille des Menschen nach der Sünde ein bloßes Wort sei, dann hätten Gottes Gerechtigkeit und Barmherzigkeit ihren Sinn verloren, denn diese setzten zumindest einen Rest von menschlicher Wahlfreiheit voraus. Luther ließ sich mit der Antwort Zeit, und manche meinten schon, er schweige, weil er überwunden sei. Doch ein Jahr später ging er in *De servo arbitrio* mit Erasmus hart ins Gericht. Er beschimpfte Erasmus als Atheisten, Heuchler, Lästerer, Verächter der Heiligen Schrift und Zerstörer des Christentums. Inhaltlich beharrte der Reformator und formulierte pointiert: »Glauben können, daß Gott gerecht ist, der absichtlich, und ohne daß sie es ändern können, Menschen verdammenswert macht, das ist die höchste Stufe des Glaubens« (WA 18,633). »So ist der menschliche Wille in die Mitte gestellt wie ein Lasttier. Wenn Gott darauf sitzt, will er und geht er, wohin Gott will . . . Wenn der Satan drauf sitzt, will er und geht er, wohin der Satan will« (ebd., 635). Damit hatte Luther seine Absage an Erasmus und an den Humanismus erteilt. Diese Absage war unwiderruflich, und die Fronten klärten sich. Die einen Humanisten trennten sich von Erasmus und integrierten sich im lutherischen Lager, die anderen trennten sich von der reformatorischen Bewegung und fanden in der alten Kirche wieder ihre Heimat. Mit seiner 1533 herausgegebenen Schrift: »Liber de sarcienda ecclesiae concordia« (Buch über die wiederherzustellende Eintracht der Kirche) fand Erasmus nur bei seinen eingefleischten Anhängern Zustimmung, stieß aber sowohl bei den Lutheranern als auch bei den strengen Altgläubigen (Katholiken) auf Ablehnung. Der Nuntius Vergerio stellte Erasmus in seinem Bericht aus Wien nach Rom gar als einen dar, der Lästerliches über Kirchenlehren ausspreche.

§ 109
Luthers Haltung im Bauernkrieg

Gleichzeitig mit dem Streit um die Willensfreiheit zwischen Erasmus und Luther tobte ein blutiger, ein grausamer Kampf, der *Bauernkrieg*. Ähnlich wie die Reformation am vorhandenen reformerischen Elan und Aufwind kräftig partizipierte, war der Bauernkrieg nichts Urplötzliches. Die Eruption war gespeist sowohl von aufgestauter Unzufriedenheit als auch von längst erwachtem Selbstbewußtsein. Der Bauernaufstand von Mai/Juni 1524 im Südschwarzwald fand noch nicht unter der Fahne der zwölf Hauptartikel statt, die erst 1525 herauskamen und vom Kürschner Sebastian Lotzer und dem zwinglisch gesinnten Memminger Prediger Christoph Schappeler konzipiert waren. In dieser weit verbreiteten Programmschrift waren die Bauernforderungen, die zum Teil alt sind, biblisch fundiert. Im ersten Artikel wurde freie Pfarrerwahl durch die Gemeinde und die Predigt des reinen und lauteren Evangeliums gefordert, erst darauf folgten diverse soziale Forderungen wie die Abschaffung der Leibeigenschaft.

Nun tauchen auch bei den aufständischen Bauern Fahnen mit Luthers Losungs-wort: »Verbum Domini manet in aeternum« (Das Wort Gottes bleibt in Ewig-keit, Petr 1,25) auf.

Im Krieg, wovon alsbald ganze Landstriche vom Elsaß bis Kärnten und Stei-ermark, von Tirol und Salzburg bis nach Sachsen erfaßt waren und der sehr grausam geführt wurde, blickte man nach Wittenberg zu Luther: Auf wessen Seite stand er? Zuerst mahnte er beide Teile zum Frieden, indem er die Bauern aufforderte, sich nicht gegen die Obrigkeit aufzulehnen, und die Herren, sie sollten die Bauern nicht schinden. Aber noch ehe diese Schrift erschien, war sie überholt, denn Luther schlug sich unter dem Eindruck der einlaufenden Schrek-kensnachrichten auf die Seite der Fürsten und forderte sie auf, die Bauern rück-sichtslos zu stechen, zu würgen und wie tolle Hunde zu erschlagen. »Bleibst du darüber tot, wohl dir, einen seligeren Tod kannst du nimmermehr sterben. Denn du stirbst im Gehorsam gegenüber dem göttlichen Wort und Befehl (Röm 13) und im Dienst der Liebe, deinen Nächsten zu erretten aus der Hölle und aus Teufels Banden« (WA 18,361). Diese Haltung Luthers fußte auf seiner »Zwei-Reiche-Lehre«. Durch die schwere Niederlage der Bauern bei Franken-hausen (Thüringen) und durch die Einnahme der Stadt Salzburg durch den Schwäbischen Bund waren die Bauern entscheidend geschlagen. Mit sadisti-scher Grausamkeit rächten sich die Fürsten an ihnen, etwa 100.000 kamen um. Der Priester Thomas Müntzer (1488/89–1525), der Luthers Rechtfertigungs-lehre für grundfalsch und gefährlich hielt, weil sie die Erfüllung von Gottes Ge-boten nicht für nötig erachte, und der sich sowohl durch seine Lieder als auch durch liturgische Neuerungen und durch seine Schrift gegen Luther *Wider das geistlose sanft lebende Fleisch zu Wittenberg* einen Namen gemacht hatte, verstand es, in Predigten die Bauern mitzureißen und Friedensverhandlungen zu verei-teln. Mit dem Pfingsthymnus *Komm, Heiliger Geist, Herre Gott* und mit Fahnen, auf denen der Regenbogen in seiner Farbenpracht leuchtete, führte er als Feld-prediger die Bauern in die Schlacht. Wenige Tage nach der Katastrophe bei Frankenhausen wurde man seiner habhaft und folterte ihn, ehe man ihn hinrich-tete.

Als Luther, der durch seine Haltung im Bauernkrieg schon viele vor den Kopf gestoßen hatte, mitten in den Wirren des Bauernkrieges am 13. Juni die ehemalige Zisterziensernonne Katharina Bora heiratete, schüttelte selbst sein treuer Kampfgefährte Philipp Melanchthon den Kopf und war betroffen. »Der kleine Mann wandte sich vielfach enttäuscht von Luther ab . . . Wir können seit-dem von der Epoche der Fürstenreformation sprechen . . . Statt eines Gemein-dechristentums mit freier Pfarrerwahl kam die Landeskirche« (Iserloh). In den Städten allerdings war der reformatorische Elan keineswegs geschwunden, im Gegenteil, »ab etwa 1528 setzte eine neue Welle von Stadtreformation ein« (Smolinsky), so daß wir von nun an sowohl von einer Stadtreformation als auch von einer obrigkeitslandesherrlichen Reformation sprechen können. Im Sinne letzterer Entwicklung, in der der Landesherr zum »Notbischof« avancierte, ord-nete Kurfürst Johann 1527 eine landesherrliche Visitation an. Beamte und Theologen hatten sie durchzuführen, primär sollten sie darauf achten, ob das

Evangelium rein und lauter gepredigt werde. Damit die landesherrliche Reformation gelingen konnte, waren entsprechende Gottesdienstordnungen und liturgische Handreichungen vonnöten, die Luther auf Wunsch seines Landesherrn Johann auch herstellte: »Deutsche Messe und Ordnung des Gottesdienstes« (WA 19,72–113) 1526, »Das Taufbüchlein verdeutscht, aufs neue zugerichtet« (ebd., 537–541) 1526, »Ein Traubüchlein für die einfältigen Pfarrherren« (WA 30 III,74–80) 1529, »Deutsch Katechismus« (WA 30 I, 125–238) 1529 und »Der kleine Katechismus für die gemeinen Pfarrherrn und Prediger« (WA 30 I, 243–245) 1529.

In den Städten, insbesondere in den Reichsstädten, lag vielfach die kirchliche Stellenbesetzung in den Händen der Stadtregierung und nicht eines Bischofs. Für die Vergabe von meist bestens dotierten Prädikaturen an entsprechend orientierte Prediger war dies für die sogenannte Stadtreformation von weichenstellender Bedeutung.

Sogleich mit dem Ausbruch der Reformation hat die von Luther entfachte Bewegung im politischen Machtbereich eine Rolle gespielt. War 1518, beim letzten Reichstag Maximilians I., Luther nur eine Randfigur, so war er 1521 in Worms die Hauptfigur. Am 2. Nürnberger Reichstag 1523 legte der Papst durch seinen Legaten ein sehr freimütiges Schuldbekenntnis ab, das aber nicht die erhoffte Wirkung erbrachte. Der 3. Reichstag in Nürnberg 1524 stellte die Durchführung des Wormser Ediktes den Ständen anheim und legte es damit ad acta. Ein freies, allgemeines Konzil auf deutschem Boden, das die Kirchenreform durchführen und die Streitfragen lösen sollte, wurde verlangt.

§ 110
Konfessionelle Bündnisse

1524 verbündeten sich in Regensburg süddeutsche geistliche und weltliche Fürsten zur Durchführung des Wormser Ediktes. Analog dazu vereinigten sich die norddeutschen katholischen Fürsten 1525 in Dessau. Ein Jahr danach kam es auf Betreiben Philipps von Hessen durch sein Bündnis mit dem sächsischen Kurfürsten Johann in Gotha-Torgau zum Pendant. Andere reformatorisch gesinnte Fürsten schlossen sich diesem Bündnis zum Schutz und zur Förderung der Reformation an. Damit hatten sich die Religionsstreitigkeiten zur machtpolitischen Spaltung vertieft, und der Keim für Religionskriege war gelegt. Der 1. Reichstag zu Speyer 1526 entschied, in Religionsangelegenheiten, d. h. in puncto Wormser Edikt, solle man bis zum Konzil es so halten, »wie ein jeder solches gegen Gott und kaiserliche Majestät hoffe und vertraue zu verantworten«. Damit war gewissermaßen das Prinzip cuius regio, eius religio des Augsburger Religionsfriedens von 1555 vorweggenommen. Zu allem Überfluß führten Papst und Kaiser gegeneinander Krieg. Kaiserliche Söldnerhorden plünderten und mordeten im Mai und Juni 1527 im sogenannten »Sacco di Roma« in der Ewigen Stadt und hielten Strafgericht im römischen Babel. Der 2. Reichstag zu Speyer 1529 hob den Reichstagsabschied des 1. auf und forderte, daß die Feier der hl. Messe nicht behindert werden dürfe. Dagegen wehrten sich und protestierten die evangelischen Stände. Damit kreierten sie ungewollt ihren Namen: »Protestanten«. Inzwischen hatten sich Papst und Kaiser nicht nur versöhnt, sondern auch ein Verteidigungsbündnis gegen die auf Wien vorrückenden Türken geschlossen. Sie kamen auch überein, gemeinsam gegen die Häretiker vorzugehen. Am 24. Februar 1530, dem 30. Geburtstag Karls V., setzte ihm Papst Klemens VII. in San Petronio in Bologna die Kaiserkrone auf. Die alte Einheit schien neu gewonnen. Übrigens sollte diese Kaiserkrönung die letzte durch den Papst sein.

§ 111
Reformatorische Randgruppen

Die Grenzen zwischen Schwärmern, Täufern und Spiritualisten sind fließend, und demnach ist die jeweilige Zuordnung schwierig. Mit dem Begriff *Schwärmer* etikettierte und charakterisierte Luther alle reformatorischen Richtungen einschließlich Zwingli, die von seiner eigenen abwichen. Andreas Karlstadt, Thomas Müntzer, die Zwickauer Propheten, die sich auf die unmittelbare Leitung durch den Hl. Geist beriefen, die Kindertaufe in Frage stellten und für eine neue Gesellschaftsordnung schwärmten, wurden mit diesem Sammelbegriff zusammengefaßt und abgetan. In den Ansichten der Zwickauer Propheten, die 1521 in Wittenberg auftauchten, treffen wir bereits Elemente, die wir bei den Schweizer und Oberdeutschen Täufern einige Jahre später wiederfinden.

Gesellschaftsreformerische Züge wie Kampf gegen den Zehent und Kritik am bisherigen Verlauf der Reformation, insbesondere am Festhalten an der Kindertaufe, charakterisieren die Bewegung, die Konrad Grebel und Felix Mantz in der Schweiz im geistigen Umfeld Zwinglis ins Leben riefen. Im Januar 1525 spendeten sie sich die Glaubenstaufe, die als Wiedertaufe in die Geschichte einging, und riefen in Zollikon die erste *Täufergemeinde* ins Leben. Der raschen Ausbreitung der Täufer, die sich untereinander mit »Bruder« anredeten, folgte sofort unerbittliche Bekämpfung. Straßburg und Augsburg wurden Zentren der Wiedertäufer, die allgemein als eine Frucht bzw. als Wildwuchs der Reformation angesehen wurden. Die Täufer *(Wiedertäufer)* wurden von katholischer Seite und nicht zuletzt von Exponenten der Reformation rücksichtslos verfolgt. Felix Mantz, der im Januar 1527 in der Limmat ertränkt wurde, gilt als ihr erster Märtyrer. Ein früher Blutzeuge der reformatorischen Bewegung war jedoch der theologisch rätselhafte, karlstadtisch gesinnte Kaspar Tauber, ein Wiener Kaufmann, der im September 1524 als Ketzer hingerichtet wurde. Er hatte unter anderem die Realpräsenz Christi im Abendmahl geleugnet, was absolut nicht lutherisch war, und Zwingli hatte seine Abendmahlslehre zu diesem Zeitpunkt noch nicht dargelegt. Mit seiner theologischen Ansicht, Christus sei vom Vater nur im Geist ausgegangen, weist er aber über die Reformation hinaus. Der im März 1528 in Wien verbrannte Balthasar Hubmaier, der eine Zeitlang auch in Nikolsburg in Mähren gewirkt hatte, war der geistig führende Kopf der Wiedertäufer und hinterließ ein reiches Schrifttum. Das Täufertum in Mähren erhielt durch Jakob Hutter einen wegweisenden Anführer und erreichte durch die Gütergemeinschaft in »Brüderhöfen« wirtschaftliche Bedeutung. Hutterer wurde eine gängige Bezeichnung für diesen Täuferstrang.

Für kurze Zeit sollte die Täuferbewegung dadurch besondere Bedeutung erlangen, daß es ihr gelang, das Stadtregiment von Münster in die Hand zu bekommen und am 23. Februar 1534 die Wahl eines täuferischen Rates durchzusetzen. Der Schneider Jan Beuckelsz aus Leiden ließ sich zum König ausrufen und übte mit seinem Statthalter Knipperdolling über ein Jahr ein genußsüchtiges Schreckensregiment. Ein furchbares Blutbad beendete im Juni 1535 das Täuferreich von Münster. »König« Jan von Leiden wurde nach seiner Gefangennahme im ganzen Lande dem Spott preisgegeben und zusammen mit anderen Exponenten seines »Täuferreiches« im Jänner 1536 mit glühenden Zangen zu Tode gefoltert, ihre Leichen wurden in Eisenkäfigen am Turm der Lambertikirche öffentlich zur Schau gestellt. Selbstredend hat dieses »Reich von Münster« dem Ruf der Täufer schwerstens geschadet. Die Neuorganisation der niederdeutschen Täufer gelang nach vielen Schwierigkeiten durch stilles und ausgleichendes Wirken Menno Simons. Dieser Täuferbewegung, »Mennoniten« benannt, gelang es, eine nicht geringe Bedeutung zu erlangen; aus ihr entwickelten sich in England um die Mitte des 17. Jahrhunderts die Baptisten.

Spiritualisten wurden jene genannt, die sich auf das direkte und unmittelbare Einwirken des Heiligen Geistes beriefen. Neben und außer den rätselhaften Zwickauer Propheten waren der Schlesier Kaspar Schwenckfeld (1489–1561) und der Oberdeutsche Sebastian Franck (1499–1542) ihre namhaftesten Vertreter. Bemerkenswert erscheint, daß gerade diese reformatorischen Randgruppen, die bisweilen mit »linker Flügel der Reformation« bezeichnet werden, »faktisch zu Vorkämpfern neuzeitlicher Ideen, wie Glaubensfreiheit, Freiwilligkeitskirche und damit Trennung von Kirche und Staat« wurden (Iserloh).

§ 112
Zwingli

War durch Karlstadt eine sehr gravierende Meinungsverschiedenheit zu Luther deutlich geworden und hatte sich bei den Täufern ein eigenes Gemeindeleben entwickelt, so bildete sich durch *Huldrych Zwingli* eine eigene schweizerisch-oberdeutsche Form der Reformation heraus.

Als Sohn wohlhabender Bauern aus Toggenburg, am Neujahrstag 1484 geboren, hatte er in Wien und Basel studiert, war humanistisch gebildet und wurde 1506 zum Priester geweiht. Weder ein grübelndes Ringen um einen gnädigen Gott noch ein »Turmerlebnis« läßt sich im Werdegang Zwinglis, der 1522 Prediger am Züricher Münster geworden war, finden.

Die Kenntnisnahme von Luthers Schriften, die schon mit 1519 erfolgte, bedeutete ihm mehr eine Bestätigung seiner eigenen theologischen Position als eine Neufindung.

»Was er von Luther gelernt hatte und was er selbst mitbrachte, verwuchs zu etwas Neuem. Daß er damit lebhaftes Echo fand und auf die Dauer Begründer einer zweiten geschichtsmächtigen Tradition im Protestantismus wurde, hat man sicherlich damit im Zusammenhang zu sehen, daß die Welt, in der er wirkte, sich von derjenigen Luthers stark unterschied und daß er aus ihr wesentliche Motive für sein Denken gewann« (Moeller).

Zwingli, für den Religion und Politik ineinander übergingen, verstand es, die Stadtverfassung für seine reformatorischen Bestrebungen zu nutzen und dienstbar zu machen. So kam es am 29. Januar 1523 auf Einladung des großen Rates der Stadt Zürich zur ersten Disputation, der Zwingli mit seinen 67 Thesen seinen Stempel aufdrückte. Im umfangreichen Traktat *Auslegen und Gründe der Schlußreden* (ZW 2,14–457) begründete und erläuterte er sie näher. Diese Programmschrift Zwinglis faßt seinen reformatorischen Standpunkt um diese Zeit zusammen: Papsttum, Meßopfer, Fürbitte der Heiligen, Speisevorschriften, heilige Zeiten und Orte, Mönchsorden, Zölibat u. a. werden verworfen. Als der Generalvikar von Konstanz Johannes Fabri in der Disputation auf das Konzil verwies, das für solche Fragen zuständig sei, fuhr Zwingli ihn an, auf ein Konzil könne man nicht warten, außerdem brauchen fromme Christen kein Konzil. »Nach Concilia schreien ist nichts anderes denn darum schreien, daß das Wort Gottes wiederum eingetan werde und in der prahlerischen Bischöfe Gewalt gefangen gelegt wird« (ZW 2,449). Hauptergebnis dieser Disputation war, daß der Züricher Rat Huldrych Zwingli praktisch freie Hand für die Reformation gab. Während Zwingli behutsam vorgehen wollte, drängten radikale Kräfte zum raschen Handeln, wie Abschaffung der Bilder und der Messe. Manche waren auch schon zur Tat geschritten und hatten Altarbilder, Kruzifixe und Ampeln zerstört und mit dem Weihwasser ihren Spott getrieben. Um aufgetauchte strittige Fragen zu klären, berief die Züricher Stadtbehörde für Ende Oktober die zweite Ratsdisputation ein. Vor 900 Teilnehmern kam es zu scharfen Angriffen auf »Bilder und Götzen«, Zwingli selber ging mit dem Meßopfer ins Gericht. Der Rat der Stadt war aber vorsichtig und dekretierte, vorläufig solle alles beim alten bleiben. Im März 1525 brachte Zwingli eine zusammenfassende Darstellung seiner Theologie mit dem Titel *Commentarius de vera et falsa religione* – Kommentar über die wahre und falsche Religion (ZW 3,628–911) – heraus. Die Messe wird darin als schauderhafte Beleidigung Christi hingestellt. Auf Bestreben Zwinglis, der weltliche und kirchliche Gemeinden voneinander praktisch nicht unterschied, ordnete die Stadtbehörde die Einstellung der Meßfeier mit Karmittwoch 1525 an, wozu übrigens das Volk in Scharen sich drängte, und tags darauf wurde das Abendmahl erstmals als »Danksagung und Wiedergedächtnis des Leidens Christi« im Sinne Zwinglis begangen. Im Jahr darauf wurde das Sittengericht installiert, das christliche Zucht durchsetzen sollte und das die Ehegerichtsbarkeit innehatte. Zwinglis Pneumatologie mit der scharfen Kontrastierung von Geist und Leib ließ nur der geistigen Anwesenheit Christi in der betenden, gläubigen Gemeinde Raum. So wird er zum emsigen Verfechter der theologischen Position des niederländischen Humanisten Cornelius Honnius (Cornelis Hoen † 1524) auf symbolische Deutung der Einsetzungsworte

Christi. In seinem Kommentar über die wahre und falsche Religion explizierte Zwingli erstmals dieses sein neues Verständnis der Abendmahlsworte, das darin gipfelt, das »est« mit »significat« zu übersetzen. Das, was Christus beim Abendmahl zum Essen und Trinken darreichte, war bloßes *Symbol* für seinen dahingegebenen Leib. Seine Apostel sollen dies künftig zu seinem Gedächtnis auch tun. Mit dieser symbolischen Deutung der Einsetzungsworte und der damit gegebenen Leugnung der leiblichen Realpräsenz Christi im Abendmahl brach eine Kontroverse zwischen den Schweizern und Wittenbergern aus, die durch Luthers kompromißloses Festhalten an der leiblichen Realpräsenz Christi unüberbrückbar wurde (Großes Bekenntnis vom Abendmahl Christi, 1528, WA 26,261–509). Die Kontroverse wurde nicht nur sachlich argumentativ geführt, man beschimpfte einander wechselseitig, und Luther qualifizierte später (1531) Zwinglis Abendmahlslehre sogar als Teufelswerk (WA 34 II, 364).

Für Philipp von Hessen, der die Reformation in seinem Sinne und auf seine Art politisch nützen wollte und das Ziel verfolgte, alle protestantischen Kräfte einschließlich der Schweiz zu einer Anti-Habsburg-Front zusammenzufassen, kam diese innerreformatorische Spaltung äußerst ungelegen. Zwinglis bzw. Hoens Abendmahlslehre hatte übrigens sehr rasch weithin Anklang gefunden, der bis in den Elsaß reichte. Auch für den Südosten, wie z. B. für die Steiermark, läßt sich explizit nachweisen, daß diese symbolische Eucharistielehre gegen Ende der zwanziger Jahre sehr populär war. Dem Landgrafen Philipp von Hessen war sofort klar, daß sein politischer Plan gefährdet war, wenn es nicht gelänge, beide Reformatoren, Luther und Zwingli, an einen Tisch zu bringen, damit sie sich verglichen. Um zu erreichen, daß Luther und Zwingli sich einigten, ihre Eucharistielehre einen gemeinsamen Nenner finde und beide dieselbe Sprache sprächen, berief er für Anfang Oktober 1529 die beiden Kontrahenten mit ihrem jeweiligen Anhang auf sein Schloß nach Marburg zum Religionsgespräch ein. Bei dem drei Tage währenden Gespräch trat deutlich eine unterschiedliche Grundstruktur ihrer Theologie zutage. »Es erwies sich, daß die Christologie Luthers eine ›monophysitische‹, diejenige Zwinglis eine ›nestorianische‹ Tendenz hatte« (Moeller). Im Hauptkontroverspunkt, »ob der wahre Leib und das Blut Christi leiblich im Brot und Wein sei«, blieb die erhoffte Einigung aus.

§ 113
Der Augsburger Reichstag (1530) und das Augsburger Bekenntnis

Noch vor seiner Krönung berief Karl V. in Bologna mit Datum 21. Januar 1530 den *Reichstag* für den 8. April nach *Augsburg* ein. Die Ausschreibung war sehr versöhnlich gehalten, pochte nicht auf das Wormser Edikt und gab die Türkengefahr als den Tagesordnungspunkt an, dem sich der Reichstag nach den Religionsangelegenheiten noch widmen solle. Johann, Kurfürst von Sachsen und unangefochtener Führer der protestantischen Fürsten, beorderte zur Vorbereitung auf den Reichstag die Wittenberger Theologen zu sich nach Torgau. Das Ergebnis dieser Besprechung sind die sogenannten *Torgauer Artikel*, die nach

Augsburg mitgenommen wurden. Sie behandeln überkommene kirchliche Praktiken, die, weil »Mißbräuche«, in Kursachsen abgeschafft wurden. Der II. Teil des Augsburger Bekenntnisses (AB) bzw. der Confessio Augustana (CA) korrespondiert mit ihnen. In den *Schwabacher Artikeln* hatten sich lutherisch gesinnte Fürsten schon ein Jahr zuvor auf ein gemeinsames Glaubensbekenntnis – nicht zuletzt zur Abgrenzung gegen die Schwärmer und Zwinglianer – geeinigt. Diese kommen im I. Teil des AB zum Tragen.

Johannes Eck, der unermüdliche Widerpart alles Reformatorischen, hatte es unternommen, für den Kaiser eine aus 3000 »häretischen« Sätzen der Reformatoren ausgewählte und auf 404 Artikel reduzierte Sammlung zu erstellen; im April 1530 erschienen die *404 Artikel zum Reichstag zu Augsburg* auch im Druck. Ob des stark verspäteten Eintreffens des Kaisers in Augsburg (15. Juni) wurde dieser nicht wie vorgesehen am 8. April, sondern erst am 20. Juni eröffnet. Diese über zweimonatige Verzögerung bot den lutherischen Theologen Zeit und Gelegenheit, den 404 Artikeln Ecks ein Remedium, eine Verteidigungsschrift, entgegenzustellen. Aus diesem Bemühen, bei dem Philipp Melanchthon federführend tätig war, entstand die *Confessio Augustana*. Luther, der als Gebannter und Geächteter nicht im Theologenkreis von Augsburg, der die CA erstellte, weilen konnte, sondern auf der sicheren Feste Coburg saß, wurde über die Erstellung der CA auf dem laufenden gehalten und fungierte als Gutachter. Am 25. Juni kam es, nach einer heftigen Kontroverse mit dem Kaiser, zur Verlesung des Augsburger Bekenntnisses durch den sächsischen Kanzler Christian Beyer in der kaiserlichen Herberge. Luther lobte die CA mehrfach überschwenglich, so z. B. am 6. Juli 1530: »Mich freuet gar sehr, daß ich zu dieser Zeit lebe, da Christus von so werten Bekennern in einer solchen Versammlung öffentlich ist verkündet worden durch diese herrliche Konfession« (WA Br 5,442). Er übte aber auch ob des Fehlens genuin lutherischer Lehren – Ablehnung des Fegefeuers, der Heiligenverehrung und daß der Papst der Antichrist sei – heftige Kritik an ihr und beschimpfte sie als Leisetreterei (WA BR 5,496). Der erste Teil der CA (Artikel I–XXI), in dem die Hauptartikel des Glaubens behandelt werden, schließt mit der Feststellung, in Glaubensaussagen stimme man mit der römischen Kirche überein, Dissens bzw. Uneinigkeit gäbe es lediglich wegen einiger Mißbräuche, die sich im Laufe der Geschichte in die Kirche eingeschlichen hätten. Diese in den protestantischen Territorien bereits abgeschafften Mißbräuche werden im zweiten Teil der CA (Artikel XXII–XXVIII) aufgezählt und behandelt. So wird z. B. die Abschaffung der Fronleichnamsprozession bemerkenswert mit der Teilung der Eucharistie, d. h., daß nur das konsekrierte Brot zur Schau gestellt bzw. mitgetragen wird, begründet. (Artikel XXII: »Und weil die Teilung des Sakraments nicht übereinstimmt mit der Einsetzung Christi, so ist es bei uns Sitte, die bisher übliche Prozession zu unterlassen.«)

Die oberdeutschen Städte Konstanz, Lindau, Straßburg und Memmingen reichten vor allem ob ihrer divergierenden Abendmahlslehre ein eigenes Bekenntnis – die *Tetrapolitana* (Vierstädtebekenntnis) – ein. Zwingli schrieb im fernen Zürich in aller Eile »seine« *Fidei ratio ad Carolum imperatorem* und sandte sie nach Augsburg.

Während die altgläubigen Theologen darangingen, die CA zu beantworten, setzte Melanchthon seine Sonderverhandlungen mit dem päpstlichen Legaten *Lorenzo Campeggio* fort, die er schon vor der Reichstagseröffnung begonnen hatte. Er verhandelte auf der Basis, daß die bischöfliche Jurisdiktion in den lutherisch gewordenen Territorien wiederhergestellt werde, wenn Rom ihnen den Laienkelch und die Priesterehe zugestehe. Am 3. August wurde das altgläubige bzw. römisch-katholische Urteil über die CA verlesen. Dieses Urteil, das bedauerlicher- und fälschlicherweise den Titel *Confutatio* (Widerlegung) trug – in den meisten Punkten wurde nämlich völlige oder teilweise Übereinstimmung konstatiert –, löste Ausschußverhandlungen zwischen den beiden Parteien, den Lutherischen und den Altgläubigen, aus, die die offenen Fragen regeln und bereinigen sollten. Obwohl diese Ausschußverhandlungen zunächst große Fortschritte machten, scheiterten sie, und zwar an den sogenannten Mißbräuchen. Die Auffassung der Altgläubigen über Mißbräuche hat Johannes Cochläus, der auf altgläubiger Seite engagiert mitberaten hat, treffend charakterisiert: »Sie« (gemeint die lutherischen Fürsten und Theologen) »heißen« (in der CA) »Mißbräuche, was nicht Mißbrauch ist.« Tragischerweise bestimmte die weitere Entwicklung bis heute nicht der große Konsens, sondern der noch offen gebliebene Dissens, das Nebeneinander. Bedauerlicherweise wurde damals 1530 nicht der beschlossene Plan verwirklicht, sowohl die Artikel über die volle Einigkeit als auch die, worüber Teilkonsens erzielt wurde, in den Reichstagsabschied aufzunehmen. So begann man bei den späteren Religionsverhandlungen nicht von der in Augsburg erreichten Plattform aus weiterzuverhandeln, sondern fing stets von vorne an.

Melanchthon erarbeitete im Hinblick auf die Confutatio für die CA noch seine *Apologie*, deren Entgegennahme der Kaiser aber verweigerte. In überarbeiteter und erweiterter Form wurde sie 1537 durch die Unterzeichnung in Schmalkalden als Bekenntnisschrift der CA zur Seite gestellt. Obwohl diese vor dem Kaiser und den Ständen des Reiches verlesen worden war und damit amtlichen Charakter hatte, nahm Melanchthon 1540 in ihr eigenmächtig Änderungen und Einfügungen vor, und zwar vor allem in der lateinischen Fassung; diese melanchthonische Umarbeitung wird die *Confessio Augustana Variata* genannt. Die Änderungen betrafen primär die Abendmahlslehre, worin Melanchthon den Reformierten, speziell Johannes Calvin, entgegenkommen wollte. Im endgültigen Reichstagsabschied vom 19. November 1530 wurde das Wormser Edikt erneuert, jedoch ein halbjähriges Moratorium (bis 15. April 1531) den Protestanten zugestanden und auf das binnen eines Jahres in Aussicht gestellte Konzil verwiesen.

§ 114
Vom Schmalkaldischen Bund zum Schmalkaldischen Krieg

Am 27. Februar 1531, also noch vor Ablauf der vom Reichstag gestellten Frist, kam es unter Führung Hessens und Kursachsens in *Schmalkalden* zum *Bund* reformatorisch, vornehmlich lutherisch gesinnter Fürsten und Städte, um gegebenenfalls militärischen Widerstand gegen den Kaiser zu leisten.

Wieder einmal stürmten die *Türken* heran und überfluteten Ungarn. Wollte der Kaiser ihnen erfolgreich entgegentreten, war er auf die Hilfe der protestantischen Fürsten angewiesen. Diese waren hierzu aber nur bereit, wenn der Kaiser in Sachen der Religion entsprechend entgegenkam und den Reichstagsbeschluß von Augsburg bis zum Konzil bzw. bis zum nächsten Reichstag sistierte. Im *Nürnberger Anstand* (Religionsfrieden) wurde dies im Juli 1532 den Schmalkaldenern auch zugestanden. Dieser Erfolg der Schmalkaldener ermunterte andere Städte und Fürstentümer, ebenfalls dem Bund beizutreten. Durch den Tod Huldrych Zwinglis, der am 11. Oktober 1531 bei Kappel in der Schlacht gefallen war, schwanden bei manchen zwinglisch orientierten Städten, wie z. B. Straßburg, die Bedenken, dem nach dem Luthertum ausgerichteten Bund von Schmalkalden beizutreten. Zu Zwinglis Nachfolger wurde vom Rat der Stadt Zürich Heinrich Bullinger (1504–1575) ernannt. Er verfaßte 1536 das *erste helvetische Bekenntnis* (Confessio helvetica prior), ein Pendant zu der im selben Jahr geschlossenen *Wittenberger Konkordie*, und verglich sich 1549 im *Consensus Tigurinus* mit Johannes Calvin in der Abendmahlsfrage. In der *Confessio Helvatica posterior* (Zweites Helvetisches Bekenntnis) erhielten die Schweizer Reformierten 1566 schließlich ihr grundlegend geschichtsmächtiges Bekenntnis. In der Wittenberger Konkordie hatten sich in der Abendmahlslehre die oberdeutschen Reichsstädte, deren geistig-theologischer Führer Martin Butzer war, 1536 mit den Wittenbergern geeinigt. Damit erhielt der *Schmalkaldische Bund* eine feste gemeinsame theologische Basis und das Luthertum in Süddeutschland seinen dominierenden Einfluß. Als das ständig geforderte und immer wieder hinausgeschobene Konzil durch Papst *Paul III.* (1534–1549) am 2. Juni 1536 endlich ausgeschrieben wurde, erhob sich für die Protestanten die Frage ihrer Verhaltensweise. Luther stellte 1536, vom sächsischen Kurfürsten dazu aufgefordert, in den *Schmalkaldischen Artikeln* die Lehre zusammen, an der unbedingt festzuhalten sei. In dieser lutherischen Bekenntnisschrift wird der Papst als Antichrist definiert (WA 50,217) und festgestellt, daß ob der Messe der Gegensatz zwischen katholischer und lutherischer Kirche unüberwindlich sei. »Also sind und bleiben wir ewiglich geschieden und widereinander« (WA 50,204).

Als Luther krank wurde, hintertrieb Melanchthon, daß diese lutherische Bekenntnisschrift der Schmalkaldener Versammlung vorgelegt wurde. Der Beschluß, auf dem Konzil keinesfalls teilzunehmen, wurde im Februar 1537 auf dieser Bundesversammlung gefaßt.

Das im folgenden Jahr geschlossene Defensivbündnis katholischer Fürsten unter Führung des Kaisers, der *Nürnberger Bund*, sollte keine größere Bedeutung erlangen.

Da der Papst das für 1537 nach Mantua einberufene Konzil zunächst verschob und dann vertagte, war auch des Kaisers Geduld, auf ein Konzil zu warten, zu Ende, so versuchte er die Religionsfrage durch Reunionsverhandlungen zu lösen. Das in Hagenau im Elsaß begonnene Religionsgespräch wurde alsbald nach Worms verlegt. Johannes Eck und Philipp Melanchthon verhandelten mit mäßigem Erfolg; der päpstliche Legat *Tommaso Campeggio* und der Nuntius Giovanni Morone nahmen nur als Beobachter teil. Weil der Kaiser hoffte, durch seine persönliche Anwesenheit die Verhandlungen zu fördern, verfügte er ihre Verlegung auf den nach Regensburg anberaumten Reichstag. Bedingt durch die Vorarbeiten, die in Form von Geheimgesprächen zwischen dem altgläubigen Kölner Theologen Johannes Gropper und den reformatorisch gesinnten oberdeutschen Theologen Wolfgang Capito und Martin Bucer geführt wurden und als Ergebnis das *Regensburger Buch* in seiner Urform zeitigten, kamen die Religionsverhandlungen in Regensburg sehr gut voran. Melanchthon und Eck gelang es sogar, über die Rechtfertigungslehre, den *articulus stantis et cadentis ecclesiae*, Einigung zu erzielen. Man jubelte und gab sich der Hoffnung hin, die Einheit der Kirche nun wieder herstellen zu können. Diese Hoffnungen zerrannen bei der Behandlung der Messe, der Beichte und insbesondere der Vollmachten des kirchlichen Amtes.

Als sowohl Luther wie auch die römische Kurie die Einigungsformel in der Rechtfertigungslehre verwarfen, waren diese so vielversprechenden Unionsgespräche und damit auch die kaiserliche Unionspolitik vollends gescheitert. Dazu kam, daß das Konzil nicht und nicht zusammentrat, zudem ließen die Protestanten erkennen, daß sie es, weil »päpstlich«, ohnehin nicht akzeptieren würden. Nur noch ein Mittel, so war der Kaiser jetzt überzeugt, konnte helfen, die alte Einheit der Kirche und des Reiches wiederherzustellen: Gewalt. Mit Akribie und diplomatischem Geschick verfolgte er den Plan, die Schmalkaldener militärisch niederzuringen. Ende Juni 1546 kam es zum Bündnis zwischen dem Kaiser und Papst Paul III., in dem dieser für den Krieg gegen die Schmalkaldener neben großen finanziellen Mitteln 12.500 Mann päpstliche Hilfstruppen zusicherte. Im Oktober schloß der Bruder des Kaisers, König Ferdinand, für eineinhalb Jahre einen Waffenstillstand mit den Türken; gegen Tributzahlungen wurden ihnen Teile von Ungarn überlassen. Nachdem der Kaiser ein Jahr zuvor einen erfolgreichen Feldzug gegen Frankreich geführt hatte, hatte er seinen Rücken frei für den *Krieg gegen die Schmalkaldener*. Da sich das Eintreffen der päpstlichen Soldaten verzögerte, wähnten die Protestanten sich im Vorteil und eröffneten den »Schmalkaldischen Krieg«, die »größte militärische Auseinandersetzung, die Deutschland bis dahin erlebt hatte« (Hassinger).

Mit Manövrieren und Scharmützeln im Raum um Ingolstadt verging der Spätherbst 1546, über dessen unwirtliche Witterung die päpstlichen Kampftruppen klagten. Am Höhepunkt des Erfolges, aber noch vor der entscheidenden Schlacht, zog der Papst, zur großen Verärgerung des Kaisers, seine Soldaten wieder ab und strich die finanziellen Mittel, um so den Kaiser nicht zum vollen Erfolg gelangen zu lassen. In der *Schlacht bei Mühlberg* an der Elbe am 24. April 1547 konnte der Kaiser trotzdem einen durchschlagenden Erfolg erringen. Die beiden Häupter der Protestanten, der Kurfürst von Sachsen, Johann Friedrich, und der durch seine Doppelheirat schwer kompromittierte Landgraf Philipp von Hessen, gerieten in Gefangenschaft. Die wegen Majestätsbeleidigung und Ketzerei verhängten Todesurteile wurden nicht vollstreckt, wohl mußte jeder von beiden auf seine Lande verzichten. Der Kaiser schien als großer Sieger und Herr der Lage endlich am Ziel zu sein. Außerdem war Martin Luther am 18. Februar 1546 in Eisleben gestorben. Seine letzten »Lebensmonate waren überschattet von tiefem Ärger und Enttäuschung«. Wittenberg schien ihm ein unzüchtiges Sodom geworden zu sein. Seine letzte große Schrift: *Wider das Papsttum zu Rom, vom Teufel gestiftet* 1545 (WA 54, 206–299) war ein bedauerliches Pamphlet. Nach der militärischen Niederringung wollte der Kaiser die Schmalkaldener sowohl zur Anerkennung wie auch zur Teilnahme an dem am 13. Dezember 1545 in Trient endlich eröffneten Konzil bewegen. Der Kaiser schickte sich an, seine universale Kaiseridee, die die Glaubenseinheit inkludierte, zu verwirklichen. »Doch dazu versagte sich ihm vor allem der, mit dessen Hilfe er am ehesten hätte rechnen dürfen: der Papst« (Iserloh). »Der Zwist zwischen Papst und Kaiser, der jetzt ausbrach, war die Rettung der deutschen Protestanten in höchster Not« (Jedin).

§ 115
Vom Augsburger Interim zum Augsburger Religionsfrieden

Mit der Translation des Konzils von Trient 1547 nach Bologna, einer Stadt im Kirchenstaat, wurde des Kaisers Plan, die Protestanten für das Konzil zu gewinnen, zunichte gemacht. Somit versuchte Karl V. erneut, die Religionsangelegenheit im innerdeutschen Rahmen, d. h. auf einem Reichstag, zu lösen. Dazu sollte der *geharnischte Reichstag von Augsburg* 1547/48 dienen.

Bis zur Wiederherstellung der vollen Glaubenseinheit durch ein Konzil sollten die Religionsangelegenheiten durch eine Zwischenlösung, das *Interim*, bereinigt werden. Verhandlungen katholischer Theologen mit dem Protestantischen Theologen Johannes Agricola erbrachten eine 26 Artikel umfassende Bekenntnisformel: »Der römisch-kaiserlichen Majestät Erklärung, wie es der Religion halben im Heiligen Reich bis zum Austrag des gemeinen Concilii gehalten werden soll.«

Sie wurde in den Reichstagsabschied vom 30. Juni 1548 aufgenommen. Den Protestanten wurden darin zwar Priesterehe und Laienkelch, nicht jedoch dogmatische Konzessionen eingeräumt. Für den katholischen Part erließ der Kaiser vom 9. Juli 1548 eine *Formula reformationis*, die in der Tat einen kräftigen Anstoß zur innerkirchlichen Reform bewirkte. Durch die päpstliche Indultbulle vom 18. August 1548 erhielten beide – *Interim* und *Formula* – eine gewisse kirchenamtliche Lehrautorität. Auch Papst Paul III. gab mit Indult vom 18. August 1548 seine Zustimmung.

Die protestantischen Bekenntnisschriften hatten längst Unterschiede zur katholischen Dogmatik zu Tage gefördert, die mit Konzessionen auf Priesterehe und Laienkelch weder zu kaschieren noch zu überbrücken waren. So stieß das »Interim« sofort auf eine breite protestantische Ablehnungsfront und konnte sich nur in Süddeutschland bedingt durchsetzen. Luthers Schüler Matthias Flacius sah im »Interim« die lutherische Lehre überhaupt verraten und führte dagegen einen heftigen Kampf. Gegen den Kaiser, der das Interim schlechthin diktiert hatte, regte sich wachsender Widerstand; der habsburgische Familienpakt vom März 1551, wonach Ferdinand seinem Bruder Karl V. als Kaiser nachfolgen und dessen Sohn Philipp römischer König werden sollte, tat das seine. Dem Schwiegersohn Philipps von Hessen, Moritz von Sachsen, gelang es, in einem raffinierten Doppelspiel einerseits dem Kaiser treue Anhänglichkeit zur Schau zu stellen und anderseits hinter dessen Rücken mit dem französischen König Heinrich II. (1547–1559) im Januar 1552 auf Schloß Chambord einen Vertrag zu schließen. Demnach sicherte Frankreich Moritz von Sachsen und seinem Verbündeten Wilhelm von Hessen finanzielle Mittel und Rückendeckung für den Angriff auf den Kaiser zu. Als Gegenleistung sollten die Städte Metz, Toul und Verdun Frankreich ausgeliefert werden. Im März 1552 überfiel Moritz von Sachsen den völlig überraschten, in Innsbruck weilenden Kaiser, der sich nur mit großer Mühe über den Brenner nach Villach retten konnte. Die Kunde davon erschreckte die Konzilsväter, fluchtartig verließen sie Trient. Der Kaiser war ob dieses Verrates ein gebrochener Mann und überließ seinem Bruder Ferdinand die Religionsfrage zur Regelung.

Dieser schloß in *Passau* 1552 mit den Aufständischen einen *Vertrag*, in dem der Status quo bis zum nächsten Reichstag prolongiert wurde, der protestantischen Forderung nach Aufhebung des »Interims« widersetzte er sich. Den *Reichstag* nach *Augsburg* schrieb der Kaiser zwar noch aus, überließ aber König Ferdinand das Reich. Von den protestantischen Fürsten war bei diesem Reichstag nur der Herzog von Württemberg persönlich anwesend. Diplomaten und Berufsjuristen hatten das große Sagen. So war auch der Reichstagsabschied vom 25. September 1555 ein kirchenpolitischer: reichsrechtliche Anerkennung der Confessio Augustana. Römisch-katholisches und evangelisch-lutherisches Bekenntnis sind gleichberechtigt. Ein Vergleich in Lehre und Liturgie wurde gar nicht mehr versucht, das unterschiedliche Glaubensgut und der unterschiedliche Glaubensvollzug hatten sich in den Herzen der Menschen zu tief eingegraben. Den Landesherren wird beim Glaubensbekenntnis Wahlfreiheit zugebilligt, für die Untertanen gilt jeweils: »Ubi unus dominus, ibi sit religio.« Anfang des 17. Jahrhunderts wurde dieser Grundsatz in die heute allgemein bekannte Formulierung gekleidet: »Cuius regio, eius (et) religio.« Können die Untertanen dies nicht mitvollziehen, soll ihnen das Recht auf Auswanderung nach Verkauf ihrer Güter zustehen; damit war das mittelalterliche Ketzerrecht im wesentlichen erledigt. Tritt ein geistlicher Landesherr zum Protestantismus über, verliert er Amt und Herrschaft. Für geistliche Fürstentümer gilt somit *cuius regio, eius religio* nur bedingt (»geistlicher Vorbehalt«). Bereits protestantisch gewordene Fürstentümer bleiben unbehelligt. In den Reichsstädten sollen beide Konfessionen, dort wo sie schon bestehen, ihren Glauben und ihre Zeremonien frei praktizieren können. Somit wurden diese Reichsstädte de facto zum Paradigma für friedliches Nebeneinander zweier Konfessionen, für Toleranz und gewissermaßen für die Ökumene. Bedingt durch den Übertritt Friedrichs III. von der Pfalz zum Calvinismus (1563) wurde dieser Religionsfriede de facto auch auf die Reformierten ausgedehnt, de jure erst 1648 durch den Westfälischen Frieden. Damit war die religiöse Spaltung reichsrechtlich sanktioniert. In Rom wurden schwere Klagen gegen den Augsburger Religionsfrieden geführt, ein rechtlicher Einspruch unterblieb. »Mit der Aufgabe der ausschließlichen Geltung des einen katholischen Glaubens war die Idee des Reiches zutiefst getroffen. Dieses war zum bloßen Bund von Territorialstaaten herabgesunken. Es war so mehr als ein zeitliches Zusammentreffen, daß Karl V. am 12. September 1556 auf die Kaiserkrone verzichtete« (Iserloh).

§ 116
Die Reformation in Skandinavien und im Osten Europas

In den klassischen romanischen Ländern Italien und Spanien fand die Reformation überraschend wenig Resonanz. Im Gegenteil, von hier aus nahmen Gegenreformation und katholische Reform ihren Ausgang. Der sittliche Verfall der Kirche im Spätmittelalter, der in diesen Ländern gewiß nicht geringer war als in den germanischen, scheidet demnach als Hauptursache für die Reformation aus. Es scheint, daß sich das alte Schema von Kulturnation(en) einerseits und barbarischen Völkern anderseits immer noch auswirkte, sind es doch in der Geschichte immer wieder die irrationalen Elemente, die sich als bestimmende Faktoren erweisen. So mag sich bei den Romanen das Überlegenheitsgefühl gegenüber den germanischen Völkern als Abneigung vor der von ihnen kommenden Reformation ausgewirkt und Gegenkräfte mobilisiert haben.

Dagegen fanden im Norden Europas die Ideen Martin Luthers und anderer Reformatoren früh Beachtung; in Osteuropa wurden sie überall dort rezipiert, wo es deutsche Bevölkerungsanteile gab.

a) Skandinavien

Die *nordischen Länder* – Dänemark, Schweden, Norwegen, Island und Finnland – waren seit der Kalmarer Union von 1397 miteinander vereint. Kirchlich waren die Länder in drei Metropolien aufgeteilt, in die dänische, schwedisch-finnische und norwegisch-isländische mit je einem Erzbischof in Lund bzw. Uppsala bzw. Trondheim.

Am frühesten setzte sich die Reformation in *Schweden* durch. Das hat nationale Hintergründe. Der Dänenkönig Christian II. (1513–1523), der Tyrann genannt, ein Renaissancefürst nach Art Cesare Borgias, wollte mit Hilfe der Kirche die schwedischen Unabhängigkeitsbestrebungen unter Führung des Reichsverwesers Sten Sture d. J. radikal unterdrücken. Der Erzbischof von Uppsala, Gustav Trolle, stellte sich an die Spitze der wiedererstandenen Unionspartei; Papst Leo X. verhängte über Sture und seine Anhänger 1519 die Exkommunikation. Nach einem Sieg König Christians gegen Sture ließ sich jener 1520 zum König Schwedens krönen. Einem Schauprozeß, bei dem Erzbischof Trolle als Ankläger auftrat, folgte das berüchtigte Blutbad auf dem »Großen Markt« (Stortorget) von Stockholm (8. November 1520), bei dem achtzig Anhänger Stures grausam hingeschlachtet wurden. Das brachte die Schweden nicht nur gegen Dänemark und den König auf, sondern auch gegen die katholische Kirche. Es kam ab 1521 zu einem letztlich erfolgreichen Aufstand unter Führung Gustav Wasas und mit Unterstützung der Hanse, der dem Land die Unabhängigkeit brachte. 1523 wurde Wasa, der Neffe Stures, zum König von Schweden gekrönt. Unter seiner langen Regierung (1523–1560) wurde der bisherige Einfluß der Kirche gewaltsam zurückgedrängt, Kirchengüter enteignet und der Krone einverleibt. Schon bisher vorhandene nationalkirchliche Tendenzen wurden im Geiste der Reformation genützt.

Als eigentlicher Reformator Schwedens gilt Olav Petri († 1552), der u. a. in Wittenberg studiert hatte und mit königlicher Unterstützung das Gedankengut Martin Luthers in Schweden verbreitete. Petri trat hervor als Übersetzer des Neuen Testaments sowie als Verfasser eines Katechismus, eines Gesangbuches, einer Agende, einer Postille und eines Meßbuches (»Schwedische Messe«). Die Reichstage von Västeras 1527 und Örebro 1529 stellten sich hinter die nationalkirchlichen und reformatorischen Bestrebungen. Die Beibehaltung des Bischofamtes und vieler äußerer Formen der religiösen Praxis erleichterten es, allmählich auch das Volk, einschließlich der zunächst widerstrebenden Bauern, der Reformation zuzuführen. Die calvinistischen Tendenzen König Eriks XIV. (1560–1568) waren mit ein Grund, daß er zugunsten seines Bruders Johann III. (1568–1592), der mit Katharina Jagellonica verheiratet war, auf den Thron verzichten mußte. Unter König Johann erhielt die schwedische Kirche ihr heutiges Gepräge, vor allem durch die Kirchenordnung von 1571, die dem katholischen Erbe Rechnung trug und u. a. die Episkopal-Verfassung beibehielt. Der König strebte eine Aussöhnung mit Rom unter der Bedingung an, daß Priesterehe, Laienkelch und volkssprachliche Liturgie zugestanden würden. Der Ausgleich scheiterte aber nicht nur am päpstlichen Legaten Antonio Possevino, SJ, sondern auch schon am Widerstand des Volkes. Als Johanns Sohn Sigismund III. (1592–1599), der seit 1587 König von Polen war, auch die Regierung Schwedens übernahm, hatte das Land wieder einen fest im katholischen Lager verankerten Herrscher.

Die Nationalsynode von Uppsala (1593) bekannte sich jedoch weiterhin zur CA als verbindliche Glaubensnorm. Sigismund stimmte den Beschlüssen zum Schein zu, um die Krönung (1594) zu erlangen. Seine Begünstigung des Katholizismus war neben politischen Gründen dafür ausschlaggebend, daß er von seinem Onkel Karl IX. (1599–1611) geschlagen und entmachtet werden konnte. Im Blutbad von Linköping (1600) rechnete Karl mit dem ihm feindlichen katholischen Teil des Hochadels ab. Die Katholiken wurden nun systematisch verfolgt und des Landes verwiesen.

Die enge Bindung der schwedischen Kirche an den Staat brachte sie im Lauf der Zeit zu einem starken Substanzverlust sowie zu einer großen Distanz zum Volk. Dieses lebt heute in einer fast völlig säkularisierten Umwelt.

Die Vereinigung mit Schweden gestattete *Finnland* keine eigene Entwicklung, es mußte die Reichstagsbeschlüsse von 1527 und 1529 ebenfalls annehmen. Reformatoren, die in Deutschland studiert hatten, fanden hier ein reiches Betätigungsfeld. Der wichtigste von ihnen, dem Martin Luther 1539 ein Empfehlungsschreiben mitgab, Mikael Agricola († 1557), der 1554 Bischof von Abo wurde. Er erlangte Bedeutung durch eine Übersetzung des Neuen Testaments sowie die Herausgabe von Kirchenbüchern, die stark an schwedische Vorbilder angelehnt waren. Auch das weitere Schicksal der finnischen Kirche gleicht dem der schwedischen. Die katholischen Restaurationsbemühungen unter Johann III. blieben nicht ohne Resonanz bei der Bevölkerung, wurden jedoch durch die schon genannte Synode von Uppsala (1593) abgewürgt.

Ähnlich wie in Schweden verlief die Bewegung auch im Mutterland *Dänemark*. König Christian II. (1513–1523) hatte ein nationalkirchliches katholisches Regime gefördert. Sein tyrannisches Auftreten und seine Niederlage gegen Gustav Wasa kostete ihm auch in Dänemark den Thron, und zwar zugunsten seines Onkels Frederik I. (1523–1533). Dieser begünstigte den Protestantismus in zunehmendem Maße. Als Reformator trat in besonderer Weise Hans Tausen († 1561) hervor, der in Wittenberg studiert hatte und als der »dänische Luther« bezeichnet wird.

Bemühungen um eine katholische Restauration durch die Orden und den Adel scheiterten am Widerstand der Könige. Unter Christian III. (1534–1559) wurde 1536 auf einem Reichstag die CA zur Staatsreligion erklärt. Zum Aufbau des neuen Kirchenwesens rief man Johannes Bugenhagen nach Kopenhagen. 1538 schloß sich Christian III. dem Schmalkaldischen Bund an. Die Regierung Christians IV. (1588–1648) führte zu einer Radikalisierung, die z. B. katholischen Geistlichen den Aufenthalt im Lande bei Todesstrafe verwehrte.

Während Schweden aus der Union auszubrechen vermochte, blieb *Norwegen* unter dänischer Herrschaft (bis 1814, dann bis 1905 Personalunion mit Schweden). Die Einführung des Protestantismus stieß daher als die Religion der »Unterdrücker« auf Widerstand und fand zunächst so gut wie keine Anhänger. Der Exponent der nationalen und zugleich katholischen Richtung war der Erzbischof von Trondheim, Olav Engelbriktson. Er konnte sich aber gegen den vorwiegend mit Dänen besetzten Staatsrat nicht behaupten und floh nach Holland. Der Reichstagsbeschluß von 1536 unter König Christian III. machte auch für Norwegen den Protestantismus zur Staatsreligion. Da gleichzeitig die ständige Vereinigung des Landes mit Dänemark beschlossen wurde, bezeichnet der norwegische Historiker John Midgaard das Ereignis von 1536 noch heute als den »größten Tiefstand in der Geschichte des norwegischen Volkes«. Die Verhaftung von Bischöfen und die Einziehung von Kirchengütern machte die Stimmung eher noch schlechter. Die Unabhängigkeitstendenzen Norwegens von dem protestantischen Dänemark förderten beim Volk eine gewisse Anhänglichkeit an die katholische Glaubenspraxis. So lebte hier durch lange Zeit ein katholisch geprägtes Frömmigkeitswesen fort (Marienverehrung, Wallfahrten), trotz offizieller Zugehörigkeit zur lutherischen Kirche; diese erfuhr erst durch die Kirchenordnung von 1607 ihre eigentliche Etablierung. Ein Unbehagen an der

»vom Ausland« (Dänemark) aufgedrängten Staatskirche ist bis zur Stunde geblieben und hat im 20. Jahrhundert dazu geführt, daß sich in der norwegischen Kirche in zunehmendem Maße demokratische Strömungen durchsetzen konnten.

Die Bischofskirche von Skálholt auf *Island* steht heute verlassen in einsamer Gegend. Ehemals war sie das geistig-geistliche Zentrum des Landes. Den durch Studenten und Kaufleute aus Deutschland importierten reformatorischen Ideen konnten die Bischöfe und der Klerus zunächst wirksam begegnen. Sie widersetzten sich auch der Einführung der dänischen Kirchenordnung. Als 1540 der erblindete Bischof Ögmundur Pálsson von Skálholt resignierte, gelangte mit Unterstützung der herrschenden Dänen der in Deutschland ausgebildete Gissur Einarsson († 1548) zur Bischofswürde. Jón Arason, der verheiratete Bischof von Hólar in Nordisland, leistete erfolgreichen bewaffneten Widerstand, wodurch er zugleich die Verselbständigung des Landes erreichen wollte. Durch Verrat geriet er jedoch in Feindeshand und wurde 1550 mit seinen zwei Söhnen hingerichtet. Nunmehr zwang der Dänenkönig Christian III. den Isländern die Reformation auf, die aber beim Volk noch lange auf Ablehnung stieß.

b) Der Osten Europas

Im Osten Europas läßt sich, wie schon angedeutet, beobachten, daß die Reformation zunächst überall dort Fuß faßte, wo es deutsche Sprach- und Volksgruppen gab.

Seit 1410 stand das *preußische Ordensland*, bestehend aus Preußen, Livland, Kurland und Estland, unter polnischer Lehenschaft. Hochmeister Albrecht von Brandenburg weigerte sich, den Lehenseid zu leisten, weshalb es 1519 zum Krieg gegen Polen kam. In dieser Situation riet Luther 1523 dem Hochmeister, das Ordensland zu säkularisieren. Es wurde 1525 mit Zustimmung Polens, das auf diese Weise einen langen Konflikt beilegen konnte, in ein erbliches Herzogtum der Brandenburger umgewandelt. Albrecht schloß sich der Reformation an, führte noch 1525 eine lutherische Kirchenordnung ein und übernahm 1531 die CA. 1544 gründete er die Universität Königsberg, die zu einer Stätte der Verbreitung des Protestantismus wurde.

Im Zuge des polnisch-preußischen Krieges von 1519 hatten sich Livland, Estland und Kurland von Preußen gelöst. Die Gebiete standen unter Führung des Heermeisters Walter von Plettenberg, der dem Eindringen protestantischen Gedankengutes erst Widerstand leistete, als es bereits zu spät war. Konflikte mit dem Erzbischof von Riga taten ein übriges, den Kampf gegen die Reformation um seine Wirkung zu bringen. 1539 kam Wilhelm von Brandenburg, ein Bruder Albrechts, auf den Bischofsthron von Riga. Der Orden merkte zu spät, daß dieser die Reformation und die Säkularisation des Gebietes anstrebte. Schließlich führten 1561 Auseinandersetzungen mit Polen und Rußland zum Zerfall des Ordensstaates. Kurland wurde unter dem protestantisch gewordenen Heermeister Gotthard von Ketteler in ein Polen lehenspflichtiges Herzogtum verwandelt, Estland kam an das protestantische Schweden und Livland an Polen, das aber den Bestand des Luthertums zusicherte. Damit war das gesamte ehemalige preußische Ordensland protestantisch geworden.

Die bunte konfessionelle Landschaft *Polens* (neben den Katholiken gab es zahlreiche Juden und in den ehemals russischen Gebieten Orthodoxe) begünstigte eine tolerante Einstellung auch gegenüber dem Protestantismus. Evangelische Glaubensflüchtlinge aus Italien und anderen Ländern fanden hier Aufnahme. Während sich das Luthertum vor allem in den vorwiegend deutschen Städten wie Danzig ausbreiten konnte, förderte der weitgereiste Pole Johannes Laski († 1560) den Calvinismus. Nach 1548 kamen noch böhmisch-mährische Brüder hinzu, die nach dem für sie ungünstigen Ausgang des Schmalkaldischen Krieges ihre Heimat verlassen hatten. König Sigismund II. August (1548–1572), der mit Calvin in Briefverkehr stand, duldete das Vordringen des Protestantismus, ohne jedoch selbst seine Religion zu wechseln. Der konfessionelle Pluralismus führte aber auch zu einer Schwächung des Protestantismus, besonders als 1565 die Antitrinitarier oder Sozinianer (benannt nach dem italienischen Glaubensflüchtling Fausto Sozzini, † 1604), die das Trinitätsdogma ablehnten, sich von den Calvinern trennten. 1573 gewährte die sogenannte Warschauer »Pax dissidentium« allen Adeligen grundsätzliche Religionsfreiheit.

Unter der deutschen Bevölkerung *Ungarns* fand der Protestantismus früh Beachtung. Schon 1521/22 wirkte Konrad Cordatus aus Leombach b. Wels, der später als erster die Tischreden Martin Luthers herausgab, als Hofprediger in Budapest. Maria, die Frau König Ludwigs II. (1516–1526) und Schwester Karls V. (1519–1556), las mit Interesse Luthers Schrifttum. Verhängnisvoll für den Katholizismus wirkte sich die gegen die Türken verlorene Schlacht von Mohács (1526) aus. In ihr fiel nicht nur König Ludwig II., sondern auch nahezu der ganze ungarische Episkopat. In der Folge wurde das Land dreigeteilt. Im Frieden von Großwardein (1538) kam West- und Nordungarn mit der Königswürde an die Habsburger, der Rest an die Türken, das Fürstentum Siebenbürgen geriet unter türkische Lehenschaft. Fürst Zápolya war – in Auseinandersetzung mit Ferdinand I. (1526–1564) – zum türkischen Vasall geworden. Der Habsburger, angewiesen auf die deutsche, meist lutherfreundliche Partei, konnte sich ein Vorgehen gegen den Protestantismus nicht leisten.

Im *Königreich Ungarn* betätigte sich vor allem der ehemalige Wittenberger Student und Freund Melanchthons Matthias Dévay als Verkünder des Luthertums, trat allerdings 1543 zum Calvinismus über und wurde nun zum Wegbereiter der helvetischen Konfession. Später traten – in Rivalität zu den protestantischen Bekenntnissen – auch noch die Sozinianer auf.

Die katholische Restauration in Ungarn ist vor allem das Werk der Jesuiten, die seit 1561 in Tyrnau wirkten, und des Erzbischofs von Gran Peter Pázmány (1616–1637), der selbst der Gesellschaft Jesu angehört hatte. In Wien errichtete er ein Priesterseminar für die Ungarn, in Tyrnau eine Jesuitenuniversität. Die ständige Türkengefahr tat ein übriges, Ungarn stärker an Habsburg – und damit auch an die katholische Kirche – zu binden.

In *Siebenbürgen* hatte sich fast die ganze »sächsische Nation« der CA angeschlossen, später auch die im Lande wohnenden Magyaren. Der eigentliche Reformator des Fürstentums war Johann Honter († 1549). Ihm lag vor allem am Ausbau eines guten Schulwesens. In Kronstadt stand er persönlich einer Schule vor. Hier errichtete er auch eine Druckerei. Honters Einsatz für die evangelische Lehre zeichnet sich durch große Mäßigung aus. Man darf in ihm, in heutiger Sicht, einen Vertreter ökumenischen Geistes sehen. 1547 wurde für Siebenbürgen die »sächsische Kirchenordnung« erstellt. 1557 gewährte der Landtag von Torda neben dem katholischen auch dem lutherischen, dem reformierten (Calviner) und dem antitrinitarischen (Sozinianer) Bekenntnis Gleichberechtigung.

In *Krain* wirkte Primus Truber, der die Reformation in Deutschland kennengelernt hatte, als Propagator für die »neue Lehre«. In Zusammenarbeit mit dem aus der Steiermark vertriebenen Hans von Ungnad, Freiherrn von Sonneck, baute er eine regelrechte »Schriftenmission« auf, die durch Druck und Verteilung reformatorischer Bücher bei den Südslawen für die CA wirken wollte. Zwischen 1561 und 1565 organisierte Truber eine krainisch-evangelische Landeskirche, die später der katholischen Restauration fast ganz zum Opfer fiel.

Wie Ungarn kam auch *Böhmen* nach dem Tod des Jagellonen Ludwig II. (1526) an die Habsburger. Die Stände wählten Ferdinand I. zum König. Er fand in Böhmen bei seinem Amtsantritt bereits eine konfessionelle Vielfalt vor, in der die Katholiken in die Minderheit gedrängt waren. Neben den Utraquisten, die das Abendmahl unter beiderlei Gestalten spendeten, bildeten die Böhmischen Brüder (Abspaltung von den Utraquisten) die mächtigste Gruppe. Später kamen Wiedertäufer, Zwinglianer, Lutheraner und Calvinisten hinzu. Das Luthertum konnte sich in erster Linie bei der deutschen Bevölkerung in Nordböhmen durchsetzen; als wichtiger Umschlagplatz für die Reformation erwies sich Joachimsthal. 1546 verweigerten Utraquisten und Böhmische Brüder im Schmalkaldischen Krieg Ferdinand I. die Heerfolge und wurden seither verfolgt. Waren diese Konfessionen bisher eher Rivalen der Lehre Luthers gewesen, öffneten sie sich dieser nun allmählich. Ein energisches Vorgehen Ferdinands I. gegen die nichtkatholischen Bekenntnisse verhinderte die Türkengefahr, in der er nicht auf die Unterstützung durch die Stände verzichten konnte. Der konfessionell unbestimmte Maximilian II. (als böhmischer König Maximilian I., 1564–1576) sah sich 1575 auch aus finanziellen Gründen – er war auf das Geld der Stände angewiesen – veranlaßt, die »Confessio Bohemica«, eine stark an die CA angelehnte Bekenntnisschrift, wenigstens mündlich anzuerkennen. Die katholische Restauration, die schon 1556 mit der Berufung der Jesuiten nach Prag eingesetzt hatte, wurde nach der erfolgreichen Schlacht am Weißen Berg (1620) durch Ferdinand II. gewaltsam vorangetrieben.

In der seit 1526 ebenfalls zu Österreich gehörenden Markgrafschaft *Mähren* war der katholische Anteil viel stärker geblieben. Es gab aber zahlreiche Täufergemeinden; auch die Utraquisten und die Brüderunität hatten eine beachtliche Resonanz gefunden. Das Luthertum fand insbesondere in den Städten Aufnahme, vor allem in Iglau. Die katholische Restauration verlief parallel zu der in Böhmen.

§ 117
Die Reformation in England

Es gehörte und gehört zu den Gemeinplätzen der Kirchengeschichtsschreibung, die Reformation in England als ein Phänomen sui generis zu charakterisieren und sie letztlich auf einen Willkürakt Heinrichs VIII. (1509–1547) infolge seiner Eheschwierigkeiten zurückzuführen. Nun ist es zwar sicher richtig, daß der konkrete Verlauf des Reformationsgeschehens vom König mitbestimmt wurde, es ist aber ebenso richtig, daß sich England auch ohne Heinrich VIII. der Botschaft der Reformation nicht verschlossen hätte. Dafür gibt es gewichtige Zeugnisse.

a) Einflüsse aus Deutschland

Schon 1520, Luther war damals noch nicht exkommuniziert und seine wichtigsten Schriften noch nicht erschienen, gab es auf universitärer Ebene Gesprächsgruppen in Cambridge, die die Ideen des deutschen Reformators diskutierten. Die meisten der Männer, die die erste Generation des englischen Protestantismus verkörperten, waren damals in Cambridge. So, um nur einige der bekanntesten Namen zu nennen: William Tyndale, der berühmte Übersetzer des Neuen Testaments ins Englische; Robert Barnes, Prior des Augustiner-Eremitenklosters in Cambridge; Miles Coverdale, der sich ebenfalls als Schriftübersetzer einen Namen machen sollte; Thomas Cranmer, der spätere Erzbischof von Canterbury (1532–1556), und Matthew Parker, der das gleiche Amt unter Elisabeth I. innehatte (1559–1575). Ende 1520 oder Anfang 1521 fand in Oxford bereits eine erste öffentliche Verbrennung von Lutherwerken statt. Nachdem Luther am 3. Januar 1521 exkommuniziert worden war, ließ Heinrich VIII. gegen den Reformator seine Schrift *Assertio septem sacramentorum* erscheinen, die ihm von Papst Leo X. den Ehrentitel »Defensor fidei«, den die britischen Monarchen bis heute führen, einbrachte. Im selben Jahr fand ein großes Autodafé von Schriften Luthers vor der Paulskathedrale in London statt. Es schien, als hätte die Reformation in England keine Chance. William Tyndale floh 1524 nach Wittenberg, wo er Luther persönlich kennenlernte. Unter dem Eindruck der Bibelübersetzung Luthers (NT 1521/22, AT ab 1522) machte er sich an die Übertragung des Neuen Testaments ins Englische. 1526 lag das in Worms gedruckte Neue Testament vollständig vor und wurde nun heimlich nach England geschickt, wo es begeisterte Aufnahme fand. Vorwort und Anmerkungen geben das Gedankengut Luthers wieder. Wenige Jahre später erschienen auch Tyndales militante Flugschriften: *The Obedience of a Christian Man* (1528) und *The Practice of Prelates* (1530). Wir wissen heute, daß darin lange Passagen einfachhin Übersetzungen aus Luthers Werken darstellen. Der Leser, der sie zur Hand nahm, las also praktisch Martin Luther! Der König und die Bischöfe hielten diese Druckwerke mit Recht für die gefährlichste Bedrohung der überkommenen Ordnung, konnten aber nicht verhindern, daß sie zu den begehrtesten Artikeln auf dem Schwarzen Markt wurden und weitere, im gleichen Geist abgefaßte Pamphlete veranlaßten. Am 24. Mai 1530, der Eheprozeß Heinrichs VIII. war damals bereits im Gange, versammelten sich unter dem Vorsitz des Königs die höchsten Würdenträger des Staates und der Kirche in der Westminster Hall, um die »corrupt doctrine« der erwähnten Schriften zu verurteilen. 252 Stellen hatte man in einer Liste zusammengestellt, ein Syllabus, dessen Lektüre deutlich zeigt, in welchem Ausmaß England dem aus Deutschland kommenden Gedankengut bereits ausgesetzt war. Daß dessen Ausbreitung nicht geradlinig erfolgte, hängt mit den Eheproblemen Heinrichs VIII. zusammen.

b) Die Rolle Heinrichs VIII.

Heinrich VIII. war seit seiner Thronbesteigung (1509) mit Katharina von Aragonien, der Witwe seines Bruders Arthur, verheiratet gewesen. Papst Julius II. hatte ihm hierzu die nötige Dispens erteilt. Katharina hatte Heinrich fünf Töchter geschenkt, von denen allerdings nur Maria, die spätere Königin, am Leben geblieben war. Mit Berufung auf das Buch Leviticus (Lev. 18,16; 20,21) behauptete Heinrich nach 18 Jahre seiner Ehe, der Papst hätte nicht das Recht gehabt, ihm eine Dispens zu erteilen, seine Ehe verstoße gegen Gottes Gesetz. In Wirklichkeit war Heinrich bereits in die Hofdame Anne Boleyn verliebt; auch wollte er einen männlichen Erben haben, den er sich von Katharina nicht mehr erwartete. Nachdem in erster Instanz 1527 in London entschieden worden war, daß die Ehe gültig sei, nahm Kardinal Thomas Wolsey, Erzbischof von York und 1522 gescheiterter Papstkandidat, die Angelegenheit in seine Hand. Er bemühte sich bei Papst Klemens VII. (1523–1534), der ihm Hoffnungen machte, um die Ungültigkeitserklärung. Klemens bestellte 1528 Wolsey und den päpstlichen Legaten Lorenzo Campeggio zu Eherichtern und erklärte in einem Schreiben an Heinrich VIII., er werde sich dem Entscheid der beiden beugen. Er gab auch bereits die schriftliche Dispens mit, für den Fall, daß die zwei Richter die Ehe für ungültig halten sollten. Gleichzeitig aber hatte Campeggio den Auftrag, von der Dispens auf keinen Fall Gebrauch zu machen. Diese verschlagene Diplomatie Klemens' VII. ist einer der charakteristischsten Züge des Papstes.

Klemens fürchtete natürlich den deutschen Kaiser Karl V., dessen Tante Katharina von Aragonien war. Eben erst war ja der Papst der harten Gefangenschaft entronnen, die ihm Karls Truppen im Sacco di Roma eingebracht hatten. Bedenkt man weiter, daß der Papst mit einem für Heinrich günstigen Urteil faktisch einen Entscheid eines seiner Vorgänger widerrufen hätte müssen, können wir uns seine schwierige Lage vorstellen. Es war ihm daher darum zu tun, das Urteil immer wieder hinauszuzögern. Als man in England vernahm, daß Kaiser Karl im Interesse der Gerechtigkeit verlangte, der Fall möge nach Rom gezogen werden, drängte Heinrich vergeblich auf rasche Durchführung des Prozesses in London. Wolsey wurde daraufhin vom König fallengelassen; er starb 1530 auf dem Weg zum »Hochverratsprozeß« in London.

1531 riet der Politiker Thomas Cromwell, der sich im Schatten Wolseys immer mehr in die Nähe des Königs gearbeitet hatte, diesem, er solle den englischen Klerus die Entscheidung herbeiführen lassen, ja sich selbst zum Oberhaupt der Kirche in England erklären. Heinrich verbot 1532 alle Abgaben nach Rom und verfügte, daß neu bestellte Bischöfe auch dann im Amt bleiben könnten, wenn ihnen Rom wegen der ausbleibenden Gelder die Anerkennung versagen sollte. Am 10. Mai d. J. mußte die »Convocation« des englischen Klerus' den »Submission of the Clergy Act« unterzeichnen, durch den sich die Geistlichkeit dem König völlig unterwarf und sich verpflichtete, die Ausführung kirchlicher Beschlüsse von der Zustimmung des Königs abhängig zu machen. Nach der Unterzeichnung dieses Aktes durch den Klerus legte Lordkanzler Thomas Morus sein Amt zurück.

Am 23. August d. J. starb William Warham, Erzbischof von Canterbury. Als dessen Nachfolger wurde Thomas Cranmer bestimmt, ein Gelehrter, der bisher nicht besonders hervorgetreten war. Er hatte als englischer Gesandter in Deutschland fungiert und eben erst heimlich die Nichte des Nürnberger Reformators Andreas Osiander geheiratet, als er auf Wunsch Heinrichs VIII. den neuen Posten antrat. Nach außen war er ein willfähriger Diener des Königs. Er wußte seine protestantische Gesinnung klug zu verbergen, konnte aber nach und nach dennoch manchen reformatorischen Lehren in der englischen Kirche zum Durchbruch verhelfen. Dieser Mann sprach 1533 die Ungültigkeitserklärung für die Ehe Heinrichs mit Katharina von Aragonien aus, nachdem der König Anne Boleyn bereits heimlich geehelicht hatte. Daraufhin drohte der Papst dem König die Exkommunikation an, die 1535 erfolgte, nachdem Heinrich 1534 die *Suprematsakte* erlassen hatte (fünf Gesetze, die den Einfluß Roms in England unterbanden und das Thronfolgerecht für die Kinder Anne Boleyns festlegten). Hierzu mußten Klerus und Volk die eidliche Zustimmung geben. John Fisher, der Bischof von Rochester, und Thomas Morus, der ehemalige Lordkanzler, mußten die Eidverweigerung mit ihrem Leben bezahlen. Die Erklärung des Königs zum Haupt der englischen Kirche (eigentlicher »Act of Supremacy«) folgte noch im selben Jahr.

1535/36 wurde auf Rat Cromwells eine Klostervisitation durchgeführt. Sie hatte moralische Fehler der Ordensleute aufzudecken, um so einen Vorwand für die Aufhebung der Klöster zu schaffen. Der wirkliche Grund war die leere Staatskasse, die man auf diesem Weg wieder etwas auffüllen konnte. Damit wäre man aber fast zu weit gegangen. Es kam zu beachtlichen Aufständen (Lincolnshire und Yorkshire), die aber blutig unterdrückt wurden.

1535 hatte sich noch ein anderes bedeutsames Ereignis abgespielt. Aus Angst vor einem »Allgemeinen Konzil« entschloß sich König Heinrich VIII., dem Rat Cromwells zu folgen und um die Aufnahme in den Schmalkaldischen Bund anzusuchen, was aber an der Bedingung der Übernahme des AB durch England scheiterte. Robert Barnes war einer der Delegaten gewesen.

In den Jahren zwischen 1536 und 1543 erschienen vier Bekenntnisschriften (*Confessions of Faith*), auf die – unter gleichzeitiger Berücksichtigung anderer wichtiger Ereignisse – kurz eingegangen sei.

1. 1536 wurden die *Ten Articles* von der »Convocation« verabschiedet. Sie werden oft als Kompromiß zwischen katholischer und evangelischer Lehrmeinung angesehen und sind so zwiespältig formuliert, daß sie für jede Interpretation offen sind. Der König hat den Artikeln zugestimmt, sie sind aber wegen ihrer Eigenart ungeeignet für eine theologische Standortbestimmung des Monarchen.

2. 1537 erschien das von zwanzig Bischöfen unterzeichnete *Bishops' Book*, das viel eher einem wirklichen Kompromiß mit dem Luthertum gleichkommt. Aber der König verweigert ihm die Unterschrift!

Im Sommer 1538 weilte eine Abordnung deutscher protestantischer Theologen zu offiziellem Besuch in London. Die Verhandlungen führten zu Übereinstimmungen mit den Bischöfen, nicht aber mit dem König. Er hielt zum Beispiel an der Erlaubtheit der Privatmesse, an der Kommunion unter einer Gestalt und, was für Heinrich besonders beachtlich ist, am Zölibat des Klerus fest.

Cromwell und Cranmer blieben aber nicht untätig. Cromwell veranlaßte im selben Jahr 1538 einen Bildersturm, den der König duldete, weil damit wieder Geld in die Staatskasse floß. 1539 ging eine Vorschrift hinaus, daß in jeder Kirche eine Bibel in englischer Sprache aufgelegt werden müsse. Diese erste »Authorized Version« basiert aber auf den Übersetzungen Tyndales und Coverdales und enthielt auch das Vorwort und die Anmerkungen Tyndales, die Luther sehr verpflichtet sind. Auf diese Weise wurde unter den Augen Heinrichs VIII. unauffällig Propaganda für reformatorisches Glaubensgut gemacht.

1539 erschien eine neue Delegation aus Wittenberg in London. Die Aussichten für eine Übereinkunft schienen günstig, da sich Karl V. und der fanzösische König Franz I. (1515–1547) eben erst gegen England verbündet hatten. Eine überraschende Wiederannäherung Frankreichs an Heinrich VIII. machte aber alle Hoffnung zunichte.

3. Am 28. Juni 1539 wurden die *Six Articles*, die auch unter dem Namen »The Bloody Bill« bekannt sind, veröffentlicht. Unter Anordnung schwerster Strafen wird darin das Festhalten an der Transsubstantiation, der Kommunion unter einer Gestalt, dem Priesterzölibat, den Mönchsgelübden, der Privatmesse und der Ohrenbeichte geboten. Das läßt den Standpunkt des Königs in Glaubenssachen klar erkennen. Cromwell, der Hauptagent einer Annährung an die protestantische Linie, der Vertreter einer Bündnispolitik mit den Deutschen und der Vermittler einer Heirat Heinrichs mit der häßlichen Anna von Cleve, wurde damals – ohne Verhör – auf dem Scheiterhaufen verbrannt, ebenso der Delegat Robert Barnes. Erzbischof Cranmer konnte sich halten, schickte aber damals seine Frau nach Deutschland zurück.

4. 1543 erlebte das seinerzeit vom König abgelehnte »Bishops' Book« eine Neuauflage. Alles ausgesprochen protestantische Glaubensgut war entfernt oder doch abgeschwächt worden. Nun enthielt diese Glaubensnorm auch die Billigung des Königs und wurde fortan *King's Book* genannt. Gleichzeitig wurde

die Bibelübersetzung Tyndales und Coverdales, die 1539 autorisiert worden war, wieder verboten.

1547 starb Heinrich VIII. Wenn wir eine Zwischenbilanz ziehen, so läßt sich sagen, daß es zunächst den Anschein gehabt hatte, als ob sich auch England der Reformation Martin Luthers zuwenden würde. Das wurde einerseits vom König verhindert, andererseits kam es aufgrund seiner Eheaffäre zum Bruch mit Rom. Da Heinrich in dieser Angelegenheit auf die Unterstützung protestantisch gesinnter Prälaten und Politiker angewiesen war, ließ sich das Eindringen und die Verbreitung reformatorischen Gedankengutes, das sich aber nicht so radikal und organisch wie auf dem Kontinent entfalten konnte, auf die Dauer nicht verhindern. Beim Tod des Königs hatte man sich in England schon so sehr an eine »via media« gewöhnt, daß diese für die weitere Geschichte der anglikanischen Kirche letzlich bestimmend bleiben sollte.

c) Die eigentliche Reformation

Die zweite große Epoche der englischen Reformationsgeschichte steht dann fast zufällig unter starkem oberdeutschen Einfluß. Darauf hat besonders G. R. Elton hingewiesen. Der Tod Heinrichs VIII. und Luthers fallen fast zusammen, nach dem Scheitern eines Rekatholisierungsversuches unter Maria (1553–1558) stand man auch den radikaleren Strömungen aus Zürich (Zwingli) und Genf (Calvin) offen. Doch sind wir mit dieser Feststellung den Ereignissen schon vorausgeeilt.

Unter der Regierung des minderjährigen Eduard VI. (1547–1553) hatte die protestantische Richtung ein leichtes Spiel, sich in Glaubensdingen durchzusetzen. Cranmer konnte sich nun endlich offen als Protestant geben. Sein *First Book of Homilies*, das für den ganzen Klerus verbindlich gemacht wurde, vertritt deutlich die »Sola-scriptura-, Sola-gratia- und Sola-fides-«Lehre. 1548 wurde bereits das *Book of Common Prayers* eingeführt, das u. a. einen »Order of Communion« enthielt, der den Titel trug: »The Supper of the Lord and the Holy Communion, commonly called the Mass.« An ihm hatte der Schlettstädter Theologe Martin Butzer entschiedenen Anteil. 1550 zerstörte man die Altäre und ersetzte sie durch Holztische, um dem Mahlgedanken gegenüber der Auffassung der Messe als Opfer zum Durchbruch zu verhelfen. Gegen Ende der Regierung Eduards erschienen auch noch die *42 Articles*, die später (1563 bzw. 1571) in die *39 Articles* abgewandelt wurden.

Den Rekatholisierungsversuchen unter Maria der Katholischen (1553–1558), der Tochter Heinrichs VIII. und Katharinas von Aragonien, setzte Elisabeth I. (1558–1603), die Tochter Anne Boleyns, wieder ein Ende. Die Bestellung Matthew Parkers zum Erzbischof von Canterbury (1559–1579) garantierte allerdings in lehrmäßigen und liturgischen Fragen einen mittleren Kurs für die anglikanische Kirche. Die Gültigkeit der Weihen, die sich von Parker herleiten, wird in der katholischen Kirche zumeist bestritten. 1559 wurden neue »Supremats- und Uniformitätsakte« erlassen.

Nach der 1570 erfolgten Exkommunikation der Königin durch Papst *Pius V.*

(1566–1572) setzte in England eine regelrechte Katholikenverfolgung ein. Die 1563 formulierten und 1571 verabschiedeten *39 Articles* wurden zur verbindlichen Glaubensnorm; »sie atmeten reformierten, nicht lutherischen Geist« (H. Jedin, Hdb. KG IV, 354). In der Kirchenverfassung wurden Bischofsamt und Domkapitel beibehalten, während der calvinische Versuch, diese Strukturen durch eine Presbyterialverfassung zu ersetzen, sich innerhalb der anglikanischen Kirche nicht durchsetzen konnte und auf Schottland auswich.

Irland war seit dem Mittelalter von England abhängig. Heinrich VIII. nahm 1541 auch den Titel eines Königs von Irland an, erzwang 1536 die Anerkennung der Suprematsakte, enteignete das Kirchenvermögen und setzte einen anglikanischen Klerus ein. Doch das Volk blieb katholisch. Trotz heftiger Verfolgungen mißlang die Anglikanisierung der Insel, die eigentlich nur in Nordirland (Ulster), und zwar mit Hilfe eingeführter Kolonisten aus England und Schottland, glückte. Der Widerstand der Katholiken erhielt zusehends den Charakter einer nationalen Bewegung, die 1921 die Gründung des Freistaats (später Republik) Irland zuwege brachte.

1995 zählte die anglikanische Kirche (Anglican Communion) weltweit an die 30 Millionen Anhänger, innerhalb deren sich – aufgrund der Entstehungsgeschichte erklärbare – deutlich voneinander unterschiedene Gruppierungen abzeichnen.

§ 118
Calvin und die Anfänge des Calvinismus

Der am 10. Juli 1509 in Noyon geborene *Johannes Calvin* wurde ähnlich streng erzogen wie Luther. Seine Studien betrieb er in Paris, Orléans und Bourges, 1528 erwarb er das Lizentiat der Freien Künste und 1532 das der Rechtswissenschaften. In Paris, wohin er sich 1531 wandte, trieb Calvin humanistische Studien und wurde vom biblischen Reformhumanismus in seinen Bann gezogen. Sein Kommentar zu Senecas »De clementia«, der 1532 herauskam, verrät Vertrautheit mit den Kirchenvätern. Schon Ende der zwanziger Jahre wurde er mit Luthers Schriften konfrontiert, und so begann er, »aus der Finsternis des Papsttums herauszukommen«. Seine plötzliche reformatorische Wende (*subita conversio*), wie er 1557 autobiographisch festhält, dürfte sich im Winter 1533/34 ereignet haben; worin sie bestand, ist unklar. Aufgrund einer Verfolgungswelle flüchtete er ins Ausland, wo er mit bekannten Reformatoren wie Martin Butzer, Wolfgang Capito, Heinrich Bullinger und anderen in Kontakt kam. 1536 erscheint seine *Institutio Christianae Religionis* (Unterricht in der christlichen Religion) erstmals im Druck. Sie wurde von ihm ständig erweitert und erlebte viele Auflagen. Calvins leitende Idee, »Wie kommt es zur Herrschaft Gottes unter den Menschen«, wird hier bereits deutlich sichtbar. Nicht so sehr Zwinglis Theologie hält ihn gefangen, wie man aus geographischen Gründen vermuten könnte, als die Luthers. Vor allem dessen Katechismen, die »Freiheit eines Christenmenschen« und »De captivitate Babylonica« sind für Calvin richtungweisende Traktate. An seiner Institutio arbeitet er ständig weiter, erweitert sie und gibt sie immer wieder neu heraus. In der Ausgabe von 1559/60 hat er sie in 4 Büchern und 80 Kapiteln als abgerundete Dogmatik zusammengefaßt.

Als er im Sommer 1536 nach Genf kam, hatte der Rat der Stadt knapp davor beschlossen, »nach dem Evangelium zu leben«, und so wurde er alsbald zum Prediger und Pastor ernannt, und er erstellte eine Gemeindeordnung und einen Katechismus. Sein Versuch, den christlichen Prinzipien mit rigoroser Strenge sowohl im privaten wie auch im öffentlichen Leben zum Durchbruch zu verhelfen, scheiterte. Vom Stadtrat ausgewiesen, verließ er zusammen mit seinem »Kampfgefährten« Wilhelm Farel im April 1538 Genf.

Von Reformatoren nach Straßburg gerufen, nahm er als Deputierter dieser Stadt an den Reunionsverhandlungen in Hagenau, Worms und Regensburg teil. Dabei kam er nicht nur mit den führenden Männern des deutschen Protestantismus, insbesondere mit Philipp Melanchthon, in Kontakt – ausgenommen Luther, dem er nie persönlich begegnete –, sondern lernte auch die religiösen Verhältnisse in Deutschland genauer kennen.

In Genf hatte inzwischen die calvinfreundliche Partei die Macht zurückgewonnen, und so wird er im September 1541 dorthin zurückgerufen. Energisch und konsequent verfolgt er das Ziel, Genf nach seinen Vorstellungen zu reformieren und eine Art Gottesherrschaft zu errichten. Nach Straßburger Vorbild erstellte er 1541 eine Kirchenordnung; Gottesdienstordnung und Katechismus folgten. Zahlreiche Todesurteile mit Hinrichtungen und nicht wenige Verbannungen geben Zeugnis davon, wie sehr Calvin mit Gewalt »seine« Theokratie in Genf durchzusetzen versuchte. Unter denen, die ihm hierbei im Wege standen, ist der spanische Arzt Michael Servet besonders zu nennen, einerseits, weil dessen spektakuläre Verbrennung 1553 großes Aufsehen erregte, und anderseits ob dessen theologischer Position, die die Trinitätslehre in Zweifel zog. Die Gemeindestruktur übernahm Calvin von Straßburg, wie sie von Butzer eingerichtet worden war. Da die Gemeinde jener Ort zu sein hat, wo Gottes Herrschaft klar zum Tragen kommt, legt er auf ihre Ordnung größten Wert. Analog zu Straßburg war sie auf vier Ämtern aufgebaut.

1. Die Pastoren, vereint zu einem Kollegium, für die Verwaltung des Gotteswortes und die Sakramentenspendung.
3. Die Doktoren (Lehrer) für den Unterricht.
3. Die Presbyter (Ältesten) zur Überwachung und Durchsetzung der Gemeindedisziplin, eine Art Sitten- und Moralkommission.
4. Die Diakone zur Betreuung von Armen und Kranken.

Wie sehr Rat der Stadt und kirchliche Gemeinde miteinander verzahnt waren bzw. ineinander übergingen, wurde durch den Kirchenrat bzw. das Konsistorium dokumentiert. Es bestand aus zwölf Presbytern und fünf bis zehn Pastoren und war als Rat ein von der Stadt beauftragtes Gremium, um den Lebenswandel der Bürger zu überwachen. Bis zu einem gewissen Grad hatte es auch Verfehlungen zu ahnden. Die Zulassung zum Abendmahl wurde nach harten Diskussionen zur geistlichen Gerichtssache. Der endgültigen Verabschiedung der Kirchenordnung im Jahre 1561 waren langwierige Streitigkeiten und

Kämpfe vorausgegangen. Das Bürgerrecht in Genf erhielt Calvin erst 1559, fünf Jahre vor seinem Tod.

Mit seiner rigorosen, harten und unduldsamen Kirchenzucht hat Calvin eine Akzentsetzung im Protestantismus vorgenommen, die zur Fanatisierung mit Eroberungsdrang und zum »entschiedenen Vernichtungswillen gegenüber jedem nichtreformatorischen Bekenntnis« (Iserloh) stimulierte. Für die Entwicklung und den Ausbau des Calvinismus, d. h. des reformierten Christentums oder der reformierten Kirche, wurde die 1559 in Genf eröffnete theologische Akademie von größter Bedeutung. Als Calvin am 27. Mai 1564 starb, hatte »sein« Protestantismus von Schottland bis nach Ungarn festen Fuß gefaßt. Sein Grab blieb, in Konsequenz seiner Theologie, wonach Gott alle Ehre gilt, unbekannt.

Auf den beiden Grundprinzipien, der Ehre Gottes, dem »Soli Deo Gloria«, und der Prädestination, »kraft deren Gott die einen zum Heil, die anderen zum Verderben vorherbestimmt hat« (Institutio III, 21,1), fußt Calvins Theologie. Davon ausgehend interpretiert bzw. definiert er den Sinn der Schöpfung in der Ehre Gottes und in der Errettung der Erwählten wie der Verdammung der Verworfenen. Ihn quält nicht die Frage, »Wie kriegst du einen gnädigen Gott?«, wie Luther, sondern »Wie kommt es zur Herrschaft Gottes über die Menschheit?« (OS 1,23). Seine Prädestinationslehre, die immer wieder zu heftigen Diskussionen Anlaß geboten hat, faßte Calvin in den Worten zusammen: »Unter Vorherbestimmung verstehen wir Gottes ewige Anordnung, vermöge derer er bei sich beschloß, was nach seinem Willen aus jedem Menschen werden sollte. Denn die Menschen werden nicht alle mit der gleichen Bestimmung erschaffen, sondern den einen wird das ewige Leben, den anderen die ewige Verdammnis zugeordnet« (Institutio III, 21,5). In der Sache kaum wesentlich verschieden hatte sich übrigens auch Luther in der Prädestinationsfrage in seinem Traktat »De servo arbitrio« Erasmus gegenüber geäußert (WA 18, 633, 15 ff.; siehe auch oben S. 342).

Das Alte Testament erfreut sich bei Calvin besonderer Wertschätzung. In der Abendmahlslehre steht Calvin zwischen Luther und Zwingli, wobei er mehrmals seine Auffassungen modifizierte. Der Gläubige kommuniziert nach Calvin im Abendmahl durch das Wirken des Heiligen Geistes am lebenspendenden Fleisch Christi, ohne daß Christus leiblich präsent wäre. Der Ungläubige empfängt lediglich die Symbole, also Brot und Wein, ohne daß der Heilige Geist eine Verbindung mit dem Fleisch Christi bewirkt. Als »nicht leibliche Realpräsenz, sondern Spiritualpräsenz Christi im Abendmahl« kann somit Calvins Endposition in seiner diesbezüglichen theologischen Entwicklung präzisiert werden. Auch in der Frage »weltlicher und geistlicher Bereich« nahm Calvin analog zur Abendmahlslehre eine Mittelposition zwischen Luther und Zwingli ein. Er trennte beide (Be)Reiche nicht in dem Maße wie Luther und ließ sie nicht so ineinander fallen wie Zwingli. In den unterschiedlichen Zielen beider ließ er bei fließenden Übergängen Spielraum für beide. Davon ausgehend haben die Glaubenden nach Calvin ihren Glauben auch im öffentlichen Leben in die Tat umzusetzen. »Im Unterschied zum Lutheraner hatte ein Calvinist, der mit der Religionspolitik seiner Obrigkeit nicht einverstanden war, in der Religion selbst den Rechtsgrund zum Widerstand, notfalls auch mit Waffen« (Iserloh).

Die Dynamik des Calvinismus und seiner fanatisierten Theologen drängte den deutschen Protestantismus lutherischer Provenienz in die Defensive und ließ ihn alsbald auch in deutschen Landen festen Boden gewinnen. Bedingt durch Calvins Herkunft aus der französischen Sprach- und Kulturgemeinschaft hatte sich der Calvinismus schon sehr früh in Frankreich ausgebreitet. Mit der Aussendung von Predigern und Pastoren ab etwa 1555 nach Frankreich wurde dort eine systematische »Missionierung« betrieben. Im Jahre 1559 hatten die französischen Calvinisten ihre Bekenntnisschrift, die »Confessio Gallicana«, textiert. Für 1562 wird die Zahl calvinischer Gemeinden bereits mit über 2.000 angegeben.

Zu diesem Zeitpunkt hatte sich für die Calviner in Frankreich die Bezeichnung Hugenotten (meist aus aiguenots = Eidgenossen abgeleitet) eingebürgert. Unter den zahlreichen Religions- bzw. Bürgerkriegen, die Frankreich nun erlebte, ragt die sogenannte Bartholomäusnacht bzw. »Pariser Bluthochzeit« vom 23. auf 24. August 1572 mit den 6.000 gemeuchelten Hugenotten grausam blutig heraus. Das Toleranzedikt von Nantes am 30. April 1598 beendete einerseits diese schrecklichen blutigen Konfrontationen und leitete anderseits ein knappes Jahrhundert friedlicher Entwicklung der hugenottischen Kirche im staatsrechtlich katholischen Königreich Frankreich ein.

2. DIE KATHOLISCHE REFORM

Hat das Wort Gegenreformation seit Leopold von Ranke die Periode der europäischen Geschichte ab 1555 bezeichnet, die sowohl das politische Vorgehen gegen den Protestantismus als auch die katholische Erneuerung umfaßte, so hat Hubert Jedin 1946 dafür plädiert, die beiden Strömungen begrifflich deutlich voneinander zu unterscheiden. So tritt neben das seit dem 19. Jahrhundert übliche Begriffspaar »Reformation und Gegenreformation« der Terminus »Katholische Reform«. Bei dieser Unterscheidung geht es nicht um konfessionelle Rechthaberei, sondern um den Versuch, mit Hilfe einer möglichst adäquaten Terminologie die Komplexität der Sachverhalte in den Griff zu bekommen. Es war der evangelische Historiker W. Maurenbrecher (1880), der aufgrund seiner Forschungen über Spanien zur Erkenntnis kam, daß die seit Ranke gängige Vorstellung von reformatorischer *actio* und gegenreformatorischer *reactio* (nach Friedrich Hegel) die Ereignisse des 16. und 17. Jahrhunderts für die Kirchen der Reformation schmeichelhaft darstellt, der Fülle der Wirklichkeit aber nicht entspricht. Ludwig von Pastor, Karl Brandi u. a. sind dann Maurenbrecher gefolgt.

Katholische Reform meint alle jene Lebensäußerungen der alten Kirche, die zu einer auffallenden Erstarkung gegen Ende des 16. Jahrhunderts führten und ohne die auch der Erfolg politischer Maßnahmen nicht zu verstehen wäre. Man sprach in diesem Zusammenhang auch von »Selbstreform« der Kirche. Abgesehen davon, daß diese Formulierung theologisch bedenklich ist, erfuhr sie erst kürzlich Widerspruch (z. B. von H. A. Oberman 1980), weil es im Jahrhundert des »konfessionellen Absolutismus« kaum eine kirchenpolitische Maßnahme von Belang und Wirkung gab, die ohne obrigkeitliche Gewalt vonstatten ging.

Weil beide Vorgangsreihen unterschiedlicher Herkunft und auch unterschiedlichen theologischen Valeurs sind, schien es H. Jedin u. a. richtig, auch kapitelmäßig beide Vorgänge zu scheiden. Im konkreten werden sie aber miteinander verflochten sein. Sogar spirituelle Gestalten wie Ignatius, Karl Borromäus, Franz von Sales u. a. werden beiden Bereichen angehören.

In unserer Darstellung folgen wir der geographischen Betrachtungsweise von Hermann Tüchle, weil sie das Ineinander von »Innerkirchlicher Erneuerung« und »Gegenreformation« deutlicher macht als die systematische.

§ 119
Spaniens Beitrag

Als sich gegen die Mitte des 16. Jahrhunderts empfindliche Ausfallerscheinungen im katholischen Leben des Reiches zeigten, als etwa zum Unterschied von den Jahren vor 1517 auch zahlenmäßig ein deutlicher Priestermangel spürbar wurde, erinnerten sich Visitatoren, Nuntien, Fürsten und Bischöfe der ungebrochenen Kräfte katholischen Lebens und reformerischer Tatkraft, wie sie in Spanien und auch Italien seit über einem halben Jahrhundert mächtig am Werk waren. Politisch nicht korrekt, aber auch nicht völlig unbegründet, wurde in der protestantischen Propaganda des 16. Jahrhunderts Spanien als der Handlanger der päpstlichen Tyrannei verstanden. Es waren eine Anzahl von Faktoren, die nach menschlichem Ermessen das Phänomen der spanischen Reformkirche begründeten.

a) Durch die Vereinigung der Königreiche Aragon (Ferdinand) und Kastilien (Isabella) 1479 kam es zu einer in Europa kaum vergleichbaren *Machtfülle der spanischen Krone.* Hoheitsrechte der Fürsten über die Kirche waren in der zweiten Hälfte des 15. Jahrhunderts in Europa (auch im Reich, vgl. Bayern, Tirol, Württemberg u. a.) nichts Ungewöhnliches.

Die Rolle der staatlichen Kirchenhoheit bei der Entwicklung des Frühabsolutistischen Systems wird nur in Spanien wegen der Größenordnung besonders deutlich: Die Krone übte 1. das Besetzungsrecht der Bistümer (für das 1492 neueroberte Granada). Es wurde durch Papst Hadrian VI. 1523 auf ganz Spanien uneingeschränkt übertragen. Der Einfluß der römischen Zentralbehörde durch Verordnung und Rechtsprechung war dazu erheblich eingeschränkt. So gab das *Placetum regium* 2. der Krone das Recht, päpstliche Dekrete nach Gutdünken einer Zensur zu unterwerfen. Die königlichen Gerichte wurden 3. zur letzten Instanz auch für kanonische Prozesse. Die Krone machte 4. die Inquisition zu einer staatlichen Behörde. Die Ketzerverfolgung wurde zu einem Mittel, oppositionelle Kräfte jeder Art im Keim zu ersticken. Der Staat bezog 5. beträchtliche Einnahmen aus dem kirchlichen Vermögen. Er verfügte über den Kreuzzugszehent, ein Relikt aus dem Mittelalter. Er durfte die Kirche (die Pfarreien nicht ausgeschlossen) völlig legal besteuern, was von anderen Fürsten als dem kanonischen Recht zuwiderlaufend immer wieder bestritten wurde. Zusammenfassend kann man sagen, daß durch diese Rechtsverhältnisse der Staat im Klerus eine absolut zuverlässige Stütze besaß. Anderseits erfreuten sich die Bischöfe, ohne die verwirrenden Kompetenzüberschneidungen wie im Reich, der Unterstützung der staatlichen Gewalt auch für urtümlich kirchliche Reformanliegen. Reformprälaten, wie der Kardinal Pedro Gonzáles de Mendoza (1428–1495), Francisco Ximénes de Cisneros (1436–1517) und der spätere Papst *Hadrian VI.* (1522–1523) übten ihre politische Macht nicht in der Form des deutschen Reichsfürstentums aus (was zu einer Zersplitterung des Staates geführt hätte), sondern so wie in England und Frankreich als »Minister« der Krone.

Durch die Verbindung von staatlicher Gewalt, staatlichem Reformwillen, kultureller Aufgeschlossenheit, geistlicher Einstellung der »Minister« und deren kirchlichem Reformkonzept kam es schon vor 1500 zu einer wirksamen Erneuerung der spanischen Kirche. Die Beschlüsse von Provinzialkonzilien (1473, 1512) blieben nicht wie im Mutterland der Reformation auf dem Papier stehen. Vor allem wurden Studium, Seelsorge und Orden wirksam reformiert, was nicht bedeutet, daß es z. B. mit dem Zölibat in Spanien wesentlich besser bestellt war als sonst in Europa.

b) Diese Entwicklung zum neuzeitlichen Frühabsolutismus mit seinem kirchenreformerischen Elan war in Spanien nicht zu trennen von der Erfahrung der Reconquista, die den Volkscharakter seit dem 13. Jahrhundert zutiefst geprägt hat. Es ist schwer zu ermessen, was der Fall von Granada (1492) für das religiöse Sendungsbewußtsein der Nation bedeutete. Vertreibung und Verfolgung der Juden (1492) und der aufständischen zwangsgetauften moriscos waren Maßnahmen im Sinne absolutistischer Vereinheitlichung und Integralisierung die die Wirtschaft Spaniens nachhaltig schädigten und sein politischer Ethos schwer belasteten. Zugleich praktizierte dabei der Staat, wie man mit religiösen Minderheiten umgehen kann. Die Ketzerschnüffelei späterer Jahrzehnte hatte man in der Ausforschung verkappter Juden (der Marranen) erprobt. Es war hier der Kreuzzugsgeist des Mittelalters ungebrochen erhalten geblieben, im Sinne »Katholischer Reform« zunächst auch durchaus konstruktiv wirksam, zugleich aber mit jenen Schattenseiten behaftet, die mit Gewaltanwendung im Bereich der Religion von selbst gegeben sind. In Spanien schärften diese Voraussetzungen die fanatische Ablehnung aller Reformation aus dem Norden.

c) Das kraftvolle katholische Leben Spaniens ist nicht zuletzt durch das Entdeckungszeitalter, den damit gegebenen Geist der Conquista, einer Weltmonarchie und einer umfassenden Weltmission, gekennzeichnet. Im Lager von Granada 1492 verhandelte Kolumbus mit den »katholischen Königen«. Ein spanischer Papst (Alexander VI., 1493) hatte die Neue Welt zwischen Portugiesen und Spaniern aufgeteilt. Die Krone bestimmte, welche Orden und welche Missionare in die neu entdeckte Welt geschickt werden sollten. Alles, was zur Kirchengründung in Übersee gehörte, bestimmte, wie zu Zeiten des frühmittelalterlichen Eigenkirchenwesens, der König. Ja, Hadrian VI. vertrat die Theorie, daß der spanische König mit seiner Verpflichtung zur Mission automatisch die missio canonica besitze. Die Könige verstanden sich als die päpstlichen Vikare für die Missionsländer, was nach der 1622 erfolgten Gründung der Propaganda Fidei zu erheblichen Spannungen mit der Kurie führen sollte. Die Erneuerungsbestrebungen des Konzils von Trient mußten demnach auch hier zu Konflikten mit diesem konfessionellen Absolutismus führen. Das religiöse Sendungsbewußtsein der Monarchen setzte auch ureigenste kirchliche Lebensäußerungen frei. Die Missionserfolge waren überwältigend. Es war keine Seltenheit, daß ein paar Franziskaner 15.000 bis 20.000 Indios pro Tag tauften. Schon lange vor dem »Heiligen Experiment« der Jesuiten von Paraguay legten z. B. die Dominikaner Reservationen zum Schutz der Neugetauften vor den Weißen an. Auch der hl. Franz Xaver ging, mit königlichen Vollmachten ausgestattet, nach Indien. Der Dominikaner Bartolemé de las Casas, Bischof von Chiapas in Guatemala, erreichte in Madrid einen gewissen Schutz der Indios vor Sklaverei.

Diese unerhörten Entwicklungen waren begleitet von einer apokalyptischen Gestimmtheit, durchaus vergleichbar mit den entsprechenden Erwartungen in den Ländern der Reformation. Man sah in der weltweiten Bekehrung der Heiden und in den sieghaften Ereignissen daheim Anzeichen der Wiederkunft Christi. Messianistische Erwartungen knüpften sich in gleicher Weise an kirchliche Führungsgestalten, z. B. den wie einen Heiligen verehrten Kardinal Ximénes, als auch an den Kaiser Karl V. Dieses religionspsychologische Moment förderte auch die innere Erneuerungsarbeit und half gleichzeitig das sprichwörtliche Selbstvertrauen der Nation in der Neuzeit mitzubegründen.

d) Auf diesem staatskirchlichen Hintergrund wurden vor allem durch den Franziskaner Ximénes umfassende kirchliche und kulturelle Reformen in Angriff genommen, die bei aller Kontinuität zum Mittelalter Spanien bruchlos in die Neuzeit hinüberführten.

Da war zunächst die Reform des Seelsorgeklerus. Flankiert von der (weiter unten behandelten) Bildungsreform wurde der tridentinische Seelsorgepriester (und auch -bischof) vorgebildet. Die regelmäßige Predigt sollte zur vornehmsten Aufgabe der Geistlichen werden. Der spätere Reichsverweser ging dabei selbst mit gutem Beispiel voran. Damit war das Anliegen des biblischen Humanismus und der Reformation vorweggenommen. Es war daher nicht zufällig, daß spanische Konzilsväter in den letzten Sitzungen von Trient forderten, daß keiner die Bischofsweihe empfangen dürfe, der sich nicht wirklich als Hirte eines Bistums betätige.

Die Praxis des häufigen Sakramentenempfangs, vor allem die Intensivierung der Beichte, wie sie später die Jesuiten propagierten, wurde in Spanien schon vor der Jahrhundertwende gefördert. Ximénes verhinderte die Verkündigung des Ablasses, die in Deutschland solches Unheil anrichtete. Die Orden und Klöster wurden systematisch visitiert und reformiert. Reformzentren für die monastischen Orden waren Valladolid und Montserrat. Diese Erneuerungsbewegung schuf das günstige Klima für neue Orden, die noch unmittelbarer als die traditionellen bestrebt waren, Antwort auf neuzeitliche Probleme zu geben. Hier war schon vorgebildet, was für Orden und Seelsorge des 16. Jahrhunderts charakteristisch wird: »die verstärkte Hinwendung zu Erziehungsaufgaben ebenso wie zu sozialem Engagement, also zur tätigen Liebe für Arme und Kranke, dazu die Intensivierung volkstümlicher Glaubensverkündigung . . ., die Reinigung und Einübung der Glaubensartikel« (H. Lehmann).

Überhaupt wurde auch in den Orden die Ausübung des priesterlichen Dienstes als immer selbstverständlicher angesehen. Der in der zweiten Hälfte des 16. Jahrhunderts durch Teresa von Ávila und Johannes vom Kreuz reformierte Karmeliterorden wurde gegen Widerstände der Kurie von der spanischen Krone gefördert und mit seiner einzigartigen Mischung von Kontemplation, Klausur und Mystik einerseits und seelsorglichem Apostolat anderseits zu einer der unentbehrlichen Stützen der nachtridentinischen Reform. Auf karitativem Gebiet ist Ähnliches von der Gründung der Barmherzigen Brüder des Johannes von Gott zu sagen.

Die glückliche Verbindung von Aktion, Einsatz, Organisation und Dienst an den Menschen bis zur Selbstaufopferung einerseits und Glaubenserfahrung, Gefühl, Sinnenfreude und Kontemplation andererseits (der contemplatio in actione) nahm auf einzigartige Weise (und durchaus neuzeitlich akzentuiert) in der Gründung des hl. Ignatius von Loyola Gestalt an. Diese Ansätze für den gegenreformatorischen und barocken Katholizismus waren in Spanien schon fast durchwegs vor 1517 verwirklicht.

Ausschlaggebend für den spanischen Reformkatholizismus war allerdings eine intensive Umgestaltung des Bildungswesens und der Theologie im neuzeitlichen Geist des biblischen Humanismus. Mit Erasmus sah man auch in Spanien in dieser Frühzeit eine umfassende Erneuerung durch Erschließung neuer Erkenntnisquellen gewährleistet, wie sie die Schrift im Urtext und die Kirchenväter darstellten. Ximénes gründete neue Universitäten (z. B. Alcalá-Complutum). Das Seminar von Granada wurde u. a. Vorbild für die tridentinischen Bestrebungen zur Erneuerung der Priesterbildung. Ximénes errichtete Lehrstühle für die verschiedensten theologischen Schulrichtungen (auch für die *via moderna*). Er förderte die orientalischen Sprachen und ließ schon zwei Jahre vor Erasmus, nämlich 1514 (veröffentlicht 1520), in der Complutenser Polyglotte den biblischen Urtext nebst den verschiedensten Übersetzungen erstellen. Ähnlich wie im England John Colets, im Frankreich eines Faber Stapulensis, im Florenz eines Marsilio Ficino und Giovanni Pico della Mirandola und im Basel eines Erasmus von Rotterdam wurde hier der biblische Humanismus gepflegt. Ximénes suchte in dieses »Goldene Zeitalter« Spaniens die führenden Gelehrten Europas wie Erasmus zu verpflichten.

Es wird kein Zufall sein, daß spanische Theologen neben den italienischen das Geschehen in Trient bestimmen werden und daß Ignatius mit seinem Bildungskonzept eben aus diesem Raum kommt. Erst unter dem Einfluß der Reformation wird die spanische Theologie enger und restriktiver. In Spanien war eine umfassende Erneuerung von Kirche und Gesellschaft unter der Führung des Königtums so weit gediehen, daß die Reformation Luthers und Calvins nicht nur mit staatlicher Gewalt abgewehrt werden mußte. Der staatlichen Inquisition fielen zwar Tausende zum Opfer, aber diese Ketzer waren eher Abweichler im schwärmerischen Sinn. Für die Reformation Luthers oder Calvins war kein eigentlicher Bedarf. Von daher gesehen war die Konfessionspolitik Karls V. bis 1555 und das Bekenntnis der kaum 20jährigen 1521 zu Worms kein Zufall. Die dargestellten Verhältnisse in Spanien zeigen, wie problematisch die begriffliche Scheidung von »Katholischer Reform« und »Gegenreformation« ist. In Italien, mit seiner Fülle von kleineren und größeren Stadtstaaten, lassen sich die Vorgänge leichter scheiden.

§ 120
Italiens Beitrag

Für die Reformatoren hatte der Antichrist seine Herrschaft in Rom angetreten. Um so beachtenswerter ist der Umstand, daß sich die allem Anschein nach entartete Kirche Italiens im katholischen Sinn so rasch regenerierte. Warum haben sich nicht die großen Stadtstaaten Italiens der Reformation geöffnet, wo es doch politisch ständig Konflikte etwa zwischen Florenz, Venedig, Neapel einerseits und dem Kirchenstaat andererseits gab?

In Ferrara, wohin sich Calvin für einige Zeit begab (1536), zeigte Renata d'Este offen ihre Sympathie für den Protestantismus. Im übrigen reichten in den italienischen Staaten die politischen Gründe nicht, sich vom Papsttum kirchlich zu trennen. Da war auch einiges an schwärmerischen, prophetischen, asketischen und auch heterodoxen Bestrebungen, die durchaus die Energien für die Kirchenspaltung größeren Ausmaßes hätten darstellen können.

a) Charakteristisch war die reformerische Rolle des Florentiner Bußpredigers Girolamo Savonarola (hingerichtet 1498). Er war erfüllt vom prophetischen Geist im Sinne eines Joachim von Fiore († 1202). Er predigte Buße und das kommende Gericht in einem und suchte in einer gewalttätigen Prophetenherrschaft eine reine Gesellschaft zu erzwingen. Er stand in der Tradition des Konziliarismus und propagierte eine Züchtigung von Papst und Kurie, dachte aber nicht daran, sich von dieser Kirche zu trennen. Er war ein später geistiger Abkömmling der mittelalterlichen Armutsbewegung. In den Alpentälern von Piemont hatten noch Waldensergemeinden aus dem 13. Jahrhundert überlebt, die zum Protestantismus übergingen.

Daneben gab es den italienischen Sozinianismus, genannt nach den Antitrinitariern Lelio und Fausto Sozzini. Diese radikale Theologie hatte nun weder in Italien noch im Bereich des Luthertums oder des Calvinismus eine Chance, wo Antitrinitarier wie Atheisten verfolgt wurden. Sie fanden Zuflucht in Osteuropa, an politischen Nahtstellen, namentlich in Siebenbürgen und Polen.

Dazu gab es schwärmerische spiritualistisch gesinnte Zirkel und Gruppen, die von einer Erneuerung von Kirche und Gesellschaft träumten. Da war der Kreis um die römische Dame Vittoria Colonna († 1547), in deren Haus Prälaten der katholischen Reform (wie Giovanni Morone, 1509–1580) verkehrten. Michelangelo war mit ihr befreundet. Sie förderte den neuen Kapuzinerorden. Zu ihren Schützlingen gehörte der spätere Ordensvikar Bernardino Ochino († 1565), einer der erfolgreichsten Bußprediger seiner Zeit, der auf der Flucht vor der Inquisition über Genf schließlich in Mähren als Ketzer nicht eindeutig definierter Art endete. Ein ähnliches Schicksal wurde dem Augustinerchorherrn Pietro Vermigli († 1572 in Zürich) zuteil. Der schwärmerische Erasmianer Juan de Valdes († 1541), der einigen Päpsten gedient hatte, gehörte auch zum Kreis der Vittoria Colonna.

Es brauchte in Italien nicht sehr viel, um diese Regungen der Heterodoxie zu unterdrücken. Die Einführung der Inquisition als päpstlicher Behörde, 1542 nach spanischem Vorbild gegründet, kam relativ spät. Letztlich blieb den Italienern im ganzen die Reformation aus dem Norden fremd. Hatte die Renaissance die Italiener für das Evangelium schläfrig gemacht, »ihnen Sand in die Augen gestreut«, wie protestantische Historiker meinten? Die Antwort mag auch im Bereich dessen liegen, was wir die Katholische Reform in Italien nennen.

b) Hier müßte zunächst der kulturell-geistesgeschichtliche Umwandlungsprozeß genannt werden, den man gewöhnlich mit *Humanismus* und *Renaissance* umschreibt. Dieser war in Italien seit Dante und Petrarca (14. Jahrhundert) mächtig im Gange mit einer Breitenwirkung und Gestaltungskraft, die er in Deutschland nicht erreichte. Das legitime (manchmal auch irrationale) Verlangen nach Neuerung war hier weithin gestillt. Ähnlich wie nicht zuletzt die Barockkunst des katholischen Südens im Reich hilft, den Sieg der Gegenreformation zu befestigen, hat zu Beginn des 16. Jahrhunderts die Renaissancekultur Vergleichbares für Italien geleistet. Bei Kirchenhistorikern (H. Jedin, H. Tüchle) ist es umstritten, ob der Florentiner Platonismus des 15. Jahrhundert (Ficino, Pico u. a.) wegen seiner heterodoxen Tendenzen als Moment der katholischen Reform anzusehen sei. Das Verlangen nach Innovation erfüllte er allemal.

c) Kennzeichnend für die Katholische Reform in Italien war gleichfalls eine *Neubewertung der Seelsorge.* Diese setzt nun auch in Italien schon ein, bevor die Reformatoren Priester (Bischof) und Prediger gleichsetzen. Diese Idee war, angeregt durch das Bischofsbild der christlichen Antike, im christlichen Humanismus heimisch geworden. Man sah zwar das Ideal des Priesters (vor allem des höhergestellten) nicht ausschließlich in der Betreuung einer Gemeinde (durch Predigt und Sakrament). Zu sehr faszinierte das Menschbild der Renaissance vom *uomo universale.* So gestand man einem Prälaten durchaus auch eine Tätigkeit als Staatsmann, Diplomaten und Gelehrten zu. Aber man verteilte die Gewichte neu. Der seelsorgliche Dienst an den Menschen wurde als vornehmste geistliche Aufgabe angesehen, deren sich vor allem ein Gebildeter nicht zu schämen brauchte. Man fing an, jene adeligen Prälaten, die nicht predigen wollten oder konnten, eher zu verachten. Das war die Stärke der protestantischen Bewegung, daß ihre Prediger vielfach eine gute Universitätsbildung aufzuweisen hatten. Die Zeit von Luthers »Meß- und Brevierpfaffen« war vorbei. Diese Auffassung hatte sich nun auch in Italien bespielhaft Bahn gebrochen, was nicht bedeutet, daß es dadurch plötzlich nur mehr Residentialbischöfe gegeben hätte. In diesem Zusammenhang ist der Sizilianer Gian Matteo Giberti († 1543), Bischof von Verona, zu nennen. Er war im Dienste dreier Päpste ein Mann der universalen Kirchenreform. Zugleich kümmerte er sich persönlich (nicht durch Vikare) um seine Diözese. Auf ihn gehen Versuche einer systematischen Priesterbildung zurück, ein halbes Jahrhundert, bevor man das Problem im Reich überhaupt sah.

Ähnlich pastoral wirkte der Humanist, Diplomat und spätere Kardinal Jacopo Sadoleto (1477–1547) in seinem Alpenbistum Carpentras. Man darf die

Bedeutung dieses neuentdeckten antiken Bischofsverständnisses nicht überschätzen, aber es half, daß die Trienter Dekrete nicht in allen Ländern der Christenheit 150 Jahre lang bloß auf dem Papier blieben. Von Bischofsgestalten wie den beiden hochadeligen Heiligen Karl Borromäus (1538–1589 in Mailand) und Franz von Sales (1567–1622 in Genf) gilt, daß sie nach den Worten der venezianischen Gesandten Soranzo mehr beitrugen zur Wiedererstarkung der katholischen Kirche als alle Konzilsdekrete. Die letztgenannten Hirtengestalten gehören jedoch eigentlich nicht mehr zur Vorgeschichte des Trienter Konzils. Was diese Geistlichen jedoch vorlebten und wodurch sie auch Erfolg hatten, war (ähnlich wie in der Jesuitenseelsorge) die ständige Präsenz des Seelsorgers, das persönliche Bemühen um jeden einzelnen, wiederholte Visitation, regelmäßige Glaubensunterweisung, offensive katholische Alternative durch Pflege des »Sakramentalen« im weiteren Sinn, der Zeremonien, eines geläuterten Heiligen- und Sakramentenkults usw. Mit anderen Worten: der Defaitismus, der Geist der bloßen Verteidigung und immer etwas zu spät kommenden Apologetik war einer selbstbewußten Glaubenszuversicht gewichen.

d) In Italien setzt der Umschwung (nicht ohne den Stachel der Reformation) unter *Paul III.* (1534–1549) ein. Dieser Farnesepapst, der sein Kardinalat noch seinen persönlichen Beziehungen zu Alexander VI. verdankte, kreierte eine ganze Reihe humanistisch gebildeter und reformfreudig gesinnter Prälaten zu Kardinälen. So nahm die Reform Eingang in den Senat der Kirche. Zu ihnen gehörten der Theatiner Gianpietro Caraffa (*Paul IV.,* 1555–1559), ein Eiferer, der schließlich als Papst die Sache der Reform in tragischer Ironie schwer kompromittierte. Da war Giovanni del Monte (*Julius III.,* 1550–1555) und der liebenswerte Marcello Cervini (*Marcellus II.,* 1555). Sie alle bestimmten maßgeblich die ersten beiden Perioden des Trienter Konzils. Dazu gehörte noch der geflüchtete Prinz aus dem Hause Tudor, der Kardinal Reginald Pole († 1558), ein seelsorglich nicht übermäßig begabter Prälat, aber von guter theologischer Bildung, von großer Innerlichkeit und tiefer Amtsauffassung, die er von der Kreuzesnachfolge her verstand. Bei der Rekatholisierung Englands unter seiner Cousine Maria Tudor (1553–1558) scheiterte er. Als Diplomaten am Kaiserhof, bei den Reichstagen und als beste Kenner der deutschen Verhältnisse waren in Sachen der katholischen Kirche des Reiches der Venezianer Gasparo Contarini (1483–1542) und der Kardinal Giovanni Morone (1509–1580) tätig. Contarini gehörte nach einem Erweckungserlebnis 1511 lange Zeit einer religiösen Laiengruppe an, bis er sich dem geistlichen Stand anschloß. Er gehörte zu den Vermittlungstheologen, die noch bis 1541 bei dem Regensburger Religionsgespräch an der Möglichkeit einer theologischen Einigung mit den Protestanten festhielten. Unter seinem Vorsitz kam es in Regensburg 1541 noch zu einer Einigung über die Rechtfertigungslehre. Die meisten der genannten Reformprälaten waren an dem von Paul III. angeforderten Reformgutachten »Consilium de emendanda ecclesia« (1537) maßgeblich beteiligt, welches rechtsgeschichtlich ein Bindeglied zwischen den nicht verwirklichten Reformvorschlägen des *5. Laterankonzils* (1512–1517) und dem Trienter Konzil bildete.

§ 121
Die Orden

Innerkirchliche Reform ohne Erneuerung der religiösen Orden ist schwer vorstellbar. So werden die Orden auch im 16. Jahrhundert eine führende Rolle beim Wiedererstarken der Kirche spielen. Manche Autoren sehen bisweilen etwas zu einseitig die Jesuiten als Sturmtruppe des Papsttums in der Gegenreformation. Zunächst sind die beiden Bereiche Priesterstand und Orden im konkreten nicht ganz säuberlich zu trennen. Wir beobachteten in den behandelten Prälatengestalten einen deutlichen Hang zu einer asketischen Lebensführung und auch zur religiösen *vita communis*.

Die Entstehung von ausgesprochenen Priester- und Seelsorgerorden (im Sinne der alten Kanonikertradition) ist daher kennzeichnend. Anderseits stellen wir auch bei kontemplativen Orden wie den Karmeliten eine bewußte Hereinnahme gezielter Seelsorge und Erziehungsarbeit in das Ordensleben fest. Diese Tendenz entsprach den Bedürfnissen und dem Geist der Zeit.

a) Auf den Gemeinschaftstyp mittelalterlicher Bruderschaften von Geistlichen und Laien ging eine Gründung zurück, die als Priestergemeinschaft von größter Bedeutung werden sollte. Es war das *Oratorio del divino amore,* dessen Anfänge in die vorreformatorische Dekade zurückgehen und das durch den hl. Philipp Neri (1515–1595) entscheidend geprägt wurde. Diese Priestergemeinschaft konnte sich mit der Gesellschaft Jesu messen. Auf die geistliche und theologische Bildung ihrer Mitglieder wurde größter Wert gelegt. Pastoral gingen wichtige Anregungen vom Oratorium aus. Bibelkatechese wurde musikalisch und dramatisch gestaltet. (Das war der Ursprung der Kunstform des »Oratoriums«, das im protestantischen Norden zur Meisterschaft geführt wurde). Alle Humana waren recht für die Verkündigung, namentlich auch für die Kinderunterweisung. Das Andachtswesen wurde mächtig gefördert. Der Humor Neris wurde noch vom Italienreisenden Goethe bewundert. Die kirchlichen Studien empfingen vom Oratorium entscheidende Anregungen: Caesar Baronius verfaßte die *Annales Eccelesiastici;* Antonio Bosio begründete die Katakombenforschung.

b) Regularkleriker mit bewußt reformerischer Zielsetzung waren auch die *Theatiner,* so genannter nach ihrem Begründer, dem damaligen Bischof von Chieti (= Theate), Gianpietro Caraffa und späteren Papst Paul IV. (1555–1559, seit 1524 in Rom). Über 250 Bischöfe gingen aus dieser Kongregation hervor. Diese Klerikergemeinschaften wurden vorbildhaft für ähnliche Gründungen im 17. und 18. Jahrhundert, die sich der Ausbildung eines hochstehenden Klerus widmeten, lange bevor die Trienter Dekrete durchgeführt wurden. Regularkleriker mit zunächst eher lokaler Bedeutung waren die *Barnabiten* oder *Paulaner* (gegründet vom hl. Antonio M. Zaccaria 1530/31 in Mailand) und die *Somasker* (gegründet vom hl. Hieronymus Aemiliani, einem vornehmen Venezianer, 1532). Bei all diesen Neugründungen war die Pflege eines christlichen Ideals erklärtes Ziel, das man in den Relationes der Jesuiten später unter dem Begriff *humanitas* führt: Betreuung von Kindern, Waisen und Verwahrlosten, Pflege von Pestkranken und Verwundeten, Dienst an den Ärmsten der Armen. Hier muß auch der Beginn systematischer kirchlicher Mädchenbildung erwähnt werden: Angela Merici gründete 1535 in Brescia die *Ursulinen.*

c) Die *Reform der alten Orden* ist bei den *Benediktinern* u. a. mit dem Namen des späteren Reformkardinals Gregorio Cortese (1483–1548), des Generalvisitators der Kongregation von St. Giustina, verbunden. Diese Kongregationsbildung knüpfte an ähnliche Bestrebungen im 15. Jahrhundert an (wie die von Melk, Kastl, Bursfelde) und machte Schule für entsprechende Zusammenschlüsse im 17. Jahrhundert (z. B. die Maurinerkongregation). Man erinnerte sich der Blütezeit der monastischen Orden im 12. und 13. Jahrhundert, da Reformbestrebungen durch die Bildung übernationaler Verbände rasch gesamtkirchlich wirksam geworden waren.

Das Vorbild des hl. Franziskus bewies in der Gründung des *Kapuzinerordens* (1525–1528) seine Lebenskraft. Verschiedene Einflüsse wirkten zur Bildung einer der fruchtbarsten Reformorden der Neuzeit zusammen. Stärker als z. B. bei den Karmeliten oder der Gesellschaft Jesu waren in dieser kraftvollen Bewegung auch religiöse Kräfte am Werk, die dringend einer Unterscheidung der Geister bedurften und nicht zufällig den Argwohn der Inquisition erweckten. Treibendes Motiv des neuen Ordens (selbständig seit 1527 bzw. 1619) war ein erneuerter Armutsenthusiasmus. Man wollte wieder einmal Regel und »Testament« (1223) des Stifters wörtlich befolgen, wollte der ärmlichste und geringste aller Orden sein; dazu gab es eine betonte eremitische, laikale und kontemplative Tendenz, von dem toskanischen Camaldoli beeinflußt (Ludwig und Raphael von Fossombrone). Mystische Gotteserfahrung galt als Voraussetzung einer sinnvollen Verwirklichung dieser ärmlichen Lebensform. Das verlieh der apostolischen Buß- und Wanderpredigt eine charismatische Note. In den ersten Jahrzehnten gab es sogar die enthusiastische Laienpredigt, bis im Laufe der späteren Entwicklung nur ein Bruchteil der Brüder, wohlausgebildet und profiliert für das Predigeramt, in Aushilfsseelsorge, Volksmission und Missionspredigt abgeordnet wurde (um 1578 etwa jeder zwanzigste). Die Kapuzinerpredigt des 17. und 18. Jahrhunderts mit ihrer Bildhaftigkeit, Volkstümlichkeit, barocken Plastizität und humorvollen Innigkeit, verbunden mit Volksandachten, Prozessionen, sinnenhafter Darstellung und gemütshafter Anleitung zum Gebet wurde zum literarischen Gattungsbegriff. Damit war ein zentrales Anliegen der Reformationszeit aufgegriffen. Diese asketische Reformbewegung stand schwärmerischen Erweckungskreisen Italiens nahe. Matteo de Bascio wurde z. B. von Vittoria Colonna tatkräftig gefördert, wie auch überhaupt die Kapuziner hochgestellten Damen und deren Interventionen bei den Päpsten verdanken, daß sie in den schweren Krisen des Anfangs nicht von der Kurie aufgehoben wurden. Denn die ersten Kapuziner hatten einen gefährlichen Hang zum Individualismus, zur Auflehnung (Ludwig von Fossombrone verweigerte seinem Amtsnachfolger den Gehorsam), zum Aussteigen (der Gründer Matteo von Bascio ging wieder zu den Observanten zurück), ja zum Glaubensabfall (Generalvikar Bernardino Ochino aus Siena apostasierte 1542).

Nicht zuletzt dieses gewisse Außenseitertum und der Hang zum Enthusiasmus befähigten die barfüßigen, bärtigen Volksseelsorger, von Mailand und Venedig ausgehend, in den Alpenregionen der Schweiz (1589), Tirols, Bayerns (1605), Österreich-Böhmens (1618), Innerösterreichs (1619) und Salzburgs (1593, Radstadt 1613) mit neuzeitlich durchdachter Provinzorganisation Fuß zu fassen. Sie wirkten als Missionare vor allem auf dem flachen Land und fanden durch ihre schlichte Art den Zugang zu den Herzen der dörflichen Gesellschaft. Gerade in den entlegenen Alpentälern Tirols etwa hatte es lebenskräftige Kleinkirchen wie die der Täufergemeinden gegeben. In den verkehrsfernen Gegenden der Salzburger und Kärntner Gebirge hatte sich ein überzeugtes Luthertum gehalten. Durch systematische Missionen gelang es einzelnen Kapuzinern, Tausende Protestanten der Alpenländer zur katholischen Kirche zurückzuführen.

Sie stellten auch in den Städten (z. B. Linz, Steyr und Wien) eine hervorragende Ergänzung zur Arbeit der Jesuiten dar. Wegen ihres geistlichen und intellektuellen Formats und ihrer Herkunft findet man sie bald führend in Kirchenpolitik, Diplomatie, Kreuzzugspredigt und Volksbelehrung (hl. Laurentius von Brindisi, hl. Fidelis von Sigmaringen, Marco d'Aviano, Prokop von Templin, Père Joseph von Paris u. a.). Ihr Beitrag zur katholischen Erneuerung, zur Rekatholisierung und zur Weltmission ist nicht so gut belegt wie bei der Gesellschaft Jesu, steht ihr jedoch an Bedeutung kaum nach. Sie machten sich weniger Feinde als die Jesuiten und überstanden die Säkularisation relativ gut.

d) Die Katholische Reform ist ohne die Gründung des hl. Ignatius von Loyola (1491–1556) schwer vorstellbar. Die Anerkennung der Gesellschaft Jesu durch Paul III. am 27. September 1540 gehört zu den wichtigsten Daten der neueren Kirchengeschichte. Der Baske Iñigo von Loyola war 1521 bei der Belagerung von Pamplona von den Franzosen schwer verwundet worden. Auf dem Krankenbett kommt es bei der Lektüre von Büchern aus der Kartäuserfrömmigkeit (Leben Jesu des Ludolf von Sachsen) zu einem Bekehrungserlebnis. In der Einsamkeit von Manresa findet er seine geistliche und mystische Identität (»Exerzitienbuch«). 1523 kommt es zu einer flüchtigen Begegnung mit Hadrian VI. Der 30jährige unterwirft sich mit rigoroser Selbstdisziplin dem formalen Studiengang seiner Zeit. Auf dem Montmartre in Paris legte er 1534 mit seinen Gefährten die ersten Gelübde ab. Ähnlich wie z. B. bei Dominikus ist keineswegs die Bekämpfung der Heterodoxie zunächst das Ziel seiner Gründung. Die Genossenschaft ist noch auf der Suche. Sie träumen von einem Passagio ins Heilige Land. Äußere Umstände halten sie in Italien zurück, bis es Ignatius in den Sinn kommt, in einem vierten Gelübde seine Gemeinschaft dem Papst persönlich zu verpflichten. Das geschah in einer Zeit, da die moralische Autorität des Papsttums erheblich erschüttert war und die halbe Christenheit im Nachfolger Petri den Antichristen zu erblicken meinte. Dieses bewußte Bekenntnis zur hierarchisch strukturierten Kirche und zum Papsttum wurde unter Paul IV. auf eine schwere Probe gestellt. Der Papst verlangte Angleichung an die traditionellen

Priesterorden (z. B. hinsichtlich des Chorgebets, des Gemeinschaftslebens, der Ordenstracht und der Klausur). Ignatius sah sein Werk durch das oberste Amt der katholischen Kirche gefährdet. Aber schon seit 1543 wirkte Petrus Canisius (1521–1597) als zweiter »Apostel Deutschlands« im Reich, seit 1542 Franz Xaver (1502–1552) als ein »zweiter Paulus« in Indien. Damit waren Signale gesetzt: Dem stürmischen Umsichgreifen der Reformation wurde Einhalt geboten, und der verbliebene Rest der alten Kirche öffnete sich mit unerhörter Lebenskraft globaler Mission.

Hier seien einige Grundzüge im geistigen Profil der Gesellschaft Jesu wiedergegeben:

1. Dienst in der Welt und an der Welt: Der Jesuit trägt zunächst nicht einmal eine eigene Ordenstracht. Jedes »weltliche Mittel« (die profanen Wissenschaften, Architektur, Rhetorik, Literatur, Briefstellerei, Schauspiel, Musik, Politik) hat der Ausbreitung des Reiches Gottes zu dienen: »Omnia ad maiorem Dei gloriam.« Langjährige Studien sind Voraussetzung für die Predigt. Die Jesuiten integrieren den Humanismus der Neuzeit in die *Propagatio fidei*. Die Feinde der Jesuiten sagten ihnen nach, daß für sie der Zweck das Mittel heilige. Die Jesuiten gingen in dieser seit Machiavelli charakteristischen Mentalität der Neuzeit bis an die Grenze des für einen Christen Möglichen. Armut war daher für den Jesuiten kein Selbstzweck, wenn es z. B. um die Ausstattung von Bibliotheken und Kollegien ging. Die Jesuiten wirkten u. a. nach dem »Multiplikatorenprinzip«, indem sie sich, ohne die Bedeutung der Ärmsten zu vernachlässigen, gezielt wie die frühmittelalterlichen Missionare um die politisch führenden Schichten bemühten.

2. »Actio in contemplatione«: Ignatius ermuntert die Seinen zu einem beständigen Wandel in der Gegenwart Gottes inmitten rastloser Tätigkeit. Diese Mystik des tätigen Lebens war in der Geschichte der Spiritualität der Sache nach nichts völlig Neues, in der theoretischen Akzentsetzung allerdings schon.

3. Das Ideal des Wanderapostels: Der Jesuit sollte im Interesse der Verkündigung nirgends eine dauernde Bleibe haben. Ständig verfügbar und einsatzbereit, sollte er auch fähig sein, ohne den Schutz eines Gemeinschaftslebens in geistlicher Zucht zu verharren.

4. Das »Loben« der Kirche im Exerzitienbuch wird zu einem spirituellen und theologischen Prinzip. Es entspricht der gläubigen Sicht einer sündigen Kirche, die der Christ trotz allem vom hl. Geist durchwaltet weiß. Wir haben es bei Ignatius (ähnlich wie auch bei Franz von Assisi) nicht nur mit einer Welt-, sondern auch mit einer ganz konkreten Kirchen- und Amtsmystik zu tun. Von daher bekommt das vierte Gelübde seine geistliche Fundierung.

5. Der metaphorisch zu verstehende »Kadavergehorsam« der Jesuiten war mit einer erstaunlichen Pflege der Eigenverantwortung, Entfaltung individueller Anlagen und geistlicher Freiheit gepaart.
Der Jesuitenorden trat in die Geschichte ein, als die Vermittlungstheologie

mit ihrem Latein zu Ende war, als die Religionsgespräche gescheitert waren, als durch Calvin ein überaus militantes Moment in den Protestantismus eingedrungen war, als die Christenheit nun tatsächlich in die beiden »Castra« des Exerzitienbuches zerfallen schien. Die Jesuiten wurden kennzeichnend für das Schicksal der Christenheit von 1555–1648. Sie hatten mit Hilfe des Frühabsolutismus die katholische Kirche gerettet und waren durch den Spätabsolutismus der katholischen Mächte 1773 zugrunde gegangen, toleriert nur mehr durch das kalvinische Preußen und das orthodoxe Rußland). Ignatius hatte die alte Kirche dadurch gerettet, daß es ihm gelang, *nova et vetera* in einzigartiger Weise zu verbinden: frühbarocke Glut und Sinnlichkeit, diszipliniertes Zweckdenken, Bejahung alles Humanen, zuchtvolle Kontemplation, methodisches Gebetsleben, die Innerlichkeit devoter Tradition, neuzeitlichen Aktivismus und monastisches Erfahrungsgut. Ignatius war Kartäuser und apostolischer Conquistador in einem.

§ 122
Das Konzil von Trient (1545–1563)

Trient kann als Krönung aller eben beschriebenen Reformbestrebungen aufgefaßt werden. Es ist zugleich Ausdruck des inneren Erstarkens der katholischen Kirche und ihres wiedergewonnenen Selbstvertrauens. Anderseits muß man das Konzil als Antwort auf die vielfache Herausforderung der Reformation verstehen. Es grenzte ab, schuf Klarheit, zementierte aber auch den konfessionellen Gegensatz, lieferte die Glaubensformeln für die Gegenreformation und begründete so in Lehre und Gesetzgebung eine neuzeitliche Form katholischen Selbstverständnisses, wie es dies vor 1517 nicht gegeben war. Nach Jedin riß das Konzil keine Gräben auf, die nicht vorher schon bestanden hätten.

a) Aus katholischer Sicht wurde es oft als fatal angesehen, daß das Konzil so spät zustande gekommen war. Dafür gibt es eine Reihe von Gründen. Karl V. hatte sich schon 1521 in Worms deutlich auf seinen Vorläufer Kaiser Sigismund (1410–1437), den so erfolgreichen Herren des *Konstanzer Konzils* (1414–1418), berufen. So war er von Anfang an der eifrige Befürworter eines Allgemeinen Konzils entgegen den Bestrebungen der protestantischen, aber auch etlicher katholischer Stände, das Protestantenproblem im Reich durch ein Nationalkonzil zu regeln. Die Kurie fürchtete beides, eine vom Kaiser zustande gebrachte Nationalsynode wie das ökumenische Konzil. In böser Erinnerung waren die Zeiten des Konziliarismus, da man (ähnlich wie die Reformatoren) das Konzil als Instrument der Züchtigung für das Papsttum verstand. Diese Form des »freien Konzils« allein hätten die protestantischen Stände anerkannt. Dazu kam das Mißtrauen, wenn nicht der Haß der Päpste (besonders Klemens VII., Paul IV.) gegen den Kaiser (und wohl auch gegen das spanische Staatskirchentum). Der Konziliarismus war für die Kurie ein ideelles Schreckgespenst, der Monarch, in dessen Reich die Sonne nie unterging, ein sehr reales. Während Spanien offen episkopalistisch gesinnt war, war Frankreich konziliaristisch. Außerdem fürchtete dieses jeden wie immer gearteten Prestigegewinn des Kaisers und war aus begreiflichen Gründen an einer konfessionellen Einigung im Reich nicht interessiert. Erst nach dem Sieg Karls V. und dem Frieden von Crépy (1544) war der Weg frei für das Konzil, zu dem es durch Paul III. schon einige Anläufe (Mantua 1536, Vicenza 1537) gegeben hatte. Als das Konzil schließlich am 13. Dezember 1545 eröffnet wurde, waren kaum zwei Dutzend Bischöfe erschienen (34 bis 42 Stimmberechtigte, Ordensgenerale und etliche Äbte mitgerechnet, gab es bei der ersten Periode).

b) Das Konzil sollte in drei Perioden tagen: I. 1545–1549 unter Paul III., 1547 nach Bologna verlegt; II. 1551–1552 unter Julius III.; III. 1562–1563 unter Pius IV. Folgendes läßt sich allgemein zu den drei Perioden sagen:

1. Hinsichtlich der Repräsentanz war das Konzil im wesentlichen eine Angelegenheit der italienischen und der spanischen Nation. Nur bei der zweiten Periode waren die deutschen Bischöfe angemessen vertreten; evangelische Reichsstände schickten ihre Gesandten. Bei der ersten Periode gab es keinen deutschen Bischof außer dem Hausherrn, dem Kardinal Christoforo Madruzzo (Matrutsch), und dem Weihbischof Michael Helding von Mainz. Die Prälaten gaben in der Regel Entschuldigungen an, daß es ihnen die angespannte Lage nicht gestatte, auf längere Zeit ihren Hochstiften fernzubleiben. Dazu besaßen sie vielfach keine Bischofsweihe und keine entsprechenden theologischen Kenntnisse.

2. Auch der Abstimmungsmodus bewirkte, daß das Konzil, obwohl auf Reichsgebiet tagend, zu einer Synode in erster Linie der Italiener wurde. Man stimmte nicht mehr nach Nationen ab wie in Konstanz, sondern nach Köpfen, wodurch die italienischen Bistümer ein beträchtliches Übergewicht bekamen.

3. Auch bildungsmäßig waren die Romanen, namentlich die Spanier, überlegen. Von einem geistlichen Reichsfürsten erwartete man primär nicht eine hervorragende theologische Bildung. Der einzige Peritus deutscher Zunge von Rang war der Niederländer Petrus Canisius.

4. Über das Verfahren bestimmten die wenigen Väter zu Beginn des Konzils. Dabei kollidierten die Interessen der kaiserlichen Partei und der Kurie. Der Kaiser befürwortete vorrangig die Behandlung der Kirchenreform (causa reformationis), um den Protestanten ihre Handhabe zu entziehen und dadurch die Wiedervereinigung (causa unionis) zu befördern. Dagegen war die Kurie an der Abgrenzung der strittigen Glaubensfragen vorrangig interessiert. Das Papsttum sollte nicht zum Empfehlsempfänger und Ausführungsgehilfen reformeifriger Konziliaristen wie in Basel gemacht werden. Im Kompromiß entschieden die Präsidenten Giovanni Maria del Monte, Marcello Cervini und Reginald Pole für die simultane Behandlung von Glaube und Reform. Vor allem mußte verhindert werden, daß im Sinne von Konstanz und Basel, auch in dem der Reformatoren und Frankreichs die Superiorität des Konzils über den Papst neuerlich verkündet würde.

5. Trotz der relativen Homogenität der Kirchenversammlungen mußten die Väter von Anfang an mit Spannungen rechnen, die in Theologie und Politik begründet waren und den guten Ausgang des Konzils wiederholt gefährdeten.

Das Verhältnis zwischen Episkopat und Primatialgewalt des Papstes war noch nicht ausformuliert. Es wurde auch nicht entschieden, obwohl die aus dem spanischen Regalismus kommenden Bischöfe das göttliche Recht ihres Amtes anerkannt wissen wollten.

Dieses an sich berechtigte Selbstverständnis der Bischöfe drückte sich in häufigen Spannungen mit den Konzilpräsidenten aus, die man als Beauftragte des Papstes ansah. Die Väter klagten, daß man sie wie Lakaien behandle und daß der Heilige Geist anscheinend im Ranzen der römischen Kuriere ins Konzil gebracht würde.

Dazu kamen die Spannungen mit den weltlichen Mächten. 1547 drohte ein Konzilsschisma, weil der Kaiser der Verlegung nach Bologna nicht zustimmen wollte. Julius III. wiederum vergrämte die Franzosen dergestalt, daß es fast zu einem Schisma gekommen wäre.

c) Die erste Periode (1545–1549): 1. Die Reformation hatte eine umfassende Erschütterung der herkömmlichen Autorität in Glaubensfragen gebracht. Man kann mit Jedin der Ansicht sein, daß die Kirchenfrage praktisch allen theologischen Problemen dieser Zeit zugrunde lag. Wie verbindlich die kirchliche Lehrtradition und der kirchliche Glaubenskonsens für den einzelnen seien, das war die Frage. So versuchten die Konzilsväter (Sess. 4) in der Zwei-Quellen-Lehre (Schrift und Tradition) das ekklesiale Prinzip gegenüber der *Sola-scriptura*-Lehre zu retten. Dabei wurde zu wenig deutlich gemacht, daß die Schrift schon das Ergebnis eines kirchlichen Tradierens war. Der katholische Kanon der Schrift sollte, anders als der hebräische des hl. Hieronymus und Martin Luthers, auch die deuterokanonischen Schriften umfassen.

2. An der Rechtfertigungslehre und der damit gegebenen theologischen Anthropologie (Erbsündenlehre usw.) war der Glaubenskonsens der vorreformatorischen Christenheit gescheitert. Gegen die Lehre von einer äußeren, erfahrenen, »angerechneten« (»imputativen«) Gerechtigkeit betonte das Konzil den ontologischen, »inhaerierenden« Charakter der Rechtfertigungsgnade, der vor aller Aktualisierung (Furcht Gottes, Fiduzialglaube) z. B. auch dem Kind nach der Taufe geschenkt würde. Die Lehre einer »doppelten Gerechtigkeit« (»imputatio« – erfahren und »inhaerierend« – unbewußt), wie sie von Vermittlungstheologen vertreten wurde (Gasparo Contarini, Johannes Gropper), wurde abgelehnt. Die Notwendigkeit der Liebe für die *fides formata* wurde herausgestrichen *(fides operans per caritatem)*. Die Reformbestimmungen dieser ersten Periode schärften die Predigtpflicht der Pfarrer ein und ordneten besondere Lektorate der Heiligen Schrift an Kapitelkirchen und Klöstern an (ohne schon die Notwendigkeit bischöflicher Seminarien zu sehen). Sie befahlen streng die Residenzpflicht der Bischöfe und untersagten die Pfründenhäufung. Damit sollte auf höchster Ebene die Einhaltung der Hirtenpflicht, wenigstens dem Ideal

nach, gewährleistet werden. An den Kompetenzüberschneidungen litt häufig alle Reformarbeit. Die bischöfliche Gewalt sollte nicht mehr durch wie immer geartete Vikare (Generalvikare, Pontifikalvikare, Weihbischöfe, Dompröpste, Archidiakone oder auch Stiftsprälaten) ersetzt werden. Die Kumulation von Hochstiften wurde jedoch im Reich nach dem Konzil aus gegenreformatorischen Gründen bis ins 18. Jahrhundert hinein noch krasser geübt als je zuvor. Der Schacher mit Bistümern für die päpstliche Familie, die Kurienkardinäle und deren Klienten hörte hingegen auf. Insofern wirkten die Trienter Beschlüsse. Aber dafür hielten sich die Kardinäle an Abteien schadlos *(ad commendam)*, weil man meinte, daß auf diese das Trienter Hirtenideal nicht anzuwenden sei.

d) *Die zweite Periode (1551–1552):* Trotz des Mißtrauens der Kurie gegenüber dem Kaiser, der nach seinem Sieg über die Schmalkaldener auf dem Reichstag zu Augsburg (1548) den Protestanten seinen Frieden (mit Konzession des Laienkelchs und der Priesterehe) und den Katholiken seine Reform zu diktieren versucht hatte, kam 1551 eine zweite Eröffnung des Konzils zustande. Nach der Niederlage der evangelischen Stände konnten nun auch die Fürstbischöfe in Trient erscheinen. Der Kölner Erzbischof Adolf von Schaumburg erregte mit seinem Gepränge Aufsehen. Auch protestantische Stände waren diesmal verteten. Sie forderten den Neubeginn der Verhandlungen, die Integration der *Confessio Augustana* (1530), die Anerkennung der Superioritätsdekrete von Konstanz und Basel und die Entbindung der Konzilsväter vom Treueeid gegenüber dem Papst. Obwohl diese Forderungen unannehmbar schienen, war das Konzil zu größten Konzessionen bereit. Man hoffte auf Verständigung: Kurfürst Joachim II. von Brandenburg z. B. bezeichnete sich als »getreuen Sohn der katholischen Kirche«. Da sah sich das Konzil durch den bekannten Vormarsch des Moritz von Sachsen zur Vertagung gezwungen. Auch der Kaiser mußte flüchten.

Die Sakramentenlehre (einschließlich der Lehre vom Meßopfer) hatte im praktischen Gemeindeleben eine trennende Wirkung gehabt, die tiefer ins Volk eindrang als die der sonstigen Dogmen (E. Iserloh). Nun wurde die Siebenzahl der Sakramente festgelegt. Die Transsubstantiationslehre wurde verteidigt und gegenüber Zwingli *(symboliter)*, Calvin *(virtualiter)* und Luther *(consubstantialiter)* klar abgegrenzt: Die Gegenwartsweise des Auferstandenen in Brot und Wein sei »wahrhaft, wirklich und wesentlich« *(vere, realiter, substantialiter)*.

e) *Die dritte Periode (1562–1563):* Es waren nicht die asketischen *zelanti*, sondern eher joviale, weltlich gesinnte Päpste, denen das Kunststück gelang, die auseinanderstrebenden Kräfte des Konzils zu einen. Pius IV., dem Oheim des hl. Karl Borromäus, glückte das mit Hilfe des erfahrenen Kardinals Giovanni Morone, nachdem der rigorose Paul IV. in seinem antihabsburgischen Haß gemeint hatte, ohne Konzil mit eiserner Faust und blindem Eifer die Kirche erneuern zu können. Die letzten Sessionen waren bis zur Zerreißprobe von der Intervention der Spanier überschattet. Sie forderten die Residenzpflicht ausnahmslos, weil sie zum Wesen des von Christus eingesetzten Bischofsamtes gehöre.

Damit wäre aber das ganze kuriale Beamten- und Diplomatensystem empfindlich getroffen worden. Wie sollte z. B. ein nichtbischöflicher Nuntius Bischöfen gegenüber Autorität ausüben können. Reformeifrige päpstliche Nuntien waren oft jahrelang nur nominell Bischöfe bestimmter Diözesen, bis sie sich zu Lebensende noch als direkte Hirten ihrer Herde betätigten (z. B. der für die Salzburger Kirchenprovinz überaus bedeutsame Dominikaner Felician Ninguarda).

Die letzten Sitzungen (21.–24.) befaßten sich mit dem Meßopfer, der Frage des Laienkelchs und der Priesterweihe als eines Sakraments. Luther hatte in seiner Schrift von der »Babylonischen Gefangenschaft« (1520) den Opfercharakter der Messe bestritten. Er sah darin menschliche Werkgerechtigkeit. Die Verweigerung des Laienkelchs faßte er als klerikale Kompetenzüberschreitung auf. Zur Eucharistie (einseitig vom Mahlcharakter her gesehen) war jeder Getaufte fähig. Das Predigtamt wurde als bloße Funktion angesehen. Es begründet keinen *character sacramentalis.*

Der Laienkelch war schon seit Wyclif und Hus zum Symbol des Laienpriestertums geworden. Die Eingabe Albrechts V. von Bayern und des Kaisers Ferdinand I. um Gewährung des Laienkelchs und der Priesterehe wurde abgelehnt. Der Laienkelch wurde 1564 auf dem Weg des Indults gewährt, bis die katholischen Mächte selbst einsahen, daß durch dieses Entgegenkommen die Protestanten nicht mehr zu gewinnen waren (Bayern bis 1571, Österreich bis 1584). Auch hinter der Frage der Sakramentalität der Ehe (bzw. ob sie als »weltlich Ding« der weltlichen Obrigkeit unterworfen sei) verbarg sich letztlich das fundamental-theologische Problem, inwiefern die Kirche ein Recht habe, im Namen Christi und als legitime Vollstreckerin dessen, was die Kirche der Apostel wollte, über die Sakramente zu verfügen.

Die kirchliche Eheschließungsform (Dekret *Tametsi)* wurde verbindlich gemacht. Damit sollten die Geheimehen (»klandestine«) abgeschafft werden. Von allergrößter Bedeutung war das Reformdekret (Sess. 23), das die Bischöfe für die Priesterbildung durch Errichtung von Diözesanseminarien verantwortlich machte. Diese Dekret wurde im Vollsinn vielfach erst Ende des 19. Jahrhunderts verwirklicht. Bis zur Säkularisation wurde nur ein Bruchteil des Diözesanklerus (wenigstens im Reich) in bischöflichen Seminarien herangebildet.

Die Zeit arbeitete zunächst für die fürstlichen Landesuniversitäten (Ingolstadt, Dillingen, Würzburg, Graz, Salzburg u. a.). Eine Stiftung eigener Art war das landesfürstliche Maximilianeum in München (1594). Das tridentinische Anliegen förderten in dieser Frühzeit auch vor allem die Jesuiten mit ihren Kollegien. Im 17. und 18. Jahrhundert nahmen Orden und oratoriumsähnliche Priestergemeinschaften (Eudisten, Sulpicianer in Frankreich, Holzhauser-Institut in Bayern und Salzburg) die Anliegen des Seminardekrets wahr. Eine Reihe von Schutzmaßnahmen und Reformen wurde den künftigen Päpsten überlassen. Zur Durchführung der Beschlüsse wurde eine eigene Konzilskongregation bestellt. In der 24. Session wurde den abzuhaltenden Provinzial- und Diözesansynoden (alle drei Jahre bzw. jährlich) die Verwirklichung der Trienter Beschlüsse aufgetragen. Diese wirklichkeitsfremde Bestimmung wurde nur in wenigen Ländern teilweise erfüllt (z. B. Italien, Mailand, Polen, Spanien, Mexiko

u. a.). In Rom selbst fand die erste Provinzialsynode nach dem Trienter Konzil erst 1725 statt.

§ 123
Die Reformpäpste

Die Anfänge des sogenannten Reformpapsttums wurden weiter oben schon gestreift.

Die Auffassung, daß die »Katholische Reform« gesamtkirchlich erst dadurch zur Geltung kam, daß sich ihrer das Papsttum annahm (H. Jedin u. a.), wird kaum zu bestreiten sein. Wohl wird neuerdings mit guten Gründen bezweifelt, ob der Begriff »Reform« sinnvollerweise für das Papsttum bis ins 19. Jahrhundert anzuwenden sei (W. Reinhard), denn am Papsttum selbst habe sich von der Renaissance zum Barock kaum etwas verändert. Vielmehr ernteten die sogenannten Reformpäpste das, was Alexander VI. und Julius II. organisatorisch begonnen hätten (nämlich die Vorteile des frühabsolutistischen Staates). Geändert habe sich nur, daß gelegentlich der eine oder andere *zelante* eine Chance hatte, in die obersten Reihen vorzudringen. So habe Paul IV. der Reform mehr geschadet als genützt. Der Nepotismus großen Stils habe erst aufgehört, als keine Gelder mehr nach Rom flossen, vielmehr römische Subsidien für die diversen Konfessionskriege bezahlt werden mußten. Ein merklicher Wandel an Kurie und Papsttum sei erst gegen Ende des 18. Jahrhunderts festzustellen. In dieser Zeit konnte sich auch der Kirchenstaat bis 1870 nicht mehr aus seiner prekären finanziellen Lage befreien.

a) Durch den Einfluß von Karl Borromäus bestieg *Pius V.* (1566–1572), ein *zelante,* Generalinquisitor aus dem Dominikanerorden, den päpstlichen Thron. Er betrieb die Durchführung der Trienter Beschlüsse in Rom mit größerem Erfolg als ihre Annahme bei den katholischen Mächten Europas. In seinen Erwartungen von Erneuerungen hatte er einfache Konzepte: Die Salzburger Provinzialsynode von 1569 forderte er mit dem Motto: keine Reform der Kirche ohne Zölibat. Sein Verdienst war der *Catechismus Romanus* (1566), das vereinheitlichte Brevier (1568), das Römische Missale (1570; Grundlage der »tridentinischen Messe«). Er ging auf allen Linien auf Konfrontationskurs mit der Häresie, indem er z. B. 1570 die Absetzung der Königin Elisabeth I. von England mit entsetzlichen Folgen für die englischen Katholiken aussprach. Er scheute keine Auseinandersetzung mit dem katholischen Staatskirchentum und war 1571 maßgeblich am Sieg gegen die Türken bei Lepanto beteiligt.

b) Gregor XIII. (1572–1585) war nicht so fromm wie sein Vorgänger, aber von überragendem Format als Herrscher und Organisator. Vor allem förderte er die rechten Kräfte (z. B. die Jesuiten). Er erfaßte die Notwendigkeit internationaler Kollegien (Germanicum, Gregoriana) und förderte sie mit Großzügigkeit und Tatkraft. Seine Kalenderreform (1582) wurde zum Unterscheidungszeichen der

Konfessionen. Er baute nach gegenreformatorischen Gesichtspunkten das System der Nuntiaturen aus (Luzern 1579 für die Schweiz, Graz 1580 für Innerösterreich und Köln 1584 für Niederdeutschland, alles konfessionell neuralgische Punkte). Die Kardinalskongregation für die deutschen Angelegenheiten (1568, 1573) förderte er nachdrücklich. Er war ein großer Papst, der aber der Kirche insofern schadete, als er in seinen Anschauungen über Ketzer und Andersgläubige keinen weiteren Horizont hatte als die meisten seiner Zeitgenossen. Seine Beurteilung der Ereignisse der Bartholomäusnacht von 1572 schadeten dem Ruf des Papsttums.

c) Das Verdienst des genialen Franziskaners *Sixtus' V.* (1585–1590) lag zunächst in der inneren Ordnung und Sicherung des Kirchenstaates und in der Regelung der päpstlichen Finanzen. Seine 15 Kardinalskongregationen (1588) hielten sich bis 1908. Er war der typische »Reorganisator« (W. Reinhard) der Kurie. Rom zeugt heute noch von seiner Bautätigkeit (St. Peter, Obelisken). Eigenhändig revidierte er die Vulgata (1590), allerdings mit weniger Erfolg. Das schon vorreformatorische Prinzip des Urtexts wollte man wegen des Streites mit den Protestanten nicht beibehalten. Außenpolitisch lavierte er sehr geschickt und ließ sich zum Nutzen der französischen Kirche nicht von Spanien vereinnahmen. *Klemens VIII.* (1592–1605) folgte, fromm, bedächtig und klug, weiterhin seiner politischen Linie.

Die historische Bedeutung dieser »Reformpäpste« darf nicht mit religiösen Maßstäben allein gemessen werden. Mit ihnen (aber nicht ausschließlich durch sie) erwarb sich die angeschlagene Kirche erneut großes Ansehen. Ihre Funktion lag in der Leitung, ihr Amt war mehr als ihre Person. In der Salzburger Kirchenprovinz führte ein durchaus weltlich gesinnter Fürst, Wolf Dietrich von Raitenau (1587–1612), die Wende der Gegenreformation herbei, was geistlicheren Vorgängern nicht gegönnt war. Ähnliches gilt auch für die Päpste der Katholischen Reform.

§ 124
Die Päpste des Barockzeitalters bis zum Ende des Dreißigjährigen Krieges

Zur Charakterisierung dieser Periode seien die längeren Pontifikate *Pauls V.* (1605–1621, *Urbans VIII.* (1623–1644) und *Innozenz' X.* (1644–1655) herausgegriffen.

Nicht nur in der Kunstgeschichte bedeutet der Anfang des 17. Jahrhunderts einen auffallenden Wandel zum Neuen. Die Strenge der italienischen Renaissancearchitektur wurde durch das etwas weichere Barock abgelöst. Man erblickte darin auch einen Wandel in der Einstellung zur Kirchenreform. Es schien, als habe sich der Schwung, der die Papstgeneration nach dem Konzil beflügelt hatte, wieder gelegt. Wieder standen die territorialen Anliegen des Kirchenstaates im Vordergrund der päpstlichen Amtsführung. Was im kleinen in den Bischofs-

und Residenzstädten des Reiches geschah, daß man einem neuen Lebensgefühl und Kirchenverständnis in radikalen Umbauten Rechnung trug, wurde in Rom im großen vorgemacht. Der Nepotismus war auch bei frommen Päpsten nicht auszurotten, er war vielmehr, ähnlich wie die Baulust, eine Form der Machtsicherung. Die Hilfsgelder, die immer öfter nach dem Norden zu fließen hatten, verhinderten eine zu maßlose Bereicherung der Nepoten.

Für den gebildeten und frommen Borghese-Papst Paul V. wurde sein Konflikt mit Venedig charakteristisch. Der Konflikt hätte sich ebenso gut mit anderen katholischen Städten entwickeln können. Es ging um die Anwendung des kanonischen Gerichtsprivilegs über zwei Geistliche und die staatliche Kontrolle über das kirchliche Vermögen. Durch das päpstliche Interdikt wurde Venedig an den Rand des Abfalls zum Protestantismus gebracht. In diesem Konflikt entstanden aus der Feder des Serviten Paul Sarpi († 1623) Schriften mit extrem staatskirchlichen Ideen. Es war ein langjähriger Lernprozeß für die Kurie und die Bischöfe, die Souveränitätsvorstellungen des modernen Staates verstehen zu lernen. Zum Unterschied von Urban VIII. unterstützte Paul V. die katholische Liga zu Beginn des Dreißigjährigen Krieges mit beträchtlichen Hilfsgeldern.

Der frankophile Barberini-Papst Urban VIII. war ohne Erfolg bestrebt, eine vermittelnde Rolle im Dreißigjährigen Krieg einzunehmen. Er erweiterte den Kirchenstaat um das Herzogtum Urbino und wurde durch seine Nepoten in lokale Kriege verwickelt. Unter ihm wurde 1633 Galileo Galilei verurteilt und das Werk »De revolutionibus« von Kopernikus 1643 indiziert, nachdem Giordano Bruno schon 1600 verbrannt worden war. So wie im Verhältnis zwischen Staat und Kirche gab es damals auch von seiten der Naturwissenschaften noch keinen Bereich einer von religiösen Implikationen »reinen« Wissenschaft.

Innozenz X. protestierte, wenngleich wirkungslos, gegen die Beschlüsse des Westfälischen Friedens (1648), weil sie nicht dem Wortlaut des kanonischen Rechtes entsprachen.

Letztlich mußten alle diese Päpste die kurialen und kanonischen Ansprüche vor den weltlichen Mächten (Frankreich, Fürsten des Reiches und sogar Venedig) zurückstecken. Die repressiven Maßnahmen gegenüber dem modernen Weltbild in der Naturwissenschaft belasteten das Verhältnis zwischen Kirche und moderner Gesellschaft auf Jahrhunderte, wenngleich die Frage der »Inkulturation« des Christentums in anderen Bereichen von Bildung und Kunst vorzüglich gelöst wurde.

3. DIE GEGENREFORMATION

Unter dem seit Leopold von Ranke üblichen Begriff *Gegenreformation* versteht man die Unterdrückung des Protestantismus durch politische und militärische Macht, d. h. die Summe aller politischen, prozessualen, exekutiven und auch militärischen Anstrengungen (z. B. Fürstenbündnisse, »politische« Defensivmaßnahmen, Bücherzensur, Ketzerverfolgung, Ausweisung, Inquisition, finanzielle Zuwendungen, Anwendung obrigkeitlicher Gewalt jeder Art und als ultima ratio den konfessionell motivierten Krieg), mit denen katholische Fürsten, Bischöfe und Kurie versuchten, verlorenes Glaubensterrain wieder zu gewinnen.

Wie weiter oben schon gesagt wurde, ist die Gegenreformation von der »Katholischen Reform« zu unterscheiden, wenn auch eng mit ihr verbunden und ohne deren Kräfte nicht durchsetzbar. Außerdem setzt sie die Konfessionsbildung und ein entsprechendes konfessionelles Bewußtsein voraus. Daher tritt sie erst seit der Mitte des 16. Jahrhunderts in Erscheinung und zeigt je nach den politischen Gegebenheiten der Länder verschiedene Formen. Politische und reformerische Kräfte verschmolzen so sehr miteinander, daß sie bei Päpsten, Bischöfen, Orden und vor allem bei weltlichen Machthabern oft kaum zu unterscheiden sind. Je weiter man sich von den Anfängen der Reformation entfernte, umso enger wurde diese Verbindung religöser und politischer Motive, die Verwendung des Konfessionellen für die Politik bzw. die Ausbildung des Absolutismus im Königreich (Spanien, Frankreich) oder im Territorium (Bayern, Österreich) bzw. der ständischen Macht auf der Gegenseite. Auf der Seite der Päpste bildeten schon bestehende diplomatische Vertretungen in Wien, Paris, Madrid und Lissabon sowie in Venedig ein wichtiges politisches und kirchliches Instrument; neue ständige Nuntiaturen entstanden gerade in der Gegenreformation in Luzern (1579), Graz (1580) und Köln (1584). Eine römische Kardinalskongregation für die deutschen Angelegenheiten gründete Pius V. (1568), Gregor XIII. erneuerte sie (1573). Die päpstliche Einflußnahme war bedeutsam vor allem wegen ihrer konsequent kirchlichen Linie im Sinne des Trienter Konzils, die bei den Herrschern bzw. Territorialherren fehlte.

Gegenreformatorische Fernwirkungen kamen von der katholischen Weltmacht Spanien, vor allem unter Philipp II. Nach dem Tod des Königs (1598) wirkten die Einflüsse der durch Konfessionskämpfe nicht geschwächten katholisch-spanischen Kultur (Siglo de Oro) weiter, auch die in Trient bereits so starke spanische Theologie mit ihren subtilen Auseinandersetzungen über Gnade und freien Willen (Molinismus), die bekanntlich nie abgeschlossen wurden, wirkte europaweit. Die seit den Entdeckungen des 15. Jahrhunderts betriebene Mission in Übersee schien die Verluste der Kirche in Europa zu ersetzen, stärkte den Katholizismus und warb für die missionierenden Orden.

§ 125
Fehlschlag der Rekatholisierung in England

Beim Tode Eduards VI. († 1553) war das katholische Erbe in *England* noch in solchem Maße lebendig, daß seine Schwester Maria die Katholische, die Tochter Heinrichs VIII. und Katharinas von Aragonien, 1554 vermählt mit Philipp II. von Spanien, eine nicht ungünstige Ausgangslage für ihre Rekatholisierungsversuche gehabt hätte. Sie fand sich jedoch in der merkwürdigen Situation, daß sie den Papst, die Engländer aber sie als Oberhaupt der Kirche ansahen. Maria ging leider mit großer Härte vor, unterstützt von Kardinal Reginald Pole, einem markanten Vertreter der katholischen Reform. Viele Anhänger der Reformation flüchteten aus dem Land, 273 Personen mußten den Scheiterhaufen besteigen. Das prominenteste Opfer der Verfolgung war Erzbischof Thomas Cranmer von Canterbury († 1556). Man gab der Königin den Beinamen »die Blutige«. Als sie am 17. November 1558 starb, übrigens am selben Tag wie Kardinal Pole, hatte sie sich schon so verhaßt gemacht, daß ihre Gegenspielerin und Nachfolgerin Elizabeth I. von der fatalen Assoziation der Herrschaft ihrer Schwester mit kirchlicher Tyrannei profitieren konnte und die Unterdrückung des Katholizismus mit Billigung fast des ganzen Volkes fortsetzte.

Ohne Erfolg blieben die Gegenbestrebungen der Stuarts, und seit 1689 war mit der Flucht Jakobs II. (1685–1689) nach Frankreich das Scheitern definitiv.

In *Schottland* hatten die Bemühungen der Regentin Maria von Guise († 1560) und der Katholizismus ihrer Tochter Maria Stuart keine Auswirkung auf die kirchliche Entwicklung des Landes infolge der Radikalisierung des Calvinismus unter der Führung des John Knox. Noch mehr zeigen die bekannten Leiden der katholischen *Iren*, daß auch der Katholizismus das Opfer herrscherlicher Religionspolitik werden konnte.

§ 126
Die Hugenotten in Frankreich

In *Frankreich* hat man weniger von »Gegenreformation« als von Bürgerkriegen mit zusätzlichen religiösen Motiven zu sprechen. Das ganze Kirchenwesen war auf den König zentriert, eine Aneignung der Katholischen Reform durch die politischen Kräfte fehlte weithin.

Diese wirkte vielmehr über die Bischöfe (Einflüsse von Karl Borromäus, Franz von Sales) und die neuen Orden. Der französische Prostestantismus ging um die Jahrhundermitte in den Calvinismus über; statt »Lutheraner« kam die

Bezeichnung *Hugenotten* (wohl von »Eidgenossen« abgeleitet) auf. Die Nationalsynode zu Paris nahm 1559 die Confessio Gallicana und die Kirchenordnung, beide von Calvin herkommend, an. Noch mehr als die Richtung Calvins zog die Gewinnung führender Familien des Hochadels die Hugenottenkirche in die französische Politik hinein und machte sie schließlich zu einer Art politischer Partei, der eine mit der Krone zusammenwirkende katholische Partei unter Führung der lothringischen Adelsfamilie der Guise gegenüberstand. Da auch der Hof nicht religiös motiviert war, sondern unter religiösem Vorwand die Opposition niederringen und das absolute Königtum durchsetzen wollte, war es vorwiegend ein Ringen um die Macht. In den daraus folgenden schweren Kämpfen, die bis zu Verschwörung und Massenmord gingen, ist der Anteil an Gewalttätigkeiten statistisch auf katholischer Seite zweifellos höher, doch schreckten auch die Hugenotten vor bedenklichen Mitteln nicht zurück. Die päpstliche Politik war den Machtgruppen gegenüber trotz grundsätzlicher Bemühung um Rettung des Katholizismus und Unterdrückung der Hugenotten zurückhaltend. Auf ein Toleranzedikt von 1562 antworteten die Guise mit dem Blutbad von Vassy und eröffneten damit die Reihe der *acht Hugenottenkriege* (1562–1598). Die Regentin Katharina von Medici hatte zunächst eine Toleranzpolitik versucht, der auch die geplante Heirat des Hugenottenführers Heinrich von Navarra mit einer Schwester König Karls IX. (1560–1574) dienen sollte. Den Einfluß des hugenottischen Admirals Caspar von Coligny auf diesen sollte ein Attentat ausschalten, dessen Mißlingen die *Pariser Bluthochzeit* in der *Bartholomäusnacht* (23./24. August 1572) herbeiführte. Katharina hat sie zumindest nicht verhindert. Opfer waren die führenden Hugenotten und viele Tausende in Paris und ganz Frankreich. Ein Vorwissen Pius' V. bzw. Gregors XIII. ist nicht anzunehmen, doch ließ letzterer auf die Nachricht vom »Sieg« über die Hugenotten ein Tedeum singen.

Die Liga von 1576 gegen die Reformierten und den Thronerben Heinrich von Navarra stärkte weiter die katholische Seite, im Volk wirkte die Propaganda der Jesuiten für die Rekatholisierung. König Heinrich III. (1574–1589) suchte die Macht der Guise durch die Ermordung des Herzogs Heinrich und des Kardinals Ludwig von Guise zu brechen, mußte jedoch selbst zu den Hugenotten fliehen und wurde vom fanatischen Dominikaner Jaques Clement erdolcht. Mit ihm starb das Königshaus der Valois aus.

Heinrich von Navarra war nach der Bartholomäusnacht gezwungenermaßen katholisch geworden, dann aber zu den Hugenotten geflohen und zum Calvinismus zurückgekehrt. Von Sixtus V. als rückfälliger Häretiker von der Thronfolge ausgeschlossen, konnte er sich, auch von vielen Katholiken anerkannt, als Heinrich IV. (1589–1610) behaupten, mußte sich aber die Anerkennung der Hauptstadt durch neuerliche Konversion (1593) erkaufen (»Paris ist eine Messe wert«) und entschied so, daß Frankreichs Königshaus katholisch blieb. Die Hugenotten erhielten von ihm im *Edikt von Nantes* 1598 über frühere Zugeständnisse (St. Germain 1562, Amboise 1563, Beaulieu 1576) hinausgehende Rechte: Religionsübung innerhalb örtlicher und sozialer Eingrenzungen, Gewissensfreiheit, Recht auf Schulen, »Sicherheitsplätze« auf acht Jahre. Den Katholiken wurde entfremdetes Kirchengut zurückerstattet, der Gottesdienst wiederherge-stellt, wo er unterdrückt worden war. Damit war zugleich der Katholizismus als vorherrschende Religion gesichert. Die lange Regierungszeit des König brachte dem Land wieder geordnete Verhältnisse.

Noch mehr wurden nun die Hugenotten zu einer geschlossenen, schlagferti-gen Partei, ihre Akademien zu neuen Zentren calvinischer Theologie und Ho-miletik. Der ursprüngliche Elan wich einer ruhigeren Mentalität, die propheti-sche Predigt der ethischen Belehrung. Durch den Absolutismus Ludwigs XIV. (1643–1715), der 1685 das Edikt von Nantes aufhob, wurden schließlich die Hugenotten rekatholisiert oder zur Flucht aus Frankreich gezwungen.

§ 127
Der Aufstand der Niederlande

In den Niederlanden stand der katholischen Weltmacht Spanien unter Karl V. und Philipp II. eine einheitliche, zunächst politische Opposition gegenüber, zu der vor allem führende Adelige (Nassau-Oranien, Egmond, Hoorn) gehörten. Immer mehr verband sich damit der Calvinismus, besonders von der revolutio-nären Lohnarbeiterschicht getragen und in der Confessio Belgica (1561) formu-liert. Anderseits fand die auf Wunsch Philipps II. vom Papst verfügte neue Diö-sesaneinteilung (1559), die statt der bisherigen vier Bistümer drei Erzbistümer und 15 weitere Bistümer schuf, als spanisches Programm nicht nur protestanti-schen Widerspruch. Seit den sechziger Jahren wirkten Kräfte der Katholischen Reform herein: Reformbischöfe, Synoden, Jesuitenniederlassungen.

Zur Eskalation kam es seit 1564. Die von den Führern eines Adelsbundes bei einer Demonstration vor der Regentin Margarete von Parma (1566) getragenen zerlumpten Kleider ergaben die Bezeichnung »Geusen« (gueux = Bettler). Wil-helm von Nassau-Oranien als Führer der politischen Oppositionsbewegung strebte nach einer Wiedervereinigung in der Religion oder einem friedlichen Nebeneinander (was Theodor Beza, Mitarbeiter und Nachfolger Calvins in Genf, mißbilligte), scheiterte jedoch am Widerstand seiner katholischen und protestantischen Gegner. Als es 1566 zu einem furchtbaren Kirchen-, Bilder- und Klostersturm durch fanatisierte Calviner kam, war dies das Zeichen zum großen niederländischen Freiheitskampf (1566–1609, 1621–1648). Nach der Niederwerfung des Aufstandes erschien Herzog Alba mit einem Generalauftrag des Königs und richtete ein Schreckensregiment ein, dem viele Anführer der Geusen zum Opfer fielen und Tausende sich durch Flucht entzogen.

Wilhelm von Oranien hatte sich zurückgezogen, begann aber nun einen er-bitterten Kampf gegen Spanien, der zunächst in der *Genter Pazifikation* (1576) von allen Provinzen getragen war. Es gelang der politischen und militärischen Tüchtigkeit Alexander Farneses, des Sohnes Margaretes von Parma, die südli-chen noch fast ganz katholischen Provinzen von der Genter Pazifikation abzu-sprengen und sie für Spanien und den Katholizismus zu retten. So zerfielen 1579 die Niederlande endgültig in einen vorwiegend katholischen südlichen und einen vorwiegend reformierten nördlichen (Union von Utrecht) Teil. Dieser wurde endgültig im Westfälischen Frieden als unabhängige Republik anerkannt. Die Verbindung des Freiheitskampfes mit dem Calvinismus zerstörte weithin den Katholizismus, das Ergebnis ist weniger als Annahme der Reformation zu deuten, sondern eher als »Abfall der Niederlande« und als vielleicht größte Niederlage der Politik Philipps II.

Die Generalstaaten entfalteten die bekannten reformierten Initiativen wirtschaftlicher, kultureller und religiöser Art und trugen als Kolonialmacht den Calvinismus auch in ihre überseeischen Gebiete.

In der Theologie gab es lange Auseinandersetzungen um die Prädestination und einen gewissen, für die niederländischen Reformierten kennzeichnenden theologischen Pluralismus. Den Katholiken, die anfangs in den nördlichen Staaten noch stark waren und seit 1602 einem Apostolischen Vikar in Utrecht unterstanden, blieb nur die Hausandacht, die Hierarchie war zerstört mit Ausnahme der endgültig 1648 unter niederländische Herrschaft kommenden »Generalitätslande« Brabant und Limburg.

Die unter Spanien verbliebenen südlichen Provinzen wurden rekatholisiert. Dem Aufstieg der Republik stand ein wirtschaftlicher Niedergang dieser ehemals blühenden Gebiete gegenüber, doch fand die Rekatholisierung Hilfe durch die Kräfte der Katholischen Reform: Jesuiten, Kapuziner, Seminare, so daß eine blühende katholische Provinz mit einer lebendigen Barockkultur entstand.

§ 128
Das Reich vom Augsburger Religionsfrieden bis zum Westfälischen Frieden

a) Die Entwicklung nach dem Augsburger Religionsfrieden

Der Religionsfriede von 1555 war die politische Basis für die weitere Entwicklung des Kirchenwesens. Er bot in einer Zeit, die in anderen Ländern durch Religionskämpfe gekennzeichnet war, vorläufig Frieden in einem festen reichsrechtlichen Rahmen. Dabei sank die Bedeutung Deutschlands in politischer und geistiger Hinsicht im Vergleich zur ersten Hälfte des Jahrhunderts. Die Reichsgewalt war auch religiös durch das Territorialkirchentum ausgeschaltet. Aus lokalen bzw. territorialen Konfessionskämpfen sollte später der Dreißigjährige Krieg erwachsen.

Im Reich standen sich ein sich verfestigendes und noch weiter ausbreitendes protestantisches Territorialkirchentum und ein zunehmend erstarkender, schließlich zum Gegenangriff übergehender Katholizismus gegenüber. Zur Erhaltung und besonders zur Wiedergewinnung ihres Bodens genügten der alten Kirche die innere Wiedererneuerung und die Heranbildung einer bewußt katholischen Generation nicht. Rekatholisierung war nur möglich, wenn dieser neue Typ des Katholischen von der weltlichen Gewalt unterstützt wurde. Die Gegenreformation konnte als Rekatholisierung ganzer Territorien erst in Gang kommen, wenn katholische Fürsten – nach dem längst vorliegenden Beispiel ihrer protestantischen Kollegen – das Reformationsrecht ausübten und die alleinige Geltung des katholischen Bekenntnisses in ihrem Territorium durchsetzten.

Die neuen geistlichen Kräfte, die sich im letzten Drittel des Jahrhunderts auch in der Schicht der kirchlichen Verantwortungsträger regten, verdankte die katholische Kirche vor allem den *Jesuiten* und ihrer Tätigkeit an den entscheidenden Punkten: im Bildungswesen und an den Höfen (Hofbeichtväter, Prinzenerzieher), nicht zuletzt aber auch ihren seelsorglichen Leistungen. Die Katechismen des Petrus Canisius suchten denen Luthers Konkurrenz zu machen. Dem erneuerten Katholizismus konnte auch das Volk wieder etwas abgewinnen, und man verstand sich auf dieser unteren Ebene jetzt bewußt aus dem Gegensatz zum Protestantismus und pflegte Wallfahrten, Heiligen- und Reliquienverehrung, die Anbetung des Altarssakramentes und kirchliches Kunstschaffen. Die Rekatholisierung eines Territoriums unterschied sich von der Einrichtung einer protestantischen Landeskirche gewöhnlich in einem wichtigen Punkt: dem zu erwartenden Widerstand, denn sie erfolgte normalerweise gegen den Willen eines großen Teils oder fast der Gesamtheit der Einwohner. Daraus ergab sich, daß auch die administrative und militärische Technik der Gegenreformation erst allmählich erarbeitet werden mußte. Die Einsicht in diese Entwicklung steigerte wiederum den Gegensatz der Konfessionen sowohl auf dem geistigen (Streitschriften) wie dem politisch-militärischen Gebiet.

Der eigene Weg der Lutheraner hatte nach 1555 in eine partikularistische Enge geführt. Bestimmend war das landesherrliche Kirchenregiment. Durch dieses sowie durch das überall verbreitete reformatorische Schrifttum, durch die Pfarrer, den einzigen beibehaltenen kirchlichen Stand (in der Nachfolge der mittelalterlichen Pfarrordnung), und die (jetzt vor allem der Ausbildung von Predigern dienende) Theologie entstand trotz aller Aufsplitterung ein ziemlich einheitliches lutherisches Kirchenwesen, das sich gegen die Rekatholisierung naturgemäß sperrte. Die große Zeit der *Bekenntnisbildung* (das Augsburger Bekenntnis von 1530 hat andere Voraussetzungen) schuf im Reich 1577 die *Konkordienformel* und faßte sie mit den übrigen lutherischen Bekenntnisschriften im *Konkordienbuch* von 1580 zusammen. Der vereinheitlichenden Funktion nach läßt sich dieses Werk mit den Trienter Dekreten der Katholiken vergleichen. Für den entgegen dem Religionsfrieden vorhandenen calvinischen Bereich hatte der Heidelberger Katechismus von 1563 ähnliche Bedeutung.

Der Protestantismus gewann nach 1555 weitere Territorien, nicht nur weltliche, sondern auch geistliche, in denen entgegen dem kirchlichen Vorbehalt protestantisch gewordene Bischöfe im Amt blieben oder Administratoren aus protestantischen Fürstenhäusern gewählt wurden. Landsässige Stifte unterstanden ohnehin dem Landesherrn. Auf verschiedenen Wegen gingen so den Katholiken die Erzstifte Magdeburg und Hamburg-Bremen und über ein Dutzend Bistümer verloren. Der reichsrechtlich nicht anerkannte Calvinismus gewann die Kurpfalz und eine Reihe weiterer Territorien. Norddeutschland wurde bis auf kleine Reste protestantisch, von den Reichsstädten blieben Aachen und Köln katholisch.

Die planmäßige Anwendung des Reformationsrechtes für den Katholizismus ging von Bayern aus. Herzog Albrecht V. setzte seit 1564 gegen den Adel und in Verbindung mit Reformkräften (Universität Dillingen 1563 an die Jesuiten) das katholische Bekenntnis durch, dessen Sieg um 1575 klar war. Nicht nur im Erzstift Salzburg, sondern in der Folge auch in den Hochstiften Augsburg, Fulda, Münster, Mainz (Eichsfeld), Würzburg und Paderborn erwachte die Gegenreformation. Dem Katholizismus diente eine dynastische Bistumspolitik, die über das Verbot der Pfründenhäufung hinwegging: In Köln führte, als der Kurfürst Gebhard Truchseß von Waldburg protestantisch wurde und heiratete (1582), der Widerstand von Domkapitel und Rat mit der päpstlichen und der bayerischen Politik zur Wahl des Herzogs Ernst von Bayern, der schon die Bistümer Freising, Hildesheim und Lüttich besaß, wodurch die drohende protestantische Mehrheit im Kurfürstenkolleg abgewandt war. Mit Köln wurden auch Paderborn und Münster, das Ernst als fünftes Bistum erhielt, gesichert. Die bayerische Sekundogenitur Köln mit anderen west- und norddeutschen Bistümern dauerte fast zwei Jahrhunderte und bildete ein festes katholisches Bollwerk. In Straßburg wurde der Kardinal Karl von Lothringen durchgesetzt, der schon Bischof von Metz war. Später diente die Kumulation der Bistümer Passau, Straßburg, Breslau und Olmütz zugleich der katholischen Konfessions- und der Habsburger Familienpolitik als Sekundogenitur für die Erzherzöge Leopold und Leopold Wilhelm.

Wie stark der Protestantismus auch unter katholischen Landesherren verwurzelt sein konnte, zeigen die *österreichischen Länder,* die nach dem Tod Ferdinands I. (1564) auf drei Herrscher aufgeteilt und mit Ausnahme Tirols vorwiegend protestantisch waren. Kaiser Maximilian II. (1564–1576) neigte persönlich zum Protestantismus, entschied sich aber politisch für den Katholizismus. In seinem Herrschaftsgebiet wie in dem seines Bruders Karl II. (Innerösterreich) war es zu weitgehenden Zusagen an die protestantischen Stände in Religionssachen gekommen. Noch weiter als diese ging der *Majestätsbrief* Kaiser Rudolfs II. (1576–1612) für Böhmen von 1609, der wiederum von einer entsprechenden Zusage für Schlesien überboten wurde. Diese Zugeständnisse, dem Landesherrn in Zwangslagen abgerungen, waren in ihrer tatsächlichen Bedeutung von der wirklichen Stärke der Protestanten abhängig und ermöglichten der Regierung einen zermürbenden Kleinkrieg. Die Aufrichtung einer evangelischen Landeskirche scheiterte schon am Fehlen des evangelischen Landesfürsten. Dem Fürsten gegenüber verlangte das Luthertum ja die Haltung des leidenden Gehorsams, schloß einen aktiven Widerstand aus und trug somit selbst zu seinem schließlichen Untergang bei.

Als erstes erlebte das Land ob der Enns nach einem durch Rekatholisierungsversuche ausgelösten Bauernaufstand 1597 eine eigentliche Gegenreformation. In Innerösterreich zeigt sich die Abhängigkeit von Bayern besonders darin, daß der Plan für eine solche auf einer Konferenz in München (1579) entworfen wurde. Sie zu Ende zu führen, wurde Karl II. durch seinen unerwarteten Tod (1590) gehindert, sie blieb seinem jugendlichen, bei den Jesuiten erzogenen Sohn und Nachfolger Ferdinand II. (Kaiser 1619–1637) überlassen, der den Protestantismus mit militärischer Gewalt unterdrückte (1598–1600). Als Kaiser sollte er diese Linie auf Reichsebene weiterführen.

Durch die Anwendung des Reformationsrechtes in Bayern, in geistlichen Territorien und in Innerösterreich hatte sich um 1600 das Bild gegenüber 1570 wesentlich zugunsten des Katholizismus verändert. Im Reichstag wurde das Übergewicht der Protestanten durch die Ausschließung der Administratoren von Hochstiften gebrochen (1598). Man hatte erreicht, was damals auf der Ebene der Territorien gemäß dem Augsburger Religionsfrieden erreicht werden konnte. Erst der Dreißigjährige Krieg sollte wieder Bewegung in die Religionsfrage bringen.

b) Dreißigjähriger Krieg und Westfälischer Friede

Beim Dreißigjährigen Krieg handelt es sich eigentlich um ein ganzes Bündel von Kriegen. Örtliche und territoriale Konfessionsstreitigkeiten führten ihn herbei. Als die Markusprozession eines reichsunmittelbaren Klosters in der protestantischen Reichsstadt Donauwörth gestört wurde (1606), daraufhin Bayern die Reichsacht an der Stadt zu vollziehen hatte und dabei diese einverleibte und rekatholisierte, kam es 1608 zur *protestantischen Union* unter Führung der Kurpfalz und 1609 zur *katholischen Liga* unter bayerischer Führung. Kriegerische Auseinandersetzungen konnten jedoch in den nächsten Jahren noch vermieden werden.

Der zündende Funke fiel in Böhmen, als die gegen den »Majestätsbrief« von 1609 auf Klostergrund erbauten protestantischen Kirchen von Braunau und Klostergrab geschlossen bzw. niedergerissen wurden. Es kam zum *Prager Fenstersturz* von 1618, zur Errichtung einer ständischen Regierung und zum Zusammengehen mit den oberösterreichischen Ständen und Siebenbürgen. Den neuen Kaiser Ferdinand II. erkannten die Aufständischen nicht an, sondern wählten den calvinischen Kurfürsten Friedrich V. von der Pfalz zum König von Böhmen (»Winterkönig«). Ferdinand II. sah seine Macht nicht nur in Böhmen, sondern auch in Ungarn und selbst in Österreich bedroht, konnte jedoch mit Hilfe Bayerns, Spaniens, der Liga und des lutherischen Kursachsen sowie finanzieller Unterstützung Papst Pauls V. der Lage Herr werden und 1620 den protestantisch-antihabsburgischen Kräften in der *Schlacht am Weißen Berge* die entscheidende Niederlage zufügen. Der »Winterkönig« floh nach Holland, seine Kurwürde kam an Bayern, die Union löste sich auf. Der *Böhmisch-Pfälzische Krieg* (1618–1623) hatte die katholische Seite gestärkt, und dasselbe gilt auch für die zweite Phase des Dreißigjährigen Krieges, den *Dänisch-Niedersächsischen* (1625–1629; kaiserliche Feldherren Tilly und Wallenstein). Dem Sieg des Kaisers folgten strenge Rekatholisierungsmaßnahmen in Böhmen und den anderen habsburgischen Ländern, auch die Sonderrechte des Adels wurden aufgehoben. Die innere Aneignung des katholischen Glaubens war damit keineswegs erreicht.

Auch im Reich wagte nun Ferdinand II. mit dem *Restitutionsedikt* von 1629 den Versuch, den seit dem Passauer Vertrag von 1552 bzw. dem Augsburger

Religionsfrieden von 1555 entzogenen katholischen Besitzstand zurückzuge-
winnen; es kam tatsächlich zu umfangreichen Restituierungen (z. B. Magdeburg und Hamburg-Bremen), die Macht des Prostestantismus schien gebrochen. Dennoch war das Restitutionsedikt politisch ein großer Fehler.

Die Gefährdung des Prostestantisnus und der Vorherrschaft Schwedens in
der Ostsee ließ den schwedischen König Gustav II. Adolf (1611–1632) in der
dritten Phase, dem *Schwedischen Krieg* (1630–1635), zum Retter des Protestantismus werden. Siegreich in Deutschland vordringend, fiel er bei Lützen (1632),
doch wurde die Einheitsfront gegen den Kaiser damit nicht vernichtet. Nach
Wallensteins Ermordung (1634) führte die schwedische Niederlage bei Nördlin-
gen (1634) zum Prager Frieden mit Kursachsen (1635), dem sich die meisten
prostestantischen Reichsstände anschlossen. Er brachte den Verzicht auf das
Restitutionsedikt für die Protestanten, die bayerische Kurwürde für die Katholiken als Gewinn. Die vierte Phase, der *Französisch-Schwedische Krieg*
(1635–1648), ging um die Interessen Schwedens und vor allem Frankreichs und
wurde immer mehr zu einer Häufung sinnloser Kriegsgreuel.

Erst 1648 beendete der *Westfälische Friede* das große Ringen. Normaljahr für
den konfessionellen Besitzstand wurde nun 1624 (in der Pfalz 1618, die österreichischen Erbländer waren ausgenommen), was eine Einschränkung des Reformationsrechtes bedeutete. Auch die Reformierten wurden jetzt einbezogen.
Im Reichstag sollten Religionssachen durch Vergleich zwischen dem Corpus
catholicorum und dem Corpus evangelicorum entschieden werden. Landesherr-
licher Konfessionswechsel zwischen lutherischem und reformiertem Lager sollte
nicht mehr die Landeskirche betreffen. Dieser Grundsatz wurde später auch bei
Konversionen von Fürsten zum Katholizismus angewandt. Der viel diskutierte
Protest Papst Innozenz' X. richtete sich nicht gegen den Frieden als solchen,
sondern gegen seine religionspolitischen Bestimmungen und ist eigentlich
selbstverständlich. Daß die eigentlichen Gewinner das katholische Frankreich,
das lutherische Schweden und die calvinischen Generalstaaten waren, zeigt den
rein politischen Charakter vor allem der letzten Kriegsphase.

Seit 1648 war das Reich, durch den Krieg ausgeblutet, keine religiös-kirchliche Größe mehr. Der konfessionelle Besitzstand war fest abgegrenzt. Die 1555
noch offene Aussicht auf eine Wiedervereinigung war dahin, das konfessionelle
Zeitalter zu Ende.

<h1 style="text-align:center">§ 129
Die Rekatholisierung in der Schweiz, in Ungarn,
Polen und Skandinavien</h1>

Ohne Fürstenmacht (ausgenommen geistliche Territorien), aber unter Einwirken
der Reformkräfte (Karl Borromäus in Mailand), besonders der Jesuiten (Luzern,
Freiburg) und Kapuziner (Stans), setzte die Rekatholisierung in der *Schweiz* ein.
Der Ritter Melchior Lussy von Stans, Landammann von Nidwalden, unterschrieb
schon 1564 für die sieben katholischen Orte die Trienter Dekrete, holte die Kapu-

ziner ins Land und erreichte 1579 die Errichtung einer Nuntiatur in Luzern. Außer ihm ist noch der Basler Fürstbischof Jakob Christoph Blarer von Wartensee (1575–1608) als Reformator seiner Diözese zu nennen.

Gegenreformatorische Bestrebungen unter Kaiser Rudolf II. blieben in *Ungarn* ohne größere Wirkung. Lutheraner und Calviner erhielten 1606 und wieder 1645 die freie Religionsausübung bestätigt. Für das westliche Ungarn war der Primas Peter Pázmány (1616–1637) der Restaurator des katholischen Lebens. Er konnte über 50 Magnatenfamilien zurückführen. In Siebenbürgen setzte erst nach den Türkensiegen von 1683 und den folgenden Jahren bei Protestanten und Orthodoxen eine Welle von Konversionen ein.

Die bunten Konfessionsverhältnisse *Polens* wurden nach der Mitte des 16. Jahrhunderts noch vielfältiger (Calvinisnus, Böhmische Brüder, Sozinianer). Die Zersplitterung des Prostestantismus und seine geringe Resonanz beim einfachen Volk erleichterten die Rekatholisierung des Landes, an der der päpstliche Nuntius Giovanni Francesco Commendone († 1584), Kardinal Stanislaus Hosius, Bischof von Ermland († 1579), die Jesuiten und der streng katholische König Sigismund III. Wasa (1587–1632), der zugleich König von Schweden war, großen Anteil hatten. Ihm gelang vor allem die Zurückführung des maßgeblichen Adels.

Der Katholizismus hatte auch in dem von Polen abhängigen Livland, vor allem in Riga, wiederum Fuß gefaßt, bis die Eroberung durch Schweden (1621) die Lage änderte.

Vorübergehend bestand sogar Aussicht auf die Rekatholisierung *Schwedens* und die Entstehung einer polnisch-schwedischen katholischen Großmacht. König Johann III. (1568–1592) suchte das schwedische Luthertum zu einer eigenen Spielart des Katholizismus umzubilden und konvertierte heimlich (1578). In Rom erfüllte man seine Wünsche nach Priesterehe, Laienkelch und volkssprachlicher Liturgie jedoch nicht, und beim König schwand die gehegte Hoffnung auf die polnische Krone. Sein Sohn Sigismund III. (1592–1604) war seit 1587 bereits König von Polen und entschieden katholisch eingestellt, mußte sich jedoch in Schweden vor der Krönung zur Erhaltung des Augsburger Bekenntnisses verpflichten. Sein Onkel, Herzog Karl von Södermanland, betrieb die völlige Unterdrückung des Katholizismus (1595) und die Absetzung Sigismund, dem er als Karl IX. (1604–1611) nachfolgte. Er ist der Vater Gustav II. Adolfs, dessen Tochter Christine (1632–1654) zwar konvertierte, aber vorher (1654) die Krone niedergelegt hatte.

Die Gegenreformation hat, obwohl nur ein Teilvorgang, das Jahrhundert von 1550 bis 1650 entscheidend mitgeprägt und stellt die katholische Seite des überaus kämpferischen Verhaltens der Konfessionen zueinander dar. Ihr Erfolg war allerdings begrenzt und hat der katholischen Kirche nur einen relativ kleinen Teil der durch die Reformation verlorengegangenen Gebiete zurückgewonnen. Zu ihrem Verständnis ist das Wissen um die enge Verflechtung von Kirche und Staat, die infolge der Konfessionskämpfe noch stärker wurde, unerläßlich, aber auch das Wissen um die Grenzen christlicher Weltgestaltung in der geschichtlichen Wirklichkeit.

4. DAS ZEITALTER DES STAATSKIRCHENTUMS UND DER AUFKLÄRUNG

§ 130
Das Papsttum

a) Die Stellung nach dem Westfälischen Frieden

Dem Papsttum blieb nach dem Westfälischen Frieden (1648) nichts anderes mehr übrig, als sich mit der von den politischen Kräften geschaffenen Situation abzufinden. Während die Päpste noch in der Türkenabwehr aktiv werden konnten, mußten sie sich im übrigen mit Prostestschreiben begnügen. Die *Papstwahlen* wurden vielfach von den politischen Mächten beeinflußt, indem die Souveräne der katholischen Länder Spanien, Frankreich und Österreich gegen einen mißliebigen Papstkandidaten ihr Veto (= Exklusive) einlegten. Im Jahre 1605 hatte Spanien zum erstenmal gegen einen nicht genehmen »papabilis« das Veto erhoben. Im Kardinalskollegium bildeten sich in dieser Zeit hauptsächlich drei Parteien, deren Streit nicht selten die Papstwahlen beträchtlich verzögerte. Während die *zelanti* die Interessen der Kurie und die Kronkardinäle jene ihrer Souveräne vertraten, konnte manchmal die unabhängige Partei des *squadrone volante* die Papstwahlen bestimmen. Bei gleich starken Parteien war man nicht selten gezwungen, sich auf einen alten und kränklichen Kompromißkandidaten zu einigen.

Die politischen Mächte nahmen in dieser Zeit auch auf die Ernennung der Kardinäle nicht geringen Einfluß, und die sogenannten Kronkardinäle bereiteten den Päpsten oft große Schwierigkeiten. Obschon der Nepotismus immer noch eine Krankheit des Papsttums war, wies er doch im Vergleich zur Renaissancezeit mehr Zurückhaltung auf. Mit den Lehrstreitigkeiten um *Jansenismus* und *Gallikanismus* wurden vielfach kostbare Kräfte vergeudet, und so verpaßten die Päpste teilweise den Anschluß an die modernen Geistesrichtungen und Zeitströmungen. Den Idealen der Toleranz und der Humanität hatte das Papsttum meist nur sterile Ablehnung entgegenzusetzen. Dies bewirkte, daß vor allem die gebildeten Schichten die Kirche als rückständig betrachteten und sie daher verließen. Das niedere Volk blieb hingegen von diesen Tendenzen verschont, und die Kirche hatte gerade bei den Massen großen Einfluß.

Im Laufe des 18. Jahrhunderts mußten die katholischen Mächte ihre Vormachtstellung an die protestantischen Staaten England und Preußen abgeben. Mit der allgemeinen Entwicklung des modernen Staates konnte vor allem der

Kirchenstaat nicht mehr mithalten, der allmählich zum Hemmschuh für die päpstliche Handlungsfreiheit wurde. Mit der Aufhebung des Jesuitenordens 1773 offenbarte das Papsttum seine ganze Ohnmacht gegenüber dem *Staatskirchentum.* Als Schwäche des Papsttums muß man es wohl auch ansehen, daß es nicht imstande war, längst fällige Reformen durchzuführen. Es hielt am veralteten Ordensrecht, an Immunitäten und liturgischen Formeln fest und wies jegliche Forderung nach Erneuerungen als Angriff auf die Rechte der Kirche zurück. So wurden viele Positionen gehalten, bis sie durch die *Französische Revolution* gewaltsam zerschlagen wurden. Die Päpste dieser Zeit waren aber persönlich durchwegs würdige und zum Teil sogar ausgezeichnete Gestalten. Für die Kunst und die Verschönerung Roms zeigten sie auch weiterhin großes Interesse.

b) Die einzelnen Päpste

Alexander VII. (1655–1667): Nach dem Tode Innozenz' X. wurde der Kardinal Fabio Chigi gewählt, der aus einer berühmten sienesischen Familie stammte und sich in Erinnerung an seinen Landsmann Alexander III. (1159–1181) Alexander VII. nannte. Obschon der neue Papst mit der Praxis des Nepotismus brechen wollte, hat er ihn dennoch gefördert. Mit *Frankreich* hatte Alexander VII. ein gespanntes Verhältnis, weil der Erzfeind Mazarins, der dem Gefängnis entflohene Kardinal Retz, sich in Rom aufhielt. Nach dem Tode Mazarins 1661 wurden die Schwierigkeiten mit dem vom Gallikanismus geprägten jungen König, Ludwig XIV., noch größer. Die Ausdehnung der Quartierfreiheit auf die Umgebung der französischen Botschaft in Rom führte zu einem Zusammenstoß zwischen den Leuten des Botschafters und den im päpstlichen Dienst stehenden korsischen Soldaten. Obschon der Papst sogleich zur Genugtuung bereit war, benützte Ludwig XIV. die Gelegenheit, um die päpstliche Kurie zu demütigen. Der Nuntius wurde aus Paris ausgewiesen, das päpstliche Avignon besetzt und ein Feldzug gegen den Kirchenstaat vorbereitet. Im *Frieden von Pisa 1664* mußte sich der Papst einem französischen Diktat beugen und in Rom eine Gedenkpyramide mit einem Schuldbekenntnis errichten.

Ein Trost für den Papst war der Übertritt der Königin Christine von Schweden zur katholischen Kirche. Sie verzichtete auf den Thron, legte am 2. November 1655 in Innsbruck das katholische Glaubensbekenntnis ab und zog darauf nach Rom. Der politisch wie gesellschaftlich versierte Kurienkardinal Decio Azzolini übte auf die lebenslustige Frau einen positiven Einfluß aus. In Gian Lorenzo Bernini besaß Alexander VII. einen genialen Architekten, auf den vor allem die Anlage des Petersplatzes zurückgeht.

Klemens X. (1670–1676): Nach dem kurzen Pontifikat *Klemens'* IX. (1667–1669), unter dem es zu einer Aussöhnung mit Frankreich kam, einigte sich das Konklave auf den 80jährigen Emilio Altieri, der sich Klemens X. nannte. Obschon der Papst gütig und fromm war, gingen von ihm keine neuen Impulse aus. Die Regierungsgeschäfte überließ er seinem Adoptivneffen Paluzzi Altieri, der sich dabei nicht wenig bereicherte. Spanien und Frankreich nahmen auf die Kardinalsernennungen großen Einfluß. Der Pontifikat Klemens' X. war hauptsächlich durch die Türkengefahr bestimmt. Der Papst suchte den Kaiser und die katholischen Fürsten Deutschlands zu einer Defensivallianz zu bewegen. Wohl auf Vorschlag der Königin Christine wandte sich der Papst sogar an den schwedischen König Karl IX., der aber direkte Beziehungen mit dem Papst ablehnte. Im Jahre 1672 sprach Klemens X. Papst Pius V. heilig. Seit der Kanonisierung Cölestins V. im Jahre 1313 wurde damit erstmals wieder ein Papst in das offizielle Verzeichnis der Heiligen aufgenommen.

Innozenz XI. (1676–1689): Nachdem Frankreich die Zustimmung zur Wahl Benedetto Odescalchis gegeben hatte, wurde er einstimmig von den Kardinälen gewählt. Innozenz, der einer reichen Kaufmannsfamilie aus Como entstammte, war ein strenger Asket. Schon zu seinen Lebzeiten wurde er fast allgemein als Heiliger verehrt. Allerdings verfügte er über eine mangelnde Menschenkenntnis, und auch seine theologische Ausbildung war eher dürftig. Im Jahre 1679 verwarf er den *Laxismus* und etwas später den *Quietismus,* wie ihn der spanische Priester Miguel Molinos vertrat. Als am 12. September 1683 Wien von den Türken befreit wurde, kam dem Papst ein großes Verdienst zu; er hatte durch seine diplomatischen und finanziellen Bemühungen den Erfolg möglich gemacht. Zur Erinnerung an dieses Ereignis führte Innozenz das Fest des Namens Mariä ein. Am Forum Trajanum in Rom erinnert die allerdings etwas später erbaute Kirche »Santissimo Nome di Maria« an dieses historische Ereignis.

Der Pontifikat Innozenz' XI. wurde vom Konflikt mit Frankreich überschattet. Ausgangspunkte für all die Schwierigkeiten waren das *Regalienrecht* (1673), die Proklamierung der *gallikanischen Artikel* (1682) und die Aufhebung der *Quartierfreiheit* (1687) in Rom.

Alexander VIII. (1689–1691): Nach dem Tode Innozenz' XI. wählten die Kardinäle den beinahe 80jährigen Pietro Ottoboni zum Papst, der sich Alexander VIII. nannte. Er war heiteren Gemüts und daher bei den Römern beliebt. Aber unter ihm lebte der *Nepotismus* wieder in seiner schlimmsten Form auf. Obschon Ludwig XIV. Avignon wieder zurückgab und in Rom auf die Quartierfreiheit verzichtete, gelangte der Papst mit Frankreich zu keiner Verständigung. Kurz vor seinem Tode veröffentlichte er die Konstitution *Multiplices inter,* die die Deklaration von 1682 sowie das Edikt über die Regalien für ungültig erklärte. Für die *Türkenkriege* ließ der Papst Kaiser Leopold I. (1658–1705) weniger Subsidien zukommen als sein Vorgänger, weil Venedig, die Heimat des Papstes, die Erfolge Österreichs mit Mißtrauen verfolgte. Als der Papst auch beim dritten Konsistorium keinen kaiserlichen Kandidaten ernannte, ließ Leopold I. seinen Gesandten aus Rom abberufen.

Innozenz XII. (1691–1700): Das letzte Konklave des 17. Jahrhunderts war auch das längste und dauerte fünf Monate. Man einigte sich schließlich auf den 76 Jahre alten Kardinal und Erzbischof von Neapel, Antonio Pignatelli. Er nahm sich Innozenz XI. zum Vorbild und nannte sich Innozenz XII. Angeekelt vom Nepotismus seines Vorgängers, erließ er im Jahre 1692 die Bulle *Romanum decet Pontificem,* die mindestens theoretisch das Ende des ärgerniserregenden Nepotismus an der Kurie bedeutete. Mit Luwig XIV. erreichte der Papst einen

Ausgleich, und Ende 1693 waren alle französischen Bischofsstühle wieder besetzt. Der König hob zwar die Verpflichtungen auf die Gallikanischen Artikel auf, ließ aber das Regalienrecht in der Praxis bestehen. Die Beziehungen zwischen Kaiser und Papst verschlechterten sich. Auf Anregung des Papstes gelang es beim Friedensschluß von Rijswijk 1697 zwischen Ludwig XIV. und der Großen Allianz, die sogenannte *Rijswijker Klausel* durchzubringen, nach der die katholische Religion in allen jenen Ländern erhalten bleiben sollte, die durch den Friedensschluß unter protestantische Herrschaft gelangen würden.

Klemens XI. (1700–1721): Im Konklave von 1700 konnte weder die französische noch die kaiserliche Partei verhindern, daß die zelanti den Kardinal Gian Francesco Albani wählten, der kurz vor der Wahl erst die Priesterweihe bekommen hatte. Der Pontifikat Klemens' XI. war zunächst ganz vom *Spanischen Erbfolgekrieg* (1701–1714) geprägt. Aus Furcht vor einer Umklammerung des Kirchenstaates durch die Habsburger nahm der Papst eine franzosenfreundliche Haltung ein und erkannte Philipp V. (1700–1746) an. Dies führte zu großen Spannungen mit dem Kaiser. Schließlich kam es sogar zu einer bewaffneten Auseinandersetzung, bei der der Papst hoffnungslos unterlag. Klemens XI. sah sich 1709 gezwungen, Erzherzog Karl von Österreich als Karl III. von Spanien anzuerkennen, womit wieder Philipp V. zu Vergeltungsmaßnahmen gegen Rom verleitet wurde. Beim *Frieden von Utrecht und Rastatt* 1713/14 wurde die ganze Ohnmacht des Papstes offenkundig. So wurde z. B. Sizilien, über das der Papst die Oberlehensherrschaft besaß, ohne seine Befragung Savoyen zugeschrieben. Dem Papst blieb nichts anderes übrig, als zu protestieren.

Höchst peinlich für Klemens XI. war auch die Affäre mit dem Kardinal Alberoni, der als erster Minister Spaniens beträchtliche päpstliche Subsidien statt gegen die Türken zur Besetzung Siziliens und Sardiniens verwandte. Als die Quadrupelallianz anschließend die Verhältnisse in Italien ordnete, geschah dies wieder ohne Befragung des Papstes. Auch im innerkirchlichen Bereich war Klemens XI. glücklos. Mit der Bulle *Unigenitus* von 1713 verurteilte er 101 Sätze aus dem Werk des Quesnel, aber damit fand der Jansenistenstreit noch kein Ende. Obwohl Klemens XI. ein würdiger und frommer Papst war, zählt sein Pontifikat zu den unglücklichsten des Jahrhunderts.

Benedikt XIII. (1724–1730): Nach dem Tod *Innozenz' XIII.* (1721–1724) wählte man nach neunwöchigem Konklave wieder einen Außenseiter, nämlich den Fürstensohn und Dominikaner Francesco Orsini, aus dessen Familie zwei Päpste, Cölestin III. (1191–1198) und Nikolaus III. (1277–1280), hervorgegangen waren. Er wählte jedoch seinen Namen in Erinnerung an den Dominikanerpapst Benedikt XI. (1303–1304) und wollte sich Benedikt XIV. nennen, bis man ihn aufmerksam machte, daß der Schismapapst Benedikt XIII. (1394–1423) als Gegenpapst zu betrachten sei. Obschon Benedikt großes Interesse für Aszese und Frömmigkeit zeigte, war er den vielfältigen Aufgaben seines Amtes nicht gewachsen. Der Papst nahm eine ganze Reihe von *Heiligsprechungen* vor. Er kanonisierte Aloysius, Johannes Nepomuk und dehnte das Fest von Gregor VII. (1073–1085) im Jahre 1728 auf die ganze Kirche aus. Das Festoffizium mit der Erwähnung der Absetzung Heinrichs IV. erschien damals aber noch als so anstößig, daß es nicht nur in Frankreich, sondern auch in Österreich verboten wurde. Die Naivität und Arglosigkeit des Papstes deckte die schamlose Finanzwirtschaft seines Günstlings, des Kardinals Nicolò Coscia, der Ämter und Würden verkaufte und die Finanzen des Kirchenstaates völlig zerrüttete. Obschon Benedikt XIII. ein ausgezeichneter Ordensmann war, fehlten ihm dennoch alle Voraussetzungen für sein hohes Amt. Die Pontifikate Cölestins V. (1294) und Benedikts XIII. zeigen, daß Frömmigkeit allein für einen Papst nicht genügt.

Klemens XII. (1730–1740): Im Konklave von 1730 agierte zum ersten Mal auch eine savoyardische Partei. Nach viermonatigem Tauziehen wählte man den 78jährigen, aus einem alten Florentiner Adelsgeschlecht stammenden Lorenzo Corsini. Klemens XII. war nicht nur alt, sondern seit 1732 auch blind, seit 1736 schwachsinnig und seit 1738 ständig ans Krankenlager gefesselt. Sein Neffe, Neri Corsini, dem viele Geschäfte zufielen, zeigte wenig Interesse für die Kirchenpolitik. Klemens XII. ließ immerhin Coscia verurteilen und in die Engelsburg werfen. Im Jahre 1738 erging auch die Verurteilung der *Freimaurerei*. Trotz der verzweifelten finanziellen Lage des Kirchenstaates erwies sich der Papst als großer Mäzen. Der Bau des Trevibrunnens und der Lateranfassade gehen auf ihn zurück.

Benedikt XIV. (1740–1758): Das folgende Konklave, das über sechs Monate dauerte, war das längste der neueren Papstgeschichte. Schließlich einigten sich die Kardinäle auf den sympathischen Erzbischof von Bologna, Prosper Lambertini. Unter den Päpsten des 18. Jahrhunderts ist Benedikt XIV. ohne Zweifel die eindrucksvollste und geistreichste Gestalt. Er genoß als Kanonist wegen seiner Arbeiten über die Selig- und Heiligsprechungen und über die Diözesansynoden großen Ruhm. In der Auswahl seiner Mitarbeiter zeigte er jedoch nicht immer eine glückliche Hand. Sein erster Staatssekretär Valenti Gonzaga, der sich an der Porta Pia eine prachtvolle Villa baute, war seit 1751 ständig krank, so daß der Papst selbst einen Großteil der Geschäfte erledigen mußte.

Viel Mühe verwendete der Papst für eine Verbesserung der Beziehungen mit den Staaten. 1741 schloß er *Konkordate* mit Sardinien und Neapel und 1753 mit Spanien ab, die allerdings auch Anlaß zu Kritik gaben, weil sie beinahe eine völlige Kapitulation gegenüber den Forderungen der jeweiligen Staaten darstellen. Während des Österreichischen Erbfolgekrieges (1740–1748) bemühte sich Benedikt um strikte Neutralität, die aber nicht respektiert wurde, so daß der Papst erklärte, er könne einen Traktat über das Martyrium der Neutralität schreiben. Kritisch stand der Papst den Jesuiten gegenüber. Einmal soll er zu einem Jesuitengeneral gesagt haben: »Es ist ein Glaubensartikel, daß ich einen Nachfolger haben werde, aber von Ihnen läßt sich das nicht sagen.« Benedikt XIV. war sicher kein Papst ohne Schatten, aber durch seine Politik der Mäßigung ist es ihm gelungen, den Frieden zu wahren, durch seinen Reformwillen innerkirchlich wirksam zu werden und durch die Förderung der Wissenschaft Rom zu einem Zentrum gelehrter Studien zu machen.

Klemens XIII. (1758–1769): Aus dem Konklave von 1758 ging der Venezianer Carlo Rezzonico, der Bischof von Padua war und sich dort als Seelsorger bewährt hatte, als Papst hervor. Während Benedikt XIV. seine Mitarbeiter turmhoch überragte, war der eher mittelmäßig begabte Klemens XIII. von seinem Staatssekretär Luigi Torrigiani sehr abhängig, der wie der Papst selbst ein Freund der Jesuiten war. Die ganze Regierungzeit dieses Papstes wurde von der *Jesuitenfrage* überschattet. Das Kesseltreiben gegen den nicht unschuldigen Orden begann schon unter Benedikt XIV. und wurde nun vor allem von den Bourbonenhöfen im großen Stil geführt. Der Papst nahm jedoch den Orden in Schutz, und als man in Frankreich ein französisches Generalvikariat für den Orden errichten wollte, soll er gesagt haben: aut sint ut sunt, aut non sint. Am 3. Februar 1769 wollte er die ganze Jesuitenangelegenheit in einer Kardinalskongregation diskutieren, als ihn der Tod einen Tag vorher hinwegraffte.

Klemens XIV: (1769–1774): Das Konklave von 1769, das über drei Monate dauerte und durch den Besuch Josephs II. unterbrochen wurde, war ein Triumph des internationalen Komplottes gegen die Jesuiten. Alle katholischen Mächte waren sich einig, daß kein Jesuitenfreund zum Papst gewählt werden dürfe. Schließlich einigte man sich auf den Franziskanerkonventualen aus Rimini Lorenzo Ganganelli, nachdem er das Recht des Papstes, aus gewichtigen Gründen den Orden aufheben zu können, betont hatte. Noch 1769 verlangte der französische Kardinal Bernis vom neuen Papst die Aufhebung des Ordens. Der Papst versprach es, bat aber zunächst um Geduld, wobei ihn allerdings auffallende Unsicherheit überkam. Schließlich setzte der spanische Gesandte Mônino Klemens schwer unter Druck und entwarf sogar das Aufhebungsbreve. Am 16. August 1773 verkündete der Papst sodann mit dem Breve *Dominus ac Redemptor* die Aufhebung des Ordens, die allgemein als Sieg der Vernunft gepriesen wurde. Der Jesuitengeneral Lorenzo Ricci, ein Mann ohne Tadel, wurde in die Engelsburg geworfen, wo er bis zu seinem Tode 1775 schmachtete. Der Papst starb ein Jahr vorher, weder an Gift noch dem Wahnsinn verfallen, wie es manche Fabeln erzählen. Seitdem hat aber interessanterweise kein Papst mehr den Namen Klemens gewählt.

Pius VI. (1775–1799): Nach einem viermonatigen Konklave wählten die Kardinäle den aus Cesena stammenden Angelo Braschi, der persönlich fromm, vielseitig gebildet, aber nicht frei von Eitelkeit und ärgerniserregendem Nepotismus war. Aufklärung, Staatskirchentum und vor allem die *Französische Revolution* bereiteten dem Papst viel Leid. Um Kaiser Joseph II. (1780–1790) in seinem Reformeifer zu stoppen, griff Pius VI. zu einer Verzweiflungstat und reiste 1782 nach Wien, wo dieser umgekehrte Canossa-Gang jedoch nichts erreichte. Die dramatischen Ereignisse Frankreichs stellten aber auch dieses Abenteuer in den Schatten. Die Erschießung des französischen Generals Duphot in Rom bewirkte am 1. Februar 1798 die *Besetzung des Kirchenstaates*. Als der kranke Papst bat, in Rom sterben zu dürfen, antwortete der ihn abtransportierende französische Offizier: »Sterben können Sie überall.« Pius VI. wurde in ein verwahrlostes Gebäude der Zitadelle von Valence gebracht, wo er Ende August 1799 starb. Aufgeklärte wie konservative Kreise hielten damals das Ende des Papsttums für gekommen.

§ 131
Die Kirche und die einzelnen Länder

Frankreich: Seit 1648 trat Frankreich allmählich das Erbe Spaniens als Großmacht in Europa an und behauptete sich politisch, gesellschaftlich und geistig. Schon in der ersten Hälfte des 17. Jahrhunderts gelang es vor allem dem *parti dévot* die Kirche in diesem Lande zu erneuern, wobei allerdings weite Bereiche der kirchlichen Praxis zu einem Streit hauptsächlich zwischen Jesuiten und Jansenisten führten.

England: Die kleine Gruppe von Katholiken in England hatte unter Oliver Cromwell (1649–1658) nicht sonderlich zu leiden. Unter Karl II. (1660–1685), der auf dem Sterbebette katholisch wurde, blieben die Katholiken aufgrund der *Testakte von 1673* auch weiter vom Staatsdienste ausgeschlossen. Noch einmal waren sie einer blutigen Verfolgung ausgesetzt, als Titus Oates 1678 eine Verschwörung anzettelte. Die Thronbesteigung des katholischen Jakob II. (1685–1688) ermöglichte sogar die Wiederherstellung einer bischöflichen Jurisdiktion. Aber Jakobs Versuch, in England den Katholizismus wieder zu restaurieren, führte zur Revolution von 1688, die Wilhelm von Oranien auf den Thron hob. Trotz neuer Strafgesetze blieben die Katholiken aber ohne Zwang. Im Jahre 1791 erreichten die Katholiken Englands eine teilweise Emanzipation.

Irland: Irland erlitt unter Oliver Cromwell, der 1649 das Land eroberte, ein bitteres Schicksal. Die irischen Katholiken verloren größtenteils ihren Besitz, Priester wurden ohne Prozeß hingerichtet, und die Messen konnten gewöhnlich nur im Freien auf den sogenannten Messe-Felsen zelebriert werden. Unter Karl II. und Jakob II. gestaltete sich die Lage etwas günstiger. Eine neue Verfolgung begann 1691 nach der Niederlage der französisch-irischen Armee. In England wie in Irland wurde ein neuer *Strafkodex* eingeführt, der der katholischen Bevölkerung alle politischen Rechte nahm. Während die Orden verboten wurden, wurde eine begrenzte Anzahl von Priestern zugelassen. Ab 1783 wurden unter dem Druck der Freiheitsideen aus Amerika und der Französischen Revolution Gesetze erlassen, die den Katholiken beträchtliche Erleichterungen verschafften. Zur vollen *Emanzipation* kam es erst im Jahre 1829.

Deutschland: Nachdem der Dreißigjährige Krieg die geistlichen Fürstentümer und die deutschen Bistümer stark zerrüttet hatte, ließen die Kriege im Westen das Reich auch weiterhin nicht zur Ruhe kommen. Die Verspätung in der Erneuerung der Kirche in Deutschland gegenüber Frankreich hatte aber ihren Grund in der eigenartigen Struktur der Reichskirche. Ihre Bischöfe waren auch Reichsfürsten, und dies hatte für die Erneuerung meist mehr Nach- als Vorteile. In dieser Zeit wurde beinahe die gesamte Hierarchie der deutschen Kirche von wenigen katholischen Adelsfamilien gestellt, so war z. B. Kurköln von 1583 bis 1761 eine Art Sekundogenitur für das Haus Wittelsbach. Gegen Ende des 17. Jahrhunderts verlangten verschiedene deutsche Domkapitel von ihren Kapitularen sogar 16 reichsunmittelbare Ahnen. Immerhin darf man das neuaufblühende Leben nicht übersehen, wie es sich vor allem in der Barockarchitektur der katholischen Fürstentümer West- und Süddeutschlands seit der Mitte des 17. Jahrhunderts kundtat.

Österreich: Der Sieg der katholischen Restauration und die erfolgreiche Abwehr der Türken und Franzosen brachten Österreich nicht nur eine Epoche der höchsten Kulturblüte (Barock), sondern auch eine Zeit der religiösen und kirchlichen Neubelebung. Daß Kaiser Leopold I. einen Zweifrontenkrieg erfolgreich bestehen konnte, erschien schon den Zeitgenossen als ein Wunder des Hauses Österreich. Man darf aber nicht vergessen, daß die großen finanziellen Opfer, die in Österreichs Heldenzeitalter gebracht wurden, nicht zuletzt aus kirchlichen Abgaben kamen und daß sie von einer Glaubensbegeisterung getragen wurden, die ein Abraham a Sancta Clara († 1709) und der päpstliche Legat Marco d'Aviano († 1699) in den Menschen wachriefen. In diesem Klima konnte auch das kaiserlich-polnische Heer am 12. September 1683 die Türken am Kahlenberg besiegen.

Italien: Die Staaten Italiens wurden im 17. und 18. Jahrhundert in das bewegte Spiel dynastischer Interessen hineingezogen, wobei das Charakteristikum zwischen Kirche und Staat auch hier das Staatskirchentum war. Im allgemeinen bot die Kirche Italiens in dieser Zeit ein Bild des Niedergangs, wenn auch das sog. gelehrte Italien Männer wie Ludovico Muratori († 1750), Domenico Mansi († 1769) und Giuseppe Garampi († 1792) hervorbrachte. Mit dem *Königreich beider Sizilien* kam es unter der Regierung Karls von Bourbon (1738–1758) zum Konkordat von 1741, das dem König bedeutende Zugeständnisse machte. Der sittliche und religiöse Zustand dieses Landes war erschreckend. Alfons von Liguori († 1787) schrieb über den Klerus: »Gewiß sind der Priester im Lande viele – Gott gebe, daß ihre Zahl kleiner wäre –, aber äußerst gering ist die Zahl der guten Arbeiter im Weinberg des Herrn.« Zu schweren Auseinandersetzungen mit Rom kam es unter dem Minister B. Tanucci, der mir äußerster Härte die staatlichen Interessen gegenüber den päpstlichen Ansprüchen verteidigte. Sein Rezept lautete: »Stock hoch! Mund zu! So bändigt man den römischen Tiger.« Der *Kirchenstaat,* einst zur Sicherung der geistigen Unabhängigkeit des Papstes gedacht, wurde immer mehr zum Hemmschuh für seine Entscheidungsfreiheit. Infolge des Niederganges der Landwirtschaft und des Gewerbes, der Ausstattung der Verwandten und der militärischen Ausgaben stieg die Verschuldung des Kirchenstaates sehr stark an.

Im *Großherzogtum Toskana* war Leopold I. (1765–1790), der Bruder des Kaisers, auch auf religiöse Reformen bedacht, wobei er vor allem von Bischof von Pistoia, Scipione Ricci, der vom Jansenismus beeinflußt war, unterstützt wurde. Im Jahre 1786 nahm die *Synode von Pistoia* die vier gallikanischen Artikel an und verwarf Herz-Jesu-Andachten, Stolgebühren und Volksmissionen. Pius VI. verurteilte 1794 mit der Bulle *Auctorem fidei* diese Synode. Die *Republik Venedig* wurde im 17. Jahrhundert von den Türken schwer bedrängt, die 1669 Kandia (= Iraklion) eroberten. Papst Alexander VIII., ein gebürtiger Venezianer, unterstützte seine Landsleute gegen die Türken, so gut er konnte. Auf Betreiben Maria Theresias hob Benedikt XIV. das Patriarchat Aquileja auf und errichtete die Erzdiözese Görz für die österreichischen und die Erzdiözese Udine für die venezianischen Gebiete. Da diese Lösung der Republik nicht gefiel, ließ sie ihren ganzen Unmut an der Kirche aus. In der *Lombardei,* die Kaunitz als Experimentierfeld für seine Reformen ausgesucht hatte, fand die josephinische Gesetzgebung keine geschlossene Opposition, da es im Klerus sehr viele Jansenisten gab. Diese bauten die Universität Pavia und das dort errichtete Generalseminar zu ihrer Hochburg aus.

Unter dem minderjährigen Herzog Ferdinand von *Parma* führte der Minister Du Tillot 1768 einschneidende Kirchenreformen durch, die Klemens XIII. als Oberlehensherr für nichtig erklärte, worauf die bourbonischen Höfe hart reagierten. Frankreich besetzte Avignon. Neapel, Benevent und Spanien forderten die Verbannung des Kardinalstaatssekretärs und des Jesuitengenerals. Auch die Herzöge von *Savoyen* traten in die absolutistischen Fußspuren ihrer Nachbarn. So errichtete Viktor Amadeus II. (1675–1730) im Jahre 1710 ein Ökonomat für die Verwaltung erledigter Pfründen und handhabte das Plazet besonders streng. Als ihm der Friede von Utrecht 1713 die Herrschaft über Sizilien brachte, entzog ihm der Papst die sog. Privilegien der Monarchia Sicula. Da sich der nunmehrige König darum nicht kümmerte, belegte der Papst die Insel mit Interdikt, worauf Victor Amadeus 3000 Ordens- und Weltpriester aus dem Lande wies. Nachdem 1720 der König Sizilien mit Sardinien hatte vertauschen müssen, kam es 1727 zu einem vorübergehenden Ausgleich. Schließlich wurde 1741 zwischen Karl Emanuel III. (1730–1773) und Benedikt XIV. ein Konkordat geschlossen, das dem König die Besetzung der Pfründen in seinem Reich und das Vikariat über die dort gelegenen päpstlichen Lehen gegen einen Zins überließ.

Spanien: Unter den letzten Habsburgern Philipp IV. (1621–1665), der mehr Liebschaften als Heinrich VIII. in England hatte, und Karl II. (1665–1700) verlor Spanien die Hegemonie in Europa, und seine kulturelle Blüte fiel schon in die Zeit eines politischen und wirtschaftlichen Verfalls. Als mit Philipp V. (1700–1746) die Bourbonen die Regierung übernahmen, übertrugen sie den französischen Staatsabsolutismus auch auf dieses Land. Zwischen Ferdinand VI. (1746–1759) und Benedikt XIV. kam es nach langen Verhandlungen 1753 zu einem *Konkordat,* das einen vollen Triumph für die spanische Krone darstellte, denn es gewährte dem König das Recht der Besetzung aller Benefizien. Nur die Verleihung von 52 Stellen blieb dem Papst vorbehalten. Mit dem Konkordat kam immerhin zum Ausdruck, daß der Papst diese Rechte verlieh. Im Jahre 1767 führte das Staatskirchentum in Spanien unter dem aufgeklärten Minister Aranda († 1798) zur Ausweisung von ca. 6.000 Jesuiten, die an den Küsten des Kirchenstaates ausgesetzt wurden.

Portugal: Portugal hatte, ähnlich wie Spanien, den Höhepunkt seiner Geschichte überschritten und geriet wirtschaftlich immer mehr in das Kielwasser Englands. Die Erhebung des Herzogs Johann von Bragança im Jahre 1640 zum König führte zu einem Krieg mit Spanien, der zur Folge hatte, daß die portugiesischen Bistümer unbesetzt blieben. Erst nach dem Frieden von 1668 konnte der Papst den König anerkennen und die präsentierten Bischöfe bestätigen. Eine Periode des Glanzes begann mit Johann V. (1706–1750). Er erreichte von Rom die Erhebung Lissabons zum Patriarchat, ausgedehnte Patronatsrechte und den Titel »Rex fidelissimus«. Unter Josef Emanuel I. (1750–1773) regierte ausschließlich sein Minister de Pombal, der ein rücksichtsloser Vertreter des Staatsabsolutismus und ein fanatischer Gegner der Jesuiten war. Im Jahre 1759 ließ er die Jesuiten aus Portugal und aus den Kolonien ausweisen. Ein Jahr später mußte auch der Nuntius das Land verlassen, und für zehn Jahre blieben die diplomatischen Beziehungen mit Rom unterbrochen. Den aus Menaggio stammenden heiligmäßigen Jesuiten Gabriel Malagrida ließ Pombal 1761 durch die Inquisition als Ketzer verurteilen und erdrosseln. Selbst Jesuitenfeinde beurteilten diese Hinrichtung als Justizmord. Nach dem Sturz Pombals kam es 1778 zu einem Konkordat mit Rom.

Polen: Als Schweden, Russen und Türken Polen bedrängten, tat die Kirche alles, um das Land von den Feinden zu befreien. Die heldenhafte Verteidigung des Paulinerklosters bei Tschenstochau 1655 machte aus dieser Wallfahrtsstätte ein polnisches Nationalheiligtum. König Johann II. Kasimir (1648–1668), der Jesuit und Kardinal gewesen und vom Papst laisiert worden war, erklärte die Gottesmutter Maria 1656 zur Königin Polens. Unter Johann III. Sobieski (1674–1696) erzielte Polen wieder Erfolge gegen die Türken und trug auch zur Befreiung Wiens 1683 bei. Im Innern lähmte aber die schrankenlose Freiheit der Magnaten und des Adels das Staatsleben. Auch unter den beiden Sachsenkönigen August II. (1697–1733) und August III. (1733–1763) konnten wegen Interventionen Rußlands und Preußens längst überfällige Reformen nicht durchgeführt werden. Der Sieg der Gegenreformation hatte eine *Verfolgung der Andersgläubigen* zur Folge. So wurde z. B. 1717 der Neubau von evangelischen Kirchen verboten, und 1724 kam es zum Blutbad von Thorn. Schließlich führte die Expansionslust der Anrainermächte und die Zerstrittenheit des Adels 1772, 1793 und 1795 zur *Teilung des Staates.* Die katholische Opposition unter Bischof Stanislaus Krašinski, die 1768 die Konföderation von Bar gebildet hatte, konnte der russischen Übermacht nicht mehr widerstehen. Das einigende Band für die meisten Polen in dieser schweren Zeit stellte vor allem die Zugehörigkeit zur katholischen Kirche dar.

Rußland: Staat und Kirche waren in Rußland seit eh und je eng verbunden. Der gräkophil eingestellte Patriarch Nikon (1652–1666) setzte auf den Synoden von 1654 und 1655 eine Reform der Liturgie durch und betonte die Priorität des Patriarchats gegenüber dem Zarentum. Aber diese dem absolutistischen Staat entgegenlaufende Entwicklung wurde bald gestoppt, und auf der Moskauer Synode von 1666 wurde Nikon abgesetzt. Zar Peter der Große (1689–1725) setzte 1721 an die Stelle des Patriarchates in Moskau den *Heiligen Synod* in Petersburg und kontrollierte mit Hilfe dieser Kollegialbehörde die ganze Kirche. Unter der aufgeklärten Zarin Katharina II. (1762–1796) wurde die russische Kirche weitgehend säkularisiert und auf den liturgischen Raum beschränkt.

§ 132
Theologische und spirituelle Bewegungen

a) Der Jansenismus

Konflikte über das Zusammengehen von Gnade und menschlichem Tun sind so alt wie die Theologie selbst. Als im Jahre 1638 Cornelius Jansenius, Bischof von Ypern, starb, war sein Lebenswerk, der »Augustinus«, druckreif. Die Jesuiten, die von dem ihnen feindlichen Werk des Bischofs gehört hatten, konnten trotz ihrer gegenteiligen Bemühungen nicht verhindern, daß es 1640, als der Orden das 100jährige Jubiläum seiner Gründung feierte, erschien.

In einem gewaltigen Folio-Band von 1300 Seiten unterstrich Jansenius die Unwiderstehlichkeit der göttlichen Gnade und die Schwachheit des menschlichen Willens. Den Jesuiten warf er in der Gnadenlehre Semipelagianismus und in der seelsorglichen Praxis leichtfertigen Laxismus vor.

Nach dem Tode des Jansenius wurde sein Freund Jean Duvergier († 1643), gewöhnlich St. Cyran genannt, dem es vor allem um die seelsorgliche Praxis ging, Wortführer des Jansenismus. Seit 1635 wirkte er als Seelenführer im Zisterzienserinnenkloster Port-Royal, das eine große Ausstrahlungskraft auf die vornehme Gesellschaft ausübte. Kardinal Richelieu († 1642) ließ St. Cyran wegen mehrfacher Klagen verhaften, und erst nach dem Tode des Kardinals kam der Abbé als gebrochener Mann wieder frei. Das Erbe von St. Cyran trat nun Antoine Arnauld († 1694), der jüngere Bruder der Äbtissin von Port-Royal, an. Als sich Kardinal Mazarin († 1661) in Rom um eine Verurteilung des Jansenismus bemühte, verwarf Innozenz X. mit der Bulle Cum occasione fünf Sätze aus dem »Augustinus«. Aber Arnauld widerstand dem päpstlichen Urteil, indem er die Unterscheidung zwischen der quaestio juris und der quaestio facti traf. Die fünf Sätze waren nach ihm gewiß zu verdammen, aber sie waren im »Augustinus« nicht enthalten.

Während diese subtilen Argumente in der Öffentlichkeit kaum einen Widerhall fanden, schlugen im Jahre 1656 die »Lettres Provinciales« von Blaise Pascal († 1662) wie eine Bombe ein. Mit spitzer Feder unterzog der berühmte Religionsphilosoph und Mathematiker die Moraltheologie und die Bußpraxis der Jesuiten einer vernichtenden Kritik. Dennoch brachte die Klerusversammlung im August desselben Jahres ein Formular ein, das die fünf Sätze verurteilte und von allen Bischöfen unterzeichnet werden sollte. Als Ludwig XIV. 1664 vom Parlament eine Erklärung registrieren lassen wollte, die dem Klerus die Unterzeichnung des Formulars unter Benefizienverlust auferlegte, weigerten sich einige Bischöfe, dies zu tun. Klemens IX. fing mit dem sogenannten Klementinischen Frieden 1669 den heillosen Konflikt auf. Beide Parteien gaben sich mit einem Kompromiß zufrieden, der niemand zwang, seine Meinung aufzugeben.

Nach dem Tode Arnaulds übernahm der Oratorianer Pasquier Quesnel († 1719) die Führung im jansenistischen Lager. Der Klementinische Friede zerbrach nun über den Cas de Conscience. Man fragte sich nämlich, ob einem Pönitenten die Absolution erteilt werden kann, der in der quaestio facti ein ehrfurchtsvolles Schweigen beobachtet. Im Jahre 1705 verurteilte Klemens XI. das »silentium obsequiosum«, und Ludwig XIV. ließ 1710 Port-Royal des Champs, wohin die widerspenstigen Nonnen gezogen waren, niederreißen. Auf Betreiben des Köngis verurteilte der Papst 1713 mit der Bulle *Unigenitus* 101 Sätze, die fast alle aus dem Werk des Quesnel »Reflexions Morales« entnommen waren. Da im Jahre 1717 vier französische Bischöfe gegen die Bulle »Unigenitus« an ein allgemeines Konzil appellierten, spaltete sich die französische Kirche in *Appellanten und Akzeptanten*. Mit dem Tode von Kardinal Noailles von Paris 1729, dem letzten Führer der Jansenisten, und mit der Erhebung der Bulle »Unigenitus« 1730 zum Staatsgesetz schrumpften die Jansenisten zur unbedeutenden Sekte in Frankreich zusammen. In den Niederlanden hingegen konnte ab 1724 die *Utrechter Kirche* entstehen.

b) Der Gallikanismus

Theologen und Kanonisten des 17. Jahrhunderts waren in Frankreich bestrebt, dem Staate einen großen Einfluß auf kirchliche Angelegenheiten einzuräumen und die Macht des Papstes möglichst einzuschränken. Der junge König Ludwig XIV., der von einem gallikanischen Milieu umgeben war, geriet schon 1662 mit Papst Alexander VII. wegen der *Quartierfreiheit* in Rom in Konflikt. Im Jahre 1673 kam es dann zum sogenannten *Regalienstreit*. Kraft alten Rechtes hatte der französische König in den Diözesen des Nordens während der Vakanz der Bischofsstühle die Befugnis, die dem Bischof zugehörigen Benefizien zu besetzen (= geistliche Regalien) und die Einnahmen der vakanten Bistümer zu beziehen (= zeitliche Regalien). Diese Rechte wurden 1673 konsequent auf die Bistümer im Süden ausgedehnt. Bei den Bischöfen von Alet und Pamiers fand diese Anwendung jedoch ernsten Widerspruch. Sie scheuten sich nicht, den Papst einzuschalten, der sich gerne der Antiregalisten annahm und Ludwig mit Sanktionen bedrohte.

Ludwig XIV. konterte mit der Einberufung einer außerordentlichen Klerusversammlung, die am 19. März 1682 die von Kardinal Bossuet verfaßten vier *gallikanischen Artikel* einstimmig annahm. Nach ihnen ist die Zivilgewalt in zeitlichen Dingen unabhängig, das Konzil steht über dem Papst, die Autorität der Päpste ist durch die kirchlichen Kanones eingeschränkt und die Entscheidungen in Glaubensfragen bedürfen der Zustimmung der gesamten Kirche. Der Papst verweigerte daraufhin allen neu ernannten Bischöfen, sofern sie die vier Artikel unterschrieben hatten, die päpstliche Bestätigung.

Ludwig XIV. hoffte durch die Aufhebung des Ediktes von Nantes *Innozenz XI.* (1676-1689) zum Einlenken zu bewegen. Schon Kardinal Richelieu hatte 1628 die Hochburg der Calviner, La Rochelle, schleifen lassen. Ludwig, dem es vor allem auch um die religiöse Einheit des Landes ging, entschloß sich, die Calviner zu verfolgen. So wurden sie aus den öffentlichen Ämtern verjagt, in ihren Gebieten wurde Militär einquartiert, Aufstände wurden blutig niedergeschlagen. Im Jahre 1685 ließ der König sodann das Edikt von Nantes widerrufen und den Calvinern die Ausübung ihrer Religion verbieten. Obschon diese Maßnahmen bei Katholiken allenthalben Begeisterung fanden, konnten sie den Papst nicht zum Einlenken bewegen. Viele Calviner verließen damals Frankreich und brachten damit die Wirtschaft ins Wanken. Auf religiösem Gebiete bereiteten die erzwungenen Konversionen teilweise auch den Relativismus und Indifferentismus des 18. Jahrhunderts vor.

Was die Beziehungen zwischen dem Papst und Ludwig XIV. weiterhin zuspitzen ließ, war der Streit um die sogenannte Quartierfreiheit in Rom. Innozenz XI. ließ 1687 die Quartierfreiheit der ausländischen Gesandten aufheben. Während sich die Botschafter der anderen Staaten unterwarfen, provozierte der französische Gesandte den Papst, so daß dieser die französische Nationalkirche in der Ewigen Stadt mit Interdikt belegen und Ludwig XIV. geheim mitteilen ließ, daß er und seine Minister exkommuniziert seien. Daraufhin reagierte der König äußerst scharf. Er appellierte an ein allgemeines Konzil, ließ die päpstlichen Besitzungen von Avignon und Venaissin besetzen und den Nuntius Ranuzzi inhaftieren. Schließlich zwangen aber die politischen Schwierigkeiten Ludwig, sich dem friedliebenden Innozenz XII. zu nähern. Den Regalienstreit ließ man auf sich beruhen, und der König versprach dem Papst, die gallikanischen Artikel nicht mehr anzuwenden. So kam es zwischen dem Papsttum und Frankreich zu einem Modus vivendi, der bis 1789 nur mehr durch die Ausweisung der Jesuiten 1764 gestört wurde.

c) Der Quietismus

Der Obere der Barnabiten von Thonon am Genfer See, Lacombe, befreundete sich mit den Ideen des Quietismus des spanischen Priesters Michael Molinos († 1696) in Rom, der das Gnadenwirken Gottes unter Ausschaltung des eigenen Tuns betonte. Lacombe gab dieses Gedankengut an Mme. Jeanne-Marie de Guyon, Schwester seines Ordensgenerals, weiter, bei der sich aber Mystik und Hysterie mischten. Ein Werk von Mme. Guyon, das in Frankreich allenthalben großes Echo auslöste, beunruhigte den Erzbischof von Paris, der Lacombe in die Bastille werfen und die Frau inhaftieren ließ. Mme. Guyon, die bald eine triumphale Rückkehr erlebte, befreundete sich ab 1688 mit dem genialen Fénelon († 1715), dem aber, als dem »Montanus einer neuen Priscilla«, Jacques-Bénigne Bossuet († 1704) entgegentrat. Zwischen den beiden großen Hierarchen kam es zu einer äußerst peinlichen Auseinandersetzung, bei der vor allem Bossuet auch vor Verleumdungen nicht zurückschreckte. Schließlich verurteilte 1699 Innozenz XII. auf Betreiben des Königs 23 Sätze des Fénelon als »ärgerniserregend und verwegen«.

d) Der Febronianismus

Es war eine unleugbare Tatsache, daß kaum eine Kirche von Rom so abhängig war wie die deutsche. Daher ist es verständlich, daß das jansenistisch-gallikanistisch ausgerichtete Werk des Löwener Professors Bernhard van Espen († 1728) mit seinen staatskirchlichen und episkopalistischen Ideen in der deutschen Kirche großen Anklang fand. Ungekröntes Haupt einer blühenden Kanonistenschule in Würzburg im 18. Jahrhundert war Kaspar Barthel, der der deutschen Kirche ihre Rechte zurückerobern wollte. Sein Schüler, Christoph Neller, lehrte in Trier, wo schließlich der Episkopalismus zum Febronianismus wurde. Der Weihbischof von Trier, Nikolaus von Hontheim († 1790), veröffentlichte im Jahre 1763 unter dem Pseudonym Justinus Febronius das Werk »De statu Ecclesiae ...«, womit er die Kirchenverfassung von Pseudo-Isidor und vom Hildebrandismus reinigen und das Ideal der Urkirche wiederherstellen wollte. Der Primat des Papstes sollte auf einen Ehrenprimat reduziert werden, und die Unfehlbarkeit sollte der Gesamtkirche und dem Allgemeinen Konzil zukommen.

Zu einem erneuten Höhepunkt in der Auseinandersetzung zwischen Rom und der deutschen Kirche kam es, als im Jahre 1773 die Kurfürsten die *Gravamina* ihrer Territorien aufstellten und sich beschwerten, daß die Kurie die Bestimmungen des Wiener Konkordates von 1448 mißachte. Schließlich führte die Errichtung einer Nuntiatur 1785 in München zur *Emser Punktation*. Die Vertreter der Kurfürsten von Köln, Trier und Mainz und des Erzbischofs von Salzburg formulierten 1786 in Bad Ems 23 Artikel, die eine Kampfansage an die Nuntien waren. Nachdrücklich unterstrichen sie auch die bischöfliche Unabhängigkeit und forderten das bischöfliche Plazet für päpstliche Erlässe. Die Französische Revolution und der Reichsdeputationshauptschluß bereiteten der Emser Punktation jedoch ein jähes Ende. Es blieb, wie ein Historiker treffend formulierte, »die bloße Ansage der Fehde wider Rom, der die Fehde selbst nicht folgte«.

§ 133
Der Josephinismus

Im 17. Jahrhundert erreichte die Verquickung von Geistlichem und Weltlichem in Österreich einen hohen Grad. Während die Kirche dem Staate in gegenreformatorischer Absicht Unterstützung anbot, wurde sie von ihm besonders privilegiert. Im Zuge der *Aufklärung* wandelte sich allerdings das Bild, und der Staat ging vom Schutz der Kirche zur Schutzherrschaft über. Während er einerseits überholte Privilegien abbaute, erlaubte er sich anderseits ungerechtfertigte Eingriffe in vornehmlich kirchliche Bereiche. Der Josephinismus, wie das Staatskirchentum in Österreich allgemein genannt wird, hat sehr unterschiedliche *Interpreten* gefunden. E. Winter sieht darin einen Aufbruch zu einer katholischen Reform, die von Rom vereitelt worden ist; F. Maaß hingegen verurteilte ihn als Zerstörung von Religiosität durch die Allmacht des Staates; F. Valjavec schließlich betrachtet ihn als großartige österreichische Sonderform der deutschen Aufklärung.

Kaiserin Maria Theresia (1740–1780), die mit ihren Reformen in Österreich, fast ohne sich dessen bewußt zu werden, der Aufklärung die Tore geöffnet hat, verhielt sich der neuen Weltanschauung gegenüber innerlich ablehnend. Sie sah den oft sarkastischen Geist der neuen Strömung in der Person ihres Feindes Friedrichs II. von Preußen verkörpert, den aber ihr Sohn Joseph insgeheim bewunderte und nachzuahmen versuchte. Seit 1765 zeigte sie sich vor allem *jansenistischen Tendenzen* gegenüber offen, die vom Jesuitenhasser und Leibarzt der Kaiserin Gerard van Swieten, dem Minister Johann Christoph von Bartenstein und von ihrem Beichtvater Ignaz Müller von St. Dorothea vertreten wurden. Als Hauptberater der Kaiserin ist aber der Staatskanzler Wenzel Graf Kaunitz-Rietberg († 1794) anzusehen, der als Begründer und Vater des aufgeklärten Staatskirchentums in Österreich gilt. Das schönste Geschenk, das Maria Theresia der Monarchie hinterlassen hat, ist ohne Zweifel die *Volksschule,* bei deren Errichtung Abt Ignaz Felbinger († 1788) vom Augustiner-Chorherrenstift Sagan in Schlesien maßgeblich beteiligt war. Es hat auch den planmäßigen Religionsunterricht in das Schulwesen eingeführt. Unter der Kaiserin wurde die Zahl der Wallfahrten, Prozessionen und Feiertage eingeschränkt. Die Gründung von Klöstern wurde beträchtlich erschwert und der Klosterkerker abgeschafft. Das Profeßalter wurde auf das 24. Lebensjahr festgesetzt und das Plazet streng gehandhabt.

Das kirchenpolitische Ziel Josephs II., der einen sehr eigenwilligen Charakter hatte, war die volle Abhängigkeit der Kirche vom Staate. Es sollte eine Art österreichische Nationalkirche mit größtmöglicher Unabhängigkeit von Rom entstehen. Joseph II. wollte aber mit seinen kirchlichen Reformen nicht den Glauben bekämpfen, sondern den Aberglauben aus dem Bewußtsein seines Volkes verdrängen, die »Abgeschmacktheiten« und »Andächteleien« beseitigen, mit denen sich nach seiner Auffassung die Kirche nur dem Gespött der Laien aussetzte. Die Männer, die den Kaiser in diesem Bestreben unterstützten, waren sein Staatskanzler Kaunitz, van Swieten, Abt Stephan Rautenstrauch und teilweise auch einige Bischöfe. Als Vermittlungsmann in Rom wirkte der kaiserliche Botschafter und Kardinal Franz Herzan von Harras, den aber Joseph II. haßte. Die Gegenspieler der kaiserlichen Politik waren der Wiener Erzbischof Kardinal Christoph Anton Migazzi († 1803), der Bischof von Passau Kardinal Leopold Ernst von Firmian († 1783) und die Nuntien Giuseppe Garampi und Gianbattista Caprara.

Seine kirchenpolitischen Reformen begann Joseph II. schon 1781 mit dem *Toleranzpatent,* das den Lutheranern, Calvinern und Griechisch-Orthodoxen bürgerliche Gleichheit mit der katholischen Mehrheit sowie Kultusfreiheit gewährte. Gewisse einschränkende Bestimmungen wie etwa jene, die bei evangelischen Bethäusern den Bau von Türmen verbot, sollten einen Vorrang der römisch-katholischen Religion weiterhin sicherstellen. Eine tolerante Haltung hat Joseph II. auch gegenüber den Juden gezeigt. Ihnen gewährte er ebenfalls Rechtsgleichheit und Religionsfreiheit und befreite sie von der Leibmaut und von manchen quälenden Bewegungseinschränkungen. Im Jahre 1782 verfügte der Kaiser die *Aufhebung* sämtlicher beschaulicher *Orden,* der Bettelorden und aller schlecht geführten Klöster. Das Vermögen wurde vom Staate eingezogen und einem »Religionsfonds« einverleibt, aus dem die Pensionen für die Exreligiosen und die Gehälter für Pfarrer und Kapläne zu zahlen waren. In der Absicht, die Schwerpunkte des religiösen Lebens auf die Pfarrseelsorge zu verlegen, wurden 1783 allerdings beinahe lächerliche Verordnungen über den Besuch der noch verbliebenen Klostergottesdienste erlassen. Bis zum Jahre 1787 wurden ungefähr 700 bis 800 Klöster bzw. Stifte Österreichs und Ungarns aufgehoben. Klöster, die in der österreichischen Kulturgeschichte eine bedeutende Rolle gespielt haben, wie etwa Kremsmünster, entgingen nur um Haaresbreite der Säkularisierung.

Dieses eigenmächtige Vorgehen Josephs II. bewirkte Ende Februar 1782 die *Papstreise nach Wien.* Trotz mehrerer Unterredungen mit dem Kaiser konnte Pius VI. aber nichts erreichen. Der einzige Trost für den Papst war die Anhänglichkeit des Volkes, die sich überall auf der Reise zeigte. Auch beim Gegenbesuch Josephs II. in der Ewigen Stadt im Jahre 1783 konnte Pius VI. keine greifbaren Ergebnisse erzielen. Hand in Hand mit den Klosteraufhebungen gingen die *Pfarrerrichtungen,* die aus dem Religionsfonds bezahlt wurden. Die Neueinteilung der Pfarrsprengel begann zunächst in den Städten. Wien beispielsweise, das damals ca. 50.000 Einwohner zählte, wurde in neun Pfarreien aufgeteilt. Für die Vorstädte wurden 19 Pfarreien vorgesehen. In den Nebenkirchen und Kapellen, die nicht zu Pfarreien erhoben wurden, durften weder Gottesdienste noch feierliche Andachten gehalten werden. Schwieriger gestaltete sich die Pfarreienstrukturierung auf dem Lande. Die Richtlinien besagten, daß dort eine neue Seelsorgsstation entstehen sollte, wo schlechte Wege den Kirchgang erschwerten, wo die Entfernung von der Kirche eine Gehstunde betrug und wo die Gemeinde über 700 Personen zählte. Von 1782 bis 1789 wurden ca. 3200 neue Seelsorgsstationen errichtet; das waren viermal so viele als Klöster aufgehoben wurden. Im sozialen Bereich bekamen die Pfarreien wichtige Aufgaben zugeteilt. Sie mußten sich besonders der Armenpflege annehmen, wozu die Bruderschaft »Der thätigen Liebe des Nächsten« gegründet wurde. Alle übrigen Bruderschaften wurden ab 1783 aufgehoben, und ihr Vermögen mußte der Armenfürsorge dienen.

Mißmut erregte der Kaiser, als er 1783 in den Landeshauptstädten *Generalseminarien* errichten ließ und durch sie den Bischöfen die Ausbildung des Diözesanklerus entzog. Das Theologiestudium hat aber davon profitiert, denn das Studium der biblischen Wissenschaften, der Patristik, der Kirchengeschichte und der pastoralen Diziplinen wurde besonders betont bzw. neu eingeführt. Der Priester, der in diesen Anstalten ausgebildet wurde, sollte sich als Seelsorger, Lehrer und Staatsbeamter verstehen und so das Ideal des »Pastor bonus« verwirklichen.

Der Widerstand der Bevölkerung wuchs, als der Kaiser begann, sich in pedantischer Weise in *gottesdienstliche Fragen* einzumischen und die Länge der Predigten und die Zahl der Kerzen vorzuschreiben. Da der Kaiser eine besondere Abneigung gegen Prozessionen hegte, ließ er sie jährlich auf zwei pro Pfarrei reduzieren. Auch die Begräbnisse wollte er einfacher gestalten und ließ die Totensärge durch Säcke ersetzen, womit diese peinlichen Maßnahmen den Höhepunkt erreichten. Ob der allgemeinen Entrüstung mußte aber diese Vorschrift bald zurückgenommen werden. Auch die schon unter Maria Theresia angefangene Neuregulierung der Feiertage wurde unter Joseph II. weitergeführt.

In der *Diözesanregulierung* war Joseph II. bestrebt, eine Gleichsetzung von Diözesan- und Landesgrenzen zu erreichen. Als Auftakt für den Durchführungsbeginn der Diözesanregulierung nützte er den Tod des Bischofs von Passau, Kardinal Leopold Ernst von Firmian, im Jahre 1783. Aus dem österreichischen Anteil der Diözese Passau wurden 1783 die Bistümer Linz und St. Pölten errichtet und als Suffraganbistümer der Erzdiözese Wien unterstellt. 1785 wurden die zwei neuen Diözesen auch kanonisch bestätigt. Der Kaiser ernannte zum ersten Bischof von St. Pölten den letzten Bischof von Wiener Neustadt, Johann Heinrich von Kerens, dessen Bistum aufgehoben und dessen Territorium zu Wien geschlagen wurde, und zum ersten Bischof von Linz den Passauer Weihbischof und Offizial in Wien, Ernest Johann N. von Herberstein. Auch die Mitglieder der beiden Domkapitel wurden vom Kaiser ernannt. Die Rechte des Erzbischofs von Salzburg in der Steiermark und in Kärnten wurden ebenfalls beschnitten. Für jedes dieser Länder wurden zwei Bistümer gegründet, nämlich Seckau-Graz und Leoben für die Steiermark und Lavant und Gurk-Klagenfurt für Kärnten. Der Salzburger Erzbischof blieb aber Metropolit dieser Suffraganbistümer und behielt auch das Nominationsrecht für diese Bischofssitze. Vor allem weil der Fürstbischof von Trient, Peter Vigil Graf von Thun, sich entschieden widersetze, Konzessionen zu machen, mißlang die Errichtung der geplanten Bistümer Bregenz und Innsbruck. Daß die josephinische Diözesanregulierung aber im allgemeinen doch gelang, obwohl sie gegen das Reichsrecht verstieß, ist der Gefügigkeit der Fürstbischöfe zuzuschreiben, die als österreichische Adelige im Grunde alle treu zum Kaiser hielten. Waren einige Reformen Josephs II. übereilt und auch verfehlt, so waren andere bedeutende Leistungen kirchlicher Erneuerung.

5. VON DER FRANZÖSISCHEN REVOLUTION BIS ZUR MITTE DES 19. JAHRHUNDERTS

§ 134
Die Französische Revolution

Da die Französische Revolution die überlebten und überalterten Strukturen der Kirche in einem großen Teil Europas zum Einsturz brachte, bedeutet sie auch für die Kirchengeschichte eine große Wende. Am Vorabend der Revolution besaß die Kirche zirka ein Sechstel des französischen Bodens. Sie leistete aber einen freiwilligen Steuerbeitrag und kam für die Armenpflege und das Unterrichtswesen auf. Der Episkopat setzte sich beinahe ausschließlich aus Mitgliedern des hohen Adels zusammen. Da er meist die Residenzpflicht mißachtete und ihm die Seelsorge vielfach Nebensache war, genoß er auch beim Volke kein Ansehen. Der niedere Klerus hingegen, der nur ein knappes Einkommen bezog, hatte weitgehend das Vertrauen der Bevölkerung. Die Klöster und das Ordenswesen litten unter großen Anpassungsschwierigkeiten und machten eine tiefe Krise mit. Die überwiegende Mehrheit des Volkes hielt jedoch am Glauben fest.

Zur Bewältigung der gewaltigen finanziellen Probleme wurden am 5. Mai 1789 zum ersten Mal seit 1614 wieder die *Generalstände* zusammengerufen. Die Versammlung begann sogar mit einem feierlichen Gottesdienst. Der Klerus, der wohl einen eigenen Stand, aber keine homogene Einheit bildete, trat sogleich mehrheitlich für die Rechte des Volkes ein und schlug sich zum dritten Stand. Im August verzichtete er auf alle Sonderrechte, und von Bischof Charles-Maurice de Talleyrand, Bischof von Autun, ging die Idee zur Verstaatlichung aller Kirchengüter aus. Nun überschlugen sich die Ereignisse. Im Februar 1790 erfolgte die Säkularisierung der nichtkaritativen Orden, und in Erinnerung an die Urkirche kam es am 12. Juli zur *Zivilkonstitution* des Klerus, die unter anderem eine Angleichung der Zahl der Diözesen an die der Departements und die Wahl der Bischöfe und der Pfarrer durch Wahlkörperschaften der entsprechenden Gebiete vorsah. Die Zivilkonstitution, die einen Bruch mit Rom bedeutete, trug aber letztlich eher gallikanische als revolutionäre Züge. Im September verlangte man dann vom Klerus einen Eid auf die neue Verfassung, deren Teil die Zivilkonstitution war. Nun kam es zum Bruch zwischen Kirche und Revolution. Beinahe die Hälfte des Klerus weigerte sich, den Eid zu leisten. Da Pius VI. den Verlust der päpstlichen Territorien in Frankreich befürchtete, verurteilte er die Zivilkonstitution erst am 10. März 1791.

Nun begann für die französische Kirche ein wahrer Leidensweg. Der Klerus spaltete sich in einen *konstitutionellen* und in einen *antikonstitutionellen Teil.* Während man früher die konstitutionellen Priester scharf verurteilte, unterstreicht man heute die Tatsache, daß sie glaubten, das kleinere Übel zu wählen. Da mit der *Legislative* (1792/93) immer mehr radikale Elemente an die Macht kamen, die im antikonstitutionellen Klerus eine Gefahr für die Einheit des Staates sahen, kam es nun zu regelrechten Verfolgungen. Im August 1792 wurden die eidverweigernden Priester zur Deportation verurteilt, und im September wurden ca. 300 Priester grausam ermordet. Über 30.000 Geistliche flüchteten ins Ausland. Ein Jahr später wurden viele gezwungen, ihrem Priestertum abzuschwören, wobei sich der konstitutionelle Bischof von Paris, Jean-Baptiste Gobel, besonders hervortat. Er erklärte feierlich seinen Austritt aus dem Priesterstande und legte seine Weiheurkunde und sein Brustkreuz auf den Tisch des Präsidenten der Kommune. Den Höhepunkt erreichte die Französische Revolution wohl im November, als das Christentum offiziell abgeschafft und der *Kult der Vernunft* eingeführt wurde. Unter der Herrschaft des *Direktoriums* (1795–1799) erfreuten sich sowohl die konstitutionelle wie die antikonstitutionelle Kirche eines gewissen Freiheitsraumes. Nur der Eid, den man gegen Ende von 1797 verlangte und der gegen das Königtum gerichtet war, stürzte wieder viele Priester in Gewissensnot und gab Anlaß zu neuen Deportationen.

In dieser schwierigen Zeit war der Papst ratlos. Im allgemeinen versuchte Pius VI., die Konterrevolution zu unterstützen. Nach den Siegen Napoleons in Oberitalien wurde die Lage für den Papst immer schwieriger. Im Jahr 1797 diktierte schließlich Napoleon den *Frieden von Tolentino* und ließ aus Rom viele Kunstwerke nach Paris bringen. Noch im gleichen Jahre spitzte sich die Lage wieder zu, als in Rom der französische General Duphot erschossen wurde. Das Direktorium ließ 1798 Rom besetzen und die Republik ausrufen. Der Papst, der in der Ewigen Stadt sterben wollte, wurde nach Valence gebracht, wo er 1799 verschied. Das Papsttum schien vernichtet. Der unglückliche Braschi-Papst wurde »Pius der sechste und der letzte« genannt.

§ 135
Napoleon und Pius VII.

Vor seinem Tode hatte Pius VI. noch Richtlinien für das nächste Konklave erlassen. Der Kardinal Albani, der Dekan des Heiligen Kollegiums, versammelte nun die Kardinäle in Venedig, wo sie den Schutz des Kaisers genossen. Monatelang dauerte das Tauziehen der einzelnen Kardinalsfraktionen, bis sie endlich den Kardinal Chiaramonti wählten, der sich *Pius VII.* (1800–1823) nannte. Chiaramonti, der in seiner Bibliothek sogar die Enzyklopädie von d'Alembert besaß, war in seiner Diözese Imola ein aufgeschlossener Priester gewesen. Im Jahre 1797 hatte er in einer berühmten Homilie erklärt, daß die demokratische Regierungsform keinen Widerspruch zum Evangelium darstelle. Zu seinem Staatssekretär ernannte er Ercole Consalvi, der ein ebenso aufgeschlossener wie kirchentreuer Prälat war und der der beste kirchliche Staatsmann des Jahrhunderts wurde. Der Papst löste sich alsbald vom Druck des Kaisers und kehrte im Juli nach Rom zurück.

Napoleon, der in Frankreich die Macht an sich gerissen hatte, näherte sich aus politischen Erwägungen immer mehr der Kirche. Pius VII. erkannte seinerseits die Chance, die sich ihm bot, und zeigte sich auch bereit, Gespräche aufzunehmen. Die Verhandlungen gingen aber sehr mühsam voran. Schließlich gelang es 1801 dem Kardinal Consalvi, in Paris ein *Konkordat* auszuhandeln, das beiden Teilen Vorteile brachte. Es bezeichnete den Katholizismus als die Religion der Mehrheit der Franzosen. Während der Papst die 80 noch lebenden antikonstitutionellen Bischöfe zur Abdankung zwang, nötigte die Regierung die konstitutionellen Bischöfe zum Rücktritt. Die Ernennung der neuen Bischöfe blieb beim Herrscher, ihre Bestätigung kam jedoch dem Papst zu. Napoleon fügte dem Konkordat noch eigenmächtig 77 *Organische Artikel* hinzu, die vieles zurücknahmen, was das Konkordat gewährte. An die Stelle der ehemaligen gallikanischen und presbyterianischen Tradition trat nun in Frankreich eine Zentralisation, die den zukünftigen Ultramontanismus vorbereitete.

Da aus utilitaristischen Gründen Napoleon nun in Frankreich eine Rechristianisierung durchführte, erblickte schon mancher in ihm einen neuen Konstantin. 1804 ließ sich sogar der Papst herbei, zur Krönung nach Paris zu eilen, in der Hoffnung, eine Abschwächung der Organischen Artikel zu erreichen. Bei der Krönung in der Kathedrale von Notre-Dame setzte sich Napoleon nach der Salbung selbst einen goldenen Lorbeerkranz aufs Haupt. In der Folge verlangte Napoleon von Pius VII., den er wie einen Untertanen behandelte, den Beitritt zur *antienglischen Liga* und die Ernennung einer Reihe französischer Kardinäle. Als der Papst dies ablehnte, ließ Napoleon im Jahre 1808 Rom besetzen und am 17. Mai 1809 »in seinem Feldlager zu Wien« annektieren, worauf der Papst die Räuber des Kirchenstaates exkommunizierte. Napoleon ließ nun den »tollgewordenen Narren« nach Savona bringen und ihn von seinen treuesten Mitarbeitern isolieren. In dieser mißlichen Lage griff Pius VII. zu einem Mittel, das schon Innozenz XI. gegen Ludwig XIV. im Regalienstreit angewandt hatte. Er weigerte sich ganz einfach, den vom Kaiser ernannten Bischöfen die *kanonische Institution* zu erteilen, so daß schon bald 17 Diözesen in Frankreich ohne rechtmäßigen Bischof waren. Als sich 13 Kardinäle weigerten, die vom Pariser Offizialat ausgesprochene Ungültigkeitserklärung der ersten Ehe Napoleons anzuerkennen und seiner Hochzeit mit Marie-Luise, der Tochter des österreichischen Kaisers, beizuwohnen, verbot ihnen Napoleon das Tragen der Zeichen ihrer Würde, beschlagnahmte ihren Besitz und verbannte sie schließlich in die Provinz.

Im Jahre 1811 berief Napoleon ein *Nationalkonzil* nach Paris, das eine Investitur der Bischöfe durch die Metropoliten beschließen sollte. Aber die Mehrheit der Bischöfe weigerte sich, ohne Zustimmung des Papstes einen entsprechenden Konzilserlaß zu veröffentlichen. Nach der Rückkehr aus Rußland traf Napoleon mit Pius VII., den er nach Paris hatte kommen lassen, in Fontainebleau zusammen und zwang ihn dort am 25. Januar 1813 zur Unterzeichnung eines Konkordates, das seinen Wünschen entgegenkam. Aber gar bald befiel den Papst große Angst und er ließ Napoleon unter dem Hinweis auf Papst Paschalis II. (1099–1118), der Kaiser Heinrich V. gegenüber einen Widerruf geleistet hatte, wissen, daß er seine Zugeständnisse zurücknehme. Nach der Niederlage von Leipzig konnte der Papst wieder nach Italien zurückkehren und am 24. Mai 1814 unter dem Jubel der Gläubigen in Rom einziehen. Die Mitglieder der Familie Bonaparte, die im übrigen Europa nun geächtet wurden, nahm Pius VII. großzügig in Rom auf und gewährte ihnen Asyl. Das Papsttum hatte wieder weltweit an Prestige gewonnen.

<h2 style="text-align:center">§ 136
Die Säkularisation in Deutschland</h2>

Seit den Tagen Friedrichs II. (1740–1786) und Kaiser Josephs II. wurde in der Publizistik eine *Säkularisation* der geistlichen Fürstentümer immer wieder diskutiert, aber ihre Verwirklichung aus machtpolitischen Gründen von Habsburg stets verhindert. Nun hatte sich die Lage wesentlich geändert. Die Ereignisse in Frankreich hatten auch für Deutschland große Auswirkungen. Bereits im Jahre 1794 beendete die französische Besetzung des linken Rheinufers die Herrschaft der geistlichen Kurfürsten von Köln, Trier und Mainz und der Fürstbischöfe von Speyer und Worms. Kaiser Franz II. (1792–1806) erhob im *Vertrag von Campo Formio* 1797 Ansprüche auf das Fürstentum Salzburg und billigte auf dem Kongreß von Rastatt 1798 die Aufhebung der kirchlichen Fürstentümer. Als im Frieden von Lunéville 1801 das Deutsche Reich die Gebiete links des Rheins an Frankreich abtreten mußte, wurde die Säkularisation der Reichskirche beschlossen, um die deutschen Fürsten entschädigen zu können. Schließlich ordnete der *Reichsdeputationshauptschluß* von 1803 zu Regensburg die Enteignung von 22 Bistümern, 80 reichsunmittelbaren Abteien und 200 Klöstern an. Nur Karl Theodor von Dalberg, Kurfürst von Mainz und Freund Napoleons, durfte sein Hoheitsgebiet behalten. Da aber Mainz auf der linken Seite des Rheins lag, bekam er das Hochstift Regensburg. Kaiser Franz II. begnügte sich, die Hochstifte Trient und Brixen mit seinen Erblanden zu vereinigen, ließ aber die Stifts- und Klostergüter weitgehend unangetastet. Das Erzstift Salzburg fiel mit Berchtesgaden, Eichstätt und einem Teil von Passau als Kurfürstentum zunächst an einen Bruder des Kaisers. Erst als Salzburg 1806 zu Österreich kam, wurde die Säkularisierung des geistlichen Besitzes nachgeholt.

Die Säkularisation besiegelte das Schicksal des *Heiligen Römischen Reiches Deutscher Nation,* und nach Gründung des Rheinbundes legte Kaiser Franz II. am 6. August 1806 die Deutsche Kaiserkrone nieder. Die Säkularisation war wohl der größte Schlag, der die Organisation der deutschen Kirche je traf. Manche geschlossen katholische Gebiete, die nun protestantischen Staaten einverleibt wurden, befanden sich plötzlich in einer gefährlichen Minderheit. Die Aufhebung von 18 katholischen Universitäten hatte ein katholisches Bildungsdefizit zur Folge. Sehr bedauerlich war die Vernichtung von unschätzbaren Kunstwerken und kostbaren Bibliotheken. Anderseits aber befreite die Säkularisation die deutsche Kirche von überlebten Strukturen. Vor allem wurde das *Adelsmonopol* bei der Besetzung der Bischofsstühle und der Domkapitel und damit auch die unüberbrückbare Kluft zwischen hohem und niederem Klerus beseitigt. Die arm gewordene Kirche konnte nun ein neues Verhältnis mit den Massen eingehen und zur *Volkskirche* werden.

Bei der notwendigen *Reorganisation* der deutschen Kirche dachte man zunächst an ein Reichskonkordat. In der Tat trat vor allem Dalberg für ein solches ein. Aber Pius VII. und Kardinal Consalvi befürchteten, Dalberg plane die Errichtung einer deutschen Nationalkirche. Mit der Schaffung des Rheinbundes und der Auflösung des Deutschen Reiches fiel jedoch der Plan eines Reichskonkordates ins Wasser. Napoleon und Dalberg dachten nun an ein Konkordat für den Rheinbund, aber die Gefangennahme des Papstes brachte alle Verhandlungen zum Stillstand. Als der Wiener Kongreß Europa neu ordnete, konnte Consalvi zwar die Wiederherstellung des Kirchenstaates erreichen. An eine Restauration der Reichskirche und an die Rückgabe der eingezogenen Kirchengüter dachte aber auch er nicht. In den Bereich des Möglichen rückte jedoch wieder eine gesamtdeutsche Regelung der Kirchenfrage. Ihr unermüdlicher Vorkämpfer war der Konstanzer Generalvikar Ignaz Heinrich Freiherr von Wessenberg, den Dalberg zu diesem Zwecke nach Wien geschickt hatte. Mit der Forderung einer primatialen Führung wollte aber Wessenberg keine Trennung von Rom. In seinen autobiographischen Aufzeichnungen schrieb er: »Die Einheit der Nationalkirche schien mir zunächst das Wesentliche, wenn sich das religiös-kirchliche Leben unseres Volkes heben und gedeihlich entwickeln soll.« Doch die römische Kurie widersetzte sich diesen Plänen, und sie fand bald auch Bundesgenossen in den Königen von Bayern und Württemberg.

§ 137
Das Papsttum von 1815 bis 1846

Nach der Rückkehr in die Ewige Stadt widmete sich Pius VII. hauptsächlich den geistlichen Funktionen und der Verschönerung Roms, während er die Leitung des Kirchenstaates und selbst die der Kirche seinem getreuen und genialen Staatssekretär überließ. Obwohl Consalvi ein Mann der alten Schule war, hatte er doch für den neuen Geist viel Verständnis. Er wußte, daß man das Rad der Geschichte nicht zurückdrehen konnte. Nachdem er beim Wiener Kongreß die Wiedererrichtung des Kirchenstaates im alten Umfang erreicht hatte, bemühten sich die Kardinäle Pacca und Rivarola, alles auszumerzen, was die napoleonische Zeit geschaffen hatte. Ihr blinder Eifer machte selbst vor der Straßenbeleuchtung nicht halt. Consalvi mahnte daher zur Mäßigung und erwirkte 1816 ein päpstliches Motu proprio, das den Apparat des Kirchenstaates erneuerte. Der Ruf nach der Einheit Italiens ließ sich aber nicht mehr zurückdrängen, und so kam es bereits 1817 zu einem Aufstand im Kirchenstaat. Die Mehrheit der Kardinäle sah in der Wiederherstellung der Vergangenheit die Lösung aller Probleme und warf vor allem dem Staatssekretär vor, die Diplomatie den religiösen

Belangen vorzuziehen. Als Pius VII. am 20. August 1823 starb, war Consalvi isoliert.

Im Konklave von 1823 legte Österreich das Veto gegen den Kardinal Severoli ein, der sich daraufhin beim Kaiser bedankte. Am 28. September wählten dann die Kardinäle Annibale della Genga, von dem es hieß, daß er bereits siebzehnmal die Sterbesakramente empfangen hatte. *Leo XII.* (1823–1829) stammte aus Spoleto und war von rigorosem Reformgeist erfüllt. Er besaß aber nicht das Format, das die Zeit verlangte. Sogleich entließ er Consalvi und ernannte den senilen Giulio della Somaglia zum Staatssekretär, den er 1828 durch Tommaso Bernetti ersetzen mußte. Der Papst, dem es vor allem um eine geistliche Erneuerung der Stadt Rom ging, ließ 1825 feierlich ein Jubeljahr begehen. Da Leo XII. gegen den Geheimbund der Carbonari hart vorging, wurde seine Regierungszeit als ein Rückfall in das Mittelalter bezeichnet. Am 10. Februar 1829 starb der Papst auf dem Höhepunkt seiner Unpopularität.

Diese Unpopularität bewirkte wohl auch die Wahl des gemäßigten Francesco Saverio Castiglioni, der sich in Erinnerung an den Chiaramonti-Papst *Pius VIII.* (1829–1830) nannte. Nach einer Regierungszeit von nur 20 Monaten verschied der Papst am 30. November 1830. Nach 50 Tagen und 100 Abstimmungen wurde am 2. Februar 1831 Bartolomeo Cappellari gewählt, der aus Belluno stammte und dem Kamaldulenserorden angehörte. Er nahm den Namen *Gregor XVI.* (1831–1846) an. Der gelehrte, aber weltfremde Mönch, der seit 1826 Präfekt der Propaganda war, hatte 1799 während der französischen Gefangenschaft Pius' VI. das Buch mit dem Titel *Triumph des Heiligen Stuhles* verfaßt, in dem er die Unfehlbarkeit und die absolute Monarchie des Papstes verfocht. Gregor ernannte zunächst wieder Bernetti und 1836 Luigi Lambruschini zum Staatssekretär, der, wie der Papst Ordensmann, alles bekämpfte, was an die Revolution erinnerte.

Die Julirevolution (1830), die den Kirchenstaat in eine schwere Krise stürzte, schien dem Papst zu bestätigen, daß die neuen Ideen an allen Übeln schuld seien. Mit der Enzyklika *Mirari vos* von 1832 verwarf er nicht nur den Rationalismus, Gallikanismus und Indifferentismus, sondern auch die Gewissensfreiheit, die er einen ganz verderblichen Irrtum nannte. Den Glauben, daß aus der Meinungsfreiheit für die Kirche ein Nutzen entstehen könnte, wies der Papst als »höchste Unverschämtheit« zurück. *Der Kirchenstaat* wurde mittlerweile von vielen als Anachronismus angesehen, zumal alle wichtigen Verwaltungsstellen Geistlichen vorbehalten waren, von denen man sagte, daß sie als Geistliche zu sehr Laien und als Laien zu sehr Geistliche seien. Dem Papst erschien aber der Kirchenstaat notwendig für die Ausübung seines geistlichen Amtes. Für Gregor XVI. spricht immerhin der Mut, mit dem er sich für die Unabhängigkeit des Heiligen Stuhles gegenüber den Großmächten eingesetzt hat. Als er am 1. Juli 1846 starb, erschallte überall der Ruf nach einem »Versöhnungspapst«.

§ 138
Österreich, Deutschland und die Schweiz

Da Kaiser Franz I. (II.) (1792–1835) den Grundsatz vertrat, daß die Grenzen der kirchlichen Einteilung jenen des Staates und der politischen Kreise entsprechen sollten, kam es nach dem *Wiener Kongreß* 1814/15 in Österreich zu einigen Veränderungen der *Diözesangrenzen.* Salzburg verlor sein Bistumsgebiet und seine Metropolitanrechte in Bayern. Die Anteile von Chur auf österreichischer Seite wurden zu Brixen und Trient geschlagen. Brixen erhielt auch noch Vorarlberg, das vorher zu Chur und zu Konstanz gehörte, und trat drei Dekanate an Trient ab, das 1826 zur Kirchenprovinz Salzburg kam. Der Kaiser behielt das Nominationsrecht der Bischöfe, nur die Domkapitel von Salzburg und Olmütz konnten ihre Oberhirten selbst wählen. Der *Josephinismus* bestimmte, wenn auch in abgeschwächter Form, die Kirchenpolitik in Österreich. So war es den Bischöfen immer noch nicht erlaubt, mit Rom direkt zu korrespondieren. Immerhin unterstellte der Kaiser 1822 die kirchlichen Studien wieder der Aufsicht der Bischöfe. In den letzten Jahren seiner Regierung nahm Franz I. die Anregung Metternichs auf, ein Bündnis zwischen *Thron und Altar* zu suchen.

Die Gegner des josephinischen Systems gewannen mittlerweile ständig an Boden. Sie scharten sich vor allem um den Redemptoristen Klemens Maria Hofbauer (1751–1820), der sich um die Freiheit der Kirche und um eine enge Bindung an Rom bemühte. Zu seinem Kreis gehörten berühmte Schriftsteller wie Friedrich Schlegel, Adam Müller, Clemens Brentano und bekannte Aristokraten wie der Graf Stephan Széchenyi und seine Nichte, die Gräfin Julie Zichy, die einen großen Einfluß auf Metternich ausübte, aber auch auf Geistliche wie die späteren Bischöfe von Linz bzw. Graz-Seckau: Gregorius Thomas Ziegler bzw. Roman Zängerle. Der Josephinismus zog sich nun immer mehr in die Amtsstuben der Beamten und auf die Universitäten zurück. Unter Kaiser Ferdinand I. (1835–1848) konnte Metternich seine Stellung noch weiter ausbauen und sich folglich auch mehr für das Bündnis zwischen Thron und Altar einsetzen. Dieses Vorhaben unterstützte auch der nachmalige Erzbischof von Wien, Joseph Othmar von Rauscher (1797–1875), der ebenfalls aus dem Hofbauerkreis stammte.

Für die Reorganisation der deutschen Kirche genügten den meisten Staaten Verträge oder Übereinkünfte mit Rom. Nur mit *Bayern* kam ein Konkordat zustande, nachdem 1817 Graf Maximilian von Montgelas gestürzt und durch einen katholikenfreundlichen Minister ersetzt worden war. Da Rom den Metropoliten einer einzigen Kirchenprovinz fürchtete, wurde das Land in die zwei Kirchenprovinzen München-Freising und Bamberg aufgeteilt. Der König erhielt das Nominationsrecht aller Bischöfe. Unter Ludwig I. (1825–1848), für den der Katholizismus ein wesentliches Element der deutschen Tradition darstellte, blühte die Kirche allgemein wieder auf. Leider erlebte seine Regierungszeit durch seine Affäre mit Lola Montez ein tragisches Ende. In *Preußen,* das seit 1815 eine zu zwei Fünfteln katholische Bevölkerung besaß, übte König

Friedrich Wilhelm III. (1797–1840), der noch glaubte, über die Religion seiner
Untertanen bestimmen zu können, einen harten Druck aus. Im Jahre 1821 kam
es zu einer Vereinbarung mit Rom, und mit einer Zirkumskriptionsbulle wurden
die Kirchenprovinzen Köln und Gnesen-Posen errichtet. Die Bistümer Breslau
und Ermland blieben exemt. Zu einer harten Auseinandersetzung mit der Regierung kam es 1837, als der neue Erzbischof von Köln, Clemens August von Dro-
ste-Vischering, in der *Mischehenfrage* eine intransigente Haltung einnahm. Wegen angeblich revolutionärer Umtriebe ließ ihn die Regierung verhaften, und
der Streit fand erst, als Friedrich Wilhelm IV. (1840–1861) den Thron bestieg,
ein Ende. Die Vereinbarung von 1841 gewährte den Bischöfen freien Verkehr
mit Rom, und die Fortführung des Kölner Dombaus 1842 eröffnete eine neue
Ära in den Beziehungen zwischen Berlin und Rom. Droste, den auch Gregor XVI. wegen seiner Schroffheit fallen ließ, mußte sich mit einer persönlichen
Ehrenerklärung zufriedengeben.

Eine Zirkumskriptionsbulle regelte 1824 die kirchlichen Strukturen im Königreich Hannover. In den *oberrheinischen Staaten* wurden durch eine Zirkumskriptionsbulle von 1821 die Bistümer Freiburg für Baden, Rottenburg für
Württemberg, Mainz für Hessen-Darmstadt, Fulda für Kurhessen und Limburg
für Nassau und Frankfurt errichtet. Die traditionsreiche Diözese Konstanz
wurde wohl aufgehoben, um Wessenberg auszuschalten, dessen Ideen aber in
diesen Gebieten noch lange fortlebten. Wichtiger als der organisatorische Aufbau der deutschen Kirche war jedoch die geistige Erneuerung, die von geradezu
symbolischen Gestalten wie Johann Michael Sailer († 1832) und Joseph von
Görres († 1848) getragen wurde. Ziel dieser katholischen Bewegung war die
Freiheit der Kirche und die enge Bindung an Rom. Eine schwere Arbeit war es,
die kirchlichen Strukturen in der *Schweiz* neu zu regeln. Im Jahre 1826 errichtete Leo XII. das Bistum Basel. Das Tessin blieb bis 1859 bei den italienischen
Diözesen von Mailand und Como. Im Jahre 1834 forderten die *Badener Artikel*
eine regelrechte Kirchenhoheit, und im Jahre 1841 hob der Kanton Aargau alle
Klöster auf. Die sieben katholischen Kantone schlossen sich schließlich zum sogenannten Sonderbund zusammen, und 1847 kam es zum letzten Religionskrieg
in Mitteleuropa.

§ 139
Die anderen Länder Europas

Als Ludwig XVIII. (1814–1824) im Jahre 1814 nach *Frankreich* zurückkehrte,
erhob er den Katholizismus zur Staatsreligion. Da die Forderungen der Ultra-
reaktionären den Abschluß eines Konkordates verhinderten, blieb jenes von
1801 weiterhin in Kraft. Die *katholische Restauration* machte vor allem unter
Karl X. (1824–1830), dessen religiöser Eifer kaum menschliche Rücksichten
kannte, große Fortschritte. Obschon die Priesterberufe in dieser Zeit einen absoluten Höhepunkt erreichten und eifrige Priester wie Jean-Marie Vianney
(† 1859) keine unbedingte Ausnahme waren, fragte sich der Nuntius Macchi

1826, ob es in Paris noch 10.000 praktizierende Katholiken gebe. Die Julirevolution von 1830 nahm den Katholiken wieder das Privileg der Staatsreligion. Aber Pius VIII. erkannte sogleich den Bürgerkönig Ludwig Philipp (1830–1848) an, und der katholische Wiederaufbau konnte sich weiter konsolidieren. Auf dem Gebiete der katholischen Bewegung tat sich in dieser Zeit eine militante Gruppe von Laien und Priestern hervor, allen voran Hugo-Félicité-Robert de Lamennais, der in der Zeitschrift »l'Avenir« sich für die Freiheit der Völker und für die Trennung von Kirche und Staat einsetzte. Nachdem Gregor XVI. dessen liberale Anschauungen 1832 und 1834 verurteilt hatte, trennte er sich von der Kirche und starb 1854 fast vergessen und unversöhnt.

Für *Italien* war die Zeit von 1796 bis 1815 von großer Bedeutung, weil sie die Bewegung des *Risorgimento* vorbereitete. Der Wiener Kongreß hat dann das Land, das für Metternich nur ein geographischer Begriff war, in acht Einzelstaaten aufgeteilt, mit denen der Heilige Stuhl bis 1850 wiederholt Konventionen oder Konkordate schloß, die sich aber alle nach den gängigen Konkordaten des 18. Jahrhunderts, und nicht nach den liberalen Prinzipien des 19. Jahrhunderts, ausrichteten. Während die *Restauration* überall im Gange war, wurde die Kluft zwischen der Kirche und den Kräften des Risorgimento immer größer. Die Julirevolution beschleunigte noch diesen Prozeß, und nur das Eingreifen der österreichischen Heere konnte z. B. den verhaßten Kirchenstaat retten. Dem Geheimbund der Carbonari folgte die Bewegung von Giuseppe Mazzini, der eine Republik mit Rom als Hauptstadt forderte. Seit 1840 trat Vincenzo Giobertis *Neoguelfismus* auf, der den Zusammenschluß Italiens zu einem Staatenbund mit dem Papst als Präsidenten postulierte. Lebhaften Anteil an diesem geistigen und politischen Erwachen des Landes nahm der Philosoph und Theologe Antonio Rosmini aus Rovereto († 1855). Als Napoleons Bruder Joseph 1808 Ferdinand VII. in *Spanien* ablöste, kamen die alten regalistischen Bestrebungen dieses Landes noch mehr zur Geltung als vorher. Während die Verfassung von Cádiz (1812) einen liberalen und aufgeklärten Charakter hatte, triumphierte das katholisch-konservative Spanien wieder unter Ferdinand VII. (1813–1833). Das Land glich aber einem Pulverfaß, und als Ferdinand starb, begann eine Zeit blutiger Bürgerkriege, in die auch die Kirche, die mit der konservativen Partei liiert war, ständig hineingezogen wurde. *Portugal,* wo ebenfalls einer konservativ-klerikalen eine liberale Partei gegenüberstand, erlitt ein ähnliches Schicksal wie Spanien.

Während der Widerstand gegenüber den Neuerungen der Französischen Revolution in den früheren österreichischen *Niederlanden* heftig war, begrüßten die Katholiken der ehemaligen protestantischen Vereinigten Provinzen die Ankunft der Franzosen, weil sie die Gleichberechtigung der Kulte brachten. Im neuen Königreich der *Vereinigten Niederlande,* das unter dem Zepter eines protestantischen Fürsten stand, kam es 1827 zu einer Übereinkunft mit dem Heiligen Stuhl, die das Französische Konkordat von 1801 zum Vorbild nahm. Nachdem die Revolution von 1830 zur Trennung *Belgiens* von den Niederlanden geführt hatte, bekam ersteres eine Verfassung, die den Katholiken eine Unabhängigkeit gewährte, wie sie sonst in keinem anderen Lande zu finden war. Diese positive Entwicklung, die Rom mit großem Mißbehagen verfolgte, verdankten die belgischen Katholiken hauptsächlich Msgr. Engelbert Sterckx.

Nachdem *England* im Jahre 1800 *Irland* annektiert hatte, bildeten die Katholiken etwa ein Viertel der Gesamtbevölkerung des Königreichs. Zu Beginn des 19. Jahrhunderts setzte nun eine Masseneinwanderung der Iren in die Industriegebiete Englands ein und bereitete den englischen Katholiken, die vielfach, um einige Adelige geschart, isoliert auf dem Lande lebten, nicht wenige Probleme. Verhandlungen der Regierung mit den Katholiken scheiterten an der unnachgiebigen Haltung der Iren, deren ungekröntes Haupt Daniel O'Connell war. Im Jahre 1823 rief er eine Massenbewegung für die irischen Freiheitsrechte ins Leben, der sich auch der irische Klerus anschloß. Schließlich gewährte ein Gesetz von 1829 allen Katholiken die staatsbürgerlichen Rechte, ohne daß sie dafür der Regierung Konzessionen machen mußten. Großes Aufsehen erregte in England im Jahre 1845 die Konversion von John Henry Newman, der 1801 in der anglikanischen Kirche geboren wurde und 1890 in der katholischen Kirche als Kardinal starb. Trotz der vielen Schwierigkeiten, die Newman gerade auch in der katholischen Kirche fand, hat er, zum Unterschied von Lamennais, keinen Augenblick, wie er selbst sagte, im Vertrauen in sie gewankt. Während die irischen und englischen Katholiken in dieser Zeit spürbare Erleichterungen errangen, erschwerte sich die Lage der Katholiken in *Rußland,* das damals fast über die Hälfte Polens herrschte. Dennoch unterließ es Gregor XVI. 1831 nicht, die Polen aufzufordern, sich der legitimen russischen Macht zu unterwerfen.

§ 140
Amerika

Eine starke Vitalität zeigte die Kirche in den *Vereinigten Staaten.* Trotz der *Trennung von Kirche und Staat* erfuhr der Katholizismus in diesem Lande einen ungeahnten Aufschwung. Im Jahre 1789 errichtete Rom die Diözese Baltimore. John Caroll († 1815) wurde ihr erster Bischof. Dieser war bestrebt, weder eine irische noch eine englische oder französische, sondern eine katholisch-amerikanische Kirche aufzubauen. Während diese bei seinem Tode nicht einmal 150.000 Katholiken zählte, gab es 1852 mehr als 1,7 Millionen Gläubige und 31 Bistümer. Große Probleme bereitete der jungen Kirche der Priestermangel. Unter den Priestern, die aus Europa kamen, gab es nicht selten Abenteurer und verschrobene Typen, die man im alten Kontinent selbst loswerden wollte. Nach 1825 gab es in den Vereinigten Staaten starke antikatholische Ressentiments und zahlreiche Attentate auf Kirchen und Klöster. Alles in allem kann man sagen, daß sich die Trennung von Kirche und Staat in diesem Lande für die Kirche als vorteilhaft erwiesen hatte, obschon Rom dagegen gewesen war. In *Kanada* hingegen hatten die Katholiken noch unter dem Druck der Engländer zu leiden. Die Seele des Widerstandes war der Bischof von Quebec, Msgr. Plessis.

Während die Befreiung der englischen Kolonien für die Kirche keine ernstlichen Probleme hervorrief, bedeutete das Ende des Kolonialregimes in *Spanisch-*

Amerika für den Katholizismus beinahe eine Katastrophe. Nach dem Sieg der Unabhängigkeitsbewegungen waren fast alle südamerikanischen Diözesen ohne Bischof. Der Heilige Stuhl, der über die Lage unzureichend informiert war, bezog eine streng legitimistische Stellung, die er erst ab 1820 allmählich änderte. Es ist ein Ruhmesblatt für Gregor XVI., daß er 1831 mit der Enzyklika *Sollicitudo Ecclesiarum* eine grundsätzlich neue Linie in der Behandlung Südamerikas einschlug und die Interessen der Kirche mit den neuen Regierungen behandelte. Im Jahre 1835 anerkannte er die Republik Neu-Granada und im Laufe der nächsten Jahre die anderen südamerikanischen Staaten. Auch die von seinem Vorgänger ernannten apostolischen Vikare machte er zu residierenden Bischöfen. Viel geradliniger verlief die Entwicklung in *Brasilien,* wo der Fortbestand der Monarchie gesichert war und die portugiesischen Patronatsrechte auf den neuen Herrscher übergingen.

6. VON PIUS IX.
ZU BENEDIKT XV.

§ 141
Der Pontifikat Pius' IX.

Nur wenig betrauert war Papst Gregor XVI. am 1. Juni 1846 gestorben. Als Kompromißkandidat zwischen den Konservativen und den Liberalen wurde Giovanni Mastai-Ferretti gewählt, der den Namen *Pius IX.* (1846–1878) annahm. Er sollte der am bisher längsten regierende Papst der Kirchengeschichte werden. Gleich zu Beginn seiner Amtszeit schenkte er durch ein *Amnestiegesetz* den politischen Gefangenen im Kirchenstaat die Freiheit, gab Rom eine bürgerliche Gemeindeverfassung und führte wöchentliche öffentliche Audienzen ein. Das sicherte ihm nebst seiner persönlichen Liebenswürdigkeit zunächst die Sympathie weiter Kreise. Sein Protest gegen Österreich, das 1847 seine Truppen in Ferrara, zu deren Stationierung es aufgrund der Beschlüsse des Wiener Kongresses berechtigt war, vermehrt hatte, ließ vielen den Papst als Nationalhelden, ja als mögliches Haupt des Risorgimento (vgl. § 142) erscheinen. Aber schon kündigte sich das *Revolutionsjahr von 1848* an. Bereits am 1. Januar d. J. wollte man dem Papst 34 Petitionen des Volkes überreichen, deren Annahme er jedoch verweigerte. Am 8. Februar forderte eine Demonstration den Rücktritt der päpstlichen Minister. Unter dem Eindruck der Pariser Februar-Revolte gab Pius IX. dem Kirchenstaat eine Verfassung (14. März 1848), die aber das drohende Unheil nicht mehr abwenden konnte.

Während nun der Kirchenstaat zusehends verfiel, konnte Pius IX. in der Weltkirche manche Erfolge erreichen. Zu nennen sind hier: die Wiederherstellung der englischen Hierarchie (1850: Erzdiözese Westminster und zwölf Suffraganbistümer; Ernennung von Nicholas Patrick Stephen Wiseman zum ersten Erzbischof) sowie der niederländischen (1853: Erzbistum Utrecht und vier Suffraganbistümer); der Aufschwung des irischen Katholizismus, der nicht zuletzt der 1849 erfolgten Bestellung Paul Cullens (vormals Rektor des Irischen Kollegs in Rom) zum Erzbischof von Armagh zu danken war; schließlich eine teils erfolgreiche Konkordatspolitik (1847 mit Rußland, 1851 mit Spanien und Toskana, 1855 mit Österreich, 1857 mit Portugal, 1859 abermals mit Spanien, 1860 mit Haiti, 1861 mit Honduras, 1862 mit Ecuador, Venezuela, Nicaragua und San Salvador).

Das *Konkordat mit Rußland* strebte vor allem eine Erleichterung der schwierigen Lage jener polnischen Katholiken an, die seit den Teilungen des 18. Jahrhunderts bzw. seit dem Wiener Kongreß von 1815 Untertanen Rußlands waren. Der Vertrag, der im Land erst 1856 publiziert wurde, änderte jedoch kaum etwas an der tatsächlichen Situation. Unter Zar Alexander II. (1855–1881) bahnte sich eine geringe Verbesserung der Lage an, was aber der polnische Aufstand von 1863 wieder zunichte machte. Ein regelrechter Kirchenkampf wurde entfacht, 1866 wurde sogar das Konkordat wieder aufgekündigt.

In *Spanien* führte der Militärputsch von 1868 mit dem Sturz des konservativen Systems zu einer Kampfgesetzgebung gegen die Kirche, zur Einführung der obligatorischen Zivilehe (1870) und zum vorübergehenden Bruch mit Rom, bis unter König Alfons XII. (1874–1885) mit der Verfassung von 1876 der Katholizismus wieder Staatsreligion wurde.

Portugal war trotz des Konkordats von 1857 während des ganzen vorigen Jahrhunderts von inneren Kämpfen zerrissen, die teils von starker antireligiöser Propaganda begleitet waren.

Das Zweite Kaiserreich in *Frankreich* unter Napoleon III. (1852–1870) gewährleistete eine ruhige Entwicklung der Kirche, die durch den Deutsch-Französischen Krieg von 1870 unterbrochen wurde. Auch der Kurs der Dritten Republik (ab 1870) war zunächst gemäßigt und gewährte der Kirche 1875 sogar das Recht auf den höheren Unterricht (in der Folge Gründung von fünf katholischen Universitäten), ab 1876 kam es aber zu einer immer stärkeren Polarisierung zwischen »Liberalismus« und »Klerikalismus«, was dann 1905 die Trennung von Kirche und Staat bewirkte.

In *Österreich* hatte die durch die Revolution von 1848 bedingte Liberalisierung auch ein Aufblühen des Katholizismus (Vereinsbildung, katholische Presse) ermöglicht. In der Ära des Neuabsolutismus wurde *1855* ein *Konkordat* mit dem Vatikan abgeschlossen, durch das der Josephinismus weithin beseitigt wurde, das aber zugleich auch den Widerstand des Liberalismus hervorrief. Der Dichter Anastasius Grün hatte wegen der weitgehenden Vorrechte, die der katholischen Kirche im Konkordat eingeräumt wurden, von einem »gedruckten Canossa« gesprochen. Ein erster Konfliktpunkt war die »Toleranzfrage«; 1861 wurde den evangelischen Kirchen im sogenannten »Protestantenpatent« die volle politische Gleichberechtigung und das Recht auf öffentlichen Gottesdienst zugestanden. Der Konkordatssturm erreichte mit den Maigesetzen von 1868 (Einführung der Notzivilehe, Beseitigung der konfessionellen Schule und Neuregelung der Konfessionsfrage) seinen Höhepunkt und führte nach dem 1. Vatikanum 1870 zur Kündigung des Vertrages mit dem Heiligen Stuhl. Gesetze vom Mai 1874 unterstellten die Kirchen praktisch der staatlichen Aufsicht. Papst Pius IX. richtete eine Protestnote an den Kaiser, der seinerseits für eine milde Handhabung der Gesetze sorgte. »So bildete sich allmählich ein modus vivendi heraus, der einen Kulturkampf nicht aufkommen ließ« (J. Wodka, Kirche in Österreich, 333).

Für die Kirche in *Deutschland* zeichnete sich nach 1848 zunächst eine positive Entwicklung ab, die sich an der Bildung von Vereinen (Piusvereine), der Abhaltung von Katholikentagen (ab 1848) und der neuen Blüte des Ordenswesens erkennen läßt. 1848 tagte auch erstmals die Deutsche Bischofskonferenz.

1848/50 wurde in Preußen der Kirche das Recht eingeräumt, ihre Angelegenheiten selbst zu ordnen. Zu einem Umschwung kam es unter Bismarck (vgl. § 144).

Die *Schweiz* wurde 1848 von einem Staatenbund zum Bundesstaat umgewandelt, in dem die Gesellschaft Jesu und verwandte Orden nicht zugelassen waren. Nach dem I. Vatikanum fand hier der Altkatholizismus Eingang.

Für die nach der Reformation verbliebenen Restkatholiken in *Dänemark* wurde 1849 die Gleichberechtigung gewährt und 1868 eine Apostolische Präfektur errichtet. In *Norwegen* hatte schon das Toleranzedikt von 1845 der katholischen Kirche weitgehende Freiheit gebracht, in *Schweden* wurde 1860 die Gemeindebildung erlaubt und 1870 den Katholiken der Zugang zu den meisten Staatsämtern gestattet.

In *Nordamerika* brachte vor allem die Zuwanderung von Europäern (Irland, Polen usw.) ein Anwachsen der Katholikenzahl. Allein zwischen 1846 und 1853 wurden sechs neue Kirchenprovinzen errichtet.

§ 142
Das Ende des Kirchenstaates

In die Amtszeit Pius IX. fällt auch der *Untergang des Kirchenstaates;* dessen Wiederherstellung durch den Wiener Kongreß (1814/15) hatte nur mehr zu einer für die Kirche belastenden Episode geführt. Vor allem hatte der eingeschlagene reaktionäre Kurs immer wieder Unruhen verursacht, die von Geheimbünden noch geschürt wurden. Auch mit Hilfe österreichischer und französischer Truppen war die teilweise Wiederherstellung der Ordnung jeweils nur noch mit größter Mühe möglich. Zur ständigen Existenzbedrohung des Kirchenstaates wurde das *Risorgimento,* die Bewegung für ein vereinigtes Italien, deren führende Köpfe Giuseppe Mazzini und Vincenzo Gioberti waren.

Als Pius IX. seine Regierung zunächst mit einem scheinbar liberalen Kurs begann, schien die Möglichkeit gegeben, das geeinte Italien unter seine Führung und unter den militärischen Schutz Piemonts zu stellen. Die *Revolution von 1848* machte solche Pläne zunichte. Als die Unruhen auf die damals österreichische Lombardei übergriffen, rief König Karl Albert von Sardinien-Piemont (1831–1849) zum Krieg gegen Österreich auf (»Hinaus mit den Barbaren!«). In dieser Situation versagte Pius IX. dem Risorgimento seine Unterstützung und erklärte seine Neutralität auch gegenüber Österreich (29. April 1848). Die Entrüstung hierüber in Italien führte zum Sturm auf den Quirinal. Der eben erst ernannte Ministerpräsident des Kirchenstaates Pellegrino Rossi wurde getötet (15. November 1848), der Papst floh in Verkleidung nach Gaëta im Königreich Neapel (24. November 1848), in Rom wurde die Republik ausgerufen (9. Februar 1849). Nach der Wiedereroberung durch die Franzosen (3. Juli 1849) kehrte der Papst nach Rom zurück (12. April 1850). Seine weitere Politik wurde in hohem Maße von Kardinalstaatssekretär Giacomo Antonelli (1850–1876) bestimmt, der allen Liberalisierungsversuchen sein starres »non possumus«, das sich auch der Papst zu eigen machte, entgegensetzte. Indessen erzielte das Risorgimento unter dem König von Sardinien-Piemont Viktor Emanuel II. (1849–1861) und dessen Ministerpräsident Graf Camillo Benso Cavour weitere Erfolge. 1859 verloren die Österreicher die Lombardei, 1860 endete die päpstliche Herrschaft im nördlichen Kirchenstaat (Romagna, Marken und Umbrien), im gleichen Jahr eroberte Garibaldi Sizilien und Neapel sowie das päpstliche Benevent. Nach dem vergeblichen Versuch, den Papst zum Verzicht auf Rom unter gleichzeitiger Wahrung seiner Souveränität sowie weitgehender Freiheit der Kirche zu bewegen, ließ sich Viktor Emanuel in Florenz zum König von Italien ausrufen (17. März 1861).

Der noch verbliebene Rest des Kirchenstaates, das Patrimonium Petri, konnte nur mit Hilfe der Franzosen gehalten werden. Ein erneuter Vermittlungsversuch Cavours bei Pius IX. stieß auf dessen Ablehnung. Obwohl sich 1864 die italienische Regierung gegenüber Frankreich verpflichtet hatte, die noch päpstlichen Gebiete nicht anzugreifen, fiel Garibaldi 1867 im Kirchenstaat ein, wurde aber bei Mentana geschlagen (3. November 1867). Inzwischen war – nach der Schlacht von Königgrätz, bei der Italien Preußen gegen Österreich unterstützt hatte – auch Venetien an Italien gekommen (1866). Als 1870 nach dem Ausbruch des Deutsch-Französischen Krieges die letzten zum Schutz des Kirchenstaates verbliebenen französischen Truppen abberufen wurden, besetzten die Piemontesen Rom. Der *Sturm auf die Porta Pia* am 20. September 1870 bedeutete das Ende des Kirchenstaates. Obwohl der Papst nur einen symbolischen Widerstand angeordnet hatte, war es auch zu kleineren Kampfhandlungen gekommen. Schließlich gab Pius IX. mit den Worten »Consummatum est« den Befehl zum Hissen der weißen Fahne. Bei der am 2. Oktober 1870 durchgeführten *Volksabstimmung* erklärte sich nur etwas mehr als ein Prozent der Bevölkerung Roms gegen die Vereinigung mit Italien, waren doch gerade die Paptreuen durch das *Non expedit* Pius' IX. von 1868 (Verbot politischer Betätigung) an der Wahlbeteiligung gehindert. Daraufhin, am Allerheiligentag 1870, exkommunizierte der Papst alle Urheber und Teilnehmer an der Usurpation Roms. Dessenungeachtet wurde Rom zur Hauptstadt des neuen Italien erklärt (4. Februar 1871). Da Pius IX. alle Verhandlungen mit dem Königreich ablehnte, erließ dieses von sich aus das sogenannte *Garantiegesetz* (13. Mai 1871), das dem Papst die volle Souveränität und Unverletzlichkeit sowie eine Jahresrente von 3,25 Millionen Lire und die Benützung der Paläste des Vatikans, des Laterans und der Villa Castelgandolfo zugestand. Auch die freie Amtsausübung einschließlich des Verkehrs mit den Bischöfen der Welt sowie die freie Ernennung der Bischöfe in Italien wurde gewährleistet. Pius verwarf aber das Gesetz schon nach zwei Tagen, lehnte die vorgesehene Dotation ab und erneuerte statt dessen die Einrichtung des Peterspfennigs (freiwillige Spenden der Katholiken der Weltkirche). Ab nun galt der Papst als der *Gefangene des Vatikans;* die seither anstehende »römische Frage« wurde erst 1929 gelöst.

Als Pius IX. am 7. Februar 1878 starb, hatte das Ansehen des Papsttums in der Welt trotz mancher Rückschläge eher zugenommen. Der katholischen Kirche und dem neuen Papst *Leo XIII.* (1878–1903) waren freilich keine geringen

Hypotheken hinterlassen worden. Vor allem mußte der Kulturkampf noch beigelegt werden.

§ 143
Das I. Vatikanum

Das kirchliche Hauptereignis der Regierungszeit Pius' IX. war das *I. Vatikanum* (1867/70). Man darf das Konzil und seine Definitionen des päpstlichen Jurisdiktionsprimats und der päpstlichen Unfehlbarkeit, die beide auf eine Stärkung der moralischen und geistlichen Autorität des Papsttums hinausliefen, nicht isoliert betrachten. Der schon geschilderte Zusammenbruch des Kirchenstaates und die daraus folgende Einbuße an weltlicher Macht des Papstes verlaufen parallel zur ultramontanen Bewegung, die alles Heil in Rom, also »jenseits der Alpen« suchte. Als Vertreter des Ultramontanismus sei an Joseph de Maistre (Frankreich), Josef Görres (Deutschland), Donoso Cortes (Spanien) und Henry Edward Manning (England) erinnert. Der Weg, der zum I. Vatikanum führt, beginnt gewissermaßen mit einem Buch, dem Werk des Kamaldulensermönches Mauro Cappellari, des späteren Papstes Gregor XVI.: *Il trionfo della Santa Sede.* Es erschien 1799, im Jahr der tiefsten Erniedrigung des Papsttums in der Neuzeit, als Pius VI. von Napoleon in die Gefangenschaft nach Valence abgeführt wurde. Das Werk sprach einem zentralistischen Papalsystem das Wort und erwies sich als prophetisch. Das Trauma, das Pius IX. aus der Revolution von 1848 davongetragen hatte, führte zu seiner Kampfansage an die moderne Welt; parallel dazu zeichnete sich beim katholischen Volk ein verstärkter »Solidarisierungseffekt« mit dem Papsttum ab.

Bezüglich der *Vorgeschichte* des Konzils ist an die Dogmatisierung von 1854 zu erinnern. Da Pius IX. die Rettung nach seiner Flucht aus Rom (1848) der Gottesmutter zuschrieb, sah er es als seine Pflicht an, ihre Verehrung zu fördern. Noch im Exil in Gaëta holte er bischöfliche Gutachten über die Möglichkeit der *Dogmatisierung der »Immaculata Conceptio Mariae«* (d. h. ihrer Freiheit von der Erbsünde) ein (1849). 75 Prozent der Befragten sprachen sich damals dafür aus. Mit der Bulle *Ineffabilis Deus* vom 8. Dezember 1854 wurde dann der entsprechende Glaubenssatz feierlich verkündet. Damit hatte der Papst seine Vollmacht zur Dogmatisierung einer Glaubenslehre auch unabhängig von einem Konzil demonstriert. Der Bischof von Linz Franz Joseph Rudigier beschloß damals, eine neue Domkirche (vollendet 1924) mit dem Patrozinium der »Unbefleckten Empfängnis Mariä« zu errichten.

Die päpstliche Enzyklika *Quanta cura* und der sogenannte *Syllabus,* ein Katalog von 80 »Zeitirrtümern«, fallen beide in das Jahr 1864. Beide Dokumente gehören zur Vorgeschichte des I. Vatikanums. Der Syllabus enthält ziemlich pauschale Verurteilungen liberaler Tendenzen in der Kirche. Die 76. These wendet sich z. B. gegen den Satz, daß die Abschaffung des Kirchenstaates zur Freiheit der Kirche beitragen würde, die 80. bestreitet die Versöhnlichkeit von Papsttum und Fortschritt. Daß 1864 auch die ersten Sondierungen bezüglich der Abhaltung eines Konzils erfolgten, ließ ahnen, daß dieses dazu dienen sollte, wie ein anderes Trient schützende Dämme gegen die »Irrtümer der Neuzeit« zu errichten.

Getragen von einer breiten ultramontanen Strömung und bestärkt von Bischof Félix-Antoine-Philibert Dupanloup von Orleans, der sich aber später der Konzilsminorität anschloß, berief der Papst im Jahre 1868 mit der Bulle *Aeterni Patris* die Kirchenversammlung für den 8. Dezember 1869 ein. Zuvor war 1867 in der »Civiltà Cattolica«, dem Organ der Jesuiten, ein Artikel erschienen, der von den Gläubigen einen dreifachen Tribut an den hl. Petrus forderte, den des Geldes (finanzielle Unterstützung), des Blutes (Verteidigung des Kirchenstaates) und nun auch noch den des Verstandes (Unterwerfung unter die päpstliche Unfehlbarkeit). Am 28. Juni 1867, dem Vorabend der 1800-Jahr-Feier des Martyriums der Apostelfürsten Petrus und Paulus, legten Bischof Ignatius von Senestrey (Regensburg) und Erzbischof Manning (Westminster) am Grabe Petri ein Gelübde ab, alles tun zu wollen, um die Definition der Lehre von der Päpstlichen Unfehlbarkeit durchzusetzen. Im Februar 1869 wurde in der schon genannten Jesuitenzeitschrift eine französische Leserzuschrift veröffentlicht, die es als den »Herzenswunsch aller wirklichen Katholiken« hinstellte, daß das Konzil das Dogma von der päpstlichen Unfehlbarkeit »per acclamationem« annehme. In der Folge davon kam es zu starken Polarisierungseffekten. Der bayerische Ministerpräsident Fürst Chlodwig von Hohenlohe warnte am 9. April 1869 vor möglichen staatspolitischen Konsequenzen des Konzils, und der liberale deutsche Protestantenverein verabschiedete am 31. Mai 1869 am Fuße des Lutherdenkmals in Worms einen Beschluß »gegen jede hierarchische und priesterliche Bevormundung, gegen allen Geisteszwang und Gewissensdruck«.

Bei den Konzilsvätern zeichneten sich, noch bevor sie sich in Rom versammelten, deutlich Gruppenbildungen ab. Die *Majorität* oder die Infallibilisten wollten die Definition der päpstlichen Unfehlbarkeit unbedingt durchsetzen; neben theologischen Gründen spielte bei ihnen auch die Angst mit, die liberalen Zeitströmungen könnten nicht nur die Autorität des Papstes, sondern die der Kirche an sich gefährden. Dieser Gruppe gehörte neben den schon genannten Bischöfen Manning und Senestrey als einer der führenden Köpfe der Erzbischof von Mecheln, Victor-Auguste Dechamps, CSsR, an. Zu ihren Reihen zählten auch die Mehrzahl der ungarischen Bischöfe und die durch die Schule von Brixen gegangenen österreichischen Bischöfe, Vinzenz F. G. Gasser (Brixen), Joseph Feßler (St. Pölten) und Franz Joseph Rudigier (Linz). Eine starke *Minorität* lehnte die Dogmatisierung ab oder hielt sie zumindest für nicht opportun, teils auch aus Angst davor, daß dadurch die Rechte der Ortsbischöfe beeinträchtigt werden könnten. Die Führer der Minorität waren für die Dauer des Konzils die österreichischen Kardinäle Fürst Friedrich J. C. Schwarzenberg (Prag) und Josef Othmar von Rauscher (Wien). An weiteren bedeutenden Gestalten sind zu nennen Paul M. Melchers, Erzbischof von Köln, und Karl Joseph von Hefele, Bischof von Rottenburg. Das streitbarste Mitglied der Minderheit war Josip Juraj Stroßmayer, Bischof von Djakovo in Kroatien. Zwischen den beiden Blöcken gab es eine *vermittelnde Gruppe,* die, wenn man den Ausgang des Konzils berücksichtigt, eigentlich den Sieg davongetragen hat. Ihr wichtigster Vertreter war wohl William Ullathorne, OSB, der Bischof von Birmingham, der die Formulierung des Dogmas von der päpstlichen Unfehlbarkeit wesentlich mitbestimmt hat. Ihm ging es vor allem darum, die »Grenzmarken« des »ex cathedra« klar abzustecken.

Die *vorbereitenden Kommissionen,* die fest in Händen der Italiener und der Kurialen waren, hatten ihre Tätigkeit 1868 aufgenommen. Meist handelte es sich um farblose Theologen, doch wirkten immerhin Hefele, der Verfasser der Konziliengeschichte, und Joseph Hergenröther, der bedeutende Kirchenhistoriker, mit, während man Ignaz von Döllinger, »das anerkannte Haupt der historischen Theologenschule in Deutschland« (H. Jedin, Kleine Konziliengeschichte, 110), nicht eingeladen hatte. John Henry Newman, der Konvertit und führende Theologe Englands, hatte seine Teilnahme abgelehnt. Die wichtigsten Schemata wurden durch deutsche Jesuiten wie Johannes B. Franzelin und Clemens Schrader, Anhänger der Neuscholastik, vorbereitet. Dazu kam der Italiener P. Giovanni Perrone, SJ, der Verfasser weitverbreiteter »Praelectiones dogmaticae«, der schon lange die päpstliche Unfehlbarkeit in sehr überspitzter Form propagiert hatte.

Zum Generalsekretär des Konzils wurde bereits am 27. April 1869 Bischof Feßler von St. Pölten ernannt. Am 8. Dezember 1869 fand die feierliche Eröffnung des Konzils statt. Als Versammlungsaula diente das rechte Querschiff des Petersdoms. Von den ca. 1050 teilnahmeberechtigten katholischen Bischöfen waren insgesamt 774 am Konzil anwesend, also etwa zwei Drittel. Bei den einzelnen Sitzungen schwankte die Zahl zwischen 600 und 700, der Eröffnungssitzung wohnten 642 stimmberechtigte Konzilsväter bei. In den ersten Tagen kam es zu einem Ereignis, in dem der Konzilshistoriker Cuthbert Butler den »einzigen ernstzunehmenden Makel« im Verlauf der Kirchenversammlung erblickt. Die erstellte Geschäftsordnung sah vor, daß die Mitglieder der einzelnen Deputationen von den Konzilsvätern zu bestimmen seien. Unter Führung von Manning und Senestrey wurde jedoch eine Liste von möglichen Vertretern für die Glaubensdeputation in Umlauf gesetzt, die nur Infallibilisten enthielt und der man den Anschein gab, sie hätte die päpstliche Billigung. Dadurch blieb die Minorität für die Dauer des Konzils von dieser wichtigsten Fachkommission ausgeschlossen.

Das Schema »De fide« stand als erstes zur Diskussion. Hatte man zunächst erwartet, die Versammelten würden sich mit stilistischen Änderungsvorschlägen begnügen, so sah man sich bald getäuscht. Tatsächlich wurden zahlreiche sachliche Einwände gemacht. Dabei wurde der hart geführten Diskussion ein beachtliches Maß an Freiheit gewährt.

Im Dezember 1869 reichte die Majorität eine Liste mit ca. 450 Namen ein, die die Behandlung der Unfehlbarkeitsfrage forderten; eine ebenfalls vorgelegte Gegenadresse brachte es nur auf 136 Stimmen. Der Papst stellte sich hinter das Anliegen der Mehrheit und verlangte, daß nun, getrennt vom Kirchenschema, ein eigenes Schema über den Papst zu erstellen sei (27. April 1870). Am 13. Mai 1870 wurde die Diskussion über den Jurisdiktionsprimat des Papstes und seine

Unfehlbarkeit eröffnet. Bald versteiften sich die Fronten. Als sich keine neuen Argumente mehr abzeichneten, stellte Bischof Feßler den Antrag auf Schluß der Debatte, die ohnedies bis tief in den Sommer hinein fortgeführt worden war. Bei der Vorabstimmung am 13. Juli hatte noch etwa ein Viertel der Bischöfe die Textvorlage abgelehnt. Am 16. Juli, zwei Tage vor der Schlußabstimmung, gelang es Senestrey und Manning – unter Ausnützung der Furcht des Papstes vor dem Gallikanismus – eine Zuspitzung der vorgesehenen Formel für die Definition der päpstlichen Unfehlbarkeit durch die Einfügung eines »ex sese« zu erreichen; sie lautete nun: ».. . ideoque eiusmodi Romani pontificis definitiones ex sese, non autem ex consensu ecclesiae irreformabiles esse.« Das gallikanische Trauma war überhaupt ein bestimmender Einfluß auf dem Konzil. Die auf ein Staatskirchentum abzielende *Declaratio cleri Gallicani* von 1682 hatte u. a. festgehalten, daß der Papst in Glaubenssachen zwar eine Entscheidungsgewalt für die Gasamtkirche habe, daß aber seine Entscheide nur dann unumstößlich seien, wenn sie die Zustimmung der Kirchen fänden. Das lief auf die Notwendigkeit der Ratifikation päpstlicher Definitionen durch die Ortsbischöfe hinaus, was schon Papst Alexander VIII. im Jahre 1690 verworfen hatte. Da diese Argumente in der Diskussion von 1870 eine Rolle spielten, ist auch das Konzilsergebnis in ihrem Lichte zu sehen. Die Dogmen über die päpstliche Unfehlbarkeit und den päpstlichen Primat besagen also keine grundsätzliche Unabhängigkeit des Trägers der höchsten Leitungs- und Lehrgewalt von der Gesamtkirche.

Der Schlußabstimmung vom 18. Juli blieben 88 Konzilsväter fern, darunter 20 Franzosen, 15 Ungarn, 9 Deutsche und 7 Österreicher; sie hatten vorher die Erlaubnis des Papstes eingeholt, abreisen zu dürfen. Während der Sitzung ging ein heftiges Gewitter nieder, das die einen als Mißbilligung des Himmels, die anderen als göttliche Zustimmung (Moses auf dem Berge Sinai) deuteten. 533 der Versammelten sprachen sich für, zwei gegen die Vorlage aus, womit die Konstitution »Pastor aeternus« angenommen war. Zur Verlesung der Bestätigung durch den Papst mußte man ihm wegen einer einbrechenden Dunkelheit einen Leuchter bringen. Mit kaum vernehmbarer Stimme sprach er die Worte: »Wir definieren mit Zustimmung des Heiligen Konzils alles jenes, so wie es verlesen wurde, und bestätigen es kraft Apostolischer Autorität.«

Obwohl manche der geschilderten Vorgänge geeignet waren, die Freiheit des Konzils einzuschränken, war diese im großen und ganzen doch gewährleistet. Übrigens schlossen sich den Definitionen vom 18. Juli 1870 im Verlauf von zwei Jahren auch alle jene Bischöfe an, die vor der Schlußabstimmung abgereist waren, als letzter von ihnen Bischof Stroßmayer von Djakovo (Kroatien). Was definiert worden war, war übrigens weit hinter den übertriebenen Erwartungen der Ultramontanen zurückgeblieben.

Die Generalversammlung vom 18. Juli 1870 war praktisch auch das Ende des Konzils. Als am 20. September 1870, nach Ausbruch des Deutsch-Französischen Krieges, italienische Truppen in Rom einfielen, vertagte Pius IX. das Konzil »sine die«, da er dessen Handlungsfreiheit nicht mehr gewährleistet sah.

Der Münchener Erzbischof Scherr hatte nach seiner Heimkehr vom Konzil, dessen Schlußabstimmung er ferngeblieben war, eine Unterredung mit der

Theologischen Fakultät. Bei diesem Anlaß sagte er zum damaligen Dekan Ignaz von Döllinger: »Wir gehen nun von neuem an die Arbeit für die heilige Kirche.« Döllinger fügte hinzu: »Ja, für die alte Kirche.« Der Erzbischof entgegnete: »Es gibt nur eine Kirche, es gibt weder eine neue noch eine alte Kirche.« Darauf Döllinger: »Man hat eine neue geschaffen!« Dieses Wort charakterisiert die Stimmung nach dem Konzil bei manchen Intellektuellen, die später zum *Altkatholizismus* übergingen. So nannte man jene, zunächst als innerkirchlicher Protest verstandene Bewegung, als deren geistiger Vater Döllinger gilt. Dieser hat zwar den Jurisdiktionsprimat und die Unfehlbarkeit des Papstes zeitlebends abgelehnt und wurde deshalb durch den Münchener Erzbischof exkommuniziert (17. April 1871), er wollte aber nicht »Altar gegen Altar stellen« und hat daher seine Mitwirkung beim Aufbau einer selbständigen »altkatholischen« Kirchenorganisation verweigert. Die Mitglieder der neuen Gemeinschaft wählten sich 1873 einen Bischof in der Person von Professor Joseph Hubert Reinkens (Breslau), der vom jansenistischen Bischof Heykamp von Deventer seine Weihe erhielt; dadurch besaß er für sein Amt auch nach katholischer Auffassung die Apostolische Sukzession. Noch im selben Jahr verabschiedete man eine Synodal- und Gemeindeordnung. 1889 erfolgte der Anschluß an die Utrechter Union, wodurch die Altkatholiken Teil einer umfassenderen, von Rom getrennten katholischen Kirchengemeinschaft wurden. Zu Gemeindebildungen kam es vor allem in Bayern, Österreich und der Schweiz.

Die Verlautbarung der Konzilsdekrete wurde in keinem Land verhindert, auch nicht in *Ungarn*, wo man zunächst daran gedacht hatte, dies mit Hilfe eines »placetum regium« zu tun. In *Österreich* führte der Konzilsausgang jedoch zur Aufkündigung des erst 1855 abgeschlossenen Konkordates, weil nun der Heilige Stuhl als Vertragspartner »ein anderer« geworden sei.

§ 144
Der Kulturkampf

Im *Reich* und vor allem in *Preußen* kam es in der Folge zu einem regelrechten *Kulturkampf.* Versteht man darunter die »Auseinandersetzung des modernen Nationalstaates und der liberalen Gesellschaft mit den restaurativen Tendenzen des Katholizismus« (K. Kupisch, Deutschland im 19. und 20. Jahrhundert, 76), so war er nicht auf Deutschland beschränkt. Meistens wird jedoch der Begriff nur auf das 1871 gegründete Kaiserreich bzw. auf Preußen bezogen, wo die Konflikte einen besonders heftigen Verlauf nahmen, aber auch früher als anderswo beendet werden konnten. Ein auslösendes Moment für die Zerwürfnisse war die aufgrund des Vatikanums entstandene Situation bei jenen Priestern und Altkatholiken im Staatsdienst (Professoren, Militärpfarrer usw.), denen durch die Kirche die Amtsausübung untersagt wurde. Ein weiterer Anlaß war das Mißtrauen des Kanzlers Fürst Otto von Bismarck gegen die eben erst gegründete katholische Zentrumspartei, in welcher er ein reines Instrument in den Händen des Heiligen Stuhls, einen »Vorposten« des eigentlichen »Heeres hinter den Alpen« erblickte. Er befürchtete, auf Dauer nicht mehr »Herr im eigenen Hause« sein zu können.

Im Reichstag stellte *Bayern* den zustimmend aufgenommenen Antrag auf den *Kanzelparagraphen* (1871), der den politischen Mißbrauch kirchlicher Verkündigung unter Strafe stellte, sowie auf das *Jesuitengesetz* (1872), das den Mitgliedern der Gesellschaft Jesu und »verwandter« Orden wie Redemptoristen und Lazaristen den Aufenthalt im Reich verbot. Der Papst protestierte. Bismarck tat damals den Ausspruch: »Nach Canossa gehen wir nicht, weder körperlich noch geistig.« Das zeigt, »unter welchen historischen Perspektiven er den Kampf zu führen gedachte« (K. Kupisch, a. a. O.).

In *Preußen*, wo die Katholiken sehr zurücksetzend behandelt wurden, war 1871 die katholische Abteilung des Kultusministeriums aufgehoben und 1872 das Gesetz über die staatliche Schulaufsicht verabschiedet worden. Die Lage hatte sich 1872 mit der Bestellung Adalbert Falks zum preußischen Kultusminister erheblich verschärft. Auf sein Konto gehen die *Maigesetze* des Jahres 1873 (erlassen zwischen 11. und 14. Mai), durch die die Kirche nahezu völlig unter die Aufsicht des Staates kam. Ein *Kulturexamen* sollte bei Theologiestudenten sowie bei Geistlichen anläßlich ihrer Anstellung die politische Unbedenklichkeit feststellen. Dem Papst wurden für Deutschland alle Jurisdiktionsakte untersagt, womit auch Exkommunikationen ihre Wirkung genommen werden sollte. Kirchliche Angelegenheiten waren in Hinkunft vor zivilen Gerichten zu verhandeln, innerkirchliche Disziplinarstrafen wurden an die staatliche Zustimmung gebunden. Für den Kirchenaustritt genügte eine Meldung beim Amtsgericht.

Pius IX. sandte eine vergebliche Protestnote an Kaiser Wilhelm I. (1871–1888). Die *Zivilstandsgesetzgebung* von 1874 machte die Zivilehe obligatorisch. In seiner Enzyklila *Quod numquam* vom 5. Februar 1875 erklärte der Papst die erlassenen Gesetze, soweit sie der göttlichen Einrichtung der Kirche widersprachen, für null und nichtig und goß damit nur Öl ins Feuer. Das *Sperr- und Brotkorbgesetz* von 1875 stellte für Bischöfe und Geistliche, die die erlassenen Gesetze nicht befolgten, alle staatlichen Geldleistungen ein. Damit hatte der Kulturkampf seinen Höhepunkt erreicht.

Während *Baden, Hessen-Darmstadt* und *Sachsen* ähnliche Gesetze wie Preußen erließen, hielt *Bayern* nur an den eigentlichen Reichsgesetzen (Kanzelparagraph und Jesuitengesetz) fest, begünstigte aber staatskirchliche Tendenzen sowie den Altkatholizismus. Das kirchliche Leben wurde aber kaum angetastet. In *Württemberg* gab es keinen Kulturkampf.

Als Folge der staatlichen Maßnahmen wurden bis 1878 in Preußen alle Priesterseminare geschlossen und acht Bischöfe entfernt; mehr als 1000 Pfarren waren unbesetzt. Der Widerstand des Volkes machte sich immer deutlicher bemerkbar und führte nicht nur zu einer Stärkung des Katholizismus, sondern auch zu einer solchen der Zentrumspartei.

§ 145
Leo XIII.

Daß der am 20. Februar 1878 zum Papst gewählte Vincenzo Gioacchino Pecci von seinem Vorgänger manche Hypothek zu übernehmen hatte, hat schon der vorausgehende Abschnitt gezeigt: Der Kirchenstaat war verloren und der Kulturkampf in Deutschland noch in vollem Gange; das Dogma von der päpstlichen Unfehlbarkeit hatte zu Spannungen mit einzelnen Staaten, aber auch mit vielen Katholiken geführt; die Kluft zwischen Kirche und moderner Wissenschaft war keineswegs überbrückt; die soziale Frage war von den Päpsten bisher nicht aufgegriffen worden.

Der ehrgeizige Pecci war bei seiner Wahl bereits 68 Jahre alt und kränklich; dennoch sollte er die Kirche über ein Vierteljahrhundert leiten. Er war glänzend begabt und hatte die päpstliche Diplomatenschule absolviert. 1843–1846 war er Nuntius in Brüssel, ab 1846 Bischof von Perugia und seit 1877 päpstlicher Camerlengo (Kardinalkämmerer) gewesen. Als solcher mußte er auch die Papstwahl vorbereiten. Aufgrund seiner Ausbildung und seiner bisherigen Karriere brachte Pecci die Fähigkeit zum Ausgleich mit und erzielte beachtliche Erfolge. Das darf aber nicht dazu verleiten, in ihm einen liberalen Papst zu sehen. Immerhin gilt er als einer der Anreger des Syllabus von 1864 (auf einer umbrischen Synode 1849 hatte er eine Zusammenstellung der Zeitirrtümer beantragt), blieb zeitlebens der Neuscholastik verpflichtet, hielt starr an der Notwendigkeit eines eigenen Kirchenstaates fest und ging, vor allem in der Spätphase seiner Regierung, gegen katholische Theologen in einer Art vor, die schon an den Antimodernismus eines Pius X. erinnert. Im Verlauf von nur zehn Jahren (1879–1889) nahmen nicht weniger als 62 päpstliche Aktenstücke zur Wiederherstellung des Kirchenstaates Stellung, dem »Teuersten und Kostbarsten, was die Päpste besitzen«.

Entgegen der Befürchtung vieler, der Papst würde als unfehlbarer Lehrer der Kirche in strittigen theologischen Fragen allzu häufig von der »neuen« Möglichkeit der Dogmatisierung Gebrauch machen, tat Leo dies nicht, sondern übte »in großem Stil« das ständige ordentliche Lehramt aus. Mit ingesamt 46 Enzykliken bezog er Stellung zu vielfältigen Problemen. Gleich in seinem ersten Rundschreiben *Inscrutabili* (1878) befaßte er sich mit der Aussöhnung von Kirche und Kultur. In diesem Zusammenhang darf auch die Aufnahme des von Pius IX. als zu »liberal« angesehenen J. H. Newman ins Kardinalskollegium erwähnt werden (1879), desgleichen die Öffnung der Vatikanischen Archive, wodurch die bisher in der Theologie verpönte historisch-kritische Methode einen mächtigen Aufschwung erhielt.

Unter Leo XIII. gelang auch die *Beilegung des Kulturkampfes* in *Preußen*. Einen wichtigen Schritt tat Bismarck. Er zeigte sich bereit, gemachte Fehler zu korrigieren, und bewies dem Papst gegenüber Größe, indem er ihm 1885 die Schiedsrichterrolle zwischen Deutschland und Spanien im »Karolinenstreit« anbot. 1886/87 wurden die Maigesetze größtenteils außer Kraft gesetzt (*Friedens-*

gesetze). Bismarck bezeichnete sie nun als »Schutt«, den man »wegräumen« müsse. Was blieb, war die staatliche Schulaufsicht, die Standesämter, die Zivilehe, der Kanzelparagraph und das (erst 1904 gemilderte und 1917 aufgehobene) Jesuitengesetz. Auch in den anderen Bundesstaaten wurden die Kulturkampfmaßnahmen nach und nach eingestellt. Die katholische Kirche war gestärkt aus dem Kampf hervorgegangen, was freilich auch die konfessionelle Polarisierung im Reich begünstigte.

Mit der Enzyklika *Libertas* (1888) sprach sich Leo gegen die bis dahin von den Päpsten vertretene »Ehe von Thron und Altar« und für eine klare Trennung der beiden Bereiche aus. Die kirchenfeindlichen Maßnahmen der Dritten Republik in *Frankreich* (z. B. 1886 Einstellung des Religionsunterrichts) hatten im Papst die Erkenntnis gereift, wie notwendig ein Ausgleich mit der Republik sei (Politik des Ralliements). Bei der Mehrzahl der französischen Katholiken fand er hierfür jedoch nur wenig Verständnis. Erst die Bewegung des »Sillon« (Furche) griff diese Idee auf, wurde jedoch 1910 von Pius X. verurteilt.

Die christlichsoziale Bewegung in *Österreich* fand die Anerkennung des Papstes, der den Wünschen der Bischöfe, sie zu verbieten (1895), nicht entsprach.

Mit der Enzyklika *Rerum novarum* (1891) wandte sich erstmals ein Papst der *sozialen Frage* zu.

Die oft gerühmte *ökumenische Haltung* Leos XIII. läßt sich nur gegenüber den Ostkirchen feststellen, denen er Verständnis für ihre geschichtliche Eigenart entgegenbrachte. Dagegen sprach er sich entschieden gegen die Gültigkeit der anglikanischen Weihen aus (1896) und bezeichnete in seiner *Canisius-Enzyklika* den Protestantismus als »rebellio Lutherana« (1897).

Der *Antimodernismus* Leos XIII. fällt zwar vornehmlich erst in die auslaufende Regierungszeit des Papstes, hat aber sein Fundament in einer starken Ausrichtung auf Thomas von Aquin (Neuscholastik). Bereits das Rundschreiben *Aeterni Patris* von 1879 zum 700. Todesjahr des hl. Thomas vertrat integralistische Ideen, die sich dann später in Kampfmaßnahmen niederschlugen. 1887 wurden 40 Thesen aus dem Werk des idealistischen Philosophen Antonio Rosmini verurteilt, 1897 wurde der Index der verbotenen Bücher revidiert, 1898 die Werke des deutschen Dogmatikers Hermann Schell auf ebendiesen Index gesetzt, 1899 der Amerikanismus, ein Versuch, Neuzeit und kirchliche Lehre ins Gespräch zu bringen, abgelehnt und 1902 die päpstliche *Bibelkommission* als Überwachungsorgan für die Bibelwissenschaften gegründet.

Zusammenfassend darf man aber mit dem evangelischen Kirchenhistoriker Gottfried Maron sagen, »daß Leo dem Papsttum und dem Katholizismus ein Prestige eroberte, wie es dies seit langem nicht gehabt hatte« (G. Maron, Röm.-kath. Kirche 1870–1970, 208).

§ 146
Pius X.

Beim Konklave von 1903 wurde der Patriarch von Venedig, Giuseppe Sarto, gewählt, der sich *Pius X.* (1903–1914) nannte. Das im Namen des österreichischen Kaisers durch Kardinal J. Puzyna von Krakau eingelegte Veto gegen den franzosenfreundlichen Kardinal Mariano Rampolla del Tindaro (1843–1913) war erst ausgesprochen worden, als dieser ohnedies keine Chancen mehr hatte; auch war vor der Abstimmung das Konklave durch Puzyna informiert worden. Bald nach der Wahl verbot der neue Papst hinkünftig jedwede Konklaveaufzeichnungen sowie die Einmischung von Staaten bei der Papstwahl (Abschaffung des »ius exclusivae«).

Pius X., ein ausgesprochen seelsorgerisch ausgerichteter Papst, hatte alle Stufen vom einfachen Kaplan über den Pfarrer und Seminarregens durchlaufen, bevor er Bischof von Mantua (1884–1893) und Patriarch von Venedig (1893–1903) geworden war. In seiner ersten Enzyklika, *E supremi apostolatus cathedra,* legte er mit dem Motto *Omnia instaurare in Christo* sein Regierungsprogramm vor, das aber weniger christologisch als ekklesiologisch zu verstehen ist (»die Menschheit zur kirchlichen Ordnung zurückführen«). In dem Rundschreiben sind die kommenden Antimodernistenkämpfe schon ebenso angedeutet (Abwehr der »hinterlistigen Trugschlüsse einer neuen wissenschaftlichen Richtung«) wie die bevorstehenden *innerkirchlichen Reformen* (z. B. Oftkommunion), ein Gebiet, auf dem Pius echte Erfolge erzielte. Bald nach seinem Regierungsantritt setzte er eine Kommission zur Revision und *Neukodifikation des Kirchenrechts* unter Leitung des bedeutenden Kanonisten Pietro Gasparri ein. Mit einem Motuproprio zur »Musica sacra« (1903) erhob der Papst den Gregorianischen Choral zur Norm und zum Maßstab der Kirchenmusik; ein päpstliches Dekret förderte die Oftkommunion (1905), ein anderes die Frühkommunion (1910). Im Jahre 1911 erfolgte eine Reform des Breviergebets.

Für *Italien* verdient die Schaffung von Regional- statt der bisherigen Diözesanseminare Erwähnung; dadurch wurde eine gewisse Hebung des Niveaus der Priesterausbildung erreicht. Beachtenswert ist auch die Forderung des Papstes nach Verwendung von Laienkatecheten. 1905 lockerte er das »non expedit«, so daß nun Katholiken unter gewissen Bedingungen von ihrem politischen Wahlrecht Gebrauch machen konnten. Schon 1904 hatte er die »Opera dei Congressi« aufgelöst, die sich zwar sozial betätigten, aber im Grunde antidemokratisch eingestellt waren. Damit begünstigte er politisch eine Anlehnung an die gemäßigten Liberalen, hatte aber zugleich das katholische Vereinswesen praktisch liquidiert.

Kirchenpolitisch mußte Pius X. manch schweren Schlag einstecken. Er mußte es hinnehmen, daß der Säkularisierungsprozeß in *Frankreich* mit der 1905 ausgesprochenen vollständigen *Trennung von Kirche und Staat* (»Trennungsgesetze«) einen Höhepunkt fand. Schon 1904 waren die diplomatischen Beziehungen zwischen Frankreich und dem Heiligen Stuhl abgebrochen worden. Ein Anlaß hierfür war auch die Tatsache, daß der französische Präsident nicht vom Papst empfangen wurde, weil er zuvor beim italienischen König gewesen war. Nun wurde die Kirche in Frankreich ihres Einflusses auf Staat und Schule völlig beraubt, das gesamte Kirchenvermögen wurde »nationalisiert«, die religiösen Orden verboten und die Kirchen und Religionsgemeinschaften insgesamt auf Vereinsbasis gestellt. 1906 verurteilte Pius X. die »Trennungsgesetze« mit der Enzyklika *Vehementer nos* in scharfer Form; 1910 verbot er die christlich-demokratische Jugendbewegung »Sillon«, die die Republik grundsätzlich bejahte. Von den Gesetzen von 1905 gingen, neben negativen Folgen wie dem drastischen Rückgang des Priesternachwuchses und starken Säkularisierungstendenzen auf dem Lande, auch positive Wirkungen aus. Die Kurie empfand es als Vorteil, daß die französischen Bistümer nun vom Papst frei besetzt werden konnten. Die Sammlung der katholischen Kräfte ergab teilweise einen neuen religiösen Aufschwung. Man brauchte in Hinkunft keine kompromittierenden Rücksichten auf den Staat mehr zu nehmen. Die einzelnen Diözesen konstituierten sich als Vereine und konnten als solche das eingezogene Vermögen oft wieder zurückkaufen. In Paris wurden zwischen 1906 und 1914 über 100 katholische Kirchen gebaut, das sind mehr als während des ganzen Jahrhunderts seit dem Konkordat. Die Orden verlegten nun ihre Studienklöster ins Ausland, wurden aber im übrigen in ihrer Tätigkeit innerhalb Frankreichs kaum gehindert, sofern sie ihre Niederlassungen nicht mehr »Konvente« nannten (diese waren verboten), sondern »Residenzen«. Der Religionsunterricht wurde in die Pfarreien verlegt, kirchliche Privatschulen aber vielfach auf der Basis des Vereinsrechts weitergeführt.

In *Deutschland* sorgte die Enzyklika *Editae saepe Dei* von 1910, die zum Gedenken an die 300 Jahre zuvor erfolgte Heiligsprechung von Karl Borromäus erschien, für Aufregung, weil sie die Reformation Martin Luthers mit sehr heftigen Worten bedachte. Man erreichte auf dem Protestweg die Zustimmung Roms, daß das Rundschreiben innerhalb Deutschlands weder von den Kanzeln verlesen, noch durch die kirchlichen Amtsblätter publiziert zu werden brauchte. In den deutschen *Gewerkschaftsstreit* zwischen der Kölner und der Berliner Richtung griff Pius X. mit der Enzyklika *Singulari quadam* ein; er stimmte zögernd der Kölner Auffassung zu, d. h., er gestattete in Deutschland wegen der besonderen Lage die Bildung christlicher (statt rein konfessionell-katholischer) Gewerkschaften.

In *Spanien* erreichten in den Jahren 1909–1912 die vorhandenen antiklerikalen Strömungen einen gewissen Höhepunkt. Bei einem Arbeiteraufstand in Barcelona (1909) wurden 68 Kirchen und Klöster zerstört und 138 geistliche Personen getötet. 1910–1912 erfolgten starke Einschränkungen des spanischen Konkordates von 1851. Der Religionsunterricht und das Klosterwesen wurden der staatlichen Aufsicht unterstellt und stark behindert. Die diplomatischen Beziehungen des Landes mit dem Heiligen Stuhl wurden abgebrochen.

Mit der Umwandlung *Portugals* zur Republik (1910) wurden hier ähnliche, eher noch schärfere Maßnahmen in die Wege geleitet. 1911 wurde die Trennung von Kirche und Staat gesetzlich ausgesprochen, der gesamte Kirchenbesitz eingezogen, die diplomatischen Beziehungen zum Vatikan für beendet erklärt, der Religionsunterricht in den Schulen verboten, religiöse Feiertage abgeschafft usw. Erst nach dem Staatsstreich von 1918 durch konservative Kräfte besserte sich die Lage der Kirche allmählich.

Unmittelbar nach dem Ausbruch des Ersten Weltkriegs starb Pius X. am 20. August 1914. Der Papst hatte sich noch bereit erklärt, als Schiedsrichter zwischen Österreich und Serbien zu fungieren und auf beide Regierungen mäßigend einzuwirken; gleichzeitig aber hatte er Österreich das Recht auf völlige Wiedergutmachung zugebilligt.

Zur bleibenden Leistung Pius' X. zählen seine innerkirchlichen Reformen, während sein undifferenziertes Vorgehen gegen den Modernismus einen Schatten auf seine Regierung wirft. 1954 wurde der Papst durch Pius XII. heiliggesprochen.

§ 147
Modernismus und Integralismus

Pius X. ist auch als der *Antimodernistenpapst* in die Geschichte eingegangen. Nach Ernst Benz versteht man unter *Modernismus* einen »Sammelbegriff für die Reformbestrebungen einer Reihe von römisch-katholischen Theologen des endenden 19. und des beginnenden 20. Jahrhunderts, die in Wirklichkeit ihrer Denkungsart, ihren Reformideen, ihrer Herkunft und Erziehung nach den verschiedenartigsten Richtungen angehören« (E. Weinzierl, Hg., Päpstliche Autorität 19./20. Jh., 86).

Gemeinsam war den Modernisten das Bestreben, die Kluft, die sich im 19. Jahrhundert zwischen Kirche und moderner Welt, zwischen Theologie und Wissenschaft aufgetan hatte, zu überwinden. Wir werden noch auf einzelne Vertreter dieser Richtung zurückkommen.

Die Forschungen von Thomas Michael Loome haben gezeigt, daß es falsch ist, das Phänomen »Modernismus« isoliert, d. h. beschränkt auf die Zeit Pius' X., zu betrachten. Die Wurzeln der Konflikte reichen weit zurück, vor allem ereigneten sich wesentliche Etappen der Modernismuskontroverse schon unter Leo XIII. Der Höhepunkt der Auseinandersetzungen fällt jedoch mit der Regierungszeit Pius' X. zusammen. Der Papst erblickte in den Bestrebungen der »Modernisten« einen gefährlichen Einbruch des Zeitgeists in die Kirche. Schon wenige Wochen nach seiner Amtsübernahme indizierte er die Werke des französischen Exegeten Alfred Loisy, und als 1913 der Widerstand gegen die Art der Bekämpfung des Modernismus gewachsen war, tat er den Ausspruch: »Non est vir mecum« (Kein Mensch hält zu mir).

Das eigentliche *Konfliktjahr* war 1907. Den Auftakt bildete eine Ansprache des Papstes am 17. April, in der er die Bewegung als die Zusammenfassung und das Gift aller Häresien (compendium et venenum est omnium haeresum) bezeichnete. Mit dem Dekret *Lamentabili* vom 3. Juli d. J., das 65 Sätze, die man vor allem den Werken von Loisy und George Tyrell entnommen hatte, verurteilte, war ein »neuer Syllabus« erstellt. Den eigentlich entscheidenden Schlag aber bildete die Enzyklika *Pascendi* vom 8. September. In ihr »wird der Modernismus als ein in sich abgeschlossenes, einheitliches System charakterisiert, eben als Zusammenfassung der Häresien, dazu geschaffen, nicht bloß die katholische, sondern jede Religion zu vernichten. Die Gefährlichkeit der Modernisten sei deshalb so groß, weil sie es verstünden, sich hinter einem sittenstrengen Wandel zu verstecken, dabei seien Stolz und Hochmut ihre Antriebe« (G. Maron, a. a. O., 212). Das Rundschreiben empfiehlt zahlreiche Gegenmaßnahmen wie: die Pflege der scholastischen Philosophie, die Entfernung modernistischer Dozenten aus ihrem Amt, eine strenge Zensur über das theologische Schrifttum, die Errichtung von Aufsichtsbehörden in jeder Diözese u. a. m. Die Enzyklika ging sogar so weit, daß sie auch die Absetzung jener Professoren verlangte, »qui in historica re, vel archeologia, vel biblica nova student«. Scharfe Reaktionen einzelner Modernisten trugen nur noch zur Aufschaukelung des Konfliktes bei und bedingten die Einführung des Antimodernisteneides (1. September 1910, bis 1967 in Kraft), der vor Empfang der höheren Weihen und vor Erlangung eines kirchlichen Amtes abzulegen war; die deutschen Theologieprofessoren wurden aufgrund energischer Proteste von der Eidesleistung ausgenommen.

Die Gegner des Modernismus nannte man *Intergralisten,* weil sie die Antwort auf alle Fragen, auch die der Wissenschaft und der Kunst sowie jene des privaten und des politischen Lebens, in den Lehren der Kirche und des Papstes suchten. Ein integralistisches Blatt schrieb damals: »Wir sind integrale römische Katholiken, das heißt, wir stellen nicht nur die traditionelle Kirchenlehre auf dem Gebiet der absoluten Wahrheit, sondern auch die Weisungen des Papstes über praktische, zufällige Dinge über alles und alle. Die Kirche und der Papst bilden eine vollkommene Einheit«. Gegen Andersdenkende gingen die Integralisten kämpferisch und inquisitorisch vor. Josef Schmidlin spricht sogar von einer »integralistischen Verschwörung«; diese hatte ihren Rückhalt im *Sodalitium Pianum,* benannt nach dem heiligen Papst Pius V. unter deutlicher Anspielung auf den Namen des regierenden Papstes. Der Gründer dieser Geheimgesellschaft war der päpstliche Unterstaatssekretär Msgr. Umberto Benigni. Das Sodalitium erlangte zwar nie die kanonische Bestätigung, erfuhr jedoch die Unterstützung des Papstes durch mehrere Geldzuwendungen und wiederholte Belobigungen. So schrieb Pius X. am 8. Juli 1912: »Wir ermuntern im Herrn unsere geliebten Söhne, die Mitglieder des ›Sodalitium Pianum‹, die sich um die katholische Sache dadurch sehr verdient gemacht haben, daß sie den Kampf für die Kirche Gottes und den Heiligen Stuhl gegen die Feinde von außen und von innen fortsetzen.«

Über die Agitationen der Gesellschaft, die erst aufgrund der Forschungen von Emile Poulat genauer faßbar geworden sind, wurde dem Papst täglich Bericht erstattet. Die Vereinigung betrachtete es als ihre vordringliche Aufgabe, möglichst alle Modernisten aufzuspüren, sie zu brandmarken und im Sinne der Enzyklika »Pascendi« der kirchlichen Verurteilung zuzuführen. Die Zahl der direkten Mitglieder der Vereinigung scheint kleiner gewesen zu sein, als oft vermutet worden ist (etwa 50 Personen), doch verfügte man an vielen Orten über Verbindungsleute. In Österreich fungierten z. B. die Professoren Ernst Commer

(Wien), Johannes Stufler und Ludwig von Pastor (beide Innsbruck) als Zuträger. In Städten wie Mailand, Wien, Berlin, Köln, Brüssel, Genf, Fribourg und Paris hatte man eigene Pressestellen errichtet, und in der »Correspondence de Rome« besaß man ein eigenes Publikationsorgan. Meist wurde nicht mit offenem Visier gekämpft, sondern man verwendete z. B. Decknamen.

Gegen Ende der Regierung Pius' X. wuchs der Widerstand gegen das Sodalitium auch in Rom, Kardinalstaatssekretär Raffaele Merry del Val war ihm trotz seiner betont konservativen Ausrichtung stets reserviert bis ablehnend gegenübergestanden. Papst Benedikt XV. hat sich dann um eine Beilegung der Modernismuskrise bemüht und das Sodalitium Pianum 1921 verboten.

Abschließend seien einige wichtige Vertreter des Modernismus angeführt. Für *Frankreich,* das als Wiege der Bewegung gilt, ist besonders der schon erwähnte Exeget A. Loisy († 1940) zu nennen. Er hatte bereits 1892 die Zeitschrift »L'Enseignement biblique« und 1896 die »Revue d'histoire et de littérature religieuse« zur Erörterung von bisher im katholischen Raum vernachlässigten biblischen Fragen begründet. Insbesondere ging es ihm darum, die historisch-kritische Methode auch auf die Entstehungsgeschichte der Heiligen Schrift und der Kirche anzuwenden. Die starke Relativierung von Offenbarung und Dogma, die sich von daher ergab, war schon von Leo XIII. angeprangert worden (1893 Enzyklika *Providentissimus Deus* und Verzicht Loisys auf den Lehrstuhl für Exegese am Institut catholique). Ende 1903 setzte Pius X. das 1902 erschienene Buch Loisys »L'Evangile et l'Eglise«, das großes Aufsehen erregt hatte, auf den Index der verbotenen Bücher. Sätze wie »Jesus verkündete das Reich, gekommen ist die Kirche« und »Dogmen sind keine vom Himmel gefallene Wahrheiten« dürfen jedoch nicht isoliert gesehen werden. Es ging dem Autor darum, das herrschende ungeschichtliche System der Neuscholastik mit dem Newmanschen Entwicklungsgedanken zu konfrontieren. Er wollte aufzeigen, daß Kirche und Dogma den Intentionen Jesu nicht zuwiderlaufen, sondern eine Konsequenz aus seiner Lehre darstellen. Insofern war das Grundanliegen nicht Kritik, sondern Apologie. Die heftige Ablehnung durch die Enzyklika »Pascendi« brachte Loisy die Exkommunikation ein (1908). In der Folge nahm die Radikalität seiner Position so zu, daß sich bei ihm Offenbarung und Gottesglaube zu verflüchtigen schienen. Erst im hohen Alter fand der Theologe wieder zu einem persönlichen Gott zurück. Es bleibt sein Verdienst, zu Beginn unseres Jahrhunderts Fragen aufgeworfen zu haben, die bis dahin in der katholischen Kirche kaum gestellt worden waren. Auch wirkte Loisy bahnbrechend für die Rezeption der historisch-kritischen Methode. Dadurch leistete er einen wichtigen Beitrag zur Gegenwartstheologie.

In *England* galt der Jesuit George Tyrell als Exponent des Modernismus; er hielt das Dogma für den Versuch des Menschen, »in stets provisorischen Verstandesbegriffen das göttliche Wirken auszudrücken, das er in sich erlebt« (R. Aubert, a. a. O., 167). Tyrell wurde 1906 aus der Gesellschaft Jesu ausgeschlossen, wollte aber Priester bleiben. Seine Bücher »Lex credendi« und »Through Scylla and Charybdis« scheinen den Versuch eines Ausgleichs darzustellen. Als jedoch 1907 die Enzyklika »Pascendi« erschien, geißelte er diese in zwei scharfen Artikeln in der »Times«. Daraufhin wurde er exkommuniziert. Sein 1908 erschienenes Buch mit dem bezeichnenden Titel »Medievalism« übte heftige Kritik am überkommenen Katholizismus, während sein letztes Werk »Christianity at the Crossroads« eigentlich seine fundamentale Kirchentreue unter Beweis stellt. Tyrell starb im Jahre 1909; er erhielt kein kirchliches Begräbnis.

Als Mann der Mitte gilt Baron Friedrich von Hügel († 1925), der Sohn eines österreichischen Diplomaten und einer schottischen Mutter, der seit 1871 in London lebte. Paul Sabatier hat ihn den »Laienbischof der Modernisten« genannt. Von Hügel teilte viele Ideen seiner modernistischen Freunde, ohne in deren Subjektivismus zu verfallen und ohne die konkrete Kirche zu attackieren.

Der *italienische Modernismus* hatte Denkanstöße aus Frankreich und Italien aufgegriffen, »war aber auch in einer langen Tradition verwurzelt, die an das Risorgimento anknüpfte und den politischen Liberalismus sowie den religiösen Reformismus vertrat« (R. Aubert, a. a. O., 168). Am bekanntesten wurden hier die Priester Romolo Murri, der Begründer der ersten »Democrazia Cristiana Italiana«, der sich darum bemühte, die neuen Mächte der Demokratie und des Sozialismus mit katholischem Geist zu durchdringen, dann Ernesto Buonaiuti, der dafür plädierte, auf den Gebieten der Exegese sowie der Dogmen- und Kirchengeschichte die neuen Erkenntnisse der Forschung einzubeziehen. Zu diesem Zweck gründete er 1905 die »Rivista storico-critica delle scienze teologiche«. Auf Buonaiuti geht auch »Il programma dei modernisti« zurück, das er 1908 anonym als Antwort auf die Enzyklika Pascendi veröffentlicht hatte und das bald in die wichtigsten europäischen Kultursprachen übersetzt wurde. Darin heißt es u. a.: »Wir haben getrachtet, unserer Zeit die Lehren des Katholizismus näherzubringen, indem wir ihre eigene Sprache sprechen und ihre eigenen Gedanken ausdrücken, damit sich bei dieser Berührung die weitgehende Ähnlichkeit beider herausstelle. Wir können nicht glauben, daß die Kirche unser Programm auf die Dauer für zerstörend halte. Wir mögen in einzelnen Annäherungsversuchen geirrt haben und wünschen dann nichts mehr als väterliche Zurechtweisung: man schleudere aber nicht wider unsere Tätigkeit, die voll der Opfer und Selbstverleugnung ist, eine schroffe, unwiderrufliche Verdammung!«

Lassen sich bei Loisy – und zum Teil vielleicht auch bei Tyrell – häretische Tendenzen feststellen, so ist das bei den meisten *deutschen Modernisten* kaum der Fall, weshalb man vorgeschlgen hat, auf sie den Begriff *Reformkatholiken* anzuwenden. U. a. seien hier neben dem Dogmatiker Hermann Schell († 1906; sein Werk wurde schon unter Papst Leo XIII. verurteilt) und dem Historiker Philipp Funk die Kirchenhistoriker Sebastian Merkle und Albert Ehrhard (große Bedeutung erlangte dessen Buch »Der Katholizismus und das 20. Jahrhundert«) angeführt. Die Bewegung besaß in Deutschland ein Sprachrohr in der Zeitschrift »Das Zwanzigste Jahrhundert«. Auch die 1903 von Karl Muth gegründete Zeitschrift »Hochland« verdient hier Erwähnung; für sie schuf der Österreicher Richard von Kralik mit »Der Gral« ein Gegenorgan.

Den angeführten deutschen »Modernisten« ging es darum, Leben und Lehre der Kirche mit dem Fortschritt in Kultur und Wissenschaft zu vereinbaren, ohne dabei die Offenbarung und den Glauben sowie die Grundstrukturen der Kirche anzutasten. Dennoch blieben auch ihnen heftige Auseinandersetzungen nicht erspart. Wirklich ausgetragen ist das Modernismusproblem in der katholischen Kirche bis heute nicht, auch wenn das II. Vatikanum kräftige Impulse in dieser Richtung gesetzt hat.

§ 148
Die Zeit des Ersten Weltkriegs

Bald nach Ausbruch des Ersten Weltkriegs wurde mit Kardinal Giacomo della Chiesa, dem Erzbischof von Bologna, ein Papst gewählt, der aufgrund seiner charakterlichen Eigenschaften sowie seiner diplomatischen Ausbildung die Fähigkeiten zum Ausgleich mitbrachte. In Erinnerung an Benedikt XIV., jenen anderen Erzbischof von Bologna, der die Papstwürde erlangt hatte, nahm er den Namen *Benedikt XV.* (1914–1922) an. Er betrachtete es als seine vordringlichste Aufgabe, einen Beitrag zur Beendigung des Krieges zu leisten. Zunächst konzentrierte er seine *Friedensbemühungen* darauf, Italien aus dem Krieg herauszuhalten. Er erzielte jedoch keinen Erfolg (Kriegserklärung gegen Österreich am 23. Mai 1915). Auch der Einsatz des Papstes, die damals hochgehenden Wogen des Nationalismus – vor allem zwischen Franzosen und Deutschen – zu glätten, zeitigte zunächst keine Ergebnisse. Die einen beschimpften Benedikt XV. als »Germanophilen«, die anderen nannten ihn einen »französischen Papst«. Ein großer Friedensappell vom 1. August 1917 »war nur ein Glied in einer ganzen Kette von Friedensbemühungen dieser Jahre« (G. Maron, a. a. O., 214). Die an die kriegführenden Mächte gerichtete päpstliche Note stieß jedoch nur in Deutschland und Amerika (Präsident Thomas Woodrow Wilson) auf eine gewisse Zustimmung, so daß sie letztlich vergeblich blieb.

Viele Maßnahmen zur Beseitigung der durch den Krieg verursachten materiellen Nöte traf der Heilige Stuhl unabhängig von der religiösen oder völkischen Zugehörigkeit der Betroffenen, z. B. für die Armenier während der türkischen Massaker von 1915/16, bei denen etwa eine Million Menschen umkamen.

Der Papst rief immer wieder zur Hilfe auf, er machte aber auch vatikanische Geldmittel in der Höhe von ca. 82 Millionen Goldlira flüssig, um die Kriegsnot zu lindern. Schließlich seien noch die Mitwirkung am Austausch von über 100.000 Kriegsgefangenen und die intensive Beteiligung am Suchdienst für Vermißte hervorgehoben. Der Vatikan wurde damals von Romain Rolland ein »zweites Rotes Kreuz« genannt.

In der *Römischen Frage* bahnte sich allmählich eine Lösung an, die dann erst unter Pius XI. zum Ziel führte.

Innerkirchlich bedeutsame Ereignisse waren die Publikation des *Codex Juris Canonici* (1917) sowie die allmähliche *Beilegung der Modernistenkämpfe.*

Als sehr folgenschwer sollte sich für die Weltkirche die *russische Oktoberrevolution von 1917* erweisen, doch fallen ihre Auswirkungen nicht mehr in den hier zu behandelnden Zeitraum.

7. VOM ENDE DES ERSTEN WELTKRIEGS BIS ZU PIUS XII.

§ 149
Schwierige Neuorientierung nach dem Krieg

Der *Zerfall der österreichisch-ungarischen Monarchie* – auch Donaumonarchie genannt – in Nationalstaaten bescherte der Kirche erhebliche Schwierigkeiten. Viele Diözesen wurden zerrissen, und der Friede von Saint-Germain 1919 verlieh diesen bisweilen willkürlich anmutenden Teilungen vorläufige Endgültigkeit. Analoges läßt sich vom Versailler Vertrag für *Deutschland* feststellen. Aber nicht nur territorial gab es große Veränderungen; die Ausrufung der Republik in Deutschland und drei Tage später in Österreich schuf für vieles eine völlig neue Situation. Das alte kirchenpolitische Bündnis von Thron und Altar war Geschichte geworden. Besonders schwer traf es den Protestantismus in Deutschland, der im Königtum Preußen fast eine Glaubensfrage sah. Er verlor mit einem Schlag sowohl seine privilegierte Stellung als auch seine landesherrliche Organisationsstruktur. Das Verhältnis der Katholiken zur neuen Staatsform war gespalten.

Kardinal Michael Faulhaber (1869–1952) sprach sich 1922 auf dem Katholikentag in München scharf gegen den Umsturz aus, kritisierte die Weimarer Verfassung und die Zentrumspolitiker – die Zentrumspartei war die politische Heimat der Katholiken in Deutschland –, die diese unterstützten. Der Präsident desselben Katholikentages, der Kölner Oberbürgermeister Konrad Adenauer, der nach dem Zweiten Weltkrieg eine hervorragende Rolle in der Politik spielen sollte, plädierte für die Kenntnisnahme der gegebenen Tatsachen. Die beiden Flügel des Katholizismus, der königlich-bayerische und der rheinisch-demokratische, traten so in ihren Divergenzen offen zutage.

In *Österreich* hatte sich der Wiener Kardinal Friedrich Gustav Piffl (1864–1932) sofort auf die neue Situation eingestellt und am selben Tag, an dem die Republik ausgerufen wurde (12. November 1918), den Klerus angewiesen, die Gläubigen zur unbedingten Treue gegenüber dem nun rechtmäßigen Staat Deutschösterreich, den die Provisorische Nationalversammlung zur Republik erklärt hatte, zu ermahnen. Während manche katholische Kreise dem Kardinal Verrat und Treulosigkeit vorwarfen, war Prälat Ignaz Seipel (1876–1932), der alsbald führende Kopf der Christlichsozialen Partei, der als gewiegter, persönlich integrer Staatsmann die Geschicke Österreichs für ein Dezennium leiten sollte, mit Piffl einer Meinung.

Papst Benedikt XV., der im und nach dem Ersten Weltkrieg nicht müde geworden war, sich um einen gerechten Frieden zu bemühen, konnte wenige Monate vor seinem Tod (22. Januar 1922) noch erleben, daß Frankreich volle diplomatische Beziehungen zum Heiligen Stuhl aufnahm.

Sein Nachfolger, *Pius XI.* (1922–1939), war bei Kriegsende der Vatikanischen Bibliothek als Präfekt vorgestanden und hatte dann als Apostolischer Visitator und Nuntius in Polen gewirkt, ehe er einige Monate vor seiner Wahl zum Papst das Amt des Erzbischofs von Mailand bekleidete. Sein Regierungsprogramm, das er in den Wahlspruch »Pax Christi in regno Christi« kleidete, erläuterte er in seiner Antrittsenzyklila *Ubi arcano*. Mit dieser rief er auch die *Katholische Aktion* ins Leben.

In *Spanien* wurde 1928 das *Opus Dei*, eine aus Priestern und Laien bestehende ordensähnliche katholische Organisation, gegründet, die rasch großen Einfluß auf das politische und wirtschaftliche Leben Spaniens erlangte. Heute ist *Opus Dei* weit über Spanien hinaus verbreitet und tätig; 1982 erhob es Papst Johannes Paul II. zur Personalprälatur.

§ 150
# Die Konkordate Pius' XI.

Unter Pius XI. wurde eine ganze Reihe von *Konkordaten* geschlossen, den Anfang machte mit Mai 1922 Lettland; Bayern, Polen, Litauen, Preußen und andere folgten. Drei seien besonders erwähnt: Im Februar 1929 wurden die *Lateranverträge*, bestehend aus Staatsvertrag, Finanzabkommen und Konkordat, unterzeichnet. Damit fand die durch die Ereignisse von 1870 entstandene »Römische Frage« ihre Lösung und der Konflikt zwischen Kirche und italienischem Staat sein Ende. Im Staatsvertrag anerkannte der italienische Staat die katholische Religion als einzige Staatsreligion, und dem »Heiligen Stuhl« wurde volle Souveränität eingeräumt. Das Konkordat ergänzt den Staatsvertrag und regelt in 45 Artikeln detailliert Angelegenheiten, die Staat und Kirche berühren. Dem Staat wurden beträchtliche Zugeständnisse in geistlichen Personalfragen gemacht (bei Bischofsernennungen und Pfarrbesetzungen). Den Priestern wurde die parteipolitische Betätigung untersagt.

Das *österreichische Konkordat*, das am 5. Juni 1933 in Rom von Bundeskanzler Engelbert Dollfuß und Justizminister Kurt Schuschnigg auf der einen und Kardinalstaatssekretär Eugenio Pacelli auf der anderen Seite feierlich unterzeichnet und am 1. Mai 1934 ratifiziert wurde, hat keine derartige Bestimmung. Wohl beschlossen die Bischöfe am 30. November 1933 unter paradigmatischem Verweis auf Italien und Deutschland (Reichskonkordat), den Priestern wegen der »besonders heiklen politischen Verhältnisse« die aktive politische Betätigung bzw. die Ausübung eines politischen Mandates zu untersagen. Alle politisch tätigen Priester mußten ihre Mandate als Nationalräte, Bundesräte, Landtagsabgeordnete oder Landesräte, Gemeinderäte oder Gemeindeausschußmitglieder binnen 14 Tagen zurücklegen. Konsequent durchgeführt wurde dieser

Untersagungsbeschluß in der Ära des »Christlichen Ständestaates« insofern nicht, als in dessen Gremien wieder Priester tätig waren. Diese waren allerdings nicht über eine politische Partei hineingewählt, sondern von »oben« bzw. autoritär entsandt.

Das Konkordat, das den kirchlichen Wünschen weitgehend Rechnung trug, regelte in 23 Artikeln die Beziehungen von Kirche und Staat in Österreich. Offene Fragen, wie z. B. der Vorgang bei der Besetzung von Bischofsstühlen, in Angelegenheiten des Religionsunterrichtes und der katholischen Schulen, in vermögensrechtlichen Belangen und in puncto bürgerlicher Rechtswirkungen von kirchlich geschlossenen Ehen, wurden gelöst.

Das deutsche *Reichskonkordat,* das am 20. Juli 1933 unterzeichnet und bereits im September ratifiziert wurde, wußte das nationalsozialistische Regime propagandistisch zu nützen. Dieses hatte unter Führung Adolf Hitlers am 30. Januar 1933 bei Jubel und Fackelzügen seiner Anhänger legal die Macht in Deutschland übernommen. Die beiden Kirchen, insbesondere die katholische, standen dem neuen Regime, vor allem seiner Ideologie, distanziert bis ablehnend gegenüber. Dezidiert erklärte die Fuldaer Bischofskonferenz in ihrer Seelsorgeinstruktion vom August 1931: Der Nationalsozialismus gebe vor, nur eine politische Partei mit berechtigten nationalen Zielen zu sein, stehe aber tatsächlich zu fundamentalen Wahrheiten des Christentums und zu der von Christus geschaffenen Organisation der katholischen Kirche in schroffstem Gegensatz. Da damals der politische Katholizismus noch sehr virulent war und in der Zentrumspartei und der Bayerischen Volkspartei einen gewichtigen Machtfaktor darstellte, hatte eine solche Seelsorgeinstruktion nicht bloß pastorale, sondern auch eine eminent politische Bedeutung. Noch Wochen nach Hitlers Machtergreifung, und zwar zu den Wahlen am 5. März, gab die Fuldaer Bischofskonferenz eine Wahlempfehlung ab, die eindeutig der Zentrumspartei galt. Das mag dazu beigetragen haben, daß die NSDAP (Nationalsozialistische Deutsche Arbeiterpartei) ihr erklärtes Wahlziel der absoluten Mehrheit verfehlte. Hitlers Erklärungen über die Bedeutung und die Stellung des Christentums im neuen, im nationalsozialistischen Staat neutralisierten den erklärten Widerstand der Kirchen. »Nachdem sich in den Märztagen die zustimmenden, ja enthusiastischen Äußerungen zum neuen Staat auf evangelischer Seite gehäuft hatten, gab am 28. März auch der katholische Episkopat seinen Widerstand auf. In einer Kundgebung nahmen die Bischöfe, unter Hinweis auf Hitlers Zusicherungen, ihre Vorbehalte gegenüber der nationalsozialistischen Bewegung bedingt zurück. Damit war der Damm gebrochen« (Scholder). Reichskanzler Hitler, dem am 23. März 1933 im »Ermächtigungsgesetz« vom Reichstag mit Zustimmung der Zentrumspartei diktatorische Vollmachten für vier Jahre eingeräumt worden waren, sah im politischen Katholizismus für die Erreichung seiner Ziele einen ernstzunehmenden und gefährlichen Gegner. Um diesen völlig auszuschalten, war ihm viel daran gelegen, daß in das Reichskonkordat ein Artikel aufgenommen wurde, der die politische Betätigung von Priestern und Ordensleuten untersagte. Damit sollte die Kirche aus dem politischen Bereich gedrängt und auf den rein pastoral-religiösen Bereich eingeengt werden. Das Reichskonkordat, das nach sehr zügigen Verhandlungen am 20. Juli 1933 vom Kardinalstaatssekretär Eugenio Pacelli und vom Vizekanzler des Deutschen Reiches, dem berühmt-berüchtigten »Brückenbauer«, dem praktizierenden Katholiken Vizekanzler Franz von Papen, unterzeichnet wurde, hat eine auffallend unterschiedliche Beurteilung gefunden.

Für den protestantischen Kirchenhistoriker Klaus Scholder ist das Reichskonkordat in theologischer Hinsicht »eine der großen Fehlentscheidungen des Jahrhunderts« der katholischen Kirche. Nach Erwin Iserloh bot das Reichskonkordat »der katholischen Kirche eine Rechtsposition, auf die sie sich bei Übergriffen berufen konnte«. So sei es »weitgehend wegen des Reichskonkordats nicht gelungen«, alles auszuschalten, was sich Hitler hemmend oder störend entgegenstellte. Der politisch brisanteste Punkt nach der Entpolitisierung des Klerus (Art. 32) war der Schutz des Verbandskatholizismus (Art. 31), den das nationalsozialistische Regime als Teil des politischen Katholizismus ansah und deshalb via Konkordat ebenfalls erledigen wollte. Die Verhandlungen spitzten sich für die Kirche demnach auf die Alternative zu: »Reichskonkordat – oder Verzicht auf Verbände«. Der große Erfolg, den das Reichskonkordat der Kirche zumindest kurzfristig brachte, war: »Die Katastrophe des Verbandskatholizismus wurde buchstäblich in letzter Minute verhindert« (Repgen). Mit dem Abschluß des Reichskonkordates – die evangelische Kirche erhielt analog dazu die »Verfassung der Deutschen Evangelischen Kirche« und wählte im September 1933 in Wittenberg auf ihrer Nationalsynode Ludwig Müller (1883–1943) zum Reichsbischof – erfaßte viele in beiden Kirchen ein förmlicher Begeisterungstaumel für den Nationalsozialismus. Die alsbald einsetzenden Verstöße des NS-Regimes gegen den Geist und den Buchstaben des Reichskonkordates wirkten ernüchternd. Seit 1936 durften selbst in bischöflichen Amtsblättern Hirtenbriefe nicht mehr gedruckt werden, wogegen der Episkopat durch Eingaben und der Heilige Stuhl durch diplomatische Noten immer wieder vorstellig wurden. Da alle kirchlichen Vorsprachen, Eingaben und diplomatischen Noten nicht fruchteten, entschloß sich der Heilige Stuhl in Übereinstimmung mit jenem Teil des deutschen Episkopates, der die »Eingabe-Politik« seines Vorsitzenden, Kardinal Adolf Bertram von Breslau, für unzureichend ansah, mit einer entsprechenden Enzyklika an die Öffentlichkeit zu gehen. So verfaßte Kardinalstaatssekretär Pacelli, ausgehend vom Grundentwurf, den Kardinal Faulhaber eingereicht hatte, »unter persönlicher Oberaufsicht durch den Papst« (Repgen) das Rundschreiben *Mit brennender Sorge*. Rom griff darin die nationalsozialistische Ideologie und Religionspolitik – jedoch unter Vermeidung des Wortes Nationalsozialismus – scharf an. Es gelang, sie geheim zu drucken, zu verteilen und zur großen Überraschung des NS-Regimes am Palmsonntag, dem 21. März 1937, von den Kanzeln der Pfarrkirchen in Deutschland verlesen zu lassen. Die erhoffte Wirkung der Enzyklika trat jedoch nicht ein, weder änderte die Fuldaer Bischofskonferenz ihre »Eingaben-Politik« und ging zur ständigen Mobilisierung der Öffentlichkeit über, noch änderte das NS-Regime seinen Kirchenkampf oder seine Ideologie. Anderseits konnte sich unter dem Schutz des Konkordates, urteilt Iserloh, »langsam der Widerstand aufbauen, der die Kraft gab, die Jahre des endgültigen Verbots im Untergrund durchzustehen«. Kardinal Pacelli war nach Iserloh keineswegs der Meinung, mit dem Konkordat »einen großen Erfolg errungen, wohl in einem ›Dilemma‹ das kleinere Übel gewählt zu haben«. Repgen urteilt zusammenfassend: »Daß der deutsche Katholizismus das Dritte Reich wesentlich intakter als fast alle anderen vergleichbaren Großgruppen überstanden hat, ist... eine langfristige Folge des Reichskonkordates.«

§ 151
Der »Christliche Ständestaat« Österreich

Die katholische antinationalsozialistisch orientierte *österreichische Bundesregierung*, die nach der »Selbstausschaltung« des Nationalrates (4. März 1933) darangegangen war, autoritär zu regieren und, fußend auf der Sozialenzyklika *Quadragesimo anno*, den *Christlichen Ständestaat* zu errichten, fürchtete die für sie ungünstige propagandistische Ausschlachtung des Reichskonkordates durch die Nationalsozialisten. Um diesen den Wind aus den Segeln zu nehmen, intervenierte Bundeskanzler Dollfuß bereits am Tage nach der Unterzeichnung des Reichskonkordates beim Kardinalstaatssekretär, die vatikanische Presse möge klar zum Ausdruck bringen, daß das Konkordat »zwischen Heiligem Stuhl und Deutschem Reich, nicht aber mit dem Nationalsozialismus abgeschlossen worden sei« (Kremsmair). Eine Woche später stand im »Osservatore Romano«, dem offiziösen Presseorgan des Vatikans, recht allgemein zu lesen, daß die Konkordate mit Staaten abgeschlossen würden, um Freiheit und Rechte der Kirche zu sichern; eine »Bestätigung oder Anerkennung einer bestimmten Strömung von politischen Lehren und Ansichten« bedeuteten sie jedoch nicht.

In *Österreich*, das alsbald zu einem Emigrationsland von Zuflucht und Freiheit Suchenden aus Deutschland wurde, fand im September 1933 der *Allgemeine Deutsche Katholikentag* statt, bei dem ob der Tausend-Mark-Sperre die Teilnehmer aus dem Deutschen Reich weitestgehend ausblieben. Während Dollfuß diesen Katholikentag zur Propagierung seines autoritären ständestaatlichen Kurses reichlich nutzte, gingen vom Katholikentag für die innerkirchlichen Belange wie Liturgie, Pastoral und Neustrukturierung der Katholischen Aktion erhebliche Impulse aus.

Das im Juni 1933 unterzeichnete und mit 1. Mai 1934 zugleich mit der Promulgation der Ständestaatsverfassung ratifizierte Konkordat wurde von der Hierarchie als Druckmittel benutzt, um die katholischen Vereine umzustrukturieren und zu klerikalisieren. »Parallel zur Errichtung des autoritären Ständestaates wurden darin nach italienischem Vorbild die Katholische Aktion umstrukturiert und die ›kirchliche‹, d. h. klerikale Führungsrolle, betont« (Gatz). Insbesondere die bischöfliche Beauftragung, das hierarchische Mandat und nicht die Wahl durch die Vereinsmitglieder, der Führer (die Führerin), und nicht der Obmann (die Obfrau) wurden zur zeitgemäßen pastoralen Notwendigkeit erklärt. Die IV. Wiener Seelsorgertagung vom Jänner 1935 wurde hierfür zum theologisch-ideologischen Meilenstein. Von daher wird es auch verständlich, daß der bekannte Wiener Pastoraltheologe Michael Pfliegler im April 1938 nach der Machtübernahme Hitlers dem nationalsozialistischen Regime öffentlich für die Auflösung der katholischen Vereine mit den Worten danken konnte: »Die Idylle der Vereinskirche ist endgültig vorbei. Sagen wir es nur ehrlich: Gott sei Dank . . . Die Katholische Aktion hätte in den katholischen Vereinen ihre eigentlichen Kerntruppen haben sollen«, (jedoch) »die katholischen Vereine blieben bis zum Schluß vielfach das Haupthindernis der Katholischen Aktion.«

Die Niederschlagung der Revolte, die von Teilen des sozialdemokratischen Schutzbundes am 12. Februar 1934 inszeniert wurde, durch den tief kirchlich gesinnten Bundeskanzler Engelbert Dollfuß begrüßte die Kirche sehr, »weil dadurch das Unheil von den Altären abgewehrt wurde« (Innitzer). Daß diese partielle Schutzbundrevolte als Ziel die Wiedererrichtung der parlamentarischen Demokratie gehabt hätte, konnte bis heute nicht bewiesen werden; den Rädelsführern schwebte als Ziel der Sozialismus vor Augen. Was die standgerichtlichen Todesurteile betrifft, hat Kardinal Innitzer mit Nachdruck und Erfolg für die Begnadigung bei der Regierung interveniert.

Der nationalsozialistische Putschversuch (Juli 1934), der zwar zahlreiche Verletzte und Tote forderte, vor allem wurde Bundeskanzler Engelbert Dollfuß von den Putschisten ermordet, konnte das autoritäre Ständestaatsregime weder gefährden noch stürzen: Dollfuß wurde für viele der Märtyrer, durchaus auch im christlich-katholischen Sinne, der für Österreich sein Blut gab. Sein christlich-ständestaatlich-autoritärer Kurs hatte mehrfach kirchliche Belobigungen erfahren. In Kreisen des linken Lagers war und blieb er ob des 12. Februar 1934 der Arbeitermörder, der mit Kanonen auf Arbeiterheime schießen ließ. Durch den religiös verbrämten Heldenkult um Dollfuß einerseits und durch das enge Zusammenwirken von Staat und Kirche, um kirchliche Anliegen durchzusetzen, wie z. B. die religiösen Übungen, anderseits, wurde der Antiklerikalismus gefördert, der die Kluft zur Arbeiterschaft vertiefte und ungewollt der nationalsozialistischen Bewegung nützte. Immerhin gelang es dem »Christlichen Ständestaat«, die NS-Zeit um ein Lustrum zu verkürzen bzw. hinauszuschieben und der Kirche den Grundstein für eine Katholische Aktion zu legen, die nach 1945 darauf aufbauend in den fünfziger Jahren ihren begeistert-begeisternden Höhepunkt erlebte.

Der Katholizismus in Österreichs »Christlichem Ständestaat« war in seiner Haltung zum Nationalsozialismus gespalten. Auch die Bischöfe unterschieden sich diesbezüglich mehr als bloß in Nuancen. Namentlich ist der aus Graz stammende Bischof Alois Hudal, der als Rektor der Nationalstiftung Sancta Maria de Anima in Rom wirkte, zu nennen. 1936 hatte er sein Buch »Die Grundlagen des Nationalsozialismus« erstmals herausgebracht, das manchem »Brückenbauer« Rechtfertigung und Vorwand zugleich war. Im katholischen Volk war die konservative Richtung, geschart um die Zeitschriften »Christlicher Ständestaat«, »Junge Front« und »Sturm über Österreich«, betont aggressiv sowohl antikommunistisch als auch antinationalsozialistisch gesinnt. Der Flügel um die

Zeitschriften »Schönere Zukunft« und »Neuland« meinte jedoch, man müsse sich mit dem Nationalsozialismus arrangieren, ihn prüfen und das Gute behalten, und man habe im Nationalsozialismus einen vorzüglichen Bundesgenossen im Kampf gegen den Kommunismus und Bolschewismus. So veröffentlichte die »Schönere Zukunft« die Enzyklika »Mit brennender Sorge« nur auszugsweise, unter Weglassung der kritischesten Passagen. Bedeutend größere Aufmerksamkeit widmete sie dafür der antikommunistischen Enzyklika *Divini redemptoris,* die praktisch gleichzeitig (Zeitdifferenz von bloß fünf Tagen) erschien. Pius XI. wollte mit dieser Gleichzeitigkeit seine grundsätzliche Haltung unterstreichen, die der Sekretär der Kongregation für außerordentliche kirchliche Angelegenheiten, der spätere Kardinalstaatssekretär Domenico Tardini, gegenüber dem englischen Geschäftsträger noch im Mai 1943 folgend formulierte: »Zwei Gefahren drohen der europäischen und christlichen Kultur, der Nazismus und der Kommunismus. Beide sind martialisch, antireligiös, totalitär, tyrannisch, grausam und militaristisch.« Wenn durch den Krieg nicht beide verschwänden, sondern einer von beiden überlebe, sei ein wirklicher Friede nicht möglich, und die Welt ginge einem noch schlimmeren Krieg entgegen.

§ 152
Unter der nationalsozialistischen Herrschaft

In der damaligen unterschiedlichen Wertung des Kommunismus und Nationalsozialismus durch den progressiven Flügel des österreichischen Katholizismus sind wesentliche Gründe für das Verhalten der österreichischen Bischöfe beim *Anschluß im März 1938* zu suchen. Kardinal Theodor Innitzer machte drei Tage nach Hitlers Einmarsch einen Begrüßungsbesuch bei ihm und verwendete sogleich die deutsche Grußformel. In der »Feierlichen Erklärung« des Episkopates stand zu lesen: »Wir sind auch der Überzeugung, daß durch das Wirken der nationalsozialistischen Bewegung die Gefahr des alles zerstörenden gottlosen Bolschewismus abgewehrt wurde.« Die Gläubigen wurden aufgerufen, für den Anschluß an Hitler-Deutschland zu stimmen. Allerdings stand die Textierung der Erklärung unter dem Diktat des sogenannten Reichskommissars für die Wiedervereinigung Österreichs mit dem Deutschen Reich, Gauleiter Josef Bürckel. Die anfängliche, bis in höchste kirchliche Kreise reichende Begeisterung für die neuen Gegebenheiten, die über Nacht den »Christlichen Ständestaat« hinweggefegt hatten, verebbte bereits nach einigen Monaten. Als am 8. Oktober 1938 nationalsozialistischer Pöbel das Erzbischöfliche Palais in Wien überfiel und in seinen Räumen Vandalenakte setzte, wurde es auch den unentwegtesten katholischen »Brückenbauern« klar, daß ein Arrangement unmöglich sei.

Die Aufhebung katholischer Privatschulen und drei der vier Theologischen Fakultäten – in Deutschland wurde übrigens bloß eine einzige (München) von sieben aufgehoben –, die Liquidierung zahlreicher Klöster und Stifte sowie die Abschaffung des Religionsunterrichtes öffneten dem letzten Gutgläubigen die Augen.

Zu den *Judenpogromen* der sogenannten »Reichskristallnacht« im November 1938 schwiegen die Kirchen, auch Rom protestierte nicht, nur von dem Grazer Theologieprofessor und Lebensreformer Johannes Ude (1874–1965), der selbst eine Zeitlang dem Nationalsozialismus brückenbauend nahegestanden war, ist ein leidenschaftliches und geharnischtes Protestschreiben an die zuständigen NS-Instanzen in Österreich (Ostmark) ob der »banditenartigen... Überfälle auf die jüdischen Synagogen« bekannt geworden, das ihm den Verweis aus dem »Gau« Steiermark eintrug. Sein ehemaliger Mitarbeiter in der Abstinenzbewegung, Max Joseph Metzger (1887–1944), wurde wegen seiner Friedensbemühungen des »Hochverrats und der Feindbegünstigung« angeklagt und hingerichtet. Metzger war auch ein Wegbereiter des katholischen Ökumenismus und hatte 1938 die Bruderschaft »Una Sancta« mitbegründet. Sie sollte durch Gebet und brüderliche Begegnung die Kircheneinheit vorbereiten helfen. Im selben Jahr erreichten auch Bemühungen kirchlicher Gemeinschaften, einen »Ökumenischen Rat der Kirchen« (ÖRK) – mit Ausnahme der römisch-katholischen Kirche – mit Genf als Sitz zu errichten, entscheidende Erfolge. Zur offiziellen Konstituierung des ÖRK kam es erst nach dem Krieg 1948 in Amsterdam.

Die Hinrichtung Metzgers war kein Einzelfall. Viele Christen haben in den diversen *Konzentrationslagern* und Gefängnissen um ihres Glaubens willen Unsägliches gelitten. Allein unter den Priestern und Ordensleuten forderte die nationalsozialistische Barbarei etwa 4.000 Opfer. Einige *Persönlichkeiten* seien namentlich genannt: P. Maximilian Kolbe (1894–1941), der stellvertretend für einen Familienvater im KZ von Auschwitz im Hungerbunker qualvoll starb. Die ihrer Abstammung nach jüdische Philosophin Edith Stein (1891–1942), eine Karmelitin, fiel dem Rassenwahn zum Opfer. Der Palottinerpater Franz Reinisch (1903–1942) aus Innsbruck-Feldkirch, der aus antinationalsozialistischer Gesinnung den Wehrdienst verweigerte, wurde 1942 geköpft. Gewissensgründe ließen auch dem oberösterreichischen Bauern Franz Jägerstätter (1907–1943) den Militärdienst in Hitlers Wehrmacht unmöglich erscheinen. Das Vorbild von Reinisch hat ihn in seiner Haltung bestärkt und ihm den Weg aufs Schafott ein Jahr nach diesem erleichtert. Wenige Wochen vor dem Ende des Krieges und der NS-Herrschaft wurde noch der Jesuit Alfred Delp (1907–1945) in Berlin-Plötzensee wegen »Hoch- und Landesverrates« hingerichtet. Die Ordensschwester Restituta (Helene) Kafka (1898–1943) vom niederösterreichischen Krankenhaus Mödling wurde 1942 »wegen Vorbereitung zum Hochverrat und Feindbegünstigung« zum Tode verurteilt und im März 1943 in Wien durch das Fallbeil hingerichtet. Sie war und blieb die einzige katholische Ordensfrau, die durch das NS-Regime nach verhängtem Todesurteil auch tatsächlich hingerichtet wurde. Der Grazer Studentenseelsorger und Franziskanerpater DDDr. Kapistran Pieller (1891–1945), der Provinzial der Franziskaner P. Dr. Angelus Steinwender und Dr. Anton Granig aus Klagenfurt wurden ob ihrer Mitarbeit in der »Antifaschistischen Freiheitsbewegung Österreichs« 1944 zum Tode verurteilt und noch am 15. April 1945 in Stein a. d. Donau erschossen. Wegen seines Einsatzes für die verfolgten Juden wurde der Berliner Dompropst Bernhard Lichtenberg verhaftet. Er starb 1943 auf dem Transport in das KZ Dachau. Der

Greifswalder Pfarrer Dr. Alfons Maria Wachsmann und der steirische Pfarrer Heinrich Dalla Rosa wurden »wegen Wehrkraftzersetzung« zum Tode verurteilt und Wachsmann 1944 in Brandenburg, Dalla Rosa im Jänner 1945 in Wien hingerichtet. Mit der gleichen Begründung wurden die Stettiner Kapläne Herbert Simoleit, P. Friedrich Lorenz und der Innsbrucker Provikar Carl Lampert 1944 zum Tode verurteilt und hingerichtet. Im KZ Dachau starben der Berliner Pfarrer Josef Lenzel, angeklagt wegen verbotener Seelsorge an polnischen Zwangsarbeitern, und die Meißner Priester Dr. Bernhard Wensch und Aloys Andritzky, angeklagt »wegen Jugendseelsorge und staatsfeindlicher Äußerungen«. Auch von der evangelischen Kirche, die politisch bedingt in Gruppen gespalten war, forderte der Nationalsozialismus seine Opfer. So wurde z. B. Pfarrer Dietrich Bonhoeffer (1906–1945), der im innerprotestantischen Kirchenstreit formuliert hatte: »Wer sich wissentlich von der bekennenden Kirche in Deutschland trennt, trennt sich vom Heil. Das ist die Erkenntnis, die sich der wahren Kirche von jeher aufgezwungen hat«, am 9. April 1945 zusammen mit Admiral Canaris u. a. im KZ Flossenbürg erhängt.

Gleichzeitig mit dieser Christenverfolgung »trieb die NS-Diktatur in der Ausmerzung der Geisteskranken, verharmlosend *Euthanasie* genannt, sowie der Deportation und Hinmordung der europäischen Juden die Pervertierung des Rechtsstaates in Dimensionen jenseits menschlicher Vorstellungskraft« (Volk). Da die Geisteskranken vorwiegend in kirchlichen Anstalten untergebracht waren, erfuhren die kirchlichen Stellen sehr bald, daß man diese einfach liquidierte. Das mutige öffentliche Auftreten des Bischofs von Münster, Clemens Augustinus Graf Galen (1878–1946), gegen diese Barbarei hatte erheblichen Erfolg. Keinen vergleichbar mutigen Schritt setzte die Kirche, um dem *Massenmord an den Juden* ein Ende zu setzen. Zwar gab es Hilfsversuche, wie etwa durch den Sankt-Raphaels-Verein in Deutschland oder Kardinal Innitzers (1875–1955) Hilfsstelle für nichtarische Katholiken; ihre Erfolge blieben aber, nicht zuletzt ob der Einlaßbeschränkung diverser in Frage kommender Länder, beschränkt. »Dabei war das Staatssekretariat verhältnismäßig früh über die Art, wie die Judenermordung organisiert war, informiert und hat, im Unterschied zu vielen anderen, diesen Nachrichten getraut« (Repgen). Wenn man von einer einigermaßen gesicherten Gesamtzahl von 6 Millionen Opfern unter der jüdischen Bevölkerung ausgeht, so ist die Dreiviertelmillion Juden, die durch katholische Maßnahmen gerettet wurden, immerhin eine erwähnenswerte Größe, die nicht übersehen werden darf. Viele davon verdanken ihre Rettung dem Einsatz Papst Pius' XII. Zwar hatte er gleich nach seiner Wahl (2. März 1939) die Veröffentlichung der von seinem Vorgänger in Auftrag gegebenen Enzyklika *Societatis Unio*, in der der Rassismus scharf verurteilt werden sollte, gestoppt und damit den Weg des »Schweigens, um Schlimmeres zu verhüten« betreten, aber die päpstlichen Hilfeleistungen waren beispielhaft und konnten sich sehen lassen.

So wie Rom schwieg auch der deutsche Episkopat, sein Vorsitzender Kardinal Bertram meinte weiterhin, an der »Eingabe-Politik« festhalten zu müssen. »In seinem vom Kulturkampferleben geprägten Amtsverständnis hatte die Aufrechterhaltung der Sakramentenspendung und der Pfarrseelsorge absoluten

Vorrang vor anderen Bischofspflichten, im konkreten Fall dem öffentlichen Eintreten für die personalen Grundrechte« (Volk). Weitestgehend still blieb man katholischerseits zu den Ereignissen um das aus christlichen Gewissensgründen versuchte Attentat auf Hitler vom 20. Juli 1944, während man von evangelischer Seite (der deutschchristlich orientierte Vertrauensrat der EKD) meinte, Hitler folgendes Telegramm schicken zu müssen: »In allen evangelischen Kirchen Deutschlands wird heute im Gebet der Dank zum Ausdruck kommen für Gottes gnädigen Schutz und seine sichtbare Bewahrung . . .«

Unfaßbar erscheint das grausam tragische Kapitel Kirche und Ustascha-Bewegung in Kroatien. *Klaus Schatz:* »Ein sehr belastendes und betrübliches Kapitel stellt das Verhältnis der Kirche zum 1941 von Hitler geschaffenen *kroatischen* Staat von Ante Pavelic und seiner Bewegung *Ustascha* dar. Greueltaten gegen die orthodoxen Serben einschließlich Zwangsbekehrungen zum Katholizismus wurden zwar vom Vatikan von Anfang an verurteilt. Sie geschahen jedoch mit Billigung breiter katholischer Kreise und z. T. mit aktiver Beteiligung von Franziskanern. Der kroatische Episkopat unter Führung von Erzbischof Stepinac von Zagreb stand zunächst hinter der Regierung. Zum Konflikt zwischen Episkopat und Regime kam es erst seit Anfang 1943, vor allem wegen der nun einsetzenden Unterdrückung der Juden.«

Im spanischen Bürgerkrieg (1936–1939) stand der gesamte spanische Episkopat hinter General Franco bzw. seinem faschistischen Regime. Für die Beurteilung des Verhältnisses der katholischen Kirche bzw. der Katholiken zu Diktaturen oder autoritären Regimen ist deren jeweiliges Verhalten der Kirche und ihren Moralprinzipien gegenüber ein entscheidender Moment, wozu die pastorale Wirkmöglichkeit als Beurteilungskriterium kam. Eine antiliberale und Antisozialistische Haltung eines Regimes erleichterte bei den Katholiken die Pro-Option, wobei auch anzumerken ist, daß Parteien und parlamentarische Demokratie nicht selten dem 19. Jahrhundert zugeordnet, d. h. als überholt angesehen wurden. (Man lese bloß die Reden auf der großen Wiener Seelsorgertagung vom Jänner 1935.) Nicht übersehen werden darf hier auch, daß das höchste kirchliche Lehramt in Papst Leo XIII. die Neutralität der Kirche gegenüber den verschiedenen Staatsformen proklamierte. Damit wurde die Position der christlich-demokratischen Parteien für das Mehr-Parteiensystem, d. h. die parlamentarische Demokratie, geschwächt; »und es machte die Schwäche der Kirche gegenüber faschistischen Regimen aus« (Schatz). Ein Wandel in Richtung positive Beurteilung der Demokratie trat erst mit den schrecklichen Erfahrungen, die mit dem totalitären Regime gemacht wurden, ein. Wobei die Weihnachtsansprache Papst Pius' XII. von 1944 als Markstein anzusehen ist.

§ 153
Der Pontifikat Pius' XII.

Pius XII. (1939–1958), dem sein Schweigen zu den NS-Greueln – ad maiora mala vitanda – vielfach zum Vorwurf gemacht wurde, war an seinem 63. Geburtstag am 2. März 1939 in einem der kürzesten Konklaven der Kirchengeschichte beim dritten Wahlgang zum Papst gewählt worden. Er entstammte einer römischen Beamtenfamilie und wurde 1899 zum Priester geweiht. Von 1917 bis 1925 war er Nuntius in München, anschließend in Berlin. Im Februar 1930 wurde er zum Staatssekretär ernannt, nachdem er im Dezember davor zum Kardinal kreiert worden war. Am Vorabend des Zweiten Weltkrieges, am 24. August 1939, mahnte er in einer Rundfunkbotschaft mit beschwörenden Worten, aber vergeblich zum Frieden: »Nichts ist verloren durch den Frieden, alles kann verlorengehen durch den Krieg.« All seine Friedensappelle während des Weltkrieges, die er speziell in den Weihnachtsansprachen vortrug, verhallten unwirksam. Im Vatikan wurde ein Informationsbüro über Kriegsgefangene und Vermißte eingerichtet und entsprechende Auskünfte an Angehörige erteilt. Päpstliche Autokolonnen schafften Lebensmittel aus Mittel- und Oberitalien für die schwer bedrängte Stadt Rom herbei. Der Vatikan war für viele Menschen aus den verschiedensten Rassen und Religionen das lebensrettende Asyl. Bald nach dem Kriegsende, im Februar 1946, kreierte Pius XII. 32 Kardinäle aus allen Teilen der Welt. Unter ihnen befanden sich auch drei deutsche; von denen sich Galen aus Münster und Preysing aus Berlin durch ihre antinationalsozialistische Haltung besondere Namen gemacht hatten. Mit der Kardinalsernennung vom Januar 1953 setzte er die Internationalisierung dieses Kollegiums fort.

Bei den 33 Heiligsprechungen, die Pius XII. vornahm, dominierten die Italiener und Franzosen; bei Pius X., dem diese Ehre 1954 zuteil wurde, war die Zustimmung uneinheitlich.

In seinen unzähligen Ansprachen nahm Pius XII. zu den diversesten Fragen und Problemen Stellung. Eine zusammenfassende Lehre seiner sozialen Idee gab er zwar nicht heraus, wohl äußerte er sich häufig und eingehend zu sozialen Fragen. In einer seiner bedeutendsten Enzykliken, *Mystici Corporis Christi* (Juni 1943), entwickelte Pius XII. die Lehre von der katholischen Kirche als Leib Christi, von den Merkmalen der Kirchengliedschaft und vom Verhältnis von Amt und Charisma. Mit *Divino afflante Spiritu* (September 1943) sollte ein neues Tor zur Bibelwissenschaft aufgestoßen und die Erkenntnisse der modernen Wissenschaft in diese hineingeholt werden. Die *Liturgie* und deren Reformen, denen Pius XII. weit aufgeschlossener gegenüberstand als der anschwellenden ökumenischen Bewegung, war die Enzyklika *Mediator Dei* (November 1947) gewidmet. Die Gottesmutter und ihre königliche Würde ist das Thema des Rundschreibens *Ad caeli Reginam* (Oktober 1954). Vier Jahre zuvor hatte er mit der Bulle *Munificentissimus Deus* die leibliche Aufnahme Mariens in den Himmel dogmatisiert. Mit den Zeitströmungen setzte sich *Humani generis* (August 1950) bemerkenswert konservativ auseinander.

In China und in Teilen *Afrikas* errichtete Pius XII. die kirchliche Hierarchie. Die Autorität des Papsttums erfuhr in ihm eine ungekannte Bedeutung, er mußte aber zugleich die weltweite Ausdehnung des Kommunismus (z. B. in China), den er im Juli 1949 schärfstens durch ein Dekret des Heiligen Offiziums verurteilt hatte, mitansehen. In der Konstitution *Provida Mater Ecclesia* vom Februar 1947 wurden die Regeln für die Säkularinstitute festgelegt, deren Mitglieder sich – ohne in Gemeinschaft zu leben – verpflichten, die evangelischen Räte zu befolgen.

1953 wurde das *Konkordat mit Spanien* geschlossen, das das Verhältnis von Kirche und Staat in einem katholischen Land paradigmatisch regelte: Die katholische Religion ist die einzige Staatsreligion mit allen Rechten, den anderen Religionsgemeinschaften wird nur private Religionsausübung zugestanden.

Am 9. Oktober 1958 starb »der schlanke, asketisch wirkende Papst mit dem Römerkopf, der seine äußere Erscheinung stets sorgfältig pflegte« (Repgen) und der »als autoritäre Persönlichkeit die Kirche zentralistisch (und seit 1944 ohne Staatssekretär) geleitet hat« (Leiber).

8. VOM II. VATIKANUM BIS ZUR GEGENWART

§ 154
Die Konzilspäpste Johannes XXIII. und Paul VI.

Als die Kardinäle in ihrem Konklave am 28. Oktober 1958 den Patriarchen von Venedig, Angelo Giuseppe *Roncalli,* zum Papst wählten, hatten sie keine Ahnung, daß sie einen Konzilpapst kreiert hatten. *Johannes XXIII.* (1958–1963), in vieler Hinsicht das Gegenteil von seinem unmittelbaren Vorgänger und weithin als Übergangs- und Verlegenheitspapst apostrophiert, entstammte einer ärmlichen, kinderreichen Kleinbauernfamilie und war am 25. November 1881 in Sotto il Monte in der Diözese Bergamo geboren worden.

Nach seiner 1904 in Rom erfolgten Promotion und Priesterweihe wurde er 1905 Privatsekretär seines Heimatbischofs und bald danach auch Professor für Kirchengeschichte, Apologetik und Patrologie am Priesterseminar in Bergamo. Im Ersten Weltkrieg war Roncalli als Sanitäter und Militärkaplan eingesetzt; anschließend wirkte er als Spiritual des heimatlichen Priesterseminars und setzte hierbei seine schon zuvor begonnene Bearbeitung der Visitationsakte des hl. Karl Borromäus in seiner Heimatdiözese Bergamo fort. Auch dem Verfasser der kirchengeschichtlichen Annalen, Kardinal Caesar Baronius, galt sein besonderes historisch-wissenschaftliches Interesse. Mit März 1925 trat Roncalli durch seine Ernennung zum Apostolischen Visitator in Bulgarien in den diplomatischen Dienst des Heiligen Stuhles. Im gleichen Jahr wurde er zum Titularerzbischof von Areopoli konsekriert, wobei er den Wahlspruch Baronius' »Obedientia et Pax« zu seinem eigenen machte. Neun Jahre später ernannte ihn Pius XI. zum Apostolischen Delegaten für die Türkei und Griechenland und zum Administrator des Apostolischen Vikariates in Istanbul. Dadurch lernte Roncalli aus nächster Nähe und unmittelbar sowohl die griechisch-orthodoxe wie die unierte Kirche kennen. Während der Zeit der Besetzung Griechenlands durch die deutschen Truppen machte er sich durch seine zahlreichen Hilfeleistungen für die Bevölkerung, nicht zuletzt für die Juden, einen Namen. Ende 1944 wurde Roncalli von Pius XII. überraschend auf einen der wichtigsten und schwierigsten diplomatischen Posten des Vatikans in der damaligen Zeit als Nuntius nach Paris berufen. Dort hatte er bald einen namhaften Erfolg zu verbuchen; es gelang ihm, die Abberufung der 33 der Kollaboration mit dem Vichy-Regime beschuldigten Bischöfe zu verhindern. Für die deutschen Theologiestudenten in französischer Kriegsgefangenschaft vermochte Roncalli ihre weitere Ausbildung in

Chartres zu erwirken. Seit 1951 war Nuntius Roncalli auch ständiger Beobachter des Heiligen Stuhles bei der UNESCO. Am 12. Januar 1953 wurde er zum Kardinal kreiert, wobei ihm der französische Staatspräsident Vincent Auriol – einer alten Tradition zufolge – das Kardinalsbirett übergab.

Damit fand aber auch Roncallis diplomatische Tätigkeit ihr Ende; sein neues Wirkungsfeld war das Patriarchat von Venedig. Hier war er ganz Seelsorger; 30 neue Pfarreien und ein Knabenseminar errichtete er in seiner kurzen, nur fünf Jahre dauernden Amtszeit. Wallfahrten brachten den Patriarchen nach Spanien (Santiago de Compostela) und neuerlich nach Frankreich, wo er in Lourdes die unterirdische Muttergottesbasilika – dem Wunsch des französischen Episkopates nachkommend – konsekrierte. Trotz dieses reichen Wirkens in der und für die Kirche fuhr im Herbst 1958 ein für die Welt weitgehend unbekannter Patriarch Roncalli zum Konklave. Die breite Öffentlichkeit, selbst abgeklärte Kirchenhistoriker, waren auf das Bild eines Papstes eingeschworen, das Pius XII. als Ideal geprägt hatte. Formvollendet, groß, schlank, mit wirkungsvollen Gesten, die schon ans Theatralisch-Eingelernte grenzten, aber stets überzeugten, so hatte Pius XII. gelebt und gewirkt, den Prototyp eines Papstes geschaffen und einen neuen Maßstab gesetzt. Schon beim Namen Johannes, den sich der Neugewählte gab, horchte man auf, noch mehr bei der Zählung, hatte es doch schon einmal einen Johannes XXIII. gegeben (1410–1415); allerdings war lange umstritten, ob dieser als gültiger oder als Gegenpapst zu zählen sei. Die letzten Zweifel wollte der ehemalige Kirchenhistoriker Roncalli mit seiner Namenszählung beseitigen helfen. Mit ungewohnter Herzlichkeit, Schlichtheit, Bescheidenheit und Güte öffnete sich Johannes XXIII. sofort die Herzen der Menschen. Mit größter Selbstverständlichkeit verließ er den Vatikan, wallfahrtete mit der Eisenbahn nach Loreto und nach Assisi, was bei Pius XII. unvorstellbar gewesen wäre.

Die Welt war begeistert über den Papst, der gerne Abstecher aus dem Vatikan in die nähere Umgebung machte. »Giovanni fuori le mura« witzelten liebevoll die Römer, »Johnny Walker« die Amerikaner. Er besuchte nicht nur Kirchen und kirchliche Seminarien, sondern auch Spitäler, ja sogar Gefängnisse. Den Insassen des römischen »Regina-Coeli«-Gefängnisses wußte er nicht nur durch seinen Besuch großen Trost zu spenden, sondern mehr noch durch seine Erzählung, daß auch sein Onkel einst, des Deliktes der Wilderei wegen, ins Gefängnis hatte wandern müssen. Johannes prägte sich in den Herzen der Menschen weit über die katholischen Kreise hinaus als der gute Papst, als der Papst der Öffnung zur Welt, als der Papst des »Aggiornamento« ein. Er selbst sprach von sich als »Joseph, Euer Bruder«. Was seit Pius IX. nicht mehr geschehen war, führte Johannes XXIII. wieder ein: die öffentliche Fußwaschung am Gründonnerstag.

In seinem Regierungsstil wich der Papst von seinen Vorgängern ab. Die Bischöfe waren in seiner Sicht nicht einfach Befehlsempfänger des Papstes, sondern seine Brüder, mit denen zusammen er die Kirche leitet. Der Zentralisation der Kirche wurde so am besten entgegengewirkt. Der Mariologie war er nicht im selben Maße zugetan wie sein Vorgänger. Dessen kompromißlose Haltung dem

Kommunismus gegenüber hatte die Kirche auch in die Ost-West-Teilung hineingezogen und dem universellen Weltauftrag der Kirche nicht gutgetan. Diesem wieder die Tür zu öffnen und die Identifikation der Kirche mit der westlichen Welt zu lösen, war eines seiner großen Ziele. Unter diesem Gesichtspunkt muß auch der damals allgemein als spektakulär und in konservativen Kreisen mit Unbehagen aufgenommene Empfang der Tochter und des Schwiegersohnes des sowjetischen Partei- und Regierungschefs Nikita Chruschtschow vom Frühjahr 1963 gesehen werden. Schon vorher hatte eine gewisse Entkrampfung stattgefunden, und es wurden Schritte gesetzt, die seinem Nachfolger eine andere Ostpolitik ermöglichten. Erfolge dieser elastischen Haltung zu den kommunistischen Oststaaten zeigten sich unter Papst Johannes in der Freilassung des Metropoliten Slipyi von Lemberg und in der aufsehenerregenden Entsendung von Beobachtern des Patriarchen von Moskau zum Zweiten Vatikanischen Konzil.

Johannes XXIII. hat *acht Enzykliken* verfaßt, von denen die am 15. Mai 1961 erlassene *Mater et Magistra* und die mit 11. April 1963 – acht Wochen vor seinem Tod – datierte *Pacem in Terris* am bedeutendsten sind. Mit »Mater et Magistra« nahm er die große Tradition päpstlicher Sozialenzykliken (»Rerum Novarum«, 1891, und »Quadragesimo Anno«, 1931) wieder auf, betonte deren Bedeutung und entwickelte deren Soziallehren weiter. Das völlige Verschweigen der Lehre von der berufsständischen Ordnung, wie sie in »Quadragesimo Anno« schwerpunktmäßig gesetzt worden war, ist auffällig und dürfte auf ein implizites Fallenlassen dieser Lehre hindeuten. Großes Aufsehen erregte die Friedensenzyklika »Pacem in Terris«, die sich nicht bloß an die Kirche, sondern auch »an alle Menschen guten Willens« wendet. Johannes XXIII. selbst bezeichnete sie als zweiten Pfeiler seines Pontifikates; als ersten sah er das Konzil an. In ihr hat er sein großes geistiges Vermächtnis der Nachwelt übergeben. Sie geriet bald in den Streit zwischen Ost und West; von jener Seite freudig aufgenommen, wurde sie von dieser bisweilen einer negativen Kritik unterzogen. Ohne den Ostblock expressis verbis zu nennen, aber doch eindeutig auf diesen bzw. seine Ideologie bezogen, betont der Papst seine Dialogbereitschaft: »Von da aus gesehen ist es durchaus angemessen, bestimmte Bewegungen, die sich mit wirtschaftlichen, sozialen, kulturellen Fragen oder der Politik befassen, zu unterscheiden von falschen philosophischen Lehrmeinungen über das Wesen, den Ursprung und das Ziel der Welt und des Menschen, auch wenn diese Bewegungen aus solchen Lehrmeinungen entstanden und von ihnen angeregt sind... Es kann daher der Fall eintreten, daß eine Annäherung oder Kontakte, die bislang unter keiner Rücksicht sinnvoll schienen, jetzt bereits fruchtbar wären oder sich für die Zukunft als fruchtbar voraussehen lassen.«

Johannes XXIII. gelang auch der große Durchbruch in der *Ökumene*. Er gab den bis dahin stets vertretenen Grundsatz auf, daß die Einheit der Kirche nur durch die Rückkehr der nichtkatholischen Christen zur katholischen Kirche bewerkstelligt werden könne. Er sah in jenen Christen seine Brüder, und durch die Einrichtung des Sekretariats zur Förderung der christlichen Einheit im Jahre 1960 setzte er einen markanten Schritt hierzu. Die bald nach seinem Regierungsantritt angekündigte *Römische Diözesansynode*, die im Januar 1960 stattfand, verlief in durchaus konservativen Bahnen. Die gleichzeitig in Aussicht gestellte Reform des Kirchenrechtes nahm erst mit der Ernennung einer entsprechenden Kardinalskommission im März 1963 feste Konturen an.

Kurz vor Einberufung des Konzils gab Johannes XXIII. das Motuproprio *Veterum sapientia* heraus, mit dem die lateinische Sprache für die Liturgie und den theologischen Unterricht als verbindlich erklärt wurde (22. Februar 1962). Das gehört ebenso zu den widersprüchlichen Zügen des Papstes wie seine Warnung vor den Schriften Teilhard de Chardins; selbst antimodernistische Praktiken, wie sie sich in der Entfernung von zwei Jesuitenprofessoren (Zerwick und Lyonnet) bemerkbar machten, sind zu verzeichnen. Trotzdem erhielt Johannes XXIII. den Ruf eines besonders »progressiven« Papstes.

Johannes XXIII., dessen charismatische Persönlichkeit eine unerwartet starke Ausstrahlung weit über den katholischen Raum hinaus ausübte, starb, von der ganzen Welt tief betrauert, am Pfingstmontag (3. Juni) des Jahres 1963. »Er hatte die Kurie keineswegs immer im Griff und war sich über die Tragweite bestimmter Entscheidungen durchaus nicht immer klar« (Schatz).

Wie Johannes XXIII. war auch sein Nachfolger *Paul VI.* (1963–1978) Norditaliener. Am 26. September 1897 in Concesio bei Brescia als Sohn eines Rechtsanwaltes und Politikers geboren, besuchte Giovanni Battista Montini, wie er mit bürgerlichem Namen hieß, das Priesterseminar in Brescia. Am 8. März 1920 wurde er zum Priester geweiht. Nach weiteren Studien an der Gregoriana und an der staatlichen Universität trat er in die päpstliche Diplomatenakademie ein und machte nach kurzer Tätigkeit an der Nuntiatur in Warschau Karriere im Bereich des Staatssekretariates. Am 1. November 1954 wurde Montini zum Erzbischof von Mailand ernannt. Johannes XXIII. kreierte ihn am 15. Dezember 1958 zum Kardinal. Am zweiten Tag des Konklaves, in das er als Favorit einzog, am 21. Juni 1963, wurde er zum Papst gewählt. Als vorläufig letzter Papst mit der Tiara gekrönt, gab er bei der Krönungsmesse am 30. Juni, ähnlich wie in einer Rundfunkbotschaft davor, sein Programm bekannt. Als ersten und wichtigsten Punkt nannte er die Fortsetzung und Vollendung des Konzils. Bemühungen um soziale Gerechtigkeit, um Frieden und um die Einheit der Christenheit waren weitere Programmpunkte.

Paul VI. hat *sieben Enzykliken* geschrieben, von denen *Populorum Progressio* vom Jahre 1967 als die bedeutendste qualifiziert werden kann. Fragen der Weltwirtschaft, der Dritten Welt und des Weltfriedens sind die Grundthemen, die sie behandelt. Durch die ein Jahr danach, am 25. Juli 1968, erschienene Enzyklika *Humanae Vitae* wurde sie, wie auch die anderen Enzykliken Pauls VI., in den Hintergrund des Interesses gerückt und zu Unrecht abgewertet. In »Humanae Vitae« sprach Paul VI. ein kategorisches Nein zur künstlichen Geburtenregelung und beschwor damit eine weltweite, zum Teil sehr erregt geführte Diskussion herauf. Weite Teile der katholischen Welt waren nicht bereit, die Lehren dieser Enzyklika zu akzeptieren. Die über »Humanae Vitae« weit hinausgehende grundsätzliche Frage nach der Päpstlichen Lehrautorität und ihrer Verbindlichkeit, wie sie sich speziell in den Enzykliken darstellt, wurde offen debattiert und unterschiedlich beantwortet.

Ein weiteres Charakteristikum dieses Pontifikates ist in den großen *Auslandsreisen* zu sehen, deren erste im Jahre 1964 den Papst nach Israel und Jordanien führte, wo er mit dem ökumenischen Patriarchen von Konstantinopel, Athenagoras, zusammentraf und die das größte Aufsehen erregte. Im Oktober 1965 besuchte Paul VI. Amerika und sprach vor der Vollversammlung der UNO. Paul VI. war nicht nur der erste Papst, der amerikanischen Boden betrat, sondern auch der erste, der die anderen Erdteile besuchte.

1967 errichtete er den Laienrat und die Kommission *Iustitia et pax,* zwei Jahre später die Internationale Theologenkommission. *Cor unum,* 1971 gegründet, soll das karitative Wirken der Kirche koordinieren, und das Komitee für die Familie, 1973 ins Leben gerufen, soll sich um die Belange der vielfach gefährdeten Familie annehmen. Mit der langen Privataudienz, die Paul VI. dem sowjetischen Staatspräsidenten Podgorny am 30. Januar 1967 gewährte, erreichten die Kontakte der Kirche zu den sozialistisch-kommunistischen Staaten des Ostens ihren sichtbaren Ausdruck.

Das postkonziliare Wirken des Papstes war durch den bisweilen erbittert geführten Kampf der »Traditionalisten« gegen diverse Neuerungen, speziell im Bereich der Liturgiereform, die vom französischen Alterzbischof Marcel Lefebvre angeführt wurden, überschattet.

Für die Öffentlichkeit überraschend starb Paul VI. am 6. August 1978 an Kreislaufversagen.

§ 155
Ankündigung und Vorbereitung des Konzils

Pius XII. hatte schon bald nach dem Krieg intensive und ausgedehnte Vorarbeiten für ein Konzil vornehmen lassen, seinen Konzilsplan aber unter strengster Geheimhaltung vorangetrieben. Es war sogar schon eine Zentralkommission gegründet, doch brachten zu große Meinungsverschiedenheiten unter den Mitarbeitern und zwischen den Kommissionen diesen Konzilsplan zum Erliegen. Die Konzilsankündigung Johannes XXIII. erfolgte spontan und traf selbst die am 25. Januar 1959 beim Stationsgottesdienst in St. Paul versammelten Kardinäle gänzlich unerwartet.

Als Johannes XXIII. das Konzil ankündigte, war eines seiner Hauptmotive hierfür, die Einheit der Christen, insbesondere mit der Orthodoxie, wiederherzustellen.

Mitte Mai 1959 wurde die Kommission für Konzilsvorarbeiten (Commissio antepraeparatoria) unter dem Vorsitz von Kardinalstaatssekretär Domenico Tardini ins Leben gerufen. Diese forderte die Bischöfe, die Ordensoberen und die katholischen Universitäten und Fakultäten auf, Beratungsthemen und -programme vorzuschlagen. Die 2812 eingegangenen »Postulate« sichtete und reihte die »Antepraeparatoria« für die kurialen Ämter und Behörden des Vatikans, die ihrerseits wieder dazu ihre Stellungnahmen abgaben. In der Enzyklika »*Ad Petri cathedram*« vom September 1959 hat der Papst das Konzilsziel mit »innere Erneuerung der Kirche und Anpassung (›Aggiornamento‹)« vorgegeben. Mit dem Motuproprio »*Superno Dei nutu*« vom 5. Juni 1960 legte Johannes XXIII. den Namen des in Aussicht genommenen Konzils mit *Zweites Vatikanisches Konzil* offiziell fest und setzte zehn »Vorbereitende Kommissionen« (Commissiones praeparatoriae) zwecks Ausarbeitung von Konzilsvorlagen ein. Während die Kommission für das Laienapostolat weitestgehend selbständig arbeitete, standen die anderen neun im engen Konnex mit den ihnen jeweils entsprechenden Kurialbehörden. Zu diesen zehn Kommissionen gesellte sich bald das am 5. Juni errichtete »Sekretariat zur Förderung der christlichen Einheit«, das unter Kardinal Augustin Beas Leitung eine bemerkenswerte Agilität und Prosperität entwickelte. Den Vorsitz in der Zentralkommission, die die eingegangenen Entwürfe zu prüfen und zu koordinieren hatte, behielt sich der Papst persönlich vor. Die Vorbereitungsarbeiten wurden mit großem Fleiß, aber unter strenger Geheimhaltung vorangetrieben. Obwohl die erstellten Entwürfe bestens vorbereitet schienen, hat keiner davon das Konzil befriedigt.

Datiert mit dem Weihnachtstag 1961 wurde in der Konstitution »Humanae salutis« das Konzil für das Jahr 1962 nach Rom einberufen. Das Motuproprio »*Concilium diu*« vom 2. Februar 1962 setzte als Eröffnungstag den 11. Oktober fest. Durch das 1960 geschaffene und von Kardinal Bea geleitete Einheitssekretariat wurden die von Rom getrennten Kirchen eingeladen, offizielle Beobachter zum Konzil zu entsenden. Viele der im Weltkirchenrat vertretenen christlichen Gemeinschaften leisteten dieser Einladung Folge.

Als besonders betrüblich mußte die ablehnende Haltung der Orthodoxie erscheinen, wobei das Moskauer Patriarchat sich engagiert dagegen wandte. Als dann zur Eröffnung des Konzils doch zwei Vertreter der Moskauer Patriarchen Alexios in Rom erschienen, war man in Rom höchst erfreut und in Konstantinopel nicht minder überrascht. Erst zur dritten Sitzungsperiode entsandte das Ökumenische Patriarchat Beobachter. Von Beginn an sah das Konzil dann doch vertreten: sieben orthodoxe Kirchen, die anglikanische Kirche, neun protestantische Kirchen und Gemeinschaften und die Altkatholiken. Mit Datum vom 6. August 1962 erließ der Papst im Motuproprio »Appropinquante Concilio« die in 70 Artikel gegliederte Konzilsgeschäftsordnung. Darin wurden sowohl drei Kategorien von Konzilsteilnehmern wie auch drei Arten von Sitzungen statuiert.

Teilnehmer:
1. Stimmberechtigte Mitglieder und damit Konzilsväter im eigentlichen Sinne sind alle Bischöfe, gleich ob sie residierende, Titular- oder Weihbischöfe sind. Dazu kommen die Oberen der exemten Orden.
2. Die vom Papst berufenen Sachverständigen (Periti).
3. Die Beobachter (Observatores).
Ab der zweiten Tagungsperiode wurde die Geschäftsordnung dahingehend modifiziert, daß eine vierte Teilnehmerkategorie dazukam:
4. Zuhörer (Auditores). Zunächst nur für männliche Laien gedacht, alsbald auch auf Frauen und schließlich auch auf Priester ausgedehnt. Die Auditores

waren an den Konzilsarbeiten nicht beteiligt und hatten nur das Recht, den Generalkongregationen regelmäßig beizuwohnen.

Sitzungen:
1. Öffentliche Sitzungen; bei diesen führte der Papst persönlich den Vorsitz.
2. Generalkongregationen als Vollversammlung aller Konzilsväter, deren Vorsitzender ein Kardinal aus dem Rat der Zehn war, den der Papst bestimmt hatte. Ab der zweiten Sitzungsperiode nahm diese Funktion einer der vier vom Papst ernannten Moderatoren wahr.
3. Kommissionen (Konzilsausschüsse); den Vorsitz bei den zehn Kommissionen, deren Mitgliederzahl zunächst auf 24 Väter beschränkt war, jedoch sehr bald zur ungeraden Zahl 25 erweitert und zu Beginn der dritten Tagungsperiode auf 31 erhöht wurde, führte ein vom Papst ernannter Kardinal, der zugleich Präfekt der entsprechenden römischen Kongregation war. Zwei Drittel der Väter wählte das Konzil, ein Drittel ernannte der Papst.

Nach einigem Tauziehen wurde auch dem Sekretariat zur Förderung der christlichen Einheit Kommissionsrang zugebilligt. Sachverständige wurden einer Kommission zugewiesen, diese hatte aber auch von sich aus das Recht, weitere beizuziehen.

Bei allen drei Arten von Sitzungen galt die Zweidrittelmehrheit als Entscheidungsinstanz. Um den großen und reichlich komplizierten Konzilsapparat überhaupt zum Funktionieren zu bringen und das Konzil möglichst reibungsfrei ablaufen zu lassen, wurde das Konzilssekretariat als zuständig erklärt. Als verantwortlicher Generalsekretär fungierte Erzbischof Pericle Felici, der schon als Sekretär der vorbereitenden Zentralkommission reichliche Erfahrung gesammelt hatte. Daß das Konzil mit dieser großen Teilnehmerzahl von 2.000 bis 2.500 technisch bewältigt werden konnte, war dank der Elektronik möglich, die sich speziell bei den zahlreichen Abstimmungen als unverzichtbar erwies.

Das Konzilspresseamt, das im Laufe des Konzils trotz aller problematischen Punzierung der Konzilsväter in »progressiv« und »konservativ« seiner Aufgabe immer mehr gerecht wurde, war mit dem Sekretariat eng verknüpft. Das von den Kommissionen jeweils im Druck herausgebrachte »Schema« wurde prinzipiell an alle Teilnehmer verteilt. Wer in der Generalkongregation sprechen wollte, hatte sich drei Tage – später fünf Tage – vorher beim Generalsekretär zu melden. Die Redezeit war von vornherein auf zehn, dann auf acht Minuten beschränkt. Latein bewährte sich trotz mancher Befürchtungen als offizielle Verhandlungssprache recht gut. In der Generalkongregation unterschied man zwischen Generaldebatte, die das Schema an sich behandelte, und Spezialdebatte, die den einzelnen Kapiteln gewidmet war. Nach der modifizierten Geschäftsordnung von 1963 blieb für die Annahme eines Schemas die Zweidrittelmehrheit Voraussetzung, für die Ablehnung sollte jedoch die einfache Mehrheit genügen. Darin, daß man sich auf diesem Konzil seiner numerischen Größe zum Trotz stets um moralische Einheit bemühte, liegt einer der wesentlichen Unterschiede zum I. Vatikanum. Lieber nahm man eine »Verwässerung« in Kauf als eine Minorität, die höher als 10 % war. Für die Einarbeitung von Änderungsvorschlägen waren die Kommissionen zuständig. Die endgültige Annahme lag in der Kompetenz der öffentlichen Sitzungen, wobei ihr Vorsitzender, der Papst, das jeweilige Konzilsdekret approbierte und promulgierte. Grundsätzlich kann über den gesamten Konzilsverlauf festgehalten werden, daß er im ständigen Spannungsfeld dreier Kraftpole stand: Papst, Konzil und Kurie. »Nur so war es möglich, daß die vorwärtsdrängende Konzilsmajorität über die retardierenden Kräfte der Kurie in zahlreichen Abstimmungen siegen konnte« (Schlink). Bedingt durch die enge und intensive Zusammenarbeit von Konzilsvätern und theologischen Beratern kam es zu einem Lernprozeß der Konzilsteilnehmer selber. Die erste Konzilsperiode war von der Theologie, wie sie sich in Mittel- und Westeuropa deutsch-französischer Zunge herausgebildet hatte, dominiert. Später konnten sich die Konzilsväter Nord- und Südamerikas und des afro-asiatischen Raumes größeres Gewicht verschaffen.

§ 156
Der Konzilsverlauf

a) Die beiden ersten Tagungsperioden

Der Konzilsverlauf ist durch die vier Sitzungsperioden äußerlich ganz klar gegliedert. Der feierlichen Eröffnung am 11. Oktober 1962 mit einer der modernen Welt betont positiv gegenüberstehenden Eröffnungsrede von Johannes XXIII. folgte die *erste Sitzungsperiode*, die bis zum 8. Dezember 1962 währte. Sogleich bei der ersten Generalkongregation am 13. Oktober entwickelte das Konzil seine Eigendynamik. Die von der Kurie durch den Generalsekretär forcierte Zusammensetzung der Kommissionen empfand das Konzil als Bevormundung. Die Kardinäle Achille Liénart aus Lille und Josef Frings aus Köln artikulierten das Unbehagen der Väter und argumentierten, daß sich die Väter noch zuwenig kennen, um diese äußerst wichtigen Kommissionswahlen durchführen zu können. Zwecks sorgfältiger Vorbereitung möge man die Wahlen um ein paar Tage verschieben. In dem sofort aufkommenden Beifallssturm fand das Konzil zu sich selbst. Die anschließend auf den 16. Oktober verschobenen Kommissionswahlen waren keine bloße Approbation der von der Kurie erstellten Namenslisten, sondern echte Wahlen nach freiem Ermessen und die Widerspiegelung der Mehrheitsverhältnisse, wobei Bischofskonferenzen eine koordinierende Rolle spielten. Damit war der konziliare Durchbruch in Richtung Identitäts- und Selbstfindung irreversibel vollzogen und das Konzil neben Papst und Kurie zu einem eigenen Kräftepol geworden.

Die eigentliche Konzilsarbeit begann mit der Debatte über das am besten vorbereitete und ausgereifteste Schema betreffend die *Heilige Liturgie*. Ihr Grundgedanke, daß das zum Gottesdienst versammelte Volk nicht bloß passiver Zuhörer, sondern aktiver Teilnehmer sein soll, war durch das Wirken liturgischer Bewegungen in diversen Ländern Dezennien hindurch schon fest verwurzelt. Die Forderung nach Einführung der Volkssprache beim Gottesdienst und bei der Sakramentenspendung wie auch das Verlangen nach zweigestaltiger Kommunion, zumindest bei bestimmten Anlässen, kam nur für jene überraschend, die an der liturgischen Bewegung keinen Anteil hatten. Die Traditionalisten kämpften mit diesem Argument gegen die Einführung der Volkssprache: Gefährdung der Kircheneinheit. Die stärkere christozentrische Ausrichtung des Kirchenjahres und des Heiligenkalenders, das Breviergebet, die Kirchenmusik und die Kirchenkunst waren weitere Schwerpunkte der engagiert geführten Liturgiedebatte. Bei der Abstimmung über die grundsätzliche Beibehaltung und Weiterbearbeitung des vorgelegten Liturgieschemas erzielte mit überwältigender Zustimmung das pastorale Prinzip seinen entscheidenden Durchbruch. Der zahlreichen Änderungswünsche, die die Väter vorgebracht hatten, nahm sich im Sinne der Geschäftsordnung die Liturgiekommission an.

Nach der Liturgie stand das Schema über die *Quellen der Offenbarung* (De fontibus revelationis) auf der Tagesordnung der Generalkongregation. Die Kritik an diesem im wesentlichen vom Sekretär der zuständigen Kommission P. Sebastian Tromp SJ erarbeiteten Schema war derart massiv und die Gegenvoten waren derart zahlreich, daß Johannes XXIII. sich entschloß, diese auch für die Ökumene höchst bedeutende Vorlage einer gemischten Kommission mit paritätischer Zusammensetzung zuzuweisen (Theologische Kommission unter Vorsitz von Kardinal Alfredo Ottaviani; Sekretariat für die Einheit der Christen unter Vorsitz von Kardinal Augustin Bea). Diese gewagte Vorgangsweise des Papstes sollte sich im weiteren Verlauf aber als richtig erweisen. Weniger theologisch-grundsätzlich verlief die Debatte über das von der Kommission für das Laienapostolat eingereichte Schema *Die modernen Massenmedien*, Presse, Film, Rundfunk und Fernsehen betreffend. Hier schienen die Konzilsväter überfordert, nicht wenige sahen darin ein konziliares Randgebiet.

Uneingeschränkt zuständig wußte sich das Konzil beim Schema über die *Orientalischen Kirchen*. In der Debatte trat aber alsbald klar zu Tage, daß dieser Entwurf einerseits ungenügend vorbereitet, andererseits mit anderen Schemata unzureichend koordiniert und abgestimmt war. Patriarch Maximos IV. stellte lapidar fest, diese Vorlage sei geeignet, die Orthodoxen eher zu verstimmen als zu versöhnen. Bei der Debatte dieses Schemas wurde dem Konzil bewußt, »daß der Unterschied zwischen der römisch-katholischen Kirche und den getrennten Ostkirchen weniger auf der Verschiedenheit der Heilslehre als auf der Vorstellung von der Struktur der Kirche liege« (Jedin). Das fünfte und letzte Schema, das die erste Sitzungsperiode erlebte, war das *Über das Wesen der Kirche (De Ecclesia)*. Der 123 Druckseiten starke, von Kardinal Alfredo Ottaviani vorgelegte Entwurf erhitzte die Gemüter der Konzilsväter wie kein anderer zuvor. Der bis dahin betont zurückhaltend agierende Erzbischof von Mailand und unmittelbare Nachfolger von Johannes XXIII. auf dem päpstlichen Stuhl, Kardinal Giovanni Montini, kritisierte sowohl das formale wie auch das theologische Ungenügen. Er fand das Verhältnis von Christus zur Kirche zu oberflächlich erfaßt und dargestellt. Das Schema sei zu triumphalistisch, die Kirche werde zuwenig als Volk Gottes gesehen, die Funktion der Bischöfe als Kollegium lehrmäßig kaum erfaßt und atme zu sehr den Geist der ekklesiologischen Engführung, wie sie sich seit dem 12. Jahrhundert entwickelt habe; so lauteten weitere entscheidende Kritiken.

Als Johannes XXIII. am 8. Dezember 1962 die erste Session des Konzils schloß, war kein einziges Schema für die Approbation und Publikation reif. Die hohen Erwartungen an das Konzil, die sich bisweilen zu einer Konzilseuphorie gesteigert hatten, wurden dadurch nicht wenig gedämpft. In völliger Verkennung des Wesens und der Funktion eines Konzils zeigten sich selbst Kernschichten der Kirche über die sogenannte Uneinigkeit der Konzilsväter enttäuscht.

Die Tagungspause wurde nicht nur genutzt, um die Konzilsvorlagen besser zu koordinieren, die Väter sollten auch Gelegenheit haben, in ihren Heimatdiözesen ihren Aufgaben zu genügen. In diesem Intervall starb am 3. Juni 1963 der Mann, der das Konzil angeregt, seine Weichen gestellt und es einberufen hatte: Johannes XXIII. Er fand noch im selben Monat in Paul VI. seinen Nachfolger. Da nach dem Kirchenrecht ein Konzil mit dem Tod eines Papstes ipso facto suspendiert ist, gab es bereits Unkenrufe, die das ganze Konzilsgeschehen mit dem Tod von Johannes XXIII. ins Grab gesunken sahen. Der neugewählte Papst strafte aber diese Spekulationen Lügen. Nach gewissen Modifikationen der Geschäftsordnung, wie etwa der schon genannten Einführung der vier Moderatoren und der Hinzufügung einer vierten Teilnehmerkategorie (»Hörer«), nahm am 19. September 1963 die *zweite Tagungsperiode* mit einer richtungsweisenden Papstansprache mit ihrer Vergebungsbitte gegenüber den getrennten Brüdern ihren Anfang. Paul VI. stellte dem weiteren Konzilsgeschehen folgende Aufgaben:

a) Das Wesen der Kirche lehramtlich zu fassen.

b) Die Kirche in ihrem Inneren zu erneuern.

c) Die Einheit der Christen zu fördern.

d) Das Gespräch der Kirche mit der modernen Welt zu intensivieren.

Die Väter nahmen die Arbeit wieder mit dem *Kirchenschema* auf. Die während der Tagungspause umgearbeitete Vorlage fand in der Grundsatzabstimmung, d. h. für ihre Weiterbehandlung, eine überwältigende Mehrheit. In der Spezialdebatte kristallisierte sich ihr zweites Kapitel als Stein des Anstoßes heraus, wobei es um die Überwindung der hierarchozentrischen Sicht der Kirche und ihrer Neuakzentuierung im Sinne von »Volk Gottes« ging. Der Sorge um die päpstliche Primatialgewalt, wie sie das I. Vatikanum definiert hatte, stand die um Aufgabe, Bedeutung und Funktion des Bischofskollegiums gegenüber. Die Wiederherstellung des dauernden Diakonats, um dem Priestermangel besser abzuhelfen, das Zölibatsgesetz, das allgemeine Priestertum der Laien, der Ordensstand und die Berufung aller zur Heiligkeit waren weitere Themen, die die Väter einen ganzen Monat lang diskutierten. Diese Debatte im Oktober 1963 wird von vielen als der theologische Höhepunkt des II. Vatikanums angesehen.

Die nächsten neun Generalkongregationen beschäftigten sich mit dem *Bischofsschema*. Ihre Hauptdiskussionspunkte lagen in den Fragen der Umstrukturierung der römischen Kurie, der Rechte der Bischofskonferenzen und ihrer Zusammensetzung, der Aufgabe und Funktion der Weihbischöfe und in dem überaus heiklen Problem der Altersgrenze der regierenden Bischöfe. Dieser Punkt kehrte wie kein anderer die menschliche Seite der Väter zu oberst. Das dritte, große und schwierige Thema dieser Tagungsperiode war die *Ökumene* (Schema »De oecumenismo«). Diese Thematik zählt zu den Hauptmotiven der Konzilseinberufung. Das Schema war von einer gemischten Kommission, bestehend aus Mitgliedern des Einheitssekretariates und der Orientalischen Kommission, erarbeitet worden und wies fünf brisante Kapitel auf:

a) Die Grundsätze des katholischen Ökumenismus.

b) Die praktische Gestaltung und Durchführung der Ökumene.

c) Das Verhältnis der katholischen Kirche zu den orientalischen und protestantischen Kirchengemeinschaften.

d) Die heilsgeschichtliche Stellung der jüdischen Religion.

e) Das Prinzip der »Religionsfreiheit«.

In der vom 18. November bis 2. Dezember teilweise recht hitzig geführten Debatte war man sich doch bald darüber im klaren, daß man von den anderen Kirchen nicht einfach eine Rückkehr in die katholische Kirche erwarten konnte, wie sie von Kardinal *Ernesto Ruffini* in klassisch-traditioneller Theologie engagiert vorgetragen wurde.

In der Diskussion über die beiden letzten Kapitel fielen die härtesten Worte, die auf diesem Konzil gesprochen wurden. Gegen das Kapitel über das Judentum liefen die Väter aus dem arabischen Raum Sturm, und hinsichtlich der Religionsfreiheit befürchteten manche, daß darin Wahrheit und Irrtum gleichgestellt werde. Keines dieser drei Schemata der zweiten Tagungsperiode war zur Endabstimmung reif; dafür waren sowohl die Konstitution über die Liturgie und das Dekret über die Massenmedien soweit gediehen. Während in der dritten öffentlichen Sitzung am 4. Dezember 1963 die *Liturgiekonstitution,* die ihrerseits von der rapid einsetzenden Liturgiereform alsbald überholt wurde, beinahe Einstimmigkeit verbuchen konnte, gab es beim eher nebensächlichen Dekret über die *Massenmedien* noch immer beachtliche Gegenstimmen. Doch konnten beide Dokumente in dieser öffentlichen Sitzung von Paul VI. bestätigt und promulgiert werden.

In seiner Schlußansprache ließen den Papst böse Vorahnungen vor der willkürlichen Auslegung der Liturgiekonstitution warnen. Mit seiner Ankündigung, nach Jerusalem zu wallfahrten, wo er mit dem ökumenischen Patriarchen Athenagoras zusammentreffen werde, überraschte er die Konzilsväter. Damit hatte der Papst die Initiative und das Gesetz des Handelns, nicht nur in der Ökumene, wieder voll in der Hand.

Vom 4. bis 6. Januar 1964 fand diese aufsehenerregende Papstreise nach Jerusalem statt, der auch die Weltöffentlichkeit volle Aufmerksamkeit widmete.

b) Krise und Abschluß: dritte und vierte Tagungsperiode

Die *dritte Tagungsperiode* dauerte vom 14. September bis 21. November 1964. In dieser kam es zu den Ereignissen, die unzweifelhaft sowohl die Höhepunkte wie auch die Krise des Konzils markieren. Zunächst ist grundsätzlich festzuhalten, daß diese Tagungsperiode im großen und ganzen jene Schemata weiter debattierte, die bereits auf den beiden Perioden davor beraten, aber nicht abgeschlossen worden waren. Bei der Eröffnung feierte der Papst mit 24 Vätern die erste Konzelebration auf dem Konzil. In seiner Eröffnungsrede ließ Paul VI. unmißverständlich wissen, daß er das *Kirchenschema* als das wichtigste Beratungsthema ansah. Sehr geschickt wußte er den darin befindlichen Zankapfel, nämlich die beiden Pole, den päpstlichen Primat und den Auftrag bzw. die Funktion des Bischofskollegiums, miteinander zu verknüpfen, indem er letzteres als Ergänzung des ersteren qualifizierte. Beim jetzigen dritten Kapitel des vom Löwener Dogmatikprofessor *Gérard Philips* weitgehend neu konzipierten Kirchenschemas, das die hierarchische Struktur der Kirche behandelte, prallten die Positionen erwartungsgemäß am härtesten aufeinander. Beim nächsten Schema *Über das Hirtenamt der Bischöfe in der Kirche* flammten die analog gelagerten Gegensätze erneut wieder auf.

Als die heißen Themen *Religionsfreiheit* und *Judenfrage*, die ursprünglich die beiden letzten Kapitel im Ökumenismusschema bildeten, davon entkoppelt Ende September 1964 einzeln auf die Tagesordnung kamen, wurde die Spannung zwischen den diversen Lagern erheblich verschärft. Bei der Religionsfreiheit kulminierte das Problem in der Frage, ob die katholische Kirche, die Trägerin der Wahrheit, staatliche Mittel zur Durchsetzung dieser Wahrheit in Anspruch nehmen dürfe und solle. Das vorgelegte Dekret ging von der Voraussetzung aus, daß die Freiheit des Gewissens im staatlichen zivilen Bereich auch dann zu schützen ist, wenn es irrt. Hat also auch der Irrtum schützenswerte Rechte und nicht nur die Wahrheit? Während einigen Vätern der Abschied von »der mittelalterlichen Rechtsordnung, die die Ausmerzung der Ketzer durch gemeinsames Vorgehen von Kirche und Staat verlangte« (Jedin), schwerfiel, verlangten andere um so nachdrücklicher die Verabschiedung dieses Dekretes. Der Widerstand rekrutierte sich vor allem aus den Vätern, die aus Ländern kamen, in denen der Kirche eine privilegierte Stellung eingeräumt wurde (z. B. Italien und Spanien). In den Vätern, die aus dem amerikanischen Raum kamen, fand die Vorlage entschiedene Verteidiger. In *Karol Wojtyla*, dem Erzbischof von Krakau und nachmaligen Papst, hatten sie einen engagierten Mitstreiter. Offensichtlich hatten sich die Gemüter in dieser Debatte schon derart erhitzt, daß es beim nächsten Text, der »Judenerklärung«, zu Äußerungen kam, die mit Sachlichkeit nichts mehr zu tun hatten. So verstieg sich kein Geringerer als Patriarch *Maximos IV.* zur Behauptung, die Verfasser jenes Entwurfes seien bestochen worden, womit der damals haßerfüllte Nahost-Konflikt durchschimmerte.

Die danach debattierten Schemata: *Über die göttliche Offenbarung, Dienst und Leben der Priester, Über die Missionstätigkeit der Kirche*, bei dessen Einbringung der Papst am 6. November übrigens persönlich in der Aula erschien, um es zur Annahme zu empfehlen, und *Über das Laienapostolat* erlebten eine ruhigere Atmosphäre. Beim Offenbarungsschema waren die Divergenzen über das Verhältnis von Schrift und Tradition sowie das Verständnis von Irrtumslosigkeit neu entflammt, insbesondere als der Wiener Kardinal Franz König das Problem der »Irrtümer« in der Bibel zur Sprache brachte. Beim Laienapostolatsschema nahm erstmalig auch ein Laie Stellung. Von Sachlichkeit geprägt war die Debatte über die Leitsätze zur zeitgemäßen Erneuerung des Ordenslebens, zur christlichen Erziehung und über die Ausbildung der Priester. Als die Autorität des hl. Thomas von Aquin zur Sprache kam, wurden sofort wieder kontroversielle Standpunkte laut. Um den mehr oder minder rein innerkirchlichen Schemata wie Offenbarung, Liturgie etc. entgegenzusteuern, wurde die Pastoralkonstitution *Über die Kirche in der Welt von heute* erarbeitet und eingebracht. In der vorgelegten Form wurde sie mehrfach für zu weltoptimistisch kritisiert. Während in der Aula die Konzilsväter intensiv die Vorlagen durchbesprachen, braute sich hinter den Kulissen die Konzilskrise zusammen. Die heißen Debatten über die Religionsfreiheit, die Judenerklärung und die Kirchenkonstitution glosten gleichsam unter der Decke, von vielen Vätern unbemerkt, weiter. Um die heiklen Probleme der Kirchenkonstitution bzw. des Kirchenschemas zu lösen, wurde ihr, für viele völlig unerwartet und von diesen auch als unnötig empfunden, eine »Nota explicativa praevia« vorangestellt. Der Generalsekretär erklärte hierzu, daß diese »Nota« einerseits kein integrierender Bestandteil des Textes sei, sondern diesen »nur« interpretiere; andererseits nannte er als ihren Autor eine »höhere Autorität«. Damit war der Papst gemeint und gleichzeitig seine Rolle als über dem Konzil stehend hervorgehoben. Bekam die Kirchenkonstitution durch die »Nota« einen anderen Aussagewert, fragt der berühmte Konzilshistoriker Hubert Jedin, um nachstehende Antwort zu geben: »Wer beide unvoreingenommen nebeneinanderlegt, wird die Frage verneinen. Die ›Nota‹ verstärkt das Festhalten an der Primatslehre des Ersten Vatikanischen Konzils, sie streicht jedoch nichts vom unmittelbar göttlichen Ursprung des Bischofsamtes und vom Auftrag und von der Verantwortung des Bischofskollegiums für die Universalkirche nachträglich weg.« Diese nüchterne Sachlichkeit hatten damals viele Väter nicht, sie waren wegen der »Nota« und dem Modus, wie sie dem Konzil zur Kenntnis gebracht wurden, merklich erregt. Als in dieser Situation am Donnerstag, dem 19. November, das rangälteste Mitglied des Präsidiums, Kardinal Eugène Tisserant, die bereits festgesetze Abstimmung über die »Erklärung zur Religionsfreiheit« einfach absagte bzw. auf das nächste Jahr vertagte, brach in der Konzilsaula jede Ordnung zusammen.

Dieser Tag, der sogenannte *schwarze Donnerstag*, ist als die *Novemberkrise* in die Konzilsgeschichte eingegangen. In der Dramatik jener Stunden sahen viele Konzilsväter bereits die Freiheit des Konzils dahinschwinden. Als beim Ökumenismusdekret die »höhere Autorität« wiederum Änderungen (40 Modi) dem Einheitssekretariat vorlegte, gingen die Wogen erneut hoch; 19 davon nahm das Einheitssekretariat ins Dekret auf. Doch bei der öffentlichen Sitzung zum Abschluß dieser Tagungsperiode konnten am 21. November drei Texte vom Konzil bzw. seinem Vorsitzenden, dem Papst, approbiert und promulgiert werden:

1. Die Kirchenkonstitution *Lumen gentium*, das Herzstück aller Konzilsdekrete des II. Vatikanums. Sie beansprucht analog zu den anderen Dekreten jedoch keine Unfehlbarkeit.

2. Dekret über den Ökumenismus.

3. Dekret über die katholischen Ostkirchen.

Was die so vehement umkämpfte Deklaration über die Religionsfreiheit betraf, hatte der Papst versprochen, sie als ersten Punkt der vierten Sitzungsperiode zu behandeln.

Die *vierte Sitzungsperiode,* vom 14. September bis 7. Dezember 1965, brachte den Abschluß des Konzils.

Die päpstliche Eröffnungsrede brachte die überraschende Ankündigung eines ständigen Bischofsrates (Synodus episcopatus), dessen Mitglieder in der Mehrzahl durch die Bischofskonferenzen zu wählen seien, der aber der direkten und unmittelbaren Gewalt des Papstes unterstehe.

Die elf Texte, die diese vierte Tagungsperiode noch zu behandeln hatte, waren von den Konzilskommissionen inzwischen gründlich vorbereitet worden. Da diese Periode die letzte sein sollte, stand sie unter Zeitdruck, und sie »war gekennzeichnet durch die Redaktionsarbeit der Ausschüsse und durch die vielen Abstimmungen über die noch ausstehenden Texte« (Maron). Wie vom Papst angekündigt, war die Vorlage über die Religionsfreiheit (»*Dignitatis humanae*«) der erste Tagesordnungspunkt. Der Berichterstatter, Emile Joseph de Smedt, Bischof von Brügge, stellte eingangs nochmals und mit Nachdruck fest, der vorliegende Text stelle keinesfalls Wahrheit und Irrtum gleich. Das Individuum sei auch nach wie vor im Gewissen verpflichtet, die Wahrheit zu suchen. Es gehe lediglich um die Freiheit von religiösem Zwang im bürgerlichen Bereich. In Zukunft sollten keine staatlichen Machtmittel mehr zur Durchsetzung von religiös-theologischen Wahrheiten herangezogen werden. Eine textliche Neueinfügung eröffnete die Möglichkeit, daß in Staaten mit vorwiegend katholischer Bevölkerung die Kirche auch weiterhin eine privilegierte Position innehaben könne. Der 1555 beim Augsburger Religionsfrieden von protestantischen Fürsten dem Kaiser abgerungene Grundsatz »cuius regio, eius et religio« sollte ebenso wie »Mirari vos« von 1832 sowie der »Syllabus« und »Quanta cura« des Jahres 1864 ein für allemal der Geschichte angehören. Damit war die Bahn zur endgültigen Approbation dieser Vorlage wie auch zur Weiterarbeit an den anderen Dekreten frei. So konnten in der öffentlichen Sitzung am 28. Oktober 1965 nicht weniger als deren fünf approbiert und promulgiert werden. Das Dekret *Über die Hirtenaufgabe der Bischöfe,* das am stärksten in die innerkirchliche Rechtsstruktur eingreift, erlebte bei seiner Schlußabstimmung beinahe Einstimmigkeit. Eine Zölibatsdebatte am Konzil verbat sich der Papst. Die in manchem gemilderte Erklärung über das *Verhältnis der Kirche zu den nichtchristlichen Religionen,* des öfteren kurz »Judenerklärung« genannt, rief noch immer politisch bedingte Emotionen hervor. Es wurden sogar Flugschriften verteilt, in der das Konzil der jüdisch-freimaurerischen Verschwörung geziehen wurde. Beim Schema *Über die göttliche Offenbarung* konnte über das Verhältnis von Schrift und Tradition eine Formulierung gefunden werden, die die Minderheit mit der

Mehrheit weitgehend versöhnte: »Die Kirche schöpft die *Gewißheit* über alle Offenbarungswahrheiten nicht aus der Schrift allein.« Das Dekret *Über das Laienapostolat*, bei dem in verstärktem Maße auch Laien mitgearbeitet hatten und für das Paul VI. auch persönlich noch Änderungswünsche unterbreitet hatte, fand schließlich auch beinahe Einstimmigkeit. Das von der Ritenkongregation ausgearbeitete Ablaßschema (»De indulgentiis recognoscendis«) wurde von den Vätern fallengelassen.

Das *Priesterschema* (»Presbyterorum ordinis«), das die Sendung, den Dienst und das Leben des Priesters, sein Verhältnis zum Bischof und zu den Laien behandelt, sagt über den Zölibat, daß er zwar nicht vom Wesen des Priestertums gefordert werde, wohl aber dem Priestertum in vielfacher Hinsicht angemessen sei. Sowohl dieses Schema wie auch das *über die Missionstätigkeit* der Kirche, das unter maßgeblicher Mitwirkung von Yves Congar und Joseph Ratzinger neu erarbeitet worden war, fanden schließlich große Mehrheiten.

Das größte Kopfzerbrechen bereitete noch das Schema 13, das die *Kirche in der Welt von heute* behandelte. Hier klafften zwischen den diversen Positionen noch tiefe Gräben. Der ungeheuren Fülle von drohenden Problemen wie Atomwaffen, totaler Krieg, Kriegsdienstverweigerung, Abrüstung, Friedenssicherung, Geburtenregelung standen unklare Antworten und nebulose Formulierungen gegenüber. 3.000 Änderungsvorschläge waren noch in aller Eile einzuarbeiten. Die Schlußabstimmung am 6. Dezember 1965 für dieses Schema, das den Titel: Pastoralkonstitution *Gaudium et spes* erhielt, ergab dann doch die überzeugende Mehrheit von 2.111:251. »Diese Konstitution wurde mit Enthusiasmus begrüßt, aber ihre Nachgeschichte hat bereits erwiesen, daß man damals ihre Bedeutung weit überschätzt und kaum geahnt hat, wie tief jene ›Welt‹, die man für Christus gewinnen wollte, in die Kirche eindringt. Allzu fortschrittsgläubig, bleibt sie in einer statischen Betrachtungsweise befangen, ohne auf so drängende Probleme wie Geburtenregelung und Kriegsverhütung klare Antworten geben zu können; ganz unzureichend ist Artikel 58 über das Verhältnis der Kirche zu den Kulturen. Vielleicht hätte eine kurze ›Erklärung‹, in der sich die Kirche ›ad extra‹ wendet, tieferen Eindruck hinterlassen als dieser weitläufige Traktat« (Jedin).

In der neunten öffentlichen Sitzung am 7. Dezember 1965 wurden die *Pastoralkonstitution*, das *Missions-* und das *Priesterdekret* sowie die bis zum Zerreißen umkämpfte Erklärung *über die Religionsfreiheit* vom Papst approbiert und promulgiert. Gleichsam als eine Frucht der ökumenischen Konzilsbemühungen und in der Intention des Konzilspapstes Johannes XXIII. hoben am selben Tag der Papst und der ökumenische Patriarch Athenagoras die 1054 gegenseitig ausgesprochene Exkommunikation auf. Am Tag darauf wurde das Weltereignis, das Zweite Vatikanische Konzil, auf dem Petersplatz feierlich geschlossen. In 16 Konzilstexten (4 Konstitutionen, 9 Dekreten und 3 Deklarationen) wurden die Konzilsaussagen zusammengefaßt (siehe LThK).

c) Nachkonziliare Beobachtungen

Mit 11. Juli 1967 setzte der Papst eine eigene Kommission für die Interpretation der Konzilstexte ein (»Pontificia Commissio decretis Concilii Vaticani II interpretandis«). Mit der Konstitution »Regimini Ecclesiae universalis« vom 15. August 1967 wurde die angekündigte Kurienreform durchgeführt. Im Motuproprio »Ingravescentem aetatem« dekretierte Paul VI. 1970 neuerlich die Zuständigkeit des Kardinalskollegiums für die Papstwahl, entzog jedoch den Kardinälen, die das 80. Lebensjahr vollendet haben, das Recht, an ihr teilzunehmen.

Die kurze Zeit von rund drei Dezennien, die seit dem Konzil vergangen sind, läßt keine zusammenfassende Entwicklungsschau zu. Jedoch zeichnen sich aus dem postkonziliaren Gärungsprozeß deutlich einige Konturen ab. So nimmt die Polarisierung zwischen retardierenden und vorwärts drängenden Kräften zu. Die unterschiedlichen Standpunkte zwischen denen, die im »Geist des Konzils« argumentieren, und jenen, die »vorkonziliar« verfaßt sind, werden eher in Konfrontation zu Markt getragen als durch Dialog im christlichen Geist bewältigt.

Während die einen meinen, eine Verwirrung im Glauben, sinkenden Gottesdienstbesuch, unangebrachte Demokratisierung und Gremialisierung und im Abnehmen begriffenen Einfluß der Kirche auf die Welt feststellen zu müssen, heben die anderen die aktive Teilnahme der Gläubigen an der Liturgie hervor, die dank der Volkssprache zustande komme.

Die leidige Gegenreformation sei mit dem II. Vatikanum ein für allemal beendet; die Anerkennung der positiven Werte der anderen Weltreligionen habe Türen zu einem fruchtbaren Dialog eröffnet und biete neue Chancen für die Mission. Andere meinen, der positiven konziliaren Bewertung und Hereinholung ins kirchliche Bewußtsein von diversen reformatorischen Forderungen und Bestrebungen, wie auch solcher der Aufklärung, seien kaum noch Taten gefolgt. So sei bis heute die harmonisierende Umsetzung von hierarchisch-autoritären und synodal-demokratischen Prinzipien nur auf unteren Ebenen bzw. solchen mit nur geringer Entscheidungskompetenz geschehen. Anhand der Bischofsernennungen ließe sich sogar eine Verstärkung des hierarchischen Zentralismus feststellen. Die Demokratisierung sei aber die genuine Konsequenz aus der Lehre von der Kirche als Volk Gottes.

Die Enzyklika »Humanae vitae«, der die Obedienz der direkt betroffenen Laien weitgehend versagt blieb, habe zur Autoritätskrise geführt und die Ergänzungsbedürftigkeit des hierarchischen Prinzips deutlich dokumentiert.

Die volkssprachige Liturgiereform habe in gemischtsprachigen Gebieten mehr trennende und ausgrenzende als friedensstiftende Kräfte stimuliert.

In der »Frauenfrage« sei die normative Bedeutung der Tradition, wie kaum in einem anderen Bereich, virulent geworden.

Die Bereitschaft, Fehler und Fehlentscheidungen einzugestehen, wie es beim Naturwissenschaftler Galileo Galilei († 1642) lehramtlich offiziell der Fall war und nun beim tschechischen Theologen und Reformator Jan Hus († 1415) zu erwarten ist, lasse die Hoffnung aufkommen, daß Analoges auch bei päpstlichen Lehrentscheidungen – insbesondere bei der Hexenbulle *Summis desiderantes affectibus* 1484 – eintreten werde.

Der rapide Rückgang von Priester- und Ordensberufen wird meist nicht auf die Zölibatsverpflichtung, sondern auf Glaubensschwund zurückgeführt.

§ 157
Die Päpste Johannes Paul I. und Johannes Paul II.

Am 12. August 1978 wurde der überraschend verstorbene Paul VI. seinem letzten Willen gemäß in einem einfachen Grab in der Unterkirche von St. Peter beigesetzt. Vorausgegangen war ein Trauergottesdienst auf dem Petersplatz, bei dem der schlichte Sarg aus Zypressenholz auf dem Boden geruht hatte. Paul VI., der schon während seines Pontifikates durch Ablegung der Tiara Einfachheit und Schlichtheit signalisiert hatte, setzte hiedurch neuerlich Akzente in dieser Richtung, die der Patriarch von Venedig, Albino Luciani, der am 26. August 1978 zu seinem Nachfolger gewählt wurde, nicht bloß verstand, sondern auch aufgriff und weiterführte. Der gleich am ersten Konklavetag gewählte Luciani gab sich einen Doppelnamen: *Johannes Paul I.,* was die Papstgeschichte bis dahin nicht kannte. In diesem Doppelnamen sollte auch sein Programm angekündigt werden, nämlich fortzuführen und zur Reife zu bringen, was seine beiden Vorgänger Johannes XXIII. und Paul VI. begonnen und vorgelebt hatten. Vor allem sollten die Konzilsbeschlüsse in der Kirche zur vollen Geltung gebracht werden.

Luciani wurde am 17. Oktober 1912 in Canale d'Agodo am Fuße der Dolomiten geboren. Nach seinen Theologiestudien in Belluno erwarb er an der Gregoriana das Doktorat der Theologie. Von 1937 bis 1947 war er im heimatlichen Belluno Subregens des Priesterseminars, 1948 wurde er zum Generalvikar bestellt. Zehn Jahre später zum Bischof von Vittorio Veneto ernannt, empfing er von der Hand Johannes XXIII. im Petersdom die Bischofsweihe; Paul VI. erhob ihn 1969 zum Patriarchen von Venedig.

Die Einführung in sein neues Amt als Bischof von Rom und damit als Papst am 3. September 1978 entbehrte den ganzen Pomp früherer Krönungen mit der Tiara. Durch diese ungekünstelte Schlichtheit und mehr noch durch sein herzhaftes Lachen hatte er sofort das Volk nicht nur für sich gewonnen, sondern auch begeistert. Nur 33 Tage währte sein Pontifikat. Die Zeit war aber lang genug, um die Wir-Form der Päpste de facto abzuschaffen. Am Abend des 28. September 1978 starb der lachende Papst urplötzlich. Die einander widersprechenden Nachrichten und Darstellungen über seine letzten Lebensstunden und Todesumstände sowie die Bestattung ohne Obduktion führten zur Behauptung von der Ermordung durch kuriale Kreise.

Mit seinem Nachfolger *Johannes Paul II.* sollte eine seit 1522 andauernde Tradition ihr Ende finden: Kein Italiener ging am 16. Oktober 1978 aus dem Konklave hervor, sondern ein Pole, der Erzbischof von Krakau (Kraków) Karol Wojtyla. Er war am 18. Mai 1920 in Wadowice bei Krakau geboren worden.

Seine Mutter verlor er bereits mit neun Jahren, so lag seine weitere Erziehung in den Händen seines Vaters, der ein österreichisch-polnischer Offizier gewesen war. Nach seiner Matura im Jahre 1938 inskribierte er an der philosophischen Fakultät in Krakau. Während des Krieges finden wir ihn beim »Rhapsodischen Theater« im Untergrund und als Steinbrucharbeiter bei Krakau wie auch im Chemiewerk von Solvay in Borek Falecki tätig. Um Juden vor der Vernichtung zu retten, half er, Pässe zu fälschen. Von 1942 an studierte er in Krakau Theologie, wo er 1946 zum Priester geweiht wurde. Dem anschließenden Studienaufenthalt im Angelicum in Rom folgte die Promotion zum Doktor der Theologie. 1954 wurde er Professor für Ethik in Lublin, vier Jahre später Weihbischof in Krakau und 1963 dortiger Erzbischof, 1967 kreierte ihn Paul VI. zum Kardinal. Beim Konzil war er einer der Wortführer in Sachen Religionsfreiheit.

Von seinem Pontifikat sind seine zahlreichen Reisen rund um die ganze Welt, die auch eine enorme physische Leistung darstellen, besonders signifikant. Wie seine Reise während des Falklandkrieges nach England und gleich anschließend nach Argentinien beweist, scheut Johannes Paul II. keinerlei Risiko, um Frieden zu stiften und die Menschenwürde zu verteidigen. Seine zweimaligen Reisen in sein damals noch kommunistisches Heimatland Polen mit ihrer Resonanz in andere kommunistische Länder bis tief in die Sowjetunion und überhaupt sein Charisma und seine Ausstrahlung haben mit dazu beigetragen, daß das sowjetische Weltreich 1989/90 sein Ende fand, der »Eiserne Vorhang« durchschnitten und die Berliner Mauer niedergerissen werden konnte. Allerdings konnte das Interesse der Weltöffentlichkeit, aber auch des Kirchenvolkes mit der Häufigkeit der Papstreisen nicht Schritt halten, und so begannen sie zur regionalen Bedeutung herabzusinken. Über Nutzen und Gewinn dieser zahlreichen pastoralen Weltreisen für Glaube und Kirche divergieren die Meinungen. Unbestreitbar hat Johannes Paul II. aber das Papstamt und das Papsttum bis an die Grenzen der Erde verkündet und es zu Ehren gebracht, wie kaum ein Papst zuvor. Daß er als »personifiziertes Weltgewissen« tituliert wird, erfließt aus seinem überzeugenden Engagement für Menschenrechte und Zivilisation. Seine Autorität wird allseits respektiert, allerdings wird ihr nicht im gleichen Maße gefolgt. Weltweites Echo fanden seine Sozialenzykliken wie z. B. *Laborem exercens* vom 15. September 1981, in der sich die klassische Formulierung findet: »So wahr es auch ist, daß der Mensch zur Arbeit bestimmt und berufen ist, so ist doch in erster Linie die Arbeit für den Menschen da und nicht der Mensch für die Arbeit.« Die Sozialenzykliken »Sollicitudo rei socialis« 1987 und »Centesimus annus« 1991 folgten. Die Moralenzyklika »Veritatis splendor« 1993 dürfte eine längere Genese und verschiedene Redaktionen hinter sich haben.

Am 13. Mai 1981 schoß der Türke Ali Agca Johannes Paul II. während einer Generalaudienz auf dem Petersplatz nieder. Trotz schwerer Verwundung hat der Papst dieses Attentat, dessen Hintergründe noch nicht völlig geklärt sind, überlebt und sich, an ein Wunder grenzend, erholt.

Nach langjährigen und intensiven Arbeiten konnte Johannes Paul II. am 25. Januar 1983 den neuen *Codex Iuris Canonici* und am 1. Oktober 1991 den *Codex Canonum Ecclesiarum Orientalium* promulgieren.

Die Ende 1985 abgehaltene Bischofssynode hat die Beschlüsse des II. Vatikanums bekräftigt und, dem Wunsche des Papstes entsprechend, einen Weltkatechismus angekündgt. Mit Dezember 1992 erschien er mit weltweitem Echo, aber mit unterschiedlicher Resonanz, zuerst in französischer Sprache. Inzwischen ist er in verschiedene Sprachen übersetzt, und Johannes Paul II. hat seine Veröffentlichung als eine der größten Leistungen der Kirchengeschichte qualifiziert.

Bischofskonferenzen und Bischofssynoden werden weniger als bestimmende Leistungsgremien erachtet, wohl als pastorale Größen geschätzt. Das Schisma, das Erzbischof Marcel Lefebvre verursacht hat, wurde durch dessen Bischofsweihen im Juni 1988 noch vertieft.

Der von Papst Paul VI. 1967 abgeschaffte »Antimodernisteneid« hat 1989 in der »Professio fidei«, verbunden mit dem »Treueid«, einen Nachfolger gefunden.

Die langwierigen Auseinandersetzungen mit der Befreiungstheologie lateinamerikanischer Provenienz (»Ihr seid Priester und keine Sozialrevolutionäre«), die kritischen Stimmen namhafter Theologen, nicht nur des deutschen Sprachraumes, wie es insbesondere durch die *Kölner Erklärung* (»Wider die Entmündigung – für eine offene Katholizität«) 1989 manifest wurde, prägen das Bild dieses Pontifikates mit. Bischofsernennungen mit mangelnder Akzeptanz, die meist aus Negierung demokratisch strukturierter Meinungsbildung resultieren, das im Mai 1994 erschienene Apostolische Schreiben über die nur Männern vorbehaltene Priesterweihe und das unverbrüchliche Festhalten an der »Pillenenzyklika« *Humanae Vitae* Pauls VI. bei ratlosem Schweigen über die Bevölkerungsexplosion führten mitunter zu sehr kritischen Stimmen. Hingegen wurde die Aussöhnung mit dem Judentum, die mit der diplomatischen Anerkennung des Staates Israel 1993/94 ihren bisherigen Höhepunkt erreichte, allgemein begrüßt. Mit dem Friedensgebet der Religionen in Assisi 1986 wurden in Religionsfreiheit und Ökumene neue Maßstäbe gesetzt. Von den zahlreichen Seligsprechungen haben Edith Stein (1987), Adolf Kolping (1991) und der Opus Dei-Gründer Josemaría de Escriva (1992) besondere Beachtung gefunden.

Wenn ein marginaler Ausblick ins nächste Jahrhundert (Jahrtausend) gestattet ist, dann wird es zur Hauptaufgabe der Kirche gehören, das heute absolut dominierende hierarchische Prinzip mit dem demokratischen (synodalen) zu versöhnen, zumindest zu ergänzen. Wobei die Kirchengeschichte mit ihrem überreichen Fundus, gerade aus dem Bereich der Konziliengeschichte, ihre Dienste zu leisten haben wird.

9. VERFASSUNG
UND VERWALTUNG

§ 158
Das Papsttum und seine Organe bis 1870

Das Papsttum: Die Jahrhunderte zwischen Tridentinum und Vatikanum I waren nicht, wie es eine gewisse Betrachtungsweise des 19. Jahrhunderts darzustellen versuchte, ein geradliniger Aufstieg des Papsttums bis zur Definition des päpstlichen Primates und seiner Unfehlbarkeit. Diese Entwicklung fand zwar statt, sie war aber gerade im 17. und 18. Jahrhundert alles eher als unbestritten. Die *gallikanischen Artikel* von 1682 ließen in der Kirche Frankreichs die Beschlüsse von Konstanz und Basel wieder aufleben. In diesem Zusammenhang nahm auch der *Episkopalismus* der Reichskirche, wenn er auch nur Episode blieb, einen wichtigen Platz ein.

Das Charakteristikum für die Beziehungen zwischen Kirche und Staat im 17. und 18. Jahrhundert war das *Staatskirchentum.* Dieses unterschied sich vom Staatskirchentum früherer Epochen dadurch, daß es auf einem neuen Staatskirchenrecht basierte, das vor allem eine nationalkirchliche und antikuriale Komponente aufwies und letztlich die Vorherrschaft des Staates über die Kirche begründete. Dieses Staatskirchentum offenbarte sich in der sogenannten *Exklusive,* mit der unliebsame Papstkandidaten von den katholischen Großmächten ausgeschaltet werden konnten. Ferner drückte sich das Staatskirchentum in der *Appelatio ab abuso* aus, womit die Staatsgewalt gegen einen angeblichen Machtmißbrauch der Kirche angerufen werden konnte. Die schärfste Waffe des Staatskirchentums war aber das *Plazet.* Diese staatliche Genehmigung für kirchliche Erlässe gestattete es dem Staate, päpstliche Verordnungen zu prüfen und ihre Durchführung, wenn sie nicht genehm waren, zu verbieten. Obschon all diese Einrichtungen keine Neuerungen waren, wurden sie gerade im 17. und 18. Jahrhundert besonders streng gehandhabt und schwächten somit das Papsttum beträchtlich.

Das Kardinalat: Das Kardinalat erhielt durch die Bulle *Postquam verus* von Sixtus V. von 1586 sein Gepräge, das es bis in die jüngste Zeit bewahrte. Dieser Papst hat auch die Zahl der Kardinäle auf 70 sowie die Voraussetzungen für die Kardinalswürde festgesetzt. So mußte beispielsweise ein Kardinaldiakon mindestens 22 Jahre alt sein, nicht aber brauchte er dem Priesterstand anzugehören. Die Kreierung der Kardinäle fand in der Regel im Konsistorium statt. Das Optionsrecht der Kardinäle, das darin bestand, daß bei Freiwerden eines Kardinalamtes der rangälteste Kardinal dieses beanspruchen konnte, wurde im 17. und 18. Jahrhundert genauer geregelt.

Die Kurie: Sixtus V. hat auch die römische Kurie erneuert, indem er mit der Konstituion »Immensa aeterni« von 1588 15 *Kongregationen* errichtete, die im wesentlichen die Geschäfte des Konsistoriums übernahmen. Dieses verlor dadurch seine Bedeutung. Die wichtigste Kongregation war die Inquisition, die in der Folge Sanctum Officium genannt wurde und vor allem für die Bekämpfung der Häresie zuständig war. Sechs Kongregationen waren für den Kirchenstaat gedacht, und die übrigen hatten gesamtkirchliche, römische und italienische Aufgaben zu erledigen. Unter den neuerrichteten Kongregationen nach Sixtus V. ragt die 1622 von Gregor XV. gegründete Congregatio de Propaganda Fide hervor, die die römische Zentralstelle für die gesamte Mission wurde. Ihre Vollmachten waren so groß, daß man sagte, »ceteras Congregationes habet in ventre«.

Durch die Errichtung und den Ausbau der Kongregation wurden alte und traditionsreiche Ämter der Kurie in ihrem Wirkungsbereich beträchtlich eingeschränkt. Dies galt vor allem für die *Apostolische Kanzlei*, die noch im 14. Jahrhundert eine hervorragende Stellung einnahm. Dennoch nahmen die Stellen und die Ehrenfunktionen, die käuflich waren, in diesem Amte im 17. Jahrhundert in dem Maße zu, als die Arbeit abnahm. Innozenz XI. und Innozenz XII. schafften einige dieser Posten ab. Auch die *Apostolische Kammer* verlor zusehends an Bedeutung und wurde mehr und mehr eine päpstliche Behörde für den Kirchenstaat. Seit 1562 besaß der Kämmerer ausgedehnte Verwaltungsbefugnisse während der Sedisvakanz. Die *Datarie* hingegen nahm an Bedeutung zu, neben der Verleihung reservierter Pfründen und der Gewährung von Dispensen für den äußeren Bereich kamen 1588 auch jene von Ehe- und Weihehindernissen hinzu. Innozenz VIII. errichtete 1487 das Amt eines päpstlichen *Haussekretärs* (secretarius domesticus), dem er die wichtigsten Angelegenheiten der Kirchenführung anvertraute. Um dieses Amt entwickelte sich im Laufe des 16. Jahrhunderts das Sekretariat Seiner Heiligkeit, dessen Inhaber seit Paul III. der Kardinalsnepote war; aber die Erledigung der Geschäfte wurde dem secretarius domesticus »in capite« überlassen, der zu Beginn des 17. Jahrhunderts bereits Staatssekretär genannt wurde. Im Laufe des 17. Jahrhunderts wurde dieses Amt immer wichtiger. Als Innozenz XII. durch die Konstitution »Romanum decet pontificem« von 1692 den Posten eines Kardinalsnepoten abschaffte, wurde der *Kardinalstaatssekretär* zum ersten Mitarbeiter und Minister des Papstes. Er war nicht nur Leiter der kirchlichen Außenpolitik, sondern auch erster Minister der inneren und äußeren Angelegenheiten des Kirchenstaates. Täglich referierte er dem Papst über den Gang der Geschäfte, besprach mit ihm ihre Erledigung und hielt den Kontakt mit den Nuntien und Botschaftern in Rom aufrecht. Durch seine Behörde, die sich aus einer Reihe von Minutanten und Schreibern zusammensetzte, ging die ganze diplomatische Korrespondenz des Heiligen Stuhles. Unter Benedikt XIV. gab es im Staatssekretariat auch das Amt eines »Fälschers« (falsario), der die Handschrift des Papstes nachahmen mußte. Zudem besaß der Staatssekretär Valenti Gonzaga ein eigenes Sekretariat, das das Durchsickern von Geheimnachrichten durch das unzuverlässige Chiffrensekretariat verhindern sollte.

Abwechslungsreich gestaltete sich auch im 17. und 18. Jahrhundert die Geschichte der päpstlichen *Gerichtshöfe.* Mit der Errichtung der Kongregationen verringerte sich auch die Bedeutung der *Rota,* die in der Konzilskongregation die Hauptkonkurrentin bekam. Bis zur Aufhebung des Kirchenstaates war sie praktisch nur noch oberstes Berufungsgericht für weltliche Prozesse aus dem Kirchenstaat. Die Ausbildung der Kongregationen verringerte auch die Kompetenzen der *Signatura iustitiae,* deren Aufgabenbereich in der Kassation von Urteilen anderer Richter bestand. Die *Sacra poenitentiaria Apostolica* stellte eine Mischung von Gerichts- und Verwaltungsbehörde dar, die ständig bestrebt war, ihren Zuständigkeitsbereich im forum externum zu erweitern. Die römische Kurie umfaßte auch die Mitglieder der päpstlichen Kapelle und des päpstlichen Hofstaates, d. h. der päpstlichen Familie.

Das päpstliche Gesandtschaftswesen: Seit dem Westfälischen Frieden wurde das Gesandtschaftswesen, dessen Ursprung gegen Ende des 15. Jahrhunderts in Venedig zu suchen ist, zu einer feststehenden Einrichtung der Kirche und der Staaten. Obschon das päpstliche Gesandtschaftswesen in dieser Zeit in erster Linie die kirchlichen Interessen zu wahren hatte, kam es nicht selten vor, daß sich der Schwerpunkt auf die politische Seite verlagerte. Diese Einmischung der Nuntien erweckte immer wieder den Widerspruch der Bischöfe und der Landesherren, die in geistlichen Fürstentümern ein und dieselbe Person waren. Im 18. Jahrhundert kam es zu einer regelrechten Nuntienfeindlichkeit, für die Staatsabsolutismus, Gallikanismus und Episkopalismus die nötigen Argumente lieferten. Bekannt ist der Münchner Nuntiaturstreit, der in der Emser Punktation 1786 seinen Höhepunkt erreichte.

Schon unter Gregor XIII., der dem Amt des nuntius ordinarius die rechtliche Form gab, besaß der Heilige Stuhl 16 ständige Nuntiaturen. Die Wiener Nuntiatur wurde im Jahre 1561 errichtet. Der Wiener Kongreß entschied 1815 den Rangstreit unter den Botschaftern und erkannte den Nuntien das Recht des Doyens im diplomatischen Corps zu. Neben den ständigen Nuntiaturen gab es auch *außerordentliche päpstliche Gesandtschaften,* die vor allem zu den großen europäischen Friedensschlüssen entsandt wurden. Ebenso wurden zu den deutschen Kaiserwahlen von 1658 bis 1793 Sondernuntien abgesandt, die aber nur mehr eine bescheidene Rolle spielten.

Die Konkordate: Mit der Zerstörung der religiösen Einheit durch die Reformation verloren auch die Konkordate an Bedeutung, so daß das Konkordatsrecht im 17. und 18. Jahrhundert keine besondere Entwicklung aufweist. Zudem war der Staatsabsolutismus den Konkordaten abhold, da die Staaten kein besonderes Bedürfnis hatten, mit dem Heiligen Stuhl vertragliche Bindungen einzugehen. Die Verträge, die Benedikt XIV. mit verschiedenen Staaten abgeschlossen hat, erreichen bei weitem nicht die Bedeutung der Konkordate im 19. oder gar im 20. Jahrhundert. Im 18. Jahrhundert fand selbst der Vertragscharakter der Konkordate in Männern wie Febronius entschiedene Gegner.

Konzile: Das 17. und 18. Jahrhundert waren gegen die Abhaltung von ökumenischen Konzilen und von Nationalkonzilen. Einerseits mißtraute ihnen die römische Kurie, da ihre Fürsprecher vielfach gallikanische, episkopalistische und febronianische Vertreter waren, andererseits zeigte auch das Staatskirchentum für die freie Aktivität dieser Versammlungen wenig Interesse. Die von der *Synode von Pistoia* 1786 aufgestellte Behauptung, daß das Nationalkonzil die höchste kirchliche Instanz sei, wurde von Papst Pius VI. im Jahre 1794 verurteilt. Auch die Vorschrift des Tridentinums, alle drei Jahre ein Provinzialkonzil abzuhalten, konnte sich nicht durchsetzen. Die zahlreichen Provinzialkonzile des Metropolitansprengels von Tarragona bilden eine Ausnahme.

§ 159
Die Orts- und Teilkirchen bis 1870

Die Diözesanbischöfe: Das Konzil von Trient hat nicht nur die Stellung der Diözesanbischöfe beträchtlich gestärkt, sondern auch ihre Pflichten wie die *Visitationspflicht* besonders unterstrichen. Der Diözesanbischof sollte jährlich bzw. alle zwei Jahre seine Diözese visitieren. Diese strenge Verpflichtung wurde aber im allgemeinen nicht genau genommen. Die Konstitution Benedikts XIV. »Firmandis« von 1744 schrieb vor, daß einige Zeit vor der Visitation Prediger auf sie vorbereiten sollten. Der Josephinismus forderte vom Bischof die Vorlage der Visitationsberichte. Die Verpflichtung der *visitatio liminum,* d. h. der periodische Besuch der Gräber der Apostelfürsten in Rom verbunden mit der Vorlage der Berichte über den Stand der Diözese, wurde von Sixtus V. 1585 mit der Konstitution »Romanum Pontifex« je nach Entfernung auf alle drei bis zehn Jahre festgesetzt. Die Bischöfe Deutschlands, Frankreichs, Spaniens, Portugals, Belgiens, Böhmens und Ungarns mußten z. B. alle vier Jahre nach Rom fahren. Benedikt XIII. schuf 1725 ein genaues Berichtsschema für die Konzilskongregation. Obschon die Oberhirten nur bei schwerwiegenden Gründen einen Stellvertreter bestellen konnten, hat z. B. der ansonsten hervorragende Fürstbischof von Brixen, Kaspar Ignaz von Künigl (1702–1747), immer einen Vertreter nach Rom geschickt.

Die *Besetzung der Bischofsstühle* forderte auch im 17. und 18. Jahrhundert der Heilige Stuhl. In der Tat aber war das freie Ernennungsrecht Roms weitgehend durch Konzessionen und Ansprüche der Staaten eingeschränkt. Wo sich das Wahlrecht der Domkapitel erhalten hatte, wurde dies durch die *Wahlkapitulationen* beeinträchtigt. Obschon Innozenz XII. im Jahre 1695 mit der Konstitution »Ecclesiae catholicae« die Wahlkapitulationen verboten hatte, hielten sich die Domkapitel nicht daran, so daß Benedikt XIV. sich gezwungen sah, die Wahlkapitulationen im Jahre 1754 erneut energisch zu verbieten. Die wirksamste Waffe gegen die Wahlkapitulationen wurden die zunehmenden Ansprüche der Landesfürsten, die im 18. Jahrhundert einen Höhepunkt erreichten. Das *Nominationsrecht der Fürsten* war in diesem Jahrhundert in Frankreich, Österreich, Spanien, Portugal, in einzelnen italienischen Staaten, in Bayern und Sachsen verbreitet. In Österreich wurde sogar eine regelrechte Bewerbung um Bischofssitze üblich. Eine Rolle spielte der Nuntius beim Informativprozeß über die Wahl und Persönlichkeit des Gewählten. Dieser Prozeß fand zwischen Wahl und päpstlicher Bestätigung statt, hatte aber meist keine große Bedeutung, da die landesfürstliche Benennung für definitiv angesehen wurde. Größere Probleme hatten die Diözesanbischöfe mit der Stellung der Exemten, die die Einheit des Diözesanrechtes und der Diözesanverwaltung durchbrachen, da sie nur dem Papst und seiner Kurie unterstanden. Benedikt XIV. hat auch ihre Stellung etwas genauer geregelt.

Die Diözesanbehörden: Die Organisation der Diözesanbehörden wies im 17. und 18. Jahrhundert eine große Vielfalt auf. Besonders hervorzuheben sind hier die *Konsistorien,* die eine kollegial organisierte Diözesanbehörde waren und vor allem eine Eigentümlichkeit im mitteleuropäischen Raum darstellten. In der Diözese Brixen wurde z. B. im Jahre 1631 das Generalvikariat durch ein Konsistorium ersetzt, das später zeitweilig wieder durch die Einführung eines Generalvikars verdrängt wurde. *Generalvikare* und bischöfliche *Offiziale,* die die gesamte ordentliche Jurisdiktion der Bischöfe handhaben, waren an die Stelle der ehemaligen archidiakonalen Gerichtsbarkeit und Verwaltung getreten. Nur wichtige Verwaltungsakte wie Bann, Verleihung von Benefizien, Berufung von Diözesansynoden usw. waren dem Bischof vorbehalten. Der Offizial war gegenüber dem Generalvikar meist mit geringeren Vollmachten oder nur mit der Gerichtsbarkeit betraut. Gehilfen des Bischofs bei den Pontifikalhandlungen waren die Weihbischöfe, die vor allem dort große Bedeutung erreichten, wo der Bischof durch die reichsfürstlichen und politischen Aufgaben gehindert war, sich der Seelsorge zu widmen. So lag die geistliche Führung der deutschen Diözesen im 17. und 18. Jahrhundert vielfach in den Händen von Weihbischöfen.

Die Domkapitel: Im 17. und 18. Jahrhundert besaßen die Domkapitel großen Einfluß auf die Diözese, und zwar nicht nur deshalb, weil sie oft den Bischof wählen und bei Sedisvakanz die Regierung führen durften, sondern weil meist Domherren die wichtigsten Ämter der Diözese innehatten. Das Staatskirchentum hat allerdings in einzelnen Ländern auch die Domkapitel verändert. So hat z. B. Joseph II. 1787 die Zahl der Kanonikate bei den Metropolitankapiteln auf zwölf und bei den bischöflichen Kathedralkapiteln auf acht reduziert. Der selbe Monarch hat schon 1783 das Vorrecht der adeligen Geburt als Voraussetzung zur Erhebung zum Kanonikat aufgehoben. In der Tat dienten in dieser Zeit die Domkapitel sehr oft als Versorgungsanstalt für adelige Personen, die mehr weltlichen als kirchlichen Interessen dienten. Zwischen den Diözesanbischöfen und ihren Domkapiteln kam es besonders in dieser Epoche zu heftigen Auseinandersetzungen. Durch ein Urteil Benedikts XIII. wurde z. B. das Wiener Domkapitel erst 1729 gezwungen, seinen Kampf um eine Exemption vom Wiener Diözesanbischof aufzugeben. Viele Domkapitel besaßen ein Zustimmungsrecht, bei dessen Mangel die Regierungshandlungen des Bischofs angefochten werden konnten.

Diözesansynoden: Obschon das Tridentinum die jährliche Abhaltung einer Diözesansynode anordnete und Papst Benedikt XIV. ihr sein Hauptwerk *De synodo dioecesana* widmete, wurde ihr im 17. und 18. Jahrhundert keine Blütezeit zuteil, denn das Tridentinum brachte einerseits eine Stärkung der bischöflichen Gewalt, andererseits stieß das Bedürfnis nach Demokratisierung auf innerkirchlichen Widerstand. Zudem erschienen dem absoluten Staat derartige Kirchenversammlungen bedenklich. Eine rühmliche Ausnahme stellte die Diözese Münster dar, die von 1642 bis 1838 fast jährlich Diözesansynoden abhielt. In der Diözese Brixen hingegen fand zwischen 1603 und 1900 keine eigentliche Synode statt. In Linz hielt der erste Bischof der 1783/85 gegründeten Diözese im Jahre 1787 eine Synode ab. Gegen Ende des 18. Jahrhunderts änderte sich zwar die synodenfeindliche Haltung, aber nicht zugunsten der tridentinischen Reform, sondern im episkopalistischen und febronianischen Sinne. Im Jahre 1785 drängte Leopold von Toskana die Bischöfe seines Landes zur Abhaltung von Diözesansynoden. Es kam aber nur zu einer einzigen derartigen Kirchenversammlung 1786 in Pistoia. Neuen Auftrieb bekam das Institut der Diözesansynoden gegen Ende des 18. Jahrhunderts in der jungen Kirche der Vereinigten Staaten. In Baltimore wurde unter dem Vorsitz des ersten amerikanischen Bischofs John Caroll im Jahre 1791 die erste Diözesansynode in den USA abgehalten.

Die Metropoliten: Die Macht der Metropoliten verlor im 17. und 18. Jahrhundert im allgemeinen an Bedeutung, wenn auch das Konzil von Trient einzelne Rechte der Metropoliten, wie das der Visitation ihrer Kirchenprovinz, anerkannt hatte. Das Metropolitangericht blieb weiterhin die regelmäßige Berufungsinstanz in allen kirchlichen Zivil- und Strafsachen. Auch das *Institut des Patriarchen* spielte in der lateinischen Kirche in dieser Zeit keine besondere Rolle. Das alte Patriarchat von Aquileja wurde 1751 auf Betreiben von Maria Theresia von Benedikt XIV. aufgehoben, um Streitigkeiten zwischen Venedig und Österreich zu beenden. Das Patriachat von Venedig hingegen blieb weiterhin bestehen. Im Jahre 1716 errichtete Klemens XI. auf Bitten des portugiesischen Königs Johann V. (1706–1750) das Patriarchat Lissabon. Sein Metropolitankapitel wurde sogar dem Kardinalskollegium nachgebildet und wies drei Klassen auf.

Die Dekane: An die Stelle des Landarchipresbyterats war längst der Dekan getreten, der aber keine autonome Jurisdiktion ausüben durfte, obschon dies noch im 18. Jahrhundert die Konzilskongregation mehrmals einschärfen mußte. Meist wurden mehrere Pfarren zu einem Dekanat zusammengefaßt. In einzelnen Diözesen, in denen noch Ruralkapitel stattfanden, durfte der Dekantsklerus den Dekan wählen. Dieser mußte für seinen Sprengel den Lebenswandel des Klerus beaufsichtigen und den Dienstverkehr der bischöflichen Kurie mit den Pfarrern aufrechterhalten. Durch Karl Borromäus wurden im 16. Jahrhundert die sogenannten *Pastoralkonferenzen* eingeführt, die durch die römische Synode von 1725 für alle italienischen Diözesen vorgeschrieben wurden.

Die Pfarreien: Die Pfarrerrichtungen und Veränderungen von Pfarreien waren nach den Vorschriften des Konzils von Trient den Bischöfen vorbehalten. Die Konzilskongregation entschied 1762, daß zur Errichtung einer Pfarrei wenigstens zehn Familien gehören sollten. Im allgemeinen gab man aber eher der Vermehrung der Seelsorgeposten als der Errichtung von neuen Pfarreien den

Vorzug. Daher hatten besonders in Österreich die Pfarreien meist eine große Ausdehnung. So erstreckte sich z. B. die Pfarre Imst in der Diözese Brixen über neun Täler. Bemerkenswert ist, daß die Aufklärungszeit für die Errichtung von neuen Pfarreien eintrat. Joseph II. schrieb 1783 vor, daß auf dem Lande, außer bei großen Entfernungen, in einer Gemeinde mit mehr als 700 Seelen eine neue Pfarrei oder wenigstens eine Lokalkaplanei errichtet werden sollte. Die *josephinische Pfarregulierung* war ohne Zweifel eine bedeutende Leistung in der Pfarrorganisation. Nach dem Konzil von Trient mußten sich Kleriker, die sich um ein Pfarrbenefizium bewarben, einer Prüfung unterziehen. So entwickelte sich allmählich die Pfarrkonkursprüfung, der sich auch Kandidaten für Patronatspfarren unterziehen mußten. Die Bestellung der Hilfspriester erfolgte in der Regel durch den Pfarrer. Von der Mitte des 17. Jahrhunderts an findet man aber viele Diözesansynoden, die den Bischof ermächtigten, dem Pfarrer geeignete Hilfspriester zuzuweisen. Im 18. Jahrhundert entwickelte sich dann ein Bestellungssystem, bei dem die bischöfliche Kurie die entscheidende Rolle spielte, nachdem es in den meisten Diözesen zur Wiederherstellung von bereits errichteten oder zur Eröffnung von neuen *Priesterseminaren* gekommen war.

§ 160
Die Verfassung und Verwaltung seit 1870

Obschon die *Französische Revolution* und der *Reichsdeputationshauptschluß von 1803* eine der größten Demütigungen für die Kirche bedeuteten, zeigten diese Ereignisse bald doch auch positive Seiten. Sie fegten nämlich die vom Mittelalter überkommenen feudalen Kirchenstrukturen hinweg, so daß auf ihren Trümmern dann die blühende Volkskirche des 19. Jahrhunderts entstehen konnte. Diese Erneuerung der Kirche und die Vereinbarungen mit den Staaten verschafften dem Papsttum ein steigendes Ansehen und führten zu einer ungeahnten Konzentration der kirchlichen Gewalt an der römischen Kurie. Schon das napoleonische Konkordat von 1801 hatte dem Papsttum größeren Einfluß auf die französische Kirche verliehen. Das kirchliche Recht, das nun zum päpstlichen Recht wurde, behauptete sich wieder. Nationalkirchliche Eigenheiten wie Gallikanismus, Febronianismus und Josephinismus traten nun immer mehr zurück, und die Besonderheiten der alten Reichskirche verschwanden beinahe ganz. Zunächst erreichte das Papsttum diese Erfolge im Bunde mit den konservativen Regierungen, dann nach dem Revolutionsjahr 1848 eher gegen sie. So war die erste Hälfte des 19. Jahrhunderts eine Zeit der Vorbereitung auf die Ereignisse der Folgezeit, die im Ersten Vatikanischen Konzil und mit dem Inkrafttreten des CIC ihren Höhepunkt erreichten.

Im Laufe des 19. Jahrhunderts verlegte die Kirche langsam, aber entschieden das Schwergewicht der kirchlichen Macht auf das spirituelle Gebiet. Just wenige Wochen bevor der Kirchenstaat am 20. September 1870 von der Landkarte verschwand, wurden beim Ersten Vatikanischen Konzil der Universalprimat und die Unfehlbarkeit des Papstes dogmatisiert und somit die Krönung und der Abschluß einer durch die Jahrhunderte gehenden Entwicklung erreicht. Die Bedeutung des Ersten Vatikanischen Konzils ist auch in verfassungsgeschichtlicher Beziehung außerordentlich groß. Die gesetzgeberische Tätigkeit der nachfolgenden Päpste bis zur Promulgation des CIC unter Benedikt XV. ist letztlich nur eine Ausführung dessen, was im Ersten Vatikanischen Konzil grundgelegt wurde.

Von seiner gesteigerten Machtfülle hat das *Papsttum* zunächst nur vorsichtig Gebrauch gemacht. Die päpstliche Gesetzgebung kam, entgegen manchen Befürchtungen, nur langsam in Fluß. Sowohl Pius IX. als auch Leo XIII. übten auf dem Gebiet der kirchlichen Gesetzgebung Zurückhaltung. Jedoch mit Pius X. erhielt der päpstliche Stuhl einen Gesetzgeber von Format, der seiner Devise »Instaurare omnia in Christo« gemäß im Motuproprio »Arduum sane munus« von 1904 schon seinen *Kodifikationsplan* für das gesamte Kirchenrecht verkündete. Aufgrund der Erfahrungen bei seiner eigenen Papstwahl erließ Pius X. noch im selben Jahr die apostolische Konstitution »Commissum Nobis«, mit der er den Kardinälen unter Strafe der Exkommunikation verbot, von einer Regierung den Auftrag zur Einlegung der *Exklusive* bei der Papstwahl zu übernehmen. Mit der Konstitution *Vacante Sede Apostolica* (1904) ordnete sodann der Papst das gesamte Papstwahlrecht.

In der Reformgesetzgebung Pius' X. nimmt jedoch die *Reorganisation der römischen Kurie* geschichtlich gesehen einen hervorragenden Platz ein. Allgemein wurde die Reformbedürftigkeit des päpstlichen Verwaltungsapparates anerkannt, ging doch dessen Verfassung im Grunde auf die Errichtung der Kongregation durch Sixtus V. im Jahre 1588 zurück. Inzwischen hatten die Päpste eine Fülle von Einzelverordnungen erlassen, die Zahl der einzelnen Organe hatte stark zugenommen, und ihre Befugnisse und Zuständigkeiten waren vielfach unklar. Mit der Konstitution *Sapienti consilio* vom 29. Juni 1908 hat nun Pius X. elf Kongregationen, drei Tribunale und fünf Offizien für die Kurie vorgesehen. Dabei war im Bereich der *Kongregationen* die Sakramentenkongregation völlig neu, die Konzilskongregation wurde tiefgreifend umgestaltet, die Konsistorialkongregation bekam erheblich weitere Befugnisse, und die Propaganda Fide mußte sich von nun an auf die Missionsländer beschränken. Für den Gerichtsbereich waren in der Zukunft für den äußeren Bereich die Rota und die Apostolische Signatur (als Berufungsbehörde) und für den inneren Bereich die Pönitentiarie zuständig. Die fünf *Offizien* waren die Apostolische Kanzlei, die Datarie, die Apostolische Kammer, deren Befugnisse sehr beschränkt wurden, das Sekretariat der Breven und das Staatssekretariat. Obwohl letzteres in der Aufzählung das Schlußlicht bildete, war es längst die wichtigste kuriale Behörde der Neuzeit, da es für die politischen und kirchenpolitischen Angelegenheiten der römischen Kurie zuständig war.

Die *Kodifikation des Kirchenrechts* für die lateinische Kirche ist in erster Linie der Initiative Pius' X. zu verdanken, sodann aber dem Hauptförderer des gesamten Unternehmens Msgr. Pietro Gasparri (1852–1934), der lange Jahre Professor des kanonischen Rechts am Institut catholique in Paris war und als zweiter Raimund von Peñafort in die Geschichte eingegangen ist. Genau 600 Jahre nach den Clementinen, der letzten amtlichen Sammlung kirchlicher Gesetze, promulgierte Papst Benedikt XV. im Jahre 1917 den *Codex Iuris Canonici*, der dann ein Jahr später in Kraft trat. Dieses Gesetzbuch stellte nach Art der neuzeitlichen staatlichen Gesetzbücher eine vollständige und erschöpfende Kodifikation des ganzen Kirchenrechts der lateinischen Kirche dar. Mag auch der Gesamtcharakter des Werkes konservativ gewesen sein, so stellte doch die Zusammenfassung des in der Praxis und in zahllosen Erlässen vorgebildeten kirchlichen Rechte eine beachtliche Leistung dar. Der CIC wurde in fünf Büchern und 2.414 durchgezählten Canones angelegt. Bezüglich der Neuerungen kann man sagen, daß die Stellung der Bischöfe gestärkt wurde, sie werden vom Papst frei ernannt, das Amt des Generalvikars wird erstmals gemeinrechtlich geregelt, und das tridentinische Eheschließungsrecht wurde für die ganze Kirche verbindlich. Um die Durchsetzung des CIC zu erleichtern, wurde die Regelung der Beziehungen zwischen Kirche und Staaten ausgeklammert. Noch im Jahre 1917 setzte Benedikt XV. eine Kardinalskommission zur authentischen Interpretation des Kodex ein.

Die Kodifikation des Kirchenrechts hat die weitere Rechtsentwicklung nicht gehemmt, sondern eher gefördert. Unter dem Pontifikat Benedikts XV. stand allerdings die Durchsetzung der Rechtseinheit an erster Stelle. Pius XI. hat keine tiefgehenden Änderungen des CIC vorgenommen, leistete aber die Hauptarbeit bei der Ausführungsgesetzgebung des neuen Kirchengesetzbuches. 1929 setzte Pius XI. unter Vorsitz Gasparris eine Kardinalskommission für die *Kodifikation des orientalischen Kirchenrechts* ein. Zahlreiche Erlässe des Papstes galten der Organisation der römischen Kurie, 1922 führte er die Quinquennalvollmachten der Diözesanbischöfe wieder ein, und 1931 veröffentlichte er mit der Apostolischen Konstitution *Deus Scientiarum Dominus* eine Art Grundgesetz für das *katholische Hochschulwesen,* das eine Verbesserung des Lehrbetriebes und der Lehrmittel forderte. Mit dem Pontifikat Pius' XI. trat die Kirche auch in eine *neue Konkordatsära* ein. Wie nach den Umwälzungen der Französichen Revolution und der napoleonischen Zeit, so war auch jetzt nach dem Zusammenbruch Österreich-Ungarns und dem Aufkommen totalitärer Regime das Bedürfnis nach Verträgen zwischen Kirche und Staaten groß. Die damals zustandegekommenen Konkordate schufen nun ein neues Partikularrecht, das das kirchliche Gesetzbuch teilweise ergänzte oder auch abänderte.

Da der gelernte Kanonist Pius XII. auf allen Gebieten eine umfassende gesetzgeberische Tätigkeit entwickelte, griff er viel tiefer als sein Vorgänger in den Bestand des CIC ein. In der Enzyklika Mystici Corporis von 1943 setzte er sich grundsätzlich mit dem Verhältnis zwischen Kirche und Kirchenrecht auseinander. Im Jahre 1945 änderte er durch die Konstitution *Vacantis Apostolicae Sedis* das bisherige Papstwahlrecht, indem er über die Zweidrittelmehrheit hinaus noch eine weitere Stimme forderte. Das Dekret *Spiritus Sancti munera* von 1946 verlieh den Pfarrern die Vollmacht, in Todesgefahr das Sakrament der Firmung zu spenden.

Nach dem Tode des autoritären Pius XII. war in der Kirche der Wunsch nach mehr Demokratie nicht mehr zu überhören. Bereits die Namenswahl Johannes' XXIII. ließ eine Zeit der Überraschungen ahnen. In der Tat staunte die Welt nicht wenig, als der Papst in einer denkwürdigen Ansprache am 25. Januar 1959 in St. Paul vor den Mauern ein *ökumenisches Konzil* und die *Revision des CIC* ankündigte. Emsig bemühte er sich um die *Reform der Kurie.* Mit der Ernennung eines Staatssekretärs genügte er nicht nur dem Kirchenrecht, er beendete damit den autokratischen Regierungsstil seines Vorgängers; er beseitigte die Beschränkungen der Selbständigkeit der Kardinalskongregation, der Zuständigkeit der kurialen Ämter und Kongregationen. Die regelmäßigen Berichterstattungen der höchsten Amtsträger wurden wieder eingeführt. Über die von Sixtus V. 1586 dekretierte Höchstzahl der Kardinäle von siebzig setzte er sich schon bei den ersten Kardinalskreierungen im Dezember 1958 kühn und wie selbstverständlich hinweg. Die Internationalisierung des hl. Kollegiums erfuhr einen kräftigen Schritt nach vorne.

Die im Januar 1960 abgehaltene Synode der Diözese Rom verlief hingegen in traditionellen Bahnen und rief in weiten Teilen der Kirche Unbehagen hervor. Auch die weitere Gesetzgebung Johannes' XXIII. verließ die Linie der Kontinuität kaum. Mit dem Motuproprio *Suburbicariis sedibus* von 1962 befand er, daß die Kardinalbischöfe, den pastoralen Erfordernissen in der Bannmeile Roms entsprechend, fortan nur noch Titularbischöfe ihrer Bistümer sein und diese von ordentlichen Bischöfen geleitet werden sollten. Das Motuproprio *Cum gravissima,* ebenfalls von 1962, ordnete an, daß künftig alle Kardinäle die Bischofsweihe haben sollten. Das Motuproprio *Summi Pontificis Electio* von 1962 verlangte bezüglich der Papstwahl, daß nur im Falle, daß die Zahl der anwesenden Kardinäle nicht durch drei teilbar ist, eine weitere Stimme erforderlich sei.

Nach dem von Johannes XXIII. 1962 eröffneten und von Paul VI. 1965 abgeschlossenen Zweiten Vatikanischen Konzil hatte dieser die schwierige Aufgabe, die Weisungen und Bestrebungen des Konzils in anwendbare Normen umzusetzen. Dies führte zu *zahlreichen und tiefgreifenden Rechtsänderungen,* so daß selbst für Fachleute die Materie nicht mehr leicht überschaubar war und sich vieler Kirchenmitglieder eine wachsende Unsicherheit bemächtigte. Die große gesetzgeberische Tätigkeit des Heiligen Stuhls zog auch viele Verordnungen der Bischofskonferenzen und der Synoden neuer Art – wie des Pastoralkonzils in den Niederlanden oder der Gemeinsamen Synode der Bistümer in der Bundesrepublik Deutschland – nach sich. Die Gesetzgebungskompetenz dieser Gremien lief vielfach dem römischen Zentralismus zuwider.

Dem Kollegialitätsprinzip der Bischöfe trug der Papst vor allem dadurch Rechnung, daß er bereits 1965 die *Bischofssynode* errichtete, die aber grundsätzlich nur beratende Funktion hat und sich hauptsächlich aus den Vertretern der Bischofskonferenzen zusammensetzt. Im Jahre 1967 ordnete Paul VI. an, daß je sieben Diözesanbischöfe als Vollmitglieder in die Kongregationen der römischen Kurie aufgenommen werden. Diese Aufwertung der Bischöfe hatten eine *Abwertung des Kardinalkollegiums* zur Folge. Bereits 1964 wurde die Würde des Kardinalprotektors klösterlicher Verbände abgeschafft, und durch das Motuproprio *Ingravescentem aetatem* von 1970 verloren die 80jährigen Kardinäle das

Papstwahlrecht und ihre kurialen Ämter. Die Konstitution *Regimini Ecclesiae universalis* von 1967 brachte die vom Konzil geforderte *Kurienreform.* Davon profitierte vor allem das Staatssekretariat, das nun an die Spitze der kurialen Ämter gestellt wurde und auch die Aufgabe bekam, die Arbeit der Kongregationen zu koordinieren. Selbst das Heilige Offizium, das den Namen Congregatio de doctrina fidei erhielt, wurde ihm unterstellt. Der »Rat für die öffentlichen Angelegenheiten der Kirche« ist für die Beziehungen zwischen Staaten und Kirche zuständig. Die bisherige Konzilskongregation erhielt den Namen Congregatio pro clericis, die Propagandakongregation den Namen Pro gentium evangelisatione. 1975 entstand die neue Kongregation für Sakramente und Gottesdienst. Die drei Tribunale – Signatur, Rota und Poenitentiarie – blieben durch die Kurienreform weiterhin bestehen, wobei der Signatur die Aufgaben eines kirchlichen Verwaltungsgerichtshofes zugewiesen wurden. Neu errichtet bzw. bestätigt wurden die Sekretariate für die nichtkatholischen Christen, für die nichtchristlichen Religionen und die Nichtglaubenden. Ganz neu war der Laienrat. Durch die Errichtung eines »Finanzministeriums«, nämlich der Praefectura rerum oeconomicarum S. Sedis, einer zentralen Güterverwaltung, der Administratio patrimonii S. Sedis, und der Präfektur des Apostolischen Palastes wurde auch der gesamte wirtschaftliche Bereich neu geordnet. Während die Apostolische Kammer geblieben ist, verschwand die Datarie, und die Apostolische Kanzlei wurde 1973 aufgelöst. Die Kongregation für die Glaubenslehre erließ 1971 Normen, die das Laisierungsverfahren von Geistlichen betrafen. Ein anderer Erlaß derselben Kongregation von 1975 ordnete die Bücherzensur neu. Paul VI. entschied mit der Apostolischen Konstitution *Romano Pontifici Eligendo* von 1975, daß die Papstwahl weiterhin durch die Kardinäle zu erfolgen habe. Allgemein kann man sagen, daß diese umfangreiche Gesetzgebung eine Tendenz zur Anpassung und Erleichterung aufwies.

Die von Johannes XXIII. angekündigte Reform des kirchlichen Gesetzbuches (Codex iuris canonici) fand mit der *Promulgation des neuen Codex* durch Johannes Paul II. am 25. Januar 1983 einen Abschluß. Er sammelte und ordnete, was durch das Konzil angeregt wurde und durch die sehr rege nachkonuiliare Gesetzgebung bereits vorlag. Das neue Gesetzbuch beschränkt sich selbst wohltuend. Eine beträchtliche Aufwertung hat das Bischofsamt erfahren, wenn auch die Bischöfe gemäß dem Dekret über die Hirtenaufgabe von 1965 und dem päpstlichen Schreiben »Ecclesiae sanctae« von 1966 nach Vollendung des 75. Lebensjahres dem Papst den Amtsverzicht anbieten sollen. Von weitreichender Bedeutung ist das neue Rätesystem, wie der bischöfliche Rat, der Priesterrat und der Pastoralrat. Bezüglich der Laien ist erwähnenswert, daß man erstmals in einer kirchlichen Gesetzgebung die Grundrechte der Christen aufzählt.

10. ORDENSWESEN

Da das Ordenswesen der Kirche in vielfältiger Weise die jeweilige Entwicklung der Zeit und den Zustand der Kirche im allgemeinen widerspiegelt, können wir bei aller Beständigkeit, die der Frömmigkeitsgeschichte in besonderem Maße eigen ist, die einschneidenden Umwälzungen der Neuzeit seit den Tagen der Reformation auch in der Geschichte des Mönchtums und der übrigen Formen des regulierten Lebens, alter wie neuer Prägung, nachvollziehen. Dabei ist methodisch festzuhalten, daß Ordensgründungen oft schon in einer früheren Periode erfolgen, bevor sie in den nächsten zur vollen Entfaltung kommen. Die einen säten, die anderen ernteten, wenn der Kairos da war. Der jeweilige Standard des Ordenswesens ist zuinnerst mit den allgemeinen Reformbestrebungen der *ecclesia semper reformanda*, ihrer Weise und ihrem Stand verwoben.

So besprachen wir im Zusammenhang mit der »Katholischen Reform« des 16. Jahrhunderts die Reformkongregationen der spanischen und italienischen Benediktiner, der spanischen, von Savonarola inspirierten Dominikaner, die Reform der Unbeschuhten Karmeliter, der Gesellschaft Jesu, der Barmherzigen Brüder, der italienischen Priestergemeinschaften des Oratoriums, der Somasker und der Barnabiten, der Ursulinen und schließlich der wichtigen franziskanischen Reform der Kapuziner.

Allen diesen Orden und Kongregationen war eine bewußte und institutionalisierte Hereinnahme der Seelsorge, die Formung von Priestergemeinschaften, die geistliche und intellektuelle Bildung der Priester, die systematisch gepflegte Diakonie in Schule und sozialem Dienst, die Inanspruchnahme der kulturellen Medien (Architektur, Musik, bildende Kunst, Buchdruck, Lied usw.) und schließlich ein ausgeprägter Zug zur Weltmission eigen, der die Orden bis in die Gegenwart hinein kennzeichnen sollte. Die Orden wirkten auch maßgeblich bei den gegenreformatorischen Bestrebungen der katholischen Fürsten und des Papsttums mit (als Beichtväter-»Minister« bei Hof, als »Geistliche Räte« der Fürsten, als Mitglieder fürstlicher Visitationskommissionen), als »Prälaten« in den Ständeversammlungen und in Österreich etwa bis in das 18. Jahrhundert hinein als kaiserliche »Missionäre« für die Bekehrung der Kryptoprotestanten.

Den Orden dieser ersten Phase der Neuzeit war es weithin zu verdanken, daß die politische Gegenreformation nicht nur auf eine Vergewaltigung der Gewissen hinauslief, daß vielmehr den »Bekehrten« auch positive Unterweisung in Predigt, Katechese, Volksmission, Liturgie und gelenkter Volksfrömmigkeit geboten wurde.

§ 161
Das 17. und 18. Jahrhundert bis zur Säkularisation

Die Phasen des konfessionellen Frühabsolutismus und auch noch die Zeiten eines machiavellistischen Fürstenverständnisses des 17. Jahrhunderts waren dem Wachstum und der Wirksamkeit der Orden, die aus den Krisen des 16. Jahrhunderts entstanden waren, noch keineswegs hinderlich. Zunächst waren die Orden, alte Klöster wie neuere Kongregationen, die natürlichen Verbündeten und Helfer der zunächst konfessionell interessierten und um das Seelenheil ihrer Untertanen auch ehrlich besorgten Fürsten.

Das war auch der Grund, warum die seit 20 Jahren vielfach beschriebene Krise des 17. Jahrhunderts sich zunächst nicht nachteilig auf die Entfaltung der Neuansätze des 16. Jahrhunderts auswirkte. Im Gegenteil hatten die Existenzangst breiter Bevölkerungsschichten und Staaten, von den Konfessionskriegen des 16. Jahrhunderts über den Dreißigjährigen Krieg (1618–1648) bis zur Bannung der Türkengefahr (nach 1683), die damit verbundenen apokalyptischen Ängste und Sehnsüchte dem katholischen Ordenswesen Aufwind verliehen.

Vom Generalat des mittelitalienischen Herzogssohnes Claudius Aquaviva (1581–1615) an verdoppelte die *Gesellschaft Jesu* ihre Mitgliederzahl von 10.581 auf 23.000, die sie zur Zeit der Auflösung 1773 zählte. In der inneren Mission gelang es ihr, an den meisten bedeutenden Residenzstädten ihre Niederlassungen und Kollegien zu gründen (z. B. Innsbruck, Graz, Laibach, Wien, Linz, nicht aber in Salzburg, wo 1623 eine Benediktineruniversität gegründet wurde). Es gelang ihr im Bereich der Diözesen Köln, Münster und Paderborn und in der Oberpfalz, nach 1620 (Schlacht am Weißen Berg) so viele Protestanten dem katholischen Glauben zurückzuführen, daß sie vielfach als die eigentlichen Gegenspieler der Reformation angesehen werden.

In Frankreich befanden sie sich in erfolgreicher Auseinandersetzung mit den Hugenotten. Es wurden ihnen aber auch die verschiedensten Schandtaten, wie die Ermordung Heinrichs IV. (1594), angelastet. In England wurde ihre Geheimmission zu einer abenteuerlichen Geschichte des Martyriums (Edmund Campion, † 1581, Robert Persons, † 1610, Robert Southwell, † 1595, Radulph Ashley, † 1606, Kardinal William Allen, † 1594, Gründer des englischen Kollegs in Douai, 1568, und Rom 1579). In Linz wurde z. B. das »Nordico« (1707), ein Kolleg zur Heranbildung von Missionaren für Skandinavien, von den Jesuiten gegründet und geführt.

Indirekt war ihre Wirkung durch ihre Kollegien groß. In der Mitte des 17. Jahrhunderts gelangen ein Dutzend Germaniker in österreichischen Stiften zur Abtwürde und trugen wesentlich zu deren Erneuerung bei. In Frankreich stellten die Jesuiten ohne große Unterbrechungen von Heinrich III. (1574–1589) bis Ludwig XV. (1715–1774) die könglichen Beichtväter. Dieses traditionelle Zusammenwirken der Orden und Klöster mit dem frühneuzeitlichen Staatskirchentum und seinem »ancien régime« war einer der Gründe, warum man sich dann im Zeitalter der Revolutionen der Klöster und Orden so irrational und radikal zu entledigen suchte. Mittlerweile bietet gerade der Jesuitenorden ein symptomatisches Beispiel für die geistige Unrast der Periode und ihre Probleme, die uns heute nur mehr entfernt berühren.

Neben den üblichen Ordensquerelen gab es tiefgreifendere dogmatische und moraltheologische Gegensätze. Die Jesuiten vertraten im Gnadenstreit des 16./17. Jahrhunderts gegenüber den dominikanischen *Thomisten* stärker die menschliche Mitwirkung im Heilsgeschehen. In der Moraltheologie hielt man sie für zu lax. Man warf ihnen ihren Probabilismus vor, d. h., daß im Zweifelsfall die Gewissensentscheidung dem Wortlaut des Gesetzes vorzuziehen sei. Außerdem sagte man ihnen generell die Lehre vom Widerstandsrecht in der Form des sogenannten »Tyrannenmordes« nach. In der Missionstheologie verwarf der Heilige Stuhl die Akkommodation im chinesischen Ritenstreit (18. Jahrhundert), beeinflußt von Missionären aus den Bettelorden. Das waren eigentlich alles »gegenreformatorische« Antithesen zu Problemen, welche im Zeitalter der Reformation aufgebrochen waren. Im innerkatholischen Raum bedeutete diese Haltung, daß sich die Jesuiten gegen den Mystizismus der Quietisten wie den Rigorismus der Jansenisten wandten. Der ständige Hader der Theologen war eine der Voraussetzungen für eine Verflachung der Kirchlichkeit und Religiosität im 18. Jahrhundert – nicht nur im Verhältnis der Konfessionen zueinander. Von Voltaire stammte das bekannte Bonmot, es werde erst Ruhe eintreten, wenn der letzte Jesuit an den Gedärmen des letzten Jansenisten erhängt sei. Manche Autoren (z. B. L. J. Rogier) benennen die Bekämpfung des Quietismus und Jansenismus als eine der Ursachen für den mangelnden mystischen Höhenflug und die eher durchschnittliche Askese der Ordenshäuser vor dem großen Klostersturm.

Auch in den Auseinandersetzungen der *Mönchsorden* spiegelte sich das Dilemma der Reformationszeit zwischen der Betonung der Menschenwürde und dem Anspruch der Majestät Gottes. Das zeigte die bekannte Auseinandersetzung zwischen den Maurinern OSB und dem rigorosen Zisterzienserkloster La Trappe (in der Normandie). Die Benediktiner hatten sich im Zuge der Reformtendenzen des 17. Jahrhunderts zu Kongregationen vereinigt, die nicht nur eine gewisse Vereinheitlichung von Reformmaßnahmen, sondern auch gemeinsame Unternehmungen ermöglichten. Die Benediktiner von St.-Germain-des-Prés in Paris wurden zum Zentrum der sogenannten *Maurinerkongregation,* die schon wissenschaftliche Großprojekte im Stile der Akademien gemeinschaftlich und in langfristiger Planung zu lösen suchte. Eines der verdienstvollsten Häupter dieser Kongregation war Jean Mabillon († 1707), der u. a. die Werke des hl. Bernhard herausgegeben hatte. Dieser geriet nun in eine heftige Fehde mit dem Begründer des späteren *Trappistenordens,* dem Abt Armand-Jean Le Bothillier de Rancé († 1700). Dieser forderte ein streng rigoroses Mönchtum ohne alle äußere Tätigkeit und ohne die damals unumgängliche Wissenschaftspflege. Rancé wurde ein bekannter Seelenführer, hatte Kontakte mit führenden Jansenisten und wurde selbst wegen seiner Strenge als solcher verdächtigt. Mit ihrer oft ans Unmenschliche grenzenden Forderung nach reiner Kontemplation, schwerer Handarbeit und beständiger physischer Buße wollten diese Zisterzienser den Geist des hl. Bernhard verwirklichen. Für ihre Zeit gaben sie zweifellos ein Zeichen gegen eine zu mittelmäßige Weltfrömmigkeit von Kirche und Ordenswesen. Im 19. Jahrhundert und nach 1945 (z. B. in den USA) kam die große Zeit dieses zunächst zahlenmäßig unbedeutenden Zweiges des Zisterzienserordens.

Nachdem durch das Trienter Konzil die Gründung von Priesterseminarien energisch gefordert worden, diese Forderung jedoch durch Jahrzehnte, wenn nicht Jahrhunderte ein bloßes Lippenbekenntnis geblieben war, bildeten sich Priesterkongregationen wie die *Eudisten* und Saint-Sulpice in Paris oder das *Holzhauser Institut* (1640) in Salzburg und Bayern. Diese machten sich die Heranbildung eines asketisch wie intellektuell den Anforderungen der Zeit entsprechenden Klerus zu eigen. In diesen »Priesterseminarien« war, anders als von späteren Einrichtungen dieser Art, das Auswahlprinzip und das Freiwilligkeitsmoment in hohem Maße gegeben. In diesen vom Oratorium des 16. Jahrhunderts her inspirierten Gemeinschaften fand auch die barocke Mystik, namentlich Spaniens und der Karmeliten, ihre Heimstätte. Bis zum Ende des 18. Jahrhunderts wurde Frankreich zur *Magistra rei publicae Christianae.* Man fand kaum eine Klerikerbibliothek ohne theologisches Schrifttum französischer Herkunft.

Eine typisch neuzeitliche Gründung war in diesem Zusammenhang die Kongregation der »Mission« oder die *Lazaristen* und deren weiblicher Zweig, die *Vinzentinerinnen.* Vinzenz von Paul († 1660) war ein Charismatiker der Nächstenliebe und der Seelsorge. Eher durch Zufall entdeckte er sein Talent für die Volksmissionen, die er planmäßig und regelmäßig auf dem Land betrieb. Die Seelsorge auf dem flachen Land war bekanntlich allgemein gegenüber den Städten bis ins späte 18. Jahrhundert vernachlässigt. Die Bezeichnung seiner Gründung stammt von dem Leprosenhaus St.-Lazare in Paris (1632, nach der ersten Gründung 1625). Vinzenz richtete schon mehrere tridentinische Seminarien ein, bis der Orden schließlich deren 49 leitete (auch in Wien 1761). Nach der Aufhebung der Jesuiten füllten sie teilweise deren Ränge. Im 19. Jahrhundert entfalteten sie eine rege Missionstätigkeit, vor allem auch im damaligen osmanischen Reich. Im Kulturkampf 1873 wurden sie als »jesuitenverwandt« verfolgt, was ihrer Tätigkeit in Übersee zugute kam. Ihre Regel zeigt heute noch, daß es sich bei der »Mission« ursprünglich um eine apostolische Arbeitsgemeinschaft von Pfarrern handelte.

Zwei weitere Genossenschaften des 17. Jahrhunderts stammen noch dem Ursprung nach aus der katholischen Reform Italiens (im 16. Jahrhundert), weisen aber schon in ihrer Zielsetzung in das Zeitalter der Aufklärung (18. Jahrhundert). Die *Piaristen* wurden von Joseph von Calasanza († 1648) gegründet. 1597 eröffnete der Heilige die erste öffentliche unentgeltliche Knabenvolksschule Europas, der zahlreiche Schulgründungen im Laufe des 17. Jahrhunderts folgten. Die Genossenschaft legte ein viertes Gelübde der Jugenderziehung ab. Vor allem übernahmen sie vielfach auch Internate und Seminarien, indem sie so die Trienter Intentionen und die Bildungsbedürfnisse der Neuzeit aufgriffen und kirchlich zu bewältigen suchten. Nach den Türkenkriegen übernahmen sie z. B. in Ungarn eine führende Rolle im höheren Schulwesen, gefolgt von den alten Orden (OSB., O. Cist., O. Präm.), die an ihren neuzeitlichen Zielen und Methoden partizipierten.

Camillo de Lellis († 1614 in Rom) führte, von Philipp Neri geistlich begleitet, mit seiner Genossenschaft, den *Kamillianern,* die Ideale des Andalusiers Johannes von Gott weiter. Er begründete in Italien die neuzeitliche organisierte Diakonie an den Kranken und Sterbenden und deren pastorale Betreuung. Hier wurde praktische Diakonie selbstverständlicher Bestandteil des katholischen Lebens, der bei Männern wie Frauen Schule machen sollte, wie es im Mittelalter in diesem Grad nur ansatzweise der Fall war. (Vgl. Johanniter, Serviten u. a.)

Ursprünglich Klarissin, setzte sich die Engländerin Mary Ward († 1645) unter größten Schwierigkeiten von seiten des kirchlichen Amtes und mit heroischer Tugend der Demut für den Gedanken der Bildung der Frau und ihrer Beteiligung am Apostolat ein. Mit ihrem Institut der *Englischen Fräulein* versuchte sie die Ideale des hl. Ignatius in die Lebensweise von Klosterfrauen umzusetzen, indem sie eigentlich schon die Idee der Säkularinstitute vorwegnahm.

Im Laufe des 18. Jahrhunderts zeichnete sich bereits vor 1789 und 1803 der europäische Klostersturm ab. Nach vereinzelten Klosteraufhebungen und Klosterumwidmungen durch katholische Fürsten kam es zur länderweisen Unterdrückung der Gesellschaft Jesu (1759 in Portugal, 1764 Frankreich, 1767 Spanien). Das aufsehenerregendste Ereignis war 1773 die Aufhebung des Ordens durch Papst Klemens XIV. mit seiner Bulle *Dominus ac Redemptor.*

Historiker (wie L. J. Rogier) behaupten, daß das Ordenswesen im Zeitalter der Aufklärung an Mittelmäßigkeit dahingesiecht und daher nicht nur politischen Maßnahmen zum Opfer gefallen sei. Daran mag einiges stimmen. Dagegen spricht aber, daß auch blühende Klöster zugrunde gerichtet wurden, daß zahlreiche Ordensleute die napoleonische Generation überdauerten und im 19. Jahrhundert in der Lage waren, mit gewisser Kontinuität neu zu beginnen. Dagegen spricht auch, daß es im 18. Jahrhundert eine Reihe von Neugründungen von Orden gab, die erst im nächsten Jahrhundert voll zum Tragen kamen.

Schon durch die Lazaristen des 17. Jahrhunderts wurde ein Ordenstyp der Zukunft immer deutlicher, der daran war, die Vielfalt des vorrevolutionären Mönchs- und Kanonikertums weithin zu ersetzen. Geradezu stereotyp wuchs den ursprünglichen Idealen der Orden immer mehr die Aufgabe außerordentlicher Pastoral zu. Innere und äußere Mission wurden zu Wesensbestandteilen der religiösen Gemeinschaften. Da war zunächst die 1725 erfolgte Gründung des Piemontesen Paul vom Kreuz († 1775), die *Passionisten.* Wie die Ordensbezeichnung besagt, sollte durch Predigt und Beispiel das Leiden Christi besonders eindringlich verkündet werden. Dabei wurde zum Unterschied von der jesuitischen Tradition eine intensive Pflege des Chorgebets und des beschaulichen Lebens gefordert. Man ist versucht, in diesen Gründungen des Aufklärungszeitalters eine Alternative zur jesuitischen Spiritualität zu sehen. Dabei wäre es nicht das erstemal in der Ordensgeschichte, daß eine orthodoxe religiöse Gemeinschaft heterodoxe Strömungen (in diesem Fall den Jansenismus des 18. Jahrhunderts) affirmativ und negativierend abfängt. Diese Gemeinschaften waren unter den ersten, die das bedenklich Unkatholische am Jansenismus durchschaut hatten und durch ihre Lebensweise dagegenzusteuern trachteten.

Wie ein katholisierter Jansenist und Gegenspieler des jesuitischen Probabilismus erscheint der Stifter der *Redemptoristen* (1735), der »Doctor zelantissimus« Alfons Maria von Liguori († 1787). Der geborene Neapolitaner und gelernte Jurist wirkte mit großem Eifer auch als Bischof von St. Agata de' Goti besonders für die kleinen Leute, aber er hinterließ bei seinem Tod nur 200 Mitglieder seines Ordens. Die Redemptoristen wurden trotz ihrer konträren Spiritualität von den ordensfeindlichen Regierungen als verkappte Jesuiten angesehen. Die große Zeit dieser Genossenschaft kam nach der Revolution im 19. Jahrhundert. Der »Bäckerjunge von Znaim«, Clemens Maria Hofbauer († 1820), der »Apostel Wiens«, brachte den Orden aus Rom auf dem Umweg über Warschau in den deutschen Sprachraum. Seine apostolische Tätigkeit in Wien als Volksmissionär, Beichtvater und geistlicher Inspirator spätromantischer Kreise trug wesentlich zur religiösen Restauration nach der napoleonischen Ära bei. Sein Einfluß läßt sich durchaus vergleichen mit dem von Johann Michael Sailer (1751–1832), gegen den er in wohl gut gemeintem Eifer intrigierte. Es gehört zu den Ironien der Geschichte, daß der nämliche König Ludwig I., der Sailer zum Bischof von Regensburg machte, sich von Hofbauer bewegen ließ, die Redemptoristen in Bayern zuzulassen. Innerhalb von einigen Jahrzehnten waren diese in der gesamten Weltmission vertreten.

Als »Genossenschaft vom Heiligen Geist« (1703) zur Führung eines Seminars für mittellose Knaben in Paris waren zunächst die späteren *Spiritaner* gedacht, gestiftet von Claude François Poullart des Places († 1709). Fast völlig in der Französischen Revolution ausgerottet, entstand 1841 durch den Rabbinersohn Paul Libermann († 1852) eine der wichtigsten Genossenschaften für die Afrikamission und vor allem auch für die Betreuung der Schwarzen in Amerika. Die grausame Dezimierung der Missionare durch das ungewohnte Klima und sonstige widrige Umstände hemmte nicht den heroischen Missionseifer dieser Priestergemeinschaft.

Zusammenfassend können wir für diese nur mit Einschränkungen als »jesuitenverwandte« Ordensgemeinschaften folgende neuzeitliche Charakteristika anführen: weltpriesterliche pastorale Ausgangsbasis, Arbeits- und Lebensgemeinschaft von Priestern, Seminarien- und Schulapostolat, Landseelsorge, innere (Volks-)Mission, Beichtpastoral als Seelenführung, praktische Diakonie (die *humanitas* der Jesuiten), anders als bei den Jesuiten und entsprechend dem Priesterideal der Aufklärung ein gewisser und im 19. Jahrhundert heroischer Einsatz für die Weltmission.

§ 162
Die Säkularisation und der Neubeginn im 19. Jahrhundert

Der allgemeine *Klostersturm* (die Jesuitenaufhebung 1773, der Josephinismus in Österreich, die Zivilkonstitution in Frankreich 1790, die Säkularisation im Reich 1803) bewirkte zunächst die Zerstörung einer teilweise über 1.000 Jahre alten kirchlichen Struktur (z. B. Mondsee 748). Heute weiß man, daß die Zerstörung für Wirtschaft, soziales Leben, Bildung, Kultur und nicht zuletzt für die Pfarrseelsorge von einer Schockwirkung war, von der sich z. B. hinsichtlich des Problems des geistlichen Nachwuchses die bayerische Kirche erst im letzten Drittel des 19. Jahrhunderts wieder erholen konnte.

In *Österreich* hielt sich der Schock in Grenzen, weil Kaiser Joseph II. immerhin nur etwa die Hälfte der Klöster (die genauen Zahlen sind bis heute umstritten) aufgelöst hatte. Der Bereich der österreichischen Erb- und Kronländer von der Lausitz bis Krain und vom Breisgau bis in die Walachei blieb ein einzig dastehender Sonderfall innerhalb der Gesamtkirche, mit Ausnahme vielleicht von den vergleichbaren Verhältnissen im 1815 wiederhergestellten Kirchenstaat. Im genannten Raum hielt sich immerhin mit ununterbrochener Kontinuität eine überproportionale Anzahl alter Stifte, Abteien und Propsteien, so daß das republikanische Österreich nach 1918 immer noch an die 30 alte Stifte mit ihren inkorporierten Pfarren aufzuweisen hatte. Das ist im Vergleich mit anderen Ländern für das Verständnis des österreichischen Katholizismus von nicht unerheblicher Bedeutung.

Frankreich, seit Martin von Tours das klassische Land der Ordensgründungen, hatte in einem unvergleichlichen Radikalismus mit der alten Klosterherrlichkeit aufgeräumt. Von etwa 200 prächtigen Zisterzienserabteien waren z. B. nur 20 Ruinen übriggeblieben. Anläßlich der Abfassung des Konkordates von 1801 war man sich der Gründlichkeit der getanen Arbeit, die übrigens auch die äußeren Formen der Volksreligiosität getroffen hatte, so sehr bewußt, daß man es unterließ, die Klosterfrage auch nur zu erwähnen.

Diese geradezu totale Kastrophe des Ordenswesens, die ortskirchlich bis in die Gegenwart spürbar blieb, wurde jedoch so wie die Vertreibung der Apostel aus Jerusalem zu einem erstaunlichen Gewinn für die Weltkirche. Frankreich besaß im 19. Jahrhundert mehr Ordensleute als vor 1789, auch verhältnismäßig mehr als den 30 Prozent Bevölkerungszuwachs entsprach. Im Verhältnis zur Zahl der Gläubigen gab es in Frankreich um 1900 dreimal so viele Ordensleute wie in Deutschland. Von Frankreich aus erfolgten etwa zwei Drittel aller Neugründungen des 19. Jahrhunderts.

Das Ordensleben, das vor allem neben der inneren Mission die Weltmission in nie dagewesenem Ausmaß und einzigartiger Intensität bereicherte, blühte im 19. Jahrhundert in einer Weise, die beispiellos in der gesamten Kirchengeschichte ist und nach Prof. Aubert nur mit dem monastischen Frühling des 12. Jahrhunderts verglichen werden kann. Die Gründerzeit hob eigentlich mit der Romantik und Restauration nach den napoleonischen Wirren an. Die neuen Kongregationen waren so zahlreich, daß z. B. die zweibändige Ordensgeschichte von Max Heimbucher der französischen Missionsgenossenschaft der Heiligenkreuzväter und -brüder kaum eine halbe Seite widmen kann. Und doch hatten diese aus der französischen Spätromantik (1834) aus den Kreisen um Jean-Baptiste-Henri Lacordaire und Hugo-Félicité-Robert de Lamennais stammende Kongregation ein imposantes Werk in den USA, in Lateinamerika, Afrika und Indien hinterlassen.

Die Neugründungen waren praktisch alle auf Weltmission orientiert, sie waren charakterisiert durch ausgesprochenen Aktivismus, Leistungsbewußtsein und konkrete Zielsetzung. Das hatte auch den Nachteil, daß manche dieser Gründungen, vor allem auch der unüberschaubar gewordenen Schwesterngenossenschaften, ihre Zugkraft verloren, als der konkrete Anlaß der Gründung verschwunden war. Als providentielle Korrektur dieses leistungsbewußten »Grundes« und ihrer des öfteren auch werkgerechten Spiritualität darf die Geistigkeit der Karmelitin Theresa Martin (von Lisieux, † 1897) angesehen werden (R. Aubert). Ausgerechnet die kontemplative Nonne und Zeugin der simplen Gottes- und Nächstenliebe wurde zur Patronin des Apostolats und der Weltmission.

Nun seien ohne Anspruch auf Vollständigkeit noch einige Wieder- und Neugründungen des Jahrhunderts der industriellen Revolution, des Kolonialismus und des Imperialismus herausgegriffen.

Der römische Weltpriester Vinzenz Pallotti († 1850) wurde durch die Gründung des »Katholischen Apostolats« (1835) zum Stifter einer der wichtigsten nach ihm benannten modernen Kongregationen. Marianisch orientiert nahmen die *Pallotiner* die Idee des Laienapostolats der Piuspäpste vorweg. Die Gesellschaft wurde 1904 von Pius X. bestätigt. Sie bildet z. B. den stärksten nachreformatorischen Orden in Deutschland, der früh die Idee von Seminarien für Spätberufene erfaßt hatte.

Die *Salesianer* des Jugendapostels Giovanni Don Bosco († 1888), 1857 in Turin gegründet, nicht zu verwechseln mit den Salesianern von Annecy (1833), sollten das Jugendwerk (1841) ihres charismatischen Gründers sichern. Einer der nach den Jesuiten zahlenmäßig stärksten Orden der Christenheit (mit rund 20.000 Mitgliedern) war keineswegs als Orden gedacht. Er formierte sich als solcher erst unter dem Einfluß des Kulturkampfes im damaligen Königreich Piemont. Äußere Formen des üblichen Ordenswesens wie besondere Kleidung wurden dem Jugendapostolat absolut untergeordnet. Abgesehen von der geistlichen Ausstrahlung ihres Gründers und seiner legendären Menschlichkeit waren es die zukunftweisenden pädagogischen Konzepte, die entsprechende Praxis und Bedürfnisse des Zeitalters der Industriegesellschaft, welche den beispiellosen Erfolg dieser Genossenschaft begründeten. Die Salesianer wurden zu den Aposteln der modernen Slums und nahmen manches von den Idealen der Brüder und Schwestern des Charles de Foucauld (nach 1945) vorweg.

Die *Herz-Jesu-Missionare* (am 8. Dezember 1854 in der Diözese Bourges von Jules Chevalier, † 1907, gegründet; mit einer Niederlassung in Liefering bei Salzburg 1888) wurden überaus segensreich vor allem in den Missionsgebieten Indonesiens und von Belgisch-Kongo tätig.

Der Münsteraner Diözesanpriester Arnold Janssen († 1909) gründete am 8. September 1875 während des Kulturkampfes, von 28 deutschen, österreichischen und holländischen Bischöfen ermutigt, in Steyl bei Roermond die *Gesellschaft des Göttlichen Wortes* (SVD), die mit ihrem Missionshaus St. Gabriel in Mödling bei Wien zu einer der angesehensten Missionskongregationen der Welt wurde. Der Gründer, der selbst zwölf Jahre lang Gymnasiallehrer war, wollte, daß die Mitglieder seiner Genossenschaft eine äußerst gründliche wissenschaftliche und missionstheologische Ausbildung erhielten. Das führte auch in Kürze zu grundlegenden Leistungen von Mitgliedern der Gesellschaft auf dem Gebiet der Völkerkunde, Anthropologie, der Religions- und der Sprachwissenschaft. Das Presseapostolat wurde ähnlich wie bei den Salesianern besonders gefördert.

Die *Mill-Hill-Fathers* (1866) wurden von dem späteren Erzbischof von Westminster Herbert Kardinal Vaughan († 1903) gegründet. In ihrem Missionszentrum in London wurden auch die künftigen Missionare systematisch für ihre schwierigen Einsatzgebiete vorbereitet. Erklärtes Ziel dieser Gesellschaft war als »Sklavenväter« (M. Heimbucher) die Seelsorge an den amerikanischen Schwarzen und die Arbeit in den schwierigsten und entlegensten Missionsgebieten Asiens, Afrikas und Neuseelands. Mitglieder waren hauptsächlich Engländer, Holländer und Deutsche.

Die *Weißen Väter* waren eine Gründung (1868) des französischen Kardinals Charles-Martial-Allemand Lavigerie († 1892) von Algier. In ihnen deutet sich ein neuer Ordenstyp an, der die Notwendigkeit der Akkommodation und Inkulturation seit dem Ritenstreit im 17./18. Jahrhundert wieder entdeckte. Mit ihrem weißen wallenden Ordensgewand glichen sie sich den Wüstensöhnen der Sahara an. Sie stellten sich zur Aufgabe, zunächst keine Bekehrungsversuche unter den empfindlichen Muslimen zu machen. Das Beispiel des Sahara-Eremiten Charles de Foucauld (1916 ermordet) half ihnen, in der Welt des Islams den Haß und die Reserven abzubauen. Bei den Moslems gehören sie neben den Franziskanern zu den wenigen christlichen Genossenschaften, die jene respektieren. An ihrem Beispiel bildete sich auch eine Missionstheorie, die besagt, daß es neben der Heidenbekehrung auch die evangelische Forderung des erfolglosen Zeugnisses gibt. Trotzdem oder vielleicht gerade deswegen waren sie überaus erfolgreich bei den an die Sahara angrenzenden Negerstämmen und -völkern (Burundi, Uganda, Kongo, Tansania).

So halfen sie nicht unwesentlich, das große Werben der beiden »Buch«-Religionen um die afrikanische Seele auch zugunsten des Christentums zu gestalten. »Wo vor einigen Jahrzehnten noch die Sklavenhändler wüteten, reihte sich eine Station der Weißen Väter an die andere« (M. Heimbucher). Es scheint wie ein grotesker Widerspruch zu dieser neuen Form gewaltfreier und unaufdringlicher Bekehrung, daß Kardinal Lavigerie eine Art Kreuzritter gründete (bis 1893), die die Missionsstationen gegen bewaffnete Überfälle zu schützen hatten.

Um den Zweiten Weltkrieg entstanden als Zeichen entschiedener Lebenskraft der Kirche allenthalben Säkularinstitute, deren Entwicklung noch nicht abzusehen ist. Das bedeutendste ist sicherlich das *Opus Dei*, eine spanische Gründung, die 1950 endgültig kirchlich approbiert und 1982 zu einer Personalprälatur erhoben wurde.

Seit Pius XII. versuchten die höchsten kirchlichen Stellen das Potential von 300.000 Ordensmännern und einer Million Schwestern für die Kirche optimal fruchtbar zu machen (Sponsa Christi 1950), indem sowohl die Rückführung auf den ursprünglichen Geist der Stiftungen als auch die notwendige Anpassung an die veränderten Zeitverhältnisse gefordert wurden. Das Zweite Vatikanische Konzil brachte im Ordensdekret vor allem theologisch die entschiedene Betonung der *einen* christlichen Vollkommenheit in die Verschiedenheit der Berufungen und damit eine Personalisierung der Gelübdetheologie.

Die Krise der Kirche nach 1965 traf auch die Orden, nachdem unbestrittene »Plausibilitätsstrukturen« plötzlich einer evangelischen Freiheit geopfert worden waren, die viele nicht zu verkraften vermochten. Gerade streng kontemplative Orden wie die der Klarissen und Karmelitinnen erwiesen sich als krisenfest. Sie büßten ihre Anziehungskraft keineswegs ein.

11. MISSION

§ 163
Die Patronatsmächte Spanien und Portugal, das französische Protektorat und der Neubeginn im 19. Jahrhundert

Die *Entdeckungen* des 15. Jahrhunderts durch die iberischen Mächte waren der Auftakt zur großen Missionstätigkeit des 16. und 17. Jahrhunderts, wohl der bedeutendsten des zweiten christlichen Jahrtausends. Die Aufteilung der Welt in eine spanische und eine portugiesische Hemisphäre durch die Verträge von 1493/94 wurde auch für die Missionsgeschichte höchst bedeutsam, da die Mission nun von der jeweiligen Nation betrieben wurde. Die Expansion Spaniens und Portugals ist auch ein kirchengeschichtliches Phänomen ersten Ranges, da dadurch die Kirche nach den Verlusten in Mittel- und Nordeuropa in neuen Gebieten Fuß fassen konnte: durch die Spanier in Mittel- und Südamerika, durch die Portugiesen in Afrika, Asien und Brasilien. Während es aber den Spaniern um die flächenmäßige Eroberung ging und sie auch sogleich mit der Mission begannen, hatten die Portugiesen andere Kolonisationsziele. Ihnen ging es um den Handel mit Indien und den Gewürzinseln. Afrika betrachteten sie nur als Zwischenstation. Auch war es Portugal mit seinen eineinhalb Millionen Einwohnern gar nicht möglich, Riesengebiete wie Indien zu besetzen. Sie beschränkten sich daher zumeist auf Faktoreien und Kastelle an der Küste und Bündnisse mit den örtlichen Machthabern. Die Spanier übertrugen ihr Wirtschaftssystem des Großgrundbesitzes auch auf die Neue Welt. Dafür und für die Gold- und Silberminen benötigten sie Arbeitskräfte und drückten daher die Indios in einen niedrigen rechtlichen und sozialen Status und beuteten sie in jeder Weise aus.

Die religiöse Ausgangssituation war für beide Kolonialmächte gleich. Beide lebten aus dem Geist der Reconquista, der Bekämpfung der Ungläubigen, und der damit verbundenen kriegerischen Ausbreitung des Glaubens. In beiden Ländern strebte das religiöse Leben einer Blüte zu, die Klöster waren voll und reich, und die Krise der Glaubensspaltung hatte die Länder nie erreicht. Die rechtliche Grundlage zur Kolonisation und die Pflicht zur Mission gingen auf die päpstlichen Schenkungs- bzw. Teilungsverträge zurück. Mit der Pflicht zur Mission war auch das Patronat gegeben. In Spanien und Portugal war das mittelalterliche Eigenkirchenwesen nie ganz überwunden worden und mündete in den Missionsgebieten direkt in das Patronat. Das portugiesische Missionspatronat (padroado) geht auf den Christusorden zurück, der bereits 1456 das Patronat über alle eroberten und noch zu erobernden Gebiete erlangt hatte. Seit 1461 hatte der König die Großmeisterwürde inne, so daß er die Mission total in Kontrolle hatte. Das spanische Patronat (patronato) entstand durch die Bullen Papst Alexanders VI. von 1493 (erweitert 1508). Zugleich mit der Pflicht zur Mission wurde dem König auch das Patronat zugesprochen. Letztlich lief es auf eine totale Beherrschung der Missionskirche in den Kolonien hinaus: Die Krone vergab alle Pfründen, kontrollierte alle Missionare und überprüfte die Zulassung von Orden zur Mission; über das Patronat lief auch die gesamte Korrespondenz von und zu den Missionen mit Rom; römische Erlässe bedurften zur Veröffentlichung der Genehmigung der Patronatsbehörde (placetum regium). Damit hatten sich die Kronen Spaniens und Portugals eine quasipapale Position für den Missionsbereich geschaffen. Die Tendenz ging nach einer Ausweitung des Patronatsrechtes. So strebte König Philipp II. (1556–1598) die Errichtung eines »indischen« (amerikanischen) Patriarchates mit Sitz in Madrid an, was Papst Pius V. entschieden ablehnte.

Dagegen baute die spanische Krone eigenmächtig durch die Große Junta von 1568 ihre Rechte auf die Mission aus, mit dem Ziel ihrer vollständigen Unterstellung unter die königliche Gewalt (Regalismus). Theoretische Schriften suchten den Anspruch zu untermauern, daß das Patronatsrecht nicht vom Papst delegiert sei, sondern daß es vom König unmittelbar im Namen Christi ausgeübt werde. Ein weiteres Ziel der Junta war die vollständige Hispanisierung der Missionskirche. Zu dem Zwecke wurden alle Ansätze zu einer indianischen Liturgie unterdrückt und alle Geschichtswerke, die positiv über die Indianer berichteten, verboten. Die Zensur sorgte dafür, daß sie als tiefstehende Menschenrasse dargestellt wurden, die zu höheren Ämtern (damit auch zum Eintritt in den Klerus) unfähig sei; anderseits wurde jede negative Berichterstattung über den Kolonialismus und seine Methoden und über Konflikte zwischen Verwaltung und Mission unterdrückt.

Das Tridentinum hatte ebenfalls, ohne daß es sich mit dem Thema Mission beschäftigte, Auswirkungen auf die Glaubensverbreitung. Durch die Vorschrift zur Benützung der Katechismen wurden die Ansätze zu einer Theologia Indiana (besonders der Franziskaner in Mexiko) abgewürgt. Die Verstärkung der bischöflichen Rechte führte zu einer Unterordnung der Ordensmissionen, oft auch zum Entzug der Missionsstationen (doctrinas) zugunsten der Weltpriester, die schon rein zahlenmäßig diese Aufgaben nicht bewältigen konnten.

Die Missionsmethode war Staatsmission mit allen guten und schlechten Seiten. Sie wurde vom Staat gefördert und finanziert (letztlich durch die Kolonien selber) und politisch und militärisch unterstützt. Es war aber von seiten der Krone auch ein echter Missionswille vorhanden, der sich aus dem Geist der Reconquista erklärt. Deren Tradition entsprechend war sie oft auch gewalttätig: Kamen die Spanier in ein Dorf oder zu einem Stamm, so ließen sie den Indios eine kaum verständliche Proklamation mitteilen mit dem Inhalt, der Papst habe dem König ihr Land geschenkt; falls sie sich nicht unterwürfen und taufen ließen, hätten sie schwerste Strafen und die Versklavung zu erwarten. Anschließend folgten Massentaufen bzw. die Versklavung. Die Missionare waren auch keineswegs auf ihre Aufgaben vorbereitet. So vermeinten sie, daß nur die vollständige Vernichtung der alten religiösen Vorstellungen den Weg zum reinen Glauben ermögliche. Die raschen Massentaufen erklären sich auch aus dem theologisch nicht aufgearbeiteten Problem des Heiles der Heiden. Doch ist auch festzuhalten, daß bald ein Umdenken einsetzte. Die zweite und dritte Generation der Missionare ging bereits gut geschult an ihre Aufgaben. Man trachtete sogar, eine indianische Kirche aufzubauen, was aber die spanische Regierung durch die Gesetzgebung der Großen Junta unterbunden hat. Staunenswert ist der Eifer und der persönliche Einsatz so vieler Missionare. In Europa entvölkerten sich die Klöster, ihre Insassen zogen über den Ozean in die Mission.

Negativ für die Mission wirkten sich vor allem die hemmungslose Geldgier der Konquistadoren und die damit verbundene Ungerechtigkeit gegenüber den Indios, die genau den Kontrast zwischen der Predigt von der Liebe Christi und der Lieblosigkeit der Christen ihnen gegenüber spürten, aus. Dazu gab es auch unter den Priestern Glücksritter, die einfach Vermögen und Karriere machen wollten.

Der Weiterentwicklung des Regalismus konnte die römische Kurie nicht tatenlos zusehen, da dadurch die unmittelbare Gefahr der Bildung einer Sonderkirche bestand. Auch konnte sie die Mission als Instrument des Kolonialismus nicht gutheißen. Daher konstituierte nach mehreren fehlgeschlagenen Versuchen Papst Gregor XV. im Jahre 1622 die *Congregatio de Propaganda Fide* für das Missionswesen. Ihr erster Sekretär Francesco Ingoli legte die bis heute gültigen Aufgaben fest: Loslösung der Mission von weltlichen Einflüssen, Vertretung der päpstlichen Gewalt in den Missionsgebieten durch Apostolische Delegaten und Nuntien, Aufbau eines einheimischen Klerus und damit Schaffung einer Volkskirche, Ausbau der kirchlichen Hierarchie (Apostolische Vikare), verbesserte Ausbildung der Missionare, jährlicher Tätigkeitsbericht aus den Missionen und Handelsverbot für die Missionare.

Natürlich mußten diese Pläne zum Widerspruch der betroffenen Mächte führen. Im festgefügten spanischen Kolonialreich erlangte die Propagandakongregation nie Einfluß. Anders war die Situation im portugiesischen Patronatsbereich. Portugals Kolonialreich in Asien brach im 17. Jahrhundert bis auf kleine Reste zusammen. Es erhob aber weiterhin den Anspruch auf das Patronat, auch auf Gebiete, die es niemals kontrolliert hatte oder kontrollieren konnte, wie etwa China. Hier hakte nun die Propagandakongregation ein und bestritt das Patronatsrecht auf jene Gebiete, die nicht portugiesische Kolonien waren. Sie errichtete in Hinterindien, dann aber auch in China und im Mogulreich in Indien Apostolische Vikariate. Der daraus entstehende *Patronatsstreit* erfaßte dann praktisch ganz Afrika und Asien. Ausgangspunkt war der Tonkingstreit. Alexander de Rhodes SJ († 1660) hatte im Norden Vietnams erfolgreich missioniert und wandte sich 1649 nach Rom um Helfer und geweihte Bischöfe. Auf der Suche nach weiteren Mitarbeitern ging er nach Paris, wo er eine Gruppe missionsbegeisterter junger Priester traf. Einer von ihnen, François Pallu, wurde der Begründer des Pariser Missionsseminars (Missions Etrangeres de Paris) und auch einer der drei ersten Apostolischen Vikare für Indochina. Da die spanischen und portugiesischen Missionare als Untertanen der jeweiligen Krone sich nicht in den Dienst der Propagandakongregation stellen konnten, stütze sich diese auf französische Kräfte. Neben dem Pariser Missionsseminar stellten sich die französischen Kapuziner (P. Joseph de Tremblay von Paris, Vertrauter Kardinal Armand-Jean Richelieus), Karmeliten, Lazaristen, Franziskanerrekollekten und einige andere Orden zur Verfügung. Damit erreichte Frankreich im 17. Jahrhundert den Einstieg in die Mission. Neben den religiösen Motiven waren es aber auch eindeutig politische, die Frankreichs Eintritt in die Kolonialwelt ebnen sollten. Überhaupt geriet dadurch die Propagandakongregation in eine gewisse Abhängigkeit von Frankreich. Das Vorgehen der Propaganda war mehrfach nicht recht glücklich; manchmal handelten die Delegaten sehr ungeschickt, so daß es zu unnötigen Komplikationen kam. So mißglückte beim Aufbau der Hierarchie die Integration der alten Missionsorden der Franziskaner, Dominikaner und Jesuiten. Sie opponierten gegen die neu ernannten französischen Vikare für Hinterindien, da ihnen durch sie auch die Jurisdiktion über die Katechisten entzogen wurde. Selbst in den einzelnen Stationen hetzte man gegen die »jansenistischen« französischen Missionare; die Inquisition in Goa verhaftete durchreisende Propagandamissionare; der Apostolische Vikar von Cochin wurde durch den Erzbischof von Goa exkommuniziert. Papst Klemens X. bestätigte erneut die Jurisdiktion der Vikare und befahl den Ordensleuten, sich ihnen zu unterstellen. Inkonsequenterweise übergab Papst Alexander VII. 1690 Peking und Nanking dem portugiesischen König als Patronatsbistümer. Papst Innozenz XII. errichtete im Gegensatz dazu 1696 in China mehrere Vikariate und verteidigte die Jurisdiktion der Vikare Indiens. Explosiv wurde die Spannung, als die Propaganda 1720 aus dem englischen Bombay die portugiesischen Franziskaner abzog und italienische Karmeliten einsetzte. Trotz aller Spannungen überwogen aber die Zeiten der Zusammenarbeit zwischen Propaganda und Patronat. Die Propagandakongregation konnte ihre Ziele aber nur teilweise verwirklichen.

1640 hatte sich Portugal unter den Bragança von der Personalunion mit Spanien gelöst. Spanien verhinderte daraufhin bis 1670 die Anerkennung der Sezession durch die Kurie. Deswegen unterblieben auch die Bischofsbestätigungen durch den Vatikan, und es entstanden in den riesigen Missionsbistümern lange Vakanzen. Quer durch die Missionen ging auch der Streit bezüglich der Akkommodation an die asiatischen Kulturen (Ritenstreit). Schwere Rückschläge erlitt die Mission durch den Verlust des portugiesischen Kolonialreiches in Asien. Besonders die kalvinistischen Niederländer zerstörten die Mission auf den Molukken. Aber auch nationale Reaktion in China und Japan führte zu Rückschlägen. Dagegen hatten die europäische Aufklärung zunächst für die Missionen keine unmittelbaren Folgen, mittelbar aber sehr schwerwiegende Auswirkungen. Die Ideen auch der protestantischen Aufklärer gelangten durch den regen Bücherverkehr rasch an die amerikanischen Universitäten, wo sie aber nur eklektisch rezipiert wurden. Viel schwerwiegender war die einsetzende allgemeine Ordensfeindlichkeit in den europäischen Mutterländern im 18. Jahrhundert. Ihren ersten Höhepunkt erreichte sie in der Vertreibung (ab 1760 aus den portugiesischen, ab 1767 aus den spanischen Gebieten) und Aufhebung der Jesuiten (1773) und gipfelte in der Vernichtung zahlreicher Ordenshäuser durch die Französische Revolution. Damit blieben in den Missionsgebieten die Priester aus.

a) Die Christianisierung des spanischen Kolonialreiches

Bei der Entdeckung der *Antillen* hatte Christoph Kolumbus auf seiner ersten Reise keinen Priester mit, auf seiner zweiten Reise (1493) begleiteten ihn ein Dutzend Missionare, die aber erfolglos blieben. Erst ab 1500 begann die regelmäßige Mission durch Franziskaner und ab 1510 durch Dominikaner. Bald konnten Massentaufen gemeldet werden. Doch zeigten sich auch die katastrophalen Auswirkungen der Kolonisation. Der Zwangsarbeit und den europäischen Krankheiten gegenüber zeigten sich die Kariben nicht resistent. Dazu kam es aus Verzweiflung zu einer Selbstmordepidemie, so daß innerhalb von zwanzig Jahren das mehrere Millionen zählende Volk praktisch ausstarb. An ihre Stelle traten Negersklaven, deren Import bereits 1501 gestattet wurde, da sie sich besser als Arbeitskräfte in den Haziendas und Minen eigneten.

Das Aztekenreich in *Mexiko* wurde durch Hernán Cortés von 1519 bis 1521 erobert, die Hauptstadt Tenochtitlán zerstört und an ihrer Stelle die Stadt Mexiko gegründet. Von dort aus wurde bis etwa 1550 ganz Mexiko mit den südlich daran anschließenden Gebieten und den Südstaaten der heutigen USA erobert. Für Cortés war die Religion der Indios ein Greuel, vor allem wegen der Menschenopfer. Er ließ die Tempel zerstören und an ihrer Stelle Kreuze errichten. Er war auch immer von Priestern begleitet, die den Glauben verkünden sollten. Auch hier waren es zunächst die Franziskaner, zu denen später Dominikaner und Augustinereremiten stießen, die ihre Klöster errichteten. 1559 zählten diese drei Orden 802 Mitglieder in 160 Niederlassungen, um 1600 waren es bereits 400 Klöster. So wurden in wenigen Jahrzehnten Millionen Menschen christianisiert. Dabei kam es bis zu 14.000 Taufen an einem Tag. Doch blieb es nicht bei einer vordergründigen Mission. Schon 1536 gründete Bischof Fray Juan de Zumáragga von Mexiko ein Kolleg für höhere Studien, um einen einheimischen Klerus heranzubilden. Auch beschäftigten sich die Missionare intensiv mit Sprachen und Volksbräuchen, schufen Katechismen und Erbauungsbücher in den Volkssprachen und strebten eine indianische Kirche an. Doch wurden diese Bemühungen durch die spanische Kolonialgesetzgebung (Große Junta) unterbunden. Diese gegenläufigen Bestrebungen machten sich schon am ersten Konzil von Mexiko 1555 bemerkbar, wo ernstliche Bedenken wegen der Zulassung zur Kommuninon erhoben und ein Verbot der höheren Weihen für Indios ausgesprochen wurden.

1530 wurde Mexiko Bistum, 1546 Erzbistum, 1553 erhielt es eine Volluniversität, die der von Salamanca gleichgestellt war. Um 1600 war Mexiko im wesentlichen ein christliches Land, wenn auch mit allen Kennzeichen einer Kolonialmission.

Peru und seine Nebenländer erreichten die Spanier über die Landenge von Panama (Darién 1513 Bischofssitz, später nach Panama verlegt) und von dort über den Pazifik. Francisco Pizarro eroberte das Inkareich mit nur 180 Mann in den Jahren von 1532 bis 1536. Bereits 1534 wurde die alte Hauptstadt Cuzco Bischofssitz. Politisches und religiöses Zentrum aber wurde Lima, das 1540/41 Bistum und 1546 Erzbistum wurde und dem zunächst das ganze Gebiet von Panama südwärts unterstand. Von Lima aus ging eine Stoßrichtung über Bolivien (1552 das heutige Sucre-Bistum) über den Chaco nach Paraguay (1547 Bistum Asunción) an die La-Plata-Mündung (Buenos Aires erst 1617 Bischofssitz). Eine zweite Linie ging nach Chile (1559 Santiago de Chile), eine dritte nach Norden, wo Quito in Ekuador bereits 1540/46 einen Bischof erhielt, und von dort nach Kolumbien. Die Karibikküste wurde zunächst von Santo Domingo aus missioniert; später wurde das heutige Venezuela mit Kolumbien und Panama zur Audiencia Neu-Granada zusammengefaßt, dessen religiöses Zentrum Santa Fe de Bogotá wurde (1531 als Bischofssitz in Santa Marta an der Küste gegründet, 1562 nach Bogotá verlegt, 1565 Erzbistum).

Träger der Mission waren zunächst die Dominikaner (1539 peruanische Ordensprovinz), denen die Franziskaner und Augustinereremiten folgten. Die Jesuiten kamen erst 1570 und widmeten sich zunächst der Stadtseelsorge, erlangten aber im 17. und 18. Jahrhundert in den Indianerreduktionen größte Bedeutung.

Bedeutsam für die innere Entwicklung wurden die Provinzialkonzilien von Lima unter ihrem Erzbischof, dem hl. Turibio de Mogrovejo (1581–1606). Besonders Lima II (1567) wurde durch seine Bestimmungen bedeutsam. Es verlangte die Errichtung von »doctrinas«, aus denen sich die Pfarren entwickelten, verbot übereilte Taufen, verlangte das Sprachstudium der Priester, damit niemand durch den Dolmetscher beichten mußte, erschwerte allerdings den Kommunionempfang der Indios und Mestizen und schloß praktisch alle Farbigen von den höheren Weihen aus. Die Bestimmungen des Tridentinums setzten sich in Lateinamerika nur teilweise durch.

Um 1600 war also Spanisch-Amerika kirchlich durchorganisiert. Es gab zahlreiche Bischofssitze mit Domkapiteln, zahlreiche »doctrinas« und Klöster; ein Großteil der Bevölkerung war getauft und nach außen hin ein christliches Land geschaffen. Trotzdem war bei allem guten Willen der Missionare der Erfolg fragwürdig. Die Mission war immer mit Eroberung und Unterwerfung verbunden. Durch das Patronat war die Kirche Werkzeug und Gefangene des monarchisch-absolutistischen Staates, der sie zur Festigung seiner Herrschaft mißbrauchte. Ein großes Hindernis waren die Eroberer selbst, die in ihrem Lebensstil der christlichen Lehre widersprachen und vor allem das Land und die Bevölkerung auszubeuten tachteten. Den Indios sollte ihre Identität genommen und sie so zu Untermenschen herabgedrückt werden. So standen die Vertreter der Kirche immer im Dilemma zwischen den Forderungen der Regierung, den weißen Siedlern und den göttlichen Geboten. Dies zeigte sich besonders in der rechtlichen Stellung der Eingeborenen. Bereits 1511 protestierte der Dominikaner Antonio de Montesino gegen die Versklavung in Santo Domingo. Eigentlicher Vorkämpfer für die Rechte der Eingeborenen aber wurde Bartolomé de las Casas (1474–1555), anfangs Weltpriester, dann Dominikaner, der einen lebenslangen Kampf um die Rechte der Indios führte, mehrmals nach Spanien reiste und auch einige Verbesserungen der rechtlichen Lage erreichen konnte. Letztlich aber siegten die Interessen der Großgrundbesitzer, zu denen aber auch die Kirche gehörte.

Die *Philippinen* wurden 1521 entdeckt. Da die Inseln außerhalb der spanischen Hemisphäre lagen, wurden sie erst 1564 in Besitz genommen und von Mexiko aus verwaltet. Die Mission begann 1575 auf Luzon durch Augustinereremiten, Franziskaner und Dominikaner, denen 1581 die Jesuiten folgten. Bald folgte auch die kirchliche Organisation: 1579 wurde Manila Bistum und 1595 Erzbistum mit drei Suffraganbistümern. Die Mission machte bei den animistischen Filipinos sehr erfreuliche Fortschritte. 1585 gab es etwa 400.000 Christen, 1595 700.000 und 1620 über zwei Millionen; die Inseln waren also innerhalb von 50 Jahren, abgesehen vom islamischen Südwesten, christianisiert. Jesuiten und Dominikaner bauten das Schulwesen auf. Die 1611 gegründete St.-Thomas-Universität der Dominikaner floriert noch heute. Sehr früh wurde auch ein kirchliches Spitalswesen ausgebaut. Der Mentalität der Bevölkerung entsprechend wurden die kirchlichen Festlichkeiten mit großem Pomp begangen. Wohltuend wirkte sich auf die Evanglisation aus, daß es im Gegensatz zu Lateinamerika keine Sklaverei gab; die Missionare waren die Protektoren der Insulaner. Allerdings wurde die Filipinosmission häufig als Durchgangsstadium für die China- und Japanmission betrachtet. Auch wurde bis ins 19. Jahrhundert die Heranbildung eines einheimischen Klerus verabsäumt. Immerhin wurden die Filipinos die erste und einzige christliche Nation im Fernen Osten.

Im Bereich der *spanischen Kolonien* war um 1650 nach außen hin die Mission fast abgeschlossen. Es gab eine relativ dichte kirchliche Organisation, zahlreiche Ordenshäuser in den Städten und »doctrinas« unter den Indianern. Doch war es nur eine äußere Christianisierung, die noch wenig Tiefgang hatte. Eigentliche Missionsarbeit war noch bei den von der Zivilisation nicht erreichten Stämmen zu leisten. Doch brachten das 17. und 18. Jahrhundert verschiedene Krisen und Rückschläge, obwohl nach außen hin das Christentum gefestigt dastand. So gab es eine allgemeine Erschlaffung des Missionswillens bei den Orden, die von den europäischen Ländern ausging. Zudem nahm der Weltklerus zu und drängte auf die »doctrinas«, um sie als Pfarren in Besitz zu nehmen. Ein entschiedener Vertreter dieser Richtung, die auch dem Tridentinum entsprach, war Bischof Juan de Palafox von Puebla (1639–1646), der als Generalvisitator von Mexiko den Ordensleuten die Seelsorge entzog. Das wirkte sich auf die neuen Christen böse aus; die Ordensleute hatten meist kleine Konvente auf ihren Missionsstationen, deren Arbeit von einem Weltpriester nicht geleistet werden konnte, so daß eine Reihe von Stationen einging. Trotzdem machte das Beispiel Schule bei anderen Bischöfen, und es kam zu ständigen Reibereien wegen der Jurisdiktion. Anderseits waren die Bischöfe durch den Regalismus praktisch entmündigt und oft Vollzugsorgane der Regierung. Diese verhinderte wiederum bewußt die soziale und intellektuelle Emanzipation der Indianer, was mit eine Ursache des Priestermangels bis in die Gegenwart ist. Praktisch lebten die Indianer in einer spanischen Kirche als deren untere Stufe.

Trotzdem gab es auch erfreuliche Entwicklungen, die durch die Franziskaner und Jesuiten bewirkt wurden. Die Franziskanerrekollekten gründeten 1682 in Querétaro ein Missionskolleg, dem bald weitere in Spanien und Südamerika folgten und deren Kräfte eine besondere Einsatzfreude zeigten.

Da die Mission bei den nomadisierenden oder sehr verstreut lebenden Stämmen wenig Erfolg brachte und auch nicht kontrollierbar war, förderte die spanische Regierung von Anfang an die Bildung von *Reduktionen:* planmäßige Siedlungen zur Besserung von Verwaltung und Mission besonders in den Randgebieten. Sie durften nur mit staatlicher Genehmigung gegründet werden und unterstanden auch weiterhin den Kolonialbehörden, wurden aber unmittelbar von Missionaren geleitet. Ihre Einwohnerzahl schwankte zwischen mehreren Hundert bis zu 7.000. Die Indianer wurden zu Ackerbau und Handwerk angehalten. Die Reduktionen waren weitgehend autark und oft wohlhabend. Dominikaner und Franziskaner hatten die ersten errichtet. Später haben auch Kapuziner und Augustinereremiten solche geleitet. Am bekanntesten aber wurden die der Jesuiten, die eine Reihe im Tiefland von Ekuador und Bolivien, vor allem aber in Paraguay betreuten. Der dortige *Jesuitenstaat* wurde auch durch Fritz Hochwälders Drama »Das heilige Experiment« (1941) bekannt. In Paraguay missionierten Portugiesen ab 1588, die 1609/10 durch spanische Jesuiten abgelöst wurden. Sie gründeten die ersten Reduktionen im heutigen brasilianischen Bundesstaat Paraná bei den Guarani, mußten aber 1631 dieses Gebiet aufgeben. Ab 1641 konsolidierten sich die Reduktionen am Rio Paraná und Rio Uruguay, die mit der Zeit auf 30 mit etwa 120.000 Einwohnern anwuchsen (davon 8 im heutigen Paraguay, 15 in Argentinien und 7 in Brasilien). Wegen der ständigen Gefahr der Sklavenjägerei durch die brasilianischen Paulistas (mamelukos) wurden die Jesuiten mit besonderen Privilegien ausgestattet, die auch militärische Selbsthilfe erlaubten und eine weitgehende Autonomie gewährleisteten.

Das Leben in den Reduktionen war streng religiös geprägt; die Gottesdienste bestimmten den Tagesablauf. Zentrum der gleichmäßig angelegten Siedlungen war die Plaza mit der meist prunkvollen Barockkirche, dem Jesuitenkolleg oder Pfarrhof und der Schule. Das religiöse Leben wurde streng überwacht. Die Leitung der ganzen Reduktion lag in den Händen der Patres, die die geistliche Jurisdiktion unmittelbar vom Papst, die weltliche von der Krone hatten. Die Bewohner mußten eine geringe Kopfsteuer und fallweise Militärdienst leisten. Arbeit und Wirtschaft waren streng geregelt. Es gab praktisch kein Privateigentum, der Grund gehörte der Gemeinde und wurde auch gemeinsam bearbeitet. Flämische und deutsche Brüder lehrten verschiedene Handwerke (auch Druckerei und Bildhauerei). Es gab eine bedeutende Landwirtschaft mit Ackerbau und zahlreiche Viehherden. Ein bekanntes Produkt war der Yerba-Mate-Tee.

Die Reduktionen wurden von den Brasilianern gehaßt, von den spanischen Siedlern wegen des Wohlstandes und den ihnen entzogenen billigen Arbeitskräften beneidet. Ihr Verfall begann 1750, als Spanien sieben Reduktionen an Brasilien-Portugal abtrat und die Indianer dagegen militärischen Widerstand leisteten. Dieser »Traktatkrieg der sieben Reduktionen« war mit ein Grund für die Vertreibung der Jesuiten (ab 1759 aus Brasilien, 1767 aus Spanisch-Amerika). Zwar wurden die Franziskaner mit der Leitung der Reduktionen betraut, doch waren diese ausgeplündert, und die Indios verliefen sich in die Urwälder; 1802 zählte man nur mehr 30.000 Indios in den ehemals 30 Reduktionen.

Der »Jesuitenstaat« hat verschiedentlich Kritik erfahren. Dazu ist zu sagen, daß es sich zunächst einmal um keinen Staat, sondern nur um einen sicherlich privilegierten Bestandteil der Kolonien handelte; auch haben sich die Jesuiten nicht an den Reduktionen bereichert, sondern den Gewinn für ihre Bildungsanstalten verwendet. Nicht von der Hand zu weisen ist der Vorwurf des Paternalismus, der bis zur Auflösung beibehalten wurde und die Bewohner immer wie Kinder behandelte. Es ging auch kein einziger Priester aus den Reduktionen hervor. Es fehlt auch nicht an Überbewertungen der Reduktionen, die man gelegentlich als die Verwirklichung eines »christlichen Kommunismus« ansieht. Doch die Idee des gemeinsamen Eigentums war den südamerikanischen Indianern längst vor der Kolonialisierung bekannt. Richtiger ist wohl die Sicht, daß es sich bei den Reduktionen um ein großartiges Aufbauwerk, eben ein »heiliges Experiment« handelte, das aber die Indianer nie zur Mündigkeit führte und daher auf längere Sicht scheitern mußte.

In den Südstaaten der heutigen USA vernichtete 1680 ein Indianeraufstand zahlreiche Missionen, doch gelang es den Franziskanern, die Missionsarbeit in New Mexico und California im 18. Jahrhundert erfolgreich durchzuführen. Dort erinnern noch die heutigen Ortsnamen von San Diego bis San Francisco an ihre Tätigkeit.

b) Der protugiesische Patronatsbereich: Afrika, Asien und Brasilien

Schon zu Ende des 15. Jahrhunderts hatten die Portugiesen die Südspitze Afrikas erreicht und den ersehnten Seeweg nach Indien entdeckt. Ein Nebenergebnis war die Entdeckung Brasiliens durch Pedro Alvares Cabral im Jahre 1500. 1511 wurden die Molukken in Besitz genommen und die Eroberung Malakkas als Sieg über den Islam gefeiert. Zur Zeit seiner Blüte kontrollierte Portugal die gesamte west- und ostafrikanische Küste, Indien und Indonesien und hatte Stützpunkte an der japanischen und chinesischen Küste. Während der Personalunion mit Spanien (1580–1640) ging ein Großteil dieser Besitzungen an die Niederländer und Engländer verloren. Da Portugal keine flächenmäßigen Eroberungen tätigen konnte und auch auf Gebiete alter Hochkulturen traf, war die Mission in seinem Kolonialreich schwieriger als im spanischen. Dazu kam noch das wenig christliche Leben seiner Militärs und Handelsherren, die häufig Abenteurer waren. Doch war auch ein ehrlicher Missionswille vorhanden. König Manuel I. (1495–1521) ließ durch Papst Alexander VI. im Jahr 1500 einen Apostolischen Kommissar für das Gebiet vom Kap bis Indien bestellen. Papst Julius II. gewährte dem König bedeutende Sonderrechte für die Missionen. Papst Leo X. errichtete 1514 die Diözese Funchal auf Madeira für das gesamte

Missionsgebiet. Zugleich ließ sich der König alle Besitzungen bestätigen. Doch ging die weitere kirchliche Organisation wesentlich langsamer als in den spanischen Gebieten vor sich. Erst 1534 wurde Funchal Erzbistum mit Suffraganen auf den Azoren, auf Kap Verde und Saõ Tomé im Golf von Guinea und, am wichtigsten, im indischen Goa. Die Diözese Goa umfaßte das ganze Gebiet vom Kap der Guten Hoffnung bis Japan.

Afrikas Küste wurde als Stützpunkt für die Indienfahrt betrachtet. Doch legten die Portugiesen dort Befestigungen an, von denen aus sie Handel und Mission betrieben. Die Namen Pfeffer-, Elfenbein-, Gold- und Sklavenküste sprechen für sich. Vor allem der Sklavenhandel nach Amerika war ein einträgliches Geschäft, an dem sich sogar Priester beteiligten. Die Mission an der *Guineaküste* (Kap Verde bis zur Kongomündung) begann schon im 15. Jahrhundert, war aber nur innerhalb der protugiesischen Niederlassungen einigermaßen erfolgreich. Sie erlahmte aber im 17. Jahrhundert immer mehr unter den Angriffen protestantischer Staaten und dem damit verbundenen Sklavenhandel.

Beiderseits der Kongomündung bestand seit dem 14. Jahrhundert das Königreich *Kongo*. Es wurde 1482 von den Portugiesen erreicht, die 1490 die Mission aufnahmen. Bald gewann die christliche Partei die Oberhand. König Alfonso predigte seinen Untertanen persönlich das Christentum und schickte seinen Sohn Henrique mit einigen Gefährten nach Lissabon, damit sie dort zu Priestern ausgebildet würden. Henrique kam 1521 als Titularbischof von Utica in seine Heimat zurück, kränkelte aber und dürfte bald nach 1530 gestorben sein. Nach einer Felsinschrift, die David Livingstone entdeckte, hat König Alfonso zwölf Kirchen erbaut und in seinem ganzen Königreich das Christentum verbreitet. Er gehört zu den tragischen Gestalten der Missionsgeschichte. So beschwor er den portugiesischen König »bei der Passion unseres Heilands«, ihm bei der Mission zu helfen; doch dieser wollte nur Elfenbein und Sklaven. König Alfonso starb 1541. Als 1548 Jesuiten ins Land kamen, trafen sie auf ein schon heruntergekommenes Christentum und konnten sich, wie andere Missionare, nicht halten. Zwar wurde die Hauptstadt Saõ Salvador 1596 Bistum; der erste Bischof wurde aber ermordet und seine Nachfolger residierten in Luanda. Die so hoffnungsvoll begonnene Mission verlief sich wieder.

In *Angola* begann die Mission erst 1558 durch die Jesuiten, hatte aber erst nach einem militärischen Sieg ab 1581 Erfolg. 1591 soll es etwa 25.000 Christen gegeben haben. Bis dahin waren allerdings auch über 50.000 Sklaven verschleppt worden. Nach 1684 gewann das Christentum stärker an Boden, als italienische Propagandamissionare die Herrscherin von Matamba gewannen. Nach 1700 ging aber die Mission wieder zurück, und sie brach 1762 durch die Maßnahmen der portugiesischen Regierung fast zusammen.

An der ostafrikanischen Küste (*Moçambique*) legten die Portugiesen wohl einige Stützpunkte an, doch wurde keine Mission betrieben. Erst 1560 begannen Jesuiten aus Goa den Sambesistrom aufwärts zu missionieren. Der König von Inhambane ließ sich taufen. Ebenso konnte 1561 der Kaiser des Goldlandes Monomotape (Zimbabwe) mit seinem Hofstaat getauft werden. Doch kam es zu einer Reaktion der Muslimen, die ebenfalls an der ostafrikanischen Küste ihre Stützpunkte hatten, so daß 1562 die Mission zusammenbrach. Erst 1622 gelang ein neuerlicher Vorstoß. 1628 gelang den Christen ein Sieg über die Heiden; in Monomotape wurde neuerlich ein christlicher Kaiser eingesetzt. Doch verfiel die Mission schon nach zwei Jahren. Von da an blieb die Ostafrikamission erfolglos. Die europäischen Geschäftsleute behinderten sie, weil sie ihren Handel nicht gestört haben wollten. Wohl wirkten Dominikaner bis ins 18. Jahrhundert im Monomotape-Reich und die Jesuiten bis 1759 am unteren Sambesi sowie goanesische Priester an der Küste; doch blieb es nur bei einer Betreuung der Christen, da es einfach an Missionspersonal mangelte. Die Madagaskarmission scheiterte trotz mehrfacher heldenhafter Versuche.

1592 eroberten die Portugiesen Mombasa im heutigen *Kenia*, das sie zu einer Festung ausbauten. Dadurch wurde dem Islam ein Riegel vorgeschoben und Kontakt mit dem christlichen *Äthiopien* genommen, das die Portugiesen schon seit 1541 unterstützten. Sogleich begannen die Jesuiten mit der lateinischen Mission und erwirkten 1622 eine Union der äthiopischen Kirche mit Rom. 1625 traf der von Rom ernannte Patriarch Alonso Mendes SJ im Lande ein (bis ins 20. Jahrhundert hatte Äthiopien jeweils nur einen Bischof, der vom Patriarchen von Alexandrien ernannt wurde). Doch schon 1632 kam es wegen der Latinisierungstendenzen erneut zum Schisma. Auch als an Stelle der Jesuiten Franziskaner kamen, blieb der Haß gegen die Lateiner. Die europäischen Missionare hatten damals noch keine Wertschätzung für fremde Riten.

Als die Portugiesen um 1500 in *Indien* Fuß faßten, stießen sie auch auf die Thomachristen an der Malabarküste (heute Bundesstaat Kerala), die ihre Anfänge auf die Apostel Thomas oder Bartholomäus zurückführen und das Thomasgrab bei Madras verehren. Im 8. Jahrhundert hatten sie sich mit den Nestorianern verbunden, die ihnen auch jeweils die Metropoliten schickten. Im 13. Jahrhundert nahmen die Franziskaner Kontakt mit ihnen auf. Im 14./15. Jahrhundert kam es allerdings zu einem starken Rückgang der Christen, besonders im Raum von Madras, wo nur noch Steinkreuze an sie erinnern. Um 1500 lebten nur noch etwa 30.000 christliche Familien an der Malabarküste. Bereits 1502 stellten sie sich unter den militärischen Schutz der Europäer. Doch war die Begegnung für sie nicht recht erfreulich, da man sie unter die Jurisdiktion des lateinischen Bischofs von Goa stellte und auch in der Liturgie Latinisierungsmaßnahmen traf. Daraufhin begab sich wieder ein Teil unter die Jurisdiktion des nestorianischen Patriarchen von Mossul. Um die unerquicklichen Streitigkeiten zu beenden, berief der Erzbischof von Goa 1599 ein Provinzialkonzil nach Diamper, bei dem formell die Union vollzogen wurde. Durch die Unterstellung der malabarischen Metropoliten unter Goa und die Einsetzung eines lateinischen Bischofs wurde aber die Basis für neue Zwistigkeiten gelegt. Daher erhielt 1608 der Bischofssitz Angamale wieder seinen alten Rang als Patriarchat zurück. Doch wirken sich diese Spaltungen bis in die Gegenwart aus.

Die eigentliche Heidenmission wurde anfangs von Weltpriestern und Franziskanern geleistet. Hinderlich waren immer das indische Kastensystem und das neuerliche Vordringen des Islam. Die Mission war oberflächlich und auf rasche Erfolge aus. Im portugiesischen Machtbereich wurden die Tempel zerstört und

Kirchen errichtet. Ohne viel Kenntnis der Landessprachen wurde gepredigt und getauft. Etwa 10.000 bis 20.000 Paraver an der Fischerküste ließen sich taufen, um Schutz vor den Muslimen zu erhalten. Eine Besserung trat erst ein, als Goa 1534 Bistum wurde und 1542 der hl. Franz Xaver nach Indien kam. Der erste goanesische Bischof Juan de Albuquerque mühte sich redlich um den Aufbau seines Bistums und errichtete Studienkollegien in Goa für den lateinischen und in Kranganor für den malabarischen Klerus. Franz Xaver (Francisco de Jassu y Javier), geb. 1506 in Navarra, hatte sich 1533 Ignatius von Loyola angeschlossen, wurde 1537 Priester und reiste 1541/42 als päpstlicher Legat im Auftrag des Königs nach Indien und begann von dort aus seine großartige Missionstätigkeit im Fernen Osten, die ihn zum größten Missionar der Neuzeit macht. In Indien wirkte er zunächst in den herkömmlichen Formen mit Predigt in den Dörfern, Zerstörung der Tempel und Massentaufen. Ab 1545 begann er mit der Erkundigung des portugiesischen Kolonialreiches und wirkte auf Malakka, 1546 auf den Molukken; 1549 begab er sich nach dem neuentdeckten *Japan* und baute dort eine christliche Gemeinde auf. Beim Versuch, in das gesperrte *China* einzudringen, starb er am 3. Dezember 1552 auf der Insel Sanzian (Sanzao Dao). Zwar begann Franz mit den herkömmlichen Methoden, wurde aber mit der Zeit der Begründer des neuzeitlichen Missionsstils, indem er das Studium der einheimischen Sprachen und Religionen forderte und einheimische Kräfte als Helfer heranzog. Auf ihn gehen auch die regelmäßigen Missionsberichte zurück, die erst ein planvolles Vorgehen ermöglichten.

In *Indien* wurde durch Jesuiten und Dominikaner die Mission intensiv fortgesetzt und erreichte im südindischen Raum auch einige Erfolge. Doch waren diese zumeist auf den militärisch-politischen Einfluß der Portugiesen zurückzuführen und erreichten nur die ärmsten Bevölkerungsschichten. Übermäßig große Hoffnungen setzte man auf die Bekehrung des Großmoguls Akbar (1556–1605), der 1579 einige Jesuiten an seinen Hof zog und christlichen Bräuchen huldigte. Doch proklamierte er schließlich einen islamisch-christlich-hinduistischen Synkretismus als Reichsreligion.

Wesentlich erfolgreicher war der Akkommodationsversuch des italienischen Jesuiten Roberto de Nobili (1577–1656). Ab 1606 lebte er in der südindischen Stadt Madurai nach Art eines indischen Asketen und konnte so bei den Brahmanen Anklang finden und dem Christentum den Weg zu den gehobenen Gesellschaftskreisen eröffnen. Der zahlenmäßige Erfolg wird aber oft zu hoch angesetzt.

Nur langsam erfolgte der Ausbau der kirchlichen Organisation. 1557/58 wurde *Goa* Metropole mit Suffraganen in Cochin und Malakka, zu denen später noch weitere indische Bistümer sowie Macao für China und Funai für Japan kamen. Es gelang aber nirgends ein entscheidender Durchbruch. Der Einbruch der Holländer (ab 1636) und Engländer (ab 1639) zerstörte das portugiesische Kolonialreich in Asien auf wenige Reste und zog auch die Mission schwer in Mitleidenschaft.

Trotzdem blieb Goa auch im 17. und 18. Jahrhundert Zentrum der gesamten Asien- und Ostafrikamission. Mit seinen zahlreichen Kirchen und Klöstern bildete es ein östliches Rom. Hier hatten auch die großen Missionsorden ihre Niederlassungen. Es war allerdings auch Sitz der Inquisition (1560–1812), die die Ansprüche des Patronats durchzusetzen hatte. Seit dem 17. Jahrhundert gewann auch der bodenständige goanesische Klerus immer mehr an Bedeutung, der in den Seminarien der drei großen Missionsorden, der Franziskaner, Dominikaner und Jesuiten, ausgebildet wurde. Die goanesischen Priester gehörten z. T. dem Oratorium vom hl. Kreuz an, dessen Mitglieder in der Mission in ganz Asien und Ostafrika tätig waren. Nach der Vertreibung der Jesuiten 1760 übernahmen sie weitgehend deren Aufgaben und konnten in Ländern wirken, die den Europäern versperrt waren. Auf *Ceylon* im Königreich Kandy betreuten sie 90.000 Christen, die vor den Holländern geflüchtet waren. Doch war im 17. Jahrhundert der Höhepunkt der Missionstätigkeit bereits überschritten; es ging zumeist nur um die Betreuung der früher gegründeten Gemeinden. An der Malabarküste standen Patronats- und Propagandamissionare gegeneinander und steigerten die Verwirrung unter den Thomaschristen. Für die Parias wurde die erfolgreiche Pandaraswami-Mission eingerichtet. Auch die von Roberto de Nobili begründete Mission in Madurai hatte Erfolg. Sie zählte um 1700 etwa 150.000 Christen. 1623 hatte Papst Gregor XV. die Methoden Nobilis gutgeheißen. Doch 1704 verbot der aus China kommende päpstliche Legat Charles Thomas de Tournon verständnisloserweise diese Riten. Dagegen erhob der Erzbischof von Goa Einspruch, und die Riten wurden 1734/39 erneut bestätigt. Endgültig verbot sie Papst Benedikt XIV. mit der Bulle *Omnium sollicitudo* im Jahre 1744 (1940 z. T. wieder gestattet). Im Reich der Großmoguln (Nordindien) setzte sich nach dem Tode Akbars 1605 wiederum der Islam durch, und die Mission beschränkte sich auf die Betreuung der ansässigen und zugewanderten Christen. Von den französischen Besitzungen aus wirkten Propagandamissionare in den verschiedenen islamischen und hinduistischen Reichen Indiens. Doch litt die Mission vor allem unter dem Vordringen der Engländer und Holländer. Ganz schwer wurde sie durch die Vertreibung der Jesuiten 1760 getroffen, da die goanesischen Priester deren Aufgabe nicht voll erfüllen konnten.

Die *Molukken* waren ein Hauptziel der portugiesischen Expansion nach Asien; es wurde 1511 erreicht. Anfangs versuchten Geschäftsleute das Christentum zu verbreiten, hatten aber bei den Muslimen Schwierigkeiten. 1546/47 wirkte hier Franz Xaver, und ihm folgten Jesuiten, so daß die Zahl der Christen bis 1569 auf 80.000 stieg. Auf Sumatra und Java überwog schon damals der Islam. Dagegen war die Mission auf den kleinen Sundainseln – besonders auf Solor – erfolgreich, wo die Dominikaner 50.000 Christen gewinnen konnten. Missionsversuche auf *Borneo* und *Celebes* hatten wegen der islamischen Machthaber keinen nachhaltigen Erfolg. Ab 1596 begannen die Angriffe der Holländer auf die begehrten Gewürzinseln und vernichteten dabei weitgehend die Mission. 1660 vertrieben sie alle Portugiesen und damit auch alle Missionare. Nur auf Solor und z. T. auf Flores und Ost-Timor konnten die Dominikaner die Mission retten.

In das 1542/43 entdeckte *Japan* kam 1549 Franz Xaver. Er paßte sich weitgehend der japanischen Kultur an und erreichte so außerhalb des portugiesischen Machtbereiches ein echtes Bekehrungschristentum. Bei seiner Abreise 1551 hinterließ er seinem Nachfolger Cosme de Torres drei Christengemeinden mit 1.000 Mitgliedern. Dieser konnte 1563 erstmals einen Daimyo (Lokalfürsten) taufen, dem bald viele andere folgten. 1570 gab es 20.000 bis 30.000 Christen, 1580 etwa 150.000, zu Beginn des 17. Jahrhunderts etwa 750.000 (nach anderen Quellen 500.000), unter denen 63 Patres, 77 Brüder und 800 Katechisten wirkten. Wie auch anderswo im portugiesischen Patronatsbereich hinkte auch hier die Organisation nach. Erst 1576 wurde Japan aus dem Diözesanbereich von Goa ausgeschieden und dem neugegründeten Bistum Macao unterstellt; 1588 wurde Funai auf Kyushu Bistum, jedoch erst 1596 endgültig besetzt und nach Nagasaki verlegt. Auch wurde die Heranbildung eines einheimischen Klerus vernachlässigt (angeblich weil die Japaner zu stolz seien); erst 1601 wurden die ersten drei japanischen Priester geweiht. Bis 1640 waren es 50, davon nur 10 Weltpriester. Schwierigkeiten gab es durch spanische Missionare, die von den Philippinen her kamen, und durch die zeitweilige Abwendung von der Akkommodation.

Ab 1587 kam es auch zu einer nationalen Reaktion und damit zur Verfolgung der Christen. Es kam zu einem Ausweisungsbefehl, der dann allerdings nicht vollzogen wurde. Am 5. Februar 1597 erlitten die ersten 26 Christen das Martyrium (Gedenktag für Paul Miki und Gefährten am 6. Februar). Trotzdem wuchs die Zahl der Christen weiterhin. Doch ab 1603 wandte sich der Adel zusehends vom Christentum ab. Ab 1613/14 verschärfte sich die Verfolgung, und die Missionare wurden des Landes verwiesen. 1627 wurde das Bildertreten (efumi) als Zeichen der Verleugnung des Christentums eingeführt. Bis 1630 wurden 4.045 Märtyrer gezählt. 1637/38 kam es zum Shimabaraaufstand, bei dem 30.000 Christen hingerichtet wurden. Von nun an isolierte sich das Inselreich gegenüber dem Ausland bis ins 19. Jahrhundsert. Die Christenverfolgung hielt mit aller Brutalität an. Es mißlangen auch alle Versuche, Missionare ins Land zu bringen. Durch ein ausgeklügeltes Polizeisystem wurden die Christen ausgeforscht und zum Abfall gezwungen oder hingerichtet. Das »efumi« war vor allem für die Bewohner der Insel Kiushu jährlich vorgeschrieben und wurde erst 1857 abgeschafft. Nur sporadisch konnte das Christentum überleben.

Im Laufe des 14. und 15. Jahrhunderts ist in *China* das nestorianische und katholische Christentum zugrunde gegangen. 1517/21 entdeckten die Portugiesen erneut den Weg nach China und bauten ab 1554 *Macao* vor Kanton als Stützpunkt aus. Durch das Ausländerverbot schlugen zunächst alle Versuche fehl, im Lande Fuß zu fassen (1552 Franz Xaver, andere ab 1555). 1576 wurde Macao Bischofssitz, 1579 Manila; so gab es zwei Zentren, die sich um China mühten, was in der Folge zu Schwierigkeiten führte.

Erst 1583 erlangten die beiden Jesuiten Michele Ruggieri und Matteo Ricci eine Aufenthaltsgenehmigung. Sie begannen im Stile buddhistischer Mönche in der Nähe von Kanton und studierten die chinesische Literatur, vor allem die Philosophie Konfutses. Als sie merkten, daß buddhistische Mönche ein geringes Ansehen genossen, traten sie im Gewande chinesischer Gelehrter auf, wobei ihnen ihre profanwissenschaftlichen Kenntnisse zugute kamen. Wie sehr Ricci mit der chinesischen Kultur vertraut war, beweisen seine philosophischen Schriften, besonders sein Büchlein »Die wahre Lehre über Gott«, das ein Klassiker chinesischen Schrifttums geworden ist. Ricci übersiedelte 1598 nach Nanking. Dort erstellte er die berühmte Weltkarte der zehntausend Reiche mit China als dem Reich der Mitte und taufte Hsü Kuang'chi, der als Paul Hsü später eine bedeutende Rolle im chinesischen Christentum spielte. 1601 gelangten die Jesuiten an den kaiserlichen Hof nach Peking, wo sie eine Kirche bauen durften und als Hofgelehrte tätig waren. Es gelang ihnen, eine Christengemeinde zu gründen und Anhänger in den höchsten Kreisen zu finden. 1608 wurde auch in Shanghai eine Niederlassung errichtet. Bei Riccis Tod 1610 soll es bereits 2.500 Christen gegeben haben. Riccis Bedeutung liegt in der großherzigen Akkommodation an die chinesischen Lebensformen; so unterschied er streng zwischen religiösen und rein bürgerlichen Riten und gestattete seinen Christen daher die Ahnen- und Konfutseverehrung. Nach Ansicht vieler Zeitgenossen war er zu großzügig.

Riccis Nachfolgern gelang trotz mancher Widrigkeiten und Verfolgungen der Ausbau der Kirche, so daß sie 1631 38.000 Mitglieder zählte.

Einen neuen Höhepunkt erreichte die Pekinger Gemeinde unter Johann Adam Schall von Bell aus Köln, der von 1631 bis 1666 am kaiserlichen Hof tätig war und in die Kalenderkommission berufen wurde.

1633 hatte Papst Urban VIII. die Mission für alle Orden freigegeben. Seither strömten spanische Dominikaner und Franziskaner von den Philippinen nach Südostchina, verwarfen jede Akkomodation und hatten mit ihren Höllenpredigten zahlenmäßig recht gute Erfolge. Dadurch gelangten die Jesuiten am kaiserlichen Hof in ein schiefes Licht. Es bereitete sich bereits die Krise der Chinamission vor, die allerdings verschiedene Faktoren hatte: Den Niedergang der spanisch-portugiesischen Macht gegenüber den Holländern und Engländern, die Machtergreifung der Mandschus in China (1644) und den unseligen *Akkommodations- oder Ritenstreit.*

Um 1650 zählte man in China etwa 150.000 Christen, daher trug man sich 1651 bei der Propaganda-Kongregation mit dem Plan, in Peking ein Patriarchat mit mehreren Erzbistümern und Bistümern in China zu errichten.

Zwar konnten die Jesuiten zunächst auch unter den Mandschus ihre Position bei Hof halten. Doch kam es plötzlich 1664 zu einer Verfolgung, bei der alle Kirchen geschlossen und die Missionare gefangengenommen wurden. P. Schall wurde zum Tode verurteilt, dann aber begnadigt. Es war weitgehend ein Verdienst des belgischen Jesuiten Ferdinand Verbiest († 1688), daß unter dem neuen Kaiser Kanghsi (ab 1667) wieder Friede für die Kirche einkehrte. Verbiest fand Mitarbeiter unter den frönzösischen Jesuiten, die König Ludwig XIV. kräftig unterstützte. Allerdings verlangte er auch, daß sie sich nicht dem portugiesischen Patronat unterstellten. Dagegen erreichte Portugal 1690 die Errichtung der beiden Patronatsbistümer Peking und Nanking (neben Macao). Papst Innozenz XII. reduzierte allerdings diesen Einfluß wieder und errichtete acht apostolische Vikariate, von denen dann drei Bestand hatten (Fukien, Szetchwan und Shensi). In den verschiedenen Gebieten wirkten neben den Jesuiten die Dominikaner und Franziskaner, im Bereich der Propaganda vor allem Pariser Missionare und am Pekinger Hof französische Jesuiten, die als Hofgelehrte im Range von Mandarinen die Tradition eines Ricci und Schall weiterführten und bedeutende Werke über China in Europa veröffentlichten. Doch gab es zwischen Propaganda und Patronat immer wieder Streit; am bekanntesten ist der *Pekinger Bischofsstreit* (»Pekinger Schisma« 1757–1785) wegen der Jurisdiktion zur Zeit der Sedisvakanz.

Nach der Verfolgung ab 1664 folgten einige Jahrzehnte ruhiger Entwicklung. 1692 erließ Kaiser Kanghsi ein Toleranzedikt für die Christen. Doch erreichte die Zahl der Christen in der chinesischen Bevölkerung niemals die Einprozentmarke. Im Gefolge des Ritenstreites kam es zu einer Verschlechterung der Lage ab 1717; 1723 begann in Fukien eine Verfolgung, bei der die Missionare gefangen und ausgewiesen wurden; jahrzehntelang blieben die Gemeinden ohne Priester. Die Verfolgung dehnte sich auf weitere Provinzen aus und erreichte 1746/48 einen ersten Höhepunkt. Am schwersten wurde sie ab 1784, wobei eine Reihe Missionare umkam und andere des Landes verwiesen wurden. Die lokalen Behörden erhielten den Auftrag, die Gemeinden zu vernichten; es gab Apostaten, aber auch heroischen Widerstand. Der Verfall der Kirche wurde aber durch die nationalen Rivalitäten der Missionare (Portugiesen, Spanier, aber auch Franzosen und Italiener) gefördert, die auch beim Ritenstreit eine große Rolle spielten. Die Methode der Akkommodation an die konfuzianischen Riten war innerhalb der Gesellschaft Jesu keineswegs unumstritten, wurde aber nach gründlichen Beratungen mehrheitlich bejaht. Als spanische Franziskaner und Dominikaner in die Chinamission eingriffen, lehnten diese die Akkommodation ab, und 1645 legte der Dominikaner Juan B. de Morales erstmals die Frage in Rom vor. Nach einer Gegendarstellung durch die Jesuiten gestattete Papst Alexander VII. 1656 die Riten. Etwas später (1693) entschied allerdings der Apostolische Vikar von Fukien, Charles Maigrot, gegen die Riten, worauf sie Papst Klemens XI. 1704 verbot. Er sandte M. de Tournon als Legaten nach Peking, der aber am kaiserlichen Hofe unglücklich agierte und so eine Verschlechterung für die Mission herbeiführte. Eine Appellation der Jesuiten wurde verworfen, und 1742 entschied Papst Benedikt XIV. mit der Bulle *Ex quo singulari* endgültig gegen die Riten. Es ist nicht leicht, ein abschließendes Urteil über den Ritenstreit abzugeben. Zu einfach wäre es, ihn als Streit zwischen Jesuiten und Dominikanern hinzustellen, eher zwischen der portugiesischen und der konservativeren spanischen Missionsmethode. Faktisch aber hat die Ablehnung der chinesischen Riten das Mißtrauen der Chinesen gegen das Christentum verstärkt.

Um eine gewisse Anpassung an die chinesischen Lebenssitten bemühten sich alle Missionare, sie trugen z. B. chinesische Kleidung. Die Dominikaner übertrugen mit Erfolg das Institut der »Beatas« auf das Land, d. h., es lebten Jungfrauen nach den evanglischen Räten innerhalb ihrer Familien. Papst Paul V. hatte 1615 sogar Chinesisch als Liturgiesprache gestattet, dann aber doch nicht verwirklicht. Die Ausbildung heimischer Priester zog sich bis 1688 hin, bis sie Erfolg hatte. Zunächst versuchte man die Bildung im Ausland (sogar in Neapel, dann in Thailand), zuletzt dann im Lande selbst.

Gegen Ende des 18. Jahrhunderts trafen die Mission schwere Schläge. 1762 verfügte Sebastiao Pombal, erster Minister Portugals, die Gefangennahme aller Jesuiten im portugiesischen Patronatsbereich. Außerhalb desselben konnten sie sich bis 1775 halten. Als Bischof Laimbeckhoven SJ von Nanking und Administrator von Peking (geb. 1707 in Wien, 1752 Bischof von Nanking, † 1787) die Aufhebung seines Ordens verkünden mußte, kam es in Peking zu einem Schisma. Erst 1785 übernahmen die Lazaristen die Pekinger Mission. Bereits 1784 war die schwere Verfolgung ausgebrochen.

Um 1720 zählte man in China rund 300.000 Christen, 1815 waren es etwas über 220.000, die von 89 chinesischen Priestern und 80 ausländischen Missionaren betreut wurden. Ab 1811 wurden auch in Peking die Kirchen geschlossen, seit 1814 stand auf illegalen Aufenthalt ausländischer Missionare die Todesstrafe. Trotzdem blieb die kirchliche Organisation bestehen.

Nach *Korea* gelangte das Christentum auf seltsame Weise. Ein Mitglied einer koreanischen Delegation brachte 1784 christliche Schriften aus Peking ins Land, wo sich zunächst ein priesterloses Christentum entwickelte; 1791 begannen schon die Verfolgungen. 1793 kam der erste Priester ins Land, der 1801 hingerichtet wurde. 1797 zählte Korea 400 Christen.

Für *Hinterindien* wurde bis 1640 das 1511 eroberte Malakka religiöses Zentrum. 1558 wurde es Bischofssitz. Doch konnten unter der einheimischen islamischen Bevölkerung keine Erfolge erzielt werden. Dagegen erlangte die Mission im heutigen *Vietnam* größere Bedeutung. Sie wurde ab 1580 begonnen und ab 1624 durch den französischen Jesuiten Alexandre de Rhodes weitergeführt. 1639 zählte man bereits 82.000 Christen. 1666 kamen Missionare des Pariser Seminars mit den Apostolischen Vikaren François Pallu und Pierre Lambert de la Motte ins Land. In Cochinchina kam es zu heftigen Verfolgungen, die sich 1750 noch verstärkten. In Tonking (Nordvietnam) errichtete Pallu zwei Vikariate, die 1679 200.000 Christen zählten. Dort wurden auch die Grundsätze der Propaganda am besten verwirklicht und ein einheimischer Klerus herangebildet, der sich mit seinen Christen in den Verfolgungen des 18. Jahrhunderts hervorragend bewährte. Es entstand auch eine einheimische Schwesternkongregation mit 20 Niederlassungen.

Thailand war für die Mission ein unfruchtbarer Boden. 1662 ließen sich Pariser Missionare der Propaganda in der alten Hauptstadt Ayuthya nieder, 1673 wurde es Sitz eines Apostolischen Vikars, 1668 weilte eine siamesische Delegation bei Papst Innozenz XI. in Rom. Doch war der Missionserfolg im Land gering. Ayuthya erhielt aber eine große Bedeutung durch das Seminar der Propaganda für die Ausbildung eines heimischen Klerus für Hinterindien und China. Nach der Zerstörung der Stadt durch die Birmanen wurde das Seminar nach Pondichéry, einer französischen Stadt in Indien, verlegt, wo es bis zur Revolution bestand.

In *Birma* wirkten seit 1721 Missionare der Propaganda (Barnabiten). Doch beendete eine buddhistische Reaktion 1794 die Mission. Von Indien aus kamen 1624 erstmals Missionare nach Tibet. 1704 übertrug diese Mission die Propaganda den Kapuzinern, die aber 1742 vertrieben wurden und 1771 auch Nepal verlassen mußten.

Brasilien wurde bereits 1500 entdeckt, doch kam es zunächst nur zu einzelnen unsystematischen Missionsversuchen. 1549 kamen die Jesuiten ins Land. 1551 wurde in der damaligen Hauptstadt São Salvador da Bahia ein Bistum errichtet, das dem Erzbischof von Lissabon unterstellt war. Im gleichen Jahr gründeten die Jesuiten auch ein Kolleg zur Priesterausbildung. Anfangs beschränkte sich die Mission auf die Küstengebiete. Später erlangte die Mission bei den Guarani größere Bedeutung, wurde aber durch die unterdrückerischen Praktiken der Siedler und die Versklavung der Indios sehr erschwert. Mit der Anlage der Zuckerrohrplantagen und der Entdeckung der Goldvorkommen im Landesinnern wuchs der Bedarf an Arbeitskräften. Daher veranstalteten die Bewohner von São Paulo regelrechte Menschenjagden (»bandeiras«) bis ins spanische Gebiet. Dagegen sammelten die Jesuiten die Indianer in »aldeias« (Reduktionen), um sie dort zu schützen und zu unterrichten. Die Jesuiten nahmen sich so in besonderer Weise der Menschenrechte an. Doch jedesmal, wenn eine gesetzliche Besserstellung der Eingeborenen erreicht wurde, kam es zu Reaktionen der Siedler. So wurde das 1609 erlassene Verbot der Sklaverei durch die Verpflichtung zur Zwangsarbeit unterlaufen. Als Papst Urban VIII. 1639 das Dekret Papst Pauls III. von 1537 erneuerte, kam es zu einer regelrechten Revolte gegen die Jesuiten, die aus São Paulo vertrieben wurden. Die Kolonisten wollten das Christentum auf den kultischen Bereich reduzieren. So ist es verständlich, daß die Zwangsbekehrungen überwogen und es auch nicht zur Heranbildung eines einheimischen Klerus kommmen konnte. Die Emanzipation der Indios lag auch gar nicht im Interesse der Regierung; sie sollten Untermenschen bleiben. Auch die kirchliche Organisation hinkte nach. Erst 1676 wurde São Salvador Erzbistum und erhielt in Rio de Janeiro, Olinde-Recife und São Luis in Maranhão Suffragane. Es gab in Brasilien auch keine Druckerei und keine Universität. Dabei wollte Portugal die Mission durchaus fördern, wenn auch als Werkzeug der Kolonisation.

Im Nordosten Brasiliens hatte die Mission stark unter den Holländern zu leiden, die das Gebiet von 1624 bis 1654 behaupteten. Neben den Jesuiten wirkten auch Karmeliten, Kapuziner und Mercedarier unter den Indianern und Negersklaven. Die Vertreibung der Jesuiten bedeutete auch hier einen starken Rückschlag. Der nachlassende Eifer im 18. Jahrhundert beließ es meist bei einer äußeren Missionierung.

c) Die französische Nordamerikamission

In dem von den Franzosen besetzten *Kanada* begannen 1615 Franziskanerrekollekten die Mission in Akadien (New Brunswick); ihnen folgten die Jesuiten, die bei den Huronen an den Großen Seen missionierten. 1642 bis 1649 zerstörten die Irokesen diese Mission, wobei acht Missionare ums Leben kamen (hll. Jean de Brebeuf und Gefährten). 1658 wurde Quebec Apostolisches Vikariat. 1713 bzw. 1763 wurden die Franzosen aus Kanada verdrängt, worauf die Missionen eingingen. Im neuerworbenen Mississippigebiet wirkten Missionare des Pariser Seminars (1793 Bistum New Orleans).

§ 164
Von der Kolonialmission zu den »jungen Kirchen«

a) Ein neues Missionsbewußtsein seit 1800

Nach 300 Jahren aufopferungsreicher Arbeit befand sich die *katholische Mission* am Beginn des 19. Jahrhunderts trotz allem auf einem *Tiefpunkt*. Schuld daran trugen mehrere Faktoren: der Zusammenbruch des spanischen und des portugiesischen Kolonialreiches, die Französische Revolution mit ihren innerkirchlichen Auswirkungen und die nationalen Reaktionen in China und Hinterindien. Eine Hauptursache lag in der Aufklärung mit ihrer Ordensfeindlichkeit, die sich in Spanien und Portugal bis weit ins 19. Jahrhundert auswirkte. Nicht nur die Aufhebung des Jesuitenordens wirkte sich auf den Rückgang des Missionspersonals aus, auch die anderen Orden konnten immer weniger Missionare entsenden. Seitdem die Revolutionstruppen Rom besetzt hatten (1798), war auch die päpstliche Missionszentrale, die Propagandakongregation, lahmgelegt. Napoleon ließ deren Archiv nach Paris bringen (1808) und plante, dort die kirchliche Missionszentrale einzurichten.

Trotz dieser schwierigen Ausgangsposition nahmen die Weltmissionen im Verlauf des 19. Jahrhunderts einen ungeahnten Aufschwung. Äußere Faktoren wirkten mit. Die europäischen Mächte teilten sich fast die ganze Welt in Kolonien und Einflußzonen auf, voran England und Frankreich, aber auch die Niederlande und als Nachzügler Deutschland, Belgien und Italien. China und Japan wurden zur Öffnung ihrer Grenzen gezwungen und das Innere Afrikas erforscht und aufgeteilt. Entscheidend aber waren die innerkirchlichen Faktoren: eine neue Missionsbegeisterung der europäischen Bevölkerung, die Gründung und Wiederbelebung zahlreicher Missionsorden und Genossenschaften und das Wirken der Propagandakongregation; diese drei Faktoren bewirkten und verstärkten sich gegenseitig.

Die *Missionsbegeisterung* ließ eine Reihe von Vereinigungen entstehen, die die Missionen förderten. Am bekanntesten ist das Werk der Marie-Pauline Jaricot aus Lyon, die 1822 den Verein für Glaubensverbreitung gründete, um durch Gebet und Spenden die Missionen zu unterstützen (»Kleine Beiträge, aber von vielen; ein tägliches kleines Missionsgebet, aber von Millionen«). Bald griff das Werk auf die Nachbarländer über oder führte dort zu ähnlichen Gründungen (1828 Leopoldinenstiftung in Wien, 1834 Xaveriusverein im Rheinland, 1838 Ludwig-Missionsverein in Bayern). Ebenfalls in Frankreich entstand 1843 das Werk der Kindheit Jesu, das bei den Kindern die Missionsbegeisterung zu wecken suchte. Jüngeren Datums sind das Werk vom hl. Apostel Petrus für den einheimischen Klerus (Caën 1889) und die 1916 entstandene Unio Cleri pro Missionibus (Parma). Alle diese Werke wurden 1922 als päpstliche Werke der Propagandakongregation unterstellt. Nach dem Ausfall der Patronatsmächte ermöglichten die Beiträge des christlichen Volkes die Durchführung der Mission durch die päpstliche Missionszentrale. Dazu kamen noch die zahlreichen Unterstützungsvereine, die sich verschiedene Missionsorden in der Heimat aufbauten. Für die Missionsidee warben in der Heimat auch zahlreiche Schriften. Ganz bewußt nahmen sich Maria Theresia Ledóchowska mit ihrer Petrus-Claver-Sodalidät (gegr. 1894) und die Gesellschaft vom Göttlichen Wort (Steyl, St. Gabriel) darum an. An jüngeren Institutionen seien noch genannt der deutsche Verein für ärztliche Mission (1921) mit dem missionsärztlichen Institut in Würzburg (1922) und die Missions-Verkehrs-Arbeitsgemeinschaft (MIVA), die 1927 von Paul Schulte gegründet wurde.

Das 19. Jahrhundert brachte auch eine *Blütezeit der Missionsorden und Genossenschaften* bzw. eine verstärkte Tätigkeit der alten Kongregationen und Orden, die schon früher in den Missionen gearbeitet hatten. Ein neuer Zug kam in die Missionen durch die Missionsschwestern; die erste Gemeinschaft waren die Schwestern von Cluny (1817), es folgten Weiße Schwestern, Medical Sisters of Philadelphia und zahlreiche andere; auch ältere Genossenschaften verlegten sich auf die Missionstätigkeit. Neben den Orden wirken in den Missionen in zunehmendem Maße auch Weltpriestermissionsinstitute. Das älteste ist das Pariser Missionsseminar, das im 19. Jahrhundert einen neuen Aufschwung nahm. Dazu traten seit 1850 die Seminare von Lyon, Mailand, Mill Hill, das Institut der Weißen Väter (1864), das Schweizer Missionsseminar Bethlehem-Immensee, die Maryknoller Missionare, die Missionare vom hl. Kolumban und einige weitere in Spanien und Übersee.

Die *Propagandakongregation* konnte erst 1817 ihre Tätigkeit wieder aufnehmen, nachdem ihre Archivalien aus Paris zurückgestellt worden waren (einzelne Bestände kamen erst 1925 auf Betreiben Ludwig von Pastors aus Wien nach Rom) und Papst Pius VII. die Kongregation neu gestiftet hatte. Seit 1826 nahm sie unter ihrem Präfekten Mauro Cappellari einen spürbaren Aufschwung, der als Papst Gregor XVI. die Mission in jeder Weise förderte. 1840 erließ er die erste Missionsenzyklika und förderte die neuen Missionsvereine. Gegen die Patronatsansprüche Portugals errichtete er neue Vikariate in Indien und gewann Ordensleute für die Mission, die sich ganz der Propaganda unterstellten. Er führte auch ein, daß Missionsgebiete geschlossen einem Orden bzw. Missionsinstitut übergeben wurden, so daß von vornherein keine unnötigen Konflikte aufkamen. So erlangte die Propagandakongregation eine überragende Position: Es unterstanden ihr nicht nur die Missionen, sondern auch die Länder der Ostkirchen und der Protestanten.

Die Mission erhielt im 19. Jahrhundert ihren eigentümlichen Charakter. Der Missionar trat als Vertreter einer überlegenen europäischen Zivilisation auf, er förderte das Schulwesen, errichtete Krankenhäuser, sorgte sich um die medizinische Versorgung und brachte europäische Techniken ins Land. So gelangte die Mission vor allem bei primitiveren Kulturen zu bedeutenden zahlenmäßigen Erfolgen. Die Missionare nahmen Anteil am europäischen Sendungsbewußtsein des 19. Jahrhunderts und waren so auch eine Stütze des z. T. wohlmeinenden Kolonialismus. Öfters verstanden sie sich auch vor allem als Vertreter ihrer Nation. Daher hängt der Kirche bis in die Gegenwart das koloniale Image nach. Die Verquickung mit dem Kolonialismus war auch der Grund, warum sich die

Eliten der asiatischen Hochkulturen mehr denn je gegen die Annahme des Christentums sträubten, noch dazu, da dieses unter dem militärischen Schutz der europäischen Mächte auftrat. Zwar sind Schule, Krankenpflege und Caritas legitime Methoden, um an den Menschen heranzukommen, doch die karitative Hilfe führte auch reine Nutznießer zum Christentum (»Reischristen«). Auch von einer Akkommodation kann nicht die Rede sein, es wurde ein europäisches Christentum vermittelt. Gerade die Ordensmissionare vernachlässigten die Heranbildung eines heimischen Klerus (monachi monachos gignunt), gegen den sich aber auch oft die Kolonialmächte wehrten, die die Heranbildung einer heimischen Elite verhindern wollten. Von der kirchlichen Zentrale aus wirkte die Einstellung nachteilig, daß Mission vor allem der Wiedergewinnung der Ostchristen dienen solle (das Vatikanum I stand noch ganz unter diesem Zeichen, die Missionsbischöfe wurden nicht für ebenbürtig gehalten); erst 1917 trennte Papst Benedikt XV. die Bereiche in zwei Kongregationen (Propaganda- und Orientalenkongregation). Neu war auch im 19. Jahrhundert die aufblühende protestantische Mission, die größere finanzielle Mittel und einen stärkeren politischen Rückhalt bei den Kolonialmächten hatte.

Was unter Papst Gregor XVI. grundgelegt wurde, kam unter seinen Nachfolgern Pius IX. und Leo XIII. erst voll zu Tragen. Nun kam erst der Einsatz der Missionsorden und neugegründeten Seminarien zur Geltung und konnte die Afrikamission voll aufgenommen werden. Dazu wurden zahlreiche neue kirchliche Sprengel errichtet und in der Heimat das Missionsbewußtsein gefördert. Es waren auch die zahlreichen Spenden der kleinen Leute, die nach 1870 (Verlust des Vermögens der Propaganda in Italien) die Missionstätigkeit finanzierten. Gerade die Jahrzehnte von 1870 bis 1914 waren für die Mission sehr fruchtbar. Mit dem Ersten Weltkrieg war dann der Höhepunkt des Kolonialismus überschritten, der europäische Nationalismus griff auch auf die Völker Asiens und Afrikas über. Damit begann auch für die Missionsarbeit ein neuer Abschnitt. Papst Benedikt XV. leitete die neue Phase bewußt ein. In seinem apostolischen Schreiben *Maximum illud* (1919) legte er die Grundsätze der modernen Mission fest: strenge Trennung von Kolonialismus und Mission sowie Aufbau heimischer Kirchen mit einem heimischen Klerus, »der eines Tages selbst die Leitung seines Volkes übernehmen kann«. Dazu reorganisierte er die Propagandakongregation (Abtrennung der Orientalenkongregation, Eingliederung des Petruswerkes und der Unio Cleri); unter ihm entstanden auch eine Reihe neuer Missionsseminare (Irland, Kanada, Spanien, Schweiz).

Papst Pius XI. suchte die Grundsätze seines Vorgängers in die Praxis umzusetzen. In seiner Missionsenzyklika *Rerum Ecclesiae* (1926) forderte er die Bildung autochthoner Ordensgemeinschaften und eines autochthonen Klerus, um für den eventuellen Zeitpunkt der Ausweisung der Missionare vorzusorgen. Er weihte 1926 die ersten chinesischen Bischöfe, denen bald weitere asiatische Bischöfe folgten. Auch die Weihe der beiden ersten afrikanischen Bischöfe (1939 durch seinen Nachfolger Pius XII.) geht noch auf ihn zurück. Das Missionsbewußtsein in der Heimat förderte er durch die Einführung des Weltmissionssonntags (1927). Die Zwischenkriegszeit war bei allen ihren Spannungen für die

Missionen durchaus erfolgreich. In den asiatischen Missionsgebieten wuchs die Zahl der Katholiken stetig, in Äquatorialafrika kam es zu einem echten Durchbruch, die Indianermission in Südamerika wurde erneuert, die Negermission in den USA aufgegriffen und die Eskimomission durch die Oblaten der Unbefleckten Jungfrau Maria (OMI) begonnen. Allerdings blieb auch in dieser Periode (ebenso unter Pius XII.) die Missionskirche ein Ableger der europäischen Kirche, die die Klerusausbildung und das kirchliche Leben prägte, verschiedene Akkommodationen »gewährte«, aber noch keine Eigendynamik gestattete. So erlaubte der Papst verschiedene Riten in der Mandschurei, in Japan und in Afrika; 1939 wurden einzelne Bestimmungen gegen die malabarischen und chinesischen Riten zurückgenommen.

Der Zweite Weltkrieg brachte für die Mission schwerste Schäden in Ost- und Südostasien; bedeutsamer aber waren seine Folgewirkungen. Bis 1950 war Asien im wesentlichen entkolonialisiert, in den Jahren um 1960 erlangten die meisten afrikanischen Kolonien ihre Selbständigkeit. Es folgte auch die Ausdehnung des kommunistischen Machtbereichs und ein neues Selbstbewußtsein der heimischen Kulturen, die auf Gleichberechtigung drängten. Die jungen Staaten untersagten häufig die Tätigkeit ausländischer Missionare, verschiedene Unruhen trafen mit ihrem Antieuropäismus auch die Missionen, so daß es zu Verfolgungen kam (Kongo).

b) Das Zeitalter des Kolonialismus und seiner Überwindung

In *Indien* war die Mission gegen Ende des 18. Jahrunderts zusehends verfallen und erreichte in der ersten Hälfte des 19. Jahrhunderts einen Tiefpunkt. Die Zahl der Christen wird von 200.000 bis 1 Million angegeben; der goanesische Klerus konnte sein ursprüngliches Niveau nicht halten. Die englische Ostindienkompanie behinderte zusätzlich die katholische Mission. Erst als 1857 die britische Krone direkt die Verwaltung des Subkontinents übernahm, wurde Religionsfreiheit gewährt, ja sogar die katholische Mission in ihrer schulischen und karitativen Tätigkeit unterstützt. Haupthindernis für die Mission aber blieb das indische Kastenwesen. Daher wandten sich die Missionare vielfach den primitiveren animistischen Stämmen und den Parias zu, was der Kirche eine zusätzliche Außenseiterrolle einbrachte. Portugal beanspruchte nach wie vor das Patronat, obwohl es dessen Pflichten nicht mehr nachkommen konnte. Die Errichtung Apostolischer Vikariate durch Papst Gregor XVI. führte deswegen zu Spannungen (»Goanesisches Schisma«), die erst ab 1857 allmählich abgebaut wurden (endgültig 1950). Papst Leo XIII. errichtete 1887 die Hierarchie.

Trotzdem stagnierte die Mission und erschöpfte sich in der Betreuung der bereits Gläubigen und in schulischen und karitativen Aktivitäten. Erst nach 1876 kam es zu einzelnen Durchbrüchen (Konstantin Lievens SJ bei den Kols und der Schweizer Karmelit Aloys Maria Benziger in Südindien). In der Zwischenkriegszeit wurden wichtige Schritte zur Verselbständigung der indischen Kirche gesetzt, die ganz gezielt auf die Zeit nach der Unabhängigkeit Indiens ausgerichtet waren. Bewußt wurde der einheimische Klerus gefördert; auch die indischen Schwesternkongregationen entwickelten sich sehr gut. 1939 wurde endlich der Riteneid gegen die malabarischen Riten abgeschafft. Eine Stärkung erfuhr die Kirche auch durch die Union mit einem malankarischen Bischof 1930 (1977 schloß sich der syrisch-orthodoxe Erzbischof ebenfalls an). 1945 gelangte endlich auch mit Valerian Gracias ein indischer Weihbischof auf das Patronatsbistum Bombay (später Erzbischof und 1952 erster indischer Kardinal). So konnte die Kirche die Schwierigkeiten seit der Unabhängigkeit Indiens (1948) relativ gut meistern. Wohl wird die Einreise ausländischer Missionare behindert, und die Kirche hat noch immer ein europäisches Image, das sie aber zusehends abbaut. Allerdings gibt es fast keinen Zuwachs an Christen durch die Mission selbst, sondern nur durch den natürlichen Zuwachs. Die 104 Diözesen sind durchgehend mit Indern besetzt. Zahlenmäßige Entwicklung: 1931 – 3,68 Millionen, 1949 – 4,7 Millionen, 1992 – 14 Millionen Katholiken aller drei Riten.

Pakistan konstituierte sich 1948 als islamischer Staat. 1950 wurde die katholische Hierarchie errichtet; 1972 wurde ihr das gesamte Schulwesen entzogen. Die Kirche zählt nur 690.000 Mitglieder. In Ostpakistan (seit 1971 eigener Staat Bangladesh) leben unter 110 Millionen Einwohnern nur 234.000 Katholiken.

Auf *Ceylon* hatte der goanesische Klerus das Christentum über die Zeit der niederländischen Besatzung gerettet. 1806 verkündeten die Engländer die Religionsfreiheit; in der Folge kamen immer mehr europäische Missionare ins Land, die gute Erfolge bei den Tamilen hatten. So konnte 1886 die ordentliche Hierarchie errichtet werden. Seit der Unabhängigkeit Ceylons (Sri Lanka, 1948) setzte eine Renaissance des Buddhismus ein, die in den sechziger Jahren zu einer intransigenten Haltung gegenüber den Christen führte; nunmehr hat sich die Lage konsolidiert. Sri Lanka zählt heute bei 17 Millionen Einwohnern etwa 1,4 Millionen Katholiken.

In *Birma* (seit 1989 *Myanmar*) nahm 1856 das Pariser Missionsseminar die Tätigkeit wieder auf, hatte aber nur bei eingewanderten Indern und Chinesen und bei den Karenen in Ostbirma Erfolge. Der Zweite Weltkrieg zerstörte die meisten Missionseinrichtungen. Seit seiner Unabhängigkeit kapselte sich Birma immer mehr ab, wies die ausländischen Missionare aus und enteignete das Schul- und Krankenhauswesen. 1954 übernahmen heimische Bischöfe die Leitung. 1988 waren unter 40 Millionen Einwohnern 440.000 Katholiken.

In *Thailand*, das niemals Kolonie war, konnte trotz Religionsfreiheit seit 1856 die Kirche niemals recht Fuß fassen. So wurde erst 1965 die Hierarchie errichtet. Bei 57 Millionen Einwohnern gibt es nur 233.000 Katholiken.

Indochina stand schon im 18. Jahrhundert unter französischem Einfluß. In Tonking und Cochin hatten die Propagandamissionare bedeutende Christengemeinden geschaffen. Um die Mitte des 19. Jahrhunderts brachen Verfolgungen aus, die ca. 50.000 Christen, 50 Priestern und drei Bischöfen das Leben kosteten. Auf Bitten der Missionare kam es ab 1858 zu militärischen französischen Interventionen, die die Verfolgungen verschärften, bis 1887 das Land endgültig okkupiert wurde. Die Mission machte nun gute Fortschritte (1914 1 Million Katholiken). Ab 1905 behinderte das Kolonialregime aber die Mission, die auch durch den Ersten Weltkrieg (Abzug der Missionare) litt. 1933 konnte der erste heimische Bischof geweiht werden; das Plenarkonzil von Hanoi (1934) faßte wichtige Beschlüsse zur Verselbständigung. Ab 1940 kam es zur Krise durch den Einmarsch der Japaner, die alle Missionare internierten. Nach dem Krieg bekämpften die kommunistischen Vietmin die Franzosen. Der 1. Indochinakrieg (1946–1954) führte zur Teilung Vietnams, worauf 650.000 Katholiken in den Süden auswanderten, wo nun das religiöse Leben einen großen Aufschwung nahm (1959 katholische Universität Dalat, 1960 Hierarchie). Der 2. Indochinakrieg (1957–1975) machte auch den Süden kommunistisch, und die Missionare wurden ausgewiesen (im Norden bereits 1960). Seither ist die Lage der Kirche gespannt, da sie eng mit dem alten Regime verknüpft war. Mit etwa 4 Millionen Katholiken zählt die dortige Kirche aber zu den größten Asiens. In Laos gab es nur bei 35.000 Katholiken, als es 1975 kommunistisch wurde; die kleine Gemeinschaft in Kambodscha, die hauptsächlich aus Vietnamesen bestand (1950 109.000), ist auf 13.000 abgesunken. In allen drei Staaten läßt seit 1990 der Druck auf die Kirche nach.

In *Malaya* hat die Mission wohl eine alte Tradition in Malakka, war aber unter der überwiegend islamischen Bevölkerung niemals zur Geltung gekommen. 1948 wurde mit Nordborneo und Singapur (1965 ausgetreten) der Bundesstaat Malaysia gebildet. 1990 zählte Malaysia 615.000 und Singapur 112.000 Katholiken.

Indonesien war nach der holländischen Invasion, die die blühende Mission auf den Molukken zerstörte, lange Zeit für die Katholiken gesperrt. Die Mission konnte erst 1859 aufgenommen werden; bis dahin hatten die Protestanten einen uneinholbaren Vorsprung. Die Kolonialbehörden teilten auch die Missionsgebiete so, daß die Katholiken benachteiligt wurden. Trotzdem gelangen Erfolge auf Nordsumatra, Mitteljava und auf den nicht vom Islam beeinflußten Kleinen Sundainseln (Flores, Timor). Während der Besetzung durch die Japaner im Zweiten Weltkrieg wurden 120 Missionare ermordet. Doch konnte die Mission auch nach der Verselbständigung weitergeführt werden, wenn es auch Komplikationen wegen der zahlreichen holländischen Missionare gab.

Die Kirche leistet vor allem auf dem Schulwesen viel und liegt in ihrer Bedeutung weit über ihrem Bevölkerungsanteil. Erst seit 1978 kommt es infolge der islamischen Restauration zu einer die Mission einschränkenden Gesetzgebung. 1961 erfolgte die Errichtung der Hierarchie. 1993 gab es bei 181 Millionen Einwohnern etwa 4,9 Millionen Katholiken.

In *China*, dem geliebten Sorgenkind der katholischen Missionstätigkeit, litt die Kirche in den ersten Jahrzehnten des 19. Jahrhunderts schwer unter Verfolgungen. Um 1815 wurden die 210.000 Katholiken von 160 Priestern betreut, von denen die Hälfte Chinesen waren, die z. T. im Seminar von Penang auf Malakka ausgebildet wurden. 1857 verzichtete Portugal auf sein Patronat mit Ausnahme von Macao mit Südchina. An seine Stelle trat das französische Protektorat. In den Verträgen von 1844, 1858 und 1860 erzwang Frankreich die Öffnung des Landes für die Mission (und natürlich für den Handel) unter seinem Schutze. Diese »ungleichen Verträge«, die den Christen finanzielle und soziale Vorteile brachten, sowie die Arroganz der Westmächte überhaupt, förderten den Fremdenhaß, der sich auch gegen die Missionen richtete (Massaker von Tientsin 1870, Boxeraufstand 1900). Der Einsatz an Missionspersonal war enorm und zeitigte vor allem zwischen 1900 und 1923 gute Erfolge. Es gab jährlich bei 100.000 Konversionen (1912 gab es 1,4 Millionen, 1930 2,5 Millionen Katholiken). Praktisch alle Missionsorden beteiligten sich an der Mission, der Schwerpunkt lag vor allem in Nordchina. Sehr intensiv bemühte man sich um die Ausbildung von heimischem Klerus. 1926 wurden die ersten chinesischen Bischöfe geweiht und 1939 die chinesischen Riten z. T. wieder gestattet. Starken Auftrieb gab auch die Nationalsynode von Shanghai 1929, die auch die Bedeutung des Laienelementes stärkte. Haupthindernis, das »höher war als die chinesische Mauer«, war und blieb aber der europäisch-lateinische Charakter der Kirche; er verhinderte eine Indigenisierung bei diesem alten Kulturvolk.

Ab 1923 kam es aus politischen Gründen zu Rückschlägen. Dem damals beginnenden kommunistischen Bürgerkrieg fielen zahlreiche Christen, Missionare und kirchliche Einrichtungen zum Opfer (1927 allein wurden über 100 Kirchen und Kapellen, 92 Missionsstationen und 31 Schulen zerstört), die Zahl der Konversionen sank auf 50.000 im Jahr, doch stieg die Katholikenzahl bis 1941 auf 3,13 Millionen. Der Japankrieg (ab 1937) und die damit verbundene Evakuierung der Ausländer brachte schwere Schäden. Nach dem Krieg wollte Papst Pius XII. die Kirche endgültig konsolidieren. Er nahm 1946 Thomas Tien als ersten Chinesen ins Kardinalskollegium auf und ernannte ihn zum Erzbischof von Peking, errichtete die ordentliche Hierarchie mit 20 Kirchenprovinzen und ernannte einen Internuntius. 1948 zählte die Kirche mehr als 3,3 Millionen Gläubige, die von 3.015 ausländischen und 2.576 chinesischen Priestern betreut wurden. Gut ausgebaut war auch das Spitals- und Schulwesen (katholische Universität Peking der SVD). Ab 1947 kam es zur Verschärfung des Bürgerkrieges, der 1950 mit dem Sieg der Kommunisten Mao Tse-tungs endete. Damit begannen Ausweisungen, Verfolgungen und Schauprozesse. Ab 1957 arbeitete die Regierung auf die Bildung einer Nationalkirche hin und ließ 45 vom Papst nicht bestätigte Bischöfe weihen. Die Kulturrevolution brachte eine neuerliche Verschärfung der Situation. Jüngste Kontaktversuche (ab 1980) bestätigen den Eindruck, daß ein Großteil der chinesischen Christen nunmehr im Schisma lebt. Die Zahl der Christen nimmt immer noch zu.

In *Korea* litt die junge und kleine Christengemeinde bis 1869 unter ständigen Verfolgungen; erst 1881 konnte eine geregelte Mission aufgenommen werden, und die Katholikenzahl stieg bis 1912 auf 79.000. Die Japaner verhinderten allerdings bis 1942 einen heimischen Episkopat. Schwer litt die Kirche auch 1950–1953 unter dem Koreakrieg. Doch kann sie sich im Süden seither gut entfalten und zählt unter 42 Millionen Einwohnern 2,4 Millionen Katholiken. Über die Situation der Kirche in Nordkorea ist praktisch nichts bekannt.

Japan hatte sich über 250 Jahre gegenüber dem Ausland versperrt, bis es die Amerikaner 1854 gewaltsam öffneten. 1865 entdeckte Bernard-Thadée Petitjean in der Nähe von Nagasaki 30.000 bis 50.000 Altchristen, von denen sich der größere Teil der Kirche anschloß – ein wundersames Zeugnis der Glaubenstreue und der Missionsarbeit 260 Jahre zuvor (noch 1954 wurden auf Kyushu weitere 30.000 Altchristen festgestellt). 1889 wurde Religionsfreiheit gewährt und 1891 die Hierarchie errichtet. Bis 1900 entwickelte sich die Mission gut. Doch setzte dann die rasche Entwicklung Japans ein, die mit ihrem Nationalismus das Evangelium ablehnte. Erst nach der Niederlage von 1945 nahm die Zahl der Konversionen wieder zu, doch erlangte das Christentum bis heute keine bedeutende Rolle. Zur Zeit stagniert die Kirche mit etwa 426.000 Katholiken bei 124 Millionen Einwohnern.

Australien und *Ozeanien* wurden von der Mission bis zur Mitte des 19. Jahrhunderts fast ignoriert. Dann wurde sie mit einem gehörigen Schuß Romantik aufgenommen, erwies sich aber bei der großen Streuung und den vielen Tropenkrankheiten als sehr schwierig. In Polynesien wirkten die Pictusväter. Einer von ihnen, Damian Deveuster, ließ sich 1873 auf Molokai bei den Aussätzigen internieren, wo er selbst 1889 an der Lepra starb. Bereits 1836 wurde ein Vikariat für Mikronesien und Melanesien eingerichtet. Bis um 1900 wurden alle Inseln zu Kolonien, und entsprechend der politischen Verhältnisse ging die Mission mit unterschiedlichem Erfolg voran. 1914 gab es 190.000 Katholiken, 1947 waren es 280.000 unter 2 Millionen Einwohnern. In Australien und in Neuseeland beschränkte sich die Mission hauptsächlich auf die Einwandererbetreuung, doch gab und gibt es auch Mission bei den Aborigenes im Norden.

Afrika wurde zwar in der Neuzeit als erster Kontinent von der Mission erfaßt, jedoch nur an den Küsten. Infolge der kirchenpolitischen Zustände im Mutterland Portugal war die Mission zu Beginn des 19. Jahrhunderts praktisch zusammengebrochen. Wie bei keinem anderen Kontinent blieben die küstenfernen Gebiete unbekannt und unerschlossen. Erst gegen Ende des Jahrhunderts wurde Schwarzafrika innerhalb von 15 Jahren als Kolonialgebiet aufgeteilt und damit auch der Mission zugänglich.

Eine Sonderstellung nimmt der islamische Gürtel nördlich der Sahara ein, wo Frankreich sich mit der Eroberung Algeriens ab 1830 ein Kolonialreich schuf. Der Erzbischof von Algier, Kardinal Charles-Martial-Allemand Lavigerie, gründete 1864 das Klerikalinstitut der Weißen Väter mit der speziellen Aufgabe der Islammission (1869 dazu Weiße Schwestern). Zwar blieb der Missionserfolg zahlenmäßig unbedeutend (bis 1906 800 Bekehrungen); bemerkenswert sind jedoch die Anpassung und Methode (vierjährige Katechumenatszeit), die sich in anderen Missionsgebieten bewährten. Unter den Tuareg wirkte der 1916 ermordete Charles de Foucauld als Eremit; als Missionar erfolglos, war er trotzdem beispielgebend für die Zukunft. Seit der Selbständigkeit Algeriens (1961) wanderten fast alle Katholiken aus den Maghrebstaaten aus.

In *Schwarzafrika* gab es zunächst nur unfruchtbare Ansätze: Clunyschwestern 1819 in Senegambien und 1823 in Sierra Leone, Heilig-Geist-Väter 1843 in Dakar und 1843 in Nigeria, Jesuiten ab 1845 auf Madagaskar (1883 vertrieben); die Missionare fielen zumeist dem mörderischen Klima zum Opfer. Der erste erfolgreiche Ansatz geschah durch den Malteser Daniel Comboni, der 1854 im Südsudan wirkte, dann in Verona die dortige Missionsgesellschaft gründete und sich ab 1872 den Negerstämmen am oberen Nil widmete. Ihm kamen 1878 die Weißen Väter im angrenzenden Uganda zu Hilfe. Nach einer Verfolgung 1885 (hll. Karl Lwanga und Gefährten) kam es zu Massenbekehrungen, und in Uganda entstand die erste Volkskirche Afrikas, die bald auch einen heimischen Klerus hatte. Bis 1900 wurde in den meisten Gebieten die Mission aufgenommen, die sich je nach Kolonialmacht und Einfluß des Islam verschieden entwickelte. Natürlich übte die zivilisatorische Überlegenheit der Europäer eine starke Anziehungskraft aus, und durch die Annahme der Taufe konnte auch eine soziale Besserstellung erreicht werden. Das soll aber die Arbeit der Missionare nicht herabsetzen; ihnen kann höchstens vorgeworfen werden, daß sich einzelne zu sehr als Vertreter ihrer Nation verstanden und so indirekt Handlanger der Kolonialmacht waren.

Bald bildeten sich Zonen: Im Norden überwog der Islam, der bis heute besonders an der Ostküste nach Süden drängt; beiderseits des Äquators überwog die katholische Mission, während der Süden von den Protestanten dominiert wurde (Reformierte, Anglikaner). So gab es eine erfolgreiche Missionstätigkeit bei den Aschantis an der Elfenbein- und Goldküste und bei den Völkern Niedervoltas (Ghana), Togos und Dahomeys (Benin). Sehr erfolgreich war die Mission auch in Ostnigeria bei den Ibos und in Kamerun, während in Gabun und Französisch-Kongo die Kirche erst mit einiger Verspätung Erfolg hatte. 1885 wurde der Kongostaat gebildet (1908 Belgisch-Kongo), in dem König Leopold II. zunächst Scheutvelder Missionare (CICM) einsetzte, die aber bald andere Missionskräfte beizogen. Es wurden Kapellendörfer errichtet, die die Funktion der mittelalterlichen Abteien bei der Missionierung Europas gewannen. Die Kongomission wuchs am kräftigsten und verzeichnete um 1930 jährlich etwa 50.000 Taufen. Bei seiner Unabhängigkeit 1960 hatten die Katholiken im Kongo (seit 1971 Zaire) schon die 40-Prozent-Marke überschritten und halten z. Z. bei 52 Prozent. In den Nebenländern Ruanda und Burundi wuchs die Mission ab 1900 noch schneller, hier wurde auch die Heranbildung eines heimischen Klerus forciert. In Burundi sind etwa 3 Fünftel der Bevölkerung katholisch, in Ruanda etwa 44 Prozent; beide Staaten leiden aber an Überbevölkerung und sozialen Spannungen. Auch in Deutsch-Ostafrika (Tanganjika) verlief die Mission erfolgreich; dort wirkten Weiße Väter, Schweizer Kapuziner und Benediktiner aus St. Ottilien. Nach dem Ersten Weltkrieg erlitt die katholische Mission allerdings einen starken Rückschlag (heute 21 Prozent Katholiken). Ähnlich waren die Erfolge in Kenia und Nyassaland (Malawi).

Der Süden des Kontinents war schon durch die Protestanten erfaßt. Von Bedeutung für die katholische Kirche waren nur die Missionen in Basutoland (Lesotho) durch die Oblaten der Unbefleckten Jungfrau Maria seit 1862, in Natal, wo die Trappisten von Mariannhill ab 1882 zu einem Missionsorden heranwuchsen (Abt Franz Pfanner, 1825–1909), und bei den Zulus durch die Benediktiner von St. Ottilien.

Die portugiesischen Kolonialgebiete wurden missionarisch lange vernachlässigt. So gab es 1865 in ganz Angola nur sechs Priester, zu denen aber bald andere Missionskräfte stießen, die das Bekehrungswerk wieder aufnahmen. Moçambique zählte noch 1914 nur 5.000 afrikanische Katholiken. 1911 erlitt in beiden

Ländern die Mission aus politischen Gründen einen schweren Rückschlag und wurde erst nach 1926 – diesmal mit gutem Erfolg besonders in Angola – wiederaufgenommen. Allerdings war sie stark mit dem politischen System verquickt, so daß 1971 die Weißen Väter die Ostafrikamission verließen. 1975 erhielten beide Länder auch prompt eine kirchenfeindliche Regierung. Auf Madagaskar konnte nur zwischen 1896 und 1906 gute Missionsarbeit geleistet werden; voll setzte die Missionierung erst nach dem Ersten Weltkrieg ein; seither nimmt sie kontinuierlich zu. Praktisch ganz katholisch wurden Reunion und die Seychellen.

Der *Zweite Weltkrieg* leitete die *Entkolonialisierung Afrikas* ein. Aus den meisten islamischen Staaten wurden die Europäer des Landes verwiesen, so daß dort die Kirche kaum mehr präsent ist. In Schwarzafrika erlangten die meisten Staaten um 1960 die Unabhängigkeit, denen mit gehöriger Verspätung die portugiesischen Gebiete folgten (1974/75). Da vielfach die Bildung einer heimischen Elite unterblieben war, kam es zunächst zu Bürgerkriegen und Aufständen (Kongo, Nigeria) und zu mehr oder weniger gewalttätigen Diktaturen und zum Einfluß kommunistischer Mächte. Da dieser Umbruch zu erwarten war, wurde bereits 1953 die ordentliche Hierarchie in Uganda, Kenia und Tanganjika errichtet, 1955 im gesamten französischen Afrika und reichlich spät (1959) in Belgisch-Kongo, das damals auch seinen ersten heimischen Weihbischof erhielt. Oft wurden überstürzt Bischöfe ernannt, um den neuen Machthabern entgegenzukommen, die keinen Weißen in höheren Positionen dulden wollten. Im Laufe der sechziger Jahre konnte der Heilige Stuhl mit fast allen neuen Staaten diplomatische Beziehungen aufnehmen, und langsam konsolidierte sich die Lage. Doch wurden verschiedentlich auch die europäischen Missionskräfte des Landes verwiesen (Südsudan) oder litten stark unter Unruhen (Kongo) oder Gewaltherrschaften (Äquatorialguinea 1969–1979, Uganda bis 1979) bzw. neuerdings unter kommunistischen Regimen, die meist die kirchlichen Einrichtungen (Kirchen, Schulen, Krankenhäuser) enteigneten (Moçambique). Trotzdem ist die Kirche dabei, sich zu konsolidieren, auch wenn noch vieles in Bewegung ist. Alles weist darauf hin, daß sich echte afrikanische Kirchen bilden, zumal auch vielfach ein guter heimischer Priesternachwuchs zu verzeichnen ist. Es vollzieht sich zur Zeit eine Enteuropäisierung, womit auch der Makel der Kolonialkirche getilgt wird.

Im dünnbevölkerten *Kanada* wurde im 19. Jahrhundert die Mission im Norden und Westen aufgenommen. Der Eskimomission widmen sich seit 1860 die Oblaten der Unbefleckten Empfängnis Marias, die seit 1930 in ihrem sehr verstreuten Gebiet Flugzeuge einsetzen. Ähnlich wird die Mission in Nordwestkanada und Alaska betrieben. Zahlenmäßig ist diese Mission unbedeutend, wertvoll aber ist sie als Zeugnis der Verkündigung des Evangeliums an alle Völker. In den *USA* wurden die Indianer im Laufe des 19. Jahrhunderts in Reservationen gepfercht. Durch einen üblen Trick der Regierung des Präsidenten Ulysses Simpson Grant (1869–1877) wurden der katholischen Kirche 30 von 38 Gebieten entzogen und mit 80.000 katholischen Indianern protestantischen Missionaren zugewiesen.

In *Lateinamerika* brach mit der Unabhängigkeitsbewegung in den ersten Jahrzehnten die Indianermission völlig zusammen. Ab 1860 wurde sie z. T. wieder aufgenommen, doch stand sie von Staats wegen unter dem Motto Pazifikation und Integration, d. h. die wildlebenden Indianervölker wurden häufig ausgerottet, wie dies heute noch durch Brasilien im Amazonasgebiet geschieht. Doch gibt es eine funktionierende Mission an den Osthängen der Anden, so in Venezuela, Peru und im Tiefland von Bolivien, wo wieder Reduktionen errichtet wurden. Die meisten Missionsorden aber, die in Lateinamerika tätig sind, widmen sich in diesem priesterarmen Kontinent der Seelsorge. Wie oberflächlich die ursprüngliche Mission war, zeigt sich im Wiederaufleben indianischer und negrider Kulte.

Die um 1960 einsetzende Säkularisierungswelle in Europa und Nordamerika wirkte sich auch auf die Missionen aus. Der Nachschub an Missionskräften ging merklich zurück; Mission wurde häufig als bloße Entwicklungshilfe für die Dritte Welt verstanden, brachte aber auch viele Laienhelfer in die Missionsgebiete. Zudem kam es zu einer Zunahme marxistischer Ideen, die z. T. bis in die Gegenwart wirken. Bedeutsam ist auch, daß seit etwa 1990 60 Prozent der Katholiken in der südlichen Hemisphäre leben.

Das II. Vatikanum brachte mit seinem Kirchenverständnis auch für das Missionswesen ein Umdenken. Es geht nicht mehr um eine naive Verchristlichung der Welt, sondern um eine Erneuerung der Welt im Sinne des Evangeliums, diese aber ist nicht nur auf sogenannte Missionsgebiete beschränkt. Dieser Gedanke wurde auf der Bischofssynode von 1974 weitergeführt, deren Ergebnisse 1975 im Apostolischen Schreiben »Evangelii nuntiandi« vorgelegt wurden; darin ist mehr von Evangelisation als von Mission die Rede. Andere Grundsätze des Konzils wurden zwar aufgegriffen, aber noch keineswegs umgesetzt, so die Themen »Einheit in der Vielfalt« und »Prinzip Ortskirche«. In Diskussion stehen die Themen Inkulturation anstelle einer äußerlichen Akkommodation und daraus sich ergebend der Dialog mit den Weltreligionen und eine kontextuelle Theologie. Darunter versteht man »die heute notwendige Gestalt der christlichen Theologie, insofern diese angesichts eines wachsenden Bewußtseins der Vielzahl der Religionen und Weltanschauungen, Philosophien und Kulturen, politischen und gesellschaftlichen Systemen ihre Gestalt und Sprache auf das jeweilige geschichtlich-gesellschaftliche Umfeld hin finden muß« (H. Waldenfels). Auch die Solidarisierung der Kirche mit den Armen und Rechtlosen wirkt sich auf die Mission aus, wobei den lateinamerikanischen Bischofsversammlungen von Medellin (1968), Puebla (1979) und Santo Domingo (1992) eine bedeutsame Rolle zukommt. Bemerkenswert ist auch das in den letzten Jahrzehnten gewachsene Selbstbewußtsein der »jungen Kirchen« in Afrika und Asien.

12. GOTTESDIENST, SEELSORGE UND FRÖMMIGKEIT

Selbsterneuerung und Selbstbehauptung ließen die Kirche im 16. Jahrhundert eine neue Gestalt finden, die mittelalterliche Schatten abstreifte und in Struktur, Verkündigung, Seelsorge, Frömmigkeit und Caritas neue Formen fand. Infolge der Verluste an den Protestantismus ist die Kirche der Neuzeit stärker romanisch geprägt, andererseits bringt die Auseinandersetzung mit dem evangelischen Lager fruchtbare Spannungen in Theologie und Spiritualität. Noch größer als im Mittelalter ist die nun vorwiegend pastorale Bedeutung des Papsttums und der Orden, vor allem der Gesellschaft Jesu. Als Konkurrenz für das kirchliche Denken tritt im 17. Jahrhundert das naturwissenschaftliche, im 18. Jahrhundert das der Aufklärung auf den Plan. Neue Infragestellungen brachten die Französische Revolution mit ihren Folgen, die einschneidenden gesellschaftlichen Veränderungen im 19. Jahrhundert, die grundlegende Umgestaltung der Verhältnisse in Europa durch den Ersten Weltkrieg, schließlich die mit der Papstwahl von 1958 einsetzenden Wandlungen im Inneren der Kirche und im Verhältnis zur modernen Welt.

§ 165
Von Trient zum »Barockkatholizismus«

Der Ausdruck *Barockkatholizismus* kommt zwar vom neuen Kunststil des 16. bis 18. Jahrhunderts, läßt sich jedoch für das Leben der Kirche insgesamt ebenfalls verwenden. Die Kirche dieser Zeit ist von der des Spätmittelalters, ihrer unmittelbar nachtridentinischen Form sowie vom Katholizismus des 19. Jahrunderts deutlich verschieden, obschon zahlreiche und starke Verbindungen zum Vorher und Nachher bestehen.

Die Barockfrömmigkeit legte gesteigerten Wert auf frommes Gefühl und starken Ausdruck. Größere Intensität trat an die Stelle der bunten Vielfalt des Spätmittelalters. Die Frömmigkeit stand zudem unter der fördernden und korrigierenden Hand kirchlicher Obrigkeiten, der Bischöfe und der römischen Kurie. Groß ist wie im Mittelalter die Freude am Wunder, die sogar Jansenisten und Jesuiten gemeinsam ist, wie etwa die wunderbaren Ereignisse am Grab des jansenistischen Diakons Franz von Paris (seit 1727) zeigen, die sogar zur Schließung des Friedhofes durch königliche Order führten.

a) Erneuerte Seelsorge

Der *Klerus* zeigt gegenüber dem Mittelalter viele positive Züge. In bischöflichen Seminarien (die allerdings erst allmählich errichtet wurden), Jesuitenkollegien oder Häusern anderer Gemeinschaften (Pierre de Bérulle, Jean-Jacques Olier, Vinzenz von Paul, Johannes Eudes) geformt, war er wissenschaftlich und aszetisch besser gebildet als früher.

Die *Predigt,* vom Trienter Konzil den Pfarrern an Sonn- und Feiertagen zur strengen Pflicht gemacht, hatte alte und neue Formen: Perikopen- und thematische, Advent- und Fasten-, Kontrovers- und Missionspredigt. Sie will Affekte wecken und auf das Gemüt wirken (ähnlich wie im Pietismus auf protestantischer Seite) und drohte sich manchmal im Effektvollen zu verlieren. Der berühmteste Barockprediger, der Augustinereremit Abraham a Sancta Clara (1644–1709), beeindruckte durch sprachschöpferische Fabulierkunst und treffsicheren Witz. Den Rahmen für die Kanzelrede bildete die immer reicher geschmückte und ikonographisch aussagekräftige Barockkanzel.

Der sonstige *Volksunterricht* konnte sich auf zahlreiche Katechismen (Petrus Canisius seit 1554) stützen. Sie gewannen zunehmend Selbständigkeit gegenüber Luther und Erasmus. Klerikergemeinschaften und Bruderschaften (»Bruderschaft von der christlichen Lehre«, von Karl Borromäus eingeführt) bemühten sich um den religiösen Unterricht. Die Volksmissionen suchten seit dem 17. Jahrhundert, von weltlicher und kirchlicher Seite gefördert, das vom Absolutismus vernachlässigte Volk geistlich zu heben (Vinzenz von Paul, Paolo Segneri, die Redemptoristen).

Auch die *organisatorische Seite der Seelsorge* wurde weiterentwickelt: Die von Trient vorgeschriebenen Tauf-, Trauungs- und Sterbematrikeln wurden allgemein eingeführt, Beicht- und Kommunionregister kontrollierten die sakramentale Praxis des Volkes. Auf diözesaner Ebene dienten die Visitationen des Bischofs oder seiner Beauftragten der Lenkung und Kontrolle von Geistlichen und Laien.

In Stadt und Land lebten die *Bruderschaften* neu auf, das Gewicht verlagerte sich von der mittelalterlichen Zunft zur überständischen Gebetsbruderschaft. Dritte Orden und Marianische Kongregationen sind von den Orden geprägt. Aus Bruderschaften erwuchsen auch Neugestaltungen des Ordenslebens, vor allem in den romanischen Ländern. Das ganze Gefüge frommer Vereinigungen, die auch wichtige karitative und soziale Aufgaben wahrnahmen, stellte sich eindrucksvoll bei der Fronleichnamsprozession zur Schau.

Eine Art Geheimbund mit Verbindungen zu einflußreichen Persönlichkeiten war die 1627 gegründete Compagnie du Saint Sacrement, alsbald Ausgangspunkt der wichtigsten katholischen Aktivitäten in Frankreich, besonders für karitative und missionarische Werke. Ihr kompromißloser Kampf gegen Teufel, Welt und Fleischeslust, gegen bedenkliche und harmlose Geselligkeit sowie ihr Haß gegen die Protestanten (Einfluß auf die Aufhebung des Ediktes von Nantes 1685) gaben ihr inquisitorische Züge, die Verschwiegenheitspflicht machte sie verdächtig. Obwohl sie der Aufhebung verfiel, wirkte ihr Geist bis zum Ende des 18. Jahrhunderts nach.

Als Vermittler einer intensiven Frömmigkeit erscheinen unzählige Gebetbücher und andere kleine Erzeugnisse des Buchdruckes. Bis ins 18. Jahrhundert erreicht diese volkstümliche *religiöse Literatur* immer breitere Kreise, als die Mystik längst durch den Quietismus in Verruf geriet, religiöse Themen in Lyrik, Epik und Drama zurücktraten und der weltlich bestimmte Roman zur bevorzugten literarischen Gattung wurde. Die schon weit verbreitete Kenntnis des Lesens war Hauptbedingung für die Breitenwirkung dieser Literatur. Wichtige Beispiele sind die »Hauspostille« des Leonhard Goffiné (1690) und die Schriften Martins von Cochem († 1712, vor allem seine Meßerklärung und sein Leben Jesu).

Das *Jesuitentheater* gehörte zum Glanzvollsten in der Bühnenwelt des 17. Jahrhunderts, war allerdings durch die lateinische Sprache (mit wenigen Ausnahmen, darunter der Jesuit Friedrich von Spee) den Bildungsschichten vorbehalten. Wo die Bildungsarbeit der Jesuiten weniger unter dem Konflikt mit den Jansenisten litt, erreichte ihr Schuldrama seit 1650 seine höchste Entfaltung. Die Kaiserfestspiele in Wien führten fast ohne Zäsur zur Oper. So wurde das zur Unterhaltung der Schüler eingeführte Schauspiel zu einem wichtigen seelsorglichen Mittel und fand Nachahmung bei anderen Orden. Die spanischen Fronleichnamsspiele (Pedro Calderón de la Barca, † 1681) waren eindringliche Predigten in Form eines Dramas.

b) Liturgie und Sakramentenempfang

Die neuen Liturgiebücher (Missale Romanum von 1570) beseitigten Mißbräuche und vereinheitlichten die *Liturgie,* führten jedoch zur Preisgabe auch wertvollen Eigengutes. Zur Mitte des christlichen Gottesdienstes drang man nicht vor, setzte aber zur Ehre Gottes und zur religiösen Beeinflussung der Gläubigen übersteigerte menschliche Ausdrucksmittel ein: Ritus, Musik, Licht und Duft ergaben ein genau und andächtig aufgeführtes Drama. Dieses und der architektonisch einheitliche Kirchenraum vereinigen die vielen Andächtigen, schaffen jedoch keine wirkliche Feiergemeinschaft. Die Frömmigkeit der Laien und auch vieler Geistlicher war daher auf Ersatzformen und paraliturgische Bildungen verwiesen, in denen die Barockfrömmigkeit vorwiegend fruchtbar wurde. Auch die protestantische Parallele, der Pietismus, stellt neben den – vor allem musikalisch – reich ausgestalteten Gottesdienst Andachtsformen, die den einzelnen Frommen ansprechen und der offiziellen Liturgie die lebendigsten Kräfte entziehen. Dramatische Veranschaulichungen wie Krippe, Ölberg, Heiliges Grab mit den entsprechenden Andachten, dem Passionsspiel und der groß aufgezogenen Fronleichnamsprozession werden zu neuen Höhepunkten des Kirchenjahres.

Neue Liturgiebücher, die von französischen Bischöfen (in Paris Missale 1736, Brevier 1738) unter dem Einfluß gallikanischer Rechtsvorstellungen herausgegeben wurden, nahmen manche Reformen Pius' X. und des II. Vatikanums vorweg. Liturgische Reformbestrebungen kannten auch der Episkopalismus und der Josephinismus. Übersetzungen der liturgischen Bücher sollten dem Verständnis helfen, und auch Bestrebungen nach Vereinfachung meldeten sich.

Kein liturgisches, sondern ein aszetisches Problem war die Hinführung zur *öfteren Kommunion,* gefördert von manchen Orden, Bruderschaften und sonstigen frommen Kreisen, indirekt auch durch die Ablässe, deren Voraussetzung der Kommunionempfang war. Klöster und Wallfahrtsorte zählten stolz die jährlichen Kommunionen. Gegen die Jansenisten kämpfte der Jesuitenorden für die öftere Kommunion. Da der Empfang vielfach seinen Platz außerhalb der Messe hatte, war den Gläubigen der Mittelpunkt der prunkvollen Hochämter genommen. Die Kelchkommunion lebte nur in bescheidenen Resten weiter (Papstmesse, Bischofsweihe, Krönung, klösterliche Gemeinschaften) und galt gemeinhin als protestantisch. Die gemeinsame feierliche Erstkommunion wurde (zuerst in München 1661) von den Jesuiten eingeführt.

Außer der Kommunionspendung fehlte dem barocken Hochamt auch die Predigt, wenn sie – wie gewöhnlich – mit eigenen Eröffnungs- und Abschlußgebeten vor demselben stattfand. Immerhin wurde die Pflicht zur Anhörung oft betont.

Die *Beichte* ging der Kommunion regelmäßig voraus. Künstlerische Auswirkungen der katechetisch und aszetisch ausgebauten Beichtpraxis sind die Beichtstühle, die sich aus offenen und beweglichen Möbeln (oft nur bei Bedarf aufgestellt) zu manchmal reich verzierten, meist dreiteiligen Einrichtungsstücken entwickelten. Johannes Nepomuk, als Märtyrer des Beichtsiegels heiliggesprochen (1729), wurde auch an Straßen und auf Brücken häufig dargestellt.

Der *Ablaß* als Nachlaß der Sündenstrafen, vor allem der vollkommene, erfreute sich großer Beliebtheit und streifte viele Mißbräuche des Mittelalters ab. Entsprechend privilegierte Bruderschaften, Klöster, Wallfahrtsorte und bestimmte Feste erfuhren gerade durch Ablässe stärkere Förderung.

Die kirchliche *Eheschließung* stand im Rituale, das keine gesamtkirchliche Vereinheitlichung erlebte, und wies daher starke regionale Unterschiede auf. Entsprechend den tridentinischen Regelungen galten die Konsenserklärung vor dem Pfarrer und zwei Zeugen oder die Einsegnung der Ehe als das sakramentale Geschehen bei der Ehe.

Aus wirtschaftlichen Schwierigkeiten infolge der übergroßen Zahl von *Feiertagen* kamen Wünsche nach deren Verminderung, gewöhnlich von weltlichen Regierungen (auch in Hochstiften). Schon der Regensburger Fürstenkonvent von 1524 hatte als Höchstzahl 35 verlangt, in Frankreich kam es 1583 zu einer Reduktion. Als Urban VIII. 1642 die Zahl 34 festlegte, war auch das Fest des hl. Joseph darunter, dessen Beliebtheit noch im Wachsen war. Örtliche Feste galten der Kirchweihe und dem Kirchenpatron und immer mehr auch besonderen Landespatronen. Neuere Reduktionen geschahen im Frankreich Ludwigs XIV., in Spanien, Neapel und Sizilien, Österreich (unter Maria Theresia), Bayern und den katholischen Gebieten Preußens. Neu vorgeschrieben wurde das Fest der Unbefleckten Empfängnis Mariä in Österreich (Wien 1629 durch Kardinal Klesl), Spanien (1644) und schließlich für die Gesamtkirche (1708).

c) Frömmigkeitsformen

Da die Entwicklung der Frömmigkeit hauptsächlich neben der unveränderten Liturgie herging, wurde der Graben zwischen Liturgie und *Volksfrömmigkeit,* den das Mittelalter aufgerissen hatte, noch weiter vertieft. Die nachtridentinische Frömmigkeit führte zahlreiche vorreformatorische Andachten weiter, setzte aber auch manche neue Akzente. Gefördert von Orden und Herrscherhäusern (»Pietas Austriaca«), weckte sie ein begeistertes Glaubensbewußtsein und erreichte eine noch heute erkennbare Stärke. Da Aufklärung, Restauration und Romantik keine vergleichbare Lebendigkeit gewannen, prägte sie die katholische Religiosität bis in die Gegenwart. Sie sprach tiefe religiöse Schichten des Menschen an, in die das christliche Leben hineinreicht, besonders im Süden Europas, in Lateinamerika und in den südlichen Ländern deutscher Zunge.

Zum Unterschied von vergleichbaren protestantischen Formen (Pietismus) liebt der Barockkatholizismus die Bewegung, Prozessionen und Wallfahrten. Neue Pilgerziele entstanden, Wallfahrtskirchen stehen an Größe und künstlerischer Gestaltung den bedeutenden Klosterkirchen nicht nach. Rompilger besuchten gerne Loreto, dessen Litanei (Lauretanische Litanei) weite Verbreitung fand.

Theozentrischer Art ist die Dreifaltigkeitsverehrung, gefördert durch die Gegnerschaft zu den Antitrinitariern und dem nur monotheistischen Islam (vor allem bei den Habsburgern) und durch Zeitnöte wie Pestseuchen (Säulen zu Ehren der Dreieinigkeit). Auch die Darstellung der Dreifaltigkeit begegnet in der Kunst sehr oft, vor allem als Gnadenstuhl und als horizontale Dreifaltigkeit (Vater und Sohn nebeneinander), nicht selten verbunden mit der Marienkrönung.

Die Andachten zum Leiden Christi führen mittelalterliches Brauchtum weiter und entfalten es reich: Der Kalvarienberg wird zur regelrechten Sakrallandschaft, Fastenpredigten und Passionsspiele erleben eine neue Blüte. Im 18. Jahrhundert verbreitet sich der reich mit Ablässen bedachte franziskanische Kreuzweg (14 Stationen) allgemein, vor allem durch die Tätigkeit des Franziskaners Leonhard a Porto Maurizio.

In mittelalterlicher Mystik wurzelnd, erlangt die Herz-Jesu-Verehrung ihre stärkste Entfaltung durch Johannes Eudes und die Visionen der Salesianerin Margaretha Maria Alacoque († 1690), die den Kommunionempfang am ersten Freitag des Monats und das Herz-Jesu-Fest förderte. Die theologischen Grundlagen wurden in langen Kontroversen geklärt. Von den Jansenisten bekämpft, wurde die Andacht von den Jesuiten verbreitet. Zunächst für Polen und die römische Erzbruderschaft erschien ein Festoffizium (1765), das sich rasch verbreitete. Zahlreiche Bruderschaften zeigen die Stärke des Kultes. Die Herz-Jesu-Verehrung blieb nicht nur von abergläubischen Erscheinungen frei, sondern hielt auch in den späteren Revolutionen stand.

Das aufbewahrte Altarssakrament wanderte aus dem evangelienseitigen Sakramentshäuschen des Mittelalters in das Tabernakel auf dem Hochaltar, das einen thronartigen Aufbau für die häufigen Aussetzungen in der Monstranz (auch während der Messe) erhielt. Vom Altargerät erlebt gerade die Monstranz in der Barockzeit ihre höchste künstlerische und ikonologische Entwicklung. Als besondere Andacht entstand zunächst für die Zeit der Grabesruhe Christi das Vierzigstündige Gebet vor dem ausgesetzten Sakrament (zuerst in Mailand 1527). Auf andere Zeiten übertragen, wurde es von Klemens VIII. als Ewige Anbetung in den verschiedenen Kirchen der Stadt organisiert (1592). Aus ihr entwickelten sich die unter den Pfarren reihum gehenden Anbetungstage (nach dem Dreißigjährigen Krieg zunächst in Bayern und Mainz). Sakramentsbruderschaften waren im ganzen Abendland Träger religiöser und karitativer Tätigkeit.

Die *Marienverehrung* pflegte man mit betonter Gegnerschaft gegen protestantische Angriffe. Durch das neue römische Brevier verbreitete sich die heute allgemeine Form des Anhanges zum Ave Maria. Der Rosenkranz erhielt seine heutige Form und wurde zu einem katholischen Kennzeichen. Von den Mariendarstellungen begegnet besonders oft die Unbefleckt Empfangene, die der Schlange den Kopf zertritt, auch auf öffentlichen Plätzen (Mariensäulen) und selbst an Häusern. Immer weiter verbreitete sich auch die Überzeugung von der Unbefleckten Empfängnis (Verpflichtung der Jesuitenschulen zu ihrer Verteidigung). Auch die Pietà, die Darstellung der Schmerzhaften Mutter Christi, schon im Spätmittelalter sehr verbreitet, lebt in der Kunst der Renaissance (Michelangelo) und des Barock in unzähligen Bildwerken weiter. Ein dieser Zeit besonders liebes Marienbild ist auch die Assunta in ihrer triumphalen Auffahrt in den Himmel und die Krönung durch die Dreifaltigkeit, Maria als Himmelskaiserin im Schmuck der Krone und umgeben von jubelnden Engelscharen. Auch in Politik und Kriegsführung reicht die Marienverehrung hinein. Die Banner der Liga im Dreißigjährigen Krieg trugen das Bild der Immaculata. Ludwig XIII. (1610–1643) weihte 1638 zu Mariä Himmelfahrt Frankreich der seligsten Jungfrau. Seit dem Scheitern der Belagerung des Klosters auf der Jasna Góra durch die Schweden (1655) galt die Schwarze Madonna als Königin Polens. Kurfürst Maximilian von Bayern ernannte Maria zur Schutzfrau Bayerns und ordnete eine Ehrenwache vor ihrem Bild an, und dem Habsburger Ferdinand II. galt sie als »Erzstrategin«. Der Türkensieg vor Wien (1683) führte zum liturgischen Fest Mariä Namen. Wallfahrtsorte wurden durch Förderung seitens der Herrscher gewissermaßen dynastisch und territorial, z. B. Mariazell österreichisch, Altötting bayerisch. Die Jesuiten, die von ihnen gelenkten Marianischen Kongregationen und viele andere Orden förderten bewußt die Marienverehrung. Unter vielen besonderen Andachtsformen ist die Verehrung des Herzens Mariä neben dem Herzen Jesu (Johannes Eudes) und der Gedanke der »marianischen Knechtschaft« (Ludwig Maria Grignion von Monfort, † 1716) hervorzuheben. Die Maiandacht entwickelte sich vom 17. Jahrhundert an in Form täglicher Gebete zur Gottesmutter durch den ganzen Monat.

Auch andere *Heilige* kamen als Zeugen des Gnadenwirkens Gottes und als Fürsprecher beim himmlischen König zu neuen Ehren. Die imponierendsten Leistungen der historischen Wissenschaften suchten eine tragfähige Hagiographie zu erstellen (Mauriner, Bollandisten). Ging auch die große spätmittelalterliche Zahl besonders verehrter Heiliger zurück, so treten einige Gestalten wie der hl. Joseph oder die Pestpatrone Rochus und Sebastian stärker hervor. Allerdings waren die besten Plätze volkstümlicher Verehrung schon seit dem Mittelalter besetzt, und hinter den neuen Kanonisationen stand oft weniger die Frömmigkeit des Volkes als die Anstrengung von Orden und gekrönten Häuptern. Auch die Reliquien wurden gesammelt und verehrt, namenlose Gebeine aus den römischen Katakomben mit Authentik und lateinischen Namen versehen und in viele Kirchen übertragen (»Katakombenheilige«), wo sie in prachtvollen Reliquiaren Aufstellung fanden.

Eine besondere Rolle spielte auch die *Kunst* im Dienst des Glaubens. Die stilgeschichtliche Entwicklung ging von der Renaissance über den Manierismus zum Barock, der nicht einfachhin eine Spiegelung der katholischen Reform und der Gegenreformation ist. Dennoch zeigt die bevorzugte Darstellung von kontroversen Themen die Indienstnahme der Kunst für die katholische Verkündigung. Von Rom breitete sich die Barockkunst aus, vor allem in den katholisch gebliebenen Ländern entstanden ihre großen Werke als Ausdruck der letzten christlichen Gemeinschaftskultur des Abendlandes.

Kühn mutet der Ausgriff ins Übernatürliche an, christliche Bejahung auch des Diesseitigen, Verbindung von Natur und Gnade und Leidenschaftlichkeit des Ausdruckes zeigen die Kraft des behaupteten oder wiederhergestellten katholischen Glaubens. Der Kirchenraum verlor die Winkeligkeit der Gotik und wurde zum einheitlichen Saal, hingeordnet auf den durch keinen Lettner mehr verdeckten Hochaltar. Eine auch theologisch und liturgisch wichtige Aufgabe, die Verbindung von Langhaus und Zentralbau, fand geglückte Lösungen. Zunächst von italienischen Kräften getragen, schuf diese neue Kunst nach Gegenreformation und Dreißigjährigem Krieg besonders in den Kloster- und Kirchenbauten des süddeutschen Raumes bedeutende Werke. Theologische Inhalte zeigen sich in Plastik und Malerei, Fassaden und wohldurchdachten Altarwerken sowie insbesondere in weitgespannten, die ganze Heilsgeschichte vorführenden Ausmalungen von Decken und Kuppeln. Die bewegten Formen mündeten im 18. Jahrhundert in den Dekorationsstil des Rokoko. Für die Aufklärung unverständlich, mußten die künstlerischen Werte des Barock im späten 19. und im 20. Jahrhundert wiederum neu entdeckt werden.

In der *Kirchenmusik* hatte man in Trient gegen alles »Laszive und Unreine« gekämpft und die Polyphonie sogar überhaupt in Frage gestellt, schließlich aber doch anerkannt und ihre Werke (Giovanni Pierluigi aus Palestrina, Orlando di Lasso, beide † 1595) in den Dienst der Liturgie gestellt. Die Legende, Palestrinas Missa Papae Marcelli habe das geplante Verbot der polyphonen Musik verhindert, hat diese Entwicklung verklärt. Gerade in der Musik konnte die Religion noch lange ihre führende Rolle halten: Messen, Motetten und Kirchenlieder gehören noch im 18. Jahrhundert zu den bedeutendsten Schöpfungen. Die Musik erlebte in Kathedralen und Klöstern sowie in den Hofkapellen der Fürsten eine Hochblüte, die ihre Entsprechung auch im protestantischen Raum hat. In weiterer Folge ließ der Einfluß der Instrumentalmusik und der Oper vielfach die liturgischen Gesichtspunkte außer acht und führte allzu weltliche Elemente in die Kirchenmusik ein, so daß gerade bei höchstrangigen Werken eine Spannung zwischen Genialität der Komposition und liturgischer Angemessenheit entstand. Daraus werden spätere Kritik und Reformbestrebungen des 19. und 20. Jahrhunderts verständlich.

d) Schattenseiten der Barockfrömmigkeit

Ein Hauptmangel des Absolutismus und der ganzen barocken Kulturwelt ist die *Blindheit für soziale Fragen* und das selbstverständliche Festhalten an der überkommenen und sich noch mehr festigenden Ordnung der Stände. Absolutismus und Feudalismus hatten auch im kirchlichen Leben nachteilige Folgen. Die Bischöfe des 18. Jahrhunderts sind in Frankreich und Deutschland durchwegs adelig, in Kapiteln und bedeutenden Klöstern ist Adel Voraussetzung für die Aufnahme. Da auch die wichtigsten Nonnenklöster dem Adel reserviert waren, besserte sich die kirchliche Stellung der Frau nicht. Die unverheiratete Frau tritt, soweit ihr nicht das Adelsprivileg den Zugang zum Kloster gewährt, höchstens als Nonne in der Kirche hervor. Manche Orden und Kongregationen wie die Visitantinnen, Ursulinen und Englischen Fräulein eröffneten durch ihren besonderen Zweck Frauen die Möglichkeit, in geistlicher Verantwortung tätig zu sein. Kirchliche Bestrebungen drängten jedoch gewöhnlich auf Angleichung an ältere Formen des Ordenslebens mit Klausur.

Vernachlässigt wurden auch die eigentlichen sozialen Probleme. Die Not des kleinen Mannes kümmerte den Absolutismus wenig. Die Predigt mit ihrem selbstverständlichen dauernden Appell an die christliche Nächstenliebe änderte das System nicht. Auch in den protestantischen Ländern lagen die Dinge nicht anders. Man meinte, die von Gott zugelassene Armut so vieler sollte die Menschen vor den Gefahren des Reichtums bewahren. Manche obrigkeitliche Unternehmung schuf allerdings Arbeitsmöglichkeiten, so z. B. die umfassende Bautätigkeit der Päpste seit der Renaissance. Auch fehlt es nicht an Beispielen aufrichtiger persönlicher Fürsorge für die Untergebenen. Und große Bedeutung kam entsprechenden Aktivitäten von Orden zu wie dem Krankendienst der Jesuiten oder Privatinitiativen in Caritas oder Schulwesen, die zu Ordensgründungen führten (Camillus von Lellis, Johannes Leonardi, Joseph von Calasanza, Vinzenz von Paul, Johann Baptist de la Salle). Rühmlich bekannt sind die Bemühungen eines Petrus Claver um die Negersklaven. Stiftungen von Studienplätzen, die auch von Landesherren geschaffen wurden, ermöglichten den Söhnen einfacher Eltern den Besuch der Universität. Angesichts der fehlenden kirchlichen Soziallehre blieb als Motivierung zur sozialen Hilfe besonders die schlichte, stets in der Verkündigung betonte Mahnung zu tätiger Nächstenliebe.

Neben den schönen Seiten des Frömmigkeitslebens stehen vielfältige schwere Schäden, die als *Aberglaube* einzuordnen sind und weithin schon von einsichtigen Zeitgenossen kritisiert wurden. Im Vertrauen auf Gottes Hilfe empfangene Segnungen konnten bei magischem Verständnis leicht einen solchen Charakter annehmen. Im bäuerlichen Leben waren etwa Wettermessen und -segnungen dauernd von diesem Mißverständnis bedroht. Mittelalterlicher Aberglaube lebte nicht nur weiter, sondern entfaltete sich in vielen Bereichen noch stärker.

Der *Hexenwahn,* der im ausgehenden 16. und im 17. Jahrhundert seinen Höhepunkt erreicht, kommt nur zum Teil aus dem volkstümlichen Aberglauben, zum anderen aus Mängeln der Theologie und der weltlichen und kirchlichen Rechtspraxis. Hexenprozesse gibt es auch in protestantischen Gebieten, ein trauriges Erbe des Mittelalters und einer sehr fehlbaren Theologie. Die Prozesse verstießen gegen Forderungen des Naturrechts wie auch der Peinlichen Gerichtsordnung Karls V. (1532), galt doch der Hexenprozeß als Sonderverfahren mit erschwerter Verteidigung. Der Richter und der Landesherr hatten vielfach die Möglichkeit, sich am Besitz der Hexen zu bereichern. Gern ging man den Weg des geringsten Widerstandes und verdächtigte vor allem ältere Frauen. Einschränkende Verfügungen der Inquisitionskongregation und die Kritik katholischer (die Jesuiten Adam Tanner und Friedrich von Spee) und protestantischer Autoren (der kalvinistische Arzt Johann Weyer) hatten nur begrenzten Einfluß auf die schreckliche Wirklichkeit, die erst von der Aufklärung geändert wurde. Die letzte bekannte Hexenverbrennung geschah 1793 in Posen, im Volksaberglauben reichen Ausläufer des Hexenwahnes bis in die Gegenwart.

§ 166
Kirchliches Leben in einer modernen Welt

a) Verlust und Gewinn

In der seit der Französischen Revolution entstandenen Gesellschaft hatte die Kirche kein selbstverständliches Heimatrecht mehr. Dennoch brachten ihr Aufklärung, Revolutionen, Liberalismus und Sozialismus außer vielen Verlusten auch das Erwachen neuer eigener Kräfte. Durch sie gelangte sie über die negative Einstellung zur neuen Zeit hinaus und nützte die mit der neuen Gesellschaft entstandenen Möglichkeiten. So konnte sie sich nicht nur organisatorisch, sondern weithin auch geistig behaupten, selbst dann noch, als ihr die vulgären Ausläufer der Aufklärung im 19. Jahrhundert auch die niederen Volksschichten, vor allem die Arbeiter, entfremdeten. Den wichtigsten derartigen innerkirchlichen Entwicklungen ist hier nachzugehen.

Die Aufklärung im ganzen hatte, auch infolge kirchlichen Versagens vor der neuen Zeit, von Kirche und Christentum weggeführt. Dennoch entstand in Deutschland eine *katholische Aufklärung,* die das Christentum aus seinen lauteren Anfängen und den Grundsätzen der Vernunft erneuern und dadurch Glaube und Wissen, Kirche und neue Zeit versöhnen wollte. Anders als die protestantischen »Neologen« blieben ihre Vertreter auf dem Boden der Offenbarungsreligion und schufen, das Leitbild einer idealisierten Urkirche vor Augen, bedeutsame theologische, spirituelle und pastorale Neuansätze. Auf diese früher verkannten Leistungen wies schon 1908 Sebastian Merkle († 1945) hin und verlangte eine entsprechend differenzierte Beurteilung. Die Theologie verdankt der Aufklärung (nicht zuletzt infolge protestantischer Wegbereitung) die unentbehrliche historisch-kritische Methode und die Forderung objektiver Berichterstattung. Ziel der aufgeklärten Frömmigkeit war eine schlichte, bewußt christliche, am Evangelium ausgerichtete Lebensführung. Die Pastoral verlangte biblische und lebensnahe Verkündigung in Predigt und Katechese, gewissenhafte Seelsorge, volksnahe Liturgiefeier (Volkssprache), Auseinandersetzung mit der eigenen Zeit und eine gründliche, zeitgemäße Priesterbildung. Solche Bestrebungen wurden größtenteils von Romantik, Restauration und Ultramontanismus überlagert oder bekämpft, kehrten jedoch später im Reformkatholizismus, im »Modernismus« oder in heutigen Bestrebungen wieder.

Aufgeklärte Rechtsformen trafen sich um 1800 mit dem *Erneuerungswillen der Restauration* und vor allem der Romantik, die gegen die radikale Aufklärung auf die Werte der Tradition, des Gefühls, der Gemeinschaft, des Mittelalters und besonders der katholischen Kirche hinwies. Nicht von den Bischöfen oder von Rom ausgehend, waren diese Kräfte eigenständig und sammelten sich in kleinen gesellschaftlichen Zirkeln gebildeter Laien, wie sie für das kulturelle Leben der Zeit kennzeichnend waren, so in Münster (Fürstin Amalie von Gallitzin), Paris (konvertierte Russin Sophie Svetchine) und Wien (Hofbauer-Kreis). Viele Bekehrungen zu bewußter Gläubigkeit und Konversionen bedeutender Persönlichkeiten zeigen ihre Lebendigkeit, im einzelnen zeigten sie große Verschiedenheiten: Hofbauers Kampf gegen jede Art von Aufklärung verband sich mit engem Anschluß an Rom und der Denunzierung kirchlicher Gegner, die später den Ultramontanismus überall begleitete. Den Landshuter (später Münchener) Kreis prägten die vielfältigen Anregungen Johann Michael Sailers, der selbst Ziel von Angriffen Hofbauers war. Durch die Verlegung der Universität Landshut nach München (1826) wurde diese Stadt zum bedeutendsten katholischen Zentrum (Joseph von Görres, Ignaz von Döllinger). Von Geistlichen geleitet und zentralistisch-ultramontan ausgerichtet war der Mainzer Kreis (Bischof Johann Ludwig Colmar, Franz Leopold Liebermann) mit seinem Organ »Der Katholik« (1821). Er propagierte die geschlossene Seminarausbildung für den Klerus, wogegen die »Tübinger Schule« mit ihrer »Theologischen Quartalschrift« (1819) gerade die Universitätstheologie erneuerte und über die Kontroverstheologie zur Ekklesiologie vorstieß (»Symbolik« von Johann Adam Möhler, 1832). Allen diesen Kräften gemeinsam war der Wille zur Erneuerung der Kirche.

Die leidvollen Erfahrungen mit Aufklärung, Revolution und Liberalismus drängten die Kirche im 19. Jahrhundert politisch auf die Seite des Legitimismus, der Restauration und damit fortschrittsfeindlicher, untergehender Machtgruppen, strukturell aber zum *Ultramontanismus,* einer weitaus engeren Verbindung aller kirchlichen Bereiche mit Rom und dem Papsttum als jemals in früheren Zeiten. Der Ultramontanismus entstand in Frankreich (dort hatte die Kirche am meisten gelitten), kam über Mainz nach Deutschland, über den Hofbauer-Kreis nach Österreich und verbreitete sich durch viele Kanäle in die ganze Welt. Rom selbst zögerte zunächst mit entsprechenden Initiativen. Seit Gregor XVI. und vor allem durch die persönliche Ausstrahlung Pius' IX., die eine regelrechte Papstverehrung entstehen ließ, kam es zur gezielten Förderung von oben her. Die päpstlichen Nuntien, in Rom ausgebildete Priester und von den Orden am meisten die Jesuiten förderten eine Haltung, die »Rom« (neben dem Papst auch Kurie, Kongregationen, Nuntien u. a.) sehr hoch wertete und jeden Widerstand gegen das immer zentralistischer werdende System als unkirchlich ansah. Der Papst erschien geradezu als »Gott auf Erden«, die Unterbewertung durch Gallikanismus, Episkopalismus und Josephinismus hatte ins Gegenteil umgeschlagen. Daher ist der Ultramontanismus nicht einfach eine strukturelle Weiterentwicklung, sondern eine Extremposition neben gegenteiligen anderen. An der Basis entstanden und von vielen bedeutenden Laien (Joseph de Maistre, Louis Veuillot) verfochten, verband er sich leicht mit Konservativismus und Intoleranz gegen Andersdenkende, mit enger Kirchen- und Andachtsfrömmigkeit und bedeutete oft den Weg in ein katholisches Getto. Auf theologischem Gebiet wurde seine Verbindung mit der Neuscholastik bedeutsam, die als zeitlos gültige katholische Lehre ausgegeben und immer strenger durchgesetzt wurde. Die Kirchengeschichte der beiden letzten Jahrhunderte ist nur vor diesem Hintergrund verständlich, der Ultramontanismus gehört zum historischen Schicksal der abendländischen Kirche. Eine grundlegende Infragestellung widerfuhr ihm erst mit dem Zweiten Vatikanischen Konzil.

b) Nutzung freiheitlicher Errungenschaften

Der alte *katholische Widerstand gegen das Staatskirchentum* verband sich fallweise mit revolutionären Kräften oder liberalen Gruppen zur Erreichung kirchenpolitischer Ziele. Die englische Katholikenemanzipation (1829) wurde durch die irische Freiheitsbewegung unter Daniel O'Connnell († 1847) herbeigeführt. Die Tradition eines *liberalen Katholizismus* entstand in Frankreich (Lamennais). Er setzte sich dort nicht durch, wirkte jedoch auf Belgien ein, wo die Katholiken an der Trennung von den Niederlanden (1830) und der liberalen Verfassung (1831) beteiligt waren und aus dieser beachtlichen Nutzen zogen (Schulwesen, bes. Universität Löwen 1834/35). Der belgische Weg, den der ganz legitimistisch denkende Gregor XVI. duldete, führte letztlich zur Annäherung der Kirche an die moderne Gesellschaft.

Das *Revolutionsjahr 1848* brachte in verschiedenen Ländern die naheliegende Möglichkeit, zur Durchsetzung kirchlicher Forderungen mit den Liberalen in den Parlamenten zusammenzugehen und auf breiter Front die erkämpften neuen Freiheiten: Versammlungs-, Presse- und Vereinsfreiheit, auch für die Kirche zu nützen. Mit dem Beschreiten solcher Wege gewann der Katholizismus von unten her wichtige Positionen in der Gesellschaft und erlebte zugleich vor allem bei den Laien das Erwachen neuer eigener Kräfte.

Vereine für alle religiösen, karitativen, sozialen, kulturellen und politischen Bereiche entstanden seit 1848 und wurden zu einer regelrechten Vereinsbewegung, vor allem in Deutschland (Piusverein für religiöse Freiheit in Mainz 1848) und Österreich. Die Geschichte des kirchlichen Lebens wurde weithin zur Geschichte dieser Vereine, ihnen galt neben der priesterlichen Tätigkeit auch der Einsatz aktiver Laien. Auf politischem Gebiet konnten sie liberale und sozialistische Bestrebungen, die sich gegen kirchliche Interessen richteten, abwehren.

Zusammenschlüsse zu großen Aktionseinheiten entstanden um die Jahrhundertwende: 1890 Volksverein für das katholische Deutschland, 1904 Katholischer Volksverein in der Schweiz, 1909 Katholischer Volksbund in Österreich. Bedenken gegen die Vereine hatten nicht nur konservative Politiker, sondern wegen der mangelnden kirchlichen Lenkung auch manche Bischöfe. Zweifelhaft war der Erfolg, wenn durch die Vereine nur ein künstlicher Raum für das katholische Leben in einer säkularisierten Umgebung erreicht wurde. Gegen Ende der Regierung Leos XIII. wurden besonders Vereine mit sozialer Zielsetzung in großer Zahl gegründet.

An den Universitäten traten seit 1848 verschiedenartige Korporationen, deren Strukturen und Gebräuche in den Studentengemeinschaften seit dem Mittelalter wurzeln, stärker hervor. Den freiheitlich-nationalen, sich duellierenden Burschenschaften traten seit 1844 katholische, duellverweigernde entgegen. Ein Zusammenschluß der katholischen nicht-farbentragenden Verbindungen entstand 1865 im Kartellverband (KV), ein solcher der farbentragenden 1867 im Cartellverband (CV). In Österreich gewannen die seit 1864 entstandenen (zuerst in Innsbruck) Verbindungen höchste politische Bedeutung unter Bundeskanzler Seipel (1922 ff.) und im »Christlichen Ständestaat«. Weltanschauliche Gegensätze führten 1933 zur Abtrennung des Österreichischen Cartellverbandes (ÖCV). Die Bedeutung der katholischen Verbindungen liegt in der Heranbildung einer geistigen und politischen Führungsschicht.

Wegen des vordringenden Sozialismus hatten die *Arbeitervereine* besondere Bedeutung. Ansätze gab es schon 1849 (St.-Josephs-Arbeiter-Unterstützungsverein in Regensburg). Die wichtigsten entstanden erst durch den Aufruf zu solchen Gründungen auf dem Katholikentag von Amberg 1884. Ihr Konzept war zunächst religiös und karitativ, die Leitung lag bei Geistlichen. »Rerum novarum« (1891) brachte die päpstliche Anerkennung und eine weite Verbreitung. In Österreich entstanden Arbeitervereine seit 1869, verstärkt und in Verbindung mit der Christlichsozialen Partei seit 1892. Anton Orel gründete als Student den »Bund der Arbeiterjugend Österreichs« (1905). Kirchlich heikel waren Versuche mit interkonfessionellen Vereinen. »The Noble and Most Holy Order of the Knights of Labour« (Vereinigte Staaten, seit 1869), zu zwei Dritteln aus Katholiken bestehend, galt als »Geheimgesellschaft« und wurde von Leo XIII. zwar verboten, auf Bemühen von Bischöfen aber dann doch geduldet.

Aus dem ersten Delegiertentag der Vereine in Mainz (1848, Präsident der Laie Franz Joseph Buß) entstanden die deutschen *Katholikentage,* ein Zentralkomitee für Vorbereitung und Nacharbeit 1869. Besondere Katholikentage für Österreich gibt es (neben der Teilnahme an den deutschen) seit 1877. Die Katholikentage wurden zu Konzentrationspunkten des gesamten kirchlichen Lebens und Wirkens.

c) Katholische Parteien

Katholische Parteien entstanden, obwohl die Erfahrungen mit den Revolutionen seit 1789 die katholische Bewegung und die Kirche selbst zum Legitimismus drängten und zukunftsweisende Vorstellungen wie die des Philosphen und Sozialreformers Hugo-Félicité-Robert de Lamennais (Zeitschrift L'Avenir, 1830/31) kirchlich verurteilt wurden (1832). Die französischen Katholiken mußten noch von Leo XIII. zur Annahme der republikanischen Staatsform aufgefordert werden (1892). In Deutschland erwuchs aus einer losen Verbindung der katholischen Abgeordneten im Paulsparlament (1848) später die »Zentrumspartei« Preußens und des Deutschen Reiches. Zwischen Konservativen und Liberalen stehend, vertrat sie die katholischen Interessen und blieb im Kulturkampf unbesiegt. Noch in der Weimarer Republik bestimmend, fand sie in der Folge des Reichskonkordats von 1933 ihr Ende. Ihre österreichische Parallele, geistig und programmatisch vom Moraltheologen Franz M. Schindler inspiriert, bildete die gegen 1890 entstandene Christlichsoziale Partei, die im Wiener Bürgermeister Karl Lueger und im Theologieprofessor Ignaz Seipel ihre leuchtendsten Vertreter hatte und bis zur Entstehung des Ständestaates (1934) die katholische Politik trug. In Italien war nach 1848 das katholische Neuguelfentum dem radikalen Nationalismus erlegen, die »Römische Frage« schloß die Entstehung einer katholischen Partei aus. Erst seit Pius X. standen die Päpste der politischen Tätigkeit im neuen Italien unbefangener gegenüber, Benedikt XV. stimmte dem Partito Popolare Italiano des Priesters Luigi Sturzo zu (1919), diese Partei wurde geradezu zum Vorbild einer christlich-demokratischen Partei, ehe innere Konflikte ihre Erfolge minderten und der 1922 an die Macht gelangte Faschismus sie ausschaltete. Die aus der Tradition des politischen Katholizismus kommenden Parteien, seit 1945 in der »Internationalen Union christlicher Demokraten« lose organisiert, standen vielfach durch den fortschreitenden Rückzug der Kirche aus der Politik vor neuen Situationen. In der »Dritten Welt« spielt bei ihnen vor allem die *soziale Frage* eine entscheidende Rolle. Sie war seit dem 19. Jahrhundert von den christlichen Parteien in zunehmendem Maße gesehen worden. Verdienste haben diese Parteien um die kirchliche Rezeption christlich-demokratischer Gedanken, die seit 1918 Fortschritte machte und in der Weihnachtsansprache Pius' XII. von 1944 erstmals von päpstlicher Seite ausdrücklich erklärt wurde.

d) Presse und Schule

Auf dem Gebiet der *Presse* erschienen seit dem ersten Viertel des 19. Jahrhunderts von Priestern und Laien gestaltete katholische Zeitungen und Zeitschriften wie der Mainzer »Katholik« (1821), »L'Avenir« der Gruppe um Lamennais (1830) und »L'Univers« (Chefredakteur 1843 Louis Veuillot). Katholische Blätter blieben jedoch im Vergleich mit der freidenkerischen Presse meist zweitrangig, von der volkstümlichen Kirchenblattpresse ganz abgesehen. Immerhin erkannte man allenthalben die Bedeutung der Presse für die moderne Gesellschaft, besonders seit 1848, schnell und suchte der anwachsenden »schlechten Presse« entgegenzuwirken. Eigene Zeitschriften sprachen einen lebendigen Klerus an, z. B. die Linzer »Theologisch-praktische Quartalsschrift« (1848). Die ersten katholischen Tageszeitungen hatten kleine Auflagen, blieben auch später, als sich die Lage besserte, fast immer Zeitungen von Katholiken für Katholiken und entbehrten einer kritischen Funktion innerhalb der Kirche selbst.

Hinsichtlich der *Schule* ließen die allgemein werdende Bildung und die zunehmende Verstaatlichung des Schulwesens seit dem 19. Jahrhundert die Absicherung kirchlicher Interessen auf diesem Gebiet zu einer wichtigen Konkordatsmaterie werden (deutsche Länder, Österreich), die jedoch zu teilweise erbitterten Auseinandersetzungen führte und auf Kosten anderer Belange (z. B. Arbeiterfrage) hart verfochten wurde. Wo das Schulwesen ausgesprochen säkularistisch (romanische Länder) oder anderskonfessionell (angelsächsische Länder) bestimmt war, entwickelte sich neben den staatlichen ein ganzes Netz freier katholischer Schulen (Belgien seit 1834, später Irland, Frankreich, Vereinigte Staaten) und gipfelte in katholischen Universitäten, die nach älteren Mustern (Löwen, Institutes catholiques in Frankreich 1875, Freiburg i. d. Schweiz u. a.) auch nach dem Ersten Weltkrieg noch entstanden, z. B. in Lublin (1918), Mailand (1920) und Nimwegen (1923). Bestrebungen in Deutschland (nach 1848, Fulda) waren nach 1870 zum Verzicht gezwungen, solche für Salzburg (seit 1884) kamen nicht ans Ziel. Papst Benedikt XV. gründete eine eigene Kongregation für die Seminare und für die Universitäten (1915).

e) Katholische Sozialbestrebungen

Den sozialistischen Bestrebungen im Gefolge der Industrialisierung und der Auswüchse kapitalistischer Wirtschaft traten die frühen *christlich-sozialen Bewegungen* zur Seite bzw. entgegen, von Einzelpersonen oder Gruppen getragen und in der Kirche zunächt mit Zurückhaltung betrachtet. Seit den zwanziger Jahren nahmen die französischen Katholiken das soziale Anliegen verstärkt wahr (Vinzenzkonferenzen seit 1833, später in Deutschland übernommen, neues Interesse für den hl. Vinzenz von Paul); Philippe Buchez, Frédéric Ozanam und andere suchten Wege zur Lösung der sozialen Frage. In Deutschland traten Franz Joseph Buß (erste sozialpolitische Rede in einem deutschen Parlament 1837), der Philosoph Franz von Baader und der Elberfelder Kaplan Adolf Kolping (Gesellenvereine seit 1849) hervor. Die Welt der Arbeiter wurde jedoch von kirchenkritischen Lehren sozialistischer Herkunft geprägt.

Der deutsche Sozialkatholizismus war auch insofern zukunftweisend, als er im Interesse der Arbeiter eine die wirtschaftliche Freiheit beschränkende Gesetzgebung akzeptierte. Ein Markstein hierfür war der Katholikentag in Frankfurt a. M. von 1863, Haupttheoretiker der Mainzer Bischof Wilhelm Emmanuel von Ketteler. Von diesem für den Katholizismus gewonnen, wirkte in Österreich Karl von Vogelsang und gewann junge Kräfte, darunter Karl Lueger. In der weiteren Entwicklung (getragen vor allem von französischen, deutschen und oberitalienischen Kräften) traten einander deutsche Sozialkatholiken, die eine Staatsintervention und Strukturreformen verlangten, und französische und belgische (Löwener Schule), die solches ablehnten, gegenüber. Die erste päpstliche Sozialenzyklika »Rerum novarum« (1891) folgte der deutschen Richtung. Da Georg von Hertling zudem die katholische Gesellschaftslehre auf das Naturrecht gründete, konnte das revolutionsfeindliche Gesellschaftsbild der Romantik allmählich überwunden werden. Wie schon bei den Arbeitervereinen war die konfessionelle Frage auch bei den *Gewerkschaften* schwierig, aber zugleich besonders dringend. Um die Jahrhundertwende wollte die kleinere »Berliner Richtung« rein katholische, kirchlich gelenkte Gewerkschaften, die »Kölner Richtung« verwies darauf, daß die »Christlichen Gewerkschaften« gerade dem interkonfessionellen und autonomen Charakter ihre Breitenwirkung verdankten. Pius X. konnte, obwohl der Berliner Richtung zuneigend, gerade vor seinem Tod noch von einer restriktiven Entscheidung abgebracht werden. Benedikt XV. brach mit der Voreingenommenheit gegen die Gewerkschaften und ermutigte mehrmals die christlichen Gewerkschaften, Pius XI. billigte die Mitgliedschaft ausdrücklich.

Eine verbreitete Schwäche des Sozialkatholizismus war die mangelnde Kompetenz in wirtschaftlichen Fragen neben alter Abneigung gegen revolutionäres Denken und häufigem Phantasiemangel. Dennoch trug eine wachsende Zahl von Katholiken in vielen Bereichen zur Verwirklichung der sozialen Gerechtigkeit bei. Seit dem Ende des Zweiten Weltkrieges fanden Reformbewegungen auch unter Katholiken immer mehr Anhang, oft im Gegensatz zur Zurückhaltung christlich-demokratischer Parteien, die ihnen in der Kenntnis politischer Erfordernisse noch immer voraus waren. Auf einen weiten Weg blicken vor allem die päpstlichen Sozialenzykliken zurück, vom »Verständnis für die Lage der Arbeiter« in »Rerum novarum« Leos XIII. bis zur Anerkennung des Vorranges menschlicher Arbeit gegenüber dem Kapital in »Laborem exercens« Johannes Pauls II. von 1981. »Die Soziallehre der Kirche« (von Pius XII. als erstem Papst gebrauchter Ausdruck) wurde zur eigenen theologischen Disziplin, die Verwirklichung der Gerechtigkeit unter den Menschen ist ein noch heute wachsendes Anliegen unter den Katholiken.

f) Wachsende Bedeutung der Laien

Von den zahlreichen Initiativen von Laien seit dem 19. Jahrundert bis zur *Katholischen Aktion* der letzten drei Pius-Päpste im 20. Jahrhundert mit dem umfassenden Programm einer apostolischen Wiedergewinnung der Welt durch die Laien war ein weiter Weg. Bischöfe und Klerus sowie eine den Laien wenig beachtende Theologie hatten immer wieder die strenge Unterordnung unter die Hierarchie gefordert. Durch sie vor allem unterschied sich die Katholische Aktion von vielen anderen katholischen Vereinigungen und unterscheidet sich z. T. noch heute. Bereits die »Association catholique de la jeunesse française« (gegr. 1886) hatte das umfassende Programm »Frömmigkeit, Studium, Tat« und betonte die Unterstellung unter die Hierarchie, so daß sie die Billigung Pius' X. fand. Bei ihr hatten die Laien neben den Kaplänen, die »geistliche Assistenten« waren (den Militärkaplänen nachgebildet), viel Raum für eigene Initiativen.

Eine organisatorisch wichtige Wurzel waren die 1875 entstandenen und 1884 straff kirchlich organisierten »Opera dei Congressi e dei comitati cattolici« Italiens, die große Massen sammelten, Priester und aktive Laien zusammenführten, aber dabei unter der großen Abhängigkeit vom Klerus, der Tendenz zur

Absonderung und der Verquickung kirchlicher und politischer Tätigkeit litten. Bestrebungen nach größerer Freiheit konnten sich nicht durchsetzen, auch der die Jugend stark ansprechende Priester Romolo Murri scheiterte daran gerade beim Pontifikatswechsel (1902/04). Pius X. löste die »Opera« auf und verkündete in der Enzyklika *Il fermo proposito* (1905) die päpstlichen Grundsätze für die Katholische Aktion, die hierarchische Bindung eigens betonend. Auch in profanen Aufgaben, bei der Durchdringung des politischen und sozialen Lebens mit christlichen Grundsätzen, sollte der Laie als verlängerter Arm des Klerus wirken. Bei Pius XI., der mit seiner Antrittsenzyklika *Ubi arcano* die Katholische Aktion eigentlich begründete, wurde die Gesamtsicht umfassender und schien die Zeit dafür günstig, christliche Grundsätze mit modernen Mitteln in der Gesellschaft zur Geltung zu bringen, wofür diese neue Christenheit auf die Ideen des »ancien régime« verzichten konnte. Liberale Kritik warf dem Papst vor, nur eine modernisierte Form des alten theokratischen Ideals zu propagieren. Doch schufen Konkordate eine günstige oder wenigstens neutrale rechtliche Lage, selbst dem faschistischen Italien gegenüber bestand man auf der Freiheit der Katholischen Aktion. Die Beschreibung »Teilnahme am hierarchischen Apostolat« für die Katholische Aktion fand später Pius XII. bedenklich (die Tätigkeit des Laien wird nicht hierarchisch, wenn sie im Auftrag der Hierarchie ausgeübt wird) und sprach nur von »Mitarbeit« oder »Hilfe«.

In der zunehmenden Entchristlichung der Welt seit den dreißiger Jahren wurden die Fragen dringlicher, aber nicht klarer, man mußte den konkreten Weg erst suchen. Soll man einfach im Vertrauen auf die Gnade kühn das Evangelium verkünden, »gelegen oder ungelegen«? Wieweit kann die Zusammenarbeit mit Ungläubigen im Dienste der Verchristlichung gehen? Was verlangt die offensichtliche Notwendigkeit, die Massen anzusprechen, von der Apostolatsarbeit? Wieweit sollen und können gesellschaftliche Einrichtungen verchristlicht werden? Die Unterscheidung von actio catholica und actio catholicorum versuchte im Sinne Pius' XII. den hierarchisch geleiteten »eigentlichen« Bereich und den stärker der Eigenverwantwortung der Laien anvertrauten gesellschaftspolitischen auseinanderzuhalten. Hinsichtlich der Organisation zeigte und zeigt die Katholische Aktion länderweise große Verschiedenheiten, von der einzigen, in Männer, Frauen, Jungmänner und Mädchen gegliederten Bewegung, wie sie in Italien organisiert und in verschiedenen Ländern (z. B. Österreich, unter Zurückdrängung der Vereine) nachgeahmt wurde, bis zur Weiterführung der aktiven Vereine unter fast völligem Verzicht auf die Bezeichnung »Katholische Aktion« (Deutschland, deutsche Schweiz, anglophone Länder). Auch unter Pius XI. und nach ihm hatte man ja spezialisierte Bewegungen anerkannt wie die »Christliche Arbeiterjugend«, die Joseph Cardijn gründete, die in Irland entstandene Legio Mariae (1921) oder verschiedene Familienbewegungen. Oft überstanden gerade solche Vereinigungen die Krise, die seit den fünfziger Jahren in manchen Ländern über die Katholische Aktion hereinbrach, besonders gut. Viele der offenen Fragen mündeten ein in die breite Auseinandersetzung über den Laien und seine Aufgaben in Kirche und Welt, die das Zweite Vatikanische Konzil in Angriff nahm.

g) Bischöfe und Priester

Starken Veränderungen war die Lage der *Bischöfe* und des *Klerus* unterworfen. In nicht wenigen Gebieten wurde seit Kaiser Joseph II. und der Französischen Revolution die Diözesaneinteilung den staatlichen Grenzen und pastoralen Erfordernissen angepaßt. Da Rechte von Klöstern (Inkorporationen) und das Pfründenwesen vielfach weggefallen waren, stieg die Macht der Bischöfe in manchen Ländern im 19. Jahrundert auf eine Höhe, die nicht nur gute Folgen hatte und erst durch den römischen Zentralismus wieder gemindert wurde. Herrscherliche Ernennungsrechte für Bistümer und Wahlrechte von Kapiteln (vor allem noch erhalten in Deutschland) deutete die Kurie als bloße Vorschlagsrechte oder päpstliche Privilegien und suchte sie einzuschränken, besonders konsequent nach dem Ersten Weltkrieg.

Auch wo die Folgen der Revolutionen weniger einschneidend waren, ging der Prozentsatz der adeligen Bischöfe zurück, von Herrschern ernannte Bischöfe erschienen jedoch leicht als Angehörige der hohen Beamtenschaft und standen noch immer der herrschenden Schicht näher als dem Klerus und dem Volk. Die meisten Bischöfe – darin zeigt das 19. Jahrhundert einen wichtigen Fortschritt – waren aber, ohne Rücksicht auf den Bestellungsmodus und den Geburtsstand, echte Seelenhirten, bemüht um die Disziplin des Klerus, um Seelsorge, Jugenderziehung und Abwehr des »Zeitgeistes«. An die Stelle der alten Synoden traten gewöhnlich die *Bischofskonferenzen,* in Belgien 1830 beginnend, seit 1848 bzw. 1849 auch in Deutschland und Österreich; sie wurden zu einem Hauptmittel kirchlicher Willensbildung. Nachdem man in Rom zunächst episkopalistische Tendenzen gefürchtet hatte, fand Leo XIII. eine positive Einstellung, so daß die Bischofskonferenzen schließlich ihren festen Ort im Kirchenrecht erhielten.

Das 19. Jahrhundert sah auch einen *neuen Priestertyp,* der zu dem des 20. Jahrhunderts weiterführte. Zumeist vom Kindesalter bis zur Weihe im Seminar erzogen und behütet, dem Ideal des heiligen Außenseiters verpflichtet, waren die nach den revolutionären Erschütterungen gewöhnlich wieder zahlreicher werdenden Priester insgesamt stärker der eigentlichen Seelsorge in den Pfarren zugewandt als in vorrevolutionärer Zeit. Heilige wie der Pfarrer von Ars, Johannes Maria Vianney († 1859), Vinzenz Palotti († 1850) oder der Jugendapostel Johannes Bosco († 1888) zeigen den neuen Geist. Auch die priesterliche Askese wurde zunehmend von der pastoralen Aufgabe her gesehen. In manchen Ländern sah man im Tragen des Talars auch außerhalb der Kirche und des Pfarrhofes ein Zeichen vorbildlicher priesterlicher Lebensweise. Nicht seltene Schwächen dieses eifrigen Klerus waren eine gewisse Weltferne, in der Verkündigung sich verratende Mittelmäßigkeit, verbreitete Beschränkung der Pastoral auf Frauen und Kinder und häufiges Versagen in Stadt und Industrie. Seit Leo XIII. zeigen sich wichtige Fortschritte wie die Weiterentwicklung der katechetischen Methode (Zentren in München und Wien) oder die Bemühung um eine wirksame *Großstadtseelsorge* (Heinrich Swoboda in Wien). Vor allem in Frankreich erwachte gegen 1900 ein lebhaftes Suchen nach neuen Wegen der

Pastoral. Das Bemühen um die Großstadt und die Industrie wurde seit Pius X. noch stärker und zeigte sich etwa im Wirken des »Apostels von Berlin« Karl Sonnenschein, in Österreich, in der Nachfolge Swobodas, im Kreis um Karl Rudolf und Michael Pfliegler. Im Zweiten Weltkrieg erkannte man in Frankreich die breite »Apostasie der Massen« und schuf 1941 die »Mission de France« mit speziellen Einrichtungen für entchristlichte Bereiche, darunter das Experiment der *Arbeiterpriester*. Deren Krise (1954) und einschränkende Reglementierungen tun der Größe des Einsatzes keinen Abbruch. In Frankreich, Deutschland und Österreich trat, nicht zuletzt durch die Liturgische Bewegung, als Rahmen der Seelsorge immer stärker die Pfarre hervor. Die Notwendigkeit der *religiösen Erwachsenenbildung* kam deutlich in Sicht, der an französische Vorbilder kurz vor dem Zweiten Weltkrieg anknüpfende deutsche Katechismus von 1954 weist in die Richtung eines Katechumenats für längst christianisierte Bereiche. Zu diesen allgemeinen Bestrebungen gesellten sich seit der Zwischenkriegszeit (z. T. im Gefolge der Jugendbewegung) mannigfache Versuche einer neuen Jugendseelsorge.

Die neuen pastoralen Aufgaben verlangten auch neue Formungen des Priesters. Das galt schon im 19. Jahrhundert für die Betreuung der Vereine und Aufgaben in Presse oder Politik. Es entstand ein neuer Typ des nicht unmittelbar in der Pfarrseelsorge wirkenden Priesters bis hin zum priesterlichen Politiker. Die allgemeine Entwicklung seit 1789 hatte diesen Typ ebenso zurückgedrängt wie den Anteil der Ordenspriester. Erst recht forderte die Vielfalt der pastoralen Aufgaben im 20. Jahrhundert eine entsprechende Entfaltung der priesterlichen Tätigkeit in verschiedenen Aufgabenbereichen.

Im Bereich der seit dem 19. Jahrhundert sehr intensiven, über die nachtridentinischen Errungenschaften beträchtlich hinausgehenden Bemühungen um die *Priesterbildung* gehören jene des Konstanzer Generalvikars (bis 1813) Ignaz Heinrich von Wessenberg um planmäßige Ausbildung und Weiterbildung des Klerus (»Archiv für Pastoralkonferenzen« 1804–1827) noch der katholischen Aufklärung an. Deren Ansätze entsprachen den späteren ultramontanen Vorstellungen nicht mehr und gingen größtenteils unter. Doch wandten sich seit Pius IX. die Päpste immer häufiger an die Priester; auch die Bischöfe und wiedererstarkte oder neue Orden bemühten sich um den Klerus. Solchen Weisungen folgte man im allgemeinen williger als einst und schritt auch selbst zu Zusammenschlüssen wie der »Associatio perseverantiae sacerdotalis« (Wien 1868), die den Priester durch geregeltes Gebetsleben in der übernatürlichen Welt zu beheimaten suchten. Seit der Zwischenkriegszeit traten zu den alten Pastoralkonferenzen immer zahlreichere Veranstaltungen, die den Priester für seine Aufgabe in der modernen Seelsorge rüsten sollten. So trugen zahlreiche Faktoren dazu bei, daß sich in den letzten zwei Jahrhunderten geistig-religiöse Ausrüstung, sittliche Haltung und auch die gesellschaftliche Bedeutung des Klerus hoben.

h) Allgemeine Entwicklung der Frömmigkeit

Romantische Begeisterung für das Mittelalter, Reaktion gegen den aufklärerischen Rationalismus und der Ultramontanismus schufen im 19. Jahrhundert eine *neue Frömmigkeit* mit vielfältigen neuen und alten Andachtsformen, gefühlsbetont und wunderfreudig bis wundersüchtig, bisweilen sogar infantil. Im Vergleich zur katholischen Aufklärung weniger an Bibel und Liturgie orientiert, sprach sie mit der Förderung des Sakramentenempfanges und der betont kirchlichen Einstellung dennoch wichtige Zentralbereiche an. Von ihren zahlreichen Förderern sind hervorzuheben die Jesuiten mit ihrer Ablehnung alles »Jansenistischen«, die Redemptoristen und andere Orden, dazu die Priester mit römischer Ausbildung und seit Pius IX. die Päpste selbst. Gegen die Jahrhundertmitte verstärkte sich die Entwicklung zum Äußeren, ergriff die großen Massen und bediente sich imponierender Ausdrucksmittel: Massenwallfahrten mit Hilfe moderner Verkehrsmittel, Kolossalstatuen, große Kirchenbauten im Stil der als »sakral« verstandenen Neugotik. Die Auswirkungen dieser intensiven und extensiven Entwicklung sind bis heute zu spüren.

Nach Pius X. erhob sich eine immer stärkere konzentrative Reaktion auf die so gewachsene Frömmigkeit, vor allem in der Jugend, die der religiösen Praxis ihrer Eltern gerne Gefühlsseligkeit, Veräußerlichung und Heilsegoismus vorwarf. Dazu kam ein neues Erwachen des Kirchenbewußtseins. Man wollte von der Anthropozentrik (für die man oft die Jesuiten verantwortlich machte) zur Christozentrik, von einer subjektiv eingestellten Frömmigkeit zu einer mehr »objektiven«, auf das Wirken der Gnade bauenden, und vom Heilsegoismus zur betenden Gemeinschaft kommen. Da diese neue Frömmigkeit auch biblische, liturgische und ökumenische Anliegen ansprach, kam es zu einer sehr tiefen Umschichtung vor dem Zweiten Vatikanischen Konzil, das diese Entwicklung im wesentlichen bestätigte und weltweit verstärkte. Daneben stand von Anfang an vielgestaltige Kritik, die ebenfalls bis in die Gegenwart reicht.

Hervorzuheben ist noch das von der Aufwertung der Laien ausgelöste Ringen um ihre Spiritualität, das bis in die Gegenwart reicht und von der Erkenntnis ausgeht, daß die *Laienspiritualität* nicht eine verdünnte Klerus- oder Ordensspiritualität sein kann, sondern eine eigene Größe darstellt. Gleichfalls in die Gegenwart reicht die zunehmende, nicht konfliktfreie Betonung der sozialen und politischen Dimension des christlichen Glaubens, die angesichts der Probleme der modernen Welt von höchster Aktualität ist.

i) Eucharistie, Herz Jesu, Christus der König

Der anbetenden Verehrung der *Eucharistie* weihten sich neue Orden, sie entfaltete sich in vielen Andachtsformen. Die »Ewige Anbetung«, von Pius IX. empfohlen (1851), verbreitete sich in landschaftlich verschiedenen Spielarten. In den bei ihr oft anklingenden Sühnegedanken bezog man auch die laizistische Staatsgewalt ein. Daraus entstanden seit 1874 die Eucharistischen Kongresse; zunächst als Sühnewallfahrten zu Orten eucharistischer Wunder gedacht, wurden sie später zu Massenkundgebungen, auch gegen eine antiklerikale Politik. Mit Studientagen verbunden (Avignon 1876), fanden sie in Großstädten statt, zunächst im katholischen (Lille 1881), später auch in vorweigend andersgläubigen, und gingen schließlich durch alle Kontinente. Das Interesse der Päpste zeigte sich in der Entsendung von Legaten (erstmals im Sinne der Unionsbestrebungen 1893 nach Jerusalem), bei Pius X. (Rom 1905) und Paul VI. (Bombay 1964, Bogotá 1968) sogar in der persönlichen Teilnahme. Am Vorabend des Ersten Weltkrieges bedeutete in Wien 1912 die Teilnahme des Kaisers und der Erzherzöge an der Sakramentsprozession eine Höhepunkt. Auch Anliegen der innerkirchlichen Erneuerung, der Liturgiereform und der Ökumene fanden auf diesen Kongressen ihren Ausdruck.

Die Kommunionbewegung bildete eine Klammer zur Liturgischen Bewegung. Bemühungen um die öftere bis tägliche Kommunion lösten seit der ersten Hälfte des 19. Jahrhunderts heftige Auseinandersetzungen im Klerus aus und wurden von den Päpsten ermutigt. Die Kommuniondekrete Pius' X. (Oftkommunion 1905, Frühkommunion 1910) schufen Klarheit und bestimmten die Entwicklung bis zur Gegenwart. Die wiederbelebte *Herz-Jesu-Verehrung* bündelte im »Jahrhundert des heiligsten Herzens« (Maurice d'Hulst) Anliegen der Frömmigkeit, Seelsorge und Politik. Letztere hatten im Gegensatz zur Französischen Revolution schon die Legitimisten damit verbunden, verstärkt geschah es in Frankreich nach 1870, aus speziellen patriotischen Voraussetzungen aber auch in Tirol. Viele neue Ordensgemeinschaften weihten sich dem Herzen Jesu, das Fest wurde auf die ganze Kirche ausgedehnt (1856), Margaretha Maria Alacoque heiliggesprochen (1920). Der Gedanke der Weihe an das heiligste Herz im Sinne einer Christokratie ergriff Einzelpersonen, Familien, andere Gruppen, Länder (Gelöbnis Ludwigs XVI. im Kerker) und schließlich, mit der Weihe durch Leo XIII. in der Nacht der Jahrhundertwende, die ganze Welt. Giovanni Perrone fügte das Thema vom Herzen Jesu der Dogmatik beim Traktat »De Verbo incarnato« ein, die Päpste (Leo XIII., Pius XI. und noch Pius XII.) bemühten sich um gedankliche Durchdringung und weitere Ausbreitung der Andacht, die gern eine soziale Königherrschaft Christi als Ziel vor sich sah. Verband man nach 1870 den »Gefangenen des Vatikans« mit der Sühne an das Herz Jesu, so kam mit dem Wegfall politisch-religiöser Anliegen später die Andacht selbst in eine Krise, die noch heute anhält, ohne jedoch größere Auseinandersetzungen auszulösen.

Das gilt auch vom *Christkönigsgedanken,* der aus Eucharistie- und Herz-Jesu-Verehrung erwuchs und 1925 in der Einführung des Chriskönigsfestes (mit jährlicher Erneuerung der Weihe des Menschengeschlechtes an das Herz Jesu) gipfelte. Das Fest wurde von zahlreichen, betont modern gerichteten Gruppen gefördert, schien es doch ein an Bibel, Vätern und Liturgie ausgerichtetes Christusbild zu bestätigen. Immer stärker meldeten sich aber Einwände, vor allem von Liturgikern (Verdoppelung des Erscheinungsfestes), so daß die Heranrückung an den Advent in der konziliaren Liturgiereform eine Art relativierende Rettung bedeutet. Dahinter steht der im Katholizismus des 20. Jahrhunderts erst allmählich klarer werdende Begriff vom Reich Gottes bzw. Christi, das man seit dem 19. Jahrhundert gern mit der irdischen Kirche identifizierte.

j) Maria und die Heiligen

Die *Marienverehrung* entfaltete sich und wuchs im 19. und 20. Jahrhundert erheblich, schon infolge der seit 1830 auftretenden Marienerscheinungen, die in Lourdes (1858) und Fatima (1917) gipfelten und noch bis heute (Medjugorje in Bosnien-Herzegowina seit 1981) andauern. Die Päpste definierten die Unbefleckte Empfängnis Mariens (1854) und ihre leibliche Aufnahme in den Himmel (1950) und förderten überhaupt marianische Strömungen. Neue Ordensgemeinschaften benannten sich gern nach der Unbefleckten Empfängnis oder dem Herzen Mariens, die Marianischen Kongregationen breiteten sich schon seit 1801 wiederum aus. Die Maiandacht nahm seit den dreißiger Jahren des 19. Jahrhunderts einen starken Aufschwung, der erst durch die Abendmesse gemindert wurde. Der Rosenkranz, besonders von Leo XIII. nachdrücklich empfohlen, erlangte eine Bedeutung, die bis heute anhält. Aus marianischen Kongressen (seit 1900) erwuchsen zahlreiche mariologische Studien (von ungleichem Rang) sowie mariologische Kongresse (seit 1950). Die jüngere Strömung der letzten Jahrzehnte, die das II. Vatikanum bestätigte, suchte die Integration von Mariologie und Marienverehrung in die großen Zusammenhänge der Heilsbotschaft zu erreichen.

Eine eigentliche Spannung zwischen eucharistischer und Herz-Jesu-Frömmigkeit einerseits und marianischer andererseits bestand nicht, beide Richtungen erwuchsen aus dem Boden barocker Frömmigkeit und entfalteten sich nebeneinander ohne stärkere Verbindungen oder Gegensätze.

Die *Heiligenverehrung* drohte sich trotz vieler Heilig- und Seligsprechungen immer mehr in der Marienverehrung zu erschöpfen. Joseph, der Nährvater Jesu, wurde immerhin von Pius IX. zum Schutzpatron der ganzen Kirche erklärt (1870), und Leo XIII. förderte die Verehrung der Heiligen Familie, deren Fest Benedikt XV. allgemein einführte (1921). Neben der durch Kanonisationen und neue Feste gelenkten Heiligenverehrung gab es manchen spontanen Ansatz etwa zur Verehrung der »kleinen heiligen Theresia« oder des hl. Franz von Assisi auch nach dem Einsetzen der konzentrativen Frömmigkeit seit dem Ersten Weltkrieg; theologische und spirituelle Bemühungen um die Heiligen erfuhren zunehmend Hilfe aus der Ökumene (Walter Nigg).

k) Liturgische Bewegungen und Bibelbewegung

Die *Liturgische Bewegung* des 19. und 20. Jahrhunderts hat barockzeitliche, aufklärerische und romantische Wurzeln. Im Gefolge des Ultramontanismus entstanden, wurde sie zu einer reformerischen, konzentrativen Bewegung, zum Unterschied von den bisher genannten Strömungen. Zunächst förderte der Gründer und erste Abt von Solesmes, Prosper Guéranger († 1875), die feierliche römische Liturgie und den Choralgesang und wirkte über Benediktinerklöster (Maredsous, Beuron, Maria Laach, Seckau) in intellektuelle Kreise hinein. Das französische Volksmeßbuch (1882) fand im deutschen »Schott« (herausgegeben vom Beuroner Mönch Anselm Schott, 1884) seine wichtigste Parallele; als

Theologen ragten Ildefons Herwegen († 1946) und Odo Casel († 1948), beide der Abtei Maria Laach angehörend, hervor. Die eigentlich »volksliturgische« Richtung, die nicht nur elitäre Gruppen, sondern auch das einfache Volk liturgisch aufzuschließen suchte, wurde 1909 auf dem Katholikentag in Mecheln vom belgischen Benediktiner Lambert Beauduin inauguriert, ihr glühender Propagator war seit der Zwischenkriegszeit der Klosterneuburger Chorherr Pius Parsch († 1954). Bedeutsam wurde dafür auch die »Verkündigungstheologie« der Innsbrucker Jesuiten, vor allem Josef A. Jungmanns, der in »Missarum sollemnia« (1948) die liturgiegeschichtlichen Grundlagen der künftigen Meßreform schuf. So entstand zunächst in den Klöstern, später auch unter den Laien eine an der Liturgie, der alten Kirche und immer mehr auch an der Bibel ausgerichtete Spiritualität. Durch Verbindungen zur Jugendbewegung (Quickborn, Neudeutschland, Neuland) und deren Führern (Romano Guardini) und durch die Bewährung in Großveranstaltungen (Deutscher Katholikentag in Wien 1933) gewann die Bewegung immer mehr Breite.

Von den Päpsten erkannte schon Pius X. die Wichtigkeit der »tätigen Teilnahme« der Gläubigen am Gottesdienst. Nach ihm verhielten sich die Päpste wiederum zurückhaltend, erst die Enzyklika Pius' XII. *Mediator Dei* (1947) wurde trotz vieler Einschränkungen zu einem Hauptdokument der Bewegung, die nun durch liturgische Kommissionen, Institute und Studientagungen weltweit organisiert wurde und rasch jene Bedeutung erlangte, die auf dem II. Vatikanum sichtbar wurde. Wichtige Verbindungen bestanden zur Bibelbewegung und zur Ökumene, gab es doch auch im protestantischen Raum seit dem 19. Jahrhundert eine Vielfalt von liturgischen Reformbestrebungen.

Die ihrem Wesen nach liturgiebezogene kirchliche *Kunst* erwachte um 1900 zu neuem Leben. Bedeutende Neuschöpfungen brachte die Zwischenkriegszeit (Betonkirche Notre Dame du Raincy). Die Weiterentwicklung geschah vor allem in Deutschland (J. von Acken, Christozentrische Kunst, 1923), der Schweiz und in Holland. Frankreich, das in Malerei, Bildhauerei und Kleinkunst Hervorragendes leistete, schuf mit der Kapelle von Ronchamp (1955) wieder beispielhafte Architektur. Eine weit radikalere Umwälzung bedeutete gegen 1940 die Übernahme der nichtgegenständlichen Kunst und die grundsätzliche Einbeziehung der führenden zeitgenössischen Meister, auch wenn sie nicht gläubig waren. Die begreiflicherweise lebhafte Diskussion um diese Fragen veranlaßte 1952 eine grundlegende Instruktion des Heiligen Offiziums. Das II. Vatikanum öffnete die Kirche auch in dieser Richtung.

Eine katholische *Bibelbewegung* entstand erst am Beginn des 20. Jahrhunderts in Deutschland. Da der Ultramontanismus die alte Abwehrhaltung gegen den Protestantismus und die Bibel erneuerte, starben die meisten Ansätze zu einer biblischen Theologie und Frömmigkeit aus der katholischen Aufklärung wieder ab. Eine erste katholische Bibelanstalt in Regensburg (1805) wurde durch Pius VII. unterdrückt (1817). Diese negative Haltung sah sich zusätzlich bestätigt durch die radikale protestantische Bibelkritik. Immerhin trat jedoch im 19. Jahrhundert die biblische Geschichte im Religionsunterricht neben den Katechismus.

Das neue Interesse an der Bibel um die Jahrhundertwende zeigte sich in neuen Übersetzungen, Zeitschriften und Kommentarwerken. Das Studium der Bibel empfahlen die Päpste Leo XIII. (Enzyklika *Providentissimus Deus,* 1893), Pius X. (Gründung des Bibelinstituts in Rom, 1909) und Benedikt XV. Die Bibelbewegung verband sich später häufig mit der Liturgischen Bewebung und anderen spirituellen Strömungen konzentrativer Richtung. Die Anliegen wurden durch billige Bibelausgaben, Bibeltagungen, Bibelinstitute und Bibelwerke (Katholisches Bibelwerk in Stuttgart 1933, Schweizer Katholisches Bibelwerk 1935, Klosterneuburger Bibelapostolat 1951) in breite Schichten getragen. Die Enzyklika Pius' XII. *Divino afflante Spiritu* (1943) öffnete auch die katholische Bibelwissenschaft stärker für die kritische Erforschung der Heiligen Schrift, doch gab es Rückschläge in Form von Verurteilungen noch bis in die Zeit des II. Vatikanums.

So mündeten in die jüngste Entwicklung der katholischen Frömmigkeit viele Ströme christlicher Spiritualität, die aus allen Epochen seit der katholischen Aufklärung kommen.

LITERATUR

1. Allgemeine und übergreifende Werke

a) Handbücher und Nachschlagewerke

Aland Kurt, Geschichte der Christenheit, 1–2, Gütersloh 1980–1982.

Aland Kurt, Kirchengeschichte in Zeittafeln und Überblicken, Gütersloh ^{2}1991.

Bihlmeyer Karl – Tüchle Hermann, Kirchengeschichte, Paderborn, Bd. 1 ^{19}1978, Bd. 2 ^{18}1968, Bd. 3 ^{19}1987.

Bornkamm Heinrich, Zeittafeln zur Kirchengeschichte, Gütersloh ^{4}1980.

Brox Norbert, Kirchengeschichte des Altertums, Düsseldorf 1983.

Brunner Otto u. a. (Hg.), Geschichtliche Grundbegriffe, Historisches Lexikon zur politisch-sozialen Sprache in Deutschland, Bd. 1–7, Stuttgart 1972–1992.

Deichmann Friedrich Wilhelm, Einführung in die christliche Archäologie: Die Kunstwissenschaft, Darmstadt 1983.

Franzen August, Kleine Kirchengeschichte (= Herder-Bücherei 27), Freiburg/Br. ^{12}1984.

Heussi Karl, Kompendium der Kirchengeschichte, Tübingen ^{15}1979.

Jedin Hubert (Hg.), Handbuch der Kirchengeschichte, 1–7, Neudruck, Freiburg/Br. 1985.

Jedin Hubert – Latourette Kenneth Scott – Martin Jochen, Atlas zu Kirchengeschichte, Freiburg/Br. 1970.

Kantzenbach Friedrich Wilhelm, Einheitsbestrebungen im Wandel der Kirchengeschichte, Gütersloh 1980.

Kottje Raymund – Moeller Bernd (Hg.), Ökumenische Kirchengeschichte, Mainz 1 ^{5}1989, 2 ^{5}1993, 3 ^{4}1989.

Lortz Joseph, Geschichte der Kirche in ideengeschichtlicher Betrachtung, 1–2, Münster $^{22–23}$1965.

Mayeur Jean Maria u. a. (Hg.), deutsche Ausgabe von Norbert Brox u. a., Die Geschichte des Christentums, Freiburg/Br., Bd. 4 1994, Bd. 5 1994, Bd. 6 1991, Bd. 8 1992, Bd. 12 1992.

Meer Fit van der, Die Ursprünge christlicher Kunst, Freiburg/Br. 1982.

Midgaard John, Eine kurze Geschichte Norwegens, Olso ^{4}1980.

Moeller Bernd, Geschichte des Christentums in Grundzügen (= UTB 905), Göttingen ^{5}1982.

Mühlenberg Ekkehard, Epochen der Kirchengeschichte, ^{2}1991.

Rogier Ludwig-Jacob u. a. (Hg.), Geschichte der Kirche 1–5/2, Einsiedeln 1963–1977.

Schmaus Michael – Geiselmann Josef Rupert – Grillmeier Alois (Hg.), Handbuch der Dogmengeschichte, Freiburg 1951 ff.

Schmidt Kurt Dietrich, Grundriß der Kirchengeschichte, Göttingen ^{8}1984.

Schmidt Kurt Dietrich – Moeller Ernst Wolf-Bernd (Hg.), Die Kirche in ihrer Geschichte, 1–4, Göttingen 1962–1982.

Schmidt Kurt Dietrich – Ruhbach Gerhard, Chronologische Tabellen zur Kirchengeschichte, Göttingen 1979.

Schnabel Wolfgang, Grundwissen zur Theologie- und Kirchengeschichte. Eine Quellenkunde, 5 Bde. 1988–1991.

b) Quellenwerke

Alberigo Josephus u. a. (Hg.), Conciliorum oecumenicorum decreta, Bologna ^{3}1973.

Denzinger Heinrich – Hünermann Peter, Kompendium der Glaubensbekenntnisse und kirchlichen Lehrentscheidungen, Freiburg/Br.–Basel–Rom–Wien ^{37}1991.

Denzinger Heinrich – Schönmetzer Adolf, Enchiridion symbolorum, definitonum et declarationum de rebus fidei et morum, Freiburg/Br. ^{35}1974.

Mirbt Karl – Aland Kurt, Quellen zur Geschichte des Papsttums und des römischen Katholizismus, Tübingen, I ^{6}1967, II/1 1972.

Oberman Heiko A. u. a. (Hg.), Kirchen- und Theologiegeschichte in Quellen 1–4/2, Neukirchen-Vluyn ^{2}1982.

c) Bayern und Österreich

Bauerreiß Romuald, Kirchengeschichte
Bayerns, 1, St. Ottilien ²1974; 2–5,
St. Ottilien (unveränd. Nachdruck) 1973; 6,
St. Ottilien ²1974; 7, St. Ottilien 1970.
Hausberger Karl – Hubensteiner Benno, Bayeri-
sche Kirchengeschichte, München 1985.
Tomek Ernst, Kirchengeschichte Österreichs
1–3, Innsbruck 1935–1959.
Wodka Josef, Kirche in Österreich, Wien 1959.

d) Papstgeschichte

Caspar Erich, Geschichte des Papsttums von
den Anfängen bis zur Höhe der Weltherrschaft 1–3, Tübingen 1930–1933; Darmstadt
1956.
Fink Karl August, Papsttum und Kirche im
abendländischen Mittelalter, München 1981.
Franzen August – Bäumer Remigius, Papstgeschichte, Freiburg/Br. ⁴1988.
Gelmi Josef, Die Päpste in Lebensbildern, Graz
²1989.
Greschat Martin, Das Papsttum 1–2 (Gestalten
der Kirchengeschichte 11–12), Stuttgart 1985.
Haller Johannes, Das Papsttum. Idee und Wirklichkeit, 1–5, Neudruck Hamburg 1962.
Haidacher Anton – Wodka Josef, Geschichte
der Päpste in Bildern, Heidelberg 1965.
Hergenmüller Bernd-Ulrich, Die Geschichte
der Papstnamen, Münster 1980.
Pastor Ludwig v., Geschichte der Päpste,
1–16/3, Freiburg/Br. 1955–1961.
Schatz Klaus, Der päpstliche Primat. Seine Ge-
schichte von den Ursprüngen bis zur Gegenwart, Würzburg 1990.
Schimmelpfennig Bernhard, Das Papsttum.
Grundzüge seiner Geschichte von der Antike
bis zur Renaissance, Darmstadt 1984.
Schmidlin Joseph, Papstgeschichte der neuesten
Zeit, 1–4, München 1933–1939.
Seppelt Franz Xaver – Schwaiger Georg, Ge-
schichte der Päpste – Von den Anfängen bis
zur Gegenwart, München 1964.
Seppelt Franz Xaver – Schwaiger Georg, Ge-
schichte der Päpste von den Anfängen bis zur
Mitte des 20. Jahrhunderts, 1–2, München
²1954–1955; 3, München ¹1956; 4–5, Mün-
chen ²1957–1959.
Ullmann Walter, Kurze Geschichte des
Papsttums im Mittelalter, Berlin 1978.
Zimmermann Harald, Das Papsttum im Mittel-
alter. Eine Papstgeschichte im Spiegel der
Historiographie, Stuttgart 1981.

e) Rechtsgeschichte

Feine Hans-Erich, Kirchliche Rechtsgeschichte.
Die katholische Kirche, Köln ⁵1972.
Plöchl Willibald M., Geschichte des Kirchenrechts 1–3, Wien ²1960–1970; 4–5, Wien
1966–1969.

f) Konzilien

Aubert Roger, Vaticanum I, Mainz 1965.
Alberigo Guiseppe, Geschichte der Konzilien
vom Nizaenum bis zum Vaticanum, Düssel-
dorf 1993.
Dumeige Gervais – Bacht Heinrich (Hg.), Ge-
schichte der ökumenischen Konzilien 1–13,
Mainz 1964–1978.
Hefele Carl Joseph – Hergenröther Joseph,
Conciliengeschichte 1–9, Freiburg/Br.
²1873–1890.
Jedin Hubert, Kleine Konziliengeschichte, Frei-
burg/Br. (4. Auflage d. Neuausgabe der
8. Auflage) 1983.
Pesch Otto Hermann, Das Zweite Vatikanische
Konzil (1962–1965). Vorgeschichte – Verlauf
– Ergebnisse – Nachgeschichte, Würzburg
1993.
Schatz Klaus, Vaticanum I., Bde. 1–3, Pader-
born 1992–94.

g) Mission

Delacroix Simon, Histoire universelle des
missions catholiques 1–4, Paris 1957–1959.
Frohnen Heinzgünther – Gensichen Hans-Wer-
ner – Kretschmar Georg, Kirchengeschichte
als Missionsgeschichte, 1–2, München
1974–1978.
Glazik Josef, Päpstliche Rundschreiben über die
Mission von Leo XIII. bis Johannes XXIII.,
Münsterschwarzach 1961.
Mulders, Alphons, Missionsgeschichte. Die
Ausbreitung des katholischen Glaubens,
Regensburg 1960.
Prien Jürgen, Die Geschichte des Christentums
in Lateinamerika, Göttingen 1978.
Schmidlin Joseph, Katholische Missionsge-
schichte im Grundriß, Steyl 1925.
Specker Johann, Die Missionsmethode in Spa-
nisch-Amerika im 16. Jh. mit besonderer Be-
rücksichtigung der Konzilien und Synoden,
Schöneck-Beckenried 1953.

h) Mönchtum und Ordenswesen

Balthasar Hans Urs v. (Hg.), Die großen Or-
densregeln (= Menschen der Kirche in Zeugnis und Urkunde, hg. v. Hans Urs v. Balthasar, 8), Einsiedeln 1948.

Frank Karl Suso, Grundzüge der Geschichte des christlichen Mönchtums, Darmstadt ⁴1983.

Hallinger Kassius, Corpus consuetudinum monasticarum, Bd. 1–12/2, Siegburg 1963–1985.

Heimbucher Max, Die Orden und Kongregationen der katholischen Kirche 1–2, München (Neudruck der 1. Ausgabe von 1933) 1965.

Ignatius von Loyola, Der Bericht des Pilgers, übersetzt und erläutert von Burkhart Schneider, Freiburg/Br. ⁷1991.

Ders., Die Exerzitien, übertragen von Hans Urs von Balthasar, Einsiedeln ⁶1988.

Iriarte Lázaro, Der Franziskusorden, Handbuch der franziskanischen Ordensgeschichte, Altötting 1984.

Prinz Friedrich, Frühes Mönchtum im Frankenreich, Kultur und Gesellschaft in Gallien, den Rheinlanden und Bayern am Beispiel der monastischen Entwicklung (4. bis 8. Jahrhundert), München–Wien 1965.

Tumler Marian, Der Deutsche Orden im Werden, Wachsen und Wirken bis 1400. Mit einem Abriß der Geschichte des Ordens von 1400 bis zur neuesten Zeit, Wien 1955.

Winkler Gerhard (Hg.), Bernhard von Clairvaux, Sämtliche Werke lateinisch und deutsch, Bd. 1 ff.; Innsbruck 1990 ff.

i) Frömmigkeit

Dürig Walter, Pietas liturgica, Regensburg 1958.

Jungmann Josef Andreas, Liturgie der christlichen Frühzeit bis auf Gregor den Großen, Freiburg/Schweiz 1967.

Poschmann Berhard, Die katholische Frömmigkeit, Würzburg 1949.

2. Zu den einzelnen Epochen

a) Altertum

Abramowski Luise, Untersuchungen zum literarischen Nachlaß des Nestorius, Diss. Bonn 1956.

Dies., Drei christologische Untersuchungen: BZNW 45, Berlin 1981.

Altaner Berthold – Stuiber Alfred, Patrologie. Leben, Schriften und Lehre der Kirchenväter, Freiburg/Br.–Basel–Wien ⁹1979.

Andresen Carl, Zur Entstehung und Geschichte des trinitarischen Personbegriffs, in: ZNW 52 (1961), 1–39.

Andresen Carl – Ritter Adolf Martin, Geschichte des Christentums I/1, Altertum, Stuttgart–Berlin–Köln 1993.

Balthasar Hans Urs von, Kosmische Liturgie. Das Weltbild Maximus' des Bekenners, Einsiedeln ²1961.

Bauer Walter, Rechtgläubigkeit und Ketzerei im ältesten Christentum: BHTh 10, Tübingen ²1964.

Baumeister Theofried, Die Anfänge der Theologie des Martyriums: MBTh 45, Münster 1980.

Baur Chrysostomus, Der heilige Johannes Chrysostomus und seine Zeit, 2 Bde., München 1929–1930.

Blank Josef, Vom Urchristentum zur Kirche. Kirchenstrukturen im Rückblick auf den biblischen Ursprung, München 1982.

Brown Peter, Augustinus von Hippo, aus d. Engl. übers. v. J. Bernard, Frankfurt ²1982.

Brox Norbert, Kirchengeschichte des Altertums (Leitfaden Theologie 8), Düsseldorf ²1986.

Brox Norbert, Offenbarung, Gnosis und gnostischer Mythos bei Irenäus von Lyon. Zur Charakteristik der Systeme: SPS 1, Salzburg–München 1966.

Campenhausen Hans von, Ambrosius von Mailand als Kirchenpolitiker: AKG 12, Berlin-Leipzig 1929.

Ders., Kirchliches Amt und geistliche Vollmacht in den ersten drei Jahrhunderten: BHTh 14, Tübingen ²1963.

Ders., Die Entstehung der christlichen Bibel: BHTh 39, Tübingen 1968.

Daniélou Jean, Qumran und der Ursprung des Christentums, übers. v. O. Schilling, Mainz ²1959.

Dassmann Ernst, Sündenvergebung durch Taufe, Buße und Märtyrerfürbitte in den Zeugnissen frühchristlicher Frömmigkeit und Kunst: MBTh 36, Münster 1973.

Ders., Die Frömmigkeit des Kirchenvaters Ambrosius von Mailand. Quellen und Entfaltung: MBTh 29, Münster 1965.

Dörries Hermann, Das Selbstzeugnis Kaiser Konstantins: AAWG, PH 3,34, Göttingen 1954.

Ders., De spiritu sancto. Der Beitrag des Basilius zum Abschluß des trinitarischen Dogmas: AAWG, PH 3,39, Göttingen 1956.

Durchrow Ulrich, Christenheit und Weltverantwortung. Traditionsgeschichte und systematische Struktur der Zweireichelehre: FBESG 25, Stuttgart 1970.

Flasch Kurt, Augustin. Einführung in sein Denken, Stuttgart 1980.

Frank Karl Suso, Ἀγγελικὸς βίος. Begriffsanalytische und begriffsgeschichtliche Untersuchung zum »engelgleichen Leben« im frühen Mönchtum: BGAM 26, Münster 1964.

Ders. (Hg.), Askese und Mönchtum in der Alten Kirche: WdF 409, Darmstadt 1975.

Ders., Grundzüge der Geschichte der Alten Kirche, Darmstadt 1964.

Gahbauer Ferdinand, Das anthropologische Modell. Ein Beitrag zur Christologie der frühen Kirche bis Chalkedon: ÖC 35, Würzburg 1984.

Girardet Klaus M., Kaisergericht und Bischofsgericht. Studien zu den Anfängen des Donatistenstreites (313–315) und zum Prozeß des Athanasius von Alexandrien (328–346): Ant. I 21, Bonn 1975.

Grasmück Ernst Ludwig, Coercitio. Staat und Kirche im Donatistenstreit: BHF 22, Bonn 1964.

Greshake Gisbert, Gnade als konkrete Freiheit. Eine Untersuchung zur Gnadenlehre des Pelagius, Mainz 1972.

Grillmeier Alois, Jesus der Christus im Glauben der Kirche I: Von der Apostolischen Zeit bis zum Konzil von Chalkedon (451), Freiburg–Basel–Wien ²1982.

Grillmeier Alois – Bacht Heinrich (Hg.), Das Konzil von Chalkedon, Geschichte und Gegenwart, 3 Bde., Würzburg ⁴1973.

Grimm Bernhard, Untersuchungen zur sozialen Stellung der frühen Christen in der römischen Gesellschaft, Bamberg 1975.

Haendler Gert, Die abendländische Kirche im Zeitalter der Völkerwanderung, Berlin 1980.

Hauschild Wolf-Dieter, Gottes Geist und der Mensch. Studien zur frühchristlichen Pneumatologie: BEvTH 63, München 1972.

Helmer Siegfried, Der Neuchalkedonismus, Geschichte, Berechtigung und Bedeutung eines dogmengeschichtlichen Begriffes, Diss. Bonn 1962.

Hübner Reinhard M., Die Einheit des Leibes Christi bei Gregor von Nyssa. Untersuchungen zum Ursprung der »Physischen« Erlösungslehre: PhP 2, Leiden 1974.

Kee Howard Clark, Das frühe Christentum in soziologischer Sicht. Methoden und Anstöße, aus d. Amerk. von M. Mühlenberg: UTB 1218, Göttingen 1982.

Kelly John Norman Davidson, Altchristliche Glaubensbekenntnisse. Geschichte und Theologie, Übers. d. 3. Auflage v. M. Ritter, Göttingen 1972.

Klein Richard (Hg.), Das frühe Christentum im römischen Staat: WdF 267, Darmstadt 1971.

Kötting Bernhard, Christentum und heidnische Opposition in Rom am Ende des 4. Jahrhunderts: Schriften der Ges. z. Förderung d. westfäl. Wilhelms-Universität zu Münster 46, Münster 1961.

Ders., Peregrinatio religiosa. Wallfahrten in der Antike und das Pilgerwesen in der alten Kirche: FVK 33/34/35, Münster ²1980.

Kriegbaum Bernhard, Die Vorgeschichte des Donatismus. Die afrikanische Sicht der »traditio« und ihre Bedeutung für die innerkirchliche Kommunikation, Innsbruck 1986.

Maier Johann, Jüdische Auseinandersetzung mit dem Christentum in der Antike, Darmstadt 1982.

Marrou Henri-Irénée, Augustinus und das Ende der antiken Bildung, übers. v. L. Wirth-Poelchau, Paderborn–München–Wien–Zürich 1982.

Marschall Werner, Karthago und Rom. Die Stellung der nordafrikanischen Kirche zum Apostolischen Stuhl in Rom: PuP 1, Stuttgart 1971.

Moreau Jacques, Die Christenverfolgung im römischen Reich: AWR 2, Berlin 1961.

Mühlenberg Ekkehard, Apollinaris von Laodicea: FKDG 23, Göttingen 1969.

Pannenberg Wolfhart, Die Aufnahme des philosophischen Gottesbegriffs als dogmatisches Problem der frühchristlichen Theologie, in: ders., Grundfragen systematischer Theologie. Gesammelte Aufsätze, Göttingen ³1979, 296–346.

Pesch Rudolf, Simon – Petrus. Geschichte und geschichtliche Bedeutung des ersten Jüngers Jesu Christi: PuP 15, Stuttgart 1980.

Poschmann Bernhard, Paenitentia secunda. Die kirchliche Buße im ältesten Christentum bis Cyprian und Origenes. Eine dogmengeschichtliche Untersuchung: Theoph. 1, Bonn 1940.

Rahner Hugo, Kirche und Staat im frühen Christentum. Dokumente aus acht Jahrhunderten und ihre Deutung, München 1961.

Ricken Friedo, Die Logoslehre des Eusebios von Caesarea und der Mittelplatonismus, in: ThPh 42 (1967), 341–358.

Ders., Nikaia als Krisis des altchristlichen Platonismus, in: ThPh 44 (1969), 321–341.

Ritter Adolf Martin, Alte Kirche, Neukirchen-Vluyn ⁵1991 (= Kirchen- und Theologiegeschichte in Quellen, Bd. 1).

Ritter Adolf Martin, Das Konzil von Konstantinopel und sein Symbol. Studien zur Geschichte und Theologie des 2. Ökumenischen Konzils: FKDG 15, Göttingen 1965.

Rudolph Kurt (Hg.), Gnosis und Gnostizismus: WdF 262, Darmstadt 1975.

Ruhbach Gerhard (Hg.), Die Kirche angesichts der Konstantinischen Wende: WdF 306, Darmstadt 1976.

Speigl Jakob, Der römische Staat und die Christen. Staat und Kirche von Domitian bis Commodus, Amsterdam 1970.

Stockmeier Peter, Leo I. des Großen Beurteilung der kaiserlichen Religionspolitik: MThSt I 14, München 1959.

Ders., Theologie und Kult des Kreuzes bei Johannes Chrysostomus. Ein Beitrag zum Verständnis des Kreuzes im 4. Jahrhundert: TThSt 18, Trier 1966.

Ders., Glaube und Religion in der frühen Kirche, Freiburg–Basel–Wien 1973.

Ders., Glaube und Kultur. Studien zur Begegnung von Christentum und Antike, Düsseldorf 1983.

Straub Johannes, Vom Herrscherideal in der Spätantike, Darmstadt (Neudr.) 1964.

Tengström Emin, Donatisten und Katholiken. Soziale, wirtschaftliche und politische Aspekte einer nordafrikanischen Kirchenspaltung: SGLG 18, Göteborg 1964.

Völker Walther, Der wahre Gnostiker nach Clemens Alexandrinus: TU 57, Berlin–Leipzig 1952.

Vogt Hermann Josef, Das Kirchenverständnis des Origenes: BoBKG 4, Köln–Wien 1974.

Vogt Joseph, Constantin der Große und sein Jahrhundert: Menschen und Mächte 3, München ³1973.

Ders., Zur Religiosität der Christenverfolger im Römischen Reich: SHAW, PH 1962, 1, Heidelberg 1962.

Waldmüller Lothar, Die ersten Begegnungen der Slawen mit dem Christentum und den christlichen Völkern vom VI. bis VIII. Jahrhundert. Die Slawen zwischen Byzanz und Abendland: Enzyklopädie der Byzantinistik 51, Amsterdam 1976.

Wermelinger Otto, Rom und Pelagius. Die theologische Position der römischen Bischöfe im pelagianischen Streit in den Jahren 411–432: PuP 7, Stuttgart 1975.

Wickert Ulrich, Sacramentum unitatis. Ein Beitrag zum Verständnis der Kirche bei Cyprian: BZNW 41, Berlin 1971.

Widengren Geo, Mani und der Manichäismus, Stuttgart 1961.

b) Mittelalter

Altaner Berthold, Die Dominikanermission des 13. Jahrhunderts, Habelschwerdt 1924.

Angenendt Arnold, Das Frühmittelalter, Stuttgart 1990.

Bäumer Remigius (Hg.), Von Konstanz nach Trient. Festgabe für A. Franzen. Beiträge zur Geschichte der Kirche von den Reformkonzilien bis zum Tridentinum, Paderborn 1972.

Ders., Das Konstanzer Konzil, Darmstadt 1977 (Wege der Forschung 415).

Ders. (Hg.), Die Entwicklung des Konziliarismus. Werden und Nachwirken der konziliaren Idee, Darmstadt 1976 (Wege der Forschung 279).

Ders., Nachwirkungen des konziliaren Gedankens in der Theologie und Kanonistik des frühen 16. Jahrhunderts, Münster 1971 (Reformationsgeschichtliche Studien und Texte 100).

Beck Hans G., Geschichte der orthodoxen Kirche im byzantinischen Reich, Göttingen 1960 (Die Kirche in ihrer Geschichte, Bd. 1, Lief. D, 1. Teil).

Blumenthal Uta R., Der Investiturstreit, Stuttgart 1982 (Urban-Taschenbücher 335).

Borst Arno, Mönche am Bodensee 610–1525, Sigmaringen 1978.

Ders., Lebensformen im Mittelalter, Frankfurt–Berlin–Wien 1979 (Ullstein-Taschenbücher 34004).

Bosl Karl, Europa im Mittelalter. Weltgeschichte eines Jahrtausends, 2. Aufl. d. Lizenzausg., Bayreuth 1978.

Dannenbauer Heinrich, Grundlagen der mittelalterlichen Welt, Stuttgart 1958.

Dvornik Franz, Byzanz und der römische Primat, Stuttgart 1966.

Eder Karl, Deutsche Geisteswende zwischen Mittelalter und Neuzeit, Salzburg–Leipzig 1937 (Bücherei der Salzburger Hochschulwochen 8).

Eichmann Eduard, Die Kaiserkrönung im Abendland. Ein Beitrag zur Geistesgeschichte des Mittelalters mit besonderer Berücksichtigung des kirchlichen Rechts, der Liturgie und der Kirchenpolitik, 2. Bde., Würzburg 1942.

Erbstösser Martin, Ketzer im Mittelalter, Stuttgart 1984.

Erdmann Carl, Die Entstehung des Kreuzzugsgedankens, Stuttgart 1935 (Forschungen zur Kirchen- und Geistesgeschichte 6) (Nachdruck 1955).

Fichtenau Heinrich, Grundzüge der Geschichte des Mittelalters, Wien 1948 (Universum – Bibliothek des Wissens 23).

Fichtenau Heinrich, Ketzer und Professoren, München 1992.

Franz Isnard W., Kirchengeschichte des Mittelalters, Düsseldorf 1984 (Leitfaden Theologie 14).

Frank Karl S., Grundzüge der Geschichte des christlichen Mönchtums, Darmstadt 1975.

Franzen August – Müller Wolfgang (Hg.), Das Konzil von Konstanz. Beiträge zu seiner Geschichte und Theologie, Freiburg–Basel–Wien 1964.

Gebhardt Bruno, Die gravamina der deutschen Nation gegen den römischen Hof. Ein Beitrag zur Vorgeschichte der Reformation, 2. Aufl. Breslau 1895.

Goldammer Kurt, Kirchliche Kunst im Mittelalter, Göttingen 1969 (Die Kirche in ihrer Geschichte, Bd. 2, Lief. G, 2. Teil, S. 183–219).

Grotz Hans, Händel um König Lothars II. Ehen, in: 11.–13. Symposium der internationalen Kommission für vergleichende Kirchengeschichte, Subkommission Österreich (Veröffentlichungen des Instituts für Kirchengeschichte an der katholisch-theologischen Fakultät und des Instituts für Kirchengeschichte, christliche Archäologie und kirchliche Kunst an der evangelisch-theologischen Fakultät der Universität Wien), Neue Folge Bd. 2, S. 35–50.

Grundmann Herbert, Ketzergeschichte des Mittelalters, Göttingen 1966 (Die Kirche in ihrer Geschichte, Bd. 2, Lief. G, 1. Teil).

Ders., Religiöse Bewegungen im Mittelalter, 3. Aufl., Darmstadt 1970.

Guillemain Bernard, La cour pontificale d'Avignon 1309–1376, Paris 1966.

Haendler Gert, Geschichte des Frühmittelalters und der Germanenmission, Göttingen 1961 (Die Kirche in ihrer Geschichte, Bd. 2, Lief. E, S. 1–73).

Hallinger Kassius, Gorze – Cluny. Studien zu den monastischen Lebensformen und Gegensätzen im Hochmittelalter, 2 Bde., Rom 1950–1951 (Nachdruck 1972).

Hammes Manfred, Hexenwahn und Hexenprozesse, Frankfurt 1977 (Fischer-Taschenbücher 1818).

Hampe Karl, Das Hochmittelalter. Geschichte des Abendlandes von 900 bis 1250, 4. Aufl., Münster–Köln 1953.

Hoffmann Hartmut, Gottesfriede und Treuga Dei, Stuttgart 1964.

Huizinga Johan, Herbst des Mittelalters, 10. Aufl., Stuttgart 1969.

Ders., Europäischer Humanismus. Erasmus, Reinbeck–Hamburg 1962 (Rowohlt Deutsche Enzyklopädie 78).

Iserloh Erwin, Charisma und Institution im Leben der Kirche. Dargestellt an Franz von Assisi und der Armutsbewegung seiner Zeit, Wiesbaden 1977 (Institut f. Europ. Geschichte Mainz, Vorträge 69).

Jedin Hubert – Repgen Konrad (Hg.), Handbuch der Kirchengeschichte, Freiburg/Br. ²1985.

Lambert Malcolm D., Ketzerei im Mittelalter. Häresien von Bogumil bis Hus, München 1977 (Titel der Originalausgabe: Medieval Heresy – Popular Movements from Bogomil to Hus).

Laudage Johannes, Priesterbild und Reformpapsttum im 11. Jahrhundert, Köln 1984 (Beihefte zum Archiv für Kulturgeschichte 22).

Leclerq Jacques, S. Bernard et l'esprit cistercien, Paris 1966.

Lemmens Leonhard, Die Heidenmission des Spätmittelalters, Münster 1915.

Ders., Geschichte der Franziskanermissionen, München 1929.

Lenzenweger Josef, Die Eheangelegenheiten der Margarete Maultasch von Tirol, in: 11.–13. Symposion der internationalen Kommission für vergleichende Kirchengeschichte, Subkommission Österreich. Neue Folge Bd. 2, Wien 1994, S. 51–70.

Lortz Joseph, Zur Problematik der kirchlichen Mißstände im Spätmittelalter, Trier 1950.

Mayer Hans E., Geschichte der Kreuzzüge, Stuttgart 1965 (Urban Bücher 86).

Meyer Otto – Klauser Renate, Clavis mediaevalis. Kleines Wörterbuch der Mittelalterforschung, Wiesbaden 1962.

Mokrosch Reinhold u. a., Mittelalter, Neukirchen-Vluyn 1980 (= Kirchen- und Theologiegeschichte in Quellen, Bd. 2).

Moeller Bernd, Spätmittelalter, Göttingen 1966 (Die Kirche in ihrer Geschichte, Bd. 2, Lief. H, 1. Teil).

Mollat Michel, Die Armen im Mittelalter, München 1984 (Titel der Originalausgabe: Les pauvres au moyen âge).

Mollat Guillaume, Le papes d'Avignon (1365–78), Paris ¹⁰1964.

Obermann Heiko, Spätscholastik und Reformation, Bd. 1, Zürich 1980.

Oediger Friedrich W., Über die Bildung der Geistlichen im späten Mittelalter, Leiden 1953 (Studien und Texte zur Geistesgeschichte des Mittelalters 2).

Phidas Vlasios, Der theologische Dialog der orthodoxen und der römisch-katholischen Kirche vom Schisma bis zur Eroberung Konstantinopels (1045–1453), Athen 1977 (griechisch).

Prinz Friedrich (Hg.), Mönchtum und Gesellschaft im Frühen Mittelalter, Darmstadt 1976 (Wege der Forschung 312).

Richter Helmut (Hg.), Cluny. Beiträge zu Gestalt und Wirkung der cluniazensischen Reform, Darmstadt 1975 (Wege der Forschung 241).

Roberg Burkhard, Die Union zwischen der griechischen und lateinischen Kirche auf dem II. Konzil von Lyon, Bonn 1964.

Rosenberg A., Joachim von Fiore. Das Reich des Heiligen Geistes, München–Planegg 1955 (Dokumente religiöser Erfahrung).

Santifaller Leo, Zur Geschichte des ottonisch-salischen Reichskirchensystems, Wien 1954 (Sitzungsber. der österr. Akademie der Wissenschaften 229, 1. Abh., Phil.-hist. Klasse).

Schieffer Theodor, Cluniacensische oder gorzische Reformbewegung?, in: Archiv für mittelrheinische Kirchengeschichte 4 (1952), S. 24–44.

Ders., Winfried-Bonifatius und die christliche Grundlegung Europas, Freiburg 1954.

Schmidt Martin A., Scholastik, Göttingen 1969 (Die Kirche in ihrer Geschichte, Bd. 2, Lief. G, 2. Teil, S. 67–181).

Schneider Martin, Europäisches Waldensertum im 13. und 14. Jahrhundert. Gemeinschaftsform – Frömmigkeit – sozialer Hintergrund, Berlin 1981 (Arbeiten zur Kirchengeschichte 51).

Schubert Hans v., Geschichte der christlichen Kirche im Frühmittelalter. Ein Handbuch, Tübingen 1921 (Nachdruck 1962).

Seibt Ferdinand, Jan Hus. Das Konstanzer Gericht im Urteil der Geschichte (Vortrag), Miesbach 1972 (Carl-Friedrich-v.-Siemens-Stiftung, Themen 15).

Seiferth Wolfgang, Synagoge und Kirche im Mittelalter, München 1964.

Sprenger Jakob – Institoris Heinrich, Der Hexenhammer (Malleus maleficarum). Aus dem Lateinischen übertragen und eingeleitet von J. W. R. Schmidt, München 1982 (dtv-Bibliothek 6121).

Stöckl Günther, Geschichte der Slavenmission, Göttingen 1961 (Die Kirche in ihrer Geschichte, Bd. 2, Lief. E, S. 75–91).

Stüber Karl, Commendatio animae. Sterben im Mittelalter, Bern-Frankfurt 1976 (Geist und Werk der Zeiten 48).

Vischer Lukas (Hg.), Geist Gottes – Geist Christi. Ökumenische Überlegungen zur Filioque-Kontroverse, Frankfurt 1981 (Beiheft zur Ökumenischen Rundschau 39).

Vries Wilhelm de, Orthodoxie und Katholizismus, Gegensatz oder Ergänzung, Freiburg/Br. 1965.

Waas Adolf, Geschichte der Kreuzzüge, 2 Bde., Freiburg/Br. 1956.

Ders., Der Mensch im deutschen Mittelalter, Graz 1964.

Wendelborn Gert, Gott und Geschichte. Joachim von Fiore und die Hoffnung der Christenheit, Leipzig 1974.

Winkler Gerhard B., Erasmus von Rotterdam und die Einleitungsschriften zum Neuen Testament. Formale Strukturen und theologi-scher Sinn, Münster 1974 (Reformationsgeschichtliche Studien und Texte 108).

Wollasch Joachim (Hg.), Cluny im 10. und 11. Jahrhundert, Göttingen 1967 (Historische Texte. Mittelalter 6).

Ziegeler Wolfgang, Möglichkeiten der Kritik am Hexen- und Zauberwesen im ausgehenden Mittelalter. Zeitgenössische Stimmen und ihre Zugehörigkeit, 2. Aufl., Köln 1983 (Kollektive Einstellungen und sozialer Wandel im Mittelalter 2).

Zimmermann Harald, Papstabsetzungen des Mittelalters, Graz 1968.

Ders., Das dunkle Jahrhundert, Graz 1971.

Ders., Der Canossagang von 1077. Wirkungen und Wirklichkeit, Wiesbaden 1975.

c) Neuzeit

Aubert Roger, Vaticanum I, Mainz 1965.

Becke Ulrich, Eine hinterlassene psychiatrische Studie Paul Johann Reiters über Luther, in: Zeitschrift für Kirchengeschichte 90, 1979, 85–95.

Bornkamm Heinrich, Martin Luther in der Mitte des Lebens, Göttingen 1979.

Brandi Karl, Die Geschichte im Zeitalter der Reformation und Gegenreformation, München ⁴1969.

Bucsay Mihály, Der Protestantismus in Ungarn 1521–1978. Ungarns Reformationskirchen in Geschichte und Gegenwart (Studien und Texte zur Kirchengeschichte und Geschichte, Erste Reihe Bd. III/1–2), Wien–Köln–Graz 1977 und 1979.

Butler Cuthbert – Lang Hugo, Das Vatikanische Konzil, München 1933 (Neudruck 1961).

Cognet Louis, Le Jansénisme, Paris 1961.

Gäbler Ulrich, Huldrych Zwingli im 20. Jahrhundert. Forschungsbericht, Zürich 1975.

Hamm Berndt, Zwinglis Reformation der Freiheit, Neukirchen 1988.

Hassinger Erich, Das Werden des neuzeitlichen Europa (1300–1600), Braunschweig ²1964.

Heyer Friedrich, Die katholische Kirche vom Westfälischen Frieden bis zum Ersten Vatikanischen Konzil (Die Kirche in ihrer Geschichte, Bd. 4, Lfg. N 1, hg. v. Schmidt Kurt Dietrich und Wolf Ernst), Göttingen 1963.

Hürten Heinz, Deutsche Katholiken 1918–1945, Paderborn– München–Wien– Zürich 1992.

Ders., Geschichte des deutschen Katholizismus 1800–1960, Mainz 1986.

Hughes Philip, The Reformation in England, 3 Bde., London 1950–1954.

Imhof Arthur Erwin, Grundzüge der nordischen Geschichte, Darmstadt ²1985.

Immenkötter Herbert, Die Confutatio der Confessio Augustana vom 3. August 1530 (CCath., Bd. 33), Münster ²1981.

Iserloh Erwin, Geschichte und Theologie der Reformation im Grundriß, Paderborn ³1965.

Ders., Johannes Eck (1486–1543). Scholastiker, Humanist, Kontroverstheologe, Münster ²1985 (= KLK 41).

Ders. (Hg.), Katholische Theologen der Reformationszeit, Bd. 1–5, Münster 1984–1988 (= KLK 44–48).

Jedin Hubert, Katholische Reformation oder Gegenreformation? Ein Versuch zur Klärung der Begriffe nebst einer Jubiläumsbetrachtung über das Trienter Konzil, Luzern 1946.

Ders., Geschichte des Konzils von Trient, 4 Bde., Freiburg 1951–1975.

Ders., Weltmission und Kolonialismus: Kirche des Glaubens – Kirche der Geschichte. Ausgew. Aufsätze I, Frankfurt 1966, 95–508.

Klostermann Ferdinand – Kriegl Hans – Mauer Otto – Weinzierl Erika, Kirche in Österreich 1918–1965, 2 Bde., Wien 1966–1967.

Köhler Walther, Huldrych Zwingli, Zürich–Einsiedeln–Köln, ²1984.

Ders., Zwingli und Luther. Ihr Streit über das Abendmahl nach seinen politischen und religiösen Beziehungen, Bd. 1 Nachdruck New York–London 1971, Bd. 2 Gütersloh 1953.

Kremsmair Josef, Interkonfessionelle Rechtsverhältnisse in Österreich im Spannungsfeld zwischen Kirche und Staat. Die römische Mission Bischof Fesslers 1863/64, Würzburg 1993.

Kremsmair Josef, Der Weg zum österreichischen Konkordat von 1933/34, Wien 1980.

Krumwiede Walter-Hans u. a., Neuzeit 1. Teil, Neukirchen-Vluyn 1979 (= Kirchen- und Theologiegeschichte in Quellen, Bd. 4/1).

Ders., Neuzeit 2. Teil, Neukirchen-Vluyn 1980 (= Kirchen- und Theologiegeschichte in Quellen, Bd. 4/2).

Laures Johannes, Geschichte der katholischen Kirche in Japan, Kaldenkirchen 1956.

Lehmann Hartmann, Das Zeitalter des Absolutismus. Gottesgnadentum und Kriegsnot, Stuttgart 1980.

Liebmann Maximilian, Die Verbannung der theologischen Fakultät aus der Universität Graz im Konnex nationalsozialistischer Kulturpolitik, in: Brünner Christian – Konrad Helmut (Hg.), Die Universität und 1938, Wien–Köln 1989, S. 105–124.

Ders., Jugend – Kirche – Ständestaat, in: Festgabe des Hauses Styria. Hanns Sassmann zum 60. Geburtstag, hg. von Maximilian Liebmann u. a., Graz–Wien–Köln 1984, S. 187–204.

Ders., Theodor Innitzer und der Anschluß. Österreichs Kirche 1938 (= Grazer Beiträge zur Theologie-Geschichte und kirchlichen Zeit-Geschichte, Bd. 3), Graz 1988.

Lindhardt Paul Georg, Skandinavische Kirchengeschichte seit dem 16. Jahrhundert (Die Kirche in ihrer Geschichte, Bd. 3, Lfg. M 3, hg. v. Moeller Bernd), Göttingen 1982.

Lohse Bernhard, Der Durchbruch der Reformatorischen Erkenntnis bei Luther, Darmstadt 1968.

Ders., Martin Luther. Eine Einführung in sein Leben und in sein Werk, München ²1982.

Loome Thomas Michael, Liberal Catholicism – Reform Catholicism – Modernism (Tübinger Theologische Studien Bd. 14), Mainz 1979.

Lortz Joseph, Die Reformation in Deutschland, Bd. 1–2, Freiburg/Br. ⁶1982.

Lutz Heinrich – Kohler Alfred, Reformation und Gegenreformation, München ³1991.

Maaß Ferdinand, Der Josephinismus. Quellen zu seiner Geschichte in Österreich 1760–1790 (Fontes rerum Austriacarum II/71–75), 5 Bde., Wien 1951–1961.

Malinski Mieczyslaw, Johannes Paul II. Sein Leben, von einem Freund erzählt, Freiburg/Br. 1979.

Maron Gottfried, Die römisch-katholische Kirche von 1870 bis 1970 (= Die Kirche in ihrer Geschichte, Bd. 4, Lieferung N 2, hg. Schmidt Kurt Dietrich und Wolf Ernst), Göttingen 1972.

Midgaard John, Eine kurze Geschichte Norwegens, Oslo ⁴1980.

Molitor Hansgeorg – Smolinsky Heribert (Hg.), Volksfrömmigkeit in der frühen Neuzeit, Münster 1994 (= KLK 54).

Prien Hans Jürgen, Die Geschichte des Christentums in Lateinamerika, Göttingen 1978.

Reinerth Karl, Die Gründung der evangelischen Kirchen in Siebenbürgen (Studia Transylvanica Bd. 5), Köln–Wien 1979.

Reinhard Wolfgang, Reformpapsttum zwischen Renaissance und Barock, in: Reformatio Ecclesiae, Festschrift Erwin Iserloh, Paderborn 1980, 779–796.

Richter Karl, Der böhmische Ständestaat im Zeitalter der deutschen Reformation (1472–1611), in: Hdb. d. Gesch. d. böhm. Länder Bd. 2, hg. v. Bosl Karl, Stuttgart 1974, 99–195.

Scarisbrick J. J., Henry VIII., London 1968.

Schatz Klaus, Vaticanum I (1869–1870), Bd. 1 Paderborn 1992.

Ders., Zwischen Säkularisation und II. Vaticanum. Der Weg des deutschen Katholizismus im 19. und 20. Jh., Frankfurt 1986.

Schindling Anton – Ziegler Walter (Hg.), Die Territorien des Reichs im Zeitalter der Reformation und Konfessionalisierung. Land und Konfession, Bd. 1–4, Münster 1989–1993 (= KLK 49–53).

Schmidt Kurt Dietrich, Katholische Reform oder Gegenreformation?, Limburg 1957.

Schmidt-Volkmar Erich, Der Kulturkampf in Deutschland 1871–1890, Göttingen 1962.

Ders., Katholische Kirche und Kultur im 18. Jahrhundert, Paderborn 1941.

Schöppe Lothar, Konkordate seit 1800, Frankfurt a. M. 1964.

Scholder Klaus, Die Kirchen und das Dritte Reich, Bd. 1 Frankfurt/Main–Berlin ²1986, Bd. 2 Berlin ²1988.

Ders., Die Kirchen zwischen Republik und Gewaltherrschaft. Gesammelte Aufsätze, Frankfurt/Main–Berlin 1991.

Schottenloher Karl, Bibliographie zur deutschen Geschichte im Zeitalter der Glaubensspaltung 1517–1585, 6 Bde., Stuttgart ²1956–1958; 7. Bd.: Das Schrifttum von 1938 bis 1960, Stuttgart 1966.

Schurhammer Georg, Franz Xaver. Sein Leben und seine Zeit. Bd. I–II/1–3, Freiburg/Br. 1955–1973.

Schwaiger Georg, Geschichte der Päpste im 20. Jahrhundert, München 1968.

Ders., Die Reformation in den nordischen Ländern, München 1962.

Sehling Emil, Die evangelischen Kirchenordnungen des 16. Jahrhunderts, Bd. 6–15, Tübingen 1955–1977.

Smolinsky Heribert, Kirchengeschichte der Neuzeit Bd. 1 (= Leitfaden Theologie 21), Düsseldorf 1973.

Stasiewski Bernhard, Reformation und Gegenreformation in Polen. Neue Forschungsergebnisse (KLK 18), Münster 1960.

Veit Ludwig – Lehnhard Andreas, Kirche und Volksfrömmigkeit im Zeitalter des Barock, Freiburg/Br. 1956.

Weber Christoph, Quellen und Studien zur Kurie und vatikanischen Politik unter Leo XIII., Tübingen 1973.

Weinzierl Erika, Die österreichischen Konkordate 1855–1933, Wien 1960.

Dies. (Hg.), Der Modernismus. Beiträge zu seiner Erforschung. Graz 1974.

Wicks Jared, Cajetan und die Anfänge der Reformation, Münster 1983 (= KLK 43).

Winter Eduard, Der Josephinismus. Die Geschichte des österreichischen Reformkatholizismus, Berlin 1962.

Wolter Hans, Das Bekenntnis des Kaisers, in: Der Reichstag zu Worms von 1521, hg. Reuter F., Worms 1971, 222–236.

Ders., Ignatius von Loyola und die reformatorische Bewegung im 16. Jh., in: Gegenreformation (Wege der Forschung 311), hg. Zeeden Ernst Walter, Darmstadt 1973.

Ders., Martin Luther und die Reformation im Urteil des deutschen Luthertums, 2. Bde., Freiburg/Br. 1950 und 1952.

Ders., Das Zeitalter der Gegenreformation (Herder Bücherei 281), Freiburg/Br. 1967.

Ders., Konfessionsbildung. Studien zu Reformation, Gegenreformation und katholischer Reform, Stuttgart 1985.

Zinnhobler Rudolf, Heinrich VIII. und die Reformation in England, in: Theologischpraktische Quartalschrift 118 (1970) 241–248.

Ders., Die Ehescheidung Heinrichs VIII. von England und die Kirche, in: 11.–13. Symposion der internationalen Kommission für vergleichende Kirchengeschichte, Subkommission Österreich, Neu Folge Bd. 2, Wien 1994, S. 71–82.

PAPSTLISTE

Vorbemerkung

Die Liste wurde in Anlehnung an die beiden Artikel von Pietro Amato Frutaz in der Enciclopedia Cattolica (Antipapa: t, I, 1483–1490, und Papa t, IX, 751–768) von Peter Stockmeier (Altertum) und Josef Lenzenweger (Mittelalter und Neuzeit) erstellt. Wertvolle Anregungen und Ergänzungen boten außerdem Karl Amon, Friedrich Schragl und Rudolf Zinnhobler.

Namen, die kursiv gesetzt und in eckigen Klammern aufscheinen, deuten an, daß es sich um solche Personen handelt, denen auch die charakteristischen Eigenschaften von Gegenpäpsten fehlen und die tatsächlich kein Schisma veranlaßt haben; die meisten von ihnen waren bloße Aspiranten auf das Papsttum.

Kursiv gesetzte Namen, die nicht in Klammern gesetzt wurden, bezeichnen Gegenpäpste im eigentlichen Sinne. Bezüglich der Päpste des Großen Abendländischen Schismas wurde durch Hintereinanderstellung der drei Obödienzen eine möglichst neutrale Form der Einordnung gewählt.

† 64?	Petrus	*251–258*	*Novatian*
64–79?	Linus	253–254	Lucius I.
79–91?	Anenklet (Kletos)	254–257	Stephan I.
91–101?	Klemens I.	257–258	Sixtus (Xystos) II.
101–105?	Evarist	259–268	Dionysius
105–115?	Alexander I.	269–274	Felix I.
115–125?	Sixtus (Xystos) I.	275–283	Eutychian
125–136?	Telesphor	283–296	Gaius
136–140?	Hyginos	296–304	Marcellin
140–154?	Pius I.	308–309	Marcellus I.
154–166	Aniket	309 o. 310	Euseb
166–175	Soter	*309 o. 310*	*Heraklius*
175–189	Eleuther	311–314	Miltiades
189–199	Viktor I.	314–335	Silvester I.
199–217	Zephyrin	335–336	Markus
217–222	Calixt I.	337–352	Julius I.
217–235	*Hippolyt*	352–366	Liberius
222–230	Urban I.	*355–365*	*Felix II.*
230–236	Pontian	366–384	Damasus I.
235–236	Anter	*366–367*	*Ursinus*
236–250	Fabian	384–399	Siricius
251–253	Cornelius	399–401	Anastasius I.

401–417	Innozenz I.
417–418	Zosimos
418–422	Bonifatius I.
418–419	*Eulalius*
422–432	Cölestin I.
432–440	Sixtus III.
440–461	Leo I.
461–468	Hilarus
468–483	Simplicius
483–492	Felix II. (III.)
492–496	Gelasius I.
496–498	Anastasius II.
498–514	Symmachus
498 *501–507*	*Laurentius*
514–523	Hormisdas
523–526	Johannes I.
526–530	Felix III. (IV.)
530	Dioskoros
530–532	Bonifatius II.
533–535	Johannes II.
535–536	Agapet I.
536–537	Silverius
537–555	Vigil
556–561	Pelagius I.
561–574	Johannes III.
575–579	Benedikt I.
579–590	Pelagius II.
590–604	Gregor I.
604–606	Sabinian
607	Bonifatius III.
608–615	Bonifatius IV.
615–618	Adeodat (Deusdedit) I.
619–625	Bonifatius V.
625–638	Honorius I.
640	Severin
640–642	Johannes IV.
642–649	Theodor I.
649–655	Martin I.
654 *(655)–657*	*Eugen I.*
657–672	Vitalian
672–676	Adeodat II.
676–678	Donus
678–681	Agatho
682–683	Leo II.
684–685	Benedikt II.
685–686	Johannes V.
[686	*Peter]*

[686	*Theodor]*
686–687	Konon
[687	*Theodor]*
687–692	*Paschal*
687–701	Sergius I.
701–705	Johannes VI.
705–707	Johannes VII.
708	Sisinnius
708–715	Konstantin (I.)
715–731	Gregor II.
731–741	Gregor III.
741–752	Zacharis
752	Stephan (II.)
752–757	Stephan II. (III.)
[757	*Theophylakt]*
757–767	Paul I.
767–768	*Konstantin II.*
[768	*Philipp]*
768–772	Stephan III. (IV.)
772–795	Hadrian I.
795–816	Leo III.
816–817	Stephan IV. (V.)
817–824	Paschal I.
824–827	Eugen II.
827	Valentin
827–844	Gregor IV.
[844	*Johannes]*
844–847	Sergius II.
847–855	Leo IV.
855–858	Benedikt III.
[853–855	*Anastasius]*
858–867	Nikolaus I.
867–872	Hadrian II.
872–882	Johannes VIII.
882–884	Marinus I. (Martin II.)
884–885	Hadrian III.
885–891	Stephan V. (VI.)
891–896	Formosus
896	Bonifatius VI.
896–897	Stephan VI. (VII.)
897	Roman
897	Theodor II.
898–900	Johannes IX.
[898	*Sergius III.]*
900–903	Benedikt IV.
903–904	Leo V.
903–904	*Christophorus*
904–911	Sergius III.
911–913	Anastasius III.

913–914	Lando		*1105–1111*	*Silvester IV.*
914–928	Johannes X.		1118–1119	Gelasius II.
928	Leo VI.		*1118–1121*	*Gregor VIII.*
928–931	Stephan VII. (VIII.)		1119–1124	Calixt II.
931–935	Johannes XI.		1124	Cölestin (II.)
936–939	Leo VII.		1124–1130	Honorius II.
939–942	Stephan VIII. (IX.)		1130–1143	Innozenz II.
942–946	Marinus II. (Martin III.)		*1130–1138*	*Anaklet II.*
946–955	Agapet II.		*1138*	*Viktor IV.*
955–963	Johannes XII.		1143–1144	Cölestin II.
963–965	*Leo VIII.*		1144–1145	Lucius II.
964–965	Benedikt V.		1145–1153	Eugen III.
965–972	Johannes XIII.		1153–1154	Anastasius IV.
973–974	Benedikt VI.		1154–1159	Hadrian IV.
974	} *Bonifatius VII.*		1159–1181	Alexander III.
984–985			*1159–1164*	*Viktor IV.*
974–983	Benedikt VII.		*1164–1168*	*Paschal III.*
983–984	Johannes XIV.		*1168–1178*	*Calixt III.*
985–996	Johannes XV.		*1179–1180*	*Innozenz III.*
996–999	Gregor V.		1181–1185	Lucius III.
997–998	*Johannes XVI.*		1185–1187	Urban III.
999–1003	Silvester II.		1187	Gregor VIII.
1003	Johannes XVII.		1187–1191	Klemens III.
1004–1009	Johannes XVIII.		1191–1198	Cölestin III.
1009–1012	Sergius IV.		1198–1216	Innozenz III.
1012–1024	Benedikt VIII.		1216–1227	Honorius III.
1012	*Gregor*		1227–1241	Gregor IX.
1024–1032	Johannes XIX.		1241	Cölestin IV.
1032–1045	Benedikt IX.		1243–1254	Innozenz IV.
1045	*Silvester II.*		1254–1261	Alexander IV.
1045–1046	Gregor VI.		1261–1264	Urban IV.
1046–1047	Klemens II.		1264–1268	Klemens IV.
1047–1048	*Benedikt IX. (nochmals)*		1271–1276	Gregor X.
			1276	Innozenz V.
1047–1048	Damasus II.		1276	Hadrian V.
1049–1054	Leo IX.		1276–1277	Johannes XXI. (sic!)
1055–1057	Viktor II.		1277–1280	Nikolaus III.
1057–1058	Stephan IX. (X.)		1281–1285	Martin IV.
1058–1059	*Benedikt X.*		1285–1287	Honorius IV.
1058–1061	Nikolaus II.		1288–1292	Nikolaus IV.
1061–1073	Alexander II.		1294	Cölestin V.
1061–1072	*Honorius II.*		1294–1303	Bonifatius VIII.
1073–1085	Gregor VII.		1303–1304	Benedikt XI.
1080–1100	*Klemens III.*		1305–1314	Klemens V.
1086–1087	Viktor III.		1316–1334	Johannes XXII.
1088–1099	Urban II.		*1328–1330*	*Nikolaus V.*
1099–1118	Paschal II.		1334–1342	Benedikt XII.
1100	*Theoderich*		1342–1352	Klemens VI.
1102	*Albert*		1352–1362	Innozenz VI.

1362–1370	Urban V.
1370–1378	Gregor XI.

Römische Obödienz

1378–1389	Urban VI.
1389–1404	Bonifatius IX.
1404–1406	Innozenz VII.
1406–1415	Gregor XII.

Avignonenser Obödienz

1378–1394	Klemens VII.
1394–1423	Benedikt XIII.
1423–1429	*Klemens VIII.*
1425–1430	*Benedikt XIV.*

Pisaner Obödienz

1409–1410	Alexander V.
1410–1415	Johannes XXIII.

–

1417–1431	Martin V.
1431–1447	Eugen IV.
1439–1449	*Felix V.*
1447–1455	Nikolaus V.
1455–1458	Calixt III.
1458–1464	Pius II.
1464–1471	Paul II.
1471–1484	Sixtus IV.
1484–1492	Innozenz VIII.
1492–1503	Alexander VI.
1503	Pius III.
1503–1513	Julius II.
1513–1521	Leo X.
1522–1523	Hadrian VI.
1523–1534	Klemens VII.
1534–1549	Paul III.
1550–1555	Julius III.
1555	Marzell II.

1555–1559	Paul IV.
1559–1565	Pius IV.
1566–1572	Pius V.
1572–1585	Gregor XIII.
1585–1590	Sixtus V.
1590	Urban VII.
1590–1591	Gregor XIV.
1591	Innozenz IX.
1592–1605	Klemens VIII.
1605	Leo XI.
1605–1621	Paul V.
1621–1623	Gregor XV.
1623–1644	Urban VIII.
1644–1655	Innozenz X.
1655–1667	Alexander VII.
1667–1669	Klemens IX.
1670–1676	Klemens X.
1676–1689	Innozenz XI.
1689–1691	Alexander VIII.
1691–1700	Innozenz XII.
1700–1721	Klemens XI.
1721–1724	Innozenz XIII.
1724–1730	Benedikt XIII.
1730–1740	Klemens XII.
1740–1758	Benedikt XIV.
1758–1769	Klemens XIII.
1769–1774	Klemens XIV.
1775–1799	Pius VI.
1800–1823	Pius VII.
1823–1829	Leo XII.
1829–1830	Pius VIII.
1831–1846	Gregor XVI.
1846–1878	Pius IX.
1878–1903	Leo XIII.
1903–1914	Pius X.
1914–1922	Benedikt XV.
1922–1939	Pius XI.
1939–1958	Pius XII.
1958–1963	Johannes XXIII.
1963–1978	Paul VI.
1978	Johannes Paul I.
1978–	Johannes Paul II.

AUTOREN

Karl Amon

Geb. 1924 in Bad Aussee/Steiermark; Studium der kath. Theologie, Germanistik, Anglistik und Geschichte in Graz und Wien; Priesterweihe 1948; Dr. theol. 1953; Habilitierung an der kath.-theol. Fakultät Graz; o. Prof. für Kirchengeschichte und Patrologie an der Universität Graz 1960–1988.

Johannes Baptist Bauer

Geb. 1927 in Wien; Studium der kath. Theologie und Bibelwissenschaften in Wien und Rom; Dr. theol. 1951; Habilitierung an der kath.-theol. Fakultät Graz; o. Prof. für ökumenische Theologie und Dogmengeschichte an der Universität Graz seit 1965.

Josef Gelmi

Geb. 1937 in Cavalese (Fleimstal), Südtirol; Studium der kath. Theologie und Kirchengeschichte in Brixen und Rom; Priesterweihe 1961; Dr. hist. eccl. 1972; Professor für Kirchengeschichte an der phil.-theol. Hochschule in Brixen seit 1973; seit 1982 Lehraufträge für Kirchengeschichte an der kath.-theol. Fakultät Innsbruck.

Grigorios Larentzakis

Geb. 1942 in Kreta (Griechenland); Studium der orth. und kath. Theologie in Chalki, Saloniki, Salzburg und Innsbruck; Dr. kath. theol. 1969 [Mag. und Dr. orth. theol. 1983]; Habilitierung an der geistesw. Fakultät Graz; ao. Prof., Leiter der Abteilung für ostkirchlich-orthodoxe Theologie an der kath.-theol. Fakultät Graz seit 1970.

Josef Lenzenweger

Geb. 1916 in Kleinreifling an der Enns, Oberösterreich; Studium der Theologie und Geschichte in Linz, Wien und Graz; Priesterweihe 1939; Dr. theol. 1940, Dr. phil. 1948, Dr. theol. h.c. (Rom 1971); Habilitierung an der kath.-theol. Fakultät Graz; Ehrensenator der Universität Linz; Dozent bzw. Professor für Kirchengeschichte und Patrologie an der theol. Hochschule Linz 1948 bzw. 1949–1965; o. Prof. für Kirchengeschichte des

Mittelalters und der Neuzeit an der Universität Bochum 1965–1975; o. Prof. für Kirchengeschichte an der Universität Wien 1975–1986.

Maximilian Liebmann

Geb. 1934 in Dillach bei Graz; Studium der kath. Theologie und Geschichte in Graz; Dr. theol. 1961; Habilitierung an der kath.-theol. Fakultät Graz; ao. Professor 1979; Leiter der Abteilung für Theologiegeschichte und kirchliche Zeitgeschichte 1982; o. Prof. für Kirchengeschichte und Patrologie an der kath.-theol. Fakultät Graz seit 1989.

Friedrich Schragl

Geb. 1937 in Wolfpassing bei Steinakirchen/Forst, Niederösterreich; Studium der kath. Theologie und Geschichte in St. Pölten und Wien; Priesterweihe 1961; Dr. theol. 1969; Professor für Kirchengeschichte an der theol. Hochschule in St. Pölten seit 1971.

Peter Stockmeier (†)

Geb. 1925 in Hemhof, Oberbayern; Studium der kath. Theologie und Geschichte in Freising und München; Priesterweihe 1952; Dr. theol. 1955; Habilitierung für Alte Kirchengeschichte an der kath.-theol. Fakultät München; Professor für Kirchengeschichte an der theol. Fakultät Trier 1964–1966; o. Prof. für Alte Kirchengeschichte in Tübingen 1966–1969; o. Prof. für Kirchengeschichte des Altertums, Patrologie und christliche Archäologie an der kath.-theol. Fakultät München 1969–1988 (†).

Gerhard Bernhard Winkler

Geb. 1931 in Wilhering, Oberösterreich; Studium der kath. Theologie, Germanistik und Anglistik in Linz, Wien und Notre Dame (USA); O. Cist., Priesterweihe 1955; [Master of Art], Dr. theol. 1956, Dr. phil. 1960; Habilitierung an der kath.-theol. Abteilung Bochum; o. Prof. für Historische Theologie in Regensburg 1974–1983; o. Prof. für Kirchengeschichte und Patrologie an der kath.-theol. Fakultät in Salzburg seit 1983.

Rudolf Zinnhobler

Geb. 1931 in Buchkirchen, Oberösterreich; Studium der kath. Theologie, Germanistik und Anglistik in Linz, Wien, Graz, Innsbruck und London, Priesterweihe 1955; Mag. phil., Dr. theol. 1957; Habilitierung an der kath.-theol. Fakultät Graz, tit. o. Univ.-Prof.; o. Prof. für Kirchengeschichte an der kath.-theol. Hochschule Linz seit 1969.

PERSONENREGISTER

SACHREGISTER

Werke zur Kirchengeschichte im Verlag Styria

Luitpold A. Dorn
JOHANNES XXIII.
Auf ihn berufen sich alle
1986, 160 Seiten

Luitpold A. Dorn
PAUL VI.
Der einsame Reformer
1989, 296 Seiten

Josef Gelmi
DIE PÄPSTE IN LEBENSBILDERN
2. völlig neu bearb. Aufl. 1989, 359 Seiten

Gerhard Hartmann
DER BISCHOF
Seine Wahl und Ernennung. Geschichte und Aktualität
1990, 254 Seiten

Regine Kummer
ALBINO LUCIANI
Papst Johannes Paul I. Ein Leben für die Kirche
1991, 359 Seiten

Karl Mittermaier
DIE DEUTSCHEN PÄPSTE
Gregor V., Clemens II., Damasus II.,
Leo IX., Viktor II., Stephan IX., Hadrian VI.
1991, 199 Seiten

Jeffrey Richards
GREGOR DER GROSSE
Sein Leben – seine Zeit
1983, 315 Seiten

Robert L. Wilken
DIE FRÜHEN CHRISTEN
Wie die Römer sie sahen
1987, 231 Seiten